国家出版基金项目
NATIONAL PUBLICATION FOUNDATION

艺术卷

10

中国历代图书总目

李致忠　主编

北京国图书店有限责任公司
北京广臻文化艺术有限公司　编纂

文物出版社

第十分册目录

绘　画

中国绘画作品

中国连环画作品

J0077288

九龙御佩　（上）刘爱麟，何椿年改编；周仓志等摄影

北京　中国文联出版社　1985 年　126 页

13cm（60 开）定价：CNY0.35

　　本书是根据陆扬烈、周朝栋同名小说改编的连环画。

J0077289

九龙御佩　（下）刘爱麟，何椿年改编；周仓志等摄影

北京　中国文联出版社　1985 年　125 页

13cm（60 开）定价：CNY0.35

　　中国现代连环画。

J0077290

九阴真经　芦苇改编；于水等绘画

杭州　浙江少年儿童出版社　1985 年　158 页

13cm（60 开）定价：CNY0.39

（《射雕英雄传》之七）

　　中国现代连环画。作者于水（1955—　　），画家。生于北京，毕业于中国艺术研究院研修班。中国艺术研究院研究员，中国美术家协会会员。代表作品有《于水画集》《于水人物卷》等。

J0077291

救风尘　冯速改编；张晓飞绘

天津　天津人民美术出版社　1985 年　70 页

13cm（60 开）定价：CNY0.19

（传统戏曲故事）

　　中国现代连环画。作者张晓飞（1941—　　），画家、工艺美术大师。江苏吴县人。苏州桃花坞木刻年画社创作室主任，苏州大学艺术学院兼职教授，苏州市美协副主席。代表作品有《水乡元宵》，出版有《风山拾得画集》《彩图唐诗一百首》等。

J0077292

举发二路兵　林泉改编；张文忠绘

成都　四川美术出版社　1985 年　158 页

13cm（60 开）定价：CNY0.43

（薛丁山征西 之三）

　　中国现代连环画。

J0077293

聚歼匪首　邵雪梅，白文宏改编；赵勋绘

沈阳　辽宁美术出版社　1985 年　150 页

13cm（60 开）定价：CNY0.34

　　中国现代连环画。

J0077294

聚歼欧姆师　乃杰改编；刘天生绘

沈阳　辽宁美术出版社　1985 年　126 页

13cm（60 开）定价：CNY0.30

　　中国现代连环画。

J0077295

决战之前 （第一集）黄德明编写；张正刚绘画
长沙　湖南美术出版社 1985年 110页 有图
10×13cm 统一书号：8233.750 定价：CNY0.25
（淮海大战）
　　中国现代连环画。

J0077296

军火的风波　傅彦雯改编；岑圣权，剑声制作
广州　岭南美术出版社 1985年 154页
13cm（60开）定价：CNY0.39
（通天奇兵）
　　中国现代连环画。作者岑圣权（1951— ），
画家。广东阳春人。又名今山子。曾先后就读
于广州美术学院及暨南大学中国人物画研究生
班。现为中国美术家协会会员、广东省楹联书画
院副院长。主要作品有《珠海惊涛》《我的儿子
安珂》《蔡廷锴—1932春·上海》等。

J0077297

康熙与乾隆　钱宗范编；周跃潮，邓学东绘
南宁　广西人民出版社 1985年 204页
13cm（60开）定价：CNY0.47
（中国历史故事连环画 第51集）

J0077298

抗击海盗的印第安人　李德恩编；晓可绘
北京　海洋出版社 1985年 190页 13cm（60开）
定价：CNY0.40
（外国海战故事连环画画库）

J0077299

抗联司令赵尚志　（东北抗联烈士事迹选编）
刘广惠编；衣晓白绘
哈尔滨　黑龙江美术出版社 1985年 123页
13cm（60开）定价：CNY0.29
　　中国现代连环画。

J0077300

抗倭英雄戚继光　谢承仁原著；孙建中改编；
于守万绘
济南　山东美术出版社 1985年 新1版 94页
13cm（60开）定价：CNY0.24
（历史英雄人物故事 2）
　　本书是中国现代连环画。

J0077301

考嫂子　李志改编；赵成民绘
北京　北京美术摄影出版社 1985年 30页
13cm（60开）定价：CNY0.56
　　本书是中国现代连环画。

J0077302

考验的道路　艾人改编；高燕绘画
沈阳　辽宁美术出版社 1985年 92页 有图
10cm（60开）定价：CNY0.17
　　本书根据瑞士杜伦马特原著改编的连环画。

J0077303

珂赛特的童年　（法）维克多·雨果原著；钱志
清改编；许金国绘
上海　上海人民美术出版社 1985年 182页
有图 10×13cm 统一书号：8081.14226
定价：CNY0.34
　　本书根据法国名著改编的中国现代连环画。
收入 182 幅图。

J0077304

肯尼迪案卷争夺战　（法）维里埃原著；张磊，
孙锦常改编；宋飞等，思敏绘
广州　岭南美术出版社 1985年 222页
13cm（60开）定价：CNY0.49
　　中国现代连环画。

J0077305

空寨计　陶和之等编文；柯美绘
南京　江苏人民出版社 1985年 94页 有图
10×13cm 统一书号：8100.062 定价：CNY0.25
　　中国现代连环画。

J0077306

空中绑架　辉辉改编；冯贵才绘
广州　广东人民出版社 1985年 157页
13cm（60开）定价：CNY0.40
　　中国现代连环画。

J0077307

空中小姐　金明，高英改编摄影
北京　中国广播电视出版社 1985年 126页
13cm（60开）定价：CNY0.32
　　中国现代连环画。作者金明（1956— ），辽

宁沈阳人。从事连环画、油画创作及装帧设计。

J0077308
孔明碑　杨鸿举改编；马振声绘
成都　四川人民出版社 1985 年 26 页 15cm（40 开）
定价：CNY0.30
（三峡民间故事）
　　中国现代连环画。作者马振声（1939—　），
国家一级美术师。北京人，毕业于中央美术学院
中国画系。中国美术家协会会员、四川省美术家
协会从事专业美术创作员、重庆国画院名誉院
长、中央文史研究馆馆员。作品有《爱国诗人陆
游》《酒歌图》《逢场》等。

J0077309
恐怖的城堡　芜芝改编；郭慈，陈国梁绘
广州　广东人民出版社 1985 年 153 页
13cm（60 开）定价：CNY0.40
　　中国现代连环画。

J0077310
恐怖的森林　长乐改编；周长春绘
成都　四川人民出版社 1985 年 176 页
13cm（60 开）定价：CNY0.35
　　中国现代连环画。

J0077311
窟窿山遇险　安文龙，张成林改编；墨林，艺
海绘
哈尔滨　黑龙江美术出版社 1985 年 111 页
13cm（60 开）定价：CNY0.28
（《魔影》之二）
　　中国现代连环画。

J0077312
苦菜花　（上）张子固改编；张玉敏绘
福州　福建美术出版社 1985 年 144 页
13cm（60 开）定价：CNY0.36
　　中国现代连环画。

J0077313
苦菜花　（下）张子固改编；张玉敏绘
福州　福建美术出版社 1985 年 136 页
13cm（60 开）定价：CNY0.34
　　中国现代连环画。

J0077314
苦海恩仇　定兴改编；陈晋容绘
天津　天津人民美术出版社 1985 年 182 页
13cm（60 开）定价：CNY0.42
　　中国现代连环画。

J0077315
苦尽甜来　胡源改编；聂昌硕等绘画
呼和浩特　内蒙古人民出版社 1985 年 124 页
13cm（60 开）定价：CNY0.34
（《神跤甄三》之六）
　　中国现代连环画。

J0077316
苦难的芳汀　（法）维克多·雨果原著；钱志清
改编；许金国等绘
上海　上海人民美术出版社 1985 年 158 页
13cm（60 开）定价：CNY0.30
　　本书根据法国著名小说《悲惨世界》改编的
连环画。收入 158 幅图。

J0077317
快跑梅洛斯　王小讯绘画
天津　天津人民美术出版社 1985 年 58 页
有图 10×11cm 统一书号：8073.30993
定价：CNY0.14
（农村儿童连环画库）

J0077318
快三枪　刘伯英编文；王胜华绘画
长春　吉林美术出版社 1985 年 126 页 有图
10×13cm 统一书号：8390.22 定价：CNY0.28
　　中国现代战斗故事连环画。作者王胜华
（1951—　），画家、编辑。又名盛华。山东莒县
人，曾在沈阳鲁迅美术学院进修。历任山东画院
高级画师、山东美术出版社编辑、中国书法艺术
委员会会员、中国美术家协会山东分会会员。代
表作品有《春茶吐艳》《起舞弄清影》《长寿》《秋
爽图》。

J0077319
狂飙支队　（上）佟文焕改编；张鸿飞，韩丽娟绘
沈阳　辽宁美术出版社 1985 年 190 页
13cm（60 开）定价：CNY0.29
　　中国现代战斗故事连环画。

J0077320

狂飙支队 （下）曲波原著；佟文焕改编；张鸿飞，韩丽娟绘

沈阳 辽宁美术出版社 1985 年 146 页

13cm（60 开）定价：CNY0.23

　　中国现代战斗故事连环画。

J0077321

狂人城的覆没 李培贞，段俊如改编；刘世铎绘

天津 天津人民美术出版社 1985 年 126 页

13cm（60 开）定价：CNY0.30

　　中国现代连环画。

J0077322

昆山逢奇案 何强等改编；李正平绘

天津 天津人民美术出版社 1985 年 118 页

13cm（60 开）定价：CNY0.29

（济公传 之五）

　　中国现代连环画。

J0077323

昆阳之战 陈绍棣改编；罗盘绘

北京 人民美术出版社 1985 年 110 页

13cm（60 开）定价：CNY0.31

（中国历史故事）

　　中国现代连环画。作者罗盘（1927—2005），连环画家。原名罗孝芊，出生于上海市，福建闽侯人。代表作品《草上飞》《战上海》。

J0077324

括苍山恩仇记 （一）黎意改编；刘益，吕非绘画

北京 中国文联出版公司 1985 年 158 页

13cm（60 开）定价：CNY0.40

　　本书是根据同名长篇章回小说改编的连环画，分六册出版。

J0077325

括苍山恩仇记 （二）黎意改编；刘益绘画

北京 中国文联出版公司 1985 年 158 页

13cm（60 开）定价：CNY0.40

　　本书是根据同名长篇章回小说改编的连环画，分六册出版。

J0077326

刺配沧州道 刘天平，王家义改编；姚渝永绘

成都 四川美术出版社 1985 年 110 页

19cm（32 开）定价：CNY1.70

（《水浒》连环画 卷五）

J0077327

腊梅 赵岗改编；姚祥发绘

沈阳 辽宁美术出版社 1985 年 158 页

13cm（60 开）定价：CNY0.34

　　中国现代连环画。

J0077328

莱特湾大海战 陈榕星编；王双贵绘

北京 海洋出版社 1985 年 157 页 13cm（60 开）

定价：CNY0.35

（外国海战故事连环画画库）

J0077329

蓝宝石 王根泉改编；潘鸿海绘

广州 岭南美术出版社 1985 年 72 页 13cm（60 开）

定价：CNY0.20

（福尔摩斯探案选）

　　中国现代连环画。作者潘鸿海（1942—　），艺术家。上海人，毕业于浙江美术学院油画系。历任浙江人民美术出版社美术记者、美术编辑、编辑部主任、副总编，《富春江画报》负责人，浙江画院院长。代表作品有《又是一个丰收年》《鲁迅》。

J0077330

蓝鲸号盗窃案 东荣改编；志强等绘画

南京 江苏少年儿童出版社 1985 年 126 页

有图 10×13cm 统一书号：R8352.3.112

定价：CNY0.32

　　中国现代连环画。

J0077331

浪漫的希茜公主 温健编写

成都 四川文艺出版社 1985 年 125 页

13cm（60 开）定价：CNY0.35

　　中国现代连环画。

J0077332

浪子奇缘 春城改编；徐斌，叶天荣摄影

上海　上海人民美术出版社 1985 年 173 页
15cm（40 开）定价：CNY0.47

　　　根据宁波市甬剧团创作演出的同名剧本改
编拍摄的连环画。

J0077333
老猎人　李希尚改编；薛峰，杜建民绘
兰州 甘肃人民出版社 1985 年 78 页 13cm（60 开）
定价：CNY0.18
（法西斯战争英雄故事连环画）

J0077334
老山英雄谱　罗邦武编；钟开天等绘
昆明 云南人民出版社 1985 年 13cm（60 开）
定价：CNY0.43

　　　中国现代连环画。作者钟开天（1942—　），
画家。中国美术家协会会员、云南新闻美协副会
长、云南民族画院副院长。代表作品有《绿色瑰
宝》《山花烂漫》《江山多娇图》等。

J0077335
雷劈华清风　荦荦改编；王庆宇，杨继松绘
成都 四川美术出版社 1985 年 115 页
13cm（60 开）定价：CNY0.33
（济公全传 之五）

　　　中国现代连环画。

J0077336
雷州十贤　海康县《雷州十贤》创作组编绘
广州 岭南美术出版社 1985 年 94 页 13cm（60 开）
定价：CNY0.23

　　　本书是中国现代连环画，雷州十贤包括寇
准、苏轼、苏辙、秦观、李纲、李光、赵鼎、胡铨、
王岩叟、任伯雨 10 位宋朝的贤人志士。

J0077337
泪美人　鲁俪改编；徐恒瑜绘
北京 人民美术出版社 1985 年 138 页
13cm（60 开）定价：CNY0.39

　　　本书是根据张笑天、韦连城小说《睡美人之
泪》及其同名电影剧本改编的连环画。作者徐恒
瑜（1944—　），国画家、连环画家、一级美术师。
四川邛崃人。中国美术家协会会员、四川省美术
家协会副主席、中国美协连环画艺委会委员。连
环画代表作有《李慧娘》《水牢仇》等。

J0077338
擂台还没有打完　戴胜德编；雷德祖绘画
广州 岭南美术出版社 1985 年 114 页
15cm（40 开）定价：CNY0.28
（中国武术连环画）

J0077339
擂台降五狂　陈忱改编；宝才，文倩绘画
石家庄 河北美术出版社 1985 年 142 页
13cm（60 开）定价：CNY0.38
（《神力王》之五）

　　　中国现代连环画。

J0077340
梨花狱　王杰夫，孔尧其改编；陆华，陈敏绘
杭州 浙江人民美术出版社 1985 年 126 页
13cm（60 开）定价：CNY0.27

　　　中国现代连环画。

J0077341
黎明枪声　吴国良编文，绘画
长春 吉林美术出版社 1985 年 78 页 13cm（60 开）
定价：CNY0.21

　　　中国现代连环画。

J0077342
李傲学画　牛宗明原著；丹叶改编；赵绍虎绘画
北京 人民美术出版社 1985 年 21 页 有彩图
10×13cm 统一书号：8027.9535 定价：CNY0.19

　　　本书根据牛宗明同名故事改编的连环画。
作者赵绍虎（1941—　），教授。号老戊。江苏
镇江人，毕业于南京师范大学美术系。江苏大学
艺术学院教授、中国美术家协会会员、镇江报社
及江苏人民出版社美术编辑、江苏大学美术系主
任、镇江市美协副主席。代表作品有《荷风》《摩
崖夕照》等。

J0077343
李大钊　贾秉恒编；殷恩光绘
上海 上海人民美术出版社 1985 年 213 页
13cm（60 开）定价：CNY0.46
（中国近代史故事）

　　　本书是描绘中国共产党早期领袖的现代连
环画。收入 213 幅图。作者殷恩光，连环画家。
上海美协常务理事、国家一级美术师。连环画代

表作品有《闻一多》等。

J0077344

李宁小传　李纪编；田林, 长山绘
北京 人民日报出版社 1985年 134页
13cm（60开）定价：CNY0.30
　　中国现代连环画。

J0077345

李湀公穷邸遇侠客　方霁改编；曾宪龙绘
福州 福建人民出版社 1985年 78页 13cm（60开）
定价：CNY0.17
（古代白话小说连环画）

J0077346

李元霸全传　于干改编；张春新绘
重庆 重庆出版社 1985年 101页 13cm（60开）
定价：CNY0.21
（《说唐》人物谱）
　　中国现代连环画。

J0077347

丽君认母　晓明改编；苏西映绘
北京 中国文联出版公司 1985年 94页
13cm（60开）定价：CNY0.26
（再生缘 之七）
　　中国现代连环画。作者苏西映（1940—　　），
河南光山人。曾任光山县文化馆美术师、河南省
美术家协会会员、大别山书画研究院名誉院长。
作品有《深山古树》《荷花舞》《玉莲公主》《中华
魂》等。出版有《唐伯虎智圆梅花梦》《玉蜻蜓》。

J0077348

利剑　细言改编；刘锋摄影
武汉 湖北美术出版社 1985年 190页
13cm（60开）定价：CNY0.48
　　中国现代连环画。

J0077349

利萨之战　李云编；徐锡林绘
北京 海洋出版社 1985年 94页 13cm（60开）
定价：CNY0.30
（外国海战故事连环画画库）
　　作者徐锡林，擅绘连环画。主要作品有《吝
啬鬼》《危险的路》《岳母刺字》等。

J0077350

连环画精选　（第1辑）富春江画报编
杭州 浙江人民美术出版社 1985年 18cm（24开）
统一书号：8156.753 定价：CNY2.40

J0077351

连环画精选　（第2辑）富春江画报编
杭州 浙江人民美术出版社 1985年 18cm（24开）
统一书号：8156.753 定价：CNY2.40

J0077352

连环画精选　（第3辑）富春江画报编
杭州 浙江人民美术出版社 1987年 176页
18cm（35开）定价：CNY5.20
　　本书收有《关红脸闯宴》《望夫云》《巫山神
女》《凤姐弄权》《蓝色行动》《珍珠》和《埃玛》
等18篇连环画。

J0077353

连环画精选　（第4辑）富春江画报编
杭州 浙江人民美术出版社 1987年 176页
19cm（32开）定价：CNY5.20
　　中国现代连环画作品。

J0077354

连环画精选　（第5辑 专集）富春江画报编
杭州 浙江人民美术出版社 1988年 246页
19cm（32开）ISBN：7-5340-0074-2
定价：CNY7.20

J0077355

连升三级　任凤生改编；周翔绘
福州 福建美术出版社 1985年 116页
13cm（60开）定价：CNY0.30
　　中国现代连环画。

J0077356

连心锁　（上）安塞改编；陈军, 刘洪绘
太原 山西人民出版社 1985年 2版 114页
13cm（60开）定价：CNY0.28
　　本书是中国现代连环画。

J0077357

连心锁　（下）安塞改编；陈军, 刘洪绘
太原 山西人民出版社 1985年 2版 110页

13cm（60 开）定价：CNY0.27

　　中国现代连环画。

J0077358

莲花剑　贺平编；梁元楷摄影

广州　岭南美术出版社　1985 年　130 页

15cm（40 开）定价：CNY0.33

（红豆连环画丛书）

J0077359

莲花山聚义　安文龙，张成林改编；墨林，艺海绘

哈尔滨　黑龙江美术出版社　1985 年　142 页

13cm（60 开）定价：CNY0.35

（《魔影》之三）

　　中国现代连环画。

J0077360

梁王西征　凌力原著；王音等改编；赵立柱等绘画

北京　北京美术摄影出版社　1985 年　148 页

有图　10×13cm　统一书号：8328.43

定价：CNY0.39

（《星星草》五）

　　中国现代连环画。

J0077361

列·托尔斯泰　文荔编；顾乐夫绘

南京　江苏美术出版社　1985 年　158 页

13cm（60 开）定价：CNY0.39

　　中国现代连环画。

J0077362

猎狗狮毛　梁克虎改编；苏里，关洁绘

南宁　广西人民出版社　1985 年　142 页

13cm（60 开）定价：CNY0.30

　　中国现代连环画。

J0077363

猎狮大王　黄永东改编；汤集祥绘

广州　岭南美术出版社　1985 年　142 页

13cm（60 开）定价：CNY0.34

（外国文学作品选）

　　中国现代连环画。

J0077364

林冲　王以忱改编；关鉴绘

长春　吉林人民出版社　1985 年　2 版　102 页

13cm（60 开）定价：CNY0.31

（水浒人物连环画）

　　本书是根据中国古典小说《水浒》改编的现代连环画作品。

J0077365

林教头误入白虎堂　张营改编；高力强摄影

济南　山东美术出版社　1985 年　156 页

13cm（60 开）定价：CNY0.42

（水浒传电视剧《林冲》1）

　　本书是依据电视剧《林冲》改编的中国现代连环画，山东广播电视艺术团供稿。

J0077366

林肯　周嘉华改编；汪晓曙绘

北京　人民美术出版社　1985 年　190 页

13cm（60 开）定价：CNY0.46

　　本书根据山东广播电视艺术团供稿改编的中国现代连环画作品。描绘了美国政治家林肯的废奴事迹。作者汪晓曙（1956—　），画家。江西南城人，毕业于师范学院美术系。江西师范大学艺术学院副教授、中国美术家协会会员、中国水彩画家协会会员、江西省水彩画研究会理事、秘书长，《东方画报》主编。著有《绘画语言》《绘画创作》《美术创作学》等。

J0077367

林楠子　王良莹编；孙昌茵绘

上海　上海人民美术出版社　1985 年　110 页

13cm（60 开）定价：CNY0.25

　　中国现代连环画，山东广播电视艺术团供稿。作者孙昌茵（1943—　），画家。原籍中国浙江温州，现居加拿大。加拿大中国美术协会副主席、加拿大当代艺术研究院院长、多伦多美术学院名誉院长。代表作品有连环画《白蛇传》、油画《百年华工血泪路》，出版有《孙昌茵水墨人体》《线描人体》《怎样使用油画刀》《孙昌茵油画艺术》等。

J0077368

林则徐　庄葳改编；盛元龙绘

上海　上海人民美术出版社　1985 年　182 页

13cm（60开）定价：CNY0.40

　　本书是歌颂民族英雄林则徐的中国现代连环画。收入182幅图。

J0077369

林则徐　清文编文；杜康龙绘画

重庆　重庆出版社　1985年　10页　有彩图

7×13cm　统一书号：8114.299　定价：CNY0.30

（爱国人物画片 之六）

　　中国现代连环画。

J0077370

林则徐抗英　徐珣编；方隆昌绘

武汉　湖北美术出版社　1985年　140页

13cm（60开）定价：CNY0.36

（中国历代战争故事画丛）

　　中国现代连环画。作者方隆昌（1944—　），湖北武汉人。毕业于湖北艺术学院。中国美术家协会、中国装帧艺术研究会、中国连环画研究会会员，湖北美术编辑研究会会长。主要作品有中国画《喂猪》、连环画《向警予》《宋史故事》等。

J0077371

林中迷案　洪兆森，史风和改编

上海　上海人民美术出版社　1985年　158页

有图　10×13cm　统一书号：8081.14542

定价：CNY0.43

　　中国现代连环画。

J0077372

灵感庙里救儿童　柏石山改编；赵丁绘

长春　吉林人民出版社　1985年　31页　19cm（32开）

定价：CNY0.22

（《美猴王》连环画 21）

J0077373

刘永福和黑旗军　张企荣编；齐亚明绘

上海　上海人民美术出版社　1985年　150页

13cm（60开）定价：CNY0.33

（中国近代史故事）

　　本书描绘了刘永福和黑旗军在抵抗法国侵略军等战役的镇南关等战役的中国现代连环画。收入150幅图。编者张企荣，连环画艺术家。作品有《中国四大古典文学名著》（连环画·袖珍版）、《杨宗保之死》等。

J0077374

流亡异邦　庞镇等编；赵勋，周苑绘

哈尔滨　黑龙江美术出版社　1985年　110页

13cm（60开）定价：CNY0.28

（绿林将军传奇 之六）

　　中国现代连环画。

J0077375

榴花英杰　（东莞熊飞抗元故事）阿鼎编；侯中曦绘

广州　岭南美术出版社　1985年　109页

13cm（60开）定价：CNY0.26

　　中国现代连环画。

J0077376

柳玉娘　魏峨，双戈原著；陈茂兹改编；罗枫绘画

上海　上海人民美术出版社　1985年　133页

有彩图　13×19cm　统一号：8081.14307

定价：CNY0.73

　　本书是中国现代连环画。收入133幅图。

J0077377

柳玉娘　陈茂兹改编；罗枫绘

上海　上海人民美术出版社　1985年　133页

13cm（60开）定价：CNY0.37

　　中国现代连环画。收入133幅图。

J0077378

六合鞭　刘凯原著；张广昌改编；李楠绘

西安　陕西人民美术出版社　1985年　78页

有图　10×13cm　统一书号：8199.940

定价：CNY0.20

　　中国现代连环画。

J0077379

六和填江　徐飞文；戴敦邦等绘

杭州　浙江人民美术出版社　1985年　64页

19cm（32开）定价：CNY2.40

　　中国现代连环画。

J0077380

龙洞擒贼　佚佚改编；蒋伟民绘

上海　上海人民美术出版社　1985年　134页

13cm（60开）定价：CNY0.26

中国现代连环画。

J0077381

龙飞虎跃　芹子改编；袁奕贤绘

成都　四川美术出版社　1985 年　134 页

13cm（60 开）定价：CNY0.37

《玉娇龙》之一）

　　中国现代连环画。

J0077382

龙凤剑　（上）赵吉南改编；刘斌昆，刘康绘

上海　上海人民美术出版社　1985 年　150 页

13cm（60 开）定价：CNY0.33

　　本书是中国现代连环画。共 2 册，收入 308

幅图。

J0077383

龙凤剑　（下）赵吉南改编；裴向春等绘

上海　上海人民美术出版社　1985 年　158 页

13cm（60 开）定价：CNY0.35

　　本书是中国现代连环画。共 2 册，收入 308

幅图。

J0077384

龙女　冯笑改编

上海　上海人民美术出版社　1985 年　126 页

有图　10×13cm　统一书号：8081.14227

定价：CNY0.35

　　上海电影制片厂供稿，丁式平等编剧，舒适

导演，陈震祥等摄影的连环画。

J0077385

龙潜虎归　芹子改编；夏亮熹绘

成都　四川美术出版社　1985 年　134 页

13cm（60 开）定价：CNY0.37

《玉娇龙》之六）

　　中国现代连环画。

J0077386

龙山游击队　梅文改编；梁长林等绘

北京　人民美术出版社　1985 年　238 页　有图

10×13cm　统一书号：8027.9391　定价：CNY0.57

　　中国现代连环画。作者梁长林（1951—

1983），画家。吉林白城人，毕业于中央美术学院

中国画系，留校任教。主要作品有《故乡行》《春

雨》《板桥小像》《吕梁游击队》《荷花淀》等。

J0077387

龙山游击队　田东照等原著；朱鹏改编；王东

斌绘

西安　陕西人民美术出版社　1985 年　142 页

有图　10×13cm　统一书号：8199.966

定价：CNY0.33

　　中国现代连环画。

J0077388

龙山寨　张鲁滨改编；张学俭，新胜绘

北京　昆仑出版社　1985 年　78 页　13cm（60 开）

定价：CNY0.23

　　中国现代连环画。

J0077389

龙潭波涛　邹向前改编；李连仲，史晓久绘

沈阳　辽宁美术出版社　1985 年　218 页

13cm（60 开）定价：CNY0.48

　　中国现代连环画。

J0077390

龙潭虎穴　江边改编；冰麟等绘

杭州　浙江少年儿童出版社　1985 年　190 页

10×13cm　统一书号：R8318.110　定价：CNY0.46

《飞狐外传》之四）

　　中国现代连环画。

J0077391

龙腾虎跃　王榷改编；任兆祥绘

成都　四川人民出版社　1985 年　126 页

13cm（60 开）定价：CNY0.30

　　根据长篇小说《梅》改编的连环画。

J0077392

龙心兄弟　姚钧，徐淦泽编；陈英勇等绘

广州　岭南美术出版社　1985 年　76 页　13cm（60 开）

定价：CNY0.22

　　中国现代连环画。

J0077393

龙吟虎啸　（上集）孺牛改编；朱光玉，朱建华绘

长沙　湖南美术出版社　1985 年　150 页

13cm（60 开）定价：CNY0.39

中国现代连环画。作者朱光玉(1928—)，连环画家。生于上海，祖籍江苏盐城。作品有《岳飞传》《苏妲姬》《一代名优》《宋景诗》《林则徐》等。

J0077394

龙吟虎啸 （下集）孺牛改编；朱光玉，朱建华绘
长沙　湖南美术出版社　1985年　166页
13cm（60开）定价：CNY0.43
　　中国现代连环画。

J0077395

龙争虎斗　竹梅改编；吴立等绘
哈尔滨　黑龙江美术出版社　1985年　198页
13cm（60开）定价：CNY0.52
（《大唐英豪》之二）
　　中国现代连环画。

J0077396

龙争虎斗　连力改编；陈挺通等绘画
广州　岭南美术出版社　1985年　204页
15cm（40开）定价：CNY0.51
（武术家霍东阁　3）
　　中国现代连环画。

J0077397

龙州枪声　柴立扬改编；陈水远绘
南宁　广西人民出版社　1985年　110页
13cm（60开）定价：CNY0.24
　　中国现代连环画。

J0077398

隆中恩仇　金正磐改编；于水，吴声绘
广州　岭南美术出版社　1985年　174页
13cm（60开）定价：CNY0.39
　　本书根据长篇小说《星星草》部分章节改编的连环画。

J0077399

楼下的枪声　黄钟改编；李韬，童蔚制作
北京　朝花美术出版社　1985年　124页　有图
10×13cm　统一书号：8028.2048　定价：CNY0.35
（特别行动队　五）
　　中国现代连环画。

J0077400

卢府风波　人子改编；高九龄等摄影
北京　中国文联出版公司　1985年　125页
13cm（60开）定价：CNY0.35
（夜幕下的哈尔滨　之二）
　　中国现代连环画。

J0077401

鲁滨孙漂流全集　（上）崔岩巉，崔岩峥编；倪洪泉绘
北京　海洋出版社　1985年　190页　13cm（60开）
定价：CNY0.35
　　本书根据英国作家笛福的同名小说改编的连环画。作者倪洪泉(1955—)，画家。北京人。中央工艺美术学院硕士毕业，并任教于中央工艺美术学院，北京青年画会副秘书长。作品有《千古传丝万代情》《心花》《七彩世界》等。

J0077402

鲁滨孙漂流全集　（下）崔岩巉，崔岩峥编；倪洪泉，王忆贫绘
北京　海洋出版社　1985年　158页　13cm（60开）
定价：CNY0.30
　　中国现代连环画。

J0077403

陆文龙归宋　钟应星改编；刘文斌等绘画
广州　广东人民出版社　1985年　126页　有图
10×13cm　统一书号：8111.2498　定价：CNY0.30
（古代少年英雄传奇）
　　中国现代连环画。

J0077404

鹿苑长春　《当代电影》杂志社编辑；星子改编
北京　工人出版社　1985年　156页　有图
10×13cm　统一书号：8007.30　定价：CNY0.45
　　本书根据美国同名电影改编、拍摄的连环画。

J0077405

乱世英雄　（秦王李世民故事）张启太改编；王向群，汪世英绘
哈尔滨　黑龙江美术出版社　1985年　116页
13cm（60开）定价：CNY0.33
　　中国现代连环画。

J0077406

乱世英雄乱世情　大川改编摄影
北京 中国广播电视出版社 1985 年 125 页
13cm（60 开）定价：CNY0.34
　　中国现代连环画。

J0077407

伦敦雾迷　余荣改编；席耀良绘
南京 江苏美术出版社 1985 年 70 页 有图
10×13cm 统一书号：8353.3.127 定价：CNY0.19
　　中国现代连环画。

J0077408

罗成　徐淦改编；郑家声等绘
呼和浩特 内蒙古人民出版社 1985 年 6 册
13cm（60 开）定价：CNY2.30
　　根据同名小说《罗成》改编的连环画。作者
郑家声（1933—2018），女，画家。生于浙江宁波。
曾任上海美术出版社连环画创作员，副编审。作
品有《智激美猴王》《毛主席在陕北》等，出版有
画集《红楼梦》《牡丹亭》。

J0077409

罗成叫关　奕荷编；鲁枫绘
北京 中国曲艺出版社 1985 年 126 页
13cm（60 开）定价：CNY0.26
（传统评书《兴唐传》之三十四）
　　中国现代连环画。

J0077410

罗虎闯亲　芹子改编；简崇民绘
成都 四川美术出版社 1985 年 126 页
13cm（60 开）定价：CNY0.35
（《玉娇龙》之五）
　　中国现代连环画。

J0077411

罗家将搬兵　（上册）李振鹏等原著；吴鸣改
编；张育文等绘
呼和浩特 内蒙古人民出版社 1985 年 124 页
有图 10×13cm 统一书号：18089.9
定价：CNY0.34
　　中国现代连环画。

J0077412

罗家将搬兵　（中册）宇林改编；张育文，倪金
虎绘
呼和浩特 内蒙古人民出版社 1985 年 118 页
13cm（60 开）定价：CNY0.32
　　中国现代连环画。

J0077413

罗家将搬兵　（下册）晓涛改编；张育文，倪金
虎绘
呼和浩特 内蒙古人民出版社 1985 年 118 页
13cm（60 开）定价：CNY0.34
　　中国现代连环画。

J0077414

罗马之夜　安利编；杨春华，周一清绘
南京 江苏人民出版社 1985 年 126 页
13cm（60 开）定价：CNY0.32
（译林画库）
　　中国现代连环画。

J0077415

罗瑞卿的青少年时代　丁国联改编；曹辉绘
成都 四川美术出版社 1985 年 130 页
13cm（60 开）定价：CNY0.34
　　中国现代连环画。

J0077416

骆驼祥子　吴文焕改编；毛震耀绘
上海 上海人民美术出版社 1985 年 222 页
19cm（32 开）定价：CNY0.96
　　本书根据老舍同名小说改编的连环画。作
者毛震耀（1926—？），画家。浙江奉化人，毕业
于苏州美术专科学校西画系。曾任上海艺文书
局《艺文画报》编辑、上海少年儿童出版社儿童
读物绘画创作、上海人民美术出版社编辑。连环
画代表作有《骆驼祥子》《脚步》《一级英雄杨连
弟》《绿色钱包》《姊妹船》。

J0077417

吕大郎还金完骨肉　（明）冯梦龙原著；钟泳
天改编；高空绘画
广州 岭南美术出版社 1985 年 86 页 有图
10×13cm 统一书号：8260.1067 定价：CNY0.21
（古代白话小说选）

本书据《警世通言》改编的中国现代连环画。作者冯梦龙(1574—1646)，通俗文学家、戏曲家。长洲(今江苏苏州)人。字犹龙，又字子犹，别号龙子犹、墨憨斋主人、顾曲散人、词奴等。诸生。一生从事小说、戏曲的创作和编印。编纂《喻世明言》《警世通言》《醒世恒言》《古今谈概》《太平广记钞》等。

J0077418

吕洞宾怒擒穿山甲　木易编；翟煜平绘

北京 中国文联出版社 1985年 126页

13cm(60开)定价：CNY0.33

(八仙的传说 之二)

本书是据《八仙的传说》改编的中国现代连环画。

J0077419

吕三传奇　周小强改编；潘雷，小彦绘

广州 岭南美术出版公司 1985年 150页

13cm(60开)定价：CNY0.36

(中国武术连环画)

本书根据小说《燕子吕三》改编的中国现代连环画。

J0077420

绿林神箭手　李葆青改编；家斌，轩明绘

南宁 广西人民出版社 1985年 174页

13cm(60开)定价：CNY0.40

中国现代连环画。

J0077421

绿林县官　许德贵改编；朱白云绘

成都 四川美术出版社 1985年 140页

13cm(60开)定价：CNY0.39

中国现代连环画。

J0077422

绿十字船之谜　徐景改编；吴井山绘

沈阳 辽宁美术出版社 1985年 142页

13cm(60开)定价：CNY0.31

中国现代连环画。

J0077423

麻城奇案　夏祥镇改编；黄天虎绘

贵阳 贵州美术出版社 1985年 78页 13cm(60开)

定价：CNY0.21

中国现代连环画。

J0077424

马岛之战　本常改编；程国英绘

成都 四川少年儿童出版社 1985年 158页

13cm(60开)定价：CNY0.42

中国现代连环画。程国英(1922—1967)，黑龙江哈尔滨人。别名程果。毕业于中央美术学院。擅长油画、水彩画。曾任清华大学土建系教师。作品有《南京 古鸡鸣寺》《井冈山风暴》《土地革命时的赤卫队》等。

J0077425

马迭尔旅馆　百合改编；高九龄等摄影

北京 中国文联出版公司 1985年 125页 有图

10×13cm 统一书号：8355.320 定价：CNY0.35

(夜幕下的哈尔滨 5)

中国现代连环画。

J0077426

马二先生　丁国联改编；陈国强绘

上海 上海人民美术出版社 1985年 94页

13cm(60开)定价：CNY0.22

中国现代连环画。

J0077427

马革裹尸　沈毅编；姚耐等绘

福州 福建人民出版社 1985年 158页

13cm(60开)定价：CNY0.36

(通俗前后汉演义 之二十五)

中国现代连环画。

J0077428

马虎和尚歼敌记　刘金岭改编；陈国栋绘

沈阳 辽宁美术出版社 1985年 90页 13cm(60开)

定价：CNY0.22

中国现代连环画。

J0077429

马娘娘　杨正吾等编文；林洪远摄影

南京 江苏美术出版社 1985年 124页 有图

10×13cm 统一书号：8353.3.132 定价：CNY0.33

中国现代连环画。

J0077430

马头琴传奇　立华改编；李俊琪绘
北京　人民美术出版社　1985年　134页　有图
10×13cm　统一书号：8027.9342　定价：CNY0.34
　　中国现代连环画。作者李俊琪（1943— ），
教授。号大道轩主人，河北乐亭人。天津美术家
协会副主席、中国美术家协会会员、天津南开大
学教授、研究生导师，美国传记研究院研究员。
著作有《中国历代诗家图卷》《中国历代兵家图
卷》《中国历代文学家画传》《李俊琪画集》等。

J0077431

马戏团　（英）卓别林原著；邓柯编
广州　广东人民出版社　1985年　174页
13cm（60开）定价：CNY0.38
（银幕上的卓别林）
　　中国现代连环画。

J0077432

卖妙郎　甄光俊改编；张治华绘
天津　天津人民美术出版社　1985年　86页
13cm（60开）定价：CNY0.22
（传统戏曲故事）
　　中国现代连环画。

J0077433

卖雪糕的姑娘　赵岗改编；张国龙绘画
西安　陕西人民美术出版社　1985年　62页
有图　10×13cm　统一书号：8199.795
定价：CNY0.16
　　中国现代连环画。

J0077434

蛮牯复仇记　刘文俊编；扈庚成绘
南昌　江西人民出版社　1985年　110页
13cm（60开）定价：CNY0.25
　　中国现代连环画。

J0077435

莽林猎踪　郭冰改编；陈长贵等绘
呼和浩特　内蒙古人民出版社　1985年　142页
有图　10×13cm　统一书号：18089.68
定价：CNY0.38
　　中国现代连环画。

J0077436

蟒蛇洞　童心编；林晓等绘
广州　岭南美术出版社　1985年　13cm（60开）
定价：CNY0.41
（东南亚民间故事 1）
　　中国现代连环画。

J0077437

冒名顶替　梁晓瑜改编；谢舒弋等绘
北京　朝花美术出版社　1985年　126页
13cm（60开）定价：CNY0.35
（《恶梦的设计者》之一）
　　本书是根据日本森村诚一的原著改编的连
环画。

J0077438

冒名顶替　（上）柏立改编；胡克礼，恽南平绘
沈阳　辽宁美术出版社　1985年　138页
13cm（60开）定价：CNY0.37
　　本书是根据英国柯林斯原著《白衣女人》改
编的连环画。

J0077439

冒名顶替　（下）柏立改编；胡克礼，恽南平绘
沈阳　辽宁美术出版社　1985年　102页
13cm（60开）定价：CNY0.28
　　中国现代连环画。

J0077440

冒险入京华　春蕾改编；周建明，孙凤娣绘画
北京　中国文联出版公司　1985年　126页
15cm（40开）定价：CNY0.33
（萍踪侠影 之七）
　　中国现代连环画。

J0077441

没有学位的博士　张天仁编文；马克政等绘
长沙　湖南美术出版社　1985年　126页　有图
10×13cm　统一书号：8233.760　定价：CNY0.27
　　中国现代连环画。

J0077442

梅岭激战　李梦学改编；隋奇，大可绘
天津　天津人民美术出版社　1985年　170页
13cm（60开）定价：CNY0.39

中国现代连环画。

J0077443

梅岭英豪 王榷改编；德雅绘

成都 四川美术出版社 1985 年 123 页

13cm（60 开）定价：CNY0.35

　　中国现代连环画。

J0077444

美丽的玫瑰花 （法）亨利·拉普原著；白莹莹

改编；张忠利绘

沈阳 辽宁少年儿童出版社 1985 年 31 页

15cm（40 开）定价：CNY0.39

　　中国现代连环画。

J0077445

美女蛇 晓峰改编；刘合等绘

北京 朝花美术出版社 1985 年 126 页

13cm（60 开）定价：CNY0.35

（惊险侦探画丛 之七）

　　中国现代连环画。

J0077446

美人计 王释非改编；裴向春等绘

上海 上海人民美术出版社 1985 年 134 页

13cm（60 开）定价：CNY0.32

（吕梁英雄传 之四）

　　中国现代连环画。

J0077447

蒙马特尔的炮声 李光羽编；丁荣魁绘

上海 上海人民美术出版社 1985 年 94 页

13cm（60 开）定价：CNY0.19

　　本书根据法国巴黎无产阶级武装起义的有

关史料编绘的连环画。收入 94 幅图。

J0077448

盟誓 庄宏安改编；冯正梁，赵延平绘

上海 上海人民美术出版社 1985 年 115 页

13cm（60 开）定价：CNY0.28

（三家巷 之一）

　　中国现代连环画。共 3 册，收入 368 幅图。

作者冯正梁（1954—　 ），画家、教授。生于上海，

上海师范大学艺术学士，美国弗吉尼亚州莱德佛

大学艺术硕士。美国水彩画会、中国水彩画会、

美国色粉画协会会员，莱德佛大学教授。

J0077449

勐藏巴王复国记 陈嘉泉改编；陈嘉泉绘

成都 四川美术出版社 1985 年 126 页

13cm（60 开）定价：CNY0.34

　　中国现代连环画。

J0077450

梦惊张知县 莘莘改编；李久洪绘

成都 四川美术出版社 1985 年 106 页

13cm（60 开）定价：CNY0.30

（济公全传 之六）

　　中国现代连环画。

J0077451

迷宫除怪 陆宜杰编译；黄冠余绘画

天津 天津人民美术出版社 1985 年 78 页

有图 10×11cm 统一书号：8073.30974

定价：CNY0.16

（农村儿童连环画库）

J0077452

迷雾园奇案 （英）阿加莎·克里斯原著；王素

一改编；杨逸麟，杨凯力绘

乌鲁木齐 新疆人民出版社 1985 年 173 页

13cm（60 开）定价：CNY0.27

　　中国现代连环画。

J0077453

秘密军火库 浅草，王素一改编；王振业，杨

静绘

杭州 浙江人民美术出版社 1985 年 134 页

13cm（60 开）定价：CNY0.29

　　中国现代连环画。

J0077454

秘密列车 沈永年，杜来改编；萤凤章，马超绘

北京 中国曲艺出版社 1985 年 126 页

13cm（60 开）定价：CNY0.28

　　中国现代连环画。

J0077455

密林里的战斗 王榷改编；华堤绘

成都 四川美术出版社 1985 年 126 页

13cm（60开）定价：CNY0.30

中国现代连环画。

J0077456

密令 （上）王晖改编；云龙绘

济南 山东美术出版社 1985年 126页

13cm（60开）定价：CNY0.33

中国现代连环画。作者王晖，女，工笔画画家、一级美术师。生于辽宁大连，毕业于中央工艺美术学院。中国美术家协会会员、中国美协重彩画研究会会员、中国工笔画学会会员、中国女画家协会会员、北京重彩画会会员、国际女画家协会会员。代表作品《和谐家园》《细雨》《小莺》等。

J0077457

密令 （下）王晖改编；云龙绘

济南 山东美术出版社 1985年 94页 13cm（60开）

定价：CNY0.26

中国现代连环画。

J0077458

妙法惩奸官 学文改编；林以友，王秋霞绘

福州 福建少年儿童出版社 1985年 157页

13cm（60开）定价：CNY0.38

（济公全传 之十）

中国现代连环画。

J0077459

灭纣兴周 斯人改编；何明耀绘

太原 希望出版社 1985年 125页 13cm（60开）

定价：CNY0.38

（封神演义 之十二）

中国现代连环画。

J0077460

名山学艺 张国辛改编；羊牧，元姝绘画

石家庄 河北美术出版社 1985年 126页

13cm（60开）定价：CNY0.34

（《神力王》之二）

中国现代连环画。

J0077461

名优奇冤 周楞伽原著；鲁西改编；辛明绘

北京 人民美术出版社 1985年 70页 13cm（60开）

定价：CNY0.23

中国现代连环画。

J0077462

名优之死 贾景儒改编；陈春轩绘画

上海 上海人民美术出版社 1985年 2版

109页 15cm（40开）定价：CNY0.31

本书是中国现代连环画，1984年1月第1版。

J0077463

名震京华 于秀溪改编；吴迅，金海青绘画

呼和浩特 内蒙古人民出版社 1985年 124页

13cm（60开）定价：CNY0.34

（《神跤甄三》之四）

中国现代连环画。作者于秀溪（1939— ），作家、诗人、书法家。原名于秀锡。河北灵寿县人，毕业于广播学院新闻系。中国美术出版社副编审、《连环画报》主编、中国诗书画院研究员。主要作品有《哪吒传》《岳云寻父记》《审美心理学》等。

J0077464

明争暗斗 辛大明编；许全群，方欢绘

北京 农村读物出版社 1985年 126页

13cm（60开）定价：CNY0.35

（鸦片战争演义 之一）

根据辛大明著长篇章回小说《鸦片战争演义》改编的连环画。作者许全群（1943— ），画家。河南鲁山县人，毕业于北京艺术学院附中。曾任职于人民美术出版社创作室，中国美术家协会会员、吉隆坡艺术学院客座教授。出版有《许全群画集》《许全群水墨作品精选》等。

J0077465

明珠 （汉英日对照）徐飞改编；华三川，华玲玲绘画

杭州 浙江人民美术出版社 1985年 87页

19cm（32开）统一书号：8156.468 定价：CNY3.30

本书为中国现代汉英日对照连环画。作者华三川（1930—2004），画家。浙江镇海人。中国美协会员、上海美术家协会理事、上海少年儿童出版社专业画家、上海市文史研究馆馆员。代表作品《华三川仕女画集》《华三川绘新百美图》《锦瑟年华》等。

J0077466

命运 （一）郑如文改编；吴先辉等摄影
广州 新世纪出版社 1985年 166页 有图
10×13cm 统一书号：8430.6 定价：CNY0.42
　　本书是根据日本电视连续剧改编、拍摄的连环画。

J0077467

命运 （二）郑如文改编；吴先辉等摄影
广州 新世纪出版社 1985年 158页 有图
10×13cm 统一书号：8430.7 定价：CNY0.40

J0077468

命运 （三）郑如文改编；吴先辉等摄影
广州 新世纪出版社 1985年 158页 有图
10×13cm 统一书号：8430.8 定价：CNY0.40

J0077469

命运 （第四集）郑如文改编；吴先辉，杨国强摄影
广州 新世纪出版社 1985年 186页 13cm（60开）
定价：CNY0.47

J0077470

命运 （第五集）郑如文改编；吴先辉，杨国强摄影
广州 新世纪出版社 1985年 146页 13cm（60开）
定价：CNY0.38

J0077471

命运 （第六集）郑如文改编；吴先辉，杨国强摄影
广州 新世纪出版社 1985年 135页 13cm（60开）
定价：CNY0.35
　　本书根据日本电视连续剧改编、拍摄的连环画。

J0077472

魔城的毁灭 实子改编；贺旭等绘
长沙 湖南少年儿童出版社 1985年 174页
13cm（60开）定价：CNY0.36
　　中国现代连环画。

J0077473

魔橱 徐学廉改编、绘画

贵阳 贵州人民出版社 1985年 158页
13cm（60开）定价：CNY0.34
　　中国现代连环画。

J0077474

魔方大厦 （1）徐兴华，赵镇南编；速太熙绘
南京 江苏少年儿童出版社 1985年 124页
13cm（60开）定价：CNY0.30
　　中国现代连环画。

J0077475

魔方大厦 （2）徐兴华等改编；速太熙绘画
南京 江苏少年儿童出版社 1985年 126页
有图 10×13cm 统一书号：R8352.3.129
定价：CNY0.30
　　中国现代连环画。

J0077476

魔方大厦 （3）徐兴华，赵镇南编；速太熙绘
南京 江苏少年儿童出版社 1985年 126页
13cm（60开）定价：CNY0.30
　　中国现代连环画。

J0077477

魔鬼的峡谷 鄢自垠，熊世杰改编；邓旭绘
昆明 云南人民出版社 1985年 126页
13cm（60开）定价：CNY0.27
　　本书是根据张昆华同名小说改编的连环画。

J0077478

魔戒指 刘志成改编；阿裘绘
北京 人民美术出版社 1985年 ［84页］
13cm（60开）定价：CNY0.25
　　本书是据波兰民间故事改编的连环画。

J0077479

魔窟里的战斗 杜维轩改编；柴廷枢绘
西安 陕西人民美术出版社 1985年 94页
13cm（60开）定价：CNY0.24
　　中国现代连环画。

J0077480

魔窟隐剑 （上册）吴其柔改编；鲁飒，任光生绘
郑州 中原农民出版社 1985年 86页 13cm（60开）
定价：CNY0.30

中国现代连环画。

J0077481

魔窟隐剑 （下册）吴其柔改编；鲁飒，任光生绘
郑州 中原农民出版社 1985 年 86 页 13cm（60 开）
定价：CNY0.30
　　中国现代连环画。

J0077482

魔犬 （上）柏石山改编；徐芒耀绘
沈阳 辽宁美术出版社 1985 年 142 页
13cm（60 开）定价：CNY0.37
　　中国现代连环画。

J0077483

魔犬 （下）柏石山改编；徐芒耀，徐芒烨绘
沈阳 辽宁美术出版社 1985 年 134 页
13cm（60 开）定价：CNY0.35
　　中国现代连环画。

J0077484

魔术大师 王文钦改编；尼玛泽仁绘
成都 四川少年儿童出版社 1985 年 94 页
13cm（60 开）定价：CNY0.27
　　中国现代连环画。

J0077485

魔术师斗法 鲁铮改编；任兴绘
广州 新世纪出版社 1985 年 126 页 13cm（60 开）
定价：CNY0.33
（少年连环画库）
　　作者任兴（1936— ），浙江绍兴人，生于天
津，毕业于西安美术专科学校油画系。曾任天津
美术出版社美术编辑、羊城晚报社美术编辑。绘
有《魔术师斗法(少年连环画库)》》

J0077486

魔椅 （英）C.S. 路易斯原著；冒澄改编；张景
源等绘
上海 上海人民美术出版社 1985 年 126 页
有图 10×13cm 统一书号：8081.14264
定价：CNY0.25
　　本书是根据英译原著改编的中国现代连环
画。收入 126 幅图。

J0077487

末代皇帝 文竹凤改编；吴富佳绘
沈阳 辽宁美术出版社 1985 年 190 页
13cm（60 开）定价：CNY0.49
　　中国现代连环画。

J0077488

陌路逢侠士 春蕾改编；龙瑞绘画
北京 中国文联出版公司 1985 年 126 页
15cm（40 开）定价：CNY0.33
（萍踪侠影 之二）
　　中国现代连环画。

J0077489

莫斯科不相信眼泪 容丹改编；鸿基等绘
广州 新世纪出版社 1985 年 158 页 13cm（60 开）
定价：CNY0.40
　　中国现代连环画。

J0077490

木绵庵 （明）冯梦龙著；徐淦改编；徐恒瑜绘
上海 上海人民美术出社 1985 年 118 页
19cm（32 开）定价：CNY0.54
　　中国现代连环画。收入 118 幅图。作者徐
恒瑜（1944— ），国画家、连环画家、一级美术
师。四川邛崃人。中国美术家协会会员、四川省
美术家协会副主席、中国美协连环画艺委会委
员。连环画代表作有《李慧娘》《水牢仇》等。

J0077491

木棉袈裟 王韦编；刘方，李刚摄影
广州 花城出版社 1985 年 158 页 15cm（40 开）
定价：CNY0.42
（影视世界丛书）
　　中国现代连环画。

J0077492

木棉袈裟 荔南改编；李万杰摄影
厦门 鹭江出版社 1985 年 143 页 有图
10×13cm 统一书号：8422.01 定价：CNY0.40
　　中国现代连环画。

J0077493

牧马人 祥文改编；李林祥绘
沈阳 辽宁美术出版社 1985 年 116 页

13cm（60开）定价：CNY0.58

中国现代连环画。

J0077494

穆柯寨　李清洲改编；张煤绘

北京 北京出版社 1985年 138页 13cm（60开）

定价：CNY0.37

（杨家将故事 之八）

中国现代连环画。

J0077495

穆柯寨聚义　张望改编；文仁等绘画

济南 明天出版社 1985年 126页 15cm（40开）

定价：CNY0.33

（穆桂英全传 之一）

根据柳吟原著《穆桂英全传》改编的连环画。作者张望（1916—1993），画家、艺术评论家。原名张发赞，笔名致平、克之、张抨，广东大埔县百侯镇南山村人，代表作品《新美术评论集》。

J0077496

哪吒下山　水登改编；韩硕绘

上海 少年儿童出版社 1985年 62页 13cm（60开）

定价：CNY0.18

（封神榜人物故事 之十）

中国现代连环画。作者水登（1930—　），画家。原名廖其澄，四川达县人。曾任绵阳市文联副秘书长、市美协主席，绵阳市书画院二级美术师。绘画作品有《山寨》《草原上的格桑花》《披查尔瓦的老人》等，出版有《廖其澄水彩画集》《廖其澄花鸟画集》。作者韩硕（1945—　），上海人。先后就学于浙江美术学院、上海大学美术学院。中国美术家协会会员、中国连环画研究会理事、上海少年儿童出版社美术编辑室副主任。擅人物，画风清隽洒脱。主要作品有《亲人》《汇报》《好老师》等。

J0077497

哪吒显威　斯人改编；严君生绘

太原 希望出版社 1985年 110页 13cm（60开）

定价：CNY0.34

（封神演义 之三）

中国现代连环画。

J0077498

南方铁路之战　长春电影制片厂供稿

济南 山东美术出版社 1985年 新1版 1页

13cm（60开）定价：CNY0.26

本书是中国现代连环画。

J0077499

南拳王　（二）晓黎改编

北京 中国电影出版社 1985年 92页 13cm（60开）

定价：CNY0.22

中国现代连环画。

J0077500

南洋漂流记　筱青改编；林加冰等绘

杭州 浙江少年儿童出版社 1985年 142页

13cm（60开）定价：CNY0.31

中国现代连环画。

J0077501

内功拳师复仇记　丹伏改编；罗永平绘

广州 岭南美术出版社 1985年 126页

13cm（60开）定价：CNY0.31

本书根据小说《还我中华武术》改编的连环画。

J0077502

能仁寺除恶结良缘　丁黎编；张自生等画

福州 福建美术出版社 1985年 102页

13cm（60开）定价：CNY0.28

（《十三妹》全本 之三）

中国现代连环画。

J0077503

尼得克勒山阻击战　余力编文；吴剑超绘画

昆明 云南人民出版社 1985年 102页 有图

10×13cm 统一书号：R8116.1319 定价：CNY0.23

（大陆上最后一仗 三）

中国现代连环画。

J0077504

尼尔斯骑鹅旅行记　（上）洛菲改编；马际画

上海 上海教育出版社 1985年 27cm（16开）

定价：CNY0.39

中国现代连环画。

J0077505

尼尔斯骑鹅旅行记 （下）洛菲改编；马际画
上海　上海教育出版社　1985 年　27cm（16 开）
定价：CNY0.39
　　中国现代连环画。

J0077506

泥人张传奇　崔锦改编；李沛芳摄影
天津　天津人民美术出版社　1985 年　127 页
13cm（60 开）定价：CNY0.34
　　中国现代连环画。

J0077507

霓裳羽衣曲　高翔改编；陈泽山绘
福州　福建美术出版社　1985 年　174 页
13cm（60 开）定价：CNY0.39
　　中国现代连环画。

J0077508

匿名电话　梁晓瑜改编；谢舒弋等绘
北京　朝花美术出版社　1985 年　126 页
13cm（60 开）定价：CNY0.35
（《恶梦的设计者》之二）
　　中国现代连环画。

J0077509

牛皋造反　任晓丹改编；来汶阳绘
福州　福建人民出版社　1985 年　104 页　10×13cm
定价：CNY0.24
（《说岳全传》之十二）
　　本书根据古典小说《说岳全传》改编的中国
现代连环画作品。

J0077510

牛和尚接亲　吴清汀编；严瑜仲，全云燕画
太原　山西人民出版社　1985 年　78 页　13cm（60 开）
定价：CNY0.22
　　中国现代连环画。

J0077511

牛头山　李遵义改编；王建，梁萍绘
沈阳　辽宁美术出版社　1985 年　182 页　10×13cm
定价：CNY0.35
（《岳飞传》之六）
　　本书根据古典小说《岳飞传》改编的中国现

代连环画作品。

J0077512

怒惩麻面虎　莘莘改编；蔡邦宁绘
成都　四川美术出版社　1985 年　110 页
13cm（60 开）定价：CNY0.32
（济公全传 之八）
　　中国现代连环画。

J0077513

怒闯五关　斯人改编；康富平绘
太原　希望出版社　1985 年　126 页　13cm（60 开）
定价：CNY0.38
（封神演义 之七）
　　中国现代连环画。

J0077514

怒打铁面佛　庄宏安改编；金戈，龚令绘
杭州　浙江人民美术出版社　1985 年　78 页
13cm（60 开）定价：CNY0.22
（山海经画库 济公活佛 之六）
　　中国现代连环画。

J0077515

怒打谢金吾　张企荣编；崔君沛绘
重庆　重庆出版社　1985 年　126 页　13cm（60 开）
定价：CNY0.25
（杨家小将 之一）
　　中国现代连环画。作者崔君沛（1950—
2008），画家。广东番禺人。曾任上海人民美术
出版社专职画家、中国美术家协会上海分会会
员、上海老城厢书画会副会长、中国艺术研究院
特邀书画师。出版有《三国人物绣像》《崔君沛
画集》《红楼人物册》《李自成·清兵入塞》《南原
激战》等。

J0077516

诺曼底登陆战　谭源编；蒋平田，邓云绘
广州　广东人民出版社　1985 年　125 页
13cm（60 开）定价：CNY0.32
　　中国现代连环画。

J0077517

女捕快　炯基改编；高志岳，韩冰绘
广州　岭南美术出版社　1985 年　88 页　13cm（60 开）

定价: CNY0.23
(《周宋》画报作品选集)
　　中国现代连环画。

J0077518
女大当婚　陈志庆改编; 郑宜, 陈志庆摄影
上海　上海人民美术出版社　1985 年　126 页
15cm(40 开) 定价: CNY0.35
　　中国现代连环画。

J0077519
女盗　武矛改编; 钟增亚, 山雨绘
长沙　湖南少年儿童出版社　1985 年　158 页
13cm(60 开) 定价: CNY0.33
　　中国现代连环画。作者钟增亚(1940—
2002), 画家。又名钟亚。湖南衡阳人, 广州美
术学院中国画系毕业。任职于衡阳市文化馆, 历
任中国书法家协会理事、中国美术家协会理事、
湖南省书协主席、湖南书画研究院院长。国画
《楚人》《三峡史诗》。出版有《钟增亚中国画选集》
《钟增亚速写集》。

J0077520
女间谍——川岛芳子　(一)罗松改编; 陈运
星, 唐淑芳绘
天津　天津人民美术出版社　1985 年　126 页
13cm(60 开) 定价: CNY0.30
　　中国现代连环画。

J0077521
女间谍——川岛芳子　(二)周启成改编; 沈
浩鹏绘
天津　天津人民美术出版社　1985 年　126 页
13cm(60 开) 定价: CNY0.30
　　中国现代连环画。

J0077522
女间谍——川岛芳子　(三)罗文改编; 伍夫
绘画
天津　天津人民美术出版社　1986 年　126 页
13cm(64 开) 定价: CNY0.30
　　中国现代连环画作品。

J0077523
女杰除奸　田遨原著; 王良莹改编; 李明云绘

西安　陕西人民美术出版社　1985 年　142 页
有图　10×13cm　统一书号: 8199.936
定价: CNY0.38
　　中国现代连环画。

J0077524
女杰情仇记　由尹佳改编; 杨思陶绘
福州　福建少年儿童出版社　1985 年　189 页
13cm(60 开) 定价: CNY0.43
　　本书是根据长篇小说《旋风》改编的连环画。

J0077525
女奴　(一)张向阳改编; 高枫, 刘建中摄制
北京　朝花美术出版社　1985 年　126 页
15cm(40 开) 定价: CNY0.35
　　本书是根据巴西同名电视连续剧改编、拍摄
的连环画。

J0077526
女奴　(二)张向阳改编; 高枫, 刘建中摄制
北京　朝花美术出版社　1985 年　126 页
15cm(40 开) 定价: CNY0.35

J0077527
女奴　(三)马晓改编; 高枫, 刘建中摄制
北京　朝花美术出版社　1985 年　126 页
15cm(40 开) 定价: CNY0.35

J0077528
女奴　(四)马晓改编; 高枫, 刘建中摄制
北京　朝花美术出版社　1985 年　126 页
15cm(40 开) 定价: CNY0.35

J0077529
女奴　(五)丹叶改编; 高枫, 刘建中摄制
北京　朝花美术出版社　1985 年　126 页
15cm(40 开) 定价: CNY0.35

J0077530
女奴　(六)丹叶改编; 高枫, 刘建中摄制
北京　朝花美术出版社　1985 年　126 页
15cm(40 开) 定价: CNY0.35

J0077531
女奴　(七)鲁妮改编; 高枫, 刘建中摄制

北京 朝花美术出版社 1985 年 126 页
15cm（40 开）定价：CNY0.35

J0077532
女奴 （八）鲁妮改编；高枫，刘建中摄制
北京 朝花美术出版社 1985 年 126 页
15cm（40 开）定价：CNY0.35

J0077533
女奴 （九）木桦改编；高枫，刘建中摄制
北京 朝花美术出版社 1985 年 126 页
15cm（40 开）定价：CNY0.35
　　本书是根据巴西同名电视连续剧改编、拍摄
的连环画。

J0077534
女奴 （十）木桦改编；高枫，刘建中摄制
北京 朝花美术出版社 1985 年 126 页
15cm（40 开）定价：CNY0.35
　　本书是根据巴西同名电视连续剧改编、拍摄
的连环画。

J0077535
女奴 陈玉英改编；肖述纲等摄影
武汉 湖北少年儿童出版社 1985 年 5 册
15cm（40 开）盒装 定价：CNY2.00
　　根据巴西同名电视连续剧改编、拍摄的连
环画。

J0077536
女奴 （1）孙世奇改编；高杉，韩钟等选片
沈阳 辽宁美术出版社 1985 年 158 页
15cm（40 开）定价：CNY0.40
　　本书是根据巴西同名电视连续剧改编、拍摄
的连环画。

J0077537
女奴 （2）孙世奇改编；高杉，韩钟等选片
沈阳 辽宁美术出版社 1985 年 158 页
15cm（40 开）定价：CNY0.40

J0077538
女奴 （3）大博改编；高杉等选片
沈阳 辽宁美术出版社 1985 年 158 页
15cm（40 开）定价：CNY0.40

J0077539
女奴 （4）肖冠改编；高杉等选片
沈阳 辽宁美术出版社 1985 年 158 页
15cm（40 开）定价：CNY0.40

J0077540
女奴 （5）晓丽改编；高杉等选片
沈阳 辽宁美术出版社 1985 年 158 页
15cm（40 开）定价：CNY0.40
　　本书是根据巴西同名电视连续剧改编、拍摄
的连环画。

J0077541
女娲神和聚宝盆 李亮编；张增木绘
石家庄 河北美术出版社 1985 年 62 页
13cm（60 开）定价：CNY0.19
　　本书根据中国神话故事改编的连环画。作
者张增木（1943— ），编辑。河北安国人，毕业
于天津美术学院。河北美术出版社编辑、中国美
协河北分会会员、中国连环画研究会会员、河北
省连环画研究会秘书长。代表作品有《阿宝》《画
说中国历史》《李时珍》《镜花缘》《运河英豪》
《猎人兄弟》《三十六计》等。

J0077542
女侠柳枝蝉 王海城改编；建国等绘
长春 北方妇女儿童出版社 1985 年 126 页
13cm（60 开）定价：CNY0.34
　　本书是根据中国民间故事改编的连环画。

J0077543
女刑警 蓟婷等编；程国英绘
成都 四川科学技术出版社 1985 年 126 页
13cm（60 开）定价：CNY0.36
　　本书是根据中国现代故事改编的连环画。作
者程国英（1922—1967），黑龙江哈尔滨人。别名
程果。毕业于中央美术学院。擅长油画、水彩画。
曾任清华大学土建系教师。作品有《南京 古鸡
鸣寺》《井冈山风暴》《土地革命时的赤卫队》等。

J0077544
女贼 邦遽改编；金星绘
北京 工人出版社 1985 年 126 页 13cm（60 开）
定价：CNY0.37
　　本书是根据中国现代故事改编的连环画。

J0077545

女中豪杰 （何葆珍烈士故事）赖祥编文；朱黎黎绘画

南京 江苏美术出版社 1985 年 118 页 有图
10×13cm 统一书号：8353.3.129 定价：CNY0.29

本书是根据中国现代革命故事改编的连环画。

J0077546

哦，香雪！ （连环画）铁凝原著；侯豫立改编；王玉琦绘画

天津 天津人民美术出版社 1985 年 64 页
17×18cm 统一书号：8073.31101 定价：CNY1.08

本书为中国现代连环画。作者王玉琦（1958— ），旅美画家。生于河北清苑，毕业于天津美术学院。中国美术家协会会员、中国油画家协会会员、北美中国艺术家协会会员、加拿大肖像画家协会艺术指导、美国肖像画家协会会员。出版有《中国油画肖像百年》《中国油画五十年》《中国古典主义油画》《王玉琦作品选》《王玉琦油画技法》等。

J0077547

欧罗巴 王克恩改编；王伟民绘

上海 上海人民美术出版社 1985 年 70 页
13cm（60 开）定价：CNY0.18
（希腊神话故事）

中国现代连环画。

J0077548

叛徒露真容 黄钟改编；李韬童蔚制作

北京 朝花美术出版社 1985 年 124 页 有图
10×13cm 统一书号：8028.2047 定价：CNY0.35
（特别行动队 四）

中国现代连环画。

J0077549

螃蟹 沙铁军改编；山仁摄影

武汉 湖北少年儿童出版社 1985 年 158 页
13cm（60 开）定价：CNY0.34

中国现代少年儿童连环画。作者沙铁军（1942— ），编审。江苏如皋人，毕业于南京大学中文系。湖北人民出版社文史编辑部主任、武汉作家协会会员、中国连环画研究会会员、湖北连环画研究会理事。代表作品有《中国古代战争》《长江三部曲》《青春之歌》《中国古代战争》

《六十年的变迁》等。

J0077550

螃蟹 冯锋改编

广州 花城出版社 1985 年 125 页 13cm（60 开）
定价：CNY0.35
（影视世界丛书）

中国现代连环画。

J0077551

胖子和瘦子 李平改编；贺友直绘

北京 人民美术出版社 1985 年 21 页 有彩图
10×13cm 统一书号：8027.9530 定价：CNY0.19

中国现代连环画。作者贺友直（1922—2016），连环画家。出生于上海，祖籍浙江宁波。上海人民美术出版社编审，曾任连环画艺术委员会主任、上海市美术家协会第四届副主席、中国连环画研究会第二届副会长等职。代表作品《朝阳沟》《山乡巨变》等。

J0077552

骗子的结局 苏鸣编译；黄河清描绘

北京 中国文联出版公司 1985 年 78 页
13cm（60 开）定价：CNY0.23

本书包括《骗子的结局》《一次精彩的地滚球》《旧的和新的》3 篇故事。

J0077553

拼命三郎石秀 庄宏安改编；方瑶民，方磊绘

杭州 浙江人民美术出版社 1985 年 150 页
13cm（60 开）定价：CNY0.32

中国现代连环画。作者方瑶民（1933— ），江苏无锡人，毕业于华东艺术专科学校绘画系。少年儿童出版社编辑、编审，上海美术家协会会员。主要作品有编绘《世界文学名著》连环画丛书。

J0077554

破斗笠的风波 索立改编

北京 中国文联出版公司 1985 年 125 页 有图
10×13cm 统一书号：8355.403 定价：CNY0.35

中国现代连环画。

J0077555

破山神 张新改编；张福龙绘

天津　天津人民美术出版社 1985 年 126 页
13cm（60 开）定价：CNY0.30

中国现代连环画。作者张福龙（1942—　　），画家。天津人。天津杨柳青画社、天津画院专业画家。主要作品有《毛主席和青年农民》《杨柳春风》《山娃》等。

J0077556

破窑记　魏德旺改编；陈都绘
福州　福建人民出版社 1985 年 98 页 13cm（60 开）
定价：CNY0.20

中国现代连环画。

J0077557

七宝莲花樽　柯毕改编；世仁绘
沈阳　辽宁美术出版社 1985 年 126 页
13cm（60 开）定价：CNY0.32

中国现代连环画。

J0077558

七剑下天山　（1）梁羽生原著；吴绿星改编；邓志刚，范新生绘
广州　广东人民出版社 1985 年 158 页
13cm（60 开）定价：CNY0.35

中国现代连环画。

J0077559

七剑下天山　（2）吴绿星改编；陶穗洪，严永满绘
广州　广东人民出版社 1985 年 158 页
13cm（60 开）定价：CNY0.37

中国现代连环画。

J0077560

七剑下天山　（3）吴绿星改编；梁祥，梁启金绘
广州　广东人民出版社 1985 年 150 页
13cm（60 开）定价：CNY0.35

中国现代连环画。

J0077561

七剑下天山　（4）吴绿星改编；郭慈，吴柏绘
广州　广东人民出版社 1985 年 150 页
13cm（60 开）定价：CNY0.36

中国现代连环画。

J0077562

七剑下天山　（5）吴绿星改编；范新生，邱页绘
广州　广东人民出版社 1985 年 150 页
13cm（60 开）定价：CNY0.36

中国现代连环画。作者吴绿星（1944—　　），高级编辑。籍贯广东惠东。历任羊城晚报编辑、综合副刊部副主任、羊城晚报出版社副总编辑。

J0077563

七剑下天山　（6）吴绿星改编；邓志刚绘
广州　广东人民出版社 1985 年 142 页
13cm（60 开）定价：CNY0.34

中国现代连环画。

J0077564

七星剑传奇　菡原改编；何国华绘
石家庄　河北美术出版社 1985 年 102 页
13cm（60 开）定价：CNY0.28

中国现代连环画。

J0077565

戚继光抗倭　徐硕和编；二龙绘
南宁　广西人民出版社 1985 年 139 页
13cm（60 开）定价：CNY0.31
（中国历史故事连环画 第 47 集）

J0077566

齐平山发兵　代学改编；陈建军，李征绘
沈阳　辽宁美术出版社 1985 年 178 页
13cm（60 开）定价：CNY0.46

中国现代连环画，根据《小将呼延庆》改编。

J0077567

奇兵捣匪巢　（上）王荣改编；刘广海，蔡明旭绘
哈尔滨　黑龙江美术出版社 1985 年 138 页
13cm（60 开）定价：CNY0.32

中国现代连环画。作者王荣，山西大同人。字云石，号云中山人。就读于中央美术学院壁画系研究生班。国家一级美术师，中国书画艺术研究院副院长，山西省美术家协会会员，中国山水画协会会员。作品有国画《疾风》《青山浮动雨来初》《草原情》等。

J0077568

奇兵捣匪巢　（下）李中改编；王纯信等绘

哈尔滨 黑龙江美术出版社 1985 年 162 页 13cm（60 开）定价：CNY0.36

中国现代连环画。作者王纯信（1939—　），画家。吉林通化人。毕业于通化教育学院。吉林省通化师范学院美术系主任、通化市美术家协会主席、中国书法家协会会员、吉林省美术家协会理事。作品有《福到农家》《长白山天池》《山民夜话》等。

J0077569

奇袭保安团　　毛亮英改编；郭长福绘

银川 宁夏人民出版社 1985 年 60 页 13cm（60 开）定价：CNY0.15

中国现代连环画。

J0077570

奇袭虎狼窝　　安文龙，张成林改编；墨林，艺海绘

哈尔滨 黑龙江美术出版社 1985 年 119 页 13cm（60 开）定价：CNY0.30

（《魔影》之五）

中国现代连环画。

J0077571

奇袭奶头山　　王星北改编；罗兴，王亦秋绘

上海 上海人民美术出版社 1985 年 164 页 10cm（64 开）

（林海雪原 之一）

作者王星北（1905—1973），连环画脚本文学家。浙江定海人。原名心葆。曾就读于定海公学。曾任上海私营北斗出版社经理、泰兴书局文字编辑、上海新美术出版社连环画文字编辑、上海人民美术出版社连环画编辑科副科长。作者罗兴（1922—1994），连环画家。别名罗孝苹。上海人，毕业于上海沪大建筑学科。曾从事建筑室内外设计，在上海从事连环画及插图创作。曾任教于上海工艺美术学校，为造型专业组教研组长。作品有《库楚别依》《林海雪原》等。作者王亦秋（1925—　），连环画家。又名王野秋，浙江镇海人。曾任前锋出版社美术编辑、上海人民美术出版社连环画创作室创作员、副编审。主要作品有《杨门女将》《小刀会》《马跃檀溪》《李逵闹东京》《清兵入塞》等。

J0077572

奇袭乌龙镇　　沈沫改编；王威，王恒东绘

哈尔滨 黑龙江美术出版社 1985 年 155 页 13cm（60 开）定价：CNY0.38

（三打乌龙镇 之三）

中国现代连环画。

J0077573

奇异的宝花　　王瑞华改编；海君绘

石家庄 河北美术出版社 1985 年 78 页 13cm（60 开）定价：CNY0.23

中国现代连环画。

J0077574

奇异的宝花　　华英编文

呼和浩特 内蒙古人民出版社 1985 年 77+46 页 有图 10×13cm 统一书号：18089.19 定价：CNY0.34

中国现代连环画，根据民间文学《聊斋汉子》改编，包括《奇异的宝花》王宏才绘画；《玉石鹿》赵成祥绘画。

J0077575

奇异的机器狗　　王和贞改编；汪琦绘画

西安 陕西人民美术出版社 1985 年 62 页 有图 10×13cm 统一书号：8199.805 定价：CNY0.16

中国现代连环画。

J0077576

奇阵良缘　　斯人改编；张连瑞绘

太原 希望出版社 1985 年 126 页 13cm（60 开）定价：CNY0.38

（封神演义 之十）

中国现代连环画。

J0077577

歧路徘徊　　李政，赵云声原著；柏石山改编；伊言绘

沈阳 辽宁美术出版社 1985 年 106 页 13cm（60 开）定价：CNY0.26

（少帅传奇 之四）

中国现代连环画。

J0077578

骑士的荣誉　黛娅编

广州　花城出版社　1985年　157页　有图

10×13cm　统一书号：8261.116　定价：CNY0.37

（电影连环画）

J0077579

旗漫东溪　曾秀仑原著；小戈改编；丁世弼绘画

天津　天津人民美术出版社　1985年　134页

有图　10×13cm　统一书号：8073.30983

定价：CNY0.27

（太阳从东方升起　下）

　　中国现代连环画。作者丁世弼（1939—2018），画家、国家一级美术师。字仲宜，江西南昌人。中国美术家协会会员、江西省美术家协会副主席。代表作有《渔岛怒潮》《秋瑾》《陈赓大将》《红楼梦》等。

J0077580

千里回马枪　凌力原著；王音等改编；赵立柱等绘画

北京　北京美术摄影出版社　1985年　138页

有图　10×13cm　统一书号：8328.40

定价：CNY0.35

（《星星草》二）

　　中国现代连环画。

J0077581

千里送京娘　刘抒改编；叶毓中绘

上海　上海人民美术出版社　1985年　102页

19cm（32开）定价：CNY0.54

　　中国现代连环画。作者叶毓中（1941—　），教授、画家。生于四川德阳，毕业于四川美术学院中国画系人物专业。中国美术家协会会员、新疆军区政治部文艺创作室美术创作员、中央美术学院兼职副教授、民间美术系主任、副院长。代表作品《大漠红日》《帕米尔人》，出版有《叶毓中重彩集》《水墨集》。

J0077582

前线侦察兵　鲁向祖编；王刚等摄

北京　中国文联出版社　1985年　157页

13cm（60开）定价：CNY0.43

　　中国现代连环画。

J0077583

钱塘血案　羡智改编；辛鹤江绘

石家庄　河北美术出版社　1985年　118页

13cm（60开）定价：CNY0.32

　　中国现代连环画。作者辛鹤江（1941—　），河北安新人。毕业于天津美术学院。擅长中国画。河北美协副主席、连环画研究会副会长、河北美术出版社社长兼总编辑、编审。代表作有《棉农来访》《周总理和小演员在一起》《敌情急》《老英雄回到雁翎队》等。

J0077584

潜伏的勇士　黄钟改编；李韬，童蔚制作

北京　朝花美术出版社　1985年　124页　有图

10×13cm　统一书号：8028.2053　定价：CNY0.35

（特别行动队　10）

　　中国现代连环画。

J0077585

潜龙风云　王恩国编；戴成友等绘

长春　吉林美术出版社　1985年　150页

13cm（60开）定价：CNY0.35

（淮海春秋　1）

　　中国现代连环画。

J0077586

强盗太子　郑志岳，郑志明，盛炳文改编；郑志岳，郑志明绘画

上海　上海人民美术出版社　1985年　134页

有图　10×13cm　统一书号：8081.14621

定价：CNY0.30

（1001夜丛书）

　　中国现代连环画。

J0077587

墙头马上　林林改编；刘廷相绘

沈阳　辽宁美术出版社　1985年　126页

13cm（60开）定价：CNY0.34

　　中国现代连环画。作者刘廷相，连环画家。出生于辽宁沈阳。创作作品有《万紫千红总是春》《旗委书记》《谁光荣》《红孩子连金法》《杨三姐告状》等。

J0077588

蔷薇花案件　（上）晋川改编；邹越非，邹越清绘

长沙 湖南美术出版社 1985年 110页
13cm（60开）定价：CNY0.21
　　中国现代连环画。

J0077589
蔷薇花案件 （中）晋川改编；邹越非，邹越
清绘
长沙 湖南美术出版社 1985年 110页
13cm（60开）定价：CNY0.21
　　中国现代连环画。

J0077590
蔷薇花案件 （下）晋川改编；邹越非，邹越清绘
长沙 湖南美术出版社 1985年 110页
13cm（60开）定价：CNY0.21
　　中国现代连环画。

J0077591
蔷薇花案件 （上）贺书昌改编；苏德新摄
天津 天津人民美术出版社 1985年 110页
13cm（60开）定价：CNY0.31
　　中国现代连环画。

J0077592
蔷薇花案件 （中）贺书昌改编；苏德新摄
天津 天津人民美术出版社 1985年 180页
13cm（60开）定价：CNY0.33
　　中国现代连环画。

J0077593
蔷薇花案件 （下）贺书昌改编；苏德新摄
天津 天津人民美术出版社 1985年 125页
13cm（60开）定价：CNY0.34
　　中国现代连环画。

J0077594
蔷薇花爆炸案 相惠改编；王征绘
济南 明天出版社 1985年 166页 13cm（60开）
定价：CNY0.42
　　中国现代连环画。

J0077595
乔装打扮 贺忠信，马保超改编；宋珍妮绘
石家庄 河北美术出版社 1985年 78页
13cm（60开）定价：CNY0.23

中国现代连环画。

J0077596
樵丽与公主 杨进升，王俊改编；王如何，何
明耀绘
太原 山西人民出版社 1985年 49页 13cm（60开）
定价：CNY0.38
　　中国现代连环画。

J0077597
巧断垂金扇 村泟等改编；亦茗，玮丹绘
天津 天津人民美术出版社 1985年 126页
13cm（60开）定价：CNY0.30
（济公传 8）

J0077598
巧断垂金扇 王晓秋改编；匈棣绘
杭州 浙江人民美术出版社 1985年 106页
13cm（60开）定价：CNY0.28
（山海经画库 济公活佛 4）
　　中国现代连环画。

J0077599
巧计迷敌 庞镇等编；苦琢，忙草绘
哈尔滨 黑龙江美术出版社 1985年 137页
13cm（60开）定价：CNY0.34
（绿林将军传奇 5）
　　中国现代连环画。

J0077600
巧计胜女国 代学改编；刘笑绘
长春 吉林人民出版社 1985年 31页 19cm（32开）
定价：CNY0.22
（《美猴王》连环画 26）

J0077601
巧破地雷道 路志纯编；张增木绘
郑州 河南美术出版社 1985年 78页 13cm（60开）
定价：CNY0.20
　　中国现代连环画。作者张增木（1943—　　），
编辑。河北安国人，毕业于天津美术学院。河北
美术出版社编辑、中国美协河北分会会员、中国
连环画研究会会员、河北省连环画研究会秘书
长。代表作品有《阿宝》《画说中国历史》《李时
珍》《镜花缘》《运河英豪》《猎人兄弟》《三十六

计》等。

J0077602
巧破谋财案　甸儿改编；何进，王振华绘
福州　福建少年儿童出版社　1985 年　142 页
13cm（60 开）定价：CNY0.34
（济公全传　4）
　　中国现代连环画。

J0077603
巧取豪夺　鄢国培原著；郑之同改编；雷著华绘
重庆　重庆出版社　1985 年　150 页　有图
10×13cm　统一书号：8114.336　定价：CNY0.28
　　中国现代连环画，根据长江三部曲《漩流》
改编。

J0077604
巧取红河渡口　晨晖编文；谭百辛绘画
昆明　云南人民出版社　1985 年　118 页　有图
10×13cm　统一书号：R8116.1320　定价：CNY0.26
（大陆上最后一仗　二）
　　中国现代连环画。

J0077605
巧施拖兵计　张汝川改编；刘根涛绘
石家庄　河北美术出版社　1985 年　90 页
13cm（60 开）定价：CNY0.26
　　中国现代连环画。

J0077606
巧云和小锡匠　孙韦改编；凌清绘画
南京　江苏美术出版社　1985 年　62 页　有图
10×13cm　统一书号：8353.3.131　定价：CNY0.18
　　本书是根据汪曾祺小说《大淖记事》改编的
连环画。

J0077607
秦朝的灭亡　袁川编；崔注中绘
南宁　广西人民出版社　1985 年　136 页
13cm（60 开）定价：CNY0.30
（中国历史故事连环画　第 20 集）

J0077608
秦皇入海　旭风编；侯长春画
北京　海洋出版社　1985 年　62 页　13cm（60 开）

定价：CNY0.15
　　中国现代连环画。

J0077609
琴童之死　琳琳改编；李杰绘
北京　昆仑出版社　1985 年　78 页　13cm（60 开）
定价：CNY0.23
　　根据李本深小说《昨夜琴声昨夜人》改编的
连环画。

J0077610
勤劳的医学家　（叶天士青少年时期的故事）
方乐华等编文；华一绘画
南昌　江西人民出版社　1985 年　94 页　有图
10×13cm　统一书号：8110.934　定价：CNY0.22
（中国古代近代名人青少年时期故事丛书）
　　现代中国连环画。

J0077611
青海湖的传说　梁瑞林文；陈龙等绘
青海　青海人民出版社　1985 年　128 页　有图
10×13cm　统一书号：8096.55　定价：CNY0.30
　　中国现代连环画。

J0077612
青蛇传　一流改编；陈春轩，马玲玲摄影
上海　上海人民美术出版社　1985 年　165 页
15cm（40 开）定价：CNY0.45
　　中国现代连环画。

J0077613
青铜鸟　（苏）雷巴柯夫原著；王建中改编；汶
阳，云屏绘
杭州　浙江少年儿童出版社　1985 年　109 页
13cm（60 开）定价：CNY0.25
　　中国现代连环画。

J0077614
清明案　吴彤改编；勇力，广力绘
石家庄　河北美术出版社　1985 年　106 页
13cm（60 开）定价：CNY0.29
　　中国现代连环画。

J0077615
清太宗平冤　何成改编；徐德元绘

沈阳 辽宁美术出版社 1985年 77页 13cm（60开）
定价：CNY0.24
（沈阳故宫传说 之五）
　　中国现代连环画。作者徐德元（1949—　），画家。辽宁鞍山人。辽宁美协会员、岫岩美协主席。主要作品有《农家乐》《中华魂》《闹灯馆》等。

J0077616

情侣落难　吴山，晓文改编；张昌洵等绘
杭州 浙江人民美术出版社 1985年 182页
13cm（60开）定价：CNY0.46
（《人猿泰山》之二）
　　中国现代连环画。作者张昌洵（1940—　），画家。浙江吴兴人。中学高级美术教师、中国美术家协会会员。主要作品《灯》《划等号》《航海家麦哲伦》等。

J0077617

丘克和盖克　（苏）盖达尔原著；文竹风改编；薛雁群绘
沈阳 辽宁美术出版社 1985年 154页
13cm（60开）定价：CNY0.30
　　中国现代连环画。

J0077618

秋　巴金原著；高铁林等改编；杨雨青等绘画
北京 人民美术出版社 1985年 294页 有图
10×13cm 统一书号：8027.9551 定价：CNY0.59
　　本书是根据著名作家巴金的长篇小说《秋》改编的连环画。收入294幅图。作者杨雨青（1944—　）出生于江苏无锡。中国美术家协会会员、无锡市书画院国家一级美术师，专业从艺60载。代表作有《红肚兜儿》《水牛图》等。

J0077619

秋海棠　房子改编；张福祺摄影
上海 上海人民美术出版社 1985年 2版
157页 15cm（40开）定价：CNY0.43
　　本书是根据杭州话剧团演出的同名话剧改编、拍摄的连环画。

J0077620

球员失踪　钟韬改编；何昌林绘
成都 四川美术出版社 1985年 94页 13cm（60开）

定价：CNY0.28
（福尔摩斯探案故事）
　　现代中国连环画之英国探案故事。

J0077621

圈套　吴时学改编；肖天智绘
成都 四川美术出版社 1985年 166页
13cm（60开）定价：CNY0.43
　　中国现代连环画。作者吴时学（1939—　），书画家。四川乐至县人。大学文化。曾任遂宁市艺术馆副馆长。四川省美术家协会会员、四川省民间文艺家协会会员、四川省群众文化学会会员，遂宁市文化艺术志办公室副主编、《遂宁文化报》副主编。现为四川省美术家协会漫画艺术研究会副会长、省美协漫画艺委会委员、遂宁市美术家协会副主席。漫画作品有《比》《旅游写生》《揭穿骗局》，连环画《春风暖尤坪》《火生和爷爷》《独生娃》。作者肖天智，连环画家。就职于彭县文化馆。创作连环画作品有《治虫》《苦妹儿》《狄仁杰传奇》《三盗合欢瓶》等。

J0077622

全歼特工队　孙军改编；文元，挹杨绘
南京 江苏美术出版社 1985年 118页
13cm（60开）定价：CNY0.27
　　中国现代连环画。

J0077623

拳打山田武夫　李志光改编；侯中曦绘画
广州 岭南美术出版社 1985年 126页
13cm（60开）定价：CNY0.31
（中国武术连环画）

J0077624

拳王雪耻记　（上册）张世刚改编；张瑞林，张瓒明绘画
合肥 安徽科学技术出版社 1985年 142页
13cm（60开）定价：CNY0.26
　　中国现代连环画。作者张瑞林，古吴轩出版社社长。

J0077625

拳王雪耻记　（中册）张世刚改编；瑞林，张瓒明绘画
合肥 安徽科学技术出版社 1985年 142页

13cm（60开）定价：CNY0.25

中国现代连环画。

J0077626

拳王雪耻记 （下册）张世刚改编；瑞林等绘画

合肥 安徽美术出版社 1985年 158页

13cm（60开）定价：CNY0.30

中国现代连环画。

J0077627

犬笛 （一）司马今昔改编；禹颂拍摄

福州 福建美术出版社 1985年 110页

15cm（40开）定价：CNY0.33

本书是根据日本同名电视连续剧改编、拍摄的连环画。

J0077628

犬笛 （二）司马今昔改编；禹颂拍摄；万山制作

福州 福建美术出版社 1985年 110页

15cm（40开）定价：CNY0.33

本书是根据日本同名电视连续剧改编、拍摄的连环画。

J0077629

犬笛 （三）司马今昔改编；禹颂拍摄；万山制作

福州 福建美术出版社 1985年 110页

15cm（40开）定价：CNY0.33

本书是根据日本同名电视连续剧改编、拍摄的连环画。

J0077630

犬笛 （四）司马今昔改编；禹颂拍摄；万山制作

福州 福建美术出版社 1985年 110页

15cm（40开）定价：CNY0.33

本书是根据日本同名电视连续剧改编、拍摄的连环画。

J0077631

犬笛 （一）祥文改编；黄河等选片

沈阳 辽宁美术出版社 1985年 118页

15cm（40开）定价：CNY0.28

本书是根据日本同名电视连续剧改编、拍摄的连环画。

J0077632

犬笛 （二）王恩国改编；黄河等选片

沈阳 辽宁美术出版社 1985年 122页

15cm（40开）定价：CNY0.29

本书是根据日本同名电视连续剧改编、拍摄的连环画。

J0077633

犬笛 （三）卜福顺改编；黄河等选片

沈阳 辽宁美术出版社 1985年 122页

15cm（40开）定价：CNY0.29

本书是根据日本同名电视连续剧改编、拍摄的连环画。作者卜福顺，曾任辽宁民族出版社美术教育编辑室主任。

J0077634

犬笛 （四）柏石山改编；黄河等选片

沈阳 辽宁美术出版社 1985年 122页

15cm（40开）定价：CNY0.29

本书是根据日本同名电视连续剧改编、拍摄的连环画。

J0077635

犬笛 （第一集 神奇的耳朵）黄钟改编；李韬，童蔚制作

乌鲁木齐 新疆青年出版社 1985年 126页

15cm（40开）定价：CNY0.30

本书是根据日本同名电视连续剧改编、拍摄的连环画。

J0077636

犬笛 （第二集 魔鬼的诱骗）黄钟改编；李韬，童蔚制作

乌鲁木齐 新疆青年出版社 1985年 126页

15cm（40开）定价：CNY0.30

根据日本同名电视连续剧改编、拍摄的连环画。

J0077637

犬笛 （第三集 真正的凶手）黄钟改编；李韬，童蔚制作

乌鲁木齐 新疆青年出版社 1985年 126页

15cm（40开）定价：CNY0.30

本书是根据日本同名电视连续剧改编、拍摄的连环画。

J0077638

犬笛 （第四集 凶杀案内幕）黄钟改编；李韬，童蔚制作

乌鲁木齐 新疆青年出版社 1985年 126页 15cm（40开）定价：CNY0.30

　　本书是根据日本同名电视连续剧改编、拍摄的连环画。

J0077639

犬笛 （第五集 笛声的威力）黄钟改编；李韬，童蔚制作

乌鲁木齐 新疆青年出版社 1985年 126页 15cm（40开）定价：CNY0.30

　　本书是根据日本同名电视连续剧改编、拍摄的连环画。

J0077640

鹊桥 詹代尔改编；贾文涛绘

天津 天津人民美术出版社 1985年 78页 有图 10×13cm 统一书号：8073.31008 定价：CNY0.21

　　本书是根据中国民间故事改编的连环画。

J0077641

鹊桥女尸 高风改编；梅汉珍，纹川绘

广州 岭南美术出版社 1985年 54页 13cm（60开）定价：CNY0.29

（福尔摩斯探案选）

　　本书是根据英国探案故事改编的连环画。

J0077642

群魔闹金山 荦荦改编；张大川绘

成都 四川美术出版社 1985年 110页 13cm（60开）定价：CNY0.32

（济公全传 十二）

　　现代中国连环画。

J0077643

群雄救珠 安其改编；戴红杰，戴红倩绘

广州 科学普及出版社广州分社 1985年 126页 13cm（60开）定价：CNY0.28

（《七剑下天山》五）

　　中国现代连环画。

J0077644

群雄来归 王东声改编；王井绘

福州 福建人民出版社 1985年 90页 10×13cm 定价：CNY0.21

（《说岳全传》之十四）

　　本书是根据古典小说《说岳全传》改编的中国现代连环画作品。作者王井（1917—2002），连环画家。浙江余杭人。原名王志根，笔名王子耕。创作的古典题材连环画有《加令记》《见龙王》《法云寺会妻》等，现代题材连环画有《幸福的道路》《英雄小八路》《红领巾炮》等。

J0077645

群妖赴宴 斯人改编；李诗堂绘

太原 希望出版社 1985年 126页 13cm（60开）定价：CNY0.38

（封神演义 六）

　　中国现代连环画。

J0077646

群英除奸王 林泉改编；何英，莫逆绘

成都 四川美术出版社 1985年 158页 13cm（60开）定价：CNY0.43

（薛丁山征西 二）

　　中国现代连环画。

J0077647

燃烧的石头城 范成章改编；钱定华，水淼绘

杭州 浙江人民美术出版社 1985年 142页 13cm（60开）定价：CNY0.30

　　中国现代连环画。

J0077648

热血 庄宏安改编；冯正梁，赵延平绘

上海 上海人民美术出版社 1985年 111页 13cm（60开）定价：CNY0.28

（三家巷之二）

　　中国现代连环画。共3册，收入368幅图。作者冯正梁（1954— ），画家、教授。生于上海，上海师范大学艺术学士，美国弗吉尼亚州莱德佛大学艺术硕士。美国水彩画会、中国水彩画会、美国色粉画协会会员，莱德佛大学教授。

J0077649

人狐斗 赵镇琬编画

济南 明天出版社 1985 年 102 页 13cm（60 开）
定价：CNY0.30

中国现代连环画。作者赵镇琬（1938—　），漫画画家、编辑出版家。生于山东莱阳，毕业于山东省省立莒县师范中。历任中国少儿期刊工作者协会第二届副会长、全国少儿读物工作委员会第一届副主任、世界儿童读物联盟大会中国分会第二届副会长、全国儿童图书插画装帧设计研究会第一届会长。作品有《借问酒家何处有》等。出版有《山羊回家了》《奇怪不奇怪》等。

J0077650

人鸟之战　陈建改编；林滨帆绘
南宁 广西人民出版社 1985 年 70 页 13cm（60 开）
定价：CNY0.16
　　中国现代连环画。

J0077651

人生没有单行道　右草改编
北京 工人出版社 1985 年 123 页 15cm（40 开）
定价：CNY0.40
　　中国现代连环画。

J0077652

人与狼　陈国英改编；成立绘
上海 上海人民美术出版社 1985 年 133 页
13cm（60 开）定价：CNY0.30
　　本书是根据意大利同名电影剧本改编的连环画。收入 133 幅图。

J0077653

人猿泰山　吴山，晓文改编；黄云松等绘
杭州 浙江人民美术出版社 1985 年 174 页
13cm（60 开）定价：CNY0.44
（《人猿泰山》之一）
　　本书是根据半个世纪前的同名美国惊险巨片编绘的连环画。

J0077654

人猿泰山　（一）王肇庆，王峥编绘
成都 四川美术出版社 1985 年 126 页
13cm（60 开）定价：CNY0.35
　　本书是根据半个世纪前的同名美国惊险巨片编绘的连环画。

J0077655

人猿泰山　（二）王肇庆，王峥编绘
成都 四川美术出版社 1985 年 126 页
13cm（60 开）统一书号：8373.428 定价：CNY0.36
　　本书是根据半个世纪前的同名美国惊险巨片编绘的连环画。

J0077656

人猿泰山　（三）王肇庆，王峥编绘
成都 四川美术出版社 1986 年 126 页
13cm（64 开）定价：CNY0.35
　　中国现代连环画作品。

J0077657

人猿泰山　（四）王肇庆，王峥编绘
成都 四川美术出版社 1986 年 126 页
13cm（64 开）定价：CNY0.35
　　中国现代连环画作品。

J0077658

日俄大海战　鲁燕编；马坚画
北京 海洋出版社 1985 年 126 页 有图
10×13cm 统一书号：8193.0480 定价：CNY0.25
　　中国现代连环画。

J0077659

塞外夺宝　俞兰改编；王眉蔚制作
北京 朝花美术出版社 1985 年 190 页 有图
10×13cm 统一书号：8028.2065 定价：CNY0.50
　　本书是根据香港凤凰影业公司同名电影改编的连环画。

J0077660

塞外夺宝　蕴真改编；卜逸，肖琼绘
广州 广东旅游出版社 1985 年 110 页
13cm（60 开）定价：CNY0.28
（旅游画库）
　　本书是根据香港凤凰影业公司同名电影改编的连环画。

J0077661

三打成交　张云清编；马程绘
长春 吉林美术出版社 1985 年 78 页 13cm（60 开）
定价：CNY0.21
　　中国现代连环画。作者马程（1940—　），连

环画家。辽宁大连人，毕业于鲁迅美术学院中国画系。曾任人民美术出版社连环画编辑室副主任。作品有《鲁智深》《封神演义》《清宫演义》等。

J0077662

三打祝家庄 （元）施耐庵原著；颜君改编；关宝琮，李永志绘

沈阳　辽宁美术出版社　1985 年　150 页　13cm（60 开）定价：CNY0.29

　　中国现代连环画。作者施耐庵（约 1296—约1370），原名彦端，字肇瑞，号子安，别号耐庵。代表作品《水浒传》。

J0077663

三封密电 钱国盛等编；丁晓峰等绘

南京　江苏少年儿童出版社　1985 年　126 页　13cm（60 开）定价：CNY0.30

　　中国现代连环画。

J0077664

三个独生子 林正让改编；夏莹，郑士仰绘

福州　福建人民出版社　1985 年　70 页　13cm（60 开）定价：CNY0.15

　　中国现代连环画。

J0077665

三个女兵 饶净植改编；夏维淳绘

南京　江苏美术出版社　1985 年　118 页　13cm（60 开）定价：CNY0.28

　　中国现代连环画。

J0077666

三过卡子口 陈倩，跃中编；乐明祥画

郑州　海燕出版社　1985 年　62 页　13cm（60 开）定价：CNY0.17

　　中国现代连环画。

J0077667

三件宝器 苗建华，付莲英改编；逸云绘

呼和浩特　内蒙古人民出版社　1985 年　94 页　13cm（60 开）定价：CNY0.27

　　中国现代连环画。

J0077668

三剑客 （1）唯青改编；顾盼等绘

哈尔滨　黑龙江美术出版社　1985 年　153 页　13cm（60 开）定价：CNY0.30

　　本书是根据法国大仲马的《三个火枪手》改编的连环画。

J0077669

三剑客 （2）唯青改编；顾盼等绘

哈尔滨　黑龙江美术出版社　1985 年　156 页　13cm（60 开）定价：CNY0.34

　　根据法国大仲马的《三个火枪手》改编的连环画。

J0077670

三剑客 （3）禾木改编；顾盼等绘

哈尔滨　黑龙江美术出版社　1985 年　178 页　13cm（60 开）定价：CNY0.33

　　本书是根据法国大仲马的《三个火枪手》改编的连环画。

J0077671

三进芦花村 笠乾华编；戈万明绘

武汉　湖北美术出版社　1985 年　94 页　13cm（60 开）定价：CNY0.24

　　中国现代连环画。

J0077672

三九一高地伏击战 文刃改编；李恩源绘

沈阳　辽宁美术出版社　1985 年　118 页　13cm（60 开）定价：CNY0.28

（小学生画库·语文辅助读物）

　　本画册描绘了中国人民志愿军特级功臣、一级战斗英雄邱少云烈士的事迹。

J0077673

三美巧会 晓明改编；徐余兴绘画

北京　中国文联出版公司　1985 年　94 页　有图　10×13cm　统一书号：8355.14　定价：CNY0.26

（再生缘　八）

　　中国现代连环画。

J0077674

三女复仇记 （一）林磊改编；文木等绘

哈尔滨　黑龙江美术出版社　1985 年　194 页　13cm（60 开）定价：CNY0.51

　　本书是根据香港小说《江湖三女侠》改编的

连环画。

J0077675

三女复仇记 （二）齐代改编；白山等绘
哈尔滨　黑龙江美术出版社　1985 年　186 页
13cm（60 开）定价：CNY0.50

　　本书是根据香港小说《江湖三女侠》改编的连环画。

J0077676

三女复仇记 （三）欢任改编；石砺等绘
哈尔滨　黑龙江美术出版社　1985 年　193 页
13cm（60 开）定价：CNY0.51

　　本书是根据香港小说《江湖三女侠》改编的连环画。

J0077677

三女复仇记 （四）林磊改编；冠则等绘
哈尔滨　黑龙江美术出版社　1985 年　189 页
13cm（60 开）定价：CNY0.50

　　本书是根据香港小说《江湖三女侠》改编的连环画。

J0077678

三女复仇记 （五）仲奇改编；张杰等绘
哈尔滨　黑龙江美术出版社　1985 年　196 页
13cm（60 开）定价：CNY0.52

　　本书是根据香港小说《江湖三女侠》改编的连环画。

J0077679

三千里寻母记 钮胜利改编；王铭绘
南京　江苏少年儿童出版社　1985 年　78 页
13cm（60 开）定价：CNY0.20

　　本书是根据意大利作家亚米契斯的小说改编的连环画。

J0077680

三千里寻母记 （第一集　热那亚的少年马尔柯）中国电视剧制作中心供稿
北京　中国广播电视出版社　1985 年　157 页
15cm（40 开）定价：CNY0.39

　　本书是根据意大利作家亚米契斯的小说改编的连环画。

J0077681

三千里寻母记 （第二集　马尔柯的愿望）中国电视剧制作中心供稿
北京　中国广播电视出版社　1985 年　157 页
15cm（40 开）定价：CNY0.39

　　本书是根据意大利作家亚米契斯的小说改编的连环画。

J0077682

三千里寻母记 （第三集　赫皮诺木偶剧团）中国电视剧制作中心供稿
北京　中国广播电视出版社　1985 年　157 页
15cm（40 开）定价：CNY0.39

　　本书是根据意大利作家亚米契斯的小说改编的连环画。

J0077683

三请樊梨花 林泉改编；冯庆国绘
成都　四川美术出版社　1985 年　158 页
13cm（60 开）定价：CNY0.43
（薛丁山征西之六）

　　中国现代连环画。

J0077684

三上穆柯寨 张企荣编；叶雄绘
重庆　重庆出版社　1985 年　142 页　13cm（60 开）
定价：CNY0.27
（《杨家小将》之六）

　　中国现代连环画。作者叶雄（1950—　），连环画家。笔名夏草、古寅，上海崇明人，毕业于上海大学美术学院国画系专科。中国美术家协会上海分会会员，上海连环画研究会理事，上海黄浦画院画师，上海老城厢书画会常务理事。代表作品有《竹林七贤图》《子夜》《郑板桥造像》《咆哮的黑龙江》等。

J0077685

三十年奇遇 余松岩改编；赵克标，吴奕政绘
广州　岭南美术出版社　1985 年　189 页
13cm（60 开）定价：CNY0.42
（文学家的故事）

　　本书是根据沈醉《我这三十年》改编的连环画。

J0077686

三潭印月 吴山明绘；徐飞文

杭州　浙江人民美术出版社 1985 年 91 页
19cm（32 开）定价：CNY3.40

　　中国现代连环画。作者吴山明（1941—　），
画家。生于浙江浦江县，毕业于中国美术学院
中国画系人物专业。历任中国美术学院学术委
员会委员，中国画系教授、博士生导师，造型艺
术学部主任。代表作品有《意笔人物画选》等，
著作有《吴山明意笔人物线描集》《吴山明画
集》等。

J0077687

三探圆明园　谭元杰编
福州　福建美术出版社 1985 年 126 页
13cm（60 开）定价：CNY0.31
（清代历史传奇）

　　中国现代连环画。

J0077688

三星岛奇遇　武萍改编；丁振清绘
成都　四川美术出版社 1985 年 60 页 13cm（60 开）
定价：CNY0.18

　　中国现代连环画。

J0077689

三英闯王府　安文龙，张成林改编；墨林，艺
海绘
哈尔滨　黑龙江美术出版社 1985 年 98 页
13cm（60 开）定价：CNY0.26
（《魔影》之四）

　　中国现代连环画。

J0077690

杀敌英雄樊四得　李亮编；刘秉贤，蔡沧洲绘
北京　人民美术出版社 1985 年 78 页 13cm（60 开）
定价：CNY0.18

　　中国现代连环画。

J0077691

杀人灭口　胡扬改编；白长江，李进绘
北京　朝花美术出版社 1985 年 126 页
13cm（60 开）定价：CNY0.35
（惊险侦探画丛之十）

　　中国现代连环画。

J0077692

沙洛姆教授的迷误　胡翀改编；雷时圣绘
广州　科学普及出版社广分社 1985 年 84 页
13cm（60 开）定价：CNY0.19

　　中国现代连环画。

J0077693

沙漠谍影　（英）肯·福莱特原著；李宝靖改编；
梁启德，宋巍绘
南宁　广西人民出版社 1985 年 162 页
13cm（60 开）定价：CNY0.34
（反法西斯战斗故事之一）

　　中国现代连环画。

J0077694

山菊花　（上）山文改编；胡震国，王守中绘
上海　上海人民美术出版社 1985 年 214 页
13cm（60 开）定价：CNY0.46

　　本书是中国现代连环画。共 2 册，收入 468
幅图。作者胡震国，连环画家。曾任上海工艺美
术职业学院美术系主任。

J0077695

山菊花　（下）山文改编；胡震国，王守中绘
上海　上海人民美术出版社 1985 年 254 页
13cm（60 开）定价：CNY0.55

　　中国现代连环画。共 2 册，收入 468 幅图。

J0077696

山神庙枪挑陆虞侯　张营改编；高力强摄影
济南　山东美术出版社 1985 年 156 页
13cm（60 开）定价：CNY0.39
（水浒传电视剧《林冲》3）

　　本书是依据电视剧《林冲》改编的现代连环
画，由山东广播电视艺术团供稿。

J0077697

山野斗强寇　春蕾改编；许全群绘画
北京　中国文联出版公司 1985 年 94 页
15cm（40 开）定价：CNY0.26
（萍踪侠影之九）

　　中国现代连环画。

J0077698

珊瑚岛的秘密　何为改编；曾胜利绘

成都　四川少年儿童出版社　1985 年　91 页
13cm（60 开）定价：CNY0.25
　　中国现代连环画。

J0077699
商家堡遇劫　丰华改编；冰麟等绘
杭州　浙江少年儿童出版社　1985 年　134 页
13cm（60 开）定价：CNY0.34
（《飞狐外传》之一）
　　中国现代连环画。

J0077700
上党之战　谷达改编；曾成金，温平绘
杭州　浙江人民美术出版社　1985 年　118 页
13cm（60 开）定价：CNY0.26
　　中国现代连环画。作者曾成金（1947—　　），
画家。浙江平阳县人，毕业于浙江美术学院附中，
后考入浙江美术学院中国画系进修学习。中国
美术家协会会员，浙江省美术家协会会员，平阳
县美协主席。主要作品有《南雁荡山水古诗画意
百图》《曾成金中国画小品系列》《百子新图》等。

J0077701
上海的早晨　（一）吴文焕改编；冯远绘
上海　上海人民美术出版社　1985 年　150 页
13cm（60 开）定价：CNY0.33
　　本书是根据周而复同名小说改编的连环画。
作者冯远（1952—　　），教授、画家。生于上海，
祖籍江苏无锡。作品有《望夫妹》《母子图》《新
疆风情写生》《今生来世》，出版有《二十一世纪
中国艺术家·冯远》《笔墨尘缘》。

J0077702
上海的早晨　（二）吴文焕改编；冯远绘
上海　上海人民美术出版社　1985 年　166 页
13cm（60 开）定价：CNY0.37
　　本书是根据周而复同名小说改编的连环画。

J0077703
上海滩　（一）一粟改编；陈珂摄影
武汉　湖北美术出版社　1985 年　189 页
15cm（40 开）定价：CNY0.45
　　本书是根据同名电影改编的连环画。

J0077704
上海滩　（二）一粟改编；陈珂摄影
武汉　湖北美术出版社　1985 年　189 页
15cm（40 开）定价：CNY0.45
　　本书是根据同名电影改编的连环画。

J0077705
上海滩　（三）一粟改编；陈珂摄影
武汉　湖北美术出版社　1985 年　189 页
15cm（40 开）定价：CNY0.45
　　本书是根据同名电影改编的连环画。

J0077706
上海滩　（四）一粟改编；陈珂摄影
武汉　湖北美术出版社　1985 年　190 页
15cm（40 开）定价：CNY0.45
　　本书是根据同名电影改编的连环画。

J0077707
上海滩　（五）一粟改编；陈珂摄影
武汉　湖北美术出版社　1985 年　190 页
15cm（40 开）定价：CNY0.45
　　本书是根据同名电影改编的连环画。

J0077708
上海滩　（1）岫石改编；李静波等选片
沈阳　辽宁美术出版社　1985 年　158 页
15cm（40 开）定价：CNY0.41
　　本书是根据同名电影改编的连环画。

J0077709
上海滩　（2）肖冠改编；李静波等选片
沈阳　辽宁美术出版社　1985 年　158 页
15cm（40 开）定价：CNY0.41
　　本书是根据同名电影改编的连环画。

J0077710
上海滩　（3）浦漫湘改编；李静波等选片
沈阳　辽宁美术出版社　1985 年　158 页
15cm（40 开）定价：CNY0.41
　　本书是根据同名电影改编的连环画。

J0077711
上海滩　（4）徐光荣改编；李静波等选片
沈阳　辽宁美术出版社　1985 年　158 页

15cm（40开）定价：CNY0.41

本书是根据同名电影改编的连环画。作者徐光荣（1941— ），作家。辽宁辽阳人，毕业于沈阳教育学院中文系。辽宁省作家协会创联室副主任、《群众文艺》编辑部主任、辽宁美术出版社编委、省作家协会创作联络部副主任、省作家协会创作研究部作家。著有《心灵的窗口》《徐光荣诗选》《传神的眼睛》《美神的召唤》《关东笑星》等。

J0077712

上海滩 （5）何泥改编；李静波等选片

沈阳 辽宁美术出版社 1985年 158页

15cm（40开）定价：CNY0.41

本书是根据同名电影改编的连环画。

J0077713

上海滩 （6）芳草改编；李静波等选片

沈阳 辽宁美术出版社 1985年 186页

15cm（40开）定价：CNY0.48

本书是根据同名电影改编的连环画。

J0077714

上海滩续集 （1 复仇之火）战永胜改编；魏桂宁，战永胜摄影

南宁 广西民族出版社 1985年 150页

15cm（40开）定价：CNY0.42

本书是根据同名电影改编的连环画。

J0077715

上海滩续集 （2 情天恨海）战永胜改编；魏桂宁，战永胜摄影

南宁 广西民族出版社 1985年 142页

15cm（40开）定价：CNY0.41

本书是根据同名电影改编的连环画。

J0077716

上海滩续集 （3 明争暗斗）战永胜改编；魏桂宁，战永胜摄影

南宁 广西民族出版社 1985年 150页

15cm（40开）定价：CNY0.43

本书是根据同名电影改编的连环画。

J0077717

上海滩续集 （4 罪恶陷阱）战永胜改编；魏桂宁，战永胜摄影

南宁 广西民族出版社 1985年 150页

15cm（40开）定价：CNY0.43

本书是根据同名电影改编的连环画。

J0077718

少林大侠乔峰 （上）戚洪改编；侯德剑，袁峰绘

南京 江苏少年儿童出版社 1985年 166页

13cm（60开）定价：CNY0.40

中国现代连环画。侯德剑（1949— ），画家，江苏南通人。南通书法国画研究院院长，南通市美术家协会主席，中国美术家协会会员，国家一级美术师，江苏省政协书画室特聘画师。擅长中国画、连环画。作品有连环画《东进、东进》，中国画《牛戏图》等。

J0077719

少林大侠乔峰 （中）戚宏改编；沈启鹏，袁峰绘

南京 江苏少年儿童出版社 1985年 158页

13cm（60开）定价：CNY0.38

中国现代连环画。作者沈启鹏（1946— ），画家。南通美术家协会主席、南通书画研究院院长。代表作品《大汛》《海子牛》《二月二回娘家》。

J0077720

少林大侠乔峰 （下）戚宏改编；赵建明，朱建忠绘

南京 江苏少年儿童出版社 1985年 158页

13cm（60开）定价：CNY0.38

中国现代连环画。

J0077721

少林三德武僧 孙锦常改编；绍城等绘

合肥 安徽美术出版社 1985年 206页

13cm（60开）定价：CNY0.46

（中国武术故事连环画）

作者孙锦常（1935— ），笔名南雁。浙江宁波人，毕业于复旦大学新闻系。曾任岭南美术出版社总编室主任、副总编辑，广东省新闻出版局机关刊物《书报刊》主编，广东作协会员。编撰出版《岭南风物传说画笺》等。

J0077722

少林僧兵平倭记　吴经农编；关守信画

郑州　海燕出版社　1985 年　48 页　27cm（16 开）

定价：CNY0.17

　　中国现代连环画。作者关守信（1945—　　），
画家。山东青州人。青岛出版社审编，山东美协
书院特聘画师。代表作品《24 孝图》《扇面百图》
《绘画世界童话文库》等。

J0077723

少年孔融　刘天平编；钱贵苏绘

南昌　江西人民出版社　1985 年　106 页

13cm（60 开）定价：CNY0.24

（中国古代近代名人青少年时期故事丛书）

　　中国现代连环画。作者钱贵苏（1936—　　），
美术编辑。浙江吴兴人，毕业于中国美术学院。
家学渊源。浙江人民美术出版社美术编辑、副编
审，浙江省人物画研究会会员，西泠书画院特聘
画师。作品有连环画《鉴湖女侠》、水粉组画《浩
气长存贯长虹》、国画组画《萧楚女》，著有技法
书《速写起步》等。

J0077724

少年女将荀灌夺围　刘天平改编；瞿谷寒等
绘画

南昌　江西人民出版社　1985 年　125 页　有图
10×13cm　统一书号：8110.913　定价：CNY0.28

（中国古代近代名人青少年时期故事丛书）

　　中国现代连环画。作者瞿谷寒（1938—　　），
画家。生于上海浦东，就读于扬州艺术学校学习
美术。上海美术家协会会员，上海连环画研究
会会员，上海民盟书画院画师。代表作品有《宋
史演义》连环画，《少小离家老大回》《瞿谷寒画
集》等。

J0077725

少年杨家将　（杨继业，佘赛花的故事）晨钟
改编；金戈等绘

杭州　浙江少年儿童出版社　1985 年　198 页

13cm（60 开）定价：CNY0.52

　　中国现代连环画。

J0077726

少年侦探与多面怪盗　（第一集　皇冠宝石）

赵琪改编；唐雯，刘学伦绘

成都　四川少年儿童出版社　1985 年　126 页

13cm（60 开）定价：CNY0.35

　　中国现代连环画。作者刘学伦（1954—　　），
画家、教授。生于四川成都，祖籍安徽肥西县，
毕业于日本大阪艺术大学。西南民族大学艺术
系教授，中国美术家协会会员。作品有《画说情
歌》《金沙祭》《解放军入城图》等。

J0077727

少女和一千个追求者　克里山·钱达尔原著；
装石编绘

天津　天津人民美术出版社　1985 年　134 页

有图　10×13cm　统一书号：8073.31047

定价：CNY0.36

　　中国现代连环画。

J0077728

少帅除敌　李唯青改编；刘益，吕非绘

哈尔滨　黑龙江美术出版社　1985 年　187 页

13cm（60 开）定价：CNY0.35

　　中国现代连环画。

J0077729

蛇郎　小辰改编；叶毓中绘

南宁　广西人民出版社　1985 年　110 页

19cm（32 开）定价：CNY0.51

J0077730

蛇侠　董咏芹编；朱辉绘画

长沙　湖南少年儿童出版社　1985 年　126 页

15cm（40 开）定价：CNY0.23

（朝华画库）

　　现代中国连环画。

J0077731

蛇侠　苏子龙编；陈伯平摄影

上海　上海人民美术出版社　1985 年　149 页

有图　10×13cm　统一书号：8081.14276

定价：CNY0.41

　　现代中国连环画。作者苏子龙（1941—　　），
作家。河北人，毕业于江苏新闻专科学校。江苏
电视台台长，高级记者，中国书法家协会会员。
作品有《苍苔履痕》《荥河泛舟》《难忘乡情》。

J0077732

蛇医历险　竺乾华改编；周川绘

杭州　浙江少年儿童出版社　1985年　126页

13cm（60开）定价：CNY0.32

　　现代中国连环画。

J0077733

射雕英雄传　（上）夕明改编；于睢等绘画

南京　江苏美术出版社　1985年　126页

13cm（60开）定价：CNY0.32

　　本书是根据金庸著的长篇武侠小说改编的连环画。

J0077734

射雕英雄传　（上）萧草等改编；秀公等绘画

南京　江苏人民出版社　1985年　190页

13cm（60开）定价：CNY0.46

　　本书是根据金庸著的长篇武侠小说改编的连环画。

J0077735

射雕英雄传　（中）萧草等改编；朱新建等绘画

南京　江苏人民出版社　1985年　190页

13cm（60开）定价：CNY0.46

　　本书是根据金庸著的长篇武侠小说改编的连环画。

J0077736

射雕英雄传　（下）萧草等改编；凌青等绘画

南京　江苏人民出版社　1985年　190页

13cm（60开）定价：CNY0.46

　　本书是根据金庸著的长篇武侠小说改编的连环画。

J0077737

射雕英雄传　（第一集　铁血丹心）张克必改编；金石选片

南昌　江西人民出版社　1985年　126页

13cm（60开）定价：CNY0.36

　　本书是根据香港电视连续剧改编的连环画。

J0077738

射雕英雄传　（第二集　铁血丹心）张岫石改编；金石选片

南昌　江西人民出版社　1985年　126页

13cm（60开）定价：CNY0.36

　　本书是根据香港电视连续剧改编的连环画。

J0077739

射雕英雄传　（第三集　铁血丹心）张岫石改编；金石选片

南昌　江西人民出版社　1985年　126页

13cm（60开）定价：CNY0.36

　　本书是根据香港电视连续剧改编的连环画。

J0077740

射雕英雄传　（第四集　铁血丹心）张克必改编；金石选片

南昌　江西人民出版社　1985年　126页

13cm（60开）定价：CNY0.36

　　本书是根据香港电视连续剧改编的连环画。

J0077741

射雕英雄传　（第五集　铁血丹心）张克必改编；金石选片

南昌　江西人民出版社　1985年　126页

13cm（60开）定价：CNY0.36

　　本书是根据香港电视连续剧改编的连环画。

J0077742

射雕英雄传　（第六集　铁血丹心）张克必改编；金石选片

南昌　江西人民出版社　1985年　126页

13cm（60开）定价：CNY0.36

　　本书是根据香港电视连续剧改编的连环画。

J0077743

射雕英雄传　（1　风雪惊变）芊里改编；周申绘画

济南　山东美术出版社　1985年　126页

13cm（60开）定价：CNY0.33

　　本书是根据金庸著的长篇武侠小说改编的连环画。作者周申（1943—　　），连环画家。浙江诸暨人，毕业于中央美术学院附中。曾任山东菏泽地区展览馆艺术馆美术干部、山东美术出版社美术编辑、中国美术家协会会员。代表作品有《四笔阎王账》《中国历史演义故事画——宋史》《当代连环画精品集·周申》等。

J0077744

射雕英雄传 （一）胡平改编；陆华等绘画
杭州 浙江人民美术出版社 1985 年 190 页
13cm（60 开）定价：CNY0.50

　　本书是根据金庸著的长篇武侠小说改编的
连环画。作者陆华（1939— ），笔名雁父。出生
于江苏盐城建湖县，毕业于南京江苏新闻专科学
校。曾任新疆人民广播电台记者、《光明日报》新
疆记者站记者、江苏《新华日报》编辑、《扬子晚
报》副刊《繁星》主编、主任编辑。现为江苏省作
家书画联谊会副会长，南京古鸡鸣寺书画院副院
长，江苏省古陶瓷研究会顾问，中国作家协会会
员。著有散文随笔《名人·风情·掌故》，诗画集《陆
华诗画小品》，报告文学《天堂凡人赞》等。

J0077745

射雕英雄传 （二）胡平改编；马方路等绘画
杭州 浙江人民美术出版社 1985 年 190 页
13cm（60 开）定价：CNY0.50

　　本书是根据金庸著的长篇武侠小说改编的
连环画。作者马方路（1960— ），连环画家。出
生于上海。上海连环画协会会员、上海教育报刊
总社学前教育分社设计部主任。代表画作有《清
朝故事》《历代歌赋》《雪夜袭蔡州》《杨家将》
《水浒人物 108 将》《西游记人物大全》《中国成
语故事》等。

J0077746

射雕英雄传 （三）胡平改编；马方路等绘画
杭州 浙江人民美术出版社 1985 年 190 页
13cm（60 开）定价：CNY0.50

　　本书是根据金庸著的长篇武侠小说改编的
连环画。

J0077747

射雕英雄传 （四）胡平改编；陆华等绘画
杭州 浙江人民美术出版社 1985 年 190 页
13cm（60 开）定价：CNY0.50

　　本书是根据金庸著的长篇武侠小说改编的
连环画。

J0077748

深入虎穴 金宝仁，孙玉霞编；孙大钧绘
沈阳 辽宁美术出版社 1985 年 130 页
13cm（60 开）定价：CNY0.30

　中国现代连环画。

J0077749

神鞭 吴时学改编；任兆祥绘
成都 四川少年儿童出版社 1985 年 126 页
有图 10×13cm 统一书号：R8247.240 定价：
CNY0.32

　　中国现代连环画。

J0077750

神鞭 吴时学改编；任兆祥绘画
成都 四川少年儿童出版社 1985 年 126 页
13cm（60 开）定价：CNY0.32

　　中国现代连环画。

J0077751

神出鬼没 余多改编；东山等绘
哈尔滨 黑龙江美术出版社 1985 年 126 页
13cm（60 开）定价：CNY0.31

　　中国现代连环画。

J0077752

神斧 熊孔成编
郑州 河南美术出版社 1985 年 94 页 13cm（60 开）
定价：CNY0.23

　　中国现代连环画。

J0077753

神箭手罗宾汉 竺乾华改编；魏谦，成宁绘
武汉 湖北美术出版社 1985 年 142 页
13cm（60 开）定价：CNY0.36

　　中国现代连环画。

J0077754

神力王 （一）小戈改编；刘大为，高向平绘画
天津 天津人民美术出版社 1985 年 125 页
13cm（60 开）定价：CNY0.30

　　中国现代连环画。作者刘大为（1945— ），
教师。山东诸城人。解放军艺术学院美术系主
任，中国美术家协会中国画艺术委员会委员。出
版有《刘大为画集》。

J0077755

神力王 （二）陈骧龙改编；许全群，方书绘画
天津 天津人民美术出版社 1985 年 118 页

13cm（60开）定价：CNY0.29

中国现代连环画。作者陈骧龙（1941—2012），书法家。生于北京，祖籍浙江温州。天津人民美术出版社编辑、中国书法家协会会员、美术家协会天津分会会员。著有《华夏五千年艺术丛书 版画集》《青少年书法五十讲》等。

J0077756

神力王 （三）晓旭改编；谷照恩，谷静绘画
天津 天津人民美术出版社 1985 年 126 页
13cm（60开）定价：CNY0.30
　　中国现代连环画。

J0077757

神力王 （四）吴秀英改编；崔建社绘画
天津 天津人民美术出版社 1985 年 110 页
13cm（60开）定价：CNY0.27

J0077758

神力王 （五）锦绣改编；颜宝臻绘画
天津 天津人民美术出版社 1985 年 110 页
13cm（60开）定价：CNY0.27

J0077759

神力王 （六）陈忱改编；霜叶绘画
天津 天津人民美术出版社 1985 年 126 页
13cm（60开）定价：CNY0.30

J0077760

神力王 （七）寒光改编；谢芝，逸云绘画
天津 天津人民美术出版社 1985 年 118 页
13cm（60开）定价：CNY0.29

J0077761

神力王 （八）宋勇改编；徐进绘画
天津 天津人民美术出版社 1985 年 126 页
13cm（60开）定价：CNY0.30
　　中国现代连环画。

J0077762

神力王 （九）宋勇改编；刘建平，姚仲新绘画
天津 天津人民美术出版社 1985 年 126 页
13cm（60开）定价：CNY0.30

J0077763

神力王 （十）宋勇改编；郑宜云，郑宜颖绘画
天津 天津人民美术出版社 1985 年 126 页
13cm（60开）定价：CNY0.30

J0077764

神力王 （十一）李汶改编；孙承民绘画
天津 天津人民美术出版社 1985 年 126 页
13cm（60开）定价：CNY0.30

J0077765

神力王 （十二）贾振林改编；黄河清绘画
天津 天津人民美术出版社 1985 年 126 页
13cm（60开）定价：CNY0.30

J0077766

神力王拳打"洋老虎" 绕翠岚改编；陆小茅，任连江绘画
银川 宁夏人民出版社 1985 年 100 页
13cm（60开）定价：CNY0.22
　　中国现代连环画。

J0077767

神龙斗霸 莫少明编；王立民绘
南宁 广西民族出版社 1985 年 62 页 13cm（60开）
定价：CNY0.16
　　中国现代连环画。

J0077768

神锣 童心编；闻西等绘
广州 岭南美术出版社 1985 年 13cm（60开）
定价：CNY0.41
（东南亚民间故事 4）
　　中国现代连环画。

J0077769

神帽 毛亮英改编；赵春林绘
兰州 甘肃人民出版社 1985 年 86 页 13cm（60开）
书号：8096.1157 定价：0.18 元
　　根据同名科幻儿童剧改编的连环画。

J0077770

神秘的"03" 尹言编；吴宇方，林声绘
延吉 延边人民出版社 1985 年 168 页
13cm（60开）定价：CNY0.40

中国现代连环画。

J0077771

神秘的白龙洞　蔡崇武编文；沈启鹏绘画
南京　江苏少年儿童出版社　1985 年　142 页
有图　10×13cm　统一书号：R8352.3.144
定价：CNY0.35
　　　　中国现代连环画。作者沈启鹏（1946—　　），
画家。南通美术家协会主席、南通书画研究院院
长。代表作品《大汛》《海子牛》《二月二回娘家》。

J0077772

神秘的古镜　田增改编；甘武炎等绘
成都　四川少年儿童出版社　1985 年　126 页
有图　10×13cm　统一书号：R8247.197
定价：CNY0.28
　　　　中国现代连环画。

J0077773

神秘的交通员　高光改编；阿沛，小林绘
哈尔滨　黑龙江美术出版社　1985 年　120 页
13cm（60 开）定价：CNY0.29
　　　　中国现代连环画。

J0077774

神秘的立体油画　苏鸣，黄珍编译；王玲描绘
北京　中国文联出版公司　1985 年　78 页
13cm（60 开）定价：CNY0.23
（卡通连环画选）

J0077775

神秘的太空来客　李培贞，段俊如改编；刘世
铎绘
天津　天津人民美术出版社　1985 年　126 页
有图　10×13cm　统一书号：8073.31062
定价：CNY0.30
　　　　中国现代连环画。

J0077776

神秘的太阳城　方昉改编；区础坚，王怡绘
广州　广东人民出版社　1985 年　125 页
13cm（60 开）定价：CNY0.33
　　　　中国现代连环画。作者方昉，旅美画家、设
计家。毕业于上海师范大学艺术系。曾任上海
文艺出版社美术编辑，上海现代美术设计家协会

秘书长，上海漆画协会副会长，美国中美油画学
会理事。

J0077777

神奇的剑塔　王建，辜朗辉改编；陈志庆等摄影
昆明　云南人民出版社　1985 年　141 页
13cm（60 开）定价：CNY0.40
　　　　中国现代连环画。

J0077778

神奇的医生　戈兵改编；桑麟康绘
北京　人民美术出版社　1985 年　158 页
13cm（60 开）定价：CNY0.34
　　　　根据李栋、周毅如的小说《碧落黄泉》改编
的连环画。作者桑麟康（1957—　　），画家。浙江
鄞县人，就读于上海市轻工业专科学校美术系。
上海市农垦工商联合企业总公司天山商场美工。
作品有《同学》《我们唤醒了沉睡的大地》《养鸡
图》等。

J0077779

神枪猛伙斗顽匪　罗邦武改编；李秀等绘画
昆明　云南人民出版社　1985 年　142 页　有图
10×13cm　统一书号：R8116.1342　定价：CNY0.30
　　　　中国现代连环画。

J0077780

神枪手　郑荣华改编；孙承民绘画
天津　天津人民美术出版社　1985 年　78 页
13cm（60 开）定价：CNY0.21
（《神鞭》之五）
　　　　中国现代连环画。

J0077781

神枪镇恶魔　鹤仙改写；梁启德绘
上海　少年儿童出版社　1985 年　118 页
13cm（60 开）定价：CNY0.30
　　　　中国现代连环画。

J0077782

神拳儿女　陶野改编；董录盛等绘画
济南　明天出版社　1985 年　190 页　13cm（60 开）
定价：CNY0.48
　　　　中国现代连环画。

J0077783

神拳万籁声　孙世奇编；张鸿飞绘画
沈阳　辽宁美术出版社　1985 年　158 页
13cm（60 开）定价：CNY0.39
　　中国现代连环画。

J0077784

神拳扬威　德芳改编；邵梦龙绘
西安　陕西人民美术出版社　1985 年　94 页
有图　10×13cm　统一书号：8199.954
定价：CNY0.24
　　中国现代连环画。

J0077785

神偷救御史　石刚编；梁元楷摄影
广州　岭南美术出版社　1985 年　123 页
15cm（40 开）定价：CNY0.31
（红豆连环画丛书）

J0077786

神腿扫奸　吉文军改编；李德钊，关伟民绘
广州　广东人民出版社　1985 年　174 页
13cm（60 开）定价：CNY0.34
　　中国现代连环画。

J0077787

神医传奇　江珑改编；赵国经，王美芳绘
合肥　安徽美术出版社　1985 年　190 页
13cm（60 开）定价：CNY0.43
　　中国现代连环画。作者赵国经（1950—　），
一级画师。出生于河北景县，毕业于天津美术学
院绘画系。中国美术家协会会员、连环画艺术委
员会委员、天津美术家协会副主席、天津美术出
版社美术编辑、连环画编辑室主任。年画代表作
品有《烽火连三月》《做嫁衣》等。作者王美芳
（1949—　），女，高级画师。北京人，毕业于中
央美术学院附中。天津工艺美术设计院高级画
师、天津画院院外画家。擅长中国画。作品有《蒙
山腊月》《王贵与李香香》《做嫁衣》《正月》《太
阳、雪山和我》。

J0077788

神勇的侦察兵　刘知侠原著；王素改编；刘泽
文等绘
北京　人民美术出版社　1985 年　174 页　有图
9cm（128 开）统一书号：8027.9409 定价：CNY0.37
　　根据刘知侠《一支神勇的侦察兵》改编的连
环画。作者刘知侠（1918—1991），作家。河南省
卫辉人，代表作品《铁道游击队》《芳林嫂》《沂
蒙飞虎》《战地日记》。作者刘泽文（1943—　），
画家，国家一级美术师。山东即墨人，曾任烟台
地区新华书店美工、山东省出版总社烟台分社美
术编辑。代表作品《望穿碧海千层浪》，出版有《刘
泽文水粉画集》。

J0077789

神鱼驮屈原　（汉英对照）郑伯侠，沙铁军编；
冯健男绘；燕华兴英译
武汉　湖北少年儿童出版社　1985 年　46 页
19cm（32 开）定价：CNY0.78
（长江三峡民间传说画丛）
　　本书用图画形式再现了一个民间传说——
屈原投汨罗江而死，有条神鱼背起屈原，穿八百
里洞庭，溯江而上，战胜种种艰难险阻，终于将
屈原驮回了故乡归洲，小心地放在长江边的一块
礁石上，然后含泪而去。

J0077790

神掌小马龙　沈俭益改编；丁晓峰绘画
北京　中国文联出版公司　1985 年　62 页
13cm（60 开）定价：CNY0.16
　　中国现代连环画。

J0077791

神州擂　（上）曹治淮改编；王学明绘
石家庄　河北美术出版社　1985 年　162 页
13cm（60 开）定价：CNY0.42
　　中国现代连环画。作者王学明（1943—　），
美术编辑。天津人，毕业于河北省美术学院。历
任师范学校美术教员、报社美术编辑、衡水地区
画院院长、中国美术家协会会员。连环画代表作
品有《三断奇案》等，出版有《买海居诗选》《王
学明画集》等。

J0077792

神州擂　（中）田茂怀改编；王学明绘
石家庄　河北美术出版社　1985 年　134 页
13cm（60 开）定价：CNY0.36
　　中国现代连环画。作者田茂怀（1948—　），
画家。河北衡水人。河北省画院特聘画师，河北

省科技大学客座教授，河北书画院副主席，台湾
艺术协会荣誉理事。

J0077793
神州擂 （下）田茂怀改编；王学明绘
石家庄　河北美术出版社　1985 年　150 页
13cm（60 开）定价：CNY0.40
　　　中国现代连环画。

J0077794
神州擂 （上册）钟磊改编；古月等绘画
南京　江苏少年儿童出版社　1985 年　126 页
有图　10×13cm　统一书号：R8352.3.070
定价：CNY0.32
　　　本书根据长篇小说改编的连环画。

J0077795
神州擂 （下册）钟磊改编；古月，丹文绘画
南京　江苏少年儿童出版社　1985 年　134 页
13cm（60 开）定价：CNY0.34
　　　中国现代连环画。作者丹文（1926—　），原
名俞文元，河北老年大学书画教研组组长，全国
老年书画研究会会员，河北老年书画研究会常务
理事。

J0077796
沈小霞相会出师表　李实改编；梁如洁绘
广州　岭南美术出版社　1985 年　118 页
13cm（60 开）定价：CNY0.28
（古代白话小说选）
　　　中国现代连环画。

J0077797
审美人　（古代破案故事五则）罗方俊编；罗方
涛绘
乌鲁木齐　新疆青年出版社　1985 年　13cm（60 开）
定价：CNY0.20
　　　中国现代连环画。

J0077798
生命的故事　（上集　飞吧小燕子）中国电视剧
制作中心供稿
北京　中国广播电视出版社　1985 年　126 页
15cm（40 开）定价：CNY0.28
　　　中国现代连环画。

J0077799
生命的故事　（中集　流星啊，流星！）中国电
视剧制作中心供稿
北京　中国广播电视出版社　1985 年　126 页
15cm（40 开）定价：CNY0.28
　　　中国现代连环画。

J0077800
生命的故事　（下集　生命之树常青）中国电视
剧制作中心供稿
北京　中国广播电视出版社　1985 年　126 页
15cm（40 开）定价：CNY0.28
　　　中国现代连环画。

J0077801
生死场　赵欣野改编；阴衍江绘
哈尔滨　黑龙江美术出版社　1985 年　113 页
13cm（60 开）定价：CNY0.24
　　　中国现代连环画。作者阴衍江（1940—
2011），画家。中国美术家协会会员，一级画
师，黑龙江美术出版社专业画家，黑龙江文史馆
馆员。

J0077802
生死记　余欣改编；李文越绘
哈尔滨　黑龙江美术出版社　1985 年　148 页
13cm（60 开）定价：CNY0.34
　　　中国现代连环画。

J0077803
生死之谜　李政，赵云声原著；潘彩英改编；
辛也绘
沈阳　辽宁美术出版社　1985 年　138 页
13cm（60 开）定价：CNY0.32
（少帅传奇之二）
　　　中国现代连环画。

J0077804
胜利大逃亡　冯锋改编
上海　上海人民美术出版社　1985 年　126 页
有图　10×13cm　统一书号：8081.14527
定价：CNY0.35
　　　中国现代连环画。

J0077805

胜利大逃亡　　季一德改编；雷德祖绘
上海　少年儿童出版社　1985 年　110 页
13cm（60 开）定价：CNY0.28

中国现代连环画。作者雷德祖（1942—
1991），连环画家、编辑。生于广西南宁，毕业于
广西艺术学院。中国美术家协会会员、广西美
术家协会副主席、中国连环画研究会常务理事、
《美术界》主编。代表作有《斯巴达克思》《世界
名著连环画丛书》等。

J0077806

胜利大兆亡　　冯锋改编
上海　上海人民美术出版社　1985 年　126 页
13cm（60 开）定价：CNY0.35

中国现代连环画。

J0077807

失踪的马队　　余天益改编；范生福绘
杭州　浙江人民美术出版社　1985 年　134 页
13cm（60 开）定价：CNY0.29

中国现代连环画。作者范生福（1939—　），
画家。江苏无锡人。字森荪。中国美术家协会
会员、艺委会委员，上海非物质文化遗产连环画
继承人，上海美术家协会会员，《连环画艺术》编
委。出版有《连环画典藏：范生福作品》（共 4 册）。

J0077808

失踪的女人　　冷冰川等编绘
北京　中国连环画出版社　1985 年　13cm（60 开）
定价：CNY0.23

中国现代连环画。

J0077809

师徒智夺佛宝塔　　郭子宣改编；焦岩峰绘
济南　山东美术出版社　1985 年　102 页
13cm（60 开）定价：CNY0.27
（西游记故事选 11）

本书是根据中国古典小说《西游记》改编的
现代连环画作品。作者郭子宣（1923—　），山东
潍坊人，毕业于潍坊市职工业余大学。曾任潍坊
市图书馆副馆长、中国书法家协会会员、中国博
物馆学会会员、中国老年书画研究会会员、山东
省摄影家协会会员，山东省博物馆、考古、民俗
学会会员。

J0077810

施耐庵　　张袁祥编；郭荣绘
南京　江苏美术出版社　1985 年　158 页
13cm（60 开）定价：CNY0.39

中国现代连环画。

J0077811

十二女将征西　　李清洲改编；于大武绘
北京　北京出版社　1985 年　150 页　13cm（60 开）
定价：CNY0.39
（杨家将故事　之十二）

中国现代连环画。

J0077812

石宝姑娘　　杨鸿举改编；徐廉明绘
成都　四川人民出版社　1985 年　19 页　15cm（40 开）
定价：CNY0.22
（三峡民间故事）

中国现代连环画。

J0077813

史进　　朱笑达编文；吴井田绘画
长春　吉林人民出版社　1985 年　重印本　150 页
有图　10×13cm　统一书号：8091.1434
定价：CNY0.43

J0077814

世界杯行动　　杨忠，杨达改编绘画
成都　四川美术出版社　1985 年　102 页
13cm（60 开）定价：CNY0.27

本书根据叶永烈《球场外的间谍案》改编的
连环画。

J0077815

收伏魔王　　王恩国改编；陈有吉绘
长春　吉林人民出版社　1985 年　31 页　19cm（32 开）
定价：CNY0.22
（《美猴王》连环画 25）

J0077816

首任总统　　黄继树等原著；闻化冰改编；沈尧
等绘
天津　天津人民美术出版社　1985 年　126 页
有图　10×13cm　统一书号：8073.30999
定价：CNY0.30

中国现代连环画。

J0077817

首战大桥 （上 挺进苏北）夏耘编；鞠伏强绘
北京 中国曲艺出版社 1985 年 126 页
13cm（60 开）定价：CNY0.28
　　中国现代连环画。

J0077818

受骗到最后 胡家辉改编；郭怀仁，栗华绘
沈阳 辽宁美术出版社 1985 年 110 页
13cm（60 开）定价：CNY0.26
　　中国现代连环画。

J0077819

兽医历险记 （英）休·洛汀原著；舒杭丽译编；
曹留夫绘画
北京 人民美术出版社 1985 年 有图 12×13cm
统一书号：8027·9399 定价：CNY0.18
　　本书根据英国休·洛汀《多里特尔医生的故
事》编译的连环画。

J0077820

书剑恩仇录 （一）徐淦，姚钧改编；郭东健，
李舒云绘
福州 福建美术出版社 1985 年 106 页
13cm（60 开）定价：CNY0.29
　　中国现代连环画。

J0077821

书剑恩仇录 （二）徐淦，姚钧改编；郭东健，
李舒云绘
福州 福建美术出版社 1985 年 114 页
13cm（60 开）定价：CNY0.31

J0077822

书剑恩仇录 （三）徐淦，姚钧改编；刘炳贤绘
福州 福建美术出版社 1985 年 94 页 13cm（60 开）
定价：CNY0.27

J0077823

书剑恩仇录 （四）徐淦，姚钧改编；刘秉贤，
游文好绘
福州 福建美术出版社 1985 年 102 页
13cm（60 开）定价：CNY0.28

J0077824

书剑恩仇录 （五）徐淦，姚钧改编；李舒云绘
福州 福建美术出版社 1985 年 106 页
13cm（60 开）定价：CNY0.29

J0077825

书剑恩仇录 （六）徐淦，姚钧改编；李舒云绘
福州 福建美术出版社 1985 年 98 页 13cm（60 开）
定价：CNY0.27

J0077826

书剑恩仇录 （第一集）艾妙改编；展之玉，王
立志绘
济南 明天出版社 1985 年 159 页 13cm（60 开）
定价：CNY0.45
　　中国现代连环画。

J0077827

书剑恩仇录 （第二集）艾妙改编；姜吉雄等绘
济南 明天出版社 1985 年 190 页 13cm（60 开）
定价：CNY0.48

J0077828

书剑恩仇录 （第三集）艾妙改编；史振峰，周
茜绘
济南 明天出版社 1985 年 198 页 13cm（60 开）
定价：CNY0.52
　　作者史振峰（1933— ），教授。山东莱州人，
毕业于鲁迅美术学院。中国美术家协会会员、山
东画院艺术顾问、山东艺术学院教授。代表作品
有《高山打井》《油海雄鹰》《舞东风》《抗洪》等。

J0077829

书剑恩仇录 （第四集）艾妙改编；周胜等绘
济南 明天出版社 1985 年 226 页 13cm（60 开）
定价：CNY0.58

J0077830

叔侄巧相逢 刘彦方改编；纪连斌，陈苏平绘
沈阳 辽宁美术出版社 1985 年 158 页
13cm（60 开）定价：CNY0.41
　　根据小说《小将呼延庆》改编的连环画。

J0077831

数学神童：高斯 李洛漠，顾锡宁编；史俊，

吴吉仁绘

南昌 江西人民出版社 1985年 90页 13cm（60开）
定价：CNY0.20

（外国古代近代名人青少年时期故事丛书）

　　中国现代连环画。

J0077832

双虎斗魔王　芊里改编；周永生绘

济南 明天出版社 1985年 150页 13cm（60开）
定价：CNY0.39

　　本书根据管新生小说《擂台英烈》改编的连环画。作者周永生（1950—　），画家。生于青岛，毕业于青岛市美术学校。中国美术家协会山东分会会员，山东省连环画研究会理事，青岛市黄岛文化馆馆长，青岛油画院院长，青岛中华文化学院教授。连环画作品有《孤岛长城》《晚霞》《岳飞》《成语故事》《三国》《水浒》《红楼梦》《西游记》《聊斋故事》等。

J0077833

双姐妹　华英改编；刘卓贤绘

呼和浩特 内蒙古人民出版社 1985年 94页 13cm（60开）定价：CNY0.27

　　中国现代连环画。

J0077834

双雄会武　冯育楠编；赵静东，赵茵绘画

天津 天津人民美术出版社 1985年 86页 15cm（40开）定价：CNY0.22

（《津门大侠霍元甲》之四）

　　中国现代连环画。作者赵静东（1930—　），人物画家，天津人，毕业于中央美术学院。曾任北京通俗读物出版社编辑，天津人民美术出版社副编审。作品《中华女儿经》《战斗的青春》《连心镇》《儿女风尘记》等。出版有《赵静东人物画选》《五个儿童抓特务》等。

J0077835

谁的脚最有用　王坚改编；赵小卫绘

上海 上海人民美术出版社 1985年 46页 有彩图 10×13cm 统一书号：8081.14441
定价：CNY0.21

　　中国现代连环画。

J0077836

谁是 M?　（英）约翰·邓特原著；程德源改编；周申绘

济南 山东美术出版社 1985年 新1版 118页 13cm（60开）定价：CNY0.29

　　中国现代连环画，山东人民出版社1983年3月第1版。作者周申（1943—　），连环画家。代表作品有《故事画——宋史》《当代连环画精品集·周申》等。

J0077837

谁是出卖灵魂的人　章庭改编；王启禄，王可绘

沈阳 辽宁美术出版社 1985年 110页 13cm（60开）定价：CNY0.21

　　中国现代连环画。

J0077838

水孩儿　（英）查理士·金斯莱原著；葳蕤改编；黄冠余绘画

北京 人民美术出版社 1985年 86页 有图 10×13cm 统一书号：8027.9217 定价：CNY0.20

　　中国现代连环画。

J0077839

水浒后传

呼和浩特 内蒙古人民出版社 1985年 10册 13cm（60开）定价：CNY3.74

　　依据中国古典小说《水浒》改编的现代连环画作品。

J0077840

水淹开封　姚雪垠原著；杨兆林改编；魏忠善绘

上海 上海人民美术出版社 1985年 166页 10cm（64开）定价：CNY0.33

（《李自成》连环画 之二十六）

　　本书是根据长篇小说《李自成》改编绘制的中国现代连环画作品。作者姚雪垠（1910—1999），作家、小说家。出生于河南邓县，毕业于河南大学。中国作家协会名誉副主席，湖北省文学艺术界联合会主席，湖北省作家协会主席。代表作品有《李自成》《戎马恋》等。作者魏忠善（1950—　），画家。江苏人，进修于上海戏剧学院。曾任职于上海劳动局宣传教育中心、华东师范大学艺术教育系、上海市美术家协会创作展览

部。代表作品有《王家坪桃林茶馆》，连环画《三字经》《康熙大帝画传》等。

J0077841
司令部的枪声　晓虹编；长贵，路阳绘
延吉　延边人民出版社　1985年　134页
13cm（60开）定价：CNY0.35
　　中国现代连环画。

J0077842
斯诺西行　陈延编绘
西安　陕西人民美术出版社　1985年　19cm（32开）
定价：CNY0.60
　　本书根据埃德加·斯诺《西行漫记》改编的连环画。作者陈延（1940—　），广东汕头大学美术设计系教授。

J0077843
死城的传说　刘兴诗编著；叶毓中绘画
长沙　湖南美术出版社　1985年　78页　有图
10×13cm　统一书号：8233.748　定价：CNY0.18

J0077844
死酷党　（英）柯南道尔原著；孙锦常改编；黄增立绘
广州　岭南美术出版社　1985年　170页
13cm（60开）定价：CNY0.39
（福尔摩斯探案选）
　　作者柯南道尔（Arthur Conan Doyle，1859—1930），英国侦探小说家、剧作家、医生。生于苏格兰爱丁堡。毕业于爱丁堡医科大学。著有《福尔摩斯探案集》《失落的世界》等。改编者孙锦常（1935—　），笔名南雁。浙江宁波人，毕业于复旦大学新闻系。曾任岭南美术出版社总编室主任、副总编辑，广东省新闻出版局机关刊物《书报刊》主编、广东作协会员。编撰出版《岭南风物传说画笺》等。

J0077845
死神来到之前　姜节安，曹思勇摄影
上海　上海人民美术出版社　1985年　165页
15cm（40开）定价：CNY0.45
　　根据话剧《生命·爱情·自由》拍摄改编的连环画。

J0077846
死尸身上的国宝　王利华编；陆成法绘
呼和浩特　内蒙古人民出版社　1985年　118页
13cm（60开）定价：CNY0.21
　　中国现代连环画。作者王利华（1942—　），画家。笔名王山佳。浙江奉化人，进修于浙江美术学院。历任奉化市文化馆副馆长、奉化市文化广播电视局副局长、奉化市文联主席、宁波书画院副院长。出版有《王利华画集》，画作有《松石万年》《林添新绿人添寿》《云山劲松》《林海晨曲》等。

J0077847
松赞干布　张崇琬改编；杨文仁绘画
北京　人民美术出版社　1985年　126页　有图
10×13cm　统一书号：8027.9349　定价：CNY0.28
　　本书根据同名话剧改编的连环画。作者杨文仁（1941—　），画家。生于山东青岛。山东师范学院艺术系中国画专业毕业。任泰安师范美术教师、山东省艺术馆美术干部、山东师范大学美术系教师，山东省美术馆一级美术师，山东省美术家协会副主席。出版有《杨文仁花鸟画集》《杨文仁国画精品集》《荷花画法》等。

J0077848
苏东坡传奇　于文改编；谢京秋绘
沈阳　辽宁美术出版社　1985年　156页
13cm（60开）定价：CNY0.40
　　中国现代连环画。

J0077849
苏武和李陵　（汉英对照）钱嫈编文；刘凯芳翻译；姚耐，石夫绘图
福州　福建美术出版社　1985年　140页
21×19cm　统一书号：8421.89　定价：CNY1.75
　　中国现代连环画。

J0077850
苏州惩霸　平衡改编；滇均，岫雯绘画
石家庄　河北美术出版社　1985年　134页
13cm（60开）定价：CNY0.36
（《神力王》之三）
　　中国现代连环画。

J0077851

索伦杆传奇　王琴改编；王弘力绘
沈阳 辽宁美术出版社 1985年 70页 13cm（60开）
定价：CNY0.20
（沈阳故宫传说之一）
　　中国现代连环画。作者王弘力（1927—
2019），连环画家。生于天津，祖籍山东蓬莱。中
国美术家协会会员、沈阳文史馆馆员、历任《辽
西画报》《辽西文艺》编辑，辽宁美术出版社编
审。代表作品有连环画《十五贯》《天仙配》等。

J0077852

她的爱情　古田改编；潘直亮绘
武汉 湖北美术出版社 1985年 142页
13cm（60开）定价：CNY0.32
　　中国现代连环画。作者潘直亮（1941—　），
编辑。湖北汉阳人。历任湖北孝感市文联副主席、
孝感市美协主席、孝感画院院长、中国美术家协
会会员，孝感市美术家协会名誉主席。作品有《杨
靖宇》《恋》《献寿》，专著有《潘直亮佛教题材水
墨作品选集》等。

J0077853

她的代号白牡丹　（上）魏忠才，宋芒改编；
段文斌绘
郑州 河南美术出版社 1985年 158页
13cm（60开）定价：CNY0.32
　　中国现代连环画。

J0077854

她的代号白牡丹　（下）魏忠才，宋芒改编；
段文斌绘
郑州 河南美术出版社 1985年 157页
13cm（60开）定价：CNY0.28
　　中国现代连环画。

J0077855

她是谁的女儿？　之江改编；周诵新等摄影
上海 上海人民美术出版社 1985年 165页
有图 10×13cm 统一书号：8081.14683
定价：CNY0.45
　　本书据浙江话剧团创作演出，房子编剧，钱
永明导演本改编的连环画。

J0077856

塔中捉二妖　柏石山改编；戈万明绘
长春 吉林人民出版社 1985年 31页 19cm（32开）
定价：CNY0.22
（《美猴王》连环画 33）

J0077857

台湾民间传说画丛
西安 未来出版社 1985年 10册 13cm（60开）
定价：CNY2.00
　　本套连环画共10册。包括：（1）日月潭的
神话；（2）姐妹山；（3）玉山蟒头岩；（4）浊水溪；
（5）秀始山和彭佳屿；（6）能高山上的塔林石；（7）
澎湖列岛的传说；（8）绿岛怎样变成火烧岛；（9）
阿里山的传说；（10）双龟记。

J0077858

太白酒家　黄尚恒，王素一改编；张咏等绘
南昌 江西人民出版社 1985年 13cm（60开）
定价：CNY0.39
　　中国现代连环画。

J0077859

太湖传奇　海燕改编；罗希贤绘
上海 上海人民美术出版社 1985年 173页
13cm（60开）定价：CNY0.39
　　本书是中国现代连环画。收入173幅图。
作者罗希贤（1946—　），连环画家。广东东莞人。
上海美术出版社美术创作员。上海著名民俗画、
连环画家，共绘制了150多部连环画。作品有《火
种》《蔡锷》等。

J0077860

太湖渔侠　谭亚新等原著；阿黑改编；侯钟琪
绘画
北京 中国文联出版公司 1985年 94页 有图
10×13cm 统一书号：8355.276 定价：CNY0.26
　　本书根据谭亚新、杨雄的同名传奇小说编绘
的连环画。

J0077861

太子奇遇　史丽容改编；吴志坚，程子绘
北京 朝花美术出版社 1985年 126页
13cm（60开）定价：CNY0.35
（《一千零一夜》故事）

中国现代连环画。

J0077862

泰山父子　吴山，晓文改编；黄云松等绘

杭州　浙江人民美术出版社　1985年　174页

13cm（60开）定价：CNY0.44

（《人猿泰山》之三）

　　中国现代连环画。作者黄云松（1939—　），浙江温岭人。钢笔画家，毕业于浙江美术学院版画系。中国美术家协会会员、浙江文艺杂志美编、浙江工农兵画报浙江人民出版社美编室创作员、浙江人民美术出版社编辑室主任、副编审。连环画作品有《福尔摩斯探案故事》《热爱生命》《静静的顿河》等。

J0077863

泰山凯旋　吴山，晓文改编；钱贵荪等绘

杭州　浙江人民美术出版社　1985年　174页

13cm（60开）定价：CNY0.44

（《人猿泰山》之八）

J0077864

泰山蒙难　吴山，晓文改编；潘鸿海等绘

杭州　浙江人民美术出版社　1985年　174页

13cm（60开）定价：CNY0.44

（《人猿泰山》之四）

　　中国现代连环画。作者潘鸿海（1942—　），艺术家。上海人，毕业于浙江美术学院油画系。历任浙江人民美术出版社美术记者、美术编辑、编辑部主任、副总编，《富春江画报》负责人，浙江画院院长。代表作品有《又是一个丰收年》《鲁迅》。

J0077865

泰山奇遇　吴山，晓文改编；王重义等绘

杭州　浙江人民美术出版社　1985年　166页

13cm（60开）定价：CNY0.42

（《人猿泰山》之五）

　　中国现代连环画。作者王重义（1940—　），画家、编辑。生于浙江鄞县。历任人民美术出版社创作员，浙江人民出版社编辑，浙江少年儿童出版社美术编辑、室主任、副编审，浙江美术家协会会员。与兄弟王重英合作创作多部连环画。主要作品有《海军少尉巴宁》《天山红花》《以革命的名义》《十里洋场斗敌记》《战争在敌人心

脏》等。

J0077866

泰山铁罗汉　文刃编；孔昭平，孔欣绘

长春　吉林美术出版社　1985年　110页

13cm（60开）定价：CNY0.22

　　中国现代连环画。

J0077867

探索　侠侠编；朱植人，魏新燕绘

杭州　浙江人民美术出版社　1985年　126页

13cm（60开）定价：CNY0.27

　　中国现代连环画。

J0077868

探险家哥伦布　康文明改编；钟莲生绘

南昌　江西人民出版社　1985年　152页

13cm（60开）定价：CNY0.30

（外国古代近代名人青少年时期故事丛书）

　　中国现代连环画。

J0077869

汤姆大伯的小屋　（美）斯陀夫人原著；庄宏安改编；徐学初绘

上海　上海人民美术出版社　1985年　3册

13cm（60开）定价：CNY1.25

　　中国现代连环画，共分上、中、下三册（逃亡者、被出卖的人、生者与死者）。作者徐学初（1968—　），教授。生于浙江桐庐，毕业于上海戏剧学院舞台美术系。就职于上海市戏曲学校舞美设计及舞美班。作品有《大卫·科波菲尔》《汤姆大伯的小屋》《红与黑》等多部中外世界名著连环画。

J0077870

汤显祖　群文编；倪绍勇，陈今长绘

南昌　江西人民出版社　1985年　126页

13cm（60开）定价：CNY0.28

　　中国现代连环画。

J0077871

唐伯虎做媒　张正新编；裘国骥绘

南京　江苏美术出版社　1985年　124页

13cm（60开）定价：CNY0.32

　　中国现代连环画。作者裘国骥（1946—　），

一级美术师。出生于无锡，祖籍浙江省宁波市，南京艺术学院附中美术科毕业。就职于无锡市文联美术创作室、无锡市书画院，无锡市美协副主席兼秘书长。作品有《补天》《包孕吴越》《春夜》等。

J0077872

唐都血案　（狄仁杰传奇故事）显菁改编；肖天智绘
贵阳 贵州美术出版社 1985 年 118 页
13cm（60 开）定价：CNY0.31
　　根据荷兰高罗佩原著改编的连环画。作者肖天智，连环画家。就职于彭县文化馆。创作连环画作品有《冶虫》《苦妹儿》《狄仁杰传奇》《三盗合欢瓶》等。

J0077873

唐宫恩怨　（第一集）谭秋莲改编；侯春洋等绘画
广州 广东人民出版社 1985 年 158 页
13cm（60 开）定价：CNY0.38
　　本书是根据香港作家梁羽生的武侠小说《女帝奇英传》改编的连环画。

J0077874

唐宫恩怨　（第二集）谭秋莲改编；裴向春等绘画
广州 广东人民出版社 1985 年 158 页
13cm（60 开）定价：CNY0.38
　　中国现代连环画。

J0077875

唐宫恩怨　（第三集）谭秋莲改编；金稼仿等绘画
广州 广东人民出版社 1985 年 158 页
13cm（60 开）定价：CNY0.38
　　中国现代连环画。

J0077876

唐宫恩怨　（第四集）谭秋莲改编；陆华等绘画
广州 广东人民出版社 1985 年 158 页
13cm（60 开）定价：CNY0.38
　　中国现代连环画。

J0077877

唐老鸭还债记　黄珍编译；何纪平，王东升描绘
北京 中国文联出版公司 1985 年 62 页
13cm（60 开）定价：CNY0.19
（卡通连环画选）

J0077878

唐老鸭赛车记　黄珍编译；李凯描绘
北京 中国文联出版公司 1985 年 77 页
13cm（60 开）定价：CNY0.23
（卡通连环画选）

J0077879

唐老鸭上当记　黄珍编译；张若描绘
北京 中国文联出版公司 1985 年 62 页
13cm（60 开）定价：CNY0.19
（卡通连环画选）

J0077880

唐僧怒逐悟空　戴英改编；姜启才绘
长春 吉林人民出版社 1985 年 31 页 19cm（32 开）
定价：CNY0.22
（《美猴王》连环画 28）

J0077881

唐太宗游春　纪双鼎改编；孙宏华摄影
北京 中国戏剧出版社 1985 年 93 页 15cm（40 开）
定价：CNY0.25
　　中国现代连环画。

J0077882

逃往雅典娜　易豫，冯锋改编
上海 学林出版社 1985 年 126 页 13cm（60 开）
定价：CNY0.35
　　中国现代连环画。

J0077883

特别行动　林锦编；章毓霖等绘
南京 江苏少年儿童出版社 1985 年 158 页
13cm（60 开）定价：CNY0.38
　　中国现代连环画。作者章毓霖（1947—2006），生于南通市，江苏省美术家协会会员、南通市美术家协会理事、海安县美术家协会主席、海安书画院兼职画师。作品有《"北京人"下落不明》等。

J0077884
特别纵队 李林华改编；胡贻孙，巫子强绘
贵阳 贵州美术出版社 1985 年 101 页
13cm（60 开）定价：CNY0.27
　　中国现代连环画。作者巫子强（1939—　　），
回族，生于云南昆明，毕业于四川美术学院油画
专业。历任铜仁县文化馆馆长、铜仁县文化局局
长、铜仁地区文联主席、贵州民族学院艺术系主
任、贵州民族学院副教授。作品有《日日夜夜》
《无辜者》《小鬼》等。

J0077885
特混舰队的覆灭 张玉俊改编；蒲慧华绘
济南 山东美术出版社 1985 年 新 1 版 102 页
13cm（60 开）定价：CNY0.27
　　本书根据张佩芳科幻小说《大洋深处》改编
的连环画，山东人民出版社 1983 年 1 月第 1 版。
作者蒲慧华（1947—　　），国家二级美术师。出生
于山东青岛。青岛市美术家协会理事，青岛市美
术家协会中国画艺术委员会委员，中国美术家协
会山东分会会员。代表作品有《三国演义》《红
楼梦》《西游记》封面设计。著作有《当代连环画
精品集·蒲慧华》。

J0077886
特急行动 （上）孔尧其改编；梁平波绘
杭州 浙江人民美术出版社 1985 年 158 页
13cm（60 开）定价：CNY0.33
　　本书是根据徐本夫的《特别行动》改编的连
环画。

J0077887
特急行动 （下）孔尧其改编；梁平波绘
杭州 浙江人民美术出版社 1985 年 166 页
13cm（60 开）定价：CNY0.35
　　中国现代连环画。

J0077888
特区擒枭 杨光伟改编；武亦，建军绘
广州 岭南美术出版社 1985 年 148 页
13cm（60 开）定价：CNY0.34
（特区文学选）
　　中国现代连环画。

J0077889
特殊的战场 王海燕改编；罗希贤，罗忠贤绘
北京 人民美术出版社 1985 年 214 页
13cm（60 开）定价：CNY0.44
　　本书根据《特殊身份的警官》改编的连环画。

J0077890
特殊任务 胡霜改编；季海威绘
杭州 浙江人民美术出版社 1985 年 174 页
13cm（60 开）定价：CNY0.36
　　中国现代连环画。

J0077891
啼笑姻缘 郑力强等改编；于速摄影
北京 中国戏剧出版社 1985 年 93 页 15cm（40 开）
定价：CNY0.28
　　中国现代连环画。

J0077892
天鹅之歌 一叶改编；陈春轩，叶天荣摄影
上海 上海人民美术出版社 1985 年 173 页
15cm（40 开）定价：CNY0.47
　　中国现代连环画。

J0077893
天降神兵 若文改编；吴敏等绘画
杭州 浙江少年儿童出版社 1985 年 158 页
13cm（60 开）定价：CNY0.39
（《射雕英雄传》之十二）
　　中国现代连环画。作者吴敏（1931—　　），画
家。擅长宣传画。浙江平湖人。1949 年参军，海
军政治部创作室创作员。1983 年获全国宣传画
创作荣誉奖。作品有《敌人磨刀我们也要磨刀》
《神圣的使命》（在全国宣传画展览中获奖）、《光
荣：万里海疆的保卫者》等。

J0077894
天津遇险 陈洁伟改编；李法明绘画
呼和浩特 内蒙古人民出版社 1985 年 124 页
13cm（60 开）定价：CNY0.34
（《神跤甄三》之三）
　　中国现代连环画。

J0077895
天京之变 李遵义编；康济绘

上海 上海人民美术出版社 1985 年 126 页 13cm（60 开）定价：CNY0.29

（中国近代历史故事）

　　本书是关于太平天国革命斗争故事的中国现代连环画。收入 126 幅图。

J0077896

天门阵大捷　张望改编；文仁等绘画

济南 明天出版社 1985 年 126 页 15cm（40 开）定价：CNY0.31

（穆桂英全传 之二）

　　中国现代连环画。作者张望（1916—1993），画家、艺术评论家。原名张发赞，笔名致平、克之、张抨，广东大埔县百侯镇南山村人，代表作品《新美术评论集》。

J0077897

天山剑客　高文改编；余三，士伟绘画

北京 朝花美术出版社 1985 年 126 页 15cm（40 开）定价：CNY0.35

（唐宫恩怨之五）

　　中国现代连环画。

J0077898

天山历奇　安其改编；任伯言，王显中绘

广州 科学普及出版社广州分社 1985 年 126 页 13cm（60 开）定价：CNY0.28

（《七剑下天山》之六）

　　中国现代连环画。

J0077899

天使的愤怒　（美）西德尼·谢尔顿原著；钱佐，罗迅改编；吴维佳绘

南京 江苏人民出版社 1985 年 150 页 13cm（60 开）定价：CNY0.38

（译林画库）

　　中国现代连环画。

J0077900

天堂泪　张保国改编；陈增哲，朱振芳绘

太原 山西人民出版社 1985 年 142 页 13cm（60 开）定价：CNY0.36

　　本书是根据故事《香港漂流记》改编的连环画。作者朱振芳，国家二级美术师。河北武安人。中国美术家协会河北省分会会员。绘有连

环画《朱德血战三河坝》《夺刀》《战地红缨》，年画《我们班里好事多》。

J0077901

天涯斗敌　刘影改编；孙明，肖方绘

哈尔滨 黑龙江美术出版社 1985 年 164 页 13cm（60 开）定价：CNY0.32

（异国飘零记之二）

　　中国现代连环画。

J0077902

天竺之谜　（上）张盛良改编；裴向春，刘斌昆绘画

长沙 湖南美术出版社 1985 年 118 页 有图 10×13cm 统一书号：8233.756 定价：CNY0.26

J0077903

天竺之谜　（中）张盛良改编；裴向春，刘斌昆绘画

长沙 湖南美术出版社 1985 年 118 页 有图 10×13cm 统一书号：8233.757 定价：CNY0.26

J0077904

天竺之谜　（下）张盛良改编；裴向春，刘斌昆绘画

长沙 湖南美术出版社 1985 年 110 页 有图 10×13cm 统一书号：8233.758 定价：CNY0.24

　　本书是根据李良杰长篇小说《天竺梦》改编的连环画。

J0077905

跳舞石　杨鸿举改编；何哲生绘

成都 四川人民出版社 1985 年 19 页 15cm（40 开）定价：CNY0.22

（三峡民间故事）

　　中国现代连环画。

J0077906

铁拐李和景州塔　李新娟改编；邓柯绘

石家庄 河北美术出版社 1985 年 54 页 13cm（60 开）定价：CNY0.17

　　中国现代连环画。

J0077907

铁拐李智惩刘知府　木易编；思达绘

北京 中国文联出版社 1985 年 126 页
13cm（60 开）定价：CNY0.33
（八仙的传说之一）
　　中国现代连环画。

J0077908
铁木前传　孙犁原著；田家骅改编；杜滋龄绘画
天津 天津人民美术出版社 1985 年 40 页
17×18cm（24 开）统一书号：8073.31120
定价：CNY0.85
　　中国现代连环画。作者杜滋龄（1941—　），
教授。生于天津，毕业于中国美术学院中国画系
研究生班。中国画学会副会长、中国艺术研究院
博士生导师、南开大学教授、天津美术家协会副
主席。代表作品《帕米尔初雪》《古老的歌》《大
漠行》等。

J0077909
铁骑歼匪记　（上）王士美原著；戈兵改编；关
麟英等绘画
呼和浩特 内蒙古人民出版社 1985 年 126 页
有图 10×13cm 统一书号：18089.84
定价：CNY0.34
　　中国现代连环画。

J0077910
铁骑歼匪记　（下）王士美原著；戈兵改编；关
麟英等绘画
呼和浩特 内蒙古人民出版社 1985 年 150 页
有图 10×13cm 统一书号：18089.85
定价：CNY0.40
　　中国现代连环画。

J0077911
铁枪庙中　若文改编；吴敏等绘画
杭州 浙江少年儿童出版社 1985 年 158 页
13cm（60 开）定价：CNY0.39
（《射雕英雄传》之十一）
　　中国现代连环画。作者吴敏（1931—　），画
家。擅长宣传画。浙江平湖人。1949 年参军，海
军政治部创作室创作员。1983 年获全国宣传画
创作荣誉奖。作品有《敌人磨刀我们也要磨刀》
《神圣的使命》（在全国宣传画展览中获奖）、《光
荣：万里海疆的保卫者》等。

J0077912
铁厅烈火　丰华改编；冰麟等绘
杭州 浙江少年儿童出版社 1985 年 190 页
13cm（60 开）定价：CNY0.46
（《飞狐外传》之二）
　　中国现代连环画。

J0077913
铁仙鹤救灾　邱德镜编；杨再华绘
郑州 河南美术出版社 1985 年 62 页 13cm（60 开）
定价：CNY0.17
　　中国现代连环画。

J0077914
铁掌峰顶　小草改编；吴敏等绘画
杭州 浙江少年儿童出版社 1985 年 158 页
13cm（60 开）定价：CNY0.39
（《射雕英雄传》之十）
　　中国现代连环画。

J0077915
通天河　苏镇改编；古干，于绍文绘
合肥 安徽美术出版社 1985 年 118 页
13cm（60 开）定价：CNY0.24
　　中国现代连环画。作者古干（1942—　），画
家。中国美术家协会会员，中国现代书画学会会
长，世界书法家协会荣誉顾问。作者于绍文（1939
—　），画家。山东烟台人。曾任人民文学出版社
美术编辑室副主任、副编审。代表作品有《贫嘴
张大民的幸福生活》《陈毅之帅》《佛教画藏》等。

J0077916
通天河畔战鱼精　柏石山改编；田宝仁绘
长春 吉林人民出版社 1985 年 31 页 19cm（32 开）
定价：CNY0.22
（《美猴王》连环画 22）

J0077917
铜鼓　（上 国宝谜案）潘泰泉改编；刁泽新，
马龙滨摄影
北京 中国文联出版公司 1985 年 158 页
13cm（60 开）定价：CNY0.39
（电视剧连环画）

J0077918

铜鼓 （中 打蛇出洞）潘泰泉改编；刁泽新，
马龙滨摄影
北京 中国文联出版公司 1985年 126页
13cm（60开）定价：CNY0.32
（电视剧连环画）

J0077919

痛打红枪会　韦琛编；丁晓峰等绘
南京 江苏人民出版社 1985年 94页 13cm（60开）
定价：CNY0.25
　　　中国现代连环画。

J0077920

痛打索天响　郑荣华改编；翁建明绘画
天津 天津人民美术出版社 1985年 78页
13cm（60开）定价：CNY0.21
（《神鞭》之三）
　　　中国现代连环画。

J0077921

偷拳　陈东学编绘
北京 人民体育出版社 1985年 2张 76cm（2开）
定价：CNY0.40
　　　中国现代连环画作品。

J0077922

偷太阳的人　延军编；高志武绘
长春 吉林美术出版社 1985年 94页 13cm（60开）
定价：CNY0.24
　　　根据阿拉伯少年惊险小说改编的连环画。

J0077923

偷袭珍珠港　杨春峰编；姜吉维，陈勃绘
北京 气象出版社 1985年 126页 13cm（60开）
定价：CNY0.33
　　　中国现代连环画。

J0077924

秃秃大王　李陵征改编；陆汝浩绘
重庆 重庆出版社 1985年 118页 13cm（60开）
定价：CNY0.23
　　　中国现代连环画。作者陆汝浩（1943—　），
画家。别名双水，浙江宁波人。曾在师范专修美
术。历任上海少年报社童话报美术编辑。连环

画作品有《滨海谍案》。

J0077925

突围陷敌　凌力原著；王音等改编；赵立柱等
绘画
北京 北京美术摄影出版社 1985年 128页
有图 10×13cm 统一书号：8328.42
定价：CNY0.35
（《星星草》四）
　　　中国现代连环画。

J0077926

突袭波兰　川雄改编；田野，路原图片
北京 昆仑出版社 1985年 158页 13cm（60开）
定价：CNY0.40
（美国电视剧连环画《战争风云》之一）

J0077927

土行孙盗宝　水登改编；陈谷长绘画
上海 少年儿童出版社 1985年 62页 有图
10×13cm 统一书号：R8024.94 定价：CNY0.18
（封神榜人物故事 9）
　　　中国现代连环画。

J0077928

团的儿子　王丽英改编；李志刚绘
南昌 江西人民出版社 1985年 126页 有图
10×13cm 统一书号：8110.823 定价：CNY0.25
　　　本书是根据卡达耶夫同名小说改编的连
环画。

J0077929

挖参遇仙记　智涌改编；李燕华，振鑫绘
石家庄 河北美术出版社 1985年 ［124页］
13cm（60开）定价：CNY0.34
　　　中国现代连环画。

J0077930

外国八路　王火原著；文刃编文；高国芳绘画
长春 吉林人民出版社 1985年 158页 有图
10×13cm 统一书号：8390.11 定价：CNY0.29
　　　中国现代连环画。

J0077931

万花山斗魔　莘莘改编；李福金绘

成都　四川美术出版社　1985年　110页
13cm（60开）定价：CNY0.32
（济公全传 之十）
　　　中国现代连环画。

J0077932
万里寻母记　（中）夏雨改编；雅辛等绘
杭州　浙江少年儿童出版社　1985年　190页
13cm（60开）定价：CNY0.33
　　　本书据日本电视连续片改编的连环画。

J0077933
万里寻母记　（下）夏雨改编；雅辛等绘
杭州　浙江少年儿童出版社　1985年　190页
13cm（60开）定价：CNY0.33
　　　中国现代连环画。

J0077934
万水千山总是情　（1）何飞编；何孟摄影
广州　花城出版社　1985年　188页　15cm（40开）
定价：CNY0.46
（影视世界丛书）
　　　中国现代连环画。

J0077935
万水千山总是情　（2）程真编；何孟摄影
广州　花城出版社　1985年　189页　15cm（40开）
定价：CNY0.46
（影视世界丛书）
　　　中国现代连环画。

J0077936
王安石变法　李芳改编；戴宏海绘
天津　天津人民美术出版社　1985年　126页
13cm（60开）定价：CNY0.31
（中国历史演义故事画《宋史》之十）
　　　中国现代连环画。

J0077937
王勃写序　刘天平编；王苏，韩宁绘
合肥　安徽美术出版社　1985年　1册　13cm（60开）
定价：CNY0.18
　　　本书为中国现代连环画，包括《王勃写序》
《孔融让梨》两个故事。

J0077938
王聪儿　钱宗范编；徐刚，翁建明绘阿
南宁　广西人民出版社　1985年　139页
13cm（60开）定价：CNY0.33
（中国历史故事连环画 第52集）

J0077939
王二找痛快　王祖民编绘
南京　江苏少年儿童出版社　1985年　20页
有图　13cm（60开）统一书号：R8352.3.116
定价：CNY0.20
　　　中国现代连环画。作者王祖民（1949—　），
插画家。生于江苏苏州，毕业于南京师范大学美
术系。江苏少年儿童出版社美术编辑。代表作
绘本有《会飞的蛋》《梁山伯与祝英台》《新来的
小花豹》《我是老虎我怕谁》等。

J0077940
王坟剑影　卡宁坚编；冯忆南绘
南京　江苏人民出版社　1985年　125页
13cm（60开）定价：CNY0.33
　　　中国现代连环画。

J0077941
王牌军的覆灭　周倜编；王征绘
北京　人民美术出版社　1985年　94页　有图
10×13cm　统一书号：8027.9341　定价：CNY0.22
　　　中国现代连环画。作者周倜（1936—　），山
西平陆人。中国书法家协会会员、中山书画社社
员、北京秦文学会常务理事。

J0077942
王牌艇长的覆灭　白岩峰编；陶国欣画
北京　海洋出版社　1985年　61页　13cm（60开）
定价：CNY0.15
（外国海战故事连环画画库）

J0077943
王昭君　（汉英对照）赵士骥编；刘凯芳译；石
夫，姚耐绘
福州　福建美术出版社　1985年　93页　20cm（32开）
定价：CNY1.22
　　　中国现代连环画。

J0077944

王中王 钱洪改编

上海 上海人民美术出版社 1985 年 126 页

15cm（40 开）定价：CNY0.35

　　中国现代连环画。

J0077945

王子和贫儿 （美）马克·吐温原著；林泉改编；
蒋峻绘

上海 上海人民美术出版社 1985 年 166 页

13cm（60 开）定价：CNY0.37

　　本书根据英译本改编的中国现代连环画。
166 幅图。作者马克·吐温（Mark Twain, 1835—
1910），美国作家、演说家。原名萨缪尔·兰亨·克
莱门（Samuel Langhorne Clemens）。小说代表
作有《百万英镑》《哈克贝利·费恩历险记》《汤
姆·索亚历险记》《王子与贫儿》等。

J0077946

王佐断臂 李遵义改编；王建，梁萍绘

沈阳 辽宁美术出版社 1985 年 150 页

10×13cm 定价：CNY0.39

（《岳飞传》之九）

　　本书根据古典小说《岳飞传》改编的中国现
代连环画作品。

J0077947

望夫石 杨鸿举改编；吴绪经绘

成都 四川人民出版社 1985 年 15 页 15cm（40 开）

定价：CNY0.20

（三峡民间故事）

　　中国现代连环画。作者吴绪经（1945—　　），
教授。生于四川成都。四川省教育学院美术系
教授、中国美术家协会会员、中国电影家协会会
员。作品有《竞技图》《虎门销烟》《一个共产党
员的送葬行列》等。

J0077948

望江亭 莹珺改编；李少文绘

天津 天津人民美术出版社 1985 年 94 页

有图 10×13cm 统一书号：8073.30980

定价：CNY0.21

　　中国现代连环画。

J0077949

望星山寻宝 绍旻编；田力绘

石家庄 河北美术出版社 1985 年 70 页

13cm（60 开）定价：CNY0.21

　　中国现代连环画。

J0077950

危险区域 梁晓瑜改编；谢舒弋等绘

北京 朝花美术出版社 1985 年 126 页

13cm（60 开）定价：CNY0.35

（《恶梦的设计者》之三）

　　中国现代连环画。

J0077951

威尔历险记 （上册）（英）约翰·克里斯托弗
原著；陈渊编译；罗兴绘

福州 福建少年儿童出版社 1985 年 130 页

10×13cm 统一书号：8367.9 定价：CNY0.30

　　中国现代连环画。作者罗兴（1922—1994），
连环画家。别名罗孝苹，上海人，毕业于上海沪
大建筑学科。曾从事建筑室内外设计，在上海从
事连环画及插图创作。曾任教于上海工艺美术
学校，为造型专业组教研组长。作品有《库楚别
依》《林海雪原》等。

J0077952

威尔历险记 （下册）（英）约翰·克里斯托弗
原著；陈渊编译；罗兴绘

福州 福建少年儿童出版社 1985 年 137 页

10×13cm 统一书号：8367.10 定价：CNY0.31

　　中国现代连环画。

J0077953

威震东洋武士 郑荣华改编；周申绘画

天津 天津人民美术出版社 1985 年 78 页

13cm（60 开）定价：CNY0.21

（《神鞭》之四）

　　中国现代连环画。

J0077954

威震海疆 子民编文；蒋高仪绘画

昆明 云南人民出版社 1985 年 86 页 有图

10×13cm 统一书号：R8116.1324 定价：CNY0.20

（历代爱国人物故事画丛）

　　中国现代连环画。

J0077955

威镇群雄　舒扬改编；秀公等绘

南京　江苏人民出版社　1985 年　126 页

13cm（60 开）定价：CNY0.35

（《龙凤剑》之二）

　　　中国现代连环画。

J0077956

威镇紫竹林　冯育楠编；峻之，险之绘画

天津　天津人民美术出版社　1985 年　86 页

15cm（40 开）定价：CNY0.22

（《津门大侠霍元甲》之三）

　　　中国现代连环画。

J0077957

微神　老舍原著；王书朋编绘

天津　天津人民美术出版社　1985 年　32 页

17×19cm　统一书号：8073.31093　定价：CNY0.70

　　　中国现代连环画。

J0077958

围困敌堡　王释非改编；魏忠善等绘

上海　上海人民美术出版社　1985 年　134 页

13cm（60 开）定价：CNY0.32

（吕梁英雄传 之七）

　　　中国现代连环画。

J0077959

伪君子　（法）莫里哀原著；杨村彬等导演，春城改编

北京　中国文联出版公司　1985 年　157 页　有图

10×13cm　统一书号：8355.272　定价：CNY0.39

　　　中国现代连环画。作者杨村彬（1911—1989），导演、艺术家。原名杨瑞麟，笔名瑞麟。北京人，毕业于北平大学艺术学院戏剧系。历任上海戏剧学院教务主任、上海电影剧本创作所编剧、上海人民艺术剧院编导，中国作家协会会员。导演话剧有《上海战歌》《枯木逢春》等。

J0077960

尉迟恭全传　（上）于干改编；陈和莲绘

重庆　重庆出版社　1985 年　149 页　13cm（60 开）

定价：CNY0.28

（《说唐》人物谱）

　　　中国现代连环画。作者陈和莲（1941—　），

四川江津县人，毕业于西南师范学院美术专科。中国美术家协会会员、四川省美术家协会理事。擅长国画、连环画、年画。主要作品有《碧血春秋》《左老的山村》《清清溪水》等。

J0077961

尉迟恭全传　（下）于干改编；陈和莲绘

重庆　重庆出版社　1985 年　174 页　13cm（60 开）

定价：CNY0.32

（《说唐》人物谱）

　　　中国现代连环画。

J0077962

温香阁　周汉平改编；莫湘怡绘

长沙　湖南美术出版社　1985 年　126 页

13cm（60 开）定价：CNY0.34

（太平隐义之二）

　　　中国现代连环画。

J0077963

文津阁传奇　常星改编；李江鸿绘

石家庄　河北美术出版社　1985 年　102 页

13cm（60 开）定价：CNY0.28

（名胜古迹传说故事）

　　　中国现代连环画。

J0077964

文天祥　清文编；卢平绘画

重庆　重庆出版社　1985 年　10 张　12cm（64 开）

定价：CNY0.30

（爱国人物画之二）

　　　大众读物，中国现代连环画。

J0077965

文天祥蒙难　董青冬改编；邵劭绘

合肥　安徽美术出版社　1985 年 78 页 13cm（60 开）

定价：CNY0.20

　　　中国现代连环画。

J0077966

文王遭劫　斯人改编；李绍然绘

太原　希望出版社　1985 年　101 页　13cm（60 开）

定价：CNY0.32

（封神演义 之五）

　　　中国现代连环画。作者李绍然（1939—

2017），画家。字昭昭，别号齐东野叟、东鲁画痴、登州布衣、胶东客等。山东烟台人，毕业于浙江美术学院中国画系。上海美术家协会会员，上海连环画研究会会员，中国电影家协会会员。代表作品有《勇敢机智打豺狼》《红枫岭上》等。

J0077967
文学家的故事
广州 岭南美术出版社 1985 年 10 册 13cm（60 开）
定价：CNY3.36
　　本书包括陆游、韩愈、屈原、李白、杜甫、司马迁、苏轼、关汉卿、辛弃疾和曹雪芹 10 个文学家的故事。

J0077968
瓮中捉鳖　　王释非改编；刘斌昆等绘
上海 上海人民美术出版社 1985 年 126 页
13cm（60 开）定价：CNY0.30
（吕梁英雄传之六）
　　中国现代连环画。

J0077969
我这三十年　　沈醉原著；枫坤改编；关庆留绘
西安 陕西人民美术出版社 1985 年 166 页
13cm（60 开）定价：CNY0.35
　　中国现代年画。作者关庆留（1935—　），笔名阿留，广东顺德人。毕业于西安军医大学。曾任解放军总后勤部政治部后勤杂志社副科长，中国美术家协会会员。作品有《捉麻雀》《风雪高原》，连环画《智取华山》等。

J0077970
卧龙出山　　张志民摄影；古力编文
北京 朝花美术出版社 1985 年 2 张 76cm（2 开）
定价：CNY0.42
　　中国现代连环画。

J0077971
卧龙出山　　古力改编；张志民摄影
北京 中国文联出版公司 1985 年 189 页
13cm（60 开）定价：CNY0.46
（诸葛亮之一）
　　中国现代连环画。

J0077972
乌面将军—马信　　杨荔编；余林绘
西安 未来出版社 1985 年 94 页 13cm（60 开）
定价：CNY0.27
　　中国现代连环画。

J0077973
乌石将军　　孙中晓改编；齐程翔绘
沈阳 辽宁美术出版社 1985 年 182 页
13cm（60 开）定价：CNY0.41
　　中国现代连环画。

J0077974
巫山神女　　杨鸿举改编；毛国伦绘
成都 四川人民出版社 1985 年 30 页 15cm（40 开）
定价：CNY0.32
（三峡民间故事）
　　中国现代连环画。作者毛国伦（1944—　），一级美术师。浙江奉化人。上海中国画院创作研究室主任、上海市美术家协会理事、中国画艺委会委员。出版有《毛国伦画选》《毛国伦人物画近作》等。

J0077975
无反馈快速跟踪　　任青，黄乔编文摄影
合肥 安徽美术出版社 1985 年 134 页
15cm（40 开）定价：CNY0.35
　　本书根据电视剧《在实践上延伸》改编的连环画。

J0077976
无名七杰　　肖毅改编；董志斌绘
北京 中国文联出版社 1985 年 94 页 13cm（60 开）
定价：CNY0.26
　　中国现代连环画。

J0077977
无匹侠士　　卫凤霞改编；李犁，兰蔚绘
广州 岭南美术出版社 1985 年 121 页
13cm（60 开）定价：CNY0.31
　　本书根据明末清初小说《世无匹》改编的连环画。

J0077978
无头骑士　　晓莲改编；沈勇绘

呼和浩特　内蒙古人民出版社　1985 年　142 页
13cm（60 开）定价：CNY0.24

　　本书根据英国作家马因·里德的惊险小说
《无头骑士》改编的连环画。

J0077979

无罪的逃犯　　邹洪根改编；牛晓林绘
西安　陕西人民美术出版社　1985 年　174 页
13cm（60 开）定价：CNY0.36
　　中国现代连环画。

J0077980

吴淞血战　　孙建中改编；史建期绘
济南　山东美术出版社　1985 年　102 页
13cm（60 开）定价：CNY0.26
　　中国现代连环画。

J0077981

五花海的传说　　诚芷，永康改编；韩书力绘
成都　四川美术出版社　1985 年　146 页
15cm（40 开）定价：CNY0.52
　　中国现代连环画。

J0077982

五台寻仇　　坤宜改编；冯正梁等绘
广州　科学普及出版社广州分社　1985 年　124 页
13cm（60 开）定价：CNY0.28
（《七剑下天山》之一）

　　中国现代连环画。作者冯正梁（1954—　），
画家、教授。生于上海，上海师范大学艺术学士，
美国弗吉尼亚州莱德佛大学艺术硕士。美国水
彩画会、中国水彩画会、美国色粉画协会会员，
莱德佛大学教授。

J0077983

五月端午插艾束　　贾秀娟改编；华其敏画
北京　人民美术出版社　1985 年　14 页　有彩图
13cm（60 开）统一书号：8027.9186 定价：CNY0.18

　　本书根据赵镇南同名故事改编的连环画。
作者华其敏（1953—　），画家、教授。别名田乔、
果然、沙月。上海人，毕业于中央美术学院中国
画系研究生班。中央美术学院教授、中国美术家
协会会员。代表作品有《夸父图》《西门豹除巫》
《安详的艺术》等。

J0077984

武当拳　　林锦富改编；苏维贤绘画
武汉　湖北美术出版社　1985 年　126 页
13cm（60 开）定价：CNY0.29
　　中国现代连环画。

J0077985

武当山传奇　（第一集　挥剑劈钦差）高铁林改
编；君沛，伯惠绘
哈尔滨　黑龙江美术出版社　1985 年　130 页
13cm（60 开）定价：CNY0.31
　　中国现代连环画。

J0077986

武当山传奇　（第二集　夜战含香楼）高铁林改
编；成立绘
哈尔滨　黑龙江美术出版社　1985 年　134 页
13cm（60 开）定价：CNY0.30
　　中国现代连环画。

J0077987

武当山传奇　（第三集　怒民审州官）宋雄改
编；崔三顺等画
哈尔滨　黑龙江美术出版社　1985 年　126 页
13cm（60 开）定价：CNY0.28
　　中国现代连环画。

J0077988

武当山传奇　（第四集　断发举义旗）宋雄改
编；李俊琪绘
哈尔滨　黑龙江美术出版社　1985 年　126 页
13cm（60 开）定价：CNY0.28

　　中国现代连环画。作者李俊琪（1943—　），
教授。号大道轩主人，河北乐亭人。天津美术家
协会副主席，中国美术家协会会员，天津南开大
学教授、研究生导师，美国传记研究院研究员。
著作有《中国历代诗家图卷》《中国历代兵家图
卷》《中国历代文学家画传》《李俊琪画集》等。

J0077989

武当山传奇　（第五集　血溅铁印山）犀利改
编；于骏治绘
哈尔滨　黑龙江美术出版社　1985 年　126 页
13cm（60 开）定价：CNY0.28
　　中国现代连环画。作者于骏治，连环画家。

作品有《龙门山　东周列国故事》等。

J0077990

武当山传奇 （第六集　草店大血战）犀利改编；翁家澎，吴自立绘
哈尔滨　黑龙江美术出版社　1985 年　126 页
13cm（60 开）定价：CNY0.28
　　中国现代连环画。

J0077991

武当山传奇 （第七集　激战五龙崖）竹梅改编；雷顺，郭思绘
哈尔滨　黑龙江美术出版社　1985 年　142 页
13cm（60 开）定价：CNY0.32
　　中国现代连环画。

J0077992

武当山传奇 （第八集　夜闯紫霄宫）邓会光改编；吴声，于水绘
哈尔滨　黑龙江美术出版社　1985 年　170 页
13cm（60 开）定价：CNY0.36
　　中国现代连环画。作者吴声（1943— ），国家一级美术师。又名自强。生于浙江杭州，毕业于中国美术学院。中国美术家协会会员。出版专著有《吴声人物画技法》《吴声画集》《诗画缘》《吴声古诗词画意》《唐人诗意百图》等。作者于水（1955— ），画家。生于北京，毕业于中国艺术研究院研修班。中国艺术研究院研究员、中国美术家协会会员。代表作品有《于水画集》《于水人物卷》等。

J0077993

武当山传奇 （第九集　败走黄龙峡）葛子和改编；崔三顺，民富绘
哈尔滨　黑龙江美术出版社　1985 年　138 页
13cm（60 开）定价：CNY0.30
　　中国现代连环画。

J0077994

武当山传奇 （第十集　误中离间计）葛子和改编；民富，崔三顺绘
哈尔滨　黑龙江美术出版社　1985 年　124 页
13cm（60 开）定价：CNY0.28
　　中国现代连环画。

J0077995

武当山传奇 （第十一集　金顶斗顽敌）竹梅改编；崔三顺，民富绘
哈尔滨　黑龙江美术出版社　1985 年　120 页
13cm（60 开）定价：CNY0.28
　　中国现代连环画。

J0077996

武当山传奇 （第十二集　血染武当山）竹梅改编；雷顺，郭思绘
哈尔滨　黑龙江美术出版社　1985 年　142 页
13cm（60 开）定价：CNY0.32
　　中国现代连环画。

J0077997

武林传奇 （第一集）龚克等编；张瓒明绘画
合肥　安徽美术出版社　1985 年　122 页
13cm（60 开）定价：CNY0.30

J0077998

武林传奇 （第二集）唐荒等编；陈光华绘画
合肥　安徽美术出版社　1985 年　122 页
13cm（60 开）定价：CNY0.30

J0077999

武林传奇 （第四集）金莽等编；韩玉华等绘画
合肥　安徽美术出版社　1985 年　23 页　13cm（60 开）定价：CNY0.30

J0078000

武林传奇 （第五集）陈昌驰等编；晓明等绘画
合肥　安徽美术出版社　1985 年　122 页
13cm（60 开）定价：CNY0.30
　　中国现代连环画。

J0078001

武林豪杰 刘文阁改编；君沛绘画
哈尔滨　黑龙江美术出版社　1985 年　172 页
13cm（60 开）定价：CNY0.38
　　中国现代连环画。

J0078002

武林奇缘 （上）晓波编；高志武，英文绘画
长春　吉林人民出版社　1985 年　118 页
13cm（60 开）定价：CNY0.33

中国现代连环画。

J0078003

武林奇缘 （下）晓波编；高志武，英文绘画
长春 吉林人民出版社 1985 年 126 页
13cm（60 开）定价：CNY0.34
　　中国现代连环画。

J0078004

武林侠女 王铭改编；广海，一欣绘画
哈尔滨 黑龙江少年儿童出版社 1985 年 94 页
7×14cm（96 开）定价：CNY0.23
　　中国现代连环画。

J0078005

武林英豪 王亚法等改编；胡博综等绘画
上海 少年儿童出版社 1985 年 5 册 13cm（60 开）
定价：CNY1.75
　　中国现代连环画，本辑包括《海灯法师》《猴王》《古城小侠》《霍元甲摆擂台》《怒打洋力士》，共 5 册。

J0078006

武松 （中册）刘延龄编文；城光绘画
长春 吉林人民出版社 1985 年 重印本 94 页
有图 10×13cm 统一书号：8091.1113
定价：CNY0.30
　　本书是中国现代连环画。

J0078007

武松打虎 王延海改编；许勇，王彤绘
沈阳 辽宁美术出版社 1985 年 102 页
13cm（60 开）定价：CNY0.28
（语文辅助读物）
　　中国现代连环画。作者许勇（1933— ），画家。别名许涌。生于山东青岛，毕业于东北美专并留校任教。曾任鲁迅美术学院教授、研究生导师，中国美术家协会会员、中国连环画研究会常务理事、中国当代工笔画学会理事、雪庐画会副会长。代表作品有《金田起义》《郑成功收复台湾》《戚继光平倭图》等，出版有《许勇画马》。

J0078008

武侠会天都 刘延龄改编；林百石等绘
长春 北方妇女儿童出版社 1985 年 126 页
13cm（60 开）定价：CNY0.34
（东方大侠 2）
　　中国现代连环画。作者林百石（1946— ），画家。吉林临江人，毕业于吉林艺术学院美术系。历任长春市美术家协会副主席、吉林日报社美术部主任编辑、书画院副秘书长，中国美术家协会会员，中国出版工作者协会装帧艺术研究会会员。作品有《秋声》《悟道图》《观沧海》等。

J0078009

武则天 （上）陈祖杰等改编；孙永才摄影
武汉 湖北美术出版社 1985 年 190 页
13cm（60 开）定价：CNY0.46
　　中国现代连环画。

J0078010

武则天 （中）陈祖杰等改编；孙永才摄影
武汉 湖北美术出版社 1985 年 190 页
13cm（60 开）定价：CNY0.46
　　中国现代连环画。

J0078011

武则天 （下）陈祖杰等改编；孙永才摄影
武汉 湖北美术出版社 1985 年 190 页
13cm（60 开）定价：CNY0.46
　　中国现代连环画。

J0078012

武则天 （一）
太原 山西人民出版社 1985 年 198 页
13cm（60 开）定价：CNY0.54
　　中国现代连环画。

J0078013

武则天 （二）
太原 山西人民出版社 1985 年 206 页
13cm（60 开）定价：CNY0.56

J0078014

武则天 （三）
太原 山西人民出版社 1985 年 182 页
13cm（60 开）定价：CNY0.50

J0078015

武则天 （四）

太原　山西人民出版社　1985 年　196 页
13cm（60 开）定价：CNY0.50

J0078016
武则天 （五）
太原　山西人民出版社　1985 年　190 页
13cm（60 开）定价：CNY0.52

J0078017
武则天 （六）
太原　山西人民出版社　1985 年　190 页
13cm（60 开）定价：CNY0.52

J0078018
武则天 （七）
太原　山西人民出版社　1985 年　210 页
13cm（60 开）定价：CNY0.57

J0078019
武则天 （八）
太原　山西人民出版社　1985 年　190 页
13cm（60 开）定价：CNY0.52

J0078020
武则天 （九）
太原　山西人民出版社　1985 年　174 页
13cm（60 开）定价：CNY0.48

J0078021
武则天 （十）
太原　山西人民出版社　1985 年　187 页
13cm（60 开）定价：CNY0.52

J0078022
舞狮人传奇　邢吉田改编；张伟建等绘画
广东　岭南美术出版社　1985 年　166 页　有图
10×13cm　统一书号：8260.1468　定价：CNY0.40
（中国武术连环画）

J0078023
戊戌变法　谭绍鹏编；曾令威绘
南宁　广西人民出版社　1985 年　122 页
13cm（60 开）定价：CNY0.28
（中国历史故事连环画　第 55 集）

J0078024
误杀蔡九　芹子改编；周良知绘
成都　四川美术出版社　1985 年　126 页
13cm（60 开）定价：CNY0.35
（《玉娇龙》之二）
　　中国现代连环画。

J0078025
悟空搬兵　王恩国改编；郑通校绘
长春　吉林人民出版社　1985 年　31 页　19cm（32 开）
定价：CNY0.22
（《美猴王》连环画　24）

J0078026
悟空求雨　何泥改编；戴成友绘
长春　吉林人民出版社　1985 年　31 页　15cm（40 开）
定价：CNY0.22
（《美猴王》连环画　20）

J0078027
西湖大比武　章明相改编；陈光华绘
合肥　安徽美术出版社　1985 年　166 页
13cm（60 开）定价：CNY0.38
（《书剑恩仇录》之六）
　　中国现代连环画。

J0078028
西施 （上）魏阳改编；郑纪民摄影
北京　中国文联出版公司　1985 年　93 页
15cm（40 开）定价：CNY0.28
　　中国现代连环画。

J0078029
西施 （中）魏阳改编；郑纪民摄影
北京　中国文联出版公司　1985 年　125 页
15cm（40 开）定价：CNY0.35
　　中国现代连环画。

J0078030
西施 （下）魏阳改编；郑纪民摄影
北京　中国文联出版公司　1985 年　125 页
15cm（40 开）定价：CNY0.35
　　中国现代连环画。

J0078031
西西里计划　（美）克莱夫·库斯勒原著；龙铭深改编；俞晓夫绘
广州 科学普及出版社广州分社 1985 年 126 页
13cm（60 开）定价：CNY0.28
　　中国现代连环画。

J0078032
洗冤惩恶　（古代探案故事）闻清编文；裘国骧绘画
南京 江苏人民出版社 1985 年 62 页 有图
10×13cm 统一书号：8100.078 定价：CNY0.18
　　中国现代连环画。

J0078033
喜哥　王正编；余家乐绘
上海 上海人民美术出版社 1985 年 134 页
有图 10×13cm 统一书号：8081.14479
定价：CNY0.31
　　本书是中国现代连环画。收入 134 幅图。

J0078034
喜哥流浪记　康立改编；欧治渝绘
北京 人民美术出版社 1985 年 158 页
13cm（60 开）定价：CNY0.34

J0078035
戏耍秦丞相　晓旭，陈忱改编；汪国新绘
天津 天津人民美术出版社 1985 年 118 页
13cm（60 开）定价：CNY0.29
（济公传之三）
　　中国现代连环画。作者汪国新（1947—　），国家一级美术师。湖北宜昌人。历任中国法治诗书画院院长、文化部中国书画院国画院副院长，中国美协艺委会委员。代表作《长江三部曲》《汪国新长江万里风情图》《汪国新新绘全本三国演义》等。

J0078036
侠侣同心　梁羽生原著；坤宜改编；王向明，金莉莉绘
广州 科学普及出版社广州分社 1985 年 126 页
13cm（60 开）定价：CNY0.28
（《七剑下天山》之四）
　　中国现代连环画。

J0078037
侠女涉险　高文改编；严永满绘画
北京 朝花美术出版社 1985 年 126 页
15cm（40 开）定价：CNY0.35
（唐宫恩怨之六）
　　中国现代连环画。

J0078038
侠女十三妹　（上）刘铭涛，刘硕良改编；梁启德绘画
南宁 广西人民出版社 1985 年 126 页
13cm（60 开）定价：CNY0.29
　　中国现代连环画。

J0078039
侠女十三妹　（下）刘铭涛，刘硕良改编；梁启德绘画
南宁 广西人民出版社 1985 年 251 页
13cm（60 开）定价：CNY0.29
　　中国现代连环画。

J0078040
侠女十三妹　（上）文岑歌编；朱成梁等绘画
南京 江苏少年儿童出版社 1985 年 134 页
13cm（60 开）定价：CNY0.33
　　中国现代连环画。作者朱成梁（1948—　），绘本作家。中国美术家协会会员。作品有《两兄弟》《屋檐下的腊八粥》《团圆》等。

J0078041
侠女十三妹　（下）文岑歌编；朱成梁等绘画
南京 江苏少年儿童出版社 1985 年 142 页
13cm（60 开）定价：CNY0.35
　　中国现代连环画。

J0078042
侠女识奇男　春蕾改编；石齐绘画
北京 中国文联出版公司 1985 年 126 页
15cm（40 开）定价：CNY0.33
（萍踪侠影之三）
　　中国现代连环画。作者石齐（1939—　），画家。福建福清人，毕业于厦门工艺美术学院。北京画院专业画家、中国美术家协会会员、北京美协理事。代表作品有《金秋时节》《养鸡图》《泼水节》。出版有《石齐画集》。

J0078043

侠士·奇案　洁子改编；一斌，一空绘画
广州 广东人民出版社 1985 年 92 页 有图
10×13cm 统一书号：8111.2540 定价：CNY0.26
　　中国现代连环画。

J0078044

侠士出边关　春蕾改编；刘辉煌绘画
北京 中国文联出版公司 1985 年 94 页
15cm（40 开）定价：CNY0.26
（萍踪侠影之八）
　　中国现代连环画。

J0078045

侠士奇案　洁子改编；一斌，一空绘画
广州 广东人民出版社 1985 年 96 页 13cm（60 开）
定价：CNY0.26
　　中国现代连环画。

J0078046

峡谷劫囚车　春蕾改编；庚西，平安绘画
北京 中国文联出版公司 1985 年 126 页
15cm（40 开）定价：CNY0.33
（萍踪侠影之四）
　　中国现代连环画。

J0078047

狭路相逢　挹华编；罗屏绘
合肥 安徽美术出版社 1985 年 78 页 13cm（60 开）
定价：CNY0.19
　　中国现代连环画。

J0078048

陷阱里的姑娘　黎明改编；李法明，张玮绘
北京 朝花美术出版社 1985 年 126 页
13cm（60 开）定价：CNY0.35
（惊险侦探画丛之九）
　　中国现代连环画。

J0078049

相亲相爱　王音改编；朱成梁画
北京 人民美术出版社 1985 年 14 页 有彩图
13cm（60 开）统一书号：8027.9527 定价：CNY0.18
　　中国现代连环画。作者朱成梁（1948—　　），
绘本作家。中国美术家协会会员。作品有《两兄

弟》《屋檐下的腊八粥》《团圆》等。

J0078050

相思江传奇　疏影改编；王立民绘
南宁 广西人民出版社 1985 年 86 页 13cm（60 开）
定价：CNY0.15
　　本书根据易琼、徐君慧《桂林传奇》改编的
连环画。

J0078051

香港淘金记　孙洪发编；曹金明绘
武汉 湖北美术出版社 1985 年 78 页 13cm（60 开）
定价：CNY0.20
　　中国现代连环画。

J0078052

香玉　阿素改编；韩和平，陈卫东绘
成都 四川美术出版社 1985 年 70 页
12×13cm 定价：CNY0.23
（《聊斋》故事）
　　中国现代连环画。作者韩和平（1932—
2019），连环画家、教授。吉林东宁人，毕业于中
央美术学院华东分院绘画系。曾在上海人民美
术出版社从事连环画创作，后任上海大学美术学
院油画系副主任、副教授，艺术研究所主任。作
品连环画有《铁道游击队》《红岩》等。

J0078053

祥云观斩妖　莘莘改编；张修竹绘
成都 四川美术出版社 1985 年 126 页
13cm（60 开）定价：CNY0.35
（济公全传之二）
　　中国现代连环画。

J0078054

逍遥洞　周汉平改编；张青渠，彭鹏绘
长沙 湖南美术出版社 1985 年 126 页
13cm（60 开）定价：CNY0.34
（太平隐义之三）
　　中国现代连环画。

J0078055

小白龙与人参娃　刘洪儒改编；王丽铭绘
沈阳 辽宁美术出版社 1985 年 58 页 13cm（60 开）
定价：CNY0.18

中国现代连环画。

J0078056
小包公　周建一编词；陈云书等摄影
郑州 河南美术出版社 1985 年 2 张 76cm（2 开）
定价：CNY0.40
　　中国戏曲连环画。

J0078057
小包公　敬少文编文；文茂等摄影
西安 陕西人民美术出版社 1985 年 2 张
76cm（2 开）定价：CNY0.50
　　中国戏曲连环画。

J0078058
小笨猫　曹留夫复制
天津 天津人民美术出版社 1985 年 96 页
有图 10×13cm 统一书号：8073.31066
定价：CNY0.24
　　中国现代连环画。

J0078059
小不点与袋鼠　李陵征改编；陈欣绘画
重庆 重庆出版社 1985 年 102 页 有图
10×13cm 统一书号：8114.337 定价：CNY0.20
中国现代连环画。

J0078060
小翠　姜伟摄影；雪松改编
济南 山东美术出版社 1985 年 2 张 76cm（2 开）
定价：CNY0.40
　　中国现代连环画作品。摄影者姜伟（1932— ），
摄影家。江苏涟水人。山东人民出版社从事摄
影工作，中国摄影家协会、中华全国新闻工作者
协会会员。

J0078061
小二黑结婚　吴兆修改编；杨力舟，王迎春绘
成都 四川美术出版社 1985 年 105 页
19cm（32 开）定价：CNY1.80
（中国现代文学名著连环画）

J0078062
小飞龙传奇　（上）罗迅改编；余青等绘画
南京 江苏少年儿童出版社 1985 年 142 页

有图 10×13cm 统一书号：R8352.3.169
定价：CNY0.33
　　中国现代连环画。

J0078063
小猴打拳　程逸汝编；刘泽岱等画
北京 人民美术出版社 1985 年 1 册 有彩图
13cm（60 开）统一书号：8027.9553 定价：CNY0.18
　　中国现代连环画。作者刘泽岱（1938— ），
美术设计师。唐山人，毕业于北京电影学院美
术系。中国影协上海分会会员、中国美协上海
分会会员、上海漫画学会会员。木偶片设计有
《桑哥哥》《黑熊奇遇记》《小裁缝》《马蜂窝》，
动画片设计有《大扫除》《蚂蚁和大象》等。

J0078064
小黄龙　徐飞文；顾炳鑫等绘
杭州 浙江人民美术出版社 1985 年 95 页
19cm（32 开）统一书号：8156.550 定价：CNY3.60
　　中国现代连环画。作者顾炳鑫（1923—
2001），美术家。笔名甘草、朽木，江苏宝山人。
历任中国美术家协会理事、上海美术家协会主
席团委员、上海美协连环画艺委会主任。代表
作品有连环画《渡江侦察记》《列宁在十月》等。

J0078065
小萝卜头　罗广斌等原著；吴其柔，罗盘绘
上海 上海人民美术出版社 1985 年 78 页
有图 10×13cm 统一书号：8081.14268
定价：CNY0.17
　　中国现代连环画。作者罗广斌（1924—
1967），作家。四川成都人，就读于西南联大附中。
历任共青团重庆市委常委、重庆市统战部部长、
重庆市青联副主席、全国青联委员等职。著有《红
岩》（与杨益言合著）、《在烈火中永生》（合著）、
《血海深仇》等。

J0078066
小炮兵赛罕　王士美原著；古叶编文；关启明绘
长春 吉林人民出版社 1985 年 142 页 有图
10×13cm 统一书号：8091.1667 定价：CNY0.31
　　中国现代连环画。

J0078067
小商河　李遵义改编；王建，梁萍绘

沈阳 辽宁美术出版社 1985 年 130 页
10×13cm 定价：CNY0.35
（《岳飞传》之八）
　　本书根据古典小说《岳飞传》改编的中国现代连环画作品。

J0078068
小侠剑影　石舟改编；张兴国绘
银川 宁夏人民出版社 1985 年 142 页
13cm（60 开）定价：CNY0.30
　　根据刘肇霖同名小说改编的连环画。

J0078069
小象努努　陶涛文；王晓明画
南京 江苏少年儿童出版社 1985 年 28 页
有彩图 13cm（60 开）统一书号：R8352.3.079
定价：CNY0.20
　　中国现代连环画。

J0078070
小詹姆历险记　（英）罗尔德·达尔原著；冒澄改编；成冠伦绘
银川 宁夏人民出版社 1985 年 94 页 13cm（60 开）
定价：CNY0.21
　　中国现代连环画。

J0078071
笑面人　任宝贤改编；张定华绘
北京 人民美术出版社 1985 年 206 页
13cm（60 开）定价：CNY0.53

J0078072
卸花坡跳崖　雪蕾改编；刘少臣绘
北京 中国文联出版公司 1985 年 126 页
13cm（60 开）定价：CNY0.33
（白衣侠女之六）
　　中国现代连环画。

J0078073
新方世玉　（续集）阮励改编；李德钊，江郁之绘画
广州 广东旅游出版社 1985 年 158 页
15cm（40 开）定价：CNY0.38
（旅游画库）
　　中国现代连环画。作者江郁之，《舞台与银

幕》编辑部美术编辑。

J0078074
新方世玉　（上）赵征改编；来汶阳等绘画
杭州 浙江少年儿童出版社 1985 年 174 页
15cm（40 开）定价：CNY0.46
　　中国现代连环画。

J0078075
雄州大战　张企荣编；何进，罗盘绘
重庆 重庆出版社 1985 年 134 页 13cm（60 开）
定价：CNY0.25
（《杨家小将》之十）
　　中国现代连环画。作者罗盘（1927—2005），连环画家。原名罗孝芊，出生于上海市，福建闽侯人。代表作品《草上飞》《战上海》。

J0078076
修桥的人　刘耀中编；梁丙卓绘
郑州 河南美术出版社 1985 年 62 页 13cm（60 开）
定价：CNY0.15
　　中国现代连环画。

J0078077
徐九经升官记　缪德彰改编；华其敏绘
上海 上海人民美术出版社 1985 年 110 页
13cm（60 开）定价：CNY0.47
　　中国现代连环画。作者华其敏（1953— ），画家、教授。别名田乔、果然、沙月。上海人，毕业于中央美术学院中国画系研究生班。中央美术学院教授、中国美术家协会会员。代表作品有《夸父图》《西门豹除巫》《安详的艺术》等。

J0078078
徐文长的故事　李韩标改编；王亦秋，海鹰绘
杭州 浙江人民美术出版社 1985 年 158 页
13cm（60 开）定价：CNY0.33
　　中国现代连环画。作者王亦秋（1925— ），连环画家。又名王野秋，浙江镇海人。历任前锋出版社美术编辑，上海人民美术出版社连环画创作室创作员、副审编。主要作品有《杨门女将》《小刀会》《马跃檀溪》《李逵闹东京》《清兵入塞》等。

J0078079

徐正卿智判奇案　　一凡改编；邵鲁江，邵鲁军绘
北京　人民美术出版社　1985 年　126 页
13cm（60 开）定价：CNY0.34
　　　中国现代连环画。

J0078080

雪莱　　刘崇丽改编；李斌绘
成都　四川少年儿童出版社　1985 年　94 页
有图 10×13cm　统一书号：R8247.228
定价：CNY0.25
　　　中国现代连环画。

J0078081

雪人的秘密　　金弓改编；葛振刚绘
重庆　重庆出版社　1985 年　125 页 13cm（60 开）
定价：CNY0.24
　　　中国现代连环画。

J0078082

血溅官闱　　王金编文；许勇等绘画
长春　吉林美术出版社　1985 年　86 页　有图
10×13cm　统一书号：8390.8 定价：CNY0.25
　　　本书为中国现代连环画。作者许勇
（1933—　），画家。别名许涌。生于山东青岛，
毕业于东北美专并留校任教。鲁迅美术学院教
授、研究生导师，中国美术家协会会员、中国连
环画研究会常务理事、中国当代工笔画学会理
事、雪庐画会副会长。代表作品有《金田起义》
《郑成功收复台湾》《戚继光平倭图》等。出版有
《许勇画马》。

J0078083

血溅官闱　　王金编；许勇，白淑兰绘
长春　吉林美术出版社　1985 年 86 页 13cm（60 开）
定价：CNY0.25
　　　中国现代连环画。

J0078084

血溅西口寺　　沈沫改编；翁家澎，根仙绘
哈尔滨　黑龙江美术出版社　1985 年　135 页
13cm（60 开）定价：CNY0.35
（三打乌龙镇之二）
　　　中国现代连环画。

J0078085

血溅雁门关　　春蕾改编；徐加等绘画
北京　中国文联出版公司　1985 年　126 页
15cm（40 开）定价：CNY0.33
（萍踪侠影之一）
　　　中国现代连环画。

J0078086

血染的爱　　白木改编；何绍教等绘
哈尔滨　黑龙江美术出版社　1985 年　158 页
13cm（60 开）定价：CNY0.30
　　　中国现代连环画。

J0078087

血染葫芦湾　　刘延龄改编；林百石等绘
长春　北方妇女儿童出版社　1985 年　126 页
13cm（60 开）定价：CNY0.34
（东方大侠 1）
　　　中国现代连环画。

J0078088

血染黄河滩　　石山改编；五丰绘
长沙　湖南美术出版社　1985 年 94 页 13cm（60 开）
定价：CNY0.26
　　　本书根据赵本夫小说《古黄河滩上》改编的
连环画。

J0078089

血染九层楼　　蒙山编；杨大章等绘
南宁　广西民族出版社　1985 年　106 页
13cm（60 开）定价：CNY0.30
　　　中国现代连环画。

J0078090

血染盘龙　　赵万捷编；温国良绘
长春　吉林美术出版社　1985 年　150 页
13cm（60 开）定价：CNY0.33
　　　中国现代连环画。

J0078091

血染桃花岛　　峻青原著；许岱等改编；袁峰等
绘画
北京　人民美术出版社　1985 年　150 页　有图
10×13cm　统一书号：8027.9760 定价：CNY0.37
（海啸 三）

本书根据峻青长篇小说《海啸》改编的连环画。

J0078092

血印石　　文婷改编；冰麟等绘
杭州　浙江少年儿童出版社　1985年　158页
13cm（60开）定价：CNY0.39
（《飞狐外传》之三）
　　中国现代连环画。

J0078093

血战白帝城　　雪蕾改编；陈军绘
北京　中国文联出版公司　1985年　126页
13cm（60开）定价：CNY0.33
（白衣侠女之五）
　　中国现代连环画。

J0078094

血战大白鲨　　颖子改编；王小斌，方涛绘
广州　广东人民出版社　1985年　126页
13cm（60开）定价：CNY0.32
　　本书根据美国长篇小说《鲨海涛声》编绘的连环画。

J0078095

血战金山　　文刃编；刘馗绘
沈阳　辽宁美术出版社　1985年　150页
13cm（60开）定价：CNY0.39
　　中国现代连环画。

J0078096

血战平南府　　绕翠岚改编；刘启瑞，刘启本绘
广州　岭南美术出版公司　1985年　166页
13cm（60开）定价：CNY0.40
（中国武术连环画）

J0078097

血战吴淞口　　周鸣琦编文；华均绥绘
昆明　云南人民出版社　1985年　102页　有图
10×13cm　统一书号：R8116.1323　定价：CNY0.23
（历代爱国人物故事画丛）
　　中国现代连环画。

J0078098

血字　　陈丽改编；张俊，徐瑛绘

北京　朝花美术出版社　1985年　126页
13cm（60开）定价：CNY0.35
（惊险侦探画丛之八）
　　中国现代连环画。

J0078099

寻　　杨澄改编；江山摄影；杨春瑞等绘画
北京　人民日报出版社　1985年　1册　15cm（40开）
定价：CNY0.35
　　中国现代连环画。

J0078100

寻访"画儿韩"　　濮天健改编；胡博琮绘
上海　上海人民美术出版社　1985年　86页
13cm（60开）定价：CNY0.18
　　中国现代连环画。

J0078101

寻太阳　　阳羊编文；段海云绘
济南　山东美术出版社　1985年　62页　有图
10×13cm　统一书号：8332.519　定价：CNY0.17
　　中国现代连环画。作者段海云，女，美术教师。毕业于河南大学艺术系。河南省实验中学任教。优质课《纸浮雕》《艺术与科学》获奖。辅导学生作品《思》《姹紫嫣红》获奖。

J0078102

寻子遇仙记　　邓柯编绘
广州　广东人民出版社　1985年　142页
13cm（60开）定价：CNY0.32
（银幕上的卓别林）
　　中国现代连环画。作者邓柯（1936—　），画家。原籍江苏苏州市，生于上海。原名邓国泰。中国美协会员、天津美协理事。曾任天津美术出版社美术编辑、天津画院创作干部。主要作品有《雨》《码头》《小猴种玉米》等。

J0078103

丫头挂帅　　张企荣；罗希贤，罗忠贤绘
重庆　重庆出版社　1985年　182页　13cm（60开）
定价：CNY0.33
（《杨家小将》之四）
　　中国现代连环画。

J0078104

烟村四五家　刘绍棠原著；王海燕改编；朱新昌绘画
南京 江苏美术出版社 1985 年 110 页 有图
10×13cm 统一书号：8353.3.147 定价：CNY0.27
中国现代连环画。

J0078105

烟销珠海　辛大明编；郭怀仁，栗华绘
北京 农村读物出版社 1985 年 126 页
13cm（60 开）定价：CNY0.35
（鸦片战争演义之二）
中国现代连环画。

J0078106

筵前虎斗　坤宜改编；王政平等绘
广州 科学普及出版社广州分社 1985 年 126 页
13cm（60 开）定价：CNY0.28
（《七剑下天山》之二）
中国现代连环画。

J0078107

颜真卿与元结　乔书明编；豁志绘
郑州 河南美术出版社 1985 年 126 页
13cm（60 开）定价：CNY0.25
（中州风物故事）
中国现代连环画。

J0078108

滟滪石　杨鸿举改编；文小苗绘
成都 四川人民出版社 1985 年 18 页 15cm（40 开）
定价：CNY0.22
（三峡民间故事）
中国现代连环画。

J0078109

燕京大战　庄宏安改编；谌孝安等绘
福州 福建人民出版社 1985 年 118 页
13cm（60 开）定价：CNY0.25
（金瓯缺之三）
中国现代连环画。作者谌孝安（1956—　），
画家。出生于上海。上海人民美术出版社美术
创作员，中国美术家协会会员。代表作品《三
棵树》。

J0078110

燕妮与马克思　朱丽云编文；顾盼，潘鸿海绘画
杭州 浙江人民出版社 1985 年 1 册 19cm（32 开）
定价：CNY0.52
中国现代连环画。作者潘鸿海（1942—　），
艺术家。上海人，毕业于浙江美术学院油画系。
历任浙江人民美术出版社美术记者、美术编辑、
编辑部主任、副总编，《富春江画报》负责人，浙
江画院院长。代表作品有《又是一个丰收年》
《鲁迅》。

J0078111

燕山女侠　何论，方悟改编；罗希贤等绘画
福州 福建人民出版社 1985 年 1 册 15cm（40 开）
定价：CNY0.20
（武林故事）
中国现代连环画。作者罗希贤（1946—　），
连环画家。广东东莞人。上海美术出版社美术
创作员，上海著名民俗画、连环画家，共绘制了
150 多部连环画。作品有《火种》《蔡锷》等。

J0078112

燕子吕三　（上）檀林原著；毛永煌改编；聂秀公，王伯良，聂磊绘画
南京 江苏美术出版社 1985 年 158 页
15cm（40 开）统一书号：8353.3135 定价：CNY0.39
中国现代连环画。

J0078113

燕子吕三　（下）毛永煌改编；秀公等绘画
南京 江苏美术出版社 1985 年 158 页
15cm（40 开）定价：CNY0.39
中国现代连环画。

J0078114

扬威神州擂　刘延龄改编；林百石等绘
长春 北方妇女儿童出版社 1985 年 126 页
13cm（60 开）定价：CNY0.34
（东方大侠 5）
中国现代连环画。

J0078115

羊城平叛　曹治淮改编；蚁美楷，蚁美玲绘
石家庄 河北美术出版社 1985 年 150 页
13cm（60 开）定价：CNY0.40

作者蚁美楷(1938—)，画家。广东澄海人，毕业于北京艺术师范学院。历任吉林艺术学院美术系教师、广州美术学院副教授。代表作品《打稻场上》《待鱼归》《炎黄子孙》等。

J0078116
杨八郎中镖　　徐淦改编；裘国骥绘画
天津　天津人民美术出版社　1985年　62页
有图　10×13cm　统一书号：8073.31070
定价：CNY0.17
（传统戏曲故事）
　　本书是根据戏曲《禹门关》改编的连环画。

J0078117
杨贵妃之死　　卞福顺改编；刘廷相绘
沈阳　辽宁美术出版社　1985年　118页
13cm（60开）定价：CNY0.24
　　中国现代连环画。作者卞福顺，曾任辽宁民族出版社美术教育编辑室主任。

J0078118
杨家将　　长金改编；王增福摄影
北京　中国文联出版公司　1985年　125页
15cm（40开）定价：CNY0.35
　　中国现代连环画。

J0078119
杨家坪打擂　　雪蕾改编；任梦龙绘
北京　中国文联出版公司　1985年　126页
13cm（60开）定价：CNY0.33
（白衣侠女之一）
　　中国现代连环画。作者任梦龙(1942—1989)，教师。河北束鹿人，北京工艺美术学校高级讲师，中国工艺美术协会会员等。代表作有《蔡文姬》《杨宗保与穆桂英》《窃符救赵》等。

J0078120
杨老固小传　　李同改编；刘希立绘
郑州　河南美术出版社　1985年　86页　13cm（60开）
定价：CNY0.19
　　中国现代连环画。作者刘希立(1945—)，天津人，毕业于中央财政金融学院。中国美术家协会会员，中国书籍装帧艺术委员会会员，黑龙江人民出版社编辑，天津人民美术出版社美术编审。代表作品《列宁在1918》《惩罚》等。

J0078121
杨排风　　李清洲改编；许全群绘
北京　北京出版社　1985年　138页　有图
10×13cm　统一书号：8071.535　定价：CNY0.37
　　中国现代连环画。

J0078122
杨排风　　江诗风改编；王重圭，王重英绘
福州　福建人民出版社　1985年　142页
13cm（60开）定价：CNY0.26
　　中国现代连环画。作者王重圭，连环画家。上海人。与其兄王重英、王重义合作创作多部连环画。国画作品有《莲塘清趣》《凛霜幽香》，连环画作品《玉香笼》《王昭君》《双影人》等。

J0078123
杨排风招亲　　陈杰改编；孙永摄影
武汉　湖北美术出版社　1985年　126页
15cm（40开）定价：CNY0.29
　　中国现代连环画。

J0078124
杨排风招亲　　陈祖杰改编；孙永才摄影
北京　中国文联出版公司　1985年　93页
15cm（40开）定价：CNY0.25
　　中国现代连环画。

J0078125
杨文广夺印　　李清洲改编；赵成民绘
北京　北京出版社　1985年　142页　13cm（60开）
定价：CNY0.38
（杨家将故事之十一）
　　中国现代连环画。

J0078126
杨文广夺印　　张企荣编；卢天苏绘
重庆　重庆出版社　1985年　102页　13cm（60开）
定价：CNY0.20
（《杨家小将》之十二）
　　中国现代连环画。

J0078127
杨文广征南　　张企荣编；于骏治绘
重庆　重庆出版社　1985年　118页　13cm（60开）
定价：CNY0.23

（《杨家小将》之十四）

中国现代连环画。作者于骏治，连环画家。作品有《龙门山 东周列国故事》等。

J0078128

杨志 学之编文；王兴吉绘画
长春 吉林人民出版社 1985年 重印本 86页
有图 10×13cm 统一书号：8091.1447
定价：CNY0.28

本书是中国现代《水浒》人物连环画。

J0078129

杨志 熊燕辉改编；费龙翔绘
南昌 江西人民出版社 1985年 136页
13cm（60开）定价：CNY0.30
中国现代连环画。

J0078130

杨志卖刀 施耐庵原著；吴其柔改编；颜梅华绘画
上海 上海人民美术出版社 1985年 102页
有图 10×13cm 统一书号：8081.14438
定价：CNY0.24
中国现代水浒故事连环画。

J0078131

杨州除霸 卞福川改编；盛鹤年绘
沈阳 辽宁美术出版社 1985年 110页
13cm（60开）定价：CNY0.28
（宏碧缘 下）

中国现代连环画。作者盛鹤年（1938—2010），连环画家，江苏江阴人，上海市美术家协会会员。作品有《扬州除霸》《白描人物十招》《中国画白描基础》《中国古代人物线描画谱》等。

J0078132

杨宗保之死 张企荣编；徐有武，徐有刚绘
重庆 重庆出版社 1985年 190页 13cm（60开）
定价：CNY0.34
（《杨家小将》之十一）

中国现代连环画。作者徐有武（1942— ），画家。浙江永康人。中国美术家协会会员。代表作品有《送鱼》《徐有武画集》《中国佛教图像解说》《古代仕女画法》等。

J0078133

杨宗勉盗刀 张企荣编；邓邦源绘
重庆 重庆出版社 1985年 118页 13cm（60开）
定价：CNY0.23
（《杨家小将》之五）
中国现代连环画。

J0078134

杨宗英闯阵收飞刀 黎强改编；唐明生，卢德平绘
广州 广东人民出版社 1985年 126页
13cm（60开）定价：CNY0.30
（古代少年英雄传奇）
中国现代连环画。

J0078135

杨宗英归祖 张企荣编；叶雄等绘
重庆 重庆出版社 1985年 134页 13cm（60开）
定价：CNY0.25
（《杨家小将》之九）
中国现代连环画。

J0078136

杨宗英下山 张企荣编；汪继声，汪溪绘
重庆 重庆出版社 1985年 118页 13cm（60开）
定价：CNY0.23
（《杨家小将》之八）
中国现代连环画。

J0078137

妖迷纣王 斯人改编；王根富绘
太原 希望出版社 1985年 109页 13cm（60开）
定价：CNY0.34
（封神演义之一）
中国现代连环画。

J0078138

瑶山密林 王荣改编；邵子振，邵秋海绘
哈尔滨 黑龙江美术出版社 1985年 178页
13cm（60开）定价：CNY0.34

中国现代连环画。作者王荣，山西大同人。字云石，号云中山人。就读于中央美术学院壁画系研究生班。国家一级美术师，中国书画艺术研究院副院长，山西省美术家协会会员，中国山水画协会会员。作品有国画《疾风》《青山浮动雨

来初》《草原情》等。

J0078139
要龙眼　华英改编；张恩礼，黪志等绘
呼和浩特　内蒙古人民出版社　1985年　99页
13cm（60开）定价：CNY0.34
　　中国现代连环画。

J0078140
要是我当县长　陈计中原著；华士明改编；胡博综绘画
南京　江苏美术出版社　1985年　70页　有图
13×19cm（32开）统一书号：8353.3.169
定价：CNY0.60
　　本书是根据陈计中同名小说改编绘制的连环画。反映中国农村经济改革初期一位农民积极发展多种经营的故事。

J0078141
野火春风　辛大明编；李鸣鸣绘
北京　农村读物出版社　1985年　158页
13cm（60开）定价：CNY0.43
（鸦片战争演义之五）
　　中国现代连环画。

J0078142
野狼谷　（上）董乃德改编；谭国信绘
济南　明天出版社　1985年　86页　13cm（60开）
定价：CNY0.24
　　本书根据王凤麟著《野狼出没的山谷》改编的连环画。

J0078143
野狼谷　（下）董乃德改编；谭国信绘
济南　明天出版社　1985年　172页　13cm（60开）
定价：CNY0.24

J0078144
野天冬草　张奎斌改编；陈军摄影
北京　中国广播电视出版社　1985年　126页
13cm（60开）定价：CNY0.32
　　中国现代连环画。

J0078145
夜半火车　练文修改编；王继权绘

福州　福建美术出版社　1985年　122页
13cm（60开）定价：CNY0.29
　　中国现代连环画。

J0078146
夜闯连云山　陈礼荣改编；森磊绘
重庆　重庆出版社　1985年　110页　13cm（60开）
定价：CNY0.22
　　中国现代连环画。

J0078147
夜渡小清河　（二　海啸）峻青原著；许岱等改编；袁峰等绘画
北京　人民美术出版社　1985年　110页　有图
10×13cm　统一书号：8027.9759　定价：CNY0.28
　　本书根据峻青长篇小说《海啸》改编的连环画。

J0078148
夜渡小清河　峻青原著；许岱，招明改编；袁峰，侯德健，赵建明绘
北京　人民美术出版社　1985年　150页　有图
10×13cm　统一书号：8027.9759　定价：CNY0.21
（海啸　二）
　　本书是根据峻青长篇小说《海啸》改编的连环画。

J0078149
夜夺芦花城　林泉改编；任兆祥绘
成都　四川美术出版社　1985年　158页
13cm（60开）定价：CNY0.43
（薛丁山征西之八）
　　中国现代连环画。

J0078150
夜幕下的哈尔滨　（上）肖樱改编；刘书军绘
长沙　湖南美术出版社　1985年　126页
13cm（60开）定价：CNY0.27
　　中国现代连环画。

J0078151
夜幕下的哈尔滨　（下）陈玙原著；肖樱改编；刘书军绘画
长沙　湖南美术出版社　1985年　126页　有图
10×13cm　统一书号：8233.753　定价：CNY0.27

中国现代连环画。

J0078152

夜幕下的哈尔滨 （上）陈玙原著；肖樱改编；
刘书军绘画

长春 吉林人民出版社 1985 年 126 页 有图
10×13cm 统一书号：8233.752 定价：CNY0.27

中国现代连环画。

J0078153

夜幕下的哈尔滨 （上）祥文改编；辛宽良，
王百顺绘

沈阳 辽宁美术出版社 1985 年 138 页
13cm（60 开）定价：CNY0.27

中国现代连环画。作者辛宽良（1941— ），
画家。山东海阳人。毕业于鲁迅美术学院版画
系。擅长连环画、年画。曾任辽宁美术出版社
美术编辑。代表作品有《真假美猴王》《夜幕下
的哈尔滨》《李自成》《西游记》等。作者王百顺
（1939— ），画家。辽宁营口人，祖籍河北密云，
鲁迅美术学院油画系毕业。曾在辽宁美术出版
社担任美术创作室和编辑室主任，后在沈阳师范
学院艺术系任教，中国美术家协会会员。作品有
《无题》《人民功臣》《同欢共乐》等。

J0078154

夜幕下的哈尔滨 （一 初试锋芒）陈玙原著；
张新改编；百石等绘画

天津 天津人民美术出版社 1985 年 126 页
有图 10×13cm 统一书号：8073.31020
定价：CNY0.30

中国现代连环画。

J0078155

夜幕下的哈尔滨 （二 飞行集会）陈玙原著；
张新改编；百石等绘画

天津 天津人民美术出版社 1985 年 126 页
有图 10×13cm 统一书号：8073.31021
定价：CNY0.30

中国现代连环画。

J0078156

夜幕下的哈尔滨 （三 虎穴斗敌）陈玙原著；
张新改编；百石等绘画

天津 天津人民美术出版社 1985 年 142 页

有图 10×13cm 统一书号：8073.31022
定价：CNY0.34

中国现代连环画。

J0078157

夜幕下的哈尔滨 （四 阴谋诱婚）陈玙原著；
方为改编；百石等绘画

天津 天津人民美术出版社 1985 年 126 页
有图 10×13cm 统一书号：8073.31023
定价：CNY0.30

中国现代连环画。

J0078158

夜幕下的哈尔滨 （五 风云变幻）陈玙原著；
方为改编；百石等绘画

天津 天津人民美术出版社 1985 年 110 页
有图 10×13cm 统一书号：8073.31024
定价：CNY0.27

中国现代连环画。

J0078159

夜幕下的哈尔滨 （六 血洒中华）陈玙原著；
方为改编；百石等绘画

天津 天津人民美术出版社 1985 年 134 页
有图 10×13cm 统一书号：8073.31025
定价：CNY0.32

中国现代连环画。

J0078160

夜幕下的哈尔滨 （上集）士心改编；陈云华
等绘

杭州 浙江少年儿童出版社 1985 年 158 页
13cm（60 开）定价：CNY0.39

中国现代连环画。

J0078161

夜幕下的哈尔滨 （下集）士心改编；陈云华
等绘

杭州 浙江少年儿童出版社 1985 年 158 页
13cm（60 开）定价：CNY0.39

中国现代连环画。

J0078162

夜闹王府 禾子改编；吴岭，崔欣绘画
杭州 浙江少年儿童出版社 1985 年 158 页

13cm（60开）定价：CNY0.39
（《射雕英雄传》之五）
　　中国现代连环画。

J0078163
夜深沉　庄宏安改编；冯正梁，赵延平绘
上海　上海人民美术出版社　1985年　142页
13cm（60开）定价：CNY0.35
（三家巷　之三）
　　中国现代连环画。作者冯正梁（1954— ），
画家、教授。生于上海，上海师范大学艺术学士，
美国弗吉尼亚州莱德佛大学艺术硕士。历任美
国水彩画会、中国水彩画会、美国色粉画协会会
员，莱德佛大学教授。

J0078164
夜袭都统府　刘延龄改编；林百石等绘
长春　北方妇女儿童出版社　1985年　126页
13cm（60开）定价：CNY0.34
（东方大侠　4）
　　中国现代连环画。

J0078165
夜香港　谭尔康改编；胡抗绘
长沙　湖南少年儿童出版社　1985年　134页
13cm（60开）定价：CNY0.29
　　中国现代连环画。

J0078166
夜战军工厂　黄钟改编；李韬，童蔚制作
北京　朝花美术出版社　1985年　124页
13cm（60开）定价：CNY0.35
（特别行动队之十三）
　　中国现代连环画。

J0078167
夜战狼窟　冯育楠编；施振广绘画
天津　天津人民美术出版社　1985年　94页
15cm（40开）定价：CNY0.24
（《津门大侠霍元甲》之二）
　　中国现代连环画。

J0078168
一代蛇医　鲁闽，严左改编；于绍文画
福州　福建人民出版社　1985年　142页

13cm（60开）定价：CNY0.26
　　中国现代连环画。

J0078169
一滴泉　林泉改编；丰建摄影
成都　四川人民出版社　1985年　116页
15cm（40开）定价：CNY0.30
　　中国现代连环画。

J0078170
一对金耳环　胡耀华，贡卜扎西编；董兆惠绘
兰州　甘肃人民出版社　1985年　118页
13cm（60开）定价：CNY0.23
　　中国现代连环画。

J0078171
一个"囚犯"的足迹　平平改编；张智摄影
北京　中国文联出版公司　1985年　157页
15cm（40开）定价：CNY0.43
　　中国现代连环画。

J0078172
一个美国球星的故事　赵玉昌，洛汶改编；
舒少华，郜宗远绘
北京　人民体育出版社　1985年　158页
13cm（60开）定价：CNY0.33
　　中国现代连环画。

J0078173
一个拳师的生涯　（《周末》画报作品选集）章
一钧改编；冼励强绘
广州　岭南美术出版社　1985年　126页
13cm（60开）定价：CNY0.31
　　中国现代连环画。

J0078174
一画卷河山　春蕾改编；唐伟杰绘画
北京　中国文联出版公司　1985年　94页
15cm（40开）定价：CNY0.26
（萍踪侠影　之六）
　　中国现代连环画。

J0078175
一千零一夜　王祺年等改编；马寒松等绘
天津　天津人民美术出版社　1985年　10册

13cm（60开）袋装 定价：CNY2.49

全套10册，包括：（1）守财奴的故事；（2）作
茧自缚的法官；（3）忠贞的阿露雅；（4）神奇的飞
箱；（5）智吏柯思德；（6）铁烛台；（7）开罗城的
狡诈妇人；（8）三个盗贼；（9）傻瓜比赛；（10）女
奴的儿子。作者马寒松（1949—　），画家。天津
人。中国美术家协会会员、天津美术家协会理事、
红桥区政协书画家联谊会副会长、天津人民出版
社任美术编辑、副编审。代表作品《聪明的青蛙》
《兔娃娃》《豹子哈奇》《封神演义》等。

J0078176
一线天 （汉英日对照）吴永良绘画；路平改编
杭州 浙江人民美术出版社 1985 年 75 页
19cm（32开）统一书号：8156.613 定价：CNY2.70
中国现代连环画。作者吴永良（1937—　），
画家、教授。浙江鄞县人，毕业于浙江美术学院
中国画系人物画科。中国美术家协会会员，浙江
美术学院教授。代表作品有《鲁迅肖像》《水乡
集市》《华夏颂》《潘天寿肖像》《西泠印踪》等。

J0078177
一笑解恩仇 春蕾改编；苏西映绘画
北京 中国文联出版公司 1985 年 93 页
15cm（40开）定价：CNY0.26
（萍踪侠影之十）
中国现代连环画。

J0078178
一桩离奇案 周波改编；王蜀生绘
乌鲁木齐 新疆青年出版社 1985 年 78 页
13cm（60开）定价：CNY0.18
中国现代连环画。作者周波（1940—　），画
家。曾用名周胤波。广东潮阳人，毕业于广州美
术学院中国画系。广州美术学院国画系教师、广
东及中国美术家协会会员。主要作品有《蕉鸭图》
《戏水图》《退潮》等。

J0078179
一桩人参案 刘思鹏，姜明涛原著；袁明清改
编；红生等绘
沈阳 辽宁美术出版社 1985 年 158 页
13cm（60开）定价：CNY0.34
中国现代连环画。

J0078180
一座雕像的诞生 徐恒进改编；吴敏绘
北京 人民美术出版社 1985 年 118 页 有图
10×13cm 统一书号：8027.9393 定价：CNY0.27
本书根据孟伟哉的同名小说改编的连环画。

J0078181
义军会师东乡 雪蕾改编；陈军绘
北京 中国文联出版公司 1985 年 126 页
13cm（60开）定价：CNY0.33
（白衣侠女之四）
中国现代连环画。

J0078182
义士遇难 唯青改编；吴立等绘
哈尔滨 黑龙江美术出版社 1985 年 194 页
13cm（60开）定价：CNY0.51
（《大唐英豪》之一）
中国现代连环画。

J0078183
义侠佐罗 拾贝改编；山仁摄影
武汉 湖北少年儿童出版社 1985 年 190 页
15cm（40开）定价：CNY0.40
中国现代连环画。

J0078184
义侠佐罗 钱洪改编
广州 花城出版社 1985 年 125 页 15cm（40开）
定价：CNY0.33
（影视世界丛书）
中国现代连环画。

J0078185
义猿救泰山 吴山，晓文改编；谭小勇等绘
杭州 浙江人民美术出版社 1985 年 166 页
13cm（60开）定价：CNY0.42
（《人猿泰山》之六）
中国现代连环画。

J0078186
艺海群英 （下）学伟改编；曹立伟，翟欣建绘
北京 中国曲艺出版社 1985 年 126 页
13cm（60开）定价：CNY0.20
中国现代连环画。

J0078187

艺林女杰 缪德彰改编；史殿生绘

沈阳 辽宁美术出版社 1985 年 126 页

13cm（60 开）定价：CNY0.30

  中国现代连环画。作者史殿生，就读于中央美术学院。中国美术家协会会员、国家一级美术师、北京师范大学中国画创作高级研究生班导师、北京红旗书画院副院长、益昌画院顾问。作品有《盛装》《岁月》《高士图》等。

J0078188

异国飘零记 （上）雪松改编；周申绘

济南 山东美术出版社 1985 年 149 页

13cm（60 开）定价：CNY0.36

  中国现代连环画。

J0078189

银剑 郑之东改编；高济民，谭小平绘

上海 上海人民美术出版社 1985 年 150 页

13cm（60 开）定价：CNY0.33

（少年儿童画库）

  本书根据英国伊思·塞拉利尔的小说改编的连环画。收入 150 幅图。

J0078190

银肖山擒特记 陈亚军改编；刘业通绘

石家庄 河北美术出版社 1985 年 102 页

13cm（60 开）定价：CNY0.28

  中国现代连环画。作者刘业通（1968— ），河北清苑人，毕业于天津美院。河北师范大学美术系副主任。

J0078191

银元姻缘 徐恩志编；王犁犁，晓麦绘

长春 吉林美术出版社 1985 年 126 页

13cm（60 开）定价：CNY0.30

  中国现代连环画。

J0078192

隐蔽的战线 郑维庆改编；孙达明绘

哈尔滨 黑龙江美术出版社 1985 年 131 页

13cm（60 开）定价：CNY0.27

  中国现代连环画。

J0078193

隐形蜈蚣 王广生改编；秦逊元绘

北京 朝花美术出版社 1985 年 126 页

13cm（60 开）定价：CNY0.35

（惊险侦探画丛之六）

  中国现代连环画。

J0078194

英荷海战 王流编；韩明智绘

北京 海洋出版社 1985 年 120 页 13cm（60 开）

定价：CNY0.30

（外国海战故事连环画画库）

J0078195

英雄塔拉斯 陈仆改编；黄英浩等绘

重庆 重庆出版社 1985 年 166 页 13cm（60 开）

定价：CNY0.30

  中国现代连环画。作者黄英浩（1949— ），油画家。浙江镇海人，出生上海。历任上海油画雕塑研究院专业油画家，文汇报文艺部美术编辑。主要作品鲁迅小说连环画《祝福》《一件小事》，以及巴金文学作品连环画《秋天里的春天》《寒夜》插图等。

J0078196

樱桃树和鸟儿 常林编；胡亦画

北京 人民美术出版社 1985 年 14 页 有彩图

13cm（60 开）统一书号：8027.9310 定价：CNY0.16

  中国现代连环画。

J0078197

鹦鹉王子 童心编；小彦等绘

广州 岭南美术出版社 1985 年 13cm（60 开）

定价：CNY0.42

（东南亚民间故事 3）

  中国现代连环画。

J0078198

鹰从天降 胡家辉改编；广阔绘

沈阳 辽宁美术出版社 1985 年 190 页

13cm（60 开）定价：CNY0.43

  现代中国连环画。

J0078199

鹰拳 冯骥才原著；张云清等编文，高志岳等

绘画
长春 吉林美术出版社 1985 年 86 页 有图
10×13cm 统一书号：8390.15 定价：CNY0.21
　　现代中国连环画。作者冯骥才（1942—　　），
作家、画家、文化学者、教授。浙江宁波人。中
国文学艺术界联合会荣誉委员，中国民间文艺家
协会名誉主席，国务院参事，天津大学冯骥才文
学艺术研究院院长、教授、博士生导师。代表作
品有《雕花烟斗》《高女人和她的矮丈夫》《神鞭》
《三寸金莲》《珍珠鸟》《一百个人的十年》等。

J0078200
鹰嘴崖战斗之谜　　杨森改编；佰惠等绘
哈尔滨 黑龙江美术出版社 1985 年 155 页
13cm（60 开）定价：CNY0.35
　　现代中国连环画。

J0078201
营救机要员　　黄钟改编；李韬、童蔚制作
北京 朝花美术出版社 1985 年 124 页
13cm（60 开）定价：CNY0.35
（特别行动队之二）
　　中国现代连环画。

J0078202
永路和小叫驴　　张贤凤等改编；刘普生绘画
北京 人民美术出版社 1985 年 78 页 有图
10×13cm 统一书号：8027.9379 定价：CNY0.19
　　中国现代连环画。

J0078203
勇挫"铁葫芦"　　群弟改编；潘晋拔，林峥明绘画
广州 岭南美术出版社 1985 年 126 页
13cm（60 开）定价：CNY0.31
（中国武术连环画）
　　中国现代连环画。作者潘晋拔（1939—　　），
美术编审。广东兴宁市永和镇人，毕业于广州美
术学院中国画系。先后任职于广州美院中国画
系、广东画院、广东省博物馆、广东省作家协会
《作品》编辑部美术编审。出版有《中国电脑画》
画集。

J0078204
勇斗黑拳帮　　刘惠波改编、制作
广州 岭南美术出版社 1985 年 154 页

13cm（60 开）定价：CNY0.39
（通天奇兵）
　　中国现代连环画。

J0078205
勇士与公主　　穆·依凌阿编；关玉良绘
哈尔滨 黑龙江美术出版社 1985 年 137 页
13cm（60 开）定价：CNY0.27
　　本书根据满族民间传说故事编绘的连环画。

J0078206
幽闺记　　（元）施君美原著；庄宏安改编；张炳
厚绘
沈阳 辽宁美术出版社 1985 年 146 页
13cm（60 开）定价：CNY0.38
（古典戏曲故事）
　　中国现代连环画。

J0078207
幽燕义侠　　杨薇等改编；黄永镇等绘画
重庆 重庆出版社 1985 年 214 页 13cm（60 开）
定价：CNY0.38
　　中国现代连环画。

J0078208
幼儿歌谣　　（一）吴城写；侯冠宾画
石家庄 河北少年儿童出版社 1985 年 有图
15cm（40 开）统一书号：R8366.27 定价：CNY0.27

J0078209
诱敌计　　王瑞华改编；查加伍绘
石家庄 河北美术出版社 1985 年 55 页
13cm（60 开）定价：CNY0.17
　　中国现代连环画。作者查加伍（1950—　　），
编辑。别名穆明、三夷。湖北京山人，毕业于湖
北美术学院师范系。曾在湖北人民出版社、京
山县文化馆工作，历任湖北美术出版社副社长、
美术副编审，湖北美协连环画、插图艺委会副主
任。代表作品有《战斗的历程》《乱世风云》《苦
肉记》等。

J0078210
诱敌入草滩　　（海啸　中）贺惠群，董为民改
编；贺惠群绘
西安 陕西人民美术出版社 1985 年 158 页

13cm（60开）定价：CNY0.34

　　中国现代连环画。

J0078211

余杭奇冤　寒光改编；鲁津，高超绘

天津　天津人民美术出版社　1985年　124页

13cm（60开）定价：CNY0.30

（济公传 之四）

　　中国现代连环画。

J0078212

雨滴项链　李学中，王浩改编；董晓明绘

南京　江苏少年儿童出版社　1985年　77页

13cm（60开）定价：CNY0.21

　　本书根据英国琼·艾肯原著改编的连环画。

J0078213

玉杯血泪　高德欣，魏忠才改编；刘芸生绘

郑州　河南美术出版社　1985年　102页

13cm（60开）定价：CNY0.22

　　中国现代连环画。

J0078214

玉宸宫奇冤　吴秀英改编；周申绘

天津　天津人民美术出版社　1985年　77页

13cm（60开）定价：CNY0.21

　　中国现代连环画。

J0078215

玉姑峰　何可人，熹月改编；双欣，肖铁初摄影

北京　中国文联出版公司　1985年　125页

15cm（40开）定价：CNY0.32

　　本书根据无锡市越剧团演出的同名越剧改编、拍摄的连环画。

J0078216

玉兰芬芳　夏有志原著；井宽胜改编；余振中绘画

西安　陕西人民美术出版社　1985年　62页

有图　10×13cm　统一书号：8199.786

定价：CNY0.16

　　中国现代连环画。

J0078217

玉女下山　高文改编；王履玮等绘画

北京　朝花美术出版社　1985年　126页

13cm（60开）定价：CNY0.35

（唐宫恩怨 之一）

　　本书根据香港作家梁羽生的武侠小说《女帝奇英传》改编的连环画，分10册出版。

J0078218

玉泉　（汉英日对照）徐飞改编；顾炳鑫绘画

杭州　浙江人民美术出版社　1985年　72页

19cm（32开）统一书号：8156.605　定价：CNY2.70

　　中国现代连环画。作者顾炳鑫（1923—2001），美术家。笔名甘草、朽木，江苏宝山人。中国美术家协会理事、上海美术家协会主席团委员、上海美协连环画艺委会主任。代表作品有连环画《渡江侦察记》《列宁在十月》等。

J0078219

玉鸳鸯之谜　芦笛改编；周诵新摄影

杭州　西湖摄影艺术出版社　1985年　125页

15cm（40开）定价：CNY0.43

　　本书根据方继赓原作《女神像的秘密》改编的连环画。

J0078220

狱中斗争　由之改编；张鸿伟绘

沈阳　辽宁美术出版社　1985年　74页　13cm（60开）

定价：CNY0.16

（小学生画库·语文辅助读物）

　　根据《王若飞在狱中》改编的连环画。

J0078221

峪谷烽烟　邹洪根改编；张之光，刘学训绘

西安　陕西人民美术出版社　1985年　126页

13cm（60开）定价：CNY0.28

　　中国现代连环画。

J0078222

浴战敌后　唯青改编；刘富海绘

哈尔滨　黑龙江美术出版社　1985年　166页

13cm（60开）定价：CNY0.32

　　中国现代连环画。

J0078223

鸳鸯剑　洪毅改编；颜梅华绘画

天津　天津人民美术出版社　1985年　139页

15cm（40开）定价：CNY0.33

中国现代连环画。作者颜梅华（1927— ），国画家。号雪庵，斋号琴斋。浙江乐清人。代表作品有《比目鱼》《白秋练》《白蛇传》《风云初记》等。

J0078224

冤家小传 邢万里编；黄莺绘

长春 吉林美术出版社 1985年 86页 13cm（60开）

定价：CNY0.21

中国现代连环画。

J0078225

元江大捷 王世强编文；刘娟绘画

昆明 云南人民出版社 1985年 110页 有图

10×13cm 统一书号：R8116.1321 定价：CNY0.24

（大陆上最后一仗 四）

中国现代连环画。

J0078226

原野 庄宏安改编；赵奇绘

沈阳 辽宁美术出版社 1985年 162页

13cm（60开）定价：CNY0.37

中国现代连环画。赵奇（1954— ），沈阳鲁迅美术学院中国画系副主任，教授，中国美术家协会理事，辽宁省中国画研究会副会长。

J0078227

月亮湾的风波 赵家耀改编；张珥等摄影

上海 上海人民美术出版社 1985年 126页

有图 10×13cm 统一书号：8081.14229

定价：CNY0.35

上海电影制片厂供稿，方义华编剧，中叔皇导演，张珥等摄影的连环画。

J0078228

月琴与小老虎 肖赛改编；张秀芬等摄影

北京 中国文联出版公司 1985年 123页 有图

10×13cm 统一书号：8355.279 定价：CNY0.35

中国现代连环画。

J0078229

岳飞 清文编；何昌林绘画

重庆 重庆出版社 1985年 10张 12cm（60开）

定价：CNY0.30

（爱国人物画之五）

大众读物连环画。

J0078230

岳家小将 拾贝改编；山仁摄影

武汉 湖北少年儿童出版社 1985年 158页

13cm（60开）定价：CNY0.34

中国现代连环画。

J0078231

岳雷 罗波改编；项维仁绘

石家庄 北美术出版社 1985年 126页

13cm（60开）定价：CNY0.34

中国现代连环画。作者项维仁（1947— ），画家、国家一级美术师。生于山东青岛市。中国美术家协会会员、中国工艺美术学会会员、中国连环画研究会理事、山东画院特聘高级画师、青岛书画研究院副院长。代表作品有《共鸣》《柳毅传书》等。

J0078232

岳云 孙中晓改编；窦世魁，窦世伟绘

石家庄 河北美术出版社 1985年 126页

13cm（60开）定价：CNY0.34

（岳家小将）

中国现代连环画。作者窦世魁（1942— ），国家一级美术师。别名石岭，号岩松斋主。山东青岛人，毕业于青岛艺术专科学校美术专业。中国美术家协会会员、青岛市美术家协会副主席、顾问，青岛书画研究院副院长、中国书画学会名誉主席等。代表作品有连环画《唐赛儿》等。

J0078233

悦来店义救安公子 丁黎编；张自生等绘画

福州 福建美术出版社 1985年 98页 13cm（60开）

定价：CNY0.27

（《十三妹》全本 之二）

中国现代连环画。

J0078234

云海玉弓缘 （一）舒明，安其改编；陈星群，许建爱绘

广州 广东旅游出版社 1985年 126页

13cm（60开）定价：CNY0.34

（旅游画库）

中国现代连环画。

J0078235
运河侠女　王金编；罗惠卿绘
长春　吉林美术出版社　1985年　126页
13cm（60开）定价：CNY0.29
　　中国现代连环画。

J0078236
运河英豪　张企荣改编；刘进安绘
石家庄　河北美术出版社　1985年　134页
13cm（60开）定价：CNY0.36
　　本书是中国现代连环画。收入134幅图。叙述江湖艺人桑铁翁和陶红杏等在地下党员的引导下最后走上抗日救国革命道路的经过。作者刘进安（1957—　），别名大漠、晋盒、晋安。河北大城县人。就读于河北师范大学美术系。首都师范大学美术学院院长、教授、博士研究生导师，中国美术家协会会员，北京美术家协会理事。代表作有连环画《运河英豪》《高粱血酒》等。

J0078237
运木古井　（汉英日对照）朱承斌改编；施大畏，施其畏绘画
杭州　浙江人民美术出版社　1985年　84页
19cm（32开）统一书号：8156.611　定价：CNY3.20
　　中国现代连环画。作者施大畏（1950—　），画家，浙江吴兴人，毕业于上海大学美术学院国画系。国家一级美术师，曾任上海国画院执行院长、中国美术家协会副主席、中国美协国画艺委会委员、上海美协国画艺委会主任等职，上海大学美术学院兼职教授。代表作《暴风骤雨》《国殇》《皖南事变》《归途——西路军妇女团纪实》。

J0078238
恽代英　翼然，童仆改编；章亦画
成都　四川少年儿童出版社　1985年　126页
13cm（60开）定价：CNY0.30
（革命先烈故事）
　　中国现代连环画。

J0078239
再生奇缘　晓明改编；苏西映绘
北京　中国文联出版公司　1985年　109页
13cm（60开）定价：CNY0.30

（再生缘 之十）
　　中国现代连环画。作者苏西映（1940—　），河南光山人。曾任光山县文化馆美术师、河南省美术家协会会员、大别山书画研究院名誉院长。作品有《深山古树》《荷花舞》《玉莲公主》《中华魂》等。出版有《唐伯虎智圆梅花梦》《玉蜻蜓》。

J0078240
再向虎山行　（一）江鹰改编；关强摄影
武汉　湖北少年儿童出版社　1985年　156页
15cm（40开）定价：CNY0.38
　　中国现代连环画。

J0078241
再向虎山行　（二）江鹰改编；关强摄影
武汉　湖北少年儿童出版社　1985年　156页
15cm（40开）定价：CNY0.38

J0078242
再向虎山行　（三）辛刚改编；长江摄影
武汉　湖北少年儿童出版社　1985年　156页
15cm（40开）定价：CNY0.38

J0078243
再向虎山行　（四）建国改编；大桥摄影
武汉　湖北少年儿童出版社　1985年　156页
15cm（40开）定价：CNY0.38

J0078244
再向虎山行　（五）赵路改编；李凯摄影
武汉　湖北少年儿童出版社　1985年　156页
15cm（40开）定价：CNY0.38

J0078245
再向虎山行　（六）张琦改编；姜珊摄影
武汉　湖北少年儿童出版社　1985年　156页
15cm（40开）定价：CNY0.38

J0078246
再向虎山行　（七）殷皓改编；何江摄影
武汉　湖北少年儿童出版社　1985年　156页
15cm（40开）定价：CNY0.38

J0078247
再向虎山行　（八）卢威改编；王帏摄影

武汉 湖北少年儿童出版社 1985 年 156 页
15cm（40 开）定价：CNY0.38

J0078248
在伯爵的废墟上 （苏）阿·盖达尔原著；王建
中改编；隆义，仁康绘
杭州 浙江少年儿童出版社 1985 年 92 页
13cm（60 开）定价：CNY0.22
　　中国现代连环画。

J0078249
在彭总身边 景希珍原著；丁可改编；童道容绘
北京 人民美术出版社 1985 年 88 页 有图
10×13cm 统一书号：8027.9400 定价：CNY0.25
　　中国现代连环画。

J0078250
贼鸽之谜 李永贵改编；刘大庆摄
北京 中国文联出版社 1985 年 125 页
13cm（60 开）定价：CNY0.35
　　本书是根据宗岱的中篇小说《十二颗血红的
宝石》改编的连环画。

J0078251
炸桥 年青山改编；刘亚平，马小娟绘
哈尔滨 黑龙江美术出版社 1985 年 169 页
13cm（60 开）定价：CNY0.36
　　中国现代连环画。作者马小娟（1955— ），
女，画家、教师。笔名小涓，江苏南京人，毕业
于中国美术学院国画系。中国美术家协会会员、
上海师范大学艺术学院美术系副教授、上海中国
画院画师。代表作《当代中国画精品集·马小娟》。

J0078252
战洪洲 李清洲改编；晓霞绘
北京 北京出版社 1985 年 138 页 13cm（60 开）
定价：CNY0.37
（杨家将故事之十）

J0078253
战洛阳 （上）魏忠才编；李锛，高济民绘
郑州 河南美术出版社 1985 年 182 页
13cm（60 开）定价：CNY0.40
　　中国现代连环画。

J0078254
战洛阳 （下）魏忠才编；李锛等绘
郑州 河南美术出版社 1985 年 134 页
13cm（60 开）定价：CNY0.31
　　中国现代连环画。

J0078255
战争风云 （第一集 白色方案）冀风改编；吴
安摄
北京 朝花美术出版社 1985 年 123 页
13cm（60 开）定价：CNY0.35
　　本书是根据美国同名电视系列片改编的连
环画。

J0078256
战争风云 （第二集 入侵波兰）晓林改编；吴
安摄
北京 朝花美术出版社 1985 年 124 页
13cm（60 开）定价：CNY0.35
　　中国现代连环画。

J0078257
战争风云 （第七集 美军护航）邹季改编；吴
棣绘
北京 朝花美术出版社 1985 年 124 页
13cm（60 开）定价：CNY0.35
　　中国现代连环画。

J0078258
战争风云 （第八集 偷袭珍珠港）荣升改编；
周斌绘
北京 朝花美术出版社 1985 年 124 页
13cm（60 开）定价：CNY0.35
　　中国现代连环画。

J0078259
战争风云 （美）赫尔曼·沃克原著；陈仁川等
改编；周大正等绘
兰州 甘肃人民出版社 1985 年 6 册 13cm（60 开）
　　本套连环画是根据美国赫尔曼·沃克同名
小说改编，全套共 6 册。包括：（1）欧战前夕；
（2）逃出波兰；（3）英伦之战；（4）雾海护航；
（5）东线浴血；（6）日美开战。作者周大正
（1941— ），教授。湖北沙市人，毕业于浙江美
术学院油画系。曾任甘肃临夏州展览馆美术干

部，西北民族学院艺术系美术教研室主任、教授。作品有《手牵黄河上高山》《希望》《清清夏河水》《夏河风情》《哈族婚礼》《进军腊子口》等，出版有《周大正画选》。

J0078260

战争与爱情　黎啸改编；田野，路原图片

北京　昆仑出版社　1985年　158页　13cm（60开）

定价：CNY0.40

（美国电视剧连环画《战争风云》之三）

J0078261

战争与和平　（俄）列夫·托尔斯泰原著；沙铁军等改编；李斌等绘

郑州　河南美术出版社　1985年　18页　13cm（60开）

定价：CNY6.70

　　本套连环画册《战争与和平》分为上、中、下三盒，共18册：（1）四大望族；（2）将计就计；（3）较量前夕；（4）血染战旗；（5）前线归来；（6）人生探索；（7）爱的烦垣；（8）迷惘的心；（9）不宣而战；（10）动乱岁月；（11）激战序曲；（12）火的洗礼；（13）情祭忠魂；（14）古城劫难；（I5）伟大转折；（16）出奇制胜；（17）将军暮年；（18）向着未来。

J0078262

张大千先生恋青城　远乡改编；李文信，杨麟翼绘

成都　四川美术出版社　1985年　21页　19cm（32开）

定价：CNY0.50

J0078263

张纲毁车　沈毅编；石夫等绘

福州　福建人民出版社　1985年　116页

13cm（60开）定价：CNY0.28

（通俗前后汉演义之二十八）

　　中国现代连环画。

J0078264

张果老勇护赵州桥　木易编；翟煜平绘

北京　中国文联出版社　1985年　94页　13cm（60开）

定价：CNY0.26

（八仙的传说 之四）

　　中国现代连环画。

J0078265

张老汉跳崖　王释非改编；陈宁等绘

上海　上海人民美术出版社　1985年　134页

13cm（60开）定价：CNY0.32

（吕梁英雄传之三）

　　中国现代连环画。

J0078266

张羽煮海　李好古原著；仓阳卿编；徐余兴绘

上海　上海人民美术出版社　1985年　110页

有图　10×13cm　统一书号：8081.14073

定价：CNY0.25

　　中国现代连环画。

J0078267

张玉良　（上）石楠编；王庆明，甘正伦绘

福州　福建美术出版社　1985年　144页

13cm（60开）定价：CNY0.36

　　中国现代连环画。作者王庆明（1933—　　），女，教授。江苏太仓人。毕业于中央美术学院，留校任教。西泠书画院研究员、中国美术家协会会员。出版有《王庆明画集》《结构素描》。作者甘正伦（1937—　　），中国美术学院副教授、中国美术家协会会员。

J0078268

张玉良　（下）石楠编；王庆明，甘正伦绘

福州　福建美术出版社　1985年　173页

13cm（60开）定价：CNY0.42

　　中国现代连环画。作者王庆明（1933—　　），女，教授。江苏太仓人。毕业于中央美术学院，留校任教。西泠书画院研究员、中国美术家协会会员。出版有《王庆明画集》《结构素描》。

J0078269

漳门神拳　张钟龄改编；赵国经绘画

银川　宁夏人民出版社　1985年　78页　13cm（60开）

定价：CNY0.18

　　本书根据冯骥才小说《魔拳》改编的连环画。

J0078270

长春服输　芦苇改编；汶阳等绘画

杭州　浙江少年儿童出版社　1985年　150页

13cm（60开）定价：CNY0.37

（《射雕英雄传》之六）

中国现代连环画。

J0078271
长发妹　阿素编；段海云绘
济南 山东美术出版社 1985 年 62 页 13cm（60 开）
定价：CNY0.17
　　中国现代连环画。

J0078272
长平之战　明学改编；庞希泉绘
哈尔滨 黑龙江美术出版社 1985 年 59 页
13cm（60 开）定价：CNY0.15
　　中国现代连环画。作者庞希泉（1941—　），
美术编辑。山东潍坊人，毕业于中央工艺美术学
院装饰绘画系。曾任山东潍坊市第二印染厂美
术设计，后为北京报社美术编辑、中国美术家协
会会员、北京美术家协会会员。出版有《庞希泉
中国画》《希泉画猫精品》《庞希泉中国画作品
集》等。

J0078273
长生殿　奇羽编；高云绘
南京 江苏美术出版社 1985 年 80 页 19cm（32 开）
定价：CNY0.68
　　本书是根据清代剧作家洪昇的同名戏曲名
著编绘的连环画。作者高云（1956—　），国家
一级美术师。毕业于南京艺术学院中国画专业。
中国美术家协会理事、中国画艺委会委员，全国
美术馆专委会副主任、江苏省美协副主席，江苏
省美术馆馆长，南京艺术学院客座教授。

J0078274
找仙草　孙华编文；王祖民画
北京 人民美术出版社 1985 年 14 页 有彩图
13cm（60 开）统一书号：8027.9388 定价：CNY0.18
　　中国现代连环画。

J0078275
赵一曼　北辰编；姚洪斌绘
长春 吉林美术出版社 1985 年 134 页
13cm（60 开）定价：CNY0.30
　　中国现代连环画。

J0078276
赵一曼　潘彩英编；赵华胜绘

沈阳 辽宁美术出版社 1985 年 132 页
19cm（32 开）定价：CNY2.05
　　中国现代连环画。作者赵华胜，辽宁画院
院长。

J0078277
者阴山赞歌　罗邦武编；齐熙耀等绘
昆明 云南人民出版社 1985 年 172 页
13cm（60 开）定价：CNY0.37
　　中国现代连环画。

J0078278
这里的黎明静悄悄　小那选编
合肥 安徽美术出版社 1985 年 174 页
13cm（60 开）定价：CNY0.43
　　中国现代连环画。

J0078279
这里的黎明静悄悄（上）晓晴改编
北京 中国电影出版社 1985 年 125 页
10×13cm 统一书号：8061.2454 定价：CNY0.36
　　中国现代连环画。

J0078280
这里的黎明静悄悄（下）晓晴改编
北京 中国电影出版社 1985 年 125 页
10×13cm 统一书号：8061.2488 定价：CNY0.36
　　中国现代连环画。

J0078281
侦察员的蜜月　姜节安，李道极著文；姜节
安，曹思勇摄影
上海 上海人民美术出版社 1985 年 157 页
有图 9×13cm 统一书号：8081.14339
定价：CNY0.43
　　本书是根据上海人民艺术剧院演出的话剧
摄制的连环画。

J0078282
珍珠港之变　刘家驹改编；田野，路原图片
北京 昆仑出版社 1985 年 158 页 13cm（60 开）
定价：CNY0.40
（美国电视剧连环画《战争风云》之五）

J0078283

珍珠恨　陈健改编；郭崇宇绘

呼和浩特 内蒙古人民出版社 1985 年 102 页 13cm（60 开）定价：CNY0.19

　　本书根据美国斯坦培克的小说《珍珠》改编的连环画。

J0078284

珍珠潭　杨鸿举改编；张桂铭，程多多绘

成都 四川人民出版社 1985 年 16 页 15cm（40 开）定价：CNY0.22

（三峡民间故事）

　　中国现代连环画。作者张桂铭（1939— ），教授、画家。生于浙江绍兴，毕业于中国美术学院中国画系。历任上海中国画院副院长、刘海粟美术馆执行馆长、上海美术家协会主席团委员。代表作品有《画家齐白石》《天地悠悠》《荷满塘》等。作者程多多（1947— ），教授。生于上海市松江区，毕业于上海师范大学美术系。曾任徐汇区少年宫美术指导员、上海中国画院海外特聘画师、上海东华大学顾问、上海国际昆曲联谊会副会长。作品有《心语——程多多摄影习作选》《春雨鸟归图》等。

J0078285

真功夫　（第一辑）

广州 岭南美术出版社 1985 年 32 页 26cm（16 开）定价：CNY0.38

（连环画丛书）

J0078286

真功夫　（第九辑）

广州 岭南美术出版社 1988 年 32 页 27cm（16 开）定价：CNY0.54

（连环画丛书）

J0078287

真功夫　（第十辑）

广州 岭南美术出版社 1988 年 32 页 27cm（16 开）定价：CNY0.54

（连环画丛书）

J0078288

真功夫　（第十一辑）

广州 岭南美术出版社 1988 年 32 页 27cm（16 开）

定价：CNY0.60

（连环画丛书）

J0078289

真功夫　（第十二辑）

广州 岭南美术出版社 1988 年 32 页 27cm（16 开）

定价：CNY0.68

（连环画丛书）

J0078290

真功夫　（第十三辑）

广州 岭南美术出版社 1989 年 32 页 26cm（16 开）

定价：CNY0.74

（连环画丛书）

J0078291

真功夫　（第十四集）王鸿钧编文；孙庆国绘画

广州 岭南美术出版社 1989 年 32 页 26cm（16 开）

定价：CNY0.84

（连环画丛书）

J0078292

真功夫　（第十五辑）

广州 岭南美术出版社 1990 年 32 页 27cm（16 开）

ISBN：7-7-5362-0493-0 定价：CNY1.15

　　中国现代连环画作品。

J0078293

真假猴王　戴英改编；于敦厚绘

长春 吉林人民出版社 1985 年 31 页 19cm（32 开）

定价：CNY0.22

（《美猴王》连环画 29）

J0078294

真假粮队　黄幼改编；黄大华绘

合肥 安徽美术出版社 1985 年 102 页 13cm（60 开）定价：CNY0.23

　　中国现代连环画。作者黄大华（1934— ），水彩画家。浙江鄞县人。中国美术家协会会员。上海人民美术出版社编辑，上海百草画院常务副院长。从事连环画创作，编辑出版连环画近三百种。

J0078295

真假玛利亚　许道静改编；王继权绘

福州　福建人民出版社　1985 年　102 页
13cm（60 开）定价：CNY0.21
　　　中国现代连环画。

J0078296
真假美猴王　（明）吴承恩著；杨春青改编；林
震等绘
沈阳　辽宁美术出版社　1985 年　33 页　19cm（32 开）
定价：CNY0.68
　　　中国现代连环画。作者吴承恩（约 1500—
1583），汉族，明代小说家。淮安府山阳县河下人
（现江苏淮安市淮安区）。字汝忠，号射阳山人。
代表作有《西游记》。

J0078297
真假凶手　青禾改编；吴立等绘
哈尔滨　黑龙江美术出版社　1985 年　196 页
13cm（60 开）定价：CNY0.52
《大唐英豪》之四）
　　　中国现代连环画。

J0078298
枕箱案　朱孝达编文；李峰山绘画
长春　吉林美术出版社　1985 年　110 页　有图
10×13cm　统一书号：8390.18　定价：CNY0.30
　　　中国现代连环画。作者李峰山（1924— ），
陕西蒲城人。中国书画家协会会员、东方书画家
协会会员、陕西省书协会员、陕西老年书画学会
名誉理事长。著有《论书名句》《李峰山墨迹》等。

J0078299
镇五龙　寒光编；陈道，肖琦绘
北京　中国曲艺出版社　1985 年　126 页
13cm（60 开）定价：CNY0.26
（传统评书《兴唐传》之三十一）
　　　中国现代连环画。

J0078300
争夺密码机　（英）伊思·弗利明原著；李乐改
编；梁启德绘
桂林　漓江出版社　1985 年　82 页　13cm（60 开）
定价：CNY1.20
　　　中国现代连环画。

J0078301
正气歌　陈骧龙，王冬编；孟庆江绘
天津　天津人民美术出版社　1985 年　134 页
13cm（60 开）定价：CNY0.32
（中国历史演义故事画《宋史》之二十）
　　　作者孟庆江（1937— ），画家。浙江温州人。
毕业于中央美术学院国画系。曾任《连环画报》
主编、《中国艺术》副主编、北京工笔重彩画绘副
会长。代表作品《刘胡兰》《蔡文姬》《长恨歌》等。

J0078302
正义的反击　骆耀棠改编、制作
广州　岭南美术出版社　1985 年　134 页
13cm（60 开）定价：CNY0.39
（通天奇兵）
　　　本书是根据美国同名电视系列片《通天奇
兵》改编的连环画。

J0078303
郑成功　清文编；陈烈绘画
重庆　重庆出版社　1985 年　10 张　12cm（60 开）
定价：CNY0.30
（爱国人物画之三）
　　　大众读物连环画。

J0078304
直捣绑匪巢　涂志伟改编、制作
广州　岭南美术出版社　1985 年　154 页
13cm（60 开）定价：CNY0.39
（通天奇兵）
　　　现代中国连环画。

J0078305
指剪双锤　华华改编；郑高空，叶家斌绘
广州　广东人民出版社　1985 年　86 页　13cm（60 开）
定价：CNY0.23
　　　现代中国连环画。作者叶家斌（1949— ），
画家。广东中山人。毕业于广州美院研究生班。
历任广东美术家协会理事、广东连环画艺术委员
会主任。主要作品有《斯库台三英雄》《绿林神
箭手》《中途岛之战》《变成石头的人》等。

J0078306
智闯太师府　靳立华改编；陈农村绘
天津　天津人民美术出版社　1985 年　94 页

13cm（60开）定价：CNY0.24

　　现代中国连环画。

J0078307

智捣匪巢　李长华等编；吴懋祥绘

郑州　河南美术出版社　1985年　78页　13cm（60开）
定价：CNY0.20

　　现代中国连环画。作者吴懋祥（1932—　　），
画家，国家一级美术师。擅长中国画、连环画。
别名彼岸，字铁矛。河南温县人。曾任《河南日
报》社美术组组长、高级编辑，中国美术家协会
会员、中国连环画研究会理事、中国美术家协会
河南分会理事、河南省中国人物画研究会名誉会
长、郑州画院顾问、河南书画院院外画师、嵩阳
书画院副院长。画作《老石工》《栋》《修渠人》
《麦收季节》《六个老头》《鹤舞》等入选全国美
展，连环画《志愿军救活金蝴蝶》入选莱比锡"世
界图书博览会"，《战火中的青春》《人欢马叫》
《月婆婆》等作品在全国连环画评奖中获奖。

J0078308

智盗丹药　（宏碧缘　上）卞福顺改编；盛鹤年绘

沈阳　辽宁美术出版社　1985年　130页
13cm（60开）定价：CNY0.33

　　现代中国连环画。作者卞福顺，曾任辽宁
民族出版社美术教育编辑室主任。作者盛鹤年
（1938—2010），连环画家，江苏江阴人，上海市
美术家协会会员。作品有《扬州除霸》《白描人
物十招》《中国画白描基础》《中国古代人物线描
画谱》等。

J0078309

智斗"红毛仙"　安文龙，张成林改编；墨林，
艺海绘

哈尔滨　黑龙江美术出版社　1985年　123页
13cm（60开）定价：CNY0.31
（《魔影》之一）

　　现代中国连环画。

J0078310

智斗假特委　阿勇改编；郑波，盛亮贤绘

福州　福建少年儿童出版社　1985年　144页
13cm（60开）定价：CNY0.33

　　现代中国连环画。作者郑波（1957—　　），艺
术家。山东人。毕业于鲁迅美术院油画系，留

校任教。代表作品有《冰球》《在和平的环境里》
《到敌人后方去》《自然、生命、和谐》《天狗》等。
作者盛亮贤（1919—2008），画家。上海青浦人。
曾从事电影动画及中学美术教学工作，任职于上
海新美术出版社，任上海人民美术出版社连环画
创作室科长等职。连环画作品有《三字经》《枯
木逢春》《木匠迎亲》《寻人》《三国演义》等。

J0078311

智斗阴谋者　任强等编；陈镇怀绘

哈尔滨　黑龙江美术出版社　1985年　195页
13cm（60开）定价：CNY0.46

　　现代中国连环画。

J0078312

智渡白龙口　杨克忍，李哲明原著；褚福章改
编；何润民绘画

西安　陕西人民美术出版社　1985年　150页
有图　10×13cm　统一书号：8199.765
定价：CNY0.32

　　现代中国连环画。作者何润民（1947—　　），
画家、教师。陕西合阳人。西安美院副教授，院
学术委员会委员，西安美术学院附属中等美术学
校校长。代表作品有《老照壁》《牧歌》等。

J0078313

智夺金佛　雪松改编；丁宁，孙爱华绘

济南　山东美术出版社　1985年　158页
13cm（60开）定价：CNY0.40

J0078314

智夺可兰经　张之为改编；鹤龄，晓辉绘

合肥　安徽美术出版社　1985年　166页
13cm（60开）定价：CNY0.38
（《书剑恩仇录》之四）

　　现代中国连环画。

J0078315

智歼"眼镜蛇"　瞿从森改编；树昭，奉岚绘

沈阳　辽宁美术出版社　1985年　138页
13cm（60开）定价：CNY0.32

　　现代中国连环画。

J0078316

智歼"中山狼"　曲延钧编文；郑凯军绘画

长春 吉林人民出版社 1985 年 150 页 有图
10×13cm 统一书号：8091.1665 定价：CNY0.34
（古城游击队 三）
　　现代中国连环画。作者郑凯军（1948—　　），
浙江黄岩人。中国美术家协会浙江分会会员。

J0078317
智歼敌特　　贾树起改编；声垠绘
哈尔滨 黑龙江美术出版社 1985 年 168 页
13cm（60 开）定价：CNY0.38
　　现代中国连环画。

J0078318
智歼笑面虎　　李葆青编；王国仁画
南宁 广西人民出版社 1985 年 126 页
13cm（60 开）定价：CNY0.27
　　现代中国连环画。

J0078319
智截军火车　　张汝川编；李景森绘
石家庄 河北美术出版社 1985 年 78 页
13cm（60 开）定价：CNY0.20
　　现代中国连环画。

J0078320
智破黑神团　　若由，东平改编；张恢等绘
长春 吉林美术出版社 1985 年 142 页
13cm（60 开）定价：CNY0.33
　　现代中国连环画。

J0078321
智破连环案　　黄敏珍编；陈水远绘
南昌 江西人民出版社 1985 年 142 页
13cm（60 开）定价：CNY0.31
　　现代中国连环画。

J0078322
智破秘密军火库　　林钐，许道静改编；刘秉贤，吴丹波绘
福州 福建美术出版社 1985 年 114 页
13cm（60 开）定价：CNY0.29
　　现代中国连环画。

J0078323
智破十阵　　斯人改编；钱骥骏，张行吉绘

太原 希望出版社 1985 年 126 页 13cm（60 开）
定价：CNY0.38
（封神演义 之九）
　　现代中国连环画。

J0078324
智擒"鸟儿王"　　赵吉南改编；汪继斌绘
南昌 江西人民出版社 1985 年 158 页
13cm（60 开）定价：CNY0.34
　　现代中国连环画。

J0078325
智擒刁猴头　　王玉清改编；马廷奎绘
北京 人民美术出版社 1985 年 70 页 13cm（60 开）
定价：CNY0.20
　　现代中国连环画。

J0078326
智擒贩毒大盗　　筱琳改编；刘宏达绘
广州 广东人民出版社 1985 年 137 页
13cm（60 开）定价：CNY0.37
　　现代中国连环画。

J0078327
智擒间谍船　　邹积衡编；宋德风绘
济南 山东美术出版社 1985 年 新 1 版 62 页
13cm（60 开）定价：CNY0.17
　　本书是现代中国连环画。作者宋德风
（1941—　　），画家。山东荣成人。毕业于山东艺
专国画专业。中国人才研究会艺术家学部委员
会一级书画艺术委员，国家人事部人才所、中国
书画人才资格审定委员会特邀研究员，国际美术
家联合会中国中南执委会常务理事。作品有连
环画《海燕劲飞》，工笔年画《武松打虎》《名山
大川》《三国故事》等。

J0078328
智擒老妖道　　林泉改编；施易昌绘
成都 四川美术出版社 1985 年 158 页
13cm（60 开）定价：CNY0.43
（薛丁山征西之七）
　　现代中国连环画。

J0078329
智擒窃车犯　　区础坚改编制作

广州 岭南美术出版社 1985 年 154 页 有图
10×13cm 统一书号: 8260.1504 定价: CNY0.39
(通天奇兵)

　　本书根据美国同名电视系列片改编的连环画。

J0078330

智擒山霸　李树权改编; 李皓, 刘廷相绘
沈阳 辽宁美术出版社 1985 年 162 页
13cm (60 开) 定价: CNY0.31

　　现代中国连环画。

J0078331

智取防卫图　黄钟改编; 李韬, 童蔚制作
北京 朝花美术出版社 1985 年 124 页
13cm (60 开) 定价: CNY0.35
(特别行动队之九)

　　现代中国连环画。

J0078332

智取潞安府　洪雷改编; 王茂彬, 徐志荣绘
太原 山西人民出版社 1985 年 126 页
13cm (60 开) 定价: CNY0.32

　　现代中国连环画。

J0078333

智取云鹤镇　张正新, 沈国辉改编; 邵劭, 李建金绘
南京 江苏美术出版社 1985 年 158 页
13cm (60 开) 定价: CNY0.39

　　现代中国连环画。

J0078334

智斩安太监　邱作霖改编; 余林绘
西安 陕西人民美术出版社 1985 年 94 页
13cm (60 开) 定价: CNY0.23

　　现代中国连环画。

J0078335

智捉华云龙　苹苹改编; 魏明阳绘
成都 四川美术出版社 1985 年 126 页
13cm (60 开) 定价: CNY0.35
(济公全传 之四)

　　现代中国连环画。

J0078336

稚子出山　连力改编; 黄穗中, 叶家斌绘画
广州 岭南美术出版社 1985 年 204 页
15cm (40 开) 定价: CNY0.51
(武术家霍东阁 1)

　　现代中国连环画。作者叶家斌(1949—　),
画家。广东中山人。毕业于广州美院研究生班。
历任广东美术家协会理事、广东连环画艺术委员
会主任。主要作品有《斯库台三英雄》《绿林神
箭手》《中途岛之战》《变成石头的人》等。

J0078337

中国姑娘　(一 饮恨球场) 鲁克编;《中国姑娘》绘制组画
北京 人民体育出版社 1985 年 158 页
13cm (60 开) 定价: CNY0.35

　　现代中国连环画。

J0078338

中国姑娘　(二 死不瞑目) 鲁克编;《中国姑娘》绘制组绘
北京 人民体育出版社 1985 年 158 页
13cm (60 开) 定价: CNY0.35

J0080117

中国姑娘　(三 不测风云) 鲁克编;《中国姑娘》绘制组绘
北京 人民体育出版社 1985 年 158 页
13cm (60 开) 定价: CNY0.35

J0078339

中国姑娘　(四 悲喜交集) 鲁克编;《中国姑娘》绘制组绘
北京 人民体育出版社 1985 年 158 页
13cm (60 开) 定价: CNY0.35

J0078340

中国姑娘　(五 一代新人) 鲁克编;《中国姑娘》绘制组绘
北京 人民体育出版社 1985 年 158 页
13cm (60 开) 定价: CNY0.35

J0078341

中国姑娘　(六 苦度时光) 鲁克编;《中国姑娘》绘制组绘

北京　人民体育出版社 1985 年 158 页
13cm（60 开）定价：CNY0.35

J0078342
中国姑娘　（七　庆功宴上）鲁克编;《中国姑娘》绘制组绘
北京　人民体育出版社 1985 年 158 页
13cm（60 开）定价：CNY0.35

J0078343
中国古典戏剧故事
南京　江苏美术出版社［1985 年］5 册
19cm（32 开）定价：CNY3.60
（中国古典戏剧画库）
　　　本套连环画共 5 册，包括：（元）高明《琵琶记》;（元）孟汉卿《魔合罗》;（明）汤显祖《牡丹亭》;（清）李渔《风筝误》;（清）李玉《清忠谱》。

J0078344
中国连环画　（1　选刊）中国连环画选刊编辑部编
1985 年 63 页　有插图　定价：CNY2.00

J0078345
中国人　晓郁改编;严瑜仲等绘
郑州　河南美术出版社 1985 年 118 页　有图
10×13cm　统一书号：8233.792　定价：CNY0.32
　　　本作品是现代中国连环画。

J0078346
中国人　晓郁改编;严瑜仲,全燕云绘
长沙　湖南美术出版社 1985 年 118 页
13cm（60 开）定价：CNY0.32
　　　现代中国连环画。

J0078347
中计脱靴　晓明改编;苏西映绘
北京　中国文联出版公司 1985 年 109 页
13cm（60 开）定价：CNY0.30
（再生缘之九）
　　　中国现代连环画。

J0078348
中岳少林　（立体故事画册）张万里,王维道作
郑州　海燕出版社 1985 年 48 页 26cm（16 开）

定价：CNY3.00
　　　本画册选入故事有《少林拳的由来》《铁筷僧觉敏》《好汉和毛妞》《嵩阳观的来历》《兄妹献技》《武帝封柏》等。

J0078349
钟楼争夺战　程乐坤原著;胡志明编绘
岭南　岭南美术出版社 1985 年 74 页　有图
10×13cm　统一书号：8260.1451　定价：CNY0.20
　　　中国现代连环画。

J0078350
重得多和轻得多　（意大利）罗大里原著;峪崎改编;姜启才绘画
南京　江苏少年儿童人民美术出版社 1985 年
62 页　有图　10×13cm　统一书号：R8352.3.080
定价：CNY0.17
　　　中国现代连环画。

J0078351
重返少林　（上）文刃编;关东邨,学聪绘画
长春　吉林人民出版社 1985 年 126 页
13cm（60 开）定价：CNY0.31
　　　中国现代连环画。

J0078352
重返少林　（下）文刃编;关东邨,学聪绘画
长春　吉林人民出版社 1985 年 134 页
13cm（60 开）定价：CNY0.35
　　　中国现代连环画。

J0078353
重修净慈寺　白光改编;黄小金绘
杭州　浙江人民美术出版社 1985 年 154 页
13cm（60 开）定价：CNY0.40
（山海经画库　济公活佛　之八）
　　　中国现代连环画。

J0078354
重振精武　连力改编;其丹,锦其绘画
广州　岭南美术出版社 1985 年 204 页
15cm（40 开）定价：CNY0.51
（武术家霍东阁　2）
　　　中国现代连环画。

J0078355

周处除害 邵劭编绘
北京 人民美术出版社 1985年 62页 13cm（60开）
定价：CNY0.21
　　中国现代连环画。

J0078356

诸葛亮招亲 赵奎华改编；田涌泉摄影
北京 中国戏剧出版社 1985年 125页
15cm（40开）定价：CNY0.34
　　中国现代连环画。

J0078357

抓来的老师 谭元享原著；钱志清改编；华其
敏等绘画
上海 少年儿童出版社 1985年 134页 有图
10×13cm 统一书号：R8024.76 定价：CNY0.31
　　中国现代连环画。作者华其敏（1953— ），
画家、教授。别名田乔、果然、沙月。上海人，
毕业于中央美术学院中国画系研究生班。中央
美术学院教授、中国美术家协会会员。代表作品
有《夸父图》《西门豹除巫》《安详的艺术》等。

J0078358

壮别天涯 山岳改编；岑圣权，岑圣雄绘
广州 岭南美术出版社 1985年 185页
13cm（60开）定价：CNY0.94
　　本书根据同名传记文学改编的连环画。

J0078359

壮歌行 （上）韩双东改编；陈云华，庞先健绘
北京 人民美术出版社 1985年 142页
13cm（60开）定价：CNY0.31
　　本书根据李准同名小说改编的连环画。作
者庞先健（1951— ），画家。浙江杭州萧山人。
擅长中国画、连环画。中国美协连环画艺术委员
会委员。作品有《明清故事精选》《中国风俗图
像解说》《三国大计谋》等。

J0078360

壮歌行 （下）韩双东改编；陈云华，庞先健绘
北京 人民美术出版社 1985年 150页
13cm（60开）定价：CNY0.32
　　中国现代连环画。

J0078361

壮志悲歌 李春法编文；杜世英绘
长春 吉林美术出版社 1985年 110页 有图
10×13cm 统一书号：8390.12 定价：CNY0.22
　　中国现代连环画。

J0078362

状元与乞丐 方清人改编；郑征泉绘
福州 福建人民出版社 1985年 92页 13cm（60开）
定价：CNY0.23
　　中国现代连环画。

J0078363

状元与乞丐 刘仲武，张梦亭改编；王学明绘
石家庄 河北美术出版社 1985年 142页
13cm（60开）定价：CNY0.36
　　中国现代连环画。作者刘仲武（1945— ），
河北霸县（现霸州市）人。曾任中国戏曲表演学
会常务理事、原河北省戏剧家协会副主席，现任
河北省戏剧家协会顾问、艺术指导委员会委员，
河北省京剧票友协会副主席兼秘书长。作者王
学明（1943— ），美术编辑。天津人，毕业于河
北省美术学院。历任师范学校美术教员、报社美
术编辑、衡水地区画院院长、中国美术家协会会
员。连环画代表作品有《三断奇案》等，出版有《买
海居诗选》《王学明画集》等。

J0078364

追捕乾坤鼠 村沚等改编；李正平，董凤章绘
天津 天津人民美术出版社 1985年 126页
13cm（60开）定价：CNY0.30
（济公传之六）
　　中国现代连环画。

J0078365

追捕淫贼华云龙 毛履鄂改编；无贝楼主
等绘
福州 福建少年儿童出版社 1985年 138页
13cm（60开）定价：CNY0.34
（济公全传之五）
　　中国现代连环画。

J0078366

追击 达尔发译编；罗戟绘
南京 江苏少年儿童出版社 1985年 62页

13cm（60 开）定价：CNY0.18

　　中国现代连环画。

J0078367

追杀　苏振亚编；苏家杰，李桂芳绘

南京　江苏人民出版社 1985 年 102 页

13cm（60 开）定价：CNY0.28

　　中国现代连环画。作者苏家杰（1947—　），
画家。广州美术学院版画系结业。广东省美术
家协会会员，花城出版社美术编辑室主任。作品
有《百猫图谱》《友谊花开》等。

J0078368

追踪　郭红兵编；刘凤山绘

长春　吉林人民出版社 1985 年 134 页

13cm（60 开）定价：CNY0.30

　　中国现代连环画。

J0078369

子牙出山　斯人改编；庞光健，李真跃绘

太原　希望出版社 1985 年 101 页 13cm（60 开）

定价：CNY0.32

（封神演义之四）

　　中国现代连环画。

J0078370

子牙东征　斯人改编；李真跃绘

太原　希望出版社 1985 年 126 页 13cm（60 开）

定价：CNY0.38

（封神演义之十一）

　　中国现代连环画。

J0078371

子夜　（上）大鲁改编；叶雄绘

上海　上海人民美术出版社 1985 年 183 页

19cm（32 开）定价：CNY0.83

　　本书根据茅盾同名小说改编的连环画。分
上下两册，共收入 379 幅图。正文前另有绣像图
8 帧。集中描绘民族资本家吴荪甫一伙与买办金
融资本家赵伯韬在证券市场上的斗法；吴荪甫一
伙对工人的剥削与镇压；以致最后失败的经过。

J0078372

子夜　（上）大鲁改编；叶雄绘

上海　上海人民美术出版社 1985 年 183 页

13cm（60 开）定价：CNY0.42

J0078373

子夜　（下）大鲁改编；叶雄绘

上海　上海人民美术出版社 1985 年 196 页

13cm（60 开）定价：CNY0.43

J0078374

子夜　（下）大鲁改编；叶雄绘

上海　上海人民美术出版社 1985 年 196 页

19cm（32 开）定价：CNY0.86

J0078375

子夜脱险　艾年，牛初改编

北京　昆仑出版社 1985 年 158 页 15cm（40 开）

定价：CNY0.40

　　本书根据影片《破雾》改编的连环画。

J0078376

姊妹俩　（上）余雍和改编；曹震云，计鸿生摄影

上海　上海人民美术出版社 1985 年 157 页

15cm（40 开）定价：CNY0.43

　　中国现代连环画。

J0078377

姊妹俩　（下）余雍和改编；曹震云，计鸿生摄影

上海　上海人民美术出版社 1985 年 157 页

15cm（40 开）定价：CNY0.43

　　中国现代连环画。

J0078378

秭归　杨鸿举改编；毛国伦绘

成都　四川人民出版社 1985 年 17 页 15cm（40 开）

定价：CNY0.22

（三峡民间故事）

　　中国现代连环画。作者毛国伦（1944—　），
一级美术师。浙江奉化人。上海中国画院创作
研究室主任、上海市美术家协会理事、中国画艺
委会委员等。出版有《毛国伦画选》《毛国伦人
物画近作》等。

J0078379

总统的名字叫阴谋　罗怡芳改编；谭晓春绘

福州　福建美术出版社 1985 年 158 页

13cm（60 开）定价：CNY0.38

本书是根据美国诺尔曼·加博的原著《谍海求生记》改编的连环画。

J0078380
走风尘刀断钢鞭　丁黎编；张自生等绘画
福州 福建美术出版社 1985 年 90 页 13cm（60 开）
定价：CNY0.25
（《十三妹》全本之一）
　　中国现代连环画。

J0078381
走向世界　李刚编；吴信坤，罗明深绘
广州 岭南美术出版社 1985 年 126 页
13cm（60 开）定价：CNY0.27
　　中国现代连环画。作者罗明深（1954— ），
广东石湾人。任职于岭南画派纪念馆，中国美术
家协会广东分会会员。

J0078382
祖冲之　叶苏编；阴衍江绘
北京 人民美术出版社 1985 年 118 页
13cm（60 开）定价：CNY0.38
（科学家故事画库 1）
　　本书是中国现代连环画。收入 118 幅图。
描绘祖冲之编制大明历，他坚持真理，与保守
派戴法兴作了不懈的斗争。但由于保守势力的
强大，他的大明历未被采用。在祖冲之死后 10
年，他的大明历终于被颁行于世。作者阴衍江
（1940—2011），画家。中国美术家协会会员、一
级画师、黑龙江美术出版社专业画家、黑龙江文
史馆馆员。

J0078383
最后一个太监　文竹改编；童介眉，笔愚绘
杭州 浙江少年儿童出版社 1985 年 143 页
13cm（60 开）定价：CNY0.31
　　中国现代连环画。作者童介眉（1940— ），
浙江镇海人。人民美术出版社副编审，《连环画
报》副主编，中国美术家协会会员，中国出版协
会连环画艺术委员会常务委员兼副秘书长。出
版《世界人体化妆艺术》《现代外国插图艺术》等
画集。作品有油画《把木材运往建设工地》，中国
画《花开时节》，连环画《队长的娘》等。

J0078384
罪恶的抉择　范若由，东平改编；鲁飒，岳建
国绘
郑州 中原农民出版社 1985 年 86 页 13cm（60 开）
定价：CNY0.25
　　中国现代连环画。

J0078385
醉打万珍楼　黄正中改编；王耀南等绘
杭州 浙江人民美术出版社 1985 年 102 页
13cm（60 开）定价：CNY0.27
（山海经画库 济公活佛之五）
　　中国现代连环画。

J0078386
醉僧除霸　黄文改编；于水，杨春瑞绘画
合肥 安徽美术出版社 1985 年 118 页
15cm（40 开）定价：CNY0.28
（中国武术故事连环画）

J0078387
醉僧除霸　傅玲改编；张昆绘
北京 中国文联出版社 1985 年 94 页 13cm（60 开）
定价：CNY0.26
　　本书根据杜宜民著同名短篇小说编绘的连
环画。

J0078388
"714" 遇险记　任宝贤改编；姜吉维等绘画
北京 中国文联出版公司 1986 年 126 页
13cm（64 开）定价：CNY0.33
　　中国现代连环画作品。根据加拿大阿瑟·黑
利的小说《08 跑道》改编。

J0078389
"霸王" 行动　达兴编文；李锦德绘画
沈阳 辽宁美术出版社 1986 年 102 页
13cm（64 开）定价：CNY0.25
（第二次世界大战战史画库）
　　中国现代连环画作品。

J0078390
"死亡线" 上的搏斗　木易编文；郑琮摄影
北京 中国文联出版公司 1986 年 109 页
13cm（60 开）定价：CNY0.28

（精忠报国新篇）

中国现代连环画作品。

J0078391

"邮花皇后"（上）王恩国改编；吴春有等绘画
沈阳　辽宁美术出版社　1986 年　134 页
13cm（64 开）定价：CNY0.31

中国现代连环画作品。

J0078392

"邮花皇后"（下）王恩国改编；吴春有等绘画
沈阳　辽宁美术出版社　1986 年　106 页
13cm（64 开）定价：CNY0.26

中国现代连环画作品。

J0078393

531 大捷　　冯成明编文；李鸣鸣，张春林绘画
北京　中国文联出版公司　1986 年　93 页
13cm（60 开）定价：CNY0.26

（精忠报国新篇）

中国现代连环画作品。

J0078394

94 个小希特勒　　葳葳改编；廖炜绘画
北京　昆仑出版社　1986 年　94 页　13cm（64 开）
定价：CNY0.28

本书根据美国同名小说改编的中国现代连
环画作品。

J0078395

94 个小希特勒　　黎强改编；罗赐中绘画
广州　岭南美术出版社　1986 年　102 页
13cm（64 开）定价：CNY0.33

本书根据美国同名小说改编的中国现代连
环画作品。

J0078396

阿古登巴的故事——打赌　（汉藏文对照）马
刚，张骏改编、绘画
拉萨　西藏人民出版社　1986 年　20 页　19cm（32 开）
定价：CNY0.30

中国现代连环画作品。作者马刚（1962—　　），
中央美术学院附中教师。

J0078397

阿里和张丽丝　　高凯改编；吴志坚，程子绘画
北京　朝花美术出版社　1986 年　126 页
13cm（64 开）定价：CNY0.35

（《一千零一夜》故事）

中国现代连环画作品。

J0078398

八仙过海　　李淑端编文；关守信画
兰州　甘肃少年儿童出版社　1986 年　126 页
13cm（60 开）定价：CNY0.28

中国现代连环画作品。作者关守信
（1945—　　），画家。山东青州人。历任青岛出
版社编审、山东美协书院特聘画师等职。代表
作品《24 孝图》《扇面百图》《绘画世界童话文
库》等。

J0078399

八仙闹龙宫　　郑泽中改编；黄定初等绘画
长沙　湖南少年儿童出版社　1986 年　182 页
13cm（60 开）定价：CNY0.38

中国现代连环画作品。

J0078400

巴山英雄姐妹　（川陕革命根据地赤卫队传
说）易多改编；根据严克勤小说《大姐和二妹》
改编；单德林绘画
成都　四川美术出版社　1986 年　80 页　13cm（60 开）
定价：CNY0.22

中国现代连环画作品。

J0078401

白金表疑案　　芹子改编；杨达，李焕伦绘画
成都　四川美术出版社　1986 年　160 页
13cm（60 开）定价：CNY0.42

中国现代连环画作品，根据故事《蔷薇花
奇案》改编。作者李焕伦（1939—　　），四川科学
技术出版社美术编辑，中国四川省美术家协会
会员。

J0078402

白眉王　（革命战争故事连环画）李波著；曲文
改编；郭慈，陈国梁绘画
广东　岭南美术出版社　1986 年　66 页　有图
26cm（16 开）统一书号：8260.1535　定价：CNY0.64

本书根据《白眉王传奇》改编的中国现代连环画作品。

J0078403

百人手枪队　赵建国改编；王建平, 王建绘画
石家庄　河北美术出版社　1986年　79页
13cm（60开）定价：CNY0.23
　　中国现代连环画作品。

J0078404

傍晚敲门的女人　李朝晖改编；丁宁原, 孙爱华绘画
济南　山东美术出版社　1986年　86页　13cm（60开）
定价：CNY0.32
　　中国现代连环画作品。

J0078405

保边疆献青春英模连环画库
北京　中国连环画出版社　1986年　8册
13cm（64开）定价：CNY1.85
　　中国现代连环画作品。

J0078406

保卫斯大林格勒　木子编文；郑宏然, 李引绘画
沈阳　辽宁美术出版社　1986年　98页　13cm（64开）
定价：CNY0.24
（第二次世界大战战史画库）
　　中国现代连环画作品。

J0078407

北极贼　何为改编；刘石父绘画；根据马罕茂德·萨里姆原著改编
成都　四川少年儿童出版社　1986年　126页
13cm（64开）定价：CNY0.34
　　中国现代连环画作品。

J0078408

背后一枪　黎服兵改编；彭强华绘画
广州　岭南美术出版社　1986年　125页　有图
10×13cm　统一书号：8260.1526　定价：CNY0.33
　　本书根据苏联同名小说改编的中国现代连环画作品。

J0078409

被绑架的警官　秋影改编；桑敏, 其林绘画

重庆　重庆出版社　1986年　150页　13cm（64开）
定价：CNY0.28
　　本书根据日本电影小说《荒野追踪》编绘的中国现代连环画作品。

J0078410

比丘国　吴承恩原著；陈平夫改编；叶之浩, 徐进绘画
石家庄　河北美术出版社　1986年　新1版　58页
有图　10×13cm　统一书号：8087.1574
定价：CNY0.20
（西游记 29）
　　本书根据中国古典小说《西游记》改编的现代连环画作品。作者吴承恩（约1500—1583），汉族，明代小说家。淮安府山阳县河下人（现江苏淮安市淮安区）。字汝忠，号射阳山人。代表作有《西游记》。作者徐进（1960—　），工笔画家。北京人。徐悲鸿第三代入室弟子。曾任中央美术学院教授、美国哥伦比亚大学客座教授。代表作品有《贵妃赏花》《黛玉初进大观园》等，出版《徐进画集》。

J0078411

边界线上　凌强编著；余伟雄绘画
南宁　广西人民出版社　1986年　123页
13cm（60开）定价：CNY0.31
　　中国现代连环画作品。

J0078412

边境歼敌记　余热编文；肖征波绘画
昆明　云南人民出版社　1986年　110页
13cm（60开）定价：CNY0.24
（大陆上最后一仗之六）
　　中国现代连环画作品。

J0078413

鞭打安禄山　古风改编；李乃宇绘画
成都　四川美术出版社　1986年　110页
13cm（60开）定价：CNY0.29
（男女英雄会之九）
　　中国现代连环画作品。

J0078414

辫子功　（上）罗学渊改编；刘书军, 冷萍绘画
长沙　湖南美术出版社　1986年　94页　13cm（64开）

定价: CNY0.22

中国现代连环画作品。

J0078415

辫子功　（下）罗学渊改编；刘书军，冷萍绘画
长沙 湖南美术出版社 1986年 86页 13cm（64开）
定价: CNY0.20

中国现代连环画作品。

J0078416

不列颠之战　木子编文；王可伟，王可春绘画
沈阳 辽宁美术出版社 1986年 98页 13cm（64开）
定价: CNY0.24

（第二次世界大战战史画库）

中国现代连环画作品。

J0078417

曹国舅　（八仙列传）二口编文；孔昭平绘画
长春 吉林美术出版社 1986年 126页
13cm（64开）定价: CNY0.35

中国现代连环画作品。

J0078418

草原格斗　芹子改编；袁奕贤绘画
呼和浩特 内蒙古人民出版社 1986年 78页
13cm（64开）定价: CNY0.23

中国现代连环画作品。

J0078419

查奸叛徒　冯源，艾馨改编；邓超华，子楚绘画
广州 岭南美术出版社 1986年 156页
13cm（64开）统一书号: 8260.1484 定价: CNY0.44
（《特别行动》之二）

中国现代连环画作品。作者邓超华
（1950—　），广东新会县人，毕业于广州业余艺
术大学绘画系。中国美术家协会会员，广东省美
术家协会会员。主要作品有组画《练为战》和中
国画《调查路上》《妆》等。

J0078420

超人　（1 来自外星球的孩子）黄捷改编；邹
莉，刘文斌绘画
广州 岭南美术出版社 1986年 110页
13cm（60开）定价: CNY0.28

中国现代连环画作品。

J0078421

超人　（2 超人与美人鱼）黄捷改编；江恩莲绘画
广州 岭南美术出版社 1986年 126页
13cm（60开）定价: CNY0.31

中国现代连环画作品。

J0078422

超人　（3 神秘的记者）黄捷改编；郑林华绘画
广州 岭南美术出版社 1986年 94页 13cm（60开）
定价: CNY0.25

中国现代连环画作品。

J0078423

朝云观奇案　（狄仁杰传奇故事）贾兆铭改编；
高先贵绘画
贵阳 贵州美术出版社 1986年 120页
13cm（64开）定价: CNY0.32

中国现代连环画作品，根据（荷）罗伯
特·梵·吉利克原著改编。

J0078424

称汉伐明　李实编；马程绘画
北京 人民美术出版社 1986年 84页 13cm（60开）
定价: CNY0.24

（清宫演义 3）

中国现代连环画作品。全书共30册。主要
根据有关史典、遗闻等资料编绘。以清廷最高统
治者的活动为主线，具体内容从清朝家世"三女
吞果而孕"的传说写起，历经清太祖初定国基，
皇太极改国号为清，顺治入关定都北京、康乾盛
世、慈禧垂帘听政，直到溥仪逃奔天津为止。作
者马程（1940—　），连环画家。辽宁大连人，毕
业于鲁迅美术学院中国画系。曾任人民美术出
版社连环画编辑室副主任。作品有《鲁智深》《封
神演义》《清宫演义》等。

J0078425

城市之光　（银幕上的卓别林）邓柯编绘
广州 新世纪出版社 1986年 146页 13cm（64开）
定价: CNY0.38

本书根据英国卓别林创作的同名原著改编
的中国现代连环画作品。作者邓柯（1936—　），
画家。原籍江苏苏州市，生于上海。原名邓国泰。
中国美协会员、天津美协理事。曾任天津美术出
版社美术编辑、天津画院创作干部。主要作品有

《雨》《码头》《小猴种玉米》等。

J0078426

闯王余部复仇记 （上）石山改编；李光耀绘画

长沙 湖南美术出版社 1986年 126页

13cm（64开）定价：CNY0.28

　　中国现代连环画作品。

J0078427

闯王余部复仇记 （下）石山改编；李光耀绘画

长沙 湖南美术出版社 1986年 102页

13cm（64开）定价：CNY0.23

　　中国现代连环画作品。

J0078428

聪明的瞎子 王中改编；张宝松，灏文绘画

北京 朝花美术出版社 1986年 126页

13cm（64开）定价：CNY0.35

（《一千零一夜》故事）

　　中国现代连环画作品。作者张宝松（1961— ），画家。出生于河南禹州市。毕业于中央美术学院。中国画创作研究院研究员，人物画创作室主任，国家一级美术师。

J0078429

从百草园到三味书屋 丁国联改编；吴山明画

上海 少年儿童出版社 1986年 34页 15cm（40开）定价：CNY0.26

　　中国现代连环画作品，根据鲁迅同名散文改编。作者吴山明（1941— ），画家。生于浙江浦江县，毕业于中国美术学院中国画系人物专业。历任中国美术学院学术委员会委员，中国画系教授、博士生导师，造型艺术学部主任。代表作品有《意笔人物画选》等，著作有《吴山明意笔人物线描集》《吴山明画集》等。

J0078430

靰鞡人的后裔 周偶，周京改编；王宏才绘画

呼和浩特 内蒙古人民出版社 1986年 62页

13cm（64开）定价：CNY0.19

　　中国现代连环画作品。作者周偶（1936— ），山西平陆人。中国书法家协会会员，中山书画社社员，北京秦文学会常务理事。

J0078431

打入山岛 徐本夫著；冯源等改编；邓超华等绘画

广州 岭南美术出版社 1986年 121页 有图

10×13cm 统一书号：8260.1460 定价：CNY0.36

　　本书是根据长篇小说《特别行动》改编的中国现代连环画作品。作者邓超华（1950— ），广东新会县人，毕业于广州业余艺术大学绘画系。中国美术家协会会员，广东省美术家协会会员。主要作品有组画《练为战》和中国画《调查路上》《妆》等。

J0078432

打入山岛 冯源，艾馨改编；邓超华，子楚绘画

广州 岭南美术出版社 1986年 121页

13cm（60开）定价：CNY0.36

（《特别行动》之一）

　　中国现代连环画作品。

J0078433

大刀飞龙 （上）枫帆改编；王豪绘画

北京 中国文联出版公司 1986年 126页

13cm（60开）定价：CNY0.33

　　中国现代连环画作品。

J0078434

大刀飞龙 （中）枫帆改编；王豪绘画

北京 中国文联出版公司 1986年 126页

13cm（64开）定价：CNY0.33

　　中国现代连环画作品。

J0078435

大刀飞龙 （下）枫帆改编；王豪绘画

北京 中国文联出版公司 1986年 126页

13cm（64开）定价：CNY0.33

　　中国现代连环画作品。

J0078436

大闹百花楼 古风改编；陈增哲绘画

石家庄 河北少年儿童出版社 1986年 118页

13cm（60开）定价：CNY0.30

（男女英雄会 3）

　　中国现代连环画作品。

J0078437

大闹国术馆　春蕾编，王红编画
北京 中国文联出版公司 1986 年 126 页 有图
10×13cm 统一书号：8355.538 定价：CNY0.33
（神州擂 二）
　　中国现代连环画作品。

J0078438

大屠杀 （上）杰拉德·格林原著；楚华改编；
铁足，民辉摄影
长沙 湖南少年儿童出版社 1986 年 190 页
13cm（64 开）定价：CNY0.39
　　中国现代连环画作品。

J0078439

大屠杀 （下）楚华改编；铁足，民辉摄影
长沙 湖南少年儿童出版社 1986 年 190 页
13cm（64 开）定价：CNY0.39
　　中国现代连环画作品。

J0078440

大战中途岛　杨智绘画
天津 天津人民美术出版社 1986 年 125 页
13cm（64 开）定价：CNY0.34
　　中国现代连环画作品。

J0078441

代号叫蜘蛛　李迪改编；雷贞恕绘画
成都 四川少年儿童出版社 1986 年 126 页
有图 10×13cm 统一书号：R8247.235
定价：CNY0.34
　　中国现代连环画作品。作者李迪
（1950—　），河北滦南县人。中国作家协会会员。
著有《遥远的槟榔寨》《野蜂出没的山谷》《这里
是恐怖的森林》等。

J0078442

待嫁的女人　阿冠改编；张旬摄影
沈阳 辽宁美术出版社 1986 年 154 页
13cm（64 开）定价：CNY0.40
　　本书根据日本桥畴贺子的原著改编的中国
现代连环画作品。

J0078443

丹心铁骨　许光宗编文；石建都，李玲绘画

北京 中国文联出版公司 1986 年 94 页
13cm（60 开）定价：CNY0.26
（精忠报国新篇）
　　中国现代连环画作品。

J0078444

盗龙珠　张建辉改编；李丰田绘画
北京 北京美术摄影出版社 1986 年 62 页
13cm（64 开）定价：CNY0.17
　　中国现代连环画作品。作者张建辉
（1955—　），一级美术师。字乐石，静心斋主。
中华炎黄文化研究会同根同梦文化委员会会员。
作者李丰田（1939—　），画家。山西平定人。中
国美术家协会会员、河北日报主任编辑、山西省
美协副秘书长。代表作品有《南滚龙沟》《迎亲
图》《山村小店》等，出版有《李丰田速写集》《李
丰田画集》《西洋绘画名作选集》等。

J0078445

敌巢探险　石泉改编；魏家范绘画
长沙 湖南少年儿童出版社 1986 年 134 页
13cm（64 开）定价：CNY0.29
　　中国现代连环画作品。

J0078446

地下魔窟　张企荣改编；毛国保绘画
长沙 湖南美术出版社 1986 年 142 页
13cm（60 开）定价：CNY0.30
　　中国现代连环画作品。

J0078447

帝国军官的反叛　毛亮英改编；成冠伦绘画
兰州 甘肃人民出版社 1986 年 78 页 13cm（64 开）
定价：CNY0.19
（反法西斯战争英雄故事连环画）
　　中国现代连环画作品。

J0078448

第128次谋杀　（剿匪故事连环画）叶子原著；
亮亮改编；张治华绘画
长沙 湖南美术出版社 1986 年 34 页 26cm（16 开）
统一书号：8233.895 定价：CNY0.48

J0078449

第九个犯人　尚珩改编；吴成槐绘

石家庄 河北美术出版社 1986 年 150 页
13cm（64 开）定价：CNY0.40

　　中国现代连环画作品。作者吴成槐
（1943—　），满族，编辑。辽宁沈阳人。辽宁民
族出版社社长兼总编辑，辽宁美术家协会、辽宁
摄影家协会会员。连环画作品有《南下路上》《
大桥争夺战》，编辑设计图书《海外藏明清绘画珍
品——沈周卷》《20 世纪中国摄影文献》。

J0078450
第七条猎狗　肖冬改编；李仲，邓安克绘画
昆明 云南人民出版社 1986 年 86 页 13cm（60 开）
定价：CNY0.25

　　中国现代连环画作品。

J0078451
东海明珠　天高，思聪改编；工建，梁平绘画
杭州 浙江人民美术出版社 1986 年 149 页
13cm（60 开）定价：CNY0.32

　　中国现代连环画作品。

J0078452
洞房惊变　李荣琦绘画；根据春晓小说《新婚
之后》改编
长沙 湖南美术出版社 1986 年 126 页
13cm（64 开）定价：CNY0.28

　　中国现代连环画作品。

J0078453
窦尔敦传奇　（一）吴一声改编；文木等绘画
哈尔滨 黑龙江美术出版社 1986 年 158 页
13cm（64 开）定价：CNY0.43

　　中国现代连环画作品。

J0078454
窦尔敦传奇　（二）吴一声，洪流改编；文木等
绘画
哈尔滨 黑龙江美术出版社 1986 年 157 页
13cm（64 开）定价：CNY0.43

　　中国现代连环画作品。

J0078455
窦尔敦传奇　（三）洪流改编；冠则等绘画
哈尔滨 黑龙江美术出版社 1986 年 158 页
13cm（64 开）定价：CNY0.43

　　中国现代连环画作品。

J0078456
窦尔敦传奇　（四）高铁林改编；为康等绘画
哈尔滨 黑龙江美术出版社 1986 年 158 页
13cm（64 开）定价：CNY0.43

　　中国现代连环画作品。

J0078457
窦尔敦传奇　（五）铁林，竹梅改编；广野等绘画
哈尔滨 黑龙江美术出版社 1986 年 142 页
13cm（64 开）定价：CNY0.39

　　中国现代连环画作品。

J0078458
窦尔敦传奇　（六）铁林，竹梅改编；广野等绘画
哈尔滨 黑龙江美术出版社 1986 年 142 页
13cm（64 开）定价：CNY0.39

　　中国现代连环画作品。

J0078459
毒手　卫燕改编；常斯绘画
广州 岭南美术出版社 1986 年 125 页
13cm（64 开）定价：CNY0.37
（神勇四巡警 5）

　　中国现代连环画作品。

J0078460
独龙江边的“野人”　谢继贤改编；中家斌，
郑高空绘画
广州 岭南美术出版社 1986 年 48 页 有图
19×17cm ISBN：7-5362-0147-8 定价：CNY0.55
（《环球奇趣录》连环画丛书 2）

　　中国现代连环画作品。

J0078461
恶战黑尸面　李勇改编；韩德雅绘画；根据电
影文学剧本改编
成都 四川美术出版社 1986 年 126 页
13cm（64 开）定价：CNY0.35

　　中国现代连环画作品。作者韩德雅
（1952—　），四川名山人，毕业于雅安地区师
范，后进修于四川美术学院国画系、中央美术学
院国画系。历任美术教员、县文化馆美术干部。
擅长中国画、雕塑、年画。作品有《做新鞋》《乡

趣》《茶山春早》等。

J0078462
二探武家寨 古风改编；李乃宙，李蓉绘画
石家庄 河北少年儿童出版社 1986 年 118 页
13cm（60 开）定价：CNY0.30
（男女英雄会 10）
　　中国现代连环画作品。

J0078463
翡翠塔传奇 启森，元瑶改编；刘端等绘
石家庄 河北美术出版社 1986 年 10 册
13cm（64 开）定价：CNY3.25
　　中国现代连环画作品。

J0078464
汾酒的传说 文景明编文；王捷三绘画
太原 山西人民出版社 1986 年 15cm（28 开）
定价：CNY0.70
　　中国现代连环画作品。

J0078465
丰收 唐明生绘画
长沙 湖南美术出版社 1986 年 130 页
19cm（32 开）统一书号：8233.874 定价：CNY0.90
　　中国现代连环画作品。

J0078466
丰收 张盛良改编；唐明生绘画
长沙 湖南美术出版社 1986 年 130 页
19cm（32 开）定价：CNY0.91
（中国现代作家文学作品选连环画库）
　　中国现代连环画作品。

J0078467
风先生和雨太太 尚学改编；郁芷芳绘画；根
据法国著名的古典童话改编
上海 上海人民美术出版社 1986 年 126 页
13cm（64 开）定价：CNY0.29
　　中国现代连环画作品。

J0078468
佛像疑案 肖潜编文；杨依现绘画
广州 岭南美术出版社 1986 年 158 页
13cm（64 开）定价：CNY0.40

中国现代连环画作品。

J0078469
伏龙寺 吴承恩原著；陈平夫改编；张鹿山绘画
石家庄 河北美术出版社 1986 年 新 1 版 62 页
有图 9×13cm 统一书号：8087.1573
定价：CNY0.21
（《西游记》23）
　　本书根据中国古典小说《西游记》改编的现
代连环画作品。

J0078470
钢铁战士 许光宗；傅子润，彭立文绘画
北京 中国文联出版公司 1986 年 94 页
13cm（64 开）定价：CNY0.26
（精忠报国新篇）
　　中国现代连环画作品。

J0078471
高地激战 木易编文；张国华摄影
北京 中国文联出版公司 1986 年 93 页 有图
10×13cm 统一书号：8355.650 定价：CNY0.28
（精忠报国新篇）
　　中国现代连环画作品。

J0078472
格萨尔王传 （攻克玉城）黄布凡改编；仁真
朗加绘画
成都 四川民族出版社 1986 年 124 页
10×13cm 定价：CNY0.36
　　本书根据藏族英雄史诗改变的中国现代连
环画作品。

J0078473
攻克台子镇 杨绍练改编；于夏，成一绘画
广州 岭南美术出版社 1986 年 141 页 有图
10×13cm 统一书号：8260.1531 定价：CNY0.40
　　中国现代连环画作品。

J0078474
姑娘今年廿八 于杰，杨晓改编；俞士善，博
杰摄影
上海 上海人民美术出版社 1986 年 2 版
126 页 13cm（64 开）定价：CNY0.35
　　中国现代连环画作品。

J0078475

古今中外笑话 （一）熊邕等改编；黄全昌等绘画

上海　上海书画出版社　1986 年　13cm（60 开）定价：CNY0.32

　　中国现代连环画作品。作者黄全昌（1937—2017），连环画家。浙江镇海人。上海美术家协会艺委会委员、上海人民美术出版社创作员、副编审、上海书画院特聘画师、上海百草画院副院长。代表作品有《海瑞罢官》《打渔杀家》等。

J0078476

古今中外笑话 （二）施洁等改编；夏葆元等绘画

上海　上海书画出版社　1986 年　13cm（60 开）定价：CNY0.32

　　中国现代连环画作品。

J0078477

古今中外笑话 （三）三水等改编；戴敦邦等绘画

上海　上海书画出版社　1986 年　13cm（60 开）定价：CNY0.32

　　中国现代连环画作品。

J0078478

古今中外笑话 （四）三水等改编；黄英浩等绘画

上海　上海书画出版社　1986 年　13cm（60 开）定价：CNY0.32

　　中国现代连环画作品。作者黄英浩（1949—　　），油画家。浙江镇海人，出生于上海。上海油画雕塑研究院专业油画家，《文汇报》文艺部美术编辑。主要作品有鲁迅小说连环画《祝福》《一件小事》和巴金文学作品《秋天里的春天》《寒夜》插图等。

J0078479

古今中外笑话 （五）徐大康等改编；陈力萍等绘

上海　上海书画出版社　1987 年　[124]页　13cm（60 开）定价：CNY0.32

　　中国现代连环画作品。

J0078480

古今中外笑话 （六）戴红儒等改编；丁纯一等绘

上海　上海书画出版社　1987 年　[126]页　13cm（60 开）定价：CNY0.32

　　中国现代连环画作品。

J0078481

古今中外笑话 （七）熊邕等改编；陶长华等绘

上海　上海书画出版社　1987 年　[120]页　13cm（60 开）定价：CNY0.32

　　中国现代连环画作品。

J0078482

古今中外笑话 （八）三水等改编；张培成等绘

上海　上海书画出版社　1987 年　[120]页　13cm（60 开）定价：CNY0.32

　　中国现代连环画作品。作者张培成（1948—　　），画家、一级美术师。江苏太仓人，毕业于中央美术学院。上海市美术家协会副主席、上海中国画院兼职画师、上海大学美术学院、上海师范大学美术学院兼职教授。中国美术家协会会员。代表作品有《微风》《农家》《沃土》，出版有《张培成画集》。

J0078483

古今中外笑话 （九）李浩等改编；韩昌力等绘画

上海　上海书画出版社　1989 年　13cm（60 开）定价：CNY0.80

（系列连环画）

　　中国现代连环画作品。

J0078484

古今中外笑话 （十）少文等改编；张骏等绘画

上海　上海书画出版社　1989 年　13cm（60 开）定价：CNY0.80

（系列连环画）

　　中国现代连环画作品。

J0078485

古镇传奇 （上）高援改编；王玉良，曾余绘画

沈阳　辽宁美术出版社　1986 年　154 页　13cm（60 开）定价：CNY0.35

　　中国现代连环画作品。作者王玉良

（1949—　），画家、教授。清华大学美术学院绘画系教授、中国美术家协会会员、庞薰琹艺术研究会副主任、清华大学张仃艺术研究会委员、清华大学吴冠中艺术研究会学术委员会委员。

J0078486

古镇传奇　（下）高援改编；王玉良，曾余绘画
沈阳　辽宁美术出版社　1986 年　138 页
13cm（60 开）定价：CNY0.32
　　中国现代连环画作品。

J0078487

古镇奇冤　刘天平，瞿鸿彬改编；邱兴发绘画
广州　岭南美术出版社　1986 年　129 页
13cm（60 开）定价：CNY0.42
　　中国现代连环画作品。

J0078488

怪人郑板桥　陈健改编；郭崇宇绘画
呼和浩特　内蒙古人民出版社　1986 年　126 页
13cm（64 开）定价：CNY0.34
　　中国现代连环画作品。

J0078489

关东大侠　春蕾改编；何华绘画
北京　中国文联出版公司　1986 年　158 页
13cm（64 开）定价：CNY0.40
（神州擂之四）
　　中国现代连环画作品。

J0078490

光武中兴　袁川编文；高宝生绘画
南宁　广西人民出版社　1986 年　138 页
13cm（64 开）定价：CNY0.31
（中国历史故事连环画　第 25 集）
　　中国现代连环画作品。作者高宝生（1944—　），连环画家。曾用笔名高禾。北京人，北京艺术学院附中毕业。在中国少年儿童出版社从事连环画创作。代表作品《铁木儿和他的队伍》《两只小孔雀》《聪明的药方》等。

J0078491

龟蛇盗　（上）芊里改编；周申绘画
济南　山东美术出版社　1986 年　126 页
13cm（64 开）定价：CNY0.31

中国现代连环画作品。

J0078492

龟蛇盗　（下）芊里改编；李承东绘画
济南　山东美术出版社　1986 年　126 页
13cm（64 开）定价：CNY0.31
　　中国现代连环画作品，根据管新生的同名小说改编改编。

J0078493

郭子仪打擂　古风改编；朱振芳绘画
石家庄　河北少年儿童出版社　1986 年　126 页
13cm（64 开）定价：CNY0.32
（男女英雄会之一）
　　中国现代连环画作品。

J0078494

国际护照　连裕斌改编；谢景雄，黄师忠摄影
广州　岭南美术出版社　1986 年　125 页
13cm（64 开）定价：CNY0.31
　　中国现代连环画作品。

J0078495

哈利警长　华尘改编绘制
广州　岭南美术出版社　1986 年　34 页　26cm（16 开）
定价：CNY0.50
　　本书根据苏联同名小说改编的中国现代连环画作品。

J0078496

哈桑寻妻　巫伦改编；孙玉芬，秦小秋绘画
北京　朝花美术出版社　1986 年　126 页
13cm（64 开）定价：CNY0.35
（《一千零一夜》故事）
　　中国现代连环画作品。

J0078497

海盗　刘宛编文；胡劭长，丹焱绘画
北京　海洋出版社　1986 年　110 页　13cm（64 开）
定价：CNY0.25
　　中国现代连环画作品。

J0078498

海底幽灵　颜运桢改编；刘绍昆，陈杜宇绘画
南宁　广西人民出版社　1986 年　154 页

13cm（64开）定价：CNY0.32

　　本书根据法国乔治·居斯塔夫·图杜兹原著改编的中国现代连环画作品。

J0078499

海妖　刘延龄编文；张连贵，大成绘画

长春　吉林美术出版社　1986年　126页

13cm（64开）定价：CNY0.35

　　中国现代连环画作品。

J0078500

海中怪兽

广州　岭南美术出版社　1986年　48页　19cm（32开）

定价：CNY0.40

（《环球奇趣录》连环画丛书　1）

　　中国现代连环画作品。

J0078501

含恨起兵　李实编；孙慕龄，刘永凯绘画

北京　人民美术出版社　1986年　92页　13cm（60开）

定价：CNY0.26

（清宫演义　2）

　　中国现代连环画作品。全书共30册。根据有关史典、遗闻等资料编绘。以清廷最高统治者的活动为主线，具体内容从清朝家世"三女吞果而孕"的传说写起，历经清太祖初定国基，皇太极改国号为清，顺治入关定都北京、康乾盛世、慈禧垂帘听政，直到溥仪逃奔天津为止。

J0078502

韩湘子　（八仙列传）二口编文；关东村，巴山绘画

长春　吉林美术出版社　1986年　118页

13cm（64开）定价：CNY0.33

　　中国现代连环画作品。

J0078503

汉钟离　（八仙列传）尹言编文；林百石绘画

长春　吉林美术出版社　1986年　126页

13cm（60开）定价：CNY0.35

　　中国现代连环画作品。作者林百石（1946—　），画家。吉林临江人，毕业于吉林艺术学院美术系。长春市美术家协会副主席、吉林日报社美术部主任编辑、书画院副秘书长、中国美术家协会会员、中国出版工作者协会装帧艺

术研究会会员。作品有《秋声》《悟道图》《观沧海》等。

J0078504

何仙姑　（八仙列传）二口编文；张亚力，子蹊绘画

长春　吉林美术出版社　1986年　94页　13cm（60开）

定价：CNY0.28

　　中国现代连环画作品。作者张亚力（1950—　），编辑。吉林长春人，毕业于鲁迅美术学院附中。吉林美术出版社编辑室主任、副编审。插图作品有《死神》《神秘的女人》《港台小说》等，书籍装帧作品有《水浒人物》《书刊插图艺术集》，作品有《克韦尔》《巴巴》《瓜亚萨明》《苏轼二赋》等。

J0078505

核弹即将爆炸　鲁中改编；鸿基等绘画

广州　岭南美术出版社　1986年　177页

13cm（64开）定价：CNY0.45

（特别行动之四）

　　中国现代连环画作品。

J0078506

黑狐狸　（狄仁杰传奇故事）郑礼改编；根据（荷）罗伯特·梵·吉利克原著改编；宋剑锋，宋雷绘画

贵阳　贵州美术出版社　1986年　126页

13cm（60开）定价：CNY0.32

　　中国现代连环画作品。

J0078507

黑人警官　陈泽斌改编；韩培光绘画

广州　岭南美术出版社　1986年　112页

13cm（64开）定价：CNY0.37

　　本书根据美国电影《炎热的夜晚》改编的中国现代连环画作品。

J0078508

红波序曲　曾昭祥编文；周传发绘

广州　岭南美术出版社　1986年　129页　有图

10×13cm　统一书号：8260.1527　定价：CNY0.35

　　中国现代连环画作品。

J0078509

猴王高玉龙　何英琼，高颜功改编；毛国荣绘画

广州　岭南美术出版社　1986年　137页

13cm（64开）定价：CNY0.44

（中国武术连环画）

　　中国现代连环画作品。

J0078510

猴王问世　刘大建改编；叶茅，刘大健摄影

北京　中国文联出版公司　1986年　93页

13cm（64开）定价：CNY0.28

　　本书根据电视连续剧《西游记》改编的中国现代连环画作品。

J0078511

虎口除奸　冯源，艾馨改编；邓超华，子楚绘画

广州　岭南美术出版社　1986年　156页　有图

10×13cm　统一书号：8260.1566　定价：CNY0.44

（特别行动　三）

　　中国现代连环画作品。作者邓超华（1950—　），广东新会人，毕业于广州业余艺术大学绘画系。中国美术家协会会员、广东省美术家协会会员。主要作品有组画《练为战》、中国画《调查路上》《妆》等。

J0078512

虎山降魔　魏杰编文；李自健等绘

长沙　湖南美术出版社　1986年　126页　有图

10×13cm　统一书号：8233.868　定价：CNY0.28

　　中国现代连环画作品。作者魏杰（1962—　），书法家、教授。自号补牢斋、冰斋，陕西西安人。中国书协会员，终南印社副社长。出版作品有《当代青年篆刻家精选集：魏杰》。

J0078513

虎穴除奸　方静宇，侯交良改编；姜堃绘画

长沙　湖南美术出版社　1986年　110页

13cm（64开）定价：CNY0.25

　　中国现代连环画作品。

J0078514

虎穴擒魔　（上）石泉改编；江心源等绘画

长沙　湖南少年儿童出版社　1986年　104页

有图　10×13cm　统一书号：R8280.202

定价：CNY0.24

　　中国现代连环画作品。

J0078515

虎穴擒魔　（下）石泉改编；笠民等绘画

长沙　湖南少年儿童出版社　1986年　110页

13cm（64开）定价：CNY0.24

　　中国现代连环画作品。

J0078516

护身佛　穆子编文；解力军绘画

呼和浩特　内蒙古人民出版社　1986年　62页

13cm（64开）定价：CNY0.19

　　中国现代连环画作品。

J0078517

花仙子奇遇记　孙华文改编；陈铭，关守信绘画

郑州　海燕出版社　1986年　5册　13cm（64开）

盒装　定价：CNY1.70

　　中国现代连环画作品。作者关守信（1945—　），画家。山东青州人。青岛出版社编审，山东美协书院特聘画师。代表作品有《24孝图》《扇面百图》《绘画世界童话文库》等。

J0078518

淮海大战　葛振刚，郝英瑞绘画

成都　四川美术出版社　1986年　3册（252页）

13cm（64开）定价：CNY0.66

　　本书根据同名小说改编的连环画。

J0078519

皇太极即位　未民编；马程绘画

北京　人民美术出版社　1986年　92页　13cm（60开）

定价：CNY0.26

（清宫演义　4）

　　中国现代连环画作品。全书共30册。根据有关史典、遗闻等资料编绘。以清廷最高统治者的活动为主线，具体内容从清朝家世"三女吞果而孕"的传说写起，历经清太祖初定国基，皇太极改国号为清，顺治入关定都北京、康乾盛世、慈禧垂帘听政，直到溥仪逃奔天津为止。作者马程（1940—　），连环画家。辽宁大连人，毕业于鲁迅美术学院中国画系。曾任人民美术出版社连环画编辑室副主任。作品有《鲁智深》《封神演义》《清宫演义》等。

J0078520

黄金大力士　龙飞编文；胡宝利绘画
呼和浩特　内蒙古人民出版社　1986 年　68 页
13cm（64 开）定价：CNY0.21
　　中国现代连环画作品。

J0078521

黄金犬　李奋然改编；沈辨，陈国良绘画
岭南　岭南美术出版社　1986 年　110 页　有图
10×13cm　统一书号：8260.1536　定价：CNY0.30
　　中国现代连环画作品。

J0078522

会师天都　春蕾改编；王红，王卫绘画
北京　中国文联出版公司　1986 年　126 页
13cm（64 开）定价：CNY0.33
（神州擂 之一）
　　中国现代连环画作品。

J0078523

活掰黄官宝　古风编；吴月琴等绘画
石家庄　河北少年儿童出版社　1986 年　102 页
13cm（64 开）定价：CNY0.28
（男女英雄会之五）
　　中国现代连环画作品。

J0078524

活猴孙禄堂　孙世奇改编；顾艳华等绘画
沈阳　辽宁美术出版社　1986 年　157 页
13cm（64 开）定价：CNY0.39
　　中国现代连环画作品。

J0078525

祸起观音院　刘大建改编；叶茅，刘大健摄影
北京　中国文联出版公司　1986 年　93 页
13cm（64 开）定价：CNY0.28
　　本书根据电视连续剧《西游记》改编的中国
现代连环画作品。

J0078526

饥饿海峡　李奋然改编；蒙海旦绘画
广州　岭南美术出版社　1986 年　126 页
13cm（64 开）定价：CNY0.33
　　本书根据日本同名小说改编的中国现代连
环画作品。

J0078527

激战巴河渡　易乡改编；康宁绘画
成都　四川美术出版社　1986 年　74 页　13cm（60 开）
定价：CNY0.21
（川陕革命根据地赤卫队传说）
　　中国现代连环画作品。

J0078528

计盗紫金铃　吴承恩原著；陈平夫改编；池振
亚绘画
石家庄　河北美术出版社　1986 年　新 1 版　114 页
有图　10×13cm　统一书号：8087.1542
定价：CNY0.32
（西游记 26）
　　本书根据中国古典小说《西游记》改编的现
代连环画作品。作者吴承恩（约 1500—1583），汉
族，明代小说家。淮安府山阳县河下人（现江苏
淮安市淮安区）。字汝忠，号射阳山人。代表作
有《西游记》。

J0078529

计擒叛徒　刘友仁编绘
呼和浩特　内蒙古人民出版社　1986 年　62 页
有图　10×13cm　统一书号：18089.100
定价：CNY0.19
　　中国现代连环画作品。作者刘友仁
（1941—　），画家。内蒙古托克托人，毕业于内
蒙古师范大学美术系。呼和浩特美协副主席、内
蒙古托克托文化馆副研究馆员。作品有《雪梅青
竹》《欢乐的草原》《草原孩子打马球》《戈壁驼
道》《金牛迎春》等。出版有《刘友仁年画》等。

J0078530

继承人　（上集）陆水林改编；区础坚，王怡绘画
广州　岭南美术出版社　1986 年　183 页
13cm（64 开）定价：CNY0.56
　　本书根据巴基斯坦电视连续剧改编的中国
现代连环画作品。

J0078531

继承人　（下集）陆水林改编；冯鸣，胡赤骏绘画
广州　岭南美术出版社　1986 年　174 页
13cm（64 开）定价：CNY0.52

中国现代连环画作品。

J0078532

剑踪侠影　柯华改编；世人绘画
北京　中国文联出版公司　1986 年　158 页
13cm（64 开）定价：CNY0.40
　　中国现代连环画作品。

J0078533

降伏柳拐子　实井改编；张军摄影
沈阳　辽宁美术出版社　1986 年　124 页
13cm（64 开）定价：CNY0.34
　　中国现代连环画作品。作者张军，山东省艺术研究所研究员。

J0078534

角和腿　爽爽编写；陈剑英画
上海　少年儿童出版社　1986 年　有彩图
15cm（40 开）统一书号：R10024.4498
定价：CNY0.13
　　中国现代连环画作品。

J0078535

绞索下的交易　宋宁奇改编；张元民等摄影
上海　上海人民美术出版社　1986 年　126 页
13cm（64 开）定价：CNY0.35
　　中国现代连环画作品。

J0078536

揭开古墓之谜　樊光平编文；吕基，刘丽绘画
广州　广东人民出版社　1986 年　97 页　13cm（64 开）
定价：CNY0.28
　　中国现代连环画作品。

J0078537

金凤　许德贵改编；张文忠，高先贵绘画
贵阳　贵州人民出版社　1986 年　13cm（64 开）
定价：CNY0.20
　　中国现代连环画作品。

J0078538

金箭行动　（上）施宇改编；贺大田，陈向阳绘
长沙　湖南美术出版社　1986 年　94 页　13cm（64 开）
定价：CNY0.22
　　中国现代连环画作品。

J0078539

金箭行动　（下）施宇改编；贺大田，陈向阳绘
长沙　湖南美术出版社　1986 年　86 页　13cm（64 开）
定价：CNY0.20
　　中国现代连环画作品。

J0078540

津门雪耻　曾凡益改编；邓辉楚，春柏绘画
长沙　湖南美术出版社　1986 年　126 页
13cm（64 开）定价：CNY0.34
　　中国现代连环画作品。根据春晓小说《新婚之后》改编。作者邓辉楚（1944— ），画家。湖南新邵人，毕业于湖南师范大学。曾任湖南书画研究院特聘画师、湖南少年儿童出版社副编审、湖南湘风书画艺术院院长、北京恒辉书画艺术院院长、中国美术家协会会员。代表作品《山顶人家》《张家界》《雾漫苗山》等。出版《邓辉楚山水画集》等。

J0078541

京华义士　（上）黎民编文；石华，陈娟绘画
重庆　重庆出版社　1986 年　190 页　13cm（64 开）
定价：CNY0.35
　　中国现代连环画作品。

J0078542

京华义士　（中）黎民编文；振斌，振云绘画
重庆　重庆出版社　1986 年　190 页　13cm（64 开）
定价：CNY0.35
　　中国现代连环画作品。

J0078543

京华义士　（下）黎民编文；雷著华，陈正斌绘画
重庆　重庆出版社　1986 年　190 页　13cm（64 开）
定价：CNY0.35
　　中国现代连环画作品。

J0078544

警花初绽　柳文，娜仁改编；汤昌媛，杨光制作
北京　中国连环画出版社　1986 年　126 页
13cm（64 开）定价：CNY0.39
（《警花出更》之二）
　　中国现代连环画作品。

J0078545

救风尘 庄宏安改编；曹永绘画
沈阳 辽宁美术出版社 1986年 126页
13cm（60开）定价：CNY0.34
　　中国现代连环画作品。

J0078546

军犬 孙洪发编文；宋克静，郭润文绘画
武汉 湖北美术出版社 1986年 94页 13cm（64开）
定价：CNY0.24
　　中国现代连环画作品。作者宋克静
（1956—　），画家。生于湖北武汉市，毕业于湖
北艺术学院美术教育系油画专业。中国美术家
协会会员、中国油画学会会员、湖北美术学院油
画系四画室主任、副教授。代表作品《亦将打散
的构架》《镜前的女人》《打马掌》等。

J0078547

看钱奴 于玉生改编；郁汉羽绘画
沈阳 辽宁美术出版社 1986年 130页
13cm（64开）定价：CNY0.34
　　中国现代连环画作品。

J0078548

矿山游击队 靳明魁改编；王建国绘画
呼和浩特 内蒙古人民出版社 1986年 78页
13cm（64开）定价：CNY0.23
　　中国现代连环画作品。

J0078549

蓝采和 （八仙列传）尹言编文；李秋山绘画
长春 吉林美术出版社 1986年 86页 13cm（64开）
定价：CNY0.26
　　中国现代连环画作品。

J0078550

狼孩 孙桂荣改编；徐中益，吴清江绘画
广州 新世纪出版社 1986年 142页 13cm（64开）
定价：CNY0.40
（少年连环画库）
　　中国现代连环画作品。

J0078551

浪里豹 （上）赵吉南改编；郑君里等绘画
南宁 广西人民出版社 1986年 150页
13cm（64开）定价：CNY0.36

J0078552

浪里豹 （下）赵吉南改编；君里等绘画
南宁 广西人民出版社 1986年 150页
13cm（64开）定价：CNY0.36
　　中国现代连环画作品。

J0078553

老山兰 吉昌编；刘辉煌绘画
北京 中国文联出版公司 1986年 126页 有图
10×13cm 统一书号：8355.647 定价：CNY0.30
（精忠报国新篇）
　　中国现代连环画作品。

J0078554

老山兰 吉昌编文；刘辉煌绘画
北京 中国文联出版公司 1986年 110页
13cm（60开）定价：CNY0.33
（精忠报国新篇）
　　中国现代连环画作品。

J0078555

雷神显威 冯成明编文；刘德臣绘画
北京 中国文联出版公司 1986年 94页
13cm（64开）定价：CNY0.26
（精忠报国新篇）
　　中国现代连环画作品。

J0078556

擂台展奇功 春蕾编文；范世平绘画
北京 中国文联出版公司 1986年 125页
13cm（64开）定价：CNY0.33
（萍踪侠影 之五）
　　中国现代连环画作品。

J0078557

李太白闹殿 古风改编；阎宝泉绘画
石家庄 河北少年儿童出版社 1986年 102页
13cm（64开）定价：CNY0.29
（男女英雄会 之二）
　　中国现代连环画作品。

J0078558

李小龙的绝招

广州 岭南美术出版社 1986年 32页 26cm（16开）
定价：CNY0.48
（《真功夫》连环画丛书 第6辑）
　　中国现代连环画作品。

J0078559
连环洞　吴承恩原著；陈平夫改编；宗静风等
绘画
石家庄 河北美术出版社 1986年 新1版 69页
有图 10×13cm 统一书号：8087.1569
定价：CNY0.23
（西游记 31）
　　本书根据中国古典小说《西游记》改编的现
代连环画作品。作者宗静风（1925— ），画家、
书法家、连环画家。扬州人。作品有《春草阎堂》
《三家福》《谢瑶环》《红梅阁》等。

J0078560
连环洞　吴承恩原著；陈平夫改编；宗静风等
绘画
长春 吉林人民出版社 1986年 新1版 69页
有图 10cm（64开）统一书号：8091.1423
定价：CNY0.23
（西游记 31）
　　本书根据中国古典小说《西游记》改编的现
代连环画作品。

J0078561
猎鹰　（上册）郑如文改编；傅慧雄，张庆华摄影
广州 岭南美术出版社 1986年 158页
13cm（60开）定价：CNY0.48
　　本书根据香港电视连续剧改编的中国现代
连环画作品。

J0078562
猎鹰　（中册）郑如文改编；傅慧雄，张庆华摄影
广州 岭南美术出版社 1986年 158页
13cm（60开）定价：CNY0.48
　　本书根据香港电视连续剧改编的中国现代
连环画作品。

J0078563
猎鹰　（下册）郑如文改编；傅慧雄，张庆华摄影
广州 岭南美术出版社 1986年 155页
13cm（60开）定价：CNY0.48

　　本书根据香港电视连续剧改编的中国现代
连环画作品。

J0078564
刘胡兰　钟应星改编；凡儒，凡安绘画
广州 新世纪出版社 1986年 126页 13cm（64开）
定价：CNY0.32
（革命英雄谱）
　　中国现代连环画作品。

J0078565
刘文学　陈克吾改编；范新生，范建平绘画
广州 新世纪出版社 1986年 116页 13cm（64开）
定价：CNY0.30
（革命英雄谱）
　　中国现代连环画作品。

J0078566
龙城飞将　冯成明编；陈军绘画
北京 中国文联出版公司 1986年 110页 有图
10×13cm 统一书号：8355.637 定价：CNY0.30
（精忠报国新篇）
　　中国现代连环画作品。

J0078567
龙凤剑　丁履瑎改编；玉水等绘画
济南 明天出版社 1986年 3册 13cm（64开）
定价：CNY1.60
　　中国现代连环画作品。

J0078568
龙虎异道　芹子改编；间崇民绘画
成都 四川美术出版社 1986年 110页
13cm（60开）定价：CNY0.31
（玉娇龙 之十）
　　中国现代连环画作品。

J0078569
龙女　马赛改编；刘海发，尹福康摄影
北京 中国文联出版公司 1986年 125页
13cm（64开）定价：CNY0.35
　　本书根据扬州市越剧团演出的同名越
剧改编的中国现代连环画作品。作者尹福康
（1927— ），摄影家。江苏南京人。曾任上海人
民美术出版社副编审、上海市摄影家协会副主席

等职。主要作品有《烟笼峰岩》《向荒山要宝》《晒盐》《工人新村》等。

J0078570

隆务河畔的枪声　梁瑞林编文；孟章等绘画
西宁 青海人民出版社 1986年 85页 13cm（64开）
定价：CNY0.27
　　中国现代连环画作品。

J0078571

罗浮侠女　（下册）苏方桂编文；梁如洁等绘画
广州 岭南美术出版社 1986年 142页
13cm（60开）定价：CNY0.40
（中国武术连环画）
　　中国现代连环画作品。

J0078572

罗少保招亲　古风改编；石田，刘桂绘画
石家庄 河北少年儿童出版社 1986年 118页
13cm（64开）定价：CNY0.30
（男女英雄会 之六）
　　中国现代连环画作品。

J0078573

吕洞宾　（八仙列传）尹言编文；长贵，峰山绘画
长春 吉林美术出版社 1986年 94页 13cm（60开）
定价：CNY0.28
　　中国现代连环画作品。

J0078574

绿色之王　（上）晓榭改编；郭怀仁，栗华绘画
北京 中国文联出版公司 1986年 126页
13cm（64开）定价：CNY0.33
　　中国现代连环画作品。

J0078575

绿色之王　（中）晓榭改编；郭怀仁，栗华绘
北京 中国文联出版公司 1986年 126页
13cm（64开）定价：CNY0.33
　　本书根据法国保尔·卢·苏 里策的原著改编中国现代连环画作品。

J0078576

绿色之王　（下）晓榭改编；郭怀仁，栗华绘
北京 中国文联出版公司 1986年 94页
13cm（64开）定价：CNY0.26
　　中国现代连环画作品。

J0078577

麻疯女　缪德彰改编；介凡绘画
沈阳 辽宁美术出版社 1986年 78页 13cm（60开）
定价：CNY0.22
　　中国现代连环画作品，根据秋明改写的同名小说改编。

J0078578

莽林猎踪　郭冰改编；陈长贵绘画
呼和浩特 内蒙古人民出版社 1986年 142页
13cm（64开）定价：CNY0.38
　　中国现代连环画作品。

J0078579

茅塞顿开　柳文，娜仁改编；汤昌媛，杨光制作
北京 中国连环画出版社 1986年 142页
13cm（64开）定价：CNY0.41
（《警花出更》之一）
　　中国现代连环画作品。

J0078580

梅岭除奸　王榷改编；蒋宜勋绘画
成都 四川美术出版社 1986年 126页
13cm（64开）定价：CNY0.30
　　本书为中国现代连环画作品。根据小说《梅》改编。

J0078581

美人计　埃子改编
北京 工人出版社 1986年 123页 13cm（64开）
定价：CNY0.40
　　中国现代连环画作品。

J0078582

孟姜女　郭述祖编文；李义斗画
北京 北京美术出版社 1986年 78页 13cm（64开）
定价：CNY0.22
　　中国现代连环画作品。

J0078583

民国第一案　（上集）芮虎改编；李福金绘画
成都　四川美术出版社　1986 年　134 页
13cm（60 开）定价：CNY0.36
　　中国现代连环画作品。

J0078584

民国第一案　（下集）芮虎改编；吴寿石绘画
成都　四川美术出版社　1986 年　132 页
13cm（60 开）定价：CNY0.36
　　中国现代连环画作品。

J0078585

民警奇遇　张启泰等改编；魏钧泉等绘画
哈尔滨　黑龙江美术出版社　1986 年　13cm（60 开）
定价：CNY0.24
　　中国现代连环画作品。

J0078586

明天　姜维朴改编；华其敏绘画；
成都　四川美术出版社　1986 年　66 页　19cm（32 开）
定价：CNY0.68
（中国现代文学名著连环画）
　　本书为中国现代连环画作品。根据鲁迅的
同名小说改编。作者姜维朴（1926—2019），编
辑。山东黄县人，毕业于山东大学文艺系。历任
人民美术出版社《连环画报》编辑室主任、副主
编，中国连环画出版社总编辑等。作者华其敏
（1953—　），画家、教授。别名田乔、果然、沙
月。上海人，毕业于中央美术学院中国画系研究
生班。中央美术学院教授，中国美术家协会会员。
代表作品有《夸父图》《西门豹除巫》《安详的艺
术》等。

J0078587

魔鬼和四色鱼　冉红改编；潘树范绘画
乌鲁木齐　新疆人民出版社　1986 年　124 页
13cm（64 开）定价：CNY0.22
（《一千零一夜》故事）
　　中国现代连环画作品。

J0078588

魔针　梁浩林改编；赵家杰，张锡均制作
广州　岭南美术出版社　1986 年　150 页
13cm（64 开）定价：CNY0.46

（中国武术连环画）
　　中国现代连环画作品。

J0078589

莫斯科大会战　木子编文；广阔绘画
沈阳　辽宁美术出版社　1986 年　90 页　13cm（64 开）
定价：CNY0.22
（第二次世界大战战史画库）
　　中国现代连环画作品。

J0078590

拿破仑塑像　林泉改编；张清绘画
成都　四川美术出版社　1986 年　93 页　13cm（64 开）
定价：CNY0.27
　　本书根据英国福尔摩斯探案故事改编的中
国现代连环画作品。

J0078591

南洋魔影　林之改编；越非，越清绘画
长沙　湖南美术出版社　1986 年　158 页
13cm（64 开）定价：CNY0.34
　　中国现代连环画作品。

J0078592

南洋拳师　海波改编；王义璞，驰平绘画
呼和浩特　内蒙古人民出版社　1986 年　94 页
13cm（64 开）定价：CNY0.27
　　中国现代连环画作品。

J0078593

鸟笼里的猛兽　蔺瑾原著；谢继贤改编；叶建
森等绘画
广州　岭南美术出版社　1986 年　94 页　有图
10×13cm　统一书号：8260.1532　定价：CNY0.26
　　中国现代连环画作品。作者叶建森
（1932—　），笔名五丰，厦门人。任中国连环画
研究会常务理事、湖南省美术家协会会员等职。
主要作品有《血染黄河滩》《变驴》《鸟笼里的野
兽》等。

J0078594

鸟笼里的猛兽　谢继贤改编；叶建森，叶海燕
绘画
广州　岭南美术出版社　1986 年　94 页　13cm（60 开）
定价：CNY0.26

中国现代连环画作品，根据蔺瑾著的同名小说改编。

J0078595

努尔哈赤传奇 （1）鲁东改编；李奎根，才孝文绘画

沈阳 辽宁美术出版社 1986年 154页

13cm（64开）定价：CNY0.40

　　中国现代连环画作品。

J0078596

努尔哈赤传奇 （2）鲁东改编；郑新羽绘画

沈阳 辽宁美术出版社 1986年 138页

13cm（64开）定价：CNY0.36

　　中国现代连环画作品。

J0078597

努尔哈赤传奇 （3）鲁东改编；姚祥发，张君华绘画

沈阳 辽宁美术出版社 1986年 146页

13cm（64开）定价：CNY0.38

　　中国现代连环画作品。

J0078598

努尔哈赤传奇 （4）鲁东改编；孙逢春绘画

沈阳 辽宁美术出版社 1986年 138页

13cm（64开）定价：CNY0.36

　　中国现代连环画作品。

J0078599

女儿国 吴承恩原著；陈平夫改编；钱笑呆，曹增潮绘画

石家庄 河北美术出版社 1986年 新1版

106页 有图 10×13cm 统一书号：8087.1567

定价：CNY0.30

（西游记 2 ）

　　本书是根据中国古典小说《西游记》改编的现代连环画作品。

J0078600

怕老婆的鞋匠 巫伦改编；张煤绘画

北京 朝花美术出版社 1986年 126页

13cm（64开）定价：CNY0.35

（《一千零一夜》故事）

　　中国现代连环画作品。

J0078601

盘丝洞 吴承恩原著；卢光照改编；胡若佛绘画

石家庄 河北美术出版社 1986年 新1版 50页

有图 10×13cm 统一书号：8087.1568

定价：CNY0.19

（西游记 27 ）

　　本书根据中国古典小说《西游记》改编的现代连环画作品。作者卢光照（1914——2001），河南汲县（今卫辉市）人，毕业于北平国立艺术专科学校。历任人民美术出版社编辑、北京齐白石艺术函授学院名誉院长、北京花鸟画研究会名誉会长、中央文史馆馆员。代表作品有《大展鸿图》《松鹰》《鸡冠花雄鸡》。作者胡若佛（1908—1980），连环画家、国画家。浙江余姚人。本名国华，字大空，号谷华，自署十卉庐主。曾就学于上海美专、新华艺专。创作了大量优秀的连环画，成为经典之作。代表作有《红楼梦》《杨家将》《三国演义》等。

J0078602

佩剑将军 祥文改编；梁占岩，纪京宁绘

石家庄 河北少年儿童出版社 1986年 182页

10×13cm 定价：CNY0.47

　　中国现代连环画作品。作者纪京宁（1957—　），女，教授。江苏南京人，毕业于河北师范大学美术学院，并留校任教。后任中央民族大学美术学院教授，中国美术家协会会员。代表作品《紫气》《秋天》《老井》《欢乐北方》等。

J0078603

漂流瓶里的秘密 一退改编；李德钊等绘画

广州 广东人民出版社 1986年 156页

13cm（64开）定价：CNY0.38

　　中国现代连环画作品。

J0078604

七绝山 吴承恩原著；陈平夫改编；池振亚绘画

石家庄 河北美术出版社 1986年 新1版 58页

有图 10×13cm 统一书号：8087.1563

定价：CNY0.20

（西游记 25 ）

　　本书是根据中国古典小说《西游记》改编的现代连环画作品。

J0078605
奇人管万斤
广州 岭南美术出版社 1986年 32页 26cm（16开）
定价：CNY0.48
（《真功夫》连环画丛书 第4辑）
　　中国现代连环画作品。

J0078606
奇袭蜂娘洞　何允龙改编；励忠发，赵欣绘画
沈阳 辽宁美术出版社 1986年 170页
13cm（64开）定价：CNY0.39
　　中国现代连环画作品。

J0078607
奇袭西高地　许光宗编文；金伟展等绘画
北京 中国文联出版公司 1986年 126页
13cm（64开）定价：CNY0.33
（精忠报国新篇）
　　中国现代连环画作品。

J0078608
歧路悲歌　张俊峰改编；马忠群绘画
沈阳 辽宁美术出版社 1986年 138页
13cm（60开）定价：CNY0.30
　　中国现代连环画作品，根据中篇小说《飘零者之歌》改编。作者张俊峰（1952—　），书画家。笔名雪松。曾任长春市群众艺术馆美术摄影部主任、中国硬笔书法家协会会员、吉林北国书画社社员。

J0078609
骑师与美人鱼　林之编文；越非，广之绘画
长沙 湖南美术出版社 1986年 150页
13cm（64开）定价：CNY0.32
　　中国现代连环画作品。

J0078610
枪声告诉人们　（上册）海代泉改编；何纬仁等绘画
南宁 广西民族出版社 1986年 126页
13cm（64开）定价：CNY0.35
　　中国现代连环画作品。

J0078611
枪声告诉人们　（下册）海代泉改编；何纬仁等绘画
南宁 广西民族出版社 1986年 134页
13cm（64开）定价：CNY0.37
　　中国现代连环画作品。

J0078612
巧服"刘关张"
广州 岭南美术出版社 1986年 32页 26cm（16开）
定价：CNY0.48
（《真功夫》连环画丛书 第5辑）
　　中国现代连环画作品。

J0078613
巧破聚宝楼　古风改编；姐翠林绘画
石家庄 河北少年儿童出版社 1986年 118页
13cm（60开）定价：CNY0.30
（男女英雄会 7）
　　中国现代连环画作品。作者姐翠林（1952—　），河北磁县总工会副主席、兼中国美协河北分会会员。

J0078614
窃金奇案　（埃及）马罕茂德·萨里姆著；李诚改编；庚东海绘画
石家庄 河北少年儿童出版社 1986年 126页
13cm（64开）盒装 定价：CNY0.32
　　中国现代连环画作品。

J0078615
清明血祭　劲波改编；王豪绘画
北京 中国文联出版公司 1986年 157页
13cm（64开）定价：CNY0.40
　　中国现代连环画作品。

J0078616
清贫　（方志敏同志的故事）芹子改编；刘扬绘画
成都 四川美术出版社 1986年 13cm（64开）
定价：CNY0.15
　　中国现代连环画作品。

J0078617
丘吉尔的女间谍　处华改编；倪洪泉，王忆贫绘画
济南 山东美术出版社 1986年 134页
13cm（64开）定价：CNY0.33

中国现代连环画作品。根据英国约瑟芬的自传体小说改编。作者倪洪泉（1955—　），画家。北京人。中央工艺美术学院硕士毕业，并任教于中央工艺美术学院，任北京青年画会副秘书长等职。作品有《千古传丝万代情》《心花》《七彩世界》等。

J0078618

全国连环画册获奖作品选：1963—1981
贺友直等绘画
沈阳 辽宁美术出版社 1986年 130页
30cm（10开）定价：CNY5.20

J0078619

全国连环画获奖作品选 （1963—1981）辽宁美术出版社编
沈阳 辽宁美术出版社 1986年 130页
25cm（16开）统一书号：8161.0819 定价：CNY5.20
　　中国现代连环画作品。

J0078620

拳魂 刘忠仁改编；刘晓钟绘画
成都 四川少年儿童出版社 1986年 126页
13cm（64开）定价：CNY0.34
　　本书根据美国西尔威斯特·斯塔隆的原著改编的中国现代连环画作品。

J0078621

热血英豪 朱渊元等编文；赵希玮等绘画
北京 长城出版社 1986年 50页 13cm（64开）
定价：CNY0.37
（祖国在我心中画库）
　　中国现代连环画作品。

J0078622

任弼时 沈勇绘画
呼和浩特 内蒙古人民美术出版社 1986年
129页 19cm（小32开）定价：CNY0.70
　　中国现代连环画作品。

J0078623

如梦初醒 方方改编；梁振雄，刘沛绘画
广州 广东人民出版社 1986年 125页
13cm（64开）定价：CNY0.32
　　中国现代连环画作品。

J0078624

瑞云 丁国联改编；卢汶，张新国绘画
成都 四川美术出版社 1986年 12×13cm
统一书号：8373.693 定价：CNY0.34
（《聊斋》故事）
　　中国现代连环画作品，包括《瑞云》《连锁》两个故事。作者卢汶（1922—2010），连环画家。原名卢世宝，出生于上海市，籍贯浙江鄞县。代表作品《蜀山剑侠传》《三国演义》。作者张新国（1962—　），画家。生于河北平山县。历任中国美术家协会河北分会会员、中韩文化艺术专家委员会委员、平山画院名誉院长等职。作品有《快乐的家园》《柏坡春晖》《荷塘清趣》等。

J0078625

三盗芭蕉扇 吴承恩原著；卢光照改编；任率英绘画
石家庄 河北美术出版社 1986年 新1版 90页
有图 10×13cm 统一书号：8087.1572
定价：CNY0.27
（《西游记》22）
　　本书根据中国古典小说《西游记》改编的现代连环画作品。作者吴承恩（约1500—1583），汉族，明代小说家。淮安府山阳县河下人（现江苏淮安市淮安区）。字汝忠，号射阳山人。代表作有《西游记》。作者卢光照（1914—2001），河南汲县（今卫辉市）人，毕业于北平国立艺术专科学校。历任人民美术出版社编辑、北京齐白石艺术函授学院名誉院长、北京花鸟画研究会名誉会长、中央文史馆馆员。代表作品《大展鸿图》《松鹰》《鸡冠花雄鸡》。

J0078626

三盗夜明珠 丁楠改编；唐明生绘画
长沙 湖南美术出版社 1986年 126页
13cm（60开）定价：CNY0.28
　　中国现代连环画作品。

J0078627

三封密电 钱国盛等原著；李伟改编；李儒光绘画
长沙 湖南美术出版社 1986年 86页 有图
10×13cm 统一书号：8233.877 定价：CNY0.21
　　中国现代连环画作品。

J0078628

三毛流浪记 （系列连环画）大平等编绘
广州　岭南美术出版社　1986年　10册（60开）
定价：CNY3.90（盒装）
　　　中国现代连环画作品。

J0078629

三擒草上飞 冯源改编；吴国威，吴帆绘画
长沙　湖南美术出版社　1986年　158页
13cm（60开）定价：CNY0.36
　　　中国现代连环画作品。

J0078630

杀人鲸 谭菲改编；岑圣权绘画
广州　岭南美术出版社　1986年　90页　13cm（64开）
定价：CNY0.31
　　　中国现代连环画作品。作者岑圣权
（1951—　），画家。又名今山子。广东阳春人，
曾先后就读于广州美术学院及暨南大学中国人
物画研究生班。中国美术家协会会员，现为广东
省楹联书画院副院长。主要作品有《珠海惊涛》
《我的儿子安珂》《蔡廷锴—1932春·上海》等。

J0078631

沙格德尔请客 （汉蒙文对照）阎为民改编；
邢学绘绘画
通辽　内蒙古少年儿童出版社　1986年　86页
13cm（60开）定价：CNY0.40
　　　中国现代连环画作品，根据蒙古族民间故事
改编。

J0078632

山口百惠 丘岭改编；牛晓琳绘画
上海　上海人民美术出版社　1986年　48页
26cm（16开）定价：CNY0.55
　　　中国现代连环画作品。

J0078633

山口百惠 宋飞等编绘
广州　新世纪出版社　1986年　170页　13cm（64开）
定价：CNY0.44
　　　本书根据日本山口百惠的《苍茫的时分》改
编的中国现代连环画作品。作者宋飞，插画家。

J0078634

山中，那十九座坟茔 张盛良改编；廖宗怡
等绘画
长沙　湖南美术出版社　1986年　158页
13cm（60开）定价：CNY0.34
　　　中国现代连环画作品。作者廖宗怡
（1937—　），画家、国家一级美术师。广东汕头
人，广州美术学院进修。中国美术家协会会员，
中国书法家协会会员，广州军区政治部创作室创
作员。代表作品有《最高的奖赏》《广州农民运
动讲习所》《阵地午餐》《山中那十九座坟茔》等。

J0078635

尚借粮 郭春台编文；刘卓贤绘画
呼和浩特　内蒙古人民出版社　1986年　60页
13cm（60开）定价：CNY0.21
　　　中国现代连环画作品。

J0078636

少林十八武僧 姜明改编；吴国，冰霜绘画
郑州　中原农民出版社　1986年　6册　13cm（64开）
定价：CNY2.50
　　　中国现代连环画作品。

J0078637

蛇祸之谜 钟应星改编；梁照全，张冬绘画
广州　岭南美术出版社　1986年　118页
13cm（64开）定价：CNY0.37
　　　中国现代连环画作品。

J0078638

神鞭 冯骥才原著；范若由改编；罗希贤，罗
忠贤绘画
上海　少年儿童出版社　1986年　110页　有图
10×13cm　统一书号：R8024.102　定价：CNY0.28
　　　中国现代连环画作品。

J0078639

神鞭 范若由改编；罗希贤，罗忠贤绘画
上海　少年儿童出版社　1986年　110页
13cm（60开）定价：CNY0.28
　　　中国现代连环画作品。

J0078640

神鞭 （上）冯骥才原著；木易编，陈家奇绘

北京　中国文联出版公司　1986 年　126 页　有图
10×13cm 统一书号：8355.489 定价：CNY0.33
　　中国现代连环画作品。

J0078641
神鞭　（中）冯骥才原著；木易改编；陈家奇绘画
北京　中国文联出版公司　1986 年　126 页　有图
10×13cm 统一书号：8355.490 定价：CNY0.33
　　中国现代连环画作品。

J0078642
神鞭　（下）冯骥才原著；木易编，陈家奇绘
北京　中国文联出版公司　1986 年　126 页　有图
10×13cm 统一书号：8355.489 定价：CNY0.33
　　中国现代连环画作品。

J0078643
神笛与魔筒　（中国历史故事）谢德风编；得
龙等绘画
贵阳　贵州人民出版社　1986 年　201 页
13cm（64 开）定价：CNY0.31
　　中国现代连环画作品。

J0078644
神风神雷的灭亡　白风编文；戴逸如绘画
北京　海洋出版社　1986 年　92 页　13cm（64 开）
定价：CNY0.25
　　中国现代连环画作品。作者戴逸如
（1948—　），编辑、作家、漫画家。上海人。历
任机关刊物《上海新闻出版》编辑，《新民晚报》
主任编辑，中国创造学会理事，上海市美协会
员。著有《启锁斋笑林》《医圣张仲景》《创造博
士》，主编《世界漫画大师精品珍赏》《东方十日
谈》等。

J0078645
神秘的麻疯病人　杜春雷改编；王文俭绘画
哈尔滨　黑龙江美术出版社　1986 年　61 页
13cm（64 开）定价：CNY0.18
　　中国现代连环画作品。

J0078646
神秘凯旋　冯源，艾馨改编；邓超华，子楚绘画
广州　岭南美术出版社　1986 年　158 页
13cm（64 开）定价：CNY0.44

（特别行动之四）
　　中国现代连环画作品。作者邓超华
（1950—　），广东新会县人，毕业于广州业余艺
术大学绘画系。中国美术家协会会员、广东省美
术家协会会员。主要作品有组画《练为战》、中国
画《调查路上》《妆》等。

J0078647
神奇的灯影峡　（汉英对照）郑波侠，沙铁军
编文；湛孝安绘画；燕华兴译
武汉　湖北少年儿童出版社　1986 年　46 页
19cm（小 32 开）定价：CNY0.78
（长江三峡民间传说花丛）
　　中国现代连环画作品。作者沙铁军
（1942—　），编审。江苏如皋人，毕业于南京大
学中文系。历任湖北人民出版社文史编辑部主
任，武汉作家协会会员，中国连环画研究会会
员，湖北连环画研究会理事。代表作品有《中国
古代战争》《长江三部曲》《青春之歌》《中国古
代战争》《六十年的变迁》等。

J0078648
神奇飞兵　（上册）乔澍声改编；郭艾绘画
呼和浩特　内蒙古人民出版社　1986 年　94 页
13cm（64 开）定价：CNY0.27
　　中国现代连环画作品。

J0078649
神奇飞兵　（下册）乔澍声改编；郭艾绘画
呼和浩特　内蒙古人民出版社　1986 年　118 页
13cm（64 开）定价：CNY0.32
　　中国现代连环画作品。

J0078650
神鹰敢死队　罗赵林改编制作
广州　岭南美术出版社　1986 年　126 页　有图
10×13cm 统一书号：8260.1540 定价：CNY0.33
（反侵略战争故事）
　　中国现代连环画作品。

J0078651
圣迹之图　曲阜县文物管理委员会供稿；山东
友谊书社编
济南　山东人民出版社　1986 年　36 页
19×26cm 统一书号：8099.2783 定价：CNY5.00

（孔府文物选）

中国现代连环画作品。

J0078652

圣迹之图　（孔府文物选）山东友谊书社编

济南　山东人民出版社　1986 年　369 页

13cm（60 开）定价：CNY5.00

中国现代连环画作品。

J0078653

十二个小英雄　石山编；王胜利绘画

北京　人民美术出版社　1986 年　102 页　有图

10×13cm　统一书号：8027.9812　定价：CNY0.26

中国现代连环画作品。

J0078654

十二个月　（苏）萨·马尔夏克原著；任溶溶改

编；王晓明绘画

北京　人民美术出版社　1986 年　71 页　有图

13cm（60 开）统一书号：8027.9181　定价：CNY0.64

本书根据马尔夏克同名剧本改编的中国现

代连环画作品。

J0078655

十二寡妇出征连环画套书　刘耀中等改编；

赵贵德等绘画

郑州　中原农民出版社　1986 年　6 册　13cm（60 开）

定价：CNY2.40

中国现代连环画作品。作者赵贵德

（1937—　），满族、国家一级美术师。生于北京。

历任中国美术家协会理事、河北省美术家协会名

誉主席。代表作品有《激流》《春潮》《大风歌》

《神骏图》等，著有《怎样才能画好速写》。

J0078656

十五爵士战老山　罗邦武等编文；吴剑超等

绘画

昆明　云南人民出版社　1986 年　13cm（60 开）

定价：CNY0.24

中国现代连环画作品。

J0078657

石油城大阴谋　吉文军改编；黄穗中绘制

广州　岭南美术出版社　1986 年　26cm（16 开）

定价：CNY0.38

中国现代连环画作品。

J0078658

世界奇案　（民间女英雄故事）连力，田明改

编；学俭等绘画

太原　希望出版社　1986 年　126 页　13cm（64 开）

定价：CNY0.33

本书是根据电影《世界奇案的最后线索》改

编的中国现代连环画作品。

J0078659

世界童话名著精选　（德）格林等原著；李娜

等绘画

南京　江苏少年儿童出版社　1986 年　17×19cm

统一书号：R8352.3.203　定价：CNY1.80

中国现代连环画作品。

J0078660

世界笑话集　（一）蔡衍棻改编；陈树斌等绘画

广州　新世纪出版社　1986 年　126 页　13cm（60 开）

统一书号：8311.2519　定价：CNY0.32

中国现代连环画作品。作者陈树斌

（1938—　），编辑。笔名方唐，广东中山人。历

任《羊城晚报》主任美编、中国美协漫画艺委会

委员、广东漫画学会名誉会长、广东画院特聘画

家、广东省政协委员。著有《方唐世界——方唐

漫画精选》。

J0078661

世界笑话集　（二）蔡衍棻改编；陈树斌等绘画

广州　新世纪出版社　1986 年　126 页　13cm（60 开）

统一书号：8311.2520　定价：CNY0.32

中国现代连环画作品。

J0078662

世界笑话集　（三）蔡衍棻改编；陈树斌等绘画

广州　新世纪出版社　1986 年　126 页　13cm（60 开）

定价：CNY0.33

中国现代连环画作品。

J0078663

世界笑话集　（四）蔡衍棻改编；陈树斌等绘画

广州　新世纪出版社　1986 年　126 页　13cm（60 开）

定价：CNY0.33

中国现代连环画作品。

J0078664

世界笑话集 （五）蔡衍棻改编；陈树斌等绘画
广州 新世纪出版社 1986年 126页 13cm（60开）
定价：CNY0.33
　　中国现代连环画作品。

J0078665

收复老山之战 赵晓澜编文；陈德彬绘画
昆明 云南人民出版社 1986年 158页
13cm（64开）定价：CNY0.33
　　中国现代连环画作品。

J0078666

书房奇案 （英）克里斯蒂著；钟国仕译；张炳
德图
贵阳 贵州美术出版社 1986年 48页 26cm（16开）
定价：CNY0.48
（小说图画丛书）
　　中国现代连环画作品。作者张炳德，贵州人
民出版社美术部主任。

J0078667

耍狮人传奇 （5-8）栾惠民改编；蔺宝钢等绘画
西宁 青海人民出版社 1986年 146页
13cm（60开）定价：CNY0.30
　　中国现代连环画作品。

J0078668

耍狮人传奇 周毅如原著；栾惠民改编；蔺宝
钢等绘画
西宁 青海人民出版社 1986年 146页 有图
10×13cm 统一书号：8097.563 定价：CNY0.30
　　中国现代连环画作品。

J0078669

双尸之谜 周安礼改编；胡抗绘画
长沙 湖南美术出版社 1986年 150页
13cm（60开）定价：CNY0.32
　　中国现代连环画作品。

J0078670

私访独家城 古风改编；韩冬英绘画
石家庄 河北少年儿童出版社 1986年 158页
13cm（64开）定价：CNY0.40
　　中国现代连环画作品。

J0078671

私刑 卫燕改编；常斯绘画
广州 岭南美术出版社 1986年 125页
13cm（64开）定价：CNY0.37
（神勇四巡警 4）
　　中国现代连环画作品。

J0078672

死囚生还录 谢桂犀改编；沈在召绘画
长沙 湖南美术出版社 1986年 134页
13cm（60开）定价：CNY0.29
　　中国现代连环画作品。

J0078673

死亡的镜子 （大侦探波洛破案故事）王军改
编；姜振民绘画
济南 明天出版社 1986年 142页 13cm（64开）
定价：CNY0.38
　　中国现代连环画作品。作者姜振民
（1936— ），编辑。生于山东济南。历任《济南
日报》美术助理编辑，山东省科协宣传部科普美
术编辑，山东人民出版社少儿读物编辑部美术
编辑，山东文艺出版社办公室副主任、美术副编
审，中国美术家协会会员。出版有《姜振民曼画
集》，长篇连环画《白美丽小姐》等。

J0078674

四颗夜明珠 钮胜利改编；钱生发绘画
贵阳 贵州人民出版社 1986年 62页 13cm（60开）
定价：CNY0.14
　　中国现代连环画作品。作者钱生发，连环画
家。绘有连环画《80年代》《小萝卜头》《在轮船
上》等。

J0078675

四明传奇 晨歌改编；郭文涛等绘画
南京 江苏人民出版社 1986年 158页
13cm（60开）定价：CNY0.38
　　中国现代连环画作品。作者郭文涛
（1941— ），画家。河北交河人。毕业于西北师
范大学美术系。中国美术家协会会员、甘肃省美
协副主、兰州市美协主席、兰州市文联主席、兰
州市政协副主席。代表作品有《军长之路》（合
作）、连环画《四明传奇》、国画《夕照图》。出版
有《郭文涛画集》等。

J0078676
抬棺决战　春蕾编；李明等绘
北京　中国文联出版公司　1986年　126页　有图
10×13cm　统一书号：8355.540　定价：CNY0.33
（神州摭　四）
　　中国现代连环画作品。

J0078677
泰山出世　苏文编文；万年，李锛绘画
重庆　重庆出版社　1986年　134页　13cm（64开）
定价：CNY0.26
（《泰山》连环画丛书之一）
　　本书根据美国系列故事《人猿泰山》改编的
中国现代连环画作品。

J0078678
泰山伏虎　忆放改编；钟长清等绘画
重庆　重庆出版社　1986年　221页　13cm（64开）
定价：CNY0.39
（《泰山》连环画丛书之四）
　　中国现代连环画作品。

J0078679
泰山还乡　章汀改编；周昌华，熊桂荣绘画
重庆　重庆出版社　1986年　150页　13cm（64开）
定价：CNY0.28
（《泰山》连环画丛书之三）
　　中国现代连环画作品。

J0078680
泰山脱险　章汀改编；黄永镇绘画
重庆　重庆出版社　1986年　150页　13cm（64开）
定价：CNY0.28
（《泰山》连环画丛书之四）
　　中国现代连环画作品。

J0078681
淘气的比夫　白水编译；谢顺景绘制
广州　岭南美术出版社　1986年　130页
13cm（60开）定价：CNY0.42
　　中国现代连环画作品。

J0078682
体坛奇才李宁　周继骥编；冼小前绘
南宁　广西人民出版社　1986年　146页

13cm（64开）定价：CNY0.31
　　中国现代连环画作品。作者冼小前
（1955—　　），书画家。笔名廉人，原籍广东，毕
业于广西艺术学院。中国美术家协会会员、中国
书法家协会会员、中国书法艺术研究院特聘书画
家、广西美术出版社副编审、书法编辑部主任。
作品有油画《春望》《八桂英华》《法卡边防》等。

J0078683
天山遗恨　芹子改编；李万春绘画
成都　四川美术出版社　1986年　118页
13cm（60开）定价：CNY0.31
（玉娇龙）
　　中国现代连环画作品。

J0078684
天香一品　魏中才等编文；张炎等绘画
郑州　河南美术出版社　1986年　70页　19cm（32开）
定价：CNY0.50
（牡丹故事连环画）
　　中国现代连环画作品。

J0078685
甜鼻子　（幼儿卫生知识）冰子写；胡基明画
上海　少年儿童出版社　1986年　有彩图
15cm（40开）统一书号：R10024.4461
定价：CNY0.26
　　中国现代连环画作品。

J0078686
铁壁　卫燕改编；常斯绘画
广州　岭南美术出版社　1986年　125页
13cm（60开）定价：CNY0.37
（神勇巡警　3）
　　中国现代连环画作品。

J0078687
铁壁铜墙　冯成明编；路巨鼎绘画
北京　中国文联出版公司　1986年　110页　有图
10×13cm　统一书号：8355.645　定价：CNY0.33
（精忠报国新篇）
　　中国现代连环画作品。

J0078688
铁禅杖破疯魔棍　（上册）释法无编文；孙昌

茵等绘画
广州 岭南美术出版社 1986年 93页 13cm（60开）
定价：CNY0.33
（中国武术连环画）

　　中国现代连环画作品。作者孙昌茵
（1943—　），画家。原籍中国浙江温州，现居加
拿大。加拿大中国美术协会副主席、加拿大当代
艺术研究院院长、多伦多美术学院名誉院长。代
表作品有连环画《白蛇传》、油画《百年华工血泪
路》，出版有《孙昌茵水墨人体》《线描人体》《怎
样使用油画刀》《孙昌茵油画艺术》等。

J0078689
铁禅杖破疯魔棍 （下册）释法无编文；孙昌
茵等绘画
广州 岭南美术出版社 1986年 93页 13cm（60开）
定价：CNY0.33
（中国武术连环画）
　　中国现代连环画作品。

J0078690
铁拐李 （八仙列传）尹言编文；峰山，长贵绘画
长春 吉林美术出版社 1986年 94页 13cm（64开）
定价：CNY0.28
　　中国现代连环画作品。

J0078691
铁甲飞车手 （劫持阴谋 1）华尘改编、绘画
广州 岭南美术出版社 1986年 160页
13cm（64开）定价：CNY0.40
　　中国现代连环画作品。

J0078692
铁甲飞车手 （摩托凶手 2）陈国威改编、绘制
广州 岭南美术出版社 1986年 128页
13cm（64开）定价：CNY0.33
　　中国现代连环画作品。

J0078693
铁甲飞车手 （反戈一击 3）陈挺通改编、绘制
广州 岭南美术出版社 1986年 128页
13cm（64开）定价：CNY0.33
　　中国现代连环画作品。

J0078694
铁甲飞车手 （奥菲之梦 4）叶耀才改编、绘制
广州 岭南美术出版社 1986年 128页
13cm（64开）定价：CNY0.33
　　中国现代连环画作品。

J0078695
铁甲飞车手 （蛇口拔牙 5）岑圣权改编、绘制
广州 岭南美术出版社 1986年 160页
13cm（64开）定价：CNY0.40
　　中国现代连环画作品。作者岑圣权
（1951—　），画家。又名今山子。广东阳春人。
先后就读于广州美术学院及暨南大学中国人物
画研究生班。中国美术家协会会员，现为广东省
楹联书画院副院长。主要作品有《珠海惊涛》《我
的儿子安珂》《蔡廷锴 -1932 春·上海》等。

J0078696
偷吃人参果 刘大建改编；王崇秋，刘大健摄影
北京 中国文联出版公司 1986年 93页
13cm（64开）定价：CNY0.28
　　本书是根据电视连续剧《西游记》改编的中
国现代连环画作品。

J0078697
偷袭秘密火箭场 周荣光改编；时圣，时雍绘画
广州 岭南美术出版社 1986年 147页
13cm（64开）定价：CNY0.42
（反侵略战争故事）
　　中国现代连环画作品。

J0078698
偷袭与报复 牟军学，于秦坤改编；熊泽量绘画
成都 四川科学技术出版社 1986年 126页
13cm（60开）定价：CNY0.35
（《战备知识画集》之二）
　　中国现代连环画作品。

J0078699
头骨之谜 钱志清改编；周声发绘画
成都 四川美术出版社 1986年 126页
13cm（60开）定价：CNY0.34
　　中国现代连环画作品。

J0078700

驼背的故事　王中改编；张宝松，灏文绘画
北京 朝花美术出版社 1986 年 126 页
13cm（64 开）定价：CNY0.35
（《一千零一夜》故事）
　　中国现代连环画作品。作者张宝松
（1961—　），画家。出生于河南禹州市，毕业于
中央美术学院。任中国画创作研究院研究员、人
物画创作室主任、国家一级美术师等。

J0078701

万国笑画　（美国幽默漫画选）广东人民出版
社编
广州 广东人民出版社 1986 年 125 页 有图
10×13cm 统一书号：8111.2553 定价：CNY0.32

J0078702

王朝覆灭记　（上）鲁林改编；张惠斌绘画
沈阳 辽宁美术出版社 1986 年 126 页
13cm（60 开）定价：CNY0.30
　　中国现代连环画作品。作者张惠斌
（1942—　），画家、国家一级美术师。山东济南
人。历任中国美术家协会会员、锦州市中国画研
究会会长、副研究馆员。出版有《张惠斌书画集》
《张惠斌画集》等。

J0078703

王朝覆灭记　（下）鲁林改编；张惠斌绘画
沈阳 辽宁美术出版社 1986 年 126 页
13cm（60 开）定价：CNY0.30
　　中国现代连环画作品。

J0078704

威震敌胆　许光宗编；李鸣绘画
北京 中国文联出版公司 1986 年 94 页 有图
10×13cm 统一书号：8355.639 定价：CNY0.26
（精忠报国新篇）
　　中国现代连环画作品。

J0078705

威震敌胆　许光宗，马志昌编文；李鸣鸣绘画
北京 中国文联出版公司 1986 年 94 页
13cm（64 开）定价：CNY0.26
（精忠报国新篇）
　　中国现代连环画作品。

J0078706

威震狮子岭　张企荣改编；张文忠绘画
成都 四川美术出版社 1986 年 70 页 13cm（64 开）
定价：CNY0.22
　　中国现代连环画作品。

J0078707

维纳斯的复仇　陆地改编；周叔昭绘画
长沙 湖南美术出版社 1986 年 1 册 26cm（16 开）
定价：CNY0.48
　　中国现代连环画作品。

J0078708

维纳斯的复仇　（美）乔治·查斯罗原作；陆城
改编；周叔昭绘画
长沙 湖南美术出版社 1986 年 26cm（16 开）
定价：CNY0.48
　　中国现代连环画作品。

J0078709

未婚的父母　周安礼改编；大田，阿吉绘画
长沙 湖南美术出版社 1986 年 94 页 13cm（60 开）
定价：CNY0.22
　　中国现代连环画作品。

J0078710

未结束的战斗　李新改编；肖玉磊绘画
石家庄 河北美术出版社 1986 年 126 页
13cm（60 开）定价：CNY0.34
　　中国现代连环画作品。

J0078711

闻一多　可蒙编文；殷恩光绘画
上海 上海人民美术出版社 1986 年 150 页
13cm（64 开）定价：CNY0.34
　　本书是歌颂中国民主卫士，文学家闻一多的
现代连环画作品。收入 150 幅图。作者殷恩光，
连环画家。上海美协常务理事、国家一级美术师。
连环画代表作品有《闻一多》等。

J0078712

乌木马　李小川改编；聂靖和，雷鸣绘画
北京 朝花美术出版社 1986 年 54 页 13cm（64 开）
定价：CNY0.35
（《一千零一夜》故事）

中国现代连环画作品。

J0078713
无底洞　吴承恩原著；张绍旻改编；高同宝绘画
石家庄　河北美术出版社　1986年　新1版　94页
有图　10×13cm　统一书号：8087.1543
定价：CNY0.28
（西游记　30）
　　本书根据中国古典小说《西游记》改编的现代连环画作品。作者吴承恩（约1500—1583），汉族，明代小说家。淮安府山阳县河下人（现江苏淮安市淮安区）。字汝忠，号射阳山人。代表作有《西游记》。作者高同宝（1937—　），美术编辑。曾用笔名高鹏。河北晋州市人，毕业于河北美术学院（现天津美术学院）。曾在河北美术出版社、河北教育出版社做美术编辑。主要作品有《无底洞》《龙宫借宝》《流沙河》《高同宝画集》等。

J0078714
无情的情人
广州　岭南美术出版社　1986年　158页
13cm（64开）定价：CNY0.48
　　中国现代连环画作品。

J0078715
无声的森林　达杨编文；郭怀仁，栗华绘画
北京　中国文联出版公司　1986年　126页
13cm（60开）定价：CNY0.33
　　中国现代连环画作品。

J0078716
五姑娘　唐静英改编；尹福康摄影
上海　上海人民美术出版社　1986年　2版
110页　13cm（64开）定价：CNY0.31
　　中国现代连环画作品。作者尹福康（1927—　），摄影家。江苏南京人。曾任上海人民美术出版社副编审、上海市摄影家协会副主席等职。主要作品有《烟笼峰岩》《向荒山要宝》《晒盐》《工人新村》等。

J0078717
五虎缚苍龙　古风改编；郭富贵绘画
石家庄　河北少年儿童出版社　1986年　110页
13cm（60开）定价：CNY0.30
（男女英雄会　12）

中国现代连环画作品。

J0078718
五台山搬师　古风改编；申同景绘画
石家庄　河北少年儿童出版社　1986年　110页
13cm（60开）定价：CNY0.29
（男女英雄会　8）
　　中国现代连环画作品。作者申同景，绘有年画《文君听琴》《樊梨花》《百寿图》《凤求凰》等。

J0078719
五台山的枪声　张行吉改编；韩植墨绘画
太原　山西人民出版社　1986年　126页
13cm（60开）定价：CNY0.32
　　中国现代连环画作品。

J0078720
五台山侦察　湘川改编；得人，傅生绘画
长沙　湖南美术出版社　1986年　118页
13cm（60开）定价：CNY0.26
　　中国现代连环画作品，本书根据芽蓬小说《五台山的枪声》改编。

J0078721
武杰奇冤　（一）何君改编；殿生，光宇绘画
哈尔滨　黑龙江美术出版社　1986年　144页
13cm（64开）定价：CNY0.40
　　中国现代连环画作品。

J0078722
武杰奇冤　（二）何君改编；王恒东，王威绘画
哈尔滨　黑龙江美术出版社　1986年　150页
13cm（64开）定价：CNY0.41
　　中国现代连环画作品。

J0078723
武杰奇冤　（三）刘文堂改编；刘广海，关玉良绘画
哈尔滨　黑龙江美术出版社　1986年　159页
13cm（64开）定价：CNY0.44
　　中国现代连环画作品。

J0078724
武杰奇冤　（四）刘文堂改编；关玉良，刘广海绘画

哈尔滨 黑龙江美术出版社 1986 年 152 页
13cm（64 开）定价：CNY0.42
　　中国现代连环画作品。

J0078725
武杰奇冤 （五）何君改编；徐宝铭，恒东绘画
哈尔滨 黑龙江美术出版社 1986 年 145 页
13cm（64 开）定价：CNY0.40
　　中国现代连环画作品。

J0078726
武则天演义 许维等改编；赵星等绘画
兰州 甘肃少年儿童出版社 1986 年 10 册
13cm（60 开）定价：CNY1.80
　　中国现代连环画作品。

J0078727
舞狮人传奇 （上）何泥等改编；陵庐绘画
延吉 延边人民出版社 1986 年 158 页
13cm（64 开）定价：CNY0.43
　　中国现代连环画作品。

J0078728
舞狮人传奇 （下）何泥等改编；陵庐绘画
延吉 延边人民出版社 1986 年 158 页
13cm（64 开）定价：CNY0.43
　　中国现代连环画作品。

J0078729
误打铁胆庄 郑明之改编；亚飞等绘画
合肥 安徽美术出版社 1986 年 166 页
13cm（64 开）定价：CNY0.38
（书剑恩仇录 之三）
　　中国现代连环画作品。

J0078730
夕峰古刹 龙懋勤改编；杨述绘画
成都 四川美术出版社 1986 年 126 页
13cm（60 开）定价：CNY0.35
　　中国现代连环画作品。

J0078731
西行奇遇 芹子改编；夏凉熹绘画
成都 四川美术出版社 1986 年 110 页
13cm（60 开）定价：CNY0.31

（玉娇龙 之七）
　　中国现代连环画作品。

J0078732
西游记
石家庄 河北美术出版社 1986 年 35 册
13cm（60 开）定价：CNY8.70
　　中国现代连环画作品。

J0078733
西游记 （上）曹欣渊文编；钱逸敏美编
上海 上海人民美术出版社 1986 年 10 册
12cm（96 开）定价：CNY1.50
　　中国现代连环画作品。作者钱逸敏，画家。
上海人，毕业于上海大学美术学院工艺系，擅长
连环画、插图。曾任上海人民美术出版社编辑、
中国美术家协会上海分会会员、上海连环画研究
会会员、上海编辑学会会员、全国低幼读物研究
会会员。作品有《红楼梦故事》《故事大王画库》
《变形金刚》等。

J0078734
西游记 （下）曹欣渊文编；钱逸敏美编
上海 上海人民美术出版社 1986 年 10 册
12cm（96 开）定价：CNY1.50
　　中国现代连环画作品。

J0078735
西游记 赵吉南等改编；胡克文等绘画
上海 上海人民美术出版社 1986 年 16 册
13cm（60 开）定价：CNY4.80
　　中国现代连环画作品。作者胡克文（1928—
2015），连环画家。亦名胡少飞，笔名少飞，浙江
宁波人。连环画作品有《王子复仇记》《傲蕾·一
兰》《娃女》等。

J0078736
西游记故事 励艺夫改编；邓柯绘画
北京 人民美术出版社 1986 年 92 页 13cm（60 开）
定价：CNY1.60
　　中国现代连环画作品。

J0078737
侠女杨娥 林林等改编；魏中善等绘画
哈尔滨 黑龙江美术出版社 1986 年 85 页

13cm（64 开）定价：CNY0.23
　　中国现代连环画作品。

J0078738
陷阱　卫燕改编；常斯绘画
广州　岭南美术出版社　1986 年　125 页　有图
10×13cm　统一书号：8260.1604　定价：CNY0.37
（神勇四巡警　1）
　　中国现代连环画作品。

J0078739
箱子里的响尾蛇　孙远译编；邓崇龙绘画
广州　岭南美术出版社　1986 年　121 页　有图
10×13cm　统一书号：8260.1550　定价：CNY0.33
　　中国现代连环画作品。

J0078740
小雷音寺　吴承恩原著；路哥改编；陈云波绘
石家庄　河北美术出版社　1986 年　新 1 版　62 页
10×13cm　统一书号：8087.1570　定价：CNY0.21
（西游记　24）
　　本书根据中国古典小说《西游记》改编的现
代连环画作品。作者吴承恩（约 1500—1583），汉
族，明代小说家。淮安府山阳县河下人（现江苏
淮安市淮安区）。字汝忠，号射阳山人。代表作
有《西游记》。

J0078741
小蜜蜂　湖南《小蜜蜂故事画刊》编辑部编
长沙　湖南少年儿童出版社　1986 年　有图
17×19cm　定价：CNY0.23
　　中国现代连环画作品。

J0078742
小溪流　（1986 年第 6 期）小溪流编辑部编
长沙　湖南省少儿出版社　1986 年　96 页　有图
19cm（32 开）定价：CNY0.42
（少年作品专号）
　　中国现代连环画作品。

J0078743
小侠剑影　（上）任宝山改编；吴道云绘画
哈尔滨　黑龙江少儿出版社　1986 年　62 页
13cm（64 开）定价：CNY0.20
　　中国现代连环画作品。

J0078744
小侠剑影　（下）任宝山改编；吴道云绘画
哈尔滨　黑龙江少儿出版社　1986 年　62 页
13cm（64 开）定价：CNY0.20
　　中国现代连环画作品。

J0078745
辛伯达航海　（上）木华编；丁品等绘
北京　朝花美术出版社　1986 年　126 页　有图
10×13cm　统一书号：8028.200　定价：CNY0.35
　　中国现代连环画作品。

J0078746
辛伯达航海　（下）木华编；丁品等绘
北京　朝花美术出版社　1986 年　126 页　有图
10×13cm　统一书号：8028.2023　定价：CNY0.35
　　中国现代连环画作品。

J0078747
辛伯达航海　（上）木华改编；丁品等绘画
北京　朝花美术出版社　1986 年　126 页
13cm（64 开）定价：CNY0.35
（一千零一夜故事）
　　中国现代连环画作品。

J0078748
辛伯达航海　（下）木华改编；王智等绘画
北京　朝花美术出版社　1986 年　126 页
13cm（64 开）定价：CNY0.35
（一千零一夜故事）
　　中国现代连环画作品。

J0078749
新绿林传　符冰改编；余树泽等绘画
广州　岭南美术出版社　1986 年　158 页
13cm（64 开）定价：CNY0.48
　　中国现代连环画作品。

J0078750
新绿林传　（上）李大发改编；谢森等绘画
南宁　广西人民出版社　1986 年　194 页
13cm（64 开）定价：CNY0.46
　　中国现代连环画作品。

J0078751

新绿林传 （下）李大发改编；谢森等绘画

南宁 广西人民出版社 1987 年 210 页

13cm（60 开）定价：CNY0.52

　　中国现代连环画作品。

J0078752

星座与希腊神话 （春夜篇 第一分册）力强
编绘

北京 科学普及出版社 1986 年 124 页

13cm（64 开）定价：CNY0.28

　　本书是根据同名科普读物改编的中国现代
连环画作品。

J0078753

星座与希腊神话 （夏夜篇 第二分册）力强
编绘

北京 科学普及出版社 1986 年 124 页

13cm（64 开）定价：CNY0.28

　　中国现代连环画作品。

J0078754

星座与希腊神话 （秋夜篇 第三分册）力强
编绘

北京 科学普及出版社 1986 年 124 页

13cm（64 开）定价：CNY0.28

　　中国现代连环画作品。

J0078755

星座与希腊神话 （冬夜篇 第四分册）力强
编绘

北京 科学普及出版社 1986 年 124 页

13cm（64 开）定价：CNY0.28

　　中国现代连环画作品。

J0078756

血仇 （上）宗诚编文；海鸥，赛赛绘画

南京 江苏少年儿童出版社 1986 年 158 页

13cm（60 开）定价：CNY0.37

　　中国现代连环画作品。

J0078757

血仇 （下）宗诚编文；震野等绘画

南京 江苏少年儿童出版社 1986 年 158 页

13cm（60 开）定价：CNY0.37

　　中国现代连环画作品。

J0078758

血的玫瑰 陈觅改编；陈殿栋绘画

广州 新世纪出版社 1986 年 125 页 13cm（60开）

定价：CNY0.37

（少年连环画库）

　　中国现代连环画作品。

J0078759

血溅黄鹤楼

广州 岭南美术出版社 1986 年 32 页 26cm（16 开）

定价：CNY0.38

（《真功夫》连环画丛书 第 2 辑）

　　中国现代连环画作品。

J0078760

血染边陲 吉昌编文；茅菁摄影

北京 中国文联出版公司 1986 年 125 页

13cm（60 开）定价：CNY0.35

（精忠报国新篇）

　　中国现代连环画作品。

J0078761

血染古刹 劲波改编；李鸣鸣等绘画

北京 中国文联出版公司 1986 年 158 页

13cm（64 开）定价：CNY0.40

　　中国现代连环画作品。

J0078762

血染山门 宁黎改编；丁得邻绘画

广州 岭南美术出版社 1986 年 138 页

13cm（60 开）定价：CNY0.37

　　中国现代连环画作品。

J0078763

血与火的考验 劲波编；郑琼摄影

北京 中国文联出版公司 1986 年 61 页 有图

10×13cm 统一书号：8355.651 定价：CNY0.20

（精忠报国新篇）

　　中国现代连环画作品。

J0078764

血债 卫燕改编；常斯绘画

广州 岭南美术出版社 1986 年 125 页

13cm（60开）定价：CNY0.37

（神勇四巡警 2）

　　中国现代连环画作品。

J0078765

血战滹沱河　　贺成改编；刘志刚绘画

呼和浩特　内蒙古人民出版社　1986年　94页

有图　10×13cm　统一书号：18089.111

定价：CNY0.27

　　中国现代连环画作品。作者贺成
（1945—　），国家一级美术师。字峰然，号古杨。
出生于山东枣庄，毕业于南京艺术学院。中国美
术家协会会员、中华诗词学会会员、江苏省艺术
研究院研究员、江苏省国画院人物画创研所原所
长等。代表作品《共和之光》《欲与江山共娇》《马
背上的歌》《辛亥风云》等。

J0078766

血战平型关　　李人毅绘编

沈阳　辽宁美术出版社　1986年　154页

13cm（60开）定价：CNY0.35

　　中国现代连环画作品。

J0078767

雅鲁河畔的枪声　（上集）白杉改编；周荣生，
吴团良绘画

呼和浩特　内蒙古人民出版社　1986年　132页

13cm（64开）定价：CNY0.36

　　中国现代连环画作品。作者吴团良
（1952—　），达斡尔族，国家一级美术师。字凯
健。内蒙古人，毕业于黑龙江省艺术学校，结业
于中央美术学院国画系。中国美术家协会理事、
中国美术家协会中国画艺委会委员、中国画学会
常务理事、中国当代工笔画学会常务理事，黑龙
江省美术家协会主席。代表作品有《烟乡秋色》
《驼峰》《风雪牧马图》等。

J0078768

雅鲁河畔的枪声　（下集）白杉改编；周荣生，
吴团良绘画

呼和浩特　内蒙古人民出版社　1986年　132页

13cm（64开）定价：CNY0.36

　　中国现代连环画作品，根据达斡尔民间叙事
诗改编。

J0078769

雁门支队　　静山编文；唐伏生绘画

北京　人民美术出版社　1986年　78页　有图

10×13cm　统一书号：8027.9810　定价：CNY0.19

　　中国现代连环画作品。

J0078770

燕京女杰　（民间女英雄故事　上）郑平编写；
张大强绘画

昆明　云南人民出版社　1986年　118页

13cm（64开）定价：CNY0.26

　　中国现代连环画作品。

J0078771

羊灯山口的哨兵　　张朝清改编；朱小冈画

上海　山海人民美术出版社　1986年　102页

13cm（64开）定价：CNY0.24

　　中国现代连环画作品。

J0078772

野鹰001　（惊险故事连环画）叶耀才改编；陈
国威等绘画

广州　岭南美术出版社　1986年　50页　26cm（16开）

定价：CNY0.67

　　中国现代连环画作品。

J0078773

夜闯新军衙门　　春蕾编；李明等绘

北京　中国文联出版公司　1986年　126页　有图

10×13cm　统一书号：8355.539　定价：CNY0.33

（神州擂　三）

　　中国现代连环画作品。

J0078774

一场虚惊　　苏上杰改编；肖辽沙绘画

南宁　广西人民出版社　1986年　45页　13cm（60开）

定价：CNY0.21

　　中国现代连环画作品，根据韦其麟著民间故
事改编。

J0078775

一代影星阮玲玉　　梅鼎改编；徐学初绘画

上海　上海人民美术出版社　1986年　182页

13cm（64开）定价：CNY0.48

　　本书是叙述中国一代电影明星悲惨身世的

现代连环画作品。作者徐学初（1968—　），教授。生于浙江桐庐，毕业于上海戏剧学院舞台美术系。就职上海市戏曲学校舞美设计及舞美班。出版有《大卫·科波菲尔》《汤姆大伯的小屋》《红与黑》等多部中外世界名著连环画。

J0078776
一网打尽　柳文，娜仁改编；汤昌媛，杨光制作
北京　中国连环画出版社　1986年　134页
13cm（64开）定价：CNY0.41
（《警花出更》之五）
　　中国现代连环画作品。

J0078777
一夜新娘　（英）汉姆森（Hamsun, A.）原著；
韦镭改编；梁启德绘画
南宁　广西人民出版社　1986年　109页
13cm（64开）定价：CNY0.30
　　中国现代连环画作品。

J0078778
疑案重重　柳文，娜仁改编；汤昌媛，杨光制作
北京　中国连环画出版社　1986年　134页
13cm（64开）定价：CNY0.41
（《警花出更》之三）
　　中国现代连环画作品。

J0078779
倚天屠龙记　（1-4）袁世捷改编；谢伦和，谭琳等绘画
长沙　湖南美术出版社　1986年　4册　13cm（64开）
定价：CNY1.46
　　中国现代连环画作品。

J0078780
倚天屠龙记　（5-8）袁世捷改编；杜炜等绘画
长沙　湖南美术出版社　1986年　4册　13cm（64开）
定价：CNY1.46
　　中国现代连环画作品。

J0078781
倚天屠龙记　（9-12册）王梦等改编；唐明生等绘画
长沙　湖南美术出版社　1986年　4册　13cm（64开）
定价：CNY1.40

中国现代连环画作品。

J0078782
倚天一剑　董树岩改编；陈有吉，戴成有绘画
广州　岭南美术出版社　1986年　141页
13cm（64开）定价：CNY0.35
（中国武术连环画）
　　中国现代连环画作品。

J0078783
艺猴鸣冤　海沫改编；润民画
兰州　甘肃人民出版社　1986年　78页　13cm（60开）
定价：CNY0.19
　　中国现代连环画作品。

J0078784
阴谋之恋　（刑警803）陈慧君原著；金戈改编；崔君沛绘画
上海　上海人民美术出版社　1986年　126页
9×13cm（64开）ISBN：7-5322-1375-7
定价：CNY1.50
　　中国现代连环画作品。作者崔君沛（1950—2008），画家。广东番禺人。曾任上海人民美术出版社专职画家、中国美术家协会上海分会会员、上海老城厢书画会副会长、中国艺术研究院特邀书画师。出版有《三国人物绣像》《崔君沛画集》《红楼人物册》《李自成·清兵入塞》《南原激战》等。

J0078785
银剑　（英）伊恩·塞拉利尔原著；王育英改编；孙愚，王坤生绘画
南宁　广西人民出版社　1986年　142页
13cm（64开）定价：CNY0.32
　　中国现代连环画作品。

J0078786
英雄出世　李实编；刘永凯，孙慕龄绘画
北京　人民美术出版社　1986年　116页
13cm（60开）定价：CNY0.32
（清宫演义 1）
　　中国现代连环画作品。作者刘永凯（1927—　），画家。字阿刘。黑龙江齐齐哈尔人，毕业于中央美术学院。历任人民美术出版社美术编辑、连环画创作组副组长。代表作品《石林

湖畔》《西双版纳》《渔夫和金鱼的故事》《中国
古代神话故事》《清宫演义》等。

J0078787

鹰堡谍踪　宋平改编；陈韵波，陈伟波绘画
广州　岭南美术出版社　1986年　156页
13cm（64开）定价：CNY0.48

　　本书根据英国麦克林的同名小说影改编的
中国现代连环画作品。

J0078788

雍正脑袋的传说　张孝文编文；马玉生等绘画
石家庄　河北美术出版社　1986年　13cm（64开）
定价：CNY0.23

　　中国现代连环画作品。

J0078789

永丰舰的炮声　周笃佑改编；钟开天绘画
长沙　湖南美术出版社　1986年　94页　13cm（60开）
定价：CNY0.22

　　中国现代连环画作品，根据郭钊林著的小说
《永丰魂》改编。作者钟开天（1942—　），画家。
历任中国美术家协会会员，云南新闻美协副会
长，云南民族画院副院长。代表作品有《绿色瑰
宝》《山花烂漫》《江山多娇图》等。

J0078790

游侠传奇　欧阳尧佳，林玉山改编；潘正沂绘画
广州　岭南美术出版社　1986年　126页
13cm（64开）定价：CNY0.33

　　本书根据美国同名电影改编的中国现代连
环画作品。

J0078791

幼儿看图识字　（下）黄剑杰等编；曾佑玮等
绘画
石家庄　河北少年儿童出版社　1986年
有彩图　15cm（40开）统一书号：R8366.34
定价：CNY0.26

　　中国现代连环画作品。

J0078792

狱中曙光　晓明改编；陈毓琼绘画
长沙　湖南美术出版社　1986年　94页　13cm（64开）
定价：CNY0.22

　　中国现代连环画作品。

J0078793

豫州三尸案　龙懋勤改编；吴绪经绘画
重庆　重庆出版社　1986年　110页　13cm（60开）
定价：CNY0.22
（《狄公案》一）

　　中国现代连环画作品。作者吴绪经
（1945—　），教授。生于四川成都，历任四川省
教育学院美术系教授，中国美术家协会会员，中
国电影家协会会员。作品有《竞技图》《虎门硝
烟》《一个共产党员的送葬行列》等。

J0078794

缘分　陈琛，叶子改编；贺旭尧绘画
武汉　湖北美术出版社　1986年　126页
13cm（60开）定价：CNY0.33

　　中国现代连环画作品。

J0078795

贼鸽之谜　（上）文竹风改编；芦林摄影
沈阳　辽宁美术出版社　1986年　126页
13cm（64开）定价：CNY0.30

　　中国现代连环画作品。

J0078796

贼鸽之谜　（下）文竹风改编；芦林摄影
沈阳　辽宁美术出版社　1986年　124页
13cm（64开）定价：CNY0.30

　　中国现代连环画作品。

J0078797

斩断魔爪　侗苌编文；刘钊绘画
郑州　河南美术出版社　1986年　70页　13cm（64开）
定价：CNY0.18

　　中国现代连环画作品。

J0078798

战士万岁　许光宗，石建都，李玲绘画
北京　中国文联出版公司　1986年　94页
13cm（64开）定价：CNY0.26
（精忠报国新篇）

　　中国现代连环画作品。

J0078799

张高谦　曾遐改编；严永满，亚力绘画
广州　新世纪出版社　1986年　116页　13cm（64开）
定价：CNY0.32
（革命英雄谱）
　　中国现代连环画作品。

J0078800

张果老　（八仙列传）尹言编文；温国良绘画
长春　吉林美术出版社　1986年　94页　13cm（60开）
定价：CNY0.28
　　中国现代连环画作品。

J0078801

张巡守城　（中国历史故事）于秀溪改编；张煤绘
北京　人民美术出版社　1986年　102页
13cm（64开）定价：CNY0.16
　　中国现代连环画作品。作者于秀溪（1939—　），作家、诗人、书法家。原名于秀锡。河北灵寿县人。毕业于广播学院新闻系。曾任中国美术出版社副编审、《连环画报》主编、中国诗书画院研究员。主要作品有《哪吒传》《岳云寻父记》《审美心理学》等。

J0078802

长长的征程　王榷改编；胥揖修，钱德华绘画
成都　四川美术出版社　1986年　145页
13cm（60开）定价：CNY0.38
　　中国现代连环画作品。

J0078803

掌毙乌锥马　崔梅改编；陈卫东等绘
广州　岭南美术出版社　1986年　133页　有图
10×13cm　统一书号：8260.1539　定价：CNY0.35
　　中国现代连环画作品。

J0078804

者阴山攻歼战　赵晓澜编文；周永祥绘画
昆明　云南人民出版社　1986年　134页
13cm（64开）定价：CNY0.29
　　中国现代连环画作品。

J0078805

侦破莲花城　朱遐友改编；汤继明绘画
呼和浩特　内蒙古人民出版社　1986年　110页
13cm（64开）定价：CNY0.30
　　中国现代连环画作品。

J0078806

侦破死亡区　（埃及）马罕茂德·萨里姆原著；罗兰改编；高宝生绘
石家庄　河北人民出版社　1986年　126页　有图
10×13cm　统一书号：8366.60　定价：CNY0.32
　　中国现代连环画作品。

J0078807

侦破死亡区　罗兰改编；高宝生绘
石家庄　河北少年儿童出版社　1986年　126页
13cm（64开）盒装　定价：CNY0.32
　　中国现代连环画作品。

J0078808

真假孙悟空　吴承恩原著；陈平夫改编；宗静风等绘画
石家庄　河北美术出版社　1986年　78页　有图
10×13cm　统一书号：8087.1571　定价：CNY0.24
　　中国现代连环画作品。作者吴承恩（约1500—1583），汉族，明代小说家。淮安府山阳县河下人(现江苏淮安市淮安区)。字汝忠，号射阳山人。代表作有《西游记》。作者宗静风（1925—　），画家、书法家、连环画家。扬州人。作品有《春草闯堂》《三家福》《谢瑶环》《红梅阁》等。

J0078809

真萨　（藏汉文对照）李先定改编；朱祥绘画
拉萨　西藏人民出版社　1986年　45页　有彩图
17×19cm　统一书号：MR8170.75　定价：CNY0.60
　　中国现代连环画作品。

J0078810

智捕"三角王后"　林之改编；陈安民绘画
长沙　湖南美术出版社　1986年　142页
13cm（64开）定价：CNY0.37
　　中国现代连环画作品。

J0078811

智捣黑衣社　李自有改编；邵邵等绘画
长沙　湖南美术出版社　1986年　126页

13cm（64开）定价：CNY0.28
　　中国现代连环画作品。

J0078812
智斗响尾蛇　朱丽丹改编；杨力行绘画
长沙　湖南美术出版社　1986年　150页
13cm（64开）定价：CNY0.32
　　中国现代连环画作品。

J0078813
智美更登　王之枫整理改编；王木绘
西宁　青海人民出版社　1986年　115页　有图
10×13cm　统一书号：8097.605　定价：CNY0.34
　　本书根据藏戏故事整理改编的中国现代连
环画作品。

J0078814
智勇双全　刘晓欣编文；邵京生，西山绘画
北京　中国文联出版公司　1986年　94页
13cm（64开）定价：CNY0.26
（精忠报国新篇）
　　中国现代连环画作品。

J0078815
智战敌顽　马树学等编文；金卫展等绘画
北京　长城出版社　1986年　55页　13cm（64开）
定价：CNY0.37
（祖国在我心中画库）
　　中国现代连环画作品。

J0078816
智捉逃犯
郑州　河南美术出版社　1986年　23页　27cm（16开）
定价：CNY0.25
（法制教育丛书）
　　中国现代连环画作品。

J0078817
中华人民共和国婚姻法　广东省司法厅宣传
处编文；赖征云绘画
广州　岭南美术出版社　1986年　96页　有图
13×15cm　统一书号：8260.1560　定价：CNY0.27
　　中国现代连环画作品。

J0078818
中华人民共和国经济合同法　广东省司法厅
宣传处编文；马志江等绘画
广州　岭南美术出版社　1986年　126页　有图
10×13cm　统一书号：8260.1559　定价：CNY0.31
（法制连环画丛书）
　　中国现代连环画作品。

J0078819
中华人民共和国刑法　（三）广东省司法厅宣
传处编文；四方绘画
广州　岭南美术出版社　1986年　135页　有图
10×13cm　统一书号：8260.1559　定价：CNY0.35
（法制连环画丛书）
　　中国现代连环画作品。

J0078820
中途岛大海战　徐志强编；叶武林画
北京　海洋出版社　1986年　171页　13cm（64开）
定价：CNY0.35
　　中国现代连环画作品。作者叶武林
（1944—　　），油画家。河北吴桥人，毕业于中央
美术学院油画系。北京电影学院美术系副教授，
中国美术家协会会员、出版画集有《叶武林》《逃
离·回归》《敬天穆祖》等。

J0078821
中途岛大海战　符冰编文；蒋平田，邓巧荣绘画
广州　新世纪出版社　1986年　124页　13cm（64开）
定价：CNY0.32
　　中国现代连环画作品。

J0078822
中途岛海战　木子编文；杜爱军绘画
沈阳　辽宁美术出版社　1986年　90页　13cm（64开）
定价：CNY0.22
（第二次世界大战战史画库）
　　中国现代连环画作品。作者木子（1956—　　），
本名李惠民，艺名木子，生于浙江湖州。历任浙
江省美术家协会会员，浙江省油画家协会会员。
代表作有《皖南》《暖色小镇》《阳光》《墨荷系
列：中国画》。

J0078823
追剿过山蛇　卢雪宁编；大青，亚明绘画

南宁 广西民族出版社 1986年 110页
13cm（64开）定价：CNY0.28
　　中国现代连环画作品。作者亚明（1924—2002），画家、教授。原姓叶，名家炳，号敬植，后改名亚明。安徽合肥人。历任无锡市美协主席、江苏省美术工作室主任、江苏省国画院副院长、中国美协常务理事、香港《文汇报》中国画版主编。出版有《访苏画辑》《亚明作品选集》《亚明画集》《三湘四水集》等。

J0078824
子弹疑案　曹英改编；莫湘怡绘画
长沙 湖南美术出版社 1986年 126页
13cm（60开）定价：CNY0.33
　　中国现代连环画作品。

J0078825
走马擒三将　古风改编；郭付贵，肖杜绘画
石家庄 河北少年儿童出版社 1986年 102页
13cm（64开）定价：CNY0.28
（男女英雄会之十一）
　　中国现代连环画作品。

J0078826
罪恶与死亡　刘映波改编；贺旭等绘画
长沙 湖南美术出版社 1986年 142页
13cm（64开）定价：CNY0.31
　　中国现代连环画作品。

J0078827
醉打秦丞相　莘莘改编；曹辉绘画
成都 四川美术出版社 1986年 126页
13cm（60开）定价：CNY0.35
（济公全传 之一）
　　中国现代连环画作品。

J0078828
醉僧除霸　洛斐，文彩编文；郭鸿印绘
呼和浩特 内蒙古人民出版社 1986年 118页
13cm（60开）定价：CNY0.32
　　中国现代连环画作品，根据达斡尔民间叙事诗改编。

J0078829
"蟒蛇出洞"破产记　周明编绘

南宁 广西人民出版社 1987年 159页
10×13cm（64开）ISBN：7-219-00264-5
定价：CNY0.45
　　中国现代连环画。作者周明（1935—　），高级画师。广东开平人。中国美术家协会会员、国家高级美术师、广西书画院院士、广西民族书画院高级画师。

J0078830
"狮鹰王国"的覆灭　谢继贤改编；林滨帆绘画
广州 岭南美术出版社 1987年 126页
13cm（60开）ISBN：7-5362-0067-6
定价：CNY0.39
　　本书是根据同名科幻故事改编的中国现代连环画作品。

J0078831
"响尾蛇"落网记　（上）魏忠才编文；陈以忠等绘画
郑州 河南美术出版社 1987年 142页
10×13cm 统一书号：8386.440 定价：CNY0.46
　　中国现代连环画。作者陈以忠（1940—　），编辑。广东化州人，毕业于广西艺术学院美术系。历任《广西日报》高级编辑、漓江画院副院长、中国人才研究会艺术家学部委员会委员、中国美术家协会广西分会常务理事等职。出版有《报刊美编学》《实用图案设计》。

J0078832
"响尾蛇"落网记　（中）魏忠才编文；陈以忠等绘画
郑州 河南美术出版社 1987年 142页
10×13cm 统一书号：8386.441 定价：CNY0.46
　　中国现代连环画。

J0078833
"响尾蛇"落网记　（下）魏忠才编文；陈以忠等绘画
郑州 河南美术出版社 1987年 142页
10×13cm 统一书号：8386.442 定价：CNY0.46
　　中国现代连环画。

J0078834
"小白狐"之死　荣子改编；孙愚绘画
杭州 浙江人民美术出版社 1987年 126页

10×13cm（64 开）统一书号：8156.1625
定价：CNY0.39
（今古女谍丛书 3）

　　中国现代连环画。作者孙愚（1937—　），画家。浙江温州人。中国美术家协会会员。曾在上海人民美术出版社从事连环画创作，兼任上海大学巴士学院美术专业基础课程教师。著有《钢笔画起步》，连环画《野猫》《巴黎圣母院》《海底两万里》《圣经的故事》《孤岛历险记》等。

J0078835

K 岛脱险记　　李大发改编；何纬仁等绘画
南宁 广西人民出版社 1987 年 246 页
10×13cm（64 开）ISBN：7-219-00296-3
定价：CNY0.65

　　中国现代连环画。

J0078836

艾丽丝奇境漫游记　　路易斯·加罗尔原著；王文韶改编；徐锡林绘
天津 天津人民美术出版社 1987 年 120 页
有图 10×13cm ISBN：7-5305-3035-6
定价：CNY0.43

　　根据英国同名故事改编的中国现代连环画。

J0078837

爱克斯探长　　（1 和平城里案子多）李毓佩著；徐宝信画
北京 科学普及出版社 1987 年 95 页
10×13cm 统一书号：R8051.1062 定价：CNY0.36
　　中国现代连环画。

J0078838

爱克斯探长　　（2 小胡子将军失踪了）李毓佩著；徐宝信画
北京 科学普及出版社 1987 年 95 页
10×13cm 统一书号：R8051.1063 定价：CNY0.36
　　中国现代连环画。

J0078839

爱克斯探长　　（3 阴谋）李毓佩著；高宝生画
北京 科学普及出版社 1987 年 95 页
10×13cm 统一书号：R8051.1064 定价：CNY0.36
　　中国现代连环画。作者高宝生（1944—　），连环画家。曾用笔名高禾，北京人。北京艺术学

院附中毕业。中国少年儿童出版社从事连环画创作。代表作品《铁木儿和他的队伍》《两只小孔雀》《聪明的药方》等。

J0078840

爱克斯探长　　（4 将计就计）李毓佩著；高宝生画
北京 科学普及出版社 1987 年 95 页
10×13cm 统一书号：R8051.1065 定价：CNY0.36
　　中国现代连环画。

J0078841

八仙过海　　王志冲改编；吴声等绘画
杭州 浙江少年儿童出版社 1987 年 126 页
13cm（60 开）ISBN：7-5342-0039-7
定价：CNY0.36
（八仙传说 五）

　　中国现代连环画作品。作者王志冲（1936—　），翻译家。籍贯上海，笔名冰火、天飞。中国翻译家协会会员、作协会员。译作有《第一个劳动日》《冒名顶替》《海底外星人》《酸奶村的冬天》《入地艇》《忘却城》等。作者吴声（1943—　），国家一级美术师。又名自强，生于浙江杭州，毕业于中国美术学院。中国美术家协会会员。出版专著有《吴声人物画技法》《吴声画集》《诗画缘》《吴声古诗词画意》《唐人诗意百图》等。

J0078842

八仙人间显能　　王志冲改编；吴声等绘画
杭州 浙江少年儿童出版社 1987 年 126 页
13cm（60 开）ISBN：7-5342-0040-7
定价：CNY0.36
（八仙传说 六）

　　中国现代连环画作品。

J0078843

巴陵窃贼　　王薇改编；陈磊摄影
广州 岭南美术出版社 1987 年 126 页
13cm（60 开）ISBN：7-5362-0091-9
定价：CNY0.39

　　本书是根据珠江电影制片公司同名电影改编的中国现代连环画作品。

J0078844

巴蜀英烈画册 （第一集）四川省民政厅革命烈士史料编纂办公室编
成都 四川美术出版社 1987年 52页 26cm（16开）
统一书号：8373.1153 定价：CNY0.72
　　中国现代连环画作品。

J0078845

白金表之谜 （上集）郝晋国改编；王小钦绘画
太原 山西人民出版社 1987年 126页
13cm（60开）统一书号：8088.2148 定价：CNY0.34
　　中国现代连环画作品。

J0078846

白金表之谜 （下集）郝晋国改编；李真耀绘画
太原 山西人民出版社 1987年 126页
13cm（60开）统一书号：8088.2149 定价：CNY0.33
　　中国现代连环画作品。

J0078847

白眉王与红伞女 黎世清编文；黄其，黄秋绘画
南宁 广西民族出版社 1987年 134页
13cm（60开）ISBN：7-5363-0054-9
定价：CNY0.38
　　中国现代连环画作品。

J0078848

白牡丹行动计划 （一）春溪改编；徐锡林，徐铁林绘画
北京 朝花美术出版社 1987年 126页
10×13cm 统一书号：8028.2321 定价：CNY0.38
　　中国现代连环画作品。

J0078849

白牡丹行动计划 （二）春溪改编；穆舜君，刘宜绘画
北京 朝花美术出版社 1987年 126页
10×13cm 统一书号：8028.2322 定价：CNY0.38
　　中国现代连环画作品。

J0078850

白牡丹行动计划 （三）春溪改编；王国栋，梁才绘画
北京 朝花美术出版社 1987年 126页
10×13cm 统一书号：8028.2323 定价：CNY0.38

中国现代连环画作品。作者王国栋（1949— ），美术师。河北河间人。北京麒麟书画院院长、研究员，中国美术家协会会员。作品有《青出于蓝》《游春图》《历史之幽思》等。出版有《王国栋画集》。

J0078851

白牡丹行动计划 （四）春溪改编；徐锡林，徐铁林绘画
北京 朝花美术出版社 1987年 126页
10×13cm 统一书号：8028.2324 定价：CNY0.38
　　中国现代连环画作品。

J0078852

白衣娘子军 孙军，刘青弋编文；章毓霖绘画
南京 江苏美术出版社 1987年 110页
13cm（60开）统一书号：8353.3.174
定价：CNY0.33
　　中国现代连环画作品。作者章毓霖（1947—2006），生于南通市，江苏省美术家协会会员、南通市美术家协会理事、海安县美术家协会主席、海安书画院兼职画师。作品有《"北京人"下落不明》等。

J0078853

宝椅迷踪 刘亦凡，郑凯军绘画
广州 岭南美术出版社 1987年 25页 26cm（16开）
定价：CNY0.42
　　中国现代连环画作品。作者郑凯军（1948— ），浙江黄岩人。中国美术家协会浙江分会会员。

J0078854

北海道山神 谢继贤改编；刘启瑞绘画
广州 岭南美术出版社 1987年 126页
13cm（60开）统一书号：8260.2290
ISBN：7-5362-0140-0 定价：CNY0.39
　　本书是根据张威同名小说改编的中国现代连环画作品。

J0078855

博览 （故事画集）
福州 福建美术出版社［1987年］48页
26cm（16开）定价：CNY0.55
　　本书荟集中外名著和古今名人的故事，着意

表现名人的一生和名著的精髓。

J0078856

查良特与西玛拉　曹茹等改编；韦求真等绘画
广州　岭南美术出版社　1987年　62页　13cm（60开）
定价：CNY0.48
（世界民间故事选 5）

　　本连环画包括《查良特与西玛拉》《渔夫寻宝》《真正的朋友》3则故事。

J0078857

陈御史巧勘银钟案　阿鼎改编；何希，何平绘画
广州　岭南美术出版社　1987年　101页
13cm（60开）定价：CNY0.33

　　中国现代连环画作品。

J0078858

刺客列传　郑问编绘
台北　时报文化出版公司　1987年　4版　159页
有图　26cm（16开）定价：TWD150.00
（时报漫画丛书 16）

　　中国现代漫画作品。

J0078859

从和尚到将军　鲁周改编；岑圣权绘画
广州　岭南美术出版社　1987年　128页
13cm（60开）定价：CNY0.42

　　中国现代连环画作品。

J0078860

大盗贼第二次出现　解非编；姜启才画
郑州　海燕出版社　1987年　2册（198页）
13cm（64开）定价：CNY0.34

　　中国现代连环画作品。

J0078861

大盗贼第三次出现　解非编；王鸿翔绘画
郑州　海燕出版社　1987年　2册（197页）
13cm（64开）定价：CNY0.34

　　中国现代连环画作品。

J0078862

大蝴蝶　苏方桂改编；杜应强等绘画
广州　岭南美术出版社　1987年　92页

13cm（64开）定价：CNY0.31
（罗浮山风物传说 一）

　　中国现代连环画作品。作者杜应强（1939— ），画家、高级美术师。广东澄海人。历任汕头画院院长，中国美术家协会会员，中国版画家协会会员，广东省美术家协会常务理事。出版有《杜应强水墨画集》《杜应强版画集》《杜应强画集·百榕图》等。

J0078863

大闹广昌隆　秦太英改编；梁如洁等绘画
广州　岭南美术出版社　1987年　150页
13cm（64开）定价：CNY0.46

　　中国现代连环画作品。

J0078864

大破驼城阵　谭源编文；张苗绘画
广州　新世纪出版社　1987年　116页　13cm（64开）
定价：CNY0.36

　　中国现代连环画作品。

J0078865

大西皇帝张献忠传奇
成都　四川美术出版社　1987年　10册　13cm（64开）
定价：CNY4.00

　　本套连环画包括《挥师取四川》《奇袭成都府》《三剑定青城》《女囚封皇后》《虎口就群儒》《鏖战岷江畔》《剑劈花蝴蝶》《平叛铁胜营》《兵败锦官城》《喋血凤凰山》。

J0078866

大侦探和小不点儿　尹明改编；邓志刚，刘华绘画
广州　新世纪出版社　1987年　118页　13cm（64开）
定价：CNY0.34

　　本书根据瑞典阿·格林伦同名小说改编的中国现代连环画作品。

J0078867

大侦探小卡莱　尹明改编；孙平，刘田绘画
广州　新世纪出版社　1987年　126页　13cm（64开）
定价：CNY0.36

　　本书根据瑞典阿·格林伦同名小说改编的中国现代连环画作品。

J0078868

大侦探新冒险记　　尹明改编；孙平，刘田绘画
广州　新世纪出版社　1987年　110页　13cm（64开）
定价：CNY0.32
　　　本书根据瑞典阿·格林伦同名小说改编的中国现代连环画作品。

J0078869

戴敦邦新绘《长恨歌》　　戴敦邦绘
沈阳　辽宁美术出版社　1987年　19×21cm
ISBN：7-5314-0050-2　定价：CNY3.70
　　　中国现代连环画作品。作者戴敦邦（1938—　），国画家，教授。号民间艺人，江苏丹徒人。毕业于上海第一师范学校。历任《中国少年报》《儿童时代》美术编辑，上海交通大学人文学院教授。主要作品《水浒人物一百零八图》《戴敦邦水浒人物谱》《戴敦邦新绘红楼梦》《戴敦邦古典文学名著画集》等，连环画代表作品有《一支驳壳枪》《水上交通站》《大泽烈火》《蔡文姬》等。

J0078870

滴血的夜明珠　　俞南改编；胡焕然绘画
南京　江苏少年儿童出版社　1987年　142页
13cm（60开）　定价：CNY0.38
　　　中国现代连环画作品。

J0078871

敌巢迂回战　（上）碧青，王宇改编；蒋太禄绘画
长沙　湖南美术出版社　1987年　134页　有图
10×13cm　ISBN：7-5356-0093-X　定价：CNY0.38
　　　根据孟范连、谭士珍小说《太行儿女》改编的中国现代连环画作品。

J0078872

帝国特别调查官　　覃翁编文；黄菁等绘画
南宁　广西民族出版社　1987年　187页
13cm（60开）　定价：CNY0.48
　　　中国现代连环画作品。

J0078873

第三帝国的兴亡　　华阳，艾莉改编；李斌，潘衡生绘画
成都　四川美术出版社　1987年　8册　13cm（60开）

定价：CNY3.90
　　　中国现代连环画作品。

J0078874

谍报女王　（一）小雅改编；潘鸿海，周瑞文绘
杭州　浙江人民美术出版社　1987年　117页
13cm（60开）　定价：CNY0.37
（今古女谍丛书　1）
　　　中国现代连环画作品。作者潘鸿海（1942—　），艺术家。上海人，毕业于浙江美术学院油画系。历任浙江人民美术出版社美术记者、美术编辑、编辑部主任、副总编，《富春江画报》负责人、浙江画院院长。代表作品有《又是一个丰收年》《鲁迅》。

J0078875

定海神针　　王宜亮编文；叶永森绘画
天津　天津人民美术出版社　1987年　62页
13cm（60开）　定价：CNY0.25
　　　中国现代连环画作品。

J0078876

杜丘之死　　任鑫根编文；波人绘画
南京　江苏美术出版社　1987年　110页
13cm（60开）　定价：CNY0.34
　　　中国现代连环画作品。

J0078877

对与错　　孙泽良等编绘
天津　天津教育出版社　1987年　58页　有图
13×15cm　定价：CNY0.55
（教育幽默丛书）
　　　中国现代连环画作品。作者孙泽良（1950—　），天津人。天津新蕾出版社编辑。创作漫画、连环画及中国画。作品有《姜子牙》《济公外传》《弃匾图》《市井图》等。

J0078878

恶魔的末日　　黄一红编文；黄道鸣，容州绘画
南宁　广西民族出版社　1987年　152+64页
26cm（16开）　定价：CNY0.44
（第二次世界大战史实连环画）
　　　中国现代连环画作品。

J0078879

飞车夺宝　林珂改编；杨福音等绘
长沙 湖南美术出版社 1987年 102页 有图
10×13cm ISBN: 7-5356-0116-2 定价: CNY0.30
　　中国现代连环画作品。作者杨福音
（1942— ），美术师。湖南长沙人。历任广州书
画研究院高级画师、广州书画研究院副院长、湖
南师大美术学院客座教授、杨福音艺术馆馆长。

J0078880

飞刀闯关　薛炎文改编；谷照恩等绘画
天津 天津人民美术出版社 1987年 110页
13cm（64开）定价: CNY0.40
（神枪碧血 二）
　　中国现代连环画作品。作者谷照恩
（1939— ），河北宁晋人。历任石家庄日报社和
建设报社美术编辑、河北少年儿童出版社美术编
辑。擅长连环画、插图。作品有《棉花医生》《将
军的末日》《鲤鱼洲的枪声》等。

J0078881

飞砣凤　谢胡编文；刘思东，陈春田绘画
广州 岭南美术出版社 1987年 138页
13cm（64开）定价: CNY0.44
　　中国现代连环画作品。

J0078882

非洲杀人蜂　罗易改编；强华，淮庆绘画
广州 岭南美术出版社 1987年 124页
13cm（60开）定价: CNY0.39
　　中国现代连环画作品。作者罗易，广东实验
中学高级教师，《语文月报》副总编辑。

J0078883

愤怒的天使　刘小云改编；王琨，罗夫绘画
广州 岭南美术出版社 1987年 155页
13cm（60开）定价: CNY0.48
　　中国现代连环画作品。

J0078884

疯狂列车　周大春编绘
北京 人民美术出版社 1987年 ［32］页
26cm（16开）定价: CNY0.77
　　中国现代连环画作品。

J0078885

富商贝尔的故事　钟迈浩等改编；林伟民等
绘画
广州 岭南美术出版社 1987年 13cm（60开）
定价: CNY0.46
（世界民间故事选 7）
　　中国现代连环画作品。

J0078886

跟踪者　魏峰编文；李元星绘画
郑州 河南艺术出版社 1987年 174页
13cm（60开）定价: CNY0.55
　　中国现代连环画作品。

J0078887

孤坟鬼影　麦紫，俞明珠改编；季源业，季津
业绘画
南昌 江西人民出版社 1987年 190页
13cm（60开）定价: CNY0.40
　　中国现代连环画作品。

J0078888

古金像血案　董可京改编；冯鸣，胡赤骏绘画
广州 岭南美术出版社 1987年 185页
13cm（60开）定价: CNY0.56
　　中国现代连环画作品。

J0078889

古琴奇缘　杨遐珙改编；张恢，肖容绘画
广州 岭南美术出版社 1987年 125页
13cm（60开）定价: CNY0.39
　　中国现代连环画作品。

J0078890

骨灰盒上的指纹　黄正中改编；梁平波绘画
杭州 浙江人民美术出版社 1987年 142页
13cm（60开）定价: CNY0.43
　　中国现代连环画作品。

J0078891

怪人郑板桥　珍尔改编；赵海绘画
太原 山西人民出版社 1987年 86页 13cm（60开）
定价: CNY0.25
　　中国现代连环画作品。

J0078892
关东女杰　肖哲改编；邓子敬，邓子平绘画
广州 岭南美术出版社 1987 年 149 页
13cm（60 开）定价：CNY0.46
　　中国现代连环画作品。

J0078893
关东响马　示珺等改编；王力等绘画
长沙 湖南美术出版社 1987 年 5 册 13cm（60 开）
定价：CNY1.95
　　中国现代连环画作品。

J0078894
龟山疑案　（上册）林超，吴绿星改编；朱黎黎
绘画
广州 岭南美术出版社 1987 年 102 页
13cm（60 开）定价：CNY0.33
　　中国现代连环画作品。

J0078895
龟山疑案　（下册）林超，吴绿星改编；朱黎黎
绘画
广州 岭南美术出版社 1987 年 102 页
13cm（60 开）定价：CNY0.33
　　中国现代连环画作品。

J0078896
龟蛇盗　（上）管新生改编；庞茂宗摄影
广州 岭南美术出版社 1987 年 110 页
13cm（60 开）定价：CNY0.35
　　中国现代连环画作品。

J0078897
龟蛇盗　（下）管新生改编；庞茂宗摄影
广州 岭南美术出版社 1987 年 118 页
13cm（60 开）定价：CNY0.37
　　中国现代连环画作品。

J0078898
海的女儿　（蒙汉对照）博·桑布编；马德林绘
通辽 内蒙古少年儿童出版社 1987 年 62 页
13cm（60 开）定价：CNY0.35
　　中国现代连环画作品。

J0078899
海底大战　张修雷改编；张中良绘画
北京 中国连环画出版社 1987 年 94 页
13cm（60 开）定价：CNY0.35
　　中国现代连环画作品。

J0078900
海底幽灵　卫凤霞改编；寻年等绘画
广州 岭南美术出版社 1987 年 146 页
13cm（60 开）定价：CNY0.46
　　本书根据法国乔治·居斯塔夫一图杜兹的同
名小说改编的中国现代连环画作品。

J0078901
海神号遇难记　白嘉荟改编；江郁之绘画
广州 岭南美术出版社 1987 年 157 页
13cm（60 开）定价：CNY0.48
　　中国现代连环画作品。作者江郁之，《舞台
与银幕》编辑部美术编辑。

J0078902
海天盗影　欧阳尧佳改编；陈再殿，姚建平绘画
广州 岭南美术出版社 1987 年 157 页
13cm（60 开）定价：CNY0.48
　　本书是根据同名电视剧改编的中国现代连
环画作品。

J0078903
海峡逐寇　季愚改编；苏维贤绘画
武汉 湖北少年儿童出版社 1987 年 142 页
13cm（60 开）定价：CNY0.42
　　中国现代连环画作品。

J0078904
韩湘子救国舅　王志冲改编；吴声等绘画
杭州 浙江少年儿童出版社 1987 年 126 页
13cm（60 开）定价：CNY0.36
（八仙传说 3）
　　中国现代连环画作品。

J0078905
何仙姑斗妖　王志冲改编；吴声等绘画
杭州 浙江少年儿童出版社 1987 年 126 页
13cm（60 开）定价：CNY0.36
（八仙传说 4）

中国现代连环画作品。

J0078906

河湾村的小伙伴 王志冲改编；王又文，王立生绘画

贵阳 贵州人民出版社 1987年 93页 13cm（60开）

定价：CNY0.20

中国现代连环画作品。

J0078907

核弹风云 江广传，于秦坤编文；李万春等绘画

成都 四川美术出版社 1987年 125页

13cm（60开）定价：CNY0.39

（战备知识画库 7）

中国现代连环画作品。

J0078908

黑林鼓声 童灵犀改编；陈磊，程热摄影

广州 岭南美术出版社 1987年 114页

13cm（60开）定价：CNY0.37

中国现代连环画作品。

J0078909

轰炸东京 李宝靖改编；梁启德绘画

南宁 广西人民出版社 1987年 86页 13cm（60开）

定价：CNY0.29

（太平洋大血战丛书）

中国现代连环画作品。

J0078910

红楼梦 （清）曹雪芹原著；朱云等改编；李耀宗摄影

北京 中国广播电视出版社 1987年 13册

13cm（60开）定价：CNY7.90

（电视连续剧连环画）

本书根据87版电视剧《红楼梦》改编的中国现代连环画作品。作者曹雪芹(1715？—1763？)。清代著名文学家。一说东北辽阳人，一说河北丰润人，出生于江宁（今南京）。名霑，字梦阮，号雪芹，又号芹圃、芹溪。出身于富贵世家，三代任江宁织造，至其父家道衰落，归居北京。中年贫居北京西郊，以卖画和依靠友人周济度日。有诗才，嗜酒，伤感以终。著有《红楼梦》前八十回。

J0078911

红楼梦新补 （一）承德改编；曾平，玉凤绘画

太原 山西人民出版社 1987年 126页

13cm（60开）定价：CNY0.38

中国现代连环画作品。

J0078912

红楼梦新补 （二）安塞改编；晓飞，晓凤绘画

太原 山西人民出版社 1987年 126页

13cm（60开）定价：CNY0.38

中国现代连环画作品。

J0078913

红楼梦新补 （三）安塞改编；雨青，友善绘画

太原 山西人民出版社 1987年 126页

13cm（60开）定价：CNY0.38

中国现代连环画作品。

J0078914

红楼梦新补 （四）安塞改编；成晓平，朱新昌绘画

太原 山西人民出版社 1987年 126页

13cm（60开）定价：CNY0.38

中国现代连环画作品。

J0078915

红楼梦新补 （五）安塞改编；范康明，裴国骥绘画

太原 山西人民出版社 1987年 126页

13cm（60开）定价：CNY0.38

中国现代连环画作品。作者裴国骥（1946— ），一级美术师。出生于无锡，祖籍浙江省宁波市，南京艺术学院附中美术科毕业。任职于无锡市文联美术创作室、无锡市书画院、无锡市美协副主席兼秘书长。作品有《补天》《包孕吴越》《春夜》等。

J0078916

红楼梦新补 （六）安塞改编；翁建明，徐静芬绘画

太原 山西人民出版社 1987年 126页

13cm（60开）定价：CNY0.38

中国现代连环画作品。

J0078917

红楼梦新补
太原 山西人民出版社 1987年 6册 19cm（32开）
盒装 定价：CNY7.50
　　中国现代连环画作品。

J0078918

红桃"J"之谜　金正磐编文；周翔，丽人绘画
南昌 江西人民出版社 1987年 118页
13cm（60开）定价：CNY0.28
　　中国现代连环画作品。

J0078919

狐狸列那　余鹤仙改编；张景源，熊南清绘画
上海 上海人民美术出版社 1987年 198页
13cm（60开）定价：CNY0.53
　　本书是中国现代连环画作品。

J0078920

虎山行　寒光改编；程力等绘画
天津 天津人民美术出版社 1987年 6册（772页）
13cm（60开）定价：CNY3.60
　　中国现代连环画作品。

J0078921

虎穴接丁　毛志毅改编；谷照恩等绘画
天津 天津人民美术出版社 1987年 126页
13cm（60开）定价：CNY0.45
（神枪碧血 4）
　　中国现代连环画作品。作者谷照恩
（1939—　），河北宁晋人。先后任石家庄日报社
和建设报社美术编辑、河北少年儿童出版社美术
编辑。擅长连环画、插图。作品有《棉花医生》
《将军的末日》《鲤鱼洲的枪声》等。

J0078922

护宝歼敌　竹青改编；康移风绘画
长沙 湖南人民出版社 1987年 110页 有图
10×13cm 统一书号：8233.1165 定价：CNY0.30
　　中国现代连环画作品。

J0078923

花烛情恨　刘伟，陈洁改编；赵国经绘画
郑州 河南美术出版社 1987年 118页
13cm（60开）定价：CNY0.38

　　中国现代连环画作品。作者赵国经
（1950—　），一级画师。出生于河北景县，毕业
于天津美术学院绘画系。中国美术家协会会员、
连环画艺术委员会委员、天津美术家协会副主
席，天津美术出版社美术编辑、连环画编辑室主
任。年画代表作品有《烽火连三月》《做嫁衣》等。

J0078924

化学大战　熊荣华，于秦坤改编；熊泽量绘画
成都 四川美术出版社 1987年 125页
13cm（60开）定价：CNY0.39
（战备知识画库 六）
　　中国现代连环画作品。

J0078925

画家徐悲鸿　（连环画）子辛改编；何润民绘画
西安 陕西人民美术出版社 1987年 182页
18×17cm 统一书号：8199.440 定价：CNY1.58
　　中国现代连环画作品。作者何润民
（1947—　），画家、教师。陕西合阳人。历任西
安美院副教授、院学术委员会委员、西安美术学
院附属中等美术学校校长。代表作品有《老照壁》
《牧歌》等。

J0078926

画说成语　（中英文本）洪义男著
台北 光华画报杂志社 1987年 157页
21cm（32开）
（光华画报杂志社丛书 7）
　　中国现代成语故事连环画作品。

J0078927

环球历险记　樊光平编文；郑海明，何惠洁绘画
广州 新世纪出版社 1987年 101页 13cm（60开）
定价：CNY0.39
　　中国现代连环画作品。

J0078928

黄兔敢死队　谢希田原著；翟绍蓉改编；邓柯
等绘
北京 人民美术出版社 1987年 82页 有图
13cm（60开）统一书号：8027.10408
定价：CNY0.42
　　本书根据谢希田《魔术棍和金钥匙》改编的
中国现代连环画作品。

J0078929

黄野人斗鹌鹑　苏方桂改编；姚柏等绘画
广州　岭南美术出版社　1987年［93］页
13cm（60开）定价：CNY0.31
（罗浮山风物传说 3）
　　　　中国现代连环画作品。

J0078930

活人实验的暴行　（上）曹蓉，于秦坤改编；
陈加伟，陈曼蓉绘画
成都　四川美术出版社　1987年　122页
13cm（60开）定价：CNY0.39
（战备知识画库 2）
　　　　中国现代连环画作品。

J0078931

活人实验的暴行　（下）舒崇义，于秦坤改编；
郭明仁绘画
成都　四川美术出版社　1987年　128页
13cm（60开）定价：CNY0.35
（战备知识画库 3）
　　　　中国现代连环画作品。

J0078932

火龙歼敌　陶静波，章明改编；井之等绘画
广州　岭南美术出版社　1987年　44+62页
13cm（60开）定价：CNY0.48
（自卫还击战连环画）
　　　　中国现代连环画作品。

J0078933

火山大爆发　白嘉荟改编；乐艺绘画
广州　岭南美术出版社　1987年　126页
13cm（60开）定价：CNY0.39
　　　　中国现代连环画作品。

J0078934

火线情深　姜健华，黄学君改编；赖征云，吴
秀华绘画
广州　岭南美术出版社　1987年　70+94页
13cm（60开）定价：CNY0.50
（自卫还击战连环画）
　　　　中国现代连环画作品。

J0078935

激战天都　（上集）魏忠才编文；段文斌绘画
郑州　河南美术出版社　1987年　182页
13cm（64开）定价：CNY0.56
　　　　中国现代连环画作品。

J0078936

激战天都　（下集）魏忠才编文；段文斌绘画
郑州　河南美术出版社出版社　1987年　182页
13cm（64开）定价：CNY0.56
　　　　中国现代连环画作品。

J0078937

极地探险　陈建文；郭崇宇画
北京　科学普及出版社　1987年　126页
13cm（60开）定价：CNY0.32
　　　　中国现代连环画作品。

J0078938

济公　（上）肖瑾，严顺开编文；洪新华，陆华
绘画
南京　江苏少年儿童出版社　1987年　126页
13cm（60开）定价：CNY0.30
　　　　中国现代连环画作品。

J0078939

济公　（中）肖瑾，严顺开编文；洪新华，陆华
绘画
南京　江苏少年儿童出版社　1987年　142页
13cm（60开）定价：CNY0.36
　　　　中国现代连环画作品。

J0078940

济公　（下）肖瑾，严顺开编文；洪新华，陆华
绘画
南京　江苏少年儿童出版社　1987年　158页
13cm（60开）定价：CNY0.40
　　　　中国现代连环画作品。

J0078941

济公故事　（1　火烧大牌楼）易乙改编；马方
路，朱琳绘画
上海　上海人民美术出版社　1987年　9×11cm
统一书号：8081·15475　定价：CNY1.50（全套）
　　　　本书系中国现代连环画册。作者马方路

（1960—　），连环画家。出生于上海。上海连环画协会会员，上海教育报刊总社学前教育分社设计部主任。代表画作有《清朝故事》《历代歌赋》《雪夜袭蔡州》《杨家将》《水浒人物108将》《西游记人物大全》《中国成语故事》等。作者朱琳（1964—　），字启武，号老禅，扬州宝应人。中日美术交流协会会员，中国手指画研究会会员，河北画院画家，河北省曲艺团专职画家。作品有《朱琳画集》《高瞻远瞩》《秋阳》等。

J0078942

济公故事 （2　阴阳眼泪水）易乙改编；马方路，朱琳绘画

上海　上海人民美术出版社　1987年　9×11cm

统一书号：8081·15475　定价：CNY1.50（全套）

　　本书系中国现代连环画册。

J0078943

济公故事 （3　古井运大木）易乙改编；马方路，朱琳绘画

上海　上海人民美术出版社　1987年　9×11cm

统一书号：8081·15475　定价：CNY1.50（全套）

　　本书系中国现代连环画册。

J0078944

济公故事 （4　惩罚恶管家）易乙改编；马方路，朱琳绘画

上海　上海人民美术出版社　1987年　9×11cm

统一书号：8081·15475　定价：CNY1.50（全套）

　　本书系中国现代连环画册。

J0078945

济公故事 （5　奇方治怪病）易乙改编；马方路，朱琳绘画

上海　上海人民美术出版社　1987年　9×11cm

统一书号：8081·15475　定价：CNY1.50（全套）

　　本书系中国现代连环画册。

J0078946

济公故事 （6　白狗当新娘）易乙改编；马方路，朱琳绘画

上海　上海人民美术出版社　1987年　9×11cm

统一书号：8081·15475　定价：CNY1.50（全套）

　　本书系中国现代连环画册。

J0078947

济公故事 （7　蟋蟀斗公鸡）易乙改编；马方路，朱琳绘画

上海　上海人民美术出版社　1987年　9×11cm

统一书号：8081·15475　定价：CNY1.50（全套）

　　本书系中国现代连环画册。

J0078948

济公故事 （8　化缘修大桥）易乙改编；马方路，朱琳绘画

上海　上海人民美术出版社　1987年　9×11cm

统一书号：8081·15475　定价：CNY1.50（全套）

　　本书系中国现代连环画册。

J0078949

济公故事 （9　千金买石头）易乙改编；马方路，朱琳绘画

上海　上海人民美术出版社　1987年　9×11cm

统一书号：8081·15475　定价：CNY1.50（全套）

　　本书系中国现代连环画册。

J0078950

济公故事 （10　大闹万珍楼）易乙改编；马方路，朱琳绘画

上海　上海人民美术出版社　1987年　9×11cm

统一书号：8081·15475　定价：CNY1.50（全套）

　　本书系中国现代连环画册。

J0078951

嘉莲洞血案　李蕾改编；陈耕才拍摄

南宁　广西人民出版社　1987年　191页

13cm（60开）定价：CNY0.55

　　中国现代连环画作品。

J0078952

简·爱 （上集）大鲁改编；吴冠英绘画

广州　岭南美术出版社　1987年　166页

13cm（60开）定价：CNY0.50

　　中国现代连环画作品。

J0078953

简·爱 （下集）大鲁改编；吴冠英绘画

广州　岭南美术出版社　1987年　167页

13cm（60开）定价：CNY0.50

　　中国现代连环画作品。

J0078954
江口激战　凌祖余编文；闭克绘画
南宁　广西人民出版社　1987 年　166 页
13cm（60 开）定价：CNY0.47
　　中国现代连环画作品。

J0078955
将军的抉择　洋溢，创庆编文；梧磊，林芝绘画
南宁　广西民族出版社　1987 年　110 页
13cm（60 开）定价：CNY0.32
　　中国现代连环画作品。

J0078956
戒严令之夜　凌英改编；俞晓夫绘画
广州　岭南美术出版社　1987 年　126 页
13cm（60 开）定价：CNY0.39
　　中国现代连环画作品。作者俞晓夫
（1950— ），画家。江苏常州人，毕业于上海戏
剧学院美术系。历任上海油画雕塑院教授、副院
长，中国美术协会会员等。代表作品有《一次义
演》《拍卖古钢琴》《我轻轻地敲门》等。

J0078957
金狻猊传奇　王良莹改编；殷恩光绘画
上海　上海人民美术出版社　1987 年　134 页
13cm（60 开）定价：CNY0.42
　　中国现代连环画作品。作者殷恩光，连环画
家。上海美协常务理事，国家一级美术师。连环
画代表作品有《闻一多》等。

J0078958
九龙滩　梁明，王洁红改编；黄红，贝默达绘画
南宁　广西民族出版社　1987 年　120 页
13cm（64 开）定价：CNY0.36
　　中国现代连环画作品。

J0078959
绝密名单　谢舒戈改编；区础坚绘画
广州　岭南美术出版社　1987 年　150 页
13cm（60 开）定价：CNY0.46
　　中国现代连环画作品。

J0078960
凯旋在子夜　（上）辛果改编；梅兰菊绘画
沈阳　辽宁美术出版社　1987 年　126 页

13cm（60 开）定价：CNY0.30
　　中国现代连环画作品。

J0078961
凯旋在子夜　（下）辛果改编；梅兰菊绘画
沈阳　辽宁美术出版社　1987 年　106 页
13cm（60 开）定价：CNY0.26
　　中国现代连环画作品。

J0078962
凯旋在子夜　（上）陈卡，刘小仲改编；陈卡摄影
北京　中国连环画出版社　1987 年　126 页
13cm（60 开）定价：CNY0.45
　　中国现代连环画作品。

J0078963
凯旋在子夜　（中）陈卡，刘小仲改编；陈卡摄影
北京　中国连环画出版社　1987 年　126 页
13cm（64 开）定价：CNY0.45
　　中国现代摄影连环画作品。

J0078964
凯旋在子夜　（下）陈卡，刘小仲改编；陈卡摄影
北京　中国连环画出版社　1987 年　126 页
13cm（60 开）定价：CNY0.45
　　中国现代连环画作品。

J0078965
克里姆林宫盗宝案　（1）苏万巨改编；均欢
等绘画
长沙　湖南少年儿童出版社　1987 年　126 页
13cm（60 开）定价：CNY0.30
　　中国现代连环画作品。

J0078966
克里姆林宫盗宝案　（2）苏万巨改编；均欢
等绘画
长沙　湖南少年儿童出版社　1987 年　126 页
13cm（60 开）定价：CNY0.30
　　中国现代连环画作品。

J0078967
克里姆林宫盗宝案　（3）苏万巨改编；均欢
等绘画
长沙　湖南少年儿童出版社　1987 年　126 页

13cm（60 开）定价：CNY0.30

　　中国现代连环画作品。

J0078968

克里姆林宫盗宝案 （4）苏万巨改编；均欢等绘画

长沙　湖南少年儿童出版社　1987 年　110 页

13cm（60 开）定价：CNY0.27

　　中国现代连环画作品。

J0078969

克里姆林宫盗宝案 （5）苏万巨改编；均欢等绘画

长沙　湖南少年儿童出版社　1987 年　126 页

13cm（60 开）定价：CNY0.30

　　中国现代连环画作品。

J0078970

空降团的女翻译 许焕岗，石文秀改编；越非等绘画

长沙　湖南美术出版社　1987 年　3 册（378 页）

13cm（60 开）定价：CNY1.15

　　中国现代连环画作品。

J0078971

空中蛋糕 贺起龙编译；雷似祖绘画

南宁　广西人民出版社　1987 年　110 页

13cm（60 开）定价：CNY0.33

　　中国现代连环画作品。

J0078972

孔融让梨 亮亮编著；韩伍画

上海　少年儿童出版社　1987 年　有彩图

18cm（15 开）统一书号：R10024.4501

定价：CNY1.50

　　中国现代连环画作品。作者韩伍（1936—　），画家。浙江杭州人，毕业于行知艺术学校。中国美术家协会会员、儿童时代社《哈哈画报》主编、上海市美协理事。作品有《五彩路》《微湖山上》《灯花》等，出版有《韩伍画集》《小巷童年》《诗经彩绘》等。

J0078973

快乐王子 李阳改编；卓朝晖绘画

广州　科学普及出版社广州分社　1987 年　61 页

13cm（60 开）定价：CNY0.25

　　本书根据英国著名作家王尔德同名童话改编的中国现代连环画作品。

J0078974

狼穴捕"狼" 放放编文；杨卫平等绘画

南宁　广西民族出版社　1987 年　156 页

13cm（60 开）定价：CNY0.45

　　中国现代连环画作品。

J0078975

老马正传 （连环漫画）段纪夫作

南京　江苏人民出版社　1987 年　100 页

17×19cm　定价：CNY1.50

　　中国现代连环画漫画作品。

J0078976

老侠金钟罩 吴汶改编；赵国经绘画

广州　岭南美术出版社　1987 年　32 页　26cm（16 开）

定价：CNY0.48

（《真功夫》连环画丛书　第 7 辑）

　　中国现代连环画作品。作者赵国经（1950—　），一级画师。出生于河北景县，毕业于天津美术学院绘画系。历任中国美术家协会会员，连环画艺术委员会委员，天津美术家协会副主席，天津美术出版社美术编辑，连环画编辑室主任。年画代表作品有《烽火连三月》《做嫁衣》等。

J0078977

李小龙传奇 群弟编文；范少华等绘画

广州　岭南美术出版社　1987 年　153 页

13cm（60 开）定价：CNY0.48

（中国武术连环画）

　　中国现代连环画作品。

J0078978

联邦调查局奇案 阿曦改编；黄卢健等绘画

南宁　广西民族出版社　1987 年　112 页

13cm（60 开）定价：CNY0.38

　　中国现代连环画作品。

J0078979

两个女孩子 牧坪改编；郑志明，伍岳绘画

南宁　广西人民出版社　1987 年　13cm（60 开）

定价：CNY0.25
中国现代连环画作品。

J0078980
林肯之死　樊光平编文；吴炳德绘画
广州 新世纪出版社 1987年 109页 13cm（60开）
定价：CNY0.32
中国现代连环画作品。

J0078981
凌空爆炸　苏放编文；张冬峰，谢冰绘画
南宁 广西民族出版社 1987年 130页
13cm（60开）定价：CNY0.38
中国现代连环画作品。作者张冬峰
（1958—　），画家、教授。生于广西桂林市，毕业于广西艺术学院。中国艺术研究院中国油画院画家、中国美术家协会油画艺术委员会委员、中国油画学会理事、南方油画山水画派会长、广西艺术学院美术系教授。代表作品有《冬峰写生》《冬峰油画》等。

J0078982
龙岗战火　（上）蓝飞改编；王晋泰绘画
太原 山西人民出版社 1987年 126页
13cm（60开）定价：CNY0.40
中国现代连环画作品。

J0078983
龙岗战火　（上）蓝飞改编；王晋泰绘画
太原 山西人民出版社 1987年 158页
13cm（60开）定价：CNY0.49
中国现代连环画作品。

J0078984
龙虎战南疆　李言明编文；庆国，庆銮绘画
南京 江苏美术出版社 1987年 62页 13cm（60开）
定价：CNY0.19
中国现代连环画作品。

J0078985
龙犬驸马　李英群编文；姚柏，钟荣绘画
广州 岭南美术出版社 1987年 86页 13cm（60开）
定价：CNY0.29
中国现代连环画作品。

J0078986
罗宾在狱中　冀中改编；韦品高，钱江绘画
北京 朝花美术出版社 1987年 124页
13cm（60开）定价：CNY0.38
中国现代连环画作品。

J0078987
罗成威震紫禁门　魏忠才编文；陈宁，定东绘画
郑州 河南美术出版社 1987年 94页 13cm（60开）
定价：CNY0.37
（秦琼打擂 4）
中国现代连环画作品。

J0078988
罗家枪　张企荣改编；钱贵荪等绘画
杭州 浙江人民美术出版社 1987年 6册
13cm（60开）定价：CNY2.34

J0078989
吕洞宾三拜师　王志冲改编；吴声等绘画
杭州 浙江少年儿童出版社 1987年 126页
13cm（60开）定价：CNY0.36
（八仙传说 2）
中国现代连环画作品。作者王志冲
（1936—　），翻译家。籍贯上海，笔名冰火、天飞。中国翻译家协会会员、作协会员。译作有《第一个劳动日》《冒名顶替》《海底外星人》《酸奶村的冬天》《入地艇》《忘却城》等。作者吴声
（1943—　），国家一级美术师。又名自强。生于浙江杭州，毕业于中国美术学院。中国美术家协会会员。出版专著有《吴声人物画技法》《吴声画集》《诗画缘》《吴声古诗词画意》《唐人诗意百图》等。

J0078990
吕四娘刺雍正　何培新编文；匈棣绘画
杭州 浙江人民美术出版社 1987年 118页
13cm（60开）定价：CNY0.37
中国现代连环画作品。

J0078991
绿林女杰　黄干樵改编；朱训德，展源绘画
长沙 湖南美术出版社 1987年 126页 有图
10×13cm ISBN：7-5356-0033-6 定价：CNY0.36
本书根据小说《香三娘》改编的中国现代连

环画作品。作者朱训德(1954—　　)，教授。笔名释然，湖南湘乡人，毕业于湖南师范大学艺术系学习，留校任教。历任中国画研究室主任及美术系主任、教授，中国美术家学会理事。代表作品有《春花集锦》《洞庭吟月》《朝天辣》《晚炊》等。

J0078992

绿野仙踪　　王海平等改编；徐锡林等绘画
北京 人民美术出版社 1987 年 3 册 13cm（60 开）
定价：CNY1.05
　　中国现代连环画作品。

J0078993

卖油郎情重花魁女　　钟高渊改编；黄小金绘画
杭州 浙江人民美术出版社 1987 年 118 页
13cm（60 开）定价：CNY0.37
　　中国现代连环画作品。

J0078994

美凤夺鸾　　邵功游改编
北京 中国广播电视出版社 1987 年 125 页
13cm（60 开）定价：CNY0.48
　　中国现代连环画作品。

J0078995

密探　（上）许德贵改编；窦建勋，窦大毛绘画
济南 山东美术出版社 1987 年 158 页
13cm（60 开）定价：CNY0.49
　　中国现代连环画作品。

J0078996

密探　（下）许德贵改编；陈锡岩绘画
济南 山东美术出版社 1987 年 158 页
13cm（60 开）定价：CNY0.49
　　中国现代连环画作品。

J0078997

魔鬼岛奇遇　　李会文改编；张恒绘
北京 朝花美术出版社 1987 年 126 页 有图
10×13cm 统一书号：8028.2365 定价：CNY0.38
　　中国现代连环画作品。

J0078998

魔妖与护符　　郑秀桂改编；马超绘画
天津 天津人民美术出版社 1987 年 126 页

13cm（64 开）ISBN：7-5305-3036-4
定价：CNY0.45
　　中国现代连环画作品。

J0078999

南海观音　　李方画
贵阳 贵州美术出版社［1987 年］1 张 53cm（4 开）
定价：CNY0.24
（西游记人物 之二）
　　本作品根据中国古典小说《西游记》改编的现代连环画作品。

J0079000

你死我活　　周欣力改编；陆松茂等绘画
杭州 浙江人民美术出版社 1987 年 150 页
13cm（60 开）定价：CNY0.45
　　中国现代连环画作品。

J0079001

牛郎织女　　李泽儒编文；刘宜绘画
北京 中国旅游出版社 1987 年 30 页
19×26cm ISBN：7-5032-0088-X 定价：CNY2.00
　　中国现代连环画作品。

J0079002

努尔哈赤　（一 英雄出世）李实编；孙慕龄，刘永凯绘
北京 人民美术出版社 1987 年 2 版 116 页
13cm（60 开）定价：CNY0.35
　　中国现代连环画作品。

J0079003

努尔哈赤　（二 含恨起兵）李实编；孙慕龄，刘永凯绘
北京 人民美术出版社 1987 年 2 版 92 页
13cm（60 开）定价：CNY0.29
　　中国现代连环画作品。

J0079004

努尔哈赤　（三 称汗伐明）李实编；马程绘
北京 人民美术出版社 1987 年 2 版 84 页
13cm（60 开）定价：CNY0.27
　　中国现代连环画作品。作者马程(1940—　　)，连环画家。辽宁大连人，毕业于鲁迅美术学院中国画系。曾任人民美术出版社连环画编辑室副主

任。作品有《鲁智深》《封神演义》《清宫演义》等。

J0079005
努尔哈赤 （四 皇太极即位）未泯编；马程绘
北京 人民美术出版社 1987 年 2 版 92 页
13cm（60 开）定价：CNY0.29
　　中国现代连环画作品。

J0079006
女皇的舞伴 荣子改编；杨宏富，傅伟君绘画
杭州 浙江人民美术出版社 1987 年 93 页
定价：CNY0.31
（今古女谍丛书 四）
　　中国现代连环画作品。

J0079007
叛逃的"跳伞皇后" 小雅改编；少达，聿文绘画
杭州 浙江人民美术出版社 1987 年 94 页
13cm（60 开）定价：CNY0.31
（今古女谍丛书 2）
　　中国现代连环画作品。

J0079008
佩吉的命运 徐海潮等译；李坦克，李建群绘
北京 人民美术出版社 1987 年 70 页 13cm（60 开）
定价：CNY0.25
　　中国现代连环画作品。

J0079009
漂泊南洋 龙梅编文；秀公等绘画
南京 江苏少年儿童出版社 1987 年 118 页
13cm（60 开）定价：CNY0.32
　　中国现代连环画作品。

J0079010
漂流瓶 卢荣泽改编；钱生发，丁纯绘画
上海 上海人民美术出版社 1987 年 110 页
13cm（60 开）定价：CNY0.43
　　中国现代连环画作品。作者钱生发，连环画家。绘有连环画《80 年代》《小萝卜头》《在轮船上》等。

J0079011
七星宝刀 张金栋编文；陈龙绘画

兰州 甘肃少年儿童出版社 1987 年 126 页
13cm（64 开）定价：CNY0.35
　　中国现代连环画作品。

J0079012
七星剑传奇 翟绛祁改编；徐东林绘画
南昌 江西人民出版社 1987 年 142 页
13cm（64 开）定价：CNY0.32
　　中国现代连环画作品。

J0079013
旗旗号巡洋舰漂流记 （一）郑渊洁著；武珉等绘
北京 人民美术出版社 1987 年 54 页 有图
10×13cm 统一书号：8027.10365
定价：CNY0.82（全四册）
　　中国现代连环画作品。

J0079014
旗旗号巡洋舰漂流记 （二）郑渊洁著；武珉等绘
北京 人民美术出版社 1987 年 54 页 有图
10×13cm 统一书号：8027.10365
定价：CNY0.82（全四册）
　　中国现代连环画作品。

J0079015
旗旗号巡洋舰漂流记 （三）郑渊洁著；武珉等绘
北京 人民美术出版社 1987 年 46 页 有图
10×13cm 统一书号：8027.10365
定价：CNY0.82（全四册）
　　中国现代连环画作品。

J0079016
旗旗号巡洋舰漂流记 （四）郑渊洁著；武珉等绘
北京 人民美术出版社 1987 年 46 页 有图
10×13cm 统一书号：8027.10365
定价：CNY0.82（全四册）
　　中国现代连环画作品。

J0079017
千斤神力王 唐福春编文；詹敏绘画
南昌 江西人民出版社 1987 年 114 页

13cm（64开）定价：CNY0.27

　　中国现代连环画作品。

J0079018

乾隆皇帝与九小姐　起闻改编；卢延光等绘画
杭州　浙江人民美术出版社 1987年 82页
13cm（60开）定价：CNY0.27

　　中国现代连环画作品。作者卢延光
（1948—　），画家、书法家、国家一级美术师。
广东开平县人。历任广州艺术博物院院长、广州
市美术家协会主席、广州市文艺创作研究所艺
术研究室主任、广州市文史研究馆副馆长、广州市
政协常委。代表作品有《一百皇帝图》《一百仕
女图》《一百儒士图》《一百僧佛图》等百图系列。

J0079019

枪杀独眼龙　江鸟编文；刘益民绘画
呼和浩特　内蒙古人民出版社 1987年 102页
13cm（60开）定价：CNY0.28

　　中国现代连环画作品。作者江鸟（1943—　），
书法家。本名沈洪根，上海人。上海翰艺书法美
术学校艺术顾问、中国书法家协会会员、《硬笔
书法天地》网站高级顾问。代表作品有《中国钢
笔书法艺术》《王羲之十七帖临习指南》《书法形
式百日通》等。

J0079020

桥头陈尸　杨扬编文；秘金通绘画
郑州　河南美术出版社 1987年 150页
13cm（60开）定价：CNY0.48

　　中国现代连环画作品。

J0079021

秦母遭劫二龙山　魏忠才编文；陈宁，定东绘画
郑州　河南美术出版社 1987年 98页 13cm（60开）
定价：CNY0.37
（秦琼打擂 1）

　　中国现代连环画作品。

J0079022

秦琼赴京应皇擂　魏忠才编文；秦云海绘画
郑州　河南美术出版社 1987年 102页
13cm（60开）定价：CNY0.37
（秦琼打擂 2）

　　中国现代连环画作品。

J0079023

勤姑娘与懒姑娘　孙锦常等改编；陈顺安等
绘画
广州　岭南美术出版社 1987年 13cm（60开）
定价：CNY0.39
（世界民间故事选 1）

J0079024

青春在塞外闪光　胡新民，李二虎编文；柴山
林绘画
太原　山西人民出版社［1987年］94页
13cm（60开）定价：CNY0.27

　　这本连环画描写了人民解放军某部干部李
建民发扬雷锋精神，认真做好战士的思想政治工
作，搞好部队现代化建设的模范事迹。

J0079025

青鸟　张治远改编；张健民绘画
贵阳　贵州人民出版社 1987年 140页
13cm（60开）定价：CNY0.31

　　中国现代连环画作品。

J0079026

球王李惠堂　（上集）翠雪改编；郑林华，赵淑
钦绘画
广州　岭南美术出版社 1987年 108页
13cm（60开）定价：CNY0.35
（体坛名将谱）

　　中国现代连环画作品。

J0079027

球王李惠堂　（下集）翠雪改编；郑林华，赵淑
钦绘画
广州　岭南美术出版社 1987年 107页
13cm（60开）定价：CNY0.35
（体坛名将谱）

　　中国现代连环画作品。

J0079028

拳师的孙子　王吉文改编；卢万元绘画
太原　山西人民出版社 1987年 126页
13cm（60开）定价：CNY0.40

　　中国现代连环画作品。

J0079029

群英聚会火神庙　魏忠才编文；魏忠善，魏志善绘画

郑州　河南美术出版社　1987年　94页　13cm（60开）

定价：CNY0.37

（秦琼打擂 3）

中国现代连环画作品。作者魏志善（1957—　），教授。上海人，毕业于上海师范大学艺术系。任教于上海师范大学行知艺术学院，出版有《三字经》《康熙大帝》等连环画，著有《国画》《人物速写》《风景速写》等。

J0079030

融化了的仙女　胡子雄等改编；林伟民等绘画

广州　岭南美术出版社　1987年　（64开）

定价：CNY0.48

（世界民间故事选 4）

本连环画包括《融化了的仙女》《两个聪明的贼》《小磨盘》《神罐》4则故事。

J0079031

儒林外史　（一）石山等改编；胡勃等绘

北京　人民美术出版社　1987年　61页　13cm（64开）

定价：CNY0.42

本书根据中国著名古典小说《儒林外史》改编。作品以工笔、写意等不同手法塑造了性格各异的艺术形象。作者胡勃（1943—　），教授。字冲汉，笔名野风，山东莱州人。内蒙古师范大学美术系毕业，留校任教，后任中央美术学院教授，中国美术家协会会员。代表作品有《夜色》《蓝色的早晨》《湘溪》《静影沉碧》等。

J0079032

儒林外史　（二）梅岭等改编；孟凡聪绘

北京　人民美术出版社　1987年　99页　13cm（64开）

定价：CNY0.35

本书根据中国著名古典小说《儒林外史》改编。作品以工笔、写意等不同手法塑造了性格各异的艺术形象。

J0079033

儒林外史　（三）徐敏改编；王重英，王重圭绘

北京　人民美术出版社　1987年　85页　13cm（64开）

定价：CNY0.51

本书根据中国著名古典小说《儒林外史》改编。作品以工笔、写意等不同手法塑造了性格各异的艺术形象。作者王重圭，连环画家。上海人。与其兄王重英、王重义合作创作多部连环画。国画作品有《莲塘清趣》《凛霜幽香》，连环画作品《玉香笼》《王昭君》《双影人》等。

J0079034

儒林外史　（四）刘芳等改编；丁宁原等绘

北京　人民美术出版社　1987年　101页　13cm（64开）　定价：CNY0.56

本书根据中国著名古典小说《儒林外史》改编。作品以工笔、写意等不同手法塑造了性格各异的艺术形象。作者丁宁原（1939—　），山东青州人，毕业于山东艺术专科学校美术系。中国美术家协会会员、山东省美术家协会副主席、山东师范大学艺术系教授。主要作品有《重见光明》《出工》《胜似春光》《灵岩秋色》。出版《丁宁原速写作品》《丁宁原俄罗斯写生》等。

J0079035

儒林外史　（五）徐敏改编；王孟奇等绘

北京　人民美术出版社　1987年　61页　13cm（64开）

定价：CNY0.51

本书根据中国著名古典小说《儒林外史》改编。作品以工笔、写意等不同手法塑造了性格各异的艺术形象。作者王孟奇（1947—　），画家、教授。生于江苏无锡市，毕业于南京艺术学院国画专业。上海大学美术学院教授、博士生导师，南京艺术学院客座教授、上海国画院画师。出版有《王孟奇画集》《王孟奇画册》《二十世纪下半叶中国新文人画精选·王孟奇》等

J0079036

儒林外史　（六）刘芳等改编；朱新昌等绘

北京　人民美术出版社　1987年　85页　13cm（64开）

定价：CNY0.58

本书根据中国著名古典小说《儒林外史》改编。作品以工笔、写意等不同手法塑造了性格各异的艺术形象。

J0079037

儒林外史　（七）木华等改编；陈明钧等绘

北京　人民美术出版社　1987年　77页　13cm（64开）

定价：CNY0.49

本书根据中国著名古典小说《儒林外史》改

编。作品以工笔、写意等不同手法塑造了性格各异的艺术形象。作者陈明钧(1943—)，画家。笔名金阳、金勾、妙明等。中国美术家协会浙江分会会员、中国摄影家协会浙江分会会员、浙江少年儿童出版社美术编辑。彩色连环画作品《龟蛇二怪》《八仙过海》《孔雀公主》《七色花》。装帧设计《卢坤峰画册》《中国古典文学神仙鬼怪故事丛书》《老外婆的故事》等。

J0079038
儒林外史 （八）李小川等改编；陈谷长等绘
北京 人民美术出版社 1987年 59页 13cm(64开)
定价：CNY0.40
　　本书根据中国著名古典小说《儒林外史》改编。作品以工笔、写意等不同手法塑造了性格各异的艺术形象。

J0079039
三夺芙蓉剑 曹正文改编；何韦，莫逆绘画
成都 四川美术出版社 1987年 3册 13cm(64开)
定价：CNY1.16
　　中国现代连环画作品。

J0079040
三国演义连环画 章程等改编；张令涛等绘
上海 上海人民美术出版社［1987年］48册
13cm(64开) 定价：CNY12.50（袋装）
　　作者张令涛(1903—1988)，连环画艺术家。浙江宁波人，毕业于上海美专。上海文史馆馆员，中国美术家协会会员。在商务印书馆编辑所担任美术编辑，代表作品有《杨家将》《红楼梦》《猎虎记》《三国归晋》《女娲补天》《东周列国志》等。

J0079041
闪击法兰西 黄一红编文；李钊，潘爱清绘画
南宁 广西民族出版社 1987年 125页
13cm(60开) 定价：CNY0.38
　　中国现代连环画作品。

J0079042
上党战役 积荣改编；小钢，永宏绘画
太原 山西人民出版社 1987年 142页
13cm(64开) 定价：CNY0.38
　　中国现代连环画作品。

J0079043
上海滩绑票奇案 沈立行原著；张企荣改编；承台等绘
上海 上海人民美术出版社 1987年 126页
有图 9×13cm ISBN：7-5322-0116-3
定价：CNY0.40
　　本书是中国现代奇案连环画作品。收入126幅图。

J0079044
上海滩历险记 范若由改编；东申画
上海 上海人民美术出版社 1987年 126页
13cm(64开) 定价：CNY0.40
　　本书是中国现代惊险连环画作品。收入126幅图。

J0079045
少林演义 路继贤编文；苏西映绘
郑州 河南美术出版社 1987年 114页
26cm(16开) 定价：CNY1.20

J0079046
少女与蛇郎 潘万提编文；李新华绘画
郑州 河南美术出版社 1987年 13页
26cm(16开) 定价：CNY0.20

J0079047
蛇宝石的故事 方方改编；徐锡林绘
北京 人民美术出版社 1987年 166页
13cm(60开) 定价：CNY0.53
　　中国现代连环画作品。

J0079048
摄影小说集 紫汕，王昀选编
上海 浙江摄影出版社 1987年 26cm(16开)
统一书号：8364.181 ISBN：7-80536-016-2
定价：CNY1.00
　　本书是中国现代摄影小说作品集。

J0079049
神鞭 李小瑛改编；友声，怡婉绘画
广州 岭南美术出版社 1987年 155页
13cm(60开) 定价：CNY0.48
（中国武术连环画）
　　中国现代连环画作品。

J0079050

神剑出击　曹利祥等改编；邓超华绘画
广州　岭南美术出版社 1987 年［164］页
13cm（60 开）定价：CNY0.50
（自卫还击战连环画）
　　中国现代连环画作品。作者邓超华
（1950—　），广东新会县人。毕业于广州业余艺
术大学绘画系。中国美术家协会会员，广东省美
术家协会会员。主要作品有组画《练为战》、中国
画《调查路上》《妆》等。

J0079051

神秘的 115　（上集）古玉改编；谢舒戈绘画
北京　中国连环画出版社 1987 年 134 页
13cm（60 开）定价：CNY0.50
　　中国现代连环画作品。

J0079052

神秘的 115　（下集）古玉改编；谢舒戈绘画
北京　中国连环画出版社 1987 年 134 页
13cm（60 开）定价：CNY0.50
　　中国现代连环画作品。

J0079053

神秘的指纹　杨光伟改编；林百石绘画
广州　岭南美术出版社 1987 年 123 页
13cm（60 开）定价：CNY0.39
　　中国现代连环画作品。

J0079054

神奇的照相机　顾工原著；李平改编；陈泽新
绘画
北京　人民美术出版社 1987 年 63 页 有图
13cm（60 开）ISBN：7-102-00075-8
定价：CNY0.30
　　中国现代连环画作品。作者陈泽新
（1954—　），美术编辑。生于北京，祖籍广东汕
头。历任南京《周末》报美术编辑。

J0079055

生活的抉择　张震，子荣改编；卫平，景春摄影
沈阳　辽宁美术出版社 1987 年 126 页
13cm（60 开）定价：CNY0.34
　　中国现代摄影连环画作品。

J0079056

生与死　（上 夹墙传奇）范若由改编；盛元富
绘画
北京　中国连环画出版社 1987 年 102 页
13cm（60 开）定价：CNY0.38
　　中国现代连环画作品。作者盛元富，美术高
级编辑，创作有《浙江人民革命斗争故事》《野妹
子》《红衣女侠》《夜袭阳明堡》等。

J0079057

生与死　（下 严酷考验）范若由改编；盛元富
绘画
北京　中国连环画出版社 1987 年 102 页
13cm（60 开）定价：CNY0.38
　　中国现代连环画作品。

J0079058

十万楼船　（汉武帝平南越故事）阿鼎编文；
梅汉珍，纹川绘画
北京　中国连环画出版社 1987 年 174 页
13cm（64 开）定价：CNY0.37
　　中国现代连环画作品。

J0079059

世界民间故事
广州　岭南美术出版社［1987 年］8 册
13cm（60 开）盒装 定价：CNY4.00

J0079060

世界文学名著　（第 2 册 连环画）浙江人民
美术出版社编
杭州　浙江人民美术出版社 1987 年 462 页
20cm（32 开）ISBN：7-5340-0001-7
定价：CNY3.40

J0079061

世界文学名著　（第 12 册 连环画）浙江人民
美术出版社编
杭州　浙江人民美术出版社 1987 年 404 页
20cm（32 开）ISBN：7-5340-0001-7
定价：CNY5.24

J0079062

世界文学名著　（第 12 册 连环画）浙江人民
美术出版社编

杭州 浙江人民美术出版社 1987 年 334 页
20cm（32 开）ISBN：7-5340-0103-X
定价：CNY5.73

J0079063
世界文学名著·欧美部分 　雷德祖，高燕等
编绘
杭州 浙江人民美术出版社 1987 年 10 册
（8520 页）20cm（32 开）
　　本书根据精选的欧洲、美洲享有世界声誉的
38 位作家的 52 部作品改编创作的中国连环画
作品。

J0079064
世界文学名著连环画丛书 （欧美部分第一册）
杭州 浙江人民美术出版社 1987 年 406 页
20cm（32 开）ISBN：7-5340-0010-6
定价：CNY4.30
　　本书为连环画作品，精选了欧洲、美洲享有
世界声誉的 38 位作家的代表作品 52 部。包括
古希腊神话和悲剧，中世纪反宗教文学，文艺复
兴时期人文主义文学，20 世纪初社会主义现实
主义文学。

J0079065
世界文学名著连环画丛书 （欧美部分第二册）
杭州 浙江人民美术出版社 1987 年 462 页
20cm（32 开）ISBN：7-5340-0001-7
定价：CNY3.44

J0079066
世界文学名著连环画丛书 （欧美部分第三册）
杭州 浙江人民美术出版社 1987 年 480 页
20cm（32 开）ISBN：7-5340-0012-2
定价：CNY4.60

J0079067
世界文学名著连环画丛书 （欧美部分第四册）
杭州 浙江人民美术出版社 1987 年 432 页
20cm（32 开）ISBN：7-5340-0013-0
定价：CNY4.40

J0079068
世界文学名著连环画丛书 （欧美部分 第
五册）

杭州 浙江人民美术出版社 1987 年 498 页
20cm（32 开）ISBN：7-5340-0014-9
定价：CNY4.60

J0079069
世界文学名著连环画丛书 （欧美部分 第
六册）
杭州 浙江人民美术出版社 1987 年 440 页
20cm（32 开）ISBN：7-5340-0015-7
定价：CNY4.40

J0079070
世界文学名著连环画丛书 （欧美部分第七册）
杭州 浙江人民美术出版社 1987 年 464 页
20cm（32 开）ISBN：7-5340-0016-5
定价：CNY4.50

J0079071
世界文学名著连环画丛书 （欧美部分第八册）
杭州 浙江人民美术出版社 1987 年 444 页
20cm（32 开）ISBN：7-5340-0017-3
定价：CNY4.50

J0079072
世界文学名著连环画丛书 （欧美部分第九册）
杭州 浙江人民美术出版社 1987 年 468 页
20cm（32 开）ISBN：7-5340-0018-1
定价：CNY4.50

J0079073
世界文学名著连环画丛书 （欧美部分第十册）
杭州 浙江人民美术出版社 1987 年 431 页
20cm（32 开）ISBN：7-5340-0019-X
定价：CNY4.40

J0079074
世界之谜 （上）丹叶编；聂荣瑞等绘
北京 人民美术出版社 1987 年 13cm（60 开）
定价：CNY0.43
　　中国现代连环画作品。

J0079075
世界之谜 （下）丹叶编；聂荣瑞等绘
北京 人民美术出版社 1987 年 13cm（60 开）
定价：CNY0.43

中国现代连环画作品。

J0079076

摔不死的人　张丽等改编；黄培中等绘画
广州　岭南美术出版社　1987年　13cm（60开）
定价：CNY0.46
（世界民间故事选 8）
　　中国现代连环画作品。

J0079077

双女石　（广东风物传说）温小梅等改编；甘迎
祥等绘画
广州　岭南美术出版社　1987年　13cm（60开）
定价：CNY0.35
　　中国现代连环画作品。

J0079078

死里逃生　薛炎文改编；谷照恩等绘画
天津　天津人民美术出版社　1987年　110页
13cm（60开）定价：CNY0.40
（神枪碧血　一）
　　中国现代连环画作品。作者谷照恩（1939— ），
河北宁晋人。历任石家庄日报社和建设报社美
术编辑，河北少年儿童出版社美术编辑、擅长连
环画、插图。作品有《棉花医生》《将军的末日》
《鲤鱼洲的枪声》等。

J0079079

死囚的新生　唐骏，唐忠雄改编；唐骏，唐递
宏绘画
南宁　广西人民出版社　1987年　126页
13cm（60开）定价：CNY0.39
　　中国现代连环画作品。作者唐骏（1947— ），
广西玉林人。深圳市语言文字工作委员会办公
室副主任、市硬笔书法协会副会长。绘有《唐骏
画集》等。

J0079080

孙二娘传奇　（上）流水改编；东升，谭子绘画
长沙　湖南少年儿童出版社　1987年　94页
13cm（60开）定价：CNY0.23
　　中国现代连环画作品。

J0079081

孙二娘传奇　（下）流水改编；东升，谭子绘画

长沙　湖南少年儿童出版社　1987年　181页
13cm（60开）定价：CNY0.20
　　中国现代连环画作品。

J0079082

台湾少校　莫测改编；周传发绘画
广州　岭南美术出版社　1987年　146页
13cm（60开）定价：CNY0.46
　　中国现代连环画作品。作者莫测（1928— ），
画家，编辑。出生于江苏盱眙。中国美术家协会
理事、版画艺术委员会委员、中国版画家协会常
务理事、中国水力电力文学艺术协会副主席、一
级美术师。代表作品《拿鱼》《峡江春闹》。出版
有《莫测木刻选集》《三川新曲——莫测木刻选》
《莫测黑白木刻》《莫测版画集》等。

J0079083

太平洋作证　张幼琪等作；徐学廉等编绘
贵阳　贵州美术出版社　［1987年］32页（16开）
定价：CNY0.30
（白皮连环画丛书）

J0079084

昙花梦　可蒙改编；魏忠善，魏志善绘画
上海　上海人民美术出版社　1987年　2册（208
页）13cm（60开）定价：CNY0.84
　　本书是中国现代连环画作品。收入308幅图。
讲述了中华人民共和国成立前，1947年春，南京
公馆区接连发生大窃案，终于将外号"踏雪无痕"
的女窃贼李丽兰擒获。作者魏志善（1957— ），
教授。上海人，毕业于上海师范大学艺术系。任
教于上海师范大学行知艺术学院，出版有《三字
经》《康熙大帝》等连环画，著有《国画》《人物
速写》《风景速写》等。

J0079085

坦克勇士　李文改编；吴学东，吴学锋绘画
广州　岭南美术出版社　1987年　132页
13cm（60开）定价：CNY0.42
（自卫还击战连环画）
　　中国现代连环画作品。

J0079086

唐伯虎落第　张企荣改编；翁建明，徐静芬绘画
南宁　广西人民出版社　1987年　126页

13cm（60 开）定价：CNY0.39
　　中国现代连环画作品。

J0079087
天兵扬威　　倪曦红等改编；梅汉珍，纹川绘画
广州　岭南美术出版社　1987 年　［138］页　13cm
（64 开）定价：CNY0.44
　　中国现代连环画作品。

J0079088
天门第一指　　沙仁等改编；陈以雄等绘画
广州　岭南美术出版社 1987 年　32 页　13cm（64 开）
定价：CNY0.48
（《真功夫》连环画丛书　第八辑）
　　中国现代连环画作品。

J0079089
跳水女皇陈肖霞　　罗衍平，子君编文；金戈，
骥才绘画
广州　岭南美术出版社　1987 年　126 页
13cm（60 开）定价：CNY0.39
　　中国现代连环画作品。

J0079090
铁道小侦察　　张企荣改编；谢颖，蒋宝鸿绘画
贵阳　贵州人民出版社　1987 年　126 页
13cm（60 开）定价：CNY0.25
　　中国现代连环画作品。

J0079091
铁拐李三斗曹太岁　　王志冲改编；吴声等绘画
杭州　浙江少年儿童出版社　1987 年　122 页
13cm（60 开）定价：CNY0.36
（八仙传说　1）
　　中国现代连环画作品。

J0079092
铁骑闯阵　　孙锦常改编；谢舒戈，刘延江绘画
广州　岭南美术出版社　1987 年　75+97 页
13cm（60 开）定价：CNY0.52
（自卫还击战连环画）
　　中国现代连环画作品。作者孙锦常
（1935—　），笔名南雁。浙江宁波人。毕业于复
旦大学新闻系。曾任岭南美术出版社总编室主
任、副总编辑，广东省新闻出版局机关刊物《书

报刊》主编，广东作协会员。编撰出版《岭南风
物传说画笺》等。

J0079093
铁拳打过长龙岛　　周少强改编；崔海，崔琼绘画
广州　岭南美术出版社　1987 年　110 页
13cm（60 开）定价：CNY0.35
　　中国现代连环画作品。

J0079094
铁石头智斗魔王子　　凌云改编；李花，澎飞
绘画
广州　岭南美术出版社　1987 年　122 页
13cm（60 开）定价：CNY0.39
　　中国现代连环画作品。

J0079095
铁血双雄　　绕翠岚，胡翀改编；招炽挺，何国
华绘画
广州　岭南美术出版社　1987 年　176 页
13cm（60 开）定价：CNY0.54
（自卫还击战连环画）
　　中国现代连环画作品。作者招炽挺
（1945—　），画家。广东南海人。广州军区文艺
创作室专业画家，中国美术家学会会员，广东美
术家协会常务理事。代表作品有《山高情长》《愿
做桂林人》《蓝天的女儿》。

J0079096
童话之父　安徒生　　季愚改编；冷宏绘画
武汉　湖北少年儿童出版社　1987 年　126 页
13cm（60 开）定价：CNY0.36
　　中国现代连环画作品。

J0079097
偷袭珍珠港　　黄一红编文；梁伟琪，郑明绘画
南宁　广西民族出版社　1987 年　164 页
13cm（60 开）定价：CNY0.47
　　中国现代连环画作品。

J0079098
蛙女　　闻庄改编；吴大成绘画
广州　岭南美术出版社　1987 年　158 页
13cm（60 开）定价：CNY0.48
　　中国现代连环画作品。作者吴大成

（1945—　），画家。擅长中国人物画。以书法入画。曾在复旦大学学习美学。上海美术出版社专职画家，上海美术家协会会员，上海市民盟书画会副会长，上海民间书画会顾问，老城厢书画会副会长，上海百草画院画师，上海人民美术出版社创作员。出版有彩色连环画《黄粱一梦》《晴雯》，以及彩色插图本四大名著、唐诗宋词元曲、《聊斋》等。

J0079099
蛙女　杨根相改编；胡克文绘
上海　上海人民美术出版社　1987年　166页
13cm（60开）定价：CNY0.60
　　本书是中国现代连环画作品。收入166幅图。作者杨根相，主要改编的连环画作品有《暴风骤雨》《红灯记》《蛙女》等。作者胡克文（1928—2015），连环画家。亦名胡少飞，笔名少飞，浙江宁波人。连环画作品有《王子复仇记》《傲蕾·一兰》《蛙女》等。

J0079100
外星人　郝晋国改编；中山，长青绘画
太原　山西人民出版社　1987年　166页
13cm（60开）定价：CNY0.48
　　中国现代连环画作品。

J0079101
晚娘教子　穆兰改编；曹丽珍绘画
兰州　甘肃少年儿童出版社　1987年　94页
13cm（60开）定价：CNY0.24
　　中国现代连环画作品。

J0079102
王子与神鱼　朱岳凌改编；刘建华绘画
武汉　湖北少年儿童出版社　1987年　82页
13cm（64开）定价：CNY0.19
　　中国现代连环画作品。

J0079103
危险的路　（上）谷斯涌改编；徐锡林绘画
北京　人民美术出版社　1987年　126页　有图
10×13cm　统一书号：8027.10465
定价：CNY0.84（两册）

J0079104
危险的路　（下）谷斯涌改编；徐锡林绘画
北京　人民美术出版社　1987年　126页　有图
10×13cm　统一书号：8027.10465
定价：CNY0.84（两册）
　　本书根据苏联小说《他的路》改编的中国现代连环画作品。

J0079105
威震峡谷　陶静波，王戎全改编；石根等绘画
广州　岭南美术出版社　1987年　223页
13cm（60开）定价：CNY0.56
（自卫还击战故事）
　　中国现代连环画作品。

J0079106
乌龙山剿匪记　水运宪原著；艾馨改编
长沙　湖南美术出版社　1987年　158页　有图
10×13cm　统一书号：7-5356-0098-0
定价：CNY0.44
　　中国现代连环画作品。

J0079107
吴门五侠　金文明编；孙继海绘
上海　上海人民美术出版社　1987年　150页
有图　10×13cm　统一书号：8081.15570
定价：CNY0.55
　　本书是中国明代苏州民变故事的连环画作品。收入150幅图。

J0079108
武林掇英　李林等改编；陈以忠等绘画
广州　岭南美术出版社　1987年　128页
26cm（16开）定价：CNY1.65
　　中国现代连环画作品。作者陈以忠（1940—　），编辑。广东化州人，毕业于广西艺术学院美术系。历任《广西日报》高级编辑，漓江画院副院长，中国人才研究会艺术家学部委员会委员，中国美术家协会广西分会常务理事等职。出版有《报刊美编学》《实用图案设计》。

J0079109
武僧复仇　何文琦，欧阳尧佳改编；张弘，晓霞绘画
广州　岭南美术出版社　1987年　149页

13cm（60开）定价：CNY0.46

（中国武术连环画）

中国现代连环画作品。作者张弘（1959—　），湖南宁乡人，生于武汉，毕业于广州美术学院中国画系。历任广州美院美术教育系系主任、教授、硕士研究生导师，中国美术家协会会员，广东美术家协会理事。作品有《新港》《日月盈昃》张煤《不灭的火焰》《十月秋染山》《日落而息》。

J0079110

武星李连杰　阿彤改编；黄堃源，林文绘画

广州　岭南美术出版社　1987年　110页

13cm（60开）定价：CNY0.35

中国现代连环画作品。作者黄堃源，国家一级美术师。广州画院专业画家，中国美术家协会会员。油画作品有《凤凰花开》《小鸟天堂》《八骏》《胡杨树》《源远流长》等。

J0079111

舞男与舞女　王乱记改编；王书朋绘画

武汉　湖北美术出版社　1987年　85页　13cm（60开）

定价：CNY0.28

中国现代连环画作品。

J0079112

雾漫杜湖岭　张钟龄改编；谷照恩等绘画

天津　天津人民美术出版社　1987年　134页

13cm（60开）定价：CNY0.48

（神枪碧血　3）

中国现代连环画作品。

J0079113

西游记连环画　（六至十）

长沙　湖南美术出版社　1987年　5册　13cm（60开）

定价：CNY1.65

中国现代连环画作品。

J0079114

西游记连环画　（十六至二十）

长沙　湖南美术出版社　1987年　5册　13cm（60开）

定价：CNY1.35

中国现代连环画作品。

J0079115

希特勒之死　黄一红编文；韦文峰，苏平绘画

南宁　广西民族出版社　1987年　131页

13cm（60开）定价：CNY0.38

中国现代连环画作品。作者苏平（1929—　），书画家，电影美术师。字文波，辽宁铁岭人。历任中国电影美术学会副会长，中国国际硬笔书法研究会顾问，中国江南书画院顾问等职。著有《苏平书画》《苏平书画作品集》《苏平诗书画选集》等。

J0079116

仙人洗药池　苏方桂改编；许旭奎等绘画

广州　岭南美术出版社　1987年　41页　13cm（60开）

定价：CNY0.33

（罗浮山风物传说　2）

中国现代连环画作品。

J0079117

象牙船之谜　陈启炎改编；殷恩光绘画

广州　岭南美术出版社　1987年　126页

13cm（60开）定价：CNY0.39

中国现代连环画作品。作者殷恩光，连环画家。上海美协常务理事、国家一级美术师。连环画代表作品有《闻一多》等。

J0079118

小人物与大逃犯　温俊伟改编；彭强华绘制

广州　岭南美术出版社　1987年　26页　13cm（64开）

定价：CNY0.42

中国现代连环画作品。

J0079119

小无知的故事　蒋淑均改编；韩国臻，王胜军绘画

北京　人民美术出版社　1987年　4册　13cm（60开）

本书根据苏联尼·诺索夫《小无知和他的朋友历险记》改编的中国现代连环画作品。

J0079120

星际激战　龙昂，于秦坤等编文；熊小雄绘画

成都　四川美术出版社　1987年　126页

13cm（60开）定价：CNY0.39

（战备知识画库　1）

中国现代连环画作品。

J0079121

凶险的间谍战　石山改编；郑志岳等绘画

广州　岭南美术出版社　1987 年　126 页

13cm（60 开）定价：CNY0.39

　　本书根据张丽原著《RDX 公式》改编的中国现代连环画作品。

J0079122

凶宅　珠江电影制片公司供稿

广州　岭南美术出版社　1987 年　130 页

13cm（60 开）定价：CNY0.42

　　中国现代连环画作品。

J0079123

熊哥哥和猴弟弟　（1）陆弘文；张汝为画

天津　天津人民美术出版社　1987 年　19 页

13cm（60 开）ISBN：7-5305-3045-3

定价：CNY0.85

　　中国现代连环画作品。作者张汝为（1944— ），画家，国家一级美术师。浙江镇海人。历任中国美术家协会会员、天津美协顾问、天津画院专职画家。主要作品有《共产主义是千秋万代的崇高事业》《大海的女儿》等。

J0079124

熊哥哥和猴弟弟　（2）郑士金等编；陆弘文；马寒松画

天津　天津人民美术出版社　1987 年　19 页

13cm（60 开）ISBN：7-5305-3045-3

定价：CNY0.85

　　中国现代连环画作品。作者马寒松（1949— ），画家。天津人。历任中国美术家协会会员、天津美术家协会理事、红桥区政协书画家联谊会副会长、天津人民出版社任美术编辑、副编审。代表作品《聪明的青蛙》《兔娃娃》《豹子哈奇》《封神演义》等。

J0079125

熊哥哥和猴弟弟　（3）郑士金编辑；陆弘文等画

天津　天津人民美术出版社　1987 年　19 页

13cm（60 开）ISBN：7-5305-3045-3

定价：CNY0.85

　　中国现代连环画作品。

J0079126

熊哥哥和猴弟弟　（4）陆弘文；曹留夫画

天津　天津人民美术出版社　1987 年　19 页

13cm（60 开）ISBN：7-5305-3045-3

定价：CNY0.85

　　中国现代连环画作品。

J0079127

漩涡　陈洪冈改编；黄云松，张昌洵绘画

广州　岭南美术出版社　1987 年　165 页

13cm（60 开）定价：CNY0.50

　　本书根据哥伦比亚里维拉著同名长篇小说改编的中国现代连环画作品。作者黄云松（1939— ），钢笔画家，浙江温岭人。中国美术家协会会员。毕业于浙江美术学院版画系。历任浙江文艺杂志美编、浙江工农兵画报浙江人民出版社美编室创作员、浙江人民美术出版社编辑室主任、副编审。连环画作品有《福尔摩斯探案故事》《热爱生命》《静静的顿河》等。作者张昌洵（1940— ），画家。浙江吴兴人。曾任中学高级美术教师、中国美术家协会会员。主要作品有《灯》《划等号》《航海家麦哲伦》等。

J0079128

薛推官三断真假案　刘原编；熊孔成，贾明轸绘

北京　人民美术出版社　1987 年　126 页

13cm（64 开）定价：CNY0.39

　　中国现代连环画作品。

J0079129

血泊火海　（上）严仁改编；长虹，新元绘画

长沙　湖南美术出版社　1987 年　110 页　有图

10×13cm　统一书号：8233.1113　定价：CNY0.32

　　中国现代连环画作品。

J0079130

血泊火海　（下）严仁改编；长虹，新元绘画

长沙　湖南美术出版社　1987 年　110 页　有图

10×13cm　统一书号：8233.1114　定价：CNY0.32

　　中国现代连环画作品。

J0079131

血染黄花　新吾改编；解博学绘画

长沙　湖南美术出版社　1987 年　150 页　有图

10×13cm ISBN：7-5356-0095-61 定价：CNY0.42

本书根据谢秉忠、全振林故事《黄公略》改编的中国现代连环画作品。

J0079132

血染琼浆 （上集）徐文雁编剧；杨建国摄影

广州 岭南美术出版社 1987年 126页

13cm（60开）定价：CNY0.39

本书根据河北电视台同名电视剧改编的中国现代电视剧剧照连环画作品。

J0079133

血染琼浆 （下集）徐文雁编剧；杨建国摄影

广州 岭南美术出版社 1987年 125页

13cm（60开）定价：CNY0.39

本书根据河北电视台同名电视剧改编的中国现代电视剧剧照连环画作品。

J0079134

血与沙 任宝贤改编；汪晓曙绘画

北京 人民美术出版社 1987年 174页

13cm（60开）定价：CNY0.65

中国现代连环画作品。作者汪晓曙（1956— ），画家。江西南城人，毕业于师范学院美术系。江西师范大学艺术学院副教授、中国美术家协会会员、中国水彩画家协会会员，江西省水彩画研究会理事、秘书长，《东方画报》主编。著有《绘画语言》《绘画创作》《美术创作学》等。

J0079135

血战白凉亭 陈骧龙改编；谷照恩等绘画

天津 天津人民美术出版社 1987年 126页

13cm（60开）定价：CNY0.45

（神枪碧血 5）

中国现代连环画作品。作者陈骧龙（1941—2012），书法家。生于北京，祖籍浙江温州。天津人民美术出版社编辑、中国书法家协会会员、美术家协会天津分会会员。著有《华夏五千年艺术丛书 版画集》《青少年书法五十讲》等。作者谷照恩（1939— ），河北宁晋人。历任石家庄日报社和建设报社美术编辑、河北少年儿童出版社美术编辑。擅长连环画、插图。作品有《棉花医生》《将军的末日》《鲤鱼洲的枪声》等。

J0079136

血战镇南关 阿宗改编；吴京泰绘画

南宁 广西人民出版社 1987年 102页

13cm（60开）定价：CNY0.31

中国现代连环画作品。

J0079137

寻找太阳的母亲 周创庆改编；陈加林，陈小林绘画

南宁 广西民族出版社 1987年 100页

13cm（60开）定价：CNY0.30

本书根据韦其麟同名长诗改编的中国现代连环画作品。作者陈加林（1961— ），湖北襄阳人。广东省美术家协会会员、广东省书法家协会会员、中国工艺美术学会会员。作品有《苍山晨晖》《巍巍雄峰》等。

J0079138

亚森罗宾探案 （第一集 罗宾在狱中）（法）勒白朗原著；冀风改编；韦品高，钱江绘

北京 朝花美术出版社 1987年 124页

13cm（60开）统一书号：8028.2329 定价：CNY0.38

中国现代连环画作品。

J0079139

亚森罗宾探案 （第二集 七心纸牌）（法）勒白朗原著；冀风改编；柯桥，爱朴绘

北京 朝花美术出版社 1987年 124页

13cm（60开）定价：CNY0.38

中国现代连环画作品。

J0079140

亚森罗宾探案 （第三集 侠盗罗曼史）（法）勒白朗原著；马军改编；吴长江，余陈绘画

北京 朝花美术出版社 1987年 119页

13cm（60开）定价：CNY0.38

中国现代连环画作品。作者吴长江（1954— ），画家、教授。天津人，毕业于中央美术学院。中国人民大学艺术学院名誉院长、中央美术学院教授、中国西藏文化保护与发展协会常务理事、中国美术协会会员、中国版画家协会会员。出版画集有《吴长江人体素描选》《吴长江画人体》《人体素描技法》等。

J0079141

亚森罗宾探案 （第四集　神秘的钟声）天华
改编；邓金楠绘画
北京　朝花美术出版社　1987 年　124 页
13cm（60 开）定价：CNY0.38
　　中国现代连环画作品。

J0079142

亚森罗宾探案 （第五集　血案凶手古城　上）
（法）勒白朗原著；应琦改编；刘宜，穆舜君绘
北京　朝花美术出版社　1987 年　124 页
13cm（60 开）统一书号：8028.2333 定价：CNY0.38
　　中国现代连环画作品。

J0079143

亚森罗宾探案 （第六集　血案凶手古城　下）
（法）勒白朗原著；应琦改编；刘宜，穆舜君绘
北京　朝花美术出版社　1987 年　124 页
13cm（60 开）统一书号：8028.2334 定价：CNY0.38
　　中国现代连环画作品。

J0079144

烟壶奇冤　欧阳尧佳，陆梦羊改编；邱兴发绘画
广州　岭南美术出版社　1987 年　156 页
13cm（60 开）定价：CNY0.48
　　中国现代连环画作品。

J0079145

咬铅笔头的孩子　彭万洲，黄振业写文；殷奇
美等绘
贵阳　贵州人民出版社　1987 年　15 页　13cm（60 开）
定价：CNY0.13
　　中国现代连环画作品。

J0079146

要塞兵变　奇羽改编；胡音恺摄影
广州　岭南美术出版社　1987 年　158 页
13cm（60 开）定价：CNY0.48
　　中国现代连环画作品。

J0079147

野鹰 001　叶耀才等改编；陈国威等绘画
广州　岭南美术出版社　1987 年 84 页 26cm（16 开）
定价：CNY1.10
　　中国现代连环画作品。

J0079148

夜里发生的案件　黄莺改编；徐锡林绘画
广州　岭南美术出版社　1987 年　156 页
13cm（60 开）定价：CNY0.48
　　中国现代连环画作品。

J0079149

一个少女和一千个追求者　王素一改编；侯
滨等绘
北京　中国连环画出版社　1987 年　174 页（64 开）
定价：CNY0.65
　　中国现代连环画作品。作者侯滨（1950—　　），
教授、画家。毕业于济宁师专美术系。历任《山
东青年》杂志社美术编辑室主任、山东青年美术
家协会主席、山东省青年书画院任院长。代表作
品《我空军在抗美援朝战场》《海上旧梦》《一坛
清水》等。

J0079150

义盗复仇　陈列原著；林之改编；吴国威等绘画
长沙　湖南美术出版社　1987 年　126 页　有图
10×13cm 统一书号：8233.1167 定价：CNY0.36
　　中国现代连环画作品。

J0079151

异父兄弟　少兰改编；高撼绘画
郑州　河南美术出版社 1987 年 78 页 13cm（60 开）
定价：CNY0.28
　　中国现代连环画作品。

J0079152

英雄墨勒根　冯景泉编文；苏浩洵绘画
广州　岭南美术出版社　1987 年　144 页
13cm（60 开）定价：CNY0.46
（反侵略战争故事）
　　中国现代连环画作品。

J0079153

勇敢的王子　绕翠岚等改编；夏书玉等绘画
广州　岭南美术出版社　1987 年 45 页 13cm（60 开）
定价：CNY0.46
（世界民间故事选 6）
　　中国现代连环画作品。

J0079154

鱼王　绕翠岚等改编；何立等绘画

广州　岭南美术出版社　1987 年　13cm（60 开）

定价：CNY0.44

（世界民间故事选 2）

　　中国现代连环画作品。

J0079155

渔夫退三军　陈昌国编文；陈宁绘画

郑州　河南美术出版社　1987 年　62 页　13cm（60 开）

定价：CNY0.26

（中州风物故事）

　　中国现代连环画作品。

J0079156

渔火惊枪　李葆青编文；沈名存，沈名中绘画

南宁　广西民族出版社　1987 年　174 页

13cm（60 开）定价：CNY0.49

　　中国现代连环画作品。

J0079157

战场夺金杯　孙文编文；袁锋绘画

南京　江苏美术出版社　1987 年　118 页

13cm（60 开）定价：CNY0.36

　　中国现代连环画作品。

J0079158

战神振国威　孙军编文；沈启鹏绘画

南京　江苏美术出版社　1987 年　110 页

13cm（60 开）定价：CNY0.33

　　中国现代连环画作品。作者沈启鹏

（1946—　），画家。历任南通美术家协会主席、

南通书画研究院院长。代表作品《大汛》《海子

牛》《二月二回娘家》。

J0079159

战胜死神　蔡常维等改编；刘沛，王伶绘画

广州　岭南美术出版社　1987 年　150 页

13cm（60 开）定价：CNY0.46

（自卫还击战连环画）

　　中国现代连环画作品。

J0079160

找红军　赵子贤编绘

成都　四川美术出版社　1987 年　142 页

13cm（60 开）定价：CNY0.43

　　中国现代连环画作品。

J0079161

侦破精粹　刘隆琼等改编；招炽挺等绘画

广州　岭南美术出版社　1987 年　128 页

26cm（16 开）定价：CNY1.65

　　中国现代连环画作品。作者招炽挺

（1945—　），画家。广东南海人。广州军区文艺

创作室专业画家，中国美术家学会会员，广东美

术家协会常务理事。代表作品有《山高情长》《愿

做桂林人》《蓝天的女儿》。

J0079162

真话大叔　黄学君等改编；李红兵等绘画

广州　岭南美术出版社　1987 年　126 页

13cm（60 开）定价：CNY0.46

（世界民间故事选 3）

　　中国现代连环画作品。

J0079163

真假秦琼决雄雌　魏忠才编文；魏忠善，魏志

善绘画

郑州　河南美术出版社　1987 年　110 页

13cm（60 开）定价：CNY0.37

（秦琼打擂 5）

　　中国现代连环画作品。作者魏志善

（1957—　），教授。上海人，毕业于上海师范大

学艺术系。任教于上海师范大学行知艺术学院，

出版有《三字经》《康熙大帝》等连环画，著有《国

画》《人物速写》《风景速写》等。

J0079164

真凶　王亚南改编；晁加鼎等绘

北京　朝花美术出版社　1987 年　126 页

13cm（60 开）定价：CNY0.38

　　中国现代连环画作品。

J0079165

挣脱魔爪　刘永骥改编；邓立衍绘画

长沙　湖南美术出版社　1987 年　118 页

13cm（60 开）定价：CNY0.34

　　中国现代连环画作品。

J0079166

侄女的婚事　熊荣华, 于秦坤改编; 江一丰,
吴梓江绘画
成都　四川美术出版社　1987 年　126 页
13cm（60 开）定价: CNY0.39
（战备知识画库 4）
　　本书根据日本作家井伏蹲二的小说《黑雨》
改编的中国现代连环画作品。

J0079167

职业刺客　（上）赵锡山改编; 李春绘画
济南　山东美术出版社　1987 年　142 页
13cm（60 开）定价: CNY0.38
　　中国现代连环画作品。

J0079168

职业刺客　（下）赵锡山改编; 李春绘画
济南　山东美术出版社　1987 年　142 页
13cm（60 开）定价: CNY0.38
　　中国现代连环画作品。

J0079169

智劫神风号　文建军改编; 冯椒生绘画
长沙　湖南美术出版社　1987 年　126 页
13cm（60 开）定价: CNY0.36
　　中国现代连环画作品。

J0079170

智力故事　李炳然原著; 钱志清改编; 罗希贤
等绘画
上海　上海人民美术出版社　1987 年　4 册
13cm（60 开）盒装　定价: CNY2.00
　　这套连环画包括《数学》《物理》《化学》《心
理学》4 册。作者罗希贤（1946— ）, 连环画家。
广东东莞人。上海美术出版社美术创作员。上
海著名民俗画、连环画家, 共绘制了 150 多部连
环画。作品有《火种》《蔡锷》等。

J0079171

中国古代林学家陈嶪　张帆编文; 贾德江绘画
北京　中国林业出版社　1987 年　46 页　15cm（40 开）
定价: CNY0.24
　　中国现代连环画作品。作者张帆, 改编的主
要连环画作品有《回民支队》《甲午海战》《敌后
武工队》等。

J0079172

中国寓言故事　（第一集　狸狌）龟山, 愚谷改
编; 刘巨德等绘画
北京　中国连环画出版社　1987 年　134 页
13cm（60 开）定价: CNY0.45
　　中国现代连环画作品。

J0079173

中国寓言故事　（第二集　越车）龟山, 愚谷改
编; 李峰山等绘画
北京　中国连环画出版社　1987 年　134 页　13cm
（60 开）定价: CNY0.45
　　中国现代连环画作品。作者李峰山
（1924— ）, 陕西蒲城人。中国书画家协会会员、
东方书画家协会会员, 陕西省书协会员、陕西老
年书画学会名誉理事长。著有《论书名句》《李
峰山墨迹》等。

J0079174

中国寓言故事　（第三集　吹猎）龟山, 愚谷改
编; 肖朋等绘画
北京　中国连环画出版社　1987 年　[134]页
13cm（60 开）定价: CNY0.45
　　中国现代连环画作品。

J0079175

中国寓言故事　（第四集　临江之麋）龟山, 愚
谷改编; 大林等绘画
北京　中国连环画出版社　1987 年　[134]页
13cm（60 开）定价: CNY0.45
　　中国现代连环画作品。

J0079176

中国寓言故事　（第五集　掩鼻记）龟山, 愚谷
改编; 陈都等绘画
北京　中国连环画出版社　1987 年　[134]页
13cm（60 开）定价: CNY0.45
　　中国现代连环画作品。

J0079177

周侗故事　岳林庐等改编; 黄小金等绘画
杭州　浙江人民美术出版社　1987 年　10 册
13cm（60 开）定价: CNY3.68
　　本套连环画包括《首战传捷报》《大破石佛
寺》《孤胆闯大湖》《夺取同盟录》《剿杀熊双飞》

《联姻邈川关》《受困桃源山》《全歼赵都都》《除暴芒山道》《名师出高徒》。

J0079178

追踪纳粹"屠夫"　示羊改编；郭慈，陈国梁绘画

广州　岭南美术出版社 1987 年　158 页

13cm（60 开）定价：CNY0.48

　　中国现代连环画作品。

J0079179

捉"鬼"记　云志改编；曹子铎，梁皓绘画

广州　科学普及出版社广州分社 1987 年　62 页

13cm（60 开）定价：CNY0.25

　　中国现代连环画作品。

J0079180

紫荆蛟龙　凌祖余编文；洗小前绘画

南宁　广西人民出版社 1987 年　134 页

13cm（60 开）定价：CNY0.41

　　中国现代连环画作品。

J0079181

罪恶调查科　（上）李志强等编制

广州　岭南美术出版社 1987 年　126 页

13cm（60 开）定价：CNY0.39

　　本书是根据香港电视剧《神勇 CID》改编的中国现代连环画作品。作者李志强（1955—　），教授。天津人，毕业于天津美术学院国画系。天津美术学院教授、中国美术家协会会员、中国工笔画协会会员、天津美术家协会理事。曾任天津杨柳青画社社长、总编辑。

J0079182

罪恶调查科　（中）李志强等编制

广州　岭南美术出版社 1987 年　126 页

13cm（60 开）定价：CNY0.39

　　本书是根据香港电视剧《神勇 CID》改编的中国现代连环画作品。

J0079183

罪恶调查科　（下）李志强等编制

广州　岭南美术出版社 1987 年　126 页

13cm（60 开）定价：CNY0.39

　　本书根据香港电视剧《神勇 CID》改编的中国现代连环画作品。

J0079184

"天狼星计划"幻灭记　翟从森编；林义君，林小君绘

南宁　广西民族出版社 1988 年　94 页

10×13cm ISBN：7-5363-0260-6 定价：CNY0.38

　　中国现代连环画。

J0079185

1400000 美元的遗产　郭德明改编；孙大钧绘

天津　天津人民美术出版社 1988 年　93 页

10×13cm ISBN：7-5305-3092-5 定价：CNY0.35

　　中国现代连环画作品。

J0079186

20 世纪海盗　（上）勒吉改编；志刚，晓文绘

北京　中国连环画出版社 1988 年　126 页

13cm（60 开）ISBN：7-5061-0049-5

定价：CNY0.50

　　本书根据苏联同名电影改编的中国现代连环画作品。

J0079187

20 世纪海盗　（下）勒吉改编；志刚，晓文绘

北京　中国连环画出版社 1988 年　126 页

13cm（60 开）ISBN：7-5061-0050-9

定价：CNY0.50

　　本书根据苏联同名电影改编的中国现代连环画作品。

J0079188

E·T·外星人　（美）威廉·柯兹温克原著；周稼骏，孙丽编译；陆成法，陆弟绘

上海　上海人民美术出版社 1988 年　134 页

10×13cm ISBN：7-5322-0322-0 定价：CNY0.51

　　中国现代连环画。

J0079189

OK！巴顿　（一串令人笑破肚皮的故事　上册）沈默编；先瑞绘

杭州　浙江人民美术出版社 1988 年　46 页

19cm（32 开）ISBN：7-5340-0100-5

定价：CNY0.50

　　中国现代连环画。

J0079190

OK！巴顿 （一串令人笑破肚皮的故事 下册）

沈默编；先瑞绘

杭州 浙江人民美术出版社 1988年 46页

19cm（32开）ISBN：7-5340-0101-3

定价：CNY0.50

中国现代连环画。

J0079191

阿佤山的枪声 韩国海改编；张品操，应肖慰绘

杭州 浙江人民美术出版社 1988年 174页

10×13cm ISBN：7-5340-0038-6 定价：CNY0.52

中国现代连环画作品。作者张品操

（1936— ），画家、美术教育家。生于浙江省安

吉县，祖籍安徽桐城。毕业于浙江美术学院中国

画系人物，并留校任教。中国美术学院教授，中

国美术家协会会员。代表作连环画《小兵张嘎》。

著有《水墨人物画技法》《国画人物画法》《聚焦

浙派·张品操作品集》《张品操速写》等书。

J0079192

阿佤山的枪声 韩国海改编；张品操，应肖慰绘

杭州 浙江人民美术出版社 1988年 174页

10×13cm 定价：CNY0.52

中国现代连环画。

J0079193

安徒生童话精选 陈元山等改编；黄启后等绘

上海 上海人民美术出版社［1988年］8册

10×13cm 盒装 统一书号：8081.1562

定价：CNY5.50

本书根据安徒生同名小说改编中国现代连

环画，本套丛书包括《玫瑰花精》《野天鹅》《皇

帝的新衣》《丑小鸭》《卖火柴的小女孩》《幸运

的套鞋》《海的女儿》《拇指姑娘》8册。

J0079194

案与法100例 姜夏理编文；陈玉先等绘

北京 中国连环画出版社 1988年 200页

19cm（32开）ISBN：7-5061-0026-6

定价：CNY1.60

（法制教育连环画丛书）

中国现代连环画。作者陈玉先（1944— ），

国画家、美术家。安徽淮南人。历任《解放军报》

副主编、中国美术家协会艺术委员会副主任。代

表作品《井冈山斗争》《红灯记》《红色娘子军》

《草原儿女》。专著《速写技法》《陈玉先插图作

品选》《陈玉先中国画》。

J0079195

八仙过海 程中岳编；徐谷安，茅芙影绘

杭州 浙江人民美术出版社 1988年 126页

13cm（60开）ISBN：7-5340-0041-6

定价：CNY0.39

中国现代连环画作品。作者徐谷安

（1943— ），一级美术师、美术评论家、字画鉴

证专家。别名大风、谷冰、禅心，斋名禅风听雨

斋。生于上海，毕业于浙江美术学院。历任少年

儿童出版社（上海）资深美术编辑、世界教科文

组织联合协会首席艺术家、中国艺术学院教授、

中国书画研究会副会长。代表作品有《天光》《山

水》等。

J0079196

白粉墙上的暗号 黄正中改编；朱黎江，江范绘

杭州 浙江人民美术出版社 1988年 158页

13cm（60开）ISBN：7-5340-0040-8

定价：CNY0.48

中国现代连环画作品。

J0079197

白宫血案 秋娜改编；朱植人，魏新燕绘

杭州 浙江人民美术出版社 1988年 126页

13cm（60开）ISBN：7-5340-0099-8

定价：CNY0.46

中国现代连环画作品。

J0079198

宝刀传奇 陈梅鼎改编；郭威绘

呼和浩特 内蒙古人民出版社 1988年 102页

13cm（60开）定价：CNY0.28

中国现代连环画作品。

J0079199

爆炸英雄 蒋雄改编；王立志，张丽华绘

北京 人民美术出版社 1988年 110页

13cm（60开）ISBN：7-102-00362-5

定价：CNY0.42

中国现代连环画作品。作者张丽华，山东艺

术学院美术系任教。

J0079200
北戴河名胜传说　李纯编绘
北京　人民美术出版社［1988年］16页
19cm（32开）ISBN：7-102-00550-4
定价：CNY0.45

J0079201
被跟踪的少女　穆菱改编；晓光制作
北京　中国连环画出版社　1988年　134页
13cm（60开）ISBN：7-5061-0030-4
定价：CNY0.48
　　　　中国现代连环画作品。

J0079202
蝙蝠人　（美）鲍勃·凯恩等编绘；张燮元等译
北京　中国连环画出版社　1988年　70页
27cm（16开）ISBN：7-5061-0124-6
定价：CNY1.38
（世界连环画博览）
　　　　中国现代连环画作品。

J0079203
便衣警察　（上）古玉，一民改编；张煤等绘
北京　中国连环画出版社　1988年　190页
13cm（60开）ISBN：7-5061-0024-X
定价：CNY0.65
　　　　中国现代连环画作品。

J0079204
便衣警察　（下）古玉，一民改编；阿张，水工绘
北京　中国连环画出版社　1988年　190页
13cm（60开）ISBN：7-5061-0025-8
定价：CNY0.65
　　　　中国现代连环画作品。

J0079205
别墅里的死神　钟桂英改编；毕铭摄
北京　中国连环画出版社　1988年　126页
13cm（60开）ISBN：7-5061-0020-7
定价：CNY0.45
（无情的战线　1）
　　　　中国现代连环画作品。

J0079206
博大的学问　（大学）蔡志忠绘
台北　时报文化出版企业公司　1988年　10版　77
页　有图　21×19cm　定价：TWD80.00
（时报漫画丛书　51）
　　　　中国现代漫画作品。作者蔡志忠
（1948—　　），漫画家。台湾彰化人，1976年成立
远东卡通公司、龙卡通公司。创作的100多部
作品被30多个国家翻译出版。代表作品有《庄
子说》《老子说》《列子说》《大醉侠》《盗帅独眼
龙》《光头神探》等。

J0079207
不肯长大的小泰莎　（意）罗大里原著；大苗
改编；刘泽岱绘画
北京　人民美术出版社　1988年　78页　有图
12×13cm　ISBN：7-102-00088-x　定价：CNY0.40
　　　　中国现代连环画作品。

J0079208
曹溪的佛唱　（六祖坛经）蔡志忠绘
台北　时报文化出版企业公司　1988年　20版
119页　有图　21×19cm　定价：TWD100.00
（时报漫画丛书　39）
　　　　中国现代漫画作品。

J0079209
茶埠镇剿匪　汪涛改编；赵燕侠，陈淦绘
杭州　浙江人民美术出版社　1988年　182页
13cm（60开）定价：CNY0.63
　　　　中国现代连环画作品。

J0079210
禅师降妖惩恶人　吉昌改编；龙瑞绘
北京　中国文联出版公司　1988年　126页
13cm（60开）定价：CNY0.50
（济公画传　8）
　　　　中国现代连环画作品。

J0079211
超人与蝙蝠人　（美）邓尼·奥耐尔等绘；经伟，
丹丹译
北京　中国连环画出版社　1988年　55页
27cm（16开）ISBN：7-5061-0126-6
定价：CNY1.08

（世界连环画博览）
　　中国现代连环画作品。

J0079212
沉睡百年的人　弓一改编；胡燕欣绘
武汉　湖北少年儿童出版社　1988年　126页
13cm（60开）定价：CNY0.40
　　中国现代连环画作品。

J0079213
赤发灵官斗济公　吉昌改编；徐加等绘
北京　中国文联出版公司　1988年　126页
13cm（60开）定价：CNY0.50
（济公画传 9）
　　中国现代连环画作品。

J0079214
初露才华　丁柏奇编；李秋山，祁宗辉绘
长春　吉林美术出版社　1988年　126页
13cm（60开）定价：CNY0.55
（乾隆皇帝 2）
　　中国现代连环画作品。

J0079215
除妖乌鸡国　中央电视台中国电视剧制作中
心录制；大勤改编；刘大健等摄
北京　中国连环画出版社　1988年　94页
13cm（60开）定价：CNY0.40
（《西游记》电视系列连环画 6）
　　本书是根据中国古典小说《西游记》改编的
现代连环画作品。

J0079216
传艺玉华州　中央电视台中国电视剧制作中
心录制；肖月改编；刘大健等摄
北京　中国连环画出版社　1988年　94页
13cm（60开）定价：CNY0.40
（《西游记》电视系列连环画 23）
　　本书是根据中国古典小说《西游记》改编的
现代连环画作品。

J0079217
闯宫刺康熙　成皿改编；张春新，韩德雅绘
重庆　重庆出版社　1988年　150页　13cm（60开）
定价：CNY0.47

中国现代连环画作品。作者韩德雅
（1952—　），四川名山人。毕业于雅安地区师范，
后进修于四川美术学院国画系、中央美术学院国
画系。历任美术教员、县文化馆美术干部。擅长
中国画、雕塑、年画。作品有《做新鞋》《乡趣》
《茶山春早》等。

J0079218
错叩死神的门　胡富根改编；杨云，虞敏绘
广州　岭南美术出版社　1988年　121页
13cm（60开）定价：CNY0.48
　　本书是根据《公文包的秘密》改编的中国现
代连环画作品。

J0079219
错误岛　姚洪改编；美良，德邱绘
北京　人民美术出版社　1988年　94页　13cm（60开）
定价：CNY0.31
　　中国现代连环画作品。

J0079220
错坠盘丝洞　中央电视台中国电视剧制作中
心录制；肖奇改编；刘大健等摄
北京　中国连环画出版社　1988年　94页
13cm（60开）定价：CNY0.40
（《西游记》电视系列连环画 21）
　　本书是根据中国古典小说《西游记》改编的
现代连环画作品。

J0079221
大盗贼被捕记　（德）奥特利特·普雷斯勒原
著；木木改编；金渭昌，姜辛年绘
上海　上海人民美术出版社　1988年　126页
13cm（60开）定价：CNY0.48
　　中国现代连环画作品。

J0079222
大江风云　文政改编；沈尧定等绘
广州　岭南美术出版社　1988年　138页
13cm（60开）定价：CNY0.54
（民初通俗演义 1）
　　中国现代连环画作品。

J0079223
大明奇冤　赵岗编；秀公等绘

南京　江苏美术出版社　1988年　110页
13cm（60开）定价：CNY0.33
　　中国现代连环画作品。

J0079224
大桥争夺战　　刘居上编；谢舒弋绘
广州　岭南美术出版社　1988年　99页　13cm（60开）
定价：CNY0.36
　　中国现代连环画作品。

J0079225
大人国与小人国　　（英）史惠夫特著；晓成，平
凡改编；贺旭等绘
长沙　湖南少年儿童出版社　1988年　19cm（32开）
ISBN：7-5358-0267-2　定价：CNY0.70
（世界著名童话和故事连环画丛书）
　　中国现代连环画作品。

J0079226
大圣闹天宫　　中央电视台中国电视剧制作中
心录制；一涓改编；刘大健等摄
北京　中国连环画出版社　1988年　94页
13cm（60开）定价：CNY0.40
（《西游记》电视系列连环画　三）
　　本书是根据中国古典小说《西游记》改编的
现代连环画作品。

J0079227
大战红孩儿　　中央电视台中国电视剧制作中
心录制；冯薇改编；刘大健等摄
北京　中国连环画出版社　1988年　94页
13cm（60开）定价：CNY0.40
（《西游记》电视系列连环画十四）
　　本书是根据中国古典小说《西游记》改编的
现代连环画作品。

J0079228
大侦探小卡莱丛书　　尹明改编；孙平等绘
广州　新世纪出版社　1988年　3册　13cm（60开）
袋装　定价：CNY1.30
　　本套连环画包括《大侦探小卡莱》《大侦探
和小不点儿》《大侦探新冒险记》。

J0079229
狄公传奇　　田彩改编；叶雄等绘
上海　上海人民美术出版社［1988年］4册
13cm（60开）盒装　定价：CNY2.60
（系列连环画）
　　本书据（荷兰）古利克原著改编，包括《黄金
案》《迷宫案》《玉珠串案》《紫光寺案》4册。

J0079230
敌后枪声　　殷志扬编；吴锦渝等绘
广州　岭南美术出版社　1988年　158页
13cm（60开）定价：CNY0.67
　　中国现代连环画作品。

J0079231
电灯骑士　　蕴真改编；江郁之等绘
广州　新世纪出版社　1988年　110页　13cm（60开）
定价：CNY0.48
（少年连环画库）
　　本书是根据美国同名电影改编的中国现代
连环画作品。作者江郁之，《舞台与银幕》编辑部
美术编辑。

J0079232
东方拳王　　（1 从师学艺）世昌编；倪霓，正霖绘
长沙　湖南少年儿童出版社　1988年　122页
13cm（60开）定价：CNY0.50
　　中国现代连环画作品。

J0079233
东方拳王　　（2 险走浏阳）世昌编；唐人明生绘
长沙　湖南少年儿童出版社　1988年　126页
13cm（60开）定价：CNY0.50
　　中国现代连环画作品。

J0079234
东方拳王　　（3 东渡日本）岚山编；曾正明，曾
亮绘
长沙　湖南少年儿童出版社　1988年　126页
13cm（60开）定价：CNY0.50
　　中国现代连环画作品。

J0079235
东方拳王　　（4 千里传书）岚山编；张延，吴自
忠绘
长沙　湖南少年儿童出版社　1988年　126页
13cm（60开）定价：CNY0.50

中国现代连环画作品。

J0079236

东方拳王 （5 巧遇异僧）陈言伏编；杨福音，杨燕来绘
长沙 湖南少年儿童出版社 1988 年 126 页
13cm（60 开）定价：CNY0.50
　　中国现代连环画作品。

J0079237

东方拳王 （6 武林丰碑）陈言伏编；震亚，雨岚绘
长沙 湖南少年儿童出版社 1988 年 126 页
13cm（60 开）定价：CNY0.50
　　中国现代连环画作品。

J0079238

斗八魔济颠归净慈 吉昌改编；徐加，于磊绘
北京 中国文联出版公司 1988 年 126 页
13cm（60 开）定价：CNY0.50
（济公画传 10）
　　中国现代连环画作品。

J0079239

斗法降三怪 中央电视台中国电视剧制作中心录制；冯薇改编；刘大健等摄
北京 中国连环画出版社 1988 年 94 页
13cm（60 开）定价：CNY0.40
（《西游记》电视系列连环画 15）
　　根据中国古典小说《西游记》改编的现代连环画作品。

J0079240

斗智故事 蓝帆编；刘丽萍等画
哈尔滨 黑龙江少年儿童出版社 1988 年 39 页
20cm（32 开）定价：CNY0.48
　　本书是根据《白天鹅》等国内外 17 篇斗智故事改编的连环画作品。

J0079241

豆蔻镇的居民和强盗 钱小芸改编；徐通潮等绘画
北京 人民美术出版社 1988 年 102 页 有图
10×13cm ISBN：7-102-00220-3 定价：CNY0.35
　　本书是根据挪威同名小说改编的中国现代

连环画作品。

J0079242

独裁者的爱情 王云改编；司徒绵等绘
广州 岭南美术出版社 1988 年 156 页
13cm（60 开）定价：CNY0.59
　　本书是根据《拿破仑轶事》改编的中国现代连环画作品。

J0079243

独秀峰——绚马桩 （汉英对照）胡永凯绘
桂林 漓江出版社 1988 年 44 页 19cm（32 开）
定价：CNY7.50
（桂林山水传说）
　　中国现代连环画作品。作者胡永凯（1945—　），画家。生于北京。中国美术家协会会员，中国国家画院研究员，中央文史研究馆书画院艺术委员会委员，文化部国韵文华书画院艺委会副主席，中国人民对外友好协会艺术交流院研究员，香港新美术学会创始会长。代表作品有《消夏》《荷韵》《小米碗》《雪狮子》等。

J0079244

断肠悲歌 （历代女文人故事）项冰如编；匈棣绘
杭州 浙江人民美术出版社 1988 年 121 页
13cm（60 开）定价：CNY0.38
　　中国现代连环画作品。

J0079245

断桥生死缘 （西湖古代爱情故事）钟戎编；黄小金，兰草绘
杭州 浙江人民美术出版社 1988 年 110 页
13cm（60 开）定价：CNY0.42
　　中国现代连环画作品。

J0079246

夺宝莲花洞 中央电视台中国电视剧制作中心录制；双草改编；刘大健等摄
北京 中国连环画出版社 1988 年 94 页
13cm（60 开）定价：CNY0.40
（《西游记》电视系列连环画 12）
　　根据中国古典小说《西游记》改编的现代连环画作品。

J0079247

恶风　赵元星改编；杨逸麟等绘

广州　岭南美术出版社　1988 年　150 页

13cm（60 开）定价：CNY0.49

　　中国现代连环画作品。作者杨逸麟
（1931—　），画家、教授。河北迁安人，毕业于
中央美术学院绘画系。中国美术家协会会员、中
央美术学院教授。代表作品有《一颗铜钮扣》《卡
门》《周恩来画卷》等。

J0079248

儿童故事连环画精选

南京　江苏少年儿童出版社　1988 年　94 页

19cm（32 开）定价：CNY2.00

J0079249

儿童连环画　（第 13 辑）

上海　上海人民美术出版社　1988 年　6 册

7×15cm　盒装　定价：CNY1.10

　　本书内容包括《小阿凡提》《小龙马》《棋
盘国的小卒》《小骑士》《图画兔子运动会》
《魔锅》。

J0079250

儿童连环画　（第 14 辑）方欣，曹欣渊改编；
朱延龄等绘

上海　上海人民美术出版社　1988 年　6 册

7×15cm　盒装　定价：CNY1.10

　　本书包括《四十大盗新传》（一、二、三）和
《大侦探乔麦皮》（一、二、三）。

J0079251

儿童连环画　（第 15 辑）张锡昌等改编；方路
等绘

上海　上海人民美术出版社　1988 年　6 册

12cm（96 开）盒装　定价：CNY1.10

　　本书包括《代号叫蜘蛛》（上、下）、《罐头
头小人儿》（上、下）和《旗旗号巡洋舰漂流记》
（上、下）。

J0079252

儿童连环画　（第 16 辑）

上海　上海人民美术出版社　1988 年　6 册

12cm（96 开）盒装　定价：CNY1.30

　　本书内容包括《小熊班迪顿》（上、中、下）

和《乔治的故事》（上、中、下）。

J0079253

儿童连环画　（第 9 辑）马利华，小澎编译

昆明　云南少年儿童出版社　1988 年　4 册

13cm（60 开）袋装　定价：CNY1.10

　　本书包括《小熊邦戈》《白雪公主》《木偶奇
遇记》《米老鼠和唐老鸭》。

J0079254

飞兵捣 G 城　梦亭，仲武改编；崔建社，崔楠绘

石家庄　河北美术出版社　1988 年　126 页

13cm（60 开）定价：CNY0.44

　　中国现代连环画作品。

J0079255

飞刀仇　（上）林森改编；姜堃绘

长沙　湖南美术出版社　1988 年　110 页

13cm（60 开）定价：CNY0.38

　　中国现代连环画作品。

J0079256

飞刀仇　（下）林森改编；谢伦和等绘

长沙　湖南美术出版社　1988 年　110 页

13cm（60 开）定价：CNY0.38

　　中国现代连环画作品。

J0079257

封神演义　康复杂志社编绘

上海　文汇出版社　1988 年　10 册　12cm（96 开）

盒装　定价：CNY2.80

　　这套连环画包括《狐精迷主》《木剑降妖》
《残害忠臣》《文王被囚》《哪吒闹海》《火烧"琵
琶"》《太公钓鱼》《比干遭害》《飞虎出关》《太
师征西》。

J0079258

封神演义　方志编文；张建民等绘画

北京　中国连环画出版社　1988 年　2 册（67+67 页）

25cm（15 开）ISBN：7-5061-0164-5

定价：CNY27.00

（古典文学彩色连环画）

　　本书根据中国古典著名神话小说编绘。改
编者剔除了原著中封建迷信等糟粕，突出塑造了
哪吒、黄天化、土行孙、雷震子等少年英雄人物

形象。绘画者均为国内著名儿童画画家，他们借鉴了中国民间版画的画法，使全书具有浓郁的中国民族风格。有诗人艾青为本书题辞。

J0079259

封主大复仇 （下集）汉白改编；陈一磊等绘
南宁 广西民族出版社 1988 年 136 页
13cm（60 开）定价：CNY0.50
　　中国现代连环画作品。

J0079260

疯狂恶魔 友人改编；周传发等绘
广州 岭南美术出版社 1988 年 158 页
13cm（60 开）定价：CNY0.67
（金陵奇案 4）
　　中国现代连环画作品。

J0079261

烽火天涯路 谢春望编；鲁拔，王京明绘
广州 岭南美术出版社 1988 年 125 页
10×13cm 定价：CNY0.48
（广东革命根据地传奇）
　　中国现代连环画作品。

J0079262

凤还巢 费文麓摄；刘淑琴编
北京 中国连环画出版社 1988 年 2 张
76cm（2 开）定价：CNY0.95
　　中国现代年画作品。

J0079263

孤岛遗恨 增章编；化石，子楚绘
广州 新世纪出版社 1988 年 133 页 13cm（60 开）
定价：CNY0.54
　　中国现代连环画作品。

J0079264

古宝盗窃案 李建新改编；李林祥等绘
石家庄 河北美术出版社 1988 年 182 页
13cm（60 开）定价：CNY0.61
　　本书据余小沅的小说《商鼎》改编的中国现代连环画作品。

J0079265

古刹奇缘 佳佳改编；匈隶绘

杭州 浙江人民美术出版社 1988 年 134 页
13cm（60 开）定价：CNY0.49
　　本书根据《新儿女英雄传》改编的中国现代连环画作品。

J0079266

鼓手 何泥改编；曹留夫绘
沈阳 辽宁美术出版社 1988 年 63 页 13cm（60 开）
定价：CNY0.55
　　本书根据格林童话改编的中国现代连环画作品。

J0079267

故宫残梦 羽人改编；廖宗怡等绘
广州 岭南美术出版社 1988 年 165 页
13cm（60 开）定价：CNY0.62
（民初通俗演义 4）
　　中国现代连环画作品。作者廖宗怡（1937— ），画家、国家一级美术师。广东汕头人，广州美术学院进修。历任中国美术家协会会员，中国书法家协会会员，广州军区政治部创作室创作员。代表作品有《最高的奖赏》《广州农民运动讲习所》《阵地午餐》《山中那十九座坟茔》等。

J0079268

怪火
广州 岭南美术出版社 1988 年 48 页 19cm（32 开）
定价：CNY0.65
（《环球奇趣录》连环画丛书 3）
　　中国现代连环画作品。

J0079269

官封弼马温 中央电视台中国电视剧制作中心录制；一涓改编；刘大健等摄
北京 中国连环画出版社 1988 年 94 页
13cm（60 开）定价：CNY0.40
（《西游记》电视系列连环画 2）
　　本书根据中国古典小说《西游记》改编的现代连环画作品。

J0079270

癸丑血案 袁正改编；潘晋拔等绘
广州 岭南美术出版社 1988 年 101 页
13cm（60 开）定价：CNY0.41

（民初通俗演义 2）

中国现代连环画作品。作者潘晋拔（1939—　），美术编审。广东兴宁市永和镇人，毕业于广州美术学院中国画系。历任广州美院中国画系、广东画院、广东省博物馆、广东省作家协会《作品》编辑部美术编审。出版有《中国电脑画》画集。

J0079271

海的女儿 （丹）安徒生原著；王永耀改编；高燕绘画

北京 人民美术出版社 1988 年 78 页 有彩图 13cm（60 开）ISBN：7-102-00232-7

定价：CNY1.20

中国现代连环画作品。作者安徒生（Andersen, Hans Christian, 1805—1875），丹麦作家，著名童话大师。1829 年入哥本哈根大学学习。一生共写了 168 篇童话和故事，还写过戏剧、小说、诗歌、游记和传记。经典作品有《白雪公主》《美人鱼》和《丑小鸭》等。

J0079272

海底探奇 陈朝龙改编绘画

长沙 湖南美术出版社 1988 年 110 页 13cm（60 开）定价：CNY0.38

中国现代连环画作品。

J0079273

海上游击队 袁伟大编；周连易绘

天津 天津人民美术出版社 1988 年 134 页 13cm（60 开）定价：CNY0.48

中国现代连环画作品。

J0079274

和谐的人生 （中庸）蔡志忠绘

台北 时报文化出版企业公司 1988 年 10 版 97 页 有图 21×19cm 定价：TWD90.00

（时报漫画丛书 52）

中国现代漫画作品。

J0079275

河阳大战 佚佚改编；袁大仪等绘

天津 天津人民美术出版社 1988 年 166 页 13cm（60 开）定价：CNY0.65

（冀鲁鏖战 6）

中国现代连环画作品。

J0079276

贺友直短篇连环画选集 贺友直著

北京 中国连环画出版社 1988 年 147 页 19cm（32 开）ISBN：7-5061-0095-9

定价：CNY4.80

（连环画艺术丛书）

本书绘画部分收入了《老涩外传》《天门阵》《马价十倍》等 7 部短篇连环画作品。作者贺友直（1922—2016），连环画家。出生于上海，祖籍浙江宁波。曾任上海人民美术出版社编审、连环画艺术委员会主任、上海市美术家协会第四届副主席、中国连环画研究会第二届副会长等职。代表作品《朝阳沟》《山乡巨变》等。

J0079277

黑狐狸 （荷）罗伯特·梵·古利克原著；燕麦改编；李明等绘

重庆 重庆出版社 1988 年 165 页 13cm（60 开）

定价：CNY0.53

（狄公案 4）

中国现代连环画作品。

J0079278

黑猫警长 诸志祥编著；绍波绘

昆明 云南少年儿童出版社［1988 年］8 册 9cm（128 开）盒装 定价：CNY0.70

（小连环画库 5）

本辑包括《地下城擒贼》《报警！报警！》《神秘的档案室》《急救》《一场急战》《错误的决定》《狐狸贴布告》《大获全胜》8 册。

J0079279

黑猫警长新辑 （1 谁害死了大黄狗）诸志祥编文；熊南清，李翔绘

上海 百家出版社 1988 年 24 页 19cm（32 开）

ISBN：7-900000-06-2 定价：CNY0.60

（儿童时代丛书）

中国现代连环画作品。

J0079280

黑猫警长新辑 （2 可笑的阴谋）诸志祥编文；熊南清，李翔绘

上海 百家出版社 1989 年 24 页 19cm（32 开）

ISBN：7–900000–08–9 定价：CNY0.65
（儿童时代丛书）
　　中国现代连环画作品。

J0079281
黑猫警长新辑 （3 惨案发生以后）诸志祥编文；熊南清，李翔绘
上海 百家出版社 1988 年 24 页 19cm（32 开）
ISBN：7–900000–09–7 定价：CNY0.60
（儿童时代丛书）
　　中国现代连环画作品。

J0079282
黑猫警长新辑 （4 海上除霸）诸志祥编文；熊南清，李翔绘画
上海 百家出版社 1989 年 26 页 19cm（32 开）
ISBN：7–900000–76–3 定价：CNY0.65
（儿童时代丛书·彩色系列童话）
　　中国现代连环画作品。

J0079283
黑猫警长新辑 （5 抓不住的凶手）诸志祥编文；熊南清，李翔绘画
上海 百家出版社 1989 年 22 页 19cm（32 开）
ISBN：7–900000–77–1 定价：CNY0.70
（儿童时代丛书·彩色系列童话）
　　中国现代连环画作品。

J0079284
黑猫警长新辑 （6 假戏真做）诸志祥编文；熊南清，李翔绘画
上海 百家出版社 1989 年 24 页 19cm（32 开）
定价：CNY0.70
（儿童时代丛书·彩色系列童话）
　　中国现代连环画作品。

J0079285
黑幕 王素一，浅草改编；王肇达绘
杭州 浙江人民美术出版社 1988 年 158 页
13cm（60 开）定价：CNY0.48
　　中国现代连环画作品。

J0079286
弘历登基 丁柏奇编；孙福义绘
长春 吉林美术出版社 1988 年 142 页
13cm（60 开）定价：CNY0.60
（乾隆皇帝 4）
　　中国现代连环画作品。

J0079287
猴国奇趣 陈岩来，舒喜春编；王树忱，陆美珍绘
杭州 浙江人民美术出版社 1988 年 102 页
13cm（60 开）定价：CNY0.39
　　中国现代连环画作品。

J0079288
猴王保唐僧 晓东改编；欣心等摄
北京 中国连环画出版社 1988 年 94 页
13cm（60 开）定价：CNY0.40
（《西游记》电视系列连环画 5）
　　本书根据中国古典小说《西游记》改编的现代连环画作品。

J0079289
狐狸摩斯探案集 张世钟，俞琦编；王高武等画
重庆 重庆出版社 1988 年 5 册 19cm（32 开）
定价：CNY2.75
　　中国现代连环画作品。

J0079290
葫芦兄弟
广州 岭南美术出版社 1988 年 6 册
13cm（60 开）盒装 定价：CNY2.50
　　本套连环画包括《七色葫芦》《初试锋芒》《铜头铁臂》《水火神功》《捕风捉影》《大显神通》6 册。

J0079291
葫芦兄弟 （彩色画本）姚忠礼，杨玉良编；周克勤等绘
上海 少年儿童出版社 1988 年 27cm（16 开）
定价：CNY1.00
　　本书是中国现代少年儿童连环画作品。

J0079292
糊涂博士 （科学幻想连环画集）方唐编绘
广州 科学普及出版社广州分社 1988 年
46 页 26cm（16 开）ISBN：7–110–00457–0
定价：CNY1.50

J0079293

虎的故事 （上 虎大王）陈岩来编；罗枫，肖
河绘
杭州 浙江人民美术出版社 1988 年 126 页
13cm（60 开）定价：CNY0.46
　　中国现代连环画作品。

J0079294

虎的故事 （下 虎仔和狗妈）陈岩来编；罗
枫，尚河绘
杭州 浙江人民美术出版社 1988 年 126 页
13cm（60 开）定价：CNY0.42
　　中国现代连环画作品。

J0079295

虎口拔牙 李宝靖编；刘广滨绘
南宁 广西人民出版社 1988 年 96 页 13cm（60 开）
定价：CNY0.38
　　中国现代连环画作品。

J0079296

虎口救精英 夏昭南改编；陈以忠绘
广州 岭南美术出版社 1988 年 122 页
13cm（60 开）定价：CNY0.56
　　中国现代连环画作品。

J0079297

虎穴锄奸 程时晶改编；邱兴发绘
广州 岭南美术出版社 1988 年 150 页
13cm（60 开）定价：CNY0.64
　　本书是根据评书《白楼锄奸》改编的中国现
代连环画作品。

J0079298

滑稽王小毛 （1）张双勤等改编；陆汝浩等绘
上海 上海人民美术出版社 1988 年 134 页
13cm（60 开）ISBN：7-5322-0312-3
定价：CNY0.50
　　中国现代连环画作品。作者陆汝浩
（1943—　　），画家。别名双水，浙江宁波人。曾
在师范专修美术。《上海少年报》社童话报美术
编辑。连环画作品有《滨海谍案》。

J0079299

滑稽王小毛 （2）张双勤等原著；吴文焕等改

编；陆汝浩等绘
上海 上海人民美术出版社 1988 年 134 页
有图 10×13cm ISBN：7-5322-0313-1
定价：CNY0.50
　　中国现代连环画作品。

J0079300

滑稽王小毛 （3）梁定东等改编；孙绍波等
绘画
上海 上海人民美术出版社 1989 年 142 页
13cm（60 开）ISBN：7-5322-0313-1
定价：CNY0.57
　　中国现代连环画作品。

J0079301

滑稽王小毛 （4）张双勤原著；吴文焕改编；
陆汝浩绘画
上海 上海人民美术出版社 1989 年 166 页
有图 10×13cm ISBN：7-5322-0419-7
定价：CNY0.67
　　中国现代连环画作品。

J0079302

画家徐悲鸿 子辛改编；何润民绘
西安 陕西人民美术出版社 1988 年 182 页
19cm（32 开）定价：CNY1.58
　　中国现代连环画作品。作者何润民
（1947—　　），画家、教师。陕西合阳人。历任西
安美院副教授、院学术委员会委员，西安美术学
院附属中等美术学校校长。代表作品有《老照壁》
《牧歌》等。

J0079303

缓期执行 文馨改编；晓光制作
北京 中国连环画出版社 1988 年 142 页
13cm（60 开）定价：CNY0.50
　　中国现代连环画作品。

J0079304

荒漠孤影 （上）毕锦豪改编；于成业绘
广州 岭南美术出版社 1988 年 86 页 13cm（60 开）
定价：CNY0.38
（外国文学作品选）
　　中国现代连环画作品。作者于成业
（1950—　　），画家。山东文登市人。中国美术家

协会广东分会会员、人民日报神舟书画院画师。代表作品有《五洲乐》《千禧年》《古堡女奴》等。

J0079305

荒漠孤影　（下）毕锦豪改编；于成业绘
广州　岭南美术出版社　1988年　173页
13cm（60开）定价：CNY0.38
（外国文学作品选）
　　中国现代连环画作品。

J0079306

荒滩迷案　郑崇民改编；许旭奎，许晓东绘
广州　岭南美术出版社　1988年　126页
13cm（60开）定价：CNY0.48
　　中国现代连环画作品。

J0079307

荒野复仇记　胡子雄改编；张宝华绘
广州　岭南美术出版社　1988年　27cm（16开）
定价：CNY0.60
　　本书根据美国电影改编的中国现代连环画作品。

J0079308

黄金案　森村改编；汪光华，李菁绘
重庆　重庆出版社　1988年　174页　13cm（60开）
定价：CNY0.53
（狄公案　3）
　　中国现代连环画作品。

J0079309

灰姑娘　（德）格林著；刘卓改编；魏家范绘
长沙　湖南少年儿童出版社　1988年　19cm（32开）
ISBN：7-5358-0192-7　定价：CNY0.59
（世界著名童话和故事连环画丛书）
　　中国现代连环画作品。

J0079310

灰姑娘　王琴改编；孟思等绘
沈阳　辽宁美术出版社　1988年　67页　13cm（60开）
定价：CNY0.52
（格林童话）
　　中国现代连环画作品。

J0079311

昏迷　李韵清改编；韦尔申绘
北京　中国连环画出版社　1988年　118页
13cm（60开）定价：CNY0.48
（世象大千连环画）
　　中国现代连环画作品。

J0079312

昏迷之谜　萃娃改编；李锦德，朋朋绘
天津　天津人民美术出版社　1988年　149页
13cm（60开）定价：CNY0.53
　　中国现代连环画作品。

J0079313

火龙衫与金驴驹　朱江改编；刘瑞绘
北京　工人出版社　1988年　62页　13cm（60开）
定价：CNY0.28
　　中国现代连环画作品。

J0079314

火球行动　钟桂英改编；毕铭摄
北京　中国连环画出版社　1988年　126页
13cm（60开）定价：CNY0.45
（无情的战线　3）
　　中国现代连环画作品。

J0079315

火烧宋颢军　李培之编；魏贤绘
郑州　河南美术出版社　1988年　50页　13cm（60开）
定价：CNY0.45
　　中国现代连环画作品。

J0079316

祸起观音院　中央电视台中国电视剧制作中心录制；一涓改编；欣心，叶茅等摄
北京　中国连环画出版社　1988年　94页
13cm（60开）定价：CNY0.40
（《西游记》电视系列连环画　6）
　　本书根据中国古典小说《西游记》改编的现代连环画作品。

J0079317

机器岛　禾生改编；黄云松，张昌洵绘
广州　岭南美术出版社　1988年　157页
13cm（60开）定价：CNY0.51

本书根据凡尔纳同名小说改编的中国现代连环画作品。作者黄云松(1939—)，钢笔画家，中国美术家协会会员。浙江温岭人，毕业于浙江美术学院版画系。历任浙江文艺杂志美编、浙江工农兵画报浙江人民出版社美编室创作员、浙江人民美术出版社编辑室主任、副编审。连环画作品有《福尔摩斯探案故事》《热爱生命》《静静的顿河》等。作者张昌洵(1940—)，画家。浙江吴兴人。中学高级美术教师，中国美术家协会会员。主要作品有《灯》《划等号》《航海家麦哲伦》等。

J0079318

缉毒艳遇 （007 惊险系列连环画）木子，广华改编；古月等制作
长沙 湖南美术出版社 1988 年 126 页
13cm(60 开) 定价: CNY0.43

J0079319

计夺皇位 丁柏奇编；张清翔绘
长春 吉林美术出版社 1988 年 142 页
13cm(60 开) 定价: CNY0.60
（乾隆皇帝 三）
　　中国现代连环画作品。

J0079320

计收猪八戒 中央电视台中国电视剧制作中心录制；一涓改编；刘大健等摄
北京 中国连环画出版社 1988 年 94 页
13cm(60 开) 定价: CNY0.40
（《西游记》电视系列连环画 七）
　　本书是根据中国古典小说《西游记》改编的现代连环画作品。

J0079321

济颠僧妙法惊人 吉昌改编；龙瑞绘
北京 中国文联出版公司 1988 年 126 页
13cm(60 开) 定价: CNY0.50
（济公画传 1）
　　中国现代连环画作品。

J0079322

济公 王维章等改编；胡永凯等绘
石家庄 河北美术出版社 1988 年 10 册
13cm(60 开) 定价: CNY3.10
　　本套连环画包括《排难施妙术》《审狐做月老》《惩恶戏宰相》《捉贼破奇案》《收雷鸣陈亮》《捉拿华云龙》《三降玉面狐》《救难惩奸官》《大战邵华风》《八魔炼济公》10 册。作者胡永凯(1945—)，画家。生于北京。中国美术家协会会员、中国国家画院研究员、中央文史研究馆书画院艺术委员会委员、文化部国韵文华书画院艺委会副主席、中国人民对外友好协会艺术交流院研究员，香港新美术学会创始会长。代表作品有《消夏》《荷韵》《小米碗》《雪狮子》等。

J0079323

济公传 村沚等改编；杨佩章等绘
天津 天津人民美术出版社 1988 年 12 册
13cm(60 开) 盒装 定价: CNY6.00
　　这套连环画包括《济公上吊》《火烧大碑楼》《戏耍秦丞相》《余杭奇冤》《昆山逢奇案》《追捕乾坤鼠》《计擒华云龙》《巧断垂金扇》《大闹万珍楼》《火烧合欢楼》《白狗闹洞房》《逼上翠云峰》共 12 册。

J0079324

济公巧捉华云龙 吉昌改编；海文，雨鸣绘
北京 中国文联出版公司 1988 年 126 页
13cm(60 开) 定价: CNY0.50
（济公画传 5）
　　中国现代连环画作品。

J0079325

济公深夜闹秦府 吉昌改编；龙瑞绘
北京 中国文联出版公司 1988 年 126 页
13cm(60 开) 定价: CNY0.50
（济公画传 2）
　　中国现代连环画作品。

J0079326

济公捉妖白水湖 吉昌改编；邵京生，西山绘
北京 中国文联出版公司 1988 年 126 页
13cm(60 开) 定价: CNY0.50
（济公画传 6）
　　中国现代连环画作品。

J0079327

假男爵 钟桂英改编；毕铭摄
北京 中国连环画出版社 1988 年 126 页
13cm(60 开) 定价: CNY0.45

（无情的战线 2）
中国现代连环画作品。

J0079328
假若明天来临 李钢编；周度其等绘
南宁 广西民族出版社 1988年 131页
13cm（60开）定价：CNY0.50
中国现代连环画作品。作者周度其（1955— ），教师。湖南湘潭人，毕业于广西艺术学院。历任广西艺术学院美术系讲师、副教授，广西艺术学成人教育学院院长、中国美协广西分会会员。代表作品有《徐向前元帅》《戎马生涯贺元帅》《战争年代》《烽火岁月角力场》《送往前线的粮食》等。

J0079329
间谍基地覆灭记 陆水林改编；宋飞，思敏绘
广州 岭南美术出版社 1988年 134页
13cm（60开）定价：CNY0.51
中国现代连环画作品。作者宋飞，插画家。

J0079330
剑塔黑影 曾繁光改编；黄增立绘
广州 新世纪出版社 1988年 126页 13cm（60开）
定价：CNY0.56
中国现代连环画作品。

J0079331
舰队司令的女儿 王小平改编；蒙海旦绘
广州 岭南美术出版社 1988年 131页
13cm（60开）定价：CNY0.58
中国现代连环画作品。

J0079332
江洋飞贼 友人改编；周传发等绘
广州 岭南美术出版社 1988年 150页
13cm（60开）定价：CNY0.64
（金陵奇案 1）
中国现代连环画作品。

J0079333
金剑重鸣 （上）欧阳尧佳改编；沈虎等绘
广州 岭南美术出版社 1988年 166页
13cm（60开）定价：CNY0.62
（中国武术连环画）

中国现代连环画作品。

J0079334
金剑重鸣 （下）欧阳尧佳改编；沈虎等绘
广州 岭南美术出版社 1988年 158页
13cm（60开）定价：CNY0.60
（中国武术连环画）
中国现代连环画作品。

J0079335
金狻猊奇案 （上）于式金改编；赵静东等绘
天津 天津人民美术出版社 1988年 86页
13cm（60开）定价：CNY0.33
中国现代连环画作品。

J0079336
金狻猊奇案 （下）于式金改编；赵静东，赵茵绘
天津 天津人民美术出版社 1988年 86页
13cm（60开）定价：CNY0.33
中国现代连环画作品。

J0079337
金台三打少林寺 （上集）王武等改编；罗远潜等绘
广州 岭南美术出版社 1988年 158页
13cm（60开）定价：CNY0.67
中国现代连环画作品。作者罗远潜（1943— ），画家、一级美术师。广西合浦人，毕业于华南师范大学历史系和广州美术学院版画系研究生班，留校任教。《广州美术研究》主编，中国美术家协会会员，广东美协常务理事，广州市美协副主席，广州画院画家，中国美术家协会、中国版画家协会会员。代表作品有《观沧海》《天马歌》《鸿门宴》等。

J0079338
金台三打少林寺 （中集）阮士良等改编；梁如洁等绘
广州 岭南美术出版社 1988年 158页
13cm（60开）定价：CNY0.67
中国现代连环画作品。

J0079339
金台三打少林寺 （下集）叶茗等改编；胡清华等绘

广州　岭南美术出版社　1988 年　158 页
13cm（60 开）定价：CNY0.67
　　中国现代连环画作品。

J0079340
金玉奴棒打无情郎　　王雯编；匈棣绘
杭州　浙江人民美术出版社　1988 年　102 页
13cm（60 开）定价：CNY0.39
（西湖古代爱情故事）
　　中国现代连环画作品。

J0079341
警惕色与利的诱惑　　李言明编；聂秀公绘
南京　江苏美术出版社　1988 年　27cm（16 开）
定价：CNY0.50
　　中国现代连环画作品。

J0079342
九马疑踪　　周光祖改编；谷中良绘画
石家庄　河北美术出版社　1988 年　134 页
13cm（64 开）定价：CNY0.46
　　中国现代连环画作品。

J0079343
酒吧女郎　　李蕾改编；刘宜绘
广州　岭南美术出版社　1988 年　130 页
13cm（60 开）定价：CNY0.45
　　中国现代连环画作品。

J0079344
绝密的房间　　老央编；梁文兵等绘
南宁　广西民族出版社　1988 年　25 页　13cm（60开）
定价：CNY0.50
（中外新编系列连环画）
　　中国现代连环画作品。

J0079345
咖啡猫　　（1）连力改编；邵珊复制
广州　岭南美术出版社　1988 年　22 页　27cm（16 开）
定价：CNY0.54
　　中国现代连环画作品。

J0079346
咖啡猫　　（2）连力改编；邵珊复制
广州　岭南美术出版社　1988 年　22 页　27cm（16 开）

定价：CNY0.54
　　中国现代连环画作品。

J0079347
坎途逢三难　　中央电视台中国电视剧制作中
心录制；肖奇改编；刘大健等摄
北京　中国连环画出版社　1988 年　94 页
13cm（60 开）定价：CNY0.40
（《西游记》电视系列连环画 8）
　　本书根据中国古典小说《西游记》改编的现
代连环画作品。

J0079348
科幻连环画
武汉　湖北少年儿童出版社　1988 年　46 页
19cm（32 开）定价：CNY0.50
　　中国现代连环画作品。

J0079349
空降团的女翻译　　彭瑞高，丘峰原著；毛亮英
改编；马东源绘
呼和浩特　内蒙古人民出版社　1988 年　166 页
13cm（60 开）定价：CNY0.44
　　中国现代连环画作品。

J0079350
空中降匪　　黄建文编；黄卢健等绘
南宁　广西民族出版社　1988 年　150 页
13cm（60 开）定价：CNY0.50
（中外新系列连环画）
　　中国现代连环画作品。

J0079351
孔子圣迹图　　孔祥林校订
济南　山东美术出版社　1988 年　104 页
19cm（32 开）ISBN：7-5330-0141-9
（孔子文化大全）
　　中国现代连环画作品。

J0079352
孔子圣迹图　　（连环画）
北京　中国连环画出版社　1988 年　97 页
19cm（32 开）ISBN：7-5061-0096-7
定价：CNY3.60
（连环画艺术丛书）

中国现代连环画作品。共 120 幅。内容表现中国历史上伟大的思想家教育家孔丘一生的重要事迹，反映了孔丘主要的学术思想、治学态度和社会活动，并杂有某些虚构和传说的情节。绘画说明采用了古文原文，并增加了白话文体。绘画构图匀称，全稿一律采用中景，线条凝重，具有明代木版画的典型风格。

J0079353

孔子圣迹图 （连环画）姜维朴主编
北京 中国连环画出版社 1988 年 19cm（32 开）
ISBN：7-5016-0096-7 定价：CNY3.80
（连环画艺术丛书）
　　本书根据曲阜孔庙明代石刻连环画复刻的明代木刻连环画，共 120 幅。表现了孔子的主要事迹。

J0079354

孔子说 （仁者的叮咛）蔡志忠著
台北 时报文化出版企业公司 1988 年 3 版
177 页 有图 19×21cm 定价：TWD120.00
（时报漫画丛书 27）
　　中国现代漫画作品。

J0079355

恐龙世界探险　杨玉林译；董健等绘
天津 天津人民美术出版社 1988 年 3 册（272 页）
13cm（60 开）定价：CNY1.35
　　中国现代连环画作品。

J0079356

苦斗　刘抒改编；梅汉珍等绘
广州 岭南美术出版社 1988 年 180 页
13cm（60 开）定价：CNY0.78
　　中国现代连环画作品。

J0079357

快枪手　李宝清改编；雷德祖等绘
南京 江苏美术出版社 1988 年 32 页
27cm（16 开）定价：CNY0.55
　　本书根据美国西部电视剧编绘的中国现代连环画作品。

J0079358

困囚五行山　中央电视台中国电视剧制作中

心录制；肖奇改编；刘大健等摄
北京 中国连环画出版社 1988 年 94 页
13cm（60 开）定价：CNY0.40
（《西游记》电视系列连环画 4）
　　本书根据中国古典小说《西游记》改编的现代连环画作品。

J0079359

括苍山恩仇记 （上 血溅进士第）石器改编；莫鸿勋绘
长沙 湖南美术出版社 1988 年 94 页 13cm（60 开）
定价：CNY0.33
　　中国现代连环画作品。

J0079360

括苍山恩仇记 （中 大闹缙云城）石器改编；莫鸿勋绘
长沙 湖南美术出版社 1988 年 94 页 13cm（60 开）
定价：CNY0.33
　　中国现代连环画作品。

J0079361

括苍山恩仇记 （下 激战白水山）石器改编；陈和西，吴德斌绘
长沙 湖南美术出版社 1988 年 102 页
13cm（60 开）定价：CNY0.35
　　中国现代连环画作品。

J0079362

莱茜 （1）钱关康改编；韩伍等画
昆明 云南少年儿童出版社 1988 年 34 页
19cm（32 开）定价：CNY1.10
　　本书根据美国同名电视剧改编的中国现代连环画作品。

J0079363

莱茜 （2）郭瑛瑛改编；韩伍等画
昆明 云南少年儿童出版社 1988 年 34 页
19cm（32 开）定价：CNY1.10
　　中国现代连环画作品。

J0079364

莱茜 （3）郭瑛瑛改编；韩伍等画
昆明 云南少年儿童出版社 1989 年 34 页
19cm（32 开）定价：CNY1.30

中国现代连环画作品。

J0079365

莱茜 （4）郭瑛瑛改编；韩伍等绘画
昆明　云南少年儿童出版社　1989 年　33 页
19cm（32 开）定价：CNY1.30

中国现代连环画作品。

J0079366

莱芜神女 王创辉等编；林峥明等绘
广州　岭南美术出版社　1988 年　66 页　13cm（60 开）
定价：CNY0.46
（广东风物传说连环画）

中国现代连环画作品。

J0079367

狼王洛波 岑蕴清等改编；管齐骏等绘
广州　岭南美术出版社　1988 年　38 页　13cm（60 开）
定价：CNY0.52

中国现代连环画作品。

J0079368

乐毅伐齐 （春秋战国故事）田冶改编；田荣
禄绘
呼和浩特　内蒙古人民出版社　1988 年　124 页
13cm（60 开）定价：CNY0.46

中国现代连环画作品。

J0079369

雷鸣陈亮拜济公 吉昌改编；徐加，石齐绘
北京　中国文联出版公司　1988 年　126 页
13cm（60 开）定价：CNY0.50
（济公画传 4）

中国现代连环画作品。作者石齐（1939—　），
画家。福建福清人，毕业于厦门工艺美术学院。
北京画院专业画家，中国美术家协会会员，北京
美协理事。代表作品有《金秋时节》《养鸡图》《泼
水节》。出版有《石齐画集》

J0079370

雷鸣智勇除妖道 吉昌改编；贾浩义绘
北京　中国文联出版公司　1988 年　126 页
13cm（60 开）定价：CNY0.50
（济公画传 7）

中国现代连环画作品。

J0079371

漓江火种 白嘉荟改编；刘境奇绘
广州　岭南美术出版社　1988 年　132 页
13cm（60 开）定价：CNY0.58

中国现代连环画作品。

J0079372

历史的长城 （史记）蔡志忠绘
台北　时报文化出版企业公司　1988 年　13 版
139 页　有图　21×19cm　定价：TWD100.00
（时报漫画丛书 48）

中国现代漫画作品。

J0079373

丽苑香妃 谢锡光编；黄统荣，秦宏懿绘
广州　岭南美术出版社　1988 年　90 页　13cm（60 开）
定价：CNY0.38
（广东风物传说连环画）

中国现代连环画作品。作者黄统荣
（1943—　），二级美术设计师。生于浙江。历任
广东省电影家协会常务副主席、广东省电影录像
资料馆馆长。美术作品有《海外赤子》《逆光》《山
菊花》等。

J0079374

莲池奇案 文丁改编；邦源，垦晨绘
重庆　重庆出版社　1988 年　118 页　13cm（60 开）
定价：CNY0.38
（狄公案 2）

中国现代连环画作品。

J0079375

聊斋志异 （连环画精选）（清）蒲松龄著；陈
元宁等改编
天津　天津人民美术出版社　1988 年　939 页
20cm（24 开）精装　ISBN：7-5305-3040-2
定价：CNY14.00

本书是根据蒲松龄所著《聊斋志异》改编的
连环画册，精选故事24个，每篇故事前附有原
著文字。作者蒲松龄（1640—1715），文学家。字
留仙，一字剑臣，别号柳泉居士，世称聊斋先生。
山东淄川（今山东淄博）人。著有《聊斋志异》《聊
斋文集》等。

J0079376
刘伯承血战鬼城　罗明编；龙圣明绘
南宁　广西民族出版社　1988 年　100 页
13cm（60 开）定价：CNY0.46
　　中国现代连环画作品。作者龙圣明
（1944—　），广西融水人。广西科技书画院副
院长、广西艺术学院副教授、中国美术家协会会
员。作品有《曙光》《牛》《瑶山丰年》，出版有
《中国当代幽默画家作品选》《桑吉纳－红棕素
描》等。

J0079377
流浪王妃　（上）爱新觉罗·浩著；杜蘅改编；
杨春瑞，萧美玉绘
北京　北京美术摄影出版社　1988 年　126 页
13cm（60 开）ISBN：7-80501-018-8
定价：CNY0.70
　　中国现代连环画作品。

J0079378
流浪王妃　（下）爱新觉罗·浩著；杜蘅改编；
杨春瑞，萧美玉绘
北京　北京美术摄影出版社　1988 年　126 页
13cm（60 开）ISBN：7-80501-019-6
定价：CNY0.70
　　中国现代连环画作品。

J0079379
柳暗花明　刘抒改编；邹莉，文斌绘
广州　岭南美术出版社　1988 年　157 页
13cm（60 开）定价：CNY0.67
　　本书根据小说《一代风流》第三卷改编的中
国现代连环画作品。

J0079380
六朝的清谈　（世说新语）蔡志忠绘
台北　时报文化出版企业公司　1988 年　25 版
143 页　有图　21×19cm　定价：TWD100.00
（时报漫画丛书 34）
　　中国现代漫画作品。

J0079381
六只天鹅　达人改编；冀维静等绘
沈阳　辽宁美术出版社　1988 年　45 页　13cm（60开）
定价：CNY0.52

（格林童话）
　　中国现代连环画作品。

J0079382
龙虎五脏图　洪一心改编；马元威绘
南宁　广西民族出版社　1988 年　124 页
13cm（60 开）定价：CNY0.48
　　中国现代连环画作品。

J0079383
龙寺传奇　（黄鹤楼传说故事）曾宪均编；谢
智良绘
武汉　湖北少年儿童出版社　1988 年　94 页
13cm（60 开）定价：CNY0.44
　　中国现代连环画作品。

J0079384
龙寺传奇　（黄鹤楼传说故事）曾宪均编；谢
智良绘
武汉　湖北少年儿童出版社　1988 年　94 页
19cm（32 开）定价：CNY0.80
　　中国现代连环画作品。

J0079385
龙王店大捷　佚佚改编；袁大仪等绘
天津　天津人民美术出版社　1988 年　174 页
13cm（60 开）定价：CNY0.70
（冀鲁鏖战 4）
　　中国现代连环画作品。

J0079386
鲁斯兰与柳德米拉　（俄）普希金著；肖为改
编；王垂绘
长沙　湖南少年儿童出版社　1988 年　19cm（32
开）ISBN：7-5358-0195-1　定价：CNY0.60
（世界著名童话和故事连环画丛书）
　　中国现代连环画作品。作者普希金（Алек-
сандр Сергеевич Пушкин；1799—1837），全
名：亚历山大·谢尔盖耶维奇·普希金。俄罗斯伟
大的诗人。代表作有《自由颂》《致恰达耶夫》《致
大海》等。

J0079387
乱世佳人　（上集）张翼改编
北京　中国广播电视出版社　1988 年　125 页

13cm（60 开）定价：CNY0.48

　　中国现代连环画作品。

J0079388

乱世佳人 （下集）张翼改编

北京 中国广播电视出版社 1988 年 92 页

13cm（60 开）定价：CNY0.38

　　中国现代连环画作品。

J0079389

乱世奇缘 林玉山等改编；汪宗强等绘

广州 岭南美术出版社 1988 年 150 页

13cm（60 开）定价：CNY0.56

　　中国现代连环画作品。

J0079390

骆驼山的来历 （汉英对照）李冠国绘

桂林 漓江出版社 1988 年 42 页 19cm（32 开）

定价：CNY7.50

（桂林山水传说）

　　中国现代连环画作品。

J0079391

绿魔 丘超群改编；俞晓夫绘

广州 岭南美术出版社 1988 年 177 页

13cm（60 开）定价：CNY0.67

　　本书根据日本电影《野性的证明》改编的中国现代连环画作品。作者俞晓夫（1950— ），画家。江苏常州人，毕业于上海戏剧学院美术系。上海油画雕塑院教授、副院长，中国美术协会会员。代表作品有《一次义演》《拍卖古钢琴》《我轻轻地敲门》等。

J0079392

绿十字号沉船之谜 （上）阎为民改编；盛亮贤等绘

太原 山西人民出版社 1988 年 134 页

13cm（60 开）定价：CNY0.45

　　中国现代连环画作品。作者盛亮贤（1919—2008），画家。上海青浦人。曾从事电影动画及中学美术教学工作，历任上海新美术出版社、上海人民美术出版社连环画创作室科长等职。连环画作品有《三字经 》《枯木逢春》《木匠迎亲》《寻人》《三国演义》等。

J0079393

绿十字号沉船之谜 （下）阎为民改编；盛亮贤等绘

太原 山西人民出版社 1988 年 120 页

13cm（60 开）定价：CNY0.35

　　中国现代连环画作品。

J0079394

麻城奇案 苏京改编；高适等绘

北京 人民美术出版社 1988 年 134 页

13cm（60 开）定价：CNY0.43

　　中国现代连环画作品。作者高适（1931— ），画家。笔名常人，江苏常州人。上海美术家协会会员，曾任职于人民美术出社、兴业幻灯制片厂等单位。连环画主要作品有《不朽的人》《秋瑾》《鹰儿和红花花》。

J0079395

马背上的死神 （上集）泠泠改编；沪生，兰子绘

北京 中国连环画出版社 1988 年 126 页

13cm（60 开）定价：CNY0.45

　　本书是根据美国电影改编的中国现代连环画作品。

J0079396

马背上的死神 （下集）泠泠改编；沪生，兰子绘

北京 中国连环画出版社 1988 年 126 页

13cm（60 开）定价：CNY0.45

　　本书是根据美国电影改编的中国现代连环画作品。

J0079397

马家集之战 佚佚改编；袁大仪等绘

天津 天津人民美术出版社 1988 年 142 页

13cm（60 开）定价：CNY0.60

（冀鲁鏖战 二）

　　中国现代连环画作品。

J0079398

麦克瑞一号 （1）吴丹编；刘永凯等绘

北京 朝花美术出版社 1988 年 22 页 19cm（32 开）

ISBN：7-5056-0085-0 定价：CNY0.85

（《星球大战》故事精选）

中国现代连环画作品。

J0079399
麦克瑞一号 （2）吴丹编；马新民等绘
北京 朝花美术出版社 1988年 22页 19cm（32开）
ISBN：7-5056-0086-9 定价：CNY0.85
（《星球大战》故事精选）
　　中国现代连环画作品。

J0079400
麦克瑞一号 （3）吴丹编；刘永凯等绘
北京 朝花美术出版社 1988年 24页 19cm（32开）
ISBN：7-5056-0087-7 定价：CNY0.85
（《星球大战》故事精选）
　　中国现代连环画作品。

J0079401
麦克瑞一号 （4）吴丹编；马新民等绘
北京 朝花美术出版社 1988年 24页 19cm（32开）
ISBN：7-5056-0088-5 定价：CNY0.85
（《星球大战》故事精选）
　　中国现代连环画作品。

J0079402
麦克瑞一号 （5）吴丹编；刘永凯等绘
北京 朝花美术出版社 1988年 26页 19cm（32开）
ISBN：7-5056-0089-3 定价：CNY0.85
（《星球大战》故事精选）
　　中国现代连环画作品。

J0079403
卖火柴的小女孩　安徒生原著；任梅改编；赵
隆义，裘兆明绘
北京 人民美术出版社 1988年 26页 有彩图
13cm（60开）ISBN：7-102-00169-X
定价：CNY0.50
　　中国现代连环画作品。作者赵隆义
（1931—　），编审。上海人。中国美术家协会会
员。作品有《小城春秋》《贺龙的故事》《杨开慧》
《圆眼睛》等。作者裘兆明（1940—　），女，编审。
浙江嵊县人，毕业于中央美术学院中国画系。人
民美术出版社副编审，中国美术家协会会员。作
品有《富饶的边寨》《故乡》《哈尼农家》。

J0079404
茅屋出世　丁柏奇编；唐迅绘
长春 吉林美术出版社 1988年 134页
13cm（60开）定价：CNY0.58
（乾隆皇帝 1）
　　中国现代连环画作品。

J0079405
梅花镖传奇 （上）刘明等改编；姚鸣京等绘
广州 岭南美术出版社 1988年 118页
13cm（60开）定价：CNY0.52
　　中国现代连环画作品。

J0079406
梅花镖传奇 （下）刘明等改编；姚鸣京等绘
广州 岭南美术出版社 1988年 118页
13cm（60开）定价：CNY0.52
　　中国现代连环画作品。

J0079407
梦中求官　潘礼训改编；林伟成等绘画
上海 上海人民美术出版社 1988年 112页
有图 10×13cm ISBN：7-5322-0357-3
定价：CNY0.47
（笑话 十）
　　中国现代连环画作品。

J0079408
秘窟夺宝　钟瑞琨原著；任金光改编；蒲慧华绘
济南 山东美术出版社 1988年 118页
13cm（60开）定价：CNY0.59
　　中国现代连环画作品。作者蒲慧华
（1947—　），国家二级美术师。出生于山东青岛。
青岛市美术家协会理事，青岛市美术家协会中国
画艺术委员会委员，中国美术家协会山东分会会
员。代表作品《三国演义》《红楼梦》《西游记》
封面设计。著作有《当代连环画精品集·蒲慧华》。

J0079409
秘密使命　翟从森编；何镇海等绘
南宁 广西民族出版社 1988年 124页
13cm（60开）定价：CNY0.50
　　中国现代连环画作品。

J0079410
名将之死　元人编；苏维贤绘
广州　岭南美术出版社 1988 年 109 页
13cm（60 开）定价：CNY0.43
　　中国现代连环画作品。

J0079411
魔影　周锡生，王大可编；江洪，王晓鹏绘
南宁　广西民族出版社 1988 年 106 页
13cm（60 开）定价：CNY0.45
（中外新编系列连环画）
　　根据捷克同名惊险影片改编的中国现代连
环画作品。

J0079412
末代皇帝　王虹改编；高亚明摄
北京　中国广播电视出版社 1988 年 12 册
13cm（60 开）定价：CNY11.00
（电视连续剧连环画）
　　中国现代连环画作品。

J0079413
哪吒　田利等改编；穆之等绘
天津　天津人民美术出版社 1988 年 4 册
13cm（60 开）定价：CNY1.80
　　中国现代连环画作品。

J0079414
男人的风格　张贤亮原著；雷云霄改编；张恩
礼，姜凌涛绘
呼和浩特　内蒙古人民出版社 1988 年 126 页
13cm（60 开）定价：CNY0.34
　　中国现代连环画作品。

J0079415
女间谍覆灭记　孔尧其改编；冯正梁绘
杭州　浙江人民美术出版社 1988 年 166 页
13cm（60 开）定价：CNY0.58
　　中国现代连环画作品。作者冯正梁
（1954—　），画家、教授。生于上海，上海师范
大学艺术学士，美国弗吉尼亚州莱德佛大学艺术
硕士。历任美国水彩画会、中国水彩画会、美国
色粉画协会会员，莱德佛大学教授。

J0079416
女武士恩仇　李波编；刘昕，廖正华绘
长沙　湖南美术出版社 1988 年 110 页
13cm（60 开）定价：CNY0.55
　　中国现代连环画作品。

J0079417
平顶山除妖　（明）吴承恩原著；邓柯等编绘
广州　新世纪出版社 1988 年 19cm（32 开）
定价：CNY0.65
（《猴王孙悟空》丛书）
　　中国现代连环画作品。作者吴承恩（约
1500—1583），汉族，明代小说家。淮安府山阳县
河下人（现江苏淮安市淮安区）。字汝忠，号射阳
山人。代表作有《西游记》。作者邓柯（1936—　），
画家。原籍江苏苏州市，生于上海。原名邓国泰。
中国美协会员、天津美协理事。曾任天津美术出
版社美术编辑、天津画院创作干部。主要作品有
《雨》《码头》《小猴种玉米》等。

J0079418
婆媳情　彭先进，许国华改编；吴孝荣摄
北京　新华出版社 1988 年 109 页 13cm（60 开）
定价：CNY0.55
（保险系列连环画 2）
　　中国现代连环画作品。

J0079419
奇怪的大鸡蛋　（美）巴特沃斯著；胡出类改
编；曾泽强，吴馨绘
长沙　湖南少年儿童出版社 1988 年 19cm（32 开）
ISBN：7-5358-0196-X 定价：CNY0.65
（世界著名童话和故事连环画丛书）
　　中国现代连环画作品。

J0079420
奇特的战斗　李建光改编；李先志绘
南宁　广西人民出版社 1988 年 116 页
13cm（60 开）定价：CNY0.50
　　中国现代连环画作品。

J0079421
奇袭鹰头山　闭立群编；闭克绘
南宁　广西人民出版社 1988 年 134 页
13cm（60 开）定价：CNY0.51

中国现代连环画作品。

J0079422
奇异的锁　潘晨编；方磊绘
哈尔滨　黑龙江少年儿童出版社 1988 年 46 页
14cm（80 开）定价：CNY0.22
　　　中国现代连环画作品。

J0079423
乾隆认母　丁柏奇改编；孙福魁绘
长春　吉林美术出版社 1988 年 152 页
13cm（60 开）定价：CNY0.63
（乾隆皇帝 5）
　　　中国现代连环画作品。

J0079424
乾隆外传　葆明改编；叶天荣策摄
上海　上海美术出版社 [1988 年] 5 册
13cm（60 开）盒装　定价：CNY3.70
　　　本书包括《闽宫说隐私》《大闹铁胆庄》《乾隆下江南》《夜探少林寺》《血溅宝月楼》5 册。

J0079425
枪从背后打来　木子改编；邓志刚绘
广州　新世纪出版社 1988 年 142 页 13cm（60 开）
定价：CNY0.60
（少年连环画库）
　　　中国现代连环画作品。

J0079426
巧施反间计　滑国璋编；张育文绘
呼和浩特　内蒙古人民出版社 1988 年 102 页
13cm（60 开）定价：CNY0.28
　　　中国现代连环画作品。

J0079427
窃车大盗　友人改编；周传发等绘
广州　岭南美术出版社 1988 年 150 页
13cm（60 开）定价：CNY0.64
（金陵奇案 2）
　　　中国现代连环画作品。

J0079428
青釭剑　齐东生等绘
天津　天津人民美术出版社 1988 年 126 页

13cm（60 开）定价：CNY0.60
　　　中国现代连环画作品。

J0079429
青山激战　乌兰其日格编；王延青，张健绘
呼和浩特　内蒙古人民出版社 1988 年 150 页
13cm（60 开）定价：CNY0.54
　　　中国现代连环画作品。

J0079430
趣经女儿国　冯薇改编；刘大健等摄
北京　中国连环画出版社 1988 年 94 页
13cm（60 开）定价：CNY0.40
（《西游记》电视系列连环画 16）
　　　本书根据中国古典小说《西游记》改编的现代连环画作品。

J0079431
冉天元传奇　曾小元改编；邓帮源等绘
重庆　重庆出版社 1988 年 166 页 13cm（60 开）
定价：CNY0.51
　　　中国现代连环画作品。

J0079432
人生的滋味　（菜根谭）蔡志忠绘
台北　时报文化出版企业公司 1988 年 179 页
21×19cm
（时报漫画丛书 45）
　　　中国现代漫画作品。作者蔡志忠（1948— ），著名漫画家。台湾彰化人，1976 年成立远东卡通公司、龙卡通公司。创作的 100 多部作品被 30 多个国家翻译出版。代表作有《庄子说》《老子说》《列子说》《大醉侠》《盗帅独眼龙》《光头神探》等。

J0079433
人猿泰山　张企荣编；罗希贤绘
上海　百家出版社 1988 年 19cm（32 开）
定价：CNY0.60
（《童话报》连环画丛书）
　　　本书根据美国好莱坞同名影片改编的中国现代连环画作品。

J0079434
塞外游侠　（上）通惠编；廷家，晨昇绘

长春 吉林美术出版社 1988 年 134 页
13cm（60 开）定价：CNY0.58
　　中国现代连环画作品。

J0079435
塞外游侠 （下）通惠编；廷家，晨昇绘
长春 吉林美术出版社 1988 年 150 页
13cm（60 开）定价：CNY0.63
　　中国现代连环画作品。

J0079436
三打白骨精 中央电视台中国电视剧制作中
心录制；双草改编；刘大健等摄
北京 中国连环画出版社 1988 年 94 页
13cm（60 开）定价：CNY0.40
（《西游记》电视系列连环画）
　　本书根据中国古典小说《西游记》改编的现
代连环画作品。

J0079437
三国演义故事精选 峪崎编；武建华等绘
南京 江苏少年儿童出版社 1988 年 94 页
19cm（32 开）定价：CNY2.40
（名著画库）
　　中国现代连环画作品。

J0079438
三国演义连环画 （一）（明）罗贯中著；徐良
士等改编
上海 上海人民美术出版社 1988 年 1212 页
20cm（32 开）精装 ISBN：7-5322-0469-3
定价：CNY17.95
　　本书根据同名长篇历史小说编绘，共 3 册。
首起《桃园结义》末止《三国归晋》，每一分册突
出一个中心故事。

J0079439
三国演义连环画 （二）（明）罗贯中著；潘勤
孟等改编
上海 上海人民美术出版社 1988 年 1213-2334 页
20cm（32 开）精装 ISBN：7-5322-0470-7
定价：CNY17.00

J0079440
三国演义连环画 （三）（明）罗贯中著；潘勤

孟等改编
上海 上海人民美术出版社 1988 年 2335-3574 页
20cm（24 开）精装 ISBN：7-5322-0471-5
定价：CNY18.45

J0079441
三国演义连环画 （第二册）（明）罗贯中著；
潘勤孟等改编；汪玉山等绘画
上海 上海人民美术出版社 1988 年 1213-2334 页
20cm（32 开）精装 ISBN：7-5322-0469-3
　　中国现代连环画作品。作者汪玉山（1910—
1996），连环画家。江苏阜宁人，出生于上海。曾
用名汪静星。曾在华东人民出版社、新美术出版
社、上海人民美术出版社任连环画创作员。作品
有《二进宫》《丁黄氏》《野猪林》《三十三号魔
星》《三女侠》等。

J0079442
三家巷 韦祺改编；梅汉珍，纹川绘
广州 岭南美术出版社 1988 年 174 页
13cm（60 开）定价：CNY0.64
　　中国现代连环画作品。

J0079443
三调芭蕉扇 大勤改编；刘大健等摄
北京 中国连环画出版社 1988 年 94 页
13cm（60 开）定价：CNY0.40
（《西游记》电视系列连环画 十七）
　　本书根据中国古典小说《西游记》改编的现
代连环画作品。

J0079444
扫塔辨奇冤 黎明改编；刘大健等摄
北京 中国连环画出版社 1988 年 94 页
13cm（60 开）定价：CNY0.40
（《西游记》电视系列连环画 18）
　　本书根据中国古典小说《西游记》改编的现
代连环画作品。

J0079445
森林别墅的疑案 毛志毅改编；亦茗，高超绘
天津 天津人民美术出版社 1988 年 125 页
13cm（60 开）定价：CNY0.53
　　中国现代连环画作品。

J0079446

森林里的房屋　　张治政改编；张宝平等绘
沈阳 辽宁美术出版社 1988年 47页 13cm（60开）
定价：CNY0.57
（格林童话）
　　中国现代连环画作品。

J0079447

杀人之雾　　张宏伟，于秦坤编；李福金，杨允
澄绘
成都 四川美术出版社 1988年 126页
13cm（60开）定价：CNY0.42
（战备知识画库 8）
　　中国现代连环画作品。

J0079448

山东连环画展作品选　　山东省连环画研究会编
济南 山东美术出版社 1988年 84页 26cm（16开）
精装 ISBN：7-5330-0142-7 定价：CNY28.00
　　本书共计收92位作者的连环画作品88套，
227幅；其中彩色的40套，在表现手法上力求丰
富，进一步摆脱单线白描这种传统的单一手法，
而走向手法上的多元化。中英文对照。

J0079449

山东省连环画展作品选　　山东省连环画研究
会编
济南 山东美术出版社 1988年 84页 30cm（16开）
精装 定价：CNY28.00

J0079450

山海关大战　　刘建新编文；李文斗绘画
北京 北京美术摄影出版社 1988年 172页
19cm（32开）ISBN：7-80501-016-1
定价：CNY0.80
　　中国现代连环画作品。

J0079451

山雨欲来　　容丹改编；潘嘉俊等绘
广州 岭南美术出版社 1988年 133页
13cm（60开）定价：CNY0.51
（民初通俗演义 8）
　　中国现代连环画作品。

J0079452

少年侦探　　（意）亚米契斯原著；顾紫微改编；
郜建国等绘
广州 岭南美术出版社 1988年 35页 13cm（60开）
定价：CNY0.40
（爱的教育 二）
　　中国现代连环画作品。

J0079453

少女失踪案　　周安礼改编；何滨，李清婷绘
长沙 湖南美术出版社 1988年 94页 13cm（60开）
定价：CNY0.33
　　中国现代连环画作品。

J0079454

蛇　　吴俊泉，吴刚改编；张广纶，关巍绘
呼和浩特 内蒙古人民出版社 1988年 2册（284页）
13cm（60开）定价：CNY1.02
　　中国现代连环画作品。

J0079455

蛇斗　　周继鑫改编；杨劲松绘
长沙 湖南少年儿童出版社 1988年 86页
13cm（60开）定价：CNY0.30
　　本书根据日本森村诚一的同名小说改编的
中国现代连环画作品。

J0079456

蛇湾的秘密　　浅草改编；区焕章绘
广州 岭南美术出版社 1988年 117页
13cm（60开）定价：CNY0.40
　　根据小说《雪人的秘密》改编的中国现代连
环画作品。

J0079457

舍身护国宝　　一锋改编；钱逸敏，陈宁绘
杭州 浙江人民美术出版社 1988年 174页
13cm（60开）定价：CNY0.61
　　中国现代连环画作品。作者钱逸敏，画家。
上海人，毕业于上海大学美术学院工艺系，擅长
连环画、插图。曾任上海人民美术出版社编辑，
中国美术家协会上海分会会员，上海连环画研究
会会员，上海编辑学会会员，全国低幼读物研究
会会员。作品有《红楼梦故事》《故事大王画库》
《变形金刚》等。

J0079458

神鞭　王素一改编；宗文龙绘
杭州　浙江人民美术出版社　1988 年　157 页
13cm（60 开）定价：CNY0.56
　　中国现代连环画作品。

J0079459

神灯　李遵义改编；晁锡弟，晓梅绘
石家庄　河北美术出版社　1988 年　166 页
13cm（60 开）定价：CNY0.56
　　中国现代连环画作品。

J0079460

神鹅传奇　（黄鹤楼传说故事）刘泽霖编；黄
河清绘
武汉　湖北少年儿童出版社　1988 年　78 页
19cm（32 开）定价：CNY0.68
　　中国现代连环画作品。

J0079461

神鹅传奇　（黄鹤楼传说故事）刘泽霖编；黄
河清绘
武汉　湖北少年儿童出版社　1988 年　78 页
13cm（60 开）定价：CNY0.38
　　中国现代连环画作品。

J0079462

神秘的保安司令　潘肇明，越飞改编；张新
国，沪生绘
杭州　浙江人民美术出版社　1988 年　194 页
13cm（60 开）定价：CNY0.67
　　本书根据王占君原著《保安司令》改编的中
国现代连环画作品。

J0079463

神秘的约翰九号　宁伯安编；韦瑞祥绘
南宁　广西民族出版社　1988 年　132 页
13cm（60 开）定价：CNY0.47
　　中国现代连环画作品。

J0079464

神秘女郎　《周末》画报编辑部编绘
广州　岭南美术出版社　1988 年　46 页 13cm（60 开）
定价：CNY0.61
　　中国现代连环画作品。

J0079465

神奇的小羊羔　（汉蒙文对照）董俊编绘
通辽　内蒙古少年儿童出版社　1988 年　70 页
13cm（60 开）定价：CNY0.35
　　中国现代连环画作品。

J0079466

神犬索龙　蒙西编；赵裕华，蒙显刚绘
南宁　广西民族出版社　1988 年　65 页 13cm（60 开）
定价：CNY0.26
　　中国现代连环画作品。

J0079467

神僧伏魔　汤式稼编；匈棣绘
杭州　浙江人民美术出版社　1988 年　173 页
13cm（60 开）定价：CNY0.61
　　中国现代连环画作品。

J0079468

圣地　刘抒改编；吴志强，秦于绘
广州　岭南美术出版社　1988 年　157 页
13cm（60 开）定价：CNY0.67
　　中国现代连环画作品。

J0079469

圣迹之图　（汉英对照）
济南　山东人民出版社　1988 年　36 页 27cm（16 开）
（孔子文化大全）
　　中国现代连环画作品。

J0079470

圣迹之图　（汉英对照）
济南　山东人民出版社　1988 年　36 页
19×26cm　ISBN：7-209-00224-3
（孔子文化大全）
　　中国现代连环画作品。外文书名：The
Pictures about Confucius Life.

J0079471

圣经神话故事
上海　上海人民美术出版社　1988 年　6 册
13cm（60 开）盒装　定价：CNY3.60
　　本套书包括《亚当和夏娃》《同神摔过跤的
人》《摩西的威力》《力士参孙》《牧童做国王》
《智慧之王》6 册。

J0079472

失踪的马队 陈觅改编；曾宪龙等绘
广州 岭南美术出版社 1988年 157页
13cm（60开）定价：CNY0.67
中国现代连环画作品。

J0079473

师虎武将 李德明作
重庆 重庆出版社 1988年 1张 76cm（2开）
定价：CNY0.36
中国现代连环画作品。

J0079474

施佛法除妖擒贼 吉昌改编；李新民，张云祥绘
北京 中国文联出版公司 1988年 126页
13cm（60开）定价：CNY0.50
（济公画传 2）
中国现代连环画作品。李新民（1941— ），
北京市工艺美术大师，高级工艺美术师。早年
从事过玉雕、牙雕和金漆镶嵌等艺术创作工作。
代表作有《太白瓶》《银兴瓶》《北京风光系列挂
框》等。

J0079475

十二姨太卖官 马鼎盛等改编；洪斯文绘
广州 岭南美术出版社 1988年 58页 13cm（60开）
定价：CNY0.43
中国现代连环画作品。

J0079476

十日谈 （意）卜迦丘原著；李云等改编；王书
朋等绘
天津 天津人民美术出版社 1988年 5册（1190页）
19cm（32开）定价：CNY14.50
本书根据世界古典文学名著《十日谈》改编，
共分5册。

J0079477

石猴初问世 中央电视台中国电视剧制作中
心录制；一涓改编；欣心等摄
北京 中国连环画出版社 1988年 94页
13cm（60开）定价：CNY0.40
（《西游记》电视系列连环画 1）
本书根据中国古典小说《西游记》改编的现
代连环画作品。

J0079478

食品店"飞"出腊肠 唯石编；张煜绘
天津 新蕾出版社 1988年 14页 27cm（16开）
定价：CNY0.55
中国现代连环画作品。作者张煜（1963— ），
国家二级美术师。字文染，号八公山人，三癖
斋主，安徽寿县人。中国美术家协会会员，中
国书法家协会会员，安徽省直机关书画家协会
创作部主任，安徽省青年书法家协会常务理事，
安徽省青年美术家协会理事，安徽省书画院特
聘画家，合肥市美术家协会理事，合肥市书画
院专职画家。作品《清凉世界》《醉彩浓墨写秋
山》《万壑泉声松外去》等。代表作品有《张煜
水墨画集》。

J0079479

世界50大谜 贾文涛编；张宏明等绘
天津 天津人民美术出版社 1988年 4册
19cm（32开）袋装 定价：CNY1.60
中国现代连环画作品。

J0079480

世界童话名著精选 （续集）（德）格林等原
著；李娜等绘画
南京 江苏少年儿童出版社 1988年 94页
17cm（32开）ISBN：7-5346-0160-6
定价：CNY1.80
中国现代连环画作品。

J0079481

世界童话名著连环画 （第一辑）
杭州 浙江少年儿童出版社 1988年 2册（712页）
21cm（32开）定价：CNY8.90
中国现代连环画作品。

J0079482

双胞胎奇遇 郭伟改编；黄英浩，韩伍绘
广州 新世纪出版社 1988年 125页 13cm（60开）
定价：CNY0.53
（少年连环画库）
中国现代连环画作品。作者黄英浩
（1949— ），油画家。浙江镇海人，出生上海。
上海油画雕塑研究院专业油画家，文汇报文艺
部美术编辑。主要作品有鲁迅小说连环画《祝
福》《一件小事》，巴金文学作品《秋天里的春

天》《寒夜》插图等。作者韩伍(1936—　　)，画家。浙江杭州人，毕业于行知艺术学校。中国美术家协会会员、儿童时代社《哈哈画报》主编、上海市美协理事。作品有《五彩路》《微湖山上》《灯花》等，出版有《韩伍画集》《小巷童年》《诗经彩绘》等。

J0079483

双枪市长　吴领彦改编；王海津绘
北京　人民美术出版社 1988年 86页 13cm(60开)
定价：CNY0.42
　　　　中国现代连环画作品。

J0079484

双星恨　(上)袁衍丽，霍志鸿编；区锦生，区小敏绘
广州　岭南美术出版社 1988年 125页
13cm(60开)定价：CNY0.55
　　　　中国现代连环画作品。

J0079485

双星恨　(下)袁衍丽，霍志鸿编；区锦生，区小敏绘
广州　岭南美术出版社 1988年 125页
13cm(60开)定价：CNY0.55
　　　　中国现代连环画作品。

J0079486

谁是冠军　叙晨编；方润南绘
哈尔滨　黑龙江少年儿童出版社 1988年 46页
14cm(80开)定价：CNY0.22
　　　　中国现代连环画作品。

J0079487

水浒传
天津　天津人民美术出版社 1988年 10册
13cm(60开)定价：CNY5.00
　　　　这套连环画包括《智取生辰纲》《大闹江州》《三打祝家庄》(上、下)《花和尚鲁智深》《及时雨宋江》《血溅鸳鸯楼》《真假李逵》《豹子头林冲》《武松打虎》共10册。

J0079488

水浒传故事精选　戚国强，周至诚编；史俊等画
南京　江苏少年儿童出版社 1988年 94页

19cm(32开)定价：CNY2.40
(名著画库)
　　　　本书是依据中国古典小说《水浒传》改编的现代连环画作品。

J0079489

斯大林格勒血战记　(上集)符冰改编；宋飞等绘
广州　新世纪出版社 1988年 110页 13cm(60开)
定价：CNY0.46
　　　　中国现代连环画作品。作者宋飞，插画家。

J0079490

斯大林格勒血战记　(下集)符冰改编；宋飞等绘
广州　新世纪出版社 1988年 109页 13cm(60开)
定价：CNY0.46
　　　　中国现代连环画作品。

J0079491

死灰999　旭东改编；马林等绘
北京　工人出版社 1988年 124页 13cm(60开)
定价：CNY0.46
　　　　中国现代连环画作品。

J0079492

死囚的新生　翟从森改编；林义君绘
广州　岭南美术出版社 1988年 126页
13cm(60开)定价：CNY0.48
　　　　中国现代连环画作品。

J0079493

死神掌心的游戏　章辅儒，田沛编；郭文涛，俊茹绘
兰州　甘肃少年儿童出版社 1988年 26页
27cm(16开)定价：CNY0.56
　　　　中国现代连环画作品。作者郭文涛(1941—　　)，画家。河北交河人。毕业于西北师范大学美术系。中国美术家协会会员，甘肃省美协副主席，兰州市美协主席，兰州市文联主席，兰州市政协副主席。代表作品有《军长之路》(合作)、连环画《四明传奇》、国画《夕照图》。出版有《郭文涛画集》等。

J0079494

死亡的抉择 李志彬编；何纬仁等绘
南宁 广西民族出版社 1988 年 149 页
13cm（60 开）定价：CNY0.60
（中外新编系列连环画）
　　中国现代连环画作品。

J0079495

死亡计划 钟桂英改编；毕铭摄
北京 中国连环画出版社 1988 年 126 页
13cm（60 开）定价：CNY0.45
（无情战线 4）
　　中国现代连环画作品。

J0079496

死亡旅馆 阿莲改编；李晨绘
北京 中国连环画出版社 1988 年 85 页
13cm（60 开）定价：CNY0.33
（世象大千连环画）
　　中国现代连环画作品。

J0079497

死亡峡之谜 蒙西编；雷务武，雷时仲绘
南宁 广西民族出版社 1988 年 98 页 13cm（60开）
定价：CNY0.41
　　中国现代连环画作品。作者雷务武
（1953— ），版画家、教授。别名雷务乙，广西
南宁人，毕业于广西艺术学院。广西艺术学院美
术学院院长、教授，广西美术家协会副主席。代
表作品《中国高等院校美术教程：素描基础教程》
《素描人像步骤》。

J0079498

四打惠州 鲁敬奇改编；蚁美楷等绘
广州 岭南美术出版社 1988 年 141 页
13cm（60 开）定价：CNY0.54
（民初通俗演义 7）
　　中国现代连环画作品。作者蚁美楷
（1938— ），画家。广东澄海人，毕业于北京艺
术师范学院。历任吉林艺术学院美术系教师，广
州美术学院副教授。代表作品《打稻场上》《待
鱼归》《炎黄子孙》等。

J0079499

四漆屏 文宏浩改编；吴绪经绘

重庆 重庆出版社 1988 年 182 页 13cm（60 开）
定价：CNY0.55
（狄公案 5）
　　中国现代连环画作品。作者吴绪经
（1945— ），教授。生于四川成都，四川省教育
学院美术系教授、中国美术家协会会员、中国电
影家协会会员。作品有《竞技图》《虎门硝烟》《一
个共产党员的送葬行列》等。

J0079500

四探无底洞 肖月改编；刘大健等摄
北京 中国连环画出版社 1988 年 94 页
13cm（60 开）定价：CNY0.40
（《西游记》电视系列连环画 23）
　　本书根据中国古典小说《西游记》改编的现
代连环画作品。

J0079501

宋氏三姐妹 （上册）林玉山等编；沈尧伊绘
广州 岭南美术出版社 1988 年 170 页
13cm（60 开）定价：CNY0.56
　　中国现代连环画作品。作者沈尧伊
（1943— ），画家。浙江镇海人，毕业于中央美
术学院。曾任中国人民大学徐悲鸿艺术学院教
授、中国美术家协会会员、北京美术家协会理
事、连环画艺术委员会主任。代表作品有《而今
迈步从头越》《革命理想高于天》《地球的红飘
带》等。

J0079502

宋氏三姐妹 （下册）林玉山等编；沈尧伊绘
广州 岭南美术出版社 1988 年 183 页
13cm（60 开）定价：CNY0.60
　　中国现代连环画作品。

J0079503

孙猴巧行医 中央电视台中国电视剧制作中
心录制；石头改编；刘大健等摄
北京 中国连环画出版社 1988 年 94 页
13cm（60 开）定价：CNY0.40
（《西游记》电视系列连环画 20）
　　本书根据中国古典小说《西游记》改编的现
代连环画作品。

J0079504

孙悟空除妖记连环画画丛（1 孙悟空大战猪刚鬣）江水长改编；李泽霖绘

武汉 湖北少年儿童出版社 1988 年 13cm（64 开）

ISBN：7-5353-0309-9 定价：CNY0.22

　　中国现代连环画作品。

J0079505

孙悟空除妖记连环画画丛（2 孙悟空巧计斗河妖）阿芒改编；陈立人，张毅刚绘

武汉 湖北少年儿童出版社 1988 年 62 页 13cm（64 开）ISBN：7-5353-0310-2

定价：CNY0.22

　　中国现代连环画作品。

J0079506

孙悟空除妖记连环画画丛（3 孙悟空勇降黄袍怪）咏春，拾贝改编；孔可风绘画

武汉 湖北少年儿童出版社 1988 年 62 页 13cm（64 开）ISBN：7-5352-0311-0

定价：CNY0.22

　　中国现代连环画作品。

J0079507

孙悟空除妖记连环画画丛（4 孙悟空智收二魔王）李彰改编；吕唯唯，刘卉绘画

武汉 湖北少年儿童出版社 1988 年 62 页 13cm（64 开）ISBN：7-5353-0312-9

定价：CNY0.22

　　中国现代连环画作品。

J0079508

孙悟空除妖记连环画画丛（5 孙悟空智擒红孩妖）胡宏改编；李宏，魏沛绘画

武汉 湖北少年儿童出版社 1988 年 62 页 13cm（64 开）ISBN：7-5353-0313-7

定价：CNY0.22

　　中国现代连环画作品。

J0079509

孙悟空除妖记连环画画丛（6 孙悟空勇战金鱼精）何玉仁改编；侯春洋，徐开云绘画

武汉 湖北少年儿童出版社 1989 年 13cm（64 开）

ISBN：7-5353-0438-9 定价：CNY0.30

　　中国现代连环画作品。

J0079510

孙悟空除妖记连环画画丛（7 孙悟空巧胜兕魔王）彭吉改编；裴向春，殷梅娟绘画

武汉 湖北少年儿童出版社 1989 年 13cm（64 开）

ISBN：7-5353-0439-7 定价：CNY0.30

　　中国现代连环画作品。

J0079511

孙悟空除妖记连环画画丛（8 孙悟空智降牛魔王）李跃改编；王烈绘画

武汉 湖北少年儿童出版社 1989 年 13cm（64 开）

ISBN：7-5353-0440-0 定价：CNY0.30

　　中国现代连环画作品。

J0079512

孙悟空除妖记连环画画丛（9 孙悟空苦战假雷音）汪洋改编；刘斌昆，陆华绘画

武汉 湖北少年儿童出版社 1989 年 13cm（64 开）

ISBN：7-5353-0441-9 定价：CNY0.30

　　中国现代连环画作品。

J0079513

孙悟空除妖记连环画画丛（10 孙悟空计收金毛犼）吉文军改编；方路，李群绘画

武汉 湖北少年儿童出版社 1989 年 13cm（64 开）

ISBN：7-5353-0442-7 定价：CNY0.30

　　中国现代连环画作品。

J0079514

孙悟空除妖记连环画画丛（11 孙悟空巧取蜘蛛精）江平改编；方隆昌绘画

武汉 湖北少年儿童出版社 1989 年 13cm（64 开）

ISBN：7-5353-0443-5 定价：CNY0.30

　　中国现代连环画作品。作者方隆昌（1944— ），湖北武汉人，毕业于湖北艺术学院。中国美术家协会、中国装帧艺术研究会、中国连环画研究会会员、湖北美术编辑研究会会长。主要作品有中国画《喂猪》、连环画《向警予》《宋史故事》等。

J0079515

孙悟空除妖记连环画画丛（12 孙悟空智取狐狸精）沙铁军改编；谢志良绘画

武汉 湖北少年儿童出版社 1989 年 13cm（64 开）

ISBN：7-5353-0444-3 定价：CNY0.30

中国现代连环画作品。

J0079516

孙悟空除妖记连环画画丛 （13　孙悟空降服老鼠精）蔡明村改编；湘平，朱海绘画
武汉　湖北少年儿童出版社　1989年　13cm（64开）
ISBN：7-5353-0445-1　定价：CNY0.30
　　中国现代连环画作品。

J0079517

孙悟空除妖记连环画画丛 （14　孙悟空扫除豹子精）薛冰改编；刘建华绘画
武汉　湖北少年儿童出版社　1989年　13cm（64开）
ISBN：7-5353-0446-X　定价：CNY0.30
　　中国现代连环画作品。

J0079518

孙悟空除妖记连环画画丛 （15　孙悟空巧擒玉兔妖）韩季愚改编；恩道，留敏，晓博绘画
武汉　湖北少年儿童出版社　1989年　13cm（64开）
ISBN：7-5353-0447-8　定价：CNY0.30
　　中国现代连环画作品。

J0079519

孙悟空和老博士 （数学故事）李毓佩编；李刚，李壮绘
沈阳　辽宁美术出版社　1988年　94页　13cm（60开）
定价：CNY0.27
　　中国现代连环画作品。

J0079520

太湖传奇 （上集）戈人改编；盛元龙绘
北京　中国连环画出版社　1988年　166页
13cm（60开）定价：CNY0.65
（革命战争连环画库）
　　中国现代连环画作品。作者盛元龙（1949—　），美术师，画家。浙江鄞县人，毕业于中国美院国画系人物画专业。历任鄞县美协主席、鄞县越剧团二级美术师。代表作品有《众志成城》《海边》等，出版有《盛元龙画集》。

J0079521

太湖传奇 （下集）戈人改编；盛元龙绘
北京　中国连环画出版社　1988年　166页
13cm（60开）定价：CNY0.65

（革命战争连环画库）
　　中国现代连环画作品。

J0079522

唐老鸭和孙悟空　艺夫编；贾文涛等绘
天津　天津人民美术出版社　1988年　5册
27cm（16开）定价：CNY1.95
　　这套连环画包括《四金刚灭鼠战》《八卦炉炼百宝》《借天火扫雷捕盗》《假冒集团现形记》《唐老鸭遇难记》5册。

J0079523

桃花扇 （清）孔尚任原著；王肇岐改编；周申绘画
济南　山东美术出版社　1988年　92页　20cm（32开）
ISBN：7-5330-0103-6　定价：CNY2.95
　　本书根据清代作家孔尚任的戏剧名著《桃花扇》改编的连环画。

J0079524

天方夜谭
上海　上海人民美术出版社［1988年］8册
13cm（60开）定价：CNY3.50
（儿童理想读物）
　　本书包括《宰相的女儿》《阿里巴巴和四十大盗》《王子历险》《亚米德寻宝奇遇》《洗染匠和理发师》《三姐妹》《聂尔曼和诺尔美》《睡着的人和醒着的人》8册。

J0079525

天方夜谭　鲁汶改编；尚金声画
天津　天津人民美术出版社　1988年　224页
19cm（32开）定价：CNY2.30
　　中国现代连环画作品。

J0079526

天方夜谭续集　竺少华等改编；薛建华等绘
上海　上海人民美术出版社［1988年］7册
13cm（60开）盒装　定价：CNY3.30
（天方夜谭丛书）
　　本套书包括《渔翁和巨魔》《辛伯达航海历险记》《神灯》《飞木马》《巴斯拉王子》《波斯医法术无边》《疯人院里一青年》7册。

J0079527

天竺收玉兔　中央电视台中国电视剧制作中心录制；肖月改编；刘大健摄
北京　中国连环画出版社 1988 年 94 页
13cm（60 开）定价：CNY0.40
《《西游记》电视系列连环画 二十四》
　　本书根据中国古典小说《西游记》改编的现代连环画作品。

J0079528

田螺精和蛇师　唐宗龙编；谢田绘
杭州　浙江人民美术出版社 1988 年 62 页
13cm（60 开）定价：CNY0.59
　　中国现代连环画作品。

J0079529

铁掌擒魔　国海改编；赵国经，王美芳绘
杭州　浙江人民美术出版社 1988 年 154 页
13cm（60 开）定价：CNY0.55
　　中国现代连环画作品。作者赵国经（1950—　），一级画师。出生于河北景县，毕业于天津美术学院绘画系。中国美术家协会会员、连环画艺术委员会委员、天津美术家协会副主席、天津美术出版社美术编辑、连环画编辑室主任。年画代表作品有《烽火连三月》《做嫁衣》等。作者王美芳（1949—　），女，高级画师。北京人，毕业于中央美术学院附中。天津工艺美术设计院高级画师、天津画院院外画家。擅长中国画。作品有《蒙山腊月》《王贵与李香香》《做嫁衣》《正月》《太阳、雪山和我》。

J0079530

偷吃人参果　肖奇改编；欣心等摄
北京　中国连环画出版社 1988 年 94 页
13cm（60 开）定价：CNY0.40
《《西游记》电视系列连环画 9》
　　本书根据中国古典小说《西游记》改编的现代连环画作品。

J0079531

退役军犬黄狐：动物故事专辑
重庆　重庆出版社 1988 年 6 册 13cm（60 开）
定价：CNY2.25
　　这套连环画册包括《退役军犬黄狐》《头羊之死》《马舒特卡》《灰色的恶魔》《象冢》《野猪王》，共 6 册。

J0079532

鸵鸟小莎莎　罗丹写；纪洪志注音；刘敦义画
长沙　湖南少年儿童出版社 1988 年 57 页
有图　17×19cm（24 开）ISBN：7-5353-0315-3
定价：CNY0.76
　　中国现代连环画作品。

J0079533

外国寓言
广州　岭南美术出版社［1988 年］6 册
13cm（60 开）盒装　定价：CNY3.20
　　本套书包括《打破神像的人》《一只眼睛的鹿》《猫爪下的夜莺》《披了狮皮的驴》《没有心的驴子》《说谎者的下场》6 册。

J0079534

王子与贫儿　（美）马克·吐温著；晓音改编
长沙　湖南少年儿童出版社 1988 年 1 册
19cm（32 开）ISBN：7-5358-0193-5
定价：CNY0.56
（世界著名童话和故事连环画丛书）
　　中国现代连环画作品。

J0079535

乌鸡国擒魔　（明）吴承恩著；邓柯等编
广州　新世纪出版社 1988 年 1 册 19cm（32 开）
定价：CNY0.70
（《猴王孙悟空》丛书）
　　中国现代连环画作品。作者吴承恩（约1500—1583），汉族，明代小说家。淮安府山阳县河下人（现江苏淮安市淮安区）。字汝忠，号射阳山人。代表作有《西游记》。作者邓柯（1936—　），画家。原籍江苏苏州市，生于上海。原名邓国泰。中国美协会员、天津美协理事。曾任天津美术出版社美术编辑、天津画院创作干部。主要作品有《雨》《码头》《小猴种玉米》等。

J0079536

五粒蝴蝶扣　（上）石山改编；张树军，李立民绘
长沙　湖南美术出版社 1988 年 110 页
13cm（60 开）定价：CNY0.33
　　中国现代连环画作品。

J0079537

五粒蝴蝶扣 （下）石山改编；张树军，李立民绘
长沙 湖南美术出版社 1988年 110页
13cm（60开）定价：CNY0.33
　　中国现代连环画作品。

J0079538

五张照片 文馨改编；晓光制作
北京 中国连环画出版社 1988年 126页
13cm（60开）定价：CNY0.45
　　中国现代连环画作品。

J0079539

武松系列连环画
上海 上海人民美术出版社 1988年 5册
13cm（60开）盒装 定价：CNY2.60
　　本书包括《景阳岗打虎》《斗杀西门庆》《醉
打蒋门神》《血溅鸳鸯楼》《大闹蜈蚣岭》5册。

J0079540

误入小雷音 石头改编；刘大健等摄
北京 中国连环画出版社 1988年 94页
13cm（60开）定价：CNY0.40
（《西游记》电视系列连环画 19）
　　中国现代电视《西游记》改编的连环画作品。

J0079541

西游记 （上）（明）吴承恩原著；黄培衍等改
编；高云，胡博综绘画
北京 中国连环画出版社 1988年 1册
17×18cm
（古典文学彩色连环画）
　　本书根据中国古典小说《西游记》改编的现
代连环画作品。作者高云(1956—)，国家一级
美术师。毕业于南京艺术学院中国画专业。历任
中国美术家协会理事、中国画艺委会委员、全国
美术馆专委会副主任、江苏省美协副主席、江苏
省美术馆馆长、南京艺术学院客座教授。作者胡
博综(1941—)，编审。江苏无锡人。中国美协
会员，江苏美术出版社副总编、编审，中国美协连
环画艺委会委员、江苏省美协理事。连环画作品
有《十二品正官》《倪焕之》《要是我当县长》等。

J0079542

西游新记 杨鲁改编；贾文涛绘

天津 天津人民美术出版社 1988年 5册
13cm（60开）定价：CNY2.65
　　中国现代连环画作品。

J0079543

嫌疑犯 穆菱改编；晓光制作
北京 中国连环画出版社 1988年 156页
13cm（60开）定价：CNY0.55
　　本书根据同名电影改编的中国现代连环画
作品。

J0079544

橡皮泥大盗 （3）彭懿编；陈光明画
南昌 江西少年儿童出版社 1988年 26cm（16开）
ISBN：7-5391-0231-4 定价：CNY0.90
　　中国现代连环画作品。

J0079545

橡皮泥大盗 （4）彭懿编；陈光明画
南昌 江西少年儿童出版社 1988年 26cm（16开）
ISBN：7-5391-0232-2 定价：CNY0.90
　　中国现代连环画作品。

J0079546

橡皮泥大盗 （一）彭懿编；陈光明，沈勇绘
上海 上海人民美术出版社 1988年 50页
19cm（32开）定价：CNY0.60
（电视系列连环画）
　　中国现代连环画作品。

J0079547

橡皮泥大盗 （二）彭懿编；陈光明，沈勇绘
上海 上海人民美术出版社 1988年 50页
19cm（32开）定价：CNY0.60
（电视系列连环画）
　　中国现代连环画作品。

J0079548

橡皮泥大盗 （三）彭懿编；陈光明，沈勇绘
上海 上海人民美术出版社 1988年 46页
19cm（32开）定价：CNY0.55
（电视系列连环画）
　　中国现代连环画作品。

J0079549

消防连环画 （1 烛龙）上海市公安局消防处编
上海　上海科学技术出版社　1988 年　32 页
27cm（16 开）定价：CNY1.00
　　中国现代连环画作品。

J0079550

小狐狸　余又晨编；方润南绘
哈尔滨　黑龙江少年儿童出版社　1988 年　46 页
14cm（80 开）定价：CNY0.22
　　中国现代连环画作品。

J0079551

小熊温尼・菩　潘漫怡译；王明明改编；詹同
绘画
北京　人民美术出版社　1988 年　20 页　有图
13cm（60 开）ISBN：7–102–00219–X
定价：CNY0.21
　　中国现代连环画作品。

J0079552

笑话连篇：中国古代笑话　（一）刘明改编；
丁聪绘
北京　中国连环画出版社　1988 年　125 页
13cm（60 开）定价：CNY0.45
（中外笑话连环画库）
　　中国现代连环画作品。作者丁聪（1916—
2009），著名漫画家、舞台美术家。生于上海。曾
任《人民画报》副总编辑、中国美术家协会漫画
艺术委员会主任。作品有《鲁迅小说插图》《丁
聪插图》《四世同堂》《骆驼祥子》作品插图。

J0079553

笑话连篇：中国古代笑话　（二）刘明改编；
江帆绘
北京　中国连环画出版社　1988 年　125 页
13cm（60 开）定价：CNY0.45
（中外笑话连环画库）
　　中国现代连环画作品。

J0079554

笑话连篇：中国古代笑话　（三）沈念斤改
编；詹同绘
北京　中国连环画出版社　1988 年　125 页
13cm（60 开）定价：CNY0.45

（中外笑话连环画库）
　　中国现代连环画作品。

J0079555

笑话连篇：中国古代笑话　（四）赵玉琦改
编；廖冰兄绘
北京　中国连环画出版社　1988 年　126 页
13cm（60 开）定价：CNY0.45
（中外笑话连环画库）
　　中国现代连环画作品。作者廖冰兄（1915—
2006），漫画家。原名东生，生于广东广州，祖籍
广西象州县。曾任美协广东分会副主席，中国美
术家协会理事。代表作品《自嘲》《猫国春秋》《抗
战必胜连环图》《残梦纪奇篇》等。

J0079556

笑话连篇：中国古代笑话　（五）赵玉琦改
编；王树忱绘
北京　中国连环画出版社　1988 年　125 页
13cm（60 开）定价：CNY0.45
（中外笑话连环画库）
　　中国现代连环画作品。

J0079557

新黑猫警长系列彩色画册　（一　激战金沙
滩）诸志祥编；陆汝浩等绘
福州　福建少年儿童出版社　1988 年　19cm（32开）
定价：CNY0.55
　　中国现代连环画作品。作者诸志祥（1941—
2015），笔名浩谷，浙江绍兴人。中共党员。1961
年毕业于上海市第四师范学校。历任某校教师、
上海《少年报》编辑、《作家与企业家报》负责人。
1968 年开始发表作品。1990 年加入中国作家协
会。著有中篇童话《八戒回乡》《挂领带的牛》《猴
医生治病》《黑猫警长》（已改编为动画片剧本并
录制播出）、《黑猫警长与外星人》等 10 部。

J0079558

新黑猫警长系列彩色画册　（二　追捕途中）
诸志祥编；陆汝浩等绘
福州　福建少年儿童出版社　1988 年　19cm（32 开）
定价：CNY0.55
　　中国现代连环画作品。

J0079559

新黑猫警长系列彩色画册 （三 智歼野猫）
诸志祥编；陆汝浩等绘
福州 福建少年儿童出版社 1988年 19cm（32开）
定价：CNY0.55
　　中国现代连环画作品。作者陆汝浩
（1943—　　），画家。别名双水，浙江宁波人。曾
在师范专修美术。《上海少年报》社童话报美术
编辑。连环画作品有《滨海谍案》。

J0079560

新黑猫警长系列彩色画册 （四 谁是凶手）
诸志祥编；陆汝浩等绘
福州 福建少年儿童出版社 1988年 19cm（32开）
定价：CNY0.55
　　中国现代连环画作品。

J0079561

新黑猫警长系列彩色画册 （五 湖边啼哭
声）诸志祥编；陆汝浩等绘
福州 福建少年儿童出版社 1988年 19cm（32开）
定价：CNY0.55
　　中国现代连环画作品。

J0079562

新黑猫警长系列彩色画册 （六 意外的收
获）诸志祥编；陆汝浩等绘
福州 福建少年儿童出版社 1988年 19cm（32开）
定价：CNY0.55
　　中国现代连环画作品。

J0079563

新黑猫警长系列彩色画册 （七 神奇的部
队）诸志祥编；陆汝浩等绘
福州 福建少年儿童出版社 1988年 19cm（32开）
定价：CNY0.65
　　中国现代连环画作品。

J0079564

新黑猫警长系列彩色画册 （八 灰狐狸请
客）诸志祥编；陆汝浩等绘
福州 福建少年儿童出版社 1988年 19cm（32开）
定价：CNY0.65
　　中国现代连环画作品。

J0079565

新黑猫警长系列彩色画册 （九 智斗黑大
蜂）诸志祥编；陆汝浩等绘
福州 福建少年儿童出版社 1988年 19cm（32开）
定价：CNY0.65
　　中国现代连环画作品。

J0079566

新黑猫警长系列彩色画册 （十 可怕的夜
晚）诸志祥编；陆汝浩等绘
福州 福建少年儿童出版社 1988年 19cm（32开）
定价：CNY0.65
　　中国现代连环画作品。

J0079567

新黑猫警长系列彩色画册 （十一 地下城除
贼）诸志祥编；陆汝浩等绘
福州 福建少年儿童出版社 1988年 19cm（32开）
定价：CNY0.65
　　中国现代连环画作品。

J0079568

新黑猫警长系列彩色画册 （十二 谁偷了鸡
蛋）诸志祥编；陆汝浩等绘
福州 福建少年儿童出版社 1988年 19cm（32开）
定价：CNY0.65
　　中国现代连环画作品。

J0079569

新婚惊变　郁如编；张新国，吴新绘
杭州 浙江人民美术出版社 1988年 134页
13cm（60开）定价：CNY0.49
　　中国现代连环画作品。

J0079570

熊虎斗　何培新编；罗枫绘
杭州 浙江人民美术出版社 1988年 62页
13cm（60开）定价：CNY0.22
（科学童话）
　　中国现代连环画作品。

J0079571

许世友传奇　蒙西编；闭克，韦智仁绘
南宁 广西民族出版社 1988年 101页
13cm（60开）定价：CNY0.50

中国现代连环画作品。

中国现代连环画作品。

J0079572
选美的悲剧 （上）翠雪改编；邓崇龙等绘
广州 岭南美术出版社 1988 年 123 页
13cm（60 开）定价：CNY0.55
　　中国现代连环画作品。

J0079579
血染珍珠 陈少布改编；干成业绘
广州 岭南美术出版社 1988 年 122 页
13cm（60 开）定价：CNY0.48
　　中国现代连环画作品。

J0079573
选美的悲剧 （下）翠雪改编；邓崇龙等绘
广州 岭南美术出版社 1988 年 116 页
13cm（60 开）定价：CNY0.52
　　中国现代连环画作品。

J0079580
血战马石山 刘莹改编；崔建社，甫仑绘
天津 天津人民美术出版社 1988 年 94 页
13cm（60 开）定价：CNY0.48
　　中国现代连环画作品。

J0079574
雪虎奇遇记 浅草等改编；姚建平绘
广州 岭南美术出版社 1988 年 123 页
13cm（60 开）定价：CNY0.56
　　中国现代连环画作品。

J0079581
驯狮记 叶素遐改编；关伟文绘
广州 新世纪出版社 1988 年 126 页 13cm（60 开）
定价：CNY0.55
（少年连环画库）
　　中国现代连环画作品。

J0079575
血溅儿女剑 古月编；廖正华，廖耘绘
长沙 湖南美术出版社 1988 年 150 页
13cm（60 开）定价：CNY0.53
　　中国现代连环画作品。

J0079582
颜太师笔伐奸佞 王才博改编；张方林绘
广州 岭南美术出版社 1988 年 104 页
13cm（60 开）定价：CNY0.52
　　中国现代连环画作品。

J0079576
血溅武当 岳啸原著；吴汶改编；姚柏，姚钟
荣绘
广州 新世纪出版社 1988 年 4 册 13cm（60 开）
定价：CNY2.10
　　中国现代连环画作品。

J0079583
要塞忠魂 浅草改编；柠年等绘
杭州 浙江人民美术出版社 1988 年 174 页
13cm（60 开）定价：CNY0.52
　　中国现代连环画作品。

J0079577
血泪春秋 卫凤霞改编；郑林华绘
广州 新世纪出版社 1988 年 126 页 13cm（60 开）
定价：CNY0.54
（少年连环画库）
　　中国现代连环画作品。

J0079584
一代英魂 （无锡工人运动先驱者秦起）孙长
根，周炎运编；张崇政，龚东明绘
南京 江苏美术出版社 1988 年 78 页 13cm（60 开）
定价：CNY0.30
　　中国现代连环画作品。

J0079578
血染项链结奇缘 赵铁城改编；梁启德，宋巍绘
南宁 广西人民出版社 1988 年 1 册 26cm（16 开）
ISBN：7-219-00704-3 定价：CNY0.70
　　根据黄源海、刘嘉越《带血的项链》改编的

J0079585
一个变两个 刘玉珍译；丁午绘画
北京 人民美术出版社 1988 年 14 页 有彩图
12×13cm（56 开）ISBN：7-102-00116-9
定价：CNY0.44

中国现代连环画作品。

J0079586
一个女演员的梦　石兔子改编；晓光制作
北京　中国连环画出版社　1988 年　126 页
13cm（60 开）定价：CNY0.45
　　根据同名电影改编的中国现代连环画作品。

J0079587
一箭仇　孔尧其，王杰夫改编；郑卫军，邵阳绘
杭州　浙江人民美术出版社　1988 年　125 页
13cm（60 开）定价：CNY0.46
　　中国现代连环画作品。

J0079588
沂蒙荡寇　舒莹改编；龙国平绘
长沙　湖南美术出版社　1988 年　102 页
13cm（60 开）定价：CNY0.36
　　中国现代连环画作品。

J0079589
遗憾与希望　（中外名人成才启示录）济南军
区计划生育办公室，山东省计划生育委员会宣
教处编；沈文泰编；王立志等绘
济南　山东美术出版社　1988 年　245 页
19cm（32 开）定价：CNY2.40
　　中国现代连环画作品。

J0079590
异域惊涛　余松岩改编；潘晋枕等绘
广州　岭南美术出版社　1988 年　193 页
13cm（60 开）定价：CNY0.82
　　根据评书《薛刚反唐》改编的中国现代连环
画作品。

J0079591
阴阳朱砂痣　王梦改编；廖先悟绘
长沙　湖南美术出版社　1988 年　126 页
13cm（60 开）定价：CNY0.43
　　根据评书《薛刚反唐》改编的中国现代连环
画作品。

J0079592
引狼出穴　谷祖永改编；孙永印，周林林绘
石家庄　河北美术出版社　1988 年　102 页

13cm（60 开）定价：CNY0.36
　　中国现代连环画作品。

J0079593
饮弹自毁的女人　周建鑫改编；廖先悟，谭德
广绘
长沙　湖南美术出版社　1988 年　110 页
13cm（60 开）定价：CNY0.49
　　中国现代连环画作品。

J0079594
隐蔽的战斗　韩国海改编；裴向春等绘
杭州　浙江人民美术出版社　1988 年　166 页
13cm（60 开）定价：CNY0.58
　　中国现代连环画作品。

J0079595
鹦鹉山　（汉英对照）何纬仁绘
桂林　漓江出版社　1988 年　44 页　19cm（32 开）
定价：CNY7.50
（桂林山水传说）
　　中国现代连环画作品。

J0079596
迎春曲　余又晨编；王悟生绘
哈尔滨　黑龙江少年儿童出版社　1988 年　46 页
14cm（80 开）定价：CNY0.22
　　中国现代连环画作品。

J0079597
勇赴"鸿门宴"　佚佚改编；袁大仪绘
天津　天津人民美术出版社　1988 年　150 页
13cm（60 开）定价：CNY0.60
　　中国现代连环画作品。

J0079598
勇敢的马法社　刘明正改编绘画
广州　新世纪出版社　1988 年　142 页　13cm（60开）
定价：CNY0.59
（少年连环画库）
　　中国现代连环画作品。

J0079599
幽默连环画　（一）梧磊等编绘
南宁　广西民族出版社　1988 年　128 页

13cm（60开）定价：CNY0.50

J0079600

幽默连环画 （二）梧磊等编绘
南宁 广西民族出版社 1988年 128页
13cm（60开）定价：CNY0.50

J0079601

玉蝶奇冤　水登改编；谢新发，灵溪摄
上海 上海人民美术出版社 1988年 158页
13cm（60开）定价：CNY0.78
　　中国现代连环画作品。

J0079602

玉珠串　（荷）罗伯特·梵·古利克原著；古奇改
编；潘直亮绘
重庆 重庆出版社 1988年 174页 13cm（60开）
定价：CNY0.53
（狄公案 6）
　　中国现代连环画作品。作者潘直亮
（1941— ），编辑。湖北汉阳人。历任湖北孝感
市文联副主席、市美协主席、孝感画院院长、中
国美术家协会会员，孝感市美术家协会名誉主
席。作品有《杨靖宇》《恋》《献寿》主要专著有《潘
直亮佛教题材水墨作品选集》等。

J0079603

浴血太平洋　凌云改编；冯笑，朱鹰绘
广州 岭南美术出版社 1988年 102页
13cm（60开）定价：CNY0.41
　　根据《战争风云》改编的中国现代连环画
作品。

J0079604

袁帝之薨　奋永改编；赵希玮等绘
广州 岭南美术出版社 1988年 149页
13cm（60开）定价：CNY0.50
（民初通俗演义 3）
　　中国现代连环画作品。

J0079605

悦城龙母　（广东民间故事选）叶其盛改编；
姚柏绘
广州 岭南美术出版社 1988年 92页 13cm（60开）
定价：CNY0.38

中国现代连环画作品。

J0079606

越境　胡羽甲改编；陈文光等绘
广州 新世纪出版社 1988年 126页 13cm（60开）
定价：CNY0.50
（少年连环画库）
　　中国现代连环画作品。

J0079607

枣园的枪声　佚佚改编；袁大仪等绘
天津 天津人民美术出版社 1988年 142页
13cm（60开）定价：CNY0.60
（冀鲁鏖战 1）
　　中国现代连环画作品。

J0079608

真假姑爷　陈毓琪改编；嵩子，加贝绘
长沙 湖南美术出版社 1988年 118页
13cm（60开）定价：CNY0.43
　　中国现代连环画作品。

J0079609

震惊世界的一分钟　耕野改编；于成业绘
广州 岭南美术出版社 1988年 126页
13cm（60开）定价：CNY0.48
　　中国现代连环画作品。作者于成业
（1950— ），画家。山东文登市人。曾任中国美
术家协会广东分会会员、人民日报神舟书画院
画师。代表作品有《五洲乐》《千禧年》《古堡女
奴》等。

J0079610

镇南关大战　严军改编；叶其嘉绘
广州 新世纪出版社 1988年 122页 13cm（60开）
定价：CNY0.55
　　中国现代连环画作品。

J0079611

郑瞳之围　郭明伦，张重天原著；佚佚改编；
袁大仪等绘
天津 天津人民美术出版社 1988年 158页
13cm（60开）定价：CNY0.65
（冀鲁鏖战 5）
　　中国现代连环画作品。

J0079612

知识童话连环画 （第二辑）

上海 上海人民美术出版社［1988年］10册

13cm（60开）盒装 定价：CNY3.50

（儿童理想读物）

　　本辑包括《鸡爸爸找蛋》《猴小弟学睡觉》《聪明的海豚》《小乌龟出世记》《小白龟上天》《斗输的风暴》《机器人出诊》《谁丢了尾巴》《森林之王》《谁的脚最有用》10册。

J0079613

智慧故事连环画精选 （一）

南京 江苏少年儿童出版社 1988年 96页

19cm（32开）定价：CNY2.20

　　本书是收入古今中外故事220余篇的中国现代连环画作品。每篇故事后面，都附有答案。

J0079614

智激美猴王 中央电视台中国电视剧制作中心录制；肖奇改编；刘大健等摄

北京 中国连环画出版社 1988年 94页

13cm（60开）定价：CNY0.40

（《西游记》电视系列连环画 11）

　　根据中国古典小说《西游记》改编的现代连环画作品。

J0079615

智力故事 （二）金弓等编；黄吉国等绘

重庆 重庆出版社 1988年 13cm（60开）

定价：CNY0.55

　　中国现代连环画作品。

J0079616

智美更登 （藏汉对照）王之枫整理；王木绘；卓玛吉译

南宁 青海民族出版社 1988年 115页

13cm（60开）定价：CNY0.34

　　本书根据藏戏故事整理改编的中国现代连环画作品。

J0079617

智取松林寨 马保超改编；张修竹绘

石家庄 河北美术出版社 1988年 134页

13cm（60开）定价：CNY0.46

　　中国现代连环画作品。

J0079618

中国民间故事 曲直等编；三喜等绘

济南 山东美术出版社 1988年 12册

13cm（60开）盒装 定价：CNY3.65

（中国民间故事连环画丛书）

　　这套连环画包括《牛蛙》《合浦珠还》《虎王逃命记》《宫女图》《盗花珠》《花边姐姐》《龙女斗旱魔》《阿娇》《细玉棍》《金钻和石羊》《舍身崖》《泰山小仙羊》，共10册。

J0079619

中国兄弟民族民间传说

武汉 湖北少年儿童出版社 1988年 21页

27cm（16开）定价：CNY1.10

　　本连环画包括《莫拉》《人参精》《老头和乌鸦》《太阳的回答》《金芦笙》《金钻和石羊》《登仙桥》等。

J0079620

中国历代谜语故事 （第一集）雷风行改编；胡勃等绘

北京 工人出版社 1988年 13cm（60开）

定价：CNY0.46

　　中国现代连环画作品。作者胡勃（1943— ），教授。字冲汉，笔名野风，山东莱州人。内蒙古师范大学美术系毕业，留校任教，后任中央美术学院教授，中国美术家协会会员。代表作品有《夜色》《蓝色的早晨》《湘溪》《静影沉碧》等。

J0079621

中国历代谜语故事 （第二集）雷风行改编；王迎春等绘

北京 工人出版社 1988年 13cm（60开）

定价：CNY0.46

　　中国现代连环画作品。

J0079622

中国历代谜语故事 （第三集）雷风行改编；刘大为等绘

北京 工人出版社 1988年 13cm（60开）

定价：CNY0.46

　　中国现代连环画作品。作者刘大为（1945— ），教师。山东诸城人。解放军艺术学院美术系主任，中国美术家协会中国画艺术委员会委员等。出版有《刘大为画集》。

J0079623

中国历代谜语故事 （第四集）雷风行改编；
戴敦邦等绘

北京　工人出版社　1988 年　13cm（60 开）

定价：CNY0.46

　　　　中国现代连环画作品。作者戴敦邦
（1938—　　），国画家，教授。号民间艺人。江苏
丹徒人、毕业于上海第一师范学校。历任《中国
少年报》《儿童时代》美术编辑、上海交通大学人
文学院教授等。主要作品《水浒人物一百零八图》
《戴敦邦水浒人物谱》《戴敦邦新绘红楼梦》《戴
敦邦古典文学名著画集》等；连环画代表作品有
《一支驳壳枪》《水上交通站》《大泽烈火》《蔡文
姬》等。

J0079624

中国历代谜语故事 （第五集）雷风行改编；
孙庆国等绘

北京　工人出版社　1988 年　13cm（60 开）

定价：CNY0.28

　　　　中国现代连环画作品。

J0079625

中小学学生常用典故图画集　黄岭，王亮功
编文；丘伟等绘

南昌　江西人民出版社　1988 年　180 页　有图
20cm（24 开）ISBN：7-210-00120-4

定价：CNY1.50

　　　　中国现代连环画作品。

J0079626

中原大战　奋永改编；沈尧伊等绘

广州　岭南美术出版社　1988 年　156 页
13cm（60 开）定价：CNY0.59

（民初通俗演义　5）

　　　　中国现代连环画作品。

J0079627

珠海惊涛　吴枫改编；岑圣权等绘

广州　岭南美术出版社　1988 年　154 页
13cm（60 开）定价：CNY0.59

（民初通俗演义　6）

　　　　中国现代连环画作品。

J0079628

猪八戒和老博士 （数学故事）李毓佩编；李
刚，李壮绘

沈阳　辽宁美术出版社　1988 年　94 页　13cm（60 开）

定价：CNY0.27

　　　　中国现代连环画作品。

J0079629

自私的巨人　（英）王尔德著；古英改编

长沙　湖南少年儿童出版社　1988 年　80 页
19cm（32 开）ISBN：7-5358-0194-3

定价：CNY0.65

（世界著名童话和故事连环画丛书）

　　　　中国现代连环画作品。

J0079630

租界巡捕房　黄学君改编；元龙绘

广州　岭南美术出版社　1988 年　126 页
13cm（60 开）定价：CNY0.56

（中国武术连环画）

　　　　中国现代武术连环画作品。

J0079631

钻石之谜　李子明改编；景启民，景颇绘

天津　天津人民美术出版社　1988 年　126 页
13cm（60 开）定价：CNY0.50

　　　　中国现代连环画作品。作者景启民（1931—
2005），连环画家。辽宁沈阳人，就读于东北鲁艺
（现鲁迅美院前身）。任职于东北画报社。连环画
作品有《浑河水》《过草地》《绿色的矿山》等。

J0079632

醉神仙　叶洲，潘肇明编；杨德康，绮成绘

杭州　浙江人民美术出版社　1988 年　134 页
13cm（60 开）定价：CNY0.41

　　　　中国现代连环画作品。

J0079633

"睡美人"在行动　海洋改编；王小斌，王梓
绘画

广州　岭南美术出版社　1989 年　134 页
13cm（60 开）ISBN：7-5362-0357-8

定价：CNY0.80

　　　　中国现代连环画。

J0079634
007 大破魔鬼党 （英）伊·弗莱明原著；李晓禹等改编；徐华华等绘画
南京 江苏美术出版社 1989年 5册
10×13cm ISBN：7-5344-0086-4 定价：CNY0.75
　　本套连环画包括《007 大破魔鬼党》《007 勇破钻石案》《007 舍命救伦敦》《007 大战金手指》《007 大战惊奇岛》。

J0079635
38 颗人头 曹英改编；郑世俊诗；彭本人绘
长沙 湖南美术出版社 1989年 114页
13×19cm ISBN：7-5356-0318-1 定价：CNY1.50
　　本书是根据高建群小说《遥远的白房子》改编的中国现代连环画作品。作者彭本人（1945—　　），编辑。湖南桂阳人，毕业于湖南师范学院美术系。擅长中国画、连环画。中国美术家协会会员。主要作品有《中国姑娘》《三十八颗人头》《欧阳海》《银妆》《两代人》等。

J0079636
94 号公路血案 金广生改编；武龙，洪仪绘画
广州 岭南美术出版社 1989年 94页
10×13cm ISBN：7-5362-0413-2 定价：CNY0.64
　　本书根据美国电影《地狱天堂》改编的中国现代连环画。

J0079637
P 城不速客 翟以森编文；梁文兵等绘画
南宁 广西民族出版社 1989年 116页
10×13cm ISBN：7-5363-0339-8 定价：CNY0.64
　　中国现代连环画。

J0079638
Z 作战计划 雷萌编文；黄其，黄秋绘画
南宁 广西民族出版社 1989年 114页
10×13cm ISBN：7-5363-411-0 定价：CNY0.55
　　中国现代连环画。

J0079639
爱便宜 （相声连环画）靳立华改编；阎茂如绘画
天津 天津人民美术出版社 1989年 15cm（40开）ISBN：7-5305-3164-4 定价：CNY0.85
　　中国现代连环画。编者阎茂如（1925—　　），

曾任天津市文联委员、中国美术家协会天津分会常务理事。

J0079640
八仙洞歼敌记 张光昌改编；丁世弼，江昌绘画
杭州 浙江人民美术出版社 1989年 134页
13cm（60开）ISBN：7-5340-0127-7
定价：CNY0.62
　　本书根据肖英俊原作《猎寇记》改编的中国现代连环画作品。作者丁世弼（1939—2018），画家、国家一级美术师。字仲宜，江西南昌人。历任中国美术家协会会员，江西省美术家协会副主席。代表作有《渔岛怒潮》《秋瑾》《陈赓大将》《红楼梦》等。

J0079641
扒马褂 （相声连环画）毛志毅改编；张福龙，长弓绘画
天津 天津人民美术出版社 1989年 108页
15cm（40开）定价：CNY0.50
　　作者张福龙（1942—　　），画家。天津人。曾任天津杨柳青画社、天津画院专业画家等职。主要作品有《毛主席和青年农民》《杨柳春风》《山娃》等。

J0079642
芭蕉精点化罗相公 阳子改编；林艺，林文绘画
南宁 广西民族出版社 1989年 99页 13cm（60开）
ISBN：7-5363-0559-1 定价：CNY0.80
（聊斋 5）
　　中国现代连环画作品。

J0079643
白宫疑案 （美）玛格丽特·杜鲁门著；齐玉芳改编；王肇庆，王峥绘画
北京 人民美术出版社 1989年 26cm（16开）
ISBN：7-102-00567-9 定价：CNY0.95
　　中国现代连环画作品。

J0079644
白雪公主 （德）格林原著；韦镭改编；王晓明绘画
南宁 广西人民出版社 1989年 38页 19cm（32开）

ISBN：7–219–01070–2 定价：CNY3.50
（世界童话名著连环画丛书）
　　中国现代连环画作品。

J0079645
百国历史画册　王梦辉主编
太原 山西人民出版社 1989 年 2 册（938+1116 页）
26cm（16 开）精装 ISBN：7–203–01217–4
定价：CNY180.00
　　中国现代连环画作品。外文书名：A Picture
Book for A Hundred Countries History.

J0079646
宝珠历劫记　林泉改编；邓立衍，邓大鹰绘画
长沙 湖南美术出版社 1989 年 126 页
13cm（60 开）定价：CNY0.67
　　中国现代连环画作品。

J0079647
北极驾灰狼　春晓，徐茂林绘画
天津 新蕾出版社 1989 年 125 页 13cm（60 开）
ISBN：7–5307–0340–4 定价：CNY0.78
（船长历险记 5）
　　中国现代连环画作品。

J0079648
笨狗熊吃苦头　周菜改编；刘森，赵新绘画
北京 中国连环画出版社 1989 年 22 页
19cm（32 开）ISBN：7–5061–0196–3
定价：CNY1.00
　　中国现代连环画作品。

J0079649
碧剑金镖　艾馨编文；廖正华，罗剑绘画
长沙 湖南美术出版社 1989 年 118 页
13cm（60 开）ISBN：7–5356–0330–0
定价：CNY0.62
　　中国现代连环画作品。

J0079650
边塞烽烟　毛民生编文；于成山绘画
乌鲁木齐 新疆人民出版社 1989 年 136 页
13cm（60 开）定价：CNY0.40
　　中国现代连环画作品。

J0079651
冰海救鲸鱼　春晓改编；曹留夫绘画
天津 新蕾出版社 1989 年 125 页 13cm（60 开）
ISBN：7–5307–0338–2 定价：CNY0.78
（船长历险记 3）
　　中国现代连环画作品。

J0079652
陈明允西湖奇遇　（清）蒲松龄著；冯志奇改
编；黄箐等绘画
南宁 广西民族出版社 1989 年 113 页
13cm（60 开）定价：CNY0.90
（聊斋 8）
　　中国现代连环画作品。作者蒲松龄（1640—
1715），文学家。字留仙，一字剑臣，别号柳泉居
士，世称聊斋先生。山东淄川（今山东淄博）人。
著有《聊斋志异》《聊斋文集》等。

J0079653
丑小鸭　（丹）安徒生原著，林中泉改编；刘绍
昆绘画
南宁 广西人民出版社 1989 年 19cm（32 开）
定价：CNY3.50
（世界童话名著连环画丛书）
　　中国现代连环画作品。

J0079654
聪明的一休　（续集）斯多等改编；知闻等摄制
南京 江苏美术出版社 1989 年 2 册 19cm（32 开）
定价：CNY4.90
　　中国现代动画作品。

J0079655
聪明的一休　（续集 第1册）江涵，陈刚改编；
杨宇等绘画
济南 山东友谊书社 1989 年 45 页 19cm（32 开）
定价：CNY1.95
（日本 50 集电视系列片）
　　中国现代动画作品。

J0079656
聪明的一休　（续集 第2册）江涵，陈刚改编；
杨宇等绘画
济南 山东友谊书社 1989 年 45 页 19cm（32 开）
定价：CNY1.95

（日本 50 集电视系列片）
　　中国现代动画作品。

J0079657
聪明的一休 （续集 第 3 册）江涵，陈刚改编；杨宇等绘画
济南 山东友谊书社 1989 年 45 页 19cm（32 开）
定价：CNY1.85
（日本 50 集电视系列片）
　　中国现代动画作品。

J0079658
聪明的一休 （续集 第 4 册）江涵，陈刚改编；杨宇等绘画
济南 山东友谊书社 1989 年 45 页 19cm（32 开）
定价：CNY1.85
（日本 50 集电视系列片）
　　中国现代动画作品。

J0079659
聪明的一休 （续集 第 5 册）笑月改编；杨宇等绘画
济南 山东友谊书社 1989 年 45 页 19cm（32 开）
定价：CNY1.85
（日本 50 集电视系列片）
　　中国现代动画作品。

J0079660
聪明的一休 （续集 第 6 册）笑月改编；杨宇等绘画
济南 山东友谊书社 1989 年 45 页 19cm（32 开）
定价：CNY1.85
（日本 50 集电视系列片）
　　中国现代动画作品。

J0079661
聪明的一休 （续集 1）邵克勤等编；陈庆等画
上海 上海教育出版社 1989 年 29 页 26cm（16 开）
定价：CNY1.20
（电视动画故事画丛）
　　中国现代连环画作品。

J0079662
聪明的一休 （续集 2）刘杨等编；张其明等画
上海 上海教育出版社 1989 年 29 页 26cm（16 开）

定价：CNY1.20
（电视动画故事画丛）
　　中国现代动画作品。

J0079663
聪明的一休 （续集 3）刘杨等编；张其明等画
上海 上海教育出版社 1989 年 29 页 26cm（16 开）
定价：CNY1.20
（电视动画故事画丛）
　　中国现代动画作品。

J0079664
聪明的一休 （续集 4）刘杨等编；张其明等画
上海 上海教育出版社 1989 年 29 页 26cm（16 开）
定价：CNY1.20
（电视动画故事画丛）
　　中国现代动画作品。

J0079665
聪明的一休 （续集 5）刘杨等编；张其明等画
上海 上海教育出版社 1989 年 29 页 26cm（16 开）
定价：CNY1.20
（电视动画故事画丛）
　　中国现代动画作品。

J0079666
丛林大战 （美）埃德加·赖斯·巴勒斯原著；李大发改编；周有武等绘画
上海 上海人民美术出版社 1989 年 34 页 19cm（32 开）定价：CNY1.10
（人猿泰山 2）
　　中国现代连环画作品。

J0079667
丛林斗巨蟒 春晓改编；马寒松绘画
天津 新蕾出版社 1989 年 125 页 13cm（60 开）
定价：CNY0.78
（船长历险记 4）
　　中国现代连环画作品。作者马寒松（1949—　），画家。天津人。中国美术家协会会员、天津美术家协会理事、红桥区政协书画家联谊会副会长，天津人民出版社任美术编辑、副编审。代表作品《聪明的青蛙》《兔娃娃》《豹子哈奇》《封神演义》等。

J0079668

摧毁海底城 昌荣改编；古月等绘制
长沙 湖南美术出版社 1989 年 110 页
13cm（60 开）定价：CNY0.55
（007 惊险系列连环画）
　　中国现代连环画作品。

J0079669

打入总统府的女秘书 何琼崖编文；庆国等
绘画
南京 江苏美术出版社 1989 年 174 册
13cm（60 开）定价：CNY0.96
　　中国现代连环画作品。

J0079670

大盗贼 （一 智捉盗贼）小叶改编；刘福民绘画
福州 福建美术出版社 1989 年 13cm（60 开）
定价：CNY0.90
　　中国现代连环画作品。

J0079671

大盗贼 （二 再捉盗贼）云杉改编；王文江绘画
福州 福建美术出版社 1989 年 13cm（60 开）
定价：CNY0.70
　　中国现代连环画作品。

J0079672

大盗贼 （三 改邪归正）林仲改编；龚金福绘画
福州 福建美术出版社 1989 年 13cm（60 开）
定价：CNY0.70
　　中国现代连环画作品。

J0079673

大盗贼 （1）刘泽岱, 刘羽编绘
上海 上海教育出版社 1989 年 21 页 19cm（32 开）
定价：CNY0.60
　　中国现代连环画作品。作者刘泽岱
（1938— ），美术设计师。唐山人，毕业于北京
电影学院美术系。中国影协上海分会会员、中国
美协上海分会会员、上海漫画学会会员。木偶片
设计有《桑哥哥》《黑熊奇遇记》《小裁缝》《马蜂
窝》，动画片《大扫除》《蚂蚁和大象》等。

J0079674

大盗贼 （2）方润南, 方曙编绘

上海 上海教育出版社 1989 年 21 页 19cm（32 开）
定价：CNY0.60
　　中国现代连环画作品。

J0079675 （3）方润南, 方曙编绘

大盗贼 （3）方润南, 方曙编绘
上海 上海教育出版社 1989 年 21 页 19cm（32 开）
定价：CNY0.60
　　中国现代连环画作品。

J0079676

大盗贼 （4）刘泽岱, 刘羽编绘
上海 上海教育出版社 1989 年 21 页 19cm（32 开）
定价：CNY0.60
　　中国现代连环画作品。

J0079677

大战金手指 （英）伊·弗莱明著；易丰, 小刚绘
北京 中国连环画出版社 1989 年 33 页
26cm（16 开）定价：CNY0.80
（007 系列连环画）
　　中国现代连环画作品。

J0079678

当代英雄 陈俊仪编译
长沙 湖南美术出版社 1989 年 19cm（32 开）
定价：CNY0.56
（新编《米老鼠和唐老鸭》系列连环画）
　　中国现代连环画作品。

J0079679

地球的红飘带 （一）王素改编；沈尧伊绘
北京 中国连环画出版社 1989 年 163 页
有照片 19cm（32 开）ISBN：7-5061-0161-0
定价：CNY4.50
（革命战争连环画库）
　　本书是根据魏巍同名长篇小说改编的中国
现代连环画作品。本册主要表现湘江突围、强渡
乌江和在遵义城召开的具有历史转折性深远意
义的中共政治局扩大会议。

J0079680

地球的红飘带 （二）魏巍原著；王素改编；
沈尧伊绘
北京 中国连环画出版社 1990 年 161 页

19cm（32 开）ISBN：7-5061-0205-6

定价：CNY4.10

（革命战争连环画库）

　　本书是根据魏巍同名原著改编的连环画。本册描写了遵义会议后，毛泽东回到了领导岗位，在毛泽东、朱德、周恩来等人英明领导下，红军变被动为主动，二渡赤水、攻克娄山关、遵义城再传捷报等各个篇章。

J0079681

地球的红飘带　（三）魏巍原著；王素改编；沈尧伊绘

北京 中国连环画出版社 1991 年 226 页

19×17cm ISBN：7-5061-0280-3 定价：CNY6.60

（革命战争连环画库）

　　本书是根据魏巍同名原著改编的连环画。本册描写了红军四渡赤水后，南渡乌江，逼近贵阳，直指云南，接着北上巧渡金沙江，通过彝族区，强渡大渡河，飞夺泸定桥的故事。作者王素（1926—　　），本名王苏，文学编辑。

J0079682

地球的红飘带　（四）王素改编；沈尧伊绘画

北京 中国连环画出版社 1992 年 172 页

14×16cm ISBN：7-5061-0518-7 定价：CNY6.60

（革命战争连环画库）

　　本书是根据魏巍同名原著改编的连环画。本册表现红军穿过原始森林，爬越雪山的壮举。作者沈尧伊（1943—　　），画家。浙江镇海人，毕业于中央美术学院。曾任中国人民大学徐悲鸿艺术学院教授、中国美术家协会会员、北京美术家协会理事、连环画艺术委员会主任。代表作品有《而今迈步从头越》《革命理想高于天》《地球的红飘带》等。

J0079683

地球的红飘带　（五）王素改编；沈尧伊绘画

北京 中国连环画出版社 1993 年 205 页

14×16cm ISBN：7-5061-0216-1 定价：CNY10.30

（革命战争连环画库）

　　本书是根据魏巍同名原著改编的连环画。本册表现红军穿越原始水草地的艰难和达到陕北的胜利。

J0079684

第三届全国连环画评奖获奖作品选

（1981—1985）

北京 中国连环画出版社 1989 年 104 页

26cm（16 开）ISBN：7-5061-0163-7

定价：CNY38.40

　　本书收入 1981 年至 1985 年在第三届全国连环画评奖中获奖的作品 170 幅。全书分 5 部分。选登了每部作品的精彩画面。有《人到中年》《嘎达梅林》《人生》《长生殿》《红楼梦故事》等 31 个绘画创作三等奖。

J0079685

钓鱼　（相声连环画）任红状改编；张绰绘画

天津 天津人民美术出版社 1989 年 106 页

15cm（40 开）定价：CNY0.50

　　中国现代连环画作品。

J0079686

方方圆圆　上海市教育局，上海影视公司编

上海 华东师范大学出版社 1989 年 8 册

13cm（60 开）盒装 定价：CNY10.00

（学做好儿童系列连环画）

　　本书包括《升旗手》《大兰和小兰》《邋遢大王和小公主》《快乐的娃娃》《第四棒》《气球云》《飞向蓝天》和《今天我十岁》。

J0079687

放下你的猎枪　李俊彬编文；陈骧禄绘画

长沙 湖南美术出版社 1989 年 126 页

13cm（60 开）定价：CNY0.63

　　中国现代连环画作品。

J0079688

飞越封锁线　符冰改编；蔡仰颜等绘画

广州 岭南美术出版社 1989 年 157 页

10×13cm 定价：CNY1.00

（广东革命根据地传奇）

　　中国现代连环画作品。

J0079689

风尘三侠　何和力编文；高志岳，王健绘画

广州 岭南美术出版社 1989 年 146 页

13cm（60 开）定价：CNY0.88

　　中国现代连环画作品。

J0079690
封神故事连环画集
石家庄　河北美术出版社　1989 年　10 册
19cm（32 开）定价：CNY4.20

J0079691
封神演义　流水等改编；唐人等绘画
长沙　湖南少年儿童出版社　1989 年　4 册（400 页）
13cm（60 开）定价：CNY2.80
　　中国现代连环画作品。

J0079692
封神演义　（连环画）华谕等改编；吕胜中等
绘画
北京　农村读物出版社　1989 年　636 页
20cm（32 开）ISBN：7-5048-0696-X
定价：CNY5.95
　　中国现代连环画作品。作者吕胜中
（1952—　　），教师、画家。生于山东平度县，中
央美术学院硕士毕业。中央美术学院民间美术
系教师。主要作品《生命——瞬间与永恒》《行》
等。著作有《中国民间剪纸》《中国木刻版画》。

J0079693
凤阳惊梦　晓雯改编；韦剑华，覃立群绘画
南宁　广西民族出版社　1989 年　85 页　13cm（60 开）
定价：CNY0.80
（聊斋 16）
　　中国现代连环画作品。

J0079694
丐侠闹羊城　石刚改编；何子等绘画
广州　岭南美术出版社　1989 年　124 页
13cm（60 开）定价：CNY0.82
　　中国现代连环画作品。

J0079695
高级间谍列那狐　王素一改编；王继伟绘画
郑州　河南美术出版社　1989 年　19cm（32 开）
定价：CNY0.75
　　中国现代连环画作品。

J0079696
攻克泰兴　刘颖改编；孙家跃绘画
天津　天津人民出版社　1989 年　62 页　13cm（60 开）

定价：CNY0.40
　　中国现代连环画作品。

J0079697
狗爷　彭国良编绘
济南　明天出版社　1989 年　26cm（16 开）
定价：CNY1.40
（中国儿童系列连环漫画）
　　中国现代连环画作品。

J0079698
关公战秦琼　（相声连环画）小云改编；谷天
宁绘画
天津　天津人民美术出版社　1989 年　15cm（40 开）
定价：CNY0.50

J0079699
官山幽魂　（69 连环案）吕长乐改编；吴懋祥
绘画
郑州　河南美术出版社　1989 年　142 页
13cm（60 开）定价：CNY0.70
　　中国现代连环画作品。

J0079700
哈哈镜王国历险记　（苏）古巴列夫原著；肖
为改编；朱进绘
长沙　湖南少年儿童出版社　1989 年　19cm（32
开）ISBN：7-5358-0410-1　定价：CNY1.20
（世界著名童话和故事连环画丛书）
　　中国现代连环画作品。

J0079701
韩非子说　蔡志忠编绘
香港　南粤出版社　1989 年　110 页　有图
19cm（32 开）ISBN：962-04-0777-6
定价：HKD24.00
（南粤漫画系列）
　　中国现代连环画作品。

J0079702
行动队　（上）杨植材改编；贺传永绘画
北京　人民美术出版社　1989 年　158 页
13cm（60 开）定价：CNY0.85
　　本书根据胡正言同名小说改编的中国现代
连环画作品。

J0079703

行动队 （下）胡正言原著；杨植材改编；贺传永绘

北京 人民美术出版社 1989年 158页 有图

10×13cm ISBN：7-102-00459-1 定价：CNY0.85

　　本书根据胡正言同名小说改编的中国现代连环画作品。作者胡正言，明末书画篆刻家、出版家。字曰从，号十竹，原籍安徽休宁。代表作品《印存玄览》《十竹斋笺谱》《六书正伪》《印存初集》等。

J0079704

黑龙突击队

石家庄 河北美术出版社 1989年 9册

13cm（60开）定价：CNY3.80

（儿童惊险系列连环画册）

　　中国现代连环画作品。

J0079705

黑猫警长 （第一集）贾建新绘

沈阳 沈阳出版社 1989年 34页 19cm（32开）

定价：CNY1.20

　　中国现代连环画作品。

J0079706

黑猫警长 （第二集）贾建新绘

沈阳 沈阳出版社 1989年 34页 19cm（32开）

定价：CNY1.20

　　中国现代连环画作品。

J0079707

黑猫警长全传 诸志祥编著；绍波绘画

昆明 云南少年儿童出版社 1989年 5册

19cm（32开）盒装 定价：CNY4.50

　　中国现代连环画作品。

J0079708

黑猫警长新探案 少年报社编

上海 百家出版社 1989年 14页 26cm（16开）

定价：CNY0.90

　　中国现代连环画作品。

J0079709

黑网下的星光 （上）严麟书改编；孙昌茵，冯玉薇绘画

杭州 浙江人民美术出版社 1989年 171页

13cm（60开）定价：CNY0.79

　　中国现代连环画作品。作者孙昌茵（1943— ），画家。原籍中国浙江温州，现居加拿大。加拿大中国美术协会副主席、加拿大当代艺术研究院院长、多伦多美术学院名誉院长。代表作品有连环画《白蛇传》、油画《百年华工血泪路》，出版有《孙昌茵水墨人体》《线描人体》《怎样使用油画刀》《孙昌茵油画艺术》等。

J0079710

黑网下的星光 （下）严麟书改编；孙昌茵，冯玉薇绘画

杭州 浙江人民美术出版社 1989年 150页

13cm（60开）定价：CNY0.70

　　中国现代连环画作品。

J0079711

红楼女伶 （上）庄宏安编文；任耕生等绘画

杭州 浙江人民美术出版社 1989年 292页

13cm（60开）定价：CNY0.64

　　中国现代连环画作品。

J0079712

红楼女伶 （下）庄宏安编文；任耕生等绘画

杭州 浙江人民美术出版社 1989年 158页

13cm（60开）定价：CNY0.73

　　中国现代连环画作品。

J0079713

红线六十九图 孟平改编；卢延光绘画

广州 岭南美术出版社 1989年 69页 24cm（26开）

定价：CNY6.50

（中国古典文学名著选绘）

　　本书根据唐代袁郊著《甘译谣》改编的中国现代连环画。绘者以线描手法，勾勒出多为虚幻超时空境界的画面，较充分地表现了"红线盗盒"神出鬼没的行踪和情节的奇妙。

J0079714

猴票狂的堕落 虞伏虎编文；赵星绘画

兰州 甘肃少年儿童出版社 1989年 32页

26cm（16开）定价：CNY0.86

（世界集邮故事连环画 第四集）

　　中国现代连环画作品。

J0079715

后西游记 （连环画）
上海　上海人民美术出版社　1989 年　20 册
11cm（100 开）盒装　定价：CNY5.00
　　　本书是由《西游记》续书之一改编的连环画，
共收入 1240 幅图。

J0079716

后西游记 （连环画）毛亮英等改编；达佳绘画
天津　天津人民美术出版社　1989 年　8 册
13cm（60 开）盒装　定价：CNY7.20

J0079717

狐狸爸爸历险记 　龚文编文；周翔等绘画
武汉　湖北少年儿童出版社　1989 年　70 页
19cm（32 开）定价：CNY1.48
（外国长篇童话系列连环画）
　　　中国现代连环画作品。

J0079718

狐狸仙子救刘郎 　苏许仙改编；柒万里等绘画
南宁　广西民族出版社　1989 年　123 页
13cm（60 开）定价：CNY1.00
（聊斋 14）
　　　中国现代连环画作品。作者柒万里
（1954—　），苗族，教授，画家。生于广西南宁，
毕业于广西艺术学院美术系。广西艺术学院设
计学院院长、教授、硕士研究生导师，兼任新岭
南书画研究院院长、广西美术家协会副主席、广
西民族画院副院长。编著有《最新人体线描
引导》《仕女白描画谱》《山水白描画谱》《黑白
画》等。

J0079719

葫芦金刚 　继志编绘
福州　福建美术出版社　1989 年　280 页
19cm（32 开）定价：CNY1.60
　　　中国现代连环画作品。

J0079720

虎穴剑影 （中国武术连环画　上）苏方桂编
文；陈再殿等绘画
广州　岭南美术出版社　1989 年　142 页
13cm（60 开）定价：CNY0.91
（罗浮演义 3）

J0079721

虎穴剑影 （中国武术连环画　下）苏方桂编
文；陈再殿等绘画
广州　岭南美术出版社　1989 年　130 页
13cm（60 开）定价：CNY0.87
（罗浮演义 3）

J0079722

荒山狐女 　阳子改编；柒建华，柒亿华绘画
南宁　广西民族出版社　1989 年　19cm（32 开）
定价：CNY0.90
（聊斋 18）
　　　中国现代连环画作品。

J0079723

皇帝的新衣 （丹）安徒生原著；高威海改编；
陈延绘画
南宁　广西人民出版社　1989 年　30 页　19cm（32 开）
定价：CNY3.00
（世界童话名著连环画丛书）

J0079724

回声行动 　吕孜改编；夏草，施瑞康绘画
广州　岭南美术出版社　1989 年　126 页
13cm（60 开）定价：CNY0.64
　　　中国现代连环画作品。

J0079725

火海追松鼠 　春晓改编；段纪夫，张福明绘画
天津　新蕾出版社　1989 年　125 页　13cm（60 开）
定价：CNY0.78
（船长历险记 1）
　　　中国现代连环画作品。

J0079726

霍桑探案
广州　岭南美术出版社　1989 年　6 册　13cm（60 开）
盒装　定价：CNY4.90
　　　本连环画包括《舞后血案》《白衣怪形》《假
项圈》《闯贼船》《连环刺杀案》和《催命符》6 个
故事。

J0079727

霍桑探案 （一）程小青原著；吴文焕改编
上海　上海人民美术出版社　1989 年　238 页

19cm（32 开）定价：CNY2.30

　　本书包括《舞后血案》《逃犯》《两重谋杀》3
个连环画故事。

J0079728

霍桑探案　（二）程小青原著；庄宏安改编
上海　上海人民美术出版社　1989 年　190 页
19cm（32 开）ISBN：7-5322-0413-8
定价：CNY1.90

　　本书包括《江南燕》《江上历险》《越狱者》
和《猫儿眼》4 个故事。

J0079729

霍桑探案　（三）程小青原著；甘礼乐改编
上海　上海人民美术出版社　1989 年　190 页
19cm（32 开）定价：CNY1.90

　　本书包括《舞宫魔影》《恐怖的话剧》《新婚
劫》3 个连环画故事。

J0079730

霍桑探案　（四）程小青原著；张企荣改编
上海　上海人民美术出版社　1989 年　206 页
19cm（32 开）定价：CNY2.00

　　本书包括《白衣怪客》《秘密照片》《活尸
案》3 个连环画故事。

J0079731

霍小玉六十二图　胡子雄改编；高云，于水绘画
广州　岭南美术出版社　1989 年　62 页　24cm（26 开）
定价：CNY6.00
（中国古典文学名著选绘）

　　本书根据唐代蒋防著《霍小玉传》改编的
中国现代连环画作品。线描功夫深厚隽永、耐
人品味。作者高云（1956— ），国家一级美术
师。毕业于南京艺术学院中国画专业。中国美
术家协会理事、中国画艺委会委员、全国美术馆
专委会副主任、江苏省美协副主席、江苏省美
术馆馆长，南京艺术学院客座教授。作者于水
（1955— ），画家。生于北京，毕业于中国艺术
研究院研修班。曾任中国艺术研究院研究员、中
国美术家协会会员等职。代表作品有《于水画集》
《于水人物卷》等。

J0079732

缉毒冤魂　古月编文；郑一呼，郑娟绘画

长沙　湖南美术出版社　1989 年　126 页
13cm（60 开）定价：CNY0.61

　　中国现代连环画作品。

J0079733

激战风之谷　王健改编；梁烽等复制
广州　新世纪出版社　1989 年　4 册　13cm（60 开）
定价：CNY3.60
（风之谷丛书）

　　本连环画包括《腐海历险记》《无敌司令官》
《巨神兵复活》和《天蚕的愤怒》，共 4 册。

J0079734

集邮王国的覆灭　寇添吾编文；董兆惠绘画
兰州　甘肃少年儿童出版社　1989 年　32 页
26cm（16 开）定价：CNY0.86
（世界集邮故事连环画　第二辑）

　　中国现代连环画作品。

J0079735

几段情歌　何剑聪绘
香港　友禾制作事务所　1989 年　153 页　有图
17cm（40 开）定价：HKD23.00
（友禾精装城市漫画 3）

　　中国现代连环画作品。

J0079736

济公故事续集
上海　上海人民美术出版社　1989 年　10 册
11cm（100 开）定价：CNY2.50

　　本连环画包括《巧断垂金扇》《巧破连环案》
《笑惩无赖汉》《江上杀贼人》《刀下救书生》《火
烧合欢楼》《公堂骂县官》《锄强扶弱女》和《劫
车捉凶僧》共 10 册。

J0079737

济公后传
石家庄　河北美术出版社　1989 年　5 册
19cm（32 开）定价：CNY3.70

　　本连环画包括济公的故事《除妖捉凶记》
《夜半抓刺客》《降妖抗金兵》《托梦惩赃官》和
《奇方化良木》，共 5 册。

J0079738

济公外传　（连环漫画）孙泽良作

武汉　湖北少年儿童出版社　1989 年　138 页
19cm（32 开）定价：CNY2.20

　　　中国现代连环画作品。作者孙泽良
（1950—　　），天津人。天津新蕾出版社编辑。创
作漫画、连环画及中国画。作品有《姜子牙》《济
公外传》《弃匾图》《市井图》等。

J0079739

济公外传　吴雪改编；赵国经等绘画
天津　天津人民美术出版社　1989 年　5 册
13cm（60 开）定价：CNY4.50
　　　中国现代连环画作品。

J0079740

加里森敢死队　卢晓熙等改编；王书朋等绘画
南京　江苏美术出版社　1989 年　10 册 13cm（60 开）
定价：CNY8.80
　　　本书根据美国惊险电视系列片编绘的中国
现代连环画作品。

J0079741

加里森敢死队　川枚，林鸣等编文；陈军等绘画
北京　中国文联出版社　1989 年　10 册 13cm（60 开）
盒装　定价：CNY13.50
　　　中国现代连环画作品。

J0079742

奸臣传　（一）王素一等编文；苏西映等绘画
郑州　河南美术出版社　1989 年　19cm（32 开）
定价：CNY1.20
　　　中国现代连环画作品。作者苏西映
（1940—　　），河南光山人。曾任光山县文化馆美
术师，河南省美术家协会会员，大别山书画研究
院名誉院长。作品有《深山古树》《荷花舞》《玉
莲公主》《中华魂》等。出版有《唐伯虎智圆梅花
梦》《玉蜻蜓》。

J0079743

江湖豪侠　（中国武术连环画）林超，吴绿星
改编；家斌，轩明绘画
广州　岭南美术出版社　1989 年　126 页
13cm（60 开）定价：CNY0.82
　　　作者吴绿星（1944—　　），高级编辑。籍贯广
东惠东。历任羊城晚报编辑、综合副刊部副主任、
羊城晚报出版社副总编辑。

J0079744

狡猾的魔术师　费明修，曹丽华改编；尤先
瑞，郑家沅绘画
上海　少年儿童出版社　1989 年　110 页
13cm（60 开）定价：CNY0.61
（小侦探　3）
　　　中国现代连环画作品。

J0079745

金币的故事　梅玉闽改编；周宏茂绘画
武汉　湖北少年儿童出版社　1989 年　19cm（32 开）
定价：CNY0.70
（外国儿童幽默连环画）
　　　中国现代连环画作品。

J0079746

金镖黄天霸　（剧照连环画）陆方改编；才惠
民摄影
天津　天津人民美术出版社　1989 年　157 页
13cm（60 开）定价：CNY0.95

J0079747

金刚战神　贺荆等改编
广州　新世纪出版社　1989 年　2 册（290 页）
13cm（60 开）定价：CNY1.60
　　　中国现代连环画作品。

J0079748

金钥匙　（苏）托尔斯泰原著；小螺改编；林子，
石平绘画
长沙　湖南少年儿童出版社　1989 年　19cm（32 开）
（世界著名童话和故事连环画丛书）
　　　中国现代连环画作品。作者托尔斯泰（Лев
Николаевич Толстой，1828—1910），俄国批判
现实主义作家、思想家，哲学家。全名列夫·尼
古拉耶维奇·托尔斯泰。出生于亚斯纳亚－博利
尔纳，毕业于喀山大学。代表作有《战争与和平》
《安娜·卡列尼娜》《复活》等。

J0079749

金钥匙
长沙　湖南少年儿童出版社　1989 年　18cm（15 开）
ISBN：7-5358-0312-1　定价：CNY0.92
（《世界著名童话和故事连环画》丛书）
　　　中国现代连环画作品。

J0079750

靖宇不死　赵奇编绘

沈阳 辽宁美术出版社 1989年 64幅 18cm（15开）

定价：CNY12.00

中国现代连环画作品。作者赵奇（1954—　），沈阳鲁迅美术学院教授，中国画系副主任，中国美术家协会理事，辽宁省中国画研究会副会长。

J0079751

靖宇不死　赵奇绘画

沈阳 辽宁美术出版社 1989年 64页 19cm（32开）

定价：CNY12.00

中国现代连环画作品。

J0079752

军鸽的秘密　艾鸣编文；罗幼新等绘画

广州 岭南美术出版社 1989年 13cm（60开）

定价：CNY0.84

中国现代连环画作品。

J0079753

克雷洛夫寓言画集　谭小勇编绘

重庆 重庆出版社 1989年 326页 19cm（32开）

精装 ISBN：7-5366-0825-X 定价：CNY9.65

中国现代连环画作品。外文书名：A Book of Pictures Based on Crylov's Fables.

J0079754

空城计　（相声连环画）杨文娟改编；赵静东，高翔绘画

天津 天津人民美术出版社 1989年 15cm（40开）

定价：CNY0.35

J0079755

孔雀之乡的泼水节　翠漪著文；朱训德，陈小奇绘画

长沙 湖南少年儿童出版社 1989年 26×24cm

精装 ISBN：7-5358-0351-2 定价：CNY10.00

（中国民族节日风俗故事画库）

中国现代连环画作品。作者朱训德（1954—　），教授。笔名释然。湖南湘乡人，毕业于湖南师范大学艺术系学习，留校任教。历任中国画研究室主任及美术系主任、教授，中国美术家学会理事。代表作品有《春花集锦》《洞庭吟月》《朝天辣》《晚炊》等。作者陈小奇

（1957—　），湖南青年美术家协会会员。

J0079756

孔子　王恒展编文；岳海波画

济南 山东美术出版社 1989年 78页 20cm（32开）

ISBN：7-5330-0151-6 定价：CNY3.00

中国现代连环画作品。作者岳海波（1955—　），教授。生于山东济南，毕业于山东艺术学院美术系。山东艺术学院美术系副教授，中国美术家协会会员。代表作《当代连环画精品集·岳海波》《送子上学》《盘古开天地》。

J0079757

恐怖觉　（英）伊·弗莱明著；李忠，亚春绘画

北京 中国连环画出版社 1989年 33页 26cm（16开）定价：CNY0.80

（007系列连环画）

中国现代连环画作品。

J0079758

莱阳书生探鬼村　（清）蒲松龄著；里红改编；区五一，区文绘画

南宁 广西民族出版社 1989年 76页 13cm（60开）

定价：CNY0.62

（聊斋 12）

中国现代连环画作品。

J0079759

蓝光突击队　郑崇民改编；于成业绘画

广州 岭南美术出版社 1989年 126页 13cm（60开）定价：CNY0.86

中国现代连环画作品。作者于成业（1950—　），画家。山东文登市人。曾任中国美术家协会广东分会会员、人民日报神舟书画院画师。代表作品有《五洲乐》《千禧年》《古堡女奴》等。

J0079760

蓝桥驿七十四图　孙锦常改编；赵克标绘画

广州 岭南美术出版社 1989年 74页 24cm（26开）

定价：CNY6.50

（中国古典文学名著选绘）

本书根据唐代裴铏著《传奇》改编的中国现代连环画作品。线描加黑白表现，在精炼简洁中阐述千古爱情故事。

J0079761
老方丈借尸还魂 杜德锡改编；梧磊等绘画
南宁 广西民族出版社 1989 年 124 页
13cm（60 开）定价：CNY0.95
（聊斋 19）
　　中国现代连环画作品。

J0079762
老鼠契克 （罗）G.扎拉雷，N.诺比列斯库原
著；方志改编
北京 中国连环画出版社 1989 年 31 页
19cm（32 开）定价：CNY1.12
（儿童幽默连还画 3 五个小淘气）
　　中国现代连环画作品。

J0079763
老侠金钟罩 曹英改编；刘书军，冷萍绘画
长沙 湖南美术出版社 1989 年 118 页
13cm（60 开）定价：CNY0.59
　　中国现代连环画作品。

J0079764
泪洒暮云观 刘太平改编；廖先悟，谭德康画
长沙 湖南美术出版社 1989 年 118 页
13cm（60 开）定价：CNY0.62
　　中国现代连环画作品。

J0079765
李铁拐传奇 （滑稽系列连环画 1 车厢怪病）
励艺夫，虞行先编文；吴国梁，金渭昌绘画
天津 天津人民美术出版社 1989 年
ISBN：7-5305-3191-3 定价：CNY2.90（全套 5 册）

J0079766
李铁拐传奇 （滑稽系列连环画 2 小财迷奇
遇记）励艺夫，虞行先编文；吴国梁，金渭昌
绘画
天津 天津人民美术出版社 1989 年
ISBN：7-5305-3191-3 定价：CNY2.90（全套 5 册）

J0079767
李铁拐传奇 （滑稽系列连环画 3 长寿灵闹
剧）励艺夫，虞行先编文；吴国梁，金渭昌绘画
天津 天津人民美术出版社 1989 年
ISBN：7-5305-3191-3 定价：CNY2.90（全套 5 册）

J0079768
李铁拐传奇 （滑稽系列连环画 4 说神道鬼）
励艺夫，虞行先编文；吴国梁，金渭昌绘画
天津 天津人民美术出版社 1989 年
ISBN：7-5305-3191-3
定价：CNY2.90（全套 5 册）

J0079769
李铁拐传奇 （滑稽系列连环画 5 歪理堡的倒
坍）励艺夫，虞行先编文；吴国梁，金渭昌绘画
天津 天津人民美术出版社 1989 年
ISBN：7-5305-3191-3
定价：CNY2.90（全套 5 册）

J0079770
连环画艺术丛书 （12）姜维朴主编
北京 中国连环画出版社 1989 年 19cm（32 开）
ISBN：7-5061-0237-4 定价：CNY1.60

J0079771
连升三级 （相声连环画）毛志毅改编；董凤
章，李正平绘画
天津 天津人民美术出版社 1989 年 15cm（40 开）
定价：CNY0.50

J0079772
廉政教育画册 广西区纪委《党纪》杂志编辑
部编
南宁 广西教育出版社 1989 年 47 页 26cm（16 开）
ISBN：7-5435-0521-5 定价：CNY1.20
　　中国现代连环画作品。

J0079773
两败俱伤 陈俊仪编译
长沙 湖南美术出版社 1989 年 19cm（32 开）
定价：CNY0.44
（新编《米老鼠和唐老鸭》系列连环画）
　　中国现代动画作品。

J0079774
两汉文学故事 魏忠才等选注编译；贺友直
等绘
郑州 河南美术出版社 1989 年 248 页
17cm（40 开）ISBN：7-5401-0061-3
定价：CNY5.35

（古文画丛）

本连环画收入《陌上桑》《孙子用兵》《河伯娶妇》等17个故事。

J0079775

辽海除奸　翠岚改编；张治华绘画

长沙　湖南美术出版社　1989年　118页
13cm（60开）定价：CNY0.85

中国现代连环画作品。

J0079776

聊斋故事选　（连环画）（清）蒲松龄著；赵吉南等改编；黄全昌等绘画

上海　上海人民美术出版社　1989年　388页
19cm（32开）ISBN：7-5322-0345-X
定价：CNY4.00

本书根据著名古代文言短篇小说集《聊斋志异》编绘的连环画。

J0079777

聊斋故事选　（连环画　一）（清）蒲松龄原著；赵吉南改编；黄全昌等绘画

上海　上海人民美术出版社　1989年　389页
19cm（32开）ISBN：7-5322-0345-X
定价：CNY12.50

本书根据著名古代文言短篇小说集《聊斋志异》编绘。

J0079778

聊斋故事选　（连环画　二）（清）蒲松龄原著；纪鲁等改编；张新国等绘

上海　上海人民美术出版社　1991年　404页
19cm（小32开）ISBN：7-5322-0715-3
定价：CNY4.80

本书根据著名古代文言短篇小说集《聊斋志异》编绘。

J0079779

聊斋故事选　（连环画　三）（清）蒲松龄原著；赵吉南，纪鲁改编；范生福，叶雄笠等绘画

上海　上海人民美术出版社　1992年　341页
19cm（小32开）ISBN：7-5322-0951-2
定价：CNY10.80

本书根据著名古代文言短篇小说集《聊斋志异》编绘。作者范生福（1939—　），画家。江苏

无锡人。字森莆。中国美术家协会会员、艺委会委员、上海非物质文化遗产连环画继承人、上海美术家协会会员、《连环画艺术》编委。出版有《连环画典藏：范生福作品（共4册）》。

J0079780

聊斋故事选　（连环画　四）（清）蒲松龄原著；杨根相，钱兴凤改编；刘德明等绘画

上海　上海人民美术出版社　1993年　431页
19cm（小32开）ISBN：7-5322-1138-X
定价：CNY13.50

根据著名古代文言短篇小说集《聊斋志异》编绘。作者杨根相，主要改编的连环画作品有《暴风骤雨》《红灯记》《蛙女》等。

J0079781

聊斋故事选　（连环画　六）（清）蒲松龄原著；庄宏安改编；张纪平等绘画

上海　上海人民美术出版社　1993年　413页
20cm（32开）ISBN：7-5322-1529-6
定价：CNY14.30

本书根据著名古代文言短篇小说集《聊斋志异》编绘。作者张纪平，中国现代连环画家。

J0079782

临城劫车案　胡志明，朱云编绘

广州　岭南美术出版社　1989年　118页
13cm（60开）定价：CNY0.78

中国现代连环画作品。

J0079783

刘赤水艳遇狐仙子　（清）蒲松龄著；农耘改编；曾令威等绘画

南宁　广西民族出版社　1989年　124页
13cm（60开）定价：CNY1.05
（聊斋　11）

中国现代连环画作品。

J0079784

龙湖奇遇　陈俊仪编译

长沙　湖南美术出版社　1989年　19cm（32开）
定价：CNY0.38
（新编《米老鼠和唐老鸭》系列连环画）

中国现代动画作品。

J0079785
龙虎斗香江 （上册）傅慧雄等编制
广州 岭南美术出版社 1989 年 125 页
13cm（60 开）定价：CNY0.90
　　　中国现代连环画作品。

J0079786
龙虎斗香江 （下册）傅慧雄等编制
广州 岭南美术出版社 1989 年 125 页
13cm（60 开）定价：CNY0.90
　　　中国现代连环画作品。

J0079787
龙剑行动 刘大平改编；康移风绘画
长沙 湖南美术出版社 1989 年 94 页 13cm（60 开）
定价：CNY0.48
　　　中国现代连环画作品。

J0079788
龙颈夺枪 梁志坚，展子改编；郭伟新绘画
广州 岭南美术出版社 1989 年 126 页
13cm（60 开）定价：CNY0.75
　　　中国现代连环画作品。

J0079789
轮下血 （霍桑探案故事）闻欣改编；王肇庆，
王峥绘画
北京 人民美术出版社 1989 年 126 页
13cm（60 开）ISBN：7-102-00170-3
定价：CNY0.75
　　　中国现代连环画作品。

J0079790
罗马复仇 罗德元改编；董丹，廖心永绘画
成都 四川少年儿童出版社 1989 年 120 页
13cm（60 开）定价：CNY0.70
　　　中国现代连环画作品。

J0079791
落鹰歼匪记 （上）阿坚，阿虹改编；黄珂等绘画
长沙 湖南少年儿童出版社 1989 年 166 页
13cm（60 开）定价：CNY0.72
　　　中国现代连环画作品。

J0079792
落鹰歼匪记 （下）阿坚，阿虹改编；黄珂等绘画
长沙 湖南少年儿童出版社 1989 年 138 页
13cm（60 开）定价：CNY0.61
　　　中国现代连环画作品。

J0079793
绿色信号弹
上海 上海人民美术出版社 1989 年 3 册
13cm（60 开）定价：CNY1.90
　　　本书包括《绿锁链》《秘密搏斗》和《毒蜘蛛》
3 种连环画。收入 444 幅图。

J0079794
马岛之战 朵拉编文；攀东杰，朵拉绘画
南宁 广西民族出版社 1989 年 94 页 13cm（60 开）
定价：CNY0.45
（中外新编系列连环画）
　　　中国现代连环画作品。

J0079795
马路奇案 长虹改编；冯翼绘画
长沙 湖南美术出版社 1989 年 70 页 13cm（60 开）
定价：CNY0.38
　　　中国现代连环画作品。

J0079796
马戏团的故事 梅玉闽编译；刘明，凌柯绘画
武汉 湖北少年儿童出版社 1989 年 19cm（32 开）
定价：CNY0.70
（外国儿童幽默连环画）
　　　中国现代连环画作品。

J0079797
马小哈奇遇记 （"鸽子迷路"的山谷）金涛改
编；叶春旸绘画
北京 北京日报出版社 1989 年 62页 13cm（60 开）
定价：CNY0.75
　　　中国现代连环画作品。

J0079798
马小哈奇遇记 （魔盒）金涛改编；常铁钧绘画
北京 北京日报出版社 1989 年 62页 13cm（60 开）
定价：CNY0.75
　　　中国现代连环画作品。

J0079799

买猴儿 （相声连环画）王守义改编；霜叶绘画
天津 天津人民美术出版社 1989年 15cm（40开）
定价：CNY0.35

J0079800

卖火柴的小女孩 （丹）安徒生原著；叶宗翰
改编；卢恺绘画
南宁 广西人民出版社 1989年 30页 19cm（32开）
定价：CNY3.00
（世界童话名著连环画丛书）

　　作者卢恺，教授。毕业于广西艺术学院美
术系油画专业。中国电视艺术家协会会员、中
国美术家协会广西分会会员、广西电视台美术
编审、广西北部湾油画研究院副院长、画院教
授。代表作品《喜洋洋》《智慧之光》《我家有
新船了》等。

J0079801

猫头鹰破案 杨士琼原著；海水改编；徐庚生
绘画
上海 上海人民美术出版社 1989年 46页
有彩图 10×13cm 定价：CNY0.50

J0079802

毛古警长 茅晓峰，茅捷改编；魏敏剧照摄影
南京 江苏美术出版社 1989年 3册 13cm（60开）
定价：CNY2.80
（警探系列喜剧）
　　中国现代连环画作品。

J0079803

毛古警长 （系列连环画）尹雨改编；郭召明
等绘画
上海 上海人民美术出版社 1989年 6册
14cm（80开）定价：CNY2.70
　　中国现代连环画作品。

J0079804

美国奥斯卡金像奖电影连环画册 （美）曹
思等编剧；米林等改编；陈正斌等绘
重庆 重庆出版社 1989年 804页 19cm（32开）
ISBN：7-5366-0959-0 定价：CNY8.55

J0079805

梦想号星球 陈俊仪编译
长沙 湖南美术出版社 1989年 19cm（32开）
定价：CNY0.56
（新编《米老鼠和唐老鸭》系列连环画）
　　中国现代动画作品。

J0079806

梦中婚 （相声连环画）李秉玲改编；余怡绘画
天津 天津人民美术出版社 1989年 15cm（40开）
定价：CNY0.35

J0079807

米老鼠——名画奇案 黄珍编译；王东升描绘
北京 中国文联出版公司 1989年 110页 有图
10×13cm ISBN：7-5059-0868-5 定价：CNY0.61
（卡通连环画选）
　　中国现代连环画作品。

J0079808

密探 夕照改编；李顺利，孙力维摄影
南京 江苏美术出版社 1989年 3册 13cm（60开）
定价：CNY2.80
　　中国现代连环画作品。

J0079809

明争暗斗 陈俊仪编译
长沙 湖南美术出版社 1989年 19cm（32开）
定价：CNY0.56
（新编《米老鼠和唐老鸭》系列连环画）
　　中国现代动画作品。

J0079810

冥间酒友 （清）蒲松龄著；阳子改编；李希霖，
李忠霖绘画
南宁 广西民族出版社 1989年 76页 13cm（60开）
定价：CNY0.60
（聊斋 6）
　　中国现代连环画作品。作者蒲松龄（1640—
1715），文学家。字留仙，一字剑臣，别号柳泉居
士，世称聊斋先生。山东淄川（今山东淄博）人。
著有《聊斋志异》《聊斋文集》等。

J0079811

谋杀外交官事件 翠岚改编；严瑜仲，全燕云

绘画
长沙 湖南美术出版社 1989 年 118 页
13cm（60 开）定价：CNY0.58
　　　中国现代连环画作品。

J0079812
哪吒 （下）张企荣改编；汲成，张杉宏绘画
长沙 湖南少年儿童出版社 1989 年 150 页
13cm（60 开）定价：CNY0.65
　　　中国现代连环画作品。

J0079813
哪吒斗龙王　方志编；冯贵才绘画
北京 中国连环画出版社 1989 年 17 页
30cm（10 开）定价：CNY1.60
　　　本书是选自《封神演义》的中国现代连环画
作品。

J0079814
南天烽火 （上）王杰夫编文；匈棣绘画
杭州 浙江人民美术出版社 1989 年 138 页
13cm（60 开）定价：CNY0.65
　　　中国现代连环画作品。

J0079815
南天烽火 （下）王杰夫编文；匈棣绘画
杭州 浙江人民美术出版社 1989 年 125 页
13cm（60 开）定价：CNY0.60
　　　中国现代连环画作品。

J0079816
内家拳传人　李恭泰，远静编文；钱贵荪，盛
元龙绘画
广州 岭南美术出版社 1989 年 125 页
13cm（60 开）定价：CNY0.75

J0079817
聂隐娘九十图　孟平改编；邹莉绘画
广州 岭南美术出版社 1989 年 90 页 24cm（26 开）
定价：CNY6.90
（中国古典文学名著选绘）
　　　本书是中国现代连环画作品。以线描加黑
白表现，带装饰风。达到传奇式的浪漫效果。

J0079818
弄巧成拙　陈俊仪编译
长沙 湖南美术出版社 1989 年 19cm（32 开）
定价：CNY0.57
（新编《米老鼠和唐老鸭》系列连环画）
　　　中国现代动画作品。

J0079819
女交通王　艾鸣编文；彭强华等绘画
广州 岭南美术出版社 1989 年 132 页
13cm（60 开）定价：CNY0.84
　　　本连环画包括《女交通王》《吃"龙"肉》等
七则故事。

J0079820
霹雳弹　（英）伊·弗莱明原著；晨戈改编；肖
玮，晓丹绘画
北京 中国连环画出版社 1989 年 33 页
26cm（16 开）定价：CNY0.80
（007 系列连环画）
　　　中国现代连环画作品。

J0079821
骗来的新娘　舒萱改编；陈安民绘画
长沙 湖南美术出版社 1989 年 118 页
13cm（60 开）定价：CNY0.52
　　　中国现代连环画作品。

J0079822
普陀山传奇 （3 趣闻品）（释）随缘编绘
台北 正一善书出版社 1989 年 199 页 有图
27cm（16 开）精装 定价：TWD260.00
　　　中国现代连环画作品。

J0079823
奇兵袭敌　胡翊改编；司徒绵，黄小央绘画
广州 新世纪出版社 1989 年 126 页 13cm（60开）
定价：CNY0.72
（少年连环画库）
　　　中国现代连环画作品。

J0079824
奇怪的旅客　费明修，曹丽华改编；尤先瑞，
郑家沅绘画
上海 少年儿童出版社 1989 年 110 页

13cm（60开）定价：CNY0.61

（小侦探 2）

中国现代连环画作品。作者尤先瑞（1944— ），笔名岱石等，山西人。毕业于中央美术学院附中。擅长连环画、儿童画等。曾任中国美术家协会上海分会会员，中国电影家协会上海分会会员等职。主要作品有《巴顿将军》《哪吒》《世界儿童文学名著图画本》等。

J0079825
枪 武广久改编；李俊琪绘
北京 人民美术出版社 1989年 134页
13cm（60开）定价：CNY0.58

本书根据张乃仁同名小说《枪的故事》改编的中国现代连环画作品。作者李俊琪（1943— ），教授。号大道轩主人，河北乐亭人。曾任天津美术家协会副主席、中国美术家协会会员，天津南开大学教授、研究生导师，美国传记研究院研究员。著作有《中国历代诗家图卷》《中国历代兵家图卷》《中国历代文学家画传》《李俊琪画集》等。

J0079826
乔女嫁鬼 （清）蒲松龄著；阳子改编；李钊，潘爱清绘画
南宁 广西民族出版社 1989年 90页 13cm（60开）
定价：CNY0.80
（聊斋 7）

中国现代连环画作品。作者蒲松龄（1640—1715），文学家。字留仙，一字剑臣，别号柳泉居士，世称聊斋先生。山东淄川（今山东淄博）人。著有《聊斋志异》《聊斋文集》等。

J0079827
巧布迷魂阵 辛冰改编；乐明祥绘画
天津 天津人民美术出版社 1989年 86页
13cm（60开）定价：CNY0.55

中国现代连环画作品。

J0079828
怯跟班 （相声连环画）石渔改编；贾文涛，鹿泉绘画
天津 天津人民美术出版社 1989年 15cm（40开）
定价：CNY0.35

J0079829
青蛙雷地 （罗）G.扎拉雷，N.诺比列斯库原著；方志改编
北京 中国连环画出版社 1989年 31页
19cm（32开）定价：CNY1.12
（儿童幽默连还画 4 五个小淘气）

中国现代连环画作品。

J0079830
青蛙王子 （德）格林原著；秋水改编；谢森绘画
南宁 广西人民出版社 1989年 34页 19cm（32开）
定价：CNY3.50
（世界童话名著连环画丛书）

中国现代连环画作品。

J0079831
人生 路遥原著；纪元琪改编；孙为民，聂鸥绘
北京 中国连环画出版社 1989年 95页
19cm（32开） ISBN：7-5061-0162-9
定价：CNY5.00
（当代文学名著连环画库）

中国现代连环画作品。作者聂鸥（1948— ），画家。女，辽宁新民人，毕业于中央美术学院中国画系研究生班。擅长版画、水墨人物画、油画、连环画。北京画院一级美术师、中国美术家协会理事。出版有《聂鸥水墨画》《回响——聂鸥画集》《又回山乡——聂鸥画集》等。

J0079832
软硬漫画剧场 软硬天师著；何剑聪绘
香港 友禾制作事务所 1989年 139页 有图
18cm（32开）定价：HKD25.00
（友禾精装城市漫画 6）

中国现代连环画作品。

J0079833
三"进士" （相声连环画）知凹改编；马超，高捷绘画
天津 天津人民美术出版社 1989年 15cm（40开）
定价：CNY0.35

中国现代连环画作品。

J0079834
三封密电 朱明编绘
广州 岭南美术出版社 1989年 114页

13cm（60 开）定价：CNY0.78
中国现代连环画作品。

J0079835

三个快枪手　周棻改编；成谷，玉华绘画
北京 中国连环画出版社 1989 年 22 页
19cm（32 开）定价：CNY1.00
中国现代连环画作品。

J0079836

三国演义连环画　（第三册 41-60）（明）罗贯
中原著
上海 上海人民美术出版社 1989 年 2335-3574 页
21cm（32 开）精装 定价：CNY18.45
作者罗贯中（约 1330—约 1400），元末明初
小说家。名本，字贯中，号湖海散人，山西并州
太原府人。《三国志通俗演义》（简称《三国演义》）
的作者，其他主要作品有小说《隋唐两朝志传》
《残唐五代史演义》《三遂平妖传》《水浒全传》。

J0079837

三条小鲨鱼的故事　大麦编；姜一鸣绘
上海 上海人民美术出版社 1989 年 46 页
有图 10×13cm ISBN：7-5322-0384-0
定价：CNY0.50
中国现代连环画作品。

J0079838

三战毒龙帮　刘天平改编；王国仁绘画
长沙 湖南美术出版社 1989 年 110 页
13cm（60 开）定价：CNY0.59
（"007"惊险系列连环画）
中国现代连环画作品。

J0079839

沙漠战鸵鸟　春晓改编；孙泽良绘画
天津 新蕾出版社 1989 年 125 页 13cm（60 开）
定价：CNY0.78
（船长历险记 2）
中国现代连环画作品。

J0079840

莎士比亚名剧连环画　（英）莎士比亚原著；
何星等改编；舒湘鄂等绘画
北京 北京日报出版社 1989 年 6 册 13cm（60 开）
定价：CNY33.00
作者莎士比亚（William Shakespeare，1564—
1616），英国伟大的戏剧家、诗人。全名威廉·莎
士比亚，出生于英国中部斯特拉福特镇。著有《罗
密欧与朱丽叶》《哈姆雷特》《奥赛罗》《李尔王》
《麦克白》等。

J0079841

莎士比亚名剧连环画　（英）莎士比亚原著；
何星等改编；舒湘鄂等绘画
北京 北京日报出版社 1989 年 6 册 19cm（32 开）
ISBN：7-80502-341-7 定价：CNY33.00

J0079842

莎士比亚四大悲剧　（连环画）（英）莎士比亚
原著；李白英等改编；江云等绘画
上海 上海人民美术出版社 1989 年 4 册
13cm（60 开）定价：CNY4.45
本书包括《王子复仇记》《奥瑟罗》《李尔
王》和《麦克白》，共四册。收入 778 幅图。

J0079843

莎士比亚喜剧四种　（连环画）（英）莎士比亚
原著；甘礼乐等改编；徐福德等绘画
上海 上海人民美术出版社 1989 年 4 册
13cm（60 开）定价：CNY3.35
本书包括《威尼斯商人》《无事生非》《终成
眷属》和《皆大欢喜》，共四册连环画。

J0079844

晒龙袍的六月六　邬朝祝文；蔡皋绘画
长沙 湖南少年儿童出版社 1989 年 30cm（16 开）
精装 定价：CNY10.00
（中国民族节日风俗故事画库 土家族）
中国现代连环画作品。

J0079845

少妇与间谍　冯源改编；冯翼，晓龙绘画
长沙 湖南美术出版社 1989 年 102 页
13cm（60 开）定价：CNY0.57
中国现代连环画作品。

J0079846

少将情报官拂晓归来　尚义改编；陈军，丽
娜绘

北京 中国文联出版公司 1989 年 126 页
13cm（60 开）定价：CNY0.78

本书根据陆野、肖焕伟同名报告文学改编的中国现代连环画作品。

J0079847

少林鼠 （1）武玉桂编；田土等画
济南 明天出版社 1989 年 31 页 26cm（16 开）
定价：CNY1.20
（中国儿童系列连环漫画）

中国现代连环画作品。

J0079848

神秘的公主 春峰改编；李曙光绘画
郑州 河南美术出版社 1989 年 19cm（32 开）
定价：CNY1.10

中国现代连环画作品。

J0079849

神秘的圭票 吴辰旭编文；苏朗绘画
兰州 甘肃少年儿童出版社 1989 年 32 页
26cm（16 开）定价：CNY0.86
（世界集邮故事连环画 第一辑）

中国现代连环画作品。作者苏朗（1938— ），画家。原名严国保。湖北武汉人，就读于武昌艺师和西北师院艺术系。中国美术家协会会员、甘肃人民出版社副编审。代表作品有《黄河渡》《煦风吹不尽》《奶站笑语》等。

J0079850

神秘的女友 杨春峰改编；王双贵，于福庚绘画
郑州 河南美术出版社 1989 年 150 页
13cm（60 开）定价：CNY0.68

中国现代连环画作品。

J0079851

神牛牵出牛王节 陈士平著文；陈巽如绘画
长沙 湖南少年儿童出版社 1989 年 26×24cm
精装 ISBN：7-5358-0349-0 定价：CNY10.00
（节日风俗故事画库）

中国现代连环画作品。作者陈巽如（1949— ），女，美术编辑。曾用名陈胜如、耳东。湖南望城人，毕业于湖南戏剧学校舞台美术科。历任湖南文艺出版社美术编辑、装帧室副主任。中国美术家协会会员。代表作品有《攻关》《金龙崖》《湘西行》等。

J0079852

神奇的魔水 沈行止改编；大林，肖鹏绘画
北京 中国连环画出版社 1989 年 22 页
19cm（32 开）定价：CNY1.00

中国现代连环画作品。

J0079853

神枪库布拉 （惊险科幻连环画）欣然，项亦供稿；陈武译
天津 天津人民美术出版社 1989 年
2 册（90+114 页）19cm（32 开）定价：CNY2.90

中国现代连环画作品。

J0079854

神威斗奇兽 李建军编文；苏西映绘画
郑州 河南美术出版社 1989 年 150 页
13cm（60 开）定价：CNY0.55

中国现代连环画作品。

J0079855

圣迹之图 （孔府文物选）孔祥林等执笔；庞守义摄
济南 山东友谊书社 1989 年 新 1 版 18×26cm
ISBN：7-80551-114-4 定价：CNY8.50

本连环画是一部反映孔子生平事迹的连环图画，为彩绘绢本，共 36 幅。

J0079856

十八罗汉斗悟空 （1）何汉秋，全恬编绘
南宁 广西人民出版社 1989 年 58 页 19cm（32 开）
定价：CNY0.90

本书根据民间传说编绘的中国现代连环画作品。作者何汉秋（1951— ），《经济时报》美术编辑。

J0079857

十八罗汉斗悟空 （2）何汉秋，全恬编绘
南宁 广西人民出版社 1989 年 58 页 19cm（32 开）
定价：CNY0.90

中国现代连环画作品。

J0079858

十八罗汉斗悟空 （3）何汉秋，全恬编绘

南宁 广西人民出版社 1989年 58页 19cm（32开）
定价：CNY0.90
　　中国现代连环画作品。

J0079859
十八罗汉斗悟空 （4）何汉秋，梁钢编绘
南宁 广西人民出版社 1989年 58页 19cm（32开）
定价：CNY0.90
　　中国现代连环画作品。

J0079860
十八罗汉斗悟空 （5）何汉秋，梁钢编绘
南宁 广西人民出版社 1989年 58页 19cm（32开）
定价：CNY0.90
　　中国现代连环画作品。

J0079861
十八罗汉斗悟空 （6）何汉秋，梁钢编绘
南宁 广西人民出版社 1989年 58页 19cm（32开）
定价：CNY0.90
　　中国现代连环画作品。

J0079862
十三棍僧救唐王　杨戈等改编；马克政等
绘画
广州 岭南美术出版社 1989年 50页 13cm（60开）
定价：CNY0.72
　　中国现代连环画作品。

J0079863
石头心 （上）光亮改编；王晓明绘
北京 人民美术出版社 1989年 54页 13cm（60开）
定价：CNY1.15
　　本书根据德国威廉·豪夫同名故事编绘的中
国现代连环画作品。

J0079864
石头心 （下）光亮改编；王晓明绘
北京 人民美术出版社 1989年 46页 13cm（60开）
定价：CNY1.00
　　本书根据德国威廉·豪夫同名故事编绘的中
国现代连环画作品。

J0079865
时迁大闹大名府　汤廷乐改编；龙华绘画

杭州 浙江人民美术出版社 1989年 130页
13cm（60开）定价：CNY0.60
　　中国现代连环画作品。

J0079866
世界名人画传　郁敬湘等改编；晓宇等绘
南京 江苏少年儿童出版社 1989年
2册（690+649页）19cm（32开）
ISBN：7-5346-0259-9 定价：CNY11.24
　　本连环画选收了柏拉图、马克思、列宁、歌
德、安徒生、高尔基等44位世界名人传记。

J0079867
世界文学名著·亚非部分　雷德祖，高燕等
编绘
杭州 浙江人民美术出版社 1989年
5册（3590页）20cm（32开）
　　本书系世界文学名著亚非部分的连环画作
品。精选了亚洲、非洲的代表作品25部。包括
中国的《离骚》《水浒传》《三国演义》《牡丹亭》
《红楼梦》等；还有埃及、印度、希伯来、日本、
阿拉伯、朝鲜、波斯(伊朗)、塞内加尔等国家的
各种文学作品。每部作品前，有原著作者、作品
介绍。

J0079868
世界文学名著连环画丛书 （第一册）
杭州 浙江人民美术出版社 1989年 404页
19cm（32开）定价：CNY4.77

J0079869
世界文学名著连环画丛书 （第二册）
杭州 浙江人民美术出版社 1989年 462页
19cm（32开）定价：CNY5.39

J0079870
世界文学名著连环画丛书 （第三册）
杭州 浙江人民美术出版社 1989年 480页
19cm（32开）定价：CNY5.59

J0079871
世界文学名著连环画丛书 （第四册）
杭州 浙江人民美术出版社 1989年 432页
19cm（32开）定价：CNY5.04

J0079872

世界文学名著连环画丛书 （第五册）
杭州 浙江人民美术出版社 1989 年 498 页
19cm（32 开）定价：CNY5.77

J0079873

世界文学名著连环画丛书 （第六册）
杭州 浙江人民美术出版社 1989 年 440 页
19cm（32 开）定价：CNY5.15

J0079874

世界文学名著连环画丛书 （第七册）
杭州 浙江人民美术出版社 1989 年 464 页
19cm（32 开）定价：CNY5.41

J0079875

世界文学名著连环画丛书 （第八册）
杭州 浙江人民美术出版社 1989 年 444 页
19cm（32 开）定价：CNY5.36

J0079876

世界文学名著连环画丛书 （第九册）
杭州 浙江人民美术出版社 1989 年 468 页
19cm（32 开）定价：CNY5.45

J0079877

世界文学名著连环画丛书 （第十册）
杭州 浙江人民美术出版社 1989 年 431 页
19cm（32 开）定价：CNY5.07

J0079878

书痴与卷中美女　阳子改编；黄其，黄秋绘画
南宁 广西民族出版社 1989 年 116 页
13cm（60 开）定价：CNY0.95
（聊斋 20）
　　中国现代连环画作品。

J0079879

书剑恩仇录　任茹改编
天津 天津人民美术出版社 1989 年 2 册（268 页）
13cm（60 开）定价：CNY1.70
　　中国现代连环画作品。

J0079880

双龙历险记　张企荣改编；李明绘画
长沙 湖南少年儿童出版社 1989 年 118 页
13cm（60 开）定价：CNY0.50
　　中国现代连环画作品。

J0079881

死亡乐园　（英）伊·弗莱明著；晨戈改编；吴
国英，托福绘画
北京 中国连环画出版社 1989 年 33 页
26cm（16 开）定价：CNY0.80
（007 系列连环画）
　　中国现代连环画作品。

J0079882

宋代文学故事　王战军选注编译；徐恒瑜等绘
郑州 河南美术出版社 1989 年 272 页
17cm（32 开）ISBN：7-5401-0059-1
定价：CNY5.80
（古文画丛）
　　本连环画收入《淝水之战》《伤仲永》《岳
飞》等 25 个故事。

J0079883

隐身少年一平　章亦，安然供稿；陈武译
天津 天津人民美术出版社 1989 年
2 册（88+105 页）19cm（32 开）定价：CNY2.65
　　中国现代连环画作品。

J0079884

孙二娘外传　毕世臣原著；江岸宽改编；吴大
成等绘画
天津 新蕾出版社 1989 年 2 册 有图
10×13cm ISBN：7-5307-0334-X
定价：CNY1.15（上下册）
　　中国现代连环画作品。作者吴大成
（1945—　），画家。擅长中国人物画，以书法入
画。曾在复旦大学学习美学。上海美术出版社
专职画家、上海美术家协会会员、上海市民盟书
画会副会长、上海民间书画会顾问、老城厢书画
会副会长、上海百草园院画师、上海人民美术出
版社创作员。出版有彩色连环画《黄梁一梦》《晴
雯》，以及彩色插图本四大名著、唐诗宋词元曲、
《聊斋》等。

J0079885

台湾黑猫旅社　（上）大川改编、摄影

广州 岭南美术出版社 1989 年 126 页
13cm（60 开）定价：CNY0.75

本书根据同名电视连续剧改编的中国现代连环画作品。

J0079886

台湾黑猫旅社 （下）大川改编、摄影
广州 岭南美术出版社 1989 年 126 页
13cm（60 开）定价：CNY0.75

中国现代连环画作品。

J0079887

太湖奇缘 吕洪年等改编；蒋文兵绘画
杭州 浙江人民美术出版社 1989 年 94 页
13cm（60 开）定价：CNY0.46

本书根据长篇叙事《吴歌》改编的中国现代连环画作品。

J0079888

泰山出世 （美）埃德加·赖斯·巴勒斯著；李大发改编；周有武等绘画
上海 上海人民美术出版社 1989 年 34 页
19cm（32 开）定价：CNY1.10
（人猿泰山 1）

中国现代连环画作品。

J0079889

探月先锋 （英）伊·弗莱明原著；肖森改编；长弓，筱华绘画
北京 中国连环画出版社 1989 年 33 页
26cm（16 开）定价：CNY0.80
（007 系列连环画）

中国现代连环画作品。

J0079890

唐代文学故事 冷文，董寅生选注；田雨编译；李世南等绘
郑州 河南美术出版社 1989 年 2 版 259 页
17cm（32 开）ISBN：7-5401-0063-X
定价：CNY5.60
（古文画丛）

本连环画收入《燕歌行》《长恨歌》《捕蛇者说》等 20 个故事。作者李世南（1940— ），画家。生于上海，祖籍浙江绍兴。中国美术家协会会员、国家一级美术师、中国国家画院特聘研究员、陕西国画院名誉院长、深圳书院专业画家。代表作《开采光明的人》《长安的思念》《南京大屠杀 48 周年祭》等。

J0079891

讨袁奇侠 英平，林征改编；仓小平绘画
广州 岭南美术出版社 1989 年 134 页
13cm（60 开）定价：CNY0.67

本书根据小说《讨袁奇侠录》改编的中国现代连环画作品。

J0079892

天空神探 （第一集 圣诞礼物）周立明，周晨恩编文；陆汝浩等绘画
上海 文汇出版社 1989 年 78 页 19cm（32 开）
定价：CNY2.50

中国现代连环画作品。作者陆汝浩（1943— ），画家。别名双水，浙江宁波人。曾在师范专修美术。《上海少年报》社童话报美术编辑。连环画作品有《滨海谍案》。

J0079893

天空神探 （第二集 天狼星来客）李名慈，林九如编文；陆汝浩等绘画
上海 文汇出版社 1989 年 78 页 19cm（32 开）
定价：CNY2.50

中国现代连环画作品。

J0079894

天女的仙锅 （广东风物传说）陆镇康等改编；彭石根等绘画
广州 岭南美术出版社 1989 年 27 页 13cm（60开）
定价：CNY0.59

中国现代连环画作品。

J0079895

田七郎舍身报友 王敏之改编；李绍渊，李绍中绘画
南宁 广西民族出版社 1989 年 127 页
13cm（60 开）定价：CNY1.00
（聊斋 2）

中国现代连环画作品。

J0079896

头号间谍生死录 冯源改编；越非等绘画

长沙　湖南美术出版社　1989 年　3 册（354 页）
13cm（60 开）定价：CNY1.77

　　本书根据丁雨雨同名小说改编的中国现代
连环画作品。

J0079897

外国寓言　泰康等改编；姬德顺等绘画
武汉　湖北少年儿童出版社　1989 年　94 页
19cm（32 开）定价：CNY1.40
　　中国现代连环画作品。

J0079898

万能杀手　（惊险侦破故事）文秀改编；王立宪绘画
长沙　湖南少年儿童出版社　1989 年　110 页
13cm（60 开）定价：CNY0.60
　　中国现代连环画作品。

J0079899

魏晋南北朝文学故事　田雨等选注编译；陈惠冠等绘
郑州　河南美术出版社　1989 年　272 页
17cm（32 开）ISBN：7–5401–0060–5
定价：CNY5.80
（古文画丛）
　　本连环画收入《蒿里行》《桃花源记》《周处》等 24 个故事。作者陈惠冠（1935—　），浙江余姚人。中国美术家协会会员、中国版协连环画艺术委员会副主任委员。擅长连环画。作品有《牛头山》《仙人岛》《黄河飞渡》等。

J0079900

我的儿子——安珂　胡莘华编文；岑圣权绘画
广州　岭南美术出版社　1989 年　125 页
13cm（60 开）定价：CNY0.82
　　中国现代连环画作品。

J0079901

五豪杰巧截黄金车　叶耀才改编；梁镇雄绘画
广州　岭南美术出版社　1989 年　110 页
13cm（60 开）定价：CNY0.67
　　中国现代连环画作品。

J0079902

伍秋月冥府还生　（清）蒲松龄著；刘玫凌改

编；肖辽莎，黄继红绘画
南宁　广西民族出版社　1989 年　98 页　13cm（60 开）
定价：CNY0.80
（聊斋 15）
　　中国现代连环画作品。作者蒲松龄（1640—1715），文学家。字留仙，一字剑臣，别号柳泉居士，世称聊斋先生。山东淄川（今山东淄博）人。著有《聊斋志异》《聊斋文集》等。

J0079903

勿失良机　陈俊仪编译
长沙　湖南美术出版社　1989 年　1 册 19cm（32 开）
定价：CNY0.38
（新编《米老鼠和唐老鸭》系列连环画）
　　中国现代连环画作品。

J0079904

西汉文学故事　魏忠才等选注编译；贺友直等绘画
郑州　河南美术出版社　1989 年　248 页
19cm（32 开）定价：CNY5.35
（古文丛书）
　　中国现代连环画作品。

J0079905

西游记　（明）吴承恩原著；戈兵等改编；王学明等绘画
石家庄　河北美术出版社　1989 年　36 册
13cm（60 开）盒装　定价：CNY18.00
　　中国现代连环画作品。作者吴承恩（约1500—1583），汉族，明代小说家。淮安府山阳县河下人（现江苏淮安市淮安区）。字汝忠，号射阳山人。代表作有《西游记》。作者王学明（1943—　），美术编辑。天津人，毕业于河北省美术学院。历任师范学校美术教师、报社美术编辑、衡水地区画院院长、中国美术家协会会员。连环画代表作品有《三断奇案》等，出版有《买海居诗选》《王学明画集》等。

J0079906

席方平三进阴曹　柳叶改编；全懿，正仁绘画
南宁　广西民族出版社　1989 年　95 页 13cm（60 开）
定价：CNY0.82
（聊斋 17）
　　中国现代连环画作品。

J0079907

侠盗燕飞 （第一集 猛鬼村）梁挺编著
广州 岭南美术出版社 1989年 27页 26cm（16开）
定价：CNY1.90
（中国武术连环画）
　　中国现代连环画作品。

J0079908

侠盗燕飞 （第二集 初会冷血剑）梁挺编著
广州 岭南美术出版社 1989年 27页 26cm（16开）
定价：CNY1.90
（中国武术连环画）
　　中国现代连环画作品。

J0079909

侠盗燕飞 （第三集 杀醉汉）梁挺编著
广州 岭南美术出版社 1989年 27页 26cm（16开）
定价：CNY1.90
（中国武术连环画）
　　中国现代连环画作品。

J0079910

侠盗燕飞 （第四集 大破猛鬼村）梁挺编著
广州 岭南美术出版社 1989年 27页 26cm（16开）
定价：CNY1.90
（中国武术连环画）
　　中国现代连环画作品。

J0079911

先秦文学故事 卓允等选注编译；费声福等绘
郑州 河南美术出版社 1989年 236页
17cm（32开）ISBN：7-5401-0062-1
定价：CNY5.10
（古文画丛）
　　本连环画收入《女娲补天》《曹刿论战》
《扁鹊见蔡桓公》等24个故事。作者费声福
（1927—　），编辑。祖籍浙江慈溪，毕业于中央
美术学院。历任中国连环画出版社编审、《中国
连环画》副主编、中国美术家协会连环画艺术委
员会副主任、中国连环画研究会常务理事兼秘书
长。作品有《神火》《游赤壁》。

J0079912

县令智断无头案 阳子改编；何纬仁，胡美才
绘画

南宁 广西民族出版社 1989年 90页 13cm（60开）
定价：CNY0.75
（聊斋 4）
　　中国现代连环画作品。

J0079913

小叮当·机器猫 （日）藤子·F·不二雄著；赵
明湘，张南宁编译
北京 中国文联出版公司 1989年 10册
19cm（32开）袋装 定价：CNY11.00
　　本连环画包括《潜地艇》《秘密摄影机》《超
人野比》《复印头脑》《追踪飞弹》《地震纸》《人
体切断机》《超级盔甲》《神枪手》和《吸血鬼》。
作者藤子·F·不二雄（1933—1996），日本漫画家。
出生于日本富山县高冈市，本名藤本弘。毕业于
富山县立高冈工艺高等学校电气科。受到漫画
大师手冢治虫的启发，立志成为儿童漫画家。小
学馆的代表漫画家之一。代表作《Q太郎》《哆
啦A梦》《小超人帕门》《超能力魔美》。

J0079914

小狗福斯 （罗）G.扎拉雷，N.诺比列斯库原
著；徐伟译；方志改编
北京 中国连环画出版社 1989年 31页
19cm（32开）定价：CNY1.12
（儿童幽默连环画 5 五个小淘气）
　　中国现代连环画作品。

J0079915

小猴王 （1）春秋出版社编译
北京 春秋出版社 1989年 64页 19cm（32开）
ISBN：7-5069-0204-4 定价：CNY0.85
　　中国现代连环画作品。

J0079916

小猴王 （3）春秋出版社编译
北京 春秋出版社 1989年 64页 19cm（32开）
ISBN：7-5069-0244-3 定价：CNY0.85
　　改编自日本现代连环画作品。

J0079917

小精灵新传 王培堃编绘
石家庄 河北美术出版社 1989年 10册
13cm（60开）定价：CNY3.10
　　本连环画包括《夜光杯奇案》上下册、《劫机

阴谋》上下册、《神秘的潜艇》《智擒海盗》《大闹"海上乐园"》《"鲨鱼号"走私船》《真假夜光杯》和《"蜘蛛王国"的陷阱》。作者王培堃（1940—　），漫画家。广西柳州人，毕业于广西师范学院。曾任职于广西柳州市群众艺术馆、柳州《新天地画刊》编辑部，中国美术家协会会员、中国美术家协会连环画艺术委员会委员。代表作品《书的故事》《小精灵画传》《书童山》。

J0079918

小猫咪咪　（罗）G.扎拉雷，N.诺比列斯库原著；徐伟译；方志改编
北京　中国连环画出版社　1989年　34页
19cm（32开）定价：CNY1.12
（儿童幽默连还画　1　五个小淘气）
　　中国现代连环画作品。

J0079919

小魔女　姜今改编；孙建林，曾知绘画
长沙　湖南少年儿童出版社　1989年　118页
13cm（60开）定价：CNY0.55
　　中国现代连环画作品。作者姜今，广州美术学院教授。

J0079920

小男人　阿宽著；何剑聪绘
香港　友禾制作事务所　1989年　有图　17cm（32开）
定价：HKD22.00
（友禾精装城市漫画　1）
　　中国现代连环画作品。

J0079921

小鸟琪琪　（罗）G.扎拉雷，N.诺比列斯库原著；徐伟译；方志改编
北京　中国连环画出版社　1989年　31页
19cm（32开）定价：CNY1.12
（儿童幽默连还画　2　五个小淘气）
　　中国现代连环画作品。

J0079922

小神仙　吴秀英改编；董凤章，小冬绘画
天津　天津人民美术出版社　1989年　15cm（40开）
定价：CNY0.50
　　中国现代连环画作品。

J0079923

小水滴环游记　大鲁等编；蒲泳等绘
上海　上海人民美术出版社　1989年　46页
有图　10×13cm　定价：CNY0.50
　　中国现代连环画作品。

J0079924

小松鼠请客　陈秋影编文；钱欣，钱家骅绘画
上海　上海人民美术出版社　1989年　46页
13cm（60开）定价：CNY0.50
　　中国现代连环画作品。

J0079925

小无知历险记　（1）白村改编；蔡皋，果果绘画
长沙　湖南少年儿童出版社　1989年　142页
13cm（60开）定价：CNY0.80
　　中国现代连环画作品。

J0079926

小无知历险记　（2）白村改编；陈巽如等绘画
长沙　湖南少年儿童出版社　1989年　142页
13cm（60开）定价：CNY0.80
　　中国现代连环画作品。作者陈巽如（1949—　），女，美术编辑。曾用名陈胜如、耳东。湖南望城人，毕业于湖南戏剧学校舞台美术科。历任湖南文艺出版社美术编辑、装帧室副主任。中国美术家协会会员。代表作品有《攻关》《金龙崖》《湘西行》等。

J0079927

小无知历险记　（3）白村改编；陈巽如等绘画
长沙　湖南少年儿童出版社　1989年　142页
13cm（60开）定价：CNY0.80
　　中国现代连环画作品。

J0079928

小无知历险记　（4）白村改编；郑小娟，袁林绘画
长沙　湖南少年儿童出版社　1989年　142页
13cm（60开）定价：CNY0.80
　　中国现代连环画作品。作者郑小娟（1940—　），女，画家。湖南长沙人。毕业于湖南师范大学美术系。湖南美术出版社编审、中国美术家协会理事、中国工笔画学会理事、湖南省美术家协会副主席、湖南省文联委员。著有《工

笔人物画技法》《中国当代美术家画库·郑小娟》《郑小娟作品集》。

J0079929
小英雄智斗顽敌　叶素遐，雷小留等改编；赵淑云，伍中文等绘画
广州　新世纪出版社　1989 年　5 册　13cm（60 开）
定价：CNY4.20
　　中国现代连环画作品。

J0079930
小侦探　（一 神秘的房子）费明修，曹丽华改编；尤先瑞，郑家沅绘画
上海　少年儿童出版社　1989 年　118 页
13cm（60 开）定价：CNY0.64
　　中国现代连环画作品。

J0079931
小猪胖胖和他的小伙伴　（玩偶系列片 1）
吴琪等改编
沈阳　辽宁少年儿童出版社　1989 年　11 页
13cm（60 开）定价：CNY0.46
　　中国现代连环画作品。

J0079932
小猪胖胖和他的小伙伴　（玩偶系列片 2）
吴琪等改编
沈阳　辽宁少年儿童出版社　1989 年　11 页
13cm（60 开）定价：CNY0.46
　　中国现代连环画作品。

J0079933
小猪胖胖和他的小伙伴　（玩偶系列片 3）
吴琪等改编
沈阳　辽宁少年儿童出版社　1989 年　11 页
13cm（60 开）定价：CNY0.46
　　中国现代连环画作品。

J0079934
小猪胖胖和他的小伙伴　（玩偶系列片 4）
吴琪等改编
沈阳　辽宁少年儿童出版社　1989 年　11 页
13cm（60 开）定价：CNY0.46
　　中国现代连环画作品。

J0079935
小猪胖胖和他的小伙伴　（玩偶系列片 5）
吴琪等改编
沈阳　辽宁少年儿童出版社　1989 年　11 页
13cm（60 开）定价：CNY0.46
　　中国现代连环画作品。

J0079936
笑话连篇　沈念乐改编；王复羊等绘画
北京　中国连环画出版社　1989 年　125 页
13cm（60 开）定价：CNY0.64
（中外笑话连环画库 中国古代笑话 9）
　　中国现代连环画作品。作者王复羊（1935—2008），满族，美术编辑。辽宁大连人。《北京晚报》编委兼美术摄影部主任。

J0079937
笑话连篇　张宏浩，邹泽林改编；西丁等绘画
北京　中国连环画出版社　1989 年　125 页
13cm（60 开）定价：CNY0.64
（中外笑话连环画库 中国古代笑话 10）
　　中国现代连环画作品。

J0079938
笑话连篇　刘明改编；缪印堂等绘画
北京　中国连环画出版社　1989 年　126 页
13cm（60 开）定价：CNY0.64
（中外笑话连环画库 中国古代笑话 6）
　　中国现代连环画作品。作者缪印堂（1935—2017），著名漫画家。江苏南京人。中国科普研究所高级工艺美术师、中国美协漫画艺委会委员、中国美术家协会漫画艺委员会副主任、《漫画月刊》高级顾问、北京电影学院动画学院客座教授。漫画作品有《啊，危险》《讲经》《矛盾的统一》等。著作有《缪印堂漫画选》《漫画艺术入门》《科学漫画创作概论》等。

J0079939
笑话连篇　赵玉琦改编；方成等绘画
北京　中国连环画出版社　1989 年　126 页
13cm（60 开）定价：CNY0.64
（中外笑话连环画库 中国古代笑话 7）
　　中国现代连环画作品。作者方成（1918—2018），漫画家、杂文家、幽默理论专家。原名孙顺潮，杂文笔名张化。祖籍广东中山，生于北京，

毕业于武汉大学。《观察》半月刊漫画版主编、《新民晚报》美术编辑、人民日报社高级编辑、中国新闻漫画研究会会长。

J0079940

笑话连篇　沈念乐改编；苗地等绘画
北京　中国连环画出版社 1989 年 125 页
13cm（60 开）定价：CNY0.64
（中外笑话连环画库 中国古代笑话 8 ）
　　中国现代连环画作品。

J0079941

星际历险　（美）乔治·卢卡斯原著；周永松改编；长甫等绘画
杭州　浙江人民美术出版社 1989 年 134 页
13cm（60 开）定价：CNY0.62
　　中国现代连环画作品。

J0079942

星球大战　文文，燕燕编文；王地等绘画
南昌　江西少年儿童出版社 1989 年 46 页
19cm（32 开）定价：CNY1.68
（外国著名动画故事精选）
　　中国现代连环画作品。

J0079943

星球大战　（ 1 ）刘明奇，张翠华编；陆明等画
上海　上海教育出版社 1989 年 21 页 19cm（32 开）
定价：CNY0.60
（电视动画故事画丛）
　　中国现代连环画作品。

J0079944

星球大战　（ 2 ）刘明奇，张翠华编；陆明等画
上海　上海教育出版社 1989 年 21 页 19cm（32 开）
定价：CNY0.60
（电视动画故事画丛）
　　中国现代连环画作品。

J0079945

星球大战　（续一 带队飞行·两个小伙伴）晨恩，维真编；蔡俊军等画
上海　上海科技教育出版社 1989 年 21 页
19cm（32 开）定价：CNY0.60
　　中国现代连环画作品。

J0079946

星球大战　（上）杭隆等改编；问社等绘画
上海　少年儿童出版社 1989 年 1 册 26cm（16 开）
定价：CNY1.45
　　中国现代连环画作品。

J0079947

星球大战　（下）吴天等改编；问社等绘画
上海　少年儿童出版社 1989 年 26cm（16 开）
定价：CNY1.45
　　中国现代连环画作品。作者吴天（1953—　 ），
原名吴向模，成都电视台美术编辑。

J0079948

杏林英豪朱丹溪　刘书臣编文；杨恩陶绘画
福州　福建美术出版社 1989 年 86 页 13cm（60 开）
定价：CNY0.73
　　中国现代连环画作品。

J0079949

续螳螂拳演义　张炳斗原著；张振和改编；丁鲁俊等绘画
济南　山东美术出版社 1989 年 7 册
13cm（60 开）盒装 定价：CNY4.90
　　作者张振和（1944—　 ），笔名江河。毕业于山东大学中文系，历任菏泽日报社党委书记、总编辑，高级编辑。山东省散文学会副会长、中国地市报研究会副会长、市人大常委、市作家协会名誉主席。1993 年加入中国作家协会。著有《鲁西南史话》《贫困地区的翻身之路》《古今三十名人传》，合著出版了《水泊梁山民间故事》《历史大观园》《中国古典诗词大词典》《中国古代文章学词典》《历代散文大观》等。

J0079950

血洒江湖路　（中国武术连环画）周少强改编；范少华等绘画
广州　岭南美术出版社 1989 年 126 页
13cm（60 开）定价：CNY0.82

J0079951

血战魔谷　谭武源改编；涂忠声绘画
长沙　湖南少年儿童出版社 1989 年 126 页
13cm（60 开）定价：CNY0.65
　　中国现代连环画作品。

J0079952

夜行记 （相声连环画）陈骧龙改编；方辰，晓华绘画

天津　天津人民美术出版社　1989年　1册

15cm（40开）定价：CNY0.35

J0079953

一夜夫妻花姑子 （清）蒲松龄著；廖国柱改编；黄道鸿，容洲绘画

南宁　广西民族出版社　1989年　123页

13cm（60开）定价：CNY1.00

（聊斋　十三）

　　中国现代连环画作品。

J0079954

异人佟客戏侠士 阳子改编；全懿，正仁绘画

南宁　广西民族出版社　1989年　68页　13cm（60开）

定价：CNY0.60

（聊斋　3）

　　中国现代连环画作品。

J0079955

婴宁巧笑结良缘 （清）蒲松龄著；冯志奇改编；南蛮子，沉沉绘画

南宁　广西民族出版社　1989年　511页

13cm（60开）定价：CNY0.95

（聊斋　9）

　　中国现代连环画作品。

J0079956

勇救珍妮 （美）埃德加·赖斯·巴斯勒著；李大发改编；周有武等绘画

上海　上海人民美术出版社　1989年　34页

19cm（32开）定价：CNY1.10

（人猿泰山　3）

　　中国现代连环画作品。

J0079957

幽灵机场 陈俊仪编译

长沙　湖南美术出版社　1989年　19cm（32开）

定价：CNY0.52

（新编《米老鼠和唐老鸭》系列连环画）

　　中国现代动画作品。

J0079958

游魂 翟从森编文；黄道鸿，容州绘画

南宁　广西民族出版社　1989年　95页　13cm（60开）

定价：CNY0.55

（中外新编系列连环画）

　　中国现代连环画作品。

J0079959

游侠毛斯 （1）凡明等编文；吴大宪绘画

济南　明天出版社　1989年　26cm（16开）

定价：CNY1.20

（中国儿童系列连环漫画）

　　中国现代连环画作品。

J0079960

渔夫和金鱼 （俄）普希金原著；叶宗翰改编；卢恺绘画

南宁　广西人民出版社　1989年　40页　19cm（32开）

定价：CNY3.50

（世界童话名著连环画丛书）

　　中国现代连环画作品。

J0079961

愚人节的故事 梅玉闽改编；华子绘画

武汉　湖北少年儿童出版社　1989年　19cm（32开）

定价：CNY0.70

（外国儿童幽默连环画）

　　中国现代连环画作品。

J0079962

岳家小将 林阳等改编；岳海波等绘

北京　中国连环画出版社　1989年　10册

26cm（16开）盒装　定价：CNY9.45

　　中国现代连环画作品。作者岳海波（1955—　　），教授。生于山东济南，毕业于山东艺术学院美术系。山东艺术学院美术系副教授，中国美术家协会会员。代表作《当代连环画精品集·岳海波》《送子上学》《盘古开天地》。

J0079963

云翠仙惩罚负心郎 许福仙改编；潘爱清，李钊绘画

南宁　广西民族出版社　1989年　124页

13cm（60开）定价：CNY1.00

（聊斋　10）

中国现代连环画作品。

J0079964

争夺财宝　陈俊仪编译

长沙　湖南美术出版社　1989 年　19cm（32 开）

定价：CNY0.44

（新编《米老鼠和唐老鸭》系列连环画）

　　中国现代动画作品。

J0079965

智斗高桥　李程远编；林国光绘

郑州　河南美术出版社　1989 年　118 页

13cm（60 开）定价：CNY0.52

　　中国现代连环画作品。

J0079966

智擒绑匪　陈俊仪编译

长沙　湖南美术出版社　1989 年　19cm（32 开）

定价：CNY0.56

（新编《米老鼠和唐老鸭》系列连环画）

　　中国现代动画作品。

J0079967

智取飞鹰堡　艾馨编文；庸凤鸣绘画

长沙　湖南美术出版社　1989 年　110 页

13cm（60 开）定价：CNY0.54

　　中国现代连环画作品。

J0079968

中国古代寓言连环画

武汉　湖北少年儿童出版社　1989 年　93 页

19cm（32 开）定价：CNY1.35

　　中国现代连环画作品。

J0079969

中国古典十大悲喜剧　（连环画本）（元）关汉

卿等原著；星春等编文；吴冰玉等绘

长春　吉林美术出版社　1989 年　1072 页

20cm（32 开）ISBN：7-5386-0130-9

定价：CNY11.00

　　本书选编中国古典悲剧、喜剧 20 部，以连

环画绘本的形式编绘成书，收入连环画 1072 幅。

作者吴冰玉（1934—　），江苏无锡人。毕业于华

东艺专。上海美术家协会会员、上海人民美术出

版社画家、上海连环画研究会会员。擅长连环画、

中国画。多次参加全国美展及上海市美展。作

品绢本彩色藏族连环画《青蛙骑手》多次获奖。

J0079970

中国民间传奇故事　（连环画）

武汉　湖北少年儿童出版社　1989 年　21 页

26cm（16 开）定价：CNY1.30

　　中国现代连环画作品。

J0079971

中国童话名作　（连环画 1）葛翠琳主编

北京　北京师范大学出版社　1989 年　240 页

20cm（32 开）ISBN：7-303-00662-1

定价：CNY3.90

　　本书是根据郑振铎、叶圣陶、茅盾、巴金、

叶君健、秦牧、陈伯吹、阮章竞、葛翠琳、宗璞等

所著 45 个童话故事改编成的连环画册，各个故

事采取不同的绘画风格。

J0079972

中国童话名作　（连环画 2）葛翠琳主编

北京　北京师范大学出版社　1989 年　240 页

20cm（32 开）ISBN：7-303-00663-X

定价：CNY3.90

　　本书是根据郑振铎、叶圣陶、茅盾、巴金、

叶君健、秦牧、陈伯吹、阮章竞、葛翠琳、宗璞等

所著 45 个童话故事改编成的连环画册。各个故

事采取不同的绘画风格。

J0079973

中国童话名作　（连环画 3）葛翠琳主编

北京　北京师范大学出版社　1989 年　240 页

20cm（32 开）ISBN：7-303-00664-8

定价：CNY3.90

　　本书是根据郑振铎、叶圣陶、茅盾、巴金、

叶君健、秦牧、陈伯吹、阮章竞、葛翠琳、宗璞等

所著 45 个童话故事改编成的连环画册。各个故

事采取不同的绘画风格。

J0079974

珠海春秋　（上　狮子吼）华地改编；文庆，若

华绘画

广州　岭南美术出版社　1989 年　126 页

13cm（60 开）定价：CNY0.75

　　中国现代连环画作品。

J0079975

珠海春秋 （中 碧血花）华地改编；文庆，志平绘画

广州 岭南美术出版社 1989 年 126 页

13cm（60 开）定价：CNY0.75

中国现代连环画作品。

J0079976

珠海春秋 （下 珠海潮）华地改编；文庆，若华绘画

广州 岭南美术出版社 1989 年 126 页

13cm（60 开）定价：CNY0.75

中国现代连环画作品。

J0079977

猪八戒别传 励艺夫等编文；张弘明，刘媛等画

天津 天津人民美术出版社 1989 年 5 册（套）

19cm（32 开）ISBN：7-5305-3197-2

定价：CNY3.80（全套 5 册）

（滑稽戏列连环画）

本连环画包括《救救生灵》《大海清污》《巧救灾祸》《煞风景专闻》和《降伏"噪音怪"》。

J0079978

逐鹿中原 （上 解放襄阳）鲍宗元改编；成金，曾亩绘画

杭州 浙江人民美术出版社 1989 年 146 页

10×13cm 定价：CNY0.68

中国现代连环画作品。

J0079979

逐鹿中原 （下 "闪击将军" 活捉记）鲍宗元改编；成金，曾亩绘画

杭州 浙江人民美术出版社 1989 年 154 页

10×13cm 定价：CNY0.71

根据长篇小说《逐鹿中原》改编的中国现代连环画。

J0079980

走向文明 （美）埃德加·赖斯·巴勒斯著；李大发改编；周有武等绘画

上海 上海人民美术出版社 1989 年 34 页

19cm（32 开）定价：CNY1.10

（人猿泰山 4）

中国现代连环画作品。

J0079981

最后的搏斗 张树军，邓超华制作

长沙 湖南美术出版社 1989 年 118 页

13cm（60 开）定价：CNY0.59

中国现代连环画作品。作者邓超华（1950—　），广东新会县人，毕业于广州业余艺术大学绘画系。中国美术家协会会员、广东省美术家协会会员。主要作品有组画《练为战》、中国画《调查路上》《妆》等。

J0079982

"无畏号" 宇宙战舰 （上）（日）藤川桂介著；冯啸，顾珊译；侯晓民等绘

上海 上海人民美术出版社 1990 年 71 页

19cm（32 开）ISBN：7-5322-0635-1

定价：CNY1.30

本书改编自日本现代连环画作品。

J0079983

"无畏号" 宇宙战舰 （下）（日）藤川桂介著；冯啸，顾珊译；淑荣等绘

上海 上海人民美术出版社 1990 年 71 页

19cm（32 开）ISBN：7-5322-0652-1

定价：CNY1.30

本书改编自日本现代连环画作品。

J0079984

《史记》故事精选连环画 汪述荣主编；龚汝枢等编绘

南昌 21 世纪出版社 1990 年 4 册 20cm（32 开）

ISBN：7-5391-0408-2 定价：CNY27.00

本书共收入《史记》故事连环画 2800 幅。第一卷为帝尧时期到春秋战国时期的部分故事，反映了华夏民族形成时期的斗争，如《大禹治水》等；第二三卷为春秋战国时期的故事，讴歌了爱国主义精神，如《勾践灭吴》《屈原投江》；第四卷为秦汉时期的故事，重点揭示阶级矛盾。

J0079985

《小国王呼呼》丛书 李国伟编；王烈等绘

广州 新世纪出版社 1990 年 5 册 10×13cm

ISBN：7-5405-0431-5 定价：CNY5.50

中国现代连环画作品。包括《酸辣溶雪汤》《飘来飘去的气球人》《钥匙失踪的秘密》《催眠炸药》《巨人药水》。

J0079986

《一千零一夜》故事　（连环画）

杭州　浙江少年儿童出版社　1990 年

2 册（396+361 页）20cm（32 开）

ISBN：7-5342-0558-1　定价：CNY10.80

　　本书是根据阿拉伯神话《一千零一夜》（或《天方夜谭》）改编的连环画。本书选取其中最精彩和为人熟知的故事 12 则，包括《阿里巴巴和四十大盗》《神灯》《辛伯达航海历险记》《渔夫和哈利发的故事》《古瓶里的魔鬼》等名篇。

J0079987

1901—1982 诺贝尔文学奖得主代表作全集　吴开晋，姜澍川等主编；《诺贝尔文学奖得主代表作全集连环画》编辑委员会编

济南　山东美术出版社　1990 年 10 册 21cm（32 开）

ISBN：7-5330-0400-0　定价：CNY64.00

　　本书选编自 1901 至 1982 年间全部诺贝尔文学奖得主 79 人的代表作，并以连环画的形式编文、绘画，每篇前附有得主照片、受奖理由、受奖演说、得主小传与作品简介和代表作编文。每作选其中二至三处段落精华，以供浏览原作风采。

J0079988

爱国英雄故事　蔡明村等改编；王贤来等绘

武汉　湖北少年儿童出版社　1990 年 192 页

19cm（32 开）ISBN：7-5353-0711-6

定价：CNY2.00

（中华英模连环画画丛）

　　中国现代连环画。

J0079989

安全部特派员　周健行原编；刘太平改编；唐凤鸣，罗立群绘

长沙　湖南美术出版社　1990 年 94 页

10×13cm ISBN：7-5356-0345-9　定价：CNY0.51

　　中国现代连环画。

J0079990

八大王仗义救冯生　阳子改编；黄道鸿，容州绘

南宁　广西民族出版社　1990 年 108 页

13cm（60 开）ISBN：7-5363-1079-X

定价：CNY0.95

（聊斋 36）

　　中国现代连环画作品。

J0079991

八国联军侵北京图画故事

北京　人民美术出版社　1990 年　17×18cm

ISBN：7-102-00783-3　定价：CNY0.95

（鸦片战争 150 周年教育丛书）

　　中国现代连环画作品。

J0079992

八仙过海　（明）吴元泰著；王志冲改编；徐恒瑜绘

西安　未来出版社　1990 年 55 页 19cm（32 开）

ISBN：7-5417-0357-5　定价：CNY0.95

　　中国现代连环画作品。作者王志冲（1936—　），翻译家。籍贯上海，笔名冰火、天飞。中国翻译家协会会员、作协会员。译作有《第一个劳动日》《冒名顶替》《海底外星人》《酸奶村的冬天》《入地艇》《忘却城》等。

J0079993

白骷髅行动　（上）茅达改编；段少军，邹毅绘

长沙　湖南少年儿童出版社　1990 年 94 页

13cm（60 开）ISBN：7-5358-0411-X

定价：CNY0.55

　　中国现代连环画作品。

J0079994

白骷髅行动　（下）茅达改编；段少军，邹毅绘

长沙　湖南少年儿童出版社　1990 年 94 页

13cm（60 开）ISBN：7-5358-0412-8

定价：CNY0.55

　　中国现代连环画作品。

J0079995

白色幽灵　丁国联改编；金奎，庞先健绘

上海　上海人民美术出版社　1990 年 158 页

13cm（60 开）ISBN：7-5322-0570-3

定价：CNY0.82

（梅格雷探案丛书）

　　中国现代连环画作品。作者金奎（1936—　），连环画家。江苏人。上海人民美术出版社创作干部。主要作品《红岩》。作者庞先健（1951—　），画家。浙江杭州萧山人。擅长中国画、连环画。

中国美协连环画艺术委员会委员。作品有《明清故事精选》《中国风俗图像解说》《三国大计谋》等。

J0079996

被劫持的囚犯　朱光华原著；长虹改编；吴国威等绘画

长沙　湖南美术出版社　1990年　110页　有图

10×13cm　ISBN：7-5356-0344-0　定价：CNY0.57

中国现代连环画作品。作者吴国威（1939—　），中国著名版画家。别名吴卓宇。湖南常宁人，肄业于湖南文艺学院。常宁市文联主席、副研究馆员，中国美术家协会会员、中国版画家协会会员。湖南省美协四届理事、湖南省美协版画艺委会成员、湖南省版画研究会副会长、衡阳市美协主席。作品有《欢乐的山谷》《同心同德》《福在人间》《瑶家风情》等。

J0079997

边城　（连环画）沈从文原著；刘抒改编；廖正华绘画

长沙　湖南美术出版社　1990年　126页

19×17cm（24开）ISBN：7-5356-0437-4

定价：CNY5.00

中国现代连环画作品。

J0079998

冰城烈火　项冰如编；张新国绘

杭州　浙江人民美术出版社　1990年　126页

13cm（60开）ISBN：7-5340-0213-3

定价：CNY0.78

中国现代连环画作品。作者张新国（1962—　），画家。生于河北平山县。中国美术家协会河北分会会员、中韩文化艺术专家委员会委员、平山画院名誉院长。作品有《快乐的家园》《柏坡春晖》《荷塘清趣》等。

J0079999

布洛涅树林奇案　庄宏安改编；罗盘等绘

上海　上海人民美术出版社　1990年　181页

13cm（60开）ISBN：7-5322-0568-1

定价：CNY0.93

中国现代连环画作品。作者罗盘（1927—2005），连环画家。原名罗孝芹，出生于上海市，福建闽侯人。代表作品《草上飞》《战上海》。

J0080000

彩绘本中国民间故事　（白族）张禾，朱自谦绘；肖融编文

杭州　浙江少年儿童出版社　1990年　45页

31cm（32开）精装　ISBN：7-5342-0795-9

定价：CNY25.00

本书所选故事在白族中流传甚广，具有代表性。画面精致典雅，具有浓郁的民族特色，技法以工笔重彩为主。作者张禾（1953—　），教授、画家。浙江浦江人，毕业于中国美术学院中国画专业和上海师大美术教育硕士研究生班。中国美术家协会浙江分会会员。作者朱自谦（1944—　），浙江省美术家协会会员，浙江海宁市美协副主席。

J0080001

彩绘本中国民间故事　（藏族）杨杰绘；文益编文

杭州　浙江少年儿童出版社　1990年　45页

31cm（32开）精装　ISBN：7-5342-0790-8

定价：CNY25.00

本书所选故事在藏族中流传甚广，具有代表性。画面精致典雅，具有浓郁的民族特色，技法以工笔重彩为主。作者杨杰（1959—　），浙江少年儿童出版社文艺室美术编辑。

J0080002

彩绘本中国民间故事　（朝鲜族）徐默，尉晓榕绘；伊元纹编文

杭州　浙江少年儿童出版社　1990年　45页

31cm（32开）精装　ISBN：7-5342-0781-9

定价：CNY25.00

本书所选故事在朝鲜族中流传甚广，具有代表性。画面精致典雅，具有浓郁的民族特色，技法以工笔重彩为主。作者徐默（1960—　），浙江美术学院国画系教师。作者尉晓榕（1957—　），浙江美术学院国画系讲师。

J0080003

彩绘本中国民间故事　（达斡尔族）冯远绘；若文编文

杭州　浙江少年儿童出版社　1990年　45页

31cm（32开）精装　ISBN：7-5342-0780-0

定价：CNY25.00

本书所选故事在达斡尔族中流传甚广，具有

代表性。画面精致典雅，具有浓郁的民族特色，技法以工笔重彩为主。

J0080004
彩绘本中国民间故事 （傣族）杨涪林，黄越绘；龙庆编文

杭州 浙江少年儿童出版社 1990 年 45 页
31cm（10 开）精装 ISBN：7-5342-0779-7
定价：CNY25.00

　　本书所选故事在傣族中流传甚广，具有代表性。画面精致典雅，具有浓郁的民族特色，技法以工笔重彩为主。作者杨涪林（1951— ），画家。生于四川射洪，毕业于四川美院。中国美术家协会会员、中央文史研究馆书画院研究员、中国美协蒋兆和艺术研究会会员、文化部国韵文华书画院艺委会委员、四川美术学院老教授协会副会长。代表作品有《云起幽壑》《万里晴天》《丛林交响》《蜀山绿衣》等。

J0080005
彩绘本中国民间故事 （侗族）关守信绘；江城编文

杭州 浙江少年儿童出版社 1990 年 45 页
31cm（10 开）精装 ISBN：7-5342-0782-6
定价：CNY25.00

　　本书所选故事在侗族中流传甚广，具有代表性。画面精致典雅，具有浓郁的民族特色，技法以工笔重彩为主。作者关守信（1945— ），画家。山东青州人。历任青岛出版社编审、教授，山东美协书院特聘画师。代表作品《24 孝图》《扇面百图》《绘画世界童话文库》等。

J0080006
彩绘本中国民间故事 （高山族）杨杰，张谷良绘；晓基编文

杭州 浙江少年儿童出版社 1990 年 45 页
31cm（10 开）精装 ISBN：7-5342-0791-6
定价：CNY25.00

　　本书所选故事在高山族流传甚广，具有代表性。画面精致典雅，具有浓郁的民族特色，技法以工笔重彩为主。作者张谷良（1946— ），画家。生于浙江海宁，毕业于浙江美术学院。中国美术家协会会员、国家一级美术师、嘉兴画院院长、中国美术家协会浙江分会会员。代表作品《中国民间故事·高山族·日月潭》《历史的鉴戒》等。

作者杨杰（1959— ），浙江少年儿童出版社文艺室美术编辑。

J0080007
彩绘本中国民间故事 （哈萨克族）唐勇力绘；古军编文

杭州 浙江少年儿童出版社 1990 年 45 页
31cm（32 开）精装 ISBN：7-5342-0786-X
定价：CNY25.00

　　本书所选故事在哈萨克族中流传甚广，具有代表性。画面精致典雅，具有浓郁的民族特色，技法以工笔重彩为主。作者唐勇力（1951— ），画家。出生于河北唐山，毕业于河北师范大学美术系。历任浙江美术学院讲师、中央美术学院中国画学院院长、博士生导师，中国工笔画学会副会长、中国美术家协会会员。画集有《当代肖像素描艺术》《名家人体艺术》《当代名家艺术观——-唐勇力素描篇》等。

J0080008
彩绘本中国民间故事 （汉族）徐默等绘；雨雨编文

杭州 浙江少年儿童出版社 1990 年 45 页
31cm（10 开）精装 ISBN：7-5342-0788-6
定价：CNY25.00

　　本书所选故事在汉族中流传甚广，具有代表性。画面精致典雅，具有浓郁的民族特色，技法以工笔重彩为主。作者徐默（1960— ），浙江美术学院国画系教师。

J0080009
彩绘本中国民间故事 （回族）蓝承恺等绘；北兴编文

杭州 浙江少年儿童出版社 1990 年 45 页
31cm（10 开）精装 ISBN：7-5342-0792-4
定价：CNY25.00

　　本书所选故事在回族中流传甚广，具有代表性。画面精致典雅，具有浓郁的民族特色，技法以工笔重彩为主。作者蓝承恺（1955— ），浙江省二轻工业设计学校讲师。

J0080010
彩绘本中国民间故事 （黎族）胡博综绘；莫闻编文

杭州 浙江少年儿童出版社 1990 年 45 页

31cm（32 开）精装 ISBN：7–5342–0778–9

定价：CNY25.00

　　本书所选故事在黎族中流传甚广，具有代表性。画面精致典雅，具有浓郁的民族特色，技法以工笔重彩为主。

J0080011

彩绘本中国民间故事 （傈僳族）周翔，陈泽新绘；白九编文

杭州 浙江少年儿童出版社 1990 年 45 页

31cm（32 开）精装 ISBN：7–5342–0784–3

定价：CNY25.00

　　本书所选故事在傈僳族中流传甚广，具有代表性。画面精致典雅，具有浓郁的民族特色，技法以工笔重彩为主。作者陈泽新（1954— ），美术编辑。生于北京，祖籍广东汕头。历任南京《周末》报美术编辑。作者周翔（1956— ），江苏少年儿童出版社美术编辑。

J0080012

彩绘本中国民间故事 （蒙古族）朱成梁绘；方勇编文

杭州 浙江少年儿童出版社 1990 年 45 页

31cm（32 开）精装 ISBN：7–5342–0793–2

定价：CNY25.00

　　本书所选故事在蒙古族中流传甚广，具有代表性；画面精致典雅，具有浓郁的民族特色，技法以工笔重彩为主。作者朱成梁（1948— ），绘本作家。中国美术家协会会员。作品有《两兄弟》《屋檐下的腊八粥》《团圆》等。

J0080013

彩绘本中国民间故事 （苗族）裴海索等绘；太湖，南浔编文

杭州 浙江少年儿童出版社 1990 年 45 页

31cm（32 开）精装 ISBN：7–5342–0776–2

定价：CNY25.00

　　本书所选故事在苗族中流传甚广，具有代表性。画面精致典雅，具有浓郁的民族特色，技法以工笔重彩为主。作者裴海索（1961— ），女，教师。浙江建德人，毕业于中国美术学院工艺系。历任中国流行色协会会员、民间美术研究会会员等。作品有《春天的故事》《蓝花花》《百鸟羽龙袍》等。著有《织物手绘艺术》《现代设计示范教程——服装设计》《华夏衣冠》等。

J0080014

彩绘本中国民间故事 （纳西族）王晓明绘；布谷，子陵编文

杭州 浙江少年儿童出版社 1990 年 45 页

31cm（10 开）精装 ISBN：7–5342–0787–8

定价：CNY25.00

　　本书所选故事在纳西族中流传甚广，具有代表性。画面精致典雅，具有浓郁的民族特色，技法以工笔重彩为主。作者王晓明（1945— ），中国美术家协会会员。

J0080015

彩绘本中国民间故事 （畲族）池沙鸿绘；成空编文

杭州 浙江少年儿童出版社 1990 年 45 页

31cm（10 开）精装 ISBN：7–5342–0777–0

定价：CNY25.00

　　本书所选故事在畲族中流传甚广，具有代表性。画面精致典雅，具有浓郁的民族特色，技法以工笔重彩为主。作者池沙鸿（1956— ），一级美术师。生于杭州，祖籍浙江台州，毕业于浙江美术学院中国画系。浙江省群众艺术馆任美术摄影室主任、副馆长、研究馆员，浙江画院任副院长、浙江省美术家协会副主席、浙江省中国人物画研究会常务副会长。出版有《似水年华·池沙鸿作品集》《远行·浙江画院采风画集池沙鸿卷》等。

J0080016

彩绘本中国民间故事 （维吾尔族）刘健绘；点方，章立编文

杭州 浙江少年儿童出版社 1990 年 45 页

31cm（10 开）精装 ISBN：7–5342–0789–4

定价：CNY25.00

　　本书所选故事在维吾尔族中流传甚广，具有代表性；画面精致典雅，具有浓郁的民族特色，技法以工笔重彩为主。作者刘健（1954— ），教授、画家。安徽合肥人，毕业于浙江美术学院中国画系。中国美术学院副院长、教授、博士生导师，中国美术家协会浙江分会会员。代表作品《田横与五百壮士》《太阳升起的时候》《景颇族》等。

J0080017

彩绘本中国民间故事 （瑶族）胡寿荣，胡骏荣绘；忆船，陆鹿编文

杭州　浙江少年儿童出版社　1990年　45页
31cm（10开）精装　ISBN：7–5342–0783–5
定价：CNY25.00

　　本书所选故事在瑶族中流传甚广，具有代表
性。画面精致典雅，具有浓郁的民族特色，技法
以工笔重彩为主。作者胡寿荣（1959—　　），画家。
毕业于贵州省艺术学校。代表作品有《猎归》《菜
园》《盼归》等。

J0080018

彩绘本中国民间故事　（彝族）佟振国等绘；
易铸，七星编文
杭州　浙江少年儿童出版社　1990年　45页
31cm（10开）精装　ISBN：7–5342–0785–1
定价：CNY25.00

　　本书所选故事在彝族中流传甚广，具有代表
性。画面精致典雅，具有浓郁的民族特色，技法
以工笔重彩为主。作者佟振国（1951—　　），浙江
美术学院国画系教师。

J0080019

彩绘本中国民间故事　（壮族）丘玮绘；海忆
编文
杭州　浙江少年儿童出版社　1990年　45页
31cm（10开）精装　ISBN：7–5342–0794–0
定价：CNY25.00

　　本书所选故事在壮族中流传甚广，具有代表
性。画面精致典雅，具有浓郁的民族特色，技法
以工笔重彩为主。作者丘玮（1949—　　），画家。
别名阿兴，福建上杭人。曾担任江西人民出版社
美术编辑、江西美术出版社编辑。代表作品有
彩色连环画《送棉被》《秦始皇的专利》《光辉的
旗帜》。

J0080020

彩图世界名著100集　（红星篇）纪堤改编；
朱成梁等绘
上海　少年儿童出版社　1990年　288页
19cm（28开）精装　ISBN：7–5324–1120–6
定价：CNY12.00

　　中国现代连环画作品。作者朱成梁
（1948—　　），绘本作家。中国美术家协会会员。
作品有《两兄弟》《屋檐下的腊八粥》《团圆》等。

J0080021

彩图世界名著100集　（黄星篇）纪堤改编；
温泉源等绘
上海　少年儿童出版社　1990年　288页
19cm（28开）精装　ISBN：7–5324–1122–2
定价：CNY12.00

　　中国现代连环画作品。

J0080022

彩图世界名著100集　（蓝星篇）纪堤改编；
沈苑苑等绘
上海　少年儿童出版社　1990年　288页
19cm（28开）精装　ISBN：7–5324–1121–4
定价：CNY12.00

　　中国现代连环画作品。

J0080023

彩图世界名著100集　（绿星篇）纪堤改编；
王尔强等绘
上海　少年儿童出版社　1990年　288页
19cm（28开）精装　ISBN：7–5324–1119–2
定价：CNY12.00

　　中国现代连环画作品。

J0080024

曾达的囚犯　（英）安东尼·霍普著；刘少文编译
长沙　湖南美术出版社　1990年　59页
18cm（42开）ISBN：7–5356–0371–X
定价：CNY0.60
（世界名著连环画）

　　中国现代连环画作品。

J0080025

超级杀手　（上）马骏改编；陈安民等绘画
长沙　湖南美术出版社　1990年　94页　有图
10×13cm　ISBN：7–5356–0390–4　定价：CNY0.57
　　中国现代连环画作品。

J0080026

超级杀手　（下）马骏改编；陈安民等绘画
长沙　湖南美术出版社　1990年　94页　有图
10×13cm　ISBN：7–5356–0391–2　定价：CNY0.57
　　中国现代连环画作品。

J0080027

陈查礼探案选　欧尔特·毕格斯原编；铁岚等
改编；黄云松等绘
杭州　浙江人民美术出版社　1990 年　4 册
13cm（60 开）ISBN：7-5340-0168-4
定价：CNY3.17
　　中国现代连环画作品。

J0080028

陈毅 叶剑英　张小乐，尹炎生编；戴文石等绘
南昌　江西美术出版社　1990 年　19cm（32 开）
ISBN：7-80580-015-4　定价：CNY2.10
（老一辈无产阶级革命家青少年时代的故事）
　　全套分为 5 册。选取毛泽东、刘少奇、周恩
来、朱德、董必武、彭德怀、陈毅、叶剑英、刘伯
承、贺龙 10 位老一辈无产阶级革命家青少年时
代的故事编写而成。

J0080029

痴情郎巧遇红云女　阳子改编；李钊，潘爱
清绘
南宁　广西民族出版社　1990 年　126 页
13cm（60 开）ISBN：7-5363-1103-6
定价：CNY1.10
（聊斋 21）
　　中国现代连环画作品．

J0080030

初刻拍案惊奇精选　（明）凌濛初原著；小戈
等改编；博综等绘
天津　天津人民美术出版社　1990 年　527 页
20cm（32 开）ISBN：7-5305-3184-0
定价：CNY9.90；CNY15.40（精装）
（连环画丛书）
　　中国现代连环画作品。

J0080031

初刻拍案惊奇精选
天津　天津人民美术出版社　1990 年　527 页
19cm（32 开）ISBN：7-5305-3184-0
定价：CNY9.90，CNY15.40（精装）
（连环画丛书）
　　中国现代连环画作品。

J0080032

春天　张承志原著；柯华改编；陈苏平绘
沈阳　辽宁美术出版社　1990 年　34 页
13×19cm ISBN：7-5314-0279-3 定价：CNY2.50
　　中国现代连环画作品。

J0080033

聪明的一休　（续集）余晓云改编；朱墨等绘
石家庄　河北美术出版社　1990 年　10 册
13cm（60 开）盒装　ISBN：7-5310-0358-9
定价：CNY5.30
　　本书是根据日本动画片改编的中国现代连
环画作品。

J0080034

聪明的一休　林阳，张阳编；伍小泉，查麒祥绘
北京 中国工人出版社 1990 年 23 页 19cm（32 开）
ISBN：7-5008-0661-2 定价：CNY1.00
（世界动画明星精选）
　　中国现代动画作品。作者张阳，连环画艺术
家。与张煤合著连环画《岳家小将》，改编有连环
画《西游记》等。

J0080035

促织　（聊斋）理明，方志改编；史俊等绘
北京 中国连环画出版社 1990 年 20 册
20cm（32 开）ISBN：7-5061-0282-X
定价：CNY1.10
（古典文学彩色连环画）
　　中国古典小说连环画作品。

J0080036

大刀劈敌　钟越改编；韩冰，高志岳绘
杭州　浙江少年儿童出版社　1990 年　62 页
13cm（60 开）ISBN：7-5342-0610-3
定价：CNY0.36
　　中国现代连环画作品。

J0080037

大毒蜘蛛　（苏）马特维耶夫原著；李思贲改
编；吴国威，吴帆绘
长沙　湖南美术出版社　1990 年　102 页
13cm（60 开）ISBN：7-5356-0352-1
定价：CNY0.53
（绿色信号弹 3）

中国现代连环画作品。作者吴国威（1939— ），中国著名版画家。湖南常宁人，别名吴卓宇。肄业于湖南文艺学院。常宁市文联主席、副研究馆员。中国美术家协会会员、中国版画家协会会员。湖南省美协四届理事、湖南省美协版画艺委会成员、湖南省版画研究会副会长、衡阳市美协主席。作品有《欢乐的山谷》《同心同德》《福在人间》《瑶家风情》等。

J0080038

大学 （博大的学问）蔡志忠绘
北京　三联书店　1990年　64页　19cm（32开）
ISBN：7-108-00393-7　定价：CNY1.60
（蔡志忠漫画）
　　　中国现代漫画连环画作品。

J0080039

大战变形罗汉 （上）王培堃编；王培堃，李锦铨绘
南宁　广西美术出版社　1990年　24页　19cm（32开）
ISBN：7-80582-025-2　定价：CNY1.00
　　　中国现代连环画作品。作者王培堃（1940— ），漫画家。广西柳州人，毕业于广西师范学院。曾任职于广西柳州市群众艺术馆、柳州《新天地画刊》编辑部，中国美术家协会会员、中国美术家协会连环画艺术委员会委员。代表作品《书的故事》《小精灵画传》《书童山》。

J0080040

大战变形罗汉 （下）王培堃编；王培堃，李锦铨绘
南宁　广西美术出版社　1990年　24页　19cm（32开）
ISBN：7-80582-026-0　定价：CNY1.00
　　　中国现代连环画作品。

J0080041

大战流沙河·偷吃人参果 大鲁改编；高云等绘
北京　中国连环画出版社　1990年　19cm（32开）
ISBN：7-5061-0247-1　定价：CNY1.60
（古典文学彩色连环画·西游记 6）
　　　中国现代连环画作品。

J0080042

大侦探乔麦皮 郑渊洁原著；曹欣渊改编；朱

延龄等绘
上海　上海人民美术出版社　1990年　13cm（60开）
ISBN：7-5322-0667-X　定价：CNY0.65
　　　中国现代连环画作品。

J0080043

刀光剑影 韦岳昌编文；黄卢健，黄菁绘
南宁　广西民族出版社　1990年　110页
13cm（60开）ISBN：7-5363-0902-3
定价：CNY0.88
　　　中国现代连环画作品。

J0080044

敌巢歼灭记 三台编文；张为民等绘
杭州　浙江人民美术出版社　1990年　142页
13cm（60开）ISBN：7-5340-0214-1
定价：CNY0.87
　　　中国现代连环画作品。作者张为民（1937— ），又名张莨，字怀仁。生于北京大兴，毕业于天津美术学院。天津北辰文化馆研究员、中国美术家协会会员、中国民间美术学会理事、天津美协荣誉理事、天津美协人物画专委会委员、天津北辰书画院院长、出版有《张为民画集》《乡情》《张莨速写》《张莨画集》等。

J0080045

地雷战 查文有改编；敏华等绘
上海　上海教育出版社　1990年　72页　16cm（25开）
ISBN：7-5320-1644-7　定价：CNY0.53
　　　中国现代连环画作品。

J0080046

第二次世界大战史连环画库 木子等编；王可伟等绘
沈阳　辽宁美术出版社　1990年　12册　13cm（60开）
ISBN：7-5314-0297-1　定价：CNY7.85
　　　本书系中国现代连环画。作者木子（1956— ），本名李惠民，艺名木子，生于浙江湖州。历任浙江省美术家协会会员，浙江省油画家协会会员。代表作有《皖南》《暖色小镇》《阳光》《墨荷系列：中国画》。

J0080047

第二次世界大战史连环画库 （一 中国大陆战场卷）吴继德等编文；赵希玮等绘

北京　中国连环画出版社　1990 年　294 页
20cm（ 32 开）ISBN：7-5061-0261-7
定价：CNY4.90
　　本书反映了二次大战的历史，本卷描写了中
国大陆战场的战况，包括"淞沪会战"、"首战平
型关"、"血战台儿庄"、"敌后运动战"、"百团大
战"等战役。本书与云南人民出版社合作出版。

J0080048
第二次世界大战史连环画库　（二　东欧、苏
联战场卷）高平仲等编文；孙向阳等绘
北京　中国连环画出版社　1990 年　231 页
20cm（ 32 开）ISBN：7-5061-0262-5
定价：CNY3.50
　　本书与云南人民出版社合作出版。

J0080049
第二次世界大战史连环画库　（三　北欧、南
欧及北非战场卷）吴继德等编文；李锦德等绘
北京　中国连环画出版社　1990 年　219 页
20cm（ 32 开）ISBN：7-5061-0264-1
定价：CNY3.50
　　本书与云南人民出版社合作出版。

J0080050
第二次世界大战史连环画库　（四　西欧战场
卷）高平仲等编文；廖宗怡等绘
北京　中国连环画出版社　1990 年　280 页
20cm（ 32 开）ISBN：7-5061-0263-3
定价：CNY4.45
　　本书与云南人民出版社合作出版。作者廖
宗怡（1937—　），画家、国家一级美术师。广东
汕头人，广州美术学院进修。中国美术家协会会
员、中国书法家协会会员、广州军区政治部创作
室创作员。代表作品有《最高的奖赏》《广州农
民运动讲习所》《阵地午餐》《山中那十九座坟
茔》等。

J0080051
第二次世界大战史连环画库　（五　东南亚战
场卷）赵力生等编文；宋建社等绘
北京　中国连环画出版社　1990 年　211 页
20cm（ 32 开）ISBN：7-5061-0265-X
定价：CNY3.50
　　本书与云南人民出版社合作出版。作者宋

建社（1955—　），教授。浙江人，毕业于上海大
学美术学院油画系。上海纺织高等专科学校服
装艺术系副主任、中国美术家协会会员。代表作
品有《水粉画》《创作与设计》《鞋与路》《湘西
情》《梦萦水乡》等。

J0080052
第二次世界大战史连环画库　（六　太平洋及
日本本土战场卷）陈廷一等编文；郑志岳等绘
北京　中国连环画出版社　1990 年　384 页
20cm（ 32 开）ISBN：7-5061-0266-8
定价：CNY6.00
　　本书反映了二次大战的历史，本卷描写了
太平洋及日本本土战场的战况，包括"日本偷袭
珍珠港"、"中途岛海战"、"瓜岛争夺战"、"塞班
岛战役"、"盟军进攻冲绳岛"、"盟军轰炸日本"、
"轴心帝国的覆灭"等。本书与云南人民出版社
合作出版。

J0080053
第二次鸦片战争图画故事
北京　人民美术出版社　1990 年　17×18cm
ISBN：7-102-00777-9　定价：CNY0.95
（鸦片战争 150 周年教育丛书）

J0080054
电话呼救者之死　（比）乔治·西默农原编；李
大发改编；罗希贤绘
上海　上海人民美术出版社　1990 年　190 页
13cm（ 60 开）ISBN：7-5322-0567-3
定价：CNY0.97
（梅格雷探案丛书）
　　中国现代连环画作品。

J0080055
东周列国故事精选　水登等改编；朱光玉等绘
上海　上海人民美术出版社　1990 年　1036 页
20cm（ 32 开）精装　ISBN：7-5322-0449-9
定价：CNY15.50
　　本书收入《烽火戏诸侯》《管仲拜相》《荆轲
刺秦王》等 17 则故事。作者水登（1930—　），画
家。原名廖其澄，四川达县人。曾任绵阳市文联
副秘书长、市美协主席，绵阳市书画院二级美术
师。绘画作品有《山寨》《草原上的格桑花》《披
查尔瓦的老人》等。出版有《廖其澄水彩画集》

《廖其澄花鸟画集》。作者朱光玉(1928—),连环画家。生于上海,祖籍江苏盐城。作品有《岳飞传》《苏姣姣》《一代名优》《宋景诗》《林则徐》等。

J0080056

董必武 彭德怀 张小乐,陈曙光编;彭开天等绘

南昌 江西美术出版社 1990年 19cm(32开)

ISBN:7-80580-013-8 定价:CNY2.10

(老一辈无产阶级革命家青少年时代的故事)

全套分为5册。选取毛泽东、刘少奇、周恩来、朱德、董必武、彭德怀、陈毅、叶剑英、刘伯承、贺龙10位老一辈无产阶级革命家青少年时代的故事编写而成。

J0080057

斗法伏三怪·捉拿金鱼精 泠泠改编;高云等绘

北京 中国连环画出版社 1990年 19cm(32开)

ISBN:7-5061-0249-8 定价:CNY1.60

(古典文学彩色连环画·西游记 8)

中国现代连环画作品。

J0080058

斗牛人 张涛原著;惟馨改编;李树仁绘画

沈阳 辽宁美术出版社 1990年 64页

13×cm ISBN:7-5314-0779-5 定价:CNY3.00

中国现代连环画作品。作者李树仁(1953—),《辽宁法制报》美术编辑。

J0080059

独木桥 (动画故事连环画)王树忱编绘

成都 四川少年儿童出版社 1990年 19cm(32开)

ISBN:7-5365-0537-X 定价:CNY0.70

中国现代连环画作品。

J0080060

杜甫 王国安编;刘旦宅绘

上海 上海人民美术出版社 1990年 100页

21cm(32开)ISBN:7-5322-0805-2

定价:CNY1.30

本书是中国古代大诗人杜甫的传记连环画。收入100幅图。简要介绍了杜甫揭露社会矛盾、同情穷苦人民的若干诗作。作者刘旦宅(1931—

2011),教授、画家。原名浑,又名小粟,后改名旦宅,别名海云生。浙江温州人。曾在上海市大中国图书局、上海教育出版社、上海人民美术出版社绘画,上海师范大学美术系主任。代表作品《曹雪芹生平》《琵琶行》《刘旦宅聊斋百图》《石头记人物画册》等。

J0080061

杜乐棋的奇遇 晓螺改编;高宝生绘

长沙 湖南少年儿童出版社 1990年 19cm(32开)

ISBN:7-5358-0467-5 定价:CNY1.20

(世界著名童话和故事连环画丛书)

本书据美国巴姆原著改编的中国现代连环画作品。作者高宝生(1944—),连环画家。曾用笔名高禾。北京人,北京艺术学院附中毕业。中国少年儿童出版社从事连环画创作。代表作品《铁木儿和他的队伍》《两只小孔雀》《聪明的药方》等。

J0080062

恶魔的挑战 吕春蓉,刘佳改编;田月绘

南宁 广西民族出版社 1990年 117页

13cm(60开)ISBN:7-5363-0812-4

定价:CNY0.80

中国现代连环画作品。

J0080063

饿极了的毛毛虫 马文茜编译;文莽改画

上海 上海教育出版社 1990年 有彩图

14×19cm ISBN:7-5320-1841-5 定价:CNY3.00

中国现代连环画作品。

J0080064

儿童画廊 (童话篇 2)章忆改编;何贵生等绘

太原 山西人民出版社 1990年 21cm(32开)

ISBN:7-203-00899-1 定价:CNY6.90

中国现代连环画作品。

J0080065

儿童连环画 (第6辑)

杭州 浙江少年儿童出版社 1990年

20cm(32开)定价:CNY0.50

J0080066

儿童连环画 (第19辑 行者三兄弟 孙悟空的

故事专辑）铭阳等编；徐瑜等画

杭州 浙江少年儿童出版社 1990 年 6 册

9cm（128 开）盒装 ISBN：7-5342-0495-X

定价：CNY1.35

　　本书包括《孙神医》《战玉兔》《险失袈裟》《唐僧变虎》《行者三兄弟》《半缸仙水》6 册。

J0080067

儿童连环画 （第 20 辑）王一帆等编；小明等画

杭州 浙江少年儿童出版社 1990 年 6 册

9cm（128 开）盒装 ISBN：7-5342-0496-8

定价：CNY1.35

　　本书包括《怕狐狸的猎人》《聪明的姑娘》《七个男士》《蛋糕姑娘》《白熊成金顿》《黄鼠狼大王》6 册。

J0080068

儿童连环画 （第 21 辑 中国古代神话）之芳等编；连进等画

杭州 浙江少年儿童出版社 1990 年 6 册

9cm（128 开）盒装 ISBN：7-5342-0497-6

定价：CNY1.35

　　本书包括《夸父逐日》《女娲造人》《嫦娥奔月》《精卫填海》《牛郎织女》《后羿射日》6 册。

J0080069

儿童连环画 （第 22 辑）磊磊等编；大川，欣欣画

杭州 浙江少年儿童出版社 1990 年 6 册

9cm（128 开）盒装 ISBN：7-5342-0498-2

定价：CNY1.35

　　本书包括《神奇的魔缸》《富翁上太阳》《杰米与巨人咕噜》《乖小姑娘》《跳舞公主》《魔项链》6 册。

J0080070

儿童连环画 （第 23 辑 姜子牙的故事）秋妮编；昌平等画

杭州 浙江少年儿童出版社 1990 年 5 册

9cm（128 开）盒装 ISBN：7-5342-0655-3

定价：CNY1.35

（封神演义 一）

　　本书包括《子牙下山》《恶战金鸡岭》《茅舍访贤人》《姜子牙东征》《火烧琵琶精》5 册。

J0080071

儿童连环画 （第 24 辑 土行孙的故事）雪君编；杜成等画

杭州 浙江少年儿童出版社 1990 年 5 册

9cm（128 开）盒装 ISBN：7-5342-0656-1

定价：CNY1.35

（封神演义 2）

　　本书包括《喜结良缘》《青龙关显神通》《阵前显威风》《惧留孙降徒》《下山投九公》5 册。

J0080072

儿童连环画 （第 25 辑 外国童话专辑）吴仲声等改编；阿韦等绘

杭州 浙江少年儿童出版社 1990 年 6 册

9cm（128 开）盒装 ISBN：7-5342-1657-X

定价：CNY1.35

J0080073

儿童连环画 （第 26 辑 西游记故事专辑）铭松改编；诸侠军等绘

杭州 浙江少年儿童出版社 1990 年 6 册

9cm（128 开）盒装 ISBN：7-5342-0658-8

定价：CNY1.35

J0080074

儿童连环画 （第 28 辑 济公故事专辑）钧明改编；江健文等绘

杭州 浙江少年儿童出版社 1990 年 6 册

9cm（128 开）盒装 ISBN：7-5342-0660-X

定价：CNY1.35

　　作者江健文（1954—　），浙江杭州人。中国美术家协会会员、浙江人民美术出版社美术编辑。代表作品有《小猪的生日宴会》。

J0080075

儿童连环画精选 高燕等改编；高志岳等绘

上海 上海人民美术出版社 1990 年 6 册（盒）

12cm（60 开）盒装 ISBN：7-5322-0666-1

定价：CNY2.00

　　本书包括《小阿凡提》《棋盘国的上卒》《图画兔子运动会》《小龙马》《小骑士》《魔锅》6 册。

J0080076

二刻拍案惊奇精选 （明）凌濛初原著；毛志

毅等改编；于友善等绘

天津　天津人民美术出版社　1990 年　573 页

20cm（32 开）ISBN：7-5305-3185-9

定价：CNY10.60（平装），CNY16.10（精装）

（连环画丛书）

　　中国现代连环画作品。

J0080077

反劫机事件　（上）杨理等编绘

长沙　湖南美术出版社　1990 年　78 页　13cm（60 开）

ISBN：7-5356-0384-X　定价：CNY0.54

　　中国现代连环画作品。

J0080078

反劫机事件　（下）杨理等编绘

长沙　湖南美术出版社　1990 年　78 页　有图

10×13cm　ISBN：7-5356-0385-8　定价：CNY0.54

　　中国现代连环画作品。

J0080079

方舟二号历险记　（1　一个毒气罐）秦北极，

张敏改编；秦立新，付义民制作

北京　中国社会出版社　1990 年　22 页　19cm（32 开）

ISBN：7-80088-061-3　定价：CNY0.98

　　中国现代连环画作品。

J0080080

方舟二号历险记　（2　丛林之法）秦北极，张

敏改编；秦立新，付义民制作

北京　中国社会出版社　1990 年　22 页　19cm（32 开）

ISBN：7-80088-062-1　定价：CNY0.98

　　中国现代连环画作品。

J0080081

方舟二号历险记　（3　一辆破坦克）秦北极，

张敏改编；秦立新，付义民制作

北京　中国社会出版社　1990 年　22 页　19cm（32 开）

ISBN：7-80088-063-X　定价：CNY0.98

　　中国现代连环画作品。

J0080082

方舟二号历险记　（4　最后的奴隶）秦北极，

张敏改编；秦立新，付义民制作

北京　中国社会出版社　1990 年　22 页　19cm（32 开）

ISBN：7-80088-061-3　定价：CNY0.98

中国现代连环画作品。

J0080083

方舟二号历险记　（5　气球信号）秦北极，张

敏改编；秦立新，付义民制作

北京　中国社会出版社　1990 年　22 页　19cm（32 开）

ISBN：7-80088-061-3　定价：CNY0.98

　　中国现代连环画作品。

J0080084

方舟二号历险记　（6　意念群）秦北极，张敏

改编；秦立新，付义民制作

北京　中国社会出版社　1990 年　22 页　19cm（32 开）

ISBN：7-80088-061-3　定价：CNY0.98

　　中国现代连环画作品。

J0080085

方舟二号历险记　（7　抽签）秦北极，张敏改

编；秦立新，付义民制作

北京　中国社会出版社　1990 年　22 页　19cm（32 开）

ISBN：7-80088-061-3　定价：CNY0.98

　　中国现代连环画作品。

J0080086

方舟二号历险记　（8　干旱）秦北极，张敏改

编；秦立新，付义民制作

北京　中国社会出版社　1990 年　22 页　19cm（32 开）

ISBN：7-80088-061-3　定价：CNY0.98

　　中国现代连环画作品。

J0080087

方舟二号历险记　（9　野孩子）秦北极，张敏

改编；秦立新，付义民制作

北京　中国社会出版社　1990 年　22 页　19cm（32 开）

ISBN：7-80088-061-3　定价：CNY0.98

　　中国现代连环画作品。

J0080088

方舟二号历险记　（10　机器人）秦北极，张

敏改编；秦立新，付义民制作

北京　中国社会出版社　1990 年　22 页　19cm（32 开）

ISBN：7-80088-061-3　定价：CNY0.98

　　中国现代连环画作品。

J0080089

方舟二号历险记 （11 机器的魔力）秦北极，张敏改编；秦立新，付义民制作

北京 中国社会出版社 1990年 22页 19cm（32开）

ISBN：7-80088-061-3 定价：CNY0.98

　　中国现代连环画作品。

J0080090

方舟二号历险记 （12 罗宾汉的故事）秦北极，张敏改编；秦立新，付义民制作

北京 中国社会出版社 1990年 22页 19cm（32开）

ISBN：7-80088-061-3 定价：CNY0.98

　　中国现代连环画作品。

J0080091

方舟二号历险记 （13 起死回生的人）秦北极，张敏改编；秦立新，付义民制作

北京 中国社会出版社 1990年 22页 19cm（32开）

ISBN：7-80088-061-3 定价：CNY0.98

　　中国现代连环画作品。

J0080092

方舟二号历险记 （14 唐吉诃德）秦北极，张敏改编；秦立新，付义民制作

北京 中国社会出版社 1990年 22页 19cm（32开）

ISBN：7-80088-061-3 定价：CNY0.98

　　中国现代连环画作品。

J0080093

方舟二号历险记 （15 长生不老的代价）秦北极，张敏改编；秦立新，付义民制作

北京 中国社会出版社 1990年 22页 19cm（32开）

ISBN：7-80088-061-3 定价：CNY0.98

　　中国现代连环画作品。

J0080094

飞船失踪之谜 丹娘改编；赵大鹏等绘

北京 人民美术出版社 1990年 48页 20cm（32开）

ISBN：7-102-00707-8 定价：CNY1.20

（太空科幻系列连环画）

　　中国现代连环画作品。

J0080095

封三娘巧点鸳鸯谱 林明华改编；韦剑华等绘

南宁 广西民族出版社 1990年 111页

13cm（60开） ISBN：7-5363-1081-1

定价：CNY0.95

（聊斋 34）

　　中国现代连环画作品。

J0080096

复仇行动 陈浩改编；达少等绘

杭州 浙江人民美术出版社 1990年 3册

13cm（60开） ISBN：7-5340-0208-7

定价：CNY2.17

　　中国现代连环画作品。

J0080097

革命英雄画谱 共青团江苏省委少工委编

南京 江苏教育出版社 1990年 137页

20cm（32开） ISBN：7-5343-1041-5

定价：CNY3.75

　　中国现代连环画作品。

J0080098

革命英雄谱 （1）吴绿星等改编；邓超华绘

广州 新世纪出版社 1990年 4册 13cm（60开）

ISBN：7-5405-0129-4 定价：CNY3.20

　　中国现代连环画作品。作者吴绿星（1944— ），高级编辑。籍贯广东惠东。历任羊城晚报编辑、综合副刊部副主任、羊城晚报出版社副总编辑。作者邓超华（1950— ），广东新会县人，毕业于广州业余艺术大学绘画系。中国美术家协会会员、广东省美术家协会会员。主要作品有组画《练为战》、中国画《调查路上》《妆》等。

J0080099

革命英雄谱 （2）陈克吾等改编；陈挺通等绘

广州 新世纪出版社 1990年 4册 13cm（60开）

ISBN：7-5405-0130-8 定价：CNY3.50

　　中国现代连环画作品。

J0080100

革命英雄谱 （3）李志光等改编；卢德平等绘

广州 新世纪出版社 1990年 6册 13cm（60开）

ISBN：7-5405-0131-6 定价：CNY4.90

　　中国现代连环画作品。

J0080101

攻击斯卡柏湾 （第二次世界大战史实连环画）黄一红编；梁伟琪，郑明绘

南宁 广西民族出版社 1990年 81页 13cm（60开）

ISBN：7-5363-0805-1 定价：CNY0.70

中国现代连环画作品。

J0080102

攻克死星 徐敏改编；大潭，韩杰绘

北京 人民美术出版社 1990年 48页 19cm（32开）

ISBN：7-102-00708-6 定价：CNY1.20

（太空科幻系列连环画）

中国现代连环画作品。

J0080103

共产主义战士雷锋 陈喜文编文；桂润年等绘

长沙 湖南美术出版社 1990年 19cm（32开）

ISBN：7-5356-0377-7 定价：CNY0.80

中国现代连环画作品。

J0080104

共和国元帅 （贺龙的故事）俊山，抒炳编文；吴涛毅绘

太原 山西人民出版社 1990年 有肖像及插图

13×19cm ISBN：7-203-01808-3 定价：CNY3.50

中国现代连环画作品。

J0080105

共和国元帅 （罗荣桓的故事）抒炳，庆红编；孙元，张力绘

太原 山西人民出版社 1990年 有肖像及插图

19cm（32开） ISBN：7-203-01808-3

定价：CNY3.50，CNY4.50（精装）

中国现代连环画作品。

J0080106

共和国元帅 （彭德怀的故事）抒炳，庆红编文；杨逸麟，杨恺力绘画

太原 山西人民出版社 1990年 有肖像及图

13×19cm ISBN：7-203-01808-3 定价：CNY3.50

中国现代连环画作品。作者杨逸麟（1931— ），画家、教授。河北迁安人，毕业于中央美术学院绘画系。中国美术家协会会员、中央美术学院教授。代表作品有《一颗铜钮扣》《卡门》《周恩来画卷》等。

J0080107

共和国元帅 （叶剑英的故事）刘飞，俊山编文；宋晓明绘画

太原 山西人民出版社 1990年 有肖像及插图

13×19cm ISBN：7-203-01808-3 定价：CNY3.50

中国现代连环画作品。

J0080108

共和国元帅 （朱德的故事）抒炳，庆红编文；雷德祖绘

太原 山西人民出版社 1990年 有肖像及插图

13×19cm 精装 ISBN：7-203-01808-3

定价：CNY4.50

中国现代连环画作品。

J0080109

共和国元帅 （陈毅的故事）抒炳，晓黎编文；于绍文绘

太原 山西人民出版社 1991年 有肖像及插图

13×19cm 精装 ISBN：7-203-01808-3

定价：CNY4.50

中国现代连环画。

J0080110

共和国元帅 （刘伯承的故事）俊山，抒炳编文；葛振纲，张子虎绘

太原 山西人民出版社 1991年 有肖像及插图

13×19cm 精装 ISBN：7-203-01808-3

定价：CNY4.50

中国现代连环画。

J0080111

共和国元帅 （聂荣臻的故事）俊山，抒炳编文；田如森绘画

太原 山西人民出版社 1991年 有肖像及图

13×19cm ISBN：7-203-01808-3

定价：CNY3.50，（CNY4.50 精装）

中国现代连环画。

J0080112

共和国元帅 （徐向前的故事）俊山，抒炳编文；李如绘画

太原 山西人民出版社 1991年 有肖像及图

13×19cm ISBN：7-203-01808-3

定价：CNY3.50，CNY4.50（精装）

中国现代连环画。

J0080113
孤独的上小猪　（动画故事连环画）沈祖慰编绘
成都　四川少年儿童出版社　1990年　19cm（32开）
ISBN：7-5365-0535-3　定价：CNY0.70
　　中国现代动画连环画作品。

J0080114
孤漠惊雷　（上册）高燕功改编；张昌洵等绘
广州　岭南美术出版社　1990年　126页
13cm（60开）ISBN：7-5362-0482-5
定价：CNY1.10
（中国武术连环画）
　　中国现代连环画作品。

J0080115
孤漠惊雷　（下册）高燕功改编；张昌洵等绘
广州　岭南美术出版社　1990年　269页
13cm（60开）ISBN：7-5362-0483-3
定价：CNY1.25
（中国武术连环画）
　　中国现代连环画作品。

J0080116
古代神话传说　徐敏等改编；韩亚洲等绘
北京　人民美术出版社　1990年　496页
19cm（32开）ISBN：7-102-00921-6
定价：CNY7.00
（中国古代神话传说连环画库）
　　本书包括：哪吒闹海、孙悟空大战红孩儿、白蛇传、济公活佛等8篇故事。

J0080117
古屋空宅鬼唱诗　冯志奇编；肖辽沙，黄继红绘
南宁　广西民族出版社　1990年　125页
13cm（60开）ISBN：7-5363-1073-0
定价：CNY1.00
（聊斋 24）
　　中国现代连环画作品。

J0080118
关向应同志的青少年时代　中共大连市委党校地方党史编写组原著；文竹风改编；刘君成，玄旋绘

沈阳　辽宁美术出版社　1990年　65页　19cm（32开）
ISBN：7-5314-0778-7　定价：CNY10.00
　　中国现代连环画作品。

J0080119
官场现形记　根毅等改编；字辰，丹东等绘
天津　天津人民美术出版社　1990年　572页
19cm（32开）ISBN：7-5305-3241-3
定价：CNY7.50
　　中国现代连环画作品。

J0080120
海盗案始末　徐本夫原编；流年改编；柳家展，柳家望绘
长沙　湖南美术出版社　1990年　126页
13cm（60开）ISBN：7-5356-0353-X
定价：CNY0.66
　　中国现代连环画作品。

J0080121
海底魔王的末日　碧波改编；陆小弟等绘
广州　岭南美术出版社　1990年　126页
13cm（60开）ISBN：7-5362-0481-7
定价：CNY1.15
　　中国现代连环画作品。

J0080122
黑壳怀表　（苏）马特维耶夫原编；李思贡改编；马克政，光迪绘
长沙　湖南美术出版社　1990年　110页
13cm（60开）ISBN：7-5356-0350-5
定价：CNY0.57
（绿色信号弹 1）
　　中国现代连环画作品。

J0080123
黑墨　（上）东方图书科学研究所编；宋惠丽图片加工
兰州　甘肃少年儿童出版社　1990年　6册
13cm（60开）ISBN：7-5422-0404-1
定价：CNY3.90
（12集电视系列连环画）

J0080124
黑墨　（下）东方图书科学研究所编；宋惠丽图

片加工
兰州 甘肃少年儿童出版社 1990 年 6 册
13cm（60 开）ISBN：7-5422-0405-X
定价：CNY3.90
（12 集电视系列连环画）

J0080125
红兜肚儿　刘绍棠原著；大可改编；雨青，晓华绘
南京 江苏美术出版社 1990 年 94 页 19cm（32 开）
ISBN：7-5344-0212-3 定价：CNY3.00
　　中国现代连环画作品。

J0080126
红孩子　卢晓熙改编；朱新昌，朱新龙绘
南京 江苏美术出版社 1990 年 94 页 13cm（60 开）
ISBN：7-5344-0144-5 定价：CNY0.60
　　中国现代连环画作品。

J0080127
红毛儿迪迪　（捷）约瑟夫·拉达著；赵白帆改编；房永明，梅林绘
昆明 云南少年儿童出版社 1990 年 62 页
19cm（32 开）ISBN：7-5414-0513-2
定价：CNY1.70
（世界儿童文学名著精选连环画）
　　中国现代连环画作品。

J0080128
红丸恩怨　夏雪改编；染万里，吴宁慧绘
南宁 广西民族出版社 1990 年 117 页
13cm（60 开）ISBN：7-5363-1102-8
定价：CNY1.00
（聊斋 27）
　　中国现代连环画作品。

J0080129
红玉巧嫁冯相如　凌永庆改编；何纬仁，胡美才绘
南宁 广西民族出版社 1990 年 123 页
13cm（60 开）ISBN：7-5363-1066-8
定价：CNY1.00
（聊斋 22）
　　中国现代连环画作品。

J0080130
狐狸列那的故事　俞伯洪改编；姜启才等绘
天津 新蕾出版社 1990 年 26cm（16 开）ISBN：
7-5307-0704-3 定价：CNY1.35
（世界名著连环画）
　　本书是根据法国同名古典名著改编的中国现代连环画作品。

J0080131
胡桐单刀雪奇冤　（上册）易敏改编；羽青等绘
广州 岭南美术出版社 1990 年 126 页
13cm（60 开）ISBN：7-5362-050-3
定价：CNY0.90
（中国武术连环画）
　　中国现代连环画作品。

J0080132
胡桐单刀雪奇冤　（下册）易敏改编；丹文等绘
广州 岭南美术出版社 1990 年 126 页
13cm（60 开）ISBN：7-5362-0551-1
定价：CNY0.90
（中国武术连环画）
　　中国现代连环画作品。

J0080133
虎孩　竺乾华改编；侯中曦绘
广州 新世纪出版社 1990 年 157 页 13cm（60 开）
ISBN：7-5405-0425-0 定价：CNY0.93
（少年连环画库）
　　中国现代连环画作品。

J0080134
花痴曹州会牡丹　林明华改编；梁启德，梁英华绘
南宁 广西民族出版社 1990 年 124 页
13cm（60 开）ISBN：7-5363-1080-3
定价：CNY0.95
（聊斋 35）
　　中国现代连环画作品。

J0080135
滑稽王小毛的故事　（"太黑"遗风）纪鲁改编；华于等绘
上海 上海人民美术出版社 1990 年 142 页

10×13cm ISBN：7-5322-0754-4 定价：CNY0.75

本书是根据上海人民广播电台《滑稽王小毛》广播系列小品编绘的中国现代连环画作品。

J0080136

滑稽王小毛的故事 （车厢擒贼）李树民原著；徐维新改编；谢颖等绘画

上海 上海人民美术出版社 1990 年 134 页

10×13cm ISBN：7-5322-0755-2 定价：CNY0.70

本书是根据上海人民广播电台《滑稽王小毛》广播系列小品编绘的中国现代连环画作品。

J0080137

滑稽王小毛的故事 （毁于一赌）王历等改编；沈天呈等绘

上海 上海人民美术出版社 1990 年 150 页

10×13cm ISBN：7-5322-0752-8 定价：CNY0.78

本书是根据上海人民广播电台《滑稽王小毛》广播系列小品编绘的中国现代连环画作品。

J0080138

滑稽王小毛的故事 （将计就计）洪精卫等著；纪鲁改编；沈宝善等绘

上海 上海人民美术出版社 1990 年 150 页

10×13cm ISBN：7-5322-0601-7 定价：CNY0.90

本书是根据上海人民广播电台《滑稽王小毛》广播系列小品编绘的中国现代连环画作品。

J0080139

滑稽王小毛的故事 （人情世故）张福荣等改编；卢汶等绘

上海 上海人民美术出版社 1990 年 150 页

10×13cm ISBN：7-55322-0753-6 定价：CNY0.78

本书是根据上海人民广播电台《滑稽王小毛》广播系列小品编绘的中国现代连环画作品。作者卢汶（1922—2010），连环画家。原名卢世宝，出生于上海市，籍贯浙江鄞县。代表作品《蜀山剑侠传》《三国演义》。

J0080140

滑稽王小毛的故事 （头条新闻）易乙改编；季平等绘

上海 上海人民美术出版社 1990 年 174 页

10×13cm ISBN：7-5322-0602-5 定价：CNY0.90

本书是根据上海人民广播电台《滑稽王小

毛》广播系列小品编绘的中国现代连环画作品。

J0080141

滑稽王小毛的故事 （蚊香奇案）白丁改编；沈天呈等绘

上海 上海人民美术出版社 1990 年 158 页

10×13cm ISBN：7-5322-0600-9 定价：CNY0.82

本书是根据上海人民广播电台《滑稽王小毛》广播系列小品编绘的中国现代连环画作品。

J0080142

滑稽王小毛的故事 （一箱珠宝）张双勤编；陆汝浩等绘

上海 上海人民美术出版社 1990 年 158 页

10×13cm ISBN：7-5322-0599-1 定价：CNY0.82

本书是根据上海人民广播电台《滑稽王小毛》广播系列小品编绘的中国现代连环画作品。作者陆汝浩（1943—　　），画家。别名双水，浙江宁波人。曾在师范专修美术。历任《上海少年报》社童话报美术编辑。连环画作品有《滨海谍案》。

J0080143

黄金台求贤 谈石诚，周笃佑改编；陈明大，陈平绘

长沙 湖南少年儿童出版社 1990 年 126 页

13cm（60 开）ISBN：7-5358-0586-8

定价：CNY0.65

（前后七国志 3）

中国现代连环画作品。

J0080144

毁于一赌 王历来等改编；沈天呈等绘

上海 上海人民美术出版社 1990 年 150 页

有图 10×13cm ISBN：7-5322-0752-8

定价：CNY0.78

中国现代连环画作品。

J0080145

绘图儿童历史故事 马光复编著；王江等绘

沈阳 辽宁少年儿童出版社 1990 年 190 页

21cm（32 开）ISBN：7-5315-0710-2

定价：CNY4.50

（儿童文史丛书）

中国现代连环画作品。

J0080146

绘图中国近代史连环读本 （第一册）萧菲，萧兵编文；雷德祖等绘图

南宁 广西美术出版社 1990年 19cm（32开）

ISBN：7-80582-071-6 定价：CNY2.00

　　本书反映了自鸦片战争以来，中华民族所遭受的无数屈辱和苦难，揭露了帝国主义列强侵华的血腥罪行，展现了无数仁人志士英勇奋战，并最终在中国共产党的领导下推翻三座大山，建立了中华人民共和国，走上社会主义道路的艰苦历程。作者萧兵(1933—　)，教授。福建福州人。历任上海海军预备学校教员、淮阴师专中文系教授、东南大学东方文化研究所、华中师大中文系兼职教授、中国社会调查所人类学研究中心特约研究员。著有《中国文化的精英》《傩蜡之风》《神话学引论》等。

J0080147

绘图中国近代史连环读本 （第二册）萧菲，萧兵编文；戴延兴等绘图

南宁 广西美术出版社 1990年 19cm（32开）

ISBN：7-80582-070-8 定价：CNY2.00

J0080148

绘图中国近代史连环读本 （第三册）萧菲，萧兵编；少君等绘

南宁 广西美术出版社 1990年 19cm（32开）

ISBN：7-80582-078-3 定价：CNY2.00

J0080149

绘图中国近代史连环读本 （第四册）萧菲，萧兵编；何人等绘

南宁 广西美术出版社 1990年 19cm（32开）

ISBN：7-80582-080-5 定价：CNY2.00

J0080150

绘图中国近代史连环读本 （第五册）萧菲，萧兵编文；雷德祖等绘图

南宁 广西美术出版社 1990年 19cm（32开）

ISBN：7-80582-084-8 定价：CNY2.00

　　本书采用连环画的形式，反映了自鸦片战争以来，中华民族所遭受的无数屈辱和苦难，揭露了帝国主义列强侵华的血腥罪行，展现了无数仁人志士英勇奋战，并最终在中国共产党的领导下推翻三座大山，建立了中华人民共和国，走上社会主义道路的艰苦历程。

J0080151

火海遇险 许焕岗编；冯椒生等绘

长沙 湖南美术出版社 1990年 62页 有图 10×13cm ISBN：7-5356-0416-1 定价：0.44

（惊险系列连环画 警犬 110）

J0080152

火牛出阵 谈石诚，周笃估改编；何桃君绘

长沙 湖南少年儿童出版社 1990年 126页 13cm（60开） ISBN：7-5358-0586-8

定价：CNY0.65

（前后七国志 4）

　　中国现代连环画作品。

J0080153

鸡毛信 毛永煌改编；德剑，康军绘画

南京 江苏美术出版社 1990年 94页 13cm（60开）

ISBN：7-5344-0129-1 定价：CNY0.60

　　中国现代连环画作品。

J0080154

计收猪八戒·迎战黄风怪 庆成改编；高云等绘

北京 中国连环画出版社 1990年 19cm（32开）

ISBN：7-5061-0246-3 定价：CNY1.60

（古典文学彩色连环画·西游记 5）

　　本书是根据古典小说《西游记》改编的现代连环画作品。

J0080155

济公续集 程鞭等改编；王建等绘

杭州 浙江人民美术出版社 1990年 8册 13cm（60开） ISBN：7-5340-0167-6

定价：CNY4.73

　　中国现代连环画作品。

J0080156

甲午战争图画故事

北京 人民美术出版社 1990年 17×18cm

ISBN：7-102-00780-9 定价：CNY0.95

（鸦片战争150周年教育丛书）

　　中国现代连环画作品。

J0080157

奸臣传 （二）刘烨等编文；苏西映等绘
郑州 河南美术出版社 1990 年 19cm（32 开）
ISBN：7-5401-0143-7 定价：CNY1.40

中国现代连环画作品。作者苏西映（1940— ），河南光山人。光山县文化馆美术师、河南省美术家协会会员、大别山书画研究院名誉院长。作品有《深山古树》《荷花舞》《玉莲公主》《中华魂》等。出版有《唐伯虎智圆梅花梦》《玉蜻蜓》。

J0080158

焦裕禄的故事 韦宁改编；纪放，沉浮绘
武汉 湖北美术出版社 1990 年 46 页 19cm（32 开）
ISBN：7-5394-0213-X 定价：CNY0.62

中国现代连环画作品。作者沉浮（1965— ），画家。安徽蒙城人，原名陈夫。擅长画梅，中国美术院常务副院长，中国美术家协会河山画会秘书长。代表作品有《山魂》《庄子游》《黄山》《无欲》等。

J0080159

解放军英雄故事 沙铁军等编文；赵然玮等绘
武汉 湖北少年儿童出版社 1990 年 192 页
19cm（32 开） ISBN：7-5353-0709-4
定价：CNY2.00
（中华英模连环画画丛）

作者沙铁军（1942— ），编审。江苏如皋人，毕业于南京大学中文系。湖北人民出版社文史编辑部主任、武汉作家协会会员、中国连环画研究会会员、湖北连环画研究会理事。代表作品有《中国古代战争》《长江三部曲》《青春之歌》《中国古代战争》《六十年的变迁》等。

J0080160

金币国游记 （动画故事连环画）熊南清编绘
成都 四川少年儿童出版社 1990 年 19cm（32 开）
ISBN：7-5363-0534-5 定价：CNY0.70

J0080161

金台奇侠传 项冰如等编；王建等绘
杭州 浙江人民美术出版社 1990 年 8 册
13cm（60 开） ISBN：7-5340-0166-8
定价：CNY4.73

中国现代连环画作品。

J0080162

金台奇侠传续集 项冰如等编；戴宏海等绘
杭州 浙江人民美术出版社 1990 年 6 册
13cm（60 开） ISBN：7-5340-0205-2
定价：CNY4.77

中国现代连环画作品。

J0080163

警世通言精选 （连环画）（明）冯梦龙原著；宁桂改编；傅显渝绘
天津 天津人民美术出版社 1990 年 653 页
20cm（24 开） ISBN：7-5305-3187-5
定价：CNY12.00
（连环画丛书）

J0080164

聚歼魔鬼党 （"007"惊险系列连环画）（英）伊恩·弗莱明原著；竺乾华改编；王重义，王重英绘
长沙 湖南美术出版社 1990 年 110 页
13cm（60 开） ISBN：7-5356-0337-8
定价：CNY0.59

J0080165

崛起的铁木真 特·舍仁扎布改编；若希绘；宝路德译
通辽 内蒙古少年儿童出版社 1990 年 124 页
13cm（60 开） ISBN：7-5312-0229-8
定价：CNY1.20

中国现代连环画作品。

J0080166

抗美援朝战争画卷 梁秉祥主编
北京 中国文联出版公司 1990 年 537 页
20cm（24 开） ISBN：7-5059-1417-0
定价：CNY16.00

本书是 40 年来第一部以图文并茂的形式记录抗美援朝战争全过程的大型图书，全书记述了参战各方的战略准备、战略实施和停战谈判等史实，突出地记述了志愿军各部队的英雄业绩。

J0080167

空中大战 （10 集日本惊险连环画）（日）藤子·F·不二雄原作；肖纯等编绘
天津 天津人民美术出版社 1990 年 10 册

13cm（60开）ISBN：7-5305-3280-4
定价：CNY5.60
　　本书根据日本藤子不二雄原作改编的现代连环画作品。作者藤子·F·不二雄（1933—1996），日本漫画家。出生于日本富山县高冈市，本名藤本弘。毕业于富山县立高冈工艺高等学校电气科。受到漫画大师手冢治虫的启发，立志成为儿童漫画家。小学馆的代表漫画家之一。代表作《Q太郎》《哆啦A梦》《小超人帕门》《超能力魔美》。

J0080168
孔子圣迹图　（连环画）杨兆席编
济南　山东友谊书社　1990年　140页　13cm（60开）
ISBN：7-80551-295-7　定价：CNY1.50
　　本书记述我国历史上伟大的思想家、教育家孔丘从降生到逝世的重要活动。明代木刻版，故事完整，绘画和雕刻具有较高的艺术水平。

J0080169
赖宁　方犁改编；陈挺通等绘
广州　新世纪出版社　1990年　125页　13cm（60开）
ISBN：7-5405-0444-7　定价：CNY0.75
（革命英雄谱）
　　中国现代连环画作品。

J0080170
老侠金钟罩　（中国武术连环画）吴汶等改编；赵国径等绘
广州　岭南美术出版社　1990年　70页　13cm（60开）
ISBN：7-5362-0522-8　定价：CNY0.96

J0080171
雷锋　吴绿星改编；曾燕琴等绘
广州　新世纪出版社　1990年　158页　13cm（60开）
ISBN：7-5405-0445-5　定价：CNY0.90
（革命英雄谱）
　　中国现代连环画作品。

J0080172
离乱鸳鸯　（上）苏方桂编；陈再殿，建华绘
广州　岭南美术出版社　1990年　114页
13cm（60开）ISBN：7-5362-0525-2
定价：CNY2.96
（中国武术连环画·罗浮演义 4）

J0080173
离乱鸳鸯　（下）苏方桂编；陈再殿，建华绘
广州　岭南美术出版社　1990年　114页
13cm（60开）ISBN：7-5362-0526-0
定价：CNY0.94
（中国武术连环画·罗浮演义 4）

J0080174
历险记名著精选　（美）塞尔登等著；小小等改编；谷天宁等绘
天津　天津人民美术出版社　1990年　224页
20cm（24开）ISBN：7-5305-3294-4
定价：CNY3.70
　　中国现代年画作品。

J0080175
聊斋　刘明等改编；张健民等绘
北京　中国连环画出版社　1990年　20cm（32开）
ISBN：7-5061-0281-1　定价：CNY13.50
（古典文学彩色连环画）

J0080176
聊斋　（鸽异　王成）刘明，吕长乐改编；杨荟铼绘
北京　中国连环画出版社　1990年　20cm（32开）
ISBN：7-5061-0288-9　定价：CNY1.10
（古典文学彩色连环画）

J0080177
聊斋　（画皮）吕长乐，丽云改编；曹留夫，张容绘
北京　中国连环画出版社　1990年　20册
20cm（32开）ISBN：7-5061-0287-0
定价：CNY1.10
（古典文学彩色连环画）

J0080178
聊斋　（黄英）刘明，李蕾改编；王烈等绘
北京　中国连环画出版社　1990年　20册
20cm（32开）ISBN：7-5061-0285-4
定价：CNY1.10
（古典文学彩色连环画）

J0080179
聊斋　（娇娜）刘明，李蕾改编；张建民等绘

北京　中国连环画出版社　1990 年　20 册
20cm（32 开）ISBN：7-5061-0291-9
定价：CNY1.10
（古典文学彩色连环画）

J0080180

聊斋　（崂山道士）方志，理明编；冯贵才，吴绯红绘
北京　中国连环画出版社　1990 年　20 页
20cm（32 开）ISBN：7-5061-0286-2
定价：CNY1.10
（古典文学彩色连环画）

J0080181

聊斋　（莲花公主）李明，方志改编；孙泽良，孙铁绘
北京　中国连环画出版社　1990 年　20 册
20cm（32 开）ISBN：7-5061-0290-0
定价：CNY1.10
（古典文学彩色连环画）

J0080182

聊斋　（罗刹海市）刘明，方志改编；史俊等绘
北京　中国连环画出版社　1990 年　20 册
20cm（32 开）ISBN：7-5061-0289-7
定价：CNY1.10
（古典文学彩色连环画）

J0080183

聊斋　（聂小倩）方志，理明编；罗枫等绘
北京　中国连环画出版社　1990 年　20 页
20cm（32 开）ISBN：7-5061-0284-6
定价：CNY1.10
（古典文学彩色连环画）

J0080184

聊斋　（仙人岛）丽云，理明改编；高宝生，高颖绘
北京　中国连环画出版社　1990 年　20cm（32 开）
ISBN：7-5061-0283-8　定价：CNY1.10
（古典文学彩色连环画）

J0080185

刘伯承　贺龙　张小乐编；张远等绘
南昌　江西美术出版社　1990 年　19cm（32 开）

ISBN：7-80580-014-6　定价：CNY2.10
（老一辈无产阶级革命家青少年时代的故事）
　　全套分为 5 册。选取毛泽东、刘少奇、周恩来、朱德、董必武、彭德怀、陈毅、叶剑英、刘伯承、贺龙 10 位老一辈无产阶级革命家青少年时代的故事编写而成。

J0080186

隆兴寺传说　（连环画故事集）赵志辉改编；赵志强绘
北京　人民美术出版社　1990 年　48 页　19cm（32 开）
ISBN：7-102-00620-9　定价：CNY0.95

J0080187

鲁滨逊漂流记　萧芦改编；王文瑞，沃叶柳绘
上海　上海人民美术出版社　1990 年　277 页
13cm（60 开）ISBN：7-5322-0596-7
定价：CNY1.40
　　中国现代连环画作品。

J0080188

鲁智深　蔡明村改编；达人等绘
武汉　湖北少年儿童出版社　1990 年　94 页
17×19cm　ISBN：7-5353-0667-5　定价：CNY3.20
（水浒 108 将彩色连环画库）
　　本书根据中国古典小说《水浒》改编的现代连环画作品。

J0080189

乱世风云　（连环画）赵祥汉等改编；查加伍绘
武汉　湖北美术出版社　1990 年　439 页
19cm（32 开）ISBN：7-5394-0239-3
定价：CNY6.70
　　本书是根据小说《六十年的变迁》编绘的连环画。收入 850 幅图。该书通过主人翁季交恕从清末到中华人民共和国成立 60 余年中奋斗、挣扎的生活经历，深刻表现了中华民族不甘沉沦勇于进击，犹如一部近代史教科书。作者查加伍（1950—　），编辑。别名穆明、三夷。湖北京山人，毕业于湖北美术学院师范系。曾在湖北人民出版社、京山县文化馆工作。曾任湖北美术出版社副社长、美术副编审，湖北美协连环画、插图艺委会副主任。代表作品有《战斗的历程》《乱世风云》《苦肉记》等。

J0080190

罗刹海市奇闻　冯志奇改编；金懿，徐妍绘
南宁　广西民族出版社　1990年　124页
13cm（60开）ISBN：7-5363-1074-9
定价：CNY1.00
（聊斋 25）
　　　　中国现代连环画作品。

J0080191

罗成夺魁　唐南改编；庆崟，庆曾绘
南京　江苏美术出版社　1990年　94页　13cm（60开）
ISBN：7-5344-0145-3　定价：CNY0.60
　　　　中国现代连环画作品。

J0080192

马戏团放假　（儿童连环画精选）
上海　上海人民美术出版社　1990年　6册
11cm（100开）ISBN：7-5322-0668-8
定价：CNY2.00

J0080193

马小哈奇遇记　（海底城）金涛改编；常铁锡，
周仲明绘
北京　中国妇女出版社　1990年　78页　13cm（60开）
ISBN：7-80016-338-5　定价：CNY0.95
　　　　中国现代连环画作品。

J0080194

蚂蚁和大象　（动画故事连环画）范马迪编绘
成都　四川少年儿童出版社　1990年　15cm（24开）
ISBN：7-5365-0536-1　定价：CNY0.70

J0080195

毛泽东　刘少奇　张小乐编；杨金星等绘
南昌　江西美术出版社　1990年　20cm（32开）
ISBN：7-80580-001-1　定价：CNY2.10
（老一辈无产阶级革命家青少年时代的故事）
　　　　全套分为5册。选取毛泽东、刘少奇、周恩
来、朱德、董必武、彭德怀、陈毅、叶剑英、刘伯
承、贺龙10位老一辈无产阶级革命家青少年时
代的故事编写而成。

J0080196

美髯中书　石峥编；杨福音绘
长沙　湖南少年儿童出版社　1990年　111页

19cm（32开）ISBN：7-5358-0655-4
定价：CNY2.80
　　　　中国现代连环画作品。作者杨福音
（1942—　），美术师。湖南长沙人。广州书画研
究院高级画师、广州书画研究院副院长、湖南师
大美术学院客座教授、杨福音艺术馆馆长。

J0080197

蒙托那义的故事　镇欧编；王保杰，里果绘
西宁　青海人民出版社　1990年　23页　19cm（32开）
ISBN：7-225-00363-X　定价：CNY0.35
　　　　中国现代连环画作品。

J0080198

猛龙斗金山　思明改编；蒋伟等绘
广州　岭南美术出版社　1990年　118页
13cm（60开）ISBN：7-5362-0501-5
定价：CNY0.98
　　　　根据电视剧《咏春与截拳》改编的现代连环
画作品。

J0080199

咪咪连环画　（第1辑　咪咪兔）许城编；洛
齐绘
杭州　浙江少年儿童出版社　1990年　8册
8×11cm　袋装　ISBN：7-5342-0672-3
定价：CNY1.75
　　　　中国现代连环画作品。

J0080200

咪咪连环画　（第2辑　咪咪鼠）沈蓉芬编；金
亚子，葛存宪绘
杭州　浙江少年儿童出版社　1990年　8册
8×11cm　袋装　ISBN：7-5342-0673-1
定价：CNY1.75
　　　　中国现代连环画作品。

J0080201

咪咪连环画　（第3辑　咪咪鸭）彭雁飞编；蒋
松涛绘
杭州　浙江少年儿童出版社　1990年　8册
8×11cm　袋装　ISBN：7-5342-0674-X
定价：CNY1.75
　　　　中国现代连环画作品。

J0080202

咪咪连环画 （第 5 辑　咪咪熊）许菊仙编；金雪林，王若英绘

杭州　浙江少年儿童出版社 1990 年　8 册

8×11cm　袋装　ISBN：7-5342-0676-6

定价：CNY1.75

　　中国现代连环画作品。

J0080203

咪咪连环画 （第 6 辑　咪咪虫）汪涛编；姜一鸣等绘

杭州　浙江少年儿童出版社 1990 年　8 册

8×11cm　袋装　ISBN：7-5342-0677-4

定价：CNY1.75

　　中国现代连环画作品。

J0080204

咪咪连环画 （第 7 辑　咪咪马）谢远近编；张继红等绘

杭州　浙江少年儿童出版社 1990 年　8 册

8×11cm　袋装　ISBN：7-5342-0678-2

定价：CNY1.75

　　中国现代连环画作品。

J0080205

咪咪连环画 （第 8 辑　咪咪狮）赵明编；程思新，刘颖绘

杭州　浙江少年儿童出版社 1990 年　8 册

8×11cm　袋装　ISBN：7-5342-0679-0

定价：CNY1.75

　　中国现代连环画作品。作者赵明，电影导演。

J0080206

咪咪连环画 （第 9 辑　咪咪猪）钟高渊编；陈艺军等绘

杭州　浙江少年儿童出版社 1990 年　8 册

8×11cm　袋装　ISBN：7-5342-0680-4

定价：CNY1.75

　　中国现代连环画作品。

J0080207

咪咪连环画 （第 10 辑　咪咪狗）许菊仙，胡振中编；张广胜等绘

杭州　浙江少年儿童出版社 1990 年　8 册

8×11cm　袋装　ISBN：7-5342-0680-4

定价：CNY1.75

　　中国现代连环画作品。

J0080208

秘密搏斗 （苏）马特维耶夫原编；李思贲改编；吴国威，吴帆绘

长沙　湖南美术出版社 1990 年　110 页

13cm（60 开）ISBN：7-5356-0351-3

定价：CNY0.57

（绿色信号弹 2）

　　本书是根据苏联作家马特维耶夫原著改编的中国现代连环画作品。

J0080209

秘密路 陆水林改编；谢舒弋绘

广州　岭南美术出版社 1990 年　158 页

13cm（60 开）ISBN：7-5362-0480-9

定价：CNY1.35

　　中国现代连环画作品。作者谢舒弋（1951— ），连环画家。江苏徐州人，毕业于北京师范学院美术系。中国国际广告公司创意总监、中国广告协会学术委员会委员。代表作《脸上的红月亮》《山兰花》《柯棣华》《当代连环画精品集·谢舒弋》。

J0080210

哪吒大战群妖 林阳，张阳编文；张良等绘

郑州　河南美术出版社 1990 年　5 册 13cm（60 开）

ISBN：7-5401-0152-0 定价：CNY3.20

　　中国现代连环画作品。作者张阳，连环画艺术家。与张煤合著连环画《岳家小将》，改编有连环画《西游记》等。

J0080211

南沙海战 侯红志编绘

南宁　广西民族出版社 1990 年　84 页 13cm（60 开）

ISBN：7-5363-0884-1 定价：CNY0.65

　　中国现代连环画作品。

J0080212

闹龙宫 吴雪等改编；徐茂林，徐玲绘

天津　新蕾出版社 1990 年　15 页 26cm（16 开）

ISBN：7-5307-0603-9 定价：CNY0.80

（动画美猴王 2）

　　中国现代连环画作品。

J0080213

尼尔斯　童童改编；蒋松涛等绘

济南　明天出版社　1990 年　13cm（60 开）

ISBN：7-5332-0931-1　定价：CNY0.95

　　中国现代连环画作品。

J0080214

尼尔斯骑鹅旅行记　（儿童连环画专辑）

上海　上海人民美术出版社　1990 年　6 册

13cm（60 开）盒装　ISBN：7-5322-0670-X

定价：CNY2.00

　　本书共 6 册包括《大拇指尼尔斯》《狐狸斯

密尔》《尼尔斯救小松鼠》《尼尔斯与高尔果》

《魔法笛子》和《尼尔斯回家》。

J0080215

女护士的秘密　刘佳改编；黄秋，米禾绘

南宁　广西民族出版社　1990 年　142 页

13cm（60 开）ISBN：7-5363-0813-2

定价：CNY0.95

（中外新编系列连环画）

J0080216

叛徒是谁　项冰如编文；翁家澎等绘

杭州　浙江人民美术出版社　1990 年　126 页

13cm（60 开）ISBN：7-5340-0211-7

定价：CNY0.78

　　中国现代连环画作品。

J0080217

皮皮鲁和鲁西西全传　子然等改编；何畏等绘

成都　四川少年儿童出版社　1990 年　6 册

13cm（60 开）ISBN：7-5365-0548-5

定价：CNY3.40

　　中国现代连环画作品。

J0080218

婆媳官司　程鹤麟改编

南宁　广西民族出版社　1990 年　125 页

13cm（60 开）ISBN：7-5363-1072-2

定价：CNY1.00

（聊斋 32）

　　本书系中国现代连环画作品。

J0080219

七尸八命案　（上）莫愁改编；陈再殿等绘

广州　岭南美术出版社　1990 年　75 页　13cm（60 开）

ISBN：7-5362-0530-9　定价：CNY0.75

　　中国现代连环画作品。

J0080220

七尸八命案　（下）莫愁改编；陈再殿等绘

广州　岭南美术出版社　1990 年　150 页

13cm（60 开）ISBN：7-5362-0531-7

定价：CNY0.75

　　中国现代连环画作品。

J0080221

七十一号街幽灵　（下）子洽改编；周华等绘

南宁　广西民族出版社　1990 年　126 页

13cm（60 开）ISBN：7-5363-0900-7

定价：CNY0.85

　　中国现代连环画作品。

J0080222

齐天大圣·大闹天宫　曹欣渊改编；高云等绘

北京　中国连环画出版社　1990 年　19cm（32 开）

ISBN：7-5061-0243-9　定价：CNY1.60

（古典文学彩色连环画·西游记 2）

J0080223

齐天小圣历险记　良仁编绘

广州　岭南美术出版社　1990 年　5 册　13cm（60 开）

ISBN：7-5362-0478-8　定价：CNY4.90

　　本书系中国现代连环画作品。

J0080224

奇怪的签名　华青改编；金奎绘

上海　上海人民美术出版社　1990 年　182 页

13cm（60 开）ISBN：7-5322-0564-9

定价：CNY0.93

（梅格雷探案丛书）

　　本书系中国现代连环画作品。作者金奎

（1936—　），连环画家。江苏人。上海人民美术

出版社创作干部。主要作品《红岩》。

J0080225

钱如命　刘兴钦绘著

台北　联经出版事业公司　1990 年　96 页　有图

21cm（32 开）ISBN：957-08-0397-5
定价：TWD70.00
（刘兴钦漫画集 23）
　　中国现代连环画作品。

J0080226
乾隆游江南 庄宏安等编；徐有武等绘
杭州 浙江人民美术出版社 1990 年 4 册
13cm（60 开）ISBN：7-5340-0206-0
定价：CNY3.43
　　本书系中国现代连环画作品。作者徐有武
（1942— ），画家。浙江永康人。中国美术家协
会会员。代表作品有《送鱼》《徐有武画集》《中
国佛教图像解说》《古代仕女画法》等。

J0080227
巧救小虎 石文秀编文；冯翼绘画
长沙 湖南美术出版社 1990 年 62 页 有图
10×13cm 定价：CNY0.44
（惊险系列连环画警犬 110）

J0080228
窃国大盗袁世凯图画故事 珊珊编文；隋自
更，水兵绘图
北京 人民美术出版社 1990 年 17×18cm
ISBN：7-102-00785-X 定价：CNY0.95
（鸦片战争 150 周年教育丛书）
　　中国现代连环画作品。

J0080229
琴魔 （上）蓝兰改编；宋飞等绘
广州 岭南美术出版社 1990 年 118 页
13cm（60 开）ISBN：7-5362-0463-9
定价：CNY0.88
　　本书系中国现代连环画作品。作者宋飞，插
画家。

J0080230
青凤屠龙 李列邦编文；韩德雅，兰岱绘
广州 岭南美术出版社 1990 年 118 页
13cm（60 开）ISBN：7-5362-0552-X
定价：CNY0.88
（中国武术连环画）
　　本书系中国现代连环画作品。作者韩德雅
（1952— ），四川名山人。毕业于雅安地区师范，

后进修于四川美术学院国画系、中央美术学院国
画系。历任美术教员、县文化馆美术干部。擅长
中国画、雕塑、年画。作品有《做新鞋》《乡趣》
《茶山春早》等。

J0080231
青少年革命理想教育丛书 王欣，薛彦田主
编；刘海虹等改编；刘明君等绘
通辽 内蒙古少年儿童出版社 1990 年 7 册
13cm（60 开）ISBN：7-5312-0239-5
　　本书包括《赤胆英雄—梁东明》《钢铁战
士—徐永清》《人民公仆—孙瑞符》《爱国志士—
施介》《革命号角—麦新》《草原骄子—阿思根》
和《辽吉功臣—吕明仁》共 7 册连环画。

J0080232
清宫三百年 （历史小说连环图画）艺文阁编；
曾成金绘
杭州 浙江人民美术出版社 1990 年 2 册
19cm（32 开）ISBN：7-5340-0197-8
定价：CNY8.20
　　作者曾成金（1947— ），画家。浙江平阳县
人。毕业于浙江美术学院附中，后考入浙江美术
学院中国画系进修学习。中国美术家协会会员，
浙江省美术家协会会员、平阳县美协主席。主要
作品有《南雁荡山水古诗画意百图》《曾成金中
国画小品系列》《百子新图》等。

J0080233
清宫演义 （连环画）马程等绘画；未泯等编文
北京 人民美术出版社 1990 年
3 册（414+628+467）页 19cm（32 开）
ISBN：7-102-00710-8 定价：CNY21.50
（中国历史故事连环画库）
　　本书是关于中国清宫历史的现代连环画作
品。作者马程（1940— ），连环画家。辽宁大连
人，毕业于鲁迅美术学院中国画系。曾任人民美
术出版社连环画编辑室副主任。作品有《鲁智深》
《封神演义》《清宫演义》等。

J0080234
清宫演义 （连环画）李实等改编；马程等绘画
北京 人民美术出版社 1990 年
3 册（414+628+467）页 19cm（32 开）（甲种本）
ISBN：7-102-00710-8 定价：CNY25.50

（中国历史故事连环画库）

J0080235

请借夫人一用　温瑞安绘著

香港　晓峰画艺制作社　1990年　156页　有图

17cm（32开）定价：HKD23.00

中国现代连环画作品。

J0080236

如来佛显圣·唐僧救大圣　张阳改编；高云
等绘

北京　中国连环画出版社　1990年　19cm（32开）

ISBN：7-50612-0244-7　定价：CNY1.60

（古典文学彩色连环画　西游记3）

作者张阳，连环画艺术家。与张媒合著连环
画《岳家小将》，改编有连环画《西游记》等。作
者高云（1956—　），国家一级美术师。毕业于南
京艺术学院中国画专业。中国美术家协会理事、
中国画艺委会委员、全国美术馆专委会副主任、
江苏省美协副主席、江苏省美术馆馆长、南京艺
术学院客座教授。

J0080237

瑞士家庭的鲁滨逊　（瑞）约翰·怀斯著；曹子
纯编译

长沙　湖南美术出版社　1990年　59页

18cm（42开）ISBN：7-5356-0368-8

定价：CNY0.60

（世界名著连环画）

J0080238

三打白骨精·智激美猴王　秀子改编；高云
等绘

北京　中国连环画出版社　1990年　19cm（32开）

ISBN：7-5061-0248-1　定价：CNY1.60

（古典文学彩色连环画·西游记7）

J0080239

三个侦探　（一　捣毁鹰巢，超级机器人）文术
改编；慕龄等绘

北京　人民美术出版社　1990年　48页　19cm（32开）

ISBN：7-102-00803-1　定价：CNY1.10

中国现代连环画作品。

J0080240

三个侦探　（二　鸟中之王，模拟靶场）徐敏改
编；安洪民等绘

北京　人民美术出版社　1990年　48页　19cm（32开）

ISBN：7-102-00804-X　定价：CNY1.10

中国现代连环画作品。

J0080241

三个侦探　（三　真假难辨，三人游戏）丹鹰，
徐敏改编；马程等绘

北京　人民美术出版社　1990年　48页　19cm（32开）

ISBN：7-102-00805-8　定价：CNY1.10

中国现代连环画作品。作者马程（1940—　），
连环画家。辽宁大连人，毕业于鲁迅美术学院
中国画系。曾任人民美术出版社连环画编辑室
副主任。作品有《鲁智深》《封神演义》《清宫演
义》等。

J0080242

三个侦探　（四　昏睡不醒，神秘下水道）巫伦
改编；赵大鹏等绘

北京　人民美术出版社　1990年　48页　19cm（32开）

ISBN：7-102-00806-6　定价：CNY1.10

中国现代连环画作品。

J0080243

三个侦探　（五　先知女巫，执迷不悟）丹鹰改
编；王胜军等绘

北京　人民美术出版社　1990年　48页　19cm（32开）

ISBN：7-102-00807-4　定价：CNY1.10

中国现代连环画作品。

J0080244

三个侦探　（六　死亡天使，独角兽）鲁妮改
编；君旺等绘

北京　人民美术出版社　1990年　48页　19cm（32开）

ISBN：7-102-00808-2　定价：CNY1.10

中国现代连环画作品。

J0080245

三个侦探　（七　猛虎初醒）鲁妮改编；泰戈等绘

北京　人民美术出版社　1990年　48页　19cm（32开）

ISBN：7-102-00809-0　定价：CNY1.10

中国现代连环画作品。

J0080246
三个侦探 （八角斗士，前方基地）丹娘改编；
泰戈等绘
北京 人民美术出版社 1990年 48页 19cm（32开）
ISBN：7-102-00810-4 定价：CNY1.10
　　中国现代连环画作品。

J0080247
三战毒龙帮 翟从森编；林义君，梧梅绘
南宁 广西民族出版社 1990年 142页
13cm（60开）ISBN：7-5363-0861-2
定价：CNY0.90
　　中国现代连环画作品。

J0080248
扫黄擒魔记 曹英改编；王国仁，王骏绘
长沙 湖南美术出版社 1990年 102页
13cm（60开）ISBN：7-5756-0411-0
定价：CNY0.64
　　本书系中国现代连环画作品。

J0080249
森林枪声 许焕岗编文；唐源源绘画
长沙 湖南美术出版社 1990年 62页 有图
9×13cm 定价：CNY0.44
（惊险系列连环画警犬110）

J0080250
山城谍影 杜初改编；石平等绘
长沙 湖南少年儿童出版社 1990年 135页
13cm（60开）ISBN：7-5358-0524-8
定价：CNY0.66
　　中国现代连环画作品。

J0080251
闪闪的红星 锡南改编；袁峰，唐昱绘
南京 江苏美术出版社 1990年 94页 13cm（60开）
ISBN：7-5344-0124-0 定价：CNY0.60
　　本书系中国现代连环画作品。

J0080252
少林女杰 林超改编；众斌等绘
广州 岭南美术出版社 1990年 126页
13cm（60开）ISBN：7-5362-0479-5
定价：CNY1.10

　　本书系中国现代连环画作品。

J0080253
少林鼠 （2）武玉桂编；田土等绘
济南 明天出版社 1990年 31页 26cm（16开）
ISBN：7-5332-0996-6 定价：CNY1.20
（中国儿童系列连环漫画）

J0080254
少年女将穆桂英 未名改编；丁晓峰，周斌绘
南京 江苏美术出版社 1990年 94页 13cm（60开）
ISBN：7-5344-0147-X 定价：CNY0.66
　　本书系中国现代连环画作品。

J0080255
少年英雄故事 齐佳等编文；杨建滨等绘
武汉 湖北少年儿童出版社 1990年 192页
19cm（32开）ISBN：7-5353-0710-8
定价：CNY2.00
（中华英模连环画画丛）

J0080256
神秘的庵堂 三台编文；齐亚明等绘
杭州 浙江人民美术出版社 1990年 143页
13cm（60开）ISBN：7-5340-0212-5
定价：CNY0.87
　　本书系中国现代连环画作品。

J0080257
神秘的碧眼女郎 （亚森·罗平探案记）高如
今，周克明译；南洁改编、等绘
北京 中国文联出版公司 1990年 126页
13cm（60开）ISBN：7-5059-1288-7
定价：CNY0.80
　　本书系中国现代连环画作品。

J0080258
神秘的失踪者 （比）乔治·西默农原编；郭人
改编；蒋宝鸿绘
上海 上海人民美术出版社 1990年 181页
13cm（60开）ISBN：7-5322-0569-X
定价：CNY0.93
（梅格雷探案丛书）
　　本书系中国现代连环画作品。

J0080259
神秘的世界 （第一辑）黄宏等改编；华丁等绘
武汉 湖北少年儿童出版社 1990 年 82 页
19cm（32 开）ISBN：7-5353-0722-1
定价：CNY1.70
　　中国现代连环画作品。

J0080260
神秘追踪 许焕岗编文；孙平，冯翼绘
长沙 湖南美术出版社 1990 年 62 页 有图
13cm（60 开）ISBN：7-5356-0417-X
定价：CNY0.44
（惊险系列连环画警犬 110）

J0080261
神奇女警 冯平编文；王建等绘
杭州 浙江人民美术出版社 1990 年 5 册
13cm（60 开）ISBN：7-5340-0209-5
定价：CNY4.45
　　本书系中国现代连环画作品。

J0080262
神童甘罗 唐南改编；罗吉，杜京绘
南京 江苏美术出版社 1990 年 94 页 13cm（60 开）
ISBN：7-5344-0143-7 定价：CNY0.60
　　本书系中国现代连环画作品。

J0080263
神指点化青楼女 凌永庆改编；黄菁，湘龙绘
南宁 广西民族出版社 1990 年 100 页
13cm（60 开）ISBN：7-5363-1075-7
定价：CNY0.95
（聊斋 23）
　　本书系中国现代连环画作品。

J0080264
审鬼判官剖腹换心 黄钲改编；李钊，潘爱清绘
南宁 广西民族出版社 1990 年 124 页
13cm（60 开）ISBN：7-5363-0552-6-
定价：CNY1.00
（聊斋 1）
　　本书系中国现代连环画作品。

J0080265
生云石传奇 阳子改编；柴建华，柴亿华绘
南宁 广西民族出版社 1990 年 122 页
13cm（60 开）ISBN：7-5363-1078-1
定价：CNY0.95
（聊斋 38）
　　本书系中国现代连环画作品。

J0080266
十字路口之夜 （比）乔治·西默农原著；陈钟林改编；蒋宝鸿绘
上海 上海人民美术出版社 1990 年 166 页
13cm（60 开）ISBN：7-5322-0572-X
定价：CNY0.86
（梅格雷探案丛书）
　　中国现代连环画作品。

J0080267
时间隧道 刘远等编撮
郑州 河南美术出版社 1990 年 4 册 13cm（60 开）
ISBN：7-5401-0137-7 定价：CNY2.50
（美国跨时空探险科幻系列连环画）

J0080268
世界科幻名著精编连环画 （1）刘兴诗等文；庄稼汉等绘
合肥 安徽少年儿童出版社 1990 年 301 页
20cm（32 开）ISBN：7-5397-0495-0
定价：CNY4.50
　　本书根据科幻小说《八十天环游地球》《珊瑚岛上的死光》等改编的连环画。

J0080269
世界神话画库 （第 1-5 册 英汉对照）芋里改编；景华绘画
济南 山东友谊书社 1990 年 5 册（套）有图
20cm（32 开）ISBN：7-80551-298-1
定价：CNY26.50（全 5 册）
（世界儿童文学名著大画库）

J0080270
世界文学名著连环画丛书 （希）荷马等原著；傅东华等译；项晓敏等改编；雷德祖等绘画
杭州 浙江人民美术出版社 1990 年 15 册
20cm（32 开）精装 ISBN：7-5340-0182-X

定价：CNY95.00

J0080271
殊死搏斗　浦石编；赵文玉，赵旭绘
杭州　浙江人民美术出版社　1990 年　138 页
13cm（60 开）ISBN：7-5340-0215-X
定价：CNY0.85
　　本书系中国现代连环画作品。

J0080272
谁是凶手　（比）乔治·西默农编；华青改编；
金奎绘
上海　上海人民美术出版社　1990 年　173 页
13cm（60 开）ISBN：7-5322-0565-7
定价：CNY0.90
（梅格雷探案丛书）
　　本书系中国现代连环画作品。

J0080273
水浒 108 将彩色连环画库
武汉　湖北少年儿童出版社［1990—1991 年］
17×19cm

J0080274
死神行动　大川，小山改编；大川摄影
广州　岭南美术出版社　1990 年　109 页
13cm（60 开）ISBN：7-5362-0495-7
定价：CNY0.98
　　本书根据同名电视剧改编的现代连环画
作品。

J0080275
苏小三　唐南改编；耀群等绘
南京　江苏美术出版社　1990 年　94 页　有图
13cm（60 开）统一书号：7-5344-0126-7
定价：CNY0.60
　　本书是根据同名电影改编的中国现代连环
画作品。

J0080276
苏小小魂断西泠桥　（西湖古代爱情故事）钟
戎编文；来玳珊等绘
杭州　浙江人民美术出版社　1990 年　122 页
13cm（60 开）ISBN：7-5340-0216-8
定价：CNY0.76

中国现代连环画作品。

J0080277
孙庞斗智　（上）谈石诚，周笃佑改编；肖时
俊，肖岚绘
长沙　湖南少年儿童出版社　1990 年　126 页
13cm（60 开）ISBN：7-5358-0586-8
定价：CNY0.65
（前后七国志　1）
　　中国古典小说连环画作品。

J0080278
孙庞斗智　（下）谈石诚，周笃佑改编；姜堃绘
长沙　湖南少年儿童出版社　1990 年　126 页
13cm（60 开）ISBN：7-5358-0586-8
定价：CNY0.65
（前后七国志　2）
　　中国古典小说连环画作品。

J0080279
孙悟空与阿童木丛书　马翠萝等编文；金渭
昌等绘
广州　新世纪出版社　1990 年　6 册　13cm（60 开）
ISBN：7-5405-0413-7　定价：CNY6.60
　　中国现代连环画作品。

J0080280
太空大决战　玉宽，巫伦改编；志坚等绘
北京　人民美术出版社　1990 年　48 页　19cm（32 开）
ISBN：7-102-00706-X　定价：CNY1.20
（太空科幻系列连环画）

J0080281
太空警长　（布雷斯塔　第一辑）黄初明改编；
黄初明等复制
广州　岭南美术出版社　1990 年　5 册　13cm（60 开）
ISBN：7-5362-0555-4　定价：CNY4.50
　　中国现代连环画作品。

J0080282
太空勇士加森　秦北极等改编；秦立新，付义
民制作
北京　中国社会出版社　1990 年　20 册　19cm（32 开）
ISBN：7-80088-080-X　定价：CNY19.60
　　中国现代影视连环画作品。

J0080283

太平天国图画故事

北京 人民美术出版社 1990 年 17×18cm

ISBN：7-102-00776-0 定价：CNY0.95

（鸦片战争 150 周年教育丛书）

中国现代连环画作品。

J0080284

探险奇观　海若等编；冯远等绘

杭州 浙江人民美术出版社 1990 年 6 册

13cm（60 开）ISBN：7-5340-0207-9

定价：CNY4.98

本书包括《金字塔之谜》《荒岛一百天》《漂流历险》《深渊寻宝》《误入矮人国》和《大漠魔穴》共 6 集连环画作品。

J0080285

探长与小偷　甘礼乐改编；郑波绘

上海 上海人民美术出版社 1990 年 182 页

13cm（60 开）ISBN：7-5322-0571-1

定价：CNY0.93

（梅格雷探案丛书）

中国现代连环画作品。作者甘礼乐（1923—　），连环画家。上海人，曾用笔名余峥。作品有普希金的《驿站长》，巴尔扎克的《夏倍上校》等。作者郑波（1957—　），艺术家。山东人，毕业于鲁迅美术学院油画系，留校任教。代表作品有《冰球》《在和平的环境里》《到敌人后方去》《自然、生命、和谐》《天狗》等。

J0080286

天方夜话　陈元山等改编；陈永林等绘

上海 上海人民美术出版社 1990 年 8 册

13cm（60 开）ISBN：7-5322-0636-X

定价：CNY5.50

中国现代连环画作品。

J0080287

天降雨钱见人心　阳子改编；王剑，王刚绘

南宁 广西民族出版社 1990 年 78 页 13cm（60 开）

ISBN：7-5363-1069-2 定价：CNY0.90

中国现代连环画作品。

J0080288

天威勇士　贺荆改编；邵珊等复制

广州 新世纪出版社 1990 年 5 册 13cm（60 开）

ISBN：7-5405-0432-3 定价：CNY3.60

中国现代连环画作品。

J0080289

头号间谍生死录　（上）放仁，李佳编；星河等绘

南宁 广西民族出版社 1990 年 126 页

13cm（60 开）ISBN：7-5363-0783-7

定价：CNY0.75

本书根据丁雨雨同名小说改编的现代连环画作品。

J0080290

头号间谍生死录　（下）放仁，李佳编；星河等绘

南宁 广西民族出版社 1990 年 252 页

13cm（60 开）ISBN：7-5363-0784-5

定价：CNY0.75

本书根据丁雨雨同名小说改编的现代连环画作品。

J0080291

图释三字经　启明，毛志毅编文；于水等绘

天津 天津人民美术出版社 1990-1999 年

117 页 有彩图 21cm（32 开）精装

ISBN：7-5305-3339-8 定价：CNY42.00（全套）

本书取《三字经》民国初年编选本，加以图解，并附释义，对史实故事，进行详述。

J0080292

驼峰上的爱　冯苓植原著；张辉绘

沈阳 辽宁美术出版社 1990 年 1 册

13×19cm（32 开）ISBN：7-5314-0296-3

定价：CNY3.00

中国现代连环画作品。

J0080293

驼骆泉传奇　蔡廷玉，尹崇尧编；姚广才绘

西宁 青海人民出版社 1990 年 88 页 13cm（60 开）

ISBN：7-225-00341-4 定价：CNY0.60

中国现代连环画作品。

J0080294

外国寓言故事精选连环画　刘明改编；李薛

伟等绘

北京 中国连环画出版社 1990 年 2 册

13cm（60 开）ISBN：7-5061-0279-X

定价：CNY13.70

　　中国现代连环画作品。

J0080295

玩具大起义 （上）韶华改编；邹莉，刘文彬绘

广州 岭南美术出版社 1990 年 78 页 13cm（60 开）

ISBN：7-5362-0523-6 定价：CNY0.84

（世界著名童话连环画）

J0080296

玩具大起义 （下）韶华改编；邹莉，刘文彬绘

广州 岭南美术出版社 1990 年 156 页

13cm（60 开）ISBN：7-5362-0524-4

定价：CNY0.84

（世界著名童话连环画）

J0080297

围捕 方致巧改编；刘承纲绘

南宁 广西民族出版社 1990 年 99 页 13cm（60 开）

ISBN：7-5363-0945-7 定价：CNY0.85

　　本书根据李宏林《追捕二王纪实》改编的现代连环画作品。

J0080298

无形魔掌 （一）营明编；陈安民等绘

长沙 湖南少年儿童出版社 1990 年 101 页

13cm（60 开）ISBN：7-5358-0555-8

定价：CNY0.51

　　中国现代连环画作品。

J0080299

无形魔掌 （二）营明编；陈安民等绘

长沙 湖南少年儿童出版社 1990 年 128 页

13cm（60 开）ISBN：7-5358-0555-8

定价：CNY0.62

　　中国现代连环画作品。

J0080300

无形魔掌 （三）营明编；陈安民等绘

长沙 湖南少年儿童出版社 1990 年 101 页

13cm（60 开）ISBN：7-5358-0555-8

定价：CNY0.63

中国现代连环画作品。

J0080301

五羊恩仇 （上）苏方桂编；许旭奎，李甘霖绘

广州 岭南美术出版社 1990 年 126 页

13cm（60 开）ISBN：7-5362-0513-9

定价：CNY0.98

（中国武术连环画）

J0080302

五羊恩仇 （下）苏方桂编；许旭奎，张远帆绘

广州 岭南美术出版社 1990 年 126 页

13cm（60 开）ISBN：7-5362-0514-7

定价：CNY0.98

（中国武术连环画）

J0080303

武松 肖森改编；易至群等绘

武汉 湖北少年儿童出版社 1990 年 94 页

19cm（32 开）ISBN：7-5353-0633-0

定价：CNY3.20

（水浒 108 将彩色连环画库）

　　本书依据中国古典小说《水浒》改编的现代连环画作品。作者易至群（1938— ），画家。别名易子。湖南邵阳人，毕业于广州美术学院国画系，同年留校任教。曾任江西《南昌晚报》美术编辑、武汉画院一级美术师、海南大学艺术学院教授。代表作品有《村史》《豆选》等。

J0080304

戊戌变法图画故事

北京 人民美术出版社 1990 年 1 册

17×18cm ISBN：7-102-00781-7 定价：CNY0.95

（鸦片战争 150 周年教育丛书）

　　中国现代连环画作品。

J0080305

悟空救娃娃·取经返大唐 晨曦改编；高云等绘

北京 中国连环画出版社 1990 年 1 册

19cm（32 开）ISBN：7-5061-0251-X

定价：CNY1.60

（古典文学彩色连环画 西游记 10）

　　本书根据中国古典小说《西游记》改编的现代连环画作品。作者高云（1956— ），国家一级

美术师。毕业于南京艺术学院中国画专业。中国美术家协会理事、中国画艺委会委员，全国美术馆专委会副主任、江苏省美协副主席、江苏省美术馆馆长、南京艺术学院客座教授。

J0080306

西风独自凉 （纳兰性德的爱情故事）朴月原著；唐南改编；席剑明绘
南京 江苏美术出版社 1990年 86页 19cm（32开）
ISBN：7-5344-0211-X 定价：CNY3.10

　　本书根据朴月的同名小说改编的连环画，内容反映的是清代著名词人纳兰性德的爱情故事。作者席剑明（1956—2000），连环画家。笔名云中子，江苏人，毕业于无锡市轻工职工大学美术大专班。历任无锡市群众影剧院美工、江苏省无锡市群众艺术馆助理馆员。代表作品有连环画《宫女泪》《西风独自凉》等。

J0080307

西游记 （连环画 一）赵敏主编；张月华等改编；徐恒瑜等绘画
沈阳 辽宁美术出版社 1990年 642页
20cm（32开）精装 ISBN：7-5314-0286-6
（精绘中国古典文学名著连环画）

　　本书是根据中国古典小说《西游记》改编的现代连环画作品。作者徐恒瑜（1944— ），国画家、连环画家、一级美术师。四川邛崃人。中国美术家协会会员、四川省美术家协会副主席、中国美协连环画艺委会委员。连环画代表作有《李慧娘》《水牢仇》等。

J0080308

西游记 （连环画 二）赵敏主编；文竹风等改编；博综等绘画
沈阳 辽宁美术出版社 1990年 684页
20cm（32开）精装 ISBN：7-5314-0287-4
（精绘中国古典文学名著连环画）

　　本书是根据中国古典小说《西游记》改编的现代连环画作品。作者赵敏，辽宁美术出版社社长、总编辑、编审。

J0080309

西游记 （连环画 三）赵敏主编；文惠等改编；周申等绘画
沈阳 辽宁美术出版社 1990年 592页

20cm（32开）精装 ISBN：7-5314-0288-2
（精绘中国古典文学名著连环画）

　　本书是根据中国古典小说《西游记》改编的现代连环画作品。

J0080310

西游记 （连环画 四）赵敏主编；何香翠等改编；史殿生等绘画
沈阳 辽宁美术出版社 1990年 588页
20cm（32开）精装 ISBN：7-5314-0289-0
（精绘中国古典文学名著连环画）

　　本书是根据中国古典小说《西游记》改编的现代连环画作品。

J0080311

西游记 （连环画 五）赵敏主编；惟馨等改编；项维仁等绘画
沈阳 辽宁美术出版社 1990年 516页
20cm（32开）精装 ISBN：7-5314-0772-8
（精绘中国古典文学名著连环画）

　　本书是根据中国古典小说《西游记》改编的现代连环画作品。作者项维仁（1947— ），画家、国家一级美术师。生于山东青岛市。中国美术家协会会员、中国工艺美术学会会员、中国连环画研究会理事、山东画院特聘高级画师、青岛书画研究院副院长。代表作品有《共鸣》《柳毅传书》等。

J0080312

西游记 （连环画 六）赵敏主编；佳讯等改编；杨文仁等绘画
沈阳 辽宁美术出版社 1990年 576页
20cm（32开）精装 ISBN：7-5314-0290-4
（精绘中国古典文学名著连环画）

　　本书是根据中国古典小说《西游记》改编的现代连环画作品。

J0080313

西游记 （连环画 七）赵敏主编；戴英等改编；陈谷长等绘画
沈阳 辽宁美术出版社 1990年 500页
20cm（32开）精装 ISBN：7-5314-0773-6
（精绘中国古典文学名著连环画）

　　本书是根据中国古典小说《西游记》改编的现代连环画作品。

J0080314

西游记 （连环画 八）赵敏主编；达人等改编；
于水等绘画
沈阳 辽宁美术出版社 1990 年 612 页
20cm（32 开）精装 ISBN：7-5314-0774-4
（精绘中国古典文学名著连环画）

本书是根据中国古典小说《西游记》改编的
现代连环画作品。

J0080315

西游记 （连环画 九）赵敏主编；王琴等改编；
静国等绘画
沈阳 辽宁美术出版社 1990 年 544 页
20cm（32 开）精装 ISBN：7-5314-0775-2
（精绘中国古典文学名著连环画）

本书是根据中国古典小说《西游记》改编的
现代连环画作品。

J0080316

西游记 （连环画 十）赵敏主编；由山等改编；
于水等绘画
沈阳 辽宁美术出版社 1990 年 620 页
20cm（32 开）精装 ISBN：7-5314-0776-0
（精绘中国古典文学名著连环画）

本书是根据中国古典小说《西游记》改编的
现代连环画作品。

J0080317

西游记 黄培衍等改编；高云等绘
北京 中国连环画出版社 1990 年 2 册
19cm（32 开）精装 ISBN：7-5061-0252-8
定价：CNY25.00
（古典文学彩色连环画）

本书是根据中国古典小说《西游记》改编的
现代连环画作品。作者高云（1956—　），国家
一级美术师。毕业于南京艺术学院中国画专业。
历任中国美术家协会理事、中国画艺委会委员、
全国美术馆专委会副主任、江苏省美协副主席、
江苏省美术馆馆长、南京艺术学院客座教授。

J0080318

西游记 （古典文学彩色连环画）（明）吴承恩
原著；黄培衍等改编；高云等绘
北京 中国连环画出版社 1990 年 2 册
18cm（30 开）精装 ISBN：7-5061-0252-8

定价：CNY25.00

本书是中国古典小说《西游记》的连环画作
品。作者吴承恩（约 1500—1583），汉族，明代
小说家。淮安府山阳县河下人（现江苏淮安市
淮安区）。字汝忠，号射阳山人。代表作有《西
游记》。

J0080319

西游记连环画
上海 上海人民美术出版社 1990 年 16 册
13cm（60 开）ISBN：7-5322-0550-9
定价：CNY8.50

中国古典小说连环画作品。

J0080320

希曼 夏汉宁改编；丁国平译；张煤等绘
南昌 21 世纪出版社 1990 年 58 页 19cm（32 开）
ISBN：7-5391-0394-9 定价：CNY2.20

中国现代连环画作品。

J0080321

侠士白玉堂 锡金改编；龚云等绘
南京 江苏美术出版社 1990 年 3 册（570 页）
13cm（60 开）ISBN：7-5344-0114-3
定价：CNY2.94

中国现代连环画作品。

J0080322

小兵张嘎 唐南改编；庆国等绘画
南京 江苏美术出版社 1990 年 94 页 有图
10×13cm 统一书号：7-5344-0127-5/J.128
定价：CNY0.60

中国现代连环画作品。

J0080323

小兵张嘎 查文有改编；雨立等绘
上海 上海教育出版社 1990 年 96 页 有图
13cm（60 开）ISBN：7-5320-1646-3
定价：CNY0.68

中国现代连环画作品。

J0080324

小飞龙 （1）马骏等编绘
郑州 海燕出版社 1990 年 13 页 26cm（16 开）
ISBN：7-5350-0573-X 定价：CNY0.55

（十册电视动画连环画）

J0080325

小飞龙 （2）马骏等编绘

郑州 海燕出版社 1990年 13页 26cm（16开）

ISBN：7-5350-0576-4 定价：CNY0.55

（十册电视动画连环画）

J0080326

小飞龙 （3）马骏等编绘

郑州 海燕出版社 1990年 13页 26cm（16开）

ISBN：7-5350-0572-1 定价：CNY0.55

（十册电视动画连环画）

J0080327

小飞龙 （4）马骏等编绘

郑州 海燕出版社 1990年 13页 26cm（16开）

ISBN：7-5350-0571-3 定价：CNY0.55

（十册电视动画连环画）

J0080328

小飞龙 （5）马骏等编绘

郑州 海燕出版社 1990年 13页 26cm（16开）

ISBN：7-5350-0586-1 定价：CNY0.55

（十册电视动画连环画）

J0080329

小飞龙 （6）马骏等编绘

郑州 海燕出版社 1990年 13页 26cm（16开）

ISBN：7-5350-0583-7 定价：CNY0.55

（十册电视动画连环画）

J0080330

小飞龙 （7）马骏等编绘

郑州 海燕出版社 1990年 13页 26cm（16开）

ISBN：7-5350-0592-6 定价：CNY0.55

（十册电视动画连环画）

J0080331

小飞龙 （8）马骏等编绘

郑州 海燕出版社 1990年 13页 26cm（16开）

ISBN：7-5350-0590-X 定价：CNY0.55

（十册电视动画连环画）

J0080332

小飞龙 （9）马骏等编绘

郑州 海燕出版社 1990年 13页 26cm（16开）

ISBN：7-5350-0593-4 定价：CNY0.55

（十册电视动画连环画）

J0080333

小飞龙 （10）马骏等编绘

郑州 海燕出版社 1990年 13页 26cm（16开）

ISBN：7-5350-0591-8 定价：CNY0.55

（十册电视动画连环画）

J0080334

小飞龙 林阳，张阳编；硕峰，孙长黎绘

北京 中国工人出版社 1990年 23页 19cm（32开）

ISBN：7-5008-0655-8 定价：CNY1.00

（世界动画明星精选）

作者张阳，连环画艺术家。与张煤合著连环画《岳家小将》，改编有连环画《西游记》等。

J0080335

小将岳云 锡南改编；孙庆国，席剑明绘

南京 江苏美术出版社 1990年 94页 13cm（60开）

ISBN：7-5344-0146-1 定价：CNY0.60

中国现代连环画作品。作者席剑明（1956—2000），连环画家。笔名云中子。江苏人，毕业于无锡市轻工职工大学美术大专班。历任无锡市群众影剧院美工，江苏省无锡市群众艺术馆助理馆员。代表作品有连环画《宫女泪》《西风独自凉》等。

J0080336

小连环画 赵银法等改编；尤先瑞等绘

上海 上海人民美术出版社 1990年 8册 9cm（128开）盒装 ISBN：7-5322-06432-2 定价：CNY2.00

中国现代连环画作品。

J0080337

小连环画童话辑

上海 上海人民美术出版社 1990年 8册 9cm（128开）（盒装）ISBN：7-5322-0536-3 定价：CNY1.80

本书包括《幸福王子的眼睛》《小克劳斯和大克劳斯》《炎帝的女儿》《一个勇敢的兵士》

《快乐宫的故事》《矮子鼻儿》《小托姆的命运》
《五彩笔》8 册。

J0080338

小灵通再游未来　叶永烈原著；何泥改编；毛
用坤，杜建国绘
沈阳　辽宁美术出版社　1990 年　134 页　有图
13cm（60 开）ISBN：7-535314-0291-2
定价：CNY1.15
　　　中国现代连环画作品。作者叶永烈
（1940—　），作家、教授。浙江温州人，毕业于
北京大学化学系。曾任中国科学协会委员、中国
科普创作协会常务理事、世界科幻小说协会理
事。代表作品有《小灵通漫游未来》《"四人帮"
兴亡》《邓小平改变中国》《历史选择了毛泽东》
等。作者毛用坤（1936—　），漫画家。浙江宁波
人。创办上海少年报和《好儿童》画报，先后担
任美术组长、画报编辑部主任、副编审。作品有
连环画《大扫除》《周总理在少年宫》《小灵通漫
游未来》、连环画漫画《海虹》等。

J0080339

小神童　文林改编；刘桥等绘
石家庄　河北美术出版社　1990 年　6 册
13cm（60 开）盒装　ISBN：7-5310-0376-7
定价：CNY2.80
　　　中国现代连环画作品。

J0080340

小石人飞飞　黄修纪编；陆汝浩等绘
福州　福建少年儿童出版社　1990 年　5 册
19cm（32 开）定价：CNY4.00
（动画大观园丛书）
　　　根据动画片改编的中国现代连环画作品。
作者陆汝浩（1943—　），画家。别名双水。浙
江宁波人，曾在师范专修美术。历任《上海少
年报》社童话报美术编辑。连环画作品有《滨海
谍案》。

J0080341

小英雄雨来　李子然改编；欧阳荆山，张武惠绘
南宁　接力出版社　1990 年　1 册　19cm（32 开）
ISBN：7-80581-058-3　定价：CNY0.75
　　　中国现代连环画作品。

J0080342

笑画连篇　（外国笑话）刘明等改编；丁聪等
绘画
北京　中国连环画出版社　1990 年　620 页　有图
20cm（32 开）ISBN：7-5061-0278-1
定价：CNY9.40
　　　中国现代连环画。作者丁聪（1916—2009），
著名漫画家、舞台美术家。生于上海。曾任《人
民画报》副总编辑、中国美术家协会漫画艺术委
员会主任。作品有《鲁迅小说插图》《丁聪插图》
《四世同堂》《骆驼祥子》作品插图。

J0080343

笑画连篇　（中国古代笑话）刘明等改编；丁
聪等绘
北京　中国连环画出版社　1990 年　532 页　有图
20cm（32 开）ISBN：7-5061-0276-5
定价：CNY8.50
　　　中国古代笑话现代连环画作品。选入《阎
王访名医》《爱古董的人》《道士吹牛》等 139 则
笑话。

J0080344

笑画连篇　（中国少数民族笑话）叶曦等改编；
丁聪等绘
北京　中国连环画出版社　1990 年　491 页　有图
20cm（32 开）ISBN：7-5061-0277-3
定价：CNY8.00
　　　中国现代连环画作品。选取了回族、蒙古
族、藏族、白族、锡伯族、壮族、维吾尔族、哈萨
克族、朝鲜族、布依族、侗族、彝族、苗族等少数
民族笑话 117 则。

J0080345

笑画连篇　（中国古代笑话）刘明等改编；丁
聪等绘
北京　中国连环画出版社　1992 年　2 版　532 页
有图　20cm（32 开）ISBN：7-5061-0276-5
定价：CNY8.50
　　　中国古代笑话现代连环画作品。选入《阎
王访名医》《爱古董的人》《道士吹牛》等 139 则
笑话。

J0080346

笑画连篇　（中国少数民族笑话）叶曦等改编；

丁聪等绘

北京 中国连环画出版社 1992 年 2 版 491 页

有图 20cm（32 开）ISBN：7-5061-0277-3

定价：CNY8.00

　　中国现代连环画作品。选取了回族、蒙古族、藏族、白族、锡伯族、壮族、维吾尔族、哈萨克族、朝鲜族、布依族、侗族、彝族、苗族等少数民族笑话 117 则。

J0080347

笑话笑画大连环 （英汉对照）方云译绘

北京 中国和平出版社 1990 年 300 页

19cm（32 开）ISBN：7-80037-294-4

定价：CNY6.50

　　中国现代连环画作品。

J0080348

辛亥革命图画故事

北京 人民美术出版社 1990 年 1 册

17×18cm（24 开）ISBN：7-102-00784-1

定价：CNY0.95

（鸦片战争 150 周年教育丛书）

　　中国现代连环画作品。

J0080349

新编《米老鼠和唐老鸭》系列连环画 （一）

陈俊仪编译

长沙 湖南美术出版社 1990 年 5 册 19cm（32 开）

盒装 ISBN：7-5356-0342-4 定价：CNY2.70

J0080350

新编《米老鼠和唐老鸭》系列连环画 （二）

陈俊仪编译

长沙 湖南美术出版社 1990 年 5 册 19cm（32 开）

盒装 ISBN：7-5356-0343-2 定价：CNY2.70

J0080351

新编《米老鼠和唐老鸭》系列连环画 陈俊仪编译

长沙 湖南美术出版社 1990 年 5 册 19cm（32 开）

盒装 ISBN：7-5356-0341-6 定价：CNY5.50

J0080352

新魔战兽兵 （1）苏荣模改编；卢恺等绘

南宁 广西美术出版社 1990 年 1 册 19cm（32 开）

ISBN：7-80582-065-1 定价：CNY1.00

（大型电视动画连环画）

　　中国现代连环画作品。作者卢恺，教授。毕业于广西艺术学院美术系油画专业。中国电视艺术家协会会员、中国美术家协会广西分会会员、广西电视台美术编审、广西北部湾油画研究院副院长、画院教授。代表作品《喜洋洋》《智慧之光》《我家有新船了》等。

J0080353

新魔战兽兵 （2）苏荣模改编；卢恺等绘

南宁 广西美术出版社 1990 年 1 册 19cm（32 开）

ISBN：7-80582-066-X 定价：CNY1.00

（大型电视动画连环画）

　　中国现代连环画作品。

J0080354

新魔战兽兵 （3）黄一红，钟寿矶改编；卢恺等绘

南宁 广西美术出版社 1990 年 1 册 19cm（32 开）

ISBN：7-80582-067-8 定价：CNY1.00

（大型电视动画连环画）

J0080355

新魔战兽兵 （4）黄一红，钟寿矶改编；卢恺等绘

南宁 广西美术出版社 1990 年 1 册 19cm（32 开）

ISBN：7-80582-068-6 定价：CNY1.00

（大型电视动画连环画）

J0080356

新扎师兄 （上 新编）傅慧雄等编制

广州 岭南美术出版社 1990 年 94 页 13cm（60 开）

ISBN：7-5362-0496-5 定价：CNY0.86

　　本书根据同名电视改编的现代连环画作品。

J0080357

新扎师兄 （中 新编）傅慧雄等编制

广州 岭南美术出版社 1990 年 94 页 13cm（60 开）

ISBN：7-5362-0497-3 定价：CNY0.86

　　本书根据同名电视改编的现代连环画作品。

J0080358

新扎师兄 （下 新编）傅慧雄等编制

广州 岭南美术出版社 1990 年 94 页 13cm（60 开）

ISBN：7-5362-0498-1　定价：CNY0.86

　　本书根据同名电视改编的现代连环画作品。

J0080359

星球大战　（全集）王平等改编；学军等绘

石家庄　河北美术出版社　1990年　10册

13cm（60开）盒装　ISBN：7-5310-0345-7

定价：CNY4.50

　　中国现代连环画作品。

J0080360

醒世恒言精选　（明）冯梦龙原著；吴迪等改
编；李珺等绘

天津　天津人民美术出版社　1990年　647页

20cm（32开）定价：CNY11.90

（连环画丛书）

　　中国现代连环画作品。作者冯梦龙（1574—
1646），通俗文学家、戏曲家。长洲（今江苏苏州）
人。字犹龙，又字子犹，别号龙子犹、墨憨斋主
人、顾曲散人、姑苏词奴等。一生从事小说、戏
曲的创作和编印。编纂《喻世明言》《警世通言》
《醒世恒言》《古今谈概》《太平广记钞》等。

J0080361

熊探长与兔警官　百忠懋编；陆元林，沈晓平绘

上海　上海人民美术出版社　1990年　48页

19cm（32开）ISBN：7-5322-0585-1

定价：CNY1.70

（动画大王画库）

　　中国现代连环画作品。作者陆元林
（1938—　），画家。浙江宁波人，毕业于中央工
艺美术学院。历任中国美术家协会会员，上海市
美术家协会会员，少年儿童出版社编审。连环画
代表作有《冷酷的心》《小象努努》《白雪皇后》
《巧儿姑娘》等。

J0080362

雪人的秘密　（美）玛丽·麦克斯威根原编；冯
永杰改编；姚正富绘

上海　上海人民美术出版社　1990年　166页

13cm（60开）ISBN：7-5322-0598-3

定价：CNY0.86

　　中国现代连环画作品。

J0080363

血溅黄鹤楼　吴汶改编；罗希贤等绘

广州　岭南美术出版社　1990年　94页　13cm（60开）

ISBN：7-5362-0527-9　定价：CNY0.84

　　本书根据《古楼侠影》改编的现代连环画
作品。

J0080364

血染的红宝石　石山改编；五丰等绘画

长沙　湖南美术出版社　1990年　102页　有图

10×13cm　统一书号：7-5356-0347-5

定价：CNY0.55

J0080365

血战魔鬼城　朱岳凌编；查加伍绘

郑州　河南美术出版社　1990年　102页

13cm（60开）ISBN：7-5401-0153-9

定价：CNY0.80

　　中国现代连环画作品。作者查加伍
（1950—　），编辑。别名穆明、三夷。湖北京山
人，毕业于湖北美术学院师范系。曾在湖北人民
出版社、京山县文化馆工作，历任湖北美术出版
社副社长、美术副编审，湖北美协连环画、插图
艺委会副主任。代表作品有《战斗的历程》《乱
世风云》《苦肉记》等。

J0080366

鸦片战争演义　（上）林家骊改编；肖时俊，
王大可绘

长沙　湖南美术出版社　1990年　110页

13cm（60开）ISBN：7-5356-0409-9

定价：CNY0.68

　　中国现代连环画作品。

J0080367

鸦片战争演义　（下）林家骊改编；康移风等
绘画

长沙　湖南美术出版社　1990年　110页　有图

10×13cm　统一书号：7-5356-0410-2

定价：CNY0.68

　　中国现代连环画作品。

J0080368

杨乃武与小白菜　正新，国辉改编；翁建明绘

南京　江苏美术出版社　1990年　110页

19cm（32开）ISBN：7-5344-0812-8

定价：CNY3.10

　　中国现代连环画作品。

J0080369

夜袭丰乐镇　丛雪编文；世弼等绘

杭州　浙江人民美术出版社　1990年　126页

13cm（60开）ISBN：7-5340-0210-9

定价：CNY0.78

　　中国现代连环画作品。

J0080370

亿万富翁　（哈默博士的奇迹）（美）鲍勃·康西

丹原著；金芜，春青改编；徐锡林绘

沈阳　辽宁美术出版社　1990年　190页

13×19cm　软精装　ISBN：7-5314-0777-9

定价：CNY2.40

　　中国现代连环画作品。

J0080371

亿万富翁　（哈默博士的奇迹）（美）鲍勃·康西

丹原著；吴庆先，杨春青改编；徐锡林绘

沈阳　辽宁美术出版社　1990年　190页

13×19cm　ISBN：7-5314-0292-0　定价：CNY1.40

　　中国现代连环画作品。

J0080372

义和团图画故事

北京　人民美术出版社　1990年　1册

17×18cm　ISBN：7-102-00782-5　定价：CNY0.95

（鸦片战争150周年教育丛书）

　　中国现代连环画作品。

J0080373

义侠扑天雕　（上）流河原著；石山改编；王振

华，戴静绘

长沙　湖南美术出版社　1990年　86页　13cm（60开）

ISBN：7-5356-0333-5　定价：CNY0.48

　　中国现代连环画作品。

J0080374

义侠扑天雕　（下）流河原著；石山改编；王振

华，戴静绘

长沙　湖南美术出版社　1990年　86页　13cm（60开）

ISBN：7-5356-0334-3　定价：CNY0.48

中国现代连环画作品。

J0080375

阴间阳间生死恋　阳子改编；黄其，黄秋绘

南宁　广西民族出版社　1990年　122页

13cm（60开）ISBN：7-5363-1120-6

定价：CNY0.95

（聊斋　37）

　　本书是根据蒲松龄《聊斋志异》小说改编的

现代连环画。

J0080376

英雄画库　江苏少年儿童出版社编

南京　江苏少年儿童出版社　1990年　19cm（32开）

ISBN：7-5346-0563-6　定价：CNY3.70

　　本书系中国现代连环画作品。

J0080377

勇敢的船长　（英）鲁迪阿德·基普林著；刘少

奇编译

长沙　湖南美术出版社　1990年　59页

18cm（42开）ISBN：7-5356-0366-1

定价：CNY0.60

（世界名著连环画）

　　中国现代连环画作品。

J0080378

勇擒窃贼　石文秀编文；廖先悟，廖哲谦绘

长沙　湖南美术出版社　1990年　62页　有图

9×13cm　ISBN：7-5359-0419-6　定价：CNY0.44

（惊险警犬系列连环画110）

　　中国现代连环画作品。

J0080379

勇士与野人　陈慧荪等编绘

武汉　湖北少年儿童出版社　1990年　47页

27cm（16开）ISBN：7-5353-0673-X

定价：CNY1.20

　　中国现代连环画作品。

J0080380

游魂野鬼司文郎　阳子改编；林艺，李艳绘

南宁　广西民族出版社　1990年　100页

13cm（60开）ISBN：7-5363-1077-3

定价：CNY0.95

（聊斋 33）

本书是根据蒲松龄《聊斋志异》小说改编的现代连环画作品。

J0080381

有志者终成眷属　黄祥享改编；黄道鸿，容州绘

南宁 广西民族出版社 1990 年 114 页

13cm（60 开）ISBN：7-5363-1077-3

定价：CNY0.95

（聊斋 39）

本书是根据蒲松龄《聊斋志异》小说改编的现代连环画作品。

J0080382

喻世明言精选　（明）冯梦龙原著；小泉等改编；于水等绘

天津 天津人民美术出版社 1990 年 539 页

20cm（32 开）ISBN：7-5305-3186-7

定价：CNY10.10

（连环画丛书）

中国古典小说连环画作品。作者冯梦龙（1574—1646），通俗文学家、戏曲家。长洲（今江苏苏州）人。字犹龙，又字子犹，别号龙子犹、墨憨斋主人、顾曲散人、姑苏词奴等。一生从事小说、戏曲的创作和编印。编纂《喻世明言》《警世通言》《醒世恒言》《古今谈概》《太平广记钞》等。作者于水（1955— ），画家。生于北京，毕业于中国艺术研究院研修班。中国艺术研究院研究员、中国美术家协会会员。代表作品有《于水画集》《于水人物卷》等。

J0080383

冤鬼奇情　程鹤麟改编；李钊，潘爱清绘

南宁 广西民族出版社 1990 年 118 页

13cm（60 开）ISBN：7-5363-1071-4

定价：CNY1.00

（聊斋 28）

本书根据蒲松龄《聊斋志异》小说改编的现代连环画作品。

J0080384

岳飞传　高梅仪等改编；王亦秋等绘

北京 人民美术出版社 1990 年

2 册（480+402 页）19cm（32 开）

ISBN：7-102-00611-X 定价：CNY12.00

（中国历史故事连环画库）

本书是据《说岳全传》改编的现代连环画作品。作者王亦秋（1925— ），连环画家。又名王野秋，浙江镇海人。历任前锋出版社美术编辑、上海人民美术出版社连环画创作室创作员、副审编。主要作品有《杨门女将》《小刀会》《马跃檀溪》《李逵闹东京》《清兵入塞》等。

J0080385

云梦菊仙遇知音　程鹤麟改编；梁启德，梁英华绘

南宁 广西民族出版社 1990 年 101 页

13cm（60 开）ISBN：7-5363-1068-4

定价：CNY0.95

中国现代连环画作品。

J0080386

长江三部曲　（连环画）郑桂兰编写；汪国新绘

武汉 湖北美术出版社 1990 年 2 册（419+410 页）

19cm（32 开）ISBN：7-5394-0233-4

定价：CNY13.00

本书根据鄢国培同名小说改编的连环画作品。作者郑桂兰（1955— ），曾获全国科技专题片摄编特别奖。作者汪国新（1947— ），国家一级美术师。湖北宜昌人。中国法治诗书画院院长、文化部中国书画院国画院副院长、中国美协艺委会委员。代表作《长江三部曲》《汪国新长江万里风情图》《汪国新新绘全本三国演义》等。

J0080387

赵宏本连环画生涯50年　赵宏本著

北京 中国连环画出版社 1990 年 146 页

有照片 19cm（32 开）ISBN：7-5061-0220-X

定价：CNY4.80

（连环画艺术丛书）

本书记述了连环画家赵宏本的绘画生涯，从侧面反映了连环画事业的盛衰，此外还收有作者的连环画作品。作者赵宏本（1915—2000），连环画家。号赵卿，又名张弓，生于上海，原籍江苏阜宁。中国美术家协会会员、中国美协上海分会常务理事、中国连环画研究会副会长。主要作品有《孙悟空三打白骨精》《水浒一百零八将》《小五义》《七侠五义》等。

J0080388

真假美猴王·三借芭蕉扇　石良改编；高云
等绘
北京　中国连环画出版社　1990年　19cm（32开）
ISBN：7-5061-0250-1　定价：CNY1.60
（古典文学彩色连环画·西游记 9）

J0080389

真假孙悟空　余碧娟改编；赵静东, 赵茵绘
福州　福建美术出版社　1990年　19cm（32开）
ISBN：7-5393-0099-X　定价：CNY0.80
（动画大明星画库 西游记系列）

　　本书根据中国古典小说《西游记》改编的现
代连环画作品。作者赵静东（1930—　），人物
画家。天津人，毕业于中央美术学院。历任北京
通俗读物出版社编辑、天津人民美术出版社副编
审。作品《中华女儿经》《战斗的青春》《连心镇》
《儿女风尘记》等。出版有《赵静东人物画选》《五
个儿童抓特务》等。

J0080390

智斗人贩　石文秀编文；杨文理等绘画
长沙　湖南美术出版社　1990年　62页　有图
10×13cm　定价：CNY0.44
（惊险警犬系列连环画 110）

J0080391

智劫神风号　魏峰改编；黄光军, 岑圣权绘
郑州　河南美术出版社　1990年　19cm（32开）
ISBN：7-5401-0133-4　定价：CNY0.80

　　中国现代连环画作品。作者岑圣权
（1951—　），画家。又名今山子。广东阳春人。
曾先后就读于广州美术学院及暨南大学中国人
物画研究生班。中国美术家协会会员，广东省
楹联书画院副院长。主要作品有《珠江惊涛》
《我的儿子安珂》《蔡廷锴—1932春·上海》等。

J0080392

中国古代传奇话本　（连环画）
上海　上海人民美术出版社　1990年　748页
17cm（40开）精装　ISBN：7-5322-0740-4
定价：CNY12.00

　　本书共收入1255幅图。据明代冯梦龙编纂
的《三言两拍》等改编绘制而成。共分5册，第
一册有《金玉奴棒打薄情郎》《苏小妹三难新郎》

等10个故事。故事反映了不同时代的社会生活。
画家笔下的中国古代的战争、古代的人、古代的
风俗，既体现了中国绘画传统之美，又表现了中
国古典文学之美。

J0080393

中国历史人物故事画库　吴绿星改编；陈文
杰绘
广州　新世纪出版社　1990年　3册 17cm（40开）
ISBN：7-5405-0299-1　定价：CNY4.95
　　中国现代连环画作品。

J0080394

中国十大古典喜剧连环画集　孟庆江, 文辛
主编
北京　人民美术出版社　1990年　10册 17cm（40开）
（甲种本）ISBN：7-102-00865-1　定价：CNY40.00

　　本书根据中国十大古典喜剧改编的现代连
环画作品。主编孟庆江（1937—　），画家。浙江
温州人，毕业于中央美术学院国画系。曾任《连
环画报》主编、《中国艺术》副主编、北京工笔重
彩画绘画会长。代表作品《刘胡兰》《蔡文姬》《长
恨歌》等。

J0080395

中国十大古典喜剧连环画集　孟庆江, 文辛
主编；中国戏剧家协会四川分会《连环画报》编
辑部编辑
北京　人民美术出版社　1992年　10册 19cm（32开）
ISBN：7-102-00399-7
定价：CNY45.00（甲种本），CNY38.00（乙种本）

　　本书包括：《风筝误》《看钱奴》《救风尘》
《李逵负荆》《墙头马上》《中山狼》《西厢记》
《幽闺记》《玉簪记》《绿牡丹》。

J0080396

中国童话名著　（连环画）叶圣陶等原著；田
地等改编；求艺等绘
杭州　浙江少年儿童出版社　1990年
2册（420+468页）20cm（32开）
ISBN：7-5342-0622-7　定价：CNY11.80

　　本书收入叶圣陶、张天翼、严文井、陈伯吹、
贺宜、金近、葛翠琳等17位中国现当代童话作
家的46部（篇）代表作，收入1800幅图。如《稻
草人》《大林和小林》《小溪流的歌》《波罗乔少

爷》《小公鸡历险记》《小布头奇遇记》等，均为脍炙人口的名著。每一位作家的作品 附有《作家作品介绍》，阐述了该作家的生平、文学地位、创作概况等。

J0080397

中华英模连环画画丛

武汉 湖北少年儿童出版社［1990—1999 年］19cm（32 开）

　　本套画丛包括：《爱国英雄故事》《解放军英雄故事》《少年英雄故事》。

J0080398

中途岛之战　黄一红编；李钊，潘爱清绘

南宁 广西民族出版社 1990 年 139 页 13cm（60 开）ISBN：7-5363-0886-8

定价：CNY1.00

　　本书系中国现代连环画作品。

J0080399

钟馗驱狐　锡明编；黄培中绘

南京 江苏美术出版社 1990 年 70 页 19cm（32 开）

ISBN：7-3344-0209-3 定价：CNY3.20

　　中国现代年画作品。

J0080400

周恩来　朱德　张小乐编；邓晓雄等绘

南昌 江西美术出版社 1990 年 19cm（32 开）

ISBN：7-80580-012-X 定价：CNY2.10

（老一辈无产阶级革命家青少年时代的故事）

　　全套分为 5 册。选取毛泽东、刘少奇、周恩来、朱德、董必武、彭德怀、陈毅、叶剑英、刘伯承、贺龙 10 位老一辈无产阶级革命家青少年时代的故事编写而成。

J0080401

周妹巧戏张三郎　阳子改编；林艺，李艳绘

南宁 广西民族出版社 1990 年 71 页 13cm（60 开）

ISBN：7-5363-1070-6 定价：CNY0.90

（聊斋 29）

　　本书根据蒲松龄《聊斋志异》小说改编的现代连环画作品。

J0080402

竹林七贤外传　唐南编文；杨志刚绘

南京 江苏美术出版社 1990 年 62 页 19cm（32 开）

ISBN：7-5344-0208-5 定价：CNY2.00

　　中国现代连环画作品。作者杨志刚，中国音乐家协会山西分会任职。

J0080403

祝相公与寇三娘　黄祥享，莫建编；莫可可绘

南宁 广西民族出版社 1990 年 114 页 13cm（60 开）ISBN：7-5363-1076-5

定价：CNY0.95

　　本书系中国现代连环画作品。

J0080404

追杀金枪手　昌荣，广华改编；阿草等制作

长沙 湖南美术出版社 1990 年 110 页 13cm（60 开）ISBN：7-5356-0354-3

定价：CNY0.57

（"007"惊险系列连环画）

J0080405

子楚诚心动阿宝　薛梅改编；黄菁，黄可绘

南宁 广西民族出版社 1990 年 124 页 13cm（60 开）ISBN：7-5363-1101-X

定价：CNY1.00

　　中国现代连环画作品。

J0080406

最后一个莫西干人　（美）詹姆斯·费尼莫尔·库珀著；曹子纯编译

长沙 湖南美术出版社 1990 年 59 页 18cm（42 开）ISBN：7-5356-0371-8

定价：CNY0.60

（世界名著连环画）

J0080407

《人与人》连环画　洪民生主编；中央电视台研究室编

北京 中国广播电视出版社 1991 年 2 册（32+32 页）26cm（16 开）ISBN：7-5043-1075-1

定价：CNY4.60

J0080408

《西游记》人物和故事　（上）王庆宏，童侗编绘

大连 大连出版社 1991 年 32 页 18cm（32 开）

ISBN：7-80555-516-8 定价：CNY1.25

本作品系中国连环画。

J0080409

《西游记》人物和故事 （下）王庆宏，童侗编绘
大连 大连出版社 1991年 32页 18cm（32开）
ISBN：7-80555-516-8 定价：CNY1.25
　　本作品系中国连环画。

J0080410

阿古登巴的故事 （藏汉文对照）原草改编；
李成文译；柯建军等绘
西宁 青海民族出版社 1991年 13cm（64开）
ISBN：7-5420-0265-1 定价：CNY0.72
　　本作品系中国连环画。

J0080411

阿里巴巴和四十大盗 肖森改编；缪维绘
北京 中国连环画出版社 1991年 23页
19cm（小32开） ISBN：7-5061-0322-2
定价：CNY1.00
（世界著名童话故事精选）
　　本书系根据世界著名童话故事改编的中国
连环画。

J0080412

阿丽思小姐 成平改编；谢丽芳等绘
长沙 湖南少年儿童出版社 1991年 126页
13cm（64开） ISBN：7-5358-0637-6
定价：CNY0.70
（中国著名童话连环画丛书）
　　作者谢丽芳（1949— ），女，油画家。出生
于湖南隆回，毕业于湖南省戏剧学校。历任衡阳
地区祁剧团舞美设计、广告宣传、衡阳市群众艺
术馆美术干部，长沙铁路二中学幼师美术教育，
湖南省妇女儿童活动中心儿童美术研究室主任，
副研究馆员。出版有《儿童色彩画》《儿童陶塑》
《儿童黑白画》《儿童创意画》等。

J0080413

傲慢与偏见 （汉英对照）熊德衫改写；周瑞
文绘画
广州 广东教育出版社 1991年 16页 21cm（32开）
ISBN：7-5406-1358-0 定价：CNY3.45
（世界名著连环画）

J0080414

八百万被劫 关文斌，汤勤编绘
南宁 广西民族出版社 1991年 157页
13cm（64开） ISBN：7-5363-1404-3
定价：CNY1.10
（中外新编系列连环画）

J0080415

八仙过海 孟寅，董侃编；马寒松，王凤桐绘
石家庄 河北少年儿童出版社 1991年 20页
21×19cm 精装 ISBN：7-5376-0638-2
定价：CNY3.10
（八仙的传说 1）
　　连环画。描写八仙漂越东海时，因龙王太子
劫夺了蓝采和的宝物而和四海龙王展开的一场
斗法的故事。作者马寒松（1949— ），画家。天
津人。历任中国美术家协会会员，天津美术家
协会理事，红桥区政协书画家联谊会副会长，天
津人民出版社任美术编辑、副编审。代表作品
《聪明的青蛙》《兔娃娃》《豹子哈奇》《封神演
义》等。

J0080416

白蛇传 邓元平改编；秦龙绘
北京 中国少年儿童出版社 1991年 21页
36cm（12开） ISBN：7-5007-1230-8
定价：CNY1.40
　　本作品系中国连环画。作者秦龙（1939— ），
连环画画家。生于成都，毕业于中央工艺美术学
院。历任中国美术家协会会员，中国美协插图装
帧艺术委员会副主任，人民出版社美术编辑。连
环画作品《希腊神话的故事》《秦龙画集》。

J0080417

百战奇略 （中国历史名著故事图画本）明远
等编文；马振江等绘
南昌 21世纪出版社 1991年 196页 20cm（32开）
ISBN：7-5391-0526-7 定价：CNY5.50
　　连环画。描述了中国军事领袖人物的战争
智慧。内收图画近800幅，汇集了从先秦至五
代的各种兵书，尤其是"孙子兵法"、"六韬"、
"三略"等，并加以分类，且选出了其中100个
战例着重介绍。作者马振江，油画家。辽宁沈
阳人，毕业于南京师范学院美术系。中国少数
民族美术促进会会员、中国美术家协会江西分

会会员、北京油画学会会员、南京军区工程兵政治部美术创作员。代表作有《向赣南闽西进军》等。

J0080418

板门店谈判　赵勇田改编；谢舒戈绘画
北京 中国连环画出版社 1991 年 21cm（32 开）
ISBN：7-5061-0485-7 定价：CNY3.60

J0080419

板门店谈判　赵勇田改编；谢舒弋绘画
北京 中国连环画出版社 1991 年 20cm（32 开）
ISBN：7-5061-0352-4 定价：CNY2.00
（革命战争连环画库）

　　本书生动地描述了抗美援朝战争。经过中朝人民并肩浴血奋战和停战谈判桌上的唇枪舌剑，最终于 1953 年 7 月，在板门店签订了停战协议，赢得了最后的胜利。

J0080420

绑架特使　廖先悟改编；廖先悟，廖哲谦绘
长沙 湖南美术出版社 1991 年 102 页
13cm（64 开）ISBN：7-5356-0483-8
定价：CNY0.64

　　本作品系中国连环画。

J0080421

包公案　甘礼乐等编文；杨杰等绘
郑州 河南美术出版社 1991 年 2 版 540 页
21cm（32 开）精装 ISBN：7-5401-0155-5
定价：CNY16.90
（中国古典通俗演义连环画）

　　本作品系中国连环画。作者甘礼乐（1923— ），连环画家。上海人，曾用笔名余峥。作品有普希金的《驿站长》，巴尔扎克的《夏倍上校》等。作者杨杰（1959— ），浙江少年儿童出版社文艺室美术编辑。

J0080422

兵法三十六计　（连环画）艾文等改编；刘建平等绘
北京 中国连环画出版社 1991 年 400 页
20cm（32 开）ISBN：7-5061-0315-X
定价：CNY6.40
　　本书是根据中国古代兵法"三十六计"编绘

的大型连环画集。

J0080423

彩图本成语故事　（一）余鹤仙等编；李广之等绘
上海 少年儿童出版社 1991 年 300 页
19cm（小 32 开）ISBN：7-5324-1550-3
定价：CNY10.90
　　本作品系中国现代成语故事连环画。

J0080424

彩图本成语故事　（二）余鹤仙等编；李广之等绘
上海 少年儿童出版社 1991 年 300 页
19cm（小 32 开）ISBN：7-5324-1551-1
定价：CNY10.90
　　本作品系中国现代成语故事连环画。

J0080425

彩图本成语故事　（三）余鹤仙等编；李广之等绘
上海 少年儿童出版社 1991 年 300 页
19cm（小 32 开）ISBN：7-5324-1552-X
定价：CNY10.90
　　本作品系中国现代成语故事连环画。

J0080426

彩图本成语故事　（四）张瑛文主编
上海 少年儿童出版社 1991 年 300 页
19cm（小 32 开）ISBN：7-5324-1553-8
定价：CNY10.90
　　本作品系中国现代成语故事连环画。

J0080427

曹国舅惩治佟善仁　孟寅，董侃编；孙泽良，孙轶绘
石家庄 河北少年儿童出版社 1991 年 20 页
21×19cm 精装 ISBN：7-5376-0643-9
定价：CNY3.10
（八仙的传说 6）
　　本书系中国神话故事连环画。根据广为流传于民间的有代表性的八仙传说改编。

J0080428

插花节　王一涓编；班苓绘

合肥　安徽少年儿童出版社　1991年　36cm（12开）
精装　ISBN：7-5397-0625-2　定价：CNY30.00
（中华民间故事大画库　民俗故事卷）
　　本作品系中国现代民俗故事连环画。

J0080429
陈赓大将　邱德镜编；丁时弼等绘
郑州　河南美术出版社　1991年　126页
18cm（小32开）ISBN：7-5401-0176-8
定价：CNY2.55
（十大将军传记丛书）
　　本作品系中国连环画。

J0080430
陈潭秋　艾炎改编；李旺，李刚绘
天津　新蕾出版社　1991年　19cm（小32开）
ISBN：7-5307-0895-3　定价：CNY0.95
（中华英烈画库）
　　本作品系中国连环画。

J0080431
吃喝饮食传说　邢威，南辉编文；赵贵德等绘
石家庄　河北少年儿童出版社　1991年　58页
15×36cm　精装　ISBN：7-5376-0665-X
定价：CNY7.50
（中国民俗故事连环画册）
　　本书是中国现代连环画作品。选编"豆腐祖师乐毅"、"麻婆豆腐"、"鼋汤狗肉"等民俗故事11则。作者赵贵德（1937—　　），满族、国家一级美术师。生于北京。中国美术家协会理事，河北省美术家协会名誉主席。代表作品有《激流》《春潮》《大风歌》《神骏图》等，著有《怎样才能画好速写》。

J0080432
除夕　亦北编文；谢海洋绘
合肥　安徽少年儿童出版社　1991年　36cm（12开）
精装　ISBN：7-5397-0630-9　定价：CNY30.00
（中华民间故事大画库　民俗故事卷）
　　本作品系中国民俗故事连环画。

J0080433
大盗霍震波　（联邦德国）普罗伊斯拉著；寒梅改编；毕树校绘
北京　中国少年儿童出版社　1991年　143页

18cm（小32开）ISBN：7-5007-1206-5
定价：CNY2.00
（最新童话连环画）

J0080434
大林和小林　道陵改编；周翔绘
长沙　湖南少年儿童出版社　1991年　126页
13cm（64开）ISBN：7-5358-0634-1
定价：CNY0.70
（中国著名童话连环画丛书）

J0080435
大鹏出世　（清）钱彩等原著；陈吟改编；徐锡林绘
北京　中国连环画出版社　1991年　31页
26cm（16开）ISBN：7-5061-0395-8
定价：CNY1.20
（精忠报国　1）
　　本作品系中国连环画。

J0080436
倒长的树　（印度）钱达尔著；方邈改编；卜家华，张文娟绘
昆明　云南少年儿童出版社　1991年　165页
19cm（32开）ISBN：7-5414-0564-7
定价：CNY1.70
（世界儿童文学名著精选连环画）

J0080437
邓小平传奇　黎国璞，蓝启渲著；蓝启渲等改编；雷德祖绘
北京　中国连环画出版社　1991年　173页
19cm（小32开）精装　ISBN：7-5061-0273-0
定价：CNY5.20
（革命领袖人物连环画丛书）

J0080438
狄公传奇　（二）大鲁等改编；陆小弟等绘
上海　上海人民美术出版社　1991年　6册
13cm（64开）ISBN：7-5322-0756-0
定价：CNY5.55
（系列连环画）

J0080439
第十二夜　（汉英对照）陆谷孙，乔艾宓改写；

步燕萍绘
广州 广东教育出版社 1991年 14页 21cm（32开）
ISBN：7-5406-1353-X 定价：CNY3.45
（世界名著连环画）
　　本作品据英国莎士比亚的戏剧《第十二夜》
改编创作的中国现代连环画作品。

J0080440
董存瑞　李肖雨改编；姜书典，凌玥绘
天津　新蕾出版社 1991年 19cm（小32开）
ISBN：7-5307-0900-3 定价：CNY0.95
（中华英烈画库）
　　本作品系中国现代连环画。

J0080441
端午节　安仪编；庄家汉绘
合肥 安徽少年儿童出版社 1991年 36cm（12开）
精装 ISBN：7-5397-0632-5 定价：CNY30.00
（中华民间故事大画库 民俗故事卷）
　　本作品系中国现代民俗故事连环画。

J0080442
奇兵夺宝　赵朵朵译编；安宏等绘
南京 江苏美术出版社 1991年 150页
13cm（64开）ISBN：7-5344-0193-3
定价：CNY0.90
　　本作品是根据美国科幻惊险故事译编的连
环画。

J0080443
鳄鱼　赵朵朵译编；华华等绘
南京 江苏美术出版社 1991年 118页
13cm（64开）ISBN：7-5344-0189-5
定价：CNY0.75
　　本作品是根据美国科幻惊险故事改编的现
代连环画。

J0080444
鳄鱼苏瓦拉　叶曦改编；未央等绘
北京 中国连环画出版社 1991年 19cm（小32开）
ISBN：7-5061-0344-3 定价：CNY1.00
（外国寓言故事精选连环画）

J0080445
儿童大世界连环画精选　《儿童大世界》编辑

部编
石家庄 河北少年儿童出版社 1991年 227页
26cm（16开）ISBN：7-5376-0758-3
定价：CNY6.50
　　本书是中国连环画。编选《儿童大世界》自
创刊以来发表的连环画100余篇。包括童话故事、
神话故事、民间故事、寓言故事等。图画色彩鲜
艳，具有儿童特点。

J0080446
法兰西大盗智斗福尔摩斯　（上）常胜利改
编；秋野绘
北京 中国连环画出版社 1991年 94页
13cm（64开）ISBN：7-5061-0437-7
定价：CNY1.20
　　本作品系中国连环画。

J0080447
法兰西大盗智斗福尔摩斯　（下）常胜利改
编；秋野绘
北京 中国连环画出版社 1991年 94页
13cm（64开）ISBN：7-5061-0438-5
定价：CNY1.20
　　本作品系中国连环画。

J0080448
非洲历险记　叶子改编；朱植人等绘
杭州 浙江人民美术出版社 1991年 12册
13cm（64开）ISBN：7-5340-0296-6
定价：CNY11.29
　　本套书包括神蛇"达那"、巨象突围、狮穴脱
险、大战毒蜘蛛、恐龙袭击、地狱之林、深入魔
穴、战胜白猩猩、陷身贡扎族、征服野牛、林中
追杀、逃脱险境，共12本。

J0080449
费声福短篇连环画选集　费声福著
北京 中国连环画出版社 1991年 134页
18×17cm ISBN：7-5061-0241-2 定价：CNY4.80
（连环画艺术丛书）
　　本书介绍了作者的短篇连环画艺术成就和
特色，并附有连环画作家吴兆修撰写的长篇理
论研究文章和著者撰写的关于民族化探索的长
文。作者费声福（1927—　），编辑。祖籍浙江
慈溪，毕业于中央美术学院。中国连环画出版

社编审、《中国连环画》副主编，中国美术家协会连环画艺术委员会副主任、中国连环画研究会常务理事兼秘书长。作品有《神火》《游赤壁》。

J0080450

封神榜 （大型古典神话电视连续剧 1）电视连续剧《封神榜》书画编委会编绘

南宁 广西美术出版社 1991年 37页 26cm（16开）

ISBN：7-80582-145-3 定价：CNY2.70

　　本书是根据大型古典神话电视连续剧《封神榜》编绘的彩色连环画册。本书与广西师范大学出版社合作出版。

J0080451

封神榜 （大型古典神话电视连续剧 2）电视连续剧《封神榜》书画编委会编绘

南宁 广西美术出版社 1991年 41页 26cm（16开）

ISBN：7-80582-146-1 定价：CNY2.70

　　本书与广西师范大学出版社合作出版。

J0080452

封神榜 （大型古典神话电视连续剧 3）电视连续剧《封神榜》书画编委会编绘

南宁 广西美术出版社 1991年 41页 26cm（16开）

ISBN：7-80582-147-X 定价：CNY2.70

　　本书与广西师范大学出版社合作出版。

J0080453

封神榜 （大型古典神话电视连续剧 4）电视连续剧《封神榜》书画编委会编绘

南宁 广西美术出版社 1991年 41页 26cm（16开）

ISBN：7-80582-148-8 定价：CNY2.20

　　本书与广西师范大学出版社合作出版。

J0080454

封神榜 （大型古典神话电视连续剧 5）电视连续剧《封神榜》书画编委会编绘

南宁 广西美术出版社 1991年 30页 26cm（16开）

ISBN：7-80582-149-6 定价：CNY2.20

　　本书是根据大型古典神话电视连续剧《封神榜》编绘的彩色连环画册。本书与广西师范大学出版社合作出版。

J0080455

烽火情侣 石山改编；海燕等绘

长沙 湖南美术出版社 1991年 102页 13cm（64开）ISBN：7-5356-0441-2

定价：CNY0.65

　　本作品系中国现代连环画。

J0080456

冯玉祥 阿丹改编；庞黎明绘

天津 新蕾出版社 1991年 19cm（小32开）

ISBN：7-5307-0888-0 定价：CNY0.95

（中华英烈画库）

　　本作品系中国连环画。作者庞黎明（1947— ），教授。毕业于天津工艺美术学校，后留校任教。中国装潢设计委员会委员，中国美术家协会会员，中国工艺美术家协会会员。著作有《水粉画技法》《水粉人物写生技法》《素描人物技法》等。

J0080457

格列佛游记 （汉英对照）许国璋改写；徐丽延绘

广州 广东教育出版社 1991年 17页 21cm（32开）

ISBN：7-5406-1354-8 定价：CNY3.45

（世界名著连环画）

　　本作品系中国连环画。

J0080458

格林童话连环画 梁丽荣主编

北京 中国妇女出版社 1991年 4册 21cm（32开）

ISBN：7-80016-379-2 定价：CNY29.00

　　本书是德国童话译本改编的中国连环画作品。

J0080459

公园山血案 刘有绂改编；张新国绘

上海 上海人民美术出版社 1991年 126页 13cm（64开）精装 ISBN：7-5322-0747-1

定价：CNY0.70

　　本作品系中国连环画。作者张新国（1962— ），画家。生于河北平山县。中国美术家协会河北分会会员，中韩文化艺术专家委员会委员，平山画院名誉院长。作品有《快乐的家园》《柏坡春晖》《荷塘清趣》等。

J0080460

狗神探传奇 高惠君等编

沈阳 辽宁少年儿童出版社 1991 年 10 册
19cm（小 32 开）ISBN：7-5315-1026-X
定价：CNY7.00
（系列连环画）

　　本作品系中国连环画。

J0080461
孤岛野人　邹庆波，张延编；赵锡复，刘汉宗绘
石家庄 河北美术出版社 1991 年 18cm（小 32 开）
ISBN：7-5310-0432-1 定价：CNY1.50

　　本作品系中国连环画。

J0080462
古仰王抢亲　（汉藏对照）史学礼改编；陆保
绘；卓玛吉译
西宁 青海民族出版社 1991 年 146 页
13cm（64 开）ISBN：7-5420-0247-3
定价：CNY1.20

　　本作品系中国连环画。

J0080463
光辉的历程　（中国共产党党史连环画）沈庆
林，姜维朴主编
北京 中国连环画出版社 1991 年 4 册
20cm（32 开）ISBN：7-5061-0348-6
定价：CNY10.00

J0080464
桂林日谍案　翟从森，王炳毅编；李煜，李小
荣绘
南宁 广西民族出版社 1991 年 137 页
13cm（64 开）ISBN：7-5363-1383-7
定价：CNY1.10
（中外新编系列连环画）

　　本作品系中国连环画。

J0080465
哈姆雷特　（汉英对照）许国璋改写；徐季
同绘
广州 广东教育出版社 1991 年 2 版 16 页
21cm（32 开）ISBN：7-5406-1213-4
定价：CNY3.45
（世界名著连环画）

J0080466
海盗船长　罗云莲改编；郑志岳，郑志明绘
北京 中国连环画出版社 1991 年 126 页
13cm（64 开）ISBN：7-5061-0433-4
定价：CNY1.20

　　本作品系中国现代连环画。

J0080467
海底古国　（美）蒙哥利著；葛德玮编译；魏在
云等绘
北京 人民美术出版社 1991 年 70 页
19cm（小 32 开）ISBN：7-102-00649-2
定价：CNY1.85
（勇士探奇系列连环画）

J0080468
海神马祖　张文钦编；谢丽君绘
合肥 安徽少年儿童出版社 1991 年 36cm（12 开）
精装 ISBN：7-5397-0623-6 定价：CNY30.00
（中华民间故事大画库 民俗故事卷）

　　本作品系中国现代民俗故事连环画。

J0080469
韩湘子戏皇帝　孟寅，董侃编；张健民等绘
石家庄 河北少年儿童出版社 1991 年 20 页
21×19cm 精装 ISBN：7-5376-0646-3
定价：CNY3.10
（八仙的传说 9）

　　本书是根据广为流传于民间的、有代表性的
八仙传说改编的中国神话故事连环画。

J0080470
何仙姑抗旨　孟寅，董侃编文；川石等绘
石家庄 河北少年儿童出版社 1991 年 20 页
21×19cm 精装 ISBN：7-5376-0645-5
定价：CNY3.10
（八仙的传说 8）

　　本书系中国连环画。根据广为流传于民间
的有代表性的八仙传说改编。

J0080471
黑旗雪恨　石山改编；许明康，嵩子绘
长沙 湖南美术出版社 1991 年 118 页
13cm（64 开）ISBN：7-5356-0466-8
定价：CNY0.72

本作品系中国现代连环画。

J0080472

黑旋风李逵　张企荣改编；刘斌昆等绘
上海　上海人民美术出版社　1991 年　2 册（92 页）
19cm（小 32 开）ISBN：7-5322-0739-0
定价：CNY3.45
（古典小说英雄人物系列画库）
　　本作品系中国连环画。

J0080473

红旗飘飘画丛　（第 1 册）
天津　天津人民美术出版社　1991 年　208 页
19×17cm　ISBN：7-5305-3313-4　定价：CNY6.10
　　本书是现代中国连环画画册，节选自中国青
年出版社出版的《红旗飘飘》丛书。

J0080474

红旗飘飘画丛　（第 2 册）
天津　天津人民美术出版社　1991 年　196 页
19×17cm　ISBN：7-5305-3314-2　定价：CNY5.85

J0080475

红旗飘飘画丛　（第 3 册）
天津　天津人民美术出版社　1991 年　195 页
19×17cm　ISBN：7-5305-3315-0　定价：CNY5.85

J0080476

红旗飘飘画丛　（第 4 册）
天津　天津人民美术出版社　1991 年　193 页
19×17cm　ISBN：7-5305-3316-9　定价：CNY5.60

J0080477

红旗飘飘画丛　（第 5 册）
天津　天津人民美术出版社　1991 年　208 页
19×17cm　ISBN：7-5305-3317-7　定价：CNY6.10

J0080478

红旗飘飘画丛
天津　天津人民美术出版社　1991 年
2 册（195+208 页）19×17cm　精装
ISBN：7-5305-3312-6　定价：CNY36.00

J0080479

呼啸山庄　（汉英对照）熊德帉改写；张潮，蒋

遵义绘
广州　广东教育出版社　1991 年　17 页　21cm（32 开）
ISBN：7-5406-1356-4　定价：CNY3.45
（世界名著连环画）

J0080480

狐狸吃了小面包　刘明改编；王琦等绘
北京　中国连环画出版社　1991 年　19cm（小 32 开）
ISBN：7-5061-0340-0　定价：CNY1.00
（外国寓言故事精选连环画）

J0080481

狐狸学飞　叶曦改编；杨弟等绘
北京　中国连环画出版社　1991 年　19cm（小 32 开）
ISBN：7-5061-0343-5　定价：CNY1.00
（外国寓言故事精选连环画）

J0080482

虎口争夺战　（上）邬朝祝改编；侯德剑绘
长沙　湖南美术出版社　1991 年　110 页
13cm（64 开）ISBN：7-5356-0451-X
定价：CNY0.70
　　本作品系中国连环画。作者侯德剑
（1949—　），画家，江苏南通人。南通书法国画
研究院院长、南通市美术家协会主席、中国美术
家协会会员、国家一级美术师、江苏省政协书画
室特聘画师。擅长中国画、连环画。作品有连环
画《东进、东进》，中国画《牛戏图》等。

J0080483

虎口争夺战　（下）邬朝祝改编；新元等绘
长沙　湖南美术出版社　1991 年　110 页
13cm（64 开）ISBN：7-5356-0452-8
定价：CNY0.70
　　本作品系中国连环画。

J0080484

画家大象　叶曦改编；冯伟等绘
北京　中国连环画出版社　1991 年　19cm（小 32 开）
ISBN：7-5061-0346-1　定价：CNY1.00
（外国寓言故事精选连环画）

J0080485

画说周易　谭晓春，李殿忠编绘
北京　中国工人出版社　1991 年　122 页

19cm（小 32 开）ISBN：7-5008-0788-0
定价：CNY3.50

　　中国现代连环画。

J0080486

黄鹤楼的传说 沙铁军编；蔡培龙绘
武汉 湖北少年儿童出版社 1991 年 18 页
36cm（12 开）精装 ISBN：7-5353-0875-9
定价：CNY12.00
（荆楚传说画丛）

　　本书系中国古典小说连环画。内容叙述了
古代长江中有一蟒精，经常危害百姓。此事惊动
了黄鹤仙子。他同蟒精展开殊死搏斗，终于制服
了蟒精。黄鹤仙子私自下凡之事惹怒了灵芝仙
翁，便将黄鹤仙子压在长江岸边的灵芝山下。后
人为纪念黄鹤仙子，便在江边建起黄鹤楼。被制
服的蟒精便化成了黄鹤楼下的蛇山。

J0080487

黄继光 尔东改编；蔡延年，肖海绘
天津 新蕾出版社 1991 年 19cm（小 32 开）
ISBN：7-5307-0904-6 定价：CNY0.95
（中华英烈画库）

　　本作品系中国现代连环画。

J0080488

黄克诚大将 孙法智编；何保全等绘
郑州 河南美术出版社 1991 年 118 页
19cm（小 32 开）ISBN：7-5401-0184-9
定价：CNY2.40
（十大将军传记丛书）

　　本作品系中国现代连环画。

J0080489

绘画本二十五史故事精华 张秋林，李玉光
编撰
福州 福建少年儿童出版社 1991 年 8 册
20cm（32 开）精装 ISBN：7-5395-0573-7
定价：CNY80.00

　　本书内容依据二十五史史实，从司马迁《史
记》所记载的"黄帝合并诸夏、诸夷"开始，直
到"革命军武昌起义"为止，以人物为主干，通
过 300 则故事，近 8000 幅图画，直观地勾勒出了
二十五史的概貌，全篇涵盖了中华民族 5000 年
文明史。本书图画采取切割式连环画表现形式，

图画以民族特色为基调，并融入现代意识的卡通
或漫画。

J0080490

绘画本中国通史 （第一卷 先秦）龚延明主
编；林华东，陈剩勇编著
杭州 浙江少年儿童出版社 1991 年 538 页
有彩照 20cm（32 开）ISBN：7-5342-0769-X
定价：CNY9.05

　　本书按时代先后的顺序，用图画的形式展示
了历代重大的政治事件，介绍了各个历史时期政
治、经济、科技文化及社会生活等的情况，较全
面地反映了我国几千年绚烂多彩的历史概貌。

J0080491

绘画本中国通史 （第二卷 秦汉）龚延明主
编；孙如琦编著
杭州 浙江少年儿童出版社 1991 年 505 页
有彩照 20cm（32 开）ISBN：7-5342-0769-X
定价：CNY8.70

J0080492

绘画本中国通史 （第三卷 魏晋南北朝）龚
延明主编；蒋寿康，楼毅生编著
杭州 浙江少年儿童出版社 1991 年 530 页
有彩照 20cm（32 开）ISBN：7-5342-0769-X
定价：CNY8.90

J0080493

绘画本中国通史 （第四卷 隋唐五代）龚延
明主编；董郁奎编著
杭州 浙江少年儿童出版社 1991 年 539 页
有彩照 20cm（32 开）ISBN：7-5342-0769-X
定价：CNY9.05

J0080494

绘画本中国通史 （第五卷 宋辽金元）龚延
明编著
杭州 浙江少年儿童出版社 1991 年 523 页
有彩照 20cm（32 开）ISBN：7-5342-0769-X
定价：CNY8.90

J0080495

绘画本中国通史 （第六卷 明清）龚延明主
编；余丽芬等编著

杭州 浙江少年儿童出版社 1991年 569页
有彩照 20cm(32开) ISBN:7-5342-0769-X
定价:CNY9.40

J0080496

婚丧祭祀传说 邢威,南辉编文;王怀琪等绘
石家庄 河北少年儿童出版社 1991年 58页
15×36cm 精装 ISBN:7-5376-0664-1
定价:CNY7.50
(中国民俗故事连环画册)

　　本书系中国民俗故事连环画册。收编了"洞房的传说"、"闹洞房的由来"、"哭丧棒的来历"、"哀樟为啥缠白纸"等民俗故事13则。作者王怀琪,著名画家。北京人,毕业于中央美院,在石家庄河北美校任教,蒋兆和创作室成员,河北美协主席,河北画院院长。

J0080497

吉鸿昌 阿丹改编;姜陆,陈晋绘
天津 新蕾出版社 1991年 19cm(小32开)
ISBN:7-5307-0886-4 定价:CNY0.95
(中华英烈画库)

　　本作品系中国连环画。作者姜陆(1951—),美术编辑、教师。天津人,毕业于天津美术学院。天津美术学院院长、中国美术家协会理事、版画艺术委员会副主任。代表作品有《初雪》《到夏牧场去》《哈萨克妇女》等。

J0080498

济公扇子在美国 范若由编;段海云等绘
北京 中国连环画出版社 1991年 93页
18cm(小32开) ISBN:7-5061-0361-3
定价:CNY1.50

　　本作品系中国连环画。

J0080499

祭龙日 卜雨编;武忠平绘
合肥 安徽少年儿童出版社 1991年 36cm(12开)
精装 ISBN:7-5397-0631-7 定价:CNY30.00
(中华民间故事大画库 民俗故事卷)

J0080500

假若明天来临 行止,草木芬改编;贾培生等绘
北京 中国连环画出版社 1991年 2册(252页)
13cm(64开) ISBN:7-5061-0436-9

定价:CNY2.40

　　本作品系中国现代连环画。

J0080501

简·爱 (汉英对照)唐闻生改写;蒋遵义绘
广州 广东教育出版社 1991年 17页 21cm(32开)
ISBN:7-5406-1357-2 定价:CNY3.45
(世界名著连环画)

　　本作品系中国现代连环画。

J0080502

江竹筠 文闻改编;郭占魁,亚菲绘
天津 新蕾出版社 1991年 19cm(小32开)
ISBN:7-5307-0906-2 定价:CNY0.95
(中华英烈画库)

　　本作品系中国连环画。

J0080503

将帅传奇 (大将集 连环画)青山等文;黄箐等绘
南宁 广西民族出版社 1991年 659页
19cm(小32开) 精装 ISBN:7-5363-1411-6
定价:CNY13.00

　　本书内容概括了主人公投身革命、戎马一生的历史,弘扬了他们为追求真理而浴血奋战、一往无前的革命精神。

J0080504

将帅传奇 (元帅集 连环画)廖振斌等文;潘小明等绘
南宁 广西民族出版社 1991年 593页
19cm(小32开) 精装 ISBN:7-5363-1412-4
定价:CNY13.00

J0080505

今古女谍丛书 小雅,荣子改编;少达等绘
杭州 浙江人民美术出版社 1991年 4册
13cm(64开) 精装 ISBN:7-5340-0298-2
定价:CNY3.18

　　本作品系中国连环画。

J0080506

金灯案 甘礼乐等改编;蒋宝鸿等绘
上海 上海人民美术出版社 1991年 6册
13cm(64开) ISBN:7-5322-0750-2

定价：CNY5.10

（天方夜谭连环画书）

　　本作品系中国连环画。

J0080507

金佛奇案　丁国联改编；王重圭，谷樵绘

上海　上海人民美术出版社　1991年　150页

13cm（64开）ISBN：7-5322-0748-X

定价：CNY0.80

　　本作品系中国连环画。作者王重圭，连环画家。上海人。与其兄王重英、王重义合作创作多部连环画。国画作品有《莲塘清趣》《凛霜幽香》，连环画作品《玉香笼》《王昭君》《双影人》等。

J0080508

金虎行动　魏忠才编；吴国英，刘孔喜绘

郑州　河南美术出版社　1991年　19cm（小32开）

ISBN：7-5401-0151-2　定价：CNY1.10

（连环画世界）

　　本作品系中国连环画。

J0080509

金剑啸　沙衍孙，李晶改编；姚重庆绘

天津　新蕾出版社　1991年　19cm（小32开）

ISBN：7-5307-0901-1　定价：CNY0.95

（中华英烈画库）

　　本作品系中国连环画。作者姚重庆（1943— ），山东济南人。毕业于中央美术学院附中。擅长油画、连环画、年画。曾任天津人民美术出版社美术编审、中国出版社工作部协会年画艺术委员会秘书长。主要作品《彭大将军》《油画展厅》《周恩来的青少年时代》等。

J0080510

警官在追捕中死去　刘大平改编；陈安民，陈安群绘

长沙　湖南美术出版社　1991年　102页

13cm（64开）ISBN：7-5356-0482-X

定价：CNY0.64

　　本作品系中国现代连环画。

J0080511

康熙大帝画传　（大型连环画）魏中善等绘；魏忠才编文

郑州　河南美术出版社　1991年　154页

26cm（16开）ISBN：7-5401-0205-5

定价：CNY8.90

　　本书以连环画的形式描写了康熙皇帝与辅政大臣鳌拜篡权阴谋做斗争的故事。

J0080512

抗美援朝英雄赞　晓阳编；隆义等绘

北京　人民美术出版社　1991年　85页

19cm（小32开）ISBN：7-102-00944-5

定价：CNY1.90

　　本作品系中国连环画。

J0080513

抗日救国凯歌传　舒欣编；布尔古德等绘

北京　人民美术出版社　1991年　19cm（小32开）

ISBN：7-102-00943-7　定价：CNY1.90

　　本作品系中国连环画。

J0080514

空中大劫　刘太平改编；熊艺郎，刘黎青绘

长沙　湖南美术出版社　1991年　94页　13cm（64开）

ISBN：7-5356-0442-0　定价：CNY0.61

　　本作品系中国连环画。

J0080515

葵乡风云　（连环画故事集　第一集）苏天益编文；杨德润绘画

广州　广东人民出版社　1991年　64页

19cm（小32开）ISBN：7-218-00680-9

定价：CNY1.15

J0080516

蓝采和巧度何仙姑　孟寅，董侃编；岚云等绘

石家庄　河北少年儿童出版社　1991年　20页

[21×19cm]　精装　ISBN：7-5376-0644-7

定价：CNY3.10

（八仙的传说 7）

　　本书系中国神话故事连环画。根据广为流传于民间的有代表性的八仙传说改编。

J0080517

蓝色的狼　刘明改编；雪洲等绘

北京　中国连环画出版社　1991年　19cm（小32开）

ISBN：7-5061-0336-1　定价：CNY1.00

（外国寓言故事精选连环画）

J0080518

狼牙山五壮士　昭平改编；杨沛章，卢蒙绘
天津　新蕾出版社　1991年　19cm（小32开）
ISBN：7-5307-0889-9　定价：CNY0.95
（中华英烈画库）
　　本作品系中国现代连环画。

J0080519

雷德祖的连环画创作　雷德祖绘
南宁　广西美术出版社　1991年　91页　26cm（16开）
ISBN：7-80582-187-9　定价：CNY5.30
　　本书选取作者所作17部连环画为例，介绍长期从事连环画创作的宝贵经验，阐发有关创作技巧与规律。

J0080520

李逵　沙铁军改编；史俊等绘
武汉　湖北少年儿童出版社　1991年　94页
19cm（小32开）ISBN：7-5353-0725-6
定价：CNY3.20
（水浒108将彩画连环画库）

J0080521

两汉文学故事　魏忠才等选注编译；贺友直等绘
郑州　河南美术出版社　1991年　2版　248页
21cm（32开）ISBN：7-5401-0166-0
定价：CNY5.10
（古典文学绘画丛书）
　　本册收入《陌上桑》《孙子用兵》《河伯娶妇》等17个连环画故事。

J0080522

辽恩卡历险记　文竹风改编；丁新媛绘
上海　上海人民美术出版社　1991年　190页
13cm（64开）ISBN：7-5322-0425-1
定价：CNY1.00
　　本作品系中国连环画。

J0080523

列宁的青少年时代　钱志清改编；王德绘
上海　上海人民美术出版社　1991年　166页
13cm（64开）ISBN：7-5322-0791-9
定价：CNY0.85
　　本作品系中国连环画。

J0080524

林冲　王良莹改编；乐明祥等绘
武汉　湖北少年儿童出版社　1991年　94页
19cm（小32开）ISBN：7-5353-0820-1
定价：CNY2.95
（水浒108将彩画连环画库）

J0080525

刘志丹　国帼改编；施振广绘
天津　新蕾出版社　1991年　19cm（小32开）
ISBN：7-5307-0903-8　定价：CNY0.95
（中华英烈画库）
　　本作品系中国连环画。

J0080526

罗密欧与朱丽叶　（汉英对照）陆谷孙改写；黄穗中绘
广州　广东教育出版社　1991年　15页　21cm（32开）
ISBN：7-5406-1352-X　定价：CNY3.45
（世界名著连环画）
　　本作品系中国连环画。

J0080527

罗瑞卿大将　魏忠才改编；王晓军绘
郑州　河南美术出版社　1991年　118页
19cm（小32开）ISBN：7-5401-0179-2
定价：CNY2.40
（十大将军传记丛书）
　　本作品系中国连环画。

J0080528

驴子的称赞　刘明改编；张春英绘
北京　中国连环画出版社　1991年　19cm（小32开）
ISBN：7-5061-0334-6　定价：CNY1.00
（外国寓言故事精选连环画）
　　本作品系中国连环画。

J0080529

吕洞宾戏牡丹　孟寅，董侃编文；姜晓春，姜启才绘
石家庄　河北少年儿童出版社　1991年　20页
21×19cm　精装　ISBN：7-5376-0641-2
定价：CNY3.10
（八仙的传说　4）
　　本书系中国连环画。根据广为流传于民间

的有代表性的八仙传说改编。

J0080530

毛泽东青少年时代　肖森编文；陈玉先绘画
北京 中国连环画出版社 1991年 138页
19×17cm ISBN：7-5061-0270-6 定价：CNY4.20
（革命领袖人物连环画丛书）

　　本书形象地描述了毛泽东早期的活动，以及
他成长的过程。

J0080531

没有心的驴子　刘明改编；田俊民等绘
北京 中国连环画出版社 1991年 19cm（小32开）
ISBN：7-5061-0337-0 定价：CNY1.00
（外国寓言故事精选连环画）

J0080532

孟姜女　黄安琪改编；杨永清绘
北京 中国少年儿童出版社 1991年 21页
36cm（12开）ISBN：7-5007-1231-6
定价：CNY1.40

　　本作品系中国连环画。

J0080533

名湖的传说　卢渝编；刘永杰绘
太原 希望出版社 1991年 36cm（12开）精装
ISBN：7-5379-0765-X 定价：CNY23.00
（中国民间传说画丛）

　　本书是中国洞庭湖等名湖传说的连环画。
作者刘永杰（1950—　　），教授、画家。陕西长安
人，毕业于西安美术学院。西安美术学院教授、
博士生导师，中国美术家协会会员，陕西美协副
主席。代表作品《丝路风情》《凉山秋》《厚厚的
土地》等。

J0080534

名泉的传说　张秋怀编；乔晓光绘
太原 希望出版社 1991年 36cm（12开）精装
ISBN：7-5379-0769-2 定价：CNY23.00
（中国民间传说画丛）

　　本书是中国玉泉等名泉传说的连环画。

J0080535

名寺的传说　张秋怀编；李乃宙绘
太原 希望出版社 1991年 36cm（12开）精装

ISBN：7-5379-0768-4 定价：CNY23.00
（中国民间传说画丛）

　　本书是关于灵隐寺等名寺传说的中国连
环画。

J0080536

名塔的传说　卢渝编；石景昭绘
太原 希望出版社 1991年 36cm（12开）精装
ISBN：7-5379-0764-1 定价：CNY23.00
（中国民间传说画丛）

　　本书是中国六和塔等名塔传说的连环画。
作者石景昭（1938—2010），画家，教授。河南偃
师人，毕业于西安美院油画系。中国美术家协会
会员，西安美术学院国画系人物教研室主任。代
表作品有《丝路风情》《敦煌古市》《秋熟》《春花
图》。出版有《工笔重彩人物画技法》《中国传统
美术造型图论》等。

J0080537

名窟的传说　卢渝编；华程绘
太原 希望出版社 1991年 36cm（12开）精装
ISBN：7-5379-0766-8 定价：CNY23.00
（中国民间传说画丛）

　　本书是中国民间传说的连环画。

J0080538

名园的传说　张秋怀编；刘临绘
太原 希望出版社 1991年 36cm（12开）精装
ISBN：7-5379-0767-6 定价：CNY23.00
（中国民间传说画丛）

　　本书是关于颐和园等名园传说的中国连
环画。

J0080539

幕后大盗　刘太平改编；邵家声，邵晶绘
长沙 湖南美术出版社 1991年 94页 13cm（64开）
ISBN：7-5356-0436-6 定价：CNY0.61

　　本作品根据《金库玫瑰梦》改编的中国现代
连环画。

J0080540

柠檬树　（二）桑晔绘著
台北 民生报社 1991年 127页 21cm（32开）
ISBN：957-08-0552-8 定价：TWD90.00
（民生报妇女丛书）

J0080541

诺贝尔文学奖得主代表作全集（连环画 第一卷 1901—1909）吴开晋，姜澍川主编;《诺贝尔文学奖得主代表作全集连环画》编辑委员会编

济南 山东美术出版社 1991 年 440 页

20cm（32 开）ISBN：7-5330-0400-0

定价：CNY64.00（全 10 册）

　　本书是 1901—1982 年诺贝尔文学奖得主简介、得奖演说编辑的连环画作品。共 79 人。

J0080542

诺贝尔文学奖得主代表作全集（连环画 第二卷 1910—1919）吴开晋，林英珊主编;《诺贝尔文学奖得主代表作全集连环画》编辑委员会编

济南 山东美术出版社 1991 年 438 页

20cm（32 开）ISBN：7-5330-0400-0

定价：CNY64.00（全 10 册）

J0080543

诺贝尔文学奖得主代表作全集（连环画 第三卷 1920—1928）吴开晋，庞邦本主编;《诺贝尔文学奖得主代表作全集连环画》编辑委员会编

济南 山东美术出版社 1991 年 441 页

20cm（32 开）ISBN：7-5330-0400-0

定价：CNY64.00（全 10 册）

J0080544

诺贝尔文学奖得主代表作全集（连环画 第四卷 1929—1934）李衍柱，丁宁原主编;《诺贝尔文学奖得主代表作全集连环画》编辑委员会编

济南 山东美术出版社 1991 年 437 页

20cm（32 开）ISBN：7-5330-0400-0

定价：CNY64.00（全 10 册）

J0080545

诺贝尔文学奖得主代表作全集（连环画 第五卷 1936—1946）李衍柱，陈惠明主编;《诺贝尔文学奖得主代表作全集连环画》编辑委员会编

济南 山东美术出版社 1991 年 341 页

20cm（32 开）ISBN：7-5330-0400-0

定价：CNY64.00（全 10 册）

　　主编陈惠明（1933— ），湖北嘉鱼人，毕业于中南美术专科学校。中国美术家协会会员、湖北省美术家协会理事、中国连环画研究会常务理事、湖北连环画研究会会长。曾为《中国历代寓言选》《长诗望红台》《古寓言今译》等图书作国画插图

J0080546

诺贝尔文学奖得主代表作全集（连环画 第六卷 1947—1954）冯中一，孟庆江主编;《诺贝尔文学奖得主代表作全集连环画》编辑委员会编

济南 山东美术出版社 1991 年 517 页

20cm（32 开）ISBN：7-5330-0400-0

定价：CNY64.00（全 10 册）

　　主编孟庆江（1937— ），画家。浙江温州人，毕业于中央美术学院国画系。曾任《连环画报》主编，《中国艺术》副主编，北京工笔重彩画绘副会长。代表作品《刘胡兰》《蔡文姬》《长恨歌》等。

J0080547

诺贝尔文学奖得主代表作全集（连环画 第七卷 1955—1961）冯中一，洪斯文主编;《诺贝尔文学奖得主代表作全集连环画》编辑委员会编

济南 山东美术出版社 1991 年 359 页

20cm（32 开）ISBN：7-5330-0400-0

定价：CNY64.00（全 10 册）

J0082358

诺贝尔文学奖得主代表作全集（连环画 第八卷 1962—1968）张志鹏，费声福主编;《诺贝尔文学奖得主代表作全集连环画》编辑委员会编

济南 山东美术出版社 1991 年 420 页

20cm（32 开）ISBN：7-5330-0400-0

定价：CNY64.00（全 10 册）

　　主编费声福（1927— ），编辑。祖籍浙江慈溪，毕业于中央美术学院。历任中国连环画出版社编审、《中国连环画》副主编、中国美术家协会连环画艺术委员会副主任、中国连环画研究会常务理事兼秘书长。作品有《神火》《游赤壁》。

J0080548

诺贝尔文学奖得主代表作全集（连环画 第九卷 1969—1973）李朝晖，耿本清主编；《诺贝尔文学奖得主代表作全集连环画》编辑委员会编

济南 山东美术出版社 1991 年 316 页

20cm（32 开）ISBN：7-5330-0400-0

定价：CNY64.00（全 10 册）

J0080549

诺贝尔文学奖得主代表作全集（连环画 第十卷 1974—1982）孙素丽，刘治贵主编；《诺贝尔文学奖得主代表作全集连环画》编辑委员会编

济南 山东美术出版社 1991 年 481 页

20cm（32 开）ISBN：7-5330-0400-0

定价：CNY64.00（全 10 册）

J0080550

胖猫加菲（不倒翁）温妮编；杨怡，姜涛绘

北京 中国少年儿童出版社 1991 年 94 页

13cm（60 开）ISBN：7-5007-1349-5

定价：CNY0.75

　　本作品系中国连环画。

J0080551

胖猫加菲（飞天侠）温妮编；孙珍，李群绘

北京 中国少年儿童出版社 1991 年 94 页

13cm（60 开）ISBN：7-5007-1345-2

定价：CNY0.75

　　本作品系中国连环画。

J0080552

胖猫加菲（冠军加菲）温妮编；李真，沈沫绘

北京 中国少年儿童出版社 1991 年 94 页

13cm（60 开）ISBN：7-5007-1347-9

定价：CNY0.75

　　本作品系中国连环画。

J0080553

胖猫加菲（小狗阿迪）温妮编；关妮，肖笑绘

北京 中国少年儿童出版社 1991 年 94 页

13cm（60 开）ISBN：7-5007-1344-4

定价：CNY0.75

　　本作品系中国连环画。

J0080554

胖猫加菲（小猫乐姗）温妮编；李真，沈沫绘

北京 中国少年儿童出版社 1991 年 94 页

13cm（60 开）ISBN：7-5007-1346-0

定价：CNY0.75

　　本作品系中国连环画。

J0080555

胖猫加菲（英雄好汉）温妮编；李真，胡兰绘

北京 中国少年儿童出版社 1991 年 94 页

13cm（60 开）ISBN：7-5007-1348-7

定价：CNY0.75

　　本作品系中国连环画。

J0080556

彭湃艾叶改编；陈九如，何适绘

天津 新蕾出版社 1991 年 19cm（小 32 开）

ISBN：7-5307-0894-5 定价：CNY0.95

（中华英烈画库）

　　本作品系中国现代连环画。作者陈九如（1955—　　），教授。天津人。历任天津美术学院版画系主任、中国美术家协会会员、中国版画家协会会员。出版有《陈九如水彩人体画选》《一代画风——当代中青年水彩画家作品集》《素描五十讲》等。

J0080557

捧空花盆的孩子叶曦改编；张煤等绘

北京 中国连环画出版社 1991 年 19cm（小 32 开）

ISBN：7-5061-0342-7 定价：CNY1.00

（外国寓言故事精选连环画）

J0080558

泼水节敏生编；高海绘

合肥 安徽少年儿童出版社 1991 年 36cm（12 开）

精装 ISBN：7-5397-0629-5 定价：CNY30.00

（中华民间故事大画库 民俗故事卷）

　　本作品系中国现代民俗故事连环画作品。

J0080559

七色花肖森改编；李曙光绘

北京 中国连环画出版社 1991 年 23 页

19cm（小 32 开）ISBN：7-5061-0326-5

定价：CNY1.00

（世界著名童话精选）

本书系根据世界童话故事改编的中国连环画。

J0080560

气球闯沙漠 （美）蒙哥利著；徐明编译；罗洪等绘

北京 人民美术出版社 1991年 62页 19cm（小32开）精装 ISBN：7-102-00700-0 定价：CNY1.65

（勇士探奇系列连环画）

J0080561

秦皇剑 （上）常胜利改编；孔成等绘

北京 中国连环画出版社 1991年 118页 13cm（64开）ISBN：7-5061-0434-2 定价：CNY1.20

本作品系中国连环画。

J0080562

秦皇剑 （下）常胜利改编；孔成等绘

北京 中国连环画出版社 1991年 118页 13cm（64开）ISBN：7-5061-0435-0 定价：CNY1.20

本作品系中国连环画。

J0080563

青风山剿匪记 闭立群编；闭克绘

南宁 广西民族出版社 1991年 126页 13cm（64开）ISBN：7-5363-1322-5 定价：CNY0.90

本作品系中国连环画。

J0080564

秋瑾 大公改编；章亦绘

天津 新蕾出版社 1991年 19cm（32开）ISBN：7-5307-0902-X 定价：CNY0.95

（中华英烈画库）

本作品系中国连环画。

J0080565

屈原的传说 沙铁军编；蔡延年绘

武汉 湖北少年儿童出版社 1991年 18页 36cm（12开）精装 ISBN：7-5353-0874-0 定价：CNY12.00

（荆楚传说画丛）

本书系中国古典小说连环画。

J0080566

如来佛智降孙悟空 西林编；高文，张弢绘

北京 中国电影出版社 1991年 18页 26cm（16开）ISBN：7-106-00515-0 定价：CNY1.25

（《西游记》系列连环画）

J0080567

三十六计 （白话通解智谋故事 绘画本）儒墨，准之编

太原 山西人民出版社 1991年 269页 20cm（32开）ISBN：7-203-02123-8 定价：CNY6.25

本书内容包括三十六计原文、译文及古今引例的智谋故事连环画。

J0080568

三十六计 （连环画）东方画书研究所主编；晏紫编译；方学晓绘画

北京 中国和平出版社 1991年 144页 20cm（32开）ISBN：7-80037-608-7 定价：CNY2.95

J0080569

三十六计 （连环画）王宣铭编绘

北京 中国友谊出版公司 1991年 203页 19cm（小32开）ISBN：7-5057-0405-2 定价：CNY3.50

（智谋丛书）

作者王宣铭（1950—　　），北京人，《科技日报》美术编辑。

J0080570

三侠五义 （1-5）尹凌，杨东力改编；上海电视台摄影

兰州 甘肃少年儿童出版社 1991年 5册 13cm（64开）ISBN：7-5422-0516-1 定价：CNY3.20

本作品系中国连环画。

J0080571

三侠五义 （6-10）尹凌，杨东力改编；上海电视台摄影

兰州 甘肃少年儿童出版社 1991年 5册

13cm（64 开）ISBN：7-5422-0517-X
定价：CNY3.20
　　本作品系中国连环画。

J0080572
三侠五义 （一 展南侠行义）梁人改编；路路等绘
北京 中国连环画出版社 1991 年 17×19cm
ISBN：7-5061-0206-4 定价：CNY1.05
　　本作品系中国连环画。

J0080573
三侠五义 （二 五鼠闹东京）理成改编；路路等绘
北京 中国连环画出版社 1991 年 17×19cm
ISBN：7-5061-0207-1 定价：CNY1.05
　　本作品系中国连环画。

J0080574
三侠五义 （三 北侠除马刚）梁人改编；路路等绘
北京 中国连环画出版社 1991 年 17×19cm
ISBN：7-5061-0208-0 定价：CNY1.05
　　本作品系中国连环画。

J0080575
三侠五义 （四 艾虎闯公堂）劳泰改编；路路等绘
北京 中国连环画出版社 1991 年 17×19cm
　　本作品系中国连环画。

J0080576
三侠五义 （五 三探冲霄楼）理成改编；路路等绘
北京 中国连环画出版社 1991 年 17×19cm
ISBN：7-5061-0210-2 定价：CNY1.05
　　本作品系中国连环画。

J0080577
三字经图画故事精选 穆一衡，熊侃编
南昌 江西美术出版社 1991 年 242 页
19cm（小 32 开）ISBN：7-80580-048-0
定价：CNY3.95
　　本书从《三字经》中撷取 21 个历史故事、人物掌故，配以白描绘画，收入239幅图。编成"孟

母择邻"等 15 篇生动形象的连环画故事。

J0080578
闪电哥顿 （影视连环画）刘崇军，晓冰绘；苏朗改编
成都 四川少年儿童出版社 1991 年 26cm（16 开）
ISBN：7-5365-0707-0 定价：CNY1.10
　　作者苏朗（1938—　　），画家。原名严国保，湖北武汉人。就读于武昌艺师和西北师院艺术系。中国美术家协会会员，甘肃人民出版社副编审。代表作品有《黄河渡》《煦风吹不尽》《奶站笑语》等。

J0080579
少妇复仇 太平改编；穆明，申新绘
长沙 湖南美术出版社 1991 年 86 页 13cm（64 开）
ISBN：7-5356-0433-1 定价：CNY0.57
　　本作品系中国连环画。

J0080580
蛇女王 方关贤，陈积奖改编；郑波等绘
上海 上海人民美术出版社 1991 年 6 册
13cm（64 开）ISBN：7-5322-0749-8
定价：CNY5.05
（天方夜谭连环画丛书）
　　本作品是据阿拉伯民间故事《天方夜谭》改编创作的连环画作品。

J0080581
神秘的乞丐 晓竹编；贺旭等绘
长沙 湖南少年儿童出版社 1991 年 126 页
13cm（64 开）ISBN：7-5358-0633-8
定价：CNY0.80
　　本作品系中国连环画。

J0080582
神农架的传说 沙铁军编；陈慧苏绘
武汉 湖北少年儿童出版社 1991 年 18 页
36cm（12 开）精装 ISBN：7-5353-0878-3
定价：CNY12.00
（荆楚传说画丛）
　　本书系中国古典小说连环画。讲述了神农架的由来。传说龙王路过一地，发现一条恶龙，龙王命三太子铲除了妖龙。为纪念三太子，人们便把此处改称"神龙架"，后演变成"神农架"。

J0080583

神女峰的传说　　毕娜编文；冯健男绘
武汉　湖北少年儿童出版社　1991年　18页
36cm（12开）精装　定价：CNY12.00
（荆楚传说画丛）

　　本书是中国古典神话小说连环画作品。讲述了神女峰的由来。传说巫峡附近曾有12条纹龙经常危害百姓，王母的小女儿瑶姬把纹龙劈成碎块。碎块变成大山造成水患。大禹在瑶姬的帮助下疏通了江水，瑶姬与她的侍女们化为12座山峰，其中最美丽的那座山峰就是神女峰。

J0080584

神奇的手帕　　王奇编；钟艺兵，陈柳青绘
南宁　广西民族出版社　1991年　47页　13cm（64开）
ISBN：7-5363-1385-3　定价：CNY0.90
（中外新编系列连环画）

J0080585

生死斗　（上）王敏泉改编；杨林军摄影
南京　江苏美术出版社　1991年　94页　13cm（60开）
ISBN：7-5344-0197-6　定价：CNY0.70

　　本作品系中国连环画。

J0080586

生死斗　（下）王敏泉改编；杨林军摄影
南京　江苏美术出版社　1991年　95～188页
13cm（64开）ISBN：7-5344-0197-6
定价：CNY0.70

　　本作品系中国连环画，根据同名电视剧改编。

J0080587

圣经图画故事　（上）宁傅青译编；王培，于宁绘
桂林　漓江出版社　1991年　95页　19cm（32开）
ISBN：7-5407-0648-1　定价：CNY2.60

J0080588

圣经图画故事　（中）宇芝芭译编；王培，丁川绘
桂林　漓江出版社　1991年　96-190页　19cm（32开）
ISBN：7-5407-0649-X　定价：CNY2.60

J0080589

圣经图画故事　（下）雍碧明译编；王培，方宇绘
桂林　漓江出版社　1991年　191-285页
19cm（小32开）ISBN：7-5407-0650-3
定价：CNY2.60

J0080590

失踪的档案　　黄奕编；黄菁，湘龙绘
南宁　广西民族出版社　1991年　128页
13cm（64开）ISBN：7-5363-1405-1
定价：CNY1.10
（中外新编系列连环画）

J0080591

史记故事连环画　　汪述荣主编；龚汝枢等绘
香港　南粤出版社　1991年　4册　21cm（32开）
ISBN：962-04-0901-9

J0080592

世纪洞　（美）蒙哥利著；周增瑚编译；王玉群等绘
北京　人民美术出版社　1991年　46页
19cm（小32开）ISBN：7-102-00704-3
定价：CNY1.30
（勇士探奇系列连环画）

J0080593

世界风情图画资料　　黄友贤编绘
上海　上海人民美术出版社　1991年　160页
19×17cm　ISBN：7-5322-0801-X　定价：CNY3.80

　　本图册汇编了100多个国家和地区的名胜古迹、风土人情、文化艺术的图画形象。

J0080594

世界民间故事画库　　严文井主编
济南　山东友谊书社　1991年　5册　有图
20cm（32开）ISBN：7-80551-353-8
定价：CNY27.50
（世界儿童文学名著大画库　第四部）

　　外文书名：The Picture Treasury of World Folktales.

J0080595

世界著名电影连环画　　杨德宏主编

长春 长春出版社 1991 年 3 册(382+368+372 页)
20cm(32 开) ISBN: 7-80573-575-5
定价: CNY22.50
　　本书收集了 30 年代以来风靡世界的各国电影 30 部,这些电影都是荣膺奥斯卡和其他重要国际电影大奖的影片。

J0080596
舒伯特　焕才编;宏力译;路璋绘
沈阳 辽宁少年儿童出版社 1991 年 30 页
27cm(大 16 开) ISBN: 7-5315-1014-6
定价: CNY9.50
(名人小传画库)
　　本作品系中国现代连环画。

J0080597
谁去挂铃　叶曦改编;张维信等绘
北京 中国连环画出版社 1991 年 19cm(小 32 开)
ISBN: 7-5061-0339-7 定价: CNY1.00
(外国寓言故事精选连环画)

J0080598
水浒　陈元山等编;杨秋宝等绘
上海 少年儿童出版社 1991 年 2 册(1146 页)
21cm(32 开) ISBN: 7-5324-1268-7
定价: CNY14.40
　　本作品系中国连环画。

J0080599
水浒中传　小路等改编;徐谷安等绘
杭州 浙江人民美术出版社 1991 年 6 册
13cm(64 开) ISBN: 7-5340-0293-1
定价: CNY5.37
　　本作品系中国连环画。作者徐谷安(1943—　),一级美术师、美术评论家、字画鉴证专家。别名大风、谷冰、禅心,斋名禅风听雨斋。生于上海,毕业于浙江美术学院。少年儿童出版社(上海)资深美术编辑、世界教科文组织联合协会首席艺术家、中国艺术学院教授、中国书画研究会副会长。代表作品有《天光》《山水》等。

J0080600
说岳全传　马保超改编;潘真等绘
郑州 河南美术出版社 1991 年 494 页
21cm(32 开) 精装 ISBN: 7-5401-0157-1
定价: CNY15.00
(中国古典通俗演义连环画)
　　作者潘真(1929—　),别名慕莼,河北交河人。历任河北美术出版社美编及编辑室主任、副编审。作品有《小憩林阴下》《秋收场上》《斗杀西门庆》《清风十里展画屏》等。 出版有《潘真山水画集》。

J0080601
宋代文学故事　王战军编注;徐恒瑜等绘
郑州 河南美术出版社 1991 年 2 版 272 页
21cm(32 开) ISBN: 7-5401-0169-5
定价: CNY5.10
(古典文学绘画丛书)
　　本作品系中国连环画。

J0080602
宋庆龄和她的姊妹们　郑宏宇摄影;博其木勒改编
石家庄 河北少年儿童出版社 1991 年 6 册
26cm(16 开) ISBN: 7-5376-0628-5
定价: CNY5.40
　　本书根据电视剧《宋庆龄和她的姊妹们》改编的连环画。共收入 265 幅图。全书以宋庆龄的主要生平为主线,写出了宋氏三姊妹的生活与革命故事。

J0080603
粟裕大将　刘耀中编;谢颖等绘
郑州 河南美术出版社 1991 年 134 页
19cm(小 32 开) ISBN: 7-5401-0177-6
定价: CNY2.70
(十大将军传记丛书)
　　本作品系中国现代连环画。

J0080604
岁时节令传说　邢威,南辉编文;辛鹤江等绘
石家庄 河北少年儿童出版社 1991 年 58 页
15×36cm 精装 ISBN: 7-5376-0668-4
定价: CNY7.50
(中国民俗故事连环画册)
　　本书选编“撒芝麻杆的来历”、“年的由来”、“枕头粽子”、“达努节”等民俗故事 11 则。作者辛鹤江(1941—　),河北安新人,毕业于天津美术学院。擅长中国画。曾任河北美协副主席、连

环画研究会副会长、河北美术出版社社长兼总编辑等职。代表作有《棉农来访》《周总理和小演员在一起》《敌情急》《老英雄回到雁翎队》等。

J0080605

孙悟空大战青牛精　庆生编；田家林绘

北京 中国电影出版社 1991年 18页 26cm（16开）

ISBN：7-106-00517-7 定价：CNY1.25

（《西游记》系列连环画）

J0080606

孙子兵法　（第一册）杨坚康等编文；戴敦邦等绘

杭州 浙江人民美术出版社 1991年 429页

有彩图 20cm（32开）定价：CNY8.47

（连环画丛书）

作者戴敦邦（1938—　），国画家，教授。号民间艺人。江苏丹徒人，毕业于上海第一师范学校。历任《中国少年报》《儿童时代》美术编辑，上海交通大学人文学院教授等。主要作品有《水浒人物一百零八图》《戴敦邦水浒人物谱》《戴敦邦新绘红楼梦》《戴敦邦古典文学名著画集》等；连环画代表作品有《一支驳壳枪》《水上交通站》《大泽烈火》《蔡文姬》等。

J0080607

孙子兵法　（第二册）赵秀英等编文；丘玮等绘

杭州 浙江人民美术出版社 1991年 475页

20cm（32开）定价：CNY8.17

（连环画丛书）

作者丘玮（1949—　），美术编辑。别名阿兴，福建上杭人。历任江西人民出版社美术编辑，江西美术出版社。作品连环画有《送棉被》《秦始皇的专利》《光辉的旗帜》。

J0080608

孙子兵法　（第三册）江涓等编文；梁平波等绘

杭州 浙江人民美术出版社 1991年 475页

20cm（32开）定价：CNY8.17

（连环画丛书）

J0080609

孙子兵法　（第四册）翟蜀成等编文；卢汶等绘

杭州 浙江人民美术出版社 1991年 448页

20cm（32开）定价：CNY7.80

（连环画丛书）

作者卢汶（1922—2010），连环画家。原名卢世宝，出生于上海市，籍贯浙江鄞县。代表作品《蜀山剑侠传》《三国演义》。

J0080610

孙子兵法　（第五册）良军等编文；黄镇中等绘

杭州 浙江人民美术出版社 1991年 357页

20cm（32开）定价：CNY6.50

（连环画丛书）

J0080611

孙子兵法　（第六册）杨坚康等编文；黄小金等绘

杭州 浙江人民美术出版社 1991年 532页

20cm（32开）ISBN：7-5340-0256-7

定价：CNY8.89

（连环画丛书）

本书内容包括九地篇、火攻篇和用间篇。

J0080612

孙子兵法

杭州 浙江人民美术出版社 1991年 6册

20cm（32开）精装 定价：CNY75.00

（连环画丛书）

J0080613

孙子兵法　（连环画）（春秋）孙武著；马守良等编

杭州 浙江人民美术出版社 1991年 6册

20cm（32开）精装 ISBN：7-5340-0312-1

定价：CNY66.00

本画册从中国三千年各个历史时期的战争中选出近200个实例，绘制成连环画，为《孙子兵法》的军事思想提供佐证。

J0080614

孙子兵法　（连环画丛书）浙江人民美术出版社编

杭州 浙江人民美术出版社 1991年 6册

26cm（16开）精装 ISBN：7-5340-0276-1

J0080615

所罗门王的宝石矿　齐磊改编；徐锡麟绘

昆明 云南少年儿童出版社 1991 年 125 页
13cm（ 64 开 ）ISBN：7-5414-0047-5
定价：CNY0.95
　　本作品系中国连环画。

J0080616
谭政大将　李德炎编文；陈亚非绘
郑州 河南美术出版社 1991 年 118 页
19cm（小 32 开 ）ISBN：7-5401-0180-6
定价：CNY2.40
（十大将军传记丛书）
　　本作品系中国现代连环画。

J0080617
唐代文学故事　冷文等编注
郑州 河南美术出版社 1991 年 2 版 256 页
21cm（ 32 开 ）ISBN：7-5401-0168-7
定价：CNY4.95
（古典文学绘画丛书）
　　本作品系中国现代连环画。

J0080618
特洛伊木马　晓竹编；陈巽如等绘
长沙 湖南少年儿童出版社 1991 年 123 页
13cm（ 64 开 ）ISBN：7-5358-0654-6
定价：CNY0.70
　　本作品系中国连环画。

J0080619
铁拐李卖油　孟寅，董侃编；龙振海绘
石家庄 河北少年儿童出版社 1991 年 20 页
21×19cm 精装 ISBN：7-5376-0640-4
定价：CNY3.10
（八仙的传说 3）
　　本书系中国神话故事连环画。根据广为流
传于民间的有代表性的八仙传说改编。

J0080620
偷奶喝的老鼠　刘明改编；王玉群等绘
北京 中国连环画出版社 1991 年 19cm（小 32 开 ）
ISBN：7-5061-0338-9 定价：CNY1.00
（外国寓言故事精选连环画）

J0080621
秃秃大王　晓音改编；赵霓等绘

长沙 湖南少年儿童出版社 1991 年 126 页
13cm（ 64 开 ）ISBN：7-5358-0638-4
定价：CNY0.70
（中国著名童话连环画丛书）
　　本作品系中国连环画。

J0080622
图画三字经　穆一衡，熊侃编；丁世弼等绘
南昌 江西美术出版社 1991 年 157 页
21cm（ 32 开 ）ISBN：7-80580-049-9
定价：CNY3.75
　　本作品系中国连环画。作者丁世弼（1939—
2018），画家、国家一级美术师。字仲宜，江西南
昌人。中国美术家协会会员、江西省美术家协会
副主席。代表作有《渔岛怒潮》《秋瑾》《陈赓大
将》《红楼梦》等。

J0080623
外国典故选　（上）胡子雄，高燕改编；贾培生
等画
广州 岭南美术出版社 1991 年 220 页
18cm（小 32 开 ）ISBN：7-5362-0746-8
定价：CNY9.50
　　本书系中国连环画。全书 2 册。选取 60 篇
希腊、罗马神话、圣经故事、各国民间传说和
文学名著，引出 94 条常见而富有哲理性的外国
典故。

J0080624
外国典故选　（下）胡子雄，高燕改编；贾培生
等画
广州 岭南美术出版社 1991 年 219 页
18cm（小 32 开 ）ISBN：7-5362-0746-8
定价：CNY9.50

J0080625
外国文学名著连环画　（少年哈克历险记）河
西等改编
上海 上海翻译出版公司 1991 年 286 页
19cm（小 32 开 ）ISBN：7-80514-628-4
定价：CNY4.10

J0080626
王树声大将　路志纯编；恩道等绘
郑州 河南美术出版社 1991 年 134 页

19cm（小 32 开）ISBN：7-5401-0178-4
定价：CNY2.70
（十大将军传记丛书）
　　本作品系中国连环画。

J0080627

威尼斯商人　（汉英对照）许国璋改写；蚁美楷绘
广州 广东教育出版社 1991 年 16 页 21cm（32 开）
ISBN：7-5406-1351-3 定价：CNY3.45
（世界名著连环画）
　　本作品系中国连环画。作者蚁美楷
（1938— ），画家。广东澄海人，毕业于北京艺术师范学院。历任吉林艺术学院美术系教师，广州美术学院副教授。代表作品《打稻场上》《待鱼归》《炎黄子孙》等。

J0080628

魏晋南北朝文学故事　田雨等编注；陈惠冠等绘
郑州 河南美术出版社 1991 年 2 版 272 页
21cm（32 开）ISBN：7-5401-0060-5
定价：CNY5.80
（古典文学绘画丛书）
　　本册收入《蒿里行》《桃花源记》《周处》等24 个连环画故事。作者陈惠冠（1935— ），浙江余姚人。中国美术家协会会员、中国版协连环画艺术委员会副主任委员。擅长连环画。作品有《牛头山》《仙人岛》《黄河飞渡》等。

J0080629

文化信仰传说　邢威，南辉编文；宁大明等绘画
石家庄 河北少年儿童出版社 1991 年 58 页
15×36cm 精装 ISBN：7-5376-0666-8
定价：CNY7.50
（中国民俗故事连环画册）
　　本书是中国现代连环画作品。选编"猴鼓舞的来历"、"支秋节"、"毛笔的故事"、"妈祖的传说"等民俗故事 11 则。作者宁大明（1943— ），画家，教授。河北乐亭人。毕业于天津美术学院。历任石家庄丝弦剧团舞台美术设计、河北师范大学美术系教师、中国美术家协会会员、河北书装研究会常务理事。作品有中国画《高风亮节》《先驱》，年画《领袖和人民》。

J0080630

无底洞大战耗子精　西林编；高文，张弢绘
北京 中国电影出版社 1991 年 18 页 26cm（16 开）
ISBN：7-106-00519-3 定价：CNY1.25
（《西游记》系列连环画）
　　本作品系中国连环画。

J0080631

武松　陈元山改编；马方路等绘
上海 上海人民美术出版社 1991 年 2 册（92 页）
19cm（小 32 开）ISBN：7-5322-0760-9
定价：CNY3.45
（古典小说英雄人物系列画库）
　　本作品系中国连环画。作者马方路
（1960— ），连环画家。出生于上海。历任上海连环画协会会员、上海教育报刊总社学前教育分社设计部主任。代表画作有《清朝故事》《历代歌赋》《雪夜袭蔡州》《杨家将》《水浒人物 108将》《西游记人物大全》《中国成语故事》等

J0080632

西湖古代爱情故事丛书　钟戎等编文；黄小金等绘
杭州 浙江人民美术出版社 1991 年 4 册
13cm（64 开）ISBN：7-5340-0297-4
定价：CNY3.33
　　本作品系中国连环画。

J0080633

西游记　招明等改编；赵宝林等绘
北京 人民美术出版社 1991 年 3 册 有图
19cm（小 32 开）函装 ISBN：7-102-00962-3
定价：CNY24.00
（中国古典文学名著连环画库）

J0080634

西游记精选本　丁尚南等改编；刘建平等绘
厦门 鹭江出版社 1991 年 19cm（小 32 开）
ISBN：7-80533-425-0 定价：CNY4.50
　　本作品系中国连环画。

J0080635

下次开船港　邵远改编；段正渠等绘
长沙 湖南少年儿童出版社 1991 年 126 页
13cm（64 开）ISBN：7-5358-0636-8

定价：CNY0.70

（中国著名童话连环画丛书）

　　本作品系中国连环画。

J0080636

先秦文学故事　卓允等选注编译；费声福等绘

郑州　河南美术出版社　1991 年　2 版　236 页

21cm（32 开）ISBN：7-5401-0165-2

定价：CNY4.70

（古典文学绘画丛书）

　　作者费声福（1927—　），编辑。祖籍浙江慈溪，毕业于中央美术学院。历任中国连环画出版社编审，《中国连环画》副主编、中国美术家协会连环画艺术委员会副主任、中国连环画研究会常务理事兼秘书长。作品有《神火》《游赤壁》。

J0080637

想称王的雄狮　叶曦改编；吴国英等绘

北京　中国连环画出版社　1991 年　19cm（小 32 开）

ISBN：7-5061-0335-4　定价：CNY1.00

（外国寓言故事精选连环画）

J0080638

肖劲光大将　蓝淑贞编；赵贵德绘

郑州　河南美术出版社　1991 年　134 页

19cm（小 32 开）ISBN：7-5401-0182-2

定价：CNY2.70

（十大将军传记丛书）

　　本作品系中国连环画。作者赵贵德（1937—　），满族、国家一级美术师。生于北京。中国美术家协会理事，河北省美术家协会名誉主席。代表作品有《激流》《春潮》《大风歌》《神骏图》等，著有《怎样才能画好速写》。

J0080639

小布头奇遇记　阿虹改编；王祖民绘

长沙　湖南少年儿童出版社　1991 年　126 页

13cm（64 开）ISBN：7-5358-0635-X

定价：CNY0.70

（中国著名童话连环画丛书）

　　本作品系中国连环画。作者王祖民（1949—　），插画家。生于江苏苏州，毕业于南京师范大学美术系。江苏少年儿童出版社美术编辑。代表作绘有《会飞的蛋》《梁山伯与祝英台》《新来的小花豹》《我是老虎我怕谁》等。

J0080640

小刺猬阿威　陈军等编绘

北京　中国连环画出版社　1991 年　30 页

26cm（16 开）ISBN：7-5061-0362-1

定价：CNY1.90

　　本作品系中国连环画。

J0080641

小学生常见常用成语系列故事　（一）罗干，尹继红编

北京　经济日报出版社　1991 年　80 页　有图

18×19cm　ISBN：7-80036-278-7　定价：CNY2.65

　　本书根据小学语文大纲的要求，精选了数百条成语编成故事脚本，并绘成连环漫画故事。

J0080642

小学生常见常用成语系列故事　（二）罗干，尹继红编

北京　经济日报出版社　1991 年　80 页　有图

18×19cm　ISBN：7-80036-279-5　定价：CNY2.65

J0080643

新世纪的曙光　（中国共产党诞生前后）俞伯洪编文；邵学海等绘画

武汉　湖北少年儿童出版社　1991 年　77 页

19cm（小 32 开）ISBN：7-5353-0904-6

定价：CNY0.95

J0080644

熊猫保卫战　（1　鳄鱼头两偷熊猫　上）梁启德等编绘

南宁　广西美术出版社　1991 年　24 页

19cm（小 32 开）ISBN：7-80582-135-6

定价：CNY1.20

　　本书系中国现代连环画作品。

J0080645

熊猫保卫战　（1　鳄鱼头两偷熊猫　下）梁启德等编绘

南宁　广西美术出版社　1991 年　24 页

19cm（小 32 开）ISBN：7-80582-136-4

定价：CNY1.20

　　本书系中国现代连环画作品。

J0080646

熊猫保卫战 （2 大战机器猴 上）梁启德等
编绘

南宁 广西美术出版社 1991年 19cm（小32开）

ISBN：7-80582-252-2 定价：CNY1.25

　　本书系中国现代连环画作品。

J0080647

熊猫保卫战 （2 大战机器猴 下）梁启德等
编绘

南宁 广西美术出版社 1991年 20页

19cm（小32开） ISBN：7-80582-253-0

定价：CNY1.25

　　本书系中国现代连环画作品。

J0080648

熊探长与兔警官 （续集）白忠懋编；陆元
林绘

上海 上海人民美术出版社 1991年 35页

19cm（小32开） ISBN：7-5322-0924-5

定价：CNY1.50

（动画大王画库）

　　本书系中国现代连环画作品。作者陆元林
（1938—　），画家。浙江宁波人，毕业于中央工
艺美术学院。中国美术家协会会员、上海市美术
家协会会员、少年儿童出版社编审。连环画代表
作有《冷酷的心》《小象努努》《白雪皇后》《巧儿
姑娘》等。

J0080649

徐海东大将　冯斌编；许明康绘

郑州 河南美术出版社 1991年 94页

19cm（小32开） ISBN：7-5401-0181-4

定价：CNY2.10

（十大将军传记丛书）

　　本作品系中国连环画。

J0080650

许光达大将　春峰编文；许民康等绘

郑州 河南美术出版社 1991年 110页

18cm（小32开） ISBN：7-5401-0183-0

定价：CNY2.55

（十大将军传记丛书）

　　本作品系中国连环画。

J0080651

血溅东山　移风改编；移风，竹青绘

长沙 湖南美术出版社 1991年 94页 13cm（64开）

ISBN：7-5356-0455-2 定价：CNY0.61

　　本作品系中国连环画。

J0080652

血溅校场　（清）钱彩等原著；赵泽生改编；徐
锡林绘

北京 中国连环画出版社 1991年 32页

26cm（16开） ISBN：7-5061-0396-6

定价：CNY1.20

（精忠报国 2）

　　本作品系中国连环画。

J0080653

血洒梧州　刘太平改编；工国仁绘

长沙 湖南美术出版社 1991年 86页 13cm（64开）

ISBN：7-5356-0484-6 定价：CNY0.57

　　本作品系中国连环画。

J0080654

血战邕州　竺乾华编文；梦宇，梦翔绘

郑州 河南美术出版社 1991年 18cm（小32开）

ISBN：7-5401-0150-4 定价：CNY1.00

（连环画世界）

　　本作品系中国连环画。

J0080655

烟囱岩古宅　（美）蒙哥利著；葛兰编译；白明
等绘

北京 人民美术出版社 1991年 46页

19cm（小32开） ISBN：7-102-00698-5

定价：CNY1.30

（勇士探奇系列连环画）

J0080656

杨家将　张惠民等编；秦云海等绘

郑州 河南美术出版社 1991年 2版 118页

21cm（32开）精装 ISBN：7-5401-0154-7

定价：CNY18.00

（中国古典通俗演义连环画）

　　本作品系中国连环画。作者张惠民，美术教
师。毕业于广州美术专科学校，历任南宁、桂林、
百色等中学及南武师范学校美术教师，广西壮族

自治区美术家协会会员。

J0080657

杨家将 （连环画）赵建明，徐敏改编；张令涛
等绘
北京 人民美术出版社 1991年 2版 452页
19cm（小 32 开） ISBN：7-102-00964-X
定价：CNY6.60
（中国历史故事连环画库）
　　作者张令涛（1903—1988），连环画艺术家。
浙江宁波人，毕业于上海美专。上海文史馆馆员、
中国美术家协会会员，在商务印书馆编辑所担任
美术编辑，代表作品有《杨家将》《红楼梦》《猎
虎记》《三国归晋》《女娲补天》《东周列国志》等。

J0080658

杨家将 （第一集 杨令公血溅李陵碑）玉洁，
匹卫编写；尤先瑞等绘
上海 少年儿童出版社 1991年 19cm（小 32 开）
ISBN：7-5324-1518-X 定价：CNY1.85
　　本作品系中国连环画。作者尤先瑞
（1944— ），笔名岱石等。山西人，毕业于中央
美术学院附中。擅长连环画、儿童画。中国美术
家协会上海分会会员、中国电影家协会上海分会
会员。主要作品有《巴顿将军》《哪吒》《世界儿
童文学名著图画本》等。

J0080659

杨家将 （第二集 杨六郎威震三关口）玉洁，
匹卫编写；尤先瑞等绘
上海 少年儿童出版社 1991年 19cm（小 32 开）
ISBN：7-5324-1519-8 定价：CNY1.85
　　本作品系中国连环画。

J0080660

杨家将 （第三集 穆桂英大破天门阵）玉洁，
匹卫编写；尤先瑞等绘
上海 少年儿童出版社 1991年 19cm（小 32 开）
ISBN：7-5324-1520-1 定价：CNY1.85
　　本作品系中国连环画。

J0080661

杨家将 （第四集 杨文广苦战野蟒山）玉洁，
匹卫编写；尤先瑞等绘
上海 少年儿童出版社 1991年 19cm（小 32 开）

ISBN：7-5324-1521-X 定价：CNY1.85
　　本作品系中国连环画。

J0080662

杨家将全集 玉洁，匹卫编写；尤先瑞等绘
上海 少年儿童出版社 1991年 19cm（小 32 开）
ISBN：7-5324-1517-1 定价：CNY7.20
　　本作品系中国连环画。

J0080663

野猫法官 叶曦改编；万新等绘
北京 中国连环画出版社 1991年 19cm（小 32 开）
ISBN：7-5061-0341-9 定价：CNY1.00
（外国寓言故事精选连环画）

J0080664

野天鹅 夏丽改编；陈小军绘
北京 中国连环画出版社 1991年 23页
19cm（小 32 开） ISBN：7-5061-0324-9
定价：CNY1.00
（世界著名童画精选）
　　本作品系中国现代连环画。

J0080665

叶挺 许连城改编；张跃来，李力绘
天津 新蕾出版社 1991年 19cm（小 32 开）
ISBN：7-5307-0891-0 定价：CNY0.95
（中华英烈画库）
　　本作品系中国连环画。

J0080666

银河烈风 （1）茵波，吴珊改编；文倩，李娺绘
北京 中国电影出版社 1991年 有图 26cm（16 开）
ISBN：7-106-00499-5 定价：CNY1.25
　　本作品系中国现代连环画。

J0080667

银河烈风 （2）茵波，吴珊改编；周立，李立
绘画
北京 中国电影出版社 1991年 有图 26cm（16 开）
ISBN：7-106-00500-2 定价：CNY1.25
　　本作品系中国现代连环画。作者李立
（1925—2014），书法家、教授。原名心挚，湖南
湘潭县（今属株洲）人。历任中国书法家协会理事、
中国书法家协会湖南分会副主席、顾问，湖南省

工艺美术书画研究会会长、湖南高等轻工业专科学校教授、西泠印社成员。代表作品有《毛主席诗词印谱选》《李立金石书画集》等。

J0080668

优秀少先队员李天国　李莎编写；付显瑜等绘
重庆　重庆出版社　1991年　86页　13cm（64开）
ISBN：7-5366-1585-1　定价：CNY0.52
　　本作品系中国连环画。

J0080669

幽灵岛　王素一改编；陈铁军，刘玮绘
北京　中国连环画出版社　1991年　126页
13cm（64开）ISBN：7-5061-0439-3
定价：CNY1.20
　　本作品系中国连环画。

J0080670

犹豫不决的鬏狗　刘明改编；肖鹏等绘
北京　中国连环画出版社　1991年　19cm（小32开）
ISBN：7-5061-0345-1　定价：CNY1.00
（外国寓言故事精选连环画）
　　本作品系中国连环画。

J0080671

渔夫和金鱼的故事　夏丽改编；吴勇绘
北京　中国连环画出版社　1991年　23页
19cm（小32开）ISBN：7-5061-0327-3
定价：CNY1.00
（世界著名童话精选）
　　本作品系世界著名童话连环画。

J0080672

雨雪霏霏　黎汝清著；王素改编；中蔚等绘
北京　中国连环画出版社　1991年
2册（163+219页）21cm（32开）
ISBN：7-5061-0144-0　定价：CNY6.00
（革命故事连环画库）
　　作者黎汝清（1928—2015），作家。山东博兴县人。曾任南京军区前线歌舞团编剧、军区政治部文艺创作室创作员，中国作家协会会员。著有长篇小说《海岛女民兵》《皖南事变》等，儿童文学集《秘密联络站》，诗歌散文集《在祖国的土地上》等，电影文学剧本《长征》等，评论集《黎汝清研究专集》等。

J0080673

源远流长话税收　（连环画）陆京川，钟树稷编；王耀南绘
北京　中国财政经济出版社　1991年　102页
13cm（64开）ISBN：7-5005-1559-6
定价：CNY0.60
　　本作品系中国现代连环画。

J0080674

岳母刺字　（清）钱彩等原著；晨曦改编；徐锡林绘
北京　中国连环画出版社　1991年　32页
26cm（16开）ISBN：7-5061-0397-4
定价：CNY1.20
（精忠报国　3）
　　本作品系中国连环画。

J0080675

战争与和平　沙铁军等编；王申生等绘
郑州　河南美术出版社　1991年　1188页
21cm（32开）精装　ISBN：7-5401-0156-3
定价：CNY28.00
　　本书根据俄国列夫·托尔斯泰同名原著改编的连环画。

J0080676

张果老成仙　孟寅，董侃编文；光立，岚云绘
石家庄　河北少年儿童出版社　1991年　20页
21×19cm　精装　ISBN：7-5376-0642-0
定价：CNY3.10
（八仙的传说　5）
　　本书系中国连环画。根据广为流传于民间的有代表性的八仙传说改编。

J0080677

张云逸大将　戴俊贤编；陈以忠等绘
郑州　河南美术出版社　1991年　117页
18cm（小32开）ISBN：7-5401-0185-7
定价：CNY2.40
（十大将军传记丛书）
　　本作品系中国连环画。作者陈以忠（1940—　　），编辑。广东化州人，毕业于广西艺术学院美术系。《广西日报》高级编辑、漓江画院副院长、中国人才研究会艺术家学部委员会委员、中国美术家协会广西分会常务理事。出版有

《报刊美编学》《实用图案设计》。

J0080678

仗义屠魔　米普编文；何汉荣绘

南宁　广西壮族出版社　1991 年　95 页　13cm（64开）

ISBN：7-5363-1098-6　定价：CNY0.65

　　本作品系中国连环画。

J0080679

赵一曼　昭平改编；颜宝臻，罗宁绘

天津　新蕾出版社　1991 年　19cm（小 32 开）

ISBN：7-5307-0887-2　定价：CNY0.95

（中华英烈画库）

　　本作品系中国连环画。

J0080680

中国 100 年　（近代风云录、现代风云录）程

剑鸣等著；丁世弼等绘

南昌　21 世纪出版社　1991 年　2 册（315+317 页）

20cm（32 开）ISBN：7-5391-0488-0

定价：CNY19.60

　　中国现代连环画册。介绍中国自鸦片战争

到中华人民共和国成立百余年中的重大历史事

件。上编《近代风云录》分 6 章：一、鸦片战争录；

二、太平天国运动；三、御侮血战祭；四、戊戌维

新记；五、义和团狂飙；六、辛亥革命篇。下编

《现代风云录》分 5 章：一、新时期曙光；二、北

伐战争记；三、工农武装革命潮；四、抗日烽火

篇；五、人民解放战争录。

J0080681

中国百年史连环画　（1840—1949　第一卷）

中国革命博物馆，中国百年史连环画编写组编

石家庄　河北少年儿童出版社　1991 年　284 页

21cm（32 开）ISBN：7-5376-0689-7

定价：CNY4.20

　　本书是中国连环画作品。自 1840 年以后，

西方列强入侵中国，强签一系列不平等条约，使

中国变成半殖民地半封建社会。中国人民在中

国共产党的领导下，经过艰苦卓绝的斗争，终于

推翻了帝国主义、封建主义和官僚资本主义的统

治，建立了中华人民共和国，取得了民主革命的

伟大胜利。

J0080682

中国百年史连环画　（1840—1949　第二卷）

中国革命博物馆，中国百年史连环画编写组编

石家庄　河北少年儿童出版社　1991 年　340 页

21cm（32 开）ISBN：7-5376-0690-0

定价：CNY4.85

J0080683

中国百年史连环画　（1840—1949　第三卷）

中国革命博物馆，中国百年史连环画编写组编

石家庄　河北少年儿童出版社　1991 年　330 页

21cm（32 开）ISBN：7-5376-0691-9

定价：CNY4.70

J0080684

中国百年史连环画　（1840—1949　第四卷）

中国革命博物馆，中国百年史连环画编写组编

石家庄　河北少年儿童出版社　1991 年　361 页

21cm（32 开）ISBN：7-5376-0692-7

定价：CNY5.10

J0080685

中国传统节日及传说　（中英文对照）金铭子

编；岳海波等绘

济南　山东美术出版社　1991 年　186 页　30cm

精装　ISBN：7-5330-0356-X　定价：CNY30.00

（中国传统文化画库）

　　本作品系中国连环画。

J0080686

中国鬼神故事　（1）古风，神笛改编；郑绪良

等绘

石家庄　河北少年儿童出版社　1991 年　45 页

19cm（小 32 开）　精 装　ISBN：7-5376-0656-0

定价：CNY2.10

　　本书是根据流传于中国民间的 80 余个鬼神

故事改编成的连环画。

J0080687

中国鬼神故事　（2）古风等改编；贠冬鸣等绘

石家庄　河北少年儿童出版社　1991 年　46 页

19cm（小 32 开）精装　ISBN：7-5376-0657-9

定价：CNY2.10

J0080688

中国鬼神故事 （3）古风，神笛改编；张世明
等绘

石家庄 河北少年儿童出版社 1991年 46页
19cm（小32开）精装 ISBN：7-5376-0658-7
定价：CNY2.10

J0080689

中国鬼神故事 （4）古风，神笛改编；贾文涛
等绘

石家庄 河北少年儿童出版社 1991年 46页
19cm（小32开）精装 ISBN：7-5376-0659-5
定价：CNY2.10

J0080690

中国鬼神故事 （5）古风，国风改编；侯冠宾
等绘

石家庄 河北少年儿童出版社 1991年 46页
19cm（小32开）精装 ISBN：7-5376-0660-9
定价：CNY2.10

J0080691

中国鬼神故事 （6）刘悦改编；袁耀敏等绘
石家庄 河北少年儿童出版社 1991年 46页
19cm（小32开）精装 ISBN：7-5376-0661-7
定价：CNY2.10

J0080692

中国鬼神故事 （7）铁锋改编；刘业通等绘
石家庄 河北少年儿童出版社 1991年 46页
19cm（小32开）精装 ISBN：7-5376-0662-5
定价：CNY2.10

　　作者刘业通（1968—　　），河北清苑人，毕业
于天津美院，河北师范大学美术系副主任。

J0080693

中国鬼神故事 （8）神英改编；马唯池等绘
石家庄 河北少年儿童出版社 1991年 46页
19cm（小32开）精装 ISBN：7-5376-0663-3
定价：CNY2.10

J0080694

中国民间故事连环画 （第1辑）张玉培改
编；阎善春等绘
石家庄 河北少年儿童出版社 1991年 48页

19cm（小32开）精装 ISBN：7-5376-0648-X
定价：CNY2.10

　　本书是以民间绘画形式表现中国各民族民
间具有代表性的故事的连环画。

J0080695

中国民间故事连环画 （第2辑）张玉培改
编；剡人等绘
石家庄 河北少年儿童出版社 1991年 48页
19cm（小32开）精装 ISBN：7-5376-0649-8
定价：CNY2.10

J0080696

中国民间故事连环画 （第3辑）张玉培改
编；李玉杰等绘
石家庄 河北少年儿童出版社 1991年 48页
19cm（小32开）精装 ISBN：7-5376-0650-1
定价：CNY2.10

J0080697

中国民间故事连环画 （第4辑）张玉培改
编；王水泊等绘
石家庄 河北少年儿童出版社 1991年 48页
19cm（小32开）精装 ISBN：7-5376-0651-X
定价：CNY2.10

J0080698

中国民间故事连环画 （第5辑）白雨，李梦
阳改编；张健民等绘
石家庄 河北少年儿童出版社 1991年 48页
19cm（小32开）精装 ISBN：7-5376-0652-8
定价：CNY2.10

J0080699

中国民间故事连环画 （第6辑）白雨，李梦
阳改编；马唯驰等绘
石家庄 河北少年儿童出版社 1991年 48页
19cm（小32开）精装 ISBN：7-5376-0653-6
定价：CNY2.10

　　作者马唯驰（1959—　　），画家。河北承德人，
毕业于河北师范大学美术系。中国美术家协会
会员，承德民族师专美术系副教授、系主任，承
德市美协副主席。作品有《姐姐》《离魂记》《木
兰围猎》等，著有《水粉画ABC》。

J0080700

中国民间故事连环画 （第 7 辑）白雨，李梦阳改编；李文侠等绘

石家庄 河北少年儿童出版社 1991 年 48 页 19cm（小 32 开）精装 ISBN：7-5376-0654-4 定价：CNY2.10

J0080701

中国民间故事连环画 （第 8 辑）白雨，李梦阳改编；王焕青等绘

石家庄 河北少年儿童出版社 1991 年 48 页 19cm（小 32 开）精装 ISBN：7-5376-0655-2 定价：CNY2.10

J0080702

中国民族民俗故事 （1）赵镇琬主编；傅大伟英译

济南 明天出版社 1991 年 80 页 26cm（16 开）精装 ISBN：7-5332-1136-7 定价：CNY25.00

J0080703

中国民族民俗故事 （2）赵镇琬主编；傅大伟英译

济南 明天出版社 1991 年 80 页 26cm（16 开）精装 ISBN：7-5332-1138-3 定价：CNY25.00

J0080704

中国民族民俗故事 （3）赵镇琬主编；卫平英译

济南 明天出版社 1991 年 80 页 26cm（16 开）精装 ISBN：7-5332-1140-5 定价：CNY25.00

J0080705

中国民族民俗故事 （4）赵镇琬主编；张卫星英译

济南 明天出版社 1991 年 80 页 有插图 26cm（16 开）精装 ISBN：7-5332-1142-1 定价：CNY25.00

J0080706

中国民族民俗故事 （5）赵镇琬主编；张卫星英译

济南 明天出版社 1991 年 80 页 26cm（16 开）精装 ISBN：7-5332-1144-8 定价：CNY25.00

J0080707

中国民族民俗故事 （6）赵镇琬主编；傅大伟，张卫星英译

济南 明天出版社 1991 年 80 页 26cm（16 开）精装 ISBN：7-5332-1146-4 定价：CNY25.00

J0080708

中国神话故事大全 （精编连环画）

杭州 浙江少年儿童出版社 1991 年 4 册 20cm（32 开）精装 ISBN：7-5342-0732-0 定价：CNY8.75

　　本书是 53 个少数民族具有代表性的 103 篇连环画集。

J0080709

中国通史连环画 （第一册 原始人群至春秋 约 170 万年前至公元前 476 年）林猷召主编；石高立，罗静宜编文；刘永凯等绘画

海口 海南出版社 1991 年 304 页 20cm（32 开）ISBN：7-80564-210-9 定价：CNY5.50

　　《中国通史连环画》反映了从原始人至春秋这段中国历史发展的概貌。本套书与三环出版社合作出版。作者刘永凯（1927— ），画家。又名阿刘，黑龙江齐齐哈尔人，毕业于中央美术学院。历任人民美术出版社美术编辑、连环画创作组副组长。代表作品《石林湖畔》《西双版纳》《渔夫和金鱼的故事》《中国古代神话故事》《清宫演义》等。

J0080710

中国通史连环画 （第二册 战国秦汉 公元前 475 年至公元 220 年）林猷召主编；卓守忠，谷丽应编文；童介眉等绘画

海口 海南出版社 1991 年 304 页 20cm（32 开）ISBN：7-80564-211-7 定价：CNY5.50

J0080711

中国通史连环画 （第三册 三国两晋南北朝 公元 220 年至公元 589 年）林猷召主编；姚小泉，徐小贵编文；韩亚洲等绘画

海口 海南出版社 1991 年 302 页 20cm（32 开）ISBN：7-80564-212-5 定价：CNY5.50

J0080712

中国通史连环画 （第四册 隋唐 公元 581 年

至公元 907 年）林猷召主编；成化敏，李川编
文；于绍文等绘画
海口　海南出版社　1991 年　304 页　20cm（32 开）
ISBN：7-80564-213-3　定价：CNY5.50

　　作者于绍文（1939—　），画家。山东烟台人。
曾任人民文学出版社美术编辑室副主任、副编
审。代表作品有《贫嘴张大民的幸福生活》《陈
毅之帅》《佛教画藏》等。

J0080713

中国通史连环画　（第五册　五代宋元　公元
907 年至公元 1368 年）林猷召主编；石高立，
罗静宜编文；马程等绘画
海口　海南出版社　1991 年　304 页　20cm（32 开）
ISBN：7-80564-214-1　定价：CNY5.50

　　作者马程（1940—　），连环画家。辽宁大连
人，毕业于鲁迅美术学院中国画系。曾任人民美
术出版社连环画编辑室副主任。作品有《鲁智深》
《封神演义》《清宫演义》等。

J0080714

中国通史连环画　（第六册　明至清前期　公元
1368 年至公元 1840 年）林猷召主编；卓守忠，
谷丽应编文；孙慕龄等绘画
海口　海南出版社　1991 年　304 页　20cm（32 开）
ISBN：7-80564-215-X　定价：CNY5.50

J0080715

中国通史连环画　（第七册　鸦片战争至甲午
战争　公元 1840 年至公元 1895 年）林猷召主编；
姚小泉，徐小贵编文；于绍文等绘画
海口　海南出版社　1991 年　307 页　20cm（32 开）
ISBN：7-80564-216-8　定价：CNY5.50

J0080716

中国通史连环画　（第八册　戊戌变法至五四
运动　公元 1898 年至公元 1919 年）林猷召主编；
成化敏，徐川编文；赵宝林等绘画
海口　海南出版社　1991 年　305 页　20cm（32 开）
ISBN：7-80564-217-6　定价：CNY5.50

J0080717

中国武侠　（中国武术家故事）毛永煌等编文；
赵国经等绘
南京　江苏美术出版社　1991 年　19cm（32 开）

ISBN：7-5344-0194-1　定价：CNY3.60

　　作者赵国经（1950—　），一级画师。出生于
河北景县，毕业于天津美术学院绘画系。中国美
术家协会会员、连环画艺术委员会委员、天津美
术家协会副主席、天津美术出版社美术编辑、连
环画编辑室主任。年画代表作品有《烽火连三月》
《做嫁衣》等。

J0080718

中国笑话选粹　（1）郑新吾改编；黄定初，刘
左钧绘
长沙　湖南少年儿童出版社　1991 年　13cm（64 开）
精装　ISBN：7-5368-0690-2　定价：CNY0.70
　　本作品系中国连环画。

J0080719

中国笑话选粹　（2）郑新吾改编；杨敦仪等绘
长沙　湖南少年儿童出版社　1991 年　13cm（64 开）
精装　ISBN：7-5368-0690-2　定价：CNY0.70
　　本作品系中国连环画。

J0080720

中国笑话选粹　（3）郑新吾改编；桂润年等绘
长沙　湖南少年儿童出版社　1991 年　13cm（64 开）
精装　ISBN：7-5368-0690-2　定价：CNY0.70
　　本作品系中国连环画。

J0080721

中华小英雄故事系列　和平等编；吴成槐等绘
沈阳　辽宁少年儿童出版社　1991 年　20 册
有彩图　18cm（小 32 开）ISBN：7-5315-1103-7
定价：CNY20.00
（小学新书系列）

　　本作品系中国连环画。作者吴成槐
（1943—　），满族，编辑。辽宁沈阳人。辽宁民
族出版社社长兼总编辑、辽宁美术家协会、辽宁
摄影家协会会员。连环画作品有《南下路上》《大
桥争夺战》，编辑设计图书《海外藏明清绘画珍
品——沈周卷》《20 世纪中国摄影文献》。

J0080722

钟馗　（钟馗捉鬼故事连环画集）宋孟寅，董侃
编；罗枫等绘
石家庄　河北少年儿童出版社　1991 年　8 册
13cm（64 开）盒装　ISBN：7-5376-0739-7

定价：CNY4.80

本作品系中国连环画。

J0080723

钟离岩 孟寅，董侃编；谷照恩，谷静绘
石家庄 河北少年儿童出版社 1991 年 20 页
21×19cm 精装 ISBN：7-5376-0639-0
定价：CNY3.10
（八仙的传说 2）

本书系中国连环画。根据民间的八仙传说改编。

J0080724

重阳登高 洋洋编；吴同彦绘
合肥 安徽少年儿童出版社 1991 年 36cm（12 开）
精装 ISBN：7-5397-0624-4 定价：CNY30.00
（中华民间故事大画库 民俗故事卷）

本作品系中国现代民俗故事连环画。

J0080725

周恩来青少年时代 晨曦编文；李春绘画
北京 中国连环画出版社 1991 年 138 页
19cm（32 开）ISBN：7-5061-2071-4
定价：CNY4.20
（革命领袖人物连环画丛书）

本书介绍了无产阶级革命家、伟大的共产主义战士周恩来同志早期的革命活动。

J0080726

朱德元帅的故事 刘启光，潘克定原著；王素编文，吴恺绘画
北京 中国连环画出版社 1991 年 138 页
19×17cm ISBN：7-5061-0272-2 定价：CNY4.20
（革命领袖人物连环画丛书）

本书是描绘中国革命领袖人物艰苦奋斗的革命生涯的连环画。

J0080727

珠宝大奇案 周锡生编；江洪，钟莉绘
南宁 广西民族出版社 1991 年 122 页
13cm（64 开）ISBN：7-5363-1439-6
定价：CNY1.00
（中外新编系列连环画）

J0080728

逐鹿中原 柯岗原著；尚羡智改编；雷金池绘画
北京 中国连环画出版社 1991 年
3 册（104+108+108 页）19cm（32 开）
ISBN：7-5061-0143-2 定价：CNY5.00
（革命战争连环画库）

本书描绘了解放战争时期，人民解放军和国民党反动派在中原决战的革命故事。

J0080729

庄宅鬼影 晓青编；黄超成等绘
南宁 广西民族出版社 1991 年 13cm（64 开）
ISBN：7-5363-1485-X 定价：CNY0.90
（中外新编系列连环画）

J0080730

资治通鉴 （故事精选图画本）龚汝枢等编绘
南昌 21 世纪出版社 1991 年 8 册 20cm（32 开）
ISBN：7-5391-0520-8
定价：CNY59.00，CNY79.00（精装）
（中国历史著名故事精选 图画本）

本书共 8 卷，精选 160 个故事，分为爱国篇、英雄篇、廉明篇、方略篇、团结篇、执法篇、教诲篇、人才篇。再现了中国古代 1300 年间的历史风云。

J0080731

资治通鉴 （故事精选连环画）娄程主编
北京 中国妇女出版社 1991 年
4 册（268+260+263+269 页）20cm（32 开）
ISBN：7-80016-590-6
定价：CNY37.00（函装），CNY43.00（精装）

本书精选了包括《孙庞斗智》等 75 个历史故事的连环画作品。

J0080732

罪恶小克星 （连环画）田小丰改编；邵珊复制
广州 新世纪出版社 1991 年 4 册 13cm（64 开）
盒装 ISBN：7-5405-0524-9 定价：CNY4.90

J0080733

"吕蓓卡"密码 方方改编；路巨鼎绘画
北京 中国连环画出版社 1992 年 126 页
13cm（64 开）ISBN：7-5061-0559-4
定价：CNY1.20

本作品系中国现代连环画。

J0080734

白鲤鱼与书生奇缘　蒲松龄原著；樨子改编；
黄道鸿，容州绘
南宁　广西民族出版社　1992 年　126 页
10×13cm ISBN：7-5363-1962-2 定价：CNY1.10
（聊斋画库 56）

　　本作品系中国现代连环画。作者蒲松龄
（1640—1715），文学家。字留仙，一字剑臣，别
号柳泉居士，世称聊斋先生。山东淄川（今山东
淄博）人。著有《聊斋志异》《聊斋文集》等。

J0080735

白螺仙女　王琥，沈斌绘画；潇雨编文
杭州　浙江少年儿童出版社　1992 年　26cm（16 开）
ISBN：7-5342-0988-9 定价：CNY2.60
（彩绘本中国古典文学神怪故事丛书 怪）

　　中国现代连环画。作者王琥（1957—　），
湖南湘乡人，南京艺术学校任教。作者沈斌
（1956—　），江苏如皋人，南京艺术学校任教。

J0080736

白毛女　大鲁改编；华三川绘画
上海　上海人民美术出版社　1992 年　2 版
126 页 13cm（64 开）ISBN：7-5322-0909-1
定价：CNY0.80

　　本作品系中国现代连环画。作者华三川
（1930—2004），画家。浙江镇海人。中国美协会
员，上海美术家协会理事，上海少年儿童出版社
专业画家，上海市文史研究馆馆员。代表作品《华
三川仕女画集》《华三川绘新百美图》《锦瑟年
华》等。

J0080737

白蛇传　厉建祖改编；孙昌茵绘画
上海　上海人民美术出版社　1992 年　2 版
126 页 13cm（64 开）ISBN：7-5322-0916-4
定价：CNY0.70

　　本作品系中国现代连环画。作者孙昌茵
（1943—　），画家。原籍中国浙江温州，现居加
拿大。加拿大中国美术协会副主席、加拿大当代
艺术研究院院长、多伦多美术学院名誉院长。代
表作品有连环画《白蛇传》、油画《百年华工血泪
路》，出版有《孙昌茵水墨人体》《线描人体》《怎

样使用油画刀》《孙昌茵油画艺术》等。

J0080738

百代文宗韩愈　邢怀忠著；王经博绘
郑州　河南美术出版社　1992 年　183 页
20cm（32 开）ISBN：7-5401-0259-4
定价：CNY9.00

　　中国现代连环画。作者邢怀忠，河南孟县文
化馆副馆长、中国民间文艺家协会会员、焦作市
摄影家协会理事。

J0080739

百慕大三角之谜　（少儿现代科学知识900例）
方晴文；季世成绘
长春　北方妇女儿童出版社　1992 年　89 页
19cm（小 32 开）ISBN：7-5385-0821-X
定价：CNY2.30
（世界奥秘十大谜系列连环画 9）

　　本作品系中国现代连环画。作者季世成
（1957—　），吉林长春人，吉林日报社书画院创
作部主任，中国美术家协会、版画家协会会员。

J0080740

百难妙解图画本　舒仁庆，周德生编；马振江
等绘
南昌　21 世纪出版社　1992 年　200 页 20cm（32 开）
ISBN：7-5391-0645-X 定价：CNY5.50

　　本书为连环画。从明代冯梦龙的《智囊》等
古籍中选出 100 个故事改编而成。故事涉及经
济、政治、思维、兵家权谋、道德风范、文学艺术
等方面，古人运用敏锐的感知、广博的知识，巧
妙地解决了生活中的各类难题。作者马振江，油
画家。辽宁沈阳人，毕业于南京师范学院美术系。
中国少数民族美术促进会会员、中国美术家协会
江西分会会员、北京油画学会会员、南京军区工
程兵政治部美术创作员。代表作有《向赣南闽西
进军》等。

J0080741

百文代宗——韩愈　邢怀忠著；王经博绘
郑州　河南美术出版社　1992 年　183 页
20cm（32 开）ISBN：7-5401-0259-4
定价：CNY9.00

　　本作品系中国现代连环画。

J0080742

暴死之谜 （刑警803）金志健，沈瑜德原著；纪鲁改编；许明康，孙恩道，正刚绘画
上海 上海人民美术出版社 1992 年 102 页
9×13cm ISBN：7-5322-1083-9 定价：CNY0.60
　　中国现代连环画。

J0080743

彩图东周列国故事 （一）张瑛文主编；李晴，考考等编文；姜一清等绘画
上海 少年儿童出版社 1992 年 264 页
26cm（16 开）ISBN：7-5324-1722-0
定价：CNY14.80
　　中国现代连环画。作者李晴，女，深圳大学艺术学院艺术系任教。作品有《李晴画集》等。

J0080744

彩图东周列国故事 （二）张瑛文主编；齐亚明等绘画
上海 少年儿童出版社 1992 年 528 页
26cm（16 开）ISBN：7-5324-1813-8
定价：CNY14.80
　　中国现代连环画。

J0080745

彩图东周列国故事 （三）张瑛文主编；奚伟星等编文；张新国等绘画
上海 少年儿童出版社 1992 年 792 页
26cm（16 开）ISBN：7-5324-1828-6
定价：CNY14.80
　　本连环画收入《不怕死的史官》《宁喜专权》《楚王好细腰》等 40 个故事。

J0080746

彩图东周列国故事 （四）张瑛文主编；先健等绘
上海 少年儿童出版社 1992 年 （793-1056）页
26cm（16 开）ISBN：7-5324-1829-4
定价：CNY14.80
　　本连环画共收有《吴起拜将》《齐威王纳谏》《商鞅分尸》等 41 个故事。

J0080747

彩图东周列国故事 （五）明月等编文；黄哲等绘画

上海 少年儿童出版社 1992 年
（1057—1320）页 26cm（16 开）
ISBN：7-5324-1830-8 定价：CNY14.80
　　本册包括《东厢藏人》《秦赵交兵》等 40 篇故事。

J0080748

彩图科幻故事 365 夜 （2）真唯等编文；詹同等绘画
上海 少年儿童出版社 1992 年 26cm（16 开）
ISBN：7-5324-1863-4 定价：CNY5.00
　　中国现代连环画。

J0080749

彩图幼儿知中华 （1840—1919 年）王立科，高近霞编文；白小锭等绘
福州 福建少年儿童出版社 1992 年 有彩图
20cm（32 开）ISBN：7-5395-0656-3
定价：CNY5.00
　　中国现代连环画。

J0080750

赤影战士 （上集）亚秋，新荣编；闭克，全恬绘制
南宁 广西美术出版社 1992 年 14×16cm
ISBN：7-80582-471-1 定价：CNY1.50
（电子游戏机连环画故事丛书）
　　本作品系中国现代连环画。

J0080751

赤影战士 （中集）亚秋，新荣编；闭克，全恬绘制
南宁 广西美术出版社 1992 年 14×16cm
ISBN：7-80582-472-X 定价：CNY1.50
（电子游戏机连环画故事丛书）
　　本作品系中国现代连环画。

J0080752

赤影战士 （下集）亚秋，新荣编；闭克，全恬绘制
南宁 广西美术出版社 1992 年 14×16cm
ISBN：7-80582-473-8 定价：CNY1.50
（电子游戏机连环画故事丛书）
　　本作品系中国现代连环画。

J0080753
冲啊！四驱小子 （第一卷）广西美术出版社编
南宁 广西美术出版社 1992 年 5 册
19cm（小 32 开）ISBN：7-80582-284-0
定价：CNY9.50
　　本作品系中国现代连环画。

J0080754
聪明的一休 （一）华旋等改编
厦门 鹭江出版社 1992 年 94 页 26cm（16 开）
ISBN：7-80533-489-7 定价：CNY6.00
（日本儿童系列动画片连环画）

J0080755
聪明的一休 （二）苗秀等改编
厦门 鹭江出版社 1992 年 94 页 26cm（16 开）
ISBN：7-80533-568-0 定价：CNY6.00
（日本儿童系列动画片连环画）

J0080756
聪明的一休 （三）方华等改编
厦门 鹭江出版社 1992 年 94 页 26cm（16 开）
ISBN：7-80533-619-9 定价：CNY6.00
（日本儿童系列动画片连环画）

J0080757
聪明的一休 （四）方华贤等改编
厦门 鹭江出版社 1992 年 94 页 26cm（16 开）
ISBN：7-80533-633-4 定价：CNY6.00
（日本儿童系列动画片连环画）

J0080758
大美集团覆灭记 （刑警 803）王炼，许贻来
原著；肖雄改编；陈纪仁，袁立德绘画
上海 上海人民美术出版社 1992 年 102 页
9×13cm ISBN：7-5322-1050-2 定价：CNY0.60
　　中国现代连环画。

J0080759
地下宝藏之谜 （少儿现代科学知识 900 例）
木丁文；林百石绘
长春 北方妇女儿童出版社 1992 年 86 页
19cm（小 32 开）ISBN：7-5385-0821-X
定价：CNY2.30
（世界奥秘十大谜系列连环画 8）

J0080760
地下古城之谜 （少儿现代科学知识 900 例）
木丁文；王黎黎绘
长春 北方妇女儿童出版社 1992 年 90 页
19cm（小 32 开）ISBN：7-5385-0821-X
定价：CNY2.30
（世界奥秘十大谜系列连环画 10）

J0080761
地下世界
西安 陕西人民美术出版社 1992 年 48 页
26cm（16 开）ISBN：7-5368-0367-2
定价：CNY4.50
（风暴系列连环画 1）

J0080762
第四届全国连环画评奖获奖作品选
（1986—1990）沈尧伊等绘
北京 中国连环画出版社 1992 年 117 页
25×26cm ISBN：7-5061-0571-3 定价：CNY51.00
　　本书分为中国连环画的新走向、绘画创作奖
目录、优秀封面奖目录、优秀编辑荣誉奖等 7 部
分。作者沈尧伊（1943—　　），画家。浙江镇海人，
毕业于中央美术学院。曾任中国人民大学徐悲
鸿艺术学院教授，中国美术家协会会员，北京美
术家协会理事，连环画艺术委员会主任。代表作
品《而今迈步从头越》《革命理想高于天》《地球
的红飘带》等。

J0080763
钉耙会 众人改编；贾文涛等绘
天津 新蕾出版社 1992 年 26cm（16 开）
ISBN：7-5307-1074-5 定价：CNY1.10
（漫画西游记 10）
　　本作品系中国现代连环画。

J0080764
动物宝宝丛书 （第 3 集）
北京 中国少年儿童出版社 1992 年 10 册
13×13cm ISBN：7-5007-1634-6 定价：CNY5.20
　　本作品系中国现代连环画。

J0080765
窦娥冤 （元）关汉卿原著；言炎改编；孟庆江
绘画

北京 人民美术出版社 1992 年 18cm（15 开）
（中国十大古典悲剧连环画集）

作者孟庆江（1937— ），画家。浙江温州人。毕业于中央美术学院国画系。曾任《连环画报》主编、《中国艺术》副主编、北京工笔重彩画绘副会长。代表作品《刘胡兰》《蔡文姬》《长恨歌》等。

J0080766
杜甫形迹 徐小龙编绘
郑州 河南美术出版社 1992 年 120 页
26cm（16 开）ISBN：7-5401-0260-8
定价：CNY12.00

中国现代连环画。作者徐小龙（1945— ），教师、画家。河南巩义人，任职于巩义市人民文化馆，中国美术家协会会员，中国美术家协会河南分会会员。出版有《中原画风·徐小龙国画卷》《杜甫行迹》《北宋九朝帝王》《河洛民俗风情画卷》等。

J0080767
儿童知识图典 （世界风光篇）马宇微编著；王川，章雪绘画
昆明 云南少年儿童出版社 1992 年 126 页
26cm（16 开）ISBN：7-5414-0700-3
定价：CNY8.80

本图典收词 1000 余个，通过看图认物、识字、学拼音与英语的方式，介绍了世界各地名城和自然风光。外文书名：A Pictorial Dictionary of Infant Knowledge.

J0080768
儿童知识图典 （中国民族篇）尚洁编著；夏维，郭浩绘画
昆明 云南少年儿童出版社 1992 年 130 页
26cm（16 开）ISBN：7-5414-0684-8
定价：CNY11.25

本图典收词 1000 余个，通过看图认物、识字、学拼音与英语的方式，介绍了中国的名胜古迹。外文书名：A Pictorial Dictionary of Infant Knowledge.

J0080769
儿童知识图典 （中华名胜篇）胡志祥编著；王川等绘画
昆明 云南少年儿童出版社 1992 年 136 页

26cm（16 开）ISBN：7-5414-0685-6
定价：CNY11.50

J0080770
风神与花精 吴声绘画；黄亦波编文
杭州 浙江少年儿童出版社 1992 年 26cm（16 开）
ISBN：7-5342-0988-9 定价：CNY2.60
（彩绘本中国古典文学神怪故事丛书）

中国现代连环画。

J0080771
风筝误 （元）李渔原著；梁沪生改编；李振球绘画
北京 人民美术出版社 1992 年 18cm（15 开）
（中国十大古典喜剧连环画集）

作者李渔（1611—约 1679），清代戏曲理论家、作家。字谪凡，号笠翁，浙江兰溪人。代表作品《闲情偶寄》《笠翁十种曲》《无声戏》《十二楼》《笠翁对韵》《肉蒲团》等。

J0080772
疯狂的海洛因 周胜西原著；田行改编；计明康等绘画
上海 上海人民美术出版社 1992 年 102 页
9×13cm ISBN：7-5322-1082-4 定价：CNY0.60

中国现代连环画。

J0080773
佛教故事集 （1 少女的梦）郭幸风绘
高雄 佛光出版社 1992 年 122 页 有图
20cm（32 开）定价：TWD180.00
（佛光漫画系列 11）

中国现代连环画。

J0080774
佛经民间故事绘图本 余莎莎等译编；王培，主绘
桂林 漓江出版社 1992 年 2 册（250 页）
19cm（小 32 开）ISBN：7-5407-1020-9
定价：CNY6.50

中国现代连环画。

J0080775
佛经中的故事画册 王砚波改编；方学晓绘画
北京 中国人民大学出版社 1992 年 91 页

20cm（32开）ISBN：7-300-01421-6
定价：CNY6.00
　　　中国现代连环画。

J0080776

伏击雁门关 （贺炳炎上将传奇）吕春蓉编文；
何镇海等绘画
南宁 广西美术出版社 1992年 126页
13cm（64开）ISBN：7-80582-349-9
定价：CNY1.00
（中国上将军）
　　　本作品系中国现代连环画。

J0080777

革命领袖的青少年时代 曹靖等改编；桑麟
康等绘画
广州 新世纪出版社 1992年 4册 19cm（小32开）
ISBN：7-5405-0478-1 定价：CNY8.60
　　　本书系中国现代连环画，叙述了毛泽东、周
恩来、刘少奇、朱德青少年时代的故事。作者桑
麟康(1957—)，画家。浙江鄞县人，就读于上
海市轻工业专科学校美术系。在上海市农垦工
商联合企业总公司天山商场担任美工。作品有
《同学》《我们唤醒了沉睡的大地》《养鸡图》等。

J0080778

更不可 （第2集 勇闻大魔域）红小将绘
台北 时报文化出版企业公司 1992年 108页
有图 14×15cm ISBN：957-13-0462-X
定价：TWD80.00
（时报漫画丛书 141）
　　　中国现代连环画。

J0080779

龟蛇二怪 陈明钧绘画；齐林编文
杭州 浙江少年儿童出版社 1992年 26cm（16开）
ISBN：7-5342-0988-9 定价：CNY2.60
（彩绘本中国古典文学神怪故事丛书）
　　　中国现代连环画。作者陈明钧(1943—)，
画家。笔名金阳、金勾、妙明等。中国美术家协
会浙江分会会员，中国摄影家协会浙江分会会
员，浙江少年儿童出版社美术编辑。彩色连环画
作品《龟蛇二怪》《八仙过海》《孔雀公主》《七色
花》。装帧设计《卢坤峰画册》《中国古典文学神
仙鬼怪故事丛书》《老外婆的故事》等。

J0080780

桂林山水传说故事 饶晓编文；梁耀等绘画
南宁 接力出版社 1992年 241页 26cm（16开）
ISBN：7-80581-471-6 定价：CNY50.00
　　　本书作者从民间流传的大量关于象鼻山、七
星岩、还珠洞、木龙洞、芦笛岩、九马画山、飞来
石等著名景点的传说中选取素材，绘写了《赶山
神鞭》《不屈的神像》《七星山龟蛇争斗》《九马
画山》《飞来石》等10则动人故事，体现真善美
的优良品德。作者梁耀(1961—)，画家。生于
广西玉林市，笔名石修。曾任广西美协理事、广
西美协创作办公室主任、广西致公画院副院长、
漓江画派促进会副会长、广西艺术学院美术研究
所副所长，教授及硕士研究生导师。中国美术家
协会会员。作品有《旋回》。

J0080781

汉宫秋 （元）马致远原著；闻莓改编；吴绪经
绘画
北京 人民美术出版社 1992年 18cm（15开）
（中国十大古典悲剧连环画集）
　　　本书系依马致远原著、闻莓改编、吴绪经绘
画的中国现代连环画。作者吴绪经(1945—)，
教授。生于四川成都，历任四川省教育学院美术
系教授、中国美术家协会会员、中国电影家协会
会员。作品有《竞技图》《虎门销烟》《一个共产
党员的送葬行列》等。

J0080782

和合二仙 江健文绘画；歌风编文
杭州 浙江少年儿童出版社 1992年 26cm（16开）
ISBN：7-5342-0988-9 定价：CNY2.60
（彩绘本中国古典文学神怪故事丛书）
　　　中国现代连环画。作者江健文(1954—)，
浙江杭州人。中国美术家协会会员，浙江人民
美术出版社美术编辑。代表作品有《小猪的生日
宴会》。

J0080783

鹤民国 李全华绘画；海岛编文
杭州 浙江少年儿童出版社 1992年 26cm（16开）
ISBN：7-5342-0988-9 定价：CNY2.60
（彩绘本中国古典文学神怪故事丛书）
　　　中国现代连环画。作者李全华(1951—)，
高级讲师。浙江镇海人。中国美术家协会会员，

全国美术教育研究会会员，浙江幼儿师范学校讲师。擅长儿童读物插图。代表作品《糖房子》《小老鼠菲勒的故事》《郑春华童话》等。

J0080784

红孩妖 众人改编；李明等绘
天津 新蕾出版社 1992年 26cm（16开）
ISBN：7-5307-1069-9 定价：CNY1.10
（漫画西游记 5）

本作品系中国现代连环画。

J0080785

红楼梦 （清）曹雪芹原著；戴敦邦作图；易明，葛嫦月改写
北京 中国青年出版社 1992年 有彩图
25cm（小16开）线装 ISBN：7-5007-1603-6
定价：CNY23.50

本书与海天出版社合作出版，是以《红楼梦》原著部分回目为题创作的国画连环画。作者戴敦邦（1938— ），国画家，教授。号民间艺人。江苏丹徒人，毕业于上海第一师范学校。历任《中国少年报》《儿童时代》美术编辑、上海交通大学人文学院教授。主要作品《水浒人物一百零八图》《戴敦邦水浒人物谱》《戴敦邦新绘红楼梦》《戴敦邦古典文学名著画集》等；连环画代表作品有《一支驳壳枪》《水上交通站》《大泽烈火》《蔡文姬》等。

J0080786

狐怪九郎奇事 蒲松龄原著；桂夫改编；李向前绘画
南宁 广西民族出版社 1992年 94页 有图
9×13cm ISBN：7-5363-1962-2 定价：CNY1.10
（聊斋画库 60）

中国现代连环画。作者蒲松龄（1640—1715），文学家。字留仙，一字剑臣，别号柳泉居士，世称聊斋先生。山东淄川（今山东淄博）人。著有《聊斋志异》《聊斋文集》等。

J0080787

壶公 陶文杰绘画；谷雨编文
杭州 浙江少年儿童出版社 1992年 26cm（16开）
ISBN：7-5342-0988-9 定价：CNY2.60
（彩绘本中国古典文学神怪故事丛书 仙）

中国现代连环画。作者陶文杰（1958— ），

画家。浙江杭州人，毕业于中国美术学院。中国美术家协会会员，浙江少年儿童出版社美术编辑。代表作品有《快乐幼儿园》《巧克力工厂》《过家家》《恐龙乐园》。

J0080788

华工喋血记 （上）秦牧著；钱志清改编；章柏奇，张佩芳绘
上海 上海人民美术出版社 1992年 150页
13cm（64开）ISBN：7-5322-0733-1
定价：CNY0.83

本作品系中国现代连环画。

J0080789

华工喋血记 （下）秦牧著；钱志清改编；章柏奇，张佩芳绘
上海 上海人民美术出版社 1992年 158页
13cm（64开）ISBN：7-5322-0734-X
定价：CNY0.87

本作品系中国现代连环画。

J0080790

化身博士 （英）史蒂文森著；赵世洲改编；吴同椿，时卫平绘画
北京 中国少年儿童出版社 1992年 56页
26cm（16开）ISBN：7-5007-1434-3
定价：CNY3.45
（世界著名科幻小说画集）

中国现代连环画。

J0080791

画皮 陈巽如绘画；裘为编文
杭州 浙江少年儿童出版社 1992年 26cm（16开）
ISBN：7-5342-0988-9 定价：CNY2.60
（彩绘本中国古典文学神怪故事丛书）

中国现代连环画。

J0080792

画说三十六计 吴毅等改编；高宝生等绘画
北京 北京美术摄影出版社 1992年 276页
20cm（32开）ISBN：7-80501-127-3
定价：CNY5.90

本书以连环画的形式来表现36计。作者吴毅（1971— ），教师。福建永泰县人，闽侯师范学校教师，福建省美术教育研究会会员。作品有

《吴毅　林珠荆　檀俊灶写生作品选》。作者高宝生（1944— ），连环画家。曾用笔名高禾。北京人，北京艺术学院附中毕业。中国少年儿童出版社从事连环画创作。代表作品《铁木儿和他的队伍》《两只小孔雀》《聪明的药方》等。

J0080793

荒园狐精　蔡皋绘画；庄原编文
杭州　浙江少年儿童出版社 1992年 26cm（16开）
ISBN：7-5342-0988-9 定价：CNY2.60
（彩绘本中国古典文学神怪故事丛书）

　　中国现代连环画。作者蔡皋（1946— ），女，著名绘本画家。湖南益阳人。湖南少年儿童出版社美术编辑。创作了《海的女儿》《李尔王》《干将莫邪》《隐形叶子》《花仙人》《桃花源的故事》等绘画作品。代表作品《七姊妹》。

J0080794

绘画本中国古代史　涂万松等编写；段文斌等绘画
郑州　河南美术出版社 1992年
3册（544+584+687页）20cm（32开）
ISBN：7-5401-0249-7 定价：CNY35.50

　　本连环画按朝代分为18编，从原始社会到鸦片战争前，以历史地图、人物绣像、故事等多种绘画形式编排。

J0080795

绘画本诸子百家　孙杜主编
北京　华艺出版社 1992年 6册 20cm（32开）
ISBN：7-80039-702-5 定价：CNY60.00

　　本连环画分为6卷，分别为《儒家卷》《法家卷》《道家阴阳家卷》《墨家杂家卷》《名家纵横家卷》《兵家卷》。

J0080796

绘画聊斋　（英汉对照）赵耀堂主编
济南　山东友谊书社 1992年
3册（422+429+430页）20cm（32开）精装
ISBN：7-80551-379-1 定价：CNY26.50

　　本书分上、中、下三卷，是根据清代著名文学家蒲松龄所著《聊斋志异》改编的大型中英文对照连环画。包括《画皮》《崂山道士》《促织》等37篇。外文书名：The Illustrated Story of the Ghost.

J0080797

绘图屈原离骚　（战国·楚）屈原著；郭沫若译；杨永青绘
北京　中国和平出版社 1992年 193页
20cm（32开）ISBN：7-80037-635-4
定价：CNY4.50

　　全诗93节，配图93幅，成连续性画卷。本书除附有原诗外，还附有诗人郭沫若的白话译文和注释。

J0080798

甲申三百年祭　（画文本）郭沫若著；汪国新绘
长沙　湖南美术出版社 1992年 100页 有图
19cm（小32开）精装 ISBN：7-5356-0544-3
定价：CNY6.70

　　本连环画剖析了明朝灭亡的因果和李自成成功与失败的原因。作者郭沫若，中国当代文学家、历史学家。作者汪国新（1947— ），国家一级美术师。湖北宜昌人。中国法治诗书画院院长、文化部中国书画院国画院副院长、中国美协艺委会委员。代表作《长江三部曲》《汪国新长江万里风情图》《汪国新新绘全本三国演义》等。

J0080799

娇红记　（明）孟称舜原著；张思武改编；王燕芬绘画
北京　人民美术出版社 1992年 18cm（15开）
（中国十大古典悲剧连环画集）

J0080800

鲛人的眼泪　刘健绘画；伊元纹编文
杭州　浙江少年儿童出版社 1992年 26cm（16开）
ISBN：7-5342-0988-9 定价：CNY2.60
（彩绘本中国古典文学神怪故事丛书 神）

　　中国现代连环画。作者刘健（1954— ），教授、画家。安徽合肥人，毕业于浙江美术学院中国画系。中国美术学院副院长、教授、博士生导师，中国美术家协会浙江分会会员。代表作品《田横与五百壮士》《太阳升起的时候》《景颇族》等。

J0080801

教授的头颅　（苏）别利亚耶夫著；魏国英改编；薛正安，刘胜军绘画
北京　中国少年儿童出版社 1992年 56页
26cm（16开）ISBN：7-5007-1425-4

定价：CNY3.45

（世界著名科幻小说画集）

　　本书为根据苏联科幻小说改编的中国现代连环画作品。

J0080802

劫取空中霸王　王文改编；谢成，贾振文绘画

昆明　云南少年儿童出版社　1992年　126页

13cm（64开）ISBN：7-5414-0692-9

定价：CNY0.95

（世界科幻名著连环画丛书）

　　本作品系中国现代连环画。

J0080803

金发小姑娘　纪明改编；边静等绘画

昆明　云南少年儿童出版社　1992年　78页

19cm（小32开）ISBN：7-5414-0681-3

定价：CNY1.95

（世界儿童文学名著精选连环画）

J0080804

金刚战神——百兽王　（第1辑）陈慧玲改编；白光诚等复制

广州　新世纪出版社　1992年　13cm（64开）

ISBN：7-5405-0538-8　定价：CNY3.20

J0080805

金刚战神——百兽王　（第3辑）陈慧玲改编；白光诚等复制

广州　新世纪出版社　1992年　13cm（64开）

ISBN：7-5405-0538-8　定价：CNY3.20

　　本作品系中国现代连环画。

J0080806

精忠旗　（明）冯梦龙原著；杨子改编；华逸龙，卢辅圣绘画

北京　人民美术出版社　1992年　18cm（15开）

（中国十大古典悲剧连环画集）

　　作者卢辅圣（1949—　），编辑。浙江东阳人，毕业于浙江美术学院中国画系。历任《朵云》《书法研究》主编、上海书画出版社总编辑，中国美术家协会会员，上海美术家协会顾问。代表作品有中国画《旧游》，连环画《钗头凤》。

J0080807

救风尘　（元）关汉卿原著；黄光新改编；陈谷长绘画

北京　人民美术出版社　1992年　18cm（15开）

（中国十大古典喜剧连环画集）

J0080808

军中"粮草官"　（杨至成上将传奇）黄毛编文；赵前锟绘画

南宁　广西美术出版社　1992年　126页

13cm（64开）ISBN：7-80582-331-6

定价：CNY1.00

（中国上将军）

　　本作品系中国现代连环画。

J0080809

军中"诸葛"　（韦国清上将传奇）海平编文；梁耀绘画

南宁　广西美术出版社　1992年　126页

13cm（64开）ISBN：7-80582-348-0

定价：CNY1.00

（中国上将军）

　　本作品系中国现代连环画。

J0080810

看钱奴　（元）郑廷玉原著；伍丁改编；黄全昌绘画

北京　人民美术出版社　1992年　18cm（15开）

（中国十大古典喜剧连环画集）

　　作者黄全昌（1937—2017），连环画家。浙江镇海人。历任上海美术家协会艺委会委员，上海人民美术出版社创作员、副编审，上海书画院特聘画师，上海百草画院副院长。代表作品有《海瑞罢官》《打渔杀家》等。

J0080811

柯棣华　（画册）方林编文；谢舒弋，金明绘画；中国国际友人研究会编

沈阳　辽宁美术出版社　1992年　77页　有照片

29cm（15开）ISBN：7-5314-0822-8

定价：CNY78.00

　　中国现代连环画。作者谢舒弋（1951—　），连环画家。江苏徐州人，毕业于北京师范学院美术系。中国国际广告公司创意总监、中国广告协会学术委员会委员。代表作《脸上的红月亮》《山

兰花》《柯棣华》《当代连环画精品集·谢舒弋》。作者金明（1956—　　），辽宁沈阳人。从事连环画、油画创作及装帧设计。

J0080812
克劳斯兄弟　（丹麦童话）星灿文；李芳芳绘画
北京　中国少年儿童出版社　1992年　37页
21×17cm　ISBN：7-5007-1574-9　定价：CNY1.90
（世界著名童话精选连环画　童话画库）

J0080813
快乐公主　（意大利童话）星灿文；王效宓绘画
北京　中国少年儿童出版社　1992年　37页
21×17cm　ISBN：7-5007-1569-2　定价：CNY1.90
（世界著名童话精选连环画　童话画库）
　　本作品系中国现代连环画。

J0080814
狂生耿去病　蒲松龄原著；王勇健，介明等绘
南宁　广西民族出版社　1992年　126页
10×13cm　ISBN：7-5363-1962-2　定价：CNY1.10
（聊斋画库　44）
　　本作品系中国现代连环画。

J0080815
崂山道士　董小明绘画；季人编文
杭州　浙江少年儿童出版社　1992年　26cm（16开）
ISBN：7-5342-0988-9　定价：CNY2.60
（彩绘本中国古典文学神怪故事丛书　仙）
　　中国现代连环画。作者董小明（1948—　　），画家，艺术策划人。黑龙江人，毕业于中国美术学院。历任中国美术家协会理事、儿童美术艺委会委员、深圳画院院长。代表作品有《船老大》《彝女》《半亩方塘》《春雨香江》等。

J0080816
老马正传　段纪夫绘画
北京　中国连环画出版社　1992年　117页
14×16cm　ISBN：7-5061-0524-1　定价：CNY4.80
（中外连环幽默画精选丛书）
　　中国现代连环画作品。

J0080817
雷峰塔　（清）方成培原著；蒲家驹改编；张自启绘画

北京　人民美术出版社　1992年　18cm（15开）
（中国十大古典悲剧连环画集）

J0080818
雷派登宾馆的魔影　（刑警803）汪磊，张健文原著；金鼎改编；刘斌昆等绘画
上海　上海人民美术出版社　1992年　126页
9×13cm　ISBN：7-5322-1074-X　定价：CNY0.70
　　中国现代连环画。

J0080819
雷神的故事　于水绘画；莫闻编文
杭州　浙江少年儿童出版社　1992年　26cm（16开）
ISBN：7-5342-0988-9　定价：CNY2.60
（彩绘本中国古典文学神怪故事丛书　神）
　　中国现代连环画。

J0080820
李逵负荆　（元）康进之原著；李兴普改编；叶雄绘画
北京　人民美术出版社　1992年　18cm（15开）
（中国十大古典喜剧连环画集）

J0080821
两栖人　（苏）别利亚耶夫原著；赵世洲改编；姜建中绘画
北京　中国少年儿童出版社　1992年　56页
26cm（16开）　ISBN：7-5007-1437-0
定价：CNY3.45
（世界著名科幻小说画集）
　　本书为根据苏联科幻小说改编的中国现代连环画作品。

J0080822
两姊妹　（捷克童话）星灿文；吴冠英绘画
北京　中国少年儿童出版社　1992年　37页
21×17cm　ISBN：7-5007-1584-6　定价：CNY1.90
（世界著名童话精选连环画　童话画库）
　　本作品系中国现代连环画。

J0080823
刘少奇的故事　古玉，一民改编；杨逸麟，杨恺力绘画
北京　中国连环画出版社　1992年　138页
14×16cm　ISBN：7-5061-0514-4　定价：CNY4.20

（革命领袖人物连环画丛书）

本书描述中国革命领袖人物艰苦奋斗的革命生涯的连环画。

J0080824

龙宫归来　蒲松龄原著；秋水改编；肖辽沙，黄继红绘

南宁 广西民族出版社 1992 年 102 页

10×13cm ISBN：7-5363-1962-2 定价：CNY1.10

（聊斋画库 55）

本作品系中国现代连环画。作者蒲松龄（1640—1715），文学家。字留仙，一字剑臣，别号柳泉居士，世称聊斋先生。山东淄川（今山东淄博）人。著有《聊斋志异》《聊斋文集》等。

J0080825

龙潭虎口夺绥定　陈国衡，古奇脚本；赵敏等绘画

重庆 重庆出版社 1992 年 115 页 13cm（64 开）

ISBN：7-5366-2152-3 定价：CNY0.80

本作品系中国现代连环画。作者赵敏，辽宁美术出版社社长、总编辑，编审。

J0080826

龙子太郎　（日）松谷美代子著；蒲元华改编；郑绪梁等绘画

昆明 云南少年儿童出版社 1992 年 70 页

19cm（小 32 开） ISBN：7-5414-0702-X

定价：CNY2.40

（世界儿童文学名著精选连环画）

本作品系中国现代连环画。

J0080827

罗宾的三件宝物　（英国童话）星灿文；董小明绘画

北京 中国少年儿童出版社 1992 年 37 页

21×17cm ISBN：7-5007-1568-4 定价：CNY1.90

（世界著名童话精选连环画 童话画库）

本作品系中国现代连环画。作者董小明（1948—　），画家，艺术策划人。黑龙江人，毕业于中国美术学院。历任中国美术家协会理事、儿童美术艺委会委员、深圳画院院长。代表作品有《船老大》《彝女》《半亩方塘》《春雨香江》等。

J0080828

驴耳朵王子　（葡萄牙童话）星灿文；冷冰川绘画

北京 中国少年儿童出版社 1992 年 37 页

21×17cm ISBN：7-5007-1562-5 定价：CNY1.90

（世界著名童话精选连环画 童话画库）

本作品系中国现代连环画。

J0080829

绿牡丹　（明）吴炳原著；黄丹改编；胡勃绘画

北京 人民美术出版社 1992 年 18cm（15 开）

（中国十大古典喜剧连环画集）

本书为中国十大古典喜剧连环画集中的中国现代连环画。作者胡勃（1943—　），教授。字冲汉，笔名野风。山东莱州人，内蒙古师范大学美术系毕业，留校任教，后任中央美术学院教授，中国美术家协会会员。代表作品有《夜色》《蓝色的早晨》《湘溪》《静影沉碧》等。

J0080830

毛泽东传　丁建元编文；陈玉先绘画

济南 山东美术出版社 1992 年 78 页 有照片

19×18cm ISBN：7-5330-0417-5 定价：CNY3.50

（世界名人传记画库 第一辑）

中国现代连环画。作者丁建元（1956—　），山东日照人，明天出版社低幼美术编辑室主任。

J0080831

民间故事　新轩，丽珍编文

昆明 云南少年儿童出版社 1992 年 126 页

13cm（64 开） ISBN：7-5414-0664-3

定价：CNY1.20

（智海画库 第一辑）

本作品系中国现代连环画。

J0080832

牡丹花魂　蒲松龄原著；秋水改编；陈柳青，松子绘

南宁 广西民族出版社 1992 年 126 页

10×13cm ISBN：7-5363-1962-2 定价：CNY1.10

（聊斋画库 51）

本作品系中国现代连环画。作者蒲松龄（1640—1715），文学家。字留仙，一字剑臣，别号柳泉居士，世称聊斋先生。山东淄川（今山东淄博）人。著有《聊斋志异》《聊斋文集》等。

J0080833

牧羊女与王子 （丹麦童话）星灿改编；吴勇，刘言绘

北京 中国少年儿童出版社 1992年 39页

25×15cm ISBN：7-5007-1423-8 定价：CNY1.90

（世界著名童话精选连环画 童话画库）

　　本作品系中国现代连环画。

J0080834

牛郎织女 王祖民绘画；陆鹿编文

杭州 浙江少年儿童出版社 1992年 26cm（16开）

ISBN：7-5342-0988-9 定价：CNY2.60

（彩绘本中国古典文学神怪故事丛书）

　　中国现代连环画。

J0080835

琵琶记 （元明）高则诚原著；瑜蓉改编；江南春绘画

北京 人民美术出版社 1992年 18cm（15开）

（中国十大古典悲剧连环画集）

J0080836

平格尔的奇遇 （苏）别利亚耶夫原著；肖建亨改编；薛正安，刘胜军绘画

北京 中国少年儿童出版社 1992年 56页

26cm（16开）ISBN：7-5007-1433-5

定价：CNY3.45

（世界著名科幻小说画集）

　　本书为根据苏联科幻小说改编的中国现代连环画作品。

J0080837

七十年风云 （一）唐南等改编；袁锋等绘画

南京 江苏美术出版社 1992年 426页

20cm（32开）ISBN：7-5344-0256-5

定价：CNY6.80

（连环画丛书）

　　本套书以连环画形式描绘了中国共产党诞生以来70年间的风风雨雨，本册包括"红色起点"、"大革命洪流"、"星星之火，可以燎原"3部分内容。

J0080838

七十年风云 （二）徐志强等改编；肖荣等绘画

南京 江苏美术出版社 1992年 484页

20cm（32开）ISBN：7-5344-0256-5

定价：CNY7.80

（连环画丛书）

　　本套书以连环画形式描绘了中国共产党诞生以来70年间的风风雨雨，本册包括"抗日战争的烽火"、"光明与黑暗的决战"两部分内容。

J0080839

七十年风云 （三）毛永煌等改编；吴耀华等绘画

南京 江苏美术出版社 1993年 402页

20cm（32开）ISBN：7-5344-0256-5

定价：CNY8.50

（连环画丛书）

　　本套书以连环画形式描绘了中国共产党诞生以来70年间的风风雨雨，本册包括"意气风发，高歌奋进"、"风雨十年，曲折发展"两部分内容。

J0080840

七十年风云 （四）祁英等改编；徐华华等绘画

南京 江苏美术出版社 1993年 301页

20cm（32开）ISBN：7-5344-0256-5

定价：CNY6.20

（连环画丛书）

　　本套书以连环画形式描绘了中国共产党诞生以来70年间的风风雨雨，本册包括"不屈的抗争与动乱的结束"、"走上中华民族振兴之路"两部分内容。

J0080841

齐天大圣 众人改编；周士达，毛加农绘

天津 新蕾出版社 1992年 26cm（16开）

ISBN：7-5307-1065-6 定价：CNY1.10

（漫画西游记 1）

　　本作品系中国现代连环画。

J0080842

奇奇鱼 耿光编；姜一鸣等画

杭州 浙江少年儿童出版社 1992年 8册

5cm（120开）ISBN：7-5342-0840-8

定价：CNY2.30

（咪咪连环画 第12辑）

　　本作品系中国现代连环画。

J0080843

墙头马上 （元）白朴原著；王榷改编；杨秋宝绘画
北京 人民美术出版社 1992 年 18cm（15 开）
（中国十大古典喜剧连环画集）

J0080844

青少年保护系列连环画 （第一辑）上海市青少年保护委员会办公室编
上海 上海人民美术出版社 1992 年 5 册
13cm（64 开）ISBN：7-5332-1096-0
定价：CNY2.85
　　本作品系中国现代连环画。

J0080845

青少年保护系列连环画 （第二辑）上海市青少年保护委员会办公室编
上海 上海人民美术出版社 1992 年 5 册
13cm（64 开）ISBN：7-5332-1097-9
定价：CNY2.85
　　本作品系中国现代连环画。

J0080846

清忠谱 （清）李玉原著；朱耘改编；陆华绘画
北京 人民美术出版社 1992 年 18cm（32 开）
（中国十大古典悲剧连环画集）

J0080847

屈辱的历史 （近代中国不平等条约 连环画）阳彧等［编写］
重庆 重庆出版社 1992 年 361 页 20cm（32 开）
ISBN：7-5366-1971-5 定价：CNY4.90
　　本连环画记述从鸦片战争到五四运动近 80 年帝国主义列强强加给我国的 1100 个不平等条约。

J0080848

日本沉没 （日）小松左京著；洪水平改编；孙联生绘图
北京 中国少年儿童出版社 1992 年 56 页
26cm（16 开）ISBN：7-5007-1426-2
定价：CNY3.45
（世界著名科幻小说画集）
　　本书根据日本作家小松左京的科幻小说《日本沉没》创作的中国连环画作品。

J0080849

戎马一生建奇功 （王建安上将传奇）亦云编文；杨卫平等绘
南宁 广西美术出版社 1992 年 126 页
13cm（64 开）ISBN：7-80582-336-7
定价：CNY1.00
（中国上将军）
　　本作品系中国现代连环画。

J0080850

三国演义 （明）罗贯中原著；陈惠冠绘画；崔玉生，孟庆远改写
北京 中国青年出版社 1992 年 有彩图
25cm（小 16 开）线装 ISBN：7-5007-1604-4
定价：CNY19.00
　　本书与海天出版社合作出版。是以《三国演义》原著部分回目为题创作的国画连环画作品。作者陈惠冠（1935— ），浙江余姚人。中国美术家协会会员、中国版协连环画艺术委员会副主任委员。擅长连环画。作品有《牛头山》《仙人岛》《黄河飞渡》等。

J0080851

三十六计 （绘画本）文昊编写；熊艺郎等绘画
长沙 湖南少年儿童出版社 1992 年 517 页
20cm（32 开）ISBN：7-5358-0782-8
定价：CNY8.00
　　本书通俗地解释了每一套谋略和每一个计策的含义及其运用原则，反映各计的实例，编成连环画故事。

J0080852

三笑姻缘 （唐伯虎、祝枝山、文微明、周文宾四才子佳话 连环画）庄宏安等编文；王重义等绘画
杭州 浙江人民美术出版社 1992 年 2 册（400 页）
19cm（小 32 开）ISBN：7-5340-0361-X
定价：CNY7.50
　　本连环画收入的故事有十美图、祝枝山做媒、三笑姻缘、点秋香、大闹明伦堂、王老虎抢亲。

J0080853

失去的世界 （英）柯南道尔原著；肖红改编；惠国，力民绘图

北京　中国少年儿童出版社　1992 年　56 页
26cm（16 开）ISBN：7-5007-1432-7
定价：CNY3.45
（世界著名科幻小说画集）
　　本书根据英国作家柯南道尔的《失去的世界》创作的中国连环画作品。

J0080854
诗情画意　（绘图宋词一百首）刘明编；刘旦宅等绘
北京　中国连环画出版社　1992 年　2 版　100 页
21×18cm　ISBN：7-5061-0275-7　定价：CNY33.00
　　中国现代连环画。作者刘旦宅（1931—2011），教授、画家。原名浑，又名小粟，后改名旦宅，别名海云生。浙江温州人。曾在上海市大中国图书局、上海教育出版社、上海人民美术出版社绘画，上海师范大学美术系主任。代表作品《曹雪芹生平》《琵琶行》《刘旦宅聊斋百图》《石头记人物画册》等。

J0080855
诗情画意　（绘图唐诗一百首）叶曦编；谢振瓯等绘
北京　中国连环画出版社　1992 年　2 版　100 页
21×18cm　ISBN：7-5061-0274-9　定价：CNY33.00
　　中国现代连环画。

J0080856
世界科幻故事画库　（英汉对照）严文井主编
济南　山东友谊书社　1992 年
5 册（312+318+318+318+317 页）20cm（32 开）
ISBN：7-80551-461-5　定价：CNY29.50
（世界儿童文学名著大画库 第五部）
　　中国现代连环画。外文书名：The Picture Treasury of World Science Fiction Stories.

J0080857
世界科幻名著编连环画　（2）鲁克等编文；郑小焰等绘
合肥　安徽少年儿童出版社　1992 年　328 页
20cm（32 开）ISBN：7-5397-0795-0
定价：CNY5.50
　　本书根据世界科幻名著改编的中国现代连环画。本辑包括《化身博士》《地心游记》《星球大战》等。作者郑小焰（1957—　），女，画家。

安徽芜湖人，毕业于中国美术学院版画系和安徽师范大学美术系硕士班。历任安徽师范大学美术系教师，南京大学出版社美术编辑室主任。代表作品有《青春》《水边》《鸽子》等。

J0080858
世界历史名人画传　（爱迪生）母国政撰文；王临友，沈尧定绘
南京　江苏教育出版社　1992 年　80 页
27×22cm　精装　ISBN：7-5343-1575-1
　　本作品系中国现代连环画。

J0080859
世界历史名人画传　（贝多芬）唐挚撰文；陈文骥绘
南京　江苏教育出版社　1992 年　81 页
27×22cm　精装　ISBN：7-5343-1498-4
　　本作品系中国现代连环画。作者陈文骥（1954—　），教授。上海人，毕业于中央美术学院版画系。中央美术学院民间美术系教师。作品有《蓝色的天空，灰色的环境》《光既逝》《椅子，炉子》等。出版有《陈文骥人体》等。

J0080860
世界历史名人画传　（达·芬奇）刘心武撰文；文国璋绘
南京　江苏教育出版社　1992 年　80 页
27×22cm　精装　ISBN：7-5343-1578-6
　　本作品系中国现代连环画。

J0080861
世界历史名人画传　（达尔文）肖复兴撰文；艾民有，吴燕生绘
南京　江苏教育出版社　1992 年　72 页
27×22cm　精装　ISBN：7-5343-1496-8
　　本作品系中国现代连环画。作者艾民有（1937—　），油画家。上海人，毕业于中央美术学院油画系。在海军政治部创作室从事专业美术创作。中国美术家协会会员、国家一级美术师。主要作品有《返航》《传经》《看海洋》等。

J0080862
世界历史名人画传　（华盛顿）李辉撰文；高泉绘
南京　江苏教育出版社　1992 年　80 页

27×22cm 精装 ISBN：7-5343-1494-1

本作品系中国现代连环画。作者高泉（1936—2014），油画家、教授。安徽蚌埠人。历任解放军艺术学院教授，中国革命军事博物馆创作室主任，中国美协会员，威海海洋画院院长等。代表作包括《大海》《肃秋》《英雄交响》《黄河壶口》。出版有《海之歌——高泉海景画集》。

J0080863

世界历史名人画传 （李时珍）秦牧撰文；后玮绘

南京 江苏教育出版社 1992年 64页

27×22cm 精装 ISBN：7-5343-1915-3

本作品系中国现代连环画。

J0080864

世界历史名人画传 （牛顿）赵丽宏撰文；黄唯理等绘

南京 江苏教育出版社 1992年 64页

27×22cm 精装 ISBN：7-5343-1914-5

本作品系中国现代连环画。作者黄唯理（1961— ），画家。广东惠阳人。广州画院院聘画家、中国美术教育研究会会员、广州市荔湾区少年宫教师等。出版有《家园·梦》《当代中国书画家系列书画集》。

J0080865

世界历史名人画传 （莎士比亚）李国文撰文；孙景波，夏小万绘

南京 江苏教育出版社 1992年 80页

27×22cm 精装 ISBN：7-5343-1577-8

本作品系中国现代连环画。作者孙景波（1945— ），画家。生于山东牟平，毕业于中央美术学院油画研究班，曾赴法国巴黎美术学院进修油画、壁画。中央美术学院教授、中国油画家学会理事、中国美术家协会会员。代表作品《阿细新歌》《阿佤山人》《青海湖》等。

J0080866

世界历史名人画传 （释迦牟尼）汪曾祺撰文；李少文绘

南京 江苏教育出版社 1992年 76页

27×22cm 精装 ISBN：7-5343-1574-3

本作品系中国现代连环画。

J0080867

世界童话名著连环画丛书 （第3辑）苏国纪译

石家庄 河北少年儿童出版社 1992年 6册

13×13cm ISBN：7-5376-0782-6 定价：CNY4.50

本作品系中国现代连环画。

J0080868

世界童话名著连环画丛书 （第4辑）苏国纪译

石家庄 河北少年儿童出版社 1992年 6册

13×13cm ISBN：7-5376-0784-2 定价：CNY4.50

本作品系中国现代连环画。

J0080869

世界现代著名企业家经营谋略 （图画）杨沛霆主编；朱双海等绘画

南昌 江西美术出版社 1992年 6册 20cm（32开）

ISBN：7-80580-109-6

定价：CNY66.00，CNY78.00（精装）

本作品系中国现代连环画。共收入4320幅图。分5篇6卷，即美国（一）、美国（二）、西欧、北欧、日本、东南亚、韩国、中国（包括港、澳、台地区），将现代中外经济强人和企业经营者一生中成功的和有特色的经营谋略，通过事例赏析，用连环画形式展现出来。与《中国古代经营谋略图画》互为姊妹篇。

J0080870

世界现代著名企业家经营谋略图画 （美国1）杨沛霆主编；朱双海等绘画

南昌 江西美术出版社 1992年 354页

20cm（32开）ISBN：7-80580-109-6

定价：CNY11.00

主编杨沛霆（1931— ），教授。天津武清人，毕业于天津大学。中国科学技术协会教授，中国科协干部学院常务副院长。著有《科学技术的继承与发展》《领导科学与领导艺术》《科学技术概论》《人事学》等。

J0080871

世界现代著名企业家经营谋略图画 （美国2）杨沛霆主编；朱双海等绘画

南昌 江西美术出版社 1992年 351页

20cm（32开）ISBN：7-80580-109-6

定价: CNY10.30

J0080872

世界现代著名企业家经营谋略图画 （东南亚·韩国）杨沛霆主编; 朱双海等绘画
南昌　江西美术出版社　1992 年　359 页
20cm（32 开）ISBN: 7-80580-109-6
定价: CNY10.50

J0080873

世界现代著名企业家经营谋略图画 （日本）杨沛霆主编; 朱双海等绘画
南昌　江西美术出版社　1992 年　375 页
20cm（32 开）ISBN: 7-80580-109-6
定价: CNY11.00

J0080874

世界现代著名企业家经营谋略图画 （西欧·北欧）杨沛霆主编; 朱双海等绘画
南昌　江西美术出版社　1992 年　366 页
20cm（32 开）ISBN: 7-80580-109-6
定价: CNY10.70

J0080875

世界现代著名企业家经营谋略图画 （中国包括港、澳、台地区）杨沛霆主编; 朱双海等绘画
南昌　江西美术出版社　1992 年　421 页
20cm（32 开）ISBN: 7-80580-109-6
定价: CNY12.50

J0080876

世界一百名人画传
北京　中国国际广播出版社　1992 年　6 册
20cm（32 开）ISBN: 7-5078-0168-3
定价: CNY56.00
　　中国现代连环画。

J0080877

世界真奇妙 （动物奇趣图画本）杨佩华等编文; 刘泽岱等绘画
上海　少年儿童出版社　1992 年 78 页　26cm（16 开）
ISBN: 7-5324-1920-7 定价: CNY4.60
　　本作品系中国现代连环画。

J0080878

世界著名海战故事 （连环画）重珠, 董争编文; 陈国良等绘画
武汉　湖北少年儿童出版社　1992 年　406 页
20cm（32 开）ISBN: 7-5353-1097-4
定价: CNY7.20
　　本连环画以图文并茂的形式向少年朋友们介绍了 20 世纪内 13 则如 "马岛之战" 等大海战的故事。

J0080879

世界著名空战故事 （连环画）董争, 清源编文; 范汉成等绘画
武汉　湖北少年儿童出版社　1992 年　390 页
20cm（32 开）ISBN: 7-5353-1098-2
定价: CNY6.90
　　本连环画收入 20 世纪空中作战的重大战例。如 "美军空袭利比亚" 等。

J0080880

世界著名空战故事 （连环画）重珠, 董争编文; 陈国良等绘
武汉　湖北少年儿童出版社　1992 年　406 页
20cm（32 开）ISBN: 7-5353-1097-4
定价: CNY7.20

J0080881

世界著名陆战故事 （连环画）董炳新, 董争编文; 赵力中等绘画
武汉　湖北少年儿童出版社　1992 年　398 页
20cm（32 开）ISBN: 7-5353-1096-6
定价: CNY7.00
　　本书收入 20 世纪内发生的重大陆地战役, 如: "马恩河会战"、"莫斯科保卫战"、"第四次中东战争" 等。作者赵力中（1954—　），画家。辽宁海城人, 毕业于云南艺术学院油画系。云南大学教授、昆明市美术家协会副主席。代表作品有《碧血千秋》《驼峰航线》《1944·中国远征军》等。

J0080882

世界著名情报战故事 （连环画）董炳新, 朱建民编文; 孙才清等绘画
武汉　湖北少年儿童出版社　1992 年　380 页
20cm（32 开）ISBN: 7-5353-1099-0

定价：CNY6.80

　　本书从间谍事件中精选 15 则。包括战争中的少女、珍珠港的谍报员、蒙哥马利的幽灵等。

J0080883

世界著名史诗十二部 （缩写本连环画）梁友璋，颜铁明策划

昆明 云南少年儿童出版社 1992 年 6 册

有插图 20cm（32 开）ISBN：7-5414-0738-0

定价：CNY26.00

　　本连环画选入希腊、印度、巴比伦、波斯、俄国、西班牙、法国、德国、中国等国家古代的 12 部史诗，对重大历史事件及其英雄业绩进行了生动描写，反映了古代各民族的人民生活和社会面貌。

J0080884

世说新语·菜根谭 （六朝的清淡与人生的滋味）蔡志忠绘

台北 时报文化出版企业公司 1992 年 268 页

20cm（32 开）精装 ISBN：957-13-0498-0

定价：TWD350.00

（时报漫画丛书 FC06）

　　中国现代连环画。

J0080885

数理化通俗演义 梁衡原著；李小川等改编；陈军等绘

北京 人民美术出版社 1992 年

3 册（220+188+187 页）19cm（小 32 开）

ISBN：7-102-01058-3 定价：CNY9.80

　　本书是一本关于数理化知识故事的连环画。

J0080886

数理化通俗演义 梁衡原著；宋瑞芳改编；崔君沛绘

太原 山西人民出版社 1992 年 有图 20cm（32 开）

ISBN：7-203-01684-6 定价：CNY14.50

　　本书以连环画的表现形式介绍了从古至今，从东方到西方著名科学家的生动故事。收入 880 幅图。介绍从公元前 4 世纪到 19 世纪 2000 年间，数理化科学家所经历的成功与失败，以及他们在生活中的喜怒哀乐。作者崔君沛（1950—2008），画家。广东番禺人。曾任上海人民美术出版社专职画家、中国美术家协会上

海分会会员、上海老城厢书画会副会长、中国艺术研究院特邀书画师。出版有《三国人物绣像》《崔君沛画集》《红楼人物册》《李自成·清兵入塞》《南原激战》等。

J0080887

水浒 （明）施耐庵原著；戴敦邦绘画；孟庆远改写

北京 中国少年儿童出版社 1992 年 有彩图

25cm（15 开）线装 ISBN：7-5007-1599-4

定价：CNY23.50

　　本书是以《水浒》原著部分回目为题创作的国画连环画作品。作者施耐庵（约 1296—约 1370），原名彦端，字肇瑞，号子安，别号耐庵。代表作品《水浒传》。作者戴敦邦（1938—　），国画家，教授。号民间艺人。江苏丹徒人，毕业于上海第一师范学校。历任《中国少年报》《儿童时代》美术编辑、上海交通大学人文学院教授。主要作品有《水浒人物一百零八图》《戴敦邦水浒人物谱》《戴敦邦新绘红楼梦》《戴敦邦古典文学名著画集》等，连环画代表作品有《一支驳壳枪》《水上交通站》《大泽烈火》《蔡文姬》等。

J0080888

死海决斗 （死海探秘 1）蒋晓东改编；李敏等复制

南宁 广西美术出版社 1992 年 30 页

19cm（小 32 开）ISBN：7-80582-287-5

定价：CNY1.20

　　本作品系中国现代连环画。

J0080889

死海决斗 （不速之客 2）蒋晓东改编；李敏等复制

南宁 广西美术出版社 1992 年 30 页

19cm（小 32 开）ISBN：7-80582-288-3

定价：CNY1.20

J0080890

死海决斗 （巨虫斗飞机 4）蒋晓东改编；李敏等复制

南宁 广西美术出版社 1992 年 30 页

19cm（小 32 开）ISBN：7-80582-289-1

定价：CNY1.20

J0080891

死河追踪 （上）纪生改编；刘展国绘画
北京 中国连环画出版社 1992 年 126 页
13cm（64 开）ISBN：7-5061-0560-8
定价：CNY1.20
　　　本作品系中国现代连环画。

J0080892

死河追踪 （下）纪生改编；刘展国绘画
北京 中国连环画出版社 1992 年 126 页
13cm（64 开）ISBN：7-5061-0561-6
定价：CNY1.20

J0080893

死尸遗泪诫诸子 蒲松龄原著；樨子改编；柴
建华，小华绘
南宁 广西民族出版社 1992 年 110 页
10×13cm ISBN：7-5363-1962-2 定价：CNY1.10
（聊斋画库 52）
　　　本作品系中国现代连环画。作者蒲松龄
（1640—1715），文学家。字留仙，一字剑臣，别
号柳泉居士，世称聊斋先生。山东淄川（今山东
淄博）人。著有《聊斋志异》《聊斋文集》等。

J0080894

死亡的古庙 曹英改编；邓立衍，邓莉文绘画
长沙 湖南美术出版社 1992 年 110 页
13cm（64 开）ISBN：7-5356-0512-5
定价：CNY0.72
　　　本作品系中国现代连环画。

J0080895

四书 （东方的圣经）蔡志忠绘
台北 时报文化出版企业公司 1992 年 413 页
20cm（32 开）精装 ISBN：957-13-0493-X
定价：TWD600.00
（时报漫画丛书 Fc01）
　　　中国现代连环画。

J0080896

宋定伯卖鬼 郑凯军，钱继伟绘画；吉丁编文
杭州 浙江少年儿童出版社 1992 年 26cm（16开）
ISBN：7-5342-0988-9 定价：CNY2.60
（彩绘本中国古典文学神怪故事丛书）
　　　中国现代连环画。作者郑凯军（1948—　），

浙江黄岩人。中国美术家协会浙江分会会员、
浙江医科大学 LRC 主管技师。作者钱继伟
（1956—　），美术编辑。浙江杭州人，中国美
术家协会分会会员，浙江《家庭教育》杂志美术
编辑。

J0080897

孙行者落难平顶山 成伟编文；高文，张弢
绘画
北京 中国电影出版社 1992 年 18 页 26cm（16开）
ISBN：7-106-00587-8 定价：CNY1.30
（西游记系列连环画）
　　　本作品系中国现代连环画。

J0080898

孙悟空科学考察记 （日）舟木嘉浩著；赵燕
南译；关口高广绘画
北京 中国连环画出版社 1992 年 47 页
26cm（16 开）ISBN：7-5061-0545-4
定价：CNY1.80
　　　本作品系中国现代连环画。

J0080899

孙中山的故事 秋子改编；辛明等画
北京 中国连环画出版社 1992 年 138 页
14×16cm ISBN：7-5061-0515-2 定价：CNY4.20
（革命领袖人物连环画丛书）
　　　作者秋子（1954—　），供职于甘肃文化出
版社。

J0080900

孙子兵法 （连环画）（春秋）孙武著；马守良
等编
杭州 浙江人民美术出版社 1992 年 重印本
6 册 20cm（32 开）精装 ISBN：7-5340-0312-1
定价：CNY75.00
　　　本画册从中国三千年各个历史时期的战争
中选出近 200 个实例，绘制成连环画，为《孙子
兵法》的军事思想作佐证。

J0080901

他们为什么中毒 中国预防医学科学院劳动
卫生与职业病研究所，江苏省卫生防疫站主编；
徐建平绘
南京 江苏美术出版社 1992 年 46 页

19cm（小 32 开） ISBN：7-5344-0243-3
定价：CNY1.20

　　本作品系中国现代连环画。

J0080902

唐伯虎智圆梅花梦　苏西映绘；林竹梅编著
香港 安定出版社 1992 年 130 页 26cm（16 开）
ISBN：962-429-100-4 定价：HKD45.00
（华夏文库）

　　中国现代连环画。

J0080903

桃花扇　（清）孔尚任原著；袁永庆改编；卢延
光绘画
北京 人民美术出版社 1992 年 18cm（32 开）
（中国十大古典悲剧连环画集）

J0080904

图解金瓶梅　（明）笑笑生原著；段润恒编文；
周惠等绘画
西安 陕西旅游出版社 1992 年 2 册（980 页）
20cm（32 开） ISBN：7-5418-0622-6
定价：CNY19.80

　　中国现代连环画。

J0080905

图释弟子规·图释增广贤文·图释三字经
小戈等编；史殿生等绘画
天津 天津人民美术出版社 1992 年 3 册
20cm（32 开）精装 ISBN：7-5305-3339-8
定价：CNY42.00
（中国古代蒙学篇）

　　本作品系中国现代连环画。

J0080906

托姆林船长的宝藏　卢荣泽等画
上海 少年儿童出版社 1992 年 2 册 14×16cm
ISBN：7-5324-1925-8 定价：CNY4.00

　　本作品系中国现代连环画。

J0080907

外国笑话精选 100 篇　（彩绘本）毅玎等改
编；丁聪等绘画
天津 新蕾出版社 1992 年 103 页 17×19cm
ISBN：7-5307-1136-9 定价：CNY5.40

中国现代连环画。作者丁聪（1916—2009），
著名漫画家、舞台美术家。生于上海。曾任《人
民画报》副总编辑，中国美术家协会漫画艺术委
员会主任。作品有《鲁迅小说插图》《丁聪插图》
《四世同堂》《骆驼祥子》作品插图。

J0080908

外星人之谜　（少儿现代科学知识 900 例）方
晴文；李肇宏绘
长春 北方妇女儿童出版社 1992 年 90 页
19cm（小 32 开） ISBN：7-5385-0821-X
定价：CNY2.30
（世界奥秘十大谜系列连环画 1）

　　本作品系中国现代连环画。

J0080909

万里长江一"雷锋"　（记武警湖北总队船队
队长、全国武警部队"学雷锋标兵"胡建平同志
的事迹）马安骏编文；张衣杰绘画
北京 长城出版社 1992 年 165 页 19cm（小 32 开）
ISBN：7-80017-176-0 定价：CNY4.50

　　本书是根据反映胡建平事迹的有关通
讯和报告文学编绘的连环画。作者张衣杰
（1954—　　），人民武警报社上校主任编辑、
记者。

J0080910

王六郎　史俊绘画；朱庆坪编文
杭州 浙江少年儿童出版社 1992 年 26cm（16 开）
ISBN：7-5342-0988-9 定价：CNY2.60
（彩绘本中国古典文学神怪故事丛书）

　　中国现代连环画。作者史俊（1955—　　），
中国美术家协会会员，二十一世纪出版社美术
编辑。

J0080911

忘恩负义的鳄鱼　（柬埔寨童话）星灿文；刘
洛平绘画
北京 中国少年儿童出版社 1992 年 37 页
21×17cm ISBN：7-5007-1572-2 定价：CNY1.90
（世界著名童话精选连环画 童话画库）

J0080912

五分钟连环画故事　（一）
昆明 云南少年儿童出版社 1992 年 156 页

19cm（小 32 开）ISBN：7-5414-0657-0
定价：CNY2.60

J0080913

五分钟连环画故事 （二）
昆明 云南少年儿童出版社 1992 年 164 页
有图 19cm（小 32 开）ISBN：7-5414-0658-9
定价：CNY2.70
　　本书收入 11 篇连环画故事。

J0080914

五谷之神 吕胜中绘画；雪原编文
杭州 浙江少年儿童出版社 1992 年 26cm（16 开）
ISBN：7-5342-0988-9 定价：CNY2.60
（彩绘本中国古典文学神怪故事丛书 神）
　　中国现代连环画。作者吕胜中（1952—　），
教师、画家。生于山东平度县，中央美术学院硕
士毕业。中央美术学院民间美术系教师。主要
作品有《生命——瞬间与永恒》《行》等。著作有
《中国民间剪纸》《中国木刻版画》。

J0080915

西厢记 （元）王实甫原著；陈明改编；徐恒瑜
绘画
北京 人民美术出版社 1992 年 1 册 18cm（32 开）
（中国十大古典喜剧连环画集）

J0080916

西游记 金木等编绘
上海 少年儿童出版社 1992 年 2 册（1426 页）
20cm（32 开）ISBN：7-5324-1901-0
定价：CNY17.30
　　本作品系中国现代连环画。

J0080917

西游记 邓柯等编绘
广州 新世纪出版社 1992 年 14×16cm
ISBN：7-5405-0535-4 定价：CNY33.00
　　本作品系中国现代连环画。作者邓柯
（1936—　），画家。原籍江苏苏州市，生于上
海。原名邓国泰。中国美协会员、天津美协理
事。曾任天津美术出版社美术编辑、天津画院
创作干部。主要作品有《雨》《码头》《小猴种
玉米》等。

J0080918

西游记 （明）吴承恩原著；杨永青作图；孟庆
远改写
北京 中国少年儿童出版社 1992 年 有彩图
25cm（15 开）线装 ISBN：7-5007-1600-1
定价：CNY19.00
　　本书以《西游记》原著部分回目为题，创
作的国画连环画作品。作者吴承恩（约 1500—
1583），汉族，明代小说家。淮安府山阳县河下
人（现江苏淮安市淮安区）。字汝忠，号射阳山
人。代表作有《西游记》。作者杨永青（1928—
2011），画家。上海浦东人。曾任中国美术家
协会儿童美术艺术委员会主任、中国版画家协
会会员、中国少年儿童出版社美术编辑、编审。
人物画有《屈原九歌长卷》《观音造像》等，连
环画作品有《女拖拉机手》《刘胡兰》《王二小》
《高玉宝》等。

J0080919

侠女罗晚妹 （上）夏冰改编；李峰山绘画
北京 中国连环画出版社 1992 年 120 页
13cm（64 开）ISBN：7-5061-0557-8
定价：CNY1.20
　　本作品系中国现代连环画。作者李峰山
（1924—　），陕西蒲城人。中国书画家协会会员、
东方书画家协会会员、陕西省书协会员、陕西老
年书画学会名誉管理事长。著有《论书名句》《李
峰山墨迹》等。

J0080920

侠女罗晚妹 （下）夏冰改编；李峰山绘画
北京 中国连环画出版社 1992 年 126 页
13cm（64 开）ISBN：7-5061-0558-6
定价：CNY1.20
　　本作品系中国现代连环画。

J0080921

孝顺的小亨利 （法国童话）星灿文；缪惟，
吕蕾绘画
北京 中国少年儿童出版社 1992 年 37 页
21×17cm ISBN：7-5007-1561-7 定价：CNY1.90
（世界著名童话精选连环画 童话画库）
　　本作品系中国现代连环画。作者缪惟
（1965—　），图书出版策划人、插图画家、平面
设计师，漫画家。出生于北京，毕业于中央工

艺美术学院。任职于中国少年儿童新闻出版总社、中国美术家协会会员、中国展示设计家协会会员。作品有《小给船》《叶圣陶童话》《叶圣陶儿歌》。

J0080922
新西游记 （1 重登西天路）亚秋等编绘
南宁 广西美术出版社 1992 年 34 页
17×19cm ISBN：7-80582-317-0 定价：CNY1.60
（现代神话连环画故事）
　　本作品系中国连环画。

J0080923
新西游记 （3 大战毒枭）亚秋等编绘
南宁 广西美术出版社 1992 年 34 页
17×19cm ISBN：7-80582-317-0 定价：CNY1.60
（现代神话连环画故事）

J0080924
新西游记 （4 猪八戒征婚）亚秋等编绘
南宁 广西美术出版社 1992 年 34 页
17×19cm ISBN：7-80582-221-9 定价：CNY1.60
（现代神话连环画故事）

J0080925
新西游记 （1 重登西天路）何汉秋，亚洁编绘
南宁 广西美术出版社 1992 年 17×19cm
ISBN：7-80582-310-3 定价：CNY1.60
（现代神话连环画故事）
　　作者何汉秋(1951—)，《经济时报》美术编辑。

J0080926
新西游记 （3 大战毒枭）何汉秋，亚洁编绘
南宁 广西美术出版社 1992 年 17×19cm
ISBN：7-80582-310-3 定价：CNY1.60
（现代神话连环画故事）

J0080927
新西游记 （4 猪八戒征婚）何汉秋，亚洁编绘
南宁 广西美术出版社 1992 年 17×19cm
ISBN：7-80582-321-9 定价：CNY1.60
（现代神话连环画故事）

J0080928
新西游记 （5 鸟巢禅师）亚秋等编绘
南宁 广西美术出版社 1993 年 34 页 17×19cm
ISBN：7-80582-498-3 定价：CNY1.20
（现代神话连环画故事）

J0080929
新西游记 （6 瑜伽神功）亚秋等编绘
南宁 广西美术出版社 1993 年 34 页 17×19cm
ISBN：7-80582-499-1 定价：CNY1.20
（现代神话连环画故事）

J0080930
新西游记 （7 真假悟空）亚秋等编绘
南宁 广西美术出版社 1993 年 34 页 17×19cm
ISBN：7-80582-500-9 定价：CNY1.20
（现代神话连环画故事）

J0080931
新西游记 （8 喜玛拉雅雪人）亚秋等编绘
南宁 广西美术出版社 1993 年 34 页 17×19cm
ISBN：7-80582-501-7 定价：CNY1.20
（现代神话连环画故事）
　　本作品系中国连环画。

J0080932
星球大战 张阳编文；常景新，张煤绘画
北京 中国工人出版社 1992 年 23 页 14×16cm
ISBN：7-5008-0828-3 定价：CNY1.00
（世界动画明星精选）
　　本作品系中国现代连环画。作者张阳，连环画艺术家。与张煤合著连环画《岳家小将》，改编有连环画《西游记》等。

J0080933
星球大战 （美）乔治·卢卡斯原著；于如龙改编；朱植人，魏新燕绘画
北京 中国少年儿童出版社 1992 年 56 页
26cm（16 开）ISBN：7-5007-1431-9
定价：CNY3.45
（世界著名科幻小说画集）
　　中国现代连环画。

J0080934
醒目仔 陈树斌等编绘

广州 新世纪出版社 1992 年 116 页
19cm（小 32 开）ISBN：7-5405-0688-1
定价：CNY2.50
（少先队员丛书）
　　中国现代连环画。作者陈树斌（1938—　　），
编辑。笔名方唐，广东中山人。历任《羊城晚报》
主任美编，中国美协漫画艺委会委员，广东漫画
学会名誉会长，广东画院特聘画家，广东省政协
委员。著有《方唐世界——方唐漫画精选》。

J0080935
血溅青龙　雷河清编文；贺飞白，杜昊绘画
郑州 河南美术出版社 1992 年 19cm（小 32 开）
ISBN：7-5401-0223-3 定价：CNY1.20
（连环画世界）
　　本作品系中国现代连环画。

J0080936
业余间谍　石景麟改编；吴恺，丁新媛绘画
北京 中国连环画出版社 1992 年 126 页
13cm（64 开）ISBN：7-5061-0565-9
定价：CNY1.20
　　本作品系中国现代连环画。作者石景麟，著
有《音乐家的故事》，与孙铁生合绘有连环画《东
进序曲》，改编有连环画《女娲补天》《肖尔布
拉克》。

J0080937
幽闺记　（元）施惠原著；邱永坚改编；卢辅圣，
华逸龙绘画
北京 人民美术出版社 1992 年 18cm（15 开）
（中国十大古典喜剧连环画集）
　　作者卢辅圣（1949—　　），编辑。浙江东阳人，
毕业于浙江美术学院中国画系。历任《朵云》《书
法研究》主编、上海书画出版社总编辑、中国美
术家协会会员、上海美术家协会顾问。代表作品
有中国画《旧游》，连环画《钗头凤》。

J0080938
玉琳国师　刘素珍绘
高雄 佛光出版社 1992 年 再版 121 页 19×20cm
ISBN：957-543-039-5 定价：TWD200.00
（佛光文选丛书 8807）
　　中国现代连环画。

J0080939
玉簪记　（明）高濂原著；刘治贵改编；刘金贵，
陈燕绘画
北京 人民美术出版社 1992 年 有图 18cm（15 开）
（中国十大古典喜剧连环画集）

J0080940
原典选抄　（文化殿堂的玄关）时报出版编辑
台北 时报文化出版企业公司 1992 年 197 页
20cm（32 开）精装 ISBN：957-13-0501-4
定价：TWD320.00
（时报漫画丛书 FC09）
　　中国现代连环画。

J0080941
约瑟与公主　（墨西哥童话）星灿文；陈小军
绘画
北京 中国少年儿童出版社 1992 年 38 页
21×17cm ISBN：7-5007-1581-1 定价：CNY1.90
（世界著名童话精选连环画 童话画库）
　　本作品系中国现代连环画。

J0080942
岳飞挂帅　张阳改编；徐锡林绘画
北京 中国连环画出版社 1992 年 32 页
26cm（16 开）ISBN：7-5061-0398-2
定价：CNY1.20
（精忠报国 4）
　　本作品系中国现代连环画。作者张阳，连环
画艺术家。与张煤合著连环画《岳家小将》，改编
有连环画《西游记》等。

J0080943
战国策　枉述荣主编
南昌 二十一世纪出版社 1992 年
4 册（318+311+320+315 页）20cm（32 开）
ISBN：7-5391-0637-9
定价：CNY30.00，CNY40.00（精装）
（中国历史名著故事精选连环画）
　　本书选《战国策》故事近百篇的连环画作品。

J0080944
张自忠将军　湖北省襄樊市政协，湖北省襄樊
市文联编
武汉 湖北美术出版社 1992 年 133 页 有图

19cm(小 32 开) ISBN：7-5394-0351-9

定价：CNY2.80

　　本书据电视剧《张自忠将军》改编的连环画。

J0080945

长生殿 （清）洪昇原著；陈尔泰改编；陆华绘画

北京 人民美术出版社 1992 年 18cm(15 开)

（中国十大古典悲剧连环画集）

J0080946

赵氏孤儿 （元）纪君祥原著；栎青改编；叶毓
中绘画

北京 人民美术出版社 1992 年 18cm(15 开)

（中国十大古典悲剧连环画集）

J0080947

知己难求 蒲松龄原著；薛梅改编；毛小龙等绘

南宁 广西民族出版社 1992 年 124 页 10×13cm

ISBN：7-5363-1962-2 定价：CNY1.10

（聊斋画库 41）

　　本作品系中国现代连环画。作者蒲松龄
(1640—1715)，文学家。字留仙，一字剑臣，别
号柳泉居士，世称聊斋先生。山东淄川（今山东
淄博）人。著有《聊斋志异》《聊斋文集》等。

J0080948

智擒"东北虎" （刑警803）李胜英，李容原
著；易乙改编；周佳发，周荃，贺莉萍绘画

上海 上海人民美术出版社 1992 年 118 页

9×13cm ISBN：7-5322-1022-7 定价：CNY0.67

　　中国现代连环画。

J0080949

中国成语故事 （图文本）伍员撰文；冯远等绘

杭州 浙江文艺出版社 1992 年 4 册(2001 页)

20cm(32 开) 精装 ISBN：7-5339-0525-3

定价：CNY50.00

　　中国现代连环画。

J0080950

中国传统美德故事系列 （诚实篇）萧霞等
文；于宁万等绘

福州 福建少年儿童出版社 1992 年 142 页

20cm(32 开) ISBN：7-5395-0655-5

定价：CNY4.20

　　中国现代连环画。

J0080951

中国传统美德故事系列 （礼义篇）立科等
文；刘志强等绘

福州 福建少年儿童出版社 1992 年 142 页

20cm(32 开) ISBN：7-5395-0654-7

定价：CNY4.20

　　中国现代连环画。

J0080952

中国传统美德故事系列 （勤奋篇）尤军等
文；陈卫红等绘

福州 福建少年儿童出版社 1992 年 142 页

20cm(32 开) ISBN：7-5395-0772-1

定价：CNY4.20

　　中国现代连环画。

J0080953

中国传统美德故事系列 （孝敬篇）林勇志
等绘

福州 福建少年儿童出版社 1992 年 142 页

20cm(32 开) ISBN：7-5395-0811-6

定价：CNY4.20

　　中国现代连环画。

J0080954

中国古代经营谋略图画 虞祖尧主编；于世
弼等绘

南昌 江西美术出版社 1992 年 6 册 20cm(32 开)

ISBN：7-80580-108-8 定价：CNY68.00

　　本书收入 4320 幅图的现代连环画画册。把
《管子》《食货志》的经营之道挖掘出来，共 6
册。一、重道篇，介绍古人对人类社会客观规律
的科学认识；二、战略篇，介绍经营活动中的战
略思想；三、策略篇；四、奇招篇(一)；五、奇招
篇(二)；六、人才篇。本书与《世界现代著名企
业家经营谋略图画》互为姊妹篇。作者虞祖尧
(1927—　　)，浙江温州人，中国人民大学劳动人
事学院教授，中国经济思想史学会副秘书长等。

J0080955

中国古代名人养生 （连环画）侯又白主编；
唐明生等绘

北京 人民美术出版社 1992 年 244 页

20cm（32开）ISBN：7-102-01148-2
定价：CNY8.00

　　本连环画收历史名人81位，介绍了他们各自的修身养性、延年益寿的哲理和妙法。主编侯又白（1942— ），字顾庚，号聚生，河北河间县人。毕业于北京师范大学。著有《古代圣贤教子经》《古代名家养生法》《古代将相谋臣身术》《古代良医寿世方》等。

J0080956
中国古代名人治学故事 （连环画）平献明编文

沈阳 辽宁教育出版社 1992年 76页 21×18cm
ISBN：7-5382-1674-X 定价：CNY4.40
（寓教画库）

　　中国现代连环画。

J0080957
中国古代名人智慧故事 （画册）葆劼编文；郑大伟等绘

沈阳 辽宁教育出版社 1992年 76页 有彩图
21×18cm ISBN：7-5382-1675-8 定价：CNY4.40
（寓教画库）

　　中国现代连环画。

J0080958
中国古代疑案 （连环画）田彩改编；陈谷长等绘

上海 上海人民美术出版社 1992年 117页
19cm（小32开）ISBN：7-5322-0998-9
定价：CNY1.30

　　本书以连环画形式选编28则中国古代破案故事。

J0080959
中国古典名著精选连环画 （水浒 林冲）励丽改编；林勇志绘画

福州 福建少年儿童出版社 1992年 62页
20cm（32开）ISBN：7-5395-0651-2
定价：CNY1.70

J0080960
中国古典名著精选连环画 （水浒 鲁智深）励丽改编；张永海绘画

福州 福建少年儿童出版社 1992年 62页

20cm（32开）ISBN：7-5395-0652-0
定价：CNY1.70

J0080961
中国古典名著精选连环画 （水浒 武松）励丽改编；杨思陶等绘画

福州 福建少年儿童出版社 1992年 62页
20cm（32开）ISBN：7-5395-0647-4
定价：CNY1.70

J0080962
中国古典名著精选连环画 （西游记 孙悟空大闹天宫）禾子，肖燕改编；张兆年，苏燕绘画

福州 福建少年儿童出版社 1992年 64页
20cm（32开）ISBN：7-5395-0648-2
定价：CNY1.70

　　作者张兆年（1946— ），画家。天津人，毕业于天津工艺美校。天津工艺美术设计院创作室二级美术师。获奖作品有《数不清》《踏歌图》《傻佴少女》等，壁画作品有《海河晨光》《津门十景》《中国古代科技文明之光》《生命之路》等。

J0080963
中国古典名著精选连环画 （西游记 孙悟空陆地平妖）禾子，肖燕改编；杨思陶，常英英绘画

福州 福建少年儿童出版社 1992年 62页
20cm（32开）ISBN：7-5395-0649-0
定价：CNY1.70

J0080964
中国古典名著精选连环画 （西游记 孙悟空威震水府）禾子，肖燕改编；阿华，林青绘画

福州 福建少年儿童出版社 1992年 48页
20cm（32开）ISBN：7-5395-0650-4
定价：CNY1.50

J0080965
中国好少年 （好学、健美）中国少年报社编；姜艳波等改编

沈阳 辽宁美术出版社 1992年 180页 有图
19cm（小32开）ISBN：7-5314-0812-0
定价：CNY2.90
（连环画丛书）

　　本书介绍了获好学奖、健美奖的少先队员的优秀事迹。

J0080966

中国好少年 （勤俭、创造）中国少年报社编；卜福顺，张佳讯改编

沈阳 辽宁美术出版社 1992 年 176 页 有图 19cm（小 32 开）ISBN：7-5314-0810-4

定价：CNY2.90

（连环画丛书）

　　本书介绍了部分获勤俭奖、创造奖的少先队员的优秀事迹。作者卜福顺，曾任辽宁民族出版社美术教育编辑室主任。

J0080967

中国好少年 （勇敢、诚实）中国少年报社编；何泥等改编

沈阳 辽宁美术出版社 1992 年 172 页 有图 19cm（小 32 开）ISBN：7-5314-0809-0

定价：CNY2.70

（连环画丛书）

　　本书介绍了获勇敢奖、诚实奖的少先队员的优秀事迹。

J0080968

中国好少年 （助人、孝敬）中国少年报社编；岫石等改编

沈阳 辽宁美术出版社 1992 年 163 页 有图 19cm（小 32 开）ISBN：7-5314-0811-2

定价：CNY2.70

（连环画丛书）

　　本书介绍了获助人奖、孝敬奖的部分少先队员的优秀事迹。

J0080969

中国历代神童故事画 蒋义海主编

南京 江苏教育出版社 1992 年 521 页 20cm（32 开）ISBN：7-5343-1467-4

定价：CNY7.55

　　本连环画，图文并茂地精选历代神童 99 人，每人择其故事一、二则。主编蒋义海（1940— ），画家、国家一级美术师。笔名六舟（陆洲），江苏南京人。历任南京名人艺术研究院院长、南京国际梅花书画院院长、江苏省作家协会书画联谊会副会长、中国梅花艺术馆名誉馆长。出版有《蒋义海先生中国画集》《蒋义海梅花集》《画海》。

J0080970

中国十大古典悲剧连环画集 孟庆江，文辛主编；中国戏剧家协会四川分会，《连环画报》编辑部编辑

北京 人民美术出版社 1992 年 重印本 10 册 19cm（32 开）ISBN：7-102-00865-1

定价：CNY45.00（甲种本）

　　主编孟庆江（1937— ），画家。浙江温州人，毕业于中央美术学院国画系。曾任《连环画报》主编，《中国艺术》副主编，北京工笔重彩画绘副会长。代表作品《刘胡兰》《蔡文姬》《长恨歌》等。

J0080971

中国十大古典悲剧连环画集 孟庆江，文辛主编；中国戏剧家协会四川分会，《连环画报》编辑部编辑

北京 人民美术出版社 1992 年 重印本 10 册 19cm（32 开）ISBN：7-102-00865-1

定价：CNY38.00（乙种本）

　　本书包括：《窦娥冤》（元）关汉卿原著，言炎改编，孟庆江绘画；《汉宫秋》（元）马致远原著，闻莓改编，吴绪经绘画；《赵氏孤儿》（元）纪君祥原著，栋青改编，叶毓中绘画；《琵琶记》（明）高则诚原著，瑜蓉改编，江南春绘画；《精忠旗》（明）冯梦龙原著，杨子改编，华逸龙、卢辅圣绘画；《娇红记》（明）孟称舜原著，张思武改编，王燕芬绘画；《清忠谱》（清）李玉原著，朱耘改编，陆华绘画；《桃花扇》（清）孔尚任原著，袁永庆改编，卢延光绘画；《长生殿》（清）洪昇原著，陈尔泰改编，陆华绘画；《雷峰塔》（清）方成培原著，蒲家驹改编，张自启绘画。

J0080972

中山狼 （明）康海原著；陈丽英改编；古干绘画

北京 人民美术出版社 1992 年 18cm（15 开）

（中国十大古典喜剧连环画集）

　　作者古干（1942— ），画家。中国美术家协会会员，中国现代书画学会会长，世界书法家协会荣誉顾问。

J0080973

自古英雄出少年 （中国历代少年画文故事）喻岳衡主编

长沙 湖南美术出版社 1992 年 656 页 有图 19cm（小 32 开）精装 ISBN：7-5356-0536-2

定价: CNY23.90

中国现代连环画。

J0080974

左传　龚汝枢, 丁世弼等编

南昌　21 世纪出版社　1992 年

4 册 (317+318+320+314 页) 19cm (32 开)

ISBN: 7-5391-0636-0

定价: CNY30.00 (全套), CNY40.00 (精装全套)

(中国历史名著故事精选连环画)

　　本书选《左传》近百篇故事创作的连环画作品。分为《治国篇》《外交篇》《战争篇》《风范篇》。作者丁世弼 (1939—2018), 画家、国家一级美术师。字仲宜, 江西南昌人。历任中国美术家协会会员、江西省美术家协会副主席。代表作有《渔岛怒潮》《秋瑾》《陈赓大将》《红楼梦》等。

J0080975

《哪吒》系列连环画　(全集) 周楞伽原著; 宏义改编; 林艺等绘

北京　中国电影出版社　1993 年　26cm (16 开)

精装　ISBN: 7-106-00826-5　定价: CNY14.80

　　本作品系中国连环画。

J0080976

安徒生童话全集　(绘画本) (丹) 安徒生原著; 娄齐贵主编

武汉　湖北少年儿童出版社　1993 年　2 册 (1729 页) 20cm (32 开)　精装　ISBN: 7-5353-1248-9

定价: CNY33.00

　　本书以连环画的形式, 呈现安徒生的 160 多篇童话。作者安徒生 (Andersen, Hans Christian, 1805—1875), 丹麦作家, 著名童话大师。1829 年入哥本哈根大学学习。一生共写了 168 篇童话和故事, 还写过戏剧、小说、诗歌、游记和传记。经典作品有《白雪公主》《美人鱼》和《丑小鸭》等。

J0080977

白话《帝范》　(唐) 李世民撰; 闻怡编; 刘界彪绘

北京　时事出版社　1993 年　112 页　26cm (16 开)

ISBN: 7-80009-195-3　定价: CNY19.80

　　中国现代连环画。

J0080978

笔剑啸天录　(连环画) 孙昌宇原著; 刘木桦改编; 朱明等绘

广州　岭南美术出版社　1993 年　126 页　10×13cm

ISBN: 7-5362-0869-3　定价: CNY1.15

J0080979

碧血忠魂　(连环画) 俸起鸣主编; 中共贵阳市委党史研究学会编

贵阳　贵州人民出版社　1993 年　30 页　26cm (16 开)

ISBN: 7-221-03137-1　定价: CNY1.50

(革命传统教育丛书　第二辑)

　　本辑以连环画的形式, 介绍林青、黄大陆、卢焘等革命烈士事迹。

J0080980

兵圣两孙子　(孙武篇·孙膑篇) 庄宏安编文; 叶雄绘

杭州　浙江人民美术出版社　1993 年　455 页　20cm (32 开)　ISBN: 7-5340-0394-6

定价: CNY14.00

　　本作品系中国连环画。

J0080981

彩图东周列国志　(明) 冯梦龙, (清) 蔡元放原著; 文山等改编; 韩武等绘

沈阳　辽宁少年儿童出版社　1993 年　220 页

有彩图　19cm (小 32 开)　ISBN: 7-5315-1458-3

定价: CNY4.00

(小学新书系　中国古典文学系)

　　作者冯梦龙 (1574—1646), 通俗文学家、戏曲家。长洲 (今江苏苏州) 人。字犹龙, 又字子犹, 别号龙子犹、墨憨斋主人、顾曲散人、词奴等。一生从事小说、戏曲的创作和编印。编纂《喻世明言》《警世通言》《醒世恒言》《古今谈概》《太平广记钞》等。

J0080982

彩图封神演义　(明) 许仲琳原著; 金蓉等改编

沈阳　辽宁少年儿童出版社　1993 年　220 页

有彩图　19cm (小 32 开)　ISBN: 7-5315-1425-7

定价: CNY4.00

(小学新书系　中国古典文学系)

　　中国文学名著改编连环画。

J0080983

彩图红楼梦 （清）曹雪芹原著；沈国柱改编
沈阳 辽宁少年儿童出版社 1993 年 220 页
有彩图 19cm（小 32 开）ISBN：7-5315-1457-5
定价：CNY4.00
（小学新书系 中国古典文学系）
　　中国文学名著改编连环画。

J0080984

彩图镜花缘 （清）李汝珍原著；荒田等改编
沈阳 辽宁少年儿童出版社 1993 年 169 页
有彩图 19cm（小 32 开）定价：CNY3.50
（小学新书系 中国古典文学系）
　　中国文学名著改编连环画。作者李汝珍
（1763—1828），小说家。字松石，号老松、青莲、
北平子、松石道人，直隶大兴（今属北京）人。著
有《李氏音鉴》《受子谱选》《镜花缘》。

J0080985

彩图聊斋志异 （清）蒲松龄原著；杨春青等
改编
沈阳 辽宁少年儿童出版社 1993 年 220 页
有彩图 19cm（小 32 开）ISBN：7-5315-1460-5
定价：CNY4.00
（小学新书系 中国古典文学系）
　　中国文学名著改编连环画。

J0080986

彩图三国演义 （明）罗贯中原著；王山等改编
沈阳 辽宁少年儿童出版社 1993 年 220 页
有彩图 19cm（小 32 开）ISBN：7-5315-1424-9
定价：CNY4.00
（小学新书系 中国古典文学系）
　　中国文学名著改编连环画。

J0080987

彩图上下五千年 （春秋）瑞庄编；徐开云，
为民画
上海 少年儿童出版社 1993 年 115 页
26cm（16 开）ISBN：7-5324-1898-7
定价：CNY7.50
（中国历史画本）
　　本作品系中国连环画。

J0080988

彩图上下五千年 （东汉、三国）瑞庄编文；
韩硕，桑麟康画
上海 少年儿童出版社 1993 年 123 页
26cm（16 开）ISBN：7-5324-2080-9
定价：CNY7.90
（中国历史画本）
　　本作品系中国连环画。作者韩硕（1945—　），
上海人。先后就学于浙江美术学院、上海大学美
术学院。中国美术家协会会员，中国连环画研
究会理事，上海少年儿童出版社美术编辑室副主
任。擅人物，画风清隽洒脱。主要作品有《亲人》
《汇报》《好老师》等。作者桑麟康（1957—　），
画家。浙江鄞县人，就读于上海市轻工业专科学
校美术系。在上海市农垦工商联合企业总公司
天山商场担任美工。作品有《同学》《我们唤醒
了沉睡的大地》《养鸡图》等。

J0080989

彩图上下五千年 （晋）瑞庄编文；孙庆国，
震伟画
上海 少年儿童出版社 1993 年 118 页
26cm（16 开）ISBN：7-5324-2081-7
定价：CNY7.70
（中国历史画本）
　　本作品系中国连环画。

J0080990

彩图上下五千年 （明）瑞庄编文；博综，新
昌画
上海 少年儿童出版社 1993 年 116 页
26cm（16 开）ISBN：7-5324-2078-7
定价：CNY7.50
（中国历史画本）
　　本作品系中国连环画。

J0080991

彩图上下五千年 （唐）瑞庄编文；高云，古
月画
上海 少年儿童出版社 1993 年 99 页 26cm（16 开）
ISBN：7-5324-1944-4 定价：CNY6.60
（中国历史画本）
　　本作品系中国连环画。作者高云
（1956—　），国家一级美术师。毕业于南京艺术
学院中国画专业。中国美术家协会理事、中国画

艺委会委员、全国美术馆专委会副主任、江苏省美协副主席、江苏省美术馆馆长、南京艺术学院客座教授。

J0080992

彩图上下五千年 （战国）瑞庄编文；魏忠善，全昌画
上海　少年儿童出版社　1993年　122页
26cm（16开）ISBN：7-5324-2079-5
定价：CNY7.70
（中国历史画本）

　　本作品系中国连环画。作者魏忠善（1950—　　），画家。江苏人，进修于上海戏剧学院。曾任职于上海劳动局宣传教育中心、华东师范大学艺术教育系、上海市美术家协会创作展览部。代表作品有《王家坪桃林茶馆》，连环画《三字经》《康熙大帝画传》等。

J0080993

彩图水浒传 （明）施耐庵原著；流水等改编
沈阳　辽宁少年儿童出版社　1993年　220页
有彩图 19cm（小32开）ISBN：7-5315-1455-9
定价：CNY4.00
（小学新书系　中国古典文学系）

　　中国文学名著改编连环画。作者施耐庵（约1296—约1370），原名彦端，字肇瑞，号子安，别号耐庵。代表作品《水浒传》。

J0080994

彩图西游记 （明）吴承恩原著；志华等改编
沈阳　辽宁少年儿童出版社　1993年　220页
有彩图 19cm（小32开）ISBN：7-5315-1456-7
定价：CNY4.00
（小学新书系　中国古典文学系）

　　本书由中国文学名著改编的连环画。作者吴承恩（约1500—1583），汉族，明代小说家。淮安府山阳县河下人（现江苏淮安市淮安区）。字汝忠，号射阳山人。代表作有《西游记》。

J0080995

赤土中心魂 （连环画）李万生原著；邹蕴璋改编；唐凤鸣绘
长沙　湖南美术出版社　1993年　86页　10×13cm
ISBN：7-5356-0578-8 定价：CNY0.65

J0080996

春秋风云 （连环画）侣承军主编
西安　未来出版社　1993年　3册（1783页）
20cm（32开）ISBN：7-5417-0581-0
定价：CNY40.00，CNY51.00（精装）
（五千年历史故事画库）

J0080997

聪明的一休 （续集）
北京　人民中国出版社　1993年　4册
16×19cm ISBN：7-80065-524-5 定价：CNY5.40
　　本作品系中国连环画。

J0080998

从政史鉴 （上 连环画）
济南　山东美术出版社　1993年　461页
20cm（32开）ISBN：7-5330-0611-9
定价：CNY23.00（2册）
　　中国现代连环画。

J0080999

妲己入宫 郝新改编；谷天宁等绘
天津　新蕾出版社　1993年　26cm（16开）
ISBN：7-5307-1242-X 定价：CNY1.10
（封神榜故事 1）

　　本作品系中国连环画。

J0081000

大闹猛鬼城
武汉　湖北少年儿童出版社　1993年　64页
有图 19cm（小32开）ISBN：7-5353-1286-1
定价：CNY1.30
（新编聊斋系列）

　　本书根据动画片改编的中国现代连环画作品。

J0081001

道士 龙圣明等改编绘画
南宁　广西美术出版社　1993年　24页　14×16cm
ISBN：7-80582-570-X 定价：CNY1.00
（聊斋幽默连环画）

　　本作品系中国连环画。作者龙圣明（1944—　　），广西融水人。广西科技书画院副院长、广西艺术学院副教授、中国美术家协会会员。作品有《曙光》《牛》《瑶山丰年》，出版有

《中国当代幽默画家作品选》《桑吉纳－红棕素描》等。

J0081002

东坡画传　吴定贤编文；胡冕绘画
广州　岭南美术出版社　1993 年　60 页　有图
19×26cm　ISBN：7-5362-1096-5　定价：CNY18.00

J0081003

逗人喜爱的动物王国　（憨厚的骆驼）王东华主编；周松林编文；王欣等绘
北京　中国书籍出版社　1993 年　34 页　17×19cm
ISBN：7-5068-0131-0-　定价：CNY2.50
　　本作品系中国连环画。

J0081004

逗人喜爱的动物王国　（善良的小羊）王东华主编；樊慧瑾编文；唐左绘
北京　中国书籍出版社　1993 年　34 页　17×19cm
ISBN：7-5068-0131-0-　定价：CNY2.50
　　本作品系中国连环画。

J0081005

逗人喜爱的动物王国　（想当太阳的小狗）王东华主编；王亚军编文；王欣，郭涛绘
北京　中国书籍出版社　1993 年　34 页　17×19cm
ISBN：7-5068-0131-0-　定价：CNY2.50
　　本作品系中国连环画。

J0081006

逗人喜爱的动物王国　（小白兔捡月亮）王东华主编；郑波编文；唐俐晖，陈彬绘
北京　中国书籍出版社　1993 年　34 页　17×19cm
ISBN：7-5068-0131-0-　定价：CNY2.50
　　本作品系中国连环画。作者郑波（1957—　），艺术家。山东人。毕业学于鲁迅美术院油画系，留校任教。代表作品有《冰球》《在和平的环境里》《到敌人后方去》《自然、生命、和谐》《天狗》等。

J0081007

逗人喜爱的动物王国　（小花猫救鱼）王东华主编；王林编文；孙林等绘
北京　中国书籍出版社　1993 年　34 页　17×19cm
ISBN：7-5068-0131-0-　定价：CNY2.50

本作品系中国连环画。

J0081008

逗人喜爱的动物王国　（小马过河）王东华主编；方书娟编文；陈彬绘
北京　中国书籍出版社　1993 年　34 页　17×19cm
ISBN：7-5068-0131-0-　定价：CNY2.50
　　本作品系中国连环画。

J0081009

独闯黑巢　（连环画）石文秀编文；廖先悟绘
长沙　湖南美术出版社　1993 年　102 页　10×13cm
ISBN：7-5356-0608-3　定价：CNY0.72
（中国特警系列）

J0081010

凡夫壮举　伟人弱点　苏真主编
北京　团结出版社　1993 年　283 页　有插图
19cm（32 开）ISBN：7-80061-915-3
定价：CNY6.80
（灰色丛书 1）
　　本书收《一个士兵开创"马拉松"运动》《拿破仑败于骄狂》《鲁迅也有偏激时》等 14 个故事。

J0081011

飞出樊笼　（连环画）成安原著；沙铁军，覃光红改编；康移风绘
长沙　湖南美术出版社　1993 年　102 页　10×13cm
ISBN：7-5356-0564-8　定价：CNY0.70
（中国特警系列）
　　作者沙铁军（1942—　），编审。江苏如皋人，毕业于南京大学中文系。曾任湖北人民出版社文史编辑部主任、武汉作家协会会员、中国连环画研究会会员，湖北连环画研究会理事。代表作品有《中国古代战争》《长江三部曲》《青春之歌》《中国古代战争》《六十年的变迁》等。

J0081012

飞向太空　（连环画）徐点点等编文；周传发等绘画
武汉　湖北少年儿童出版社　1993 年　180 页
19cm（小 32 开）ISBN：7-5353-1212-8
定价：CNY5.00
　　本书以彩图形式展示了人类有史以来飞向太空、航行星际的历史轨迹，歌颂了飞向太空的

探索者们为之付出的艰辛努力与牺牲。

J0081013
风雨之夜 （刑警803）杨洪原著；吴文焕改编；鸿渐，筱荫绘画
上海　上海人民美术出版社　1993年　94页
9×13cm　ISBN：7-5322-1131-2　定价：CNY0.60
　　　中国现代连环画。

J0081014
封神榜后记 （第一回　周公星夜访武王·姜尚复命招贤士）文娟等编文；田大军等绘
海口　南海出版公司　1993年　94页　19cm（小32开）
ISBN：7-80570-974-2　定价：CNY2.50
　　　本作品系中国连环画。

J0081015
封神榜后记 （第二回　伯姬恩谢无牙子·梦萝钟情公子羽）荣福等编文；徐进等绘
海口　南海出版公司　1993年　94页　19cm（小32开）
ISBN：7-80570-974-2　定价：CNY2.50
　　　本作品系中国连环画。

J0081016
封神榜后记 （第三回　连云寨中同结义·虎牢关前斗鬼王）荣福等编文；钱自成等绘
海口　南海出版公司　1993年　94页　19cm（小32开）
ISBN：7-80570-974-2　定价：CNY2.50
　　　本作品系中国连环画。

J0081017
封神榜后记 （第四回　镐京城下群英会·比武场上施绝技）荣福等编文；徐进等绘
海口　南海出版公司　1993年　94页　19cm（小32开）
ISBN：7-80570-974-2　定价：CNY2.50
　　　本作品系中国连环画。

J0081018
封神榜后记 （第五回　昆仑山拜师学艺·兄弟间情真意切）祖馨等编文；田大军等绘
海口　南海出版公司　1993年　94页　19cm（小32开）
ISBN：7-80570-974-2　定价：CNY2.50
　　　本作品系中国连环画。

J0081019
封神榜后记 （第六回　纣王梦游朝歌城·武庚密室招旧臣）祖馨等编文；赵晓音等绘
海口　南海出版公司　1993年　94页　19cm（小32开）
ISBN：7-80570-974-2　定价：CNY2.50
　　　本作品系中国连环画。

J0081020
封神榜后记 （第七回　旧主遗臣思复辟·臭气相投结联盟）祖馨等编文；洪健等绘
海口　南海出版公司　1993年　94页　19cm（小32开）
ISBN：7-80570-974-2　定价：CNY2.50
　　　本作品系中国连环画。

J0081021
封神榜后记 （第八回　公子羽叛师下山·无牙子项罪受罚）文娟等编文；洪健等绘
海口　南海出版公司　1993年　94页　19cm（小32开）
ISBN：7-80570-974-2　定价：CNY2.50
　　　本作品系中国连环画。

J0081022
封神榜后记 （第九回　辽东出访申公豹·近星楼前群魔舞）文娟等编文；赵晓音等绘
海口　南海出版公司　1993年　94页　19cm（小32开）
ISBN：7-80570-974-2　定价：CNY2.50
　　　本作品系中国连环画。

J0081023
封神榜后记 （第十回　除夕之夜武王亡·天下趋乱成王主）祖馨等编文；赵晓音等绘
海口　南海出版公司　1993年　94页　19cm（小32开）
ISBN：7-80570-974-2　定价：CNY2.50
　　　本作品系中国连环画。

J0081024
佛经故事精萃　易衷改编；黄定初等绘
北京　人民中国出版社　1993年　175页
19cm（小32开）ISBN：7-80065-290-4
定价：CNY5.30
（经书故事连环画系列）

J0081025
古兰经故事精萃　顿愚改编；朱训德等绘
北京　人民中国出版社　1993年　175页

19cm（小 32 开）ISBN：7-80065-290-4
定价：CNY5.30
（经书故事连环图系列）

本作品系中国连环画。作者朱训德（1954— ），教授。笔名释然，湖南湘乡人，毕业于湖南师范大学艺术系学习，留校任教。历任中国画研究室主任及美术系主任、教授，中国美术家学会理事。代表作品有《春花集锦》《洞庭吟月》《朝天辣》《晚炊》等。

J0081026
国宝将被拍卖 （刑警 803）杨展业原著；吴文焕改编；陆小弟，陆根法，陆旻绘画
上海 上海人民美术出版社 1993 年 94 页
9×13cm ISBN：7-5322-1129-0 定价：CNY0.60
本作品系中国现代连环画。

J0081027
哈奴曼横空出世 （印度古代神话）顾文编文；张孟君绘
南京 江苏古籍出版社 1993 年 112 页
19cm（小 32 开）ISBN：7-80519-508-0
定价：CNY2.00
（神猴哈奴曼系列连环画 1）

J0081028
黑小丁在交响乐团 陈秋影，杜建国编文；孙平，王文德编绘
杭州 浙江少年儿童出版社 1993 年 17×19cm
ISBN：7-5342-1099-3 定价：CNY2.05

本作品系中国连环画。作者杜建国（1941— ），广东澄海人。笔名常开、一览等。中国美术家协会会员、中国动画学会会员、上海美术家协会漫画艺术委员会委员、上海少年报编辑。主要作品有《小兔非非》《象哥哥》《小熊和小小熊》等。

J0081029
红鼻子警长 （1 恐龙化石 1 号）肖森编文；黄志凯等绘画
北京 中国连环画出版社 1993 年 23 页
17×19cm ISBN：7-5061-0531-4 定价：CNY1.30
本作品系中国连环画。

J0081030
红鼻子警长 （2 追踪动机犯）肖森编文；玉华等绘画
北京 中国连环画出版社 1993 年 23 页 16cm
ISBN：7-5061-0532-2 定价：CNY1.30

J0081031
红鼻子警长 （3 智擒独眼龙）肖森编文；张良等绘画
北京 中国连环画出版社 1993 年 23 页
17×19cm ISBN：7-5061-0533-0 定价：CNY1.30

J0081032
红鼻子警长 （4 消灭食人鱼）肖森编文；沈捷等绘画
北京 中国连环画出版社 1993 年 23 页 16cm
ISBN：7-5061-0534-9 定价：CNY1.30

J0081033
红鼻子警长 （5 勇救大熊猫）肖森编文；吴国英等绘画
北京 中国连环画出版社 1993 年 23 页 16cm
ISBN：7-5061-0535-7 定价：CNY1.30

J0081034
红鼻子警长 肖森编文；黄志凯等绘画
北京 中国连环画出版社 1993 年 14×16cm
精装 ISBN：7-5061-0591-8 定价：CNY9.00
本作品系中国连环画。

J0081035
葫芦娃大王 陈涛理编绘
通辽 内蒙古少年儿童出版社 1993 年 册
17×19cm 精装 ISBN：7-5312-0366-9
定价：CNY9.00
本作品系中国连环画。

J0081036
湖南爱国名人郭亮、彭德怀 碧青文编；莫湘怡，张树军绘
长沙 湖南美术出版社 1993 年 60 页
19cm（小 32 开）ISBN：7-5356-0576-1
定价：CNY1.10
（小学德育连环画丛书 4）
本作品系中国连环画。

J0081037

湖南爱国名人黄兴、蔡锷　　杨敬东，李少白编；廖先悟，吴国威绘

长沙　湖南美术出版社　1993年　60页

19cm（小32开）ISBN：7-5356-0574-5

定价：CNY1.10

（小学德育连环画丛书　2）

　　本作品系中国连环画。

J0081038

湖南爱国名人谭嗣同、蒋翊武　　郑新吾，彭庆元编文；朱光玉，蒋太禄绘

长沙　湖南美术出版社　1993年　60页

19cm（小32开）ISBN：7-5356-0573-7

定价：CNY1.10

（小学德育连环画丛书　1）

　　本作品系中国连环画。作者朱光玉（1928—　），连环画家。生于上海，祖籍江苏盐城。作品有《岳飞传》《苏姣姣》《一代名优》《宋景诗》《林则徐》等。

J0081039

湖南爱国名人向警予、夏明翰　　张耀中，蒋昭芝编文；杨艾湘，吴国威绘

长沙　湖南美术出版社　1993年　60页

19cm（小32开）ISBN：7-5356-0575-3

定价：CNY1.10

（小学德育连环画丛书）

　　本作品系中国连环画。

J0081040

湖南爱国名人徐特立、齐白石　　张先友，澍群编文；廖先悟，沈在召绘

长沙　湖南美术出版社　1993年　60页

19cm（小32开）ISBN：7-5356-0577-X

定价：CNY1.10

（小学德育连环画丛书　5）

　　本作品系中国连环画。

J0081041

化孤　　龙圣明等改编绘画

南宁　广西美术出版社　1993年　24页　14×16cm

ISBN：7-80582-566-1　定价：CNY1.00

　　聊斋幽默连环漫画。作者龙圣明（1944—　），广西融水人。广西科技书画院副

院长，广西艺术学院副教授，中国美术家协会会员。作品有《曙光》《牛》《瑶山丰年》，出版有《中国当代幽默画家作品选》《桑吉纳—红棕素描》等。

J0081042

画说世界五千年　　（连环画）赵润宇主编；段万翰等原著；柏芳景等绘画

石家庄　河北美术出版社　1993年　8册

20cm（32开）精装　ISBN：7-5310-0506-9

定价：CNY99.00（全套）

　　本套画册内容是以重大历史事件为线索而编成的几百个历史故事。

J0081043

画说世界五千年　　（连环画）段万翰等原著；杜富山等改编；柏芳景等绘

石家庄　河北美术出版社　1993年　8册

20cm（32开）精装　ISBN：7-5310-0506-9

定价：CNY99.00

J0081044

黄飞虎反纣　　杨华改编；李明等绘

天津　新蕾出版社　1993年　26cm（16开）

ISBN：7-5307-1244-6　定价：CNY1.10

（封神榜故事　3）

　　本作品系中国连环画。作者杨华（女），江西南昌人，祖籍高安。海南师范学院讲师，中国版画家协会会员，海南美术家协会会员。主要作品有版画《争》，水彩画《不速之客》等。

J0081045

火光！火光　　（刑警803）杨洪原著；金戈改编；周佳发，周荃，贺莉萍绘画

上海　上海人民美术出版社　1993年　94页

9×13cm　ISBN：7-5322-1130-4　定价：CNY0.60

　　中国现代连环画。

J0081046

机场除暴　　（连环画）石文秀编文；吴国威，吴帆绘

长沙　湖南美术出版社　1993年　102页　10×13cm

ISBN：7-5356-0605-9　定价：CNY0.72

（中国特警系列）

　　中国现代连环画。

J0081047

计擒幽灵 （连环画）许焕岗编文；陈安民，陈安群绘

长沙　湖南美术出版社　1993 年　102 页　10×13cm

ISBN：7-5356-0609-1 定价：CNY0.72

（中国特警系列）

J0081048

济公新传 （济公降服没毛虎）闭立群编；闭克，肖雄平绘

南宁　广西美术出版社　1993 年　22 页　17×19cm

ISBN：7-80582-600-5 定价：CNY1.50

　　本作品系中国连环画。

J0081049

济公新传 （济公戏惩洋鬼子）闭立群编；闭克，云海绘

南宁　广西美术出版社　1993 年　22 页　17×19cm

ISBN：7-80582-601-3 定价：CNY1.50

　　本作品系中国连环画。

J0081050

祭山斩尤诨 肖皿改编；杨自明等绘

天津　新蕾出版社　1993 年　26cm（16 开）

ISBN：7-5307-1248-9 定价：CNY1.10

（封神榜故事 7）

　　本作品系中国连环画。

J0081051

姜子牙 郝新改编；孙泽良等绘

天津　新蕾出版社　1993 年　26cm（16 开）

ISBN：7-5307-1243-8 定价：CNY1.10

（封神榜故事 2）

　　本作品系中国连环画。

J0081052

交友新风格 陈淑娟著

香港　突破出版社　1993 年　87 页　21cm（32 开）

ISBN：962-264-554-2 定价：HKD25.00

（青鸟系列 25）

　　中国现代连环画。外文书名：Friend with a Style.

J0081053

蓝村怪案 （刑警 803）瞿新华原著；张企荣改

编；殷恩光，林桂深，林宝珍绘画

上海　上海人民美术出版社　1993 年　94 页

9×13cm ISBN：7-5322-1128-2 定价：CNY0.60

　　中国现代连环画。作者殷恩光，连环画家。上海美协常务理事、国家一级美术师。连环画代表作品有《闻一多》等。

J0081054

狼 龙圣明等改编绘画

南宁　广西美术出版社　1993 年　24 页　14×16cm

ISBN：7-80582-567-X 定价：CNY1.00

（聊斋幽默连环漫画）

　　本作品系中国连环画。作者龙圣明（1944— ），广西融水人。广西科技书画院副院长，广西艺术学院副教授，中国美术家协会会员。作品有《曙光》《牛》《瑶山丰年》，出版有《中国当代幽默画家作品选》《桑吉纳—红棕素描》等。

J0081055

狼孩 颜运祯改编；张达平绘画

南宁　广西美术出版社　1993 年　126 页　13×13cm

ISBN：7-80582-554-8 定价：CNY1.45

　　本作品系中国连环画。作者张达平（1945— ），广西博白人。师从著名岭南派画家黄独峰。曾任广西美术出版社副总编、广西书画研究会副会长、广西文物收藏家协会副会长等职。主要作品有《苗山新绣》《狼孩》《木偶奇遇记》等。

J0081056

老夫子袖珍版 （连环画 11-20）春晓

海口　海南摄影美术出版社　1993 年　10 册

13×9cm ISBN：7-80571-460-6

定价：CNY19.80（全套）

J0081057

楞伽岛之战 （印度古代神话）顾文编文；张孟君绘

南京　江苏古籍出版社　1993 年　117 页

19cm（小 32 开）ISBN：7-80519-553-6

定价：CNY2.45

（神猴哈奴曼系列连环画 2）

　　本作品系中国连环画。

J0081058

两汉兴衰　偪承军主编
西安　未来出版社　1993 年　2 册（1505 页）
21cm（32 开）ISBN：7-5417-0641-8
定价：CNY33.00，CNY41.00（精装）
（五千年历史故事画库）

J0081059

龙文鞭影　（明）萧良有撰；张新等编文；韩振
刚等作画
北京　开明出版社　1993 年　4 册　有插图
20cm（32 开）ISBN：7-80077-655-7
定价：CNY36.00

　　本书为传统蒙学名著绘画本，原名《蒙养故
事》，是中国古代的儿童启蒙读物，最初由明人
萧良有编撰，后来杨臣诤进行了增补修订。龙文
是古代一种千里马的名称，它只要看见鞭子的影
子就会奔跑驰骋。本书收录 2000 多个典故，文
字简练扼要，而能阐明故事梗概，可称之为一本
典故大全。作者萧良有（1549—？），明代学者。
字以占，号汉中，一号汉冲。湖北汉阳人。代表
作品《玉堂遗稿》《龙文鞭影》。

J0081060

漫画后西游记　（1 取经丝路）蔡志忠著
香港　博益出版集团公司　1993 年　181 页
17cm（40 开）ISBN：962-17-1188-6
定价：HKD32.00
（博益文库　蔡志忠作品集 33）

J0081061

漫画后西游记　（2 猪一戒传）蔡志忠绘
香港　博益出版集团公司　1993 年　201 页
17cm（40 开）ISBN：962-17-1189-4
定价：HKD32.00
（博益漫画丛书　蔡志忠作品集 34）

J0081062

漫画后西游记　（3 妖精传说）蔡志忠绘
香港　博益出版集团公司　1993 年　219 页
17cm（40 开）ISBN：962-17-1227-0
定价：HKD35.00
（博益漫画丛书　蔡志忠作品集 37）

J0081063

漫画后西游记　（4 罗刹鬼国）蔡志忠著
香港　博益出版集团公司　1993 年　201 页　有图
17cm（40 开）ISBN：962-17-1239-4
定价：HKD35.00
（博益漫画丛书）

　　作者蔡志忠（1948—　），漫画家。台湾彰化
人，1976 年成立远东卡通公司、龙卡通公司。创
作的 100 多部作品被 30 多个国家翻译出版。代
表作品有《庄子说》《老子说》《列子说》《大醉
侠》《盗帅独眼龙》《光头神探》等。

J0081064

毛泽东画传　王吉祥编文；贺敏忠绘
石家庄　河北美术出版社　1993 年　204 页
20cm（32 开）ISBN：7-5310-0511-5
定价：CNY8.50
（领袖画传丛书）
　　本作品系中国连环画。

J0081065

魔窟斗法　（连环画）曹兴国改编；邓立衍，邓
大鹰绘画
长沙　湖南美术出版社　1993 年　94 页　13cm（64 开）
ISBN：7-5356-0563-X　定价：CNY0.65
　　本作品系中国连环画。

J0081066

拿破仑与动荡的欧洲　（工业革命与法国革
命）大众书局编辑部主编
台南　大众书局　1993 年　171 页　有地图照片
24cm（26 开）ISBN：957-37-0814-0
定价：TWD150.00
（儿童智慧百科全书　世界的历史 11）
　　中国现代连环画。

J0081067

哪吒出世拜仙师　周楞伽原著；宏义改编；林
艺，云辉绘
北京　中国电影出版社　1993 年　26cm（16 开）
ISBN：7-106-00818-4　定价：CNY1.60
（哪吒系列连环画）

J0081068

哪吒寻仇败李靖　周楞伽原著；向辉改编；晓

华等绘
北京 中国电影出版社 1993 年 26cm（16 开）
ISBN：7-106-00819-2 定价：CNY1.60
（哪吒系列连环画）

J0081069
哪吒智救孙悟空　周楞伽原著；宏义改编；宝生等绘
北京 中国电影出版社 1993 年 26cm（16 开）
ISBN：7-106-00821-4 定价：CNY1.60
（哪吒系列连环画）
　　本作品系中国连环画。

J0081070
蒲松龄　（汉英对照）张峻声编；孙雨田绘
北京 人民美术出版社 1993 年 102 页
19cm（小 32 开）ISBN：7-102-01155-5
定价：CNY2.90
　　本作品系中国连环画。作者孙雨田
（1948—　），研究员。笔名山野、别署恋蒲斋。
生于山东济宁，毕业于山东师范大学美术系。淄
博书画院副研究馆员、山东画院高级画师、中国
美术家协会会员。出版作品有《蒲松龄》《七彩
绫》《汉武帝》《粘年糕》等。

J0081071
蒲松龄　（连环画 中英文对照）张峻声编；孙雨田绘
北京 人民美术出版社 1993 年 102 页 13×18cm
ISBN：7-102-01155-5 定价：CNY2.90

J0081072
岐山封神　李义改编；马常礼等绘
天津 新蕾出版社 1993 年 26cm（16 开）ISBN：
7-5307-1251-9 定价：CNY1.10
（封神榜故事 10）
　　本作品系中国连环画。

J0081073
钱雨　龙圣明等改编绘画
南宁 广西美术出版社 1993 年 24 页 14×16cm
ISBN：7-80582-568-8 定价：CNY1.00
（聊斋幽默连环漫画）
　　作者龙圣明（1944—　），广西融水人。广西
科技书画院副院长、广西艺术学院副教授、中国

美术家协会会员。作品有《曙光》《牛》《瑶山丰
年》，出版有《中国当代幽默画家作品选》《桑吉
纳－红棕素描》等。

J0081074
巧斗四天王　杨华改编；张伯元等绘
天津 新蕾出版社 1993 年 26cm（16 开）ISBN：
7-5307-1245-4 定价：CNY1.10
（封神榜故事 4）
　　本作品系中国连环画。作者杨华（女），江西
南昌人，祖籍高安。海南师范学院讲师、中国版
画家协会会员、海南美术家协会会员。主要作品
有版画《争》，水彩画《不速之客》等。

J0081075
青蛙和蛤蟆　（优秀童话故事）杨义编文；李瑶画
上海 少年儿童出版社 1993 年 48 页 17cm（40 开）
ISBN：7-5324-2327-1 定价：CNY2.80
　　本作品系中国连环画。

J0081076
上海滩除奸　（连环画）刘抒改编；冯椒生绘画
长沙 湖南美术出版社 1993 年 86 页 13cm（64 开）
ISBN：7-5356-0559-1 定价：CNY0.65

J0081077
圣经故事精萃　不圆改编；许涌等绘
北京 人民中国出版社 1993 年 174 页
19cm（小 32 开）ISBN：7-80065-290-4
定价：CNY5.30
（经书故事连环图系列）

J0081078
十大贪官　刘建伟主编
北京 国际文化出版公司 1993 年 150 页
19cm（小 32 开）ISBN：7-80049-917-0
定价：CNY3.95
（中国古代人物系列漫画）
　　本书以连环画的形式讲叙梁冀、杨国忠、元
载、童贯、贾似道、阿合马等十大贪官的故事。

J0081079
世界动物故事画库　（狗）王良莹编文；陈大元等绘

上海 少年儿童出版社 1993年 76页 26cm（16开）
ISBN：7-5324-2311-5 定价：CNY6.00

J0081080
世界动物故事画库 （鸟）小树等编文；徐开云等绘
上海 少年儿童出版社 1993年 76页 26cm（16开）
ISBN：7-5324-2314-X 定价：CNY6.00

J0081081
世界动物故事画库 （鼠）忻玓等编；陈大元等绘
上海 少年儿童出版社 1993年 76页 26cm（16开）
ISBN：7-5324-2312-3 定价：CNY6.00

J0081082
世界惊险故事 高萍主编；顾齐，晨光编文；张月明等绘
长沙 湖南少年儿童出版社 1993年 191页
17×19cm 精装 ISBN：7-5358-0926-X
定价：CNY16.50
　　本作品系中国连环画。

J0081083
世界优秀童话连环画精选 （金鹅）郝晓梅，盛欣编译
北京 中国妇女出版社 1993年 46页 15×13cm
ISBN：7-80016-895-6 定价：CNY1.40

J0081084
世界优秀童话连环画精选 （老鼠和猫）梁明，盛欣编译
北京 中国妇女出版社 1993年 46页 15×13cm
ISBN：7-80016-894-8 定价：CNY1.40

J0081085
世界优秀童话连环画精选 （年轻的笛手）郝晓梅，盛欣编译
北京 中国妇女出版社 1993年 46页 15×13cm
ISBN：7-80016-904-9 定价：CNY1.40

J0081086
世界优秀童话连环画精选 （奇异的镜子王国）梁明，盛欣编译
北京 中国妇女出版社 1993年 46页 15×13cm

ISBN：7-80016-900-6 定价：CNY1.40

J0081087
世界优秀童话连环画精选 （青蛙王子）梁明，盛欣编译
北京 中国妇女出版社 1993年 46页 15×13cm
ISBN：7-80016-896-4 定价：CNY1.40

J0081088
世界优秀童话连环画精选 （狮子"娶亲"）梁明，盛欣编译
北京 中国妇女出版社 1993年 46页 15×13cm
ISBN：7-80016-903-0 定价：CNY1.40

J0081089
世界优秀童话连环画精选 （汤姆斗恶龙）梁明，盛欣编译
北京 中国妇女出版社 1993年 47页 15×13cm
ISBN：7-80016-898-0 定价：CNY1.40

J0081090
世界优秀童话连环画精选 （小人与鞋匠）梁明，盛欣编译
北京 中国妇女出版社 1993年 46页 15×13cm
ISBN：7-80016-897-2 定价：CNY1.40

J0081091
世界优秀童话连环画精选 （一个公主的故事）梁明，盛欣编译
北京 中国妇女出版社 1993年 47页 15×13cm
ISBN：7-80016-905-7 定价：CNY1.40

J0081092
水浒传 （明）施耐庵原著；维朴改编；卜孝怀绘
北京 人民美术出版社 1993年 3册
19cm（小32开）ISBN：7-102-01294-2
定价：CNY29.50
（中国古典文学名著连环画库）
　　作者卜孝怀（1904—1969），画家。又名卜宪中、卜广中。河北安国人，毕业于北京大学艺术学院。曾任人民美术出版社创作室创作员、中国画院兼职画家、中国美术家协会会员。代表作品有连环画《刘巧团圆》《水浒》《闹江州》等。

J0081093

水浒传 （绘画本）子微等改编；刘斌昆等绘
上海　上海人民美术出版社　1993年　3册（1786页）
20cm（32开）精装　ISBN：7-5322-1215-7
定价：CNY51.00
　　　中国四大古典小说连环画。

J0081094

四十二集电视连续剧《戏说乾隆》彩色连环画丛书　（第一部《江南除霸》）孙庆武主编；
李叶编著
北京　中央广播电视大学出版社　1993年　7册
17×19cm ISBN：7-304-00898-9 定价：CNY20.86
　　　中国现代电影连环画作品。

J0081095

四十二集电视连续剧《戏说乾隆》彩色连环画丛书　（第二部《西滇风云》）孙庆武主编；
李叶编著
北京　中央广播电视大学出版社　1993年　7册
17×19cm ISBN：7-304-00899-7 定价：CNY20.86

J0081096

四十二集电视连续剧《戏说乾隆》彩色连环画丛书　（第三部《宫帏惊变》）孙庆武主编；
李叶编著
北京　中央广播电视大学出版社　1993年　7册
17×19cm ISBN：7-304-00900-4 定价：CNY20.86

J0081097

汜水关　于英卜改编；樊海忠等绘
天津　新蕾出版社　1993年　26cm（16开）
ISBN：7-5307-1249-7 定价：CNY1.10
（封神榜故事 8）
　　　本作品系中国连环画。

J0081098

孙大圣和猪八戒　（上册）俞雷编绘
武汉　中国地质大学出版社　1993年　78页
13×19cm ISBN：7-5625-0793-7 定价：CNY2.98
　　　本作品系中国连环画。

J0081099

孙大圣和猪八戒　（下册）俞雷编绘
武汉　中国地质大学出版社　1993年　78页
13×19cm ISBN：7-5625-0793-7 定价：CNY2.98
　　　本作品系中国连环画。

J0081100

孙悟空与猪八戒　（上）夏天顺，王辉编绘
海口　海南摄影美术出版社　1993年　45页
17×19cm ISBN：7-80571-584-X 定价：CNY2.98
　　　本作品系中国连环画。

J0081101

探险500年　王林等编文；原小民等绘画
武汉　湖北少年儿童出版社　1993年　159页
18cm（小32开）ISBN：7-5353-1213-6
定价：CNY5.00
　　　本连环画以彩图形式展现了人类近500年
来具有世界影响的探险壮举，如哥伦布发现新大
陆、麦哲伦环球旅行等。

J0081102

天山豪侠连环画　（第一集 杨云骢托孤）梁
羽生原著；莫染高绘画
北京　金城出版社　1993年　18cm（小32开）
ISBN：7-80084-022-0 定价：CNY2.20
　　　中国现代连环画。

J0081103

图绘史记全集　（汉）司马迁原著；彭逸林等
改编；张春新等绘画
重庆　重庆出版社　1993年　9册　20cm（32开）
精装　ISBN：7-5366-1970-7 定价：CNY120.00
　　　本书以中华书局出版的《史记》原著改编的
连环画，将《史记》一百三十卷的内容全部改编
图绘，共9集。

J0081104

闻太师　高民改编；丁绍祎等绘
天津　新蕾出版社　1993年　26cm（16开）
ISBN：7-5307-1246-2 定价：CNY1.10
（封神榜故事 5）
　　　本作品系中国连环画。

J0081105

西游记故事精粹　庆生编文；田家林绘画
北京　中国电影出版社　1993年　26cm（16开）
精装　ISBN：7-106-00870-2 定价：CNY11.60

本作品系中国连环画。

J0081106

现代连环画寻踪 （20-40 年代）林敏，赵素行编

北京 中国连环画出版社 1993 年 207 页

20cm（32 开）ISBN：7-5061-0569-1

定价：CNY6.40

（连环画史料丛书）

J0081107

小怪物 （上）明达编文；陆丁绘画

上海 少年儿童出版社 1993 年 17cm（40 开）

ISBN：7-5324-2452-8 定价：CNY2.60

　　本书是根据同名动画片改编的中国现代电影连环画作品

J0081108

小怪物 （下）明达编文；陆丁绘画

上海 少年儿童出版社 1993 年 17cm（40 开）

ISBN：7-5324-2452-8 定价：CNY2.60

　　根据同名动画片改编的中国现代电影连环画作品

J0081109

小精灵科学童话 盛莉等编；贾枫等绘

长沙 湖南少年儿童出版社 1993 年 5 册

20cm（32 开）ISBN：7-5358-0981-2

定价：CNY19.75

　　中国现代连环画。

J0081110

小石人飞飞 黄修纪编；叶冠华等绘

上海 百家出版社 1993 年 44 页 17×19cm

ISBN：7-80576-362-3 定价：CNY3.00

　　本书根据动画片改编的中国现代连环画作品。

J0081111

笑傲江湖 （1 辟邪剑法）东晟编绘

北京 中国世界语出版社 1993 年 95 页

19cm（小 32 开）ISBN：7-5052-0125-5

定价：CNY2.20

（新派武侠连环画）

　　本书系中国现代连环画作品。

J0081112

笑傲江湖 （2 独孤九剑）东晟编绘

北京 中国世界语出版社 1993 年 95 页

19cm（小 32 开）ISBN：7-5052-0125-5

定价：CNY2.20

（新派武侠连环画）

　　本书系中国现代连环画作品。

J0081113

笑傲江湖 （3 桃谷六仙）东晟编绘

北京 中国世界语出版社 1993 年 95 页

19cm（小 32 开）ISBN：7-5052-0125-5

定价：CNY2.20

（新派武侠连环画）

　　本书系中国现代连环画作品。

J0081114

笑傲江湖 （4 日月神教）东晟编绘

北京 中国世界语出版社 1993 年 95 页

19cm（小 32 开）ISBN：7-5052-0125-5

定价：CNY2.20

（新派武侠连环画）

　　本书系中国现代连环画作品。

J0081115

新娘之死 （刑警 803）杨洪原著；甘礼乐改编；殷恩光，林桂深，林宝珍绘画

上海 上海人民美术出版社 1993 年 94 页

9×13cm ISBN：7-5322-1132-0 定价：CNY0.60

　　中国现代连环画。

J0081116

熊猫小胖 （1）小冬编文；丁午造型；一东等绘画

北京 中国电影出版社 1993 年 26 页 14×16cm

ISBN：7-106-00745-5 定价：CNY1.40

　　本书系中国现代连环画作品。

J0081117

熊猫小胖 （2）小冬编文；丁午造型；领祥等绘画

北京 中国电影出版社 1993 年 26 页 14×16cm

ISBN：7-106-00746-3 定价：CNY1.40

　　本书系中国现代连环画作品。

J0081118

熊猫小胖 （3）小冬编文；丁午造型；李军等绘画

北京 中国电影出版社 1993 年 26 页 14×16cm

ISBN：7-106-00747-1 定价：CNY1.40

　　本书系中国现代连环画作品。作者李军（1963— ），中央美术学院史论系讲师。

J0081119

熊猫小胖 （合订本）小冬编文；丁午造型；领祥等绘画

北京 中国电影出版社 1993 年 14×16cm 精装

ISBN：7-106-00749-8 定价：CNY7.40

　　本书系中国现代连环画作品。

J0081120

寻找刺激的悲哀 （吸毒的危害）云南省个旧市健康教育所编

昆明 云南美术出版社 1993 年 76 页

19cm（小 32 开） ISBN：7-80586-012-2

定价：CNY3.10

　　本作品系中国连环画。

J0081121

一刀传 （第一卷之一）陈弘耀绘

台北 时报文化出版企业公司 1993 年 159 页

19cm（小 32 开） ISBN：957-13-0669-X

定价：TWD80.00

（时报漫画丛书 FG004）

J0081122

易经画传 李燕作

北京 中国和平出版社 1993 年 465 页 有图

20cm（32 开） ISBN：7-80037-258-8

定价：CNY11.50

　　本书以连环画的形式，在载原文的基础上简释了《易经》的主要观点。作者李燕（1943— ），画家。艺术大师李苦禅之子。生于北京。清华大学美术学院教授、中国美术家协会会员、齐白石艺术研究会副会长、李苦禅纪念馆和李苦禅艺术馆副馆长、中央文史馆馆员、九三学社中央书画院副院长、中国周易学会副会长。

J0081123

营救少女 （连环画）许焕岗编文；覃仕泉绘

长沙 湖南美术出版社 1993 年 100 页 10×13cm

ISBN：7-5356-0607-5 定价：CNY1.00

（中国特警系列）

　　本作品系中国连环画。

J0081124

影响一代人成长的文学名著 （连环画 1）

昆明 云南少年儿童出版社 1993 年 330 页

20cm（32 开） ISBN：7-5414-0760-7

定价：CNY6.10

　　本书由中国文学名著改编的连环画，收入的文学名著包括《青春之歌》《许云峰》《江姐》《我的一家》。

J0081125

影响一代人成长的文学名著 （连环画 2）

昆明 云南少年儿童出版社 1993 年 308 页

20cm（32 开） ISBN：7-5414-0761-5

定价：CNY5.80

　　本书由苏联文学名著改编的连环画，包括《钢铁是怎样炼成的》《青年近卫军》《普通一兵》。

J0081126

有礼走遍天下 （幽默礼仪画谈）高子华，花军辉文；刘一丁画

杭州 浙江人民出版社 1993 年 有图 18×21cm

ISBN：7-213-00972-9 定价：CNY12.00

　　中国现代连环画。

J0081127

幼学琼林图画本 晓忻主编；汪晓曙绘画；李凤萍编文

北京 华语教学出版社 1993 年 286 页

19cm（小 32 开） ISBN：7-80052-249-0

定价：CNY5.98

（传统蒙学丛书）

　　中国现代连环画。作者汪晓曙（1956— ），画家。江西南城人，毕业于师范学院美术系。江西师范大学艺术学院副教授、中国美术家协会会员、中国水彩画家协会会员、江西省水彩画研究会理事兼秘书长，《东方画报》主编。著有《绘画语言》《绘画创作》《美术创作学》等。

J0081128

玉帝降旨收哪吒 周楞伽原著；晓碧改编；小春等绘

北京 中国电影出版社 1993年 26cm（16开）

ISBN：7-106-00820-6 定价：CNY1.60

中国现代电影连环画作品

J0081129

长征火种 （一 连环画册）中共遵义市委党史研究室编

贵阳 贵州人民出版社 1993年 30页 26cm（16开）

ISBN：7-221-03160-6 定价：CNY1.80

（遵义革命历史教育丛书 第二辑）

本书以连环画的形式，介绍遵义的革命历史故事。

J0081130

智破十绝阵 张殿英改编；车建全绘

天津 新蕾出版社 1993年 26cm（16开）

ISBN：7-5307-1247-0 定价：CNY1.10

（封神榜故事 6）

本作品系中国连环画。

J0081131

智取马帮 （连环画）许焕岗编文；陈安民，陈安群绘

长沙 湖南美术出版社 1993年 102页 10×13cm

ISBN：7-5356-0606-7 定价：CNY0.72

（中国特警系列）

本作品系中国连环画。

J0081132

中国出了个毛泽东画卷 毛岸青，邵华主编；王素改编；王书朋等绘画

北京 中国少年儿童出版社 1993年 20cm（32开）

精装 ISBN：7-5007-2038-6 定价：CNY14.40

作者邵华（1938—2008），女，毛岸青夫人。湖南常德石门县人，毕业于北京大学中文系。历任中国人民解放军军事科学院百科部副部长、兼中国女摄影家协会主席、中国花卉协会名誉副会长等职。摄有《海之南：邵华将军风光摄影集》、《百花争妍》等。

J0081133

中国典故 （图文本）方福仁撰文；盛元龙等

绘画

杭州 浙江文艺出版社 1993年 4册（2001页）

20cm（32开）ISBN：7-5339-0663-2

定价：CNY42.00

（文化国宝）

本连环画收录中国典故一千条，除介绍故事外，还注明出处、含义及其他表现形式。

J0081134

中国古代残疾名人画传 林瑛珊主编

沈阳 辽宁美术出版社 1993年 50页 有彩照

25×26cm 精装 ISBN：7-5314-0844-9

定价：CNY48.00

本连环画是由两位青年残疾人画家描绘的中国古代军事家孙膑、史学家司马迁、著名高僧鉴真、音乐家谈三等5位残疾名人的事迹。外文书名：The Stories in Painting about the Famous Disabled People in Ancient China. 主编林瑛珊（1940— ）笔名砚春，号步云居士。辽宁省盖州市人，1965年毕业于鲁迅美术学院。辽宁美术出版社社长兼总编辑。出版有《林瑛珊画集》《砚春花鸟画集锦》《砚春国画小品》等。

J0081135

中国古代传奇话本 （连环画）

上海 上海人民美术出版社 1993年 重印本

752页 21cm（32开）精装

ISBN：7-5322-0740-4 定价：CNY18.00

本书共收入1255幅图。据明代冯梦龙编纂的《三言两拍》等改编绘制而成。分5册，本书为第一册，有《金玉奴棒打薄情郎》《苏小妹三难新郎》《十三郎五岁朝天》《宋金郎团圆破毡笠》等10个故事。这些故事，情节曲折跌宕，人物刻画细致，反映了不同时代的社会生活。

J0081136

中国古代奇案故事 （白虎卷 系列连环画）钱仍烈等编；魏志善等绘

上海 少年儿童出版社 1993年 288页

20cm（32开）ISBN：7-5324-2307-7

定价：CNY7.50

本书包括：《老驴识途》《刑场翻案》《芙蓉屏》等10个故事。作者魏志善（1957— ），教授。上海人，毕业于上海师范大学艺术系。任教于上海师范大学行知艺术学院，出版有《三字经》《康

熙大帝》等连环画，著有《国画》《人物速写》《风景速写》等。

J0081137
中国古代奇案故事 （黄龙卷　系列连环画）
孟昭禹等编；魏志善等绘
上海　少年儿童出版社　1993年　288页
20cm（32开）ISBN：7-5324-2308-5
定价：CNY7.50
　　本书包括：《糊涂官断案》《真假女婿》《泥塑金块》等9个故事。

J0081138
中国古代奇案故事 （金狮卷　系列连环画）
高逸等编；孙庆国等绘
上海　少年儿童出版社　1993年　288页
20cm（32开）ISBN：7-5324-2306-9
定价：CNY7.50
　　本书包括：《一箭三雕》《小偷破案》《劫杀平反》等10个故事。

J0081139
中国古代奇案故事 （银豹卷　系列连环画）
龙子等编；黄金昌等绘
上海　少年儿童出版社　1993年　288页
20cm（32开）ISBN：7-5324-2361-1
定价：CNY7.50
　　本书包括：《审石记》《苏秦遇刺》《谁是凶手》等9个故事。

J0081140
中国近代史故事画丛 （一）国家教委基础教育司编；雅欣，姜文丽改编；辛宽良等绘
沈阳　辽宁美术出版社　1993年　68页　17×19cm
ISBN：7-5314-0845-7　定价：CNY4.00
　　本作品系中国连环画。作者辛宽良（1941—　　），画家。山东海阳人，毕业于鲁迅美术学院版画系。擅长连环画、年画。曾任辽宁美术出版社美术编辑。代表作品有《真假美猴王》《夜幕下的哈尔滨》《李自成》《西游记》等。

J0081141
中国近代史故事画丛 （二）国家教委基础教育司编；张秀时，陶然改编；张有等绘
沈阳　辽宁美术出版社　1993年　68页　17×19cm

ISBN：7-5314-0845-7　定价：CNY4.00
　　本作品系中国连环画。作者张秀时（1938—　　），辽宁辽中人，毕业于鲁迅美术学院中国画系。中国美协辽宁分会创作员，辽宁人民出版社美术图片编辑室负责人，历任辽宁美术出版社美术室主任、美术创作室主任、总编室主任兼社长助理、副社长、副总编辑，曾任《美术大观》主编。国画作品有《工人学哲学》《让洼塘变富仓》《场院上》。年画有《人民功臣》《祖国万岁》等。

J0081142
中国近代史故事画丛 （三）国家教委基础教育司编；施源，顾小青改编；张成思等绘
沈阳　辽宁美术出版社　1993年　68页　17×19cm
ISBN：7-5314-0845-7　定价：CNY4.00
　　本作品系中国连环画。

J0081143
中国近代史故事画丛 （四）国家教委基础教育司编；潘彩英，何泥改编；张秀时等绘
沈阳　辽宁美术出版社　1993年　68页　17×19cm
ISBN：7-5314-0845-7　定价：CNY4.00
　　本作品系中国连环画。

J0081144
中国近代史故事画丛 （五）国家教委基础教育司编；张佳讯，柏青改编；张秀时等绘
沈阳　辽宁美术出版社　1993年　68页　17×19cm
ISBN：7-5314-0845-7　定价：CNY4.00
　　本作品系中国连环画。

J0081145
中国早期无产阶级革命家的故事 （张太雷、赵世炎　连环画）龚汝枢等编文；王书明等绘
南昌　江西美术出版社　1993年　19cm（小32开）
ISBN：7-80580-129-0　定价：CNY17.80（全套）
　　中国现代连环画。

J0081146
中国战争画卷 （古代部分）陈惠明主编；湖北美术出版社编纂
武汉　湖北美术出版社　1993年　4册　20cm（32开）
ISBN：7-5394-0343-8　定价：CNY78.00
　　主编陈惠明（1933—　　），湖北嘉鱼人，毕业

于中南美术专科学校。中国美术家协会会员、湖北省美术家协会理事、中国连环画研究会常务理事、湖北连环画研究会会长。曾为《中国历代寓言选》《长诗望红台》《古寓言今译》等图书作国画插图。外文书名：An Album of Chinese Wars.

J0081147

中国著名古典戏剧故事 （绘画本）

长沙 湖南少年儿童出版社 1993 年 4 册 20cm（32 开）ISBN：7-5358-0894-8 定价：CNY55.00

　　本作品系中国连环画。

J0081148

中国著名童话画库 （上 第一集）

天津 新蕾出版社 1993 年 8 册 6×9cm ISBN：7-5307-0951-8 定价：CNY3.20

　　本作品系中国现代童话连环画。内容包括《小红帽》《灰姑娘》《坚定地锡兵》《青蛙王子》《金鸟》《狮子与黄牛》。

J0081149

中国著名童话画库 （上 第二集）

天津 新蕾出版社 1993 年 8 册 6×9cm ISBN：7-5307-0952-6 定价：CNY3.20

　　本作品系中国连环画。

J0081150

中国著名童话画库 （上 第三集）

天津 新蕾出版社 1993 年 8 册 6×9cm ISBN：7-5307-0952-6 定价：CNY3.20

　　本作品系中国连环画。内容包括《西班牙公主的生日》《阿里巴巴和四十大盗》《矮子鼻儿》《咬核桃小人和鼠王（上）》《咬核桃小人和鼠王（中）》《咬核桃小人和鼠王（下）》《林中睡美人》《井旁的看鹅女子》。

J0081151

中国著名童话画库 （上 第四集）

天津 新蕾出版社 1993 年 8 册 6×9cm ISBN：7-5307-0954-2 定价：CNY3.20

　　本作品系中国连环画。内容包括《猪八戒吃西瓜》《猪八戒回家》《马兰花》《胖子学校》《圆圆和芳芳》《火萤与金鱼》。

J0081152

中国著名童话画库 （上 第五集）

天津 新蕾出版社 1993 年 8 册 6×9cm ISBN：7-5307-0955-0 定价：CNY3.20

　　本作品系中国连环画。内容包括《列娜智斗狮王群臣》《美妞与怪兽》《猫头鹰和乌鸦》《小穆克》《金发小姑娘的故事》《狐狸列娜旅行传奇》。

J0081153

中国著名童话画库 （上 第六集）

天津 新蕾出版社 1993 年 8 册 6×9cm ISBN：7-5307-0956-9 定价：CNY3.20

　　本作品系中国连环画。内容包括：《忠实的朋友》《乌木马的故事》《鸽子》《白兔和他的敌人（上）》《白兔和他的敌人（下）》《说话的橡树》《噼啪（上）》《噼啪（下）》。

J0081154

中华成语故事 （1）少凡，苗苗改编

长春 吉林美术出版社 1993 年 48 页 17×19cm ISBN：7-5386-0272-0 定价：CNY2.80 （木偶连环画）

　　本作品系中国连环画。

J0081155

中华成语故事 （2）少凡，苗苗改编

长春 吉林美术出版社 1993 年 48 页 19×18cm ISBN：7-5386-0273-9 定价：CNY2.80 （木偶连环画）

J0081156

中华成语故事 （3）少凡，苗苗改编

长春 吉林美术出版社 1993 年 48 页 19×18cm ISBN：7-5386-0274-7 定价：CNY2.80 （木偶连环画）

J0081157

中华成语故事 （4）少凡，苗苗改编

长春 吉林美术出版社 1993 年 48 页 19×18cm ISBN：7-5386-0275-5 定价：CNY2.80 （木偶连环画）

J0081158

中华成语故事 （5）少凡，苗苗改编

长春 吉林美术出版社 1993年 48页 19×18cm
ISBN：7-5386-0276-3 定价：CNY2.80
（木偶连环画）

J0081159
中华成语故事 （6）少凡，苗苗改编
长春 吉林美术出版社 1993年 48页 19×18cm
ISBN：7-5386-0277-1 定价：CNY2.80
（木偶连环画）

J0081160
中华成语故事 （7）少凡，苗苗改编
长春 吉林美术出版社 1993年 48页 19×18cm
ISBN：7-5386-0278-X 定价：CNY2.80
（木偶连环画）

J0081161
中华成语故事 （8）少凡，苗苗改编
长春 吉林美术出版社 1993年 48页 19×18cm
ISBN：7-5386-0279-8 定价：CNY2.80
（木偶连环画）

J0081162
中华成语故事 （9）少凡，苗苗改编
长春 吉林美术出版社 1993年 48页 19×18cm
ISBN：7-5386-0280-1 定价：CNY2.80
（木偶连环画）

J0081163
中华成语故事 （10）少凡，苗苗改编
长春 吉林美术出版社 1993年 48页 19×18cm
ISBN：7-5386-0281-X 定价：CNY2.80
（木偶连环画）

J0081164
中华五千年文史连环画库 （神佛灵怪卷）
谢善骁主编
北京 国际文化出版公司 1993年 4册 有画
26cm（16开） ISBN：7-80049-913-8
定价：CNY38.00
　　本书采用连环画手法，展示千位中国历史上
有影响的人物的故事。

J0081165
中原赤子张环礼　　解非改编；郭华，王清健绘

郑州 海燕出版社 1993年 32页 13×19cm
ISBN：7-5350-1069-5 定价：CNY0.93
　　本作品系中国连环画

J0081166
钟馗打鬼 （1 怒打蓝面鬼）杨春曦编绘
南宁 接力出版社 1993年 94页 19cm（32开）
ISBN：7-80581-648-4 定价：CNY2.00
　　本书系中国现代连环画作品。

J0081167
钟馗打鬼 （2 大战厚脸鬼）杨春曦编绘
南宁 接力出版社 1993年 95页 19cm（32开）
ISBN：7-80581-647-6 定价：CNY2.00
　　本书系中国现代连环画作品。

J0081168
钟馗打鬼 （3 苦战除二鬼）杨春曦编绘
南宁 接力出版社 1993年 95页 19cm（32开）
ISBN：7-80581-646-8 定价：CNY2.00
　　本书系中国现代连环画作品。

J0081169
钟馗打鬼 （4 巧计治懒鬼）杨春溪编绘
南宁 接力出版社 1994年 94页 17×19cm
ISBN：7-80581-828-2 定价：CNY2.00
　　本书系中国现代连环画作品。

J0081170
猪八戒南极历险记 （第一集 猪八戒当老师）
晓林，曹力编文；陈孟昕等绘
武汉 湖北少年儿童出版社 1993年 24页
17×19cm ISBN：7-5353-1256-X 定价：CNY1.10
　　本书系中国现代连环画作品。作者曹力
（1954— ），画家，教师。江苏南京人，毕业于
中央美术学院，并留校任教。代表作品有《小城
印象》《牧童》《牧牛图》《童声合唱》《马》等。
作者陈孟昕(1957—)，画家。河北邢台人。历
任湖北美术学院国画讲师、中国美术家协会会
员。中国艺术研究院研究生院副院长、二级教授、
博士生导师。代表作品有《帕米尔风情》《秋之
祭》《暖月》《一方水土》《腊月》等。

J0081171
猪八戒南极历险记 （第二集 猪八戒救企鹅）

阿密，黄瑜编文；陈孟昕等绘
武汉　湖北少年儿童出版社　1993 年　24 页
17×19cm　ISBN：7-5353-1256-X　定价：CNY1.10
　　　本书系中国现代连环画作品。

J0081172
猪八戒南极历险记　（第三集　猪八戒斗剑鱼）
阿密，黄瑜编文；陈孟昕等绘
武汉　湖北少年儿童出版社　1993 年　24 页
17×19cm　ISBN：7-5353-1256-X　定价：CNY1.10
　　　本书系中国现代连环画作品。

J0081173
猪八戒南极历险记　（第四集　猪八戒帮海象）
阿密，黄瑜编文；陈孟昕等绘
武汉　湖北少年儿童出版社　1993 年　24 页
17×19cm　ISBN：7-5353-1256-X　定价：CNY1.10
　　　本书系中国现代连环画作品。

J0081174
猪八戒南极历险记　（第五集　猪八戒和海燕）
阿密，黄瑜编文；陈孟昕等绘
武汉　湖北少年儿童出版社　1993 年　25 页
17×19cm　ISBN：7-5353-1256-X　定价：CNY1.10
　　　本书系中国现代连环画作品。

J0081175
遵义英烈　（连环画册）中共遵义市委党史研
究室编
贵阳　贵州人民出版社　1993 年　36 页　26cm（16 开）
ISBN：7-221-03039-1　定价：CNY1.60
（遵义革命历史教育丛书　第一辑）

J0081176
"12 亿" 大劫案　钱志清改编；金奎绘
上海　上海人民美术出版社　1994 年　126 页
10×13cm　ISBN：7-5322-1290-4　定价：CNY1.20
（上海滩系列丛书）
　　　中国现代连环画作品。作者金奎（1936—　），
连环画家。江苏人。上海人民美术出版社创作
干部。主要作品《红岩》。

J0081177
"复仇" 行动　肖虹改编；谢颖绘
上海　上海人民美术出版社　1994 年　44+49 页

10×13cm　ISBN：7-5322-1311-0　定价：CNY1.00
（《女犯种种》丛书）
　　　中国现代连环画作品。

J0081178
"济公扇" 传奇　马天宝，龚铃凤编；庄俊豪，
刘泽岱绘
上海　上海科学技术出版社　1994 年　16 页
17×19cm　ISBN：7-5323-3393-0　定价：CNY3.50
　　　中国连环画作品。

J0081179
《三国演义》五虎将　吴其柔等编绘
广州　新世纪出版社　1994 年　17×18cm
ISBN：7-5405-1275-X　定价：CNY8.20
　　　中国现代连环画作品。

J0081180
365 夜故事精选　（上）成君编绘
海口　海南摄影美术出版社　1994 年　45 页
17×19cm　ISBN：7-80571-767-2　定价：CNY2.98
（宝宝学前教育）
　　　中国现代连环画作品。

J0081181
JOKER　TIME　陈冠君绘
台北　时报文化出版企业公司　1994 年　2 册
19cm（小 32 开）ISBN：957-13-1421-8
定价：TWD90.00
（时报漫画丛书　FG020 ～ FG021）

J0081182
阿姨　黄毅民编绘
长沙　湖南少年儿童出版社　1994 年　21cm（32 开）
ISBN：7-5358-0957-X　定价：CNY7.00
　　　中国现代连环画作品。

J0081183
爱的教育　（意）亚米契斯原著；德华等改编；
李清白等绘
天津　新蕾出版社　1994 年　379 页　20cm（32 开）
ISBN：7-5307-1362-0　定价：CNY9.80
（世界儿童文学名著连环画丛）

J0081184
安徒生童话连环画库　朱自强主编
海口　海南摄影美术出版社　1994 年
4 册（251+249+251+250 页）19cm（小 32 开）
ISBN：7-80571-757-5　定价：CNY18.80

J0081185
八戒当国王　欲晓改编；张汝为绘
西安　未来出版社　1994 年　28 页　17×19cm
ISBN：7-5417-0960-3　定价：CNY1.65
（猪八戒外传故事画丛）
　　本书系中国现代连环画作品。

J0081186
八戒当警察　欲晓改编；胡基明绘
西安　未来出版社　1994 年　20 页　17×19cm
ISBN：7-5417-0961-1　定价：CNY1.55
（猪八戒外传故事画丛）
　　本书系中国现代连环画作品。

J0081187
八戒破案　欲晓改编；周爱兵绘
西安　未来出版社　1994 年　28 页　17×19cm
ISBN：7-5417-0958-1　定价：CNY1.65
（猪八戒外传故事画丛）
　　本书系中国现代连环画作品。

J0081188
八戒招亲　欲晓改编；戴维静绘
西安　未来出版社　1994 年　17×19cm
ISBN：7-5417-0959-X　定价：CNY1.65
（猪八戒外传故事画丛）
　　本书系中国现代连环画作品。

J0081189
八仙过海　甄阳编；戚林杰绘
北京　中国三峡出版社　1994 年　3 册
16×18cm　ISBN：7-80099-079-6　定价：CNY9.60
　　本书系中国现代连环画作品。

J0081190
八仙过海　（全集）甄阳文；戚林杰绘
北京　中国三峡出版社　1994 年　17×18cm　精装
ISBN：7-80099-063-X　定价：CNY11.80
　　本书系中国现代连环画作品。

J0081191
包青天　（1 明镜初悬）李志清主编；文敌编剧
北京　中国文联出版公司　1994 年　42 页
20cm（32 开）ISBN：7-5059-0837-5
定价：CNY2.95
（文化传信连环画系列）
　　本书系中国现代连环画作品。

J0081192
包青天　（2 直捣开封府）李志清主编；文敌
编剧
北京　中国文联出版公司　1994 年　35 页
20cm（32 开）ISBN：7-5059-0837-5
定价：CNY2.95
（文化传信连环画系列）
　　本书系中国现代连环画作品。

J0081193
包青天　（3 杀展昭）李志清主编；文敌编剧
北京　中国文联出版公司　1994 年　34 页
20cm（32 开）ISBN：7-5059-0837-5
定价：CNY5.90
（文化传信连环画系列）
　　本书系中国现代连环画作品。

J0081194
包青天　（4 横刀赵虎）李志清主编；文敌编剧
北京　中国文联出版公司　1994 年　34 页
20cm（32 开）ISBN：7-5059-0837-5
定价：CNY5.90
（文化传信连环画系列）
　　本书系中国现代连环画作品。

J0081195
被害与被爱　肖虹改编；李玉明等绘
上海　上海人民美术出版社　1994 年　44+49 页
10×13cm　ISBN：7-5322-1324-2　定价：CNY1.00
（《女犯种种》丛书）
　　中国现代连环画作品。

J0081196
笨汉汉斯　王晓红等编绘
长春　吉林摄影出版社　1994 年　17×19cm
ISBN：7-80606-008-1　定价：CNY5.90
（世界名著彩图画集　第四辑）

本书系中国现代连环画作品。

J0081197

变法斗三仙　汤光佑改编；李士伋绘
北京　海豚出版社　1994年　70页　17×19cm
ISBN：7-80051-661-X　定价：CNY4.80
（孙悟空系列丛书）
　　中国现代连环画。

J0081198

兵法三十六计　（绘图本）艾文等改编；刘建平等绘
北京　中国连环画出版社　1994年　400页
20cm（32开）精装　ISBN：7-5061-0620-5
定价：CNY15.00

J0081199

布勒门的音乐师　王晓红等编绘
长春　吉林摄影出版社　1994年　17×19cm
ISBN：7-80606-008-1　定价：CNY5.90
（世界名著彩图画集　第三辑）
　　本书系中国现代连环画作品。

J0081200

彩绘本中国神话人物故事　（上册）晴好等
改编；阿良等绘
杭州　浙江少年儿童出版社　1994年　17×19cm
ISBN：7-5342-1181-6　定价：CNY3.40

J0081201

彩绘本中国神话人物故事　（下册）周良等
改编；伯祥等绘
杭州　浙江少年儿童出版社　1994年　17×19cm
ISBN：7-5342-1181-6　定价：CNY3.40

J0081202

彩图安徒生童话　赵志勤编文；史建期绘
上海　上海远东出版社　1994年　158页
20cm（32开）精装　ISBN：7-80514-514-8
定价：CNY9.00
（世界童话名著画库）

J0081203

彩图本中国成语故事画　（第一分册）蒋义
海主编

南京　江苏教育出版社　1994年　92页　17×18cm
ISBN：7-5343-2251-0　定价：CNY4.45
　　主编蒋义海（1940—　），画家、国家一级美术师。笔名六舟（陆洲），江苏南京人。历任南京名人艺术研究院院长、南京国际梅花书画院院长、江苏省作家协会书画联谊会副会长、中国梅花艺术馆名誉馆长。出版有《蒋义海先生中国画集》《蒋义海梅花集》《画海》。

J0081204

彩图本中国成语故事画　（第二分册）蒋义
海主编；任军编文；施永成等绘
南京　江苏教育出版社　1994年　92页　17×18cm
ISBN：7-5343-2252-9　定价：CNY4.45

J0081205

彩图本中国成语故事画　（第三分册）蒋义
海主编；王泓编文；董之一等绘
南京　江苏教育出版社　1994年　92页　17×18cm
ISBN：7-5343-2253-7　定价：CNY4.45

J0081206

彩图本中国成语故事画　（第五分册）蒋义
海主编；赵阳编文；施海涛等绘
南京　江苏教育出版社　1994年　92页　17×18cm
ISBN：7-5343-2255-3　定价：CNY4.45

J0081207

彩图本中国成语故事画　（第六分册）蒋义
海主编；陈勇编文；文达林等绘
南京　江苏教育出版社　1994年　92页　17×18cm
ISBN：7-5343-2256-1　定价：CNY4.45

J0081208

彩图格林童话　田心编文；建期绘
上海　上海远东出版社　1994年　158页
20cm（32开）精装　ISBN：7-80514-515-6
定价：CNY9.00
（世界童话名著画库）

J0081209

彩图一千零一夜　陈元山，田心编文；建期绘
上海　上海远东出版社　1994年　158页
20cm（32开）精装　ISBN：7-80514-503-2
定价：CNY9.00

（世界童话名著画库）

J0081210

彩图伊索寓言　云龙，嵋怡编文；建期绘
上海　上海远东出版社　1994年　158页
20cm（32开）精装　ISBN：7-80514-565-2
定价：CNY9.00
（世界童话名著画库）

J0081211

曹冲称象　顾钟锦编；沙更世绘
北京　中国世界语出版社　1994年　8+8页
20cm（32开）ISBN：7-5052-0212-X
定价：CNY2.90
（故事奶奶丛书）

　　中国现代连环画作品集。作者沙更世
（1926—　），编辑。又名沙更思，浙江鄞县人。
历任西泠印社会员、人民画报、人民美术出版社
编辑、创作员，中央民族学院中国画教研室主
任、硕士研究生工作室副主任、导师，教授，中
国美术协会、中国书法协会会员。作品有《雪山
浴日》《江山如此多娇》等，出版有《沙孟海篆刻
集》《二十世纪书法经典——沙孟海卷》《沙更世
书画篆刻选集》。

J0081212

城堡上的三尊大炮　林颂英编文；陈泽新绘
海口　海南出版社　1994年　21cm（32开）
精装　ISBN：7-80617-110-X　定价：CNY6.80
（黑眼睛丛书）

　　中国现代连环画作品。本书与湖南少年儿
童出版社合作出版。作者陈泽新（1954—　），美
术编辑。生于北京，祖籍广东汕头。历任南京《周
末》报美术编辑。

J0081213

初刻拍案惊奇　（绘图本）（明）凌濛初原著；
魏汉杰编写；阎雎绘画
哈尔滨　黑龙江人民出版社　1994年　549页
20cm（32开）精装　ISBN：7-207-03237-4
定价：CNY33.00
（缩编通俗绘画本"三言二拍"丛书）

J0081214

吹气猪历险记　常瑞编文；张敏绘

杭州　浙江少年儿童出版社　1994年　17×19cm
ISBN：7-5342-1065-8　定价：CNY3.20
　　中国现代连环画作品。

J0081215

聪明的一休故事精选　逯朝生等编绘
海口　海南摄影美术出版社　1994年　47页
17×19cm　ISBN：7-80571-720-6　定价：CNY2.98
　　中国现代动画作品。

J0081216

大闹黑风山　晨雪改编；刘积昆绘
北京　海豚出版社　1994年　54页　17×19cm
ISBN：7-80051-661-X　定价：CNY4.00
（孙悟空系列丛书）
　　中国现代连环画作品集。

J0081217

大炮
天津　新蕾出版社　1994年　17×19cm
ISBN：7-5307-1494-5　定价：CNY2.10
（兵器故事）
　　中国现代连环画作品。

J0081218

大象法官的故事　蔡林兴等编文；毛小榆等绘
西安　未来出版社　1994年　20页　17×18cm
ISBN：7-5417-0844-5　定价：CNY4.20
（幼儿美德故事画丛）
　　中国现代连环画作品。

J0081219

大战九头怪　振平改编；于长海，李平绘
北京　海豚出版社　1994年　62页　17×19cm
ISBN：7-80051-661-X　定价：CNY4.35
（孙悟空系列丛书）
　　中国现代连环画作品。

J0081220

大战通天河　丁宇真改编；张健平，齐均绘
北京　海豚出版社　1994年　70页　17×19cm
ISBN：7-80051-661-X　定价：CNY4.80
（孙悟空系列丛书）
　　中国现代连环画作品。

J0081221

当代西游记 （孙小空猪小戒游击大战系列画集）立岗等编绘

济南 山东画报出版社 1994 年 4 册 17cm（40 开）

ISBN：7-80603-005-0 定价：CNY7.00

中国现代连环画作品。

J0081222

导弹

天津 新蕾出版社 1994 年 17×19cm

ISBN：7-5307-1499-6 定价：CNY2.10

（兵器故事）

中国现代连环画作品。

J0081223

地道战 雷时圣改编；余亚万等制作

南宁 广西美术出版社 1994 年 126 页 10×13cm

ISBN：7-80582-809-1 定价：CNY1.50

（爱国主义教育电影连环画）

中国现代电影连环画作品。

J0081224

地球的红飘带 （长征革命史连环画）魏巍原著；王素改编；沈尧伊绘画

北京 中国连环画出版社 1994 年 2 册（926 页）

26×27cm 精装 ISBN：7-5061-0606-X

定价：CNY255.00

王素（1926—　），女，笔名王苏，山东黄县人，人民文学出版社六级编辑。作者沈尧伊（1943—　），画家。浙江镇海人，毕业于中央美术学院。曾任中国人民大学徐悲鸿艺术学院教授、中国美术家协会会员、北京美术家协会理事、连环画艺术委员会主任。代表作品《而今迈步从头越》《革命理想高于天》《地球的红飘带》等。

J0081225

地图上的绿房子 郑春华编文；王晓明绘

海口 海南出版社 1994 年 21cm（32 开）

精装 ISBN：7-80617-112-6 定价：CNY6.80

（黑眼睛丛书）

中国现代连环画作品。本书与湖南少年儿童出版社合作出版。

J0081226

第二次世界大战史连环画库 吴继德等编文；赵希玮等绘画

北京 中国连环画出版社 1994 年 2 版 6 册

20cm（32 开）ISBN：7-5061-0637-X

定价：CNY45.00

本书与云南人民出版社合作出版。

J0081227

第二次世界大战史连环画库 吴继德等编文；赵希玮等绘画

北京 中国连环画出版社 1994 年 2 版 3 册

20cm（32 开）精装 ISBN：7-5061-0636-1

定价：CNY55.00

本书与云南人民出版社合作出版。

J0081228

喋血孤城 黄华，陈锡良编文

苏州 古吴轩出版社 1994 年 239 页 19cm（小 32 开）

ISBN：7-80574-151-4 定价：CNY7.90

中国现代连环画。

J0081229

顶呱呱童话 （第一辑）夏荷等编文；马志勇等绘

成都 四川少年儿童出版社 1994 年 107 页

17×19cm 精装 ISBN：7-5365-1341-0

定价：CNY10.00

中国现代连环画作品。

J0081230

动物智慧故事 365 （一）王振海，杨森主编；杨森编文；王振海等绘

济南 济南出版社 1994 年 17×19cm

ISBN：7-80572-847-X 定价：CNY1.95

中国现代连环画作品。

J0081231

动物智慧故事 365 （二）王振海，杨森主编；杨森编文；王振海等绘

济南 济南出版社 1994 年 17×19cm

ISBN：7-80572-847-X 定价：CNY1.95

中国现代连环画作品。

J0081232

动物智慧故事 365 （三）王振海，杨森主编；
杨森编文；王振海等绘
济南 济南出版社 1994 年 17×19cm

ISBN：7-80572-847-X 定价：CNY1.95
中国现代连环画作品。

J0081233

动物智慧故事 365 （四）王振海，杨森主编；
杨森编文；王振海等绘
济南 济南出版社 1994 年 17×19cm
ISBN：7-80572-847-X 定价：CNY1.95
中国现代连环画作品。

J0081234

动物智慧故事 365 （五）王振海，杨森主编；
杨森编文；王振海等绘
济南 济南出版社 1994 年 17×19cm
ISBN：7-80572-847-X 定价：CNY1.95
中国现代连环画作品。

J0081235

动物智慧故事 365 （六）王振海，杨森主编；
杨森编文；王振海等绘
济南 济南出版社 1994 年 17×19cm
ISBN：7-80572-847-X 定价：CNY1.95
中国现代连环画作品。

J0081236

动物智慧故事 365 （七）王振海，杨森主编；
何侠编文；王振海等绘
济南 济南出版社 1994 年 17×19cm
ISBN：7-80572-847-X 定价：CNY1.95
中国现代连环画作品。

J0081237

动物智慧故事 365 （八）王振海，杨森主编；
何侠编文；王振海等绘
济南 济南出版社 1994 年 17×19cm
ISBN：7-80572-847-X 定价：CNY1.95
中国现代连环画作品。

J0081238

动物智慧故事 365 （九）王振海，杨森主编；

杨森编文；王振海等绘
济南 济南出版社 1994 年 17×19cm
ISBN：7-80572-847-X 定价：CNY1.95
中国现代连环画作品。

J0081239

动物智慧故事 365 （十）王振海，杨森主编；
何侠编文；王振海等绘
济南 济南出版社 1994 年 17×19cm
ISBN：7-80572-847-X 定价：CNY1.95
中国现代连环画作品。

J0081240

动物智慧故事 365 （十一）王振海，杨森主
编；王晓威编文；庄子平等绘
济南 济南出版社 1994 年 17×19cm
ISBN：7-80572-847-X 定价：CNY1.95
中国现代连环画作品。

J0081241

动物智慧故事 365 （十二）王振海，杨森主
编；王晓威编文；庄子平等绘
济南 济南出版社 1994 年 17×19cm
ISBN：7-80572-847-X 定价：CNY1.95
中国现代连环画作品。

J0081242

斗神 郑问编绘
台北 时报文化出版企业公司 1994 年 127 页
26cm（16 开）ISBN：957-13-0841-2
定价：TWD190.00
（时报漫画丛书 175）

J0081243

敦刻尔克大撤退 西言撰；张江舟绘
北京 九州图书出版社 1994 年 251 页
20cm（32 开）ISBN：7-80114-020-6
定价：CNY9.80
（第二次世界大战重大战役大图系 1）
本书为《敦刻尔克大撤退》（西言撰、张江舟绘）、《长空搏杀大不列颠》（苏真撰、游健绘）合订。

J0081244

多国血拼克仑要塞 张俊杰撰；杨文理，杨

化绘

北京 九州图书出版社 1994年 251页

20cm（32开）ISBN：7-80114-020-6

定价：CNY9.80

（第二次世界大战重大战役大图系 2）

本书包括《多国血拼克仑要塞》（张俊杰撰、杨文理等绘）《殊死保卫莫斯科》（音子撰、杨文理等绘）。

J0081245

儿童绘画资料精选 10000 例 （外国篇）少年儿童出版社编

上海 少年儿童出版社 1994年 474页

19cm（小32开）ISBN：7-5324-2331-X

定价：CNY16.00

本书据外国绘画资料编制的中国连环画作品。

J0081246

二刻拍案惊奇 （明）凌濛初原著；马福兴，霍志英编写；阎睢绘画

哈尔滨 黑龙江人民出版社 1994年 680页

20cm（32开）精装 ISBN：7-207-03237-4

定价：CNY41.00

（缩编通俗绘画本"三言二拍"丛书）

J0081247

发明创造画典 林飘凉编；高峰等绘

郑州 海燕出版社 1994年 5册 21×19cm

精装 ISBN：7-5350-1111-X 定价：CNY26.70

中国连环画作品。作者高峰（1946— ），画家。祖籍山东，生于黑龙江齐齐哈尔市。深圳山海书画院院长。出版作品有《高峰画集》。

J0081248

格林童话连环画库 朱自强主编

海口 海南摄影美术出版社 1994年

4册（249+250+250+250页）19cm（小32开）

ISBN：7-80571-756-5 定价：CNY18.80

J0081249

格林童话全集 （绘画本）王永江主编

武汉 湖北少年儿童出版社 1994年 2册（1668页）

20cm（32开）精装 ISBN：7-5353-1275-6

定价：CNY33.00

主编王永江（1968— ），笔名雪夫，山东蓬莱人。中华硬笔书法家协会会员。

J0081250

红与黑 （法）司汤达原著；冯源改编；焦成根等绘

海口 海南出版社 1994年 20cm（32开）

定价：CNY15.50

（世界文学名著连环画）

J0081251

画说近代中国 （1840—1919）朱定昌，冯天瑜主编；杨宏富等绘画

武汉 湖北少年儿童出版社 1994年 601页

20cm（32开）精装 ISBN：7-5353-1321-3

定价：CNY14.85

本书以连环画的形式，展现了从鸦片战争到辛亥革命七十余年间波澜起伏的历史场景。

J0081252

淮海战役 百如，达可编文；沈尧伊绘画

沈阳 辽宁美术出版社 1994年 236页

20cm（32开）ISBN：7-5314-1096-6

定价：CNY9.80

（解放战争史画库）

J0081253

绘图白居易《琵琶行》 （唐）白居易原著；杨永青绘图；老健译注

北京 中国和平出版社 1994年 127页

20cm（32开）ISBN：7-80101-280-1

定价：CNY5.00

（名家画名著丛书）

作者杨永青（1928—2011），画家。上海浦东人。曾任中国美术家协会儿童美术艺术委员会主任、中国版画家协会会员、中国少年儿童出版社美术编辑、编审。人物画有《屈原九歌长卷》《观音造像》等，连环画作品有《女拖拉机手》《刘胡兰》《王二小》《高玉宝》等。

J0081254

绘图白居易《长恨歌》 （唐）白居易原著；杨永青绘图；老健译注

北京 中国和平出版社 1994年 128页

20cm（32开）ISBN：7-80101-286-0

定价：CNY5.00

（名家画名著丛书）

J0081255

绘图陶渊明《桃花源记》 陶渊明原著；杨永青绘图；老健译注

北京 中国和平出版社 1994年 177页

20cm（32开）ISBN：7-80101-282-8

定价：CNY5.00

（名家画名著丛书）

J0081256

基度山恩仇记 （法）大仲马（Alexandre Dumas）著；剑书改编；谢鹏程，唐源源绘

海口 海南出版社 1994年 20cm（32开）

定价：CNY15.50

（世界文学名著连环画）

　　作者大仲马（Alexandre Dumas，1802—1870），法国作家。生于巴黎郊区。全名亚历山大·仲马，通称大仲马。著有《基度山恩仇记》等。

J0081257

近代中国演义连环画 朱羽编文；思陶等绘

福州 福建少年儿童出版社 1994年 2册（695页）

20cm（32开）ISBN：7-5395-0876-0

定价：CNY20.00

　　本书分为禁烟风云、甲午海战、辛亥革命、五四曙光等11个部分。作者朱羽，连环画艺术家。作品有《近代中国演义（下）》《中国传统连环画精选》《林则徐戒烟》《大闹铁佛寺》《现代故事画库·坪寨风雷》等。

J0081258

经济合同的故事 （连环画）晓星编文；郑晓焰绘

南京 江苏美术出版社 1994年 146页

17cm（40开）ISBN：7-5344-0407-X

定价：CNY4.80

（经商知识系列连环画丛书）

J0081259

警世通言 （绘图本）（明）冯梦龙原著；杨庆旺等编写；阎睢绘画

哈尔滨 黑龙江人民出版社 1994年 506页

20cm（32开）精装 ISBN：7-207-03236-6

定价：CNY31.00

（缩编通俗绘画本"三言二拍"丛书）

　　作者冯梦龙（1574—1646），通俗文学家、戏曲家。长洲（今江苏苏州）人。字犹龙，又字子犹，别号龙子犹、墨憨斋主人、顾曲散人、词奴等。一生从事小说、戏曲的创作和编印。编纂《喻世明言》《警世通言》《醒世恒言》《古今谈概》《太平广记钞》等。

J0081260

辽沈战役 百如，达可编文；张永新等绘画

沈阳 辽宁美术出版社 1994年 208页

20cm（32开）ISBN：7-5314-0847-3

定价：CNY9.80

（解放战争史画库）

J0081261

乱世佳人 （美）玛格丽特·米切尔（M.Mitchell）原著；范夫改编；杨文理等绘

海口 海南出版社 1994年 20cm（32开）

定价：CNY15.50

（世界文学名著连环画）

J0081262

吕氏春秋 龚汝枢，丁世弼等编绘

南昌 二十一世纪出版社 1994年

4册（314+314+315+320页）20cm（32开）

ISBN：7-5391-0746-4

定价：CNY40.00，CNY55.00（精装）

（中国历史名著故事精选 图画本）

　　作者丁世弼（1939—2018），画家、国家一级美术师。字仲宜，江西南昌人。中国美术家协会会员、江西省美术家协会副主席。代表作有《渔岛怒潮》《秋瑾》《陈赓大将》《红楼梦》等。

J0081263

漫画封神榜 （1 哪吒大闹水晶宫）蔡志忠编绘

香港 博益出版集团公司 1994年 180页

17cm（40开）ISBN：962-17-1248-3

定价：HKD35.00

（博益漫画丛书 蔡志忠作品集 39）

　　作者蔡志忠（1948— ），漫画家。台湾彰化人，1976年成立远东卡通公司、龙卡通公司。创作的100多部作品被30多个国家翻译出版。代表作品有《庄子说》《老子说》《列子说》《大醉

侠》《盗帅独眼龙》《光头神探》等。

J0081264

摩托飞盗 （刑警803）乔谷凡原著；甘礼乐改编；陆小弟，吴耀明，陆旻绘画
上海 上海人民美术出版社 1994年 94页
9×13cm ISBN：7-5322-1333-1 定价：CNY0.90

J0081265

年节故事大观 （绘画本）艾钟华编
石家庄 河北美术出版社 1994年 583页
20cm（32开） ISBN：7-5310-0650-2
定价：CNY19.80

J0081266

平津战役 百如，达可编文；张永新等绘画
沈阳 辽宁美术出版社 1994年 217页
20cm（32开） ISBN：7-5314-1091-5
定价：CNY9.80
（解放战争史画库）

J0081267

人民崇尚这颗星 （见义勇为的英雄战士徐洪刚 纪实连环画）周业明改编；张江舟，雅芳绘画
北京 西苑出版社 1994年 130页 19cm（小32开）
ISBN：7-80108-006-8 定价：CNY5.90

J0081268

三国演义 （明）罗贯中原著；白宇等改编；史殿生等绘
北京 人民美术出版社 1994年 4册
19cm（小32开） ISBN：7-102-01435-X
定价：CNY48.00
（中国古典文学名著连环画库）

　　作者白宇（1952— ），画家。河南安阳人。安阳师专艺术系毕业。鹤壁市青年美术家协会副主席、鹤壁黄河书画院院长、河南省美术家协会会员。主要作品有《高山有情》《轻音图》等。作者史殿生，就读于中央美术学院。中国美术家协会会员、国家一级美术师、北京师范大学中国画创作高级研究生班导师、北京红旗书画院副院长、益昌画院顾问。作品有《盛装》《岁月》《高士图》等。

J0081269

三国演义 （画本）山东美术出版社组织编绘
济南 山东美术出版社 1994年 5册 20cm（32开）
ISBN：7-5330-0824-3 定价：CNY76.50

J0081270

三十六计 （古代战例画本）楚风等编文；孙恩道等绘画
武汉 湖北少年儿童出版社 1994年 2册（277页）
26cm（16开）精装 ISBN：7-5353-1353-1
定价：CNY198.00

　　本书采用连环画表现形式，每计都有原文、译文、按语，并附有我国古代战争中运用之实例。

J0081271

三十六计 （中国古兵法绘画本）梁骏，宋虎立主编
太原 希望出版社 1994年 29cm（16开）
精装 ISBN：7-5379-1504-0 定价：CNY350.00
　　外文书名：Thirty-Six Stratagems.

J0081272

莎士比亚名剧连环画 （英）威廉·莎士比亚原著；张宇等改编；姜毅等绘画
北京 同心出版社 1994年 6册 20cm（32开）
ISBN：7-80593-095-3 定价：CNY68.00

　　作者张宇，字襄六，号赤云子、奇清逸士。河南省教育书画协会秘书长，河南省中国画研究院、河南诗词学会理事。

J0081273

商战三十六计 徐德志编著
广州 新世纪出版社 1994年 108页 19cm（小32开）
ISBN：7-5405-1010-2 定价：CNY4.00

　　本书以连环画的形式，结合《孙子兵法》，介绍了国外企业经营中的36种谋略。

J0081274

生活趣案 （连环画 民法篇）吴伟民编；班玲等绘
合肥 安徽美术出版社 1994年 137页
19cm（小32开） ISBN：7-5398-0252-9
定价：CNY2.40

J0081275

圣迹图　龚发达，肖玉编

武汉　湖北教育出版社 1994 年　18×26cm

ISBN：7-5351-1640-X 定价：CNY48.00

　　本书是反映我国古代思想家、政治家和教育家孔子一生事迹的故事版画。

J0081276

胜利曙光　（连环画册）中共遵义市委党史研究室编辑

贵阳　贵州人民出版社 1994 年 32 页 26cm（16 开）

定价：CNY1.80

（遵义革命历史教育丛书 第三辑 长征火种 2）

J0081277

时代之星　（见义勇为的英雄战士徐洪刚）民一改编；周申绘画

济南　山东人民出版社 1994 年 44 页

19cm（小 32 开）ISBN：7-209-01567-1

定价：CNY1.50

　　本书以连环画册形式，介绍了济南军区某部通信连班长徐洪刚勇斗歹徒的英雄事迹。

J0081278

世界巨商沉浮录　（连环画）耿默主编

北京　中国商业出版社 1994 年 258 页

19cm（小 32 开）ISBN：7-5044-2543-5

定价：CNY10.80

　　本书以连环画的形式，描述了飞机大王休斯、报业巨子赫斯特、好莱坞的女经理兰辛等 30 位世界巨商的成功发迹简史。

J0081279

世界名人传记　（绘画本 1 政治家卷）季君平等编文；钱戈等绘画

杭州　浙江少年儿童 1994 年 434 页 20cm（32 开）

ISBN：7-5342-1122-0 定价：CNY9.25

J0081280

世界名人传记　（绘画本 2 思想家卷）力牧等编文；董卫星等绘画

杭州　浙江少年儿童 1994 年 446 页 20cm（32 开）

ISBN：7-5342-1123-9 定价：CNY9.25

J0081281

世界名人传记　（绘画本 3 军事家卷）古军等编文；沈勇等绘画

杭州　浙江少年儿童 1994 年 446 页 20cm（32 开）

ISBN：7-5342-1124-7 定价：CNY9.25

J0081282

世界名人传记　（绘画本 4 文学家卷）雨雨编写；王重义等绘画

杭州　浙江少年儿童 1994 年 446 页 20cm（32 开）

ISBN：7-5342-1125-5 定价：CNY9.25

　　作者王重义（1940—　），画家、编辑。生于浙江鄞县。历任人民美术出版社创作员，浙江人民出版社、浙江少年儿童出版社美术编辑、室主任、副编审，浙江美术家协会会员。与兄弟王重英合作创作多部连环画。主要作品有《海军少尉巴宁》《天山红花》《以革命的名义》《十里洋场斗敌记》《战争在敌人心脏》等。

J0081283

世界名人传记　（绘画本 5 艺术家卷）田地等编文；马建刚等绘画

杭州　浙江少年儿童 1994 年 446 页 20cm（32 开）

ISBN：7-5342-1126-3 定价：CNY9.25

J0081284

世界名人传记　（绘画本 6 科学家卷）若文等编文；王家训等绘画

杭州　浙江少年儿童 1994 年 446 页 20cm（32 开）

ISBN：7-5342-1127-1 定价：CNY9.25

J0081285

世界名人传记　（绘画本 7 发明家卷）张力等编文；张卫民等绘画

杭州　浙江少年儿童 1994 年 438 页 20cm（32 开）

ISBN：7-5342-1128-X 定价：CNY9.25

J0081286

世界名人传记　（绘画本 8 综合卷）柏年等编文；王家训等绘画

杭州　浙江少年儿童 1994 年 446 页 20cm（32 开）

ISBN：7-5342-1129-8 定价：CNY9.25

J0081287

世界著名童话连环画库　朱自强，高帆主编；

陈曦光绘
海口 海南摄影美术出版社 1994 年 重印本
8 册 有插图 19cm（32 开）
ISBN：7-80571-232-8 定价：CNY38.60（全集）

J0081288
水浒传
上海 上海人民美术出版社 1994 年 重印本
3 册（1786 页）21cm（32 开）
ISBN：7-5322-1215-7
定价：CNY51.00, CNY53.00（精装）
（中国四大古典小说 绘画本）

J0081289
天方夜谭 （绘图本）
上海 上海人民美术出版社 1994 年
3 册（594 页 + 596 页 + 608 页）20cm（32 开）
ISBN：7-5322-1320-X 定价：CNY20.00

J0081290
铁壁合围列宁格勒 李骞撰；郭志华绘
北京 九州图书出版社 1994 年 251 页
20cm（32 开）ISBN：7-80114-020-6
定价：CNY9.80
（第二次世界大战重大战役大图系 3）
　　本书为《铁壁合围列宁格勒》（李骞撰、郭志华绘）、《坦克会战利比亚》（李骞撰、雷似祖绘）合订。

J0081291
图画本典故故事 500
福州 福建少年儿童出版社 1994 年 501 页
20cm（32 开）ISBN：7-5395-0653-9
定价：CNY19.00

J0081292
晚清四大谴责小说连环画 崇文，迎曦主编
北京 中国人事出版社 1994 年 2 册（370+379 页）
20cm（32 开）ISBN：7-80076-513-X
定价：CNY25.00

J0081293
伪币梦 （刑警 803）汪磊原著；吴文焕改编；
陈旸等绘画
上海 上海人民美术出版社 1994 年 126 页

9×13cm ISBN：7-5322-1332-3 定价：CNY1.20
　　陈旸（1961— ），连环画师，上海市华侨书画院画师、上海海上书画院画师、上海连环画研究会会员、上海民盟画院画师。曾出版多部连环画，其中《钟馗新传》《少年探险家》《刑警 803》等颇有影响。

J0081294
武经七书 （绘画本）黄颇，杨辅主编；王福林等绘
哈尔滨 哈尔滨出版社 1994 年 3 册 20cm（32 开）
ISBN：7-80557-725-0 定价：CNY58.00

J0081295
西游记 （明）吴承恩原著；张月华等改编；徐恒瑜等绘画
沈阳 辽宁美术出版社 1994 年 2 版 4 册（2243 页）
20cm（32 开）ISBN：7-5314-1166-0
定价：CNY68.00
（精绘中国古典文学名著连环画）
　　作者吴承恩（约 1500—1583），汉族，明代小说家。淮安府山阳县河下人（现江苏淮安市淮安区）。字汝忠，号射阳山人。代表作有《西游记》。

J0081296
西游记 （明）吴承恩原著；赵吉南等改编；朱唯践等绘
上海 上海人民美术出版社 1994 年 重印本
2 册（1004 页）20cm（32 开）
ISBN：7-5322-1180-0
定价：CNY30.00, CNY43.00（精装）
（中国四大古典小说 绘画本）
　　本书是根据中国古典小说《西游记》改编的现代连环画作品。

J0081297
西游记 吴承恩，董说原著；成方等改编；苏正刚等绘
上海 上海人民美术出版社 1994 年 335 页
17×19cm ISBN：7-5322-1278-5 定价：CNY15.00
　　中国现代连环画作品。作者苏正刚（1937—1993），画家。上海人。中国美术家协会会员，中国版画协会会员。擅长连环画、版画、中国画。

J0081298

醒世恒言 （绘图本）（明）冯梦龙原著；吴耀中编写；阎睢绘画

哈尔滨 黑龙江人民出版社 1994 年 728 页 20cm（32 开）精装 ISBN：7-207-03236-6

定价：CNY44.00

（缩编通俗绘画本"三言二拍"丛书）

　　作者冯梦龙（1574—1646），通俗文学家、戏曲家。长洲（今江苏苏州）人。字犹龙，又字子犹，别号龙子犹、墨憨斋主人、顾曲散人、词奴等。一生从事小说、戏曲的创作和编印。编纂《喻世明言》《警世通言》《醒世恒言》《古今谈概》《太平广记钞》等。

J0081299

徐洪刚　黄明开编文；黄明正绘

广州 花城出版社 1994 年 122 页 19cm（小 32 开）

ISBN：7-5360-1753-7 定价：CNY2.60

（画说当代英雄丛书）

　　本书以连环画的形式，描述了徐洪刚奋勇斗歹徒的英雄事迹。

J0081300

徐洪刚的故事　（连环画）袁守芳主编；马正建改编；韩新维绘

济南 黄河出版社 1994 年 88 页 19cm（小 32 开）

ISBN：7-80558-520-2 定价：CNY2.00

J0081301

叶可晃画集　叶可晃绘

广州 岭南美术出版社 1994 年 84 页 18×20cm

ISBN：7-5362-1139-2 定价：CNY13.00

　　现代中国连环画画册。作者叶可晃（1959—　），广东台山人，怀集县人民政府办公室副主任、经济体制改革办公室主任，广东省连环画研究会会员。

J0081302

樱桃　（连环画）赵熙著；张建勋改编；查加伍绘

南昌 江西美术出版社 1994 年 45 页 21×19cm

ISBN：7-80580-198-3 定价：CNY5.80

（查加伍连环画作品精选）

　　作者查加伍（1950—　），编辑。别名穆明、三夷。湖北京山人，毕业于湖北美术学院师范系。曾在湖北人民出版社、京山县文化馆工作。湖北

美术出版社副社长、美术副编审，湖北美协连环画、插图艺委会副主任。代表作品有《战斗的历程》《乱世风云》《苦肉记》等。

J0081303

鹦鹉之死　（刑警 803）程志达原著；金戈改编；殷恩光，肖海绘画

上海 上海人民美术出版社 1994 年 94 页

9×13cm ISBN：7-5322-1323-4 定价：CNY0.90

　　作者殷恩光，连环画家。上海美协常务理事、国家一级美术师。连环画代表作品有《闻一多》等。

J0081304

影视片连环画　（中学卷）孙春亭，黎明主编；国家教委基础教育司编

济南 明天出版社 1994 年 21cm（32 开）

ISBN：7-5332-1965-1 定价：CNY7.50

　　中国连环画作品。主编黎明（1929—　），原名黎国安，生于澳门，祖籍广东佛山。香港春潮画会会长，广东省美术家协会第九届副主席。绘有《黎明画集》。

J0081305

影响中国的 100 本书　（绘画本）张秀平主编；赵隆义等绘画

南宁 广西人民出版社 1994 年 208 页

20cm（32 开）ISBN：7-219-02754-0

定价：CNY9.50

（中国 100 系列丛书）

　　作者赵隆义（1931—　），编审。上海人。中国美术家协会会员。作品有《小城春秋》《贺龙的故事》《杨开慧》《圆眼睛》等。

J0081306

影响中国的 100 次事件　（绘画本）张秀平主编；赵隆义等绘画

南宁 广西人民出版社 1994 年 208 页

20cm（32 开）ISBN：7-219-02751-6

定价：CNY9.50

（中国 100 系列丛书）

J0081307

影响中国的 100 次战争　（绘画本）张秀平主编；赵隆义等绘画

南宁 广西人民出版社 1994年 208页
20cm（32开）ISBN：7-219-02755-9
定价：CNY9.50
（中国100系列丛书）

J0081308

影响中国的100个人物 （绘画本）张秀平
主编；赵隆义等绘画
南宁 广西人民出版社 1994年 208页
20cm（32开）ISBN：7-219-02753-2
定价：CNY9.50
（中国100系列丛书）

J0081309

影响中国的100种文化 （绘画本）张秀平
主编；赵隆义等绘画
南宁 广西人民出版社 1994年 208页
20cm（32开）ISBN：7-219-02752-4
定价：CNY9.50
（中国100系列丛书）

J0081310

与狼共谋 （刑警803）李容原著；张企荣改
编；殷恩光，谢颖绘画
上海 上海人民美术出版社 1994年 94页
9×13cm ISBN：7-5322-1308-0 定价：CNY0.90

J0081311

喻世明言 （绘图本）（明）冯梦龙原著；黄玫，
翟露编写；阎睢绘画
哈尔滨 黑龙江人民出版社 1994年 636页
20cm（32开）精装 ISBN：7-207-03236-6
定价：CNY39.00
（缩编通俗绘画本"三言二拍"丛书）
　　作者冯梦龙（1574—1646），通俗文学家、戏
曲家。长洲（今江苏苏州）人。字犹龙，又字子犹，
别号龙子犹、墨憨斋主人、顾曲散人、词奴等。
一生从事小说、戏曲的创作和编印。编纂《喻世
明言》《警世通言》《醒世恒言》《古今谈概》《太
平广记钞》等。

J0081312

张乐平连环漫画全集 张乐平画；姜维朴主编
北京 中国连环画出版社 1994年 564页
26cm（16开）精装 ISBN：7-5061-0602-7

定价：CNY54.50
（连环漫画艺术丛书）
　　作者张乐平（1910—1992），漫画家。浙江海
盐人。曾任中国美术家协会上海分会、解放日报
社、上海少年儿童出版社专业画家。漫画"三毛"
形象的创作者。代表作品《三毛流浪记》《三毛
从军记》。作者姜维朴（1926—2019），编辑。山
东黄县人，毕业于山东大学文艺系。历任人民美
术出版社《连环画报》编辑室主任、副主编，中国
连环画出版社总编辑等。代表作品有《鲁迅论连
环画》《要摄取事物的本质》《连环画艺术论》等。

J0081313

智慧百宝箱 （连环画）安家正改编；蒲慧华
等绘画
济南 山东美术 1994年 309页 有图 17×19cm
ISBN：7-5330-0806-5 定价：CNY9.60
　　本书以连环画形式，收有历史与民间神话中
有关智谋的故事32则。作者蒲慧华（1947—　　），
国家二级美术师。出生于山东青岛。青岛市美
术家协会理事、青岛市美术家协会中国画艺术委
员会委员、中国美术家协会山东分会会员。代表
作品《三国演义》《红楼梦》《西游记》封面设计。
著作有《当代连环画精品集·蒲慧华》。

J0081314

中国成语故事 （图文本 4）伍员撰文；冯远
等绘画
杭州 浙江文艺出版社 1994年 重印本 1500—
2001页 20cm（32开）ISBN：7-5339-0526-1
定价：CNY50.00
　　中国现代连环画。作者冯远（1952—　　），教
授、画家。生于上海，祖籍江苏无锡。作品有《望
夫妹》《母子图》《新疆风情写生》《今生来世》。
出版有《二十一世纪中国艺术家·冯远》《笔墨
尘缘》。

J0081315

中国成语故事精编 （操行篇 图文本）叶灵
选编；冯远等绘
杭州 浙江文艺出版社 1994年 187页
20cm（32开）ISBN：7-5339-0755-8
定价：CNY6.50 （文化国宝）

J0081316

中国成语故事精编 （谋略篇 图文本）叶灵
选编；冯远等绘
杭州 浙江文艺出版社 1994 年 179 页
20cm（32 开）ISBN：7-5339-0754-X
定价：CNY6.30（文化国宝）

J0081317

中国成语故事精编 （劝学篇 图文本）叶灵
选编；冯远等绘
杭州 浙江文艺出版社 1994 年 155 页
20cm（32 开）ISBN：7-5339-0753-1
定价：CNY5.70（文化国宝）

J0081318

中国成语故事精编 （哲理篇 图文本）叶灵
选编；冯远等绘
杭州 浙江文艺出版社 1994 年 187 页
20cm（32 开）ISBN：7-5339-0756-6 定
价：CNY6.50（文化国宝）

J0081319

中国典故故事 （连环画 上卷）上海人民美
术出版社编
上海 上海人民美术出版社 1994 年 1169 页
20cm（32 开） 精装 ISBN：7-5322-1157-6
定价：CNY36.60

J0081320

中国典故故事 （连环画 下卷）上海人民美
术出版社编
上海 上海人民美术出版社 1994 年
1172—2365 页 20cm（32 开） 精装
ISBN：7-5322-1158-4 定价：CNY37.50

J0081321

追捕"黑牡丹" （刑警 803）陈慧君原著；吴
文焕改编；殷恩光，肖海绘画
上海 上海人民美术出版社 1994 年 126 页
9×13cm ISBN：7-5322-1309-9 定价：CNY1.20
　　作者殷恩光，连环画家。上海美协常务理
事、国家一级美术师。连环画代表作品有《闻一
多》等。

J0081322

21 世纪小小博士图库 宋雪梅等编；王庆宏
等绘
长春 吉林科学技术出版社 1995 年 50 册
19cm（小 32 开）ISBN：7-5384-1478-9
定价：CNY140.00
　　中国现代连环画作品。

J0081323

365 夜笑话精选本 谷冰选编；蔡体荣等编
文；陆汝浩等绘
上海 少年儿童出版社 1995 年 78 页
19cm（小 32 开）ISBN：7-5324-2834-6
定价：CNY3.55
　　中国现代连环画作品。作者陆汝浩
（1943— ），画家。别名双水，浙江宁波人。曾
在师范专修美术。《上海少年报》社童话报美术
编辑。连环画作品有《滨海谍案》。

J0081324

365 夜知识童话精选本 李名慈，郑孟煦选
编；文杰等编文；金雪林等绘
上海 少年儿童出版社 1995 年 78 页
19cm（小 32 开）ISBN：7-5324-2833-8
定价：CNY3.55
　　中国现代连环画作品。

J0081325

啊呜喵 （一）周锐编文；郭召明等绘
上海 上海人民美术出版社 1995 年 94 页
19cm（小 32 开）ISBN：7-5322-1426-5
定价：CNY5.80
　　本书系中国连环画。

J0081326

啊呜喵 （二）周锐编文；郭召明等绘
上海 上海人民美术出版社 1995 年 94 页
19cm（小 32 开）ISBN：7-5322-1427-3
定价：CNY5.80
　　本书系中国连环画。

J0081327

啊呜喵 （三）周锐编文；郭召明等绘
上海 上海人民美术出版社 1995 年 94 页
19cm（小 32 开）ISBN：7-5322-1428-1

定价：CNY5.80

　　本书系中国连环画。

J0081328

安娜·卡列尼娜　（俄）列夫·托尔斯泰著；仓兴改编；陈志强等绘画

海口　海南国际新闻出版中心　1995年

20cm（32开）ISBN：7-80609-061-4

定价：CNY68.00（全套）

（世界文学名著连环画）

J0081329

安徒生童话　（丹）安徒生著；华锐等编绘

合肥　安徽少年儿童出版社　1995年　134页

26cm（16开）精装　ISBN：7-5397-1165-5

定价：CNY16.00

（世界名著故事）

J0081330

安徒生童话　（丹）安徒生著；高峰，匡纪龙改编；华华等绘

南京　江苏美术出版社　1995年　46页　17×19cm

ISBN：7-5344-0436-3　定价：CNY3.95

（彩图童话故事精选系列丛书）

　　本书系中国现代连环画作品。作者高峰（1946—　），画家。祖籍山东，生于黑龙江齐齐哈尔市。深圳山海书画院院长。出版作品有《高峰画集》。

J0081331

安徒生童话　沈群等编文；赵一宁等绘

杭州　浙江少年儿童出版社　1995年　237页

26cm（16开）精装　ISBN：7-5342-1286-3

定价：CNY45.00

（幼儿版名著系列）

　　本书系中国现代连环画作品。

J0081332

八戒断官司　寒海改编；冀维静绘

西安　未来出版社　1995年　20　17×19cm

ISBN：7-5417-1087-3　定价：CNY1.50

（猪八戒外传故事画丛）

　　本书系中国现代连环画作品。

J0081333

八戒教书　鲁江原著；海樱改编；杨梦君绘

西安　未来出版社　1995年　22页　17×19cm

ISBN：7-54171082-2　定价：CNY1.50

（猪八戒外传故事画丛）

　　本书系中国现代连环画作品。

J0081334

八戒卖西瓜　安鸿编文；杨梦楼绘

西安　未来出版社　1995年　18页　17×19cm

ISBN：7-5417-1084-9　定价：CNY1.50

（猪八戒外传故事画丛）

　　本书系中国现代连环画作品。

J0081335

八戒写错字　田如瑞原著；寒海改编；胡基明绘

西安　未来出版社　1995年　20页　17×19cm

ISBN：7-5417-1083-0　定价：CNY1.50

（猪八戒外传故事画丛）

　　本书系中国现代连环画作品。

J0081336

八仙传　（清）无垢道人著；老山改编；郭秀庚等绘画

长沙　岳麓书社　1995年　19cm（小32开）

ISBN：7-80520-576-0　定价：CNY12.80

（古典文学绘图文库　绘图本四大神话小说）

　　作者郭秀庚（1942—　），湖北黄冈人。毕业于湖北艺术学院。中国美术家协会会员，曾任江西美术出版社副编审、《小猕猴智力画刊》社副主编、江西书画院特聘画家、南昌画院特聘画家。作品有连环画《南瓜记》《蔡文姬》，年画《八千里路云和月》等。

J0081337

八仙过海　（成语故事连环画）胡玉洁编注；贾肇曾等绘

北京　语文出版社　1995年　173页　19cm（小32开）

ISBN：7-80006-974-5　定价：CNY6.40

　　中国现代连环画作品。

J0081338

霸王别姬　董乃德编文；王阔海绘

济南　明天出版社　1995年　有彩图　25×26cm

精装　ISBN：7-5332-2211-3　定价：CNY30.00

（中国花木故事传奇）

本书系中国现代连环画作品。

J0081339

白马 （连环画）张秀石改编；赵明钧绘画

沈阳 辽宁美术出版社 1995 年 75 页 17×18cm

ISBN：7-5314-1272-1 定价：CNY5.00

作者赵明钧（1938— ），满族，连环画艺术家。笔名孤竹古道居士。生于辽宁省锦州市，籍贯辽宁省锦州市。作品有《我们村里年轻人》《毛主席好战士——雷锋》《收伏白龙马》等。

J0081340

宝宝动物园 （1）巢扬编文；陈永镇绘

北京 北京少年儿童出版社 1995 年 10 册

15×13cm ISBN：7-5301-0509-4 定价：CNY8.50

本书系中国现代连环画作品。作者陈永镇（1936— ），浙江乐清人，毕业于中国美术学院（浙江美院）。中国美术家协会理事、中国儿童美术艺委会委员、安徽省美协副主席。主要作品有《还是一样》《再给你带上一个》等。

J0081341

宝岛功臣　郑成功 刘占峰编；陈乃广等绘

海口 海南国际新闻出版中心 1995 年

20cm（32 开）ISBN：7-80609-146-7

定价：CNY5.80

（中华百杰图传 军事奇才）

J0081342

悲惨世界 （法）维克多·雨果原著；仓兴改编；杨文理等绘

海口 海南国际新闻出版中心 1995 年

20cm（32 开）ISBN：7-80609-061-4

定价：CNY68.00（全套）

（世界文学名著连环画）

J0081343

变形飞碟 李广之编文；山仁友和绘

上海 上海远东出版社 1995 年 188 页

19cm（小 32 开）ISBN：7-80613-137-X

定价：CNY12.00

（科幻卡通连环画）

中国现代连环画作品。

J0081344

兵家楷模　郭子仪 董安庆编；赵胜琛等绘

海口 海南国际新闻出版中心 1995 年

20cm（32 开）ISBN：7-80609-146-7

定价：CNY5.80

（中华百杰图传 军事奇才）

J0081345

博你一笑 （1）孔祥文编；徐润润绘

北京 中国电影出版社 1995 年 124 页

19cm（32 开）ISBN：7-106-01043-X

定价：CNY4.50

J0081346

博你一笑 （2）孔祥文编；徐润润绘

北京 中国电影出版社 1995 年 124 页

19cm（32 开）ISBN：7-106-01044-8

定价：CNY4.50

J0081347

彩色故事王国 365 游 （1）徐红蕾等编绘

西安 陕西人民出版社 1995 年 26cm（16 开）

ISBN：7-224-03435-5 定价：CNY9.50

本书系中国连环画。

J0081348

彩色故事王国 365 游 （2）李亚生等编绘

西安 陕西人民出版社 1995 年 26cm（16 开）

ISBN：7-224-03435-5 定价：CNY9.50

本书系中国连环画。

J0081349

彩色故事王国 365 游 （3）李亚生等编绘

西安 陕西人民出版社 1995 年 26cm（16 开）

ISBN：7-224-03435-5 定价：CNY9.50

本书系中国连环画。

J0081350

彩色故事王国 365 游 （4）李亚生等编绘

西安 陕西人民出版社 1995 年 26cm（16 开）

ISBN：7-224-03435-5 定价：CNY9.50

本书系中国连环画。

J0081351

彩色故事王国 365 游 （礼品精装本）李亚生

等编绘
西安　陕西人民出版社　1995 年　26cm（16 开）
精装　ISBN：7-224-03435-5　定价：CNY39.00
　　本书系中国连环画。

J0081352
彩色世界著名民间故事 365：春　燕平等编
文；赵青河等绘
武汉　湖北少年儿童出版社　1995 年　180 页
17×19cm　精装　ISBN：7-5353-1575-5
定价：CNY15.80
　　本书系中国连环画。

J0081353
彩色世界著名民间故事 365：冬　兰琴等编
文；牛东等绘
武汉　湖北少年儿童出版社　1995 年　184 页
17×19cm　精装　ISBN：7-5353-1578-X
定价：CNY15.80
　　本书系中国连环画。

J0081354
彩色世界著名民间故事 365：秋　乐九波等
编文；高奇等绘
武汉　湖北少年儿童出版社　1995 年　184 页
17×19cm　精装　ISBN：7-5353-1577-1
定价：CNY15.80
　　本书系中国连环画。

J0081355
彩色世界著名民间故事 365：夏　张明明等
编文；洪智等绘
武汉　湖北少年儿童出版社　1995 年　182 页
17×19cm　精装　ISBN：7-5353-1576-3
定价：CNY15.80
　　本书系中国连环画。

J0081356
彩色童话新世界　董科军编
北京　宇航出版社　1995 年　10 册　17×19cm
ISBN：7-80034-744-3　定价：CNY22.00
　　本书系中国连环画。

J0081357
彩图小学语文课本故事　陈元山等改编；蔡

宏等绘
上海　上海人民美术出版社　1995 年　410 页
20cm（32 开）ISBN：7-5322-1432-X
定价：CNY20.00
　　本书系中国连环画。

J0081358
曾国藩　（第一部 血祭）唐浩明著；朱诚改编；
陈安民绘
长沙　湖南少年儿童出版社　1995 年　20cm（32 开）
ISBN：7-5358-1013-6　定价：CNY17.40
（长篇历史小说 绘画本）
　　本书系中国现代连环画作品。

J0081359
曾国藩　（第二部 野焚）唐浩明著；朱诚改编；
武凯军绘
长沙　湖南少年儿童出版社　1995 年　20cm（32 开）
ISBN：7-5358-1013-6　定价：CNY17.30
（长篇历史小说 绘画本）
　　本书系中国现代连环画作品。

J0081360
曾国藩　（第三部 黑雨）唐浩明著；朱诚改编；
覃仕泉绘
长沙　湖南少年儿童出版社　1995 年　20cm（32 开）
ISBN：7-5358-1013-6　定价：CNY17.30
（长篇历史小说 绘画本）
　　本书系中国现代连环画作品。

J0081361
馋猫立大功　严振国编文；阿华等绘
上海　上海人民美术出版社　1995 年　23 页
17×19cm　ISBN：7-5322-1383-8　定价：CNY2.20
（童话大世界丛书）
　　本书系中国连环画。

J0081362
常胜将军　刘伯承　李峻编；曹勇等绘
海口　海南国际新闻出版中心　1995 年　20cm（32 开）
ISBN：7-80609-146-7　定价：CNY5.80
（中华百杰图传 军事奇才）

J0081363
沉鳌洲　叶宗翰改编；白露绘

南宁 广西美术出版社 1995 年 94 页 10×13cm
ISBN：7-80582-998-5 定价：CNY1.80
（爱国主义教育连环画丛书·抗日战争故事）
　　本书系中国连环画。

J0081364
成语故事连环画库　韩向东等主编
海口 海南国际新闻出版中心 1995 年 4 册
19cm（小 32 开）ISBN：7-80609-139-4
定价：CNY18.80（全套）

J0081365
程咬金　（上）元山改编；晓慧等绘
上海 上海人民美术出版社 1995 年 2 版
39 页 17×19cm ISBN：7-5322-1140-1
定价：CNY5.50
（古典小说英雄人物系列画库）
　　本书系中国连环画。

J0081366
闯入月亮山　王勇，王柏玲编文；卫平贤等绘
上海 上海科技教育出版社 1995 年 90 页
19cm（小 32 开）ISBN：7-5428-1182-7
定价：CNY4.30
（少年探险家丛书）
　　本书系中国连环画。

J0081367
丛林大逃亡　文蔚等编文；刘展国等绘
上海 少年儿童出版社 1995 年 19cm（小 32 开）
ISBN：7-5324-2882-6 定价：CNY3.00
（抢险世界）
　　中国现代连环画作品。

J0081368
打破砂锅问到底：万物寻源　（3 图画本）
赵大明等编文；陈大元等绘画
上海 少年儿童出版社 1995 年 62 页 26cm（16 开）
ISBN：7-5324-2896-6 定价：CNY9.20
　　本书系中国连环画。

J0081369
打仗的故事　关健等编文；高中造等绘
石家庄 河北少年儿童出版社 1995 年 10 册
10×13cm ISBN：7-5376-1329-X

定价：CNY11.50
　　本书系中国连环画，包括《马陵大战》等
10 册。

J0081370
大海搏鲨　文蔚等编文；陈国飞等绘
上海 少年儿童出版社 1995 年 19cm（小 32 开）
ISBN：7-5324-2881-8 定价：CNY3.00
（探险世界）
　　中国现代连环画作品。

J0081371
大灰狼罗克　（1）郑渊洁著；孙移风等绘
南昌 二十一世纪出版社 1995 年 144 页
17×19cm 精装 ISBN：7-5391-0833-9
定价：CNY18.00
（郑渊洁系列童话）
　　中国现代连环画作品。

J0081372
大灰狼罗克　（2）郑渊洁著；孙移风等绘
南昌 二十一世纪出版社 1995 年 144 页
17×19cm 精装 ISBN：7-5391-0834-7
定价：CNY18.00
（郑渊洁系列童话）
　　中国现代连环画作品。

J0081373
大闹天宫　（上）方澎编文；严定宪等绘
合肥 安徽少年儿童出版社 1995 年 2 版
59 页 21×19cm 精装 ISBN：7-5397-1272-4
定价：CNY15.00
　　中国现代连环画作品。

J0081374
大人国　（世界名著选绘）魏峰编文；王又文绘
郑州 河南美术出版社 1995 年 17×19cm
ISBN：7-5401-0334-5 定价：CNY4.50
　　中国现代连环画作品。

J0081375
大弯伏击战　石磊，宋安群改编；谢森绘
南宁 广西美术出版社 1995 年 98 页 10×14cm
ISBN：7-80582-848-2 定价：CNY1.70
　　本书系中国连环画。

J0081376

大战马堂镇　王传珍，腾毓旭改编；刘铁权，周卫绘
南宁 广西美术出版社 1995 年 194 页 10×13cm
ISBN：7-80582-970-5 定价：CNY3.70
（爱国主义教育连环画丛书·抗日战争故事）
　　本书系中国连环画。本书与辽宁美术出版社合作出版。

J0081377

大战乌龙山　李平改编；陈水远绘
南宁 广西美术出版社 1995 年 118 页 10×13cm
ISBN：7-80582-930-6 定价：CNY1.90
　　本书系中国连环画。

J0081378

大战鸳鸯泺　李宝柱编文；孟喜元绘
南宁 广西美术出版社 1995 年 2 版 86 页
9×13cm ISBN：7-80582-991-8 定价：CNY1.70
（爱国主义教育连环画丛书·抗日战争故事）
　　本书系中国连环画。作者孟喜元（1943— ），河北省曲阳县人，毕业于内蒙古财贸干部进修学院，结业于浙江美术学院国画人物进修班。曾任内蒙古人民出版社美术编辑室主任、国家一级美术师、内蒙古自治区文史研究馆馆员、中国美术家协会会员、中国连环画研究会常务理事。代表作品有《幸福晚年》《团日》，出版有《艺用人体摄影图谱》《孟喜元画集》等。

J0081379

党的女儿　钱怡舟改编；梁柯制作
南宁 广西美术出版社 1995 年 124 页 10×13cm
ISBN：7-80582-965-9 定价：CNY2.40
（爱国主义教育连环画丛书·百部电影故事）
　　本书系中国连环画。本书与中国电影出版社合作出版。

J0081380

捣顽堡　李涛改编；沈名存绘
南宁 广西美术出版社 1995 年 110 页 9×13cm
ISBN：7-80582-845-8 定价：CNY1.40
　　本书系中国连环画。

J0081381

德觉桑布和鹰术师七兄弟　（汉藏文对照）
史学礼编译；李生琦，李川绘
西宁 青海民族出版社 1995 年 160 页
13cm（64 开）ISBN：7-5420-0523-5
定价：CNY3.00
（说不完的故事 1）
　　本书系中国连环画。

J0081382

敌后武工队　颜枫改编；王兆海，王玉良绘
南宁 广西美术出版社 1995 年 3 册
10×13cm ISBN：7-80582-974-8
定价：CNY10.00
（爱国主义教育连环画丛书·抗日战争故事）
　　本书系中国连环画。本书与辽宁美术出版社合作出版。

J0081383

地球超人　（第一套）
北京 华艺出版社 1995 年 5 册 20cm（32 开）
ISBN：7-80039-716-5 定价：CNY19.90
（最新惊险卡通系列）
　　中国现代连环画作品。

J0081384

第二次世界大战间谍战　（第一册 潜伏珍珠港·日本海军密码）褚良才等编；钱定华等绘
杭州 浙江人民美术出版社 1995 年 120 页
19cm（20 开）ISBN：7-5340-0604-X
定价：CNY4.80
　　本书系中国连环画。

J0081385

第二次世界大战间谍战　（第二册 飞弹秘密发射场·邱吉尔的"秘密圈"）褚良才等编；叶果等绘
杭州 浙江人民美术出版社 1995 年 127 页
19cm（20 开）ISBN：7-5340-0605-8
定价：CNY4.80
　　本书系中国连环画。

J0081386

第二次世界大战间谍战　（第三册 "小白狐"之死·追踪"独行侠"）荣子改编；孙愚绘
杭州 浙江人民美术出版社 1995 年 119 页
19cm（20 开）ISBN：7-5340-0606-6

定价：CNY4.60

　　本书系中国连环画。

J0081387

第二次世界大战间谍战 （第四册　超级间谍·沙漠谍影）褚良才等编；方其林绘

杭州　浙江人民美术出版社　1995 年　149 页

19cm（20 开）ISBN：7-5340-0607-4

定价：CNY4.80

　　本书系中国连环画。

J0081388

第二次世界大战连环画　彭训厚等编文；曾琪等绘

海口　海南出版社　1995 年　3 册（312+299+247 页）

19cm（小 32 开）ISBN：7-80617-176-2

　定价：CNY36.00

　　中国现代连环画，包括著名陆战·著名海战·著名空战。

J0081389

第三帝国兴亡史 （连环画）（美）威廉·夏伊勒原著；大鲁编文；雷德祖绘画

合肥　安徽美术出版社　1995 年　20cm（32 开）

精装　ISBN：7-5398-0329-0　定价：CNY15.00

J0081390

电视动画 （胖胖）张林编文；李莘绘

石家庄　河北美术出版社　1995 年　2 册

17×19cm　ISBN：7-5310-0711-8

定价：CNY6.30

（拼音电视动画系列）

　　中国现代连环画作品。作者张林（1936—　　），中国曲艺家协会会员，黑龙江省曲艺理论研究会会长，艺术学会理事，剧协、音协、地方戏学会会员。

J0081391

东方小故事 （精选本）中共上海市委宣传部组织编创

上海　上海画报出版社　1995 年　90 页

19cm（小 32 开）ISBN：7-80530-184-0

定价：CNY8.00

　　本书系中国连环画。

J0081392

东行平妖记 （1　天下第一擂台赛）赵鹏编绘

西安　西安出版社　1995 年　94 页　19cm（小 32 开）

ISBN：7-80594-203-X　定价：CNY3.00

　　中国现代连环画作品。

J0081393

东行平妖记 （2　往事如烟）赵鹏编绘

西安　西安出版社　1995 年　94 页　19cm（小 32 开）

ISBN：7-80594-203-X　定价：CNY3.00

　　中国现代连环画作品。

J0081394

东行平妖记 （3　受阻雾水河）赵鹏编绘

西安　西安出版社　1995 年　94 页　19cm（小 32 开）

ISBN：7-80594-203-X　定价：CNY3.00

　　中国现代连环画作品。

J0081395

东行平妖记 （4　激战含沙峰）赵鹏编绘

西安　西安出版社　1995 年　94 页　19cm（小 32 开）

ISBN：7-80594-203-X　定价：CNY3.00

　　中国现代连环画作品。

J0081396

东行平妖记 （5　兄弟之战）赵鹏编绘

西安　西安出版社　1995 年　93 页　19cm（小 32 开）

ISBN：7-80594-203-X　定价：CNY3.00

　　中国现代连环画作品。

J0081397

东周列国志 （明）冯梦龙，（清）蔡元放著；宋经讳等编文；吴跃明等绘画

武汉　湖北少年儿童出版社　1995 年　232 页

20×18cm　ISBN：7-5353-1426-0

定价：CNY11.50

（中国古典文学名著画库）

　　本书据中国古典小说《东周列国志》改编的现代连环画作品。

J0081398

东周列国志 （绘画本）邵远改编；范振涯，戴友生绘

长沙　湖南少年儿童出版社　1995 年　20cm（32 开）

ISBN：7-5358-0990-1　定价：CNY13.75

（中国四大古典历史小说）
　　本书系中国现代连环画作品。

J0081399
动脑筋编结尾　陈振桂编著；文海红等绘
南宁 广西美术出版社 1995 年 150 页 有彩图
17×19cm 精装 ISBN：7-80582-957-8
定价：CNY26.00
　　本书系中国现代连环画作品。

J0081400
动脑筋爷爷精选本　颜志强，黄平选编；李
名慈等编文；孙绍波等绘
上海 少年儿童出版社 1995 年 78 页
19cm（小 32 开）ISBN：7-5324-2898-2
定价：CNY3.55
　　本书系中国现代连环画作品。

J0081401
动脑筋爷爷图画本　（军事篇）文叶编文；绍
波等绘
上海 少年儿童出版社 1995 年 60 页 26cm（16 开）
ISBN：7-5324-2807-9 定价：CNY8.00
　　本书系中国现代连环画作品。

J0081402
动脑筋爷爷图画本　（天文气象篇）刘正兴编
文；绍波等绘
上海 少年儿童出版社 1995 年 60 页 26cm（16 开）
ISBN：7-5324-2742-0 定价：CNY8.00
　　本书系中国现代连环画作品。

J0081403
动物故事　余书等改编；刘明等绘
武汉 湖北少年儿童出版社 1995 年 190 页
17×19cm 精装 ISBN：7-5353-1584-4
定价：CNY16.00
（两分钟故事画库）
　　本书系中国现代连环画作品。作者刘明
（1957—　），满族，教授。出生于辽宁岫岩县，
毕业于鲁迅美术学院。历任沈阳美术学院美术
系、沈阳大学师范学院美术系副主任、副教授，
中国美术家协会会员。出版有《刘明油画创意》。

J0081404
动物故事　（一）黄峻等绘
南京 江苏美术出版社 1995 年 50 页 17×19cm
ISBN：7-5344-0433-9 定价：CNY3.95
（彩图童话故事精选系列丛书）
　　本书系中国现代连环画作品。

J0081405
动物故事　（二）胡宁娜等绘
南京 江苏美术出版社 1995 年 50 页 17×19cm
ISBN：7-5344-0434-7 定价：CNY3.95
（彩图童话故事精选系列丛书）
　　本书系中国现代连环画作品。

J0081406
动物卡通　（恐龙明星）卞宝强；曹珉编绘
天津 天津科学技术出版社 1995 年 30 页
26cm（16 开）ISBN：7-5308-1918-6
定价：CNY13.80
　　中国现代连环画作品。

J0081407
动物生态立体书
广州 岭南美术出版社 1995 年 29cm（16 开）
精装 ISBN：7-5362-1369-7 定价：CNY60.00
（大自然 1）
　　中国现代连环画作品。

J0081408
斗川岛　刘凤桥改编；刘廷相绘
南宁 广西美术出版社 1995 年 106 页 10×13cm
ISBN：7-80582-977-2 定价：CNY2.10
（爱国主义教育连环画丛书 抗日战争故事）
　　本书系中国现

J0081409
渡江侦察记　黄一红，张桂萍改编；甘振钊等
制作
南宁 广西美术出版社 1995 年 126 页 10×13cm
ISBN：7-80582-814-8 定价：CNY2.40
（爱国主义教育连环画丛书 百部电影故事）
　　本书系中国现代连环画作品。本书与中国
电影出版社合作出版。

J0081410

敦煌壁画故事 （连环画 1）敦煌研究院，甘肃少年儿童出版社编

兰州 甘肃少年儿童出版社 1995 年 141 页 20cm（32 开）ISBN：7-5422-1008-4

定价：CNY5.00

本连环画收《太子悉达多诞生》《降服毒龙》《太子乘象入胎》等 6 篇。

J0081411

敦煌壁画故事 （连环画 2）敦煌研究院，甘肃少年儿童出版社编

兰州 甘肃少年儿童出版社 1995 年 126 页 20cm（32 开）ISBN：7-5422-1007-6

定价：CNY5.00

本连环画收《富那奇的故事》《须摩提女请佛》《猜指环纳妃》等 6 篇。

J0081412

敦煌壁画故事 （连环画 3）敦煌研究院，甘肃少年儿童出版社编

兰州 甘肃少年儿童出版社 1995 年 126 页 20cm（32 开）ISBN：7-5422-1009-2

定价：CNY5.00

中国现代连环画。

J0081413

敦煌壁画故事 （连环画 4）敦煌研究院，甘肃少年儿童出版社编

兰州 甘肃少年儿童出版社 1995 年 126 页 20cm（32 开）ISBN：7-5422-1010-6

定价：CNY5.00

中国现代连环画。

J0081414

敦煌壁画故事 （连环画 5）敦煌研究院，甘肃少年儿童出版社编

兰州 甘肃少年儿童出版社 1995 年 126 页 20cm（32 开）ISBN：7-5422-1006-8

定价：CNY5.00

本连环画收《月光王施头》《微妙比丘尼》《佛图澄》等 6 篇。

J0081415

多彩童话世界 张中良主编；毛履鄂等编文；

白小锭等绘图

上海 百家出版社 1995 年 142 页 17×19cm

精装 ISBN：7-80576-488-3 定价：CNY12.80

（儿童知识金典）

本书系中国现代连环画作品。

J0081416

俄国·前苏联童话 （1）闲逸等改编；王文花等注音；孙泽良等绘

杭州 浙江人民美术出版社 1995 年 70 页 17×19cm ISBN：7-5340-0644-9 定价：CNY6.50

（童话大王·拼音读物）

本书系中国现代连环画作品。

J0081417

俄国·前苏联童话 （2）赵明等改编；文静等注音；汪健文等绘

杭州 浙江人民美术出版社 1995 年 70 页 17×19cm ISBN：7-5340-0645-7 定价：CNY6.50

（童话大王·拼音读物）

本书系中国现代连环画作品。

J0081418

儿童彩色故事 108 精选 李亚生等编绘

西安 陕西人民出版社 1995 年 26cm（16 开）

ISBN：7-224-03419-3 定价：CNY11.50

本书系中国现代连环画作品。

J0081419

儿童历史启蒙 （上 彩图本）雪岗主编；边继石等编写；黄哲等绘

北京 中国少年儿童出版社 1995 年 91 页 20cm（32 开）ISBN：7-5007-2744-5

定价：CNY7.00

本书系中国现代连环画作品。主编雪岗（1945—　），中国少年儿童出版社副编审、编辑室主任。

J0081420

儿童历史启蒙 （下 彩图本）雪岗主编；边继石等编写；黄哲等绘

北京 中国少年儿童出版社 1995 年 91 页 20cm（32 开）ISBN：7-5007-2745-3

定价：CNY7.00

本书系中国现代连环画作品。

J0081421
二郎神 （全集）林奇编
成都 四川美术出版社 1995 年 26cm（16 开）
精装 ISBN：7-5410-1066-9 定价：CNY19.80
中国现代连环画作品。

J0081422
二战惊险战争故事 （连环画）宋瑞芝等撰
稿；李洵等绘画
武汉 湖北人民出版社 1995 年 268 页
19cm（小 32 开）ISBN：7-216-01676-9
定价：CNY10.00

J0081423
方世玉打擂台 （上）黄宗祥等编绘
南宁 广西美术出版社 1995 年 202 页 9×13cm
ISBN：7-80582-946-2 定价：CNY3.20
本书系中国现代连环画作品。

J0081424
方世玉打擂台 （下）黄宗祥等编绘
南宁 广西美术出版社 1995 年 178 页 9×13cm
ISBN：7-80582-947-0 定价：CNY2.80
本书系中国现代连环画作品。

J0081425
飞碟大追捕 李名慈编文；陆小北等绘
上海 少年儿童出版社 1995 年 158 页
19cm（小 32 开）ISBN：7-5324-2619-1
定价：CNY4.80
（故事王画库）
本书系中国现代连环画作品。

J0081426
飞珠打坏总 （台湾民间故事）肖甘牛，肖丁
三编；刘绍昆绘
南宁 广西美术出版社 1995 年 62 页 10×13cm
ISBN：7-80582-913-6 定价：CNY1.00
本书系中国现代连环画作品。作者肖甘牛
（1905—1982），作家。广西桂林人，毕业于上海
大学文学院中文系。曾任中国民研会理事。代
表作品有《壮锦里的花纹》《悲讯》《金耳环和铁
锄头》《眼泪河》《韦拔群》等。

J0081427
风筝飘飘 王金中改编；贺文跃绘
南宁 广西美术出版社 1995 年 页 17×19cm
ISBN：7-80582-987-X 定价：CNY1.50
（爱国主义教育连环画丛书 抗日战争故事）
本书系中国现代连环画作品。本书与江苏
人民出版社合作出版。

J0081428
枫树坳的战斗 于汤改编；郑君里绘
南宁 广西美术出版社 1995 年 150 页 10×13cm
ISBN：7-80582-922-5 定价：CNY2.85
（爱国主义教育连环画丛书 抗日战争故事）
本书系中国现代连环画作品。

J0081429
封神演义 （明）许仲琳著；张大昌等编写；强
阳等绘画
武汉 湖北少年儿童出版社 1995 年 232 页
20×18cm ISBN：7-5353-1427-9
定价：CNY11.50
（中国古典文学名著画库）
本书是根据中国古典小说《封神演义》改编
的现代连环画作品。

J0081430
封神演义 （明）许仲琳编；铁如改编；蒋太禄
绘画
长沙 岳麓书社 1995 年 19cm（小 32 开）
ISBN：7-80520-573-6 定价：CNY12.80
（古典文学绘图文库 绘图本四大神话小说）

J0081431
复仇女神 （刑警 803）叶孝慎原著；吴文焕改
编；谢颖等绘画
上海 上海人民美术出版社 1995 年 126 页
9×13cm ISBN：7-5322-1377-3 定价：CNY1.50
中国现代连环画。

J0081432
盖世兵圣 孙武 董安庆编；曾毅等绘
海口 海南国际新闻出版中心 1995 年
20cm（32 开）ISBN：7-80609-146-7
定价：CNY5.80
（中华百杰图传 军事奇才）

J0081433
革命战斗英雄故事　武凯军等绘
南京 江苏美术出版社 1995 年 65 页 17×19cm
ISBN：7-5344-0425-8 定价：CNY3.95
（彩图童话故事精选系列丛书）
　　本书系中国现代连环画作品。

J0081434
格林童话　（德）格林著；华锐等编绘
合肥 安徽少年儿童出版社 1995 年 149 页
26cm（16 开）精装 ISBN：7-5397-116-3
定价：CNY17.00
（世界名著故事）
　　本书系中国现代连环画作品。

J0081435
格林童话　（德）格林著；匡纪龙，高峰改编；
林同等绘
南京 江苏美术出版社 1995 年 46 页 17×19cm
ISBN：7-5344-0435-5 定价：CNY3.95
（彩图童话故事精选系列丛书）
　　本书系中国现代连环画作品。作者高峰
（1946— ），画家。祖籍山东，生于黑龙江齐齐
哈尔市。深圳山海书画院院长。出版作品有《高
峰画集》。

J0081436
格林童话　（白雪公主）章燕等编绘
北京 气象出版社 1995 年 2 版 49-96 页
17×19cm ISBN：7-5029-2001-3 定价：CNY3.60
　　本书系中国现代连环画作品。

J0081437
格林童话　（灰姑娘）章燕等编绘
北京 气象出版社 1995 年 2 版 97～144 页
17×19cm ISBN：7-5029-2001-3
定价：CNY3.60
　　本书系中国现代连环画作品。

J0081438
格林童话　（青蛙王子）章燕等编绘
北京 气象出版社 1995 年 2 版 145-192 页
17×19cm ISBN：7-5029-2001-3
定价：CNY3.60
　　本书系中国现代连环画作品。

J0081439
格林童话　（王子和小公主）章燕等编绘
北京 气象出版社 1995 年 2 版 48 页
17×19cm ISBN：7-5029-2001-3
定价：CNY3.60
　　本书系中国现代连环画作品。

J0081440
格林童话　李心等编；柴立青等绘
杭州 浙江少年儿童出版社 1995 年 253 页
26cm（16 开）精装 ISBN：7-5342-1287-1
定价：CNY47.00
（幼儿版名著系列）
　　本书系中国现代连环画作品。

J0081441
公正无私廉洁律己　（汉英对照）于辰文；天
天改编；李乃宙等绘
北京 中国少年儿童出版社 1995 年 17×19cm
ISBN：7-5007-2439-X 定价：CNY14.50
（中华民族传统美德故事丛书）
　　本书系中国现代连环画作品。

J0081442
姑苏春　芮衡之改编；丁德邻绘
南宁 广西美术出版社 1995 年 166 页 10×13cm
ISBN：7-80582-967-5 定价：CNY3.20
（爱国主义教育连环画丛书 抗日战争故事）
　　本书系中国现代连环画作品。本书与辽宁
美术出版社合作出版。作者丁德邻（1943— ），
画家。江苏南京人，毕业于南京艺术学院。中国
美术家协会会员、常州市美术家协会副主席、原
常州刘海粟美术馆副馆长。主要作品有《水》《山
那边》《后山》等。

J0081443
古今中外聪明娃　（中国部分 1）盛如梅等主编
郑州 海燕出版社 1995 年 98 页 21×19cm
ISBN：7-5350-1311-2 定价：CNY8.80
　　本书系中国现代连环画作品。

J0081444
古今中外聪明娃　（中国部分 2）盛如梅等主编
郑州 海燕出版社 1995 年 98 页 21×19cm
ISBN：7-5350-1311-2 定价：CNY8.20

本书系中国现代连环画作品。

J0081445

古今中外聪明娃 （中国部分 3）盛如梅等主编
郑州 海燕出版社 1995 年 98 页 21×19cm
ISBN：7-5350-1311-2 定价：CNY8.80
　　本书系中国现代连环画作品。

J0081446

故事魔方　张克必改编
沈阳 辽宁美术出版社 1995 年 4 册 26cm（16 开）
ISBN：7-5314-1213-6 定价：CNY27.20
　　中国现代连环画作品。

J0081447

呱呱姐 （儿童生活小顾问）兴平编文；赵森绘
成都 四川少年儿童出版社 1995 年 94 页
26cm（16 开）精装 ISBN：7-5365-1535-9
定价：CNY23.00
　　中国现代连环画作品。

J0081448

关东响马 （上集）众志改编；王伯良等绘
南宁 广西美术出版社 1995 年 150 页 10×13cm
ISBN：7-80582-963-2 定价：CNY5.70（全 2 册）
（爱国主义教育连环画丛书 抗日战争故事）
　　本书系中国现代连环画作品。本书与江苏
美术出版社合作出版。

J0081449

关东响马 （下集）众志改编；王伯良等绘
南宁 广西美术出版社 1995 年 150 页 10×13cm
ISBN：7-80582-963-2 定价：CNY5.70（全 2 册）
（爱国主义教育连环画丛书 抗日战争故事）
　　本书系中国现代连环画作品。本书与江苏
美术出版社合作出版。

J0081450

邯郸成语典故 （绘画本）韩荔编文；赵宜忠译文
石家庄 河北美术出版社 1995 年 386 页
20cm（32 开）ISBN：7-5310-0726-6
定价：CNY18.00
　　外文书名：Handan Idioms and Allusions.

J0081451

好孩子童话 （家庭篇）王蔚编文；程思新等绘
杭州 浙江人民美术出版社 1995 年 79 页
17×19cm ISBN：7-5340-0650-3 定价：CNY9.80
（儿童德育丛书 行为规范）
　　本书系中国现代连环画作品。

J0081452

好孩子童话 （社会篇）高蕾编文；戎念竹等绘
杭州 浙江人民美术出版社 1995 年 83 页
17×19cm ISBN：7-5340-0648-1 定价：CNY9.80
（儿童德育丛书 行为规范）
　　本书系中国现代连环画作品。

J0081453

好孩子童话 （幼儿篇）高蕾编文；李全华等绘
杭州 浙江人民美术出版社 1995 年 76 页
17×19cm ISBN：7-5340-0651-1 定价：CNY9.80
（儿童德育丛书 行为规范）
　　本书系中国现代连环画作品。作者李全华
（1951—　 ），高级讲师。浙江镇海人。中国美
术家协会会员，全国美术教育研究会会员，浙江
幼儿师范学校讲师。擅长儿童读物插图。代表
作品《糖房子》《小老鼠菲勒的故事》《郑春华童
话》等。

J0081454

好军嫂韩素云 （绘画本）广州市妇女联合会
主编；林超，吴绿星编文；邓超华等绘
广州 新世纪出版社 1995 年 115 页 19cm（小 32 开）
ISBN：7-5405-1284-9 定价：CNY3.50
　　本书系中国现代连环画作品。作者吴绿星
（1944—　 ），高级编辑。籍贯广东惠东。历任羊
城晚报编辑、综合副刊部副主任、羊城晚报出版
社副总编辑。作者邓超华（1950—　 ），广东新
会县人。毕业于广州业余艺术大学绘画系。中
国美术家协会会员，广东省美术家协会会员。主
要作品有组画《练为战》、中国画《调查路上》
《妆》等。

J0081455

黑猫警长新传 （上 图画幼儿童话故事）程
运改编；于水等绘
太原 希望出版社 1995 年 62 页 13×19cm
ISBN：7-5379-1505-9 定价：CNY2.10

中国现代连环画作品。作者于水(1955—)，画家。生于北京，毕业于中国艺术研究院研修班。中国艺术研究院研究员，中国美术家协会会员。代表作品有《于水画集》《于水人物卷》等。

J0081456

黑猫警长新传 （下 图画幼儿童话故事） 程运改编；于水等绘

太原 希望出版社 1995年 62页 13×19cm ISBN：7-5379-1505-9 定价：CNY2.10

中国现代连环画作品。

J0081457

黑市上的爱情 （刑警803） 马一亭，张久荣原著；吴文焕改编；殷恩光，林宝珍，古舟绘画

上海 上海人民美术出版社 1995年 126页 9×13cm ISBN：7-5322-1376-5 定价：CNY1.50

中国现代连环画。作者殷恩光，连环画家。上海美协常务理事、国家一级美术师。连环画代表作品有《闻一多》等。

J0081458

红鼻子洛克 （一）郁慧芳编文；陈旸等绘

上海 上海科技教育出版社 1995年 60页 26cm（16开） ISBN：7-5428-1037-5 定价：CNY7.30

本书系中国现代连环画作品。陈旸(1961—)，连环画师，上海市华侨书画院画师、上海海上书画院画师、上海连环画研究会会员、上海民盟画院画师。曾出版多部连环画，其中《钟馗新传》《少年探险家》《刑警803》等颇有影响。

J0081459

红鼻子洛克 （二）韩王荣等编文；陈旸等绘

上海 上海科技教育出版社 1995年 60页 26cm（16开） ISBN：7-5428-1038-3 定价：CNY7.30

本书系中国现代连环画作品。

J0081460

红鼻子洛克 （三）李名慈等编文；陈旸等绘

上海 上海科技教育出版社 1995年 60页 26cm（16开） ISBN：7-5428-1039-1

定价：CNY7.30

本书系中国现代连环画作品。

J0081461

红鼻子洛克 （四）盛如梅，鲁克编文；陈旸等绘

上海 上海科技教育出版社 1995年 60页 26cm（16开） ISBN：7-5428-1040-5 定价：CNY7.30

本书系中国现代连环画作品。

J0081462

红孩儿 （古今大战疯魔怪）凌舒，凌云编文；山青，林刚绘

上海 少年儿童出版社 1995年 18×19cm ISBN：7-5324-2729-3 定价：CNY20.20

中国现代连环画作品。

J0081463

红楼梦 （清）曹雪芹著；黎耀等编写；于友善等绘画

武汉 湖北少年儿童出版社 1995年 232页 20×18cm ISBN：7-5353-1429-5 定价：CNY11.50

（中国古典文学名著画库）

根据中国古典小说《红楼梦》改编的现代连环画作品。作者曹雪芹(1715？—1763？)。清代著名文学家。一说东北辽阳人，一说河北丰润人，出生于江宁(今南京)。名霑，字梦阮，又字雪芹，号芹圃、芹溪等。出身于富贵世家，三代任江宁织造，至其父家道衰落，归居北京。中年贫居北京西郊，以卖画和依靠友人周济度日。有诗才，嗜酒，伤感以终。著有《红楼梦》前八十回。

J0081464

红楼梦 （清）曹雪芹著

上海 上海人民美术出版社 1995年重印 2册(1104页) 20cm（32开） 精装 ISBN：7-5322-0836-2 定价：CNY46.00

（中国四大古典小说 绘画本）

J0081465

红楼梦 （连环画）杨兆麟等编绘

上海 少年儿童出版社 1995年 2册(1210页)

20cm（32开）ISBN：7-5324-2920-2
定价：CNY49.00

J0081466
红色娘子军　江城子改编；梁柯，胡建瑜制作
南宁　广西美术出版社　1995年　125页　10×13cm
ISBN：7-80582-960-8　定价：CNY2.40
（爱国主义教育连环画丛书　百部电影故事）
　　本书系中国现代电影故事连环画作品。本书与中国电影出版社合作出版。

J0081467
洪湖赤卫队　莫蕾改编；雷时圣等制作
南宁　广西美术出版社　1995年　126页　10×13cm
ISBN：7-80582-818-0　定价：CNY2.40
（爱国主义教育连环画丛书　百部电影故事）
　　本书系中国现代连环画作品。本书与中国电影出版社合作出版。

J0081468
葫芦娃　（全集）严潇编
成都　四川美术出版社　1995年　17×19cm
精装　ISBN：7-5410-1065-0　定价：CNY14.20
（孙悟空丛书）
　　中国现代连环画作品。

J0081469
葫芦娃前传　宏义编文；积昆等绘画
北京　中国电影出版社　1995年　17×19cm
精装　ISBN：7-106-01026-X　定价：CNY9.80
　　本书系中国现代连环画作品。

J0081470
葫芦兄妹除妖记　（上）丞孙编；邱冬绘
乌鲁木齐　新疆青少年出版社　1995年
18×19cm　ISBN：7-5371-2085-4
定价：CNY3.60
　　中国现代连环画作品。

J0081471
葫芦兄妹除妖记　（下）丞孙编；邱冬绘
乌鲁木齐　新疆青少年出版社　1995年
18×19cm　ISBN：7-5371-2085-4
定价：CNY3.60
　　中国现代连环画作品。

J0081472
虎口接亲人　张洪民改编；韩文武绘
南宁　广西美术出版社　1995年　98页　10×13cm
ISBN：7-80582-971-3　定价：CNY1.90
（爱国主义教育连环画丛书　抗日战争故事）
　　本书系中国现代连环画作品。本书与辽宁美术出版社合作出版。

J0081473
花王花后　郭崇华编文；徐永生绘
济南　明天出版社　1995年　有彩图　25×26cm
精装　ISBN：7-5332-2214-8　定价：CNY30.00
（中国花木故事传奇）
　　本书系中国现代连环画作品。作者徐永生
（1959—　　），美术师。生于山东莱西市，毕业于山东师范大学。中国翰墨文化促进会会员，山东艺术馆副馆长。代表作《当代连环画精品集·徐永生》《教你一招——画古装人物》。

J0081474
华夏武祖　**孙膑**　何新波编；田希祖等绘
海口　海南国际新闻出版中心　1995年
20cm（32开）ISBN：7-80609-146-7
定价：CNY5.80
（中华百杰图传　军事奇才）

J0081475
画说《资本论》　顾海良等编文；丁世弼等绘
南昌　二十一世纪出版社　1995年　4册
20cm（32开）精装　ISBN：7-5391-0802-9
定价：CNY100.00

J0081476
獾洞里的孩子　肖伟，水真改编；刘晓钟等绘
昆明　晨光出版社　1995年　60页　17×19cm
ISBN：7-5414-0957-X　定价：CNY4.20
（人和动物系列故事）
　　中国现代连环画作品。

J0081477
皇姑屯事件　赵吉南改编；卢恺等绘
南宁　广西美术出版社　1995年　158页　10×13cm
ISBN：7-80582-955-1　定价：CNY2.50
　　本书系中国现代连环画作品。

J0081478

绘画福尔摩斯探案全集 （1）（英）柯南道尔
著；晓佳等译编；白兰等绘
大连 大连出版社 1995 年 474 页 20cm（32 开）
ISBN：7-80612-141-2 定价：CNY16.00
　　本书系中国现代连环画作品。

J0081479

绘画福尔摩斯探案全集 （2）（英）柯南道尔
著；晓佳等译编；张闻清等绘
大连 大连出版社 1995 年 476 页 20cm（32 开）
ISBN：7-80612-141-2 定价：CNY16.00
　　本书系中国现代连环画作品。

J0081480

绘画福尔摩斯探案全集 （3）（英）柯南道尔
著；等译编；周勇等绘
大连 大连出版社 1995 年 476 页 20cm（32 开）
ISBN：7-80612-141-2 定价：CNY16.00
　　本书系中国现代连环画作品。

J0081481

绘画福尔摩斯探案全集 （4）（英）柯南道尔
著；张守连等译编；禹海亮等绘
大连 大连出版社 1995 年 476 页 20cm（32 开）
ISBN：7-80612-141-2 定价：CNY16.00
　　本书系中国现代连环画作品。

J0081482

绘图本三十六计 （美）马森亮原著；何新波
编文；焦成根等绘画
长沙 湖南出版社 1995 年 593 页 20cm（32 开）
ISBN：7-5438-1106-5 定价：CNY22.80

J0081483

慧童故事 陈松等改编；李峰等绘
武汉 湖北少年儿童出版社 1995 年 190 页
17×19cm 精装 ISBN：7-5353-1581-X
定价：CNY16.00
（两分钟故事画库）
　　本书系中国现代连环画作品。

J0081484

机器狗丛书 （一）白欢龙，贾文涛编文；文涛
等绘

天津 天津人民美术出版社 1995 年 95 页
19cm（小 32 开） ISBN：7-5305-0487-8
定价：CNY2.80
　　中国现代连环画作品。

J0081485

机器狗丛书 （二）白欢龙编文；王力生等绘
天津 天津人民美术出版社 1995 年 95 页
19cm（小 32 开） ISBN：7-5305-0488-6
定价：CNY2.80
　　中国现代连环画作品。

J0081486

机器狗丛书 （三）胡玉兰编文；孙志远绘
天津 天津人民美术出版社 1995 年 95 页
19cm（小 32 开） ISBN：7-5305-0487-8
定价：CNY2.80
　　中国现代连环画作品。

J0081487

机器狗丛书 （四）胡玉兰编文；程少利，程英绘
天津 天津人民美术出版社 1995 年 95 页
19cm（小 32 开） ISBN：7-5305-0490-8
定价：CNY2.80
　　中国现代连环画作品。

J0081488

计歼东洋虎 甘成光改编；蒋晓东绘
南宁 广西美术出版社 1995 年 94 页 10×13cm
ISBN：7-80582-999-3 定价：CNY1.80
（爱国主义教育连环画丛书 抗日战争故事）
　　本书系中国现代连环画作品。

J0081489

济公传 （清）无名氏著；志和改编；吴国威等
绘画
长沙 岳麓书社 1995 年 19cm（小 32 开）
ISBN：7-80520-575-2 定价：CNY12.80
（古典文学绘图文库 绘图本四大神话小说）
　　作者吴国威(1939—)，中国著名版画家，
别名吴卓宇。湖南常宁人，肄业于湖南文艺学院。
常宁市文联主席、副研究馆员，中国美术家协会
会员、中国版画家协会会员。湖南省美协四届理
事、湖南省美协版画艺委会成员、湖南省版画研
究会副会长，衡阳市美协主席。作品有《欢乐的

山谷》《同心同德》《福在人间》《瑶家风情》等。获得了全国版画界最高奖——鲁迅版画奖。

J0081490

济公外传 （一 济公初闯"麻烦多"）雪桥编文；张建国等绘
武汉 湖北少年儿童出版社 1995年 24页
17×19cm ISBN：7-5353-1511-9 定价：CNY1.80
　　中国现代连环画作品。

J0081491

济公外传 （二 济公戏斗"格格巫"）雪桥编文；张建国等绘
武汉 湖北少年儿童出版社 1995年 24页
17×19cm ISBN：7-5353-1511-9 定价：CNY1.80
　　中国现代连环画作品。

J0081492

济公外传 （三 济公勇胜"多多占"）雪桥编文；张建国等绘
武汉 湖北少年儿童出版社 1995年 24页
17×19cm ISBN：7-5353-1511-9 定价：CNY1.80
　　中国现代连环画作品。

J0081493

济公外传 （四 济公笑擒"米米西"）雪桥编文；张建国等绘
武汉 湖北少年儿童出版社 1995年 24页
17×19cm ISBN：7-5353-1511-9 定价：CNY1.80
　　中国现代连环画作品。

J0081494

济公外传 （五 济公网尽"害人精"）雪桥编文；张建国等绘
武汉 湖北少年儿童出版社 1995年 24页
17×19cm ISBN：7-5353-1511-9 定价：CNY1.80
　　中国现代连环画作品。

J0081495

甲午风云 雷时圣改编；染惠统，雷时圣制作
南宁 广西美术出版社 1995年 125页 10×13cm
ISBN：7-80582-816-4 定价：CNY2.40
（爱国主义教育连环画丛书 百部电影故事）
　　本书系中国现代连环画作品。本书与中国电影出版社合作出版。

J0081496

假话国历险记 宗道等编文；张晓等绘
西安 未来出版社 1995年 60页 21cm（22开）
ISBN：7-5417-1058-X
定价：CNY23.00（全5册）
（童话游乐城 5）
　　本书系中国现代连环画作品。

J0081497

简·爱 （英）夏洛蒂·勃朗特原著；冯源改编；焦成根等绘
海口 海南国际新闻出版中心 1995年
20cm（32开）ISBN：7-80609-061-4
定价：CNY68.00（全套）
（世界文学名著连环画）

J0081498

江口激战 凌祖余编文；闭克绘
南宁 广西美术出版社 1995年 166页 10×13cm
ISBN：7-80582-852-0 定价：CNY2.10
　　本书系中国现代连环画作品。

J0081499

节振国 王瑞改编；刘汉宗绘
南宁 广西美术出版社 1995年 169页 10×13cm
ISBN：7-80582-981-0 定价：CNY3.25
（爱国主义教育连环画丛书 抗日战争故事）
　　本书系中国现代连环画作品。

J0081500

今古奇观 杜俭等编文；时卫平等绘
南京 江苏少年儿童出版社 1995年 288页
17×19cm 精装 ISBN：7-5346-1448-1
定价：CNY22.00
（彩图中国古典名著）
　　本书系中国现代连环画作品。

J0081501

金方昌 朱华堂，龙海顺改编；张永太绘
南宁 广西美术出版社 1995年 94页 10×13cm
ISBN：7-80582-968-3 定价：CNY1.80
（爱国主义教育连环画丛书 抗日战争故事）
　　本书系中国现代连环画作品。本书与人民美术出版社合作出版。作者张永太(1940—2014)，画家。曾用名张焕瑾，笔名陆岩，字子瑜，

别号潇河散人。山西榆次人，毕业于广州美术
学院。中国艺术研究院创作员、调研员、中国美
术家协会会员、中国连环画研究会理事、美协
山西分会理事。作品有《太行凯歌》《洪浪丹心》
《爱民模范谢臣》等，连环画作有《阿妈尼》等。

J0081502

金凤凰的传说　植谋，海歌编；伟仁等绘
南宁　广西美术出版社　1995年　78页　10×13cm
ISBN：7-80582-912-8　定价：CNY1.25
　　本书系中国现代连环画作品。

J0081503

金珍儿　张树勤改编；张增木绘
南宁　广西美术出版社　1995年　54页　10×13cm
ISBN：7-80582-975-6　定价：CNY1.05
（爱国主义教育连环画丛书　抗日战争故事）
　　本书系中国现代连环画作品。作者张增木
（1943—　），编辑。河北安国人，毕业于天津美
术学院。历任河北美术出版社编辑、中国美协河
北分会会员、中国连环画研究会会员、河北省连
环画研究会秘书长。代表作品有《阿宝》《画说
中国历史》《李时珍》《镜花缘》《运河英豪》《猎
人兄弟》《三十六计》等。

J0081504

镜花缘　（清）李汝珍著；龚曙光改编；戴友生
等绘画
长沙　岳麓书社　1995年　有画　19cm（小32开）
ISBN：7-80520-574-4　定价：CNY12.80
（古典文学绘图文库　绘图本四大神话小说）
　　作者李汝珍（1763—1828），小说家。字松石，
号老松、青莲、北平子、松石道人，直隶大兴（今
属北京）人。著有《李氏音鉴》《受子谱选》《镜
花缘》。

J0081505

九魂神龙　（第一卷　上册　迷失的神龙）冰波
编著；杨杰绘
杭州　浙江少年儿童出版社　1995年　62页
26cm（16开）ISBN：7-5342-1214-6
定价：CNY4.50
　　中国现代连环画作品。作者冰波（1957—　），
作家。本名赵冰波，浙江杭州人。供职于浙江文
学院。主要创作童话、动画片剧本等。代表作品

有《月光下的肚肚狼》《蓝鲸的眼睛》《窗下的树
皮小屋》等。作者杨杰（1959—　），浙江少年儿
童出版社文艺室美术编辑。

J0081506

九魂神龙　（第一卷　中册　神龙之子）冰波编
著；杨杰绘
杭州　浙江少年儿童出版社　1995年　62页
26cm（16开）ISBN：7-5342-1215-4
定价：CNY4.50
　　中国现代连环画作品。

J0081507

九魂神龙　（第一卷　下册　龙子出世）冰波编
著；杨杰绘
杭州　浙江少年儿童出版社　1995年　62页
26cm（16开）ISBN：7-5342-1216-2
定价：CNY4.50
　　中国现代连环画作品。

J0081508

九魂神龙　（第二卷　上册　拉比奇王）冰波编
著；杨杰绘
杭州　浙江少年儿童出版社　1995年　62页
26cm（16开）ISBN：7-5342-1217-0
定价：CNY4.50
　　中国现代连环画作品。

J0081509

九魂神龙　（第二卷　中册　老庄的计谋）冰波
编著；杨杰绘
杭州　浙江少年儿童出版社　1995年　62页
26cm（16开）ISBN：7-5342-1218-9
定价：CNY4.50
　　中国现代连环画作品。

J0081510

九魂神龙　（第二卷　下册　五龙子）冰波编
著；杨杰绘
杭州　浙江少年儿童出版社　1995年　62页
26cm（16开）ISBN：7-5342-1219-7
定价：CNY4.50
　　中国现代连环画作品。

J0081511

九魂神龙 （第三卷　上册　龙子的战斗）冰波
编著；杨杰绘
杭州　浙江少年儿童出版社　1995年　62页
26cm（16开）ISBN：7-5342-1220-0
定价：CNY4.50
　　中国现代连环画作品。

J0081512

九魂神龙 （第三卷　中册　魔王之死）冰波编
著；杨杰绘
杭州　浙江少年儿童出版社　1995年　62页
26cm（16开）ISBN：7-5342-1221-9
定价：CNY4.50
　　中国现代连环画作品。作者冰波（1957—　　），
作家。本名赵冰波，浙江杭州人。供职于浙江文
学院。主要创作童话、动画片剧本等。代表作品
有《月光下的肚肚狼》《蓝鲸的眼睛》《窗下的树
皮小屋》等。

J0081513

九魂神龙 （第三卷　下册　神龙之炼）冰波编
著；杨杰绘
杭州　浙江少年儿童出版社　1995年　62页
26cm（16开）ISBN：7-5342-1222-7
定价：CNY4.50
　　中国现代连环画作品。

J0081514

开心城堡 陈苗海编文；姚红等绘
上海　上海人民美术出版社　1995年　23页
17×19cm　ISBN：7-5322-1389-7　定价：CNY2.20
（童话大世界丛书）
　　本书系中国现代连环画作品。

J0081515

开心岛 （卷一　1 可控降落伞）么树森著；刘
羽等绘
杭州　浙江少年儿童出版社　1995年　19cm（32开）
ISBN：7-5342-1252-0
　　本书系中国现代连环画作品。

J0081516

开心岛 （卷一　2 来了个坏家伙）么树森著；
刘羽等绘

杭州　浙江少年儿童出版社　1995年　19cm（32开）
ISBN：7-5342-1252-0
　　本书系中国现代连环画作品。

J0081517

开心岛 （卷一　3 来客测定仪）么树森著；刘
羽等绘
杭州　浙江少年儿童出版社　1995年　19cm（32开）
ISBN：7-5342-1252-0
　　本书系中国现代连环画作品。

J0081518

开心岛 （卷一　4 郎发拉星入侵）么树森著；
刘羽等绘
杭州　浙江少年儿童出版社　1995年　19cm（32开）
ISBN：7-5342-1252-0
　　本书系中国现代连环画作品。

J0081519

开心岛 （卷一　5 传闲话口红）么树森著；刘
羽等绘
杭州　浙江少年儿童出版社　1995年　19cm（32开）
ISBN：7-5342-1252-0
　　本书系中国现代连环画作品。

J0081520

开心岛 （卷二　1 立体卡拉OK）么树森著；
刘羽等绘
杭州　浙江少年儿童出版社　1995年　19cm（32开）
ISBN：7-5342-1252-9
　　本书系中国现代连环画作品。

J0081521

开心岛 （卷二　2 假话成真纸条）么树森著；
刘羽等绘
杭州　浙江少年儿童出版社　1995年　19cm（32开）
ISBN：7-5342-1252-9
　　本书系中国现代连环画作品。

J0081522

开心岛 （卷二　3 空中大决战）么树森著；刘
羽等绘
杭州　浙江少年儿童出版社　1995年　19cm（32开）
ISBN：7-5342-1252-9
　　本书系中国现代连环画作品。

J0081523

开心岛　（卷二　4　追捕老狼）么树森著；刘羽等绘
杭州　浙江少年儿童出版社　1995年　19cm（32开）
ISBN：7-5342-1252-9
　　本书系中国现代连环画作品。

J0081524

开心岛　（卷二　5　动物循环圈）么树森著；刘羽等绘
杭州　浙江少年儿童出版社　1995年　19cm（32开）
ISBN：7-5342-1252-9
　　本书系中国现代连环画作品。

J0081525

开心岛　（卷三　1　冲锋摩托队）么树森著；刘羽等绘
杭州　浙江少年儿童出版社　1995年　19cm（32开）
ISBN：7-5342-1943-4
　　本书系中国现代连环画作品。

J0081526

开心岛　（卷三　2　咱们的球村）么树森著；刘羽等绘
杭州　浙江少年儿童出版社　1995年　19cm（32开）
ISBN：7-5342-1943-4
　　本书系中国现代连环画作品。

J0081527

开心岛　（卷三　3　绿色探险队）么树森著；刘羽等绘
杭州　浙江少年儿童出版社　1995年　19cm（32开）
ISBN：7-5342-1943-4
　　本书系中国现代连环画作品。

J0081528

开心岛　（卷三　4　月球盗窃案）么树森著；刘羽等绘
杭州　浙江少年儿童出版社　1995年　19cm（32开）
ISBN：7-5342-1943-4
　　本书系中国现代连环画作品。

J0081529

开心岛　（卷三　5　木星大爆炸）么树森著；刘羽等绘

杭州　浙江少年儿童出版社　1995年　19cm（32开）
ISBN：7-5342-1943-4
　　本书系中国现代连环画作品。

J0081530

开心岛　（卷一　总）么树森著；刘羽等绘
杭州　浙江少年儿童出版社　1995年　5册
19cm（32开）ISBN：7-5342-1252-0
定价：CNY13.00
　　本书系中国现代连环画作品。

J0081531

开心岛　（卷二　总）么树森著；五家训等绘
杭州　浙江少年儿童出版社　1995年　5册
19cm（32开）ISBN：7-5342-1252-9
定价：CNY13.00
　　本书系中国现代连环画作品。

J0081532

开心果　白云等编绘
济南　山东文艺出版社　1995年　6册
17×19cm　ISBN：7-5329-1286-8
定价：CNY29.40
（压岁丛书）
　　本书系中国现代连环画作品。

J0081533

抗日斗争故事　（连环画）
石家庄　河北美术出版社　1995年　3册
19cm（小32开）ISBN：7-5310-0696-0
定价：CNY36.00
（爱国主义教育连环画库）
　　本书包括上册（平原枪声）、中册（齐会歼灭战·新儿女英雄传·节振国）、下册（回民支队·敌后武工队）。

J0081534

抗日战争史　（绘画本　1　走向战争）李继锋，陈红民编著
沈阳　辽宁美术出版社　1995年　318页
20cm（32开）ISBN：7-5314-1331-0
定价：CNY17.00

J0081535

抗日战争史　（绘画本　2　全民抗战）李继锋，

陈红民编著；刘铁泉等绘画
沈阳 辽宁美术出版社 1995 年 354 页
20cm（32 开）ISBN：7-5314-1332-9
定价：CNY17.00

J0081536
抗日战争史 （绘画本 3 艰苦岁月）陈红民，
李继锋编著
沈阳 辽宁美术出版社 1995 年 370 页
20cm（32 开）ISBN：7-5314-1333-7
定价：CNY17.00

J0081537
抗日战争史 （绘画本 4 胜利受降）陈红民，
李继锋编著
沈阳 辽宁美术出版社 1995 年 312 页
20cm（32 开）ISBN：7-5314-1334-5
定价：CNY17.00

J0081538
抗倭名将 戚继光 胡耀忠编；王又文等绘
海口 海南国际新闻出版中心 1995 年
20cm（32 开）ISBN：7-80609-146-7
定价：CNY5.80
（中华百杰图传 军事奇才）

J0081539
科幻故事 别行等改编；文牧江等绘
武汉 湖北少年儿童出版社 1995 年 190 页
17×19cm 精装 ISBN：7-5353-1579-8
定价：CNY16.00
（两分钟故事画库）
　　本书系中国现代连环画作品。

J0081540
科学寓言王国 365 张中良主编
昆明 云南科技出版社 1995 年 2 册
17×19cm 精装 ISBN：7-5416-0727-4
定价：CNY26.80
　　本书系中国现代连环画作品。

J0081541
克雷洛夫寓言 湘人改编；吴思等绘
乌鲁木齐 新疆青少年出版社 1995 年 312 页
20cm（32 开）精装 ISBN：7-5371-2076-5

定价：CNY12.80
（世界经典寓言画库）

J0081542
克雷洛夫寓言精选 刘中信等编文；夫婴
等绘
武汉 湖北少年儿童出版社 1995 年 140 页
21×19cm
（寓言王国画丛）
　　本书系中国现代连环画作品。

J0081543
空中蛋糕 贺起龙改编；雷似祖绘
南宁 广西美术出版社 1995 年 110 页 9×13cm
ISBN：7-80582-847-4 定价：CNY1.40
　　本书系中国现代连环画作品。

J0081544
恐龙大战 （1 寻找恐龙）吴昊，向前编绘
北京 海豚出版社 1995 年 78 页 19cm（32 开）
ISBN：7-80051-936-8 定价：CNY3.80
　　中国现代连环画作品。作者吴昊，西安冶金
建筑学院讲师。

J0081545
快活故事 （动物篇 彩图本）韦苇原著；天文
等改编；张伟忠等绘
昆明 晨光出版社 1995 年 62 页 26cm（16 开）
ISBN：7-5414-0971-5 定价：CNY5.80
　　本书系中国现代连环画作品。

J0081546
快活故事 （人物篇 彩图本）韦苇原著；欣童
改编；戴问社等绘
昆明 晨光出版社 1995 年 62 页 26cm（16 开）
ISBN：7-5414-0979-0 定价：CNY5.80
　　本书系中国现代连环画作品。

J0081547
矿山小八路 任愚颖改编；贺成，王启钧绘
南宁 广西美术出版社 1995 年 172 页 10×13cm
ISBN：7-80582-982-9 定价：CNY3.30
（爱国主义教育连环画丛书 抗日战争故事）
　　本书系中国现代连环画作品。本书与江苏
美术出版社合作出版。作者贺成（1945— ），国

家一级美术师。字峰然，号古杨。出生于山东枣
庄，毕业于南京艺术学院。中国美术家协会会员、
中华诗词学会会员、江苏省艺术研究院研究员、
江苏省国画院人物画创研所原所长。代表作品
《共和之光》《欲与江山共娇》《马背上的歌》《辛
亥风云》等。

J0081548
拉封丹寓言　王以平改编；潘仁林等绘
乌鲁木齐 新疆青少年出版社 1995年 314页
20cm（32开）精装 ISBN：7-5371-2076-5
定价：CNY12.80
（世界经典寓言画库）

J0081549
莱辛寓言　慕贤改编；周元勋等绘
乌鲁木齐 新疆青少年出版社 1995年 314页
20cm（32开）精装 ISBN：7-5371-2076-5
定价：CNY12.80
（世界经典寓言画库）

J0081550
蓝鸟画库　（横空出世号）蓝鸟画库编辑部编
西宁 青海人民出版社 1995年 32页
28cm（大16开）ISBN：7-225-01036-0
定价：CNY3.90
　　本书系中国现代连环画作品。

J0081551
蓝皮大脸猫游怪岛　葛冰编文；丛林绘
青岛 青岛出版社 1995年 36页 26cm（16开）
ISBN：7-5436-1162-7 定价：CNY3.00
　　本书系中国现代连环画作品。

J0081552
李元霸　（上）张企荣改编；重慧等绘
上海 上海人民美术出版社 1995年 2版
39页 17×19cm ISBN：7-5322-1141-X
定价：CNY5.50
（古典小说英雄人物系画库）
　　本书系中国现代连环画作品。

J0081553
历险故事　王晓东等改编；仇修等绘
武汉 湖北少年儿童出版社 1995年 190页

17×19cm 精装 ISBN：7-5353-1582-8
定价：CNY16.00
（两分钟故事画库）
　　本书系中国现代连环画作品。

J0081554
历险亚马孙　裘树刚编文；陈旸等绘
上海 上海科技教育出版社 1995年 90页
19cm（小32开）ISBN：7-5428-1191-6
定价：CNY4.30
（少年探险家丛书）
　　本书系中国现代连环画作品。陈旸
（1961— ），连环画师，现为上海市华侨书画院
画师、上海海上书画院画师、上海连环画研究会
会员、上海民盟画院画师。曾出版多部连环画，
其中《钟馗新传》《少年探险家》《刑警803》等
颇有影响。

J0081555
连环画小二黑结婚　赵树理原著；贺友直
编绘
沈阳 辽宁美术出版社 1995年 16页 25×13cm
ISBN：7-5314-1372-8 定价：CNY25.00
　　本书系中国现代连环画作品。

J0081556
两分钟故事画库　王梨等改编；王跖等绘
武汉 湖北少年儿童出版社 1995年 190页
17×19cm 精装 ISBN：7-5353-1583-6
定价：CNY16.00
（民间故事）
　　本书系中国现代连环画作品。

J0081557
两分钟故事画库　（音乐故事）傅责等改编；
周翔等绘
武汉 湖北少年儿童出版社 1995年 190页
17×19cm 精装 ISBN：7-5353-1586-0
定价：CNY16.00
　　本书系中国现代连环画作品。

J0081558
辽沈战役、淮海战役、平津战役　王洪宽，
李方元主编；赵勋等绘
哈尔滨 哈尔滨出版社 1995年 3册

20cm（32开）精装　ISBN：7-80557-756-0
定价：CNY66.00
（中国现代军事文学连环画库　三大战役卷）
　　本书系中国现代连环画作品。

J0081559
聊斋志异　（绘画本）（清）蒲松龄原著；伍国
庆改编；草妍，众志绘
海口　海南出版社　1995年　4册（1697页）
20cm（32开）ISBN：7-80617-268-8
定价：CNY64.80
　　（中国古典文学名著）作者蒲松龄（1640—
1715），文学家。字留仙，一字剑臣，别号柳泉居
士，世称聊斋先生。山东淄川（今山东淄博）人。
著有《聊斋志异》《聊斋文集》等。

J0081560
聊斋志异　（清）蒲松龄著；冯慧明等编写；孙
恩道等绘画
武汉　湖北少年儿童出版社　1995年　232页
20×18cm　ISBN：7-5353-1414-7
定价：CNY11.50
（中国古典文学名著画库）
　　据中国古典小说《聊斋志异》改编的现代连
环画作品。作者蒲松龄（1640—1715），文学家。
字留仙，一字剑臣，别号柳泉居士，世称聊斋先
生。山东淄川（今山东淄博）人。著有《聊斋志异》
《聊斋文集》等。

J0081561
六兄弟　（汉藏文对照）史学礼编译；李川，李
生琦绘画
西宁　青海民族出版社　1995年　158页
13cm（64开）ISBN：7-5420-0544-8
定价：CNY3.00
（说不完的故事2）
　　本书系中国现代连环画作品。

J0081562
龙虎斗　乌山鸣策划制作
呼和浩特　内蒙古人民出版社　1995年　2册
26cm（16开）ISBN：7-204-02882-1
定价：CNY9.60
　　中国现代连环画作品。

J0081563
龙州枪声　柴立场改编；陈水远绘
南宁　广西美术出版社　1995年　110页　10×13cm
ISBN：7-80582-939-X　定价：CNY1.80
　　本书系中国现代连环画作品。

J0081564
鲁智深　（上）庄宏安改编；陆华等绘
上海　上海人民美术出版社　1995年　3版
46页　17×19cm　ISBN：7-5322-0743-9
定价：CNY6.50
（古典小说英雄人物系列画库）
　　本书系中国现代连环画作品。

J0081565
乱世枭雄　曹操　张炜玮编；尚金声等绘
海口　海南国际新闻出版中心　1995年
20cm（32开）ISBN：7-80609-146-7
定价：CNY5.80
（中华百杰图传　军事奇才）

J0081566
罗成　（上）张企荣改编；斌昆等绘
上海　上海人民美术出版社　1995年　2版
39页　17×19cm　ISBN：7-5322-1142-8
定价：CNY5.50
（古典小说英雄人物系列画库）
　　本书系中国现代连环画作品。

J0081567
妈妈讲的故事　衣爱军，丁苏改编
南京　江苏人民出版社　1995年　2册
17×19cm　ISBN：7-214-01463-7
定价：CNY6.40
　　本书系中国现代连环画作品。

J0081568
蚂蚁王国的战争　林阳编文；王居等绘
北京　人民美术出版社　1995年　5册
17×18cm　ISBN：7-102-01488-0
定价：CNY12.00
　　本书系中国现代连环画作品。

J0081569
买买提·阿尤甫插图作品集　买买提·阿尤甫

编绘

乌鲁木齐 新疆美术摄影出版社 1995 年
178 页 17×19cm ISBN：7-80547-354-4
定价：CNY12.00
　　中国现代连环画作品。

J0081570

卖鹅仔复仇记　陆巨一改编；黄启茂绘
南宁 广西美术出版社 1995 年 62 页 10×13cm
ISBN：7-80582-906-3 定价：CNY1.00
　　本书系中国现代连环画作品。

J0081571

美猴王　（A）（明）吴承恩原著；晓欧，晓霄
主编
大连 大连出版社 1995 年 17×18cm
精装 ISBN：7-80612-157-9 定价：CNY12.80
　　中国现代连环画作品。作者吴承恩（约
1500—1583），汉族，明代小说家。淮安府山阳县
河下人（现江苏淮安市淮安区）。字汝忠，号射阳
山人。代表作有《西游记》。

J0081572

美猴王新传·深海擒魔　常胜利等编绘
北京 中国连环画出版社 1995 年 3 册
17×19cm ISBN：7-5061-0674-4
定价：CNY10.80
　　中国现代连环画作品。

J0081573

猛虎报恩　李顾编文；于新生绘
济南 明天出版社 1995 年 25×26cm
精装 ISBN：7-5332-2218-0 定价：CNY30.00
（中国花木故事传奇）
　　本书系中国现代连环画作品。作者于新生
（1956—　），教授。生于山东寿光，毕业于山东
艺术学院。山东工艺美术学院造型艺术学院教
授、中国美术家协会会员、山东省美术家协会副
主席等职。代表作品有《于新生画集》《吉祥腊
月》《荷塘水清清》等。

J0081574

米尔奇遇记　严振国编文；速泰熙等绘
上海 上海人民美术出版社 1995 年 23 页
17×19cm ISBN：7-5322-1384-6 定价：CNY2.20

（童话大世界丛书）
　　本书系中国现代连环画作品。

J0081575

民国元戎　黄兴　仲华编；冯椒生等绘
海口 海南国际新闻出版中心 1995 年
20cm（32 开）ISBN：7-80609-146-7
定价：CNY5.80
（中华百杰图传 军事奇才）

J0081576

敏豪生奇游记　沈闰水等编文；徐炜等绘
西安 未来出版社 1995 年 60 页 21×19cm
ISBN：7-5417-1058-X
定价：CNY23.00（全 5 册）
（童话游乐城 1）
　　本书系中国现代连环画作品。

J0081577

名山大川的传说　（上册）方君默等编著
合肥 安徽少年儿童出版社 1995 年 20×19cm
精装 ISBN：7-5397-1295-3 定价：CNY17.00
　　本书系中国现代连环画作品。作者方君默
（1922—　），编剧。安徽枞阳人，毕业于安徽大
学中文系。历任安徽省歌舞团一级编剧，中国音
乐家协会、中国民间文艺家协会会员。出版有《神
奇的黄山》《花儿开在你心上》《写在树叶上的
歌》《猜猜谜学学画》等。

J0081578

魔林想象画　范京生著
石家庄 河北少年儿童出版社 1995 年 90 页
17×19cm ISBN：7-5376-1305-2 定价：CNY9.50
　　中国现代连环画作品。

J0081579

拇指小人动画大世界　蓉蓉等改编；王尔强
等绘
北京 中国少年儿童出版社 1995 年 236 页
19×21cm 精装 ISBN：7-5007-2658-9
定价：CNY28.00
（著名童话汉语拼音读物）
　　本书系中国现代连环画作品。

J0081580

牧人与家狼 肖伟，水真改编；贾兴桐，韩健勇绘

昆明 晨光出版社 1995 年 60 页 17×19cm

ISBN：7-5414-0970-7 定价：CNY4.20

（人和动物系列故事）

　　本书系中国现代连环画作品。

J0081581

农仔与摩登女 （一）李政敏编绘；金莲兰译

延吉 延边人民出版社 1995 年 167 页

19cm（小 32 开） ISBN：7-80599-299-1

定价：CNY5.50

　　本书系中国现代连环画作品。

J0081582

农仔与摩登女 （二）李政敏编绘；金莲兰译

延吉 延边人民出版社 1995 年 167 页

19cm（小 32 开） ISBN：7-80599-299-1

定价：CNY5.50

　　本书系中国现代连环画作品。

J0081583

农仔与摩登女 （三）李政敏编绘；金莲兰译

延吉 延边人民出版社 1995 年 167 页

19cm（小 32 开） ISBN：7-80599-299-1

定价：CNY5.50

　　本书系中国现代连环画作品。

J0081584

霹雳星 （1）张纪平等编；张纪平等绘

上海 上海人民美术出版社 1995 年 63 页

19cm（32 开） ISBN：7-5322-1430-3

定价：CNY2.50

　　中国现代连环画作品。作者张纪平，中国现代连环画家。

J0081585

霹雳星 （2）张纪平等编；张纪平等绘

上海 上海人民美术出版社 1995 年 63 页

19cm（32 开） ISBN：7-5322-1433-8

定价：CNY2.50

　　中国现代连环画作品。

J0081586

霹雳星 （3）张纪平等编；张纪平等绘

上海 上海人民美术出版社 1995 年 63 页

19cm（32 开） ISBN：7-5322-1436-2

定价：CNY2.50

　　中国现代连环画作品。

J0081587

霹雳星 （4）张纪平等编；张纪平等绘

上海 上海人民美术出版社 1995 年 63 页

19cm（32 开） ISBN：7-5322-1437-0

定价：CNY2.50

　　中国现代连环画作品。

J0081588

霹雳星 （5）张纪平等编；张纪平等绘

上海 上海人民美术出版社 1995 年 63 页

19cm（32 开） ISBN：7-5322-1438-9

定价：CNY2.50

　　中国现代连环画作品。

J0081589

皮司令从天而降 忻昀等编文；陈大元等绘

上海 少年儿童出版社 1995 年 90 页

19cm（小 32 开） ISBN：7-5324-2634-3

定价：CNY3.20

（皮司令系列连环画）

J0081590

皮司令野营遇险 忻昀等编文；陈大元等绘

上海 少年儿童出版社 1995 年 92 页

19cm（小 32 开） ISBN：7-5324-2636-X

定价：CNY3.20

　　本书系中国现代连环画作品。

J0081591

皮司令智斗魔星 忻昀等编文；陈大元等绘

上海 少年儿童出版社 1995 年 92 页

19cm（小 32 开） ISBN：7-5324-2637-8

定价：CNY3.20

　　本书系中国现代连环画作品。

J0081592

琵琶泉 金彦华，王景全编文；二龙，二火绘

南宁 广西美术出版社 1995 年 102 页 10×13cm

ISBN：7-80582-914-4　定价：CNY1.65

　　本书系中国现代连环画作品。

J0081593

破案故事　张放等改编；罗彬等绘

武汉　湖北少年儿童出版社　1995年　190页

17×19cm　精装　ISBN：7-5353-1580-1

定价：CNY16.00

（两分钟故事画库）

　　本书系中国现代连环画作品。

J0081594

齐会歼灭战　孙铁宝，王玉良编文；黄玉忠绘

南宁　广西美术出版社　1995年　134页　10×13cm

ISBN：7-80582-990-X　定价：CNY2.60

（爱国主义教育连环画丛书　抗日战争故事）

　　本书系中国现代连环画作品。本书与河北

美术出版社合作出版。作者王玉良（1949—　），

画家、教授。清华大学美术学院绘画系教授、中

国美术家协会会员、庞薰琹艺术研究会副主任、

清华大学张仃艺术研究会委员、清华大学吴冠中

艺术研究会学术委员会委员。

J0081595

奇袭鹰头山　闭立群编文；闭克绘

南宁　广西美术出版社　1995年　134页　9×13cm

ISBN：7-80582-846-6　定价：CNY1.70

　　本书系中国现代连环画作品。

J0081596

旗开得胜　李应改编；刘端绘

南宁　广西美术出版社　1995年　54页　10×13cm

ISBN：7-80582-980-2　定价：CNY1.10

（爱国主义教育连环画丛书　抗日战争故事）

　　本书与河北美术出版社合作出版。

J0081597

气球兵历险记　（图画幼儿童话故事）雨佳改

编；孟繁聪绘

太原　希望出版社　1995年　62页　13×19cm

ISBN：7-5379-1505-9　定价：CNY2.10

　　中国现代连环画作品。

J0081598

气球探险记　王远改编；黄宗湖绘

南宁　广西美术出版社　1995年　122页　9×13cm

ISBN：7-80582-844-X　定价：CNY1.60

　　本书系中国现代连环画作品。作者黄宗湖

（1955—　），编审、教授。广西玉林人，毕业于

无锡轻工业学院设计系和日本爱知县立艺术大

学。历任广西美术出版社总编辑、中国书籍装帧

艺术委员会常务理事、广西书籍装帧艺术委员会

主任，中国美术家协会会员、广西美术家协会理

事、广西书画院国画家等。代表作品《当代中国

画技法赏析》。

J0081599

谦恭虚心　刻苦学习　（汉英对照）晓丹，天

天改编；赵隆义等绘

北京　中国少年儿童出版社　1995年　17×19cm

ISBN：7-5007-2438-1　定价：CNY14.50

（中华民族传统美德故事丛书）

　　本书系中国现代连环画作品。作者赵隆义

（1931—　），编审。上海人。中国美术家协会会

员。作品有《小城春秋》《贺龙的故事》《杨开慧》

《圆眼睛》等。

J0081600

钱塘轶事　（杭州地名故事）舒士越主编；钱

贵荪等绘

北京　华艺出版社　1995年　471页　20cm（32开）

ISBN：7-80039-928-1　定价：CNY15.80

（杭报丛书　9　连环画卷）

J0081601

乔梓之别　郭崇华编文；董安山绘

济南　明天出版社　1995年　25×26cm

精装　ISBN：7-5332-2216-4　定价：CNY30.00

（中国花木故事传奇）

　　本书系中国现代连环画作品。

J0081602

巧取军火船　刘树强改编；辛鹤江绘

南宁　广西美术出版社　1995年　86页　10×13cm

ISBN：7-80582-983-7　定价：CNY1.65

（爱国主义教育连环画丛书　抗日战争故事）

　　本书与河北美术出版社合作出版。作者辛

鹤江（1941—　），河北安新人。毕业于天津美术

学院。擅长中国画。河北美协副主席、连环画研

究会副会长、河北美术出版社社长兼总编辑、编

审等职。代表作有《棉农来访》《周总理和小演员在一起》《敌情急》《老英雄回到雁翎队》等。

J0081603

巧取硫磺　黄富能改编；马廷奎绘

南宁　广西美术出版社　1995年　158页　10×13cm

ISBN：7-80582-972-1　定价：CNY3.00

（爱国主义教育连环画丛书　抗日战争故事）

　　本书与人民美术出版社合作出版。

J0081604

巧施拖兵计　张汝川改编；纬仁等绘

南宁　广西美术出版社　1995年　90页　10×13cm

ISBN：7-80582-976-4　定价：CNY1.75

（爱国主义教育连环画丛书　抗日战争故事）

　　本书与辽宁美术出版社合作出版。

J0081605

青草地动物城堡丛书　兰岛等绘编

南昌　二十一世纪出版社　1995年　8册　19×26cm

ISBN：7-5391-0986-6　定价：CNY20.00

　　中国现代连环画作品。

J0081606

群龙聚会　凌祖余编文；苏华聪，陈家波绘

南宁　广西美术出版社　1995年　118页　10×13cm

ISBN：7-80582-940-3　定价：CNY1.90

　　本书系中国现代连环画作品。

J0081607

让大人委屈一天　庄大伟编文；郭召明等绘

上海　上海人民美术出版社　1995年　23页

17×19cm　ISBN：7-5322-1385-4　定价：CNY2.20

（童话大世界丛书）

　　本书系中国现代连环画作品。作者庄大伟（1951—　），儿童文学作家，学者。毕业于上海电视大学中文专业。代表作品有《庄大伟幽默故事集》《庄大伟童话精选》《第一线上》等。

J0081608

人民公仆孔繁森　（连环画）刘恩水等编文；周建国等绘

济南　山东美术出版社　1995年　36页　17×19cm

ISBN：7-5330-0912-6　定价：CNY5.80

J0081609

绒兔子·布老虎和铁皮小人　（1）孙幼军原著；文真改编；王祖民等绘

郑州　海燕出版社　1995年　30页　26cm（16开）

ISBN：7-5350-1163-2　定价：CNY3.60

　　本书系中国现代连环画作品。

J0081610

绒兔子·布老虎和铁皮小人　（2）孙幼军原著；文真改编；王祖民等绘

郑州　海燕出版社　1995年　30页　26cm（16开）

ISBN：7-5350-1163-2　定价：CNY3.60

　　本书系中国现代连环画作品。

J0081611

绒兔子·布老虎和铁皮小人　（3）孙幼军原著；文真改编；王祖民等绘

郑州　海燕出版社　1995年　30页　26cm（16开）

ISBN：7-5350-1163-2　定价：CNY3.60

　　本书系中国现代连环画作品。

J0081612

儒林外史　（清）吴敬梓著；江驰等编写；查加伍等绘画

武汉　湖北少年儿童出版社　1995年　232页

20×18cm　ISBN：7-5353-1430-9

定价：CNY11.50

（中国古典文学名著画库）

　　本书据中国古典小说《儒林外史》改编的现代连环画作品。作者查加伍（1950—　），编辑。别名穆明、三夷。湖北京山人，毕业于湖北美术学院师范系。曾在湖北人民出版社、京山县文化馆工作。历任湖北美术出版社副社长、美术副编审，湖北美协连环画、插图艺委会副主任。代表作品有《战斗的历程》《乱世风云》《苦肉记》等。

J0081613

三个结尾的故事　郑允钦等编绘

上海　上海教育出版社　1995年　60页　17×19cm

ISBN：7-5320-4158-1　定价：CNY3.60

　　本书系中国现代连环画作品。

J0081614

三国演义　罗贯中原著；王庆宏绘制；童侗撰文

大连 大连出版社 1995 年 2 册(590 页)
19cm(小 32 开) ISBN：7-80612-049-1
定价：CNY20.00
(古典名著动画宝库)
　　中国现代连环画作品。

J0081615
三国演义 (明)罗贯中著；徐森等编写；陆林
等绘画
武汉 湖北少年儿童出版社 1995 年 232 页
20×18cm ISBN：7-5353-1416-3
定价：CNY11.50
(中国古典文学名著画库)
　　本书据中国古典小说《三国演义》改编的现
代连环画作品。

J0081616
三国演义 (大型电视连续剧连环画)诸葛卜
怡主编
北京 今日中国出版社 1995 年
3 册(382；448；528 页)19cm(小 32 开)
ISBN：7-5072-0801-X 定价：CNY81.00

J0081617
三国演义 (连环画)笑挺改编；清泉绘图
武汉 武汉出版社 1995 年 266 页 20cm(32 开)
ISBN：7-5430-1356-8 定价：CNY9.80

J0081618
三国演义 (连环画)(明)罗贯中原著；杨兆
林等改编；周申等绘
北京 中国连环画出版社 1995 年
3 册(285+353+418 页)20cm(32 开)精装
ISBN：7-5061-0640-X 定价：CNY48.00
　　作者周申(1943—　　)，连环画家。浙江诸暨
人，毕业于中央美术学院附中。历任山东菏泽地
区展览馆艺术馆美术干部、山东美术出版社美术
编辑、中国美术家协会会员。代表作品有《四笔
阎王账》《中国历史演义故事画——宋史》《当代
连环画精品集·周申》等。

J0081619
三国演义儿童绘画本 (妈妈教我看三国)周
岳峰编绘
哈尔滨 哈尔滨出版社 1995 年 288 页

17×19cm 精装 ISBN：7-80557-806-0
定价：CNY16.00
　　本书系中国现代连环画作品。

J0081620
沙河破击战 阎涛编文；刘瑞等绘
南宁 广西美术出版社 1995 年 118 页 9×13cm
ISBN：7-80582-985-3 定价：CNY2.30
(爱国主义教育连环画丛书 抗日战争故事)
　　本书系中国现代连环画作品。

J0081621
沙滩疑云 (刑警 803)沈瑜德，金志健原著；
南明改编；沈勇[等]绘画
上海 上海人民美术出版社 1995 年 126 页
9×13cm ISBN：7-5322-1374-9 定价：CNY1.50
　　中国现代连环画。

J0081622
莎士比亚全集 (绘画本)(英)莎士比亚
(WillianShakespeare)原著；庞邦本，常振国
主编
北京 改革出版社 1995 年 6 册 20cm(32 开)
ISBN：7-80072-609-6 定价：CNY98.00
　　作者莎士比亚(William Shakespeare, 1564—
1616)，英国伟大的戏剧家、诗人。全名威廉·莎
士比亚，出生于英国中部斯特拉福特镇。著有《罗
密欧与朱丽叶》《哈姆雷特》《奥赛罗》《李尔王》
《麦克白》等。

J0081623
莎士比亚戏剧故事 (绘画本)李知光等改
编；潘喜良等绘
天津 新蕾出版社 1995 年 6 册 25cm(小 16 开)
精装 ISBN：7-5307-1571-2 定价：CNY188.00
　　外文书名：The Dramatic Stories of Shake-
speare with Illustration.

J0081624
傻负鼠 俞妮亚编著；毛用坤等绘
南宁 广西美术出版社 1995 年 20 页 17×19cm
ISBN：7-80582-944-6 定价：CNY2.20
　　本书系中国现代连环画作品。作者毛用坤
(1936—　　)，漫画家。浙江宁波人。创办上海少
年报和《好儿童》画报，任美术组长、画报编辑部

主任、副编审。作品有连环画《大扫除》《周总理在少年宫》《小灵通漫游未来》、连环画漫画《海虹》等。

J0081625

山村复仇记 （上）刘玉峰原著；杜建文改编；龙山农，王介明绘

南宁 广西美术出版社 1995 年 126 页 9×13cm

ISBN：7-80582-924-1 定价：CNY2.00

　　本书系中国现代连环画作品。

J0081626

山村复仇记 （下）刘玉峰原著；杜建文改编；龙山农，王介明绘

南宁 广西美术出版社 1995 年 126 页 9×13cm

ISBN：7-80582-925-X 定价：CNY2.00

　　本书系中国现代连环画作品。

J0081627

善谋骁将 韩信 孟俭红，任强编；张春来等绘

海口 海南国际新闻出版中心 1995 年

20cm（32 开） ISBN：7-80609-146-7

定价：CNY5.80

（中华百杰图传 军事奇才）

J0081628

上甘岭 雷时圣改编；梁惠统等制作

南宁 广西美术出版社 1995 年 126 页 10×13cm

ISBN：7-80582-815-6 定价：CNY2.40

（爱国主义教育连环画丛书 抗日战争故事）

　　本书与中国电影出版社合作出版。

J0081629

射雕英雄传 张致，李清改编；黄少林等绘画

长沙 湖南少年儿童出版社 1995 年 20cm（32 开）

ISBN：7-5358-1002-0 定价：CNY16.25

（金庸著名武侠小说 绘画本 第 1 辑）

　　本书系中国现代连环画作品。

J0081630

神雕侠侣 文武，月生改编；徐锋等绘画

长沙 湖南少年儿童出版社 1995 年 20cm（32 开）

ISBN：7-5358-1002-0 定价：CNY16.25

（金庸著名武侠小说 绘画本 第 1 辑）

　　本书系中国现代连环画作品。

J0081631

神话故事 李银玲等改编；陈联光等绘

武汉 湖北少年儿童出版社 1995 年 190 页

17×19cm 精装 ISBN：7-5353-1585-2

定价：CNY16.00

（两分钟故事画库）

　　本书系中国现代连环画作品。

J0081632

神腿传奇 季一德，王亚法改编；柴万里，周度其绘

南宁 广西美术出版社 1995 年 166 页 10×13cm

ISBN：7-80582-903-9 定价：CNY2.65

　　本书系中国现代连环画作品。作者柴万里（1954— ），苗族，教授，画家。生于广西南宁，毕业于广西艺术学院美术系。历任广西艺术学院设计学院院长、教授、硕士研究生导师，兼任新岭南书画研究院院长、广西美术家协会副主席、广西民族书画院副院长。编著有《最新人体线描引导》《仕女白描画谱》《山水白描画谱》《黑白画》等。作者周度其（1955— ），教师。湖南湘潭人，毕业于广西艺术学院。历任广西艺术学院美术系讲师、副教授，广西艺术学成人教育学院院长、中国美协广西分会会员。代表作品有《徐向前元帅》《戎马生涯贺元帅》《战争年代》《烽火岁月角力场》《送往前线的粮食》等。

J0081633

生死恋树 郭崇华编文；姜炳清绘

济南 明天出版社 1995 年 25×26cm

精装 ISBN：7-5332-2220-2 定价：CNY30.00

（中国花木故事传奇）

　　本书系中国现代连环画作品。

J0081634

生肖动物趣画 金戈编文；海云绘

北京 中国电影出版社 1995 年 240 页 17×19cm

精装 ISBN：7-106-00842-7 定价：CNY19.80

　　本书系中国现代连环画作品。

J0081635

失去权力的将军 （上）李宝靖改编；周度其等绘

南宁 广西美术出版社 1995 年 202 页 10×13cm

ISBN：7-80582-899-7 定价：CNY3.20

本书系中国现代连环画作品。

J0081636

失去权力的将军 （下）李宝靖改编；卢仲坚
等绘
南宁 广西美术出版社 1995 年 206 页 10×13cm
ISBN：7-80582-900-4 定价：CNY3.25
　　本书系中国现代连环画作品。

J0081637

十八罗汉斗悟空 （上）桑忠泉编文；章燕，
桑建国绘
郑州 河南美术出版社 1995 年 46 页 18×19cm
ISBN：7-5401-0431-7 定价：CNY3.20
　　中国现代连环画作品。

J0081638

十八罗汉斗悟空 （中）桑忠泉编文；章燕，
桑建国绘
郑州 河南美术出版社 1995 年 93 页 18×19cm
ISBN：7-5401-0431-7 定价：CNY3.20
　　中国现代连环画作品。

J0081639

十八罗汉斗悟空 （下）桑忠泉编文；章燕，
桑建国绘
郑州 河南美术出版社 1995 年 141 页 18×19cm
ISBN：7-5401-0431-7 定价：CNY3.20
　　中国现代连环画作品。

J0081640

十八罗汉闹天宫 李向伟编绘
郑州 河南美术出版社 1995 年 2 册
13×19cm ISBN：7-5401-0430-9 定价：CNY5.96
　　本书系中国现代连环画作品。

J0081641

十二英烈 陈廷一改编；刘丰杰绘
南宁 广西美术出版社 1995 年 102 页 10×13cm
ISBN：7-80582-986-1 定价：CNY1.95
（爱国主义教育连环画丛书 抗日战争故事）
　　本书系中国现代连环画作品。本书与河北
美术出版社合作出版。作者刘丰杰(1942—)，
装帧艺术家、美术理论家、画家。字济淼，河北
定州人，毕业于天津美术学院。历任天津人民出

版社编审、美编室主任，中国版协装帧艺术委员
会常务委员。著有《书籍美术》《插图艺术欣赏》
《装帧易理阴阳论》等。

J0081642

史记 （上）高国文等编文；于友善等绘
南京 江苏少年儿童出版社 1995 年 288 页
17×19cm 精装 ISBN：7-5346-1449-X
定价：CNY22.00
（彩图中国古典名著）
　　本书系中国现代连环画作品。

J0081643

史记 （下）高国文等编文；于友善等绘
南京 江苏少年儿童出版社 1995 年 288 页
17×19cm 精装 ISBN：7-5346-1450-3
定价：CNY22.00
（彩图中国古典名著）
　　本书系中国现代连环画作品。

J0081644

世界科幻名著精编连环画 （4）李亚平等编
文；班岑等绘
合肥 安徽少年儿童出版社 1995 年 357 页
20cm（32 开）ISBN：7-5397-1148-5
定价：CNY7.00
　　本书系中国现代连环画作品。

J0081645

世界奇妙故事 （一 彩图本）岱山，袁连祥编
写；戴问社等绘
昆明 晨光出版社 1995 年 60 页 26cm（16 开）
ISBN：7-5414-0977-4 定价：CNY6.00
　　中国现代连环画作品。

J0081646

世界奇妙故事 （二 彩图本）岱山，袁连祥编
写；王敏等绘
昆明 晨光出版社 1995 年 60 页 26cm（16 开）
ISBN：7-5414-0978-2 定价：CNY6.00
　　中国现代连环画作品。作者王敏(1934—)，
音乐家。

J0081647

世界十大爱情电影 上海文艺出版社编

上海　上海文艺出版社　1995年　438页
19cm（小32开）ISBN：7-5321-1101-6
定价：CNY15.00

　　本书系中国现代连环画作品。

J0081648

世界著名童话精选　（玫瑰花号）肖森等改
编；黄碧霞等绘
北京　中国连环画出版社　1995年　18×17cm
ISBN：7-5061-0646-9　定价：CNY10.60

　　本书系中国现代连环画作品。

J0081649

世界著名童话精选　（水仙花号）大苗等改
编；李曙光等绘
北京　中国连环画出版社　1995年　18×17cm
ISBN：7-5061-0645-0　定价：CNY10.60

　　本书系中国现代连环画作品。

J0081650

手枪队长　江丰改编；方大川绘
南宁　广西美术出版社　1995年　86页　10×13cm
ISBN：7-80582-992-6　定价：CNY1.70
（爱国主义教育连环画丛书　抗日战争故事）

　　本书系中国现代连环画作品。本书与福建
美术出版社合作出版。作者江丰（1910—1982），
版画家、美术教育家、美术评论家。原名周熙，
笔名高岗、固林，江烽，介福。上海人。历任《前
线画报》编辑、鲁迅艺术学院美术部主任、中华
全国美术工作者协会副主席、中央美术学院院
长、中国美术家协会主席。出版有《江丰美术
论集》。

J0081651

谁对谁不对　吕连甫，熊艳君编绘
沈阳　辽宁美术出版社　1995年　78页　19×26cm
ISBN：7-5314-1236-5　定价：CNY11.80

　　本书系中国现代连环画作品。作者吕连甫
（1950—　　），辽阳市教育研究中心高级美术教研
员。作者熊艳君（1950—　　），辽宁辽阳市教育研
究中心高级美术教研员。

J0081652

谁是乖宝宝　黄碧云编写；冀维静绘
沈阳　辽宁少年儿童出版社　1995年　17×19cm

ISBN：7-5315-1695-0　定价：CNY4.00

　　本书系中国现代连环画作品。

J0081653

水浒传　（明）施耐庵著；柳笛等编写；刘斌昆
等绘画
武汉　湖北少年儿童出版社　1995年　232页
20×18cm　ISBN：7-5353-1428-7　定价：CNY11.50
（中国古典文学名著画库）

　　本书据中国古典小说《水浒传》改编的现代
连环画作品。作者施耐庵（约1296—约1370），
原名彦端，字肇瑞，号子安，别号耐庵。代表作
品《水浒传》。

J0081654

水娃的故事　曹治淮编文；刘业通绘
南宁　广西美术出版社　1995年　页　17×19cm
ISBN：7-80582-978-0　定价：CNY1.95
（爱国主义教育连环画丛书　抗日战争故事）

　　本书系中国现代连环画作品。

J0081655

说唐　（绘画本）如月改编；戴友生，马永欣绘
长沙　湖南少年儿童出版社　1995年　20cm（32开）
ISBN：7-5358-0990-1　定价：CNY13.75
（中国四大古典历史小说）

　　本书系中国现代连环画作品。

J0081656

说岳全传　（绘画本）如月改编；廖先悟绘
长沙　湖南少年儿童出版社　1995年　20cm（32开）
ISBN　7-5358-0990-1　定价：CNY13.75
（中国四大古典历史小说）

　　本书系中国现代连环画作品。

J0081657

斯佳丽　（美）亚历山德拉·里普利原著；冯源
改编；杨文理等绘画
海口　海南国际新闻出版社　1995年　20cm（32开）
ISBN：7-80609-061-4　定价：CNY68.00（全套）
（世界文学名著连环画）

J0081658

四大天王闹西周　厉永斌，金木编文；夫婴等绘
上海　少年儿童出版社　1995年　78页

19cm(小 32 开) ISBN：5-5324-2617-3

定价：CNY2.80

　　本书系中国现代连环画作品。

J0081659

孙悟空、猪八戒环球旅行记　从从等编写；黄国芳等绘

南昌 21 世纪出版社 1995 年 180 页 17×19cm

精装 ISBN：7-5391-0832-0 定价：CNY19.80

　　中国现代连环画作品。

J0081660

孙悟空除妖记　（连环画库）沙铁军等编文；刘斌昆等绘

武汉 湖北少年儿童出版社 1995 年 480 页

19cm(小 32 开) ISBN：7-5353-1534-8

定价：CNY12.85

　　据中国古典小说《西游记》改编的现代连环画作品。

J0081661

孙悟空大战八大金刚　张企荣，梅初编文；陆华等绘画

上海 上海人民美术出版社 1995 年 110 页

19cm(小 32 开) ISBN：7-5322-1419-2

定价：CNY5.70

　　本书系中国现代连环画作品。

J0081662

孙悟空大战二郎神　张企荣，梅初编文；陆华等绘

上海 上海人民美术出版社 1995 年 110 页

19cm(小 32 开) ISBN：7-5322-1255-6

定价：CNY5.70

　　本书系中国现代连环画作品。

J0081663

孙悟空大战哪吒　张企荣，梅初编文；陆华等绘

上海 上海人民美术出版社 1995 年 110 页

19cm(小 32 开) ISBN：7-5322-1381-1

定价：CNY5.70

　　本书系中国现代连环画作品。

J0081664

孙悟空大战太雷星　赵冰波等编文；侠军等绘

昆明 晨光出版社 1995 年 62 页 26cm(16 开)

ISBN：7-5414-1078-0 定价：CNY7.20

　　中国现代连环画作品。

J0081665

孙悟空七十二变　（无敌齐天大圣 1）

海口 海南摄影美术出版社 1995 年 36 页

17×19cm ISBN：7-80571-885-7 定价：CNY3.60

　　中国现代连环画作品。

J0081666

孙悟空七十二变　（无敌齐天大圣 2）

海口 海南摄影美术出版社 1995 年 36 页

17×19cm ISBN：7-80571-885-7 定价：CNY3.60

　　中国现代连环画作品。

J0081667

孙悟空新七十二变　李直新等编；双水等绘

武汉 湖北少年儿童出版社 1995 年 118 页

17×19cm ISBN：7-5353-1560-7 定价：CNY9.20

　　中国现代连环画作品。

J0081668

孙小圣与猪小能　范玉山编绘

郑州 河南美术出版社 1995 年 2 册 13×19cm

ISBN：7-5401-0429-5 定价：CNY5.96

　　本书系中国现代连环画作品。

J0081669

太空小子　（惊险科幻故事）张中良主编；范汜编文；白小锭，姜一鸣绘

昆明 云南科技出版社 1995 年 138 页 17×19cm

ISBN：7-5416-0728-2 定价：CNY13.50

　　中国现代连环画作品。

J0081670

太阳神鹰　（磨难森林）伊豆，阿麦撰稿；田蔚元，谢晓勇绘

北京 中国少年儿童出版社 1995 年 120 页

17×19cm 精装 ISBN：7-5007-2547-7

定价：CNY14.00

（雏鹰图书系列 1 学生生存）

　　本书系中国现代连环画作品。

J0081671

太阳神鹰 （智慧城堡）伊豆，阿麦撰稿；田蔚元，谢晓勇绘

北京 中国少年儿童出版社 1995 年 120 页

17×19cm 精装 ISBN：7-5007-2548-5

定价：CNY14.00

（雏鹰图书系列 2 学会创造）

　　本书系中国现代连环画作品。

J0081672

太一族的故事 （第一集 学艺归来）华立编著；罗剑华等绘

杭州 中国美术学院出版社 1995 年 48 页

17×19cm ISBN：7-81019-377-5 定价：CNY4.00

（画室丛书）

　　中国现代连环画作品。

J0081673

特别通行证 周锐编文；王国庆等绘

上海 上海教育出版社 1995 年 17×19cm

ISBN：7-5320-4160-3 定价：CNY3.00

　　本书系中国现代连环画作品。

J0081674

特种部队 于文清改编；梅云绘

南宁 广西美术出版社 1995 年 134 页 10×13cm

ISBN：7-80582-984-5 定价：CNY2.60

（爱国主义教育连环画丛书 抗日战争故事）

　　本书系中国现代连环画作品。与江苏美术出版社合作出版。

J0081675

天龙八部 木力，木子改编；刘岳琥等绘画

长沙 湖南少年儿童出版社 1995 年 20cm（32 开）

ISBN：7-5358-1002-0 定价：CNY16.25

（金庸名武侠小说 绘画本 第 1 辑）

　　本书系中国现代连环画作品。

J0081676

铁道游击队 陈明娟改编；甘振钊，梁柯制作

南宁 广西美术出版社 1995 年 125 页 10×13cm

ISBN：7-80582-812-1 定价：CNY2.40

（爱国主义教育连环画丛书 百部电影故事）

　　本书系中国现代连环画作品。与中国电影出版社合作出版。

J0081677

童话 ABC 丁泓主编

上海 学林出版社 1995 年 2 册（96 页）

19×26cm ISBN：7-80616-113-9 定价：CNY12.00

（卡通先生大型电脑动画系列 2）

　　中国现代连环画作品。

J0081678

童话号火箭 （图画幼儿童话故事）晓莲改编；武银贵，冯哲强绘

太原 希望出版社 1995 年 62 页 13×19cm

ISBN：7-5379-1505-9 定价：CNY2.10

　　中国现代连环画作品。

J0081679

童男童女 （少儿性启蒙教育）诗妹等编著；蓝空绘

成都 四川美术出版社 1995 年 106 页

19cm（小 32 开）ISBN：7-5410-0982-2

定价：CNY4.00

　　中国现代连环画，卡通本。

J0081680

童淑英 襄樊市新闻出版局改编；汪耀海绘

武汉 湖北美术出版社 1995 年 81 页 13×19cm

ISBN：7-5394-0585-6 定价：CNY2.50

　　本书系中国现代连环画作品。

J0081681

突袭尚河桥 敏博改编；刘端，马廷奎绘

南宁 广西美术出版社 1995 年 66 页 10×13cm

ISBN：7-80582-997-7 定价：CNY1.30

（爱国主义教育连环画丛书 抗日战争故事）

　　本书系中国现代连环画作品。

J0081682

图解中华民族传统美德故事 栾传大主编；王庆宏绘

长春 吉林文史出版社 1995 年 168 页

19cm（小 32 开）ISBN：7-80626-021-8

定价：CNY5.00

（中华民族传统美德教育故事丛书）

　　本书系中国现代连环画作品。

J0081683

图说中国成语故事 余仁等编著；曹丽娜等绘
杭州 浙江少年儿童出版社 1996 年 2 册（877 页）
20cm（32 开）ISBN：7-5342-1353-3
定价：CNY54.00（全套）
（图说中国成语谚语俗语故事）

J0081684

图说中国典故故事 梅斐等编著；笑桦等绘
杭州 浙江少年儿童出版社 1998 年 2 册（789 页）
20cm（32 开）ISBN：7-5342-1481-5
定价：CNY26.50

J0081685

图说中国俗语故事 段晓平编著；王家训等
绘画
杭州 浙江少年儿童出版社 1995 年 329 页
20cm（32 开）ISBN：7-5342-1199-9
定价：CNY7.30

J0081686

图说中国俗语故事 段晓平编著；王家训等绘
杭州 浙江少年儿童出版社 1996 年 329 页
20cm（32 开）ISBN：7-5342-1353-3
定价：CNY54.00（全套）
（图说中国成语谚语俗语故事）

J0081687

图说中国谚语故事 张学成编著；国良等绘画
杭州 浙江少年儿童出版社 1995 年 337 页
20cm（32 开）ISBN：7-5342-1200-6
定价：CNY7.50

J0081688

图说中国谚语故事 张学成编著；国良等绘
杭州 浙江少年儿童出版社 1995 年 337 页
20cm（32 开）ISBN：7-5342-1200-6
定价：CNY7.50
　　本书系中国现代谚语连环画作品。

J0081689

图说中国谚语故事 张学成编著；国良等绘
杭州 浙江少年儿童出版社 1996 年 337 页
20cm（32 开）ISBN：7-5342-1353-3
定价：CNY54.00（全套）

（图说中国成语谚语俗语故事）

J0081690

万水千山 黄一红，张桂萍改编；甘振钊等制作
南宁 广西美术出版社 1995 年 125 页 10×13cm
ISBN：7-80582-819-9 定价：CNY2.40
（爱国主义教育连环画丛书 百部电影故事）
　　本书系中国现代连环画作品。与中国电影
出版社合作出版。

J0081691

万斯历险记 （异想天开的交通工具）凌云，
高飞编著；刘静，画风绘
南宁 接力出版社 1995 年 70 页 20cm（32 开）
ISBN：7-80581-889-4 定价：CNY3.80
　　中国现代连环画作品。

J0081692

望帝化鹃 郭崇华编文；何丽绘
济南 明天出版社 1995 年 25×26cm
精装 ISBN：7-5332-2217-2 定价：CNY30.00
（中国花木故事传奇）
　　本书系中国现代连环画作品。作者何丽，女，
山东昌潍师专美术系主任、副教授，中国美术家
协会会员。著有《当代工笔人物画谭概》等。

J0081693

威武不屈 忠心报国 （汉英对照）雨文，天
天改编；谢志高等绘
北京 中国少年儿童出版社 1995 年 17×19cm
ISBN：7-5007-2441-1 定价：CNY14.50
（中华民族传统美德故事丛书）
　　本书系中国现代连环画作品。作者谢志高
（1942— ），画家、国家一级美术师。生于上海，
中央美术学院研究生毕业，后留校任教。曾任
中国画研究院创作研究部主任。代表作品《水墨
仕女画技法》《战海河》《欢欢喜喜过个年》《春
蚕》等。

J0081694

吴刚伐桂 郭崇华编文；孙爱国绘
济南 明天出版社 1995 年 25×26cm 精装
ISBN：7-5332-2212-1 定价：CNY30.00
（中国花木故事传奇）
　　本书系中国现代连环画作品。

J0081695
五龙风云　吕振光编文；丁晓峰绘
南宁 广西美术出版社 1995 年 126 页 10×13cm
ISBN：7-80582-989-6 定价：CNY2.40
（爱国主义教育连环画丛书 抗日战争故事）
　　本书系中国现代连环画作品。本书与江苏
美术出版社合作出版。

J0081696
五颜六色的童话 （彩图本）尹泽华主编
南宁 接力出版社 1995 年 167 页 17×19cm
精装 ISBN：7-80581-952-1 定价：CNY20.00
（接力精品画库）
　　本书系中国现代连环画作品。

J0081697
武小松小虎　庄大伟编文；周翔等绘
上海 上海人民美术出版社 1995 年 23 页
17×19cm ISBN：7-5322-1390-0 定价：CNY2.20
（童话大世界丛书）
　　本书系中国现代连环画作品。

J0081698
西游记 （明）吴承恩著；杨水青等编写；陆华
等绘画
武汉 湖北少年儿童出版社 1995 年 232 页
20×18cm ISBN：7-5353-1415-5 定价：CNY11.50
（中国古典文学名著画库）
　　本书据中国古典小说《西游记》改编的现代
连环画作品。作者吴承恩（约 1500—1583），汉族，
明代小说家。淮安府山阳县河下人（现江苏淮安
市淮安区）。字汝忠，号射阳山人。代表作有《西
游记》。

J0081699
西游记　桑建国等编绘
济南 济南出版社 1995 年 8 册 17×19cm
ISBN：7-80572-910-7 定价：CNY30.40
（中国古典文学名著 农村少年入门画库）
　　中国现代连环画作品。

J0081700
西游记 （上）（明）吴承恩著；邓柯等编绘
广州 新世纪出版社 1995 年 2 版 17×19cm
ISBN：7-5405-1286-5 定价：CNY14.00

（少年儿童版连环画）
　　本书系中国现代连环画作品。

J0081701
西游记 （中）（明）吴承恩著；邓柯等编绘
广州 新世纪出版社 1995 年 2 版 17×19cm
ISBN：7-5405-1287-3 定价：CNY14.00
（少年儿童版连环画）
　　本书系中国现代连环画作品。

J0081702
西游记 （下）（明）吴承恩著；邓柯等编绘
广州 新世纪出版社 1995 年 2 版 17×19cm
ISBN：7-5405-1288-1 定价：CNY16.00
（少年儿童版连环画）
　　本书系中国现代连环画作品。

J0081703
西游记　昌蒲，陶野编文；郑凯军，诸合侠
军绘
杭州 浙江少年儿童出版社 1995 年 253 页
26cm（16 开）精装 ISBN：7-5342-1288-X
定价：CNY47.00
（幼儿版名著系列）
　　本书系中国现代连环画作品。作者郑凯军
（1948—　　），浙江黄岩人。中国美术家协会浙江
分会会员。

J0081704
西游记人物故事　项东等编文；王家训等绘
杭州 浙江人民美术出版社 1995 年 17×19cm
精装 ISBN：7-5340-0627-5 定价：CNY9.80
　　本书系中国现代连环画作品。

J0081705
西游记之二 （中 三打白骨精）桑建国等编绘
济南 济南出版社 1995 年 17×19cm
ISBN：7-80572-910-7 定价：CNY3.80
（中国古典文学名著 农村少年入门画库）
　　本书系中国现代连环画作品。

J0081706
西游记之三 （上 大闹通天河）桑建国等编绘
济南 济南出版社 1995 年 17×19cm
ISBN：7-80572-910-7 定价：CNY3.80

（中国古典文学名著　农村少年入门画库）
　　本书系中国现代连环画作品。

J0081707
西游记之一 （下　大闹天宫）桑建国等编绘
济南　济南出版社　1995 年　17×19cm
ISBN：7-80572-910-7　定价：CNY3.80
（中国古典文学名著　农村少年入门画库）
　　本书系中国现代连环画作品。

J0081708
希腊神话传说　万莹华等改编；励国仪等绘
杭州　浙江人民美术出版社　1995 年　17×19cm
精装　ISBN：7-5340-0630-9　定价：CNY19.00
　　本书系中国现代连环画作品。

J0081709
鲜花凶宅 （刑警 803）杨洪原著；陈蔻棣改
编；罗希贤，姚人雄绘画
上海　上海人民美术出版社　1995 年　126 页
9×13cm ISBN：7-5322-1378-1　定价：CNY1.50
　　中国现代连环画。

J0081710
像不像　俞妮亚编著；毛用坤等绘
南宁　广西美术出版社　1995 年　20 页　17×19cm
ISBN：7-80582-943-8　定价：CNY2.20
　　本书系中国现代连环画作品。作者毛用坤
（1936—　），漫画家。浙江宁波人。创办上海少
年报和《好儿童》画报，任美术组长、画报编辑部
主任、副编审。作品有连环画《大扫除》《周总理
在少年宫》《小灵通漫游未来》、连环画漫画《海
虹》等。

J0081711
小兵张嘎　钱怡舟，陈家寿改编；刘华毅，赵
进制作
南宁　广西美术出版社　1995 年　124 页　10×13cm
ISBN：7-80582-820-2　定价：CNY2.40
（爱国主义教育连环画丛书　百部电影故事）
　　本书与中国电影出版社合作出版。

J0081712
小飞虎　史而已编文；孙庆国绘
南宁　广西美术出版社　1995 年　158 页　10×13cm

ISBN：7-80582-988-8　定价：CNY3.00
（爱国主义教育连环画丛书　抗日战争故事）
　　本书与江苏美术出版社合作出版。

J0081713
小红屋　俞妮亚编著；毛用坤等绘
南宁　广西美术出版社　1995 年　20 页　17×19cm
ISBN：7-80582-941-1　定价：CNY2.20
　　本书系中国现代连环画作品。作者毛用坤
（1936—　），漫画家。浙江宁波人。创办上海少
年报和《好儿童》画报，任美术组长、画报编辑部
主任、副编审。作品有连环画《大扫除》《周总理
在少年宫》《小灵通漫游未来》、连环画漫画《海
虹》等。

J0081714
小脚趾历险记　石岭等编文；王萍逢等绘
西安　未来出版社　1995 年　60 页　21×19cm
ISBN：7-5417-1058-X　定价：CNY23.00（全 5 册）
（童话游乐城　4）
　　本书系中国现代连环画作品。

J0081715
小喇叭故事精选　王鹏霄等编文；熊三仔等绘
南昌　二十一世纪出版社　1995 年　17×19cm
ISBN：7-5391-0810-X　定价：CNY4.50
　　本书系中国现代连环画作品。

J0081716
小喇叭童话精选　李晓冰等编文；丽娟等绘
南昌　21 世纪出版社　1995 年　17×19cm
ISBN：7-5391-0809-6　定价：CNY5.40
　　本书系中国现代连环画作品。

J0081717
小朋友画王 （科幻篇）小朋友编辑部编
上海　少年儿童出版社　1995 年　78 页　26cm（16 开）
ISBN：7-5324-2631-9　定价：CNY4.80
　　中国现代连环画作品。

J0081718
小人国 （世界名著选绘）魏峰编文；王又文绘
郑州　河南美术出版社　1995 年　17×19cm
ISBN：7-5401-0277-2　定价：CNY4.50
　　中国现代连环画作品。

J0081719

小小动物园　邹越非等绘

武汉　湖北少年儿童出版社　1995 年　2 册

15×13cm　精装　ISBN：7-5353-1574-7

定价：CNY18.60

　　本书系中国现代连环画作品。

J0081720

小英雄王璞　赵建国改编；刘根涛，赵建国绘

南宁　广西美术出版社　1995 年　118 页　10×13cm

ISBN：7-80582-979-9　定价：CNY2.25

（爱国主义教育连环画丛书　抗日战争故事）

　　本书系中国现代连环画作品。本书与河北

美术出版社合作出版。

J0081721

新编猎狗大侦探　丁一编文；增仁等绘

天津　天津人民美术出版社　1995 年　2 册（142 页）

17×19cm　ISBN：7-5305-0478-9　定价：CNY12.80

　　本书系中国现代连环画作品。

J0081722

新编童话大王　（下）蔡林兴等编文；毛小榆

等绘

昆明　云南科技出版社　1995 年　17×19cm

精装　ISBN：7-5416-0558-1　定价：CNY9.60

（幼儿故事大王丛书）

　　中国现代连环画作品。

J0081723

新编小朋友简笔画　冬冬，蓓蓓编绘

南宁　广西美术出版社　1995 年　134 页

26cm（16 开）ISBN：7-80582-923-3

定价：CNY13.80

　　中国现代连环画作品。

J0081724

新儿女英雄传　李大振改编；辛鹤江绘

南宁　广西美术出版社　1995 年　3 册　10×13cm

ISBN：7-80582-973-X　定价：CNY6.60

（爱国主义教育连环画丛书　抗日战争故事）

　　本书系中国现代连环画作品。本书与河北

美术出版社合作出版。作者辛鹤江(1941—　)，

河北安新人。毕业于天津美术学院。擅长中国画。

曾任河北美协副主席、连环画研究会副会长、河

北美术出版社社长兼总编辑、编审等职。代表作

有《棉农来访》《周总理和小演员在一起》《敌情

急》《老英雄回到雁翎队》等。

J0081725

新绿林传　（上）里汗原著；李大发改编；谢森

等绘

南宁　广西美术出版社　1995 年　194 页　9×13cm

ISBN：7-80582-916-0　定价：CNY3.10

　　本书系中国现代连环画作品。

J0081726

新绿林传　（下）里汗原著；李大发改编；谢森

等绘

南宁　广西美术出版社　1995 年　210 页　9×13cm

ISBN：7-80582-917-9　定价：CNY3.30

　　本书系中国现代连环画作品。

J0081727

熊家婆　（小学生低年级注音配画故事）梁子

高编文；吕莎等绘

成都　四川少年儿童出版社　1995 年　91 页

17×19cm　精装　ISBN：7-5356-1308-9

定价：CNY11.00

　　中国现代连环画作品。

J0081728

熊猫小胖　（续集）小冬编文；领祥等绘画

北京　中国电影出版社　1995 年　17×19cm

精装　ISBN：7-106-01027-8　定价：CNY9.40

　　本书系中国现代连环画作品。

J0081729

血风磨剑　（1）（韩）黄载编绘；永川译

沈阳　辽宁民族出版社　1995 年　125 页

19cm（小 32 开）ISBN：7-80527-437-1

定价：CNY3.80

　　中国现代连环画作品。

J0081730

血风磨剑　（2）（韩）黄载编绘；永川译

沈阳　辽宁民族出版社　1995 年　125 页

19cm（小 32 开）ISBN：7-80527-437-1

定价：CNY3.80

　　中国现代连环画作品。

J0081731

血风磨剑　（3）（韩）黄载编绘；永川译

沈阳　辽宁民族出版社　1995 年　125 页

19cm（小 32 开）ISBN：7-80527-437-1

定价：CNY3.80

　　　　中国现代连环画作品。

J0081732

血风磨剑　（4）（韩）黄载编绘；永川译

沈阳　辽宁民族出版社　1995 年　125 页

19cm（小 32 开）ISBN：7-80527-437-1

定价：CNY3.80

　　　　中国现代连环画作品。

J0081733

血战巨鼠岛　舒频等编文；贾培生等绘

上海　少年儿童出版社　1995 年　19cm（小 32 开）

ISBN：7-5324-2883-4　定价：CNY3.00

（探险世界）

　　　　中国现代连环画作品。

J0081734

亚洲民间故事　（一）卢新民等绘

南京　江苏美术出版社　1995 年　59 页　17×19cm

ISBN：7-5344-0430-4　定价：CNY3.95

（彩图童话故事精选系列丛书）

　　　　本书系中国现代连环画作品。

J0081735

亚洲民间故事　（二）顾华明等绘

南京　江苏美术出版社　1995 年　48 页　17×19cm

ISBN：7-5344-0431-2　定价：CNY3.95

（彩图童话故事精选系列丛书）

　　　　本书系中国现代连环画作品。

J0081736

亚洲民间故事　（三）林华等绘

南京　江苏美术出版社　1995 年　59 页　17×19cm

ISBN：7-5344-0432-0　定价：CNY3.95

（彩图童话故事精选系列丛书）

　　　　本书系中国现代连环画作品。

J0081737

扬·比比扬历险记　灵石等编文；安涛等绘

西安　未来出版社　1995 年　60 页　21×19cm

ISBN：7-5417-1058-X 定价：CNY23.00（全 5 册）

（童话游乐城 3）

　　　　本书系中国现代连环画作品。

J0081738

洋葱头历险记　王惠等编文；徐炜等绘

西安　未来出版社　1995 年　60 页　21×19cm

ISBN：7-5417-1058-X 定价：CNY23.00（全 5 册）

（童话游乐城 2）

　　　　本书系中国现代连环画作品。

J0081739

妖精村的故事　仲元等编译；荣琦等绘

长沙　湖南少年儿童出版社　1995 年　2 册

21×18cm ISBN：7-5358-0997-9 定价：CNY2.00

　　　　本书系中国现代连环画作品。

J0081740

野猪大报复　舒频等编文；缪宜民等绘

上海　少年儿童出版社　1995 年　19cm（小 32 开）

ISBN：7-5324-2879-6 定价：CNY3.00

（探险世界）

　　　　中国现代连环画作品。

J0081741

夜战青龙峡　刘洁改编；唐廷桃绘

南宁　广西美术出版社　1995 年　88 页　10×13cm

ISBN：7-80582-918-7 定价：CNY1.40

　　　　本书系中国现代连环画作品。

J0081742

一代精忠　岳飞　古琳晖编；颜永刚等绘

海口　海南国际新闻出版中心　1995 年

20cm（32 开）ISBN：7-80609-146-7

定价：CNY5.80

（中华百杰图传 军事奇才）

J0081743

一千零一夜　（连环画）周晴等编文；陈旸等

绘画

上海　上海科技教育出版社　1995 年　432 页

20cm（32 开）精装 ISBN：7-5428-0939-3

定价：CNY15.00

J0081744

一千零一夜连环画库　攸笛等主编
海口　海南国际新闻出版中心　1995 年　4 册
19cm（小 32 开）ISBN：7-80609-136-X
定价：CNY18.80

J0081745

伊索寓言　霍梅改编；夏可等绘
乌鲁木齐　新疆青少年出版社　1995 年　313 页
20cm（32 开）精装　ISBN：7-5371-2076-5
定价：CNY12.80
（世界经典寓言画库）

J0081746

伊索寓言精选　刘卓良等编文；刘明等绘
武汉　湖北少年儿童出版社　1995 年　140 页
21×19cm　精装　ISBN：7-5353-1466-X
定价：CNY11.30
（寓言王国画丛）
　　本书系中国现代连环画作品。作者刘明
（1957—　），满族，教授。出生于辽宁岫岩县，
毕业于鲁迅美术学院。历任沈阳美术学院美术
系、沈阳大学师范学院美术系副主任、副教授，
中国美术家协会会员。出版有《刘明油画创意》。

J0081747

倚天屠龙记　子青，莫真改编；毛国保等绘画
长沙　湖南少年儿童出版社　1995 年　20cm（32 开）
ISBN：7-5358-1002-0　定价：CNY16.25
（金庸著名武侠小说 绘画本 第 1 辑）
　　本书系中国现代连环画作品。

J0081748

印度童话（1）程鞭等改编；喜春等注音；张
建明等绘
杭州　浙江人民美术出版社　1995 年　70 页
17×19cm　ISBN：7-5340-0642-2　定价：CNY6.50
（童话大王 拼音读物）
　　本书系中国现代连环画作品。作者张建明
（1945—　），画家。号清官店人，河北束鹿人。
中国美术家协会会员。

J0081749

印度童话（2）何培新等改编；华建武等注
音；兰承恺等绘

杭州　浙江人民美术出版社　1995 年　70 页
17×19cm　ISBN：7-5340-0642-2　定价：CNY6.50
（童话大王 拼音读物）
　　本书系中国现代连环画作品。

J0081750

婴儿城（1-3 册）周克勤改编；上海亿利美动
画有限公司绘
上海　百家出版社　1995 年　3 册　17×19cm
ISBN：7-80576-479-4　定价：CNY13.80
（连环画系列丛书）
　　中国现代连环画作品。

J0081751

婴儿城（4-6 册）周克勤改编；上海亿利美动
画有限公司绘
上海　百家出版社　1995 年　3 册　17×19cm
ISBN：7-80576-480-8　定价：CNY13.80
（连环画系列丛书）
　　中国现代连环画作品。

J0081752

影响一代人成长的文学名著（连环画 第三
辑）晓明等改编；夏维等绘
昆明　晨光出版社　1995 年　326 页　20cm（32 开）
ISBN：7-5414-0962-6　定价：CNY8.00

J0081753

影子战争　潮阳等编文；孙平等绘
郑州　海燕出版社　1995 年　142 页　17×19cm
ISBN：7-5350-1164-0　定价：CNY9.80
　　中国现代连环画作品。

J0081754

勇探神秘岛　余文琪编文；陈旸等绘
上海　上海科技教育出版社　1995 年　90 页
19cm（小 32 开）ISBN：7-5428-1185-1
定价：CNY4.30
（少年探险家丛书）
　　本书系中国现代连环画作品。

J0081755

幼儿彩图幽默童话　庄大伟编；王国庆等绘
上海　上海教育出版社　1995 年　17×19cm
ISBN：7-5320-4544-7　定价：CNY3.90

中国现代连环画作品。

J0081756
幼儿七彩故事世界 （古今中外精品故事
365）张新洲，姚毅主编
北京 首都师范大学出版社 1995 年 4 册
26cm（16 开）ISBN：7-81039-568-8
定价：CNY40.00
　　本书系中国现代连环画作品。

J0081757
幼儿生日礼品书 （3 岁）胡莲娟等写；温泉
源等画
上海 少年儿童出版社 1995 年 192 页 17×19cm
精装 ISBN：7-5324-2902-4 定价：CNY24.00
　　本书系中国现代连环画作品。

J0081758
幼儿掌中书 （成语故事）
杭州 浙江少年儿童出版社 1995 年 5 册
9×19cm ISBN：7-5342-1285-5 定价：CNY13.00
　　本书系中国现代连环画作品。

J0081759
幼儿掌中书 （童话故事）
杭州 浙江少年儿童出版社 1995 年 5 册
9×19cm ISBN：7-5342-1284-7 定价：CNY13.00
　　本书系中国现代连环画作品。

J0081760
幼儿掌中书 （童谣古诗）
杭州 浙江少年儿童出版社 1995 年 5 册
9×19cm ISBN：7-5342-1282-0 定价：CNY13.00
　　本书系中国现代连环画作品。

J0081761
幼儿掌中书 （寓言故事）
杭州 浙江少年儿童出版社 1995 年 5 册
9×19cm ISBN：7-5342-1283-9 定价：CNY13.00
　　中国现代连环画作品。

J0081762
幼儿知识世界 （1）王洪主编
沈阳 辽宁美术出版社 1995 年 188 页 有彩图
26cm（16 开）ISBN：7-5314-1304-3

定价：CNY18.00
　　中国现代连环画作品。作者王洪（1954—　　），
上海轻工业高等专科学校美术系任教，上海 E+E
设计工作室主任。

J0081763
幼儿知识世界 （2）王洪主编
沈阳 辽宁美术出版社 1995 年 166 页 有彩图
26cm（16 开）ISBN：7-5314-1305-1
定价：CNY18.00
　　中国现代连环画作品。

J0081764
幼年故事大王 （阿笨猫）赵冰波著；周合绘
上海 少年儿童出版社 1995 年 69 页 17×19cm
ISBN：7-5324-2595-9 定价：CNY5.65
　　中国现代连环画作品。

J0081765
幼年故事大王 （毛毛猴）赵冰波著；张军绘
上海 少年儿童出版社 1995 年 70 页 17×19cm
ISBN：7-5324-2843-5 定价：CNY6.80
　　中国现代连环画作品。作者张军，山东省艺
术研究所研究员。

J0081766
幼年故事大王 （小魔豆）赵冰波著；冯忆南，
胡宁娜绘
上海 少年儿童出版社 1995 年 70 页 17×19cm
ISBN：7-5324-2842-7 定价：CNY6.80
　　中国现代连环画作品。

J0081767
月季降妖 郭崇华编文；姜炳清绘
济南 明天出版社 1995 年 有彩图 25×26cm
精装 ISBN：7-5335-2219-9 定价：CNY30.00
（中国花木故事传奇）
　　本书系中国现代连环画作品。

J0081768
月亮饼 俞妮亚编著；毛用坤等绘
南宁 广西美术出版社 1995 年 20 页 17×19cm
ISBN：7-80582-942-X 定价：CNY2.20
　　本书系中国现代连环画作品。作者毛用坤
（1936—　　），漫画家。浙江宁波人。创办上海少

年报和《好儿童》画报，任美术组长、画报编辑部主任、副审。作品有连环画《大扫除》《周总理在少年宫》《小灵通漫游未来》、连环画漫画《海虹》等。

J0081769

月亮找邻居　　高蕾编写；张敏绘
杭州　浙江少年儿童出版社　1995年　17×19cm
ISBN：7-5342-1203-0　定价：CNY2.20
　　本书系中国现代连环画作品。

J0081770

岳飞　　李向伟等编绘
北京　气象出版社　1995年　3册（144页）
17×19cm　ISBN：7-5029-2040-4　定价：CNY11.40
　　本书系中国现代连环画作品。

J0081771

岳飞传　　高梅仪等改编；王亦秋等绘
北京　人民美术出版社　1995年　2版　2册
19cm（小32开）　ISBN：7-102-0061-X
定价：CNY25.00
（中国历史故事连环画库）
　　本书系中国现代连环画作品。作者王亦秋（1925—　　），连环画家。又名王野秋，浙江镇海人。历任前锋出版社美术编辑，上海人民美术出版社连环画创作室创作员　、副审编。主要作品有《杨门女将》《小刀会》《马跃檀溪》《李逵闹东京》《清兵入塞》等。

J0081772

长颈鹿和小羊　　张汝川编文；高山，晓蕾绘
石家庄　河北美术出版社　1995年　17×19cm
ISBN：7-5310-0691-X　定价：CNY2.95
（拼音童话）
　　中国现代连环画作品。

J0081773

征服大猩猩　　杨有祥，杨炯明编文；陈旸等绘
上海　上海科技教育出版社　1995年　90页
19cm（小32开）　ISBN：7-5428-1186-X
定价：CNY4.30
（少年探险家丛书）
　　本书系中国现代连环画作品。

J0081774

拯救太阳系　　张中龄改编；刘延江绘画
天津　天津人民美术出版社　1995年　64页
26cm（16开）精装　ISBN：7-5305-0425-8
定价：CNY12.80
　　中国现代连环画作品。

J0081775

芝麻开门　（少儿科学故事画集）赵世洲等主编
沈阳　辽宁科学技术出版社　1995年　12页
26cm（16开）　ISBN：7-5381-2130-7
定价：CNY60.00
　　中国现代连环画作品。

J0081776

智斗兽中王　　郝思军编文；戈十绘
上海　上海科技教育出版社　1995年　90页
19cm（小32开）　ISBN：7-5428-1194-0
定价：CNY4.30
（少年探险家丛书）
　　中国现代连环画作品。

J0081777

智歼笑面虎　　李葆青编；王国仁绘
南宁　广西美术出版社　1995年　126页　9×13cm
ISBN：7-80582-949-7　定价：CNY2.00
　　中国现代连环画作品。

J0081778

中国大卡通　（红楼梦）徐来等编文；黄大华等绘
石家庄　河北科学技术出版社　1995年　62页
26cm（16开）　ISBN：7-5375-1404-6
定价：CNY8.00
　　中国现代连环画作品。

J0081779

中国大卡通　（三国演义）徐来等编文；黄大华等绘
石家庄　河北科学技术出版社　1995年　62页
26cm（16开）　ISBN：7-5375-1406-2
定价：CNY8.00
　　中国现代连环画作品。

J0081780

中国大卡通 （水浒传）徐来等编文；黄大华等绘

石家庄 河北科学技术出版社 1995 年 62 页 26cm（16 开）ISBN：7-5375-1399-6 定价：CNY8.00

　　中国现代连环画作品。

J0081781

中国大卡通 （西游记）徐来等编文；黄大华等绘

石家庄 河北科学技术出版社 1995 年 62 页 26cm（16 开）ISBN：7-5375-1405-4 定价：CNY8.00

　　中国现代连环画作品。作者黄大华（1934—　），水彩画家。浙江鄞县人。中国美术家协会会员。上海人民美术出版社编辑，上海百草画院常务副院长。从事连环画创作，编辑出版连环画近三百种。

J0081782

中国动画片故事 （一）黄峻等绘

南京 江苏美术出版社 1995 年 46 页 17×19cm ISBN：7-5344-0428-2 定价：CNY3.95 （彩图童话故事精选系列丛书）

　　中国现代连环画作品。

J0081783

中国动画片故事 （二）吕晋等绘

南京 江苏美术出版社 1995 年 48 页 17×19cm ISBN：7-5344-0429-0 定价：CNY3.95 （彩图童话故事精选系列丛书）

　　中国现代连环画作品。

J0081784

中国工艺玩具故事 佳音等编；朱成梁等绘

北京 中国少年儿童出版社 1995 年 17×19cm 精装 ISBN：7-5007-2740-2 定价：CNY23.00

　　中国现代连环画作品。作者朱成梁（1948—　），绘本作家。中国美术家协会会员。作品有《两兄弟》《屋檐下的腊八粥》《团圆》等。

J0081785

中国民间故事 余芳编文

武汉 湖北少年儿童出版社 1995 年 94 页

17×19cm ISBN：7-5353-1479-1 定价：CNY5.00 （拼拼读读丛书 1）

　　中国现代连环画作品。

J0081786

中国民间故事 （一）张志和等绘

南京 江苏美术出版社 1995 年 56 页 17×19cm ISBN：7-5344-0426-6 定价：CNY3.95 （彩图童话故事精选系列丛书）

　　中国现代连环画作品。

J0081787

中国民间故事 （二）华华等绘

南京 江苏美术出版社 1995 年 58 页 17×19cm ISBN：7-5344-0427-4 定价：CNY3.95 （彩图童话故事精选系列丛书）

　　中国现代连环画作品。

J0081788

中国母亲 （绘画本）钟起煌主编

南昌 21 世纪出版社 1995 年 128 页 20cm（32 开）ISBN：7-5391-0989-0 定价：CNY4.00

　　中国现代连环画作品。

J0081789

中国山川传说故事 荆其柱改编；阎善春等绘

北京 中国少年儿童出版社 1995 年 17×19cm 精装 ISBN：7-5007-2657-0 定价：CNY23.00

　　中国现代连环画作品。

J0081790

中国神话童话故事 赵明等改编；陈明钧等绘

杭州 浙江人民美术出版社 1995 年 17×19cm 精装 ISBN：7-5340-0631-7 定价：CNY22.00 （汉语拼音读物）

　　中国现代连环画作品。作者陈明钧（1943—　），画家。笔名金阳、金匀、妙明等。中国美术家协会浙江分会会员，中国摄影家协会浙江分会会员，浙江少年儿童出版社美术编辑。彩色连环画作品《龟蛇二怪》《八仙过海》《孔雀公主》《七色花》。装帧设计《卢坤峰画册》《中国古典文学神仙鬼怪故事丛书》《老外婆的故事》等。

J0081791

中华爱国将领画传　张明金等编文；何兵等绘图

北京　军事谊文出版社　1995 年　5 册

19cm（小 32 开）ISBN：7-80027-767-4

定价：CNY38.00

J0081792

中华百杰图传　（军事奇才篇）陈显泗主编

海口　海南国际新闻出版中心　1995 年　10 册

20cm（32 开）ISBN：7-80609-146-7

定价：CNY58.00

　　本套书包含：《乱世枭雄　曹操》《宝岛功臣　郑成功》《民国元戎　黄兴》《抗倭名将　戚继光》《善谋骁将　韩信》等 10 册。

J0081793

中华百杰图传　（文坛巨擘）陈显泗主编

海口　海南国际新闻出版中心　1995 年　10 册

19cm（小 32 开）ISBN：7-80609-220-X

定价：CNY58.00

J0081794

中华百杰图传　（科海先驱）陈显泗主编

海口　海南国际新闻出版中心　1996 年　10 册

20cm（32 开）ISBN：7-80609-258-7

定价：CNY58.00（全套）

J0081795

中华百杰图传　（理财巨匠）陈显泗主编

海口　海南国际新闻出版中心　1996 年　10 册

20cm（32 开）ISBN：7-80609-361-3

定价：CNY58.00

J0081796

中华百杰图传　（思想精英）陈显泗主编；王家训等绘

海口　海南国际新闻出版中心　1996 年　10 册

20cm（32 开）ISBN：7-80609-447-4

定价：CNY68.00

　　本书包含：《封建叛逆》（李贽）、《启蒙先驱》（王夫之）、《义理宗师》（朱熹）、《务实先贤》（王充）、《重民良吏》（柳宗元）、《革命元勋》（李大钊）、《变法领袖》（康有为）、《华夏先哲》（孔子）、《道家始祖》（老子）、《一代亚圣》（孟子）10 册。

J0081797

中华百杰图传　（政界巨子）陈显泗主编；尚金声等绘

海口　海南国际新闻出版中心　1996 年　10 册

20cm（32 开）ISBN：7-80609-360-5

定价：CNY68.00（全套）

　　本套书包含：《千古一帝》（秦始皇）、《文武雄才》（汉武帝）、《政改大家》（孝文帝）、《盛世明君》（唐太宗）、《至尊女皇》（武则天）、《一代天骄》（成吉思汗）、《平民大帝》（朱元璋）、《治世雄主》（康熙）、《民国之父》（孙中山）、《东方巨人》（毛泽东）10 册。

J0081798

中华百杰图传　（智慧之星）陈显泗主编

海口　海南国际新闻出版中心　1996 年　10 册

20cm（32 开）ISBN：7-80609-448-2

定价：CNY68.00

　　本套书包含：《世纪伟人》（周恩来）、《策士之雄》（张仪）、《神算军师》（刘基）、《解难高人》（李泌）、《多谋儒相》（耶律楚材）、《兵谋宗师》（姜尚）、《千古良辅》（张良）、《善谋元辅》（范文程）、《两朝谋臣》（赵普）、《智慧化身》（诸葛亮）10 册。

J0081799

中华百杰图传　（学苑英才）陈显泗主编；季云飞，肖季文卷主编

海口　海南国际新闻出版中心　1997 年　10 册

20cm（32 开）ISBN：7-80609-488-1

定价：CNY68.00

　　本套书包含：《史学之父》（司马迁）、《资政良臣》（司马光）、《一代巨儒》（黄宗羲）、《清学祖师》（顾炎武）、《国学巨子》（王国维）、《启蒙大师》（梁启超）、《人世楷模》（蔡元培）、《万世师表》（陶行知）、《学界骄子》（胡适）、《多才奇人》（郭沫若）10 册。

J0081800

中华百杰图传　（艺苑群星）陈显泗主编；詹方瑶，冯敏卷主编

海口　海南国际新闻出版中心　1997 年　10 册

20cm（32 开）ISBN：7-80609-487-3

定价：CNY68.00

　　本套书包含：《华夏书圣》（王羲之）、《一代

画圣》(吴道子)、《刚正书家》(颜真卿)、《绝世风
流》(郑板桥)、《人民画家》(齐白石)、《京剧大
师》(梅兰芳)、《民族乐魂》(聂耳)、《黄河号手》
(冼星海)、《美术宗匠》(徐悲鸿)、《画坛奇才》
(张大千)10册。

J0081801

中华百杰图传　(友好使者)陈显泗主编；赵
小石卷主编
海口　海南国际新闻出版中心　1997年　10册
20cm(32开) ISBN：7-80609-489-X
定价：CNY68.00
　　　　本书包含：《探险之父》(张骞)、《丝路卫士》
(班超)、《佛国高僧》(法显)、《取经法师》(玄
奘)、《和亲才女》(文成公主)、《东渡和尚》(鉴
真)、《吴哥游客》(周达观)、《钦差正使》(郑和)、
《爱国使臣》(曾纪泽)、《外交英杰》(薛福成)
10册。

J0081802

中华少年精英画传全书　(1)尹世霖编著
南宁　接力出版社　1995年　300页 20cm(32开)
ISBN：7-80581-972-6 定价：CNY17.50
　　　　春秋、战国、秦、汉时期的中华少年精英传
记连环画。

J0081803

中华少年精英画传全书　(2)尹世霖编著
南宁　接力出版社　1995年　332页 20cm(32开)
ISBN：7-80581-974-2 定价：CNY19.00

J0081804

中华少年精英画传全书　(3)尹世霖编著
南宁　接力出版社　1995年　324页 20cm(32开)
ISBN：7-80581-973-4 定价：CNY18.50
　　　　本书为隋、唐、两宋时期的中华少年精英传
记连环画。

J0081805

中华少年精英画传全书　(4)尹世霖编著
南宁　接力出版社　1995年　315页 20cm(32开)
ISBN：7-80581-965-3 定价：CNY18.00
　　　　元、明、清时期的中华少年精英传记连
环画。

J0081806

中华五千年　(中国历史故事)许祖馨,张忠
良编；张忠良绘
银川　宁夏少年儿童出版社　1995年　4册
17×19cm ISBN：7-80620-012-6 定价：CNY51.20
(全4册)
　　　　中国现代连环画作品。

J0081807

中华五千年　(连环画本)忠湖主编
沈阳　沈阳出版社　1995年　11+1000页
20cm(32开) ISBN：7-5441-0440-0
定价：CNY38.00, CNY45.00(精装)

J0081808

中外童话精粹　(全集)张莹编文；王伟绘
沈阳　沈阳出版社　1995年　17×19cm
精装 ISBN：7-5441-0311-0 定价：CNY12.00
　　　　中国现代连环画作品。

J0081809

中外智慧故事　白·巴干,黑子编绘
通辽　内蒙古少年儿童出版社　1995年
19×21cm ISBN：7-5312-0496-7 定价：CNY4.80
　　　　中国现代连环画作品。

J0081810

中学生文言故事连环画　吴稷曾等选注
长沙　湖南美术出版社　1995年　4册 20cm(32开)
ISBN：7-5356-0708-X 定价：CNY55.00

J0081811

忠直的故事　刘萌瑜改编；农建坡绘
南宁　广西美术出版社　1995年　78页 10×13cm
ISBN：7-80582-954-3 定价：CNY1.30
　　　　中国现代连环画作品。

J0081812

钟馗与蒲　董乃德编文；李承东绘
济南　明天出版社　1995年　25×26cm
精装 ISBN：7-5332-2213-X 定价：CNY30.00
(中国花木故事传奇)
　　　　中国现代连环画作品。

J0081813

猪八戒传奇 日广绘
贵阳 贵州民族出版社 1995 年 2 册 13×19cm
ISBN：7-5412-0515-X 定价：CNY6.60
中国现代连环画作品。

J0081814

猪八戒太空历险 刘世文等编；方翮等绘
武汉 湖北少年儿童出版社 1995 年 119 页
17×19cm ISBN：7-5353-1562-3 定价：CNY9.20
中国现代连环画作品。

J0081815

猪八戒新三十六变 高欣等编；双水等绘
武汉 湖北少年儿童出版社 1995 年 118 页
17×19cm ISBN：7-5353-1561-5 定价：CNY9.20
中国现代连环画作品。

J0081816

庄子化蝶 董乃德编文；许锦集绘
济南 明天出版社 1995 年 有彩图 25×26cm
精装 ISBN：7-5332-2215-6 定价：CNY30.00
（中国花木故事传奇）
中国现代连环画作品。

J0081817

追捕金蝇子盗 （图画幼儿童话故事）程运改
编；李晓林绘
太原 希望出版社 1995 年 62 页 13×19cm
ISBN：7-5379-1505-9 定价：CNY2.10
中国现代连环画作品。

J0081818

紫荆蛟龙 凌祖余编文；冼小前绘
南宁 广西美术出版社 1995 年 134 页 9×13cm
ISBN：7-80582-851-2 定价：CNY1.70
中国现代连环画作品。作者冼小前
（1955— ），书画家。笔名廉人，原籍广东，毕
业于广西艺术学院。中国美术家协会会员，中
国书法家协会会员，中国书法艺术研究院特聘
书画家，广西美术出版社副编审、书法编辑部主
任。作品有油画《春望 》《八桂英华》《法卡边
防》等。

J0081819

最新幼儿故事大王 （好学的故事）周锐等编
文；管慧勇等绘
杭州 浙江少年儿童出版社 1995 年 17×19cm
ISBN：7-5342-1253-7 定价：CNY4.10
中国现代连环画作品。

J0081820

最新幼儿故事大王 （节俭的故事）陆鹿等编
文；程思新等绘
杭州 浙江少年儿童出版社 1995 年 17×19cm
ISBN：7-5342-1254-5 定价：CNY4.10
中国现代连环画作品。

J0081821

最新幼儿故事大王 （礼貌的故事）陆鹿等编
文；程思新等绘
杭州 浙江少年儿童出版社 1995 年 17×19cm
ISBN：7-5342-1256-1 定价：CNY4.10
中国现代连环画作品。

J0081822

最新幼儿故事大王 （孝顺的故事）李想等编
文；蔡红等绘
杭州 浙江少年儿童出版社 1995 年 17×19cm
ISBN：7-5342-1255-3 定价：CNY4.10
中国现代连环画作品。

J0081823

尊师敬长 勇敢聪慧 （汉英对照）天天，于
辰文改编；郭小凌等绘
北京 中国少年儿童出版社 1995 年 17×19cm
ISBN：7-5007-2440-3 定价：CNY14.50
（中华民族传统美德故事丛书）
中国现代连环画作品。

J0081824

20 世纪世界童话精粹
沈阳 辽宁美术出版社 1996 年 296 页 17×19cm
ISBN：7-5314-1455-4 定价：CNY23.00
中国现代连环画。

J0081825

阿凡提智慧宝库 （珍藏本图画故事）许慧
敏，王帆之编文；申乐等绘

珠海 珠海出版社 1996 年 379 页 19cm(小 32 开)
ISBN：7-80607-256-X 定价：CNY18.00

J0081826
安恩斯和猪、蛇、鹰的故事 （1）洪涛等编
文；徐延春，孔昭平绘
北京 农村读物出版社 1996 年 17×18cm
ISBN：7-5048-2695-2 定价：CNY2.40
(外国著名寓言、趣味故事系列丛书)

J0081827
安恩斯和猪、蛇、鹰的故事 （2）洪涛等编
文；徐延春，孔昭平绘
北京 农村读物出版社 1996 年 17×18cm
ISBN：7-5048-2695-2 定价：CNY2.40
(外国著名寓言、趣味故事系列丛书)

J0081828
安恩斯和猪、蛇、鹰的故事 （3）洪涛等编
文；徐延春，孔昭平绘
北京 农村读物出版社 1996 年 17×18cm
ISBN：7-5048-2695-2 定价：CNY2.40
(外国著名寓言、趣味故事系列丛书)

J0081829
安恩斯和猪、蛇、鹰的故事 （4）洪涛等编
文；徐延春，孔昭平绘
北京 农村读物出版社 1996 年 17×18cm
ISBN：7-5048-2695-2 定价：CNY2.40
(外国著名寓言、趣味故事系列丛书)

J0081830
安恩斯和猪、蛇、鹰的故事 （5）洪涛等编
文；徐延春，孔昭平绘
北京 农村读物出版社 1996 年 17×18cm
ISBN：7-5048-2695-2 定价：CNY2.40
(外国著名寓言、趣味故事系列丛书)

J0081831
安恩斯智斗老虎 （1）洪涛等编文；徐延春，
孔昭平绘
北京 农村读物出版社 1996 年 17×18cm
ISBN：7-5048-2695-2 定价：CNY2.40
(外国著名寓言、趣味故事系列丛书)

J0081832
安恩斯智斗老虎 （2）洪涛等编文；徐延春，
孔昭平绘
北京 农村读物出版社 1996 年 17×18cm
ISBN：7-5048-2695-2 定价：CNY2.40
(外国著名寓言、趣味故事系列丛书)

J0081833
安恩斯智斗老虎 （3）洪涛等编文；徐延春，
孔昭平绘
北京 农村读物出版社 1996 年 17×18cm
ISBN：7-5048-2695-2 定价：CNY2.40
(外国著名寓言、趣味故事系列丛书)

J0081834
安恩斯智斗老虎 （4）洪涛等编文；徐延春，
孔昭平绘
北京 农村读物出版社 1996 年 17×18cm
ISBN：7-5048-2695-2 定价：CNY2.40
(外国著名寓言、趣味故事系列丛书)

J0081835
安恩斯智斗老虎 （5）洪涛等编文；徐延春，
孔昭平绘
北京 农村读物出版社 1996 年 17×18cm
ISBN：7-5048-2695-2 定价：CNY2.40
(外国著名寓言、趣味故事系列丛书)

J0081836
安恩斯智取双牛的故事 （1）洪涛等编文；
徐延春，孔昭平绘
北京 农村读物出版社 1996 年 17×18cm
ISBN：7-5048-2695-2 定价：CNY2.40
(外国著名寓言、趣味故事系列丛书)

J0081837
安恩斯智取双牛的故事 （2）洪涛等编文；
徐延春，孔昭平绘
北京 农村读物出版社 1996 年 17×18cm
ISBN：7-5048-2695-2 定价：CNY2.40
(外国著名寓言、趣味故事系列丛书)

J0081838
安恩斯智取双牛的故事 （3）洪涛等编文；
徐延春，孔昭平绘

北京 农村读物出版社 1996 年 17×18cm
ISBN：7-5048-2695-2 定价：CNY2.40
（外国著名寓言、趣味故事系列丛书）

J0081839

安恩斯智取双牛的故事 （4）洪涛等编文；
徐延春，孔昭平绘
北京 农村读物出版社 1996 年 17×18cm
ISBN：7-5048-2695-2 定价：CNY2.40
（外国著名寓言、趣味故事系列丛书）

J0081840

安恩斯智取双牛的故事 （5）洪涛等编文；
徐延春，孔昭平绘
北京 农村读物出版社 1996 年 17×18cm
ISBN：7-5048-2695-2 定价：CNY2.40
（外国著名寓言、趣味故事系列丛书）

J0081841

安恩斯智胜大蛇的故事 （1）洪涛等编文；
徐延春，孔昭平绘
北京 农村读物出版社 1996 年 17×18cm
ISBN：7-5048-2695-2 定价：CNY2.40
（外国著名寓言、趣味故事系列丛书）

J0081842

安恩斯智胜大蛇的故事 （2）洪涛等编文；
徐延春，孔昭平绘
北京 农村读物出版社 1996 年 17×18cm
ISBN：7-5048-2695-2 定价：CNY2.40
（外国著名寓言、趣味故事系列丛书）

J0081843

安恩斯智胜大蛇的故事 （3）洪涛等编文；
徐延春，孔昭平绘
北京 农村读物出版社 1996 年 17×18cm
ISBN：7-5048-2695-2 定价：CNY2.40
（外国著名寓言、趣味故事系列丛书）

J0081844

安恩斯智胜大蛇的故事 （4）洪涛等编文；
徐延春，孔昭平绘
北京 农村读物出版社 1996 年 17×18cm
ISBN：7-5048-2695-2 定价：CNY2.40
（外国著名寓言、趣味故事系列丛书）

J0081845

安恩斯智胜大蛇的故事 （5）洪涛等编文；
徐延春，孔昭平绘
北京 农村读物出版社 1996 年 17×18cm
ISBN：7-5048-2695-2 定价：CNY2.40
（外国著名寓言、趣味故事系列丛书）

J0081846

安徒生童话 陈子千等改编；江健文等绘
成都 四川少年儿童出版社 1996 年 118 页
17×19cm ISBN：7-5365-1617-7 定价：CNY12.00
（世界名著精选 1）
　　中国现代连环画作品。作者江健文
（1954— ），浙江杭州人。中国美术家协会会员，
浙江人民美术出版社美术编辑。代表作品有《小
猪的生日宴会》。

J0081847

鏖战敌后 崔世莹编文；章毓霖，章丽绘
南宁 广西美术出版社 1996 年 94 页 10×13cm
ISBN：7-80625-050-6 定价：CNY1.80
（爱国主义教育连环画丛书：抗日战争故事）
　　中国现代连环画作品。作者崔世莹
（1954— ），研究员。江苏海安人。海安县文
化馆副馆长，中国舞蹈家协会会员等。作品有
《舞蹈艺术论》《社会舞蹈概论》《艺文经纬集》
《九十年代流行交谊舞》。

J0081848

八女投江 温野改编；张永新等绘
沈阳 辽宁美术出版社 1996 年 2 版 62 页
9×13cm ISBN：7-5314-1555-0 定价：CNY1.10
　　中国现代连环画作品。

J0081849

八十天环游地球 彩图画库编绘组编绘
成都 四川少年儿童出版社 1996 年 62 页
26cm（16 开）ISBN：7-5365-1585-5
定价：CNY9.80
（彩图凡尔纳科幻游记画库）
　　中国现代连环画作品。

J0081850

爸爸妈妈读过的书 （上集 中国部分）
北京 人民美术出版社 1996 年 10 册

10×13cm　盒装　ISBN：7-102-01611-5
定价：CNY30.20
　　连环画包括《江姐》等10册。

J0081851
爸爸妈妈读过的书　（下集　外国部分　连环画）
北京　人民美术出版社　1996年　16册
10×13cm　盒装　ISBN：7-102-01612-3
定价：CNY49.60
　　本书包括《青年近卫军》等16册。

J0081852
半夜鸡叫：语文辅助读物　彦芳改编；吴成
槐，吴棹绘
沈阳　辽宁美术出版社　1996年　62页　9×13cm
ISBN：7-5314-1538-0　定价：CNY1.10
　　中国现代连环画作品。作者吴成槐
（1943—　），满族，编辑。辽宁沈阳人。辽宁民
族出版社社长兼总编辑，辽宁美术家协会、辽宁
摄影家协会会员。连环画作品有《南下路上》《
大桥争夺战》，编辑设计图书《海外藏明清绘画珍
品——沈周卷》《20世纪中国摄影文献》。

J0081853
包青天断案故事精选　（上）黎邦农等编；杨
大全等绘
合肥　安徽少年儿童出版社　1996年　123页
17×19cm　ISBN：7-5397-1309-7　定价：CNY8.00
　　中国现代连环画作品。

J0081854
包青天断案故事精选　（下）黎邦农等编；汪
家龄等绘
合肥　安徽少年儿童出版社　1996年　120页
17×19cm　ISBN：7-5397-1310-0　定价：CNY8.00
　　中国现代连环画作品。作者汪家龄（1944—
2010），画家。江西婺源人。中国艺术研究院特
邀创作委员、黄山市美术家协会副主席、黄山市
中国画研究院副院长，中国美术家协会安徽分
会会员。擅长连环画。作品有《追牛》《三八号》
《红烛泪》等连环画，《哪吒闹海》《三战吕布》等
年画。

J0081855
宝物失踪：福尔摩斯探案故事　（连环画）

柏立改编；赵俊生绘
沈阳　辽宁美术出版社　1996年　2版　134页
9×13cm　ISBN：7-5314-1571-2　定价：CNY2.00
　　中国现代连环画作品。

J0081856
豹子头林冲　李勤改编；王珏绘画工作室绘
深圳　海天出版社　1996年　155页　19cm（小32开）
ISBN：7-80615-535-X　定价：CNY4.80
（水浒名将故事画传）

J0081857
豹子湾战斗　刘维仁改编；李宁远绘
沈阳　辽宁美术出版社　1996年　2版　142页
9×13cm　ISBN：7-5314-1570-4　定价：CNY2.10
　　中国现代连环画作品。

J0081858
贝洛童话　王依等改编；江健文等绘
成都　四川少年儿童出版社　1996年　118页
17×19cm　ISBN：7-5365-1619-3　定价：CNY12.00
（世界名著精选 3）
　　中国现代连环画作品。作者江健文
（1954—　），浙江杭州人。中国美术家协会会员，
浙江人民美术出版社美术编辑。代表作品有《小
猪的生日宴会》。

J0081859
彩绘水浒英雄人物故事　木兰改编；吴元奎
等绘
昆明　晨光出版社　1996年　2册　17×19cm
精装　ISBN：7-5414-1155-8　定价：CNY24.00
　　中国现代连环画作品。

J0081860
彩图百科知识 100 例　朱旗等编写；李可等绘
上海　百家出版社　1996年　140页　17×19cm
ISBN：7-80576-639-8　定价：CNY15.00
（小博士彩图丛书）
　　中国现代连环画作品。

J0081861
彩图谜语故事　（1）何雁编；杨健生等绘
郑州　海燕出版社　1996年　89页　17×18cm
ISBN：7-5350-1448-8　定价：CNY6.50

中国现代连环画作品。

J0081862

彩图谜语故事 （2）何雁编；杨健生等绘

郑州 海燕出版社 1996年 89页 17×18cm

ISBN：7-5350-1448-8 定价：CNY6.50

　　中国现代连环画作品。

J0081863

彩图谜语故事 （3）何雁编；杨健生等绘

郑州 海燕出版社 1996年 17×18cm

ISBN：7-5350-1448-8 定价：CNY6.50

　　中国现代连环画作品。

J0081864

彩图谜语故事 （4）何雁编；杨健生等绘

郑州 海燕出版社 1996年 89页 17×18cm

ISBN：7-5350-1448-8 定价：CNY6.50

　　中国现代连环画作品。

J0081865

彩图谜语故事 （5）何雁编；郑建新等绘

郑州 海燕出版社 1996年 89页 17×18cm

ISBN：7-5350-1449-6 定价：CNY6.50

　　中国现代连环画作品。作者郑建新，《小学生学习报》美术编辑。

J0081866

彩图谜语故事 何雁编；蒋松涛等绘

郑州 海燕出版社 1996年 89页 17×19cm

ISBN：7-5350-1447-X 定价：CNY5.80

（谜语故事系列 3）

　　中国现代连环画作品。

J0081867

彩图名人故事 100 集 李莉等编写；杨力国等绘

上海 百家出版社 1996年 140页 17×19cm

ISBN：7-80576-638-X 定价：CNY15.00

（小博士彩图丛书）

　　中国现代连环画作品。

J0081868

彩图趣味谜语 100 个 陈静等编写；张羽雪等绘

上海 百家出版社 1996年 140页 17×19cm

ISBN：7-80576-634-7 定价：CNY15.00

（小博士彩图丛书）

　　中国现代连环画作品。

J0081869

彩图益智故事 100 篇 周旌等编写；白凌等绘

上海 百家出版社 1996年 140页 17×19cm

ISBN：7-80576-635-5 定价：CNY15.00

（小博士彩图丛书）

　　中国现代连环画作品。

J0081870

彩图寓言故事 100 则 罗志洪等编写；陶涛等绘

上海 百家出版社 1996年 140页 17×19cm

ISBN：7-80576-637-1 定价：CNY15.00

（小博士彩图丛书）

　　中国现代连环画作品。

J0081871

彩图中国童谣 100 则 郑言等编写；孙化一等绘

上海 百家出版社 1996年 137页 17×19cm

ISBN：7-80576-636-3 定价：CNY15.00

（小博士彩图丛书）

　　中国现代连环画作品。

J0081872

草原铁骑 李宝柱编文；刘生展等绘

南宁 广西美术出版社 1996年 98页 10×13cm

ISBN：7-80625-018-2 定价：CNY1.80

（爱国主义教育连环画丛书：抗日战争故事）

　　本书为中国现代连环画作品。与河北美术出版社合作出版。作者刘生展（1938—2016），画家，一级美术师。别名塞城。内蒙古丰镇人。历任河北省张北县文化馆馆长、张家口市美协名誉主席、中国美术家协会会员、中华炎黄文化研究会会员、中日美术交流协会会员、察哈尔书画院名誉院长。作品有《草原女民兵》《赛马去》《多为农业献骏马》《草原盛会》等。出版《怎样画马》《三国志人物绘卷》《马的描法》等。

J0081873

茶花女 （法）小仲马原著；李白英等改编；陈

俭绘

上海 上海人民美术出版社 1996年 166页

20cm(32开) ISBN:7-5322-1446-X

定价:CNY7.90

(世界文学名著精选 绘画本)

J0081874

陈观玉的故事 (连环画)毛维会等编文;陆
佳绘

深圳 海天出版社 1996年 150页 20cm(32开)

ISBN:7-80615-175-3 定价:CNY6.00

J0081875

春夏秋冬科学童话 邓小秋著;红太阳卡通
创作室绘

成都 四川少年儿童出版社 1996年 128页

17×19cm ISBN:7-5365-1650-9 定价:CNY13.00
　　中国现代连环画作品。

J0081876

词语的透视 (分析哲学)陈鹏[编写];李雪绘

贵阳 贵州人民出版社 1996年 124页

20cm(32开) ISBN:7-221-03757-4

定价:CNY58.50(全套)

(西方哲学画廊 7)

J0081877

从小学本领故事画册 何泥,唐惠凡改编;
树仁等绘

沈阳 辽宁民族出版社 1996年 2册 17×19cm

ISBN:7-80527-656-0 定价:CNY6.00
　　中国现代连环画作品。

J0081878

打败了雄狮的小野兔 (1)洪涛等编文;孔
昭平绘

北京 农村读物出版社 1996年 17×18cm

ISBN:7-5048-2697-9 定价:CNY2.00

(外国著名寓言、趣味故事系列丛书)

J0081879

打败了雄狮的小野兔 (2)洪涛等编文;孔
昭平绘

北京 农村读物出版社 1996年 17×18cm

ISBN:7-5048-2697-9 定价:CNY2.00

(外国著名寓言、趣味故事系列丛书)

J0081880

打败了雄狮的小野兔 (3)洪涛等编文;孔
昭平绘

北京 农村读物出版社 1996年 17×18cm

ISBN:7-5048-2697-9 定价:CNY2.00

(外国著名寓言、趣味故事系列丛书)

J0081881

打败了雄狮的小野兔 (4)洪涛等编文;孔
昭平绘

北京 农村读物出版社 1996年 17×18cm

ISBN:7-5048-2697-9 定价:CNY2.00

(外国著名寓言、趣味故事系列丛书)

J0081882

打败了雄狮的小野兔 (5)洪涛等编文;孔
昭平绘

北京 农村读物出版社 1996年 17×18cm

ISBN:7-5048-2697-9 定价:CNY2.00

(外国著名寓言、趣味故事系列丛书)

J0081883

打鼓求救 丁二编写;董小明等绘

上海 少年儿童出版社 1996年 113页 21×19cm

精装 ISBN:7-5324-2823-0 定价:CNY20.00

(中国寓言世界)
　　中国现代连环画作品。作者董小明
(1948—),画家,艺术策划人。黑龙江人,毕
业于中国美术学院。历任中国美术家协会理事、
儿童美术艺委会委员、深圳画院院长。代表作品
有《船老大》《彝女》《半亩方塘》《春雨香江》等。

J0081884

大木筏亚马孙河游记 彩图画库编绘组编绘

成都 四川少年儿童出版社 1996年 62页

26cm(16开) ISBN:7-5365-1586-3

定价:CNY9.80

(彩图凡尔纳科幻游记画库)
　　中国现代连环画作品。

J0081885

大迁移 许贸淞编绘

台北 台湾书店 1996年 133页 26cm(16开)

ISBN：957-567-100-7 定价：TWD95.00

J0081886

大禹治服洪水 （连环画）王吉祥改编；赵明钧绘

沈阳 辽宁美术出版社 1996年 2版 82页

9×13cm ISBN：7-5314-1572-0 定价：CNY1.30

（中国远古神话故事 四）

　　　中国现代连环画作品。作者赵明钧（1938—　），满族，连环画艺术家。笔名孤竹古道居士。生于辽宁省锦州市，籍贯辽宁省锦州市。《我们村里年轻人》《毛主席好战士——雷锋》《收伏白龙马》等。

J0081887

当代雷锋 （徐虎的故事）邵传烈，邵宁编；桑麟康等绘

上海 上海人民出版社 1996年 146页 17×19cm

ISBN：7-208-02395-6 定价：CNY6.00

　　　中国现代连环画。作者桑麟康（1957—　），画家。浙江鄞县人，就读于上海市轻工业专科学校美术系。在上海市农垦工商联合企业总公司天山商场任美工。作品有《同学》《我们唤醒了沉睡的大地》《养鸡图》等。

J0081888

德伯家的苔丝 （英）哈代原著；庄宏安，陈雅君改编；易至群等绘

上海 上海人民美术出版社 1996年 162页

20cm（32开）ISBN：7-5322-1445-1

定价：CNY7.90

（世界文学名著精选 绘画本）

　　　作者易至群（1938—　），画家。别名易子，湖南邵阳人，毕业于广州美术学院国画系，同年留校任教。历任江西《南昌晚报》美术编辑、武汉画院一级美术师、海南大学艺术学院教授。代表作品有《村史》《豆选》等。

J0081889

邓世昌 王炳毅编文；戴友生等绘

南京 江苏美术出版社 1996年 42页 17×19cm

ISBN：7-5344-0655-2 定价：CNY4.50

（中国古代名将）

　　　中国现代连环画作品。

J0081890

狄青 华士明编文；武凯军等绘

南京 江苏美术出版社 1996年 42页 17×19cm

ISBN：7-5344-0651-X 定价：CNY4.50

（中国古代名将）

　　　中国现代连环画作品。

J0081891

敌后武工队 （连环画）颜枫改编；王玉良，周恩连绘

沈阳 辽宁美术出版社 1996年 2版 3册

9×13cm ISBN：7-5314-1547-X 定价：CNY8.10

　　　中国现代连环画作品。

J0081892

地心游记 彩图画库编绘组编绘

成都 四川少年儿童出版社 1996年 62页

26cm（16开）ISBN：7-5365-1635-5

定价：CNY9.80

（彩图凡尔纳科幻游记画库）

　　　中国现代连环画作品。

J0081893

第一次世界大战 （1）百如等编著；高兴奇等绘画

沈阳 辽宁美术出版社 1996年 362页

20cm（32开）ISBN：7-5314-1611-5

定价：CNY15.00

　　　中国现代连环画。

J0081894

第一次世界大战 （2）百如等编著；高兴奇等绘画

沈阳 辽宁美术出版社 1996年 338页

20cm（32开）ISBN：7-5314-1612-3

定价：CNY14.00

　　　中国现代连环画。

J0081895

东周列国故事 王振民等改编；王重英等绘

北京 人民美术出版社 1996年 2版 11册

10×13cm 盒装 ISBN：7-102-01561-5

定价：CNY17.00

（中国古代连环画系列）

　　　中国现代连环画作品。作者王振民

（1937—　），教授。中国人民大学中文系教授、文艺理论教研室主任，中国摄影家协会、中国文艺理论学会会员。

J0081896
东周列国故事　上海人民美术出版社编
上海　上海人民美术出版社　1996 年　4 册
20cm（32 开）ISBN：7-5322-1487-7
定价：CNY119.00
　　中国现代连环画。

J0081897
东周列国故事　（绘图本）杨兆麟等编；卢辅圣等绘
上海　上海人民美术出版社　1996 年　4 册
20cm（32 开）精装　ISBN：7-5322-1487-7
定价：CNY119.00
　　中国现代连环画作品。作者卢辅圣（1949—　），编辑。浙江东阳人，毕业于浙江美术学院中国画系。历任《朵云》《书法研究》主编、上海书画出版社总编辑，中国美术家协会会员，上海美术家协会顾问。代表作品有中国画《旧游》，连环画《钗头凤》。

J0081898
东周列国志　（图画本）朝晶等编文；世弼等绘
南昌　二十一世纪出版社　1996 年
2 册（334+334 页）20cm（32 开）精装
ISBN：7-5391-1037-6　定价：CNY38.00
（中国古典文学名著故事精选）

J0081899
东周列国志　袁里等编文；曹干等绘
南京　江苏少年儿童出版社　1996 年　288 页
18×20cm　精装　ISBN：7-5346-1604-2
定价：CNY22.00
（彩图中国古典名著）
　　中国现代连环画作品。

J0081900
东周列国志　（四卷 六十回绘画本）（明）冯梦龙原著；诸子旺改编；田耘等绘
北京　中国连环画出版社　1996 年　4 册
20cm（32 开）盒装　ISBN：7-5061-0683-3
定价：CNY68.00

中国现代连环画作品。

J0081901
董存瑞　（连环画）黄一红改编；江勤等制作
南宁　广西美术出版社　1996 年　123 页　9×13cm
ISBN：7-80582-813-X　定价：CNY2.40
（爱国主义教育连环画丛书：百部电影故事）

J0081902
杜十娘　（连环画）伍未折改编；刘廷相绘
沈阳　辽宁美术出版社　1996 年　2 版　90 页
9×13cm　ISBN：7-5314-1550-X　定价：CNY1.40
　　中国现代连环画作品。

J0081903
断织劝学　丁二编写；武建华等绘
上海　少年儿童出版社　1996 年　113 页　21×19cm
精装　ISBN：7-5324-2828-1　定价：CNY20.00
（中国寓言世界）
　　中国现代连环画作品。

J0081904
凡尔纳探险小说精粹　（绘画本）（法）凡尔纳原著；李家平，张玲缩译；罗平等插图
北京　学苑出版社　1996 年　532 页　20cm（32 开）
ISBN：7-5077-0965-5　定价：CNY29.60
（世界名著）

J0081905
飞狐外传　金庸原著；斐仕等改编；田耕等绘画
长沙　湖南少年儿童出版社　1996 年　20cm（32 开）
ISBN：7-5358-1037-3　定价：CNY16.25
（金庸著名武侠小说 绘画本 第二辑）
　　本书为《飞狐外传》《雪山飞狐》合订。作者金庸（1924—2018），当代武侠小说作家、新闻学家、企业家、政治评论家、社会活动家。本名查良镛，生于浙江海宁市，移居香港。毕业于上海东吴大学法学院。与古龙、梁羽生、温瑞安并称为中国武侠小说四大宗师。代表作品有《射雕英雄传》《神雕侠侣》《倚天屠龙记》《天龙八部》等。

J0081906
佛陀十大弟子　于绍文等绘；李丹妮编文
北京　东方出版社　1996 年　3 册（998 页）

20cm（32开）ISBN：7-5060-0743-6
定价：CNY99.00
（《佛教画藏》系列丛书·罗汉部）

J0081907

福尔摩斯探案全集　（绘画本）（英）阿·柯南
道尔著；丁钟华等译
武汉　湖北少年儿童出版社　1996年　3册（2883页）
20cm（32开）精装　ISBN：7-5353-1599-2
定价：CNY108.00

J0081908

复活　（连环画）（俄）托尔斯泰著；胡克礼，恽
南平绘
沈阳　辽宁美术出版社　1996年　2版　2册
9×13cm　ISBN：7-5314-1527-5　定价：CNY4.00
　　中国现代连环画作品。作者托尔斯泰（Лев
Николаевич Толстой，1828—1910），俄国批判
现实主义作家、思想家，哲学家。全名列夫·尼
古拉耶维奇·托尔斯泰。出生于亚斯纳亚－博利
尔纳，毕业于喀山大学。代表作有《战争与和平》
《安娜·卡列尼娜》《复活》等。

J0081909

鸽仙　陈秋影改编；秦赫绘
北京　人民美术出版社　1996年　45页　29cm（16开）
精装　ISBN：7-102-01667-0　定价：CNY16.00
（中国童话精选）
　　中国现代连环画作品。

J0081910

格兰特船长的儿女　（连环画）（法）凡尔纳
著；王恩国改编；李以泰等绘
沈阳　辽宁美术出版社　1996年　2版　3册
9×13cm　ISBN：7-5314-1530-5　定价：CNY7.00
　　中国现代连环画作品。

J0081911

格兰特船长的儿女　彩图画库编绘组编绘
成都　四川少年儿童出版社　1996年　62页
26cm（16开）ISBN：7-5365-1634-7
定价：CNY9.80
（彩图凡尔纳科幻游记画库）
　　中国现代连环画作品。

J0081912

格林童话　郑风等改编；秦建明等绘
成都　四川少年儿童出版社　1996年　118页
17×19cm　ISBN：7-5365-1618-5　定价：CNY12.00
（世界名著精选 2）
　　中国现代连环画作品。

J0081913

给太阳洗脸　（优秀幼儿童话）冰波著；吕莎
等绘
成都　四川少年儿童出版社　1996年　116页
19×17cm　精装　ISBN：7-5365-1561-8
定价：CNY15.00
（世界名著精选 2）
　　中国现代连环画作品。作者冰波（1957—　），
作家。本名赵冰波，浙江杭州人。供职于浙江文
学院。主要创作童话、动画片剧本等。代表作品
有《月光下的肚肚狼》《蓝鲸的眼睛》《窗下的树
皮小屋》等。

J0081914

公案　（一）古干主编；陶良华编文；周申等绘
北京　东方出版社　1996年　3册（1000页）
20cm（32开）ISBN：7-5060-0784-3
定价：CNY99.00
（《佛教画藏》系列丛书·禅部）
　　主编古干（1942—　），画家。中国美术家协
会会员，中国现代书画学会会长，世界书法家协
会荣誉顾问。作者周申（1943—　），连环画家。
浙江诸暨人，毕业于中央美术学院附中。历任山
东菏泽地区展览馆艺术馆美术干部、山东美术出
版社美术编辑，中国美术家协会会员。代表作品
有《四笔阎王账》《中国历史演义故事画——宋
史》《当代连环画精品集·周申》等。

J0081915

光辉的旗帜　（绘画本）汪玉奇撰稿；李一新
等绘
南昌　21世纪出版社　1996年　170页　26cm（16开）
精装　ISBN：7-5391-1174-7　定价：CNY68.00

J0081916

光辉的旗帜　（绘画本）丘玮等绘
南昌　21世纪出版社　1996年　170页　20cm（32开）
ISBN：7-5391-1067-8　定价：CNY9.80

中国现代连环画作品。作者丘玮(1949—)，
美术编辑。别名阿兴，福建上杭人。历任江西人
民出版社、江西美术出版社美术编辑。作品连环
画《送棉被》《秦始皇的专利》《光辉的旗帜》。

J0081917

海灯法师 （连环画）刘孟洪著；李树全改编；
世仁绘
沈阳 辽宁美术出版社 1996 年 2 版 130 页
9×13cm ISBN：7-5314-1544-5 定价：CNY2.00
　　中国现代连环画作品。

J0081918

海底两万里 彩图画库编绘组编绘
成都 四川少年儿童出版社 1996 年 62 页
26cm（16 开）ISBN：7-5365-1588-X
定价：CNY9.80
（彩图凡尔纳科幻游记画库）
　　中国现代连环画作品。

J0081919

海底两万里：连环画 何泥改编；孙愚绘
沈阳 辽宁美术出版社 1996 年 2 版 3 册
9×13cm ISBN：7-5314-1529-1 定价：CNY5.70
　　中国现代连环画作品。作者孙愚(1937—)，
画家。浙江温州人。中国美术家协会会员。曾
在上海人民美术出版社从事连环画创作，兼任
上海大学巴士学院美术专业基础课程教师。著
有《钢笔画起步》，连环画《野猫》《巴黎圣母院》
《海底两万里》《圣经的故事》《孤岛历险记》等。

J0081920

海尔兄弟 （第二册）红叶广告公司绘制
北京 中国连环画出版社 1996 年 112 页
17×19cm ISBN：7-5061-0711-2 定价：CNY15.00
（大型系列卡通连环画 6-10 集）
　　中国现代动画作品。

J0081921

海尔兄弟 （第三册）红叶广告公司绘制
北京 中国连环画出版社 1996 年 115 页
17×19cm ISBN：7-5061-0723-6 定价：CNY15.00
（大型系列卡通连环画）
　　中国现代动画作品。

J0081922

海尔兄弟 （第四册）红叶广告公司绘制
北京 中国连环画出版社 1996 年 117 页
18×17cm ISBN：7-5061-0741-4 定价：CNY15.00
（大型系列卡通连环画）
　　中国现代动画作品。

J0081923

海尔兄弟 （第五册）红叶广告公司绘制
北京 中国连环画出版社 1996 年 117 页
18×17cm ISBN：7-5061-0742-2 定价：CNY15.00
（大型系列卡通连环画）

J0081924

海尔兄弟 （第六册）红叶广告公司绘制
北京 中国连环画出版社 1997 年 117 页
16×18cm ISBN：7-5061-0752-X 定价：CNY15.00
　　中国现代连环画作品。

J0081925

韩世忠与梁红玉 王炳毅编文；戴友生等绘
南京 江苏美术出版社 1996 年 42 页 17×19cm
ISBN：7-5344-0652-8 定价：CNY4.50
（中国古代名将）
　　中国现代连环画作品。

J0081926

汉魏六朝志怪 刘明主编；李福全等绘
北京 商务印书馆国际有限公司 1996 年 335 页
20cm（32 开）ISBN：7-80103-116-4
定价：CNY20.00
（华夏文学系列画库）

J0081927

行者武松 李勤改编；王珏绘画工作室绘
深圳 海天出版社 1996 年 148 页 19cm（小 32 开）
ISBN：7-80615-536-8 定价：CNY4.80
（水浒名将故事画传）

J0081928

豪夫童话 封为等改编；刘玉海等绘
成都 四川少年儿童出版社 1996 年 118 页
17×19cm ISBN：7-5365-1620-7 定价：CNY12.00
（世界名著精选 4）
　　中国现代连环画作品。

J0081929

好少年林秀艳　中共广西壮族自治区委员会
宣传部组织编写；吕肇基，笑平绘
南宁　广西美术出版社 1996 年 146 页 9×13cm
ISBN：7-80625-117-0 定价：CNY2.20
　　中国现代连环画作品。

J0081930

黑胡子捕快　金辉等编文；孙国庆等绘
南京　江苏少年儿童出版社 1996 年 288 页
18×20cm 精装 ISBN：7-5346-1555-0
定价：CNY22.00
（彩图大胡子侦探推理故事）
　　中国现代连环画作品。

J0081931

黑旋风李逵　周茂东改编；王珏绘画工作室绘
深圳　海天出版社 1996 年 164 页 19cm（小 32 开）
ISBN：7-80615-538-4 定价：CNY4.80
（水浒名将故事画传）

J0081932

红孩子　黄一红改编
南宁　广西美术出版社 1996 年 125 页 10×13cm
ISBN：7-80625-140-5 定价：CNY2.40
（爱国主义教育连环趣丛书：百部电影故事）
　　中国现代连环画作品。

J0081933

红胡子探长　觉海等编文；胡苣等绘
南京　江苏少年儿童出版社 1996 年 288 页
18×20cm 精装 ISBN：7-5346-1553-4
定价：CNY22.00
（彩图大胡子侦探推理故事）
　　中国现代连环画作品。

J0081934

红楼梦　匡纪龙改编；武凯军等绘
南京　江苏美术出版社 1996 年 138 页 17×19cm
精装 ISBN：7-5344-0605-6 定价：CNY16.00
（中国古典名著彩图本·新编）
　　中国现代连环画作品。

J0081935

红楼梦　匡纪龙改编；武凯军等绘
南京　江苏美术出版社 1996 年 138 页 17×19cm
ISBN：7-5344-0604-8 定价：CNY13.80
（中国古典名著彩图本·新编）
　　中国现代连环画作品。

J0081936

红楼梦　葛裕琪等编文；胡博综等绘
南京　江苏少年儿童出版社 1996 年 288 页
18×20cm 精装 ISBN：7-5346-1613-1
定价：CNY22.00
（彩图中国古典名著）
　　中国现代连环画作品。作者胡博综
（1941—　），编审。江苏无锡人。中国美协会
员，江苏美术出版社副总编、编审，中国美协连
环画艺委会委员、江苏省美协理事。连环画作品
有《十二品正官》《倪焕之》《要是我当县长》等。

J0081937

红楼梦（绘画本）（清）曹雪芹原著；钱志清
等改编；杨秋宝等绘
上海　上海人民美术出版社 1996 年 16 册
10×13cm 盒装 ISBN：7-5322-1694-2
定价：CNY38.00
　　中国现代连环画作品。

J0081938

红楼梦（绘画本）（清）曹雪芹,（清）高鹗原
著；木杉改编；谢鹏程等绘
长沙　湖南少年儿童出版社 1996 年 20cm（32 开）
精装 ISBN：7-5358-1212-0 定价：CNY16.00
（中国四大古典文学名著）
　　中国现代连环画作品。

J0081939

红日　王星北改编；汪观清绘
上海　上海人民美术出版社 1996 年 2 版 4 册
10×13cm ISBN：7-5322-1707-8 定价：CNY8.80
　　中国现代连环画作品。作者王星北（1905—
1973），连环画脚本文学家。浙江定海人。原名
心葆。曾就读于定海公学。曾任上海私营北斗
出版社经理、泰兴书局文字编辑、上海新美术出
版社连环画文字编辑、上海人民美术出版社连环
画编辑科副科长等职。作者汪观清（1931—　），
艺术家。号耕莘堂主，安徽歙县人。历任上海人
民美术出版社副编审、中国美术家协会会员、上

海市美术家协会理事。出版有《汪观清画集》《怎样画牛》《名家教画》等。

J0081940
红岩　（连环画）可蒙改编；韩和平等绘
上海　上海人民美术出版社 1996 年 2 版 8 册
10×13cm ISBN：7-5322-1705-1 定价：CNY20.20
　　中国现代连环画作品。作者韩和平（1932—2019），连环画家、教授。吉林东宁人，毕业于中央美术学院华东分院绘画系。曾在上海人民美术出版社从事连环画创作，历任上海大学美术学院油画系副主任、副教授，艺术研究所主任。作品连环画有《铁道游击队》《红岩》等。

J0081941
红与黑　（法）司汤达原著；庄宏安、陈雅君改编；徐学初绘
上海　上海人民美术出版社 1996 年 198 页
20cm（32 开）ISBN：7-5322-1444-3
定价：CNY8.90
（世界文学名著精选 绘画本）
　　作者徐学初（1968—　），教授。生于浙江桐庐，毕业于上海戏剧学院舞台美术系。就职于上海市戏曲学校舞美设计及舞美班。出版有《大卫·科波菲尔》《汤姆大伯的小屋》《红与黑》等多部中外世界名著连环画。

J0081942
红字　（美）霍桑原著；曹欣渊改编；江云等绘
上海　上海人民美术出版社 1996 年 103 页
20cm（32 开）ISBN：7-5322-1443-5
定价：CNY5.90
（世界文学名著精选 绘画本）

J0081943
后羿射日除凶　（连环画）王吉祥改编；张成思绘
沈阳　辽宁美术出版社 1996 年 2 版 106 页
9×13cm ISBN：7-5314-1574-7 定价：CNY1.60
（中国远古神话故事　三）

J0081944
狐假虎威　杰良编写；缪惟等绘
上海　少年儿童出版社 1996 年 113 页 21×19cm
精装 ISBN：7-5324-2830-3 定价：CNY20.00

（中国寓言世界）
　　中国现代连环画作品。作者缪惟（1965—　），图书出版策划人、插图画家、平面设计师，漫画家。出生于北京。毕业于中央工艺美术学院。任职于中国少年儿童新闻出版总社、中国美术家协会会员、中国展示设计家协会会员。作品有《小给船》《叶圣陶童话》《叶圣陶儿歌》。

J0081945
花和尚鲁智深　王远改编；王珏绘画工作室绘
深圳　海天出版社 1996 年 153 页 19cm（小 32 开）
ISBN：7-80615-537-6 定价：CNY4.80
（水浒名将故事画传）

J0081946
花妖　自由鸟编绘
北京　中国连环画出版社 1996 年 19cm（32 开）
ISBN：7-5061-0725-2 定价：CNY6.90
（少女漫画丛书）
　　中国现代连环画作品。

J0081947
画说聊斋　（蒲松龄原著·故事精选）
北京　北京美术摄影出版社 1996 年 410 页
21cm（32 开）ISBN：7-80501-176-1
定价：CNY13.00
（中国古典文学名著 故事精选连环画）

J0081948
黄帝大战蚩尤　（连环画）王吉祥改编；赵明钧绘
沈阳　辽宁美术出版社 1996 年 2 版 110 页
9×13cm ISBN：7-5314-1575-5 定价：CNY1.70
（中国远古神话故事　二）

J0081949
黄胡子警官　吴福刚等编文；沈刚等绘
南京　江苏少年儿童出版社 1996 年 288 页
18×20cm 精装 ISBN：7-5346-1554-2
定价：CNY22.00
（彩图大胡子侦探推理故事）
　　中国现代连环画作品。

J0081950
绘画本中国通史　龚延明主编

杭州 浙江少年儿童出版社 1996年 修订本
6册 20cm（32开）精装 ISBN：7-5342-1427-0
定价：CNY130.00

J0081951

机器岛 彩图画库编绘组编绘
成都 四川少年儿童出版社 1996年 62页
26cm（16开）ISBN：7-5365-1637-1
定价：CNY9.80
（彩图凡尔纳科幻游记画库）
　　中国现代连环画作品。

J0081952

鸡毛信 苏荣模，苏琬明改编；江勤等制作
南宁 广西美术出版社 1996年 125页 10×13cm
ISBN：7-80625-004-2 定价：CNY2.40
（爱国主义教育连环画丛书：百部电影故事）
　　本书为中国现代连环画作品。与中国电影
出版社合作出版。

J0081953

基度山恩仇记 （法）大仲马著；伍积文改编；
宫昭堃等绘画
哈尔滨 黑龙江美术出版社 1996年 2册（579页）
19cm（小32开）ISBN：7-5318-0353-4
定价：CNY16.80
（世界名著连环画本）
　　作者 大仲马（Alexandre Dumas，1802—
1870），法国作家。生于巴黎郊区。全名亚历山
大·仲马，通称大仲马。著有《基度山恩仇记》等。

J0081954

激战无名川 （连环画）卞福顺改编；冯玉太，
李秀玲绘
沈阳 辽宁美术出版社 1996年 2版 2册
9×13cm ISBN：7-5314-1536-4 定价：CNY5.10
　　作者卞福顺，曾任辽宁民族出版社美术教育
编辑室主任。

J0081955

及时雨宋江 周茂东改编；王珏绘画工作室绘
深圳 海天出版社 1996年 2册（136+173页）
19cm（小32开）ISBN：7-80615-540-6
定价：CNY9.60
（水浒名将故事画传）

J0081956

简·爱 （英）夏洛蒂·勃朗特原著；吴其柔改编；
徐学初绘
上海 上海人民美术出版社 1996年 171页
20cm（32开）ISBN：7-5322-1442-7
定价：CNY7.90
（世界文学名著精选 绘画本）
　　作者徐学初（1968—　），教授。生于浙江桐
庐，毕业于上海戏剧学院舞台美术系。就职上海
市戏曲学校舞美设计及舞美班。出版有《大卫·科
波菲尔》《汤姆大伯的小屋》《红与黑》等多部中
外世界名著连环画。

J0081957

简·爱 （连环画）（英）勃朗特著；李遵义改编；
庞邦本绘
沈阳 辽宁美术出版社 1996年 2版 2册
9×13cm ISBN：7-5314-1531-3 定价：CNY4.30

J0081958

金庸著名武侠小说 （绘画本 第二辑）金庸
原著
长沙 湖南少年儿童出版社 1996年 4册
20cm（32开）ISBN：7-5358-1037-3
定价：CNY65.00
　　作者金庸（1924—2018），当代武侠小说作
家、新闻学家、企业家、政治评论家、社会活动
家。本名查良镛，生于浙江海宁市，移居香港。
毕业于上海东吴大学法学院。与古龙、梁羽生、
温瑞安并称为中国武侠小说四大宗师。代表作
品有《射雕英雄传》《神雕侠侣》《倚天屠龙记》
《天龙八部》等。

J0081959

惊弓之鸟 马可夫编写；张培成等绘
上海 少年儿童出版社 1996年 112页 21×19cm
精装 ISBN：7-5324-2825-7 定价：CNY20.00
（中国寓言世界）
　　中国现代连环画作品。作者张培成
（1948—　），画家、一级美术师。江苏太仓人，
毕业于中央美术学院。上海市美术家协会副主
席、上海中国画院兼职画师、上海大学美术学
院、上海师范大学美术学院兼职教授。中国美术
家协会会员。代表作品有《微风》《农家》《沃土》，
出版有《张培成画集》。

J0081960

惊险的故事　林凤生等编文；陈有群等绘

上海 上海科技教育出版社 1996 年 72 页

17×18cm ISBN：7-5428-1302-1 定价：CNY5.50

（SS 系列画册）

　　中国现代连环画作品。

J0081961

精彩成语小屋　杨剑改编；安景黎等绘

济南 明天出版社 1996 年 238 页 17×19cm

精装 ISBN：7-5332-2438-8 定价：CNY20.00

（金房子丛书）

　　中国现代连环画作品。

J0081962

精彩神话小屋　伊甸等改编；阿伟等绘

济南 明天出版社 1996 年 238 页 17×19cm

精装 ISBN：7-5332-2390-X 定价：CNY20.00

（金房子丛书）

　　中国现代连环画作品。

J0081963

精彩童话小屋　陈宇等改编；戎念竹等绘

济南 明天出版社 1996 年 238 页 17×19cm

精装 ISBN：7-5332-2389-6 定价：CNY20.00

（金房子丛书）

　　中国现代连环画作品。

J0081964

精彩寓言小屋　赵红等改编；李全华等绘

济南 明天出版社 1996 年 238 页 17×19cm

精装 ISBN：7-5332-2391-8 定价：CNY20.00

（金房子丛书）

　　中国现代连环画作品。作者李全华

（1951—　），高级讲师。浙江镇海人。中国美

术家协会会员、全国美术教育研究会会员、浙江

幼儿师范学校讲师。擅长儿童读物插图。代表

作品《糖房子》《小老鼠菲勒的故事》《郑春华童

话》等。

J0081965

镜花缘　（清）李汝珍原著；吕晴飞，娄程改编；

谭元杰，竟艺绘

北京 中国妇女出版社 1996 年

3 册（277+282+283 页）20cm（32 开）

ISBN：7-80131-021-7 定价：CNY55.00

（古典名著连环画）

　　作者李汝珍（1763—1828），小说家。字松石，

号老松、青莲、北平子、松石道人，直隶大兴（今

属北京）人。著有《李氏音鉴》《受子谱选》《镜

花缘》。一说：生卒年约 1763—约 1830。

J0081966

九纹龙史进　王远改编；王珏绘画工作室绘

深圳 海天出版社 1996 年 111 页 19cm（小 32 开）

ISBN：7-80615-534-1 定价：CNY3.80

（水浒名将故事画传）

J0081967

卡通福尔摩斯探案故事集　（英）柯南道尔原

作；卓杉山绘

海口 海南摄影美术出版社 1996 年 6 册

17cm（40 开）ISBN：7-80637-048-X

定价：CNY33.60

　　中国现代连环画。6 册包括：红发联合会之

谜、榉树宅子的冒险、格洛里亚斯科特号船的见

证、马斯格雷夫家之谜、斑点带子案、蓝宝石案。

J0081968

开心一笑　（画册）盛桦［绘］

西安 陕西人民美术出版社 1996 年 4 册

19cm（小 32 开）ISBN：7-5368-0816-X

定价：CNY15.92

J0081969

凯卡·里加智救姐姐们的故事　（1）洪涛等

编文；徐延春，孔昭平绘

北京 农村读物出版社 1996 年 17×18cm

ISBN：7-5048-2695-2 定价：CNY3.00

（外国著名寓言、趣味故事系列丛书）

J0081970

凯卡·里加智救姐姐们的故事　（2）洪涛等

编文；徐延春，孔昭平绘

北京 农村读物出版社 1996 年 17×18cm

ISBN：7-5048-2695-2 定价：CNY3.00

（外国著名寓言、趣味故事系列丛书）

J0081971

凯卡·里加智救姐姐们的故事　（3）洪涛等

编文；徐延春，孔昭平绘
北京 农村读物出版社 1996 年 17×18cm
ISBN：7-5048-2695-2 定价：CNY3.00
（外国著名寓言、趣味故事系列丛书）

J0081972

凯卡·里加智救姐姐们的故事 （4）洪涛等
编文；徐延春，孔昭平绘
北京 农村读物出版社 1996 年 17×18cm
ISBN：7-5048-2695-2 定价：CNY3.00
（外国著名寓言、趣味故事系列丛书）

J0081973

凯卡·里加智救姐姐们的故事 （5）洪涛等
编文；徐延春，孔昭平绘
北京 农村读物出版社 1996 年 17×18cm
ISBN：7-5048-2695-2 定价：CNY3.00
（外国著名寓言、趣味故事系列丛书）

J0081974

看钱奴 （元）郑廷玉著；于玉生改编；郁汉
羽绘
沈阳 辽宁美术出版社 1996 年 2 版 130 页
9×13cm ISBN：7-5314-1557-7 定价：CNY2.00
　　中国现代连环画作品。

J0081975

看图读《水浒》 （上册）牟文正文；关庆留绘
北京 金盾出版社 1996 年 119-238 页
17×19cm ISBN：7-5082-0306-2 定价：CNY12.00
　　中国现代连环画作品。作者关庆留
（1935—　），笔名阿留，广东顺德人。毕业于西
安军医大学。曾任解放军总后勤部政治部后勤
杂志社副科长，中国美术家协会会员。作品有
《捉麻雀》《风雪高原》，连环画《智取华山》等。

J0081976

看图读《水浒》 （中册）牟文正文；关庆留绘
北京 金盾出版社 1996 年 119-238 页
17×19cm ISBN：7-5082-0306-2 定价：CNY12.00
　　中国现代连环画作品。

J0081977

看图读《水浒》 （下册）牟文正文；关庆留绘
北京 金盾出版社 1996 年 239-358 页

17×19cm ISBN：7-5082-0307-0 定价：CNY12.00
中国现代连环画作品。

J0081978

孔子 （彩色绘画本）杨书案编文；肖佳松等绘画
武汉 湖北少年儿童出版社 1996 年 153 页
26cm（16 开）精装 ISBN：7-5353-1558-5
定价：CNY23.00

J0081979

苦儿擒匪记 何泥改编；杨春生，武秀绘
沈阳 辽宁美术出版社 1996 年 2 版 170 页
9×13cm ISBN：7-5314-1556-9 定价：CNY2.50
　　中国现代连环画作品。作者杨春生
（1932—　），画家。辽宁锦县人。毕业于冀察热
辽联合大学鲁迅艺术学院美术系及华北鲁迅文
艺学院美术系。曾任《东北画报》《辽宁画报》美
术创作员等职。代表作品有《胖嫂回娘家》《雪
中情》《关东腊月春》等。

J0081980

狂飙支队 曲波著；佟文焕改编；张鸿飞，韩
丽娟绘
沈阳 辽宁美术出版社 1996 年 2 版 2 册
9×13cm ISBN：7-5314-1543-7 定价：CNY5.00
　　中国现代连环画作品。

J0081981

蓝胡子侦探 王海力等编文；阮健等绘
南京 江苏少年儿童出版社 1996 年 288 页
18×20cm 精装 ISBN：7-5346-1556-9
定价：CNY22.00
（彩图大胡子侦探推理故事）
　　中国现代连环画作品。

J0081982

狼外婆讲民间故事 （大冬瓜）石磊，华倩编
文；王丽君注音；徐海鸥等绘
南京 江苏少年儿童出版社 1996 年 192 页
18×20cm 精装 ISBN：7-5346-1562-3
定价：CNY15.00
（彩图汉语拼音读物）
　　中国现代连环画作品。

J0081983

狼外婆讲民间故事 （飞天小魔女）于理等编
文；余春晖注音；柴立倩等绘
南京 江苏少年儿童出版社 1996 年 192 页
18×20cm 精装 ISBN：7-5346-1570-4
定价：CNY15.00
（彩图汉语拼音读物）
　　中国现代连环画作品。

J0081984

狼外婆讲民间故事 （狐狸博士）钱伟等编
文；侯媛媛注音；陈泽新等绘
南京 江苏少年儿童出版社 1996 年 192 页
18×20cm 精装 ISBN：7-5346-1575-5
定价：CNY15.00
（彩图汉语拼音读物）
　　中国现代连环画作品。作者陈泽新
（1954— ），美术编辑。生于北京，祖籍广东汕
头。历任南京《周末》报美术编辑。

J0081985

狼外婆讲民间故事 （金河王）周海燕等编
文；王素琴注音；王杨等绘
南京 江苏少年儿童出版社 1996 年 192 页
18×20cm 精装 ISBN：7-5346-1572-0
定价：CNY15.00
（彩图汉语拼音读物）
　　中国现代连环画作品。

J0081986

狼外婆讲民间故事 （金芦笙）石磊，邓雯编
文；王丽君注音；康卫东等绘
南京 江苏少年儿童出版社 1996 年 192 页
18×20cm 精装 ISBN：7-5346-1564-X
定价：CNY15.00
（彩图汉语拼音读物）
　　中国现代连环画作品。

J0081987

狼外婆讲民间故事 （老天鹅）杜源，马瑞编
文；朱洪云注音；江健文等绘
南京 江苏少年儿童出版社 1996 年 192 页
18×20cm 精装 ISBN：7-5346-1566-6
定价：CNY15.00
（彩图汉语拼音读物）

中国现代连环画作品。作者江健文
（1954— ），浙江杭州人。中国美术家协会会员、
浙江人民美术出版社美术编辑。代表作品有《小
猪的生日宴会》。

J0081988

狼外婆讲民间故事 （咪咪猫）邱莲，林莉编
文；朱洪云注音；时卫平等绘
南京 江苏少年儿童出版社 1996 年 192 页
18×20cm 精装 ISBN：7-5346-1561-5
定价：CNY15.00
（彩图汉语拼音读物）
　　中国现代连环画作品。

J0081989

狼外婆讲民间故事 （南瓜房子）周晓芳等编
文；侯媛媛注音；秦天通等绘
南京 江苏少年儿童出版社 1996 年 192 页
18×20cm 精装 ISBN：7-5346-1574-7
定价：CNY15.00
（彩图汉语拼音读物）
　　中国现代连环画作品。

J0081990

狼外婆讲民间故事 （泥巴怪物）段文燕等编
文；侯媛媛注音；王祖民等绘
南京 江苏少年儿童出版社 1996 年 192 页
18×20cm 精装 ISBN：7-5346-1576-3
定价：CNY15.00
（彩图汉语拼音读物）
　　中国现代连环画作品。作者王祖民
（1949— ），插画家。生于江苏苏州，毕业于南
京师范大学美术系。江苏少年儿童出版社美术
编辑。代表作绘本有《会飞的蛋》《梁山伯与祝
英台》《新来的小花豹》《我是老虎我怕谁》等。

J0081991

狼外婆讲民间故事 （七色花）金辉等编文；
俞春晖注音；武建华等绘
南京 江苏少年儿童出版社 1996 年 192 页
18×20cm 精装 ISBN：7-5346-1569-0
定价：CNY15.00
（彩图汉语拼音读物）
　　中国现代连环画作品。

J0081992

狼外婆讲民间故事 （豌豆老头）成洪编文；
朱洪云注音；姚红等绘
南京 江苏少年儿童出版社 1996年 192页
18×20cm 精装 ISBN：7-5346-1563-1
定价：CNY15.00
（彩图汉语拼音读物）
　　中国现代连环画作品。

J0081993

狼外婆讲民间故事 （小狼当保姆）程敏等编
文；侯媛媛注音；陶文杰等绘
南京 江苏少年儿童出版社 1996年 192页
18×20cm 精装 ISBN：7-5346-1571-2
定价：CNY15.00
（彩图汉语拼音读物）
　　中国现代连环画作品。作者陶文杰
（1958— ），画家。浙江杭州人，毕业于中国美
术学院。中国美术家协会会员、浙江少年儿童出
版社美术编辑。代表作品有《快乐幼儿园》《巧
克力工厂》《过家家》《恐龙乐园》。

J0081994

狼牙山五壮士 黄一红，张桂萍改编；胡建
瑜，梁柯制作
南宁 广西美术出版社 1996年 125页 10×13cm
ISBN：7-80582-817-2 定价：CNY2.40
（爱国主义教育连环画丛书：百部电影故事）
　　中国现代连环画作品。本书与中国电影出
版社合作出版。

J0081995

狼牙山五壮士 （语文辅助读物）纪思改编；
房英魁绘
沈阳 辽宁美术出版社 1996年 2版 62页
9×13cm ISBN：7-5314-1539-9 定价：CNY1.10
（小学生画库）
　　中国现代连环画作品。

J0081996

浪里白条张顺 郑安云改编；王珏绘画工作
室绘
深圳 海天出版社 1996年 126页 19cm（小32开）
ISBN：7-80615-542-2 定价：CNY4.80
（水浒名将故事画传）

J0081997

浪子燕青 周茂东改编；王珏绘画工作室绘
深圳 海天出版社 1996年 136页 19cm（小32开）
ISBN：7-80615-532-5 定价：CNY4.80
（水浒名将故事画传）

J0081998

老道救虎 郑理编写；周翔等绘
上海 少年儿童出版社 1996年 113页 21×19cm
精装 ISBN：7-5324-2826-5 定价：CNY20.00
（中国寓言世界）
　　中国现代连环画作品。

J0081999

李尔王 （连环画）（英）莎士比亚著；于文改
编；朱维明绘
沈阳 辽宁美术出版社 1996年 2版 126页
9×13cm ISBN：7-5314-1528-3 定价：CNY1.90

J0082000

李时珍 刘维仁改编；郭秀庚，邱小玉绘
沈阳 辽宁美术出版社 1996年 2版 118页
9×13cm ISBN：7-5314-1558-5 定价：CNY1.80
　　中国现代连环画作品。作者郭秀庚
（1942— ），湖北黄冈人，毕业于湖北艺术学院。
中国美术家协会会员，曾任江西美术出版社副编
审、《小猕猴智力画刊》社副主编、江西书画院特
聘画家、南昌画院特聘画家。作品有连环画《南
瓜记》《蔡文姬》，年画《八千里路云和月》等。

J0082001

理性的巅峰 （德国古典哲学）王连喜编写；
李雪绘
贵阳 贵州人民出版社 1996年 185页
20cm（32开）ISBN：7-221-03757-4
定价：CNY58.50（全套）
（西方哲学画廊 5）

J0082002

林海雪原 王星北改编；罗兴，王亦秋绘
上海 上海人民美术出版社 1996年 2版 6册
10×13cm ISBN：7-5322-1706-X 定价：CNY12.10
　　中国现代连环画作品。作者王星北（1905—
1973），连环画脚本文学家。浙江定海人。原名
心葆。曾就读于定海公学。曾任上海私营北斗

出版社经理、泰兴书局文字编辑、上海新美术出版社连环画文字编辑、上海人民美术出版社连环画编辑科副科长等职。作者罗兴(1922—1994),连环画家。别名罗孝苹,上海人,毕业于上海沪大建筑学科。曾从事建筑室内外设计,在上海从事连环画及插图创作。曾任教于上海工艺美术学校,造形专业组教研组长。作品有《库楚别依》《林海雪原》等。作者王亦秋(1925—　　　),连环画家。又名王野秋,浙江镇海人。历任前锋出版社美术编辑,上海人民美术出版社连环画创作室创作员,副审编。主要作品有《杨门女将》《小刀会》《马跃檀溪》《李逵闹东京》《清兵入塞》等。

J0082003

吝啬鬼　(连环画)(法)巴尔扎克著;代学,长虹改编;徐锡林绘

沈阳 辽宁美术出版社 1996年 2版 178页

9×13cm ISBN: 7-5314-1532-1 定价: CNY2.60
　　中国现代连环画作品。

J0082004

六十四卦故事画册　何懔编;欧阳立新绘

广州 广东教育出版社 1996年 338页

20cm(32 开) ISBN: 7-5406-3442-1

定价: CNY14.00

J0082005

鲁班学艺　纪华改编;杜大恺绘

北京 人民美术出版社 1996年 45页 29cm(16开)

精装 ISBN: 7-102-01668-9 定价: CNY16.00

(中国童话精选)

　　中国现代连环画作品。

J0082006

鹿鼎记　金庸原著;木子等改编;仕泉等绘画

长沙 湖南少年儿童出版社 1996年 20cm(32 开)

ISBN: 7-5358-1037-3 定价: CNY16.25

(金庸著名武侠小说 绘画本 第二辑)

J0082007

马兰花　任德耀原著;翟绍蓉改编;杨永青绘

北京 人民美术出版社 1996年 45页 29cm(16开)

精装 ISBN: 7-102-01669-7 定价: CNY16.00

(中国童话精选)

　　中国现代连环画作品。作者杨永青(1928—

2011),画家。上海浦东人。历任中国美术家协会儿童美术艺术委员会主任、中国版画家协会会员、中国少年儿童出版社美术编辑、编审。人物画有《屈原九歌长卷》《观音造像》等,连环画作品有《女拖拉机手》《刘胡兰》《王二小》《高玉宝》等。

J0082008

麦积山石窟　(漫画集)曹昌光等文图

兰州 甘肃人民美术出版社 1996年 126页

20cm(32 开) ISBN: 7-80588-120-0

定价: CNY12.80

(漫画丝绸之路 天水卷)

　　作者曹昌光,漫画家。天水师范学院美术系任教,甘肃省美术家协会会员。出版有《漫画丝绸之路》《漫画丝绸之路．天水卷》。

J0082009

名山大川的传说　(下册)张子仪等编文;倪绍勇等绘

合肥 安徽少年儿童出版社 1996年 20×19cm

精装 ISBN: 7-5397-1318-6 定价: CNY15.00

　　中国现代连环画作品。

J0082010

明清白话　刘明主编;李全等绘

北京 商务印书馆国际有限公司 1996年 331页

20cm(32 开) ISBN: 7-80103-117-2

定价: CNY20.00

(华夏文学系列画库)

　　主编刘明(1957—　　　),满族,教授。出生于辽宁岫岩县,毕业于鲁迅美术学院。历任沈阳美术学院美术系、沈阳大学师范学院美术系副主任、副教授,中国美术家协会会员。出版有《刘明油画创意》。

J0082011

穆桂英　王炳毅编文;武凯军等绘

南京 江苏美术出版社 1996年 42页 17×19cm

ISBN: 7-5344-0647-1 定价: CNY4.50

　　中国现代连环画作品。

J0082012

泥鳅看瓜　钟山绘

南宁 广西美术出版社 1996年 55页 10×13cm

ISBN：7-80625-006-9 定价：CNY1.00
（爱国主义教育连环画丛书：抗日战争故事）
　　中国现代连环画作品。

J0082013
牛虻 （连环画）吉志西改编；胡克礼绘
沈阳 辽宁美术出版社 1996年 2版 157页
9×13cm ISBN：7-5314-1524-0 定价：CNY2.30
　　中国现代连环画作品。

J0082014
农民的好儿子 （记段永胜同志抢救落水儿童
英勇献身的事迹）巫岚编文；孟喜元绘
呼和浩特 内蒙古人民出版社 1996年 76页
19×20cm ISBN：7-204-03569-0 定价：CNY4.60
　　中国现代连环画。作者孟喜元（1943—　），
河北省曲阳县人，毕业于内蒙古财贸干部进修学
院，结业于浙江美术学院国画人物进修班。曾任
内蒙古人民出版社美术编辑室主任、国家一级美
术师、内蒙古自治区文史研究馆馆员、中国美术
家协会会员、中国连环画研究会常务理事。代表
作品有《幸福晚年》《团日》，出版有《艺用人体
摄影图谱》《孟喜元画集》等。

J0082015
女娲抟土造人 （连环画）王吉祥改编；王弘
力等绘
沈阳 辽宁美术出版社 1996年 2版 182页
9×13cm ISBN：7-5314-1573-9 定价：CNY2.10
（中国远古神话故事 一）
　　中国现代连环画作品。作者王弘力（1927—
2019），连环画家。生于天津，祖籍山东蓬莱。中
国美术家协会会员、沈阳文史馆馆员，历任《辽
西画报》《辽西文艺》编辑、辽宁美术出版社编
审。代表作品有连环画《十五贯》《天仙配》等。

J0082016
披虎皮的羊 杰良编写；陈巽如等绘
上海 少年儿童出版社 1996年 113页 21×19cm
精装 ISBN：7-5324-2827-3 定价：CNY20.00
（中国寓言世界）
　　中国现代连环画作品。作者陈巽如
（1949—　），女，美术编辑。曾用名陈胜如、耳
东。湖南望城人，毕业于湖南戏剧学校舞台美术
科。历任湖南文艺出版社美术编辑、装帧室副主

任，中国美术家协会会员。代表作品有《攻关》
《金龙崖》《湘西行》等。

J0082017
拼命三郎石秀 王远改编；王珏绘画工作
室绘
深圳 海天出版社 1996年 141页 19cm（小32开）
ISBN：7-80615-531-7 定价：CNY4.80
（水浒名将故事画传）

J0082018
平原枪声 （一 连环画）李晓明，韩安庆著；
方林改编；齐林家等绘
沈阳 辽宁美术出版社 1996年 2版 126页
9×13cm ISBN：7-5314-1533-X 定价：CNY2.00

J0082019
平原枪声 （二 连环画）李晓明，韩安庆著；
方林改编；齐林家等绘
沈阳 辽宁美术出版社 1996年 2版 134页
9×13cm ISBN：7-5314-1533-X 定价：CNY2.00

J0082020
平原枪声 （三 连环画）李晓明，韩安庆著；
方林改编；齐林家等绘
沈阳 辽宁美术出版社 1996年 2版 154页
9×13cm ISBN：7-5314-1533-X 定价：CNY2.30
　　中国现代连环画作品。

J0082021
平原枪声 （四 连环画）李晓明，韩安庆著；
方林改编；齐林家等绘
沈阳 辽宁美术出版社 1996年 2版 186页
9×13cm ISBN：7-5314-1533-X 定价：CNY2.70

J0082022
七品芝麻官 （连环画）张波改编；盛鹤年绘
沈阳 辽宁美术出版社 1996年 2版 126页
9×13cm ISBN：7-5314-1548-8 定价：CNY1.90
　　作者盛鹤年（1938—2010），连环画家，江苏
江阴人，历任上海市美术家协会会员。出版有
《扬州除霸》《白描人物十招》《中国画白描基础》
《中国古代人物线描画谱》等。

J0082023
七侠五义 （清）石玉昆原著；穆紫等改编；姚渝永等绘
长沙 岳麓书社 1996年 20cm（32开）
ISBN：7-80520-667-8 定价：CNY14.50
（四大古典英雄传奇 绘图本）

J0082024
七侠五义 李家平编文；许英辉绘图
北京 中国电影出版社 1996年 2册（677页）
20cm（32开）ISBN：7-106-01190-8
定价：CNY32.00
（中国古典名著连环画）

J0082025
戚继光 华士明编文；武凯军等绘
南京 江苏美术出版社 1996年 42页 17×19cm
ISBN：7-5344-0646-3 定价：CNY4.50
（中国古代名将）
　　中国现代连环画作品。

J0082026
气球上的五星期 彩图画库编绘组编绘
成都 四川少年儿童出版社 1996年 62页
26cm（16开）ISBN：7-5365-1636-3
定价：CNY9.80
（彩图凡尔纳科幻游记画库）
　　中国现代连环画作品。

J0082027
倩女幽魂 （清）蒲松龄著；齐生改编；胡蓉绘
北京 中国连环画出版社 1996年 128页
19cm（小32开）ISBN：7-5061-0727-9
定价：CNY6.90
（古典文学漫画丛书）
　　中国现代连环画作品。作者胡蓉（1956— ），女，油画家。生于辽宁大连，祖籍安徽凤阳。毕业于鲁迅美术学院。任职于辽宁美术出版社美编室。中国民间美术学会会员、中国民间美术学会辽宁分会秘书长。油画作品有《诞生》《敖包树》《村戏》等。

J0082028
桥隆飙 （上集）江晖改编；王启民等绘
南宁 广西美术出版社 1996年 198页 10×13cm

ISBN：7-80625-049-2 定价：CNY7.50（全2册）
（爱国主义教育连环画丛书：抗日战争故事）
　　本书为中国现代连环画作品。与人民美术出版社合作出版。作者王启民（1937—1995），美术工作者。山东高唐县人。曾供职于即墨市文化馆，山东省美术家协会会员、山东省连环画研究会理事、山东画院特聘高级画师、即墨市画院首任院长。作品有《冀鲁春秋》《龙王店大捷》《崂山挑妇》《峡北人家》等。

J0082029
桥隆飙 （下集）江晖改编；王启民等绘
南宁 广西美术出版社 1996年 198页 10×13cm
ISBN：7-80625-049-2 定价：CNY7.50（全2册）
（爱国主义教育连环画丛书：抗日战争故事）
　　本书为中国现代连环画作品。与人民美术出版社合作出版。

J0082030
青面兽杨志 邵东改编；王珏绘画工作室绘
深圳 海天出版社 1996年 142页 19cm（32开）
ISBN：7-80615-541-4 定价：CNY4.80
（水浒名将故事画传）

J0082031
人物编 古干主编；平常编文；袁辉等绘
北京 东方出版社 1996年 3册（1003页）
20cm（32开）ISBN：7-5060-0759-2
定价：CNY99.00
（《佛教画藏》系列丛书·寓言部）
　　主编古干（1942— ），画家。中国美术家协会会员，中国现代书画学会会长，世界书法家协会荣誉顾问。

J0082032
人性的欢歌 （文艺复兴）孔圣根编写；赵海，胡卫东绘
贵阳 贵州人民出版社 1996年 123页
20cm（32开）ISBN：7-221-03757-4
定价：CNY58.50（全套）
（西方哲学画廊 3）

J0082033
三国演义 徐良士等改编；徐正平等绘
上海 上海人民美术出版社 1996年 60册

10×13cm 盒装 ISBN：7-5322-1408-7
定价：CNY98.00

　　中国现代连环画作品。作者徐正平（1923—2015），连环画家。笔名又飞，江苏阜宁人。上海连环画研究会理事。代表作品有《复镖仇》《安史之乱》《桃园结义》《虎牢关》》《风雪夜归人》等。

J0082034
三国演义 （绘画本）（明）罗贯中原著；剑书改编；毛国保等绘
长沙 湖南少年儿童出版社 1996年 20cm（32开）
精装 ISBN：7-5358-1211-2 定价：CNY16.00
（中国四大古典文学名著）
　　中国现代连环画作品。

J0082035
三件宝贝 （法汉对照）李宏春改编；孔维克绘
北京 海豚出版社 1996年 26cm（16开）
ISBN：7-80051-902-3 定价：CNY11.00
　　中国现代连环画作品。

J0082036
三件宝贝 （英汉对照）李宏春改编；孔维克绘
北京 海豚出版社 1996年 26cm（16开）
ISBN：7-80051-901-5 定价：CNY11.00
　　中国现代连环画作品。

J0082037
山海经神话 （画本）寒桥子主编
北京 海洋出版社 1996年 2册（16+189+216页）
20cm（32开）ISBN：7-5027-3872-X
定价：CNY18.80（全套）

J0082038
上下五千年画本 曹余章，林汉达原著；王肇岐编文；周申等绘
上海 少年儿童出版社 1996年 2册（1463页）
20cm（32开）ISBN：7-5324-3163-0
定价：CNY64.00
　　中国现代连环画作品。

J0082039
少儿十二生肖故事精品 （绘图本）辛子编文；王文军绘

广州 广州出版社 1996年 12册 19cm（小32开）
盒装 ISBN：7-80592-377-9 定价：CNY50.00
　　中国现代连环画作品。

J0082040
少见多怪 郑理编写；陈泽新等绘
上海 少年儿童出版社 1996年 112页 21×19cm
精装 ISBN：7-5324-2829-X 定价：CNY20.00
（中国寓言世界）

　　中国现代连环画作品。作者陈泽新（1954— ），美术编辑。生于北京，祖籍广东汕头。历任南京《周末》报美术编辑。

J0082041
少林寺 王征编文；周申等绘
北京 东方出版社 1996年 3册（1011页）
20cm（32开）ISBN：7-5060-0670-7
定价：CNY99.00
（《佛教画藏》系列丛书·名胜部）

　　作者王征（1938— ），画家。浙江温岭人，毕业于浙江美术学院中国画系。历任浙江博物馆美术员、北京人民美术出版社编辑、济南军区美术员、杭州浙江工艺美校高级讲师、校长，中国美术家协会会员。作品有《红楼梦》《三国演义》《金瓶梅》。出版有《国画人物画法》等。

J0082042
少年从军记 （连环画）于敏原著；于沙编绘
沈阳 辽宁美术出版社 1996年 2版 150页
9×13cm ISBN：7-5314-1552-6 定价：CNY2.20

J0082043
社会主义400年 （绘画本 一）于幼军，黎元洪原著；刘亦凡改编；岑圣权等绘
广州 新世纪出版社 1996年 375页 20cm（32开）
ISBN：7-5405-1394-2 定价：CNY13.80

J0082044
深入虎穴 （连环画）金宝仁，孙玉霞编文；孙大钧绘
沈阳 辽宁美术出版社 1996年 2版 130页
9×13cm ISBN：7-5314-1554-2 定价：CNY2.00

J0082045
神行太保戴宗 王远改编；王珏绘画工作室绘

深圳 海天出版社 1996年 141页 19cm（小32开）
ISBN：7-80615-543-0 定价：CNY4.80
（水浒名将故事画传）

J0082046

神秘岛　彩图画库编绘组编绘
成都 四川少年儿童出版社 1996年 62页
26cm（16开）ISBN：7-5365-1587-1
定价：CNY9.80
（彩图凡尔纳科幻游记画库）
　　中国现代连环画作品。

J0082047

神秘岛　（连环画）卞福顺改编；孙愚绘
沈阳 辽宁美术出版社 1996年 2版 3册
9×13cm ISBN：7-5314-1526-7 定价：CNY6.90
　　作者卞福顺，曾任辽宁民族出版社美术教
育编辑室主任。作者孙愚（1937—　　），画家。浙
江温州人。中国美术家协会会员。曾在上海人
民美术出版社从事连环画创作，兼任上海大学
巴士学院美术专业基础课程教师。著有《钢笔画
起步》，连环画《野猫》《巴黎圣母院》《海底两万
里》《圣经的故事》《孤岛历险记》等。

J0082048

神奇的故事　林凤生等编文；陈有群等绘
上海 上海科技教育出版社 1996年 72页
17×18cm ISBN：7-5428-1301-3 定价：CNY5.50
（SS系列画册）
　　中国现代连环画作品。

J0082049

神腿杜心五　（连环画）万天石著；孙世奇改
编；世仁绘
沈阳 辽宁美术出版社 1996年 2版 158页
9×13cm ISBN：7-5314-1545-3 定价：CNY2.30

J0082050

生命的家园　（人本哲学）董武清编写；李
雪绘
贵阳 贵州人民出版社 1996年 133页
20cm（32开）ISBN：7-221-03757-4
定价：CNY58.50（全套）
（西方哲学画廊 6）

J0082051

狮子和鲜鱼的故事　（1）洪涛等编文；徐延
春，孔昭平绘
北京 农村读物出版社 1996年 17×18cm
ISBN：7-5048-2695-2 定价：CNY2.40
（外国著名寓言、趣味故事系列丛书）

J0082052

狮子和鲜鱼的故事　（2）洪涛等编文；徐延
春，孔昭平绘
北京 农村读物出版社 1996年 17×18cm
ISBN：7-5048-2695-2 定价：CNY2.40
（外国著名寓言、趣味故事系列丛书）

J0082053

狮子和鲜鱼的故事　（3）洪涛等编文；徐延
春，孔昭平绘
北京 农村读物出版社 1996年 17×18cm
ISBN：7-5048-2695-2 定价：CNY2.40
（外国著名寓言、趣味故事系列丛书）

J0082054

狮子和鲜鱼的故事　（4）洪涛等编文；徐延
春，孔昭平绘
北京 农村读物出版社 1996年 17×18cm
ISBN：7-5048-2695-2 定价：CNY2.40
（外国著名寓言、趣味故事系列丛书）

J0082055

狮子和鲜鱼的故事　（5）洪涛等编文；徐延
春，孔昭平绘
北京 农村读物出版社 1996年 17×18cm
ISBN：7-5048-2695-2 定价：CNY2.40
（外国著名寓言、趣味故事系列丛书）

J0082056

世界科技发展史画库　王建邦，朱正伦主编
南京 江苏科学技术出版社 1996年 525页
26cm（16开）精装 ISBN：7-5345-2261-7
定价：CNY55.00

J0082057

世界万物的由来　（绘画本）魏忠才选编；章
毓霖等绘
郑州 河南美术出版社 1996年 12+473页

20cm（32 开）ISBN：7-5401-0520-8

定价：CNY29.5

　　作者章毓霖（1947—2006），生于南通市。江苏省美术家协会会员、南通市美术家协会理事、海安县美术家协会主席、海安书画院兼职画师。作品有《"北京人"下落不明》等。

J0082058

世界寓言名著　（连环画 克雷洛夫卷）汉民等改编；陈敏等绘

杭州 浙江少年儿童出版社 1996 年 2 册（819 页）

20cm（32 开）ISBN：7-5342-1378-9

定价：CNY28.10

J0082059

世界寓言名著　（连环画 拉封丹卷）

杭州 浙江少年儿童出版社 1996 年 2 册（693 页）

20cm（32 开）ISBN：7-5342-1377-0

定价：CNY23.80

J0082060

世界寓言名著　（连环画 伊索卷）万达等改编；钱贵荪等绘

杭州 浙江少年儿童出版社 1996 年 2 册（820 页）

20cm（32 开）ISBN：7-5342-1376-2

定价：CNY28.10

J0082061

世界著名科幻故事连环画　金波等编绘

石家庄 河北少年儿童出版社 1996 年 183 页

26cm（16 开）ISBN：7-5376-1362-1

定价：CNY11.80

　　作者金波（1935—　），诗人、儿童文学家。原名王金波，河北冀县人，毕业于北京师范学院中文系。历任北京师范学院教授、中国作家协会儿童文学创作委员会主任、北京市作家协会理事、中国音乐家协会理事、儿童音乐学会副会长。代表作品《我们去看海》《回声》《眼睛树》《感谢往事》等。

J0082062

世界著名历险故事连环画　李可等编绘

石家庄 河北少年儿童出版社 1996 年 206 页

26cm（16 开）ISBN：7-5376-1360-5

定价：CNY13.00

J0082063

世界著名探案故事连环画　晓羽等编绘

石家庄 河北少年儿童出版社 1996 年 224 页

26cm（16 开）ISBN：7-5376-1361-3

定价：CNY13.80

J0082064

世界著名童话：金星卷　章观年等编绘

合肥 安徽少年儿童出版社 1996 年 221 页

26cm（16 开）精装 ISBN：7-5397-1365-8

定价：CNY28.00

（世界名著故事）

　　中国现代连环画作品。

J0082065

世界著名童话：银星卷　华锐等编绘

合肥 安徽少年儿童出版社 1996 年 221 页

26cm（16 开）精装 ISBN：7-5397-1364-X

定价：CNY28.00

（世界名著故事）

　　中国现代连环画作品。

J0082066

释迦牟尼佛　史程，郑茜编文；于绍文等绘

北京 东方出版社 1996 年 3 册（1007 页）

20cm（32 开）ISBN：7-5060-0698-7

定价：CNY99.00

（《佛教画藏》系列丛书·佛部）

　　作者于绍文（1939—　），画家。山东烟台人。曾任人民文学出版社美术编辑室副主任、副编审。代表作品有《贫嘴张大民的幸福生活》《陈毅之帅》《佛教画藏》等。

J0082067

书剑恩仇录　金庸原著；笃宏等改编；安民等绘画

长沙 湖南少年儿童出版社 1996 年 20cm（32 开）

ISBN：7-5358-1037-3 定价：CNY16.25

（金庸著名武侠小说 绘画本 第二辑）

　　作者金庸（1924—2018），当代武侠小说作家、新闻学家、企业家、政治评论家、社会活动家。本名查良镛，生于浙江海宁市，移居香港。毕业于上海东吴大学法学院。与古龙、梁羽生、温瑞安并称为中国武侠小说四大宗师。代表作品有《射雕英雄传》《神雕侠侣》《倚天屠龙记》

《天龙八部》等。

J0082068
熟能生巧　舒衣编写；马如瑾等绘
上海　少年儿童出版社 1996 年 113 页 21×19cm
精装 ISBN：7-5324-2824-9 定价：CNY20.00
（中国寓言世界）
　　中国现代连环画作品。

J0082069
蜀云藏龙记　（第三部　第一集　霸业集团）林明锋绘
台北　东立出版社 1996 年 21cm（32 开）
ISBN：957-34-3651-5 定价：TWD110.00

J0082070
水浒传　郭廉俊改编；庆国等绘
南京　江苏美术出版社 1996 年 138 页 17×19cm
精装 ISBN：7-5344-0601-3 定价：CNY16.00
（中国古典名著彩图本·新编）
　　中国现代连环画作品。

J0082071
水浒传　郭廉俊改编；庆国等绘
南京　江苏美术出版社 1996 年 138 页 17×19cm
ISBN：7-5344-0600-5 定价：CNY13.80
（中国古典名著彩图本·新编）
　　中国现代连环画作品。

J0082072
水浒传　（连环画）子微等改编；刘斌昆等绘
上海　上海人民美术出版社 1996 年 40 册
10×13cm 盒装 ISBN：7-5322-1695-0
定价：CNY65.00
　　中国现代连环画作品。

J0082073
水浒传　（连环画）（明）施耐庵,（明）罗贯中原著；肖森等改编；周申等绘
北京 中国连环画出版社 1996 年
3 册（349+353+354 页）20cm（32 开）精装
ISBN：7-5061-0670-1 定价：CNY58.00

J0082074
水浒全传　（绘画本）（明）施耐庵,（明）罗贯

中原著；范夫改编；吴国威等绘
长沙　湖南少年儿童出版社 1996 年 20cm（32 开）
精装 ISBN：7-5358-1214-7 定价：CNY16.00
（中国四大古典文学名著）

J0082075
水浒全传　丁傅等编绘
银川 宁夏人民出版社 1996 年 12 册
19cm（小 32 开）盒装 ISBN：7-227-01466-5
定价：CNY39.60
（九头狼丛书·新型漫画系列）
　　中国现代连环画作品。

J0082076
说唐全传　（绘画本）穆紫等改编；邹禾，邹四新绘
长沙　岳麓书社 1996 年 20cm（32 开）
ISBN：7-80520-665-1 定价：CNY14.50
（四大古典英雄传奇）

J0082077
说岳全传　穆紫等改编；邓邦源等绘
长沙　岳麓书社 1996 年 20cm（32 开）
ISBN：7-80520-664-3 定价：CNY14.50
（四大古典英雄传奇　绘图本）

J0082078
斯巴达克思　（意）拉·乔万尼奥里原著；仓兴改编；杨文理等绘
海口　海南出版社 1996 年 20cm（32 开）
定价：CNY15.50
（世界文学名著连环画）

J0082079
苏东坡传奇　（连环画）冯梦龙著；于文改编；谢京秋绘
沈阳 辽宁美术出版社 1996 年 2 版 85 页
9×13cm ISBN：7-5314-1546-1 定价：CNY2.20
　　作者冯梦龙（1574—1646），通俗文学家、戏曲家。长洲（今江苏苏州）人。字犹龙，又字子犹，别号龙子犹、墨憨斋主人、顾曲散人、词奴等。一生从事小说、戏曲的创作和编印。编纂《喻世明言》《警世通言》《醒世恒言》《古今谈概》《太平广记钞》等。

J0082080

孙庞斗智 （连环画）冯梦龙著；于文改编；谢京秋绘

沈阳 辽宁美术出版社 1996年 2版 106页
9×13cm ISBN：7-5314-1553-4 定价：CNY1.60

J0082081

孙子 （彩色绘画本）杨书案编；孙庆国等绘
武汉 湖北少年儿童出版社 1996年 145页
26cm（16开）精装 ISBN：7-5353-1559-3
定价：CNY22.00
（诸子百家连环画丛书）

J0082082

太行小兵 韩永昌，刘彤改编；崔建社绘
南宁 广西美术出版社 1996年 122页 10×13cm
ISBN：7-80582-969-1 定价：CNY2.35
（爱国主义教育连环画丛书：抗日战争故事）
　　本书与河北美术出版社合作出版。

J0082083

汤姆·索亚历险记 （彩绘本）张新光，傅叶改编；罗培源等绘
杭州 浙江少年儿童出版社 1996年 142页
17×19cm 精装 ISBN：7-5342-1394-0
定价：CNY13.00
（世界文学名著·历险系列）
　　中国现代动画作品。

J0082084

唐宋传奇 刘明主编；李全等绘
北京 商务印书馆国际有限公司 1996年 345页
20cm（32开）ISBN：7-80103-113-X
定价：CNY20.00
（华夏文学系列画库）

J0082085

天方夜谭故事精选 （图画本）郭海改编；孙泽良等绘
南昌 21世纪出版社 1996年 295页 20cm（32开）
ISBN：7-5391-1010-4 定价：CNY15.00
　　作者孙泽良（1950— ），天津人，天津新蕾出版社编辑。创作漫画、连环画及中国画。作品有《姜子牙》《济公外传》《弃匮图》《市井图》等。

J0082086

天国的召唤 （经院哲学）昌家立编写；李雪绘
贵阳 贵州人民出版社 1996年 198页
20cm（32开）ISBN：7-221-03757-4
定价：CNY58.50（全套）
（西方哲学画廊 2）

J0082087

天下画集 （01 风云）马荣成主编
台北 尖端出版公司 1996年 176页 26cm（16开）
（亚太视野 香港系列）
　　主编马荣成（1961— ），香港漫画家。原名马荣城，籍贯广东潮阳。早期作品有《魔鬼实验》《五兄弟》《风流》等。主要代表作有《中华英雄》《风云》等。

J0082088

天下画集 （02 风云）马荣成主编
台北 尖端出版公司 1997年 125页 26cm（16开）
（亚太视野 香港系列）

J0082089

天下画集 （03 风云）马荣成主编
台北 尖端出版公司 1997年 128页 26cm（16开）
（亚太视野 香港系列）

J0082090

天下画集 （04 风云）马荣成主编
台北 尖端出版公司 1997年 126页 26cm（16开）
（亚太视野 香港系列）

J0082091

天下画集 （05 风云）马荣成主编
台北 尖端出版公司 1997年 122页 26cm（16开）
（亚太视野 香港系列）

J0082092

天下画集 （06 风云）马荣成主编
台北 尖端出版公司 1997年 126页 26cm（16开）
（亚太视野 香港系列）

J0082093

天下画集 （07 风云）马荣成主编
台北 尖端出版公司 1997年 122页 26cm（16开）

（亚太视野　香港系列）

J0082094
天下画集 （08 风云）马荣成主编
台北 尖端出版公司 1997年 126页 26cm（16开）
（亚太视野　香港系列）

J0082095
天下画集 （09 风云）马荣成主编
台北 尖端出版公司 1997年 120页 26cm（16开）
（亚太视野　香港系列）

J0082096
天下画集 （10 风云）马荣成主编
台北 尖端出版公司 1997年 120页 26cm（16开）
（亚太视野　香港系列）

J0082097
天下画集 （11 风云）马荣成主编
台北 尖端出版公司 1997年 118页 26cm（16开）
（亚太视野　香港系列）

J0082098
天下画集 （12 风云）马荣成主编
台北 尖端出版公司 1997年 123页 26cm（16开）
（亚太视野　香港系列）

J0082099
天下画集 （13 风云）马荣成主编
台北 尖端出版公司 1997年 126页 26cm（16开）
（亚太视野　香港系列）

J0082100
天下画集 （14 风云）马荣成主编
台北 尖端出版公司 1997年 123页 26cm（16开）
（亚太视野　香港系列）

J0082101
天下画集 （15 风云）马荣成主编
台北 尖端出版公司 1997年 115页 26cm（16开）
（亚太视野　香港系列）

J0082102
天下画集 （16 风云）马荣成主编
台北 尖端出版公司 1997年 126页 26cm（16开）

（亚太视野　香港系列）

J0082103
天下画集 （17 风云）马荣成主编
台北 尖端出版公司 1997年 123页 26cm（16开）
（亚太视野　香港系列）

J0082104
天下画集 （18 风云）马荣成主编
台北 尖端出版公司 1997年 127页 26cm（16开）
（亚太视野　香港系列）

J0082105
天下画集 （19 风云）马荣成主编
台北 尖端出版公司 1997年 26cm（16开）
（亚太视野　香港系列）

J0082106
天下画集 （20 风云）马荣成主编
台北 尖端出版公司 1997年 26cm（16开）
（亚太视野　香港系列）

J0082107
天下画集 （21 风云）马荣成主编
台北 尖端出版公司 1997年 26cm（16开）
（亚太视野　香港系列）

J0082108
天下画集 （22 风云）马荣成主编
台北 尖端出版公司 1997年 26cm（16开）
（亚太视野　香港系列）

J0082109
天下画集 （23 风云）马荣成主编
台北 尖端出版公司 1997年 26cm（16开）
（亚太视野　香港系列）

J0082110
天下画集 （24 风云）马荣成主编
台北 尖端出版公司 1997年 26cm（16开）
（亚太视野　香港系列）

J0082111
天下画集 （25 风云）马荣成主编
台北 尖端出版公司 1997年 26cm（16开）

（亚太视野 香港系列）

J0082112
天下画集 （26 风云）马荣成主编
台北 尖端出版公司 1997 年 26cm（16 开）
（亚太视野 香港系列）

J0082113
天下画集 （27 风云）马荣成主编
台北 尖端出版公司 1997 年 26cm（16 开）
（亚太视野 香港系列）

J0082114
天下画集 （28 风云）马荣成主编
台北 尖端出版公司 1997 年 26cm（16 开）
（亚太视野 香港系列）

J0082115
天下画集 （29 风云 剑圣战书）马荣成主编
台北 尖端出版公司 1997 年 26cm（16 开）
（亚太视野 香港系列）
　　主编马荣成（1961—　 ），香港漫画家。原名
马荣城，籍贯广东潮阳。早期作品有《魔鬼实验》
《五兄弟》《风流》等。主要代表作有《中华英雄》
《风云》等。

J0082116
天下画集 （30 狮子心 剑圣之路Ⅰ）马荣成
主编
台北 尖端出版公司 1997 年 26cm（16 开）
（亚太视野 香港系列）

J0082117
天下画集 （31 剑圣之路Ⅱ）马荣成主编
台北 尖端出版公司 1997 年 26cm（16 开）
（亚太视野 香港系列）

J0082118
天下画集 （32 剑圣之路Ⅲ）马荣成主编
台北 尖端出版公司 1997 年 26cm（16 开）
（亚太视野 香港系列）

J0082119
天下画集 （33 惊云道Ⅰ）马荣成主编
台北 尖端出版公司 1997 年 26cm（16 开）

（亚太视野 香港系列）

J0082120
天下画集 （34 惊云道Ⅱ 天劫Ⅰ）马荣成主编
台北 尖端出版公司 1997 年 26cm（16 开）
（亚太视野 香港系列）

J0082121
天下画集 （35 天劫Ⅱ）马荣成主编
台北 尖端出版公司 1997 年 26cm（16 开）
（亚太视野 香港系列）

J0082122
天下画集 （36 天劫Ⅲ 铸心记Ⅰ）马荣成主编
台北 尖端出版公司 1997 年 26cm（16 开）
（亚太视野 香港系列）

J0082123
天下画集 （37 铸心记Ⅱ）马荣成主编
台北 尖端出版公司 1997 年 26cm（16 开）
（亚太视野 香港系列）

J0082124
天下画集 （38 铸心记Ⅲ）马荣成主编
台北 尖端出版公司 1997 年 26cm（16 开）
（亚太视野 香港系列）

J0082125
天下画集 （39 皇祸Ⅰ）马荣成主编
台北 尖端出版公司 1998 年 26cm（16 开）
（亚太视野 香港系列）

J0082126
天下画集 （40 皇祸Ⅱ）马荣成主编
台北 尖端出版公司 1997 年 26cm（16 开）
（亚太视野 香港系列）

J0082127
天下画集 （41 皇祸Ⅲ）马荣成主编
台北 尖端出版公司 1998 年 26cm（16 开）
（亚太视野 香港系列）

J0082128
天下画集 （42 皇祸Ⅳ）马荣成主编
台北 尖端出版公司 1998 年 26cm（16 开）

（亚太视野 香港系列）

J0082129
天下画集 （43 弃楚 心劫Ⅰ）马荣成主编
台北 尖端出版公司 1998 年 26cm（16 开）
（亚太视野 香港系列）
　　主编马荣成（1961—　　），香港漫画家。原名
马荣城，籍贯广东潮阳。早期作品有《魔鬼实验》
《五兄弟》《风流》等。主要代表作有《中华英雄》
《风云》等。

J0082130
天下画集 （44 心劫Ⅱ 七武器Ⅰ）马荣成主编
台北 尖端出版公司 1998 年 26cm（16 开）
（亚太视野 香港系列）

J0082131
天下画集 （45 七武器Ⅱ）马荣成主编
台北 尖端出版公司 1998 年 26cm（16 开）
（亚太视野 香港系列）

J0082132
天下画集 （46 七武器Ⅲ）马荣成主编
台北 尖端出版公司 1998 年 26cm（16 开）
（亚太视野 香港系列）

J0082133
天下画集 （47 七武器Ⅳ）马荣成主编
台北 尖端出版公司 1998 年 26cm（16 开）
（亚太视野 香港系列）

J0082134
天下画集 （48 七武器Ⅴ）马荣成主编
台北 尖端出版公司 1998 年 26cm（16 开）
（亚太视野 香港系列）

J0082135
天下画集 （49 枭雄末路Ⅰ）马荣成主编
台北 尖端出版公司 1998 年 26cm（16 开）
（亚太视野 香港系列）

J0082136
天下画集 （50 枭雄末路Ⅱ 天脸Ⅰ）马荣成
主编
台北 尖端出版公司 1998 年 26cm（16 开）

J0082137
天下画集 （51 天脸Ⅱ）马荣成主编
台北 尖端出版公司 1996 年 26cm（16 开）
（亚太视野 香港系列）

J0082138
天下画集 （52 天脸Ⅲ）马荣成主编
台北 尖端出版公司 1996 年 26cm（16 开）
（亚太视野 香港系列）

J0082139
天下画集 （53 天脸Ⅳ）马荣成主编
台北 尖端出版公司 1997 年 26cm（16 开）
（亚太视野 香港系列）

J0082140
天下画集 （54 天脸Ⅴ）马荣成主编
台北 尖端出版公司 1997 年 26cm（16 开）
（亚太视野 香港系列）

J0082141
天下画集 （55 风云）马荣成主编
台北 尖端出版公司 1997 年 26cm（16 开）
（亚太视野 香港系列）

J0082142
天下画集 （56 风云）马荣成主编
台北 尖端出版公司 1997 年 26cm（16 开）
（亚太视野 香港系列）

J0082143
天下画集 （57 风云）马荣成主编
台北 尖端出版公司 1997 年 26cm（16 开）
（亚太视野 香港系列）
　　主编马荣成（1961—　　），香港漫画家。原名
马荣城，籍贯广东潮阳。早期作品有《魔鬼实验》
《五兄弟》《风流》等。主要代表作有《中华英雄》
《风云》等。

J0082144
天下画集 （58 风云）马荣成主编
台北 尖端出版公司 1997 年 26cm（16 开）
（亚太视野 香港系列）

J0082145

天下画集 （59 风云）马荣成主编
台北 尖端出版公司 1997 年 26cm（16 开）
（亚太视野 香港系列）

J0082146

天下画集 （60 风云）马荣成主编
台北 尖端出版公司 1998 年 26cm（16 开）
（亚太视野 香港系列）

J0082147

天下画集 （61 风云）马荣成主编
台北 尖端出版公司 1997 年 26cm（16 开）
（亚太视野 香港系列）

J0082148

天下画集 （62 风云）马荣成主编
台北 尖端出版公司 1997 年 26cm（16 开）
（亚太视野 香港系列）

J0082149

天下画集 （63 风云）马荣成主编
台北 尖端出版公司 1998 年 26cm（16 开）
（亚太视野 香港系列）

J0082150

天下画集 （64 蓝武 I）马荣成主编
台北 尖端出版公司 1998 年 26cm（16 开）
（亚太视野 香港系列）

J0082151

天下画集 （65 蓝武 II）马荣成主编
台北 尖端出版公司 1998 年 26cm（16 开）
（亚太视野 香港系列）

J0082152

天下画集 （66 蓝武 III）马荣成主编
台北 尖端出版公司 1998 年 26cm（16 开）
（亚太视野 香港系列）

J0082153

天下画集 （67 蓝武 IV）马荣成主编
台北 尖端出版公司 1998 年 26cm（16 开）
（亚太视野 香港系列）

J0082154

天下画集 （68 蓝武 V）马荣成主编
台北 尖端出版公司 1999 年 26cm（16 开）
（亚太视野 香港系列）

J0082155

天下画集 （69 蓝武 VI）马荣成主编
台北 尖端出版公司 1999 年 26cm（16 开）
（亚太视野 香港系列）

J0082156

铁道游击队 （连环画）董子畏改编；韩和平,
丁斌曾绘
上海 上海人民美术出版社 1996 年 2 版 10 册
10×13cm ISBN：7-5322-1708-6 定价：CNY21.10
　　中国现代连环画作品。作者董子畏（1911—
1962），浙江海宁人，定居上海。笔名田衣，又名
秉璋。肄业于上海光华大学中文系。曾任华东
人民美术出版社(后改为上海人民美术出版社)
连环画脚本编辑、连环画编辑科副科长等职。编
有《铁道游击队》《屈原》《风波》《地下少先队》
等。作者韩和平（1932—2019），连环画家、教授。
吉林东宁人，毕业于中央美术学院华东分院绘画
系。曾在上海人民美术出版社从事连环画创作，
历任上海大学美术学院油画系副主任、副教授，
艺术研究所主任。作品连环画有《铁道游击队》
《红岩》等。作者丁斌曾（1927—2001），连环画画
家。浙江绍兴人，毕业于中央美术学院华东分院。
曾任上海人民美术出版社创作员，《中国连环画
大系》美术编辑。作品有《铁道游击队》《老爹打
猎》《沙家浜》等。

J0082157

铁血兵器十八杰 （画说十八般武艺）许延风
等编文；钟小季等绘
北京 民族出版社 1996 年 9 册 19cm（小 32 开）
ISBN：7-105-02544-1 定价：CNY48.60（全套）

J0082158

童话游乐宫 刘长乐等编文；赵征等绘
西安 未来出版社 1996 年 5 册 21×19cm
盒装 ISBN：7-5417-1232-9 定价：CNY26.00
　　中国现代连环画作品，包括象牙公主、三根
金头发、人参姑娘、八音月明珠、神灯。

J0082159

图说中国成语谚语俗语故事
杭州 浙江少年儿童出版社 1996 年 4 册
20cm（32 开）盒装 ISBN：7-5342-1353-3
定价：CNY54.00

J0082160

文天祥　华士明编文；戴友生等绘
南京 江苏美术出版社 1996 年 42 页 17×19cm
ISBN：7-5344-0645-5 定价：CNY4.50
（中国古代名将）
　　中国现代连环画作品。

J0082161

无法执行的死刑　（"益智连环画"选编）黑丫编
福州 福建教育出版社 1996 年 120 页 有图
20cm（32 开）ISBN：7-5334-1283-4
定价：CNY5.00
（小学生益智画库）

J0082162

西方哲学画廊　颜玉强主编
贵阳 贵州人民出版社 1996 年 7 册 20cm（32 开）
ISBN：7-221-03757-4 定价：CNY58.50

J0082163

西双版纳传奇故事　（蟒穴夺宝）孙桂英，王
立生编文；晓波等绘
北京 农村读物出版社 1996 年 17×19cm
精装 ISBN：7-5048-2611-1 定价：CNY14.00
（莽林斗恶 1）
　　中国现代连环画作品。

J0082164

西游记　（明）吴承恩原著；冯源改编；陈安民
等绘
长沙 湖南少年儿童出版社 1996 年 956 幅
20cm（32 开）ISBN：7-5358-1213-9
定价：CNY16.00
（中国四大古典文学名著 绘画本）
　　作者吴承恩（约 1500—1583），汉族，明代小
说家。淮安府山阳县河下人（现江苏淮安市淮安
区）。字汝忠，号射阳山人。代表作有《西游记》。

J0082165

西游记　钱吕明改编；吴元奎等绘
南京 江苏美术出版社 1996 年 138 页 17×19cm
精装 ISBN：7-5344-0603-X 定价：CNY16.00
（中国古典名著彩图本·新编）
　　中国现代连环画作品。

J0082166

西游记　（绘画本）（明）吴承恩原著；鄞人等
改编；赵仁年等绘
上海 上海人民美术出版社 1996 年 20 册
10×13cm 盒装 ISBN：7-5322-1646-2
定价：CNY35.00
　　中国现代连环画作品。作者赵仁年
（1939—　），画家。江苏阜宁人。中国美术家协
会会员，上海美术家协会会员，日本东西方艺术
振兴会常务理事，原上海侨友经济协会东舟美术
家连谊会副会长。代表作品有《诸葛亮探亲》等。

J0082167

西游记　（连环画）（明）吴承恩原著；肖森等
改编；周申等绘
北京 中国连环画出版社 1996 年
3 册（333+358+375 页）20cm（32 开）精装
ISBN：7-5061-0715-5 定价：CNY58.00
　　作者吴承恩（约 1500—1583），汉族，明代小
说家。淮安府山阳县河下人（现江苏淮安市淮安
区）。字汝忠，号射阳山人。代表作有《西游记》。
作者周申（1943—　），连环画家。浙江诸暨人，
毕业于中央美术学院附中。历任山东菏泽地区
展览馆艺术馆美术干部，山东美术出版社美术编
辑，中国美术家协会会员。代表作品有《四笔阎
王账》《中国历史演义故事画——宋史》《当代连
环画精品集·周申》等。

J0082168

蟋蟀的故事　肖祖石改编；李老十，李建丽绘
北京 人民美术出版社 1996 年 45 页 29cm（16 开）
精装 ISBN：7-102-01670-0 定价：CNY16.00
（中国童话精选）
　　中国现代连环画作品。

J0082169

小飞天　（蟋蟀国历险记 连环画）方圆编文；
贺惠群绘

海口 海南出版社 1996年 3册(94+94+94 页)
19cm(小 32 开) ISBN：7-80617-467-2
定价：CNY12.00(全套)

　　作者方圆(1944—　)，画家。本名解兴禄，笔名方圆。河北人。历任新疆美协国画艺委会委员、新疆画院特聘画家、新疆山水画研究会理事、博尔塔拉蒙古自治州书画院院长。作品有《天山天外山云杉云里衫》，出版有《放歌天山——解兴禄山水画作品选》《方圆趣味书法》。

J0082170

小姑娘巧斗巫与鹅的故事　(1) 洪涛等编文；徐延春绘
北京 农村读物出版社 1996年 17×18cm
ISBN：7-5048-2696-0 定价：CNY2.00
(外国著名寓言、趣味故事系列丛书)

J0082171

小姑娘巧斗巫与鹅的故事　(2) 洪涛等编文；徐延春绘
北京 农村读物出版社 1996年 17×18cm
ISBN：7-5048-2696-0 定价：CNY2.00
(外国著名寓言、趣味故事系列丛书)

J0082172

小姑娘巧斗巫与鹅的故事　(3) 洪涛等编文；徐延春绘
北京 农村读物出版社 1996年 17×18cm
ISBN：7-5048-2696-0 定价：CNY2.00
(外国著名寓言、趣味故事系列丛书)

J0082173

小姑娘巧斗巫与鹅的故事　(4) 洪涛等编文；徐延春绘
北京 农村读物出版社 1996年 17×18cm
ISBN：7-5048-2696-0 定价：CNY2.00
(外国著名寓言、趣味故事系列丛书)

J0082174

小姑娘巧斗巫与鹅的故事　(5) 洪涛等编文；徐延春绘
北京 农村读物出版社 1996年 17×18cm
ISBN：7-5048-2696-0 定价：CNY2.00
(外国著名寓言、趣味故事系列丛书)

J0082175

小红帽　周伟改编；杨慧华绘
北京 中国连环画出版社 1996年 17×19cm
精装 ISBN：7-5061-0718-X 定价：CNY15.00
(红蜻蜓丛书)
　　中国现代连环画作品。

J0082176

小蝌蚪找妈妈　长杨等改编；杨慧华等绘
北京 中国连环画出版社 1996年 17×19cm
精装 ISBN：7-5061-0719-8 定价：CNY15.00
(红蜻蜓丛书)
　　中国现代连环画作品。

J0082177

小猴摘桃　周伟改编；杨慧华绘
北京 中国连环画出版社 1996年 23页
17×19cm 精装 ISBN：7-5061-0668-X
定价：CNY15.00
(红蜻蜓丛书)
　　中国现代连环画作品。

J0082178

小猴摘桃　周伟等改编；杨慧华等绘
北京 中国连环画出版社 1997年 17×19cm
ISBN：7-5061-0767-8 定价：CNY12.80
(红蜻蜓丛书)
　　中国现代连环画作品。

J0082179

小马过河　肖森改编；杨慧华绘
北京 中国连环画出版社 1996年 17×19cm
精装 ISBN：7-5061-0717-1 定价：CNY15.00
(红蜻蜓丛书)
　　中国现代连环画作品。

J0082180

小马过河　肖森等改编；杨慧华等绘
北京 中国连环画出版社 1997年 17×19cm
ISBN：7-5061-0770-8 定价：CNY12.80
(红蜻蜓丛书)
　　中国现代连环画作品。

J0082181

小猫钓鱼　周伟等改编；杨慧华等绘

北京 中国连环画出版社 1996 年 23 页
17×19cm 精装 ISBN：7-5061-0666-3
定价：CNY15.00
（红蜻蜓丛书）
　　中国现代连环画作品。

J0082182
小猫钓鱼　周伟等改编；杨慧华等绘
北京 中国连环画出版社 1997 年 17×19cm
ISBN：7-5061-0766-X 定价：CNY12.80
（红蜻蜓丛书）
　　中国现代连环画作品。

J0082183
小兔乖乖　小溪等改编；杨慧华绘
北京 中国连环画出版社 1996 年 17×19cm
精装 ISBN：7-5061-0716-3 定价：CNY15.00
（红蜻蜓丛书）
　　中国现代连环画作品。

J0082184
小武松　（第一集 小武松出世）乃德等编文；
李承东等绘
济南 山东美术出版社 1996 年 94 页
19cm（小 32 开）ISBN：7-5330-0885-5
定价：CNY4.00
　　中国现代连环画作品。

J0082185
小武松　（第二集 泰山夺宝）乃德等编文；杨
文德等绘
济南 山东美术出版社 1996 年 92 页
19cm（小 32 开）ISBN：7-5330-0982-7
定价：CNY4.00
　　中国现代连环画作品。

J0082186
小武松　（第三集 南极除魔）乃德等编文；杜
春生等绘
济南 山东美术出版社 1996 年 93 页
19cm（小 32 开）ISBN：7-5330-0983-5
定价：CNY4.00
　　中国现代连环画作品。

J0082187
小武松　（第四集 智取鸡血石）乃德等编文；
蔡立国等绘
济南 山东美术出版社 1996 年 92 页
19cm（小 32 开）ISBN：7-5330-0984-3
定价：CNY4.00
　　中国现代连环画作品。

J0082188
小武松　（第五集 威震济南府）乃德等编文；
崔森林等绘
济南 山东美术出版社 1996 年 93 页
19cm（小 32 开）ISBN：7-5330-0985-1
定价：CNY4.00
　　中国现代连环画作品。作者崔森林
（1943—　），美术编辑。笔名黎恩、李恩。生于
山东济南，毕业于济南艺术学校。山东美术出版
社副编审。作品有《省里送来显微镜》《黄河》《第
一面八一军旗的诞生》《毛主席视察北园》等，小
说《不屈的昆仑》插图。

J0082189
小旋风柴进　邵东改编；王珏绘画工作室绘
深圳 海天出版社 1996 年 145 页 19cm（小 32 开）
ISBN：7-80615-533-3 定价：CNY4.80
（水浒名将故事画传）

J0082190
小羊和狼　周伟等改编；杨慧华等绘
北京 中国连环画出版社 1996 年 23 页
17×19cm 精装 ISBN：7-5061-0665-5
定价：CNY15.00
（红蜻蜓丛书）
　　中国现代连环画作品。

J0082191
小英雄雨来　张玉珊改编；王玉良等绘
沈阳 辽宁美术出版社 1996 年 2 版 106 页
9×13cm ISBN：7-5314-1549-6 定价：CNY1.60
　　中国现代连环画作品。作者王玉良
（1949—　），画家、教授。清华大学美术学院绘
画系教授、中国美术家协会会员、庞薰琹艺术研
究会副主任、清华大学张仃艺术研究会委员、清
华大学吴冠中艺术研究会学术委员会委员。

J0082192

笑傲江湖　金庸原著；楚健等改编；志宏等绘画

长沙 湖南少年儿童出版社 1996年 20cm（32开）

ISBN：7-5358-1037-3 定价：CNY16.25

（金庸著名武侠小说 绘画本 第二辑）

　　作者金庸（1924—2018），当代武侠小说作家、新闻学家、企业家、政治评论家、社会活动家。本名查良镛，生于浙江海宁市，移居香港。毕业于上海东吴大学法学院。与古龙、梁羽生、温瑞安并称为中国武侠小说四大宗师。代表作品有《射雕英雄传》《神雕侠侣》《倚天屠龙记》《天龙八部》等。

J0082193

心灵的沉思　（启蒙哲学）李火林编写；胡卫东，赵海绘

贵阳 贵州人民出版社 1996年 139页

20cm（32开）ISBN：7-221-03757-4

定价：CNY58.50（全套）

（西方哲学画廊 4）

J0082194

新编三国演义　（上）陈德华改编；梁人等绘

南京 江苏美术出版社 1996年 138页 17×19cm

ISBN：7-5344-0599-8 定价：CNY16.00

（中国古典名著彩图本）

　　中国现代连环画作品。

J0082195

新编三国演义　（上）陈德华改编；梁人等绘

南京 江苏美术出版社 1996年 138页 17×19cm

ISBN：7-5344-0598-X 定价：CNY13.80

（中国古典名著彩图本）

　　中国现代连环画作品。

J0082196

新编中国民间故事　（彩绘本）林木等编文；耀明等绘

杭州 浙江少年儿童出版社 1996年 2册

17×19cm 精装 ISBN：7-5342-1403-3

定价：CNY38.00

　　中国现代连环画作品。作者林木（1949—　），教授。四川泸州人，毕业于西南师范大学中文系。四川美术学院教授、美术史论家、评论家。著有

《论文人画》《明清文人画新潮》《中国古代画论发展史实》等。

J0082197

新编中国神话故事　（彩绘本）洪峰等编文；李亚等绘

杭州 浙江少年儿童出版社 1996年 2册

17×19cm 精装 ISBN：7-5342-1402-5

定价：CNY38.00

　　中国现代连环画作品。作者李亚（1926—　），江苏省国画院高级美术师。

J0082198

新编中国成语故事　翟达等编文；戎念竹等绘

杭州 浙江少年儿童出版社 1997年 2册

17×19cm 精装 ISBN：7-5342-1478-5

定价：CNY40.00

　　中国现代连环画作品。

J0082199

新编中国寓言故事　雪枣等编文；戎念竹等绘

杭州 浙江少年儿童出版社 1997年 2册

17×19cm 精装 ISBN：7-5342-1421-1

定价：CNY40.00

　　中国现代连环画作品。

J0082200

新彩图幼儿故事：2—3岁　林夫主编；叶乃飞等绘

郑州 海燕出版社 1996年 240页 20×19cm

ISBN：7-5350-1388-0 定价：CNY20.00

　　中国现代连环画作品。

J0082201

新彩图幼儿故事：2—3岁　林夫主编；叶乃飞等绘

郑州 海燕出版社 1996年 240页 20×19cm

精装 ISBN：7-5350-1385-6 定价：CNY25.00

　　中国现代连环画作品。

J0082202

新彩图幼儿故事：3—4岁　林夫主编；王晓明等绘

郑州 海燕出版社 1996年 240页 20×19cm

精装 ISBN：7-5350-1386-4 定价：CNY25.00
　　中国现代连环画作品。

J0082203
新彩图幼儿故事：3—4 岁 林夫主编；王晓明等绘
郑州 海燕出版社 1996 年 240 页 20×19cm
ISBN：7-5350-1389-9 定价：CNY20.00
　　中国现代连环画作品。

J0082204
新儿女英雄传 （连环画）于国凡改编；翟万英绘
沈阳 辽宁美术出版社 1996 年 2 版 2 册
9×13cm ISBN：7-5314-1551-8 定价：CNY5.00
　　中国现代连环画作品。

J0082205
雪椰 （第一集）颜开编绘
北京 中国连环画出版社 1996 年 127 页
19cm（小 32 开）ISBN：7-5061-0709-0
定价：CNY6.90
（连环漫画明星丛书）
　　中国现代连环画作品。

J0082206
雪椰 （第二集）颜开编绘
北京 中国连环画出版社 1996 年 127 页
19cm（小 32 开）ISBN：7-5061-0706-6
定价：CNY6.90
（连环漫画明星丛书）
　　中国现代连环画作品。

J0082207
雪椰 （第三集）颜开编绘
北京 中国连环画出版社 1996 年 128 页
19cm（小 32 开）ISBN：7-5061-0728-7
定价：CNY6.90
（连环漫画明星丛书）
　　中国现代连环画作品。

J0082208
血战平型关 （连环画）李人毅编绘
沈阳 辽宁美术出版社 1996 年 2 版 154 页
9×13cm ISBN：7-5314-1535-6 定价：CNY2.30

　　中国现代连环画作品。

J0082209
血战台儿庄 莫蕾改编；甘振钊，刘华毅制作
南宁 广西美术出版社 1996 年 125 页 10×13cm
ISBN：7-80625-007-7 定价：CNY2.40
（爱国主义教育连环画丛书：百部电影故事）
　　中国现代连环画作品。本书与中国电影出版社合作出版。

J0082210
胭脂 （连环画）杨树玉改编；王树立绘
沈阳 辽宁美术出版社 1996 年 2 版 118 页
9×13cm ISBN：7-5314-1542-9 定价：CNY1.80
　　中国现代连环画作品。

J0082211
炎黄子孙的故事 （上 彩色绘图本）中国少年儿童出版社编
北京 中国少年儿童出版社 1996 年 245 页
20×21cm 精装 ISBN：7-5007-2660-0
定价：CNY29.80
　　中国现代连环画作品。

J0082212
炎黄子孙的故事 （下 彩色绘图本）中国少年儿童出版社编
北京 中国少年儿童出版社 1996 年 247 页
20×21cm 精装 ISBN：7-5007-2661-9
定价：CNY29.80
　　中国现代连环画作品。

J0082213
杨家将传 穆紫等改编
长沙 岳麓书社 1996 年 20cm（32 开）
ISBN：7-80520-666-X 定价：CNY14.50
（四大古典英雄传奇绘画本）

J0082214
杨三姐告状 王金改编；刘廷相绘
沈阳 辽宁美术出版社 1996 年 2 版 130 页
9×13cm ISBN：7-5314-1534-8 定价：CNY2.00
　　中国现代连环画作品。

J0082215
野人之谜　郄仲平编；海啸等绘
北京　中国三峡出版社　1996 年　3 册　17×19cm
ISBN：7-80099-134-2　定价：CNY10.80
　　中国现代连环画作品。

J0082216
野人之谜　郄仲平编；海啸等绘
北京　中国三峡出版社　1996 年　144 页　17×19cm
精装　ISBN：7-80099-133-4　定价：CNY13.80
中国现代连环画作品。

J0082217
一颗铜纽扣　（苏）列夫·奥瓦洛夫著；张洪波
改编；孙承民等绘
哈尔滨　黑龙江美术出版社　1996 年　520 页
19cm（小 32 开）ISBN：7-5318-0358-5
定价：CNY16.20
（前苏联侦探小说连环画库）

J0082218
一千零一夜　束俊等编绘
合肥　安徽少年儿童出版社　1996 年　133 页
26cm（16 开）精装　ISBN：7-5397-1293-7
定价：CNY16.00
（世界名著故事）
　　中国现代连环画作品。

J0082219
伊索寓言　宋宁等改编；敬国等绘
成都　四川少年儿童出版社　1996 年　118 页
17×19cm ISBN：7-5365-1621-5 定价：CNY12.00
（世界名著精选 5）
　　中国现代连环画作品。

J0082220
永不消逝的电波　黄一红，张桂萍编文；江勤
等制作
南宁　广西美术出版社　1996 年　124 页　10×13cm
ISBN：7-80625-008-5　定价：CNY2.40
（爱国主义教育连环画丛书：抗日战争故事）
　　中国现代连环画作品。本书与中国电影出
版社合作出版。

J0082221
愚人买鞋　谷苇等编写；贺友直等绘
上海　少年儿童出版社　1996 年　113 页　21×19cm
精装　ISBN：7-5324-2822-2　定价：CNY20.00
（中国寓言世界）
　　中国现代连环画作品。

J0082222
玉麒麟卢俊义　郑安云改编；王珏绘画工作
室绘
深圳　海天出版社　1996 年　148 页　19cm（小 32 开）
ISBN：7-80615-539-2　定价：CNY4.80
（水浒名将故事画传）

J0082223
元明戏曲　刘明主编；李全等绘
北京　商务印书馆国际有限公司　1996 年　323 页
20cm（32 开）ISBN：7-80103-109-1
定价：CNY20.00
（华夏文学系列画库）
　　作者刘明（1957—　），满族，教授。出生于
辽宁岫岩县，毕业于鲁迅美术学院。历任沈阳
美术学院美术系、沈阳大学师范学院美术系副主
任、副教授，中国美术家协会会员。出版有《刘
明油画创意》。

J0082224
岳飞　华士明编文；徐华华等绘
南京　江苏美术出版社　1996 年　42 页　17×19cm
ISBN：7-5344-0654-4　定价：CNY4.50
（中国古代名将）
　　中国现代连环画作品。

J0082225
岳飞传　（一　岳飞出世　连环画）李遵义改编；
王建，梁萍绘
沈阳　辽宁美术出版社　1996 年　2 版　162 页
9×13cm ISBN：7-5314-1560-7 定价：CNY2.50
　　中国现代连环画作品。

J0082226
岳飞传　（二　枪挑小梁王　连环画）李遵义改
编；王建，梁萍绘
沈阳　辽宁美术出版社　1996 年　2 版　118 页
9×13cm ISBN：7-5314-1561-5 定价：CNY1.80

中国现代连环画作品。

J0082227

岳飞传 （三 金兵入中原 连环画）李遵义改
编；辛宽良绘

沈阳 辽宁美术出版社 1996 年 2 版 170 页

9×13cm ISBN：7-5314-1562-3 定价：CNY2.50

　　中国现代连环画作品。作者辛宽良
（1941—　），画家。山东海阳人。毕业于鲁迅美
术学院版画系。擅长连环画、年画。曾任辽宁美
术出版社美术编辑。代表作品有《真假美猴王》
《夜幕下的哈尔滨》《李自成》《西游记》等。

J0082228

岳飞传 （四 岳飞计败金兵 连环画）李遵义
改编；王建，梁萍绘

沈阳 辽宁美术出版社 1996 年 2 版 170 页

9×13cm ISBN：7-5314-1563-1 定价：CNY2.50

　　中国现代连环画作品。

J0082229

岳飞传 （五 藕塘关 连环画）李遵义改编；王
建，梁萍绘

沈阳 辽宁美术出版社 1996 年 2 版 138 页

9×13cm ISBN：7-5314-1564-X 定价：CNY2.10

　　中国现代连环画作品。

J0082230

岳飞传 （六 牛头山 连环画）李钱彩著；李遵
义改编；王建，梁萍绘

沈阳 辽宁美术出版社 1996 年 2 版 182 页

9×13cm ISBN：7-5314-1565-8 定价：CNY2.60

　　中国现代连环画作品。

J0082231

岳飞传 （七 黄天荡 连环画）李遵义改编；王
建，梁萍绘

沈阳 辽宁美术出版社 1996 年 2 版 110 页

9×13cm ISBN：7-5314-1566-6 定价：CNY1.70

　　中国现代连环画作品。

J0082232

岳飞传 （八 小商河 连环画）钱彩等著；李遵
义改编；王建，梁萍绘

沈阳 辽宁美术出版社 1996 年 2 版 130 页

9×13cm ISBN：7-5314-1567-4 定价：CNY2.00

　　中国现代连环画作品。

J0082233

岳飞传 （九 王佐断臂 连环画）钱彩等著；李
遵义改编；王建，梁萍绘

沈阳 辽宁美术出版社 1996 年 2 版 150 页

9×13cm ISBN：7-5314-1525-9 定价：CNY2.20

　　中国现代连环画作品。

J0082234

赵一曼 （连环画）潘彩英改编；陈永智绘

沈阳 辽宁美术出版社 1996 年 2 版 126 页

9×13cm ISBN：7-5314-1540-2 定价：CNY1.90

　　中国现代连环画作品。

J0082235

哲学的童年 （古希腊哲学）张继选，颜玉强
编写；李雪绘

贵阳 贵州人民出版社 1996 年 155 页

20cm（32 开）ISBN：7-221-03757-4

定价：CNY58.50（全套）

（西方哲学画廊 1）

J0082236

郑成功 王炳毅编文；戴友生等绘

南京 江苏美术出版社 1996 年 42 页 17×19cm

ISBN：7-5344-0653-6 定价：CNY4.50

（中国古代名将）

　　中国现代连环画作品。

J0082237

中国当代童话 吴梦起等编文；维静等绘

沈阳 辽宁美术出版社 1996 年 179 页 17×19cm

ISBN：7-5314-1389-2 定价：CNY23.50

　　中国现代连环画作品。

J0082238

中国古代建筑 朱抗编文；洪涛，冯聪英绘

北京 海豚出版社 1996 年 46 页 有彩图

26×23cm ISBN：7-80051-940-6 定价：CNY22.00

（中国古代科学故事丛书）

　　中国现代连环画作品。

J0082239
中国古代科学家　朱抗编文；洪涛，冯聪英绘
北京　海豚出版社　1996 年　46 页　有彩图
26×23cm　ISBN：7-80051-222-3　定价：CNY22.00
（中国古代科学故事丛书）
　　　中国现代连环画作品。

J0082240
中国古代神话　刘明主编；李全等绘
北京　商务印书馆国际有限公司　1996 年　337 页
20cm（32 开）　ISBN：7-80103-100-8
定价：CNY20.00
（华夏文学系列画库）

J0082241
中国古代四大发明　朱抗编文；洪涛，冯聪英绘
北京　海豚出版社　1996 年　46 页　有彩图
26×23cm　ISBN：7-80051-938-4　定价：CNY22.00
（中国古代科学故事丛书）
　　　中国现代连环画作品。

J0082242
中国古代医学家　朱抗编文；洪涛，冯聪英绘
北京　海豚出版社　1996 年　46 页　26×23cm
ISBN：7-80051-400-5　定价：CNY22.00
（中国古代科学故事丛书）
　　　中国现代连环画作品。

J0082243
中国民间神鬼传说　（一）龚伯洪等编文；许
旭奎等绘
广州　岭南美术出版社　1996 年　5 册
9×12cm　ISBN：7-5362-1200-3　定价：CNY10.00
　　　中国现代连环画作品，本套书包括：妈
祖·西王母等 5 册。

J0082244
中国民间神鬼传说　（二）何丽文等编文；章
志华等绘
广州　岭南美术出版社　1996 年　5 册　9×12cm
ISBN：7-5362-1201-1　定价：CNY10.00
　　　中国现代连环画作品，本套书包括：东方
朔·张天师等 5 册。

J0082245
中国三大教及传说　陈咏明，金铭子编文；
蒲慧华等绘
济南　山东美术出版社　1996 年　143 页
21cm（32 开）精装　ISBN：7-5330-0897-9
定价：CNY45.00
（中国传统文化画库）
　　　作者蒲慧华（1947—　），国家二级美术师。
出生于山东青岛。青岛市美术家协会理事，青岛
市美术家协会中国画艺术委员会委员，中国美术
家协会山东分会会员。代表作品《三国演义》《红
楼梦》《西游记》封面设计。著作有《当代连环画
精品集·蒲慧华》。

J0082246
中国童话故事　林杉等编
武汉　湖北少年儿童出版社　1996 年　234 页
17×18cm　精装　ISBN：7-5353-1609-3
定价：CNY19.00
　　　中国现代连环画作品。

J0082247
中华传统美德画集　众喜，晓昕绘；马静，杜
平执笔
太原　山西古籍出版社　1996 年　125 页　19×21cm
ISBN：7-80598-107-8　定价：CNY11.50

J0082248
猪八戒闯祸霞云岭　常瑞著；邓柯绘
成都　四川少年儿童出版社　1996 年　44 页
19×17cm　ISBN：7-5365-1555-3　定价：CNY7.00
（猪八戒外传续集）
　　　中国现代连环画作品。

J0082249
猪八戒管风管雨　何群英著；陈永镇绘
成都　四川少年儿童出版社　1996 年　44 页
19×17cm　ISBN：7-5365-1554-5　定价：CNY7.00
（猪八戒外传续集）
　　　中国现代连环画作品。作者陈永镇
（1936—　），浙江乐清人。毕业于中国美术学院
（浙江美院）。中国美术家协会理事、中国儿童美
术艺委会委员、安徽省美协副主席。主要作品有
《还是一样》《再给你带上一个》等。

J0082250

猪八戒七十三变　张秋生著；杜建国，魏天定绘

成都　四川少年儿童出版社　1996年　44页

19×17cm　ISBN：7-5365-1551-0　定价：CNY7.00

（猪八戒外传续集）

　　中国现代连环画作品。

J0082251

猪八戒险越淤泥海　黄少峰著；杜建国，魏天定绘

成都　四川少年儿童出版社　1996年　44页

19×17cm　ISBN：7-5365-1553-7　定价：CNY7.00

（猪八戒外传续集）

　　中国现代连环画作品。作者杜建国（1941—　），广东澄海人。笔名常开、一览等。中国美术家协会会员，中国动画学会会员，上海美术家协会漫画艺术委员会委员。上海少年报编辑。主要作品有《小兔非非》《象哥哥》《小熊和小小熊》等。

J0082252

猪八戒学琴闹笑话　贺秉玮著；蒋松涛，杜建国绘

成都　四川少年儿童出版社　1996年　44页

19×17cm　ISBN：7-5365-1552-9　定价：CNY7.00

（猪八戒外传续集）

　　中国现代连环画作品。

J0082253

自古英雄出少年　（卡通连环画）上海美术电影制片厂编绘

济南　山东友谊出版社　1996年　10册　20cm（32开）

盒装　ISBN：7-80551-827-0　定价：CNY128.00

　　中国现代连环画作品。

J0082254

自相矛盾　沈寂等编写；张世明等绘

上海　少年儿童出版社　1996年　113页　21×19cm

精装　ISBN：7-5324-2821-4　定价：CNY20.00

（中国寓言世界）

　　中国现代连环画作品。作者沈寂（1924—2016），编剧。别名汪崇刚，曾用名汪波。出生于上海，祖籍浙江奉化人。肆业于上海复旦大学西洋文学系。曾任上海电影制片厂一级编剧。出版小说集《两代图》《盐场》《红森林》等。

J0082255

《藏族格言故事》连环画丛书　（汉藏文对照）郝建国等编文；张卫疆等绘；果毛吉译

兰州　甘肃民族出版社　1997年　10册

9×13cm　ISBN：7-5421-0474-8　定价：CNY33.00

　　作者郝建国（1926—　），记者。河北饶阳人。解放军报摄影记者、组长，中国摄影家协会理事等。代表作品有《突破石家庄外市沟》《摄影记者在前线》《红旗插上太原城头》等。

J0082256

《世界著名历险故事卡通系列》丛书　（第1辑）何贵清编绘

天津　新蕾出版社　1997年　10册　19cm（小32开）

盒装　ISBN：7-5307-1788-X　定价：CNY46.00

　　中国现代连环画作品，包括《吹牛大王历险记》等10册。

J0082257

《水浒》连环画　（珍藏本）张松岩改编；楚云飞等绘画

北京　光明日报出版社　1997年　30册

10×13cm　ISBN：7-80091-920-X　定价：CNY65.00

J0082258

12座摩天大厦突然失踪　（彩图本）米妮改编；众生工作室绘

西安　未来出版社　1997年　98页　26cm（16开）

ISBN：7-5417-1497-6　定价：CNY14.80

（中国魔幻卡通·24魔）

　　本书包括《12座摩天大厦突然失踪（彩图本）》（米妮改编、众生工作室绘）、《魔匣窃国》（润土改编、祖辉、崔鹏飞绘）。

J0082259

阿凡提的故事　（草包国王）山石孜编；溪眉绘；红洁，晓西电脑制作

北京　中国民族摄影艺术出版社　1997年

17×18cm　精装　ISBN：7-80069-142-X

定价：CNY15.00

（聪慧丛书）

　　中国现代连环画作品。

J0082260

阿凡提的故事 （种金子）山石孜编；溪眉绘；
红洁,晓西电脑制作
北京 中国民族摄影艺术出版社 1997 年
17×18cm 精装 ISBN：7-80069-143-8
定价：CNY15.00
（聪慧丛书）
　　　　中国现代连环画作品。

J0082261

阿里巴巴和四十大盗 圣渺等编文；陈运星
等绘
上海 少年儿童出版社 1997 年 72 页 17×19cm
ISBN：7-5324-2788-9 定价：CNY6.80
（彩图世界儿童文学名著故事大全）

J0082262

阿龙皇帝 陆鹿,余水编文；刘雨苏,米丁绘
郑州 海燕出版社 1997 年 78 页 20cm（32 开）
ISBN：7-5350-1517-4 定价：CNY5.00
　　　　中国现代连环画作品。

J0082263

爱打扮的海獭 田宇编绘
银川 宁夏少年儿童出版社 1997 年 90 页
21×19cm ISBN：7-80620-045-2 定价：CNY12.80
（新奇趣科学知识童话卡通系列）
　　　　中国现代连环画作品。

J0082264

爱国名将关天培 周玲杰,陈民牛编文；邵家
声等绘
南京 江苏美术出版社 1997 年 20cm（32 开）
ISBN：7-5344-0720-6 定价：CNY3.20
　　　　中国现代连环画。

J0082265

爱丽丝奇境历险记 程新平等编绘
天津 新蕾出版社 1997 年 90 页 19cm（小 32 开）
ISBN：7-5307-1794-4 定价：CNY4.60
（世界著名历险故事卡通系列）
　　　　中国现代连环画作品。

J0082266

奥茨国历险记 于秀琴等编绘

天津 新蕾出版社 1997 年 90 页 19cm（小 32 开）
ISBN：7-5307-1790-1 定价：CNY4.60
　　　　中国现代连环画作品。

J0082267

白毛女 华三川绘；方轶群配文
北京 中国连环画出版社 1997 年 52 页
19×21cm ISBN：7-5061-0791-0 定价：CNY19.80
　　　　中国现代连环画，六十年代连环画精品。作
者华三川（1930—2004），画家。浙江镇海人。中
国美协会员，上海美术家协会理事，上海少年儿
童出版社专业画家，上海市文史研究馆馆员。代
表作品《华三川仕女画集》《华三川绘新百美图》
《锦瑟年华》等。

J0082268

白雪公主
南京 江苏少年儿童出版社 1997 年 72 页
17×19cm ISBN：7-5346-1655-7 定价：CNY4.80
（彩图外国童话名著·格林童话）

J0082269

百色起义 顾乐真编；雷德祖绘
北京 人民美术出版社 1997 年 2 版 92 页
13×19cm ISBN：7-102-01801-0 定价：CNY9.60
　　　　中国现代连环画。

J0082270

邦斯舅舅 （法）巴尔扎克原著；李大发改编；
朱国勤等绘
上海 上海人民美术出版社 1997 年 175 页
20cm（32 开）ISBN：7-5322-1642-X
定价：CNY11.50
（世界文学名著精选 绘画本）

J0082271

报童 莫熙改编
南宁 广西美术出版社 1997 年 125 页 9×12cm
ISBN：7-80625-253-3 定价：CNY2.40
（爱国主义教育连环画丛书·百部电影故事）
　　　　本书与中国电影出版社合作出版。

J0082272

暴风骤雨 李寿华改编
南宁 广西美术出版社 1997 年 125 页 9×12cm

ISBN：7-80625-254-1 定价：CNY2.40
（爱国主义教育连环画丛书·百部电影故事）
　　本书与中国电影出版社合作出版。

J0082273
北京图书馆升平署戏曲人物画册　北京图
书馆编
北京 北京图书馆出版社 1997 年 97 页
28cm（大 16 开）精装 ISBN：7-5013-1460-8
定价：CNY260.00
　　　中国现代连环画作品。

J0082274
北宋杨家将　（绘画本）喻岳衡改编；蒋太禄
等绘
长沙 湖南美术出版社 1997 年 20cm（32 开）
ISBN：7-5356-0940-6 定价：CNY11.90

J0082275
碧空银鹰　丛燕编文；陶文杰绘
杭州 浙江少年儿童出版社 1997 年 117 页
17×19cm ISBN：7-5342-1578-1 定价：CNY9.00
（爱国主义教育故事画库·英雄儿女系列）
　　　中国现代连环画作品。作者陶文杰
（1958—　　），画家。浙江杭州人，毕业于中国美
术学院。中国美术家协会会员、浙江少年儿童出
版社美术编辑。代表作品有《快乐幼儿园》《巧
克力工厂》《过家家》《恐龙乐园》。

J0082276
波希米亚丑闻　赵蔚华等改编；马永欣等绘
昆明 云南人民出版社 1997 年 10×13cm
ISBN：7-222-02023-3 定价：CNY2.60
（福尔摩斯探案全集 2）
　　　中国现代连环画。

J0082277
播种　（日）冈松庆久原著；王小祎改编；葛闽
丰绘
西安 未来出版社 1997 年 237 页 18×20cm
ISBN：7-5417-1342-2 定价：CNY18.00
　　　中国现代连环画。

J0082278
不知所谓　崔茹编绘

广州 岭南美术出版社 1997 年 2 册
19cm（小 32 开）ISBN：7-5362-1762-5
定价：CNY13.00
（金虹画集丛书）
　　　中国现代连环画作品。

J0082279
彩虹鸟的故事　金波等文；王国仁等绘
南宁 接力出版社 1997 年 316 页 20cm（32 开）
ISBN：7-80631-169-6 定价：CNY18.00
（一个中国孩子的英雄喜剧 4）
　　　中国现代连环画作品。

J0082280
彩绘民间故事精本　徐奇等改编；金锡林等绘
济南 明天出版社 1997 年 238 页 17×19cm
精装 ISBN：7-5332-2640-2 定价：CNY20.00
（明天彩绘园）

J0082281
彩绘神探故事精本　祖馨等编文；金渭昌等绘
济南 明天出版社 1997 年 238 页 17×19cm
精装 ISBN：7-5332-2642-9 定价：CNY20.00
（明天彩绘园）

J0082282
彩绘童话故事精本　童童等改编；蒋松涛
等绘
济南 明天出版社 1997 年 238 页 17×19cm
精装 ISBN：7-5332-2641-0 定价：CNY20.00
（明天彩绘园）

J0082283
彩绘小英雄故事精本　孙晓纲等改编、绘
济南 明天出版社 1997 年 238 页 17×19cm
精装 ISBN：7-5332-2639-9 定价：CNY20.00
（明天彩绘园）

J0082284
彩色卡通传奇故事大王　易沫等编文；重圭
等绘
杭州 浙江少年儿童出版社 1997 年 284 页
17×19cm 精装 ISBN：7-5342-1412-2
定价：CNY22.00
　　　中国现代连环画作品。

J0082285

彩色卡通历险故事大王　古月等编文；越菲
等绘
杭州　浙江少年儿童出版社 1997 年 282 页
17×19cm 精装 ISBN：7-5342-1411-4
定价：CNY22.00
　　中国现代连环画作品。

J0082286

彩色卡通破案故事大王　应平等编文；越菲
等绘
杭州　浙江少年儿童出版社 1997 年 283 页
17×19cm 精装 ISBN：7-5342-1408-4
定价：CNY22.00
　　中国现代连环画作品。

J0082287

彩色卡通智斗故事大王　南雁等编文；万俭
等绘
杭州　浙江少年儿童出版社 1997 年 281 页
17×19cm 精装 ISBN：7-5342-1407-6
定价：CNY22.00
　　中国现代连环画作品。

J0082288

彩图拼音世界著名童话大森林　（丹麦童话）
觉君等文；宗琳等绘；杜游，李楠注音
昆明　晨光出版社 1997 年 240 页 17×18cm
精装 ISBN：7-5414-1375-5 定价：CNY19.00

J0082289

彩图拼音世界著名童话大森林　（俄罗斯童
话）王小红等文；闻林等绘；唐平，关宝注音
昆明　晨光出版社 1997 年 240 页 17×18cm
精装 ISBN：7-5414-1373-9 定价：CNY19.00

J0082290

彩图拼音世界著名童话大森林　（日本童话）
张燕等文；黄嘉铭等绘；杜游，汤陵注音
昆明　晨光出版社 1997 年 240 页 17×18cm
精装 ISBN：7-5414-1369-0 定价：CNY19.00
　　作者张燕，《中国漆艺》副主编。作者张燕
（1944—　 ），女，江苏扬州人。东南大学艺术学
系副教授。

J0082291

彩图拼音世界著名童话大森林　（瑞典童话）
张海潮等文；黄嘉铭等绘；唐平，关宝注音
昆明　晨光出版社 1997 年 240 页 17×18cm
精装 ISBN：7-5414-1374-7 定价：CNY19.00

J0082292

彩图拼音世界著名童话大森林　（意大利童
话）天明工作室编绘
昆明　晨光出版社 1997 年 240 页 17×19cm
精装 ISBN：7-5414-1262-7 定价：CNY19.00

J0082293

彩图外国童话名著《一千零一夜》（阿里巴
巴和四十大盗）江苏少年儿童出版社编
南京　江苏少年儿童出版社 1997 年 72 页
17×19cm ISBN：7-5346-1662-X 定价：CNY4.80
　　中国现代连环画作品。

J0082294

彩图外国童话名著《一千零一夜》（第九尊
雕像）江苏少年儿童出版社编
南京　江苏少年儿童出版社 1997 年 72 页
17×19cm ISBN：7-5346-1659-X 定价：CNY4.80
　　中国现代连环画作品。

J0082295

彩图外国童话名著《一千零一夜》（海岛女
王）江苏少年儿童出版社编
南京　江苏少年儿童出版社 1997 年 72 页
17×19cm ISBN：7-5346-1660-3 定价：CNY4.80
　　中国现代连环画作品。

J0082296

彩图外国童话名著《一千零一夜》（三兄弟）
江苏少年儿童出版社编
南京　江苏少年儿童出版社 1997 年 72 页
17×19cm ISBN：7-5346-1661-1 定价：CNY4.80
　　中国现代连环画作品。

J0082297

苍山洱海三月街　许毓光编文；宣森绘
长沙　湖南少年儿童出版社 1997 年 25×24cm
精装 ISBN：7-5358-1405-0 定价：CNY25.00
（中国·民族节日风俗故事画库）

J0082298

草原英雄小姐妹　郁薇编文；任至昌等绘
杭州　浙江少年儿童出版社　1997 年　117 页
17×19cm　ISBN：7-5342-1577-3　定价：CNY9.00
（爱国主义教育故事画库·红孩子系列）
　　　中国现代连环画作品。

J0082299

成语故事大全　（漫画本）王勇等撰文；王平
等绘画
长春　吉林大学出版社　1997 年　4 册（1725 页）
20cm（32 开）ISBN：7-5601-2043-1
定价：CNY94.00

J0082300

丑小鸭　长扬等改编；杨慧华等绘
北京　中国连环画出版社　1997 年　17×19cm
ISBN：7-5061-0773-2　定价：CNY12.80
（红蜻蜓丛书）
　　　中国现代连环画作品。

J0082301

丑小鸭　大苗，长扬等改编；杨慧华等绘
北京　中国连环画出版社　1997 年　17×19cm
精装　ISBN：7-5061-0733-3　定价：CNY15.00
（红蜻蜓丛书）
　　　中国现代连环画作品。

J0082302

初恋的游戏　王朔，陈西林主笔
北京　新华出版社　1997 年　48 页　22cm（大 32 开）
ISBN：7-5011-3491-X　定价：CNY13.80
（瀛海威时空轻喜剧 1）
　　　中国现代连环画作品。

J0082303

楚汉之战　（连环画）雪岗撰文；王可伟绘
北京　中国少年儿童出版社　1997 年　203 页
19×21cm　ISBN：7-5007-2659-7　定价：CNY28.50
　　　作者雪岗（1945—　），中国少年儿童出版社
副编审、编辑室主任。

J0082304

传统与美德　张志强主编
哈尔滨　黑龙江美术出版社　1997 年　72 页

19×18cm　ISBN：7-5318-0469-7　定价：CNY5.00
（小学生画本丛书 2）
　　　中国现代连环画作品。

J0082305

吹牛大王历险记　何贯清等编绘
天津　新蕾出版社　1997 年　90 页　19cm（小 32 开）
ISBN：7-5307-1791-X　定价：CNY4.60
　　　中国现代连环画作品。

J0082306

春秋战国　（连环画）赵元真等编绘
上海　上海远东出版社　1997 年　756 页
20cm（32 开）ISBN：7-80613-330-5
定价：CNY28.00

J0082307

聪明与大头　阎安等编绘
银川　宁夏少年儿童出版社　1997 年　90 页
21×19cm　ISBN：7-80620-041-X　定价：CNY12.80
（新奇趣科学知识童话卡通系列）
　　　中国现代连环画作品。

J0082308

摧毁豹子团　蒙佩强编文；钱自成，金稼仿绘
上海　上海科技教育出版社　1997 年　90 页
19cm（小 32 开）ISBN：7-5428-1546-6
定价：CNY5.00
（少年探险家丛书）
　　　中国现代连环画作品。

J0082309

大草原上的小老鼠　（1 插图本）余青，阿老
改编
北京　中国少年儿童出版社　1997 年　140 页
17×19cm　精装　ISBN：7-5007-3244-9
定价：CNY18.00
　　　本作品为首次由中美和拍的五十二集长篇
电视系列动画片改编的现代连环画作品。

J0082310

大草原上的小老鼠　（2 插图本）余青，阿老
改编
北京　中国少年儿童出版社　1997 年　140 页
17×19cm　精装　ISBN：7-5007-3244-9

定价：CNY18.00

J0082311
大草原上的小老鼠 （3 插图本）余青，阿老
改编
北京 中国少年儿童出版社 1997 年 140 页
17×19cm 精装 ISBN：7-5007-3244-9
定价：CNY18.00

J0082312
大草原上的小老鼠 （4 插图本）余青，阿老
改编
北京 中国少年儿童出版社 1997 年 140 页
17×19cm 精装 ISBN：7-5007-3244-9
定价：CNY18.00

J0082313
大草原上的小老鼠 （5 插图本）余青，阿老
改编
北京 中国少年儿童出版社 1997 年 140 页
17×19cm 精装 ISBN：7-5007-3244-9
定价：CNY18.00

J0082314
大草原上的小老鼠 （6 插图本）余青，阿老
改编
北京 中国少年儿童出版社 1997 年 140 页
17×19cm 精装 ISBN：7-5007-3245-7
定价：CNY18.00

J0082315
大闹天宫
南京 江苏少年儿童出版社 1997 年 72 页
17×19cm ISBN：7-5346-1643-3 定价：CNY4.80
（彩图中国古典名著 西游记）
　　中国现代连环画作品。

J0082316
大闹天宫 （西游记立体画册）韩建生改编；
楠艺工作室绘
北京 中国少年儿童出版社 1997 年 17×24cm
精装 ISBN：7-5007-3836-6 定价：CNY23.50
　　中国现代连环画作品。

J0082317
大人国历险记 丁绍祎等编绘
天津 新蕾出版社 1997 年 90 页 19cm（小 32 开）
ISBN：7-5307-1796-0 定价：CNY4.60
（世界著名历险故事卡通系列）
　　中国现代连环画作品。

J0082318
大象醉了 吴军编绘
银川 宁夏少年儿童出版社 1997 年 90 页
21×19cm ISBN：7-80620-043-6 定价：CNY12.80
（新奇趣科学知识童话卡通系列）
　　中国现代连环画作品。作者吴军（1958—　　），
四川三台人，二级演奏员，新疆兵团杂技团乐队
队长。

J0082319
单刀赴会
南京 江苏少年儿童出版社 1997 年 72 页
17×19cm ISBN：7-5346-1642-5 定价：CNY4.80
（彩图中国古典名著·三国演义）
　　中国现代连环画作品。

J0082320
狄家将 （清）李雨堂等原著
北京 华夏出版社 1997 年 2 册（784 页）
20cm（32 开）ISBN：7-5080-1248-8
定价：CNY29.50
（中国古典小说画库 家将英雄系列）

J0082321
地球三卫士 徐春香等文字；贺惠群等绘
西安 未来出版社 1997 年 2 册 19cm（小 32 开）
ISBN：7-5417-1362-7 定价：CNY9.00
　　中国现代连环画作品。

J0082322
第二次世界大战战史画库 王恩国文编；王
文倩等美编
沈阳 辽宁美术出版社 1997 年 2 版 12 册
9×13cm 盒装 ISBN：7-5314-1795-2
定价：CNY24.00
（辽宁美术出版社连环画精品系列）
　　中国现代连环画作品。

J0082323

第二块血迹　蔚华等改编；董凤章等绘
昆明　云南人民出版社 1997 年　10×13cm
ISBN：7-222-02031-4 定价：CNY2.40
（福尔摩斯探案全集 10）
　　中国现代连环画作品。

J0082324

第一代红领巾　阿源编文；陈小京等绘
杭州　浙江少年儿童出版社 1997 年　117 页
17×19cm ISBN：7-5342-1576-5 定价：CNY9.00
（爱国主义教育故事画库·红孩子系列）
　　中国现代连环画作品。

J0082325

癫老头和魔帽服务中心　（彩图本）米妮改
编；众生，李波绘
西安　未来出版社 1997 年　100 页 26cm（16 开）
ISBN：7-5417-1500-X 定价：CNY14.80
（中国魔幻卡通·24 魔）
　　中国现代连环画作品。本书为《癫老头和魔
帽服务中心》（米妮改编、众生和李波绘）、《魔磁
大盗》（祖辉和崔鹏飞绘）合订。

J0082326

三毛流浪记　（电视系列剧连环画 1-5）施鹤
群等改编
上海　上海教育出版社 1997 年　5 册
19cm（小 32 开）盒装 ISBN：7-5320-5260-5
定价：CNY28.00
　　中国现代连环画作品。

J0082327

动物编　平常编文；陈家奇等绘
北京　东方出版社 1997 年　3 册（1014 页）
20cm（32 开）ISBN：7-5060-0879-3
定价：CNY99.00
（《佛教画藏》系列丛书·寓言部）

J0082328

动物大乐园　上海人民美术出版社编
上海　上海人民美术出版社 1997 年　78 页
26cm（16 开）ISBN：7-5322-1668-3
定价：CNY11.00
（卡通艺术节画丛）

　　中国现代连环画作品。

J0082329

动物王国趣事　王兰智等编文；文俊等绘
成都　四川少年儿童出版社 1997 年　8 册
17×18cm 盒装 ISBN：7-5365-1824-2
定价：CNY5.00
　　中国现代连环画作品。

J0082330

恶魔设下的陷阱　（彩图本）邵小宁改编；众
生工作室绘
西安　未来出版社 1997 年　98 页 26cm（16 开）
ISBN：7-5417-1502-6 定价：CNY14.80
（中国魔幻卡通·24 魔）
　　本书为中国现代连环画作品。由《恶魔设下
的陷阱（彩图本）》《充电魔人》合订。

J0082331

凡尔纳科幻故事连环画精选　卞福顺等改
编；孙愚等绘
沈阳　辽宁美术出版社 1997 年　2 版　9 册
10×13cm ISBN：7-5314-1667-0 定价：CNY21.00
　　中国现代连环画作品。作者卞福顺，曾任辽
宁民族出版社美术教育编辑室主任。作者孙愚
（1937—　），画家。浙江温州人。中国美术家协
会会员。曾在上海人民美术出版社从事连环画
创作，兼任上海大学巴士学院美术专业基础课程
教师。著有《钢笔画起步》，连环画《野猫》《巴
黎圣母院》《海底两万里》《圣经的故事》《孤岛
历险记》等。

J0082332

凡尔纳全集　（绘画本　第一集）（法）儒勒·凡
尔纳著；胡亦芳等编文；侯云汉等绘
武汉　湖北少年儿童出版社 1997 年　828 页
20cm（32 开）精装 ISBN：7-5353-1757-X
定价：CNY30.00
（世界名著全集丛书 世界科幻小说画库）
　　作者儒勒·凡尔纳（1828—1905），法国小说
家、剧作家及诗人。出生于法国南特。代表作为
三部曲《格兰特船长的儿女》《海底两万里》《神
秘岛》《气球上的五星期》《地心游记》等。他的
作品对科幻文学流派有着重要的影响，被称作
"科幻小说之父"。

J0082333

凡尔纳全集 （绘画本　第二集）（法）儒勒·凡
尔纳著；范希衡等译；姚军等编文；孙培松等绘
武汉　湖北少年儿童出版社　1997 年　833 页
20cm（32 开）精装　ISBN：7-5353-1756-1
定价：CNY30.00
（世界名著全集丛书　世界科幻小说画库）

J0082334

凡尔纳全集 （绘画本　第三集）（法）儒勒·凡
尔纳著；李松涛等编文；潘胜魁等绘
武汉　湖北少年儿童出版社　1997 年　828 页
20cm（32 开）精装　ISBN：7-5353-1766-9
定价：CNY30.00
（世界名著全集丛书　世界科幻小说画库）

J0082335

凡尔纳全集 （绘画本　第四集）（法）儒勒·凡
尔纳著；李跃等文；胡焕然等绘
武汉　湖北少年儿童出版社　1997 年　833 页
20cm（32 开）精装　ISBN：7-5353-1804-5
定价：CNY30.00
（世界名著全集丛书　世界科幻小说画库）

J0082336

繁华如梦 （第一集）郑旭升绘
北京　中国连环画出版社　1997 年　128 页
19cm（小 32 开）ISBN：7-5061-0776-7
定价：CNY6.90
（连环漫画明生丛书）
　　中国现代连环画作品。

J0082337

饭桶超人 （卡通画）余均伟编绘
乌鲁木齐　新疆青少年出版社　1997 年　5 册
11×19cm ISBN：7-5371-2422-1 定价：CNY34.50
　　中国现代连环画作品。

J0082338

访问海底城 陈萍编文；罗希贤绘
上海　上海科技教育出版社　1997 年　90 页
19cm（小 32 开）ISBN：7-5428-1547-4
定价：CNY5.00
（少年探险家丛书）
　　中国现代连环画作品。作者罗希贤

（1946—　　），连环画家。广东东莞人。上海美术
出版社美术创作员。上海著名民俗画、连环画家，
共绘制了 150 多部连环画。作品有《火种》《蔡
锷》等。

J0082339

飞向天魔星之前的激战 （彩图本）杨冬改
编；众生工作室绘
西安　未来出版社　1997 年　98 页 26cm（16 开）
ISBN：7-5417-1495-X 定价：CNY14.80
（中国魔幻卡通·24 魔）
　　本书与辅东改编、祖辉等绘的《神奇魔疗器》
合订。中国现代连环画作品。

J0082340

扶我上战马的人 刘述禹，王裕娟改编
南宁　广西美术出版社　1997 年　141 页 9×12cm
ISBN：7-80625-196-0 定价：CNY2.70
（爱国主义教育连环画丛书·百部电影故事）
　　中国现代连环画作品。

J0082341

高老头 （法）巴尔扎克原著；王成荣改编；方
昉，陈纪仁绘
上海　上海人民美术出版社　1997 年　131 页
20cm（32 开）ISBN：7-5322-1641-1
定价：CNY9.00
（世界文学名著精选　绘画本）
　　作者方昉，旅美画家、设计家。毕业于上海
师范大学艺术系。曾任上海文艺出版社美术编
辑，上海现代美术设计家协会秘书长，上海漆画
协会副会长，美国中美油画学会理事。

J0082342

高龙巴 （法）梅里美原著；劳有林，裴高改编；
胡志荣等绘
上海　上海人民美术出版社　1997 年　115 页
20cm（32 开）ISBN：7-5322-1640-3
定价：CNY9.60
（世界文学名著精选　绘画本）
　　本书是法译世界文学名著精选的连环画。

J0082343

高校英雄传 张挺编绘
广州　岭南美术出版社　1997 年　94 页

19cm（小 32 开）ISBN：7-5362-1697-1
定价：CNY7.00
（金脚印丛书）
　　中国现代连环画作品。

J0082344
革命传统教育故事 （第一辑）吴其柔等改
编；罗盘等绘
上海 上海人民美术出版社 1997 年 5 册
10×13cm 盒装 ISBN：7-5322-1834-1
定价：CNY12.80
　　中国现代连环画作品。作者罗盘（1927—
2005），连环画家。原名罗孝芊，出生于上海市，
福建闽侯人。代表作品《草上飞》《战上海》。

J0082345
革命传统教育故事 （第二辑）大鲁等改编；
华三川等绘
上海 上海人民美术出版社 1997 年 4 册
10×13cm 盒装 ISBN：7-5322-1835-X
定价：CNY10.50
　　中国现代连环画作品。作者华三川（1930—
2004），画家。浙江镇海人。中国美协会员，上
海美术家协会理事，上海少年儿童出版社专业画
家，上海市文史研究馆馆员。代表作品《华三川
仕女画集》《华三川绘新百美图》《锦瑟年华》等。

J0082346
革命战斗故事连环画精选 （1）方林等改
编；齐家等绘
沈阳 辽宁美术出版社 1997 年 2 版 9 册
10×13cm ISBN：7-5314-1665-4 定价：CNY23.00
　　中国现代连环画作品。

J0082347
革命战斗故事连环画精选 （2）南原等改
编；赵明钧等绘
沈阳 辽宁美术出版社 1997 年 2 版 7 册
10×13cm ISBN：7-5314-1664-6 定价：CNY20.00
　　中国现代连环画作品。作者赵明钧
（1938—　），满族，连环画艺术家。笔名孤竹古
道居士。生于辽宁省锦州市，籍贯辽宁省锦州
市。《我们村里年轻人》《毛主席好战士——雷锋》
《收伏白龙马》等。

J0082348
革命战斗故事连环画精选 （3）纪思等改
编；房英魁等绘
沈阳 辽宁美术出版社 1997 年 2 版 11 册
10×13cm ISBN：7-5314-1663-8 定价：CNY23.00
　　中国现代连环画作品。

J0082349
格林童话 亦凡等改编；张健民等绘
沈阳 辽宁美术出版社 1997 年 2 版 10 册
10×13cm ISBN：7-5314-1671-9 定价：CNY25.00
　　中国现代连环画作品。

J0082350
共和国英雄 （上）胡居成编文；沈启鹏等绘
南京 南京出版社 1997 年 7 册 17×19cm
ISBN：7-80614-323-8 定价：CNY25.00
　　中国现代连环画作品。作者沈启鹏
（1946—　），画家。南通美术家协会主席、南通
书画研究院院长。代表作品《大汛》《海子牛》《二
月二回娘家》。

J0082351
共和国英雄 （下）胡居成编文；沈启鹏等绘
南京 南京出版社 1997 年 7 册 17×19cm
ISBN：7-80614-326-2 定价：CNY25.00
　　中国现代连环画作品。

J0082352
狗的故事 李钊改编；辛艺华等绘
武汉 湖北少年儿童出版社 1997 年 2 版
94 页 17×19cm ISBN：7-5353-1440-6
定价：CNY8.50
（系列动物故事连环画丛）
　　中国现代连环画作品。

J0082353
狗仔 吴跃龙编
长沙 湖南美术出版社 1997 年 124 页
20cm（32 开）ISBN：7-5356-0959-7
定价：CNY5.80
（跃龙系列卡通）
　　中国现代连环画作品。

J0082354

古今中外交通运输工具　吟龙卡通艺术工作室绘编

北京　现代出版社 1997年 256页 19cm（小 32开）

ISBN：7-80028-326-7 定价：CNY10.00

中国现代连环画。

J0082355

龟兔赛跑　周伟等改编；杨慧华等绘

北京　中国连环画出版社 1997年 17×19cm

ISBN：7-5061-0765-1 定价：CNY12.80

（红蜻蜓丛书）

中国现代连环画作品。

J0082356

好孩子画册　茅红梅等编文；王伟戍等绘

上海　上海辞书出版社 1997年 175页 17×19cm

ISBN：7-5326-0426-8 定价：CNY24.00

中国现代连环画作品。

J0082357

贺友直画自己　贺友直文、图

上海　上海书店出版社 1997年 205页 17×19cm

ISBN：7-80622-233-2 定价：CNY16.00

中国现代连环画。作者贺友直（1922—2016），连环画家。出生于上海，祖籍浙江宁波。曾任上海人民美术出版社编审，连环画艺术委员会主任，上海市美术家协会第四届副主席，中国连环画研究会第二届副会长等职。代表作品《朝阳沟》《山乡巨变》等。

J0082358

黑猫大王　凌雨编；王川绘

北京　中国电影出版社 1997年 144页 17×19cm

精装　ISBN：7-106-01181-9 定价：CNY12.80

中国现代连环画作品。

J0082359

黑猫警长　（1-4 合订本）诸志祥编文；戴铁郎等绘

上海　上海人民美术出版社 1997年 82页

19×17cm ISBN：7-5322-0887-7 定价：CNY26.00

中国现代连环画作品。作者诸志祥（1941—2015），笔名浩谷，浙江绍兴人。1961年毕业于上海市第四师范学校。历任某校教师、上海《少

年报》编辑、《作家与企业家报》负责人。1968年开始发表作品。1990年加入中国作家协会。著有中篇童话《八戒回乡》《挂领带的牛》《猴医生治病》《黑猫警长》（已改编为动画片剧本并录制播出）、《黑猫警长与外星人》等10部。

J0082360

红楼梦　（清）曹雪芹著；肖森等改编；周申等绘

北京　中国连环画出版社 1997年

3册（349+353+354页）20cm（32开）精装

ISBN：7-5061-0735-X 定价：CNY58.00

中国现代连环画。

J0082361

红蚂蚁搬兵　张锦江编绘

银川　宁夏少年儿童出版社 1997年 90页

21×19cm ISBN：7-80620-046-0 定价：CNY12.80

（新奇趣科学知识童话卡通系列）

中国现代连环画作品。

J0082362

红蜻蜓　冰波，陶野编文；程思新，刘颖绘

郑州　海燕出版社 1997年 78页 20cm（32开）

ISBN：7-5350-1517-4 定价：CNY5.00

中国现代连环画作品。

J0082363

猴子的故事　刘芬改编；陈明高等绘

武汉　湖北少年儿童出版社 1997年 2版 94页

17×19cm ISBN：7-5353-1437-6 定价：CNY8.50

（系列动物故事连环画丛）

中国现代连环画作品。

J0082364

呼家将　（清）半闲居士著；刘旗英等改编；袁辉等绘

北京　华夏出版社 1997年 404页 20cm（32开）

ISBN：7-5080-1244-5 定价：CNY16.00

（中国古典小说画库 家将英雄系列）

J0082365

狐狸的故事　江流改编；罗清山等绘

武汉　湖北少年儿童出版社 1997年 2版 94页

17×19cm ISBN：7-5352-1439-2 定价：CNY8.50

（系列动物故事连环画丛）

J0082366
葫芦娃前传 （上）芳玉，芳青编文；薛挺等绘
北京 蓝天出版社 1997年 120页 17×19cm
精装 ISBN：7-80081-700-8 定价：CNY13.80
　　中国现代连环画作品。

J0082367
葫芦娃前传 （下）芳玉，芳青编文；刘冬霞等绘
北京 蓝天出版社 1997年 120页 17×19cm
精装 ISBN：7-80081-700-8 定价：CNY13.80
　　中国现代连环画作品。

J0082368
葫芦兄妹 墨犊，小星编；庆云绘
北京 中国电影出版社 1997年 17×19cm
精装 ISBN：7-106-01179-7 定价：CNY11.80
　　中国现代连环画作品。

J0082369
画说聊斋 （续集）北京美术摄影出版社编
北京 北京美术摄影出版社 1997年 442
20cm（32开）ISBN：7-80501-202-4
定价：CNY15.00
　　中国现代连环画作品。

J0082370
欢歌曼舞三月三 张永枚编文；郑小娟绘
长沙 湖南少年儿童出版社 1997年 25×24cm
精装 ISBN：7-5358-1404-2 定价：CNY25.00
（中国·民族节日风俗故事画库）
　　中国现代连环画作品。作者郑小娟
（1940— ），女，画家。湖南长沙人，毕业于湖
南师范大学美术系。湖南美术出版社编审、中国
美术家协会理事、中国工笔画学会理事、湖南省
美术家协会副主席、湖南省文联委员。著有《工
笔人物画技法》《中国当代美术家画库·郑小娟》
《郑小娟作品集》。

J0082371
皇帝的新衣
南京 江苏少年儿童出版社 1997年 72页
17×19cm ISBN：7-5346-1260-8 定价：CNY4.80
（彩图外国童话名著 安徒生童话）

中国现代连环画作品。

J0082372
黄道周 （连环画）何重印等编文；黄灶顺绘
福州 福建美术出版社 1997年 139页 17×19cm
ISBN：7-5393-0536-3 定价：CNY10.00
（闽南历史名人丛书）

J0082373
黄面人 孙建康等改编；周春等绘
昆明 云南人民出版社 1997年 10×13cm
ISBN：7-222-02026-8 定价：CNY2.60
（福尔摩斯探案全集 6）
　　中国现代连环画作品。

J0082374
绘图本花木兰扫北 郝艳霞，王润生原著；
易和声改编；舒泽玮等绘图
长沙 湖南出版社 1997年 20cm（32开）
ISBN：7-5438-1551-6 定价：CNY15.00

J0082375
绘图本巧破乾坤楼 郝艳霞，王润生原著；
胡如虹改编；焦立强等绘
长沙 湖南出版社 1997年 20cm（32开）
ISBN：7-5438-1544-3 定价：CNY18.40

J0082376
绘图本十二寡妇出征 郝艳霞，王润生原著；
张莉改编；陈凯等绘
长沙 湖南出版社 1997年 20cm（32开）
ISBN：7-5438-1527-3 定价：CNY13.50

J0082377
绘图本薛丁山征西 郝艳霞，王润生原著；
何新波改编；焦成根等绘
长沙 湖南出版社 1997年 20cm（32开）
ISBN：7-5438-1528-1 定价：CNY20.00

J0082378
绘图本月唐演义 郝艳霞，王润生著；李思远
改编；谭立新等绘
长沙 湖南出版社 1997年 20cm（32开）
ISBN：7-5438-1519-2 定价：CNY24.20

J0082379

混血豺王 （第1卷 认敌为友）沈石溪工作室
编文；HXHY艺术工作室绘

南京 江苏少年儿童出版社 1997年 120页
21×19cm 精装 ISBN：7-5346-1732-4
定价：CNY12.00
　　中国现代连环画作品。

J0082380

混血豺王 （第2卷 苦难童年）沈石溪工作室
编文；HXHY艺术工作室绘

南京 江苏少年儿童出版社 1997年 120页
21×19cm 精装 ISBN：7-5346-1733-2
定价：CNY12.00
　　中国现代连环画作品。

J0082381

混血豺王 （第3卷 蒙难受辱）沈石溪工作室
编文；HXHY艺术工作室绘

南京 江苏少年儿童出版社 1997年 120页
21×19cm 精装 ISBN：7-5346-1734-0
定价：CNY12.00
　　中国现代连环画作品。

J0082382

混血豺王 （第4卷 被迫做贼）沈石溪工作室
编文；HXHY艺术工作室绘

南京 江苏少年儿童出版社 1997年 120页
21×19cm 精装 ISBN：7-5346-1735-9
定价：CNY12.00
　　中国现代连环画作品。

J0082383

混血豺王 （第5卷 崭露头角）沈石溪工作室
编文；HXHY艺术工作室绘

南京 江苏少年儿童出版社 1997年 120页
21×19cm 精装 ISBN：7-5346-1736-7
定价：CNY12.00
　　中国现代连环画作品。

J0082384

混血豺王 （第6卷 含泪出走）沈石溪工作室
编文；HXHY艺术工作室绘

南京 江苏少年儿童出版社 1997年 120页
21×19cm 精装 ISBN：7-5346-1737-5

定价：CNY12.00
　　中国现代连环画作品。

J0082385

混血豺王 （第7卷 豺狼大战）沈石溪工作室
编文；HXHY艺术工作室绘

南京 江苏少年儿童出版社 1997年 120页
21×19cm 精装 ISBN：7-5346-1738-3
定价：CNY12.00
　　中国现代连环画作品。

J0082386

混血豺王 （第8卷 登上王位）沈石溪工作室
编文；HXHY艺术工作室绘

南京 江苏少年儿童出版社 1997年 120页
21×19cm 精装 ISBN：7-5346-1739-1
定价：CNY12.00
　　中国现代连环画作品。

J0082387

混血豺王 （第9卷 冤家路窄）沈石溪工作室
编文；HXHY艺术工作室绘

南京 江苏少年儿童出版社 1997年 120页
21×19cm 精装 ISBN：7-5346-1740-5
定价：CNY12.00
　　中国现代连环画作品。

J0082388

混血豺王 （第10卷 慷慨赴难）沈石溪工作
室编文；HXHY艺术工作室绘

南京 江苏少年儿童出版社 1997年 120页
21×19cm 精装 ISBN：7-5346-1741-3
定价：CNY12.00
　　中国现代连环画作品。

J0082389

火烧赤壁

南京 江苏少年儿童出版社 1997年 72页
17×19cm ISBN：7-5346-1640-9 定价：CNY4.80
（彩图中国古典名著·三国演义）
　　中国现代连环画作品。

J0082390

火烧圆明园　　葆青改编

南宁 广西美术出版社 1997年 125页 9×12cm

ISBN：7-80625-250-9 定价：CNY2.40
（爱国主义教育连环画丛书·百部电影故事）
　　中国现代连环画作品。

J0082391
火焰山 （西游记立体画册）韩建生改编；楠艺
工作室绘
北京 中国少年儿童出版社 1997 年 17×24cm
精装 ISBN：7-5007-3837-4 定价：CNY23.50
　　中国现代连环画作品。

J0082392
机器狗博士 （卡通画册）武玉桂编文；阿兔
狗卡通工作室绘
呼和浩特 内蒙古人民出版社 1997 年 5 册
19cm（小 32 开） ISBN：7-204-03465-1
定价：CNY28.00
　　中国现代连环画作品。

J0082393
鸡的故事 方缘改编；罗斌等绘
武汉 湖北少年儿童出版社 1997 年 94 页
17×19cm ISBN：7-5353-1777-4 定价：CNY8.50
（系列动物故事连环画丛）
　　中国现代连环画作品。

J0082394
吉鸿昌 刘萌瑜改编
南宁 广西美术出版社 1997 年 125 页 9×12cm
ISBN：7-80625-257-6 定价：CNY2.40
（爱国主义教育连环画丛书·百部电影故事）

J0082395
江南大侠展昭 葆青改编；龙圣明绘
南宁 广西美术出版社 1997 年 128 页
19cm（小 32 开） ISBN：7-80625-130-8
定价：CNY5.50
　　中国现代连环画。作者龙圣明（1944—　），
广西融水人。广西科技书画院副院长、广西艺术
学院副教授、中国美术家协会会员。作品有《曙
光》《牛》《瑶山丰年》，出版有《中国当代幽默画
家作品选》《桑吉纳－红棕素描》等。

J0082396
杰米教授的课堂 （漫游太空　1）童心卡通

工作室编绘
西安 未来出版社 1997 年 46 页 26cm（16 开）
ISBN：7-5417-1473-9 定价：CNY6.80
（大型卡通电脑彩绘丛书）
　　中国现代连环画作品。

J0082397
杰米教授的课堂 （漫游太空　2）童心卡通
工作室编绘
西安 未来出版社 1997 年 46 页 26cm（16 开）
ISBN：7-5417-1477-1 定价：CNY6.80
（大型卡通电脑彩绘丛书）
　　中国现代连环画作品。

J0082398
杰米教授的课堂 （漫游太空　3）童心卡通
工作室编绘
西安 未来出版社 1997 年 46 页 26cm（16 开）
ISBN：7-5417-1474-7 定价：CNY6.80
（大型卡通电脑彩绘丛书）
　　中国现代连环画作品。

J0082399
杰米教授的课堂 （学做好孩子）童心卡通工
作室编绘
西安 未来出版社 1997 年 62 页 26cm（16 开）
ISBN：7-5417-1478-X 定价：CNY8.80
（大型卡通电脑彩绘丛书）
　　中国现代连环画作品。

J0082400
杰米教授的课堂 （宇宙大决战）童心卡通工
作室编绘
西安 未来出版社 1997 年 62 页 26cm（16 开）
ISBN：7-5417-1475-5 定价：CNY8.80
（大型卡通电脑彩绘丛书）
　　中国现代连环画作品。

J0082401
金发美人 班苋等编文；陈运星等绘
上海 少年儿童出版社 1997 年 72 页 17×19cm
ISBN：7-5324-2794-3 定价：CNY6.80
（彩图世界儿童文学名著故事大全）
　　中国现代连环画作品。

J0082402

金刚葫芦娃　芳玉，芳青编文；崔小云等绘
北京　蓝天出版社　1997 年　120 页　17×19cm
精装　ISBN：7-80081-696-6　定价：CNY13.80
　　中国现代连环画作品。

J0082403

金猴出世　（西游记立体画册）韩建生改编；
楠艺工作室绘
北京　中国少年儿童出版社　1997 年　17×24cm
精装　ISBN：7-5007-3835-8　定价：CNY23.50
　　中国现代连环画作品。

J0082404

金猫圣帝　孙大文著；远航改编；张文峣绘
北京　中国电影出版社　1997 年　144 页　17×19cm
精装　ISBN：7-106-01180-0　定价：CNY12.80
　　中国现代连环画作品。

J0082405

惊天一战　阿恒等编绘
广州　岭南美术出版社　1997 年　2 册
19cm（小 32 开）ISBN：7-5362-1625-4
定价：CNY13.00
（金虹画集丛书）
　　中国现代连环画作品。

J0082406

精编狮子王　（上）肖榕改编；季平等绘
上海　少年儿童出版社　1997 年　94 页　26cm（16 开）
ISBN：7-5324-3201-7　定价：CNY12.50
（世界经典动画故事）
　　中国现代连环画作品。

J0082407

精编狮子王　（下）陆榕改编；桑麟康等绘
上海　少年儿童出版社　1997 年　94 页　26cm（16 开）
ISBN：7-5324-3202-5　定价：CNY12.50
（世界经典动画故事）
　　中国现代连环画作品。作者桑麟康
（1957—　），画家。浙江鄞县人，就读于上海市
轻工业专科学校美术系。在上海市农垦工商联
合企业总公司天山商场担任美工。作品有《同学》
《我们唤醒了沉睡的大地》《养鸡图》等。

J0082408

精彩奇案故事　张红，谭斌改编；陈天强等绘
济南　明天出版社　1997 年　238 页　17×19cm
精装　ISBN：7-5332-2778-6　定价：CNY20.00
（金葫芦卡通宝库）
　　中国现代连环画作品。

J0082409

精彩三国故事　马济民，念春慈改编；温国政绘
济南　明天出版社　1997 年　238 页　17×19cm
精装　ISBN：7-5332-2782-4　定价：CNY20.00
（金葫芦卡通宝库）
　　中国现代连环画作品。

J0082410

精彩水浒故事　张蜀津改编；王磊绘
济南　明天出版社　1997 年　238 页　17×19cm
精装　ISBN：7-5332-2781-6　定价：CNY20.00
（金葫芦卡通宝库）
　　中国现代连环画作品。

J0082411

精彩童话故事　（7-9 岁　彩图本）梦林编写
太原　希望出版社　1997 年　46 页　17×19cm
ISBN：7-5379-2062-1　定价：CNY7.00
　　中国现代连环画作品。

J0082412

精彩战争故事　陈坚，朱卫国改编；陶文杰等绘
济南　明天出版社　1997 年　238 页　17×19cm
精装　ISBN：7-5332-2647-X　定价：CNY20.00
（金葫芦卡通宝库）
　　中国现代连环画作品。作者陈坚（1959—　），
山东青岛人。曾任中国美术家协会水彩画艺术
委员会副主任兼秘书长、北京市美协水彩画艺术
委员会副主任、北京水彩画学会副会长。主要作
品有《塔吉克老人》《塔吉克姑娘》《逝》等。作
者陶文杰（1958—　），画家。浙江杭州人，毕业
于中国美术学院。中国美术家协会会员、浙江少
年儿童出版社美术编辑。代表作品有《快乐幼儿
园》《巧克力工厂》《过家家》《恐龙乐园》。

J0082413

精武门　阿恒编绘
广州　岭南美术出版社　1997 年　2 册

19cm（小 32 开） ISBN：7-5362-1714-5
定价：CNY13.00
（金虹画集丛书）
　　中国现代连环画作品。

J0082414
卡通本学电脑　薛文灏等编著
郑州　海燕出版社 1997 年　2 册（587 页）
20cm（32 开） ISBN：7-5350-1596-4
定价：CNY31.00
　　中国现代连环画作品。

J0082415
卡通简笔画　范黎霖编绘
哈尔滨　黑龙江美术出版社 1997 年　2 册
19×26cm ISBN：7-5318-0414-X 定价：CNY19.80
（中外著名儿童故事）
　　中国现代连环画作品。

J0082416
卡通聊斋　王庆鸿编绘
大连　大连出版社 1997 年　324 页　20cm（32 开）
ISBN：7-80612-201-X 定价：CNY16.80
　　中国现代连环画作品。

J0082417
抗日战争故事　戴英文编；王丽铭等美编
沈阳　辽宁美术出版社 1997 年　2 版 8 册
9×13cm 盒装 ISBN：7-5314-1792-8
定价：CNY24.00
（辽宁美术出版社连环画精品系列）

J0082418
科普与科幻　张志强主编
哈尔滨　黑龙江美术出版社 1997 年　72 页
19×18cm ISBN：7-5318-0470-0 定价：CNY5.00
（小学生画本丛书 3）
　　中国现代连环画作品。

J0082419
空城计
南京　江苏少年儿童出版社 1997 年　72 页
17×19cm ISBN：7-5346-1641-7 定价：CNY4.80
（彩图中国古典名著·三国演义）

J0082420
空心剑客　江山编文；傅炎兴等绘
广州　岭南美术出版社 1997 年　94 页
19cm（小 32 开） ISBN：7-5362-1698-X
定价：CNY7.00
（金脚印丛书）
　　中国现代连环画。

J0082421
恐怖谷　铁龙等改编；缪宜民等绘
昆明　云南人民出版社 1997 年　300 10×13cm
ISBN：7-222-02022-5 定价：CNY5.20
（福尔摩斯探案全集 1）
　　中国现代连环画。

J0082422
恐龙大战 （5 隆在成长）吴昊，向前编绘
北京　海豚出版社 1997 年　77 页 19cm（32 开）
ISBN：7-80051-936-8 定价：CNY3.80
　　中国现代连环画作品。作者吴昊，西安冶金
建筑学院讲师。

J0082423
恐龙的奥秘 （1）余时闲编；王庆宏绘
沈阳　辽宁画报出版社 1997 年　60 页 26cm（16 开）
ISBN：7-80601-144-7 定价：CNY13.80
　　中国现代连环画。

J0082424
恐龙王　吴跃龙编绘
长沙　湖南美术出版社 1997 年　126 页
20cm（32 开） ISBN：7-5356-0958-9
定价：CNY5.80
（跃龙系列卡通）
　　中国现代连环画作品。

J0082425
赖盖特之谜　孙建康等改编；葛闽丰等绘
昆明　云南人民出版社 1997 年　10×13cm
ISBN：7-222-02029-2 定价：CNY2.80
（福尔摩斯探案全集 8）
　　中国现代连环画。

J0082426
蓝宝石案　袁真等改编；任至昌等绘

昆明　云南人民出版社　1997 年　10×13cm
ISBN：7–222–02025–X　定价：CNY2.60
（福尔摩斯探案全集 4）
　　中国现代连环画。

J0082427
狼的故事　丁云升改编；周梅等绘
武汉　湖北少年儿童出版社　1997 年　2 版　94 页
17×19cm　ISBN：7–5353–1442–2　定价：CNY8.50
（系列动物故事连环画丛）

J0082428
狼外婆　（上　彩图本）张新福编文；夏张绘
乌鲁木齐　新疆青少年出版社　1997 年　17×18cm
ISBN：7–5371–2201–6　定价：CNY3.80

J0082429
狼外婆　（下　彩图本）张新福编文；夏张绘
乌鲁木齐　新疆青少年出版社　1997 年　17×18cm
ISBN：7–5371–2201–6　定价：CNY3.80

J0082430
狼牙山五壮士　明君编文；陆青源，陆雷绘
杭州　浙江少年儿童出版社　1997 年　117 页
17×19cm　ISBN：7–5342–1579–X　定价：CNY9.00
（爱国主义教育故事画库　英雄儿女系列）

J0082431
老虎的故事　江永远改编；李峰等绘
武汉　湖北少年儿童出版社　1997 年　94 页
17×19cm　ISBN：7–5353–1776–6　定价：CNY8.50
（系列动物故事连环画丛）

J0082432
老鼠的故事　刘一江改编；李泽霖等绘
武汉　湖北少年儿童出版社　1997 年　94 页
17×19cm　ISBN：7–5353–1802–9　定价：CNY8.50
（系列动物故事连环画丛）

J0082433
李逵　戴家样艺术有限公司［编］；戴红倩，戴
红俏绘
长沙　湖南美术出版社　1997 年　121 页
19cm（小 32 开）ISBN：7–5356–0902–3
定价：CNY5.80

（中国古典名著人物连环画　水浒人物）

J0082434
李师师　谭元杰美术主编；向斯编著；王川等绘
北京　中国妇女出版社　1997 年　265 页
20cm（32 开）ISBN：7–80131–027–6
定价：CNY18.00
（深宫爱情故事连环画）

J0082435
李四光　张暖忻等改编
南宁　广西美术出版社　1997 年　141 页　9×12cm
ISBN：7–80625–251–7　定价：CNY2.70
（爱国主义教育连环画丛书·百部电影故事）
　　中国现代连环画作品。本书与中国电影出
版社合作出版。

J0082436
李自成　张月华文编；李皓等美编
沈阳　辽宁美术出版社　1997 年　2 版　12 册
9×13cm　盒装　ISBN：7–5314–1793–6
定价：CNY33.00
（辽宁美术出版社连环画精品系列）

J0082437
梁山泊英雄排座次
南京　江苏少年儿童出版社　1997 年　72 页
17×19cm　ISBN：7–5346–1637–9　定价：CNY4.80
（彩图中国古典名著水浒传）
　　中国现代连环画作品。

J0082438
两个半条等于两条　傅春江编绘
银川　宁夏少年儿童出版社　1997 年　90 页
21×19cm　ISBN：7–80620–042–8　定价：CNY12.80
（新奇趣科学知识童话卡通系列）
　　中国现代连环画作品。

J0082439
两个小淘气　李磊等编文；黄友平等绘
上海　少年儿童出版社　1997 年　72 页　17×19cm
ISBN：7–5324–2783–8　定价：CNY6.80
（彩图世界儿童文学名著故事大全）
　　中国现代连环画作品。

J0082440

烈火金刚　木公编文；秀青等绘
杭州　浙江少年儿童出版社　1997年　117页
17×19cm　ISBN：7-5342-1580-3　定价：CNY9.00
（爱国主义教育故事画库·英雄儿女系列）
　　　中国现代连环画作品。

J0082441

林冲　戴家样艺术有限公司［编］；戴红杰绘
长沙　湖南美术出版社　1997年　121页
19cm（小32开）ISBN：7-5356-0903-1
定价：CNY5.80
（中国古典名著人物连环画　水浒人物）

J0082442

龙虎争斗　阿恒编绘
广州　岭南美术出版社　1997年　2册
19cm（小32开）　ISBN：7-5362-1761-7
定价：CNY13.00
（金虹画集丛书）
　　　中国现代连环画作品。

J0082443

龙舟竞渡端午节　刘云仪编文；贺旭绘
长沙　湖南少年儿童出版社　1997年　25×24cm
ISBN：7-5358-1401-8　定价：CNY25.00
（中国·民族节日风俗故事画库）
　　　中国现代连环画作品。

J0082444

鲁智深　戴家样艺术有限公司编；戴红倩绘
长沙　湖南美术出版社　1997年　121页
19cm（小32开）ISBN：7-5356-0797-7
定价：CNY5.80
（中国古典名著人物连环画　水浒人物）

J0082445

罗宾汉的故事　莲子等编文；陈运星等绘
上海　少年儿童出版社　1997年　72页　17×19cm
ISBN：7-5324-2798-6　定价：CNY6.80
（彩图世界儿童文学名著故事大全）
　　　中国现代连环画作品。

J0082446

罗家将　（清）如莲居士原著

北京　华夏出版社　1997年　891页　20cm（32开）
ISBN：7-5080-1247-X　定价：CNY29.50
（中国古典小说画库　家将英雄系列）

J0082447

洛魔岛上的谋杀案　（彩图本）夏雨改编；众
生、李波绘
西安　未来出版社　1997年　98页　26cm（16开）
ISBN：7-5417-1494-1　定价：CNY14.80
（中国魔幻卡通·24魔）
　　　中国现代连环画作品。本书由《洛魔岛上的
谋杀案（彩图本）》《魔术师与猩面杀手》合订。

J0082448

绿玉皇冠案　赵蔚华等改编；赵寿楣等绘
昆明　云南人民出版社　1997年　10×13cm
ISBN：7-222-02027-6　定价：CNY2.60
（福尔摩斯探案全集　5）
　　　中国现代连环画作品。

J0082449

妈妈讲：一天一个聪明故事　谢之慧等编
武汉　湖北少年儿童出版社　1997年　2版
160页　26cm（16开）ISBN：7-5353-1839-8
定价：CNY22.00
　　　中国现代连环画作品。

J0082450

卖火柴的小女孩
南京　江苏少年儿童出版社　1997年　72页
17×19cm　ISBN：7-5346-1260-8　定价：CNY4.80
（彩图外国童话名著　安徒生童话）
　　　中国现代连环画作品。

J0082451

漫画制作教室　阿恒等编绘
广州　岭南美术出版社　1997年　159页
19cm（小32开）ISBN：7-5362-1699-8
定价：CNY7.20
（金虹画集丛书）
　　　中国现代连环画作品。

J0082452

猫的故事　黄文丽改编；梁超等绘
武汉　湖北少年儿童出版社　1997年　94页

17×19cm ISBN：7-5353-1800-2 定价：CNY8.50
（系列动物故事连环画丛）
　　　中国现代连环画作品。

J0082453
美猴王三斗　张野编；李炎，张野绘
西宁 青海人民出版社 1997 年 118 页 17×19cm
精装 ISBN：7-225-01413-7 定价：CNY16.80
（新编美猴王系列卡通画库）
　　　中国现代连环画作品。

J0082454
蒙古族民间故事画库　（1 汉蒙文对照）海
日罕等绘
呼和浩特 内蒙古教育出版社 1997 年 4 册
17×19cm ISBN：7-5311-3318-0 定价：CNY10.00
　　　中国现代连环画作品。

J0082455
梦幻大迷宫　（学前版）田玲等创作
成都 四川少年儿童出版社 1997 年 29cm（16 开）
ISBN：7-5365-1720-3 定价：CNY14.00
（大迷宫宝库）
　　　中国现代连环画作品。

J0082456
名尼　史程编文；袁辉等绘
北京 东方出版社 1997 年 3 册（1038 页）
20cm（32 开）ISBN：7-5060-0880-7
定价：CNY99.00
（《佛教画藏》系列丛书·僧部）

J0082457
名人偶像馆　上海人民美术出版社编
上海 上海人民美术出版社 1997 年 72 页
26cm（16 开）ISBN：7-5322-1666-7
定价：CNY11.00
（卡通艺术节画丛）
　　　中国现代连环画作品。

J0082458
魔窟遇奇　（彩图本）邵小宁改编；众生工作
室绘
西安 未来出版社 1997 年 100 页 26cm（16 开）
ISBN：7-5417-1496-8 定价：CNY14.80

（中国魔幻卡通·24 魔）
　　　中国现代连环画作品。本书由《魔窟遇奇》
《魔岛探险》合订。

J0082459
魔犬复仇　（彩图本）陈始改编；赵鹏，众生绘
西安 未来出版社 1997 年 98 页 26cm（16 开）
ISBN：7-5417-1499-2 定价：CNY14.80
（中国魔幻卡通·24 魔）
　　　中国现代连环画作品。本书包括《魔犬复仇
（彩图本）》和《黑头魔传奇》。

J0082460
魔水失盗案　（彩图本）夏雨改编；众生工作
室绘
西安 未来出版社 1997 年 100 页 26cm（16 开）
ISBN：7-5417-1501-8 定价：CNY14.80
（中国魔幻卡通·24 魔）
　　　中国现代连环画作品。本书为《魔水失盗案》
《魔哉，换脸机》合订。

J0082461
魔衣冠军历险记　（彩图本）米妮改编；许歌
等绘
西安 未来出版社 1997 年 96 页 26cm（16 开）
ISBN：7-5417-1493-3 定价：CNY14.80
（中国魔幻卡通·24 魔）
　　　中国现代连环画作品。本书包括《魔衣冠军
历险记（彩图本）》（米妮改编、许歌等绘）、《枯
井魔风》（国亮改编、祖辉和崔鹏飞绘）。

J0082462
拇指姑娘
南京 江苏少年儿童出版社 1997 年 72 页
17×19cm ISBN：7-5346-1260-8 定价：CNY4.80
（彩图外国童话名著 安徒生童话）
　　　中国现代连环画作品。

J0082463
哪吒闹海　（哪吒故事）金刚编
南宁 广西教育出版社 1997 年 262 页 20×19cm
精装 ISBN：7-5435-2573-9 定价：CNY25.00
（喇叭花丛书）
　　　中国现代连环画作品。

J0082464

奶奶熊　陆鹿, 余水编文; 蒋松涛, 蒋峥绘

郑州 海燕出版社 1997年 78页 20cm(32开)

ISBN: 7-5350-1517-4 定价: CNY5.00

　　中国现代连环画作品。

J0082465

男人的海　(模范团长李国安) 张卫明编文; 杨在溪等绘

北京 中国连环画出版社 1997年 76页

19×21cm ISBN: 7-5061-0736-8 定价: CNY24.00

　　中国现代连环画。

J0082466

南京的陷落　周而复原著; 大鲁改编; 朱振庚绘

武汉 湖北美术出版社 1997年 214页

29cm(18开) ISBN: 7-5394-0681-X

定价: CNY88.00, CNY98.00 (精装)

　　中国现代连环画。作者周而复(1949—2004), 作家。生于江苏南京, 毕业于上海光华大学。历任上海市委宣传部副部长、文化部副部长、中国书法家协会顾问等职。代表作品《上海的早晨》《山谷里的春天》《北望楼杂文》, 出版有《周而复书法作品选》《周而复文集》《周而复书琵琶行》等。作者朱振庚(1939—2012), 画家、教授。生于江苏徐州, 祖籍天津。毕业于中央美术学院中国画系研究生班。中国美术家协会会员、湖北省美协中国画艺委会副主任、华中师范大学美术系教授、湖北美协中国画艺委员会副主任。出版有《朱振庚刻纸艺术》《朱振庚速写集》等。

J0082467

牛博士——我的好朋友　戴逸如编

上海 上海人民出版社 1997年 95页 17×19cm

ISBN: 7-208-02595-9 定价: CNY6.00

　　中国现代连环画作品。作者戴逸如(1948—　), 编辑、作家、漫画家。上海人。历任机关刊物《上海新闻出版》编辑、《新民晚报》主任编辑, 中国创造学会理事, 上海市美协会员。著有《启锁斋笑林》《医圣张仲景》《创造博士》, 主编《世界漫画大师精品珍赏》《东方十日谈》等。

J0082468

牛的故事　王锦改编; 丁枫等绘

武汉 湖北少年儿童出版社 1997年 94页

17×19cm ISBN: 7-5353-1818-5 定价: CNY8.50

(系列动物故事连环画丛)

　　中国现代连环画作品。

J0082469

农场岁月　陆小弟编绘

上海 上海书店出版社 1997年 141页 17×19cm

ISBN: 7-80622-237-5 定价: CNY14.50

　　中国现代连环画。

J0082470

胖小猪和小兔子　冰波, 陶野编文; 温泉源, 温凌绘

郑州 海燕出版社 1997年 78页 20cm(32开)

ISBN: 7-5350-1517-4 定价: CNY5.00

　　中国现代连环画作品。

J0082471

皮诺曹历险记　李振山等编绘

天津 新蕾出版社 1997年 90页 19cm(小32开)

ISBN: 7-5307-1795-2 定价: CNY4.60

(世界著名历险故事卡通系列)

　　中国现代连环画作品。

J0082472

皮皮哈哈镜　上海人民美术出版社编

上海 上海人民美术出版社 1997年 78页

26cm(16开) ISBN: 7-5322-1669-1

定价: CNY11.00

(卡通艺术节画丛)

　　中国现代连环画作品。

J0082473

奇智奇谋绘图宝鉴　(第一卷 上智部)(明) 冯梦龙原著; 乐明祥等编绘

武汉 湖北美术出版社 1997年 10+384页

20cm(32开) ISBN: 7-5394-0628-3

定价: CNY19.00, CNY23.00 (精装)

　　本书据明代冯梦龙编著的《智囊》编绘。

J0082474

奇智奇谋绘图宝鉴　(第二卷 兵智部 胆智部) 乐明祥等编绘

武汉 湖北美术出版社 1997年 11+395页

20cm（32 开）ISBN：7-5394-0629-1
定价：CNY19.50，CNY23.50（精装）
　　本书据明代冯梦龙编著的《智囊》编绘

J0082475
奇智奇谋绘图宝鉴　（第三卷 闺智部 明智部）（明）冯梦龙原著；乐明祥等编绘
武汉 湖北美术出版社 1997 年 13+370 页
20cm（32 开）ISBN：7-5394-0630-5
定价：CNY18.50，CNY22.50（精装）
　　本书据明代冯梦龙编著的《智囊》编绘

J0082476
奇智奇谋绘图宝鉴　（第四卷 术智部 察智部）乐明祥等编绘
武汉 湖北美术出版社 1997 年 11+369 页
20cm（32 开）ISBN：7-5394-0631-3
定价：CNY18.50，CNY22.50（精装）
　　本书据明代冯梦龙编著的《智囊》编绘

J0082477
奇智奇谋绘图宝鉴　（第五卷 捷智部 语智部 杂智部）乐明祥等编绘
武汉 湖北美术出版社 1997 年 13+402 页
20cm（32 开）ISBN：7-5394-0632-1
定价：CNY20.00，CNY24.00（精装）
　　本书据明代冯梦龙编著的《智囊》编绘

J0082478
千载缘　柴美华编绘
北京 中国连环画出版社 1997 年 128 页
19cm（小 32 开）ISBN：7-5061-0775-9
定价：CNY6.90
（短篇连环画丛书）

J0082479
千纸鹤　苗蔚编绘
广州 岭南美术出版社 1997 年 2 册
19cm（小 32 开）ISBN：7-5362-1617-3
定价：CNY13.00
（金虹画集丛书）
　　中国现代连环画作品。

J0082480
前汉演义　柏石山等改编；郑新羽等绘

沈阳 辽宁美术出版社 1997 年 2 版 26 册
10×13cm ISBN：7-5314-1673-5 定价：CNY65.00
（中国古典故事连环画）
　　中国现代连环画作品。

J0082481
巧捕吃人狮　吴莉莉编文；卫平贤绘
上海 上海科技教育出版社 1997 年 90 页
19cm（小 32 开）ISBN：7-5428-1543-1
定价：CNY5.00
（少年探险家丛书）
　　中国现代连环画作品。

J0082482
青春灵魔谭　陈旭峰编绘
广州 岭南美术出版社 1997 年 2 册
19cm（小 32 开）ISBN：7-5362-1728-5
定价：CNY13.00
（金虹画集丛书）
　　中国现代连环画作品。

J0082483
青春之歌　石森改编
南宁 广西美术出版社 1997 年 125 页 9×12cm
ISBN：7-80625-197-9 定价：CNY2.40
（爱国主义教育连环画丛书 百部电影故事）
　　本书为中国现代连环画作品。与中国电影出版社合作出版。

J0082484
青鸟　子柳等编文；邓柯等绘
上海 少年儿童出版社 1997 年 72 页 17×19cm
ISBN：7-5324-2796-X 定价：CNY6.80
（彩图世界儿童文学名著故事大全）
　　中国现代连环画作品。作者邓柯（1936—　　），画家。原籍江苏苏州市，生于上海。原名邓国泰。中国美协会员、天津美协理事。曾任天津美术出版社美术编辑、天津画院创作干部。主要作品有《雨》《码头》《小猴种玉米》等。

J0082485
青蛙王子
南京 江苏少年儿童出版社 1997 年 72 页
17×19cm ISBN：7-5346-1656-5 定价：CNY4.80
（彩图外国童话名著·格林童话）

中国现代连环画作品。

J0082486

取经成功 （西游记立体画册）韩建生改编；
楠艺工作室绘
北京 中国少年儿童出版社 1997 年 17×24cm
精装 ISBN：7-5007-3838-2 定价：CNY23.50
中国现代连环画作品。

J0082487

趣味脑筋急转弯 （绘画本）星于编文；樊敬
奎等绘
重庆 重庆出版社 1997 年 2 册（376 页）
19cm（小 32 开）ISBN：7-5366-3378-5
定价：CNY14.00
中国现代连环画作品。

J0082488

人类神秘失踪案 （彩绘）英子主编；虚实，
真慧绘
长春 北方妇女儿童出版社 1997 年 249 页
19cm（小 32 开）精装 ISBN：7-5385-1191-1
定价：CNY20.00
（大自然奥秘故事丛书）
中国现代连环画作品。

J0082489

人民的儿子邓小平 贾本乾主编
成都 四川美术出版社 1997 年 93 页 14×21cm
ISBN：7-5410-1349-8 定价：CNY4.00
中国现代连环画作品。

J0082490

人民的儿子邓小平 （拼音版）贾本乾主编
成都 四川美术出版社 1997 年 93 页 14×21cm
ISBN：7-5410-1348-X 定价：CNY4.00
中国现代连环画作品。

J0082491

三打白骨精 （西游记立体画册）韩建生改编；
楠艺工作室绘
北京 中国少年儿童出版社 1997 年 17×24cm
精装 ISBN：7-5007-3839-0 定价：CNY23.50
中国现代连环画作品。

J0082492

三国大计谋 上海人民美术出版社编
上海 上海人民美术出版社 1997 年 152 页
有插图 26cm（16 开）ISBN：7-5322-1720-5
定价：CNY17.00
中国现代连环画。

J0082493

三国演义 周锐，侯嘉编文；达明等绘
杭州 浙江少年儿童出版社 1997 年 254 页
26cm（16 开）精装 ISBN：7-5342-1406-8
定价：CNY47.00
（幼儿版名著系列）
中国现代连环画作品。

J0082494

三请诸葛亮
南京 江苏少年儿童出版社 1997 年 72 页
17×19cm ISBN：7-5346-1639-5 定价：CNY4.80
（彩图中国古典名著·三国演义）
中国现代连环画作品。

J0082495

三探无底洞
南京 江苏少年儿童出版社 1997 年 72 页
17×19cm ISBN：7-5346-1645-X 定价：CNY4.80
（彩图中国古典名著·西游记）
中国现代连环画作品。

J0082496

三侠五义 （绘画本）（清）石玉昆原著；康吾
等改编；蒋太禄等绘
昆明 晨光出版社 1997 年 20cm（32 开）
ISBN：7-5414-1198-1 定价：CNY15.80
（中国四大古典侠义小说）

J0082497

莎士比亚戏剧故事精选 （英）莎士比亚著；
世江等改编；邵陀等绘
武汉 湖北少年儿童出版社 1997 年 140 页
21×18cm 精装 ISBN：7-5353-1774-X
定价：CNY15.50
（故事王国画丛）
中国现代连环画作品。作者莎士比亚
（William Shakespeare, 1564—1616），英国伟大的

戏剧家、诗人。全名威廉·莎士比亚，出生于英国中部斯特拉福特镇。著有《罗密欧与朱丽叶》《哈姆雷特》《奥赛罗》《李尔王》《麦克白》等。

J0082498

莎士比亚戏剧故事全集　（悲剧卷）（英）莎士比亚（William Shakespeare）原著；蔡明村等改编；姬德顺等绘

武汉　湖北少年儿童出版社 1999 年 353 页 20cm（32 开）ISBN：7-5353-2053-8

定价：CNY13.70

（世界名著故事画库）

J0082499

莎士比亚戏剧故事全集　（传奇剧卷）（英）莎士比亚（William Shakespeare）原著；楚风等改编；叶家斌等绘

武汉　湖北少年儿童出版社 1999 年 229 页 20cm（32 开）ISBN：7-5353-2054-6

定价：CNY9.40

（世界名著故事画库）

　　作者叶家斌（1949—　），画家。广东中山人，毕业于广州美院研究生班。广东美术家协会理事、广东连环画艺术委员会主任。主要作品有《斯库台三英雄》《绿林神箭手》《中途岛之战》《变成石头的人》等。

J0082500

莎士比亚戏剧故事全集　（历史剧卷）（英）莎士比亚（William Shakespeare）原著；李杼等改编；李华佑等绘

武汉　湖北少年儿童出版社 1999 年 310 页 20cm（32 开）ISBN：7-5353-2052-X

定价：CNY12.20

（世界名著故事画库）

J0082501

莎士比亚戏剧故事全集　（喜剧卷）（英）莎士比亚（William Shakespeare）原著；熊方直等改编；王福文等绘

武汉　湖北少年儿童出版社 1999 年 333 页 20cm（32 开）ISBN：7-5353-2051-1

定价：CNY13.00

（世界名著故事画库）

J0082502

山大王　李光，心妍编文；柴立青，朱朝阳绘

郑州　海燕出版社 1997 年 78 页 20cm（32 开）

ISBN：7-5350-1517-4　定价：CNY5.00

　　中国现代连环画作品。

J0082503

上海滩故事　范若由等改编；乐申等绘

上海　上海人民美术出版社 1997 年 9 册

10×13cm 盒装 ISBN：7-5322-1838-4

定价：CNY21.40

　　中国现代连环画作品。

J0082504

少林正宗　（第五集　黑豹战神）阿恒，静远编绘

广州　岭南美术出版社 1997 年 2 册 19cm（32 开）

ISBN：7-5362-1763-3　定价：CNY13.00

（金虹画集丛书）

　　中国现代连环画作品。

J0082505

少林正宗　阿恒等编绘

广州　岭南美术出版社 1997 年 2 册 19cm（32 开）

ISBN：7-5362-1580-0　定价：CNY13.00

（金虹画集系列丛书）

　　中国现代连环画作品。

J0082506

少年铁血队　南燕编文；长青等绘

杭州　浙江少年儿童出版社 1997 年 117 页

17×19cm ISBN：7-5342-1574-9　定价：CNY9.00

（爱国主义教育故事画库·红孩子系列）

　　中国现代连环画作品。

J0082507

少年英雄故事　潘彩英文编；张力等美编

沈阳　辽宁美术出版社 1997 年 2 版 8 册

9×13cm ISBN：7-5314-1794-4　定价：CNY23.00

（辽宁美术出版社连环画精品系列）

J0082508

少女方程式　雁鸣编绘

广州　岭南美术出版社 1997 年 94 页 19cm（32 开）

ISBN：7-5362-1696-3　定价：CNY7.00

（金脚印丛书）

　　中国现代连环画作品。

J0082509

蛇的故事　李清改编；王跖等绘

武汉　湖北少年儿童出版社　1997 年　94 页

17×19cm　ISBN：7-5353-1801-0　定价：CNY8.50

（系列动物故事连环画丛）

J0082510

神探福尔摩斯　（绘画本）（英）阿瑟·柯南道尔原著

西安　未来出版社　1997 年　3 册（506+588+525 页）

21cm（32 开）精装　ISBN：7-5417-1438-0

定价：CNY86.00

　　作者柯南道尔（Arthur Conan Doyle，1859—1930），英国侦探小说家、剧作家、医生。生于苏格兰爱丁堡。毕业于爱丁堡医科大学。著有《福尔摩斯探案集》《失落的世界》等。

J0082511

沈从文笔下的湘西　（阿黑小史）沈从文原文；蔡皋绘

长沙　湖南美术出版社　1997 年　77 页　26cm（16 开）

ISBN：7-5356-0927-9　定价：CNY15.80

（画文丛书）

J0082512

沈从文笔下的湘西　（边城）沈从文著；廖正华绘

长沙　湖南美术出版社　1997 年　133 页

26cm（16 开）ISBN：7-5356-0926-0

定价：CNY22.50

（画文丛书）

　　作者廖正华（1946—　　），画家。湖南益阳人，结业于浙江美院国画系。现任湖南省美术家协会理事、湖南省连环画艺术委员会副主任、湖南省益阳市美术家协会主席、湖南益阳群众艺术馆副研究馆员、益阳市美协主席。主要作品《边城》《万朵花开四月八》《醉乡》《芙蓉镇》等作品。

J0082513

沈从文笔下的湘西　（从文自传）沈从文原文；刘鸿洲，肖振中绘

长沙　湖南美术出版社　1997 年　148 页

26cm（16 开）ISBN：7-5356-0925-2

定价：CNY23.80

（画文丛书）

J0082514

沈从文笔下的湘西　（神巫之爱）沈从文原文；谢丽芳，吴尚学绘

长沙　湖南美术出版社　1997 年　107 页

26cm（16 开）ISBN：7-5356-0924-4

定价：CNY19.50

（画文丛书）

J0082515

沈从文笔下的湘西　（湘西）沈从文原文；何铁凡，王金石绘

长沙　湖南美术出版社　1997 年　139 页

26cm（16 开）ISBN：7-5356-0923-6

定价：CNY23.80

（画文丛书）

　　作者何铁凡（1955—　　），书画家。湖南长沙人。湖南大学岳麓书院任教。

J0082516

沈从文笔下的湘西　（萧萧）沈从文原文；陈安民绘

长沙　湖南美术出版社　1997 年　109 页

26cm（16 开）ISBN：7-5356-0922-8

定价：CNY19.50

（画文丛书）

J0082517

沈从文笔下的湘西　（新与旧）沈从文［著］；陈和西绘

长沙　湖南美术出版社　1997 年　91 页　26cm（16 开）

ISBN：7-5356-0920-1　定价：CNY17.50

（画文丛书）

J0082518

沈从文笔下的湘西　（雪晴）沈从文原文；杨晓村绘

长沙　湖南美术出版社　1997 年　93 页　26cm（16 开）

ISBN：7-5356-0919-8　定价：CNY17.50

（画文丛书）

J0082519

圣经故事连环画 （旧约部分）信义编绘
北京 中国连环画出版社 1997 年 117 页
20cm（32 开）ISBN：7-5061-0778-3
定价：CNY20.00

J0082520

圣经故事连环画 （旧约部分）
北京 中国连环画出版社 1997 年 2 版 208 页
20cm（32 开）ISBN：7-5061-0789-9
定价：CNY13.80

J0082521

圣经故事连环画 （新约部分）
北京 中国连环画出版社 1997 年 2 版 117 页
20cm（32 开）ISBN：7-5061-0790-2
定价：CNY8.00

J0082522

失踪的中卫 蔚华等改编；李华佑等绘
昆明 云南人民出版社 1997 年 10×13cm
ISBN：7-222-02030-6 定价：CNY2.80
（福尔摩斯探案全集 9）
　　中国现代连环画作品。

J0082523

狮虎斗 张锦江编绘
银川 宁夏少年儿童出版社 1997 年 90 页
21×19cm ISBN：7-80620-044-4 定价：CNY12.80
（新奇趣科学知识童话卡通系列）
　　中国现代连环画作品。

J0082524

狮王出游 刘安鸿主编；邹越等绘
西安 未来出版社 1997 年 197 页 17×19cm
ISBN：7-5417-1423-2 定价：CNY17.50
（中国现代动物故事精选）
　　中国现代连环画作品。

J0082525

狮子王宝座之争 四川少年儿童出版社编
成都 四川少年儿童出版社 1997 年 2 册
17×18cm 精装 ISBN：7-5365-1802-1
定价：CNY16.00
　　中国现代连环画作品。

J0082526

世界经典童话 里其编著
延吉 延边人民出版社 1997 年 4 册
17×18cm 精装 ISBN：7-80599-771-3
定价：CNY52.00
（小太阳丛书）
　　中国现代连环画作品。

J0082527

世界卡通剧场 上海人民美术出版社编
上海 上海人民美术出版社 1997 年 78 页
26cm（16 开）ISBN：7-5322-1665-9
定价：CNY11.00
（卡通艺术节画丛）
　　中国现代连环画作品。

J0082528

世界民间故事 张汝为等编绘
合肥 安徽少年儿童出版社 1997 年 220 页
26cm（16 开）精装 ISBN：7-5397-1474-3
定价：CNY28.00
（世界名著故事）
　　中国现代连环画作品。作者张汝为
（1944— ），画家，国家一级美术师。浙江镇海
人。中国美术家协会会员、天津美协顾问、天津
画院专职画家。主要作品有《共产主义是千秋万
代的崇高事业》《大海的 女儿》等。

J0082529

世界名著连环画精选 代学等改编；徐锡林
等绘
沈阳 辽宁美术出版社 1997 年 8 册
10×13cm ISBN：7-5314-1666-2 定价：CNY19.00
　　本书为中国现代连环画作品，包括《吝啬鬼》
等 8 册。

J0082530

世界著名神话 束俊等编绘
合肥 安徽少年儿童出版社 1997 年 220 页
26cm（16 开）精装 ISBN：7-5397-1465-4
定价：CNY28.00
（世界名著故事）
　　中国现代连环画作品。

J0082531

世界著名寓言　利明等编绘
合肥　安徽少年儿童出版社 1997 年　156 页
26cm（16 开）精装 ISBN：7-5397-1458-1
定价：CNY22.00
（世界名著故事）
　　　中国现代连环画作品。

J0082532

收服红孩儿
南京　江苏少年儿童出版社 1997 年　72 页
17×19cm ISBN：7-5346-1644-1 定价：CNY4.80
（彩图中国古典名著·西游记）
　　中国现代连环画作品。

J0082533

手拉手的故事　谭元亨编文；汪晓曙绘
广州　岭南美术出版社 1997 年　24×26cm
ISBN：7-5362-1620-3 定价：CNY23.00
　　　中国现代连环画作品。作者汪晓曙
（1956— ），画家。江西南城人，毕业于师范学
院美术系。历任江西师范大学艺术学院副教授，
中国美术家协会会员，中国水彩画家协会会员，
江西省水彩画研究会理事、秘书长，《东方画报》
主编。著有《绘画语言》《绘画创作》《美术创作
学》等。

J0082534

数学故事　何泥文编；王文倩等美编
沈阳　辽宁美术出版社 1997 年　2 版 8 册
9×13cm 盒装 ISBN：7-5314-1791-X
定价：CNY19.00
（辽宁美术出版社连环画精品系列）
　　　中国现代连环画作品。

J0082535

水浒　（电脑卡通画）（明）施耐庵原著；逸人工
作室改编；四新逸人制作室绘
昆明　云南人民出版社 1997 年　8 册 26cm（16 开）
精装 ISBN：7-222-02058-6 定价：CNY198.00
　　　中国现代连环画作品。作者施耐庵（约
1296—约1370），原名彦端，字肇瑞，号子安，别
号耐庵。代表作品《水浒传》。

J0082536

水浒后传　陈忱原著；袁海庭等编；陈光华等绘
北京　中国文联出版公司 1997 年　10 册
9×13cm 盒装 ISBN：7-5059-2622-5
定价：CNY36.00
　　　中国现代连环画作品。

J0082537

水浒全传画本　白宇等改编；蒲慧华等绘
济南　山东美术出版社 1997 年　4 册 20cm（32 开）
ISBN：7-5330-1052-3 定价：CNY88.00
　　　作者白宇（1952— ），画家。河南安阳人，
安阳师专艺术系毕业。鹤壁市青年美术家协会
副主席、鹤壁黄河书画院院长、河南省美术家协
会会员。主要作品有《高山有情》《轻音图》等。
作者蒲慧华（1947— ），国家二级美术师、出生
于山东青岛。青岛市美术家协会理事、青岛市美
术家协会中国画艺术委员会委员、中国美术家协
会山东分会会员。代表作品《三国演义》《红楼
梦》《西游记》封面设计。著作有《当代连环画精
品集·蒲慧华》。

J0082538

水妖　《彩图世界童话名著》编写组编
南京　江苏少年儿童出版社 1997 年　288 页
17×19cm 精装 ISBN：7-5346-1765-0
定价：CNY22.00
（彩图世界童话名著）
　　　中国现代连环画作品。

J0082539

说唐　（绘画本）文昊等改编；杨福音等绘
长沙　湖南美术出版社 1997 年　20cm（32 开）
ISBN：7-5356-0941-4 定价：CNY13.50

J0082540

四彩魔枪和大盗巴黑　（彩图本）米妮改编；
许歌等绘
西安　未来出版社 1997 年　98 页 26cm（16 开）
ISBN：7-5417-1491-7 定价：CNY14.80
（中国魔幻卡通·24 魔）
　　　中国现代连环画作品。本书由《四彩魔枪和
大盗巴黑（彩图本）》《魔力吸恶器》合订。

J0082541

宋江　戴家样艺术有限公司［编］；戴红杰绘
长沙　湖南美术出版社　1997 年　121 页
19cm（小 32 开）ISBN：7-5356-0796-9
定价：CNY5.80
（中国古典名著人物连环画　水浒人物）

J0082542

隋唐演义　小戈等编文；王重义等绘画
北京　大众文艺出版社　1997 年　34 册
9×13cm　ISBN：7-80094-191-4　定价：CNY80.00
　　　中国现代连环画作品。作者王重义
（1940—　），画家、编辑。生于浙江鄞县。历任
人民美术出版社创作员，浙江人民出版社、浙江
少年儿童出版社美术编辑、室主任、副主审，浙
江美术家协会会员。与兄弟王重英合作创作多
部连环画。主要作品有《海军少尉巴宁》《天山
红花》《以革命的名义》《十里洋场斗敌记》《战
争在敌人心脏》等。

J0082543

孙悟空大战二郎神　王培，刘玉编文；金州，
美宣绘
上海　少年儿童出版社　1997 年　17×19cm
ISBN：7-5324-3336-6　定价：CNY14.50
（孙悟空系列画本）
　　　中国现代连环画作品。

J0082544

孙悟空大战混世魔王　林鸿，刘和兴编文；
先瑞，方菁绘
上海　少年儿童出版社　1997 年　17×19cm
ISBN：7-5324-3339-0　定价：CNY14.50
（孙悟空系列画本）
　　　中国现代连环画作品。

J0082545

孙悟空大战十万天兵　（彩图本）李九如，杨
扬编文；乐明祥，方皋绘
上海　少年儿童出版社　1997 年　17×19cm
ISBN：7-5324-3338-2　定价：CNY14.50
（孙悟空系列画本）
　　　中国现代连环画作品。

J0082546

孙悟空大战四海龙王　赵越等编文；阿明，
龙人绘
上海　少年儿童出版社　1997 年　17×19cm
ISBN：7-5324-3337-4
（孙悟空系列画本）
　　　中国现代连环画作品。

J0082547

孙悟空——小猴子的故事　（彩绘本　石猴出
世）吴冠英编绘
北京　中国少年儿童出版社　1997 年　64 页
26cm（16 开）ISBN：7-5007-3496-4
定价：CNY10.00
　　　中国现代连环画作品。

J0082548

太阳花的故事　葛冰等文；郑万林等绘
南宁　接力出版社　1997 年　316 页　20cm（32 开）
ISBN：7-80631-167-X　定价：CNY18.00
（一个中国孩子的英雄喜剧 3）
　　　中国现代连环画作品。

J0082549

汤姆索亚历险记　赵琳等编绘
天津　新蕾出版社　1997 年　90 页　19cm（小 32 开）
ISBN：7-5307-1792-8　定价：CNY4.60
　　　中国现代连环画作品。

J0082550

堂吉诃德历险记　程新平等编绘
天津　新蕾出版社　1997 年　90 页　19cm（小 32 开）
ISBN：7-5307-1793-6　定价：CNY4.60
　　　中国现代连环画作品。

J0082551

铁胆轰隆　吴跃龙编绘
长沙　湖南美术出版社　1997 年　126 页
20cm（32 开）ISBN：7-5356-0960-0
定价：CNY5.80
（跃龙系列卡通）
　　　中国现代连环画作品。

J0082552

童话大舞台　上海人民美术出版社编

上海 上海人民美术出版社 1997 年 78 页
26cm（16 开）ISBN：7-5322-1667-5
定价：CNY11.00
（卡通艺术节画丛）
    中国现代连环画作品。

J0082553
童话降落伞 （外国篇 1 贪吃的小熊）张美
妮，巢扬主编；巢叶等改编；段海云等绘
北京 北京少年儿童出版社 1997 年 140 页
17×18cm 精装 ISBN：7-5301-0612-0
定价：CNY16.00
    中国现代连环画作品。作者段海云，女，美
术教师。毕业于河南大学艺术系。河南省实验
中学任教。优质课《纸浮雕》《艺术与科学》获奖。
辅导学生作品《思》《姹紫嫣红》获奖。

J0082554
童话降落伞 （外国篇 2 真假狐皮）张美妮，
巢扬主编；巢叶等改编；段海云等绘
北京 北京少年儿童出版社 1997 年 140 页
17×18cm 精装 ISBN：7-5301-0612-0
定价：CNY16.00
    中国现代连环画作品。

J0082555
童话降落伞 （外国篇 3 狼拉雪橇）张美妮，
巢扬主编；巢叶等改编；段海云等绘
北京 北京少年儿童出版社 1997 年 140 页
17×18cm 精装 ISBN：7-5301-0612-0
定价：CNY16.00
    中国现代连环画作品。

J0082556
童话降落伞 （外国篇 4 小狗小猫洗地板）张
美妮，巢扬主编；巢叶等改编；基明等绘
北京 北京少年儿童出版社 1997 年 140 页
17×18cm 精装 ISBN：7-5301-0613-9
定价：CNY16.00
    中国现代连环画作品。

J0082557
童话降落伞 （中国篇 1 小白鼠）张美妮等主编
北京 北京少年儿童出版社 1998 年 140 页
17×19cm 精装 ISBN：7-5301-0665-1

定价：CNY16.00
（中国篇 2）
    本作品系现代连环画。

J0082558
童话降落伞 （中国篇 2 三只小猪找出路）张
美妮等主编
北京 北京少年儿童出版社 1998 年 140 页
17×19cm 精装 ISBN：7-5301-0665-1
定价：CNY16.00
（中国篇 2）
    本作品系现代连环画。

J0082559
童话与传说 张志强主编
哈尔滨 黑龙江美术出版社 1997 年 72 页
19×18cm ISBN：7-5318-0468-9 定价：CNY5.00
（小学生画本丛书 1）
    中国现代连环画作品。

J0082560
图说精神文明 李忠杰主编
北京 新时代出版社 1997年 360页 20cm（32开）
ISBN：7-5042-0361-0 定价：CNY28.00

J0082561
兔子的故事 王萍改编；郭宏良等绘
武汉 湖北少年儿童出版社 1997 年 2 版
94 页 17×19cm ISBN：7-5353-1438-4
定价：CNY8.50
（系列动物故事连环画丛）
    中国现代连环画作品。

J0082562
脱困火山口 余文琪编文；马坚，彭莎莉绘
上海 上海科技教育出版社 1997 年 90 页
19cm（小 32 开）ISBN：7-5428-1544-X
定价：CNY5.00
（少年探险家丛书）
    中国现代连环画作品。

J0082563
歪唇男人 新晴等改编；任至昌等绘
昆明 云南人民出版社 1997 年 10×13cm
ISBN：7-222-02024-1 定价：CNY2.60

（福尔摩斯探案全集 3）

中国现代连环画作品。

J0082564

顽皮儿国王历险记 （彩图本）唐小峰等编文；邹越非等绘

合肥 安徽少年儿童出版社 1997年 149页

17×19cm ISBN：7-5397-1457-3 定价：CNY12.00

中国现代连环画作品。作者邹越非，（1934— ），连环画家。生于江苏镇江，就读上海连环画学习班。历任上海美术家协会创作员、上海教育出版社美术编辑、上海社会科学院出版社美术编辑。代表作品有《蔷薇花案件》《孙小圣与猪小能》，出版有《龙江颂》《通俗前后汉演义》。

J0082565

万朵花开四月八 徐烈军编文；廖正华绘

长沙 湖南少年儿童出版社 1997年 25×24cm

精装 ISBN：7-5353-1403-4 定价：CNY25.00

（中国·民族节日风俗故事画库）

中国现代连环画作品。作者廖正华（1946— ），画家。湖南益阳人，结业于浙江美院国画系。现任湖南省美术家协会理事、湖南省连环画艺术委员会副主任、湖南省益阳市美术家协会主席、湖南益阳群众艺术馆副研究馆员、益阳市美协主席。主要作品《边城》《万朵花开四月八》《醉乡》《芙蓉镇》等作品。

J0082566

万贵妃 向斯编著；王东男绘

北京 中国妇女出版社 1997年 270页

20cm（32开） ISBN：7-80131-028-4

定价：CNY18.00

（深宫爱情故事连环画）

J0082567

王老五融资外传 张维等撰稿；徐海鸥，徐青绘

郑州 河南美术出版社 1997年 138页 18×19cm

精装 ISBN：7-5401-0676-X 定价：CNY36.00

中国现代连环画。

J0082568

王子复仇记 （英）莎士比亚原著；李白英改编；王宝兴，姜荣根绘

上海 上海人民美术出版社 1997年 103页

20cm（32开） ISBN：7-5322-1644-6

定价：CNY8.50

（世界文学名著精选 绘画本）

绘者王宝兴，中国现代连环画画家。作者姜荣根（1953— ），教师、画家。生于上海。中国美术家协会会员、上海美术家协会会员、少年宫教师。作品有《春天的故事》《西皮快板》等，连环画作品有《童第周》《黑水英魂》《王子复仇记》《克兰德尔的命运》《罗宾汉》等。

J0082569

卫生间的魔影 （彩图本）夏雨改编；众生工作室绘

西安 未来出版社 1997年 98页 26cm（16开）

ISBN：7-5417-1498-4 定价：CNY14.80

（中国魔幻卡通·24 魔）

中国现代连环画作品。本书包括《卫生间的魔影（彩图本）》《夏雨改编、众生工作室绘）、《大侦探与魔术师》（杨冬改编、众生工作室绘）。

J0082570

乌鸦唤来五谷祭 刘杰英编文；周伟钊绘

长沙 湖南少年儿童出版社 1997年 25×24cm

精装 ISBN：7-5358-1402-6 定价：CNY25.00

（中国·民族节日风俗故事画库）

中国现代连环画作品。

J0082571

五个小怪物 赵冰波编文；程思新，刘颖绘

郑州 海燕出版社 1997年 166页 17×19cm

ISBN：7-5350-1574-3 定价：CNY11.50

（卡通城）

中国现代连环画作品。

J0082572

武松 戴家样艺术有限公司［编］；朱正文等绘

长沙 湖南美术出版社 1997年 121页

19cm（小32开） ISBN：7-5356-0901-5

定价：CNY5.80

（中国古典名著人物连环画 水浒人物）

J0082573

武松打虎

南京 江苏少年儿童出版社 1997年 72页

17×19cm ISBN：7-5346-1638-7 定价：CNY4.80
（彩图中国古典名著·水浒传）

　　中国现代连环画作品。

J0082574
武则天 （绘画珍藏本）向斯编著；谭元杰绘
北京 中国妇女出版社 1997年 286页
20cm（32开）ISBN：7-80131-025-X
定价：CNY18.00
（深宫爱情故事连环画）

J0082575
西游记 （明）吴承恩原著；吴辛平改编；成都
四新文化艺术公司绘
北京 中国连环画出版社 1997年 4册
26cm（16开）精装 ISBN：7-5061-0730-9
定价：CNY98.00
（古典文学名著卡通画库）

　　中国现代连环画作品。作者吴承恩（约
1500—1583），汉族，明代小说家。淮安府山阳县
河下人（现江苏淮安市淮安区）。字汝忠，号射阳
山人。代表作有《西游记》。

J0082576
希腊神话精选 秦犁等改编；查加伍等绘
武汉 湖北少年儿童出版社 1997年 140页
21×18cm 精装 ISBN：7-5353-1678-6
定价：CNY15.50
（神话王国画丛）

　　中国现代连环画作品。作者查加伍
（1950—　　），编辑。别名穆明、三夷。湖北京山
人，毕业于湖北美术学院师范系。曾在湖北人民
出版社、京山县文化馆工作。后任湖北美术出版
社副社长、美术副编审，湖北美协连环画、插图
艺委会副主任。代表作品有《战斗的历程》《乱
世风云》《苦肉记》等。

J0082577
侠女十三妹 （绘画本）（清）文康原著；笃初
等改编；戴友生等绘画
昆明 晨光出版社 1997年 20cm（32开）
ISBN：7-5414-1184-1 定价：CNY13.40
（中国四大古典侠义小说）

J0082578
先秦寓言 刘明主编
北京 商务印书馆国际有限公司 1997年 353页
20cm（32开）ISBN：7-80103-115-6
定价：CNY20.00
（华夏文学系列画库）

J0082579
香港回家 （卡通漫画历史故事）上海开圆信
息开发有限公司，新加坡开圆公司创意制作
昆明 云南人民出版社 1997年 60页
28cm（大16开）ISBN：7-222-02111-6
定价：CNY22.00

　　中国现代连环画作品。

J0082580
想一想 祝阳仁选编；王又文等绘
郑州 河南美术出版社 1997年 66页 17×18cm
ISBN：7-5401-0582-8 定价：CNY6.90
（宝宝启蒙画库）

　　中国现代连环画作品。

J0082581
象的故事 李阳改编；陈歌等绘
武汉 湖北少年儿童出版社 1997年 94页
17×19cm ISBN：7-5353-1819-3 定价：CNY8.50
（系列动物故事连环画丛）

J0082582
小红帽 周伟等改编；杨慧华等绘
北京 中国连环画出版社 1997年 17×19cm
ISBN：7-5061-0768-6 定价：CNY12.80
（红蜻蜓丛书）

　　中国现代连环画作品。

J0082583
小糊涂神 （1）中央电视台动画部改编
北京 中国民族摄影艺术出版社 1997年
17×19cm 精装 ISBN：7-80069-162-4
定价：CNY17.80
（动画丛书）

　　中国现代连环画作品。

J0082584
小花 刘萌瑜改编

南宁 广西美术出版社 1997年 125页 9×12cm
ISBN：7-80625-252-5 定价：CNY2.40
（爱国主义教育连环画丛书·百部电影故事）
　　　本书为中国现代连环画作品。与中国电影出版社合作出版。

J0082585
小将呼延庆　张月华等改编；韩宁等绘
沈阳 辽宁美术出版社 1997年 2版 5册
10×13cm ISBN：7-5314-1669-7 定价：CNY14.00
　　　本书为中国现代连环画作品，包括《大闹汴梁城》等5册。

J0082586
小金刚历险记　金泉编文；管琴绘
沈阳 辽宁民族出版社 1997年 17×19cm
精装 ISBN：7-80527-497-5 定价：CNY12.80
　　　中国现代连环画作品。

J0082587
小蝌蚪找妈妈　长扬等改编；杨慧华等绘
北京 中国连环画出版社 1997年 17×19cm
ISBN：7-5061-0769-4 定价：CNY12.80
（红蜻蜓丛书）
　　　中国现代连环画作品。

J0082588
小萝卜头在狱中　胡毅等编文；柴立青，朝阳绘
杭州 浙江少年儿童出版社 1997年 117页
17×19cm ISBN：7-5342-1575-7 定价：CNY9.00
（爱国主义教育故事画库·红孩子系列）
　　　中国现代连环画作品。

J0082589
小毛头历险记　王培堃编绘
北京 人民美术出版社 1997年 222页
19cm（小32开） ISBN：7-102-01776-6
定价：CNY8.40
　　　中国现代连环画作品。作者王培堃（1940— ），漫画家。广西柳州人，毕业于广西师范学院。曾任职于广西柳州市群众艺术馆，柳州《新天地画刊》编辑部，中国美术家协会会员，中国美术家协会连环画艺术委员会委员。代表作品《书的故事》《小精灵画传》《书童山》。

J0082590
小人国历险记　王纲等编绘
天津 新蕾出版社 1997年 90页 19cm（小32开）
ISBN：7-5307-1797-9 定价：CNY4.60
（世界著名历险故事卡通系列）
　　　中国现代连环画作品。

J0082591
小帅龙　吴跃龙编绘
长沙 湖南美术出版社 1997年 122页
20cm（32开） ISBN：7-5356-0957-0
定价：CNY5.80
（跃龙系列卡通）
　　　中国现代连环画作品。

J0082592
小兔乖乖　小溪等改编；杨慧华等绘
北京 中国连环画出版社 1997年 17×19cm
ISBN：7-5061-0771-6 定价：CNY12.80
（红蜻蜓丛书）
　　　中国现代连环画作品。

J0082593
小五义　（绘画本）（清）石玉昆原著；南衡等改编；廖先悟等绘
昆明 晨光出版社 1997年 20cm（32开）
ISBN：7-5414-1218-X 定价：CNY13.00
（中国四大古典侠义小说）

J0082594
小喜鹊的傻话　傅春江编绘
银川 宁夏少年儿童出版社 1997年 90页
21×19cm ISBN：7-80620-047-9 定价：CNY12.80
（新奇趣科学知识童话卡通系列）
　　　中国现代连环画作品。

J0082595
小巷童年　韩伍文图
上海 上海书店出版社 1997年 144页 17×19cm
ISBN：7-80622-234-0 定价：CNY14.50
　　　中国现代连环画。作者韩伍（1936— ），画家。浙江杭州人，毕业于行知艺术学校。中国美术家协会会员，儿童时代社《哈哈画报》主编，上海市美协理事。作品有《五彩路》《微湖山上》《灯花》等，出版有《韩伍画集》《小巷童年》《诗经

彩绘》等。

J0082596
小学生画库　李继学等编文；曹留夫等绘
沈阳　辽宁美术出版社　1997 年　2 版　12 册
10×13cm　ISBN：7–5314–1670–0　定价：CNY16.00
　　本书为中国现代连环画作品，包括《小猴学算》等 12 册。

J0082597
小学应用题题解连环画　（低年级　猪八戒学算记）孙怀川著；郝强等绘
哈尔滨　北方文艺出版社　1997 年　2 册
19cm（小 32 开）ISBN：7–5317–0987–2
定价：CNY29.80
　　中国现代连环画作品。

J0082598
小学应用题题解连环画　（高年级　沙和尚学算记）孙怀川著；郝强等绘
哈尔滨　北方文艺出版社　1997 年　2 册
19cm（小 32 开）ISBN：7–5317–0996–1
定价：CNY29.80
　　中国现代连环画作品。

J0082599
小羊和狼　周伟等改编；杨慧华等绘
北京　中国连环画出版社　1997 年　17×19cm
ISBN：7–5061–0764–3　定价：CNY12.80
（红蜻蜓丛书）
　　中国现代连环画作品。

J0082600
小意达的花儿
南京　江苏少年儿童出版社　1997 年　72 页
17×19cm　ISBN：7–5346–1260–8　定价：CNY4.80
（彩图外国童话名著　安徒生童话）
　　中国现代连环画作品。

J0082601
笑画　（精选本）孙锦常等改编；林墉等绘
广州　岭南美术出版社　1997 年　8 册　13×9cm
ISBN：7–5362–1569–X　定价：CNY15.00
　　中国现代连环画作品。作者林墉（1942—　），画家、国家一级美术师。广东潮州人，毕业于广
州美术学院中国画系。中国美术家协会副主席，广东画院院长，美协广东分会主席，暨南大学艺术中心主任。作品有《宋庆龄》《访问巴基斯坦组画》，出版有《林墉作品选》《林墉访问巴基斯坦选集》《人体速写》等。

J0082602
笑面人　（法）雨果原著；冯晓改编；徐学初绘
上海　上海人民美术出版社　1997 年　99 页
20cm（32 开）ISBN：7–5322–1643–8
定价：CNY8.00
（世界文学名著精选　绘画本）
　　作者徐学初（1968—　），教授。生于浙江桐庐，毕业于上海戏剧学院舞台美术系。就职上海市戏曲学校舞美设计及舞美班。出版有《大卫·科波菲尔》《汤姆大伯的小屋》《红与黑》等多部中外世界名著连环画。

J0082603
新编动画大世界　林子风文；李小幻绘
北京　中国少年儿童出版社　1997 年　10 册
17×19cm　盒装　ISBN：7–5007–3629–0
定价：CNY30.60
　　中国现代连环画作品。

J0082604
新编哪吒传奇全集　（神龙太子）邱义军编绘
沈阳　辽宁民族出版社　1997 年　17×19cm
精装　ISBN：7–80527–896–2　定价：CNY13.80
　　中国现代连环画作品。

J0082605
新编西游记　（卡通连环画）刘贵宾，章禹编绘
广州　广州出版社　1997 年　5 册　13cm（64 开）
ISBN：7–80592–672–7　定价：CNY14.90
　　中国现代连环画作品。

J0082606
星际飞龙　魏峰编文；吴跃龙绘
郑州　河南美术出版社　1997 年　190 页
19cm（小 32 开）ISBN：7–5401–0581–X
定价：CNY7.20
（最新科幻惊险故事）
　　中国现代连环画作品。

J0082607

星星石的故事　刘丙钧等文；黄宗海等绘
南宁　接力出版社　1997年　316页　20cm（32开）
ISBN：7-80631-163-7　定价：CNY18.00
（一个中国孩子的英雄喜剧　1）
　　中国现代连环画作品。

J0082608

熊的故事　张弓改编；晓夫等绘
武汉　湖北少年儿童出版社　1997年　2版　94页
17×19cm　ISBN：7-5353-1441-4　定价：CNY8.50
（系列动物故事连环画丛）
　　中国现代连环画作品。

J0082609

续小五义　（绘画本）（清）石玉昆原著；铁如
等改编；吴国威等绘画
昆明　晨光出版社　1997年　20cm（32开）
ISBN：7-5414-1219-8　定价：CNY12.80
（中国四大古典侠义小说）
　　作者吴国威（1939—　），中国著名版画家。
湖南常宁人。别名吴卓宇。肄业于湖南文艺学院。
常宁市文联主席、副研究馆员。中国美术家协会
会员、中国版画家协会会员。湖南省美协四届理
事、湖南省美协版画艺委会成员、湖南省版画研
究会副会长、衡阳市美协主席。作品有《欢乐的
山谷》《同心同德》《福在人间》《瑶家风情》等。
获得了全国版画界最高奖——鲁迅版画奖。

J0082610

薛家将　（清）如莲居士著；宗慧，徐君改编；
何兵等绘
北京　华夏出版社　1997年　2册（895页）
20cm（32开）ISBN：7-5080-1246-1
定价：CNY29.50
（中国古典小说画库　家将英雄系列）

J0082611

雪孩子　大苗等改编；眉溪等绘
北京　中国连环画出版社　1997年　17×19cm
ISBN：7-5061-0772-4　定价：CNY12.80
（红蜻蜓丛书）
　　中国现代连环画作品。

J0082612

雪孩子　大苗等改编；眉溪等绘
北京　中国连环画出版社　1997年　17×19cm
精装　ISBN：7-5061-0734-1　定价：CNY15.00
（红蜻蜓丛书）
　　中国现代连环画作品。

J0082613

雪椰　（第四集）颜开编绘
北京　中国连环画出版社　1997年　128页
19cm（小32开）ISBN：7-5061-0774-0
定价：CNY6.90
（连环漫画明星丛书）
　　中国现代连环画作品。

J0082614

鸦片战争　（电影连环画）《鸦片战争》影视制
作有限责任公司编辑
成都　四川人民出版社　1997年　96页　20cm（32开）
ISBN：7-220-03665-5　定价：CNY9.80

J0082615

鸦片战争演义　（爱国主义连环画）辛大明编
文；许全群等绘
北京　农村读物出版社　1997年　352页
20cm（32开）ISBN：7-5048-2786-X
定价：CNY18.00
　　作者许全群（1943—　），画家。河南鲁山县
人。毕业于北京艺术学院附中。曾任职于人民
美术出版社创作室，中国美术家协会会员、吉隆
坡艺术学院客座教授。出版有《许全群画集》《许
全群水墨作品精选》等。

J0082616

鸭子跳河　赵佳编绘
银川　宁夏少年儿童出版社　1997年　90页
21×19cm　ISBN：7-80620-048-7　定价：CNY12.80
（新奇趣科学知识童话卡通系列）
　　中国现代连环画作品。

J0082617

扬·比比扬历险记　丁绍等编绘
天津　新蕾出版社　1997年　90页　19cm（小32开）
ISBN：7-5307-1798-7　定价：CNY4.60
（世界著名历险故事卡通系列）

中国现代连环画作品。

中国现代连环画作品。

J0082618

羊的故事　郑安阳改编；戴萌等绘

武汉 湖北少年儿童出版社 1997 年 94 页

17×19cm ISBN：7-5353-1775-8 定价：CNY8.50

（系列动物故事连环画丛）

　　中国现代连环画作品。

J0082619

杨贵妃　向斯编著；杨安乐绘

北京 中国妇女出版社 1997 年 270 页

20cm（32 开）ISBN：7-80131-026-8

定价：CNY18.00

（深宫爱情故事连环画）

J0082620

杨家将　（清）熊大木著；李国强等改编；张立绘

北京 华夏出版社 1997 年 396 页 20cm（32 开）

ISBN：7-5080-1245-3 定价：CNY16.00

（中国古典小说画库·家将英雄系列）

　　中国现代连环画作品。

J0082621

杨家将　袁里等编文；秀公等绘

南京 江苏少年儿童出版社 1997 年 288 页

17×19cm 精装 ISBN：7-5346-1764-2

定价：CNY22.00

（彩图中国古典小说）

　　中国现代连环画作品。

J0082622

野火春风斗古城　李威改编

南宁 广西美术出版社 1997 年 125 页 9×12cm

ISBN：7-80625-197-9 定价：CNY2.40

（爱国主义教育连环画丛书 百部电影故事）

　　本书为中国现代连环画作品。与中国电影

出版社合作出版。

J0082623

一代天骄　炎冰等编绘

广州 岭南美术出版社 1997 年 2 册

19cm（小 32 开）ISBN：7-5362-1736-6

定价：CNY13.00

（金虹画集丛书）

J0082624

一千零一夜全集　曹丹主编

武汉 湖北少年儿童出版社 1997 年 2 册（1444 页）

20cm（32 开）精装 ISBN：7-5353-1787-1

定价：CNY49.50

（世界名著全集丛书 绘画本）

J0082625

意念博士的魔法　（彩图本）冬杨改编；许歌

等绘

西安 未来出版社 1997 年 98 页 26cm（16 开）

ISBN：7-5417-1492-5 定价：CNY14.80

（中国魔幻卡通·24 魔）

　　中国现代连环画作品。本书包括《意念博士

的魔法（彩图本）》（冬杨改编、许歌等绘）、《黑

头魔与红珠子》（邵小宁改编、许歌等绘）。

J0082626

银色马　孙建康等改编；应嘉琨等绘

昆明 云南人民出版社 1997 年 10×13cm

ISBN：7-222-02028-4 定价：CNY2.80

（福尔摩斯探案全集 7）

　　中国现代连环画作品。

J0082627

隐蔽战线　（南疆谍踪 摄影小说）王刚主编

北京 中国文联出版公司 1997 年 122 页

19cm（小 32 开）ISBN：7-5059-2783-3

定价：CNY28.80

　　中国现代连环画作品。

J0082628

英雄劫法场

南京 江苏少年儿童出版社 1997 年 72 页

17×19cm ISBN：7-5346-1635-2 定价：CNY4.80

（彩图中国古典名著·水浒传）

　　中国现代连环画作品。

J0082629

影响世界的 100 本书　（绘画本）张秀平主

编；梁刚等绘

南宁 广西人民出版社 1997 年 207 页

20cm（32 开）ISBN：7-219-03511-X

定价：CNY11.00

（世界 100 系列丛书）

J0082630

影响世界的 100 次事件 （绘画本）张秀平

主编；钟小季等绘

南宁 广西人民出版社 1997 年 207 页

20cm（32 开）ISBN：7-219-03530-6

定价：CNY11.00

（世界 100 系列丛书）

J0082631

影响世界的 100 次战争 （绘画本）张秀平

主编；朱琦等绘

南宁 广西人民出版社 1997 年 207 页

20cm（32 开）ISBN：7-219-03506-3

定价：CNY11.00

（世界 100 系列丛书）

J0082632

影响世界的 100 个人物 （绘画本）张秀平

主编；赵隆义等绘

南宁 广西人民出版社 1997 年 208 页

20cm（32 开）ISBN：7-219-03529-2

定价：CNY11.00

（世界 100 系列丛书）

　　作者赵隆义（1931—　），编审。上海人。中国美术家协会会员。作品有《小城春秋》《贺龙的故事》《杨开慧》《圆眼睛》等。

J0082633

影响世界的 100 种文化 （绘画本）张秀平

主编；朱琦等绘

南宁 广西人民出版社 1997 年 207 页

20cm（32 开）ISBN：7-219-03526-8

定价：CNY11.00

（世界 100 系列丛书）

J0082634

影响一代人成长的文学名著 （第四辑）

（苏）富尔曼诺夫原著；剑文改编；王小钦绘

昆明 晨光出版社 1997 年 304 页 20cm（32 开）

ISBN：7-5414-1341-0 定价：CNY9.50

　　中国现代连环画作品。

J0082635

永远的江姐　裘力编文；凯军，凯平绘

杭州 浙江少年儿童出版社 1997 年 117 页

17×19cm ISBN：7-5342-1581-1 定价：CNY9.00

（爱国主义教育故事画库·英雄儿女系列）

　　中国现代连环画作品。

J0082636

勇敢的小裁缝

南京 江苏少年儿童出版社 1997 年 72 页

17×19cm ISBN：7-5346-1658-1 定价：CNY4.80

（彩图外国童话名著·格林童话）

　　中国现代连环画作品。

J0082637

幽默成语　上海开圆信息开发有限公司，新加坡开圆公司（Starts Corporation（S）Pte Ltd）创意制作

上海 少年儿童出版社 1997 年 95 页 26cm（16 开）

ISBN：7-5324-3321-8 定价：CNY15.00

　　中国现代连环画作品。

J0082638

幽默歇后语　上海开圆信息开发有限公司，新加坡开圆公司（Starts Corporation（S）Pte Ltd）创意制作

上海 少年儿童出版社 1997 年 93 页 26cm（16 开）

ISBN：7-5324-3346-3 定价：CNY15.00

　　中国现代连环画作品。

J0082639

渔夫和他的妻子

南京 江苏少年儿童出版社 1997 年 72 页

17×19cm ISBN：7-5346-1657-3 定价：CNY4.80

（彩图外国童话名著·格林童话）

　　中国现代连环画作品。

J0082640

遇险格陵兰　王柏玲编文；韩伍绘

上海 上海科技教育出版社 1997 年 90 页

19cm（小 32 开）ISBN：7-5428-1545-8

定价：CNY5.00

（少年探险家丛书）

　　中国现代连环画作品。作者韩伍（1936—　），画家。浙江杭州人，毕业于行知艺术学校。中国

美术家协会会员，儿童时代社《哈哈画报》主编，上海市美协理事。作品有《五彩路》《微湖山上》《灯花》等，出版有《韩伍画集》《小巷童年》《诗经彩绘》等。

J0082641
寓言 （一）方方编；众生绘
西安 未来出版社 1997年 48页 19cm（小32开）
ISBN：7-5417-1425-9 定价：CNY2.80
　　中国现代连环画作品。

J0082642
月亮的故事 白冰等文；黄箐等绘
南宁 接力出版社 1997年 316页 20cm（32开）
ISBN：7-80631-165-3 定价：CNY18.00
（一个中国孩子的英雄喜剧 2）
　　中国现代连环画作品。

J0082643
岳飞传 李遵义改编；王建等绘
沈阳 辽宁美术出版社 1997年 2版 10册
10×13cm ISBN：7-5314-1662-X 定价：CNY23.00
　　本书为中国现代连环画作品，包括《王佐断臂》等10册。

J0082644
岳家将 （清）钱彩等原著；金钊等改编；晋松等绘
北京 华夏出版社 1997年 2册（822页）
20cm（32开）ISBN：7-5080-1243-7
定价：CNY29.50
（中国古典小说画库 家将英雄系列）

J0082645
怎样走向成功 （画说本田宗一郎）郭建民，何秀玲改编；何立强绘画
西安 未来出版社 1997年 190页 20cm（32开）
ISBN：7-5417-1463-1 定价：CNY10.00
（画说世界著名企业家丛书）

J0082646
怎样走向成功 （画说比尔·盖茨）雍繁星改编；杨楼生等绘
西安 未来出版社 1997年 177页 20cm（32开）
ISBN：7-5417-1469-0 定价：CNY10.00

（画说世界著名企业家丛书）

J0082647
怎样走向成功 （画说曾宪梓）薛军民，纪天平改编；刘锋绘
西安 未来出版社 1997年 195页 20cm（32开）
ISBN：7-5417-1465-8 定价：CNY10.00
（画说世界著名企业家丛书）

J0082648
怎样走向成功 （画说迪斯尼）姚力改编；赵曼绘
西安 未来出版社 1997年 199页 20cm（32开）
ISBN：7-5417-1467-4 定价：CNY10.00
（画说世界著名企业家丛书）

J0082649
怎样走向成功 （画说亨利·福特）白晓梅改编；吉安等绘
西安 未来出版社 1997年 200页 20cm（32开）
ISBN：7-5417-1471-2 定价：CNY10.00
（画说世界著名企业家丛书）

J0082650
怎样走向成功 （画说霍英东）李静霞改编；史伟等绘画
西安 未来出版社 1997年 191页 21cm（32开）
ISBN：7-5417-1462-3 定价：CNY10.00
（画说世界著名企业家丛书）
　　本书以漫画的形式介绍了霍英东的生平事迹，阐述了在他在贫民窟的童年、读书时的艰难以及生意场上的辉煌等。

J0082651
怎样走向成功 （画说李嘉诚）阎小莉改编；程佑新等绘画
西安 未来出版社 1997年 181页 20cm（32开）
ISBN：7-5417-1466-6 定价：CNY10.00
（画说世界著名企业家丛书）

J0082652
怎样走向成功 （画说松下幸之助）纪天平，薛军民改编；崔少恩等绘
西安 未来出版社 1997年 195页 20cm（32开）
ISBN：7-5417-1470-4 定价：CNY10.00

（画说世界著名企业家丛书）

J0082653

怎样走向成功 （画说希尔顿）王宏刚改编；
廖宗蓉等绘画
西安　未来出版社　1997年　196页　20cm（32开）
ISBN：7-5417-1464-X　定价：CNY10.00
（画说世界著名企业家丛书）

J0082654

怎样走向成功 （画说亚科卡）王炳艳改编；
王海军等绘画
西安　未来出版社　1997年　187页　20cm（32开）
ISBN：7-5417-1468-2　定价：CNY10.00
（画说世界著名企业家丛书）

J0082655

怎样走向成功 （画说IBM）靳欣改编；邓强
等绘画
西安　未来出版社　1998年　188页　20cm（32开）
精装　ISBN：7-5417-1853-X　定价：CNY12.00
（画说世界著名企业家丛书）

J0082656

怎样走向成功 （画说阿曼德·哈默）杨晓东，
李健改编；王永强绘画
西安　未来出版社　1998年　181页　20cm（32开）
精装　ISBN：7-5417-1860-2　定价：CNY12.00
（画说世界著名企业家丛书）

J0082657

怎样走向成功 （画说包玉刚）李静霞改编；
胡涛绘画
西安　未来出版社　1998年　188页　20cm（32开）
精装　ISBN：7-5417-1854-8　定价：CNY12.00
（画说世界著名企业家丛书）

J0082658

怎样走向成功 （画说福布斯）国薇改编；马
丽娜等绘画
西安　未来出版社　1998年　188页　20cm（32开）
精装　ISBN：7-5417-1852-1　定价：CNY12.00
（画说世界著名企业家丛书）

J0082659

怎样走向成功 （画说劳斯莱斯）康毅改编；
于均绘画
西安　未来出版社　1998年　188页　20cm（32开）
精装　ISBN：7-5417-1858-0　定价：CNY12.00
（画说世界著名企业家丛书）

J0082660

怎样走向成功 （画说洛克菲勒）李襄选，李
敏改编；刘锋等绘画
西安　未来出版社　1998年　185页　20cm（32开）
精装　ISBN：7-5417-1856-4　定价：CNY12.00
（画说世界著名企业家丛书）

J0082661

怎样走向成功 （画说纽豪斯）雍繁星改编；
石伟等绘画
西安　未来出版社　1998年　188页　20cm（32开）
精装　ISBN：7-5417-1861-0　定价：CNY12.00
（画说世界著名企业家丛书）

J0082662

怎样走向成功 （画说王永庆）李健，卜贤杰
改编；杨楼生等绘画
西安　未来出版社　1998年　188页　20cm（32开）
精装　ISBN：7-5417-1855-6　定价：CNY12.00
（画说世界著名企业家丛书）

J0082663

怎样走向成功 （画说沃伦·巴菲特）李敏，李
襄选改编；欧阳嘉等绘画
西安　未来出版社　1998年　183页　20cm（32开）
精装　ISBN：7-5417-1857-2　定价：CNY12.00
（画说世界著名企业家丛书）

J0082664

怎样走向成功 （画说郑周永）国薇改编；何
力强绘画
西安　未来出版社　1998年　187页　20cm（32开）
精装　ISBN：7-5417-1859-9　定价：CNY12.00
（画说世界著名企业家丛书）

J0082665

侦破故事　王琴文编；于沙等美编
沈阳　辽宁美术出版社　1997年　2版　12册

9×13cm 盒装 ISBN：7-5314-1796-0
定价：CNY31.00
（辽宁美术出版社连环画精品系列）
　　中国现代连环画作品。

J0082666
真假孙悟空
南京 江苏少年儿童出版社 1997年 72页
17×19cm ISBN：7-5346-1646-8 定价：CNY4.80
（彩图中国古典名著·西游记）
　　中国现代连环画作品。

J0082667
智捕罪魁　　王刚，陈玉先主编；高厚满等撰
稿；陈玉先等绘
广州 广州出版社 1997年 2册（180+200页）
19cm（小32开）ISBN：7-80592-669-7
定价：CNY19.80
　　中国现代连环画。作者陈玉先（1944—　　），
国画家、美术家。安徽淮南人。历任《解放军报》
副主编、中国美术家协会艺术委员会副主任。代
表作品《井冈山斗争》《红灯记》《红色娘子军》
《草原儿女》。专著《速写技法》《陈玉先插图作
品选》《陈玉先中国画》。

J0082668
智海画库　　新轩，丽珍编文；冯伟等绘
昆明 晨光出版社 1997年 19cm（小32开）
ISBN：7-5414-1342-9 定价：CNY11.50
　　中国现代连环画作品。

J0082669
智海画库　　新轩，丽珍编文；杨怀武等绘
昆明 晨光出版社 1997年 19cm（小32开）
ISBN：7-5414-1343-7 定价：CNY10.00
　　中国现代连环画作品。

J0082670
智取祝家庄
南京 江苏少年儿童出版社 1997年 72页
17×19cm ISBN：7-5346-1636-0 定价：CNY4.80
（彩图中国古典名著水浒传）
　　中国现代连环画作品。

J0082671
中国古代故事连环画精选　　杨树玉等改编；
王树立等绘
沈阳 辽宁美术出版社 1997年 2版 11册
10×13cm ISBN：7-5314-1661-1 定价：CNY23.00
　　本书包括《胭脂》等11册。

J0082672
中国古代神话连环画　　王吉祥等改编；赵明
钧等绘
沈阳 辽宁美术出版社 1997年 2版 4册
10×13cm ISBN：7-5314-1668-9 定价：CNY8.00
　　本书为中国现代连环画作品，包括《大禹治
服洪水》等4册。

J0082673
中国古神话　（画库 上）
北京 北京美术摄影出版社 1997年 263页
20cm（32开）ISBN：7-80501-205-9
定价：CNY21.00

J0082674
中国古神话　（画库 下）
北京 北京美术摄影出版社 1997年 255页
20cm（32开）ISBN：7-80501-206-7
定价：CNY21.00

J0082675
中国古神话画库　　刘明，刘仪改编；赵成民等绘
北京 北京美术摄影出版社 1997年 2册
20cm（32开）ISBN：7-80501-205-9
定价：CNY21.00
　　中国现代连环画作品。

J0082676
中国古训　（图文本）禾心，山雨撰文；盛元龙
等绘
杭州 浙江文艺出版社 1997年 4册（1991页）
20cm（32开）精装 ISBN：7-5339-0789-2
定价：CNY98.00
（文化国宝）
　　作者盛元龙（1949—　　），美术师，画家。浙
江鄞县人。毕业于中国美院国画系人物画专业。
历任鄞县美协主席、鄞县越剧团二级美术师。代
表作品有《众志成城》《海边》等，出版有《盛元

龙画集》。

J0082677

中国历代散文精选百篇通释 （绘图本）崇文，杨梓主编
北京 京华出版社 1997年 4册 20cm（32开）
ISBN：7–80600–210–3 定价：CNY76.00

J0082678

中国民俗故事 （一 汉法对照）侯冠滨编绘
北京 海豚出版社 1997年 33页 有彩图
26×23cm ISBN：7–80051–770–5 定价：CNY24.00
　　中国现代连环画作品。

J0082679

中国民俗故事 （二 汉法对照）侯冠滨编绘
北京 海豚出版社 1997年 33页 有彩图
26×23cm ISBN：7–80051–804–3 定价：CNY24.00
　　中国现代连环画作品。

J0082680

中国民俗故事 （一 汉西对照）侯冠滨编绘
北京 海豚出版社 1997年 33页 有彩图
26×23cm ISBN：7–80051–772–1 定价：CNY24.00
　　中国现代连环画作品。

J0082681

中国民俗故事 （二 汉西对照）侯冠滨编绘
北京 海豚出版社 1997年 33页 有彩图
26×23cm ISBN：7–80051–843–4 定价：CNY24.00
　　中国现代连环画作品。

J0082682

中国民俗故事 （一 汉英对照）侯冠滨编绘
北京 海豚出版社 1997年 33页 有彩图
26×23cm ISBN：7–80051–769–1 定价：CNY24.00
　　中国现代连环画作品。

J0082683

中国民俗故事 （二 汉英对照）侯冠滨编绘
北京 海豚出版社 1997年 33页 有彩图
26×23cm ISBN：7–80051–777–2 定价：CNY24.00
　　中国现代连环画作品。

J0082684

中国神话故事 （一 汉英对照）冯健男等编绘
北京 海豚出版社 1997年 26cm（16开）
ISBN：7–80138–010–X 定价：CNY36.00
　　中国现代连环画作品。

J0082685

中国十个节日传说 （汉英对照）詹同编绘
北京 海豚出版社 1997年 26cm（16开）
ISBN：7–80138–003–7 定价：CNY13.90
　　中国现代连环画作品。

J0082686

中国探险故事 （一）李虹编文；武凯军，戴友生绘
长沙 湖南少年儿童出版社 1997年 54页
26cm（16开）ISBN：7–5358–1350–X
定价：CNY12.00
　　中国现代连环画作品。

J0082687

中国探险故事 （二）李虹编文；武凯军，戴友生绘
长沙 湖南少年儿童出版社 1997年 58页
26cm（16开）ISBN：7–5358–1351–8
定价：CNY12.45
　　中国现代连环画作品。

J0082688

中国探险故事 （三）李虹编文；武凯军，戴友生绘
长沙 湖南少年儿童出版社 1997年 61页
26cm（16开）ISBN：7–5358–1352–6
定价：CNY13.60
　　中国现代连环画作品。

J0082689

中国文学五千年 （绘画本 卷一 先秦两汉）
邓嘉德主编；缪文远，刘黎明编文；魏明阳等绘
成都 四川美术出版社 1997年 511页
20cm（32开）ISBN：7–5410–1354–4
定价：CNY24.00
　　作者邓嘉德(1951—　)，美术编辑、画家。祖籍山东潍坊，出生于四川成都。毕业于西南师范大学美术学院。中国美术家协会会员，四川省

美术家协会副主席，四川美术出版社社长。作品
有《童年的梦》《蓝色的梦》《长坂坡》等。

J0082690
中国文学五千年 （绘画本 卷二 魏晋南北
朝）邓嘉德主编；吕一飞，罗国威编文；张大川
等绘画
成都 四川美术出版社 1997年 604页
20cm（32开）ISBN：7-5410-1355-2
定价：CNY27.00

J0082691
中国文学五千年 （绘画本 卷三 隋唐）邓嘉
德主编；罗б贵，谭丹编文；李存庄等绘画
成都 四川美术出版社 1997年 589页
20cm（32开）ISBN：7-5410-1356-0
定价：CNY27.50

J0082692
中国文学五千年 （绘画本 卷四 宋）邓嘉德
主编；李文泽，吴洪泽编文；李峰山等绘画
成都 四川美术出版社 1997年 537页
20cm（32开）ISBN：7-5410-1357-9
定价：CNY24.50
　　作者李峰山（1924— ），陕西蒲城人。中国
书画家协会会员、东方书画家协会会员，陕西省
书协会员、陕西老年书画学会名誉理事长。著有
《论书名句》《李峰山墨迹》等。

J0082693
中国文学五千年 （绘画本 卷五 辽金元）邓
嘉德主编；徐希平等编文；张晓红等绘
成都 四川美术出版社 1997年 461页
20cm（32开）ISBN：7-5410-1358-7
定价：CNY22.00

J0082694
中国文学五千年 （绘画本 卷六 明清）邓嘉
德主编
成都 四川美术出版社 1997年 552页
20cm（32开）ISBN：7-5410-1359-5
定价：CNY25.00

J0082695
中外科学发明小故事 （玛瑙篇 彩图本）少

年儿童出版社编；施屹等绘
上海 少年儿童出版社 1997年 162页 17×19cm
ISBN：7-5324-3277-7 定价：CNY14.80
　　中国现代连环画作品。

J0082696
中外科学发明小故事 （珍珠篇）少年儿童出
版社编；施屹等绘
上海 少年儿童出版社 1997年 162页 17×19cm
ISBN：7-5324-3276-9 定价：CNY14.80
　　中国现代连环画作品。

J0082697
中外名人奇谋妙计 力琛编；又珣绘
北京 中国电影出版社 1997年 144页 17×19cm
精装 ISBN：7-106-01176-2 定价：CNY12.80
　　中国现代连环画作品。

J0082698
子夜 桑弧改编
南宁 广西美术出版社 1997年 125页 9×12cm
ISBN：7-80625-258-4 定价：CNY2.40
（爱国主义教育连环画丛书·百部电影故事）
　　中国现代连环画作品。

J0082699
自古英雄出少年 （彩图本）王启帆绘
北京 国际文化出版公司 1997年 100页
20cm（32开）ISBN：7-80105-154-8
定价：CNY7.20
　　中国现代连环画作品。

J0082700
1000万港元大劫案 廖致楷，许伟华编剧；
海暄改编
北京 中国电影出版社 1998年 125页 9×13cm
ISBN：7-106-01267-X 定价：CNY3.30
（电影连环画）
　　本作品系现代连环画。

J0082701
20世纪科学大师与科学大事 （上）周光召
主编
南宁 接力出版社 1998年 302页 21cm（32开）
ISBN：7-80631-223-4 定价：CNY29.50

J0082702
20世纪科学大师与科学大事 （下）周光召主编
南宁 接力出版社 1998年 303页～603页 21cm（32开）ISBN：7-80631-224-2 定价：CNY29.00

J0082703
20世纪世界未解之谜 张秀时编著；高兴奇等绘
沈阳 辽宁美术出版社 1998年 92页 29cm（16开）ISBN：7-5314-1981-5 定价：CNY25.00
　　作者张秀时（1938— ），辽宁辽中人，毕业于鲁迅美术学院中国画系。历任中国美协辽宁分会创作员、辽宁人民出版社美术图片编辑室负责人、辽宁美术出版社美编室主任、美术创作室主任、总编室主任兼社长助理、副社长、副总编辑，《美术大观》主编等。国画作品有《工人学哲学》《让洼塘变富仓》《场院上》、年画有《人民功臣》《祖国万岁》等。

J0082704
π之父祖冲之 郁薇等编文；孙继海等绘画
杭州 浙江少年儿童出版社 1998年 117页 17×19cm ISBN：7-5342-1833-0 定价：CNY9.00
（爱国主义教育故事画库·科学之光系列）
　　本作品系现代连环画。

J0082705
艾德莱斯绸的故事 丁宏编；潘树范绘画
乌鲁木齐 新疆美术摄影出版社 1998年 12页 17×20cm ISBN：7-80547-746-9 定价：CNY4.00
（新疆民间工艺品故事画库）
　　本作品系现代连环画。

J0082706
奥德曼与四大天王战群魔 顾元翔等编文；双水等绘
武汉 湖北少年儿童出版社 1998年 144页 17×19cm ISBN：7-5353-1778-2 定价：CNY12.80
　　本作品系现代连环画。

J0082707
巴斯克维尔的猎犬 （连环画）汪援越编文；叶雄，洪钟奇绘

昆明 云南人民出版社 1998年 300页 9×13cm ISBN：7-222-02266-X 定价：CNY5.70
（福尔摩斯探案全集 13）
　　本作品系现代连环画。作者叶雄（1950— ），连环画家。笔名夏草、古寅，上海崇明人，毕业于上海大学美术学院国画系专科。中国美术家协会上海分会会员、上海连环画研究会理事、上海黄浦画院画师、上海老城厢书画会常务理事。代表作品有《竹林七贤图》《子夜》《郑板桥造像》《咆哮的黑龙江》等。

J0082708
白粉妹 （电影连环画）张良，王静珠编剧；耿旭江改编
北京 中国电影出版社 1998年 125页 9×13cm ISBN：7-106-01264-5 定价：CNY3.30
　　本作品系现代连环画。

J0082709
北宋杨家将 喻岳衡改编；廖正华等绘
长沙 湖南美术出版社 1998年 8册 9×13cm ISBN：7-5356-1125-7 定价：CNY18.00
　　本作品系现代连环画。作者廖正华（1946— ），画家。湖南益阳人，结业于浙江美院国画系。湖南省美术家协会理事、湖南省连环画艺术委员会副主任、湖南省益阳市美术家协会主席、湖南益阳群众艺术馆副研究馆员、益阳市美协主席。主要作品《边城》《万朵花开四月八》《醉乡》《芙蓉镇》等作品。

J0082710
兵法三十六计 （连环画）艾文等改编；刘建平等绘
北京 中国连环画出版社 1998年 400页 20cm（32开）ISBN：7-5061-0832-1 定价：CNY16.80

J0082711
超越 （画册）中国残疾人联合会编
广州 广东人民出版社 1998年 57页 26cm（16开）ISBN：7-218-02755-5 定价：11.80
　　本作品系现代连环画。

J0082712
成吉思汗 宝力格，包万德编著；乌日切夫等绘

呼和浩特 内蒙古人民出版社 1998年 84页
24×25cm 精装 ISBN：7-204-04063-5
定价：CNY35.00
（天骄系列）
　　　中国现代连环画。

J0082713
惩罚恶虎的剑龙　金建华等编；邹越非等绘
上海 上海科学普及出版社 1998年 96页
17×19cm 精装 ISBN：7-5427-1469-4
定价：CNY15.80
（奇幻恐龙故事丛书）
　　　本作品系现代连环画。作者邹越非，
（1934— ），连环画家。生于江苏镇江，就读上
海连环画学习班。历任上海美术家协会创作员、
上海教育出版社美术编辑、上海社会科学院出
版社美术编辑。代表作品有《蔷薇花案件》《孙
小圣与猪小能》，出版有《龙江颂》《通俗前后汉
演义》。

J0082714
处世歌诀　（绘画本）占立编写；孟庆江，王双
贵，王兴绘画
北京 中国电影出版社 1998年 258页
21cm（32开）ISBN：7-106-01275-0
定价：CNY14.80
　　　作者孟庆江（1937— ），画家。浙江温州人。
毕业于中央美术学院国画系。曾任《连环画报》
主编、《中国艺术》副主编，北京工笔重彩画绘副
会长。代表作品《刘胡兰》《蔡文姬》《长恨歌》等。

J0082715
吹牛大王历险记　文芒编；新民，五力绘
南京 江苏少年儿童出版社 1998年 2册
17×19cm ISBN：7-5346-1965-3 定价：CNY4.80
（彩图拼音世界文学名著故事精选）
　　　本作品系现代连环画。

J0082716
吹牛大王历险记　（第一集）（德）埃·拉斯伯
原著；四新文化艺术公司绘
成都 四川少年儿童出版社 1998年 59页
26cm（16开）ISBN：7-5365-2001-8
定价：CNY15.00
（世界著名历险童话精选）

　　　本作品系中国现代连环画。

J0082717
吹牛大王历险记　（第二集）（德）埃·拉斯伯
原著；四新文化艺术公司绘
成都 四川少年儿童出版社 1998年 59页
26cm（16开）ISBN：7-5365-2002-6
定价：CNY15.00
（世界著名历险童话精选）
　　　本作品系中国现代连环画作品。

J0082718
吹牛大王历险记　（第三集）（德）埃·拉斯伯
原著；四新文化艺术公司绘
成都 四川少年儿童出版社 1998年 59页
26cm（16开）ISBN：7-5365-2003-4
定价：CNY15.00
（世界著名历险童话精选）
　　　本作品系中国现代连环画作品。

J0082719
吹牛大王历险记　（第四集）（德）埃·拉斯伯
原著；四新文化艺术公司绘
成都 四川少年儿童出版社 1998年 59页
26cm（16开）ISBN：7-5365-2004-2
定价：CNY15.00
（世界著名历险童话精选）
　　　本作品系中国现代连环画作品。

J0082720
吹牛大王历险记　（德）拉斯别著；何月改编；
张安等绘
北京 中国少年儿童出版社 1998年 2册
9×13cm ISBN：7-5007-3853-6 定价：CNY6.40
（经典童话连环画库丛书）
　　　本作品系现代连环画。

J0082721
从小养成好习惯　（1）常胜利编文；小豆，倪
靖绘
北京 大众文艺出版社 1998年 78页 14×16cm
ISBN：7-80094-560-X 定价：CNY9.80
　　　本作品系中国现代连环画作品。

J0082722

从小养成好习惯 （2）常胜利编文；小豆，倪靖绘

北京 大众文艺出版社 1998年 78页 14×16cm
ISBN：7-80094-560-X 定价：CNY9.80

　　本作品系中国现代连环画作品。

J0082723

从小养成好习惯 （3）常胜利编文；小豆，倪靖绘

北京 大众文艺出版社 1998年 78页 14×16cm
ISBN：7-80094-560-X 定价：CNY9.80

　　本作品系中国现代连环画作品。

J0082724

大弟 赵镇琬编写；孙冰绘

济南 明天出版社 1998年 29cm（16开）
ISBN：7-5332-2959-2 定价：CNY30.00
（明天儿童屋图画故事丛书）

　　本作品系现代连环画。作者赵镇琬（1938—　　），漫画画家、编辑出版家。生于山东莱阳，毕业于山东省省立莒县师范。历任中国少儿期刊工作者协会第二届副会长、全国少儿读物工作委员会第一届副主任、世界儿童读物联盟大会中国分会第二届副会长、全国儿童图书插画装帧设计研究会第一届会长。作品有《借问酒家何处有》等。出版有《山羊回家了》《奇怪不奇怪》等。

J0082725

大战恐龙洞 （恐龙系列 2）许祖馨等编文；张中良等绘

银川 宁夏少年儿童出版社 1998年 144页
17×19cm ISBN：7-80620-054-1 定价：CNY13.50

　　本书系中国现代连环画。

J0082726

戴面纱的房客 （福尔摩斯探案全集 20）王郦玉编文；吴耀明，楼东山绘

昆明 云南人民出版社 1998年 33页 9×13cm
ISBN：7-222-02273-2 定价：CNY2.40

　　本作品系现代连环画。

J0082727

地毯的故事 丁宏编；潘树范绘画

乌鲁木齐 新疆美术摄影出版社 1998年 12页
17×20cm ISBN：7-80547-746-9 定价：CNY4.00
（新疆民间工艺品故事画库）

　　本作品系现代连环画。

J0082728

地下城历险记 未来出版社编

西安 未来出版社 1998年 19×21cm
ISBN：7-5417-1804-1 定价：CNY3.90
（异想天开世界科幻童话精品系列丛书）

　　本作品系现代连环画。

J0082729

地心游记 周伟主编；周渡鹤改编；广庆等绘画

武汉 湖北美术出版社 1998年 186页
20cm（32开） ISBN：7-5394-0748-4
定价：CNY9.80
（《世界科幻精品画廊》丛书）

J0082730

地心游记 周兰君，苍阳改编；宁宁绘

杭州 浙江少年儿童出版社 1998年 142页
17×18cm ISBN：7-5342-1677-X 定价：CNY10.50
（彩绘本世界文学名著·科幻系列）

　　本作品系中国现代连环画作品。

J0082731

董存瑞 窦孝鹏编文；孙元等绘

北京 金盾出版社 1998年 70页 17×19cm
ISBN：7-5082-0585-5 定价：CNY6.00
（革命英模人物故事绘画丛书）

　　本作品系现代连环画。

J0082732

二小放牛郎 晓刚改编

石家庄 河北美术出版社 1998年 138页
15×13cm ISBN：7-5310-1083-6 定价：CNY3.50
（烽火少年系列丛书）

　　本作品系现代连环画。

J0082733

飞车救人质 于京良等编文；阮健等绘

南京 江苏少年儿童出版社 1998年 98页
21×19cm ISBN：7-5346-2001-5 定价：CNY10.00
（惊险故事大画库）

　　本作品系现代连环画。

J0082734

格列佛游记 （绘图本）（英）斯拉夫特原著；
胡传珏改编；焦成根等绘
长沙 湖南文艺出版社 1998 年 20cm（32 开）
ISBN：7-5404-1788-9 定价：CNY12.30
（世界文学名著探险系列）
　　本作品系现代连环画。

J0082735

共产党人的根本宗旨 （为人民服务 绘画本）
于凤湘撰文；李健康绘
济南 山东大学出版社 1998 年 121 页
20cm（32 开）ISBN：7-5607-1908-2
定价：CNY10.80

J0082736

古楼幻影 周伟主编；施家齐改编；广庆等绘画
武汉 湖北美术出版社 1998 年 186 页
20cm（32 开）ISBN：7-5394-0747-6
定价：CNY9.80
（《世界科幻精品画廊》丛书）

J0082737

怪物小面人 未来出版社编
西安 未来出版社 1998 年 34 页 19×21cm
ISBN：7-5417-1812-2 定价：CNY3.00
（蓝月亮丛书）
　　本作品系现代连环画。

J0082738

国际主义的光辉旗帜 （纪念白求恩 绘画本）
于凤湘撰文；李健康绘
济南 山东大学出版社 1998 年 107 页
20cm（32 开）ISBN：7-5607-1909-0
定价：CNY9.80

J0082739

海尔兄弟 （第二部 1 海沟探险）红叶动画公
司绘制
北京 中国连环画出版社 1998 年 116 页
17×19cm ISBN：7-5061-0841-0 定价：CNY12.80
　　本作品系现代连环画。

J0082740

海尔兄弟 （第二部 2 可怕的海盗）红叶动画
公司绘制
北京 中国连环画出版社 1998 年 116 页
17×19cm ISBN：7-5061-0842-9 定价：CNY12.80
　　本作品系现代连环画。

J0082741

海尔兄弟 （第二部 3 空中险情）红叶动画公
司绘制
北京 中国连环画出版社 1998 年 116 页
17×19cm ISBN：7-5061-0843-7 定价：CNY12.80
　　本作品系现代连环画。

J0082742

邯郸成语典故续编 （绘画本）张树芬编文；
景英豪，范美丽英译
北京 中国文史出版社 1998 年 480 页
20cm（32 开）ISBN：7-5034-0878-2
定价：CNY19.80

J0082743

好奇的大弟 赵镇琬编写；孙冰绘
济南 明天出版社 1998 年 29×42cm
ISBN：7-5332-2954-1 定价：CNY38.00
　　本作品系现代连环画。

J0082744

好神奇哟 赵镇琬编写；朱丹丹绘
济南 明天出版社 1998 年 29cm（16 开）
ISBN：7-5332-2955-X 定价：CNY30.00
（明天儿童屋图画故事丛书）
　　本作品系现代连环画。

J0082745

和田玉的故事 丁宏编；杨振伟绘画
乌鲁木齐 新疆美术摄影出版社 1998 年 12 页
17×20cm ISBN：7-80547-746-9 定价：CNY4.00
（新疆民间工艺品故事画库）
　　本作品系现代连环画。

J0082746

河马大叔爱唱歌 陆弘写；蒋健文绘
上海 少年儿童出版社 1998 年 21×19cm
ISBN：7-5324-3598-9 定价：CNY5.50
（名家故事画本）
　　本作品系现代连环画。

J0082747

红孩子　连子编

北京　兵器工业出版社　1998 年　118 页　14×16cm

ISBN：7-80132-443-9　定价：CNY3.60

（红孩子电影连环画丛书　1）

　　本作品系现代连环画。

J0082748

红楼二尤　高梅仪改编；张令涛等绘

北京　人民美术出版社　1998 年　2 版　120 页

17×19cm ISBN：7-102-01965-3　定价：CNY24.00

　　本作品系现代连环画。作者张令涛（1903—
1988），连环画艺术家。浙江宁波人，毕业于上海
美专。上海文史馆馆员、中国美术家协会会员、
商务印书馆美术编辑，代表作品有《杨家将》《红
楼梦》《猎虎记》《三国归晋》《女娲补天》《东周
列国志》等。

J0082749

红圈会　（连环画）郦勇编文；房培明绘

昆明　云南人民出版社　1998 年　51 页　9×13cm

ISBN：7-222-02269-4　定价：CNY3.60

（福尔摩斯探案全集　16）

　　本作品系现代连环画。

J0082750

猴子国历险记　（美）洛夫廷著；袁建国改编；
谢成等绘

北京　中国少年儿童出版社　1998 年　2 册

9×13cm ISBN：7-5007-3850-1　定价：CNY6.40

（经典童话连环画库丛书）

　　本作品系现代连环画。

J0082751

花季·雨季　（连环画）郁秀原著；万晓燕改
编；王时绘

深圳　海天出版社　1998 年　20cm（32 开）

ISBN：7-80615-771-9　定价：CNY16.00

（花季·雨季系列　第 1 辑）

J0082752

花帽的故事　丁宏，余纯顺编；潘树范绘画

乌鲁木齐　新疆美术摄影出版社　1998 年　12 页

17×20cm ISBN：7-80547-746-9　定价：CNY4.00

（新疆民间工艺品故事画库）

　　本作品系现代连环画。

J0082753

花木兰　张寂雁，张玉培编文；顾曾平等绘

南京　江苏少年儿童出版社　1998 年　238 页

17×19cm　精装　ISBN：7-5346-2015-5

定价：CNY18.00

　　本作品系现代连环画，彩图拼音本。

J0082754

华夏民神　（彩图本）宗介华撰文；左汉中等绘

长沙　湖南教育出版社　1998 年　120 页

29cm（18 开）精装　ISBN：7-5355-2608-X

定价：CNY26.50

　　本作品系现代连环画。作者左汉中
（1947—　），湖南双峰人。湖南美术出版社年画
编辑室主任，中国美术家协会会员、中国民间美
术学会会员、中国民俗学会会员。

J0082755

画说兵家　陈忠编文；叶军等绘

北京　华夏出版社　1998 年　418 页　20cm（32 开）

ISBN：7-5080-1476-6　定价：CNY20.00

（画说诸子百家）

J0082756

画说道家　张云飞编文；窦潜等绘

北京　华夏出版社　1998 年　2 册（801 页）

20cm（32 开）ISBN：7-5080-1481-2

定价：CNY38.00

（画说诸子百家）

J0082757

画说法家　徐飞编文；谢晓红等绘

北京　华夏出版社　1998 年　387 页　20cm（32 开）

ISBN：7-5080-1477-4　定价：CNY18.00

（画说诸子百家）

J0082758

画说佛家　王明哲编文；余萍等绘

北京　华夏出版社　1998 年　2 册（784 页）

20cm（32 开）ISBN：7-5080-1484-7

定价：CNY37.00

（画说诸子百家）

J0082759
画说红楼　萧玉田，袁翔绘；朱嘉雯，蔡怡君，吴盈静改写
台北　光复书局企业股份有限公司　1998 年
80 页　34cm（10 开）精装　定价：TWD4800.00

J0082760
画说名家　张新编文；李海勇等绘
北京　华夏出版社　1998 年　396 页　20cm（32 开）
ISBN：7-5080-1483-9　定价：CNY19.00
（画说诸子百家）

J0082761
画说墨家　徐飞编文；仇修等绘
北京　华夏出版社　1998 年　447 页　20cm（32 开）
ISBN：7-5080-1479-0　定价：CNY20.00
（画说诸子百家）
　　　本书由《画说墨家》《画说农家》合订。

J0082762
画说儒家　杨小伟编文；王黎明等绘
北京　华夏出版社　1998 年　2 册（807 页）
20cm（32 开）ISBN：7-5080-1474-X
定价：CNY38.00
（画说诸子百家）

J0082763
画说阴阳家　王文东编文；王黎明等绘
北京　华夏出版社　1998 年　427 页　20cm（32 开）
ISBN：7-5080-1482-0　定价：CNY20.00
（画说诸子百家）

J0082764
画说纵横家　陈忠编文；李峰等绘
北京　华夏出版社　1998 年　443 页　20cm（32 开）
ISBN：7-5080-1475-8　定价：CNY20.00
（画说诸子百家）

J0082765
荒岛探宝记　（绘图本）（英）史蒂文森原著；甘多改编；陈凯等绘
长沙　湖南文艺出版社　1998 年　20cm（32 开）
ISBN：7-5404-1787-0　定价：CNY12.30
（世界文学名著探险系列）
　　　本作品系现代连环画。

J0082766
黄河少年　戴民编
北京　兵器工业出版社　1998 年　118 页　14×16cm
ISBN：7-80132-444-7　定价：CNY3.60
（红孩子电影连环画丛书 2）
　　　本作品系现代连环画。

J0082767
黄继光　窦孝鹏编；班兆天等绘
北京　金盾出版社　1998 年　70 页　17×19cm
ISBN：7-5082-0586-3　定价：CNY6.00
（革命英模人物故事绘画丛书）
　　　本作品系现代连环画。

J0082768
会飞的花帽子　未来出版社编
西安　未来出版社　1998 年　34 页　19×21cm
ISBN：7-5417-1811-4　定价：CNY3.00
（蓝月亮丛书）
　　　本作品系现代连环画。

J0082769
绘画本中国近代史　王汝丰主编
杭州　浙江少年儿童出版社　1998 年　2 册（442 页）
20cm（32 开）ISBN：7-5342-1814-4
定价：CNY36.00
　　　本作品系现代连环画。

J0082770
绘图本中华五千年　郑颖，李波编绘
呼和浩特　内蒙古人民出版社　1998 年
2 册（1256 页）20cm（32 开）精装
ISBN：7-204-04420-7　定价：CNY50.00
　　　本作品系现代连环画。

J0082771
火星英雄　未来出版社编
西安　未来出版社　1998 年　19×21cm
ISBN：7-5417-1801-7　定价：CNY3.90
（异想天开世界科幻童话精品系列丛书）
　　　本作品系现代连环画。

J0082772
机器岛　马达，原野改编；明明，良良绘
杭州　浙江少年儿童出版社　1998 年　142 页

17×18cm ISBN：7-5342-1701-6 定价：CNY10.50
（彩绘本世界文学名著·科幻系列）

　　本作品系中国现代动画作品。

J0082773

鸡毛信　范立辉改编
石家庄　河北美术出版社 1998 年 138 页
15×13cm ISBN：7-5310-1080-1 定价：CNY3.50
（烽火少年系列丛书）

　　本作品系现代连环画。

J0082774

家　巴金原著；艾华等改编；昀蹊等绘画
长沙　湖南文艺出版社 1998 年 20cm（32 开）
ISBN：7-5404-1783-8 定价：CNY17.00
（中国现代四大文学名著绘图本）

J0082775

家有开心果　（连环画）赵利利等编文；张军
等绘
南京　江苏美术出版社 1998 年 151 页
17cm（40 开）ISBN：7-5344-0823-7
定价：CNY7.80

　　作者张军，山东省艺术研究所研究员。

J0082776

假话国历险记　戚国强改编；徐海鸥等绘
南京　江苏少年儿童出版社 1998 年 72 页
17×19cm ISBN：7-5346-1962-9 定价：CNY4.80
（彩图拼音世界文学名著故事精选）

　　本作品系现代连环画。

J0082777

坚韧不拔的奋斗精神　（愚公移山 绘画本）
于凤湘撰文；李健康绘
济南　山东大学出版社 1998 年 121 页
20cm（32 开）ISBN：7-5607-1907-4
定价：CNY10.80

J0082778

金丝猴与小老虎　（连环画）陈硕编文；吴延
诚等绘
南京　江苏美术出版社 1998 年 151 页
17cm（40 开）ISBN：7-5344-0829-9
定价：CNY7.80

　　本作品系现代连环画。

J0082779

金娃娃　鲁兵写；冀维静绘
上海　少年儿童出版社 1998 年 21×19cm
ISBN：7-5324-3595-4 定价：CNY5.50
（名家故事画本）

　　本作品系现代连环画。

J0082780

金银岛　（绘画本）（英）斯蒂文森原著；陈安
民绘画；何坚改编
长沙　湖南少年儿童出版社 1998 年 20cm（32 开）
ISBN：7-5358-1348-8 定价：CNY12.50
（世界探险·传奇文学名著）

J0082781

经典童话连环画库　（历险篇）林子风等改
编；王川等绘
北京　中国少年儿童出版社 1998 年 5 册
20cm（32 开）ISBN：7-5007-3848-X
定价：CNY45.90（盒装）

　　本作品系现代连环画。

J0082782

九色鹿的故事　（汉语拼音注音读物：彩绘本）
许维编写
兰州　甘肃少年儿童出版社 1998 年 38 页
21×19cm ISBN：7-5422-1279-6 定价：CNY6.50
（敦煌童话）

　　本作品系现代连环画。

J0082783

巨人的辫子　未来出版社编
西安　未来出版社 1998 年 34 页 19×21cm
ISBN：7-5417-1815-7 定价：CNY3.00
（蓝月亮丛书）

　　本作品系现代连环画。

J0082784

巨人的花园　叶子改编；姬德顺，白雨绘
广州　新世纪出版社 1998 年 17 页 26cm（16 开）
ISBN：7-5405-1793-X 定价：CNY18.00
（彩图注音世界童话名著）

　　本作品系现代连环画。

J0082785

看图读《聊斋》（上册）赵志平，赵力撰文；
张丽华绘

北京 金盾出版社 1998 年 118 页 17×19cm

ISBN：7–5082–0740–8 定价：CNY10.00

　　本作品系现代连环画。作者赵力，青年美术史论家。作者张丽华，山东艺术学院美术系教师。

J0082786

看图读《聊斋》（中册）赵志平，赵力撰文；
周永生绘

北京 金盾出版社 1999 年 118 页 17×18cm

ISBN：7–5082–0741–6 定价：CNY10.00

　　中国现代连环画。作者周永生（1950— ），画家。生于青岛，毕业于青岛市美术学校。中国美术家协会山东分会会员、山东省连环画研究会理事、青岛市黄岛文化馆馆长兼青岛油画院院长、青岛中华文化学院教授。连环画作品有《孤岛长城》《晚霞》《岳飞》《成语故事》《三国》《水浒》《红楼梦》《西游记》《聊斋故事》等。

J0082787

看图读《聊斋》（下册）赵志平，赵力撰文；
季鑫焕绘

北京 金盾出版社 1999 年 118 页 17×19cm

ISBN：7–5082–0742–4 定价：CNY10.00

　　中国现代连环画。作者季鑫焕（1943— ），教授。生于江苏南通，毕业于无锡轻工业大学设计学院。山东纺织工学院实用美术系教师，青岛大学实用美术系副主任、教授，中国美术家协会山东分会会员。代表作《当代连环画精品集·季鑫焕》。作者赵力，青年美术史论家。

J0082788

看图读《三国演义》（第一册）牟文正编；关庆留绘

北京 金盾出版社 1998 年 17×19cm

ISBN：7–5082–0759–9 定价：CNY10.00

　　本作品系现代连环画。作者关庆留（1935— ），笔名阿留，广东顺德人。毕业于西安军医大学。曾任解放军总后勤部政治部后勤杂志社副科长，中国美术家协会会员。作品有《捉麻雀》《风雪高原》，连环画《智取华山》等。

J0082789

看图读《三国演义》（第二册）牟文正编；关庆留绘

北京 金盾出版社 1998 年 17×19cm

ISBN：7–5082–0759–9 定价：CNY10.00

　　本作品系现代连环画。

J0082790

康熙皇帝传 （绘图本）张人石编文；赵胜琛等绘画

乌鲁木齐 新疆人民出版社 1998 年 444 页 20cm（32 开）ISBN：7–228–04746–X

定价：CNY69.00（全套）

　　本书以连环画的形式描写了康熙平叛除奸、统一台湾、保卫东北、征噶尔丹、皇储之争等重大历史事件。

J0082791

空屋 （连环画）赵辰编文；慧华等绘

昆明 云南人民出版社 1998 年 41 页 9×13cm

ISBN：7–222–02267–8 定价：CNY2.40

（福尔摩斯探案全集 14）

　　本作品系现代连环画。

J0082792

恐龙霸 许祖馨等编文；张忠良等绘

银川 宁夏少年儿童出版社 1998 年 144 页 17×19cm ISBN：7–80620–055–X 定价：CNY13.50

（恐龙霸系列 1）

　　本作品系现代连环画。

J0082793

恐龙的脚印 许祖馨等编文；张忠良等绘

银川 宁夏少年儿童出版社 1998 年 144 页 17×19cm ISBN：7–80620–053–3 定价：CNY13.50

（恐龙霸系列 1）

　　本作品系现代连环画。

J0082794

雷锋 子月编文；关庆留绘

北京 金盾出版社 1998 年 70 页 17×19cm

ISBN：7–5082–0648–7 定价：CNY6.00

（革命英模人物故事绘画丛书）

　　本作品系现代连环画。

J0082795
李向群的故事 （连环画本）黎凯改编；梁寿城等绘
桂林　漓江出版社　1998 年　113 页　20cm（32 开）
ISBN：7-5407-2407-2　定价：CNY5.00

J0082796
两个小八路　文波编
北京　兵器工业出版社　1998 年　118 页　14×16cm
ISBN：7-80132-447-1　定价：CNY3.60
（红孩子电影连环画丛书 5）
　　　本作品系现代连环画。

J0082797
聊斋志异　献杰，杨大全编绘
合肥　安徽少年儿童出版社　1998 年　171 页
26cm（16 开）精装　ISBN：7-5397-1474-3
定价：CNY24.00
（世界名著故事）
　　　本作品系现代连环画。

J0082798
聊斋志异精品连环画　蒲松龄著；荆子等改编；陈惠冠等绘
天津　天津人民美术出版社　1998 年　60 册（1 函）
9×13cm　函装　ISBN：7-5305-0793-1
定价：CNY135.00
　　　本套书包括《素秋》等 60 册。作者蒲松龄（1640—1715），文学家。字留仙，一字剑臣，别号柳泉居士，世称聊斋先生。山东淄川（今山东淄博）人。著有《聊斋志异》《聊斋文集》等。

J0082799
刘胡兰　（电影连环画）姜卫，纪丁编剧；李红改编
北京　中国电影出版社　1998 年　125 页　9×13cm
ISBN：7-106-01257-2　定价：CNY3.30
　　　本作品系现代连环画。

J0082800
刘水父子救万鱼　王忠民编写
兰州　甘肃少年儿童出版社　1998 年　38 页
21×19cm　ISBN：7-5422-1278-8　定价：CNY6.50
（敦煌童话）
　　　本作品系现代连环画。

J0082801
鲁滨逊漂流记　（绘图本）（英）笛福原著；胡亚娟改编；付湘糯等绘
长沙　湖南文艺出版社　1998 年　20cm（32 开）
ISBN：7-5404-1789-7　定价：CNY12.30
（世界文学名著探险系列）
　　　本作品系现代连环画。

J0082802
骆驼祥子　老舍原著；太湖等改编；海亮等绘画
长沙　湖南文艺出版社　1998 年　20cm（32 开）
ISBN：7-5404-1785-4　定价：CNY17.00
（中国现代四大文学名著绘图本）

J0082803
妈妈，你在哪里　齐轩编
北京　兵器工业出版社　1998 年　118 页　14×16cm
ISBN：7-80132-446-3　定价：CNY3.60
（红孩子电影连环画丛书 4）

J0082804
马鞍子的故事　丁宏编；杨振伟绘画
乌鲁木齐　新疆美术摄影出版社　1998 年　12 页
17×20cm　ISBN：7-80547-746-9　定价：CNY4.00
（新疆民间工艺品故事画库）
　　　本作品系现代连环画。

J0082805
蚂蚁大战的故事　尹学钧等编文；周春才等绘
北京　农村读物出版社　1998 年　110 页　17×19cm
ISBN：7-5048-2891-2　定价：CNY12.00
（最新动物彩图画库）
　　　本作品系现代连环画。

J0082806
蚂蚁大战的故事　尹学钧等编文；周春才等绘
北京　农村读物出版社　1998 年　110 页　17×19cm
精装　ISBN：7-5048-2890-4　定价：CNY16.00
（最新动物彩图画库）
　　　本作品系现代连环画。

J0082807
米米变成小女孩　未来出版社编
西安　未来出版社　1998 年　34 页　19×21cm
ISBN：7-5417-1813-0　定价：CNY3.00

（蓝月亮丛书）

　　本作品系现代连环画。

J0082808

米莫斯逃生记 （彩图本　似鸟龙的故事）（日）
松冈达英编绘
上海　上海科学普及出版社　1998 年　48 页
29cm（16 开）ISBN：7-5427-1427-9
定价：CNY18.00
（恐龙世界）

　　本作品系现代连环画。

J0082809

秘密使命　未来出版社编
西安　未来出版社　1998 年　19×21cm
ISBN：7-5417-1803-3　定价：CNY3.90
（异想天开世界科幻童话精品系列丛书）

　　本作品系现代连环画。

J0082810

面对旧世界的挑战 （《共产党宣言》绘画本）
李爱华撰文；袁晓英等绘
济南　山东大学出版社　1998 年　207 页
20cm（32 开）ISBN：7-5607-1890-6
定价：CNY13.80

J0082811

魔鬼三角与 UFO　周伟主编；扈宝生改编；
广庆等绘画
武汉　湖北美术出版社　1998 年　186 页
20cm（32 开）ISBN：7-5394-0749-2
定价：CNY9.80
（《世界科幻精品画廊》丛书）

J0082812

魔鬼之足　郦勇编文；张弘明，刘惠群绘
昆明　云南人民出版社　1998 年　60 页　9×13cm
ISBN：7-222-02270-8　定价：CNY2.90
（福尔摩斯探案全集　17）

　　本作品系现代连环画。

J0082813

魔力盒　未来出版社编绘
西安　未来出版社　1998 年　19×21cm
ISBN：7-5417-1805-X　定价：CNY3.90

（异想天开世界科幻童话精品系列丛书）

　　本作品系现代连环画。

J0082814

木乃伊七号　周伟主编；王文生改编；秦怀
新，吴冬梅绘画
武汉　湖北美术出版社　1998 年　186 页
20cm（32 开）ISBN：7-5394-0751-4
定价：CNY9.80
（《世界科幻精品画廊》丛书）

J0082815

木偶奇遇记　任泽匡改编；杨辅京，苏文绘
南京　江苏少年儿童出版社　1998 年　72 页
17×19cm　ISBN：7-5346-1964-5　定价：CNY4.80
（彩图拼音世界文学名著故事精选）

　　本作品系现代连环画。

J0082816

南山传奇故事 （绘画本）庞先健绘
香港　香港榕文出版社　1998 年　10+150 页　有照
片　21cm（32 开）

　　作者庞先健（1951—　　），画家。浙江杭州萧
山人。擅长中国画、连环画。中国美协连环画艺
术委员会委员。作品有《明清故事精选》《中国
风俗图像解说》《三国大计谋》等。

J0082817

爬行人 （连环画）宋斌兵编文；侯德剑绘
昆明　云南人民出版社　1998 年　45 页　9×13cm
ISBN：7-222-02272-4　定价：CNY3.00
（福尔摩斯探案全集　19）

　　本作品系现代连环画。侯德剑（1949—？），
画家，江苏南通人。南通书法国画研究院院长、
南通市美术家协会主席、中国美术家协会会员、
国家一级美术师、江苏省政协书画室特聘画师。
擅长中国画、连环画。作品有连环画《东进、东
进》，中国画《牛戏图》等。

J0082818

潘必正与陈妙常　何溶改编；任率英绘
北京　人民美术出版社　1998 年　2 版　90 页
17×19cm　ISBN：7-102-01964-5　定价：CNY21.00
（人民美术出版社五十年连环画收藏精品）

　　本作品系现代连环画。作者何溶（1921—

1989 ），满族，教师。姓"赫舍里"，号伯英，笔名山碧，生于吉林市。曾就读于上海大同大学、上海圣约翰大学和中央美术学院绘画系，留校任教。创办《美术》杂志，任编辑部主任。代表作品有《雪》《杉》《白玉兰》《高山之松》等。作者任率英（1911—1989），画家。原名敬表，河北束鹿人。擅长工笔画、连环画、年画。中国美术家协会会员、中国连环画研究会顾问、北京东方书画研究社社长、北京工笔重彩画协会副会长、北京中国画研究会理事、北京工业大学书画协会顾问。代表作品《嫦娥奔月》《洛神图》《梁红玉击鼓战金山》等。

J0082819

彭加木魂系罗布泊　　翁瑞华等编文；叶雄等绘画

杭州 浙江少年儿童出版社 1998 年 117 页 17×19cm ISBN：7-5342-1836-5 定价：CNY9.00 （爱国主义教育故事画库·科学之光系列）

本作品系现代连环画。

J0082820

乒乓少年　（连环画 1）周伶编文；枫叶红绘

广州 新世纪出版社 1998 年 159 页 19cm（32 开）ISBN：7-5405-1783-2 定价：CNY6.80

本作品系现代连环画。

J0082821

乒乓少年　（连环画 2）周伶编文；饶敏思，黄施颖绘

广州 新世纪出版社 1998 年 159 页 19cm（32 开）ISBN：7-5405-1784-0 定价：CNY6.80

本作品系现代连环画。

J0082822

骑鹅历险记　　峪崎改编；宋扬，秦珠绘

南京 江苏少年儿童出版社 1998 年 72 页 17×19cm ISBN：7-5346-1963-7 定价：CNY4.80 （彩图拼音世界文学名著故事精选）

本作品系现代连环画。

J0082823

签名　铁龙编文；盛元龙绘

昆明 云南人民出版社 1998 年 198 页 9×13cm ISBN：7-222-02265-1 定价：CNY3.80

（福尔摩斯探案全集 17）

本作品系现代连环画。

J0082824

乾隆皇帝传　（绘图本）何新波编文；刘建新等绘画

乌鲁木齐 新疆人民出版社 1998 年 ［444］页 有图 20cm（32 开）ISBN：7-228-04746-X 定价：CNY69.00（全套）

本书以连环画的形式描述了乾隆皇帝的一生。讲述了他的少年和青年时代受到儒家思想的教育和熏陶；即位后勤于理事，能谋善断；重视农业，加强中央权力等内容。

J0082825

青蛙卖泥塘　季颖写；张军绘

上海 少年儿童出版社 1998 年 21×19cm ISBN：7-5324-3600-4 定价：CNY5.50 （名家故事画本）

本作品系现代连环画。作者张军，山东省艺术研究所研究员。

J0082826

邱少云　窦孝鹏编文；张荣昌等绘

北京 金盾出版社 1998 年 46 页 17×19cm ISBN：7-5082-0718-1 定价：CNY4.00 （革命英雄人物故事绘画丛书）

本作品系现代连环画。

J0082827

去玩吧　赵镇琬编写；张春英绘

济南 明天出版社 1998 年 29cm（16 开）ISBN：7-5332-2952-5 定价：CNY30.00 （明天儿童屋图画故事丛书）

本作品系现代连环画。作者赵镇琬（1938—　　），漫画画家、编辑出版家。生于山东莱阳，毕业于山东省省立莒县师范中。中国少儿期刊工作者协会第二届副会长、全国少儿读物工作委员会第一届副主任、世界儿童读物联盟大会中国分会第二届副会长、全国儿童图书插画装帧设计研究会第一届会长。作品有《借问酒家何处有》等。出版有《山羊回家了》《奇怪不奇怪》等。

J0082828

趣味科学童话故事　（彩图本）叶小沫等绘

合肥 安徽少年儿童出版社 1998年 26cm（16开）
ISBN：7-5397-1583-9 定价：CNY9.50
　　本作品系现代连环画。

J0082829
三国演义
上海 上海人民美术出版社 1998年 重印本
5册（3474页）20cm（32开） 精装
ISBN：7-5322-1214-9 定价：CNY130.00
（中国四大古典小说 绘画本）

J0082830
三门峡史画　　徐书林绘画
郑州 河南美术出版社 1998年 236页
19cm（小32开）ISBN：7-5401-0767-7
定价：CNY15.00

J0082831
山大王和小小鸡　　赵冰波写；缪惟绘
上海 少年儿童出版社 1998年 21×19cm
ISBN：7-5324-3599-7 定价：CNY5.50
（名家故事画本）
　　本作品系现代连环画。作者缪惟（1965— ），
图书出版策划人、插图画家、平面设计师、漫画
家。出生于北京，毕业于中央工艺美术学院。任
职于中国少年儿童新闻出版总社，中国美术家协
会会员，中国展示设计家协会会员。作品有《小
给船》《叶圣陶童话》《叶圣陶儿歌》。

J0082832
闪闪的红星　　周春铭编
北京 兵器工业出版社 1998年 118页 14×16cm
ISBN：7-80132-445-5 定价：CNY3.60
（红孩子电影连环画丛书 1）
　　本作品系同名电影改编的现代连环画。

J0082833
审判　　周伟主编；扈宝生改编；彭俊等绘画
武汉 湖北美术出版社 1998年 186页
20cm（32开）ISBN：7-5394-0750-6
定价：CNY9.80
（《世界科幻精品画廊》丛书）

J0082834
十八罗汉斗悟空　　何汉秋，梁钢编绘

南宁 广西民族出版社 1998年 6册 19×17cm
ISBN：7-5363-3395-1 定价：CNY21.00
　　本作品系现代连环画。作者何汉秋
（1951— ），《经济时报》美术编辑。

J0082835
世界科学巨匠画传　（一）里火等编文；杨文
理等绘
长沙 湖南少年儿童出版社 1998年 510页
20cm（32开）精装 ISBN：7-5358-1432-8
定价：CNY20.00

J0082836
世界科学巨匠画传　（二）穆紫等编文；杨逸
麟等绘
长沙 湖南少年儿童出版社 1998年 510页
20cm（32开）精装 ISBN：7-5358-1433-6
定价：CNY20.00
　　作者杨逸麟（1931— ），画家、教授。河北
迁安人，毕业于中央美术学院绘画系。中国美术
家协会会员、中央美术学院教授。代表作品有《一
颗铜钮扣》《卡门》《周恩来画卷》等。

J0082837
世界名人传记　（绘画本）季君平等编文；钱
戈等绘
杭州 浙江少年儿童出版社 1998年
（修订本）8册 20cm（32开）
ISBN：7-5342-1696-6 定价：CNY120.00

J0082838
鼠儿们　　赵镇琬编写；孙冰绘
济南 明天出版社 1998年 29cm（16开）
ISBN：7-5332-2953-3 定价：CNY30.00
（明天儿童屋图画故事丛书）
　　本作品系现代连环画。作者赵镇琬
（1938— ），漫画画家、编辑出版家。生于山东
莱阳，毕业于山东省省立莒县师范中。中国少儿
期刊工作者协会第二届副会长、全国少儿读物工
作委员会第一届副主任、世界儿童读物联盟大会
中国分会第二届副会长、全国儿童图书插画装帧
设计研究会第一届会长。作品有《借问酒家何处
有》等。出版有《山羊回家了》《奇怪不奇怪》等。

J0082839

水浒 （彩图本　世界著名故事）宋文川等编绘
合肥　安徽少年儿童出版社　1998 年　156 页
26cm（16 开）精装　ISBN：7-5397-1605-3
定价：CNY22.00
　　本作品系现代连环画。

J0082840

瞬息京华　林语堂原著；杨芹等改编；昀蹊等
绘画
长沙　湖南文艺出版社　1998 年　20cm（32 开）
ISBN：7-5404-1784-6　定价：CNY17.00
（中国现代四大文学名著绘图本）

J0082841

说唐　文昊，对宇改编；杨福音等绘
长沙　湖南美术出版社　1998 年　6 册
9×13cm　ISBN：7-5356-1124-9　定价：CNY18.00
　　本作品系现代连环画。

J0082842

四大名著绘画本　谢德风主编
郑州　中州古籍出版社　1998 年　重印本　4 册
20cm（32 开）ISBN：7-5348-1346-8
定价：CNY64.00
（中外古典名著画库）

J0082843

孙悟空大战蜘蛛精　中国电影出版社编
北京　中国电影出版社　1998 年　17×18cm
ISBN：7-106-01281-5　定价：CNY11.80
　　本作品系现代连环画。

J0082844

孙悟空大战蜘蛛精　中国电影出版社编
北京　中国电影出版社　1998 年　17×18cm
精装　ISBN：7-106-01282-3　定价：CNY13.80
　　本作品系现代连环画。

J0082845

孙悟空怒擒耗子精　中国电影出版社编
北京　中国电影出版社　1998 年　17×18cm
精装　ISBN：7-106-01283-1　定价：CNY11.80
　　本作品系现代连环画。

J0082846

孙悟空怒擒耗子精　中国电影出版社编
北京　中国电影出版社　1998 年　17×18cm
精装　ISBN：7-106-01284-X　定价：CNY13.80
　　本作品系现代连环画。

J0082847

踏遍青山的徐霞客　伊元文等编文；瓮嗣博
等绘
杭州　浙江少年儿童出版社　1998 年　117 页
17×19cm　ISBN：7-5342-1835-7　定价：CNY9.00
（爱国主义教育故事画库·科学之光系列）
　　本作品系现代连环画。

J0082848

太空娃大海探奇记　雷宗友文；李木绘
北京　海洋出版社　1998 年　144 页　17×19cm
ISBN：7-5027-4074-0　定价：CNY13.00
　　本作品系现代连环画。

J0082849

太阳和他的儿女们　（1 线条的故事）白云撰
文；张萍绘
太原　希望出版社　1998 年　52 页　20×19cm
ISBN：7-5379-2095-8　定价：CNY7.50
（儿童美术启蒙丛书）
　　本作品系现代连环画。

J0082850

太阳和他的儿女们　（2 图形的故事）白云撰
文；张萍绘
太原　希望出版社　1998 年　52 页　20×19cm
ISBN：7-5379-2150-4　定价：CNY7.50
（儿童美术启蒙丛书）
　　本作品系现代连环画。

J0082851

太阳和他的儿女们　（3 色彩的故事）白云撰
文；张萍绘
太原　希望出版社　1998 年　52 页　20×19cm
ISBN：7-5379-2151-2　定价：CNY7.50
（儿童美术启蒙丛书）
　　本作品系现代连环画。

J0082852

太阳花的故事 （1）葛冰等编文；郑万林等绘
南宁 接力出版社 1998 年 104 页 20cm（32 开）
ISBN：7-80631-262-5 定价：CNY5.20
（一个中国孩子的英雄戏剧 3）
　　本作品系中国现代动画作品。

J0082853

太阳花的故事 （2 响铃大仙）葛冰等编文；
郑万林等绘
南宁 接力出版社 1998 年 124 页 21cm（32 开）
ISBN：7-80631-279-X 定价：CNY6.30
（一个中国孩子的英雄戏剧 3）
　　本作品系中国现代动画作品。

J0082854

太阳花的故事 （3 不败的太阳花）葛冰等编
文；郑万林等绘
南宁 接力出版社 1998 年 86 页 21cm（32 开）
ISBN：7-80631-275-7 定价：CNY4.50
（一个中国孩子的英雄戏剧 3）
　　本作品系中国现代动画作品。

J0082855

汤姆·索亚历险记 （绘图本）（美）马克·吐温
原著；铸华改编；焦立强绘
长沙 湖南文艺出版社 1998 年 20cm（32 开）
ISBN：7-5404-1790-0 定价：CNY12.30
（世界文学名著探险系列）
　　本作品系现代连环画。包括《汤姆·索亚历
险记（绘图本）》《哈克贝利·费恩历险记》。

J0082856

陶罐的故事 丁宏编；杨振伟绘画
乌鲁木齐 新疆美术摄影出版社 1998 年 12 页
17×20cm ISBN：7-80547-746-9 定价：CNY4.00
（新疆民间工艺品故事画库）
　　本作品系现代连环画。

J0082857

天鹅华尔兹 齐藤绘
西宁 青海人民出版社 1998 年 187 页
19cm（小 32 开）ISBN：7-225-01611-3
定价：CNY5.60
（齐藤作品集）

　　本作品系现代连环画。

J0082858

跳动的火焰 维华编
北京 兵器工业出版社 1998 年 118 页 14×16cm
ISBN：7-80132-448-X 定价：CNY3.60
（红孩子电影连环画丛书 6）

J0082859

偷蛋龙上当 如意等编；方关通等绘
上海 上海科学普及出版社 1998 年 96 页
17×19cm 精装 ISBN：7-5427-1466-X
定价：CNY15.80
（奇幻恐龙故事丛书）
　　本作品系现代连环画。

J0082860

图解世界通史 （古代卷）郭太风，赵建民编
文；陈纪仁等绘
上海 上海教育出版社 1998 年 600 页
20cm（32 开）ISBN：7-5320-5392-X
定价：CNY22.00

J0082861

图解世界通史 （近代卷）张家哲编文；陈纪
仁等绘
上海 上海教育出版社 1998 年 584 页
20cm（32 开）ISBN：7-5320-3935-8
定价：CNY21.50

J0082862

图解世界通史 （现代卷）续建宜编文；杨宏
群等绘
上海 上海教育出版社 1998 年 488 页
20cm（32 开）ISBN：7-5320-4503-X
定价：CNY18.50

J0082863

图解中国通史 （战国、秦汉、魏晋南北朝、隋
唐卷）俞沛铭，木之编文；贺友直等绘画
上海 上海教育出版社 1998 年 561 页
19cm（小 32 开）ISBN：7-5320-4512-9
定价：CNY23.50

J0082864

图解中国通史 （五代、辽、宋、金、元、明、清）吴慈生编文；贺友直等绘
上海 上海教育出版社 1999年 547页
20cm（32开）ISBN：7-5320-4513-7
定价：CNY23.50

J0082865

外星人 （彩图世界儿童文学名著科幻故事）
昆明 晨光出版社 1998年 102页 17×19cm
ISBN：7-5414-1457-3 定价：CNY7.00
　　本书为科学幻想小说改编的连环画。

J0082866

王为民的故事 高增柱编文；宋坦克绘画
北京 石油工业出版社 1998年 96页 14×20cm
ISBN：7-5021-2370-9 定价：CNY8.00
　　本作品系现代连环画。

J0082867

我的父亲邓小平 （连环画）毛毛原著；梦山，海沫改编；叶雄绘画
杭州 浙江人民美术出版社 1998年 重印本
2册（178+184页）20cm（32开）
ISBN：7-5340-0736-4 定价：CNY25.00

J0082868

西夏的故事 张灵编著；张健绘
银川 宁夏少年儿童出版社 1998年 69页
17×19cm ISBN：7-80620-059-2 定价：CNY6.80
　　本作品系现代连环画。

J0082869

西游记 （连环画）献杰，张煤编绘
合肥 安徽少年儿童出版社 1998年 189页
26cm（16开）精装 ISBN：7-5397-1516-2
定价：CNY24.00
（世界名著故事）
　　本作品系现代连环画。

J0082870

吸血鬼 （连环画）赵晨编文；曾成金，赵寿楣绘
昆明 云南人民出版社 1998年 76页 9×13cm
ISBN：7-222-02271-6 定价：CNY3.20
（福尔摩斯探案全集 18）

　　本作品系现代连环画。作者曾成金（1947—　），画家。浙江平阳县人。毕业于浙江美术学院附中，后考入浙江美术学院中国画系进修学习。中国美术家协会会员、浙江省美术家协会会员、平阳县美协主席。主要作品有《南雁荡山水古诗画意百图》《曾成金中国画小品系列》《百子新图》等。

J0082871

险遇重爪龙 金建华等编；方关通等绘
上海 上海科学普及出版社 1998年 96页
17×19cm ISBN：7-5427-1472-4 定价：CNY15.80
（奇幻恐龙故事丛书）
　　本作品系现代连环画。

J0082872

小白狗的故事 朱丽蓉写；赵晓音绘
上海 少年儿童出版社 1998年 21×19cm
ISBN：7-5324-3596-2 定价：CNY5.50
（名家故事画本）
　　本作品系现代连环画。

J0082873

小兵张嘎 国强改编
石家庄 河北美术出版社 1998年 138页
15×13cm ISBN：7-5310-1081-X 定价：CNY3.50
（烽火少年系列丛书）
　　本作品系现代连环画。

J0082874

小布头奇遇记 孙幼军著；孙幼军改编；彻子，李枫绘
北京 中国少年儿童出版社 1998年 2册
9×13cm ISBN：7-5007-3852-8 定价：CNY6.40
（经典童话连环画库丛书）

J0082875

小盾龙智斗大黑豹 韵儿等编；邹越非等绘
上海 上海科学普及出版社 1998年 96页
17×19cm 精装 ISBN：7-5427-1471-6
定价：CNY15.80
（奇幻恐龙故事丛书）
　　本作品系现代连环画。

J0082876

小盾龙智斗大黑豹 如意等写；邹越非等绘
上海 上海科学普及出版社 1999 年 96 页
18×19cm ISBN：7-5427-1518-6 定价：CNY9.00
（奇幻恐龙故事丛书）
　　中国现代连环画。

J0082877

小鼓咚咚 未来出版社编
西安 未来出版社 1998 年 34 页 19×21cm
ISBN：7-5417-1816-5 定价：CNY3.00
（蓝月亮丛书）
　　本作品系现代连环画。

J0082878

小伙子和魔法师 （俄）阿法纳西耶娃原著；
王静秋，宋歌译
哈尔滨 黑龙江美术出版社 1998 年 40 页
19cm（小 32 开）ISBN：7-5318-0478-1
定价：CNY8.80
（世界童话精选）
　　本作品系现代连环画。

J0082879

小魔女住进红树林 未来出版社编
西安 未来出版社 1998 年 34 页 19×21cm
ISBN：7-5417-1814-9 定价：CNY3.00
（蓝月亮丛书）
　　本作品系现代连环画。

J0082880

小穆克 怡文改编；梁培龙绘
广州 新世纪出版社 1998 年 17 页 26cm（16 开）
ISBN：7-5405-1970-5 定价：CNY18.00
（彩图注音世界童话名著）
　　本作品系现代连环画。作者梁培龙
（1944— ），儿童画家。广东三水人，毕业于
广州建筑工程学院。广东新世纪出版社编辑室
主任、美术副编审，中国美术家协会会员，广东
分会理事等职。出版有《梁培龙画册》《儿时的
歌——梁培龙水墨画集》《童年的梦——梁培龙
画集》等。

J0082881

小牛顿漫游当代科学博览馆 陆根法等编著
武汉 湖北少年儿童出版社 1998 年 254 页
20cm（32 开）ISBN：7-5353-1832-0
定价：CNY12.00
（小牛顿漫游科学王国画丛 2）

J0082882

小牛顿漫游发明发现博物馆 李华佑，陆根
法编著
武汉 湖北少年儿童出版社 1998 年 256 页
20cm（32 开）ISBN：7-5353-1779-0
定价：CNY12.00
（小牛顿漫游科学王国画丛 1）

J0082883

小牛顿漫游科学王国 （4 小牛顿漫游中国
科学家纪念馆）王贤来等编著；绘
武汉 湖北少年儿童出版社 1998 年 249 页
20cm（32 开）ISBN：7-5353-1881-9
定价：CNY12.00
　　本作品系现代连环画。

J0082884

小牛顿漫游外国科学家纪念馆 金鸥，柳汀
编文；陆根法等绘画
武汉 湖北少年儿童出版社 1998 年 253 页
20cm（32 开）ISBN：7-5353-1858-4
定价：CNY12.00
（小牛顿漫游科学王国画丛 3）

J0082885

小牛顿漫游中国科学家纪念馆 王贤来等
编著
武汉 湖北少年儿童出版社 1998 年 249 页
20cm（32 开）ISBN：7-5353-1881-9
定价：CNY12.00
（小牛顿漫游科学王国画丛 4）

J0082886

小熊历险记 （英）米尔恩著；林子风改编；彻
子，李枫绘
北京 1998 年 2 册 9×13cm
ISBN：7-5007-3851-X 定价：CNY6.40
（经典童话连环画丛书）

J0082887
心碑 （彭德怀的故事）袁成兰编文；王培堃
等绘
北京 中国社会出版社 1998 年 2 册（249+225 页）
20cm（32 开）ISBN：7-80146-061-8
定价：CNY25.00
　　中国现代连环画。

J0082888
新儿女英雄传 冯真等编绘
北京 人民美术出版社 1998 年 142 页 17×19cm
ISBN：7-102-01981-5 定价：CNY28.50
（人民美术出版社·五十年连环画收藏精品）

J0082889
新美女与野兽 （第十三个月 1）赵佳，范军
编绘
乌鲁木齐 新疆青少年出版社 1998 年 127 页
19cm（小 32 开）ISBN：7-5371-2793-X
定价：CNY6.90
　　本作品系现代连环画。

J0082890
新美女与野兽 （第十三个月 2）赵佳，张虹
编绘
乌鲁木齐 新疆青少年出版社 1998 年 125 页
19cm（小 32 开）ISBN：7-5371-2793-X
定价：CNY6.90
　　本作品系现代连环画。作者张虹，中央工艺
美术学院任教。

J0082891
新美女与野兽 （第十三个月 3）赵佳，范军
编绘
乌鲁木齐 新疆青少年出版社 1998 年 128 页
19cm（小 32 开）ISBN：7-5371-2793-X
定价：CNY6.90
　　本作品系现代连环画。

J0082892
新美女与野兽 （第十三个月 4）赵佳，张虹
编绘
乌鲁木齐 新疆青少年出版社 1998 年 128 页
19cm（小 32 开）ISBN：7-5371-2793-X
定价：CNY6.90

　　本作品系现代连环画。

J0082893
星星村的孩子 任大霖写；俞理绘
上海 少年儿童出版社 1998 年 21×19cm
ISBN：7-5324-3601-2 定价：CNY5.50
　　本作品系现代连环画。

J0082894
星星石的故事 （1）刘炳钧等编文；黄宗海
等绘
南宁 接力出版社 1998 年 102 页 20cm（32 开）
ISBN：7-80631-263-3 定价：CNY5.20
（一个中国孩子的英雄戏剧）
　　中国现代连环画作品。

J0082895
星星石的故事 （2 愿望果）刘炳钧等编文；
黄宗海等绘
南宁 接力出版社 1998 年 104 页 21cm（32 开）
ISBN：7-80631-272-2 定价：CNY5.20
（一个中国孩子的英雄戏剧）
　　中国现代连环画作品。

J0082896
星星石的故事 （3 大手大脚夏令营）刘炳钧
等编文；黄宗海等绘
南宁 接力出版社 1998 年 108 页 21cm（32 开）
ISBN：7-80631-277-3 定价：CNY5.60
（一个中国孩子的英雄戏剧）
　　中国现代连环画作品。

J0082897
徐霞客传奇 李云飞，杜云萍编剧；石奂改编
北京 中国电影出版社 1998 年 125 页 9×13cm
ISBN：7-106-01263-7 定价：CNY3.30
（电影连环画）
　　本作品系现代连环画。

J0082898
雪榔 （第六集）颜开编绘
北京 中国连环画出版社 1998 年 126 页
19cm（小 32 开）ISBN：7-5061-0870-4
定价：CNY6.90
（连环漫画明星丛书）

中国现代连环画作品。

J0082899
血字的研究　袁真编文；张伯奇绘
昆明　云南人民出版社 1998 年 204 页 9×13cm
ISBN：7-222-02264-3 定价：CNY3.90
（福尔摩斯探案集全集 11）
　　本作品系现代连环画。

J0082900
杨靖宇　窦孝鹏编文；关庆留绘
北京　金盾出版社 1998 年 70 页 17×19cm
ISBN：7-5082-0672-X 定价：CNY6.00
（革命英模人物故事绘画丛书）
　　本作品系现代连环画。

J0082901
杨连第　窦孝鹏编文；张荣昌，张晓颖绘
北京　金盾出版社 1998 年 70 页 17×19cm
ISBN：7-5082-0687-8 定价：CNY6.00
（革命英雄人物故事绘画丛书）
　　本作品系现代连环画。

J0082902
洋葱头历险记　（意）罗大里著；朱洪萌改编；
郑岩等绘
北京　中国少年儿童出版社 1998 年 2 册
9×13cm ISBN：7-5007-3849-8 定价：CNY6.40
（经典童话连环画库丛书）
　　本作品系现代连环画。

J0082903
一个可以大喊大叫的地方　任溶溶写；陈泽
新绘
上海　少年儿童出版社 1998 年 21×19cm
ISBN：7-5324-3593-8 定价：CNY5.50
（名家故事画本）
　　本作品系现代连环画。作者陈泽新
（1954—　），美术编辑。生于北京，祖籍广东汕
头。历任南京《周末》报美术编辑。

J0082904
意统脱险　张寂雁等编文；新民工作室绘
南京　江苏少年儿童出版社 1998 年 98 页
21×19cm ISBN：7-5346-2003-1 定价：CNY10.00

（惊险故事大画库）
　　本作品系现代连环画。

J0082905
雍正皇帝　（上　九王夺嫡）二月河原著；颜家
文，新文改编；陈安民绘
长沙　湖南文艺出版社 1998 年 20cm（32 开）
ISBN：7-5404-1888-5
（优秀长篇小说连环画丛书）

J0082906
雍正皇帝　（中　雕弓天狼）二月河原著；谢不
周，曾玉立改编；廖先悟等绘
长沙　湖南文艺出版社 1998 年 20cm（32 开）
ISBN：7-5404-1888-5
（优秀长篇小说连环画丛书）

J0082907
雍正皇帝　（下　恨水东逝）二月河原著；金国
政，梅萍改编；覃仕泉，漆跃辉绘
长沙　湖南文艺出版社 1998 年 20cm（32 开）
ISBN：7-5404-1888-5
（优秀长篇小说连环画丛书）

J0082908
雍正皇帝　二月河原著；颜家文，陈新文改
编；陈安民绘
长沙　湖南文艺出版社 1998 年 3 册 20cm（32 开）
ISBN：7-5404-1888-5 定价：CNY56.00
（优秀长篇小说连环画丛书）

J0082909
雍正皇帝传　（绘图本）彭益群编文；赵胜琛
绘画
乌鲁木齐　新疆人民出版社 1998 年［444］页
有图 20cm（32 开）ISBN：7-228-04746-X
定价：CNY69.00（全套）
　　本书以连环画的形式描述了雍正皇帝的一
生。特别是他在位十三年，在施政的各个方面实
行具有他的特色的政策。如施行摊丁入亩、耗羡
归公的赋税制度等。

J0082910
幼儿新童话　（1）葛翠琳主编
石家庄　河北美术出版社 1998 年 26cm（16 开）

ISBN：7-5310-0975-7 定价：CNY9.80
（红鹦鹉丛书）
　　　本作品系现代连环画。

J0082911
幼儿新童话 （2）葛翠琳主编
石家庄 河北美术出版社 1998年 26cm（16开）
ISBN：7-5310-0976-5 定价：CNY9.80
（红鹦鹉丛书）
　　　本作品系现代连环画。

J0082912
渔夫和金鱼 林纾改编；刘露薇，胡克绘
广州 新世纪出版社 1998年 17页 26cm（16开）
ISBN：7-5405-1792-1 定价：CNY18.00
（彩图注音世界童话名著）
　　　本作品系现代连环画。

J0082913
玉米花爆炸啦 张秋生写；程思新绘
上海 少年儿童出版社 1998年 21×19cm
ISBN：7-5324-3594-6 定价：CNY5.50
（名家故事画本）
　　　本作品系现代连环画。

J0082914
浴血太行 秦燕，康丽霞编剧；王易改编
北京 中国电影出版社 1998年 123页 9×13cm
ISBN：7-106-01271-8 定价：CNY3.30
　　　本作品系现代连环画。

J0082915
赵一曼 窦孝鹏编文；衣晓白等绘
北京 金盾出版社 1998年 70页 17×19cm
ISBN：7-5082-0743-2 定价：CNY6.00
（革命英模人物故事绘画丛书）
　　　本作品系现代连环画。

J0082916
制伏劫机者 吴兴国等编文；阮健等绘
南京 江苏少年儿童出版社 1998年 98页
21×19cm ISBN：7-5346-2002-3 定价：CNY10.00
（惊险故事大画库）
　　　本作品系现代连环画。

J0082917
中国创世神话 （绘画注音）樵子，刘刚编著
沈阳 辽宁美术出版社 1998年 13+356页
20cm（32开）ISBN：7-5314-1904-1
定价：CNY19.80

J0082918
中国历代帝王的故事 （绘画本）石开编
上海 上海教育出版社 1998年 153页
20cm（32开）ISBN：7-5320-5315-6
定价：CNY6.70

J0082919
中国历代高僧的故事 （绘图本）胡瑞珍等编
上海 上海教育出版社 1998年 143页
20cm（32开）ISBN：7-5320-4912-4
定价：CNY6.50
　　　本作品系现代连环画。

J0082920
中国历代名相的故事 （绘画本）毛燕夏编
上海 上海教育出版社 1998年 112页
20cm（32开）ISBN：7-5320-5314-8
定价：CNY5.50

J0082921
中华五千年 （绘图本）李波，郑颖编绘
呼和浩特 内蒙古人民出版社 1998年
2册（1256页）20cm（32开）精装
ISBN：7-204-04420-7 定价：CNY50.00

J0082922
中华五千年经典故事连环画 （两宋·元代卷
成吉思汗统一蒙古）李响，金娟编文；建明等绘
南京 江苏美术出版社 1998年 69页 17×19cm
ISBN：7-5344-0743-5 定价：CNY29.00（全5册）
（彩色汉语拼音读物）

J0082923
中华五千年经典故事连环画 （两宋·元代卷
清官包拯）万龙编文；元奎等绘
南京 江苏美术出版社 1998年 69页 17×19cm
ISBN：7-5344-0742-7 定价：CNY29.00（全5册）
（彩色汉语拼音读物）

J0082924

中华五千年经典故事连环画 （两宋·元代卷
司马光编通鉴）李响，金娟编文；古月等绘
南京 江苏美术出版社 1998年 69页 17×19cm
ISBN：7-5344-0742-7 定价：CNY29.00（全5册）
（彩色汉语拼音读物）

J0082925

中华五千年经典故事连环画 （两宋·元代卷
岳飞抗金）李响，金娟编文；古月等绘
南京 江苏美术出版社 1998年 69页 17×19cm
ISBN：7-5344-0742-7 定价：CNY29.00（全5册）
（彩色汉语拼音读物）

J0082926

中华五千年经典故事连环画 （两宋·元代卷
赵匡胤黄袍加身）李响，金娟编文；庆国龚等绘
南京 江苏美术出版社 1998年 69页 17×19cm
ISBN：7-5344-0742-7 定价：CNY29.00（全5册）
（彩色汉语拼音读物）

J0082927

中华五千年经典故事连环画 （明代·清代卷
徐光启与利玛窦）万龙，江陵编文；建明等绘
南京 江苏美术出版社 1998年 69页 17×19cm
ISBN：7-5344-0743-5 定价：CNY29.00（全5册）
（彩色汉语拼音读物）

J0082928

中华五千年经典故事连环画 （明代·清代卷
郑成功收复台湾）张冲，尉云编文；建明等绘
南京 江苏美术出版社 1998年 69页 17×19cm
ISBN：7-5344-0743-5 定价：CNY29.00（全5册）
（彩色汉语拼音读物）

J0082929

中华五千年经典故事连环画 （明代·清代卷
郑和下西洋）张冲，尉云编文；建明等绘
南京 江苏美术出版社 1998年 69页 17×19cm
ISBN：7-5344-0743-5 定价：CNY29.00（全5册）
（彩色汉语拼音读物）

J0082930

中华五千年经典故事连环画 （明代·清代卷
朱元璋缓称王）闻钟，晓笛编文；高云慧等绘

南京 江苏美术出版社 1998年 69页 17×19cm
ISBN：7-5344-0743-5 定价：CNY29.00（全5册）
（彩色汉语拼音读物）

J0082931

中华五千年经典故事连环画 （三国、两晋
卷）徐健，苏运编文；庆国等绘
南京 江苏美术出版社 1998年 5册 17×19cm
ISBN：7-5344-0740-0 定价：CNY29.00（全5册）
（彩色汉语拼音读物）

J0082932

中华五千年经典故事连环画 （隋、唐、五代
卷）万龙，江陵编文；席建明等绘
南京 江苏美术出版社 1998年 5册 17×19cm
ISBN：7-5344-0741-9 定价：CNY29.00（全5册）
（彩色汉语拼音读物）

J0082933

中华五千年经典故事连环画 （西汉、东汉
卷）吴镇，于云编文；于友善等绘
南京 江苏美术出版社 1998年 5册 17×19cm
ISBN：7-5344-0739-7 定价：CNY29.00（全5册）
（彩色汉语拼音读物）

J0082934

中华五千年经典故事连环画 （远古·先秦
卷）闻钟等编文；席剑明等绘
南京 江苏美术出版社 1998年 5册 17×19cm
ISBN：7-5344-0738-9 定价：CNY29.00（全5册）
（彩色汉语拼音读物）

　　本作品系现代连环画。作者席剑明（1956—
2000），连环画家。笔名云中子。江苏人，毕业于
无锡市轻工职工大学美术大专班。历任无锡市
群众影剧院美工、江苏省无锡市群众艺术馆助理
馆员。代表作品有连环画《宫女泪》《西风独自
凉》等。

J0082935

周恩来 （画卷）于瀛波编著；杨逸麟创作室绘
北京 中国少年儿童出版社 1998年 20cm（32开）
精装 ISBN：7-5007-3499-9 定价：CNY16.70

J0082936

周恩来画卷 （连环画）于瀛波编文；杨逸麟
创作室绘
北京　中国少年儿童出版社　1998年　20cm（32开）
精装　ISBN：7-5007-3499-9　定价：CNY16.70

J0082937

朱元璋演义 （连环画）严岩等编文；童介眉
等绘
北京　大众文艺出版社　1998年　20册　9×13cm
ISBN：7-80094-370-4　定价：CNY60.00（盒装）
　　作者严岩（1963— ），中国工业设计展示协
会会员。作者童介眉（1940— ），浙江镇海人。
人民美术出版社副编审、《连环画报》副主编、中
国美术家协会会员、中国出版协会连环画艺术委
员会常务委员兼副秘书长。出版《世界人体化妆
艺术》《现代外国插图艺术》等画集。作品有油
画《把木材运往建设工地》,中国画《花开时节》,
连环画《队长的娘》等。

J0082938

追踪"豺狼" 徐兴华等编文；阚晓燕等绘
南京　江苏少年儿童出版社　1998年　98页
21×19cm ISBN：7-5346-2014-7　定价：CNY10.00
（惊险故事大画库）

J0082939

子夜 茅盾原著；一丁等改编；佈翰等绘画
长沙　湖南文艺出版社　1998年　20cm（32开）
ISBN：7-5404-1786-2　定价：CNY17.00
（中国现代四大文学名著绘图本）
　　作者一丁（1974— ）,书画家。原名聂磊,
字瑞之,号桃城居士。河北省工艺美术大师。代
表作品有《心经》《兰亭序》《三字经》《百家姓》
《千字文》等。

J0082940

自古英才出少年 文钊编；伟洪绘
通辽　内蒙古少年儿童出版社　1998年　2册
17×19cm ISBN：7-5312-0962-4　定价：CNY18.70
　　本作品系现代连环画。

J0082941

自学成材的华罗庚 陈莘等编文；叶雄等绘画
杭州　浙江少年儿童出版社　1998年　117页

17×19cm ISBN：7-5342-1834-9　定价：CNY9.00
（爱国主义教育故事画库·科学之光系列）
　　本作品系现代连环画。

J0082942

足球旋风儿 （一）赵利利,郑胜军编文；林斌
姬等绘
南京　江苏美术出版社　1998年　151页　17×13cm
ISBN：7-5344-0830-X　定价：CNY7.80
　　本作品系现代连环画。

J0082943

足球旋风儿 （二）赵利利,郑胜军编文；林斌
姬等绘
南京　江苏美术出版社　1998年　150页　17×13cm
ISBN：7-5344-0831-1　定价：CNY7.80
　　本作品系现代连环画。

J0082944

足球旋风儿 （三）赵利利等编文；林斌姬等绘
南京　江苏美术出版社　1998年　151页　17×13cm
ISBN：7-5344-0832-6　定价：CNY7.80
　　本作品系现代连环画。

J0082945

"巫医"的女儿 （美）霍桑原著；罗伟国改编
上海　上海科技教育出版社　1999年　99页
19cm（小32开）ISBN：7-5428-1856-2
定价：CNY5.00
（绘图科幻精品丛书）
　　改编自美国科幻小说的中国现代连环画作
品。著者原名：纳撒尼尔·霍桑。

J0082946

《佛教画藏》系列丛书 古干主编
北京　东方出版社　1999年　20cm（32开）
　　本套丛书为系列连环画读本,将佛教的主要
内容分册分函形成系列。包括十个"部"：佛部、
菩萨部、罗汉部、护法部、僧部、居士部、经部、
寓言部、禅部、名胜部。主编古干（1942— ）,
画家。中国美术家协会会员,中国现代书画学会
会长,世界书法家协会荣誉顾问。

J0082947

20世纪海战 （连环画）焦国力,孙联生主编

北京 科学普及出版社 1999 年 4 册 26cm（16 开）
ISBN：7-110-04718-0 定价：CNY32.00
　　中国现代战争故事连环画。

J0082948
阿 Q 正传一零八图　鲁迅原著；程十发绘
海口 南海出版公司 1999 年 2 册 26cm（16 开）
ISBN：7-5442-1459-1（线装）定价：CNY95.00
　　中国现代连环画。作者程十发（1921—2007），画家。出生于上海金山，毕业于上海美术专科学校国画系。代表作品有《丽人行》《迎春图》《列宁的故事》《孔乙己》等。出版有《程十发近作选》《程十发花鸟习作选》《程十发作品展》。

J0082949
阿凡提　新疆美术摄影出版社编
乌鲁木齐 新疆美术摄影出版社 1999 年 2 册（304 页）26cm（16 开）
ISBN：7-80547-744-2 定价：CNY88.00
（故事画库）

J0082950
奥秘精选　（创刊二十周年珍藏版）高崇华主编；奥秘画报社编
昆明 云南美术出版社 1999 年 6 册 26cm（16 开）
ISBN：7-80586-536-1 定价：CNY72.00
（故事画库）

J0082951
白雷美眉和七个小帅哥　顾晓鸣编著
沈阳 辽宁美术出版社 1999 年 216 页 20cm（32 开）ISBN：7-5314-2244-1
定价：CNY13.80
（草鸡看世界丛书）
　　中国现代连环画。

J0082952
白求恩　窦孝鹏编文；关庆留绘画
北京 金盾出版社 1999 年 70 页 17×18cm
ISBN：7-5082-0806-4 定价：CNY6.00
（革命英模人物故事绘画丛书）
　　作者关庆留（1935— ），笔名阿留。广东顺德人，毕业于西安军医大学。曾任解放军总后勤部政治部后勤杂志社副科长，中国美术家协会会

员。作品有《捉麻雀》《风雪高原》，连环画《智取华山》等。

J0082953
白蛇传　（国画珍藏本）江枫编文；王烈绘；朱洪云注音
南京 江苏少年儿童出版社 1999 年 94 页
17×19cm ISBN：7-5346-2103-8 定价：CNY7.50
（新编彩图民间故事）
　　作者江枫（1942— ），画家。生于上海，祖籍江苏常州，毕业于浙江美术学院中国画系。曾任河北省美术工作室和群众艺术馆工作人员，后任河北画院副院长、研究馆员，兼任河北省山水画研究会副会长，中国美术家协会会员。主要作品有《滨海旭日》《青山自负无尘色》《巴山晨雾》等。

J0082954
白蛇传　罗泪编；陈缘督绘
北京 人民美术出版社 1999 年 154 页 17×19cm
ISBN：7-102-02035-X 定价：CNY26.00
（五十年连环画收藏精品）

J0082955
百年巨变　（绘画本）寿勤泽撰稿；王书朋等绘画
杭州 浙江少年儿童出版社 1999 年 313 页
21cm（32 开）ISBN：7-5342-1942-6
定价：CNY18.00

J0082956
斑鸠笑了　杨春清，吴琪编文；王文倩等绘
沈阳 辽宁少年儿童出版社 1999 年 48 页
15×13cm ISBN：7-5315-2901-7 定价：CNY2.80
（大森林的故事）
　　中国现代连环画。

J0082957
宝积经　平常编文；董永镇等绘图
北京 东方出版社 1999 年 235 页 有图 20cm（32 开）ISBN：7-5060-1072-0
定价：CNY99.00（经部）
（《佛教画藏》系列丛书·经部）
　　本书用连环画的形式，讲解了《宝积经》。此经的主旨是讲述大乘行，即从加行位到通达

位的菩萨道，主要有三个内容：以发菩提愿为正行；以证悟空慧为学习中观的目的；持大悲心为功行的核心。

J0082958

采蘑菇　吴琪，杨春清编文；冀维静等绘
沈阳　辽宁少年儿童出版社　1999 年　48 页
15×13cm　ISBN：7-5315-2900-9　定价：CNY2.80
（大森林的故事）
　　中国现代连环画。

J0082959

标题待定　顾晓鸣编著
沈阳　辽宁美术出版社　1999 年　199 页
20cm（32 开）ISBN：7-5314-2255-7
定价：CNY12.80
（草鸡看世界丛书 3）
　　中国现代连环画。

J0082960

钗头凤　张国珍编文；钱笑呆绘画
海口　南海出版公司　1999 年　158 页　13×19cm
ISBN：7-5442-1456-7　定价：CNY198.00
（钱笑呆连环画名作专辑）
　　作者钱笑呆（1912—1965），连环画名家。祖籍江西，出生于江苏阜宁。原名爱荃。曾为上海锦章书局创作连环画，后任上海新华美术出版社、上海人民美术出版社连环画创作员。代表作有《青楼泪》《红楼梦》《洛阳桥》等。生年一说：1911。

J0082961

禅师　史程编文；范振揎等绘图
北京　东方出版社　1999 年　3 册（1082 页）
20cm（32 开）ISBN：7-5060-0953-6
定价：CNY99.00
（《佛教画藏》系列丛书·僧部）

J0082962

超级杀手　（美）范沃格特原著；吴定柏改编
上海　上海科技教育出版社　1999 年　99 页
19cm（小 32 开）ISBN：7-5428-1838-4
定价：CNY5.00
（绘图科幻精品丛书）
　　本书改编自美国连环画。

J0082963

惩罚恶虎的剑龙　金建华等写；邹越非等绘
上海　上海科学普及出版社　1999 年　96 页
18×19cm　ISBN：7-5427-1519-4　定价：CNY9.00
（奇幻恐龙故事丛书）
　　中国现代连环画。

J0082964

除盖障菩萨　俞学明编文；何兵绘图
北京　东方出版社　1999 年　119 页　20cm（32 开）
ISBN：7-5060-1044-5　定价：CNY99.00（菩萨部）
（《佛教画藏》系列丛书·菩萨部）
　　除盖障菩萨是密宗胎藏界曼荼罗左方第二重除盖院的主尊，表示消除一切烦恼，并为众生请教消除烦恼的方法。本书以连环画的形式，介绍了除盖障菩萨，包含除盖拨障和为众请法。

J0082965

打面缸　海林编文；钱笑呆绘画
海口　南海出版公司　1999 年　70 页　13×19cm
ISBN：7-5442-1456-7　定价：CNY198.00
（钱笑呆连环画名作专辑）

J0082966

大进军　（解放大西北）凌尔编辑
北京　兵器工业出版社　1999 年　156 页
20cm（32 开）ISBN：7-80132-541-9
定价：CNY13.00
（解放战争历史巨片丛书 7）
　　本书描述了 1949 年 5 月，第一野战军司令员兼政委彭德怀率领王震第 1 兵团、许光达第 2 兵团、周士弟第 18 兵团、杨得志第 19 兵团，向盘踞在陕西、甘肃、宁夏、青海、新疆地区的胡宗南部及马步芳、马鸿逵发起追歼。经扶眉战役、兰州战役消灭敌人主力。至 1950 年 3 月，共歼灭敌军 30 万人，解放西北全境。

J0082967

大进军　（南线大追歼）周高编辑
北京　兵器工业出版社　1999 年　156 页
20cm（32 开）ISBN：7-80132-540-0
定价：CNY13.00
（解放战争历史巨片丛书 6）
　　本书描述了 1949 年 4 月，我第四野战军及第二野战军一部，根据毛泽东主席、朱德总司令

向中国人民解放军发出的"向全国进军"的命令，对盘踞湖南、广东、广西等地的以白崇禧桂系军队为主的国民党军发起全面大追歼。兵分三路，经衡宝战役、阳江战役、广西战役等一系列大规模作战行动，和平解放湖南长沙，胜利解放广东、广西。历经八个多月，歼敌三十余万，消灭了国民党最具作战实力的"桂系"军事集团。

J0082968

大进军　（席卷大西南）欣茹编辑

北京　兵器工业出版社　1999 年　156 页

20cm（32 开）ISBN：7-80132-542-7

定价：CNY13.00

（解放战争历史巨片丛书 8）

　　本书讲述 1949 年 9 月，在人民解放军的强大攻势下，国民党政府退居重庆。我军乘胜出击，胜利占领山城重庆，又成功解放成都，粉碎了国民党的计划，谱写了人民解放军战争史上壮丽的篇章。

J0082969

大居士　宋红编文；邓邦源等绘图

北京　东方出版社　1999 年　3 册（966 页）

20cm（32 开）ISBN：7-5060-0961-7

定价：CNY99.00

（《佛教画藏》系列丛书·居士部）

J0082970

大决战　（淮海战役）凌尔编辑

北京　兵器工业出版社　1999 年　188 页

20cm（32 开）ISBN：7-80132-537-0

定价：CNY15.00

（解放战争历史巨片丛书 3）

　　1948 年 11 月 6 日，刘伯承、陈毅、邓小平遵照中央军委的指示，指挥中原野战军配合华东野战军作战，打响了著名的淮海战役。此次战役，中国人民解放军歼灭国民党黄百韬兵团、黄维兵团、杜聿明兵团。黄百韬、邱清泉阵亡，黄维、杜聿明被俘。淮海战役是解放战争三大战役中的第二个战役，具有决定意义。

J0082971

大决战　（辽沈战役）周高编辑

北京　兵器工业出版社　1999 年　188 页

20cm（32 开）ISBN：7-80132-536-2

定价：CNY15.00

（解放战争历史巨片丛书 2）

　　本书描述了 1948 年 9 月，东北野战军司令员林彪、政委罗荣桓根据中央军委和毛主席关于"封闭蒋军在东北加以各个歼灭"的方针，率主力在辽宁西部和沈阳、长春地区首先发起的辽沈战役。历时 52 天，歼灭国民党军 47.2 万余人，俘虏廖耀湘等多名高级将领。

J0082972

大决战　（平津战役）欣茹编辑

北京　兵器工业出版社　1999 年　188 页

20cm（32 开）ISBN：7-80132-538-9

定价：CNY15.00

（解放战争历史巨片丛书 4）

　　本书描述了驻守华北地区的傅作义困于蒋傅派系矛盾和北平各界人士的和平呼声，举棋不定。针对傅作义兵团的特殊性，中央军委采取了军事打击与政治争取相结合的对策，实施"隔而不围"、"围而不打"的战略，使北平守军陷入欲战不能、欲逃无路的境地。最终傅作义同意在和平协议上签字。1949 年 1 月 31 日，我军和平解放北平，历时 64 天，歼灭国民党军 52 万余人。

J0082973

大罗汉　史程编文；袁辉绘图

北京　东方出版社　1999 年　3 册（1261 页）

20cm（32 开）ISBN：7-5060-0977-3

定价：CNY99.00

（《佛教画藏》系列丛书·罗汉部）

　　本书以连环画的形式，对大部分罗汉进行编绘介绍。包括跂陀罗、迦理迦、因揭陀、伐那婆斯等。

J0082974

大势至菩萨　俞学明编文；何兵绘图

北京　东方出版社　1999 年　114 页 20cm（32 开）

ISBN：7-5060-0960-9 定价：CNY99.00（菩萨部）

（《佛教画藏》系列丛书·菩萨部）

　　本书记述了大势至菩萨坚持不懈地修行和慈航普渡的事迹。

J0082975

大卫·科波菲尔　（绘画本）（英）狄更斯原著；任正先，甘礼乐改编；孙愚绘

沈阳 辽宁美术出版社 1999年 20cm（32开）
ISBN：7-5314-2078-3 定价：CNY15.00
（连环画精选）

J0082976

大转折　凌尔编辑
北京 兵器工业出版社 1999年 220页
20cm（32开）ISBN：7-80132-535-4
定价：CNY16.00
（解放战争历史巨片丛书 1）

　　本书描述了1947年3月18日，国民党军队
占领延安，为扭转战局，毛泽东主席提出将战争
引向国民党统治区，由刘邓、陈粟、陈谢三路大
军相互配合，共同经略中原。刘邓大军首先实行
中央突破，从黄河以北南下千里，挺进大别山。
刘邓大军冲破敌人35万大军的围追堵截，胜利
到达目的地，使战争形势发生了根本性转折，人
民解放军提前进入战略进攻阶段。

J0082977

胆剑篇　（绘画本）邱扬改编；程十发绘
北京 人民美术出版社 1999年 100页 17×19cm
ISBN：7-102-02036-8 定价：CNY17.00
（五十年连环画收藏精品）

　　作者程十发（1921—2007），画家。出生于上
海金山，毕业于上海美术专科学校国画系。代表
作品有《丽人行》《迎春图》《列宁的故事》《孔乙
己》等。出版有《程十发近作选》《程十发花鸟习
作选》《程十发作品展》。

J0082978

当代连环画精品集　［季鑫焕绘］
济南 山东美术出版社 1999年 36页 29cm（16开）
ISBN：7-5330-1289-5 定价：CNY35.00

　　本册收有《聊斋》连环画选页、《成语典故》
连环画选页、《泰山传说》连环画选页、《诺贝尔
文学全集》插图选页等40余幅作品。作者季鑫
焕（1943—　），教授。生于江苏南通，毕业于无
锡轻工业大学设计学院。历任山东纺织工学院
实用美术系教师，青岛大学实用美术系副主任、
教授，中国美术家协会山东分会会员。代表作有
《当代连环画精品集·季鑫焕》。

J0082979

当代连环画精品集　［蒲慧华绘］

济南 山东美术出版社 1999年 44页 29cm（16开）
ISBN：7-5330-1291-7 定价：CNY38.00

　　本册收有《水浒全传画本》连环画选页、《三
国演义画本》连环画选页、《智慧百宝箱》连环画
选页、《无手姑娘》连环画选页等40余幅作品。
作者蒲慧华（1947—　），国家二级美术师。出生
于山东青岛。青岛市美术家协会理事，青岛市美
术家协会中国画艺术委员会委员，中国美术家协
会山东分会会员。代表作品有《三国演义》《红
楼梦》《西游记》封面设计。著作有《当代连环画
精品集·蒲慧华》。

J0082980

当代连环画精品集　［谢舒弋绘］
济南 山东美术出版社 1999年 44页 29cm（16开）
ISBN：7-5330-1307-7 定价：CNY38.00

　　本册收有《马路天使》选页、《脸上的红月亮》
选页、《板门店谈判》选页、《一位台湾少女的亲
吻》选页等50余幅作品。作者谢舒弋（1951—　），
连环画家。江苏徐州人，毕业于北京师范学院美
术系。历任中国国际广告公司创意总监、中国
广告协会学术委员会委员。代表作《脸上的红月
亮》《山兰花》《柯棣华》《当代连环画精品集·谢
舒弋》。

J0082981

当代连环画精品集　［徐永生绘］
济南 山东美术出版社 1999年 44页 29cm（16开）
ISBN：7-5330-1290-9 定价：CNY38.00

　　本册收有《三国演义》连环画选页、《水浒全
传》选页、《西游记》连环画选页、《喻世明言》插
图选等44幅作品。作者徐永生（1959—　），美
术师。生于山东莱西市，毕业于山东师范大学。
中国翰墨文化促进会会员，山东艺术馆副馆长。
代表作有《当代连环画精品集·徐永生》《教你一
招——画古装人物》。

J0082982

当代连环画精品集　［岳海波绘］
济南 山东美术出版社 1999年 44页 29cm（16开）
ISBN：7-5330-1292-5 定价：CNY38.00

　　本册收有《三国演义画本》连环画选页、《孔
子》连环画选页、《拍案惊奇》连环画选页、《大礼
拜》插图等50余幅作品。

J0082983

当代连环画精品集 ［周申绘］

济南 山东美术出版社 1999 年 36 页 29cm（16 开）

ISBN：7-5330-1306-9 定价：CNY35.00

本册收有《三国演义画本》选页、《水浒全传画本》选页、《斯巴达克思》插图选、《悲惨世界》插图选等 40 幅作品。

J0082984

当代西方哲学画廊 文聘元主编

厦门 鹭江出版社 1999 年 7 册 20cm（32 开）

中国现代关于西方哲学的连环画。

J0082985

道行般若经 平常编文；邓邦源等绘图

北京 东方出版社 1999 年 255-753 页

20cm（32 开）ISBN：7-5060-1131-X

定价：CNY99.00（经部）

（《佛教画藏》系列丛书·经部）

本书通过佛与众菩萨等人的对话，阐述了般若波罗蜜的重要性、受持般若波罗蜜的功德、菩萨应该如何修行般若波罗蜜等。

J0082986

地藏经 平常编文；邓邦源等绘图

北京 东方出版社 1999 年 473-721 页

20cm（32 开）ISBN：7-5060-0922-6

定价：CNY99.00（经部）

（《佛教画藏》系列丛书·经部）

J0082987

地藏菩萨 郑茜编文；何兵绘图

北京 东方出版社 1999 年 793-1094 页 20cm

（32 开）ISBN：7-5060-0888-2 定价：CNY99.00

（全 3 册）

（《佛教画藏》系列丛书·菩萨部）

J0082988

动画大王 彭懿，庄大伟编

兰州 甘肃少年儿童出版社 1999 年 104 页

17×19cm ISBN：7-5422-1495-0 定价：CNY9.00

作者庄大伟（1951— ），儿童文学作家，学者。毕业于上海电视大学中文专业。代表作品有《庄大伟幽默故事集》《庄大伟童话精选》《第一线上》等。

J0082989

洞悉心灵 （精神分析）文聘元主编

厦门 鹭江出版社 1999 年 113 页 20cm（32 开）

ISBN：7-80610-764-9 定价：CNY7.90

（当代西方哲学画廊）

中国现代关于精神分析的连环画。

J0082990

斗洪魔 于忠主编

成都 四川美术出版社 1999 年 85 页

19cm（小 32 开）ISBN：7-5410-1624-1

定价：CNY4.50

中国现代连环画。

J0082991

敦煌童话 吴季康等写；沈斌等画

兰州 甘肃少年儿童出版社 1999 年 118 页

17×19cm ISBN：7-5422-1506-X 定价：CNY9.00

中国现代连环画。作者沈斌（1956— ），江苏如皋人，南京艺术学校任教。

J0082992

法华经 平常编文；邓邦源等绘图

北京 东方出版社 1999 年 462 页 20cm（32 开）

ISBN：7-5060-0922-6 定价：CNY99.00（经部）

（《佛教画藏》系列丛书·经部）

J0082993

费加罗的婚礼 沈治平改编；龙力游绘画

杭州 浙江人民美术出版社 1999 年 166 页

15×11cm ISBN：7-5340-0975-8 定价：CNY7.00

（中国连环画精选本 第 1 辑）

J0082994

佛本生 平常编文；高宝生等绘

北京 东方出版社 1999 年 3 册（1012 页）

20cm（32 开）ISBN：7-5060-0883-1

定价：CNY99.00

（《佛教画藏》系列丛书·佛部）

作者高宝生（1944— ），连环画家。曾用笔名高禾。北京人，北京艺术学院附中毕业。中国少年儿童出版社从事连环画创作。代表作品《铁木儿和他的队伍》《两只小孔雀》《聪明的药方》等。

J0082995

佛诗 （一）南山编文；季源业等绘图

北京 东方出版社 1999 年 3 册（1136 页）

20cm（32 开）ISBN：7-5060-1073-9

定价：CNY99.00

（《佛教画藏》系列丛书·禅部）

本书收入唐以前 67 位诗人的 127 首诗作，其中有"庐山东林杂诗""石壁立招提精舍""栖玄寺听讲毕游邸园七韵应司徒教"等。

J0082996

芙蓉屏 吉志西编文；钱笑呆绘画

海口 南海出版公司 1999 年 74 页 13×19cm

ISBN：7-5442-1456-7 定价：CNY198.00

（钱笑呆连环画名作专辑）

作者钱笑呆（1912—1965），连环画名家。祖籍江西，出生于江苏阜宁。原名爱荃。曾为上海锦章书局创作连环画，后任上海新华美术出版社、上海人民美术出版社连环画创作员。代表作有《青楼泪》《红楼梦》《洛阳桥》等。

J0082997

高老头 万莹华改编；顾盼绘画

杭州 浙江人民美术出版社 1999 年 174 页

15×11cm ISBN：7-5340-0973-1 定价：CNY7.00

（中国连环画精选本 第 1 辑）

J0082998

高僧 史程编文；张煤等绘

北京 东方出版社 1999 年 3 册（1011 页）

20cm（32 开）ISBN：7-5060-0851-3

定价：CNY99.00

（《佛教画藏》系列丛书·僧部）

J0082999

格林卡 欧阳彬改编；高燕绘

北京 人民美术出版社 1999 年 111 页 17×19cm

ISBN：7-102-02037-6 定价：CNY19.00

（五十年连环画收藏精品）

J0083000

公案 （二）陶良华编文；周申等绘

北京 东方出版社 1999 年 3 册（1008 页）

20cm（32 开）ISBN：7-5060-0794-0

定价：CNY99.00

（《佛教画藏》系列丛书·禅部）

J0083001

公案 （三）陶良华编文；杜春生等绘图

北京 东方出版社 1999 年 3 册（1011 页）

20cm（32 开）ISBN：7-5060-0884-X

定价：CNY99.00

（《佛教画藏》系列丛书·禅部）

所谓"公案"，原指公共文案，或是权威的法范，禅宗借用过来，指过去禅师们的种种问答、轶事，以期作为后代参禅者的入门方便。本书通俗易懂形象地介绍了禅宗公案的基本面貌。

J0083002

共和国英雄 （下册）青海民族出版社藏编室译

西宁 青海民族出版社 1999 年 17×19cm

ISBN：7-5420-0813-7 定价：CNY5.50

中国现代连环画。

J0083003

古堡幽影 （英）布莱顿著；盛勇改编；郭嘉绘

长春 东北师范大学出版社 1999 年 168 页

17×19cm ISBN：7-5602-2459-8 定价：CNY19.80

（金卡通·侦破大王系列）

中国现代连环画，著者原题：艾·布莱顿。

J0083004

观世音菩萨 冈君编文；周申绘图

北京 东方出版社 1999 年 3 册（1063 页）

20cm（32 开）ISBN：7-5060-1091-7

定价：CNY99.00（菩萨部）

（《佛教画藏》系列丛书·菩萨部）

本函比较全面地展示了观音的法相与法门，对于学佛者、佛学者、观音信仰者，认识观音、理解观音，有一定的参考价值。

J0083005

国画大学 国画中庸 （先秦）曾子，子思著；杨伯峻译；谢丹绘

长沙 湖南出版社 1999 年 174 页 20cm（32 开）

ISBN：7-5438-2041-2 定价：CNY9.50

中国现代连环画，著者原题：艾·布莱顿。

J0083006

国画离骚 国画天问 屈原著；陆侃如等译；

宋成林等绘

长沙　湖南出版社　1999 年　187 页　20cm（32 开）

ISBN：7-5438-2040-4 定价：CNY10.00

　　中国现代连环画。

J0083007

还珠格格　（电视连续剧彩图本　第一部　1-6
集）刘庆成等改编

北京　中国少年儿童出版社　1999 年　120 页
19cm（小 32 开）ISBN：7-5007-5039-0

定价：CNY11.00

J0083008

还珠格格　（电视连续剧彩图本　第一部　7-12
集）刘庆成等改编

北京　中国少年儿童出版社　1999 年　120 页
19cm（小 32 开）ISBN：7-5007-5039-0

定价：CNY11.00

J0083009

还珠格格　（电视连续剧彩图本　第一部　13-18
集）刘庆成等改编

北京　中国少年儿童出版社　1999 年　120 页
19cm（小 32 开）ISBN：7-5007-5039-0

定价：CNY11.00

J0083010

还珠格格　（电视连续剧彩图本　第一部　19-24
集）刘庆成等改编

北京　中国少年儿童出版社　1999 年　120 页
19cm（小 32 开）ISBN：7-5007-5039-0

定价：CNY11.00

J0083011

还珠格格　（电视连续剧彩图本　第二部　1-6
集）刘庆成等改编

北京　中国少年儿童出版社　1999 年　120 页
19cm（小 32 开）ISBN：7-5007-5039-0

定价：CNY11.00

J0083012

还珠格格　（电视连续剧彩图本　第二部　7-12
集）刘庆成等改编

北京　中国少年儿童出版社　1999 年　120 页
19cm（小 32 开）ISBN：7-5007-5039-0

定价：CNY11.00

J0083013

还珠格格　（电视连续剧彩图本　第二部　13-18
集）刘庆成等改编

北京　中国少年儿童出版社　1999 年　120 页
19cm（小 32 开）ISBN：7-5007-5039-0

定价：CNY11.00

J0083014

还珠格格　（电视连续剧彩图本　第二部　19-24
集）刘庆成等改编

北京　中国少年儿童出版社　1999 年　120 页
19cm（小 32 开）ISBN：7-5007-5039-0

定价：CNY11.00

J0083015

还珠格格　（电视连续剧彩图本　第二部　25-30
集）刘庆成等改编

北京　中国少年儿童出版社　1999 年　120 页
19cm（小 32 开）ISBN：7-5007-5039-0

定价：CNY11.00

J0083016

还珠格格　（电视连续剧彩图本　第二部　31-36
集）刘庆成等改编

北京　中国少年儿童出版社　1999 年　120 页
19cm（小 32 开）ISBN：7-5007-5039-0

定价：CNY11.00

J0083017

还珠格格　（电视连续剧彩图本　第二部　37-42
集）刘庆成等改编

北京　中国少年儿童出版社　1999 年　120 页
19cm（小 32 开）ISBN：7-5007-5039-0

定价：CNY11.00

J0083018

还珠格格　（电视连续剧彩图本　第二部　43-48
集）刘庆成等改编

北京　中国少年儿童出版社　1999 年　120 页
19cm（小 32 开）ISBN：7-5007-5039-0

定价：CNY11.00

J0083019

海的女儿　张光昌改编；陈小培绘画
杭州　浙江人民美术出版社 1999 年 126 页
15×11cm ISBN：7-5340-0972-3 定价：CNY6.00
（中国连环画精选本 第 1 辑）

J0083020

海南旅游文化彩绘故事丛书　海南省民族宗
教事务厅编
海口 海南出版社 1999 年 6 册 17×19cm
ISBN：7-80645-360-1 定价：CNY150.00
　　中国现代连环画。

J0083021

红楼梦　（清）曹雪芹，高鹗著；蔡义江改编；
丁世弼等绘
杭州 浙江人民美术出版社 1999 年
2 册（174+174 页）15×11cm
ISBN：7-5340-0970-7
（中国连环画精选本 第 1 辑）
　　作者丁世弼（1939—2018），画家、国家一级
美术师。字仲宜，江西南昌人。中国美术家协会
会员、江西省美术家协会副主席。代表作有《渔
岛怒潮》《秋瑾》《陈赓大将》《红楼梦》等。

J0083022

红蜻蜓故事丛书　金近等原著；长扬等改编；
杨慧华等绘画
北京 中国连环画出版社 1999 年 10 册
16×19cm ISBN：7-5061-0927-1 定价：CNY135.00
　　中国现代连环画。

J0083023

红羊峪　祁野耘编文；钱笑呆等绘画
海口 南海出版公司 1999 年 74 页 13×19cm
ISBN：7-5442-1456-7 定价：CNY198.00
（钱笑呆连环画名作专辑）
　　作者钱笑呆（1912—1965），连环画名家。祖
籍江西，出生于江苏阜宁。原名爱荃。曾为上海
锦章书局创作连环画，后任上海新华美术出版
社、上海人民美术出版社连环画创作员。代表作
有《青楼泪》《红楼梦》《洛阳桥》等。

J0083024

红鬃烈马　张国珍编文；钱笑呆等绘画

海口 南海出版公司 1999 年 16 页 13×19cm
ISBN：7-5442-1456-7 定价：CNY198.00
（钱笑呆连环画名作专辑）

J0083025

护法神　史程编文；于鲁俊等绘图
北京 东方出版社 1999 年 3 册（956 页）
20cm（32 开）ISBN：7-5060-1074-7
定价：CNY99.00
（《佛教画藏》系列丛书·护法部）
　　本书以连环画的形式，介绍了佛门护法神的
故事。包括大梵天王、帝释尊天、四大金刚、密
迹金刚等。

J0083026

花木兰传奇　华丁绘；丁陵生编
武汉 湖北少年儿童出版社 1999 年 45 页
17×19cm ISBN：7-5353-2050-3 定价：CNY4.00
　　中国现代连环画。

J0083027

华严经　平常编文；黄永镇绘图
北京 东方出版社 1999 年 2 册（609 页）
20cm（32 开）ISBN：7-5060-0972-2
定价：CNY99.00（经部）
（《佛教画藏》系列丛书·经部）
　　本书介绍了《华严经》中的几个内容。其中
"华藏世界品"描述了华严世界无穷无尽的层层
结构，"十地品"强调了菩萨修行的十个阶次，"入
法界品"说的是善财童子孜孜不倦地追求学问、
遍访善知识的经过。

J0083028

画说放射学　张平［作］；陈菁等绘
北京 北京科学技术出版社 1999 年 303 页
20cm（32 开）精装 ISBN：7-5304-2348-7
定价：CNY120.00（全套）
（走进科学世界）
　　中国现代科普连环画。

J0083029

画说进化论　彭隆辉，许红缨［作］；马振江
等绘
北京 北京科学技术出版社 1999 年 303 页
20cm（32 开）精装 ISBN：7-5304-2348-7

定价：CNY120.00（全套）
（走进科学世界）

　　中国现代科普连环画。作者马振江，油画家。辽宁沈阳人，毕业于南京师范学院美术系。中国少数民族美术促进会会员，中国美术家协会江西分会会员，北京油画学会会员，南京军区工程兵政治部美术创作员。代表作有《向赣南闽西进军》等。

J0083030

画说数理化 （通俗演义读本）梁衡原著；双恩改编；张宝蔚绘画

北京 中国少年儿童出版社 1999年
2册（10+732页）20cm（32开）精装
ISBN：7-5007-5013-7 定价：CNY56.80
（支点丛书）

　　作者张宝蔚（1939—　　），画家。江苏苏州市人，毕业于南京师范大学美术系。中国美术家协会会员。出版有《张宝蔚画集》等。

J0083031

画说数理化 （通俗演义读本）梁衡原著；双恩改编；张宝蔚绘画

北京 中国少年儿童出版社 1999年 2册（732页）
20cm（32开）ISBN：7-5007-5013-7
定价：CNY29.80
（支点丛书）

　　中国现代连环画。

J0083032

画说天体运动 陈运平，袁慧[作]；戴友生等绘

北京 北京科学技术出版社 1999年 303页
20cm（32开）精装 ISBN：7-5304-2348-7
定价：CNY120.00（全套）
（走进科学世界）

　　中国现代科普连环画。

J0083033

画说相对论 陈运平，林胜文[作]；戴友生等绘

北京 北京科学技术出版社 1999年 303页
20cm（32开）精装 ISBN：7-5304-2348-7
定价：CNY120.00（全套）
（走进科学世界）

中国现代科普连环画。

J0083034

幻化简 张国珍编文；钱笑呆等绘画

海口 南海出版公司 1999年 110页 13×19cm
ISBN：7-5442-1456-7 定价：CNY198.00
（钱笑呆连环画名作专辑）

　　作者钱笑呆（1912—1965），连环画名家。祖籍江西，出生于江苏阜宁。原名爱荃。曾为上海锦章书局创作连环画，后任上海新华美术出版社、上海人民美术出版社连环画创作员。代表作有《青楼泪》《红楼梦》《洛阳桥》等。

J0083035

活着真好 万晓燕文；王时绘

北京 人民美术出版社 1999年 187页
19cm（小32开）ISBN：7-102-02056-2
定价：CNY10.00

J0083036

机器停止运转 （英）E. M. 福斯特原著；广汉改编

上海 上海科技教育出版社 1999年 97页
19cm（小32开）ISBN：7-5428-1862-7
定价：CNY5.00
（绘图科幻精品丛书）

　　本书是据英国的科幻小说改编创作的连环画作品。

J0083037

记忆公司 （美）菲利普·迪克原著；彭三平改编

上海 上海科技教育出版社 1999年 96页
19cm（小32开）ISBN：7-5428-1877-5
定价：CNY5.00
（绘图科幻精品丛书）

　　本书是据美国的科幻小说改编创作的连环画作品。

J0083038

偈颂 陶良华编文；杜春生等绘图

北京 东方出版社 1999年 3册（1164页）
20cm（32开）ISBN：7-5060-0923-4
定价：CNY99.00
（《佛教画藏》系列丛书·禅部）

J0083039

降龙罗汉 （济公活佛传 上）白文进编绘
台北 正一善书出版社 1999年 200页
26cm（16开）ISBN：957-8271-14-X
定价：TWD350.00

J0083040

解放战争历史巨片丛书 春铭主编
北京 兵器工业出版社 1999年 8册 20cm（32开）
　　本丛书包括《大转折》《大决战—辽沈战役》
《大决战—淮海战役》《大决战—平津战役》《大
进军—大战宁沪杭》《大进军—南线大追歼》《大
进军—解放大西北》《大进军—席卷大西南》等
8册。

J0083041

金刚经 平常编文；邓邦源等绘图
北京 东方出版社 1999年 93-243页 20cm（32开）
ISBN：7-5060-1131-X 定价：CNY99.00（经部）
（《佛教画藏》系列丛书·经部）
　　本书以连环画的形式介绍《金刚经》。全经
是佛祖对须菩提等人宣说的一部经典，以"空性"
为主，阐述了世间万物空幻不实，对现实世界不
应执着的思想。

J0083042

金刚手菩萨 俞学明编文；何兵绘图
北京 东方出版社 1999年 127页 20cm（32开）
ISBN：7-5060-1044-5
定价：CNY99.00（菩萨部）
（《佛教画藏》系列丛书·菩萨部）
　　本书以连环画的形式，介绍了金刚手菩萨，
包含总介、密迹金刚的故事、密教传法二祖、演
说金刚乘。

J0083043

荆钗记 潘勤孟编文；钱笑呆绘画
海口 南海出版公司 1999年 158页 13×19cm
ISBN：7-5442-1456-7 定价：CNY198.00

J0083044

净土经 （五种）平常编文；马增千绘图
北京 东方出版社 1999年 2册（621—1170页）
20cm（32开）ISBN：7-5060-0972-2
定价：CNY99.00（经部）

（《佛教画藏》系列丛书·经部）
　　本书介绍了五种有关净土世界的经典：《佛
说阿陀经》《佛说大乘无量寿庄严清静平等觉经》
《佛说观无量寿经》《药师琉璃光如来本愿功德
经》《入不思议解脱境界普贤菩萨行愿品》。

J0083045

九艘潜艇大闹日本海 焦国力主编
北京 科学普及出版社 1999年 55页 26cm（16开）
ISBN：7-110-04718-0 定价：CNY8.00
（20世纪海战连环画 2）

J0083046

九子成龙 （第2册）《九子成龙》创作室编绘
北京 中国电影出版社 1999年 181页
20cm（32开）ISBN：7-106-01171-1
定价：CNY11.60
　　中国现代连环画。

J0083047

居士林 宋红编文；范振捆等绘图
北京 东方出版社 1999年 3册（1029页）
20cm（32开）ISBN：7-5060-1045-3
定价：CNY99.00
（《佛教画藏》系列丛书·居士部）

J0083048

军魂 （解放军著名英模谱）周凤鸣编文；李奎
根等绘
沈阳 辽宁少年儿童出版社 1999年 163页
20cm（32开）精装 ISBN：7-5315-3005-8
定价：CNY18.80
　　中国现代连环画。

J0083049

军魂 （解放军著名英模谱 连环画）周凤鸣编
文；李奎根等绘
沈阳 辽宁少年儿童出版社 1999年 163页
20cm（32开）ISBN：7-5315-3005-8
定价：CNY13.80
　　本书与白山出版社合作出版。

J0083050

抗洪钢铁战士——吴良珠 总政治部宣传部
编；焦亚新绘

北京 解放军文艺出版社 1999 年 72 页

17×19cm ISBN：7-5033-1137-1 定价：CNY6.20

（抗洪英模连环画丛书）

J0083051

抗洪抢险勇士——李长志　总政治部宣传部
编；邓超华等绘

北京 解放军文艺出版社 1999 年 72 页

17×19cm ISBN：7-5033-1134-7 定价：CNY6.20

（抗洪英模连环画丛书）

　　作者邓超华（1950—　），广东新会县人。毕
业于广州业余艺术大学绘画系。中国美术家协
会会员，广东省美术家协会会员。主要作品有组
画《练为战》、中国画《调查路上》《妆》等。

J0083052

抗洪抢险勇士——宋波　总政治部宣传部
编；张衣杰等绘

北京 解放军文艺出版社 1999 年 72 页

17×19cm ISBN：7-5033-1133-9 定价：CNY6.20

（抗洪英模连环画丛书）

　　作者张衣杰（1954—　），人民武警报社上校
主任编辑、记者。

J0083053

抗洪英雄包石头　任玉忠编；李德才绘

呼和浩特 内蒙古人民出版社 1999 年 56 页

17×18cm ISBN：7-204-04784-2 定价：CNY5.80

　　　抗洪英模连环画。

J0083054

抗洪英雄——高建成　总政治部宣传部编；
贺国林绘

北京 解放军文艺出版社 1999 年 72 页

17×19cm ISBN：7-5033-1135-5 定价：CNY6.20

（抗洪英模连环画丛书）

J0083055

科学的哲学　（科学哲学）文聘元主编

厦门 鹭江出版社 1999 年 122 页 20cm（32 开）

ISBN：7-80610-766-5 定价：CNY8.00

（当代西方哲学画廊）

　　中国现代关于科学哲学的连环画。

J0083056

孔繁森　窦孝鹏编文；张荣昌等绘

北京 金盾出版社 1999 年 70 页 17×19cm

ISBN：7-5082-0876-5 定价：CNY6.00

（革命英雄人物故事绘画丛书）

J0083057

恐龙竞技场　（注音科普读物）何苦主编

西安 未来出版社 1999 年 106 页 17×19cm

ISBN：7-5417-2011-9 定价：CNY10.00

（恐龙王国探秘丛书）

J0083058

恐龙生儿育女　（注音科普读物）何苦主编

西安 未来出版社 1999 年 106 页 17×19cm

ISBN：7-5417-2013-5 定价：CNY10.00

（恐龙王国探秘丛书）

　　中国现代连环画。

J0083059

快乐的萝卜兔　王庆洪编绘

北京 中国连环画出版社 1999 年 94 页

17×19cm ISBN：7-5061-0931-X 定价：CNY12.80

（红蜻蜓动物明星丛书）

　　中国现代连环画。

J0083060

莱特湾大海战　（连环画）焦国力，孙联生主编

北京 科学普及出版社 1999 年 56 页 26cm（16 开）

ISBN：7-110-04718-0 定价：CNY8.00

（20 世纪海战 3）

　　中国现代战争故事连环画。

J0083061

老连环画　汪观清，李明海主编

上海 上海画报出版社 1999 年 212 页

29cm（16 开）ISBN：7-80530-442-4

定价：CNY75.00

（旧影拾萃丛书）

　　作者汪观清（1931—　），艺术家。号耕莘堂
主，安徽歙县人。曾任上海人民美术出版社副编
审、中国美术家协会会员、上海市美术家协会理
事。出版有《汪观清画集》《怎样画牛》《名家教
画》等。

J0083062

老连环画精品画库　吴其柔等编文；赵宏本
等绘画
海口　南海出版公司　1999 年　10 册　13×19cm
ISBN：7-5442-1371-4（盒装）定价：CNY170.00
　　　　作者赵宏本（1915—2000），连环画家。号赵
卿，又名张弓，生于上海，原籍江苏阜宁。中国
美术家协会会员、中国美协上海分会常务理事、
中国连环画研究会副会长。主要作品有《孙悟空
三打白骨精》《水浒一百零八将》《小五义》《七
侠五义》等。

J0083063

冷酷的方程式　（美）汤姆·戈德温原著；吴定
柏改编
上海　上海科技教育出版社　1999 年　91 页
19cm（小 32 开）ISBN：7-5428-1814-7
定价：CNY5.00
（绘图科幻精品丛书）
　　　　本书是据美国科幻小说改编创作的连环画
作品。

J0083064

理解的理解　（哲学解释学）文聘元主编
厦门　鹭江出版社　1999 年　110 页　20cm（32 开）
ISBN：7-80610-769-X　定价：CNY7.60
（当代西方哲学画廊）
　　　　中国现代关于哲学解释学的连环画。

J0083065

连环新画　叶雄等绘
上海　上海人民美术出版社　1999 年　126 页
26cm（16 开）ISBN：7-5322-2247-0
定价：CNY10.80
（动画大王丛书　一）
　　　　作者叶雄（1950—　　），连环画家。笔名夏草、
古寅，上海崇明人，毕业于上海大学美术学院国
画系专科。中国美术家协会上海分会会员，上海
连环画研究会理事、上海黄浦画院画师、上海老
城厢书画会常务理事。代表作品有《竹林七贤图》
《子夜》《郑板桥造像》《咆哮的黑龙江》等。

J0083066

梁山伯与祝英台　（国画珍藏本）苏雯编文；
于友善绘；徐萍注音

南京　江苏少年儿童出版社　1999 年　94 页
17×19cm ISBN：7-5346-2104-6　定价：CNY7.50
（新编彩图民间故事）

J0083067

刘胡兰　窦孝鹏编文；张荣昌等绘
北京　金盾出版社　1999 年　70 页　17×19cm
ISBN：7-5082-0744-0　定价：CNY6.00
（革命英模人物故事绘画丛书）

J0083068

六祖坛经　平常编文；袁辉绘图
北京　东方出版社　1999 年　282 页　20cm（32 开）
ISBN：7-5060-1072-0　定价：CNY99.00（经部）
（《佛教画藏》系列丛书·经部）
　　　　本书以连环画的形式，讲述了禅宗六祖大师
慧能得法和继承禅宗五祖大师衣钵的故事，同时
还记录了六祖大师一生弘扬佛法、传授顿教法门
的事迹和语录。

J0083069

鲁滨逊漂流记　黄慧改编；祖辉绘画
西安　陕西人民美术出版社　1999 年　17×19cm
ISBN：7-5368-1212-4　定价：CNY24.80（精装）
　　　　中国现代连环画。

J0083070

鲁鲁的房间　王晓明工作室编；秦建敏绘
南昌　21 世纪出版社　1999 年　18×17cm
ISBN：7-5391-1532-7　定价：CNY8.00
　　　　中国现代连环画。

J0083071

卖油郎　新平编文；钱笑呆等绘画
海口　南海出版公司　1999 年　116 页　13×19cm
ISBN：7-5442-1456-7　定价：CNY198.00
（钱笑呆连环画名作专辑）
　　　　作者钱笑呆（1912—1965），连环画名家。祖
籍江西，出生于江苏阜宁。原名爱荃。曾为上海
锦章书局创作连环画，后任上海新华美术出版
社、上海人民美术出版社连环画创作员。代表作
有《青楼泪》《红楼梦》《洛阳桥》等。

J0083072

孟姜女　（国画珍藏本）鲁娃编文；吴元奎绘；

侯媛媛音

南京　江苏少年儿童出版社　1999年　94页

17×19cm　ISBN：7-5346-2105-4　定价：CNY7.50

（新编彩图民间故事）

J0083073

弥勒佛　梁黎编文；张弘等绘图

北京　东方出版社　1999年　472页　20cm（32开）

ISBN：7-5060-0960-9　定价：CNY99.00（全2册）

（《佛教画藏》系列丛书·佛部）

　　弥勒出生于古印度，与佛祖为同时代人，是一位修慈心三昧的佛弟子。本书包括：弥勒本生、受佛度化、降生世间、布袋和尚、流芳千世。

J0083074

名山　名寺　名塔　名窟　王大有编文；范振揎等绘图

北京　东方出版社　1999年　3册（1255页）

20cm（32开）　ISBN：7-5060-0981-1

定价：CNY99.00

（《佛教画藏》系列丛书·名胜部）

　　本书内容包括：佛塔源流、法门寺塔、大雁塔与小雁塔、玉泉寺塔、五台山、峨眉山、普陀山、九华山、莫高窟。

J0083075

魔鬼机器人　（美）杰克·威廉森原著；董懿娜改编

上海　上海科技教育出版社　1999年　99页

19cm（小32开）　ISBN：7-5428-1849-X

定价：CNY5.00

（绘图科幻精品丛书）

　　本书据美国科幻小说改编创作的连环画作品。

J0083076

母鸡咕咕和她的蛋　王晓明工作室编；钱继伟绘

南昌　21世纪出版社　1999年　18×17cm

ISBN：7-5391-1533-5　定价：CNY8.00

　　中国现代连环画。作者钱继伟（1956—　），美术编辑。浙江杭州人，中国美术家协会分会会员，浙江《家庭教育》杂志美术编辑。

J0083077

牡丹亭　（国画珍藏本）江娟改编；钱贵荪绘画

杭州　浙江人民美术出版社　1999年　126页

15×11cm　ISBN：7-5340-0969-3　定价：CNY7.50

（中国连环画精选本　第1辑）

　　作者钱贵荪（1936—　），美术编辑。浙江吴兴人。毕业于中国美术学院。家学渊源。浙江人民美术出版社美术编辑、副编审，浙江省人物画研究会会员、西泠书画院特聘画师。作品有连环画《鉴湖女侠》，水粉组画《浩气长存贯长虹》，国画组画《萧楚女》。著有技法书《速写起步》等。

J0083078

木偶奇遇记　王晓明工作室编；郭嘉，张靖绘

西安　陕西人民美术出版社　1999年　189页

19×21cm　ISBN：7-5368-1211-6　定价：CNY24.80

　　中国现代连环画。

J0083079

穆桂英　陆士达编文；钱笑呆，汪玉山绘画

上海　上海人民美术出版社　1999年　2版

2册（98+67页）　14×21cm

ISBN：7-5322-2190-3　定价：CNY35.00

（中国连环画经典系列　1）

　　作者陆士达，连环画家，主要作品有《说岳故事选绘画本》《中国历史人物故事连环画》等。作者汪玉山（1910—1996），连环画家。江苏阜宁人，出生于上海。曾用名汪静星。曾在华东人民出版社、新美术出版社、上海人民美术出版社任连环画创作员。作品有《二进宫》《丁黄氏》《野猪林》《三十三号魔星》《三女侠》等。

J0083080

穆桂英　陆士达编文；钱笑呆，汪玉山绘画

上海　上海人民美术出版社　1999年　2册

9×13cm　ISBN：7-5322-2232-2　定价：CNY3.80

　　中国现代连环画。

J0083081

穆桂英挂帅　高梅仪改编；董天野绘

北京　人民美术出版社　1999年　64页　17×19cm

ISBN：7-102-02027-9　定价：CNY12.00

（五十年连环画收藏精品）

J0083082
牛郎织女 （国画珍藏本）于菲编文；张友宪绘；朱洪云注音
南京 江苏少年儿童出版社 1999 年 94 页
17×19cm ISBN：7-5346-2106-2 定价：CNY7.50
（新编彩图民间故事）

J0083083
牛头山 徐光玉改编；陈惠冠绘
北京 人民美术出版社 1999 年 131 页 17×19cm
ISBN：7-102-02034-1 定价：CNY23.00
（五十年连环画收藏精品）

　　作者陈惠冠(1935—　)，浙江余姚人。中国美术家协会会员、中国版协连环画艺术委员会副主任委员。擅长连环画。作品有《牛头山》《仙人岛》《黄河飞渡》等。

J0083084
欧阳海 窦孝鹏编文；衣博等绘
北京 金盾出版社 1999 年 70 页 17×19cm
ISBN：7-5082-0875-7 定价：CNY6.00
（革命英模人物故事绘画丛书）

J0083085
破碎的镜中像 （后现代哲学）文聘元主编
厦门 鹭江出版社 1999 年 106 页 20cm（32 开）
ISBN：7-80610-768-1 定价：CNY7.40
（当代西方哲学画廊）

　　中国现代关于后现代哲学的连环画。

J0083086
普贤菩萨 郑茜编文；何兵绘图
北京 东方出版社 1999 年 479-784 页
20cm（32 开）ISBN：7-5060-0888-2
定价：CNY99.00（全 3 册）
（《佛教画藏》系列丛书·菩萨部）

J0083087
燃灯佛 梁黎编文；马永欣绘图
北京 东方出版社 1999 年 347 页 20cm（32 开）
ISBN：7-5060-0960-9 定价：CNY99.00(全 2 册)
（《佛教画藏》系列丛书·佛部）

　　本书由《燃灯佛》《药师佛》合订，为佛教连环画通俗读物。

J0083088
人生与虚无 （现象学与存在主义）文聘元主编
厦门 鹭江出版社 1999 年 119 页 20cm（32 开）
ISBN：7-80610-763-0 定价：CNY8.00
（当代西方哲学画廊）

　　中国现代关于现象学与存在主义的连环画。

J0083089
儒林外史连环画 吴其柔等编文；钱笑呆等绘画
海口 南海出版公司 1999 年 11 册 13×19cm
ISBN：7-5442-1370-6（盒装）定价：CNY139.00

J0083090
三打祝家庄 徐燕孙绘
北京 人民美术出版社 1999 年 246 页 17×19cm
ISBN：7-102-02042-2 定价：CNY39.50
（五十年连环画收藏精品）

J0083091
三国演义 冯健男等编绘
合肥 安徽少年儿童出版社 1999 年 146 页
26cm（16 开）ISBN：7-5397-1708-4（精装）
定价：CNY35.00
（世界名著故事）

　　中国现代连环画。

J0083092
三国演义 罗贯中著；刘振源改编绘画
北京 朝华出版社 1999 年 190 页 20cm（32 开）
ISBN：7-5054-0653-1 定价：CNY10.00
（五十年连环画收藏精品）

　　作者刘振源(1953—　)，河北昌黎人，号紫云斋主人。出版个人专辑《中国美术成就——刘振源(1911—2011百年书画名家专辑)》。

J0083093
三国演义 （连环画版）（明）罗贯中原著；刘振源改编绘画
北京 朝华出版社 1999 年 190 页 22cm（30 开）
ISBN：7-5054-0653-1 定价：CNY10.00
（中国古典文学名著大小人书 中小学生连环画版）

　　《三国演义》是我国四大古典文学名著之一，是一部依据历史资料和民间传说写成的很有影

响的长篇历史小说。小说以曹、刘之争为主线，
层次分明地展开故事情节。本书根据该名著的
情节与内容，改编成浅显易懂、深入浅出的普及
性读物，并绘成连环画形式。

J0083094

三国演义　《中国经典画本珍藏系列》编辑委
员会编
上海　上海人民美术出版社　1999年　胶印本
有图　线装　ISBN：7-5322-2084-2
定价：CNY1980.00
　　　本书与华宝斋古籍书社合作出版。分十
八册。

J0083095

三国演义　吴平改编；徐有武绘画
杭州　浙江人民美术出版社　1999年　2册
15×11cm　ISBN：7-5340-0971-5　定价：CNY13.50
（中国连环画精选本　第1辑）
　　　作者徐有武（1942—　　），画家。浙江永康人。
中国美术家协会会员。代表作品有《送鱼》《徐
有武画集》《中国佛教图像解说》《古代仕女画
法》等。

J0083096

三毛的故事　张乐平著
通辽　内蒙古少年儿童出版社　1999年　179页
17×19cm　ISBN：7-5312-1161-0（精装）
定价：CNY21.60
　　　中国现代连环画。作者张乐平（1910—
1992），漫画家。浙江海盐人。曾任中国美术家
协会上海分会、解放日报社、上海少年儿童出版
社专业画家。漫画"三毛"形象的创作者。代表
作品《三毛流浪记》《三毛从军记》。

J0083097

珊瑚大海战　焦国力主编
北京　科学普及出版社　1999年　55页　26cm（16开）
ISBN：7-110-04718-0　定价：CNY8.00
（20世纪海战　1）

J0083098

神僧　史程编文；季源业等绘图
北京　东方出版社　1999年　3册（1062页）
20cm（32开）ISBN：7-5060-0877-7

定价：CNY99.00
（《佛教画藏》系列丛书·僧部）

J0083099

胜鬘经　平常编文；肖力，文茵绘图
北京　东方出版社　1999年　733-923页
20cm（32开）ISBN：7-5060-0922-6
定价：CNY99.00（经部）
（《佛教画藏》系列丛书·经部）

J0083100

盛大的节日　吴琪，杨春清编文；王文倩等绘
沈阳　辽宁少年儿童出版社　1999年　48页
15×13cm　ISBN：7-5315-2902-5　定价：CNY2.80
（大森林的故事）
　　　中国现代连环画。

J0083101

失落的理性　（唯意志主义和生命哲学）文聘
元主编
厦门　鹭江出版社　1999年　126页　20cm（32开）
ISBN：7-80610-765-7　定价：CNY8.40
（当代西方哲学画廊）
　　　中国现代关于唯意志主义和生命哲学的连
环画。

J0083102

狮子楼　子聪改编；戴敦邦，戴倩绘
北京　人民美术出版社　1999年　139页　17×19cm
ISBN：7-102-02030-9　定价：CNY24.00
（五十年连环画收藏精品）
　　　作者戴敦邦（1938—　　），国画家，教授。号
民间艺人，江苏丹徒人。毕业于上海第一师范学
校。历任《中国少年报》《儿童时代》美术编辑，
上海交通大学人文学院教授。主要作品《水浒人
物一百零八图》《戴敦邦水浒人物谱》《戴敦邦新
绘红楼梦》《戴敦邦古典文学名著画集》等，连环
画代表作品有《一支驳壳枪》《水上交通站》《大
泽烈火》《蔡文姬》等。

J0083103

双冠龙飞车遇险　金建华等写；邹越非等绘
上海　上海科学普及出版社　1999年　96页
18×19cm　ISBN：7-5427-1512-6　定价：CNY9.00
（奇幻恐龙事丛书）

中国现代连环画。

J0083104

双珠凤　钱笑呆编文；钱笑呆等绘画
海口　南海出版公司 1999 年　91 页　13×19cm
ISBN：7-5442-1456-7 定价：CNY198.00
（钱笑呆连环画名作专辑）

　　作者钱笑呆（1912—1965），连环画名家。祖籍江西，出生于江苏阜宁。原名爱荃。曾为上海锦章书局创作连环画，后任上海新华美术出版社、上海人民美术出版社连环画创作员。代表作有《青楼泪》《红楼梦》《洛阳桥》等。

J0083105

水浒后传　（绘画本）鲁民改编；金傢仿等绘
沈阳　辽宁美术出版社 1999 年　20cm（32 开）
ISBN：7-5314-2077-5 定价：CNY46.00
　　中国现代连环画。

J0083106

四季知识乐园　王晓燕，张谷乐编著；王铭等绘
杭州　浙江人民美术出版社 1999 年　1 套（4 册）
26cm（16 开）ISBN：7-5340-0755-0
定价：CNY30.00
（儿童小百科丛书）

　　本书为中国现代连环画，分春、夏、秋、冬 4 册。

J0083107

他是谁：中国孩子须知　李新轩主编；文琦，黎珍文；凌青图
福州　福建少年儿童出版社 1999 年　93 页
17×19cm ISBN：7-5395-1837-5 定价：CNY12.00
　　中国现代连环画。

J0083108

太平天国绘画本　苏天等编文；孙庆国，席剑明绘画
海口　海南出版社 1999 年　186 页　17×19cm
ISBN：7-80645-455-1 定价：CNY16.50

　　作者席剑明（1956—2000），连环画家。笔名云中子，江苏人，毕业于无锡市轻工职工大学美术大专班。历任无锡市群众影剧院美工、江苏省无锡市群众艺术馆助理馆员。代表作品有连环画《宫女泪》《西风独自凉》等。

J0083109

堂吉诃德　钟高远改编；郑凯军绘画
杭州　浙江人民美术出版社 1999 年　194 页
15×11cm ISBN：7-5340-0976-6 定价：CNY7.00
（中国连环画精选本　第 1 辑）

　　作者郑凯军（1948—　　），浙江黄岩人。中国美术家协会浙江分会会员。

J0083110

天仙配　时荣瑞编文；钱笑呆绘画
海口　南海出版公司 1999 年　75 页　13×19cm
ISBN：7-5442-1456-7 定价：CNY198.00
（钱笑呆连环画名作专辑）

J0083111

甜甜和黑鼻头　谢培林编绘
北京　中国文联出版公司 1999 年　145 页
26cm（16 开）ISBN：7-5059-3240-3
定价：CNY28.80
　　中国现代连环画。

J0083112

童话饼干屋　天真等编绘
青岛　青岛出版社 1999 年　19cm（小 32 开）
ISBN：7-5436-2039-1（精装）定价：CNY22.00
　　中国现代连环画。

J0083113

偷蛋龙上当　如意等写；方关通等绘
上海　上海科学普及出版社 1999 年　96 页
18×19cm ISBN：7-5427-1520-8 定价：CNY9.00
（奇幻恐龙故事丛书）
　　中国现代连环画。

J0083114

晚清谴责小说连环画　时荣瑞等编文；汪玉山等绘画
海口　南海出版公司 1999 年　8 册　13×19cm
ISBN：7-5442-1372-2（盒装）定价：CNY96.00

　　作者黄一德（1900—1968），连环画家。浙江余姚人。又名望德。曾任儿童书局编辑、《儿童日报》主笔、《儿童良友画报》主编、上海人民美术出版社连环画文字编辑室组长等。代表作有《新儿女英雄传》《燕宿崖》《过江电线》《向秀丽》等。作者汪玉山（1910—1996），连环画家。

江苏阜宁人，出生于上海。曾用名汪静星。曾在华东人民出版社、新美术出版社、上海人民美术出版社任连环画创作员。作品有《二进宫》《丁黄氏》《野猪林》《三十三号魔星》《三女侠》等。

J0083115

维摩诘经　平常编文；杨顺和绘图

北京　东方出版社　1999 年　406 页　20cm（32 开）

ISBN：7-5060-1072-0　定价：CNY99.00（经部）

（《佛教画藏》系列丛书·经部）

　　本书以连环画的形式，讲解了《维摩诘经》。全经说的是文殊师利菩萨与维摩诘居士共论佛法的故事，强调达到解脱并不一定要过严格的出家生活，关键在于主观修养。

J0083116

伪君子　倪宗豪改编；孙愚绘画

杭州　浙江人民美术出版社　1999 年　134 页　15×11cm　ISBN：7-5340-0978-2　定价：CNY6.00

（中国连环画精选本　第 1 辑）

　　作者孙愚（1937—　），画家。浙江温州人。中国美术家协会会员。曾在上海人民美术出版社从事连环画创作，兼任上海大学巴士学院美术专业基础课程教师。著有《钢笔画起步》，连环画《野猫》《巴黎圣母院》《海底两万里》《圣经的故事》《孤岛历险记》等。

J0083117

尾巴比赛　吴琪，杨春青编文；冀维静等画

沈阳　辽宁少年儿童出版社　1999 年　48 页　15×13cm　ISBN：7-5315-2899-1　定价：CNY2.80

（大森林的故事）

　　中国现代连环画。

J0083118

文殊菩萨　郑茜编文；何兵绘图

北京　东方出版社　1999 年　470 页　20cm（32 开）

ISBN：7-5060-0888-2　定价：CNY99.00（全 3 册）

（《佛教画藏》系列丛书·菩萨部）

J0083119

无数次的甜蜜接触　顾晓鸣编著

沈阳　辽宁美术出版社　1999 年　241 页　20cm（32 开）　ISBN：7-5314-2262-X

定价：CNY15.80

（草鸡看世界丛书）

　　中国现代连环画。

J0083120

吴金印的故事　张光奎，刘文来编文；祖成才等绘

北京　新华出版社　1999 年　241 页　20cm（32 开）

ISBN：7-5011-4578-4　定价：CNY8.00

（青少年革命传统教育连环画丛书）

J0083121

五方佛　梁黎编文；何兵绘图

北京　东方出版社　1999 年　2 册　20cm（32 开）

ISBN：7-5060-1047-X　定价：CNY99.00

（《佛教画藏》系列丛书·佛部）

　　中国佛教画，上册包括大日如来、阿閦佛；下册包括阿弥陀佛、南方宝生佛、不空成就佛。

J0083122

五羊皮　蒋君晖编文；钱笑呆绘画

海口　南海出版公司　1999 年　62 页　13×19cm

ISBN：7-5442-1456-7　定价：CNY198.00

（钱笑呆连环画名作专辑）

J0083123

西游记　吴承恩著；王树立改编绘画

北京　朝华出版社　1999 年　190 页　20cm（32 开）

ISBN：7-5054-0653-1　定价：CNY10.00

　　中国现代连环画。

J0083124

西游记　（连环画版）（明）吴承恩原著；王树立改编绘画

北京　朝华出版社　1999 年　190 页　22cm（30 开）

ISBN：7-5054-0653-1　定价：CNY10.00

（中国古典文学名著大小人书　中小学生连环画版）

　　《西游记》是中国四大古典文学名著之一。本书根据该名著的情节与内容，改编成浅显易懂、深入浅出的普及性读物，并绘成连环画形式的大小人书。

　　作者吴承恩（约 1500—1583），汉族，明代小说家。淮安府山阳县河下人（现江苏淮安市淮安区）。字汝忠，号射阳山人。代表作《西游记》。

J0083125
希腊神话全集 （绘画本）范汉成主编；葛闽
丰等绘
武汉 湖北少年儿童出版社 1999年 2册（1525页）
20cm（32开）精装 ISBN：7-5353-2047-3
定价：CNY63.00
（世界名著全集丛书 绘画本）

J0083126
锡德拉湾三月烽火 （连环画）焦国力，孙联
生主编
北京 科学普及出版社 1999年 55页 26cm（16开）
ISBN：7-110-04718-0 定价：CNY8.00
（20世纪海战 4）
　　中国现代战争故事连环画。

J0083127
细颚龙进城 如意等写；方关通等绘
上海 上海科学普及出版社 1999年 96页
18×19cm ISBN：7-5427-1517-8 定价：CNY9.00
（奇幻恐龙故事丛书）
　　中国现代连环画。

J0083128
险遇重爪龙 金建华等写；方关通等绘
上海 上海科学普及出版社 1999年 96页
18×19cm ISBN：7-5427-1516-X 定价：CNY9.00
（奇幻恐龙故事丛书）
　　中国现代连环画。

J0083129
小猴当医生 吴琪，杨春清编文；张汝为等画
沈阳 辽宁少年儿童出版社 1999年 48页
15×13cm ISBN：7-5315-2903-3 定价：CNY2.80
（大森林的故事）
　　中国现代连环画。

J0083130
小萝卜头的故事 李书敏主编
重庆 重庆出版社 1999年 4册 17×19cm
ISBN：7-5366-4704-2 定价：CNY5.00
（红岩英烈卡通故事丛书）

J0083131
小燕子画库 （救救小恐龙）小小编；王立生

等绘画
郑州 海燕出版社 1999年 18×19cm
ISBN：7-5350-1955-2 定价：CNY10.00

J0083132
心经 平常编文；葛闽丰等绘图
北京 东方出版社 1999年 243页 20cm（32开）
ISBN：7-5060-1131-X 定价：CNY99.00（经部）
（《佛教画藏》系列丛书·经部）
　　《心经》属般若部经典，阐述了般若思想的
核心要义。本书以连环画的形式，通过介绍《心
经》中提及的名词概念，帮助读者理解经文的内
涵。本书包括《心经》和《金刚经》。

J0083133
新时期青少年的榜样李向群 （续集）孙庆
国等绘；蒋敦杰等文
海口 海南出版社 1999年 66页 20cm（32开）
ISBN：7-80645-390-3 定价：CNY3.80
　　本书适合于小学一至三年级学生阅读的英
雄榜样连环画。

J0083134
新时期英雄战士——李向群 总政治部宣传部
编；邓超华等绘
北京 解放军文艺出版社 1999年 72页
17×19cm ISBN：7-5033-1136-3 定价：CNY6.20
（抗洪英模连环画丛书）
　　作者邓超华（1950— ），广东新会县人。毕
业于广州业余艺术大学绘画系。中国美术家协
会会员，广东省美术家协会会员。主要作品有组
画《练为战》、中国画《调查路上》《妆》等。

J0083135
新世纪卡通寓言 （黑猪选美）徐德霞改编；
吴冠英等绘
北京 中国少年儿童出版社 1999年 98页
17×18cm ISBN：7-5007-5028-5 定价：CNY16.50

J0083136
新世纪卡通寓言 （老虎念经）徐德霞改编；
吴冠英等绘
北京 中国少年儿童出版社 1999年 98页
17×18cm ISBN：7-5007-5028-5 定价：CNY16.50

J0083137

新世纪卡通寓言 （乌龟跳井）徐德霞改编；
吴冠英等绘
北京 中国少年儿童出版社 1999 年 98 页
17×18cm ISBN：7-5007-5028-5 定价：CNY16.50

J0083138

新世纪卡通寓言 （衣服怕疼）徐德霞改编；
吴冠英等绘
北京 中国少年儿童出版社 1999 年 98 页
17×18cm ISBN：7-5007-5028-5 定价：CNY16.50

J0083139

虚空藏菩萨 俞学明编文；何兵绘图
北京 东方出版社 1999 年 148 页 20cm（32 开）
ISBN：7-5060-1044-5 定价：CNY99.00（菩萨部）
（《佛教画藏》系列丛书·菩萨部）

　　虚空藏菩萨是佛教密宗胎藏界曼荼罗中下
方第二院虚空藏院的院主。本书用连环画的形
式介绍了虚空藏菩萨，包含化身种种、雨宝因
缘、如来赞语。

J0083140

雪国·古都 马立改编；冯远绘画
杭州 浙江人民美术出版社 1999 年 174 页
15×11cm ISBN：7-5340-0974-X 定价：CNY7.00
（中国连环画精选本 第 1 辑）

　　作者冯远（1952—　　），教授、画家。生于上
海，祖籍江苏无锡。作品有《望夫妹》《母子图》
《新疆风情写生》《今生来世》。出版有《二十一
世纪中国艺术家·冯远》《笔墨尘缘》。

J0083141

雪狼 （注音动物童话故事）瑞赋编
西安 未来出版社 1999 年 70 页 17×19cm
ISBN：7-5417-1898-X 定价：CNY12.50
　　中国现代连环画。

J0083142

雪椰 （注音动物童话故事 第七集）颜开编
北京 朝花美术出版社 1999 年 70 页 17×19cm
ISBN：7-5056-0292-6 定价：CNY6.90
　　中国现代连环画。

J0083143

荀灌娘 唐开础编文；钱笑呆绘画
海口 南海出版公司 1999 年 77 页 13×19cm
ISBN：7-5442-1456-7 定价：CNY198.00
（钱笑呆连环画名作专辑）

　　作者钱笑呆（1912—1965），连环画名家。祖
籍江西，出生于江苏阜宁。原名爱荃。曾为上海
锦章书局创作连环画，后任上海新华美术出版
社、上海人民美术出版社连环画创作员。代表作
有《青楼泪》《红楼梦》《洛阳桥》等。

J0083144

杨根思 窦孝鹏编；衣博等绘
北京 金盾出版社 1999 年 70 页 17×18cm
ISBN：7-5082-0804-8 定价：CNY6.00
（革命英模人物故事绘画丛书）

　　中国现代连环画。

J0083145

药师佛 梁黎编文；张弘绘图
北京 东方出版社 1999 年 107 ～ 347 页
20cm（32 开）ISBN：7-5060-0960-9
定价：CNY99.00（2 册）

　　《药师佛》描绘的是：业力不仅给众生造成
生死轮回的命运，也带来种种厄难、病痛。东方
净琉璃世界的教主药师佛看到了众生的疾病之
苦，遂发下了大誓愿，并立志要以其功德来保护
众生，令其消除病痛，身心清静安乐。

J0083146

药王菩萨 俞学明编文；武凯军等绘图
北京 东方出版社 1999 年 189 页 20cm（32 开）
ISBN：7-5060-1044-5 定价：CNY99.00（菩萨部）
（《佛教画藏》系列丛书·菩萨部）

　　本书包括持药供养、燃身供佛、焚臂供佛、
神通化父、宣咒利生 5 个部分，描绘了药王菩萨
的济世情怀。

J0083147

夜幕降临 （美）艾萨克·阿西莫夫原著；吴定
柏改编
上海 上海科技教育出版社 1999 年 98 页
19cm（小 32 开）ISBN：7-5428-1850-3
定价：CNY5.00
（绘图科幻精品丛书）

本书据美国科幻小说改编创作的连环画作品。

J0083148
一千零一夜　郭忠呈改编；梁平波绘画
杭州　浙江人民美术出版社　1999 年　166 页
15×11cm　ISBN：7-5340-0977-4　定价：CNY7.00
（中国连环画精选本　第 1 辑）

J0083149
幼女斩蛇　杜子规编文；钱笑呆等绘画
海口　南海出版公司　1999 年　48 页　13×19cm
ISBN：7-5442-1456-7　定价：CNY198.00
（钱笑呆连环画名作专辑）

J0083150
宇宙锋　王景樾编文；钱笑呆等绘画
海口　南海出版公司　1999 年　108 页　13×19cm
ISBN：7-5442-1456-7　定价：CNY198.00
（钱笑呆连环画名作专辑）

J0083151
语词的透视　（分析哲学）文聘元主编
厦门　鹭江出版社　1999 年　124 页　20cm（32 开）
ISBN：7-80610-767-3　定价：CNY8.20
（当代西方哲学画廊）
　　中国现代关于分析哲学连环画。

J0083152
圆觉经　平常编文；邓邦源等绘图
北京　东方出版社　1999 年　765-1013 页
20cm（32 开）ISBN：7-5060-1131-X
定价：CNY99.00（经部）
（《佛教画藏》系列丛书·经部）
　　本书主要说的是一切众生原本都有佛性，都可成佛，但是因为有了贪爱和妄念，结果导致在生死中流转而不得解脱。如果能舍弃一切欲望，灭除一切迷误，就能使本来的佛性显现，成就佛道。

J0083153
在这里：中国孩子须知　李新轩主编；陈卫斌，黎珍文；许景思等图
福州　福建少年儿童出版社　1999 年　93 页
17×18cm　ISBN：7-5395-1838-3　定价：CNY12.00

中国现代连环画。

J0083154
这一天：中国孩子须知　李新轩主编；李林川，辛宣文；许信容图
福州　福建少年儿童出版社　1999 年　94 页
17×18cm　ISBN：7-5395-1836-7　定价：CNY12.00
　　中国现代连环画。

J0083155
珍珠姑娘　管兴万编文；钱笑呆绘画
海口　南海出版公司　1999 年　56 页　13×19cm
ISBN：7-5442-1456-7　定价：CNY198.00
（钱笑呆连环画名作专辑）

J0083156
中国成语故事　（彩图汉语拼音）邱婉谊，顾莉莉编文；朱芸拼音
昆明　晨光出版社　1999 年　192 页　20cm（32 开）
ISBN：7-5414-1698-3　精装　定价：CNY18.00

J0083157
中国传说故事　（彩图汉语拼音）邱婉谊，顾莉莉编文；朱芸拼音
昆明　晨光出版社　1999 年　192 页　20cm（32 开）
ISBN：7-5414-1695-9（精装）定价：CNY18.00

J0083158
中国读本　（少儿连环画版）苏叔阳著
北京　学习出版社　1999 年　92 页　19cm（小 32 开）
ISBN：7-80116-197-1　定价：CNY3.00

J0083159
中国历代帝王传说　吴运鸿主编
北京　知识出版社　1999 年　226 页　20cm（32 开）
ISBN：7-5015-1817-3　定价：CNY12.00
　　主编吴运鸿（1954—　），艺术家。创作以中国画的山水画为主。生于北京，祖籍山东蓬莱。笔名"鲁人"。中央美术学院中国画专业研究生班毕业。中国外文出版社美术副编审、北京轻工业技术学院美术特聘教授、民建北京市委文化委员会委员。出版专著《少年美术入门系列》《吴运鸿画集》，主编大型艺术丛书《世界美术馆巡览》。与台湾合作出版《西洋美术辞典》一书。国画作品《松山月色图》《春月图》《京剧印象》等。

J0083160

中国历代帝王故事　吴运鸿主编；鲁人，俊之编文；郑辉等绘

北京　知识出版社　1999 年　64 页　20cm（32 开）

ISBN：7-5015-1818-1　定价：CNY3.60

J0083161

中国民间故事　（彩图汉语拼音）邱婉谊，顾莉莉编文；朱芸拼音

昆明　晨光出版社　1999 年　192 页　20cm（32 开）

ISBN：7-5414-1699-1（精装）定价：CNY18.00

J0083162

中国神话故事　（彩图汉语拼音）邱婉谊，顾莉莉编文；朱芸拼音

昆明　晨光出版社　1999 年　192 页　20cm（32 开）

ISBN：7-5414-1700-9（精装）定价：CNY18.00

J0083163

中国童话故事　（彩图汉语拼音）邱婉谊，顾莉莉编文；朱芸拼音

昆明　晨光出版社　1999 年　192 页　20cm（32 开）

ISBN：7-5414-1696-7（精装）定价：CNY18.00

J0083164

中国戏剧动画故事精选　（白蛇传）（清）方成培原著；曾应枫改编；刘露薇绘画

广州　新世纪出版社　1999 年　34 页　15×13cm

ISBN：7-5405-1998-3　定价：CNY3.00

J0083165

中国戏剧动画故事精选　（宝莲灯）佚名原著；曾应枫改编；刘泽岱绘画

广州　新世纪出版社　1999 年　34 页　15×13cm

ISBN：7-5405-1998-3　定价：CNY3.00

J0083166

中国戏剧动画故事精选　（花木兰）佚名原著；曾应枫改编；龚金福绘画

广州　新世纪出版社　1999 年　34 页　15×13cm

ISBN：7-5405-1998-3　定价：CNY3.00

J0083167

中国戏剧动画故事精选　（穆桂英）佚名原著；曾应枫改编；至昌，冰之绘画

广州　新世纪出版社　1999 年　34 页　15×13cm

ISBN：7-5405-1998-3　定价：CNY3.00

J0083168

中国戏剧动画故事精选　（十五贯）（清）朱素臣原著；曾应枫改编；刘泽岱绘画

广州　新世纪出版社　1999 年　34 页　15×13cm

ISBN：7-5405-1998-3　定价：CNY3.00

J0083169

中国戏剧动画故事精选　（赵氏孤儿）（元）纪君祥原著；曾应枫改编；至昌，冰之绘画

广州　新世纪出版社　1999 年　34 页　15×13cm

ISBN：7-5405-1998-3　定价：CNY3.00

J0083170

中国寓言故事　（彩图汉语拼音）邱婉谊，顾莉莉编文；朱芸拼音

昆明　晨光出版社　1999 年　192 页　20cm（32 开）

ISBN：7-5414-1697-5（精装）定价：CNY18.00

J0083171

中华少儿传统美德故事　（爱国情操篇　中英对照）中国孔子基金会，中国现代文化研究中心主编

青岛　青岛出版社　1999 年　98 页　26×25cm

ISBN：7-5436-1792-7　定价：CNY18.00

（纪念孔子诞辰 2550 周年系列丛书）

　　中国现代连环画。

J0083172

中华少儿传统美德故事　（百折不挠篇　中英对照）中国孔子基金会，中国现代文化研究中心主编

青岛　青岛出版社　1999 年　74 页　26×25cm

ISBN：7-5436-1792-7　定价：CNY28.00

（纪念孔子诞辰 2550 周年系列丛书）

　　中国现代连环画。

J0083173

中华少儿传统美德故事　（诚实谦让篇　中英对照）中国孔子基金会，中国现代文化研究中心主编

青岛　青岛出版社　1999 年　114 页　26×25cm

ISBN：7-5436-1792-7　定价：CNY28.00

（纪念孔子诞辰 2550 周年系列丛书）
　　中国现代连环画。

J0083174
中华少儿传统美德故事 （见义勇为篇　中英
对照）中国孔子基金会，中国现代文化研究中
心主编
青岛　青岛出版社 1999 年 98 页 26×25cm
ISBN：7-5436-1792-7 定价：CNY28.00
（纪念孔子辰 2550 周年系列丛书）
　　中国现代连环画。

J0083175
中华少儿传统美德故事 （刻苦学习篇　中英
对照）中国孔子基金会，中国现代文化研究中
心主编
青岛　青岛出版社 1999 年 98 页 26×25cm
ISBN：7-5436-1792-7 定价：CNY28.00
（纪念孔子诞辰 2550 周年系列丛书）
　　中国现代连环画。

J0083176
中华少儿传统美德故事 （理想抱负篇　中英
对照）中国孔子基金会，中国现代文化研究中
心主编
青岛　青岛出版社 1999 年 126 页 26×25cm
ISBN：7-5436-1792-7 定价：CNY28.00
（纪念孔子诞辰 2550 周年系列丛书）
　　中国现代连环画。

J0083177
中华少儿传统美德故事 （团结友爱篇　中英
对照）中国孔子基金会，中国现代文化研究中
心主编
青岛　青岛出版社 1999 年 74 页 26×25cm
ISBN：7-5436-1792-7 定价：CNY28.00
（纪念孔子诞辰 2550 周年系列丛书）
　　中国现代连环画。

J0083178
中华少儿传统美德故事 （辛勤劳作篇　中英
对照）中国孔子基金会，中国现代文化研究中
心主编
青岛　青岛出版社 1999 年 62 页 26×25cm
ISBN：7-5436-1792-7 定价：CNY28.00

（纪念孔子诞辰 2550 周年系列丛书）
　　中国现代连环画。

J0083179
中华少儿传统美德故事 （与人为善篇　中英
对照）中国孔子基金会，中国现代文化研究中
心主编
青岛　青岛出版社 1999 年 86 页 26×25cm
ISBN：7-5436-1792-7 定价：CNY28.00
（纪念孔子诞辰 2550 周年系列丛书）
　　中国现代连环画。

J0083180
中华少儿传统美德故事 （尊师敬老篇　中英
对照）中国孔子基金会，中国现代文化研究中
心主编
青岛　青岛出版社 1999 年 110 页 26×25cm
ISBN：7-5436-1792-7 定价：CNY28.00
（纪念孔子诞辰 2550 周年系列丛书）
　　中国现代连环画。

J0083181
中华五千年史演义 （绘图本）石厉主编；左
义林等绘
北京　民主与建设出版社 1999 年 356 页
20cm（32 开）ISBN：7-80112-234-8
定价：CNY16.80

J0083182
走进科学世界 曹力铁主编
北京　北京科学技术出版社 1999 年 4 册
20cm（32 开）精装 ISBN：7-5304-2348-7
定价：CNY120.00
　　中国现代科普连环画。

J0083183
足球狂小子 周仕尧绘
北京　中国文联出版公司 1999 年 133 页
19cm（小 32 开）ISBN：7-5059-3375-2
定价：CNY7.80
（连环漫画明星丛书 1）

中国组画、插图画作品

J0083184
抒情画集　　萧剑青作
上海　合众书店　1933年　48页　19cm（32开）
　　本书收24幅黑白画，每图前有配画的白话诗。

J0083185
罪与罚图　　刘岘刻
上海　未名木刻社　1936年　130页　20cm（32开）
精装
　　本书为中国现代木刻组画，收俄罗斯作家陀思妥耶夫斯基长篇小说《罪与罚》木刻插图130幅，各图的说明采自韦丛芜的中译本。作者刘岘（1915—1990），版画家。河南兰封县人（现为兰考县）。毕业于日本东京美术学校学习。历任人民文学出版社美术编审、中国美术馆研究部主任。出版《阿Q正传画集》《怒吼吧中国之图》《罪与罚图》《子夜之图》《刘岘木刻选集》等。

J0083186
阿Q正传插图　　鲁迅原著；丁聪作画
重庆　群益出版社　1945年　59页　21cm（36开）
　　中国现代插图画册，本册收有24幅插画，据《阿Q正传》所刻。

J0083187
阿Q正传插画　　鲁迅原著；丁聪作画
上海　上海出版公司　1946年　13+25叶
17cm（21开）定价：CNY0.36
　　本书收插画24幅，文字据原著摘录。

J0083188
苦从何来　　蔡若虹绘
北京　新华书店　1950年　32页　有图　17cm（40开）
定价：3.00
　　本书为1946年作者在山西平定参加土改时，根据贫农诉苦材料创作了26幅漫画。分有土地的人们，苦从何来，心里的疙瘩解开了。漫画组图发表在《晋察冀日报》上后，在各个新解放区轰动一时，对土地改革起到了很好的推动作用。作者蔡若虹（1910—2002），画家，美术家。原名

蔡雍，笔名雷萌、张再学。江西九江人，毕业于上海美术专科学校。曾任延安鲁艺教员、美术系主任，《人民日报》美术编辑、中国画研究院副院长、中国文联第一至四届委员、中国美协第一至四届副主席。著作有画集《苦从何来》，诗画集《若虹诗画》，回忆录《上海亭子间时代风习》及《赤脚天堂》。

J0083189
苦从何来　　蔡若虹绘
北京　人民美术出版社　1951年　3版　32页
有图　17cm（40开）定价：旧币2,100元
　　中国现代组画画册。

J0083190
苦从何来　　（画册）蔡若虹作
北京　人民美术出版社　1964年　32页　19cm（32开）
统一书号：T8027.4274　定价：CNY0.15

J0083191
千山万水　　邵宇绘
北京　人民美术出版社　1953年　影印本
25cm（小16开）定价：旧币13,000元
　　本书为诗画集，收20幅图。作者邵宇（1919—1992），教授。曾用名邵进德，辽宁丹东人。毕业于北平美术专科学校。代表作品有《土地》《上饶集中营》《首都速写》《选举》《早读》等。

J0083192
水浒全传插图　　陈启明校订
北京　人民美术出版社　1955年　影印本　1函1册
有图　30cm（16开）线装　定价：旧币37,000元

J0083193
阿Q正传的插图　　丁聪作画
北京　朝花美术出版社　1956年　20幅　15cm（40开）
统一书号：8028.1121　定价：CNY0.88

J0083194
秦岭之最　　（宝成铁路诗画集）吕琳绘；雁翼诗
重庆　重庆人民出版社　1956年　影印本　63页
26cm（16开）统一书号：8114.11　定价：CNY1.50

J0083195

"阿诗玛"插画　黄永玉作

北京　朝花美术出版社　1957年　影印本　10页

26cm（16开）散叶　统一书号：8028.1425

定价：CNY3.60

　　《阿诗玛插图》是木版画集。作者运用优美而富有抒情味的线条和色彩，描绘人物形象和故事情节，共10幅，为水印套色木刻。作者黄永玉（1924——　），土家族，教授。历任中央美术学院教授，全国政协委员，中国美术家协会常务理事、副主席。作品有《春潮》《百花》《人民总理人民爱》《阿诗玛》等。出版有《黄永玉木刻集》《黄永玉画集》。

J0083196

杜尔伯特报照片、插图汇集　（1958年）杜尔伯特报编

杜尔伯特报社　1958年　121页　27×39cm

J0083197

阿Q正传插图　顾炳鑫作

上海　上海人民美术出版社　1959年　1套（8张）

15cm（40开）统一书号：T8081.8058

定价：CNY0.32

　　作者顾炳鑫（1923—2001），美术家。笔名甘草、朽木，江苏宝山人。历任中国美术家协会理事、上海美术家协会主席团委员、上海美协连环画艺委会主任。代表作品有连环画《渡江侦察记》《列宁在十月》等。

J0083198

群众画页　（工厂史画选　一）边疆文艺编

昆明　云南人民出版社　1959年　7折　有图

18cm（32开）统一书号：8116.326　定价：CNY0.08

J0083199

诗光画彩照黎河　河北人民美术出版社编辑

保定　河北人民出版社　1959年　32幅　19cm（32开）

统一书号：T8078.646　定价：CNY0.40

　　中国现代组画作品。

J0083200

诗画满墙　中央工艺美术学院装潢设计系集体创作

天津　天津美术出版社　1959年　21cm（21开）

统一书号：T8073.1587　定价：CNY0.40

　　中国现代组画作品。

J0083201

鞍钢颂　（组画）王盛烈等集体创作

沈阳　辽宁美术出版社　1960年　影印本　10幅

26cm（16开）统一书号：T8117.516

定价：CNY1.00

　　本书为中国现代组画画册。作者王盛烈（1923—2003），水墨画家。号橐子，祖籍山东青州。曾任鲁迅美术学院副院长、终身荣誉教授，中国美术家协会会员、中国美术家协会常务理事、辽宁中国画研究会会长、同泽书画研究院院长、沈阳市政协常委。代表作品有《悠悠天池水》《除却巫山不是云》《家乡的孩子》等。

J0083202

革新颂　（民歌诗画）杨涵等作

上海　上海人民美术出版社　1960年　39幅

15cm（40开）统一书号：T8081.4956

定价：CNY0.52

　　中国现代插图画册。作者杨涵（1920—2014），编辑。原名桂森，浙江温州人。历任上海人民美术出版社副社长、副总编、编审。主要木刻作品《淮海战役》《赔碗》《修运河水闸》。

J0083203

腰斩黄河组画　山东省腰斩黄河文艺服务团编

济南　山东人民出版社　1960年　影印本　27页

有图　26×38cm（8开）精装

统一书号：8099.371　定价：CNY7.00

J0083204

中国文艺作品插图选集　郭振华编

天津　天津美术出版社　1960年　影印本　132页

21cm（32开）统一书号：8073.1892　定价：CNY3.50

J0083205

上甘岭组画　陈兴华作

兰州　甘肃人民出版社　1962年　13张（套）

15cm（40开）定价：CNY0.55

J0083206

文学书籍插图选集　何溶编

北京 人民美术出版社 1962年 彩色影印本
85页 27cm(16开) 精装 统一书号：8027.3871
定价：CNY11.40

　　本书选编叶浅予、顾炳鑫、程十发、阿老、吴静波、张光宇、华君武、黄永玉、刘继卣等画家的插图作品115余幅。作者何溶(1921—1989)，满族，教师。姓"赫舍里"，号伯英，笔名山碧，生于吉林市。曾就读于上海大同大学、上海圣约翰大学和中央美术学院绘画系，留校任教。创办《美术》杂志，任编辑部主任。代表作品有《雪》《杉》《白玉兰》《高山之松》等。

J0083207
张光宇插图集　张光宇绘
北京 人民美术出版社 1962年 1册(75幅)
27cm(16开) 统一书号：8027.3854 定价：CNY6.00

　　本书将作者的作品分为民间故事插图，传记、小说插图及装饰插图3部分。共收入75幅图。作者张光宇(1900—1965)，画家、教授。江苏无锡人。现代中国装饰艺术的奠基者之一，执教于中央美术学院、中央工艺美术学院，中国美术家协会理事。著有《张光宇插图集》，创作设计动画影片《大闹天宫》。

J0083208
张光宇插图集　张光宇绘
北京 人民美术出版社 1980年 2版 75幅
19cm(32开) 统一书号：8027.3854 定价：CNY1.80

　　作者张光宇(1900—1964)，江苏无锡人，画家，擅长作装饰性绘画和漫画。曾任广告、装潢设计师，执教于中央美术学院、中央工艺美术学院。著有《张光宇插图集》。

J0083209
嘉陵怒涛　(组画)谭学楷作
上海 上海人民美术出版社 1965年 8张(套)
19cm(32开) 定价：CNY0.08

J0083210
昔日血泪　(煤矿工人家史 组画)李文信等作
上海 上海人民美术出版社 1965年 10张(套)
19cm(小32开) 定价：CNY0.10

J0083211
敢教日月换新天　(农村组画)沈群编文；刘

继卣等绘图
北京 人民美术出版社 1966年 62页 19cm(32开)
统一书号：T8027.4724 定价：CNY0.20

　　作者刘继卣(1918—1983)，画家。天津人。就读于天津市立美术馆西画系。曾任职于文化部艺术局、人民美术出版社，中国美术家协会理事，北京市工笔人物画研究会副会长，北京市花鸟画研究会副会长。代表作品有《大闹天宫》《雄狮图》《孔雀开屏》《鸡毛信》等。

J0083212
毛主席的好学生焦裕禄　(组画)鲁迅美术学院师生集体创作
沈阳 辽宁美术出版社 1966年 13张 19cm(32开)
定价：CNY0.45

J0083213
不爱红装爱武装　(北部湾畔女民兵连组画)广西钦州地区北海市美术创作组创作
南宁 广西人民出版社 1972年 10页 15cm(40开)
统一书号：8113.57 定价：CNY0.20

　　中国现代版画作品。

J0083214
插画的认识与应用　夏勋，郑明进编著
香港 艺术美专学院 1972年 144页 20cm(32开)

J0083215
三大纪律八项注意　(组画)济南部队美术学习班集体创作
济南 山东人民出版社 1972年 11张(套)
19cm(32开) 定价：CNY0.30

　　中国现代绘画作品。

J0083216
新愚公　(画册 厉家寨大队"农业学大寨")临沂地区《新愚公》组画创作组编绘
济南 山东人民出版社 1972年 1册
17×19cm(24开) 统一书号：8.099.71
定价：CNY0.20

　　中国现代绘画作品。

J0083217
黄泛区新貌　(组画)西华县文化教育局，杭州市美术工作团供稿

郑州 河南人民出版社 1973 年 8 幅(套)
19cm(32 开) 定价: CNY0.29

J0083218
广阔天地炼红心　扎根农村干革命　上海
美术学校工农兵美术学习班[作]
上海 上海人民出版社 1974 年 [1 张]
76cm(2 开) 定价: CNY0.11
　　根据《解放军画报》画稿创作的组画作品。

J0083219
三大纪律八项注意　济南部队美术创作学习
班绘
北京 人民美术出版社 1974 年 [1 张]
107cm(全开) 定价: CNY0.36
　　中国现代组画作品。

J0083220
三大纪律八项注意　上海人民出版社重绘
上海 上海人民出版社 1974 年 [1 张]
76cm(2 开) 定价: CNY0.11
　　根据《解放军画报》画稿创作的组画作品。

J0083221
西门豹大破神权　(法家人物故事新编) 广东
人民出版社编绘
广州 广东人民出版社 1974 年 [1 张]
107cm(全开) 定价: CNY0.22
　　中国现代组画作品。

J0083222
昔阳盛开大寨花　(四条屏) 山西省晋中地
区, 山西省轻工业学校《昔阳盛开大寨花》美术
创作组集体创作
太原 山西人民出版社 1974 年 2 张
76cm(2 开) 定价: CNY0.32
　　中国现代组画作品。

J0083223
红旗渠　(组画)
郑州 河南人民出版社 1975 年 16 幅 26cm(16 开)
定价: CNY0.77

J0083224
昔阳盛开大寨花　(四条屏) 陈更生等绘; 宋

明珠配诗
北京 人民美术出版社 1975 年 2 张 76cm(2 开)
定价: CNY0.28
　　中国现代组画作品。

J0083225
《艳阳天》插图选　方增先绘图
上海 上海人民出版社 1976 年 16 幅 19cm(32 开)
统一书号: 8171.1586 定价: CNY0.31
　　中国现代插图(绘画)画册。作者方增先
(1931—　　), 国画家。浙江兰溪人, 毕业于浙江
杭州国立艺术专科学校。上海美术馆馆长、中
国美术家协会常务理事。出版画集《方增先人物
画》《方增先水墨画诗意画》《方增先古装人物画
集》等, 专著有《怎样画水墨人物画》《结构素描》
《人物画的造型问题》等。

J0083226
《艳阳天》小说插图　浩然编文; 方增先绘图
北京 人民美术出版社 1976 年 20 幅 20cm(32 开)
统一书号: 8027.6367 定价: CNY0.85
　　中国现代插图(绘画)画册。作者浩然
(1943—　　), 回族, 研究员。字一之, 号中州颍
畔书童, 西安市文联副研究员, 中国书法家协会
会员。

J0083227
大庆在前进　(组画) 大庆文化艺术馆, 天津
艺术学院绘画系供稿
北京 人民美术出版社 1976 年 17cm(40 开)
定价: CNY0.40

J0083228
昔阳盛开大寨花　陈更生等绘; 宋明珠配诗
北京 人民美术出版社 1976 年 12 页 20cm(32 开)
统一书号: 8027.6204 定价: CNY0.25
　　中国现代组画作品。

J0083229
艳阳天插图集　方增先绘
石家庄 河北人民出版社 1977 年 30 页
26cm(16 开) 定价: CNY2.00

J0083230
红楼梦插图　戴敦邦画

上海　上海人民美术出版社　1978 年　76cm（2 开）
定价：CNY0.14

　　中国现代插图画作品。作者戴敦邦（1938— ），国画家，教授。号民间艺人。江苏丹徒人，毕业于上海第一师范学校。历任《中国少年报》《儿童时代》美术编辑，上海交通大学人文学院教授等。主要作品有《水浒人物一百零八图》《戴敦邦水浒人物谱》《戴敦邦新绘红楼梦》《戴敦邦古典文学名著画集》等，连环画代表作品有《一支驳壳枪》《水上交通站》《大泽烈火》《蔡文姬》等。

J0083231

鲁迅小说插图　丁聪绘
北京　人民美术出版社　1978 年　33 幅　20cm（32 开）
统一书号：8027.6959　定价：CNY0.52

　　作者丁聪（1916—2009），著名漫画家、舞台美术家。生于上海。曾任《人民画报》副总编辑，中国美术家协会漫画艺术委员会主任。作品有《鲁迅小说插图》《丁聪插图》《四世同堂》《骆驼祥子》作品插图。

J0083232

鲁迅小说插图集　范曾绘；刘炳森书；荣宝斋编辑
北京　荣宝斋　1978 年　26cm（16 开）
统一书号：8030.1010　定价：CNY0.85

　　作者范曾（1938— ），画家、学者。字十翼，别署抱冲斋主。江苏南通人，毕业于中央美术学院中国画系。历任中央工艺美术学院讲师、副教授，南开大学东方艺术系教授、博士生导师，中国艺术研究院终身研究员等。代表作品有《庄子显灵记》《范曾自述》《老子出关》《钟馗神威》等。

J0083233

伟大的无产阶级革命导师马克思和恩格斯　（组画）乌兰汗编文；高莽绘
北京　人民美术出版社　1978 年　57 页　19cm（32 开）

J0083234

文学作品插图选　丁漪编
合肥　安徽人民出版社　1978 年　100 页
25cm（16 开）统一书号：8102.966　定价：CNY3.60

J0083235

周恩来同志在梅园新村　李毓琦编文；沈行工，陈守义绘画
南京　江苏人民出版社　1978 年　12 页　19cm（32 开）
定价：CNY0.30

　　中国现代绘画作品。作者沈行工（1943— ），画家，艺术家。浙江宁波人，毕业于南京艺术学院。南京艺术学院教授、硕士生导师，中国美术家协会会员、中国油画学会理事、江苏省油画学会名誉主席、艺术委员会主席。代表作品《小镇春深》《秋晴》《读书人生》《蓝色的江南风景》《雪后的江南风景》等。作者陈守义（1944— ），浙江温州人，毕业于浙江美术学院油画系。中国美术家协会会员、浙江美术家协会理事、浙江美术教育研究会副会长。主要作品有《山城》《水乡的回忆》《巴黎春色》等。

J0083236

周恩来同志在重庆　葛修翰编文；贺成，胡博综绘画
南京　江苏人民出版社　1978 年　13 页　19cm（32 开）
定价：CNY0.30

　　中国现代绘画作品。作者贺成（1945— ），国家一级美术师。字峥然，号古杨。出生于山东枣庄，毕业于南京艺术学院。中国美术家协会会员，中华诗词学会会员，江苏省艺术研究院研究员，江苏省国画院人物画创研所原所长等。代表作品《共和之光》《欲与江山共娇》《马背上的歌》《辛亥风云》等。作者胡博综（1941— ），编审。江苏无锡人。中国美协会员，江苏美术出版社副总编、编审，中国美协连环画艺委会委员、江苏省美协理事。连环画作品有《十二品正官》《倪焕之》《要是我当县长》等。

J0083237

壮乡沐春风　（周总理在广西的故事片段　组画）郑际浩编文；雷德祖绘画
南宁　广西人民出版社　1978 年　6 页　19cm（32 开）
定价：CNY0.52

　　中国现代绘画作品。

J0083238

山河颂　徐希绘；易和元著
北京　人民美术出版社　1979 年　12 页　20cm（32 开）
统一书号：8027.9117　定价：CNY0.35

中国现代山河颂组画画册作者徐希（1940—2015），画家。曾用名徐振武。浙江绍兴人，毕业于浙江美术学院。曾任人民美术出版社编辑、一级美术师、中国美术家协会会员。代表作品《长城》《布达拉宫》《湖上晨曲》《江南喜雨》等。

J0083239

天安门诗抄 （插图选）童怀周选诗；吴作人等绘
上海　上海人民美术出版社　1979年　41幅
20cm（32开）统一书号：8081.11552
定价：CNY3.00
　　中国现代插图画册。作者吴作人（1908—1997），著名画家、教授。生于江苏苏州，祖籍安徽泾县，先后就读于苏州工业专科学校建筑系、上海艺术大学、南国艺术学院美术系及南京中央大学艺术系。曾任中央美术学院院长、中国美术家协会主席等。出版有《吴作人》《吴作人艺术馆藏品集》《吴作人画传》等。

J0083240

周恩来同志在梅园新村　李光羽编文；韩和平等绘画
上海　上海人民美术出版社　1979年　102页
13cm（60开）定价：CNY0.18
　　本画册用水墨画的形式，收入102幅图。作者韩和平（1932—2019），连环画家、教授。吉林东宁人，毕业于中央美术学院华东分院绘画系。曾在上海人民美术出版社从事连环画创作，历任上海大学美术学院油画系副主任、副教授，艺术研究所主任。作品连环画有《铁道游击队》《红岩》等。

J0083241

巴山蜀水　（丙烯画 汉、英文对照）袁运甫等画
北京　人民美术出版社　1980年　1折　38cm（6开）
定价：CNY0.40
（北京首都机场壁画）
　　作者袁运甫（1933—2017），画家、教育家。江苏南通人，毕业于中央美术学院。历任清华大学美术学院教授、博士生导师、装饰艺术研究所所长，中央工艺美术学院教授，清华大学张仃艺术研究中心主任，中国国家画院公共艺术院院长等。代表作品有《祖国大地》《江山胜揽》《晨曦》等。

J0083242

卢廷光插图新作选　卢廷光绘
台北　东门出版社［1980—1989年］198页
26cm（16开）定价：TWD260.00

J0083243

速写插画集　长濑宝著；苏萱译
台北　欣大出版社　1980年　189页　21cm（32开）
定价：TWD70.00

J0083244

壁报设计画苑　高松寿著
台南　信宏出版社　1981年　222页　21cm（32开）

J0083245

初中语文插图集　（1）秦亢宗编
福州　福建教育出版社　1981年　29页　19cm（32开）
统一书号：7159.634　定价：CNY0.11

J0083246

初中语文插图集　（2）秦亢宗编
福州　福建教育出版社　1981年　28页　19cm（32开）
统一书号：7159.673　定价：CNY0.11

J0083247

初中语文插图集　（3）秦亢宗编
福州　福建教育出版社　1981年　30页　19cm（32开）
统一书号：7159.635　定价：CNY0.11

J0083248

初中语文插图集　（4）秦亢宗编
福州　福建教育出版社　1981年　28页　19cm（32开）
统一书号：7159.674　定价：CNY0.11

J0083249

初中语文插图集　（5）秦亢宗编
福州　福建教育出版社　1981年　21页　19cm（32开）
统一书号：7159.636　定价：CNY0.09

J0083250

初中语文插图集　（6）秦亢宗编
福州　福建教育出版社　1981年　25页　19cm（32开）
统一书号：7159.675　定价：CNY0.10

J0083251

红楼梦插图集　戴敦邦绘；张鸿林编

石家庄　河北人民出版社　1981 年　36 页

19cm（32 开）统一书号：8086.1324　定价：CNY1.30

　　本书系中国现代插图画册。作者戴敦邦
（1938—　 ），国画家，教授。号民间艺人。江苏
丹徒人，毕业于上海第一师范学校。历任《中国
少年报》《儿童时代》美术编辑、上海交通大学人
文学院教授等。主要作品有《水浒人物一百零八
图》《戴敦邦水浒人物谱》《戴敦邦新绘红楼梦》
《戴敦邦古典文学名著画集》等，连环画代表作品
有《一支驳壳枪》《水上交通站》《大泽烈火》《蔡
文姬》等。

J0083252

全国书籍插图选　（1977— 1979）中国出版工
作者协会装帧研究室编

长沙　湖南美术出版社　1981 年　19cm（32 开）

统一书号：8233.132　定价：CNY2.00

　　本书由张慈中选编，共收有 27 家出版社的
85 位作者的 79 种书籍插图。

J0083253

插图　（1）

天津　天津人民美术出版社　1982 年　44 页

26cm（16 开）统一书号：8073.50246

定价：CNY1.40

J0083254

插图　（2）

天津　天津人民美术出版社　1986 年　52 页

26cm（16 开）统一书号：8073.50353

定价：CNY1.50

J0083255

插图　（3）

天津　天津人民美术出版社　1987 年　42 页

26cm（16 开）定价：CNY1.80

J0083256

丰子恺绘画鲁迅小说　（阿 Q 正传）丰子恺绘

杭州　浙江人民出版社　1982 年　107 页

19cm（小 32 开）定价：CNY0.31

　　本书收入有关鲁迅小说的中国绘画作品。
作者丰子恺（1898—1975），画家、文学家、艺

教育家。原名丰润，又名仁、仍，字子觊，后改
为子恺，笔名 TK，浙江嘉兴人。作品有《缘缘堂
随笔》、画集《子恺漫画》等。

J0083257

丰子恺绘画鲁迅小说　（风波·药）丰子恺绘

杭州　浙江人民出版社　1982 年　76 页

19cm（小 32 开）定价：CNY0.24

　　本书收入有关鲁迅小说的中国绘画作品。

J0083258

丰子恺绘画鲁迅小说　（故乡·明天）丰子恺绘

杭州　浙江人民出版社　1982 年　74 页

19cm（小 32 开）定价：CNY0.23

　　本书收入有关鲁迅小说的中国绘画作品。

J0083259

丰子恺绘画鲁迅小说　（社戏·白光）丰子恺绘

杭州　浙江人民出版社　1982 年　72 页

19cm（小 32 开）定价：CNY0.23

　　本书收入有关鲁迅小说的中国绘画作品。

J0083260

丰子恺绘画鲁迅小说　（祝福·孔乙己）丰子
恺绘

杭州　浙江人民出版社　1982 年　66 页

19cm（小 32 开）定价：CNY0.22

　　本书收入有关鲁迅小说的中国绘画作品。

J0083261

红楼梦插图　（清）王钊绘

济南　山东人民出版社　1982 年　70 页　19cm（32 开）

统一书号：8099.2408　定价：CNY0.39

　　本书系王钊绘中国清代插图画册。

J0083262

张守义外国文学插图集　张守义绘

长沙　湖南美术出版社　1982 年　19cm（32 开）

统一书号：8233.291　定价：CNY0.70

　　本书收了作者的外国文学作品插图 100 余
件。作者张守义（1930—2008），教授。生于河北
平泉县，毕业于中央美术学院绘画系，并在中央
工艺美术学院装潢系书籍装帧研究班学习。历
任人民出版社编辑室主任、编审，中国美术家协
会插图和书籍装帧艺术委员会主任，中国人民大

学徐悲鸿艺术学院教授。

J0083263

张守义外国文学插图集 （第2集）张守义绘

长沙 湖南美术出版社 1986年 18cm（15开）

统一书号：8233.1070 定价：CNY1.80

本书收集作者为数十个国家出版的文学书籍所做的插图、设计作品200余幅。本书由曹靖华题写书名，郭振华、冯亦代分别作序，二集末尾有作者《我怎样"在纸上演戏"》的讲演。

J0083264

赵孟頫考经图卷 赵孟頫著

台北编译馆 1982年 3版 27×38cm

定价：旧台币2.70

（中华丛书）

本书是中国画画册。作者赵孟頫（1254—1322），元代著名书画家、诗人。字子昂，号松雪道人等。浙江吴兴（今浙江湖州市）人。能诗善文，精绘艺，工书法，"楷书四大家"之一。作品有《秋郊饮马图》《秀石疏林图》《松石老子图》等，著有《松雪斋文集》等。

J0083265

《三国演义》人物绣像 崔君沛绘

西安 陕西人民美术出版社 1983年 73页

25cm（15开）统一书号：8199.531 定价：CNY1.30

本书把绘画、书法、篆刻揉为一体，生动地描绘了126个不同性格的人物形象。作者崔君沛（1950—2008），画家。广东番禺人。曾任上海人民美术出版社专职画家，中国美术家协会上海分会会员，上海老城厢书画会副会长，中国艺术研究院特邀书画师。出版有《三国人物绣像》《崔君沛画集》《红楼人物册》《李自成·清兵入塞》《南原激战》等。

J0083266

彩色动物插画 严德祥编

台北 台钜出版社 1983年 191页 30cm（15开）

精装

外文书名：Color Animals Design.

J0083267

林墉插图选 林墉绘；林抗生编

广州 花城出版社 1983年 123页 26cm（16开）

统一书号：8261.11 定价：CNY3.50

本书为作者各种书刊插画的精选本。作者林墉（1942—　），画家、国家一级美术师。广东潮州人，毕业于广州美术学院中国画系。中国美术家协会副主席、广东画院院长、美协广东分会主席、暨南大学艺术中心主任。作品有《宋庆龄》《访问巴基斯坦组画》，出版有《林墉作品选》《林墉访问巴基斯坦选集》《人体速写》等。

J0083268

三国人物画片 （一）蔡岚著

重庆 重庆出版社 1983年 10张 8×13cm

定价：CNY0.30

本作品是现代中国人物画。

J0083269

三国人物画片 （二）蔡岚绘画

重庆 重庆出版社 1984年 10张 8×13cm

定价：CNY0.30

J0083270

彦涵插图选 彦涵绘

成都 四川人民出版社 1983年 69页 27cm（16开）

统一书号：8118.1060 定价：CNY5.00

作者彦涵（1916—2011），版画家、美术教育家。江苏连云港人。中央美术学院教授、中国美术家协会艺术委员会主任。出版有《彦涵版画》《彦涵画集》《彦涵中国画集》《文学之画》等。

J0083271

中国古典小说戏剧人物图稿 余毅主编

台北 书画出版社 1983年 168页 有图

26cm（16开）

定价：TWD400.00

J0083272

丁聪插图 丁聪绘；郭振华编

长沙 湖南美术出版社 1984年 150页

18cm（15开）统一书号：8233.599 定价：CNY2.60

丁聪是我国在当代素描、漫画、插画、书刊设计、舞台设计艺术等方面最具代表性的画家之一，是一位多才多艺的艺术家。本书是编者为丁聪先生编选设计的一本作品选集。

J0083273
红岩英烈　张奇开等绘
重庆　重庆出版社　1984 年　12 张　13cm（60 开）
定价：CNY0.42

J0083274
诗意画片　（1）重庆出版社编
重庆　重庆出版社　1984 年　10 张　13cm（60 开）
折装　定价：CNY0.30

J0083275
武林插图选集　周芜编
杭州　浙江人民美术出版社　1984 年　204 页
24cm（16 开）统一书号：8156.396　定价：CNY3.00
　　本书是以杭州（旧称武林）为中心包括绍兴、
萧山、宁波、金华、台州、温州等地区的历代版
画作品选集。作者周芜（1921—1990），教授。又
名白沙，安徽巢县人，曾在陕北公学院、延安鲁
迅艺术学院、陇东抗大七分校学习。后任教于安
徽大学、安徽师范大学、安徽省教育学院。出版
有《徽版画史论集》《中国版画史图录》《中国现
代版画与民间年画》等。

J0083276
一生　（吴冠英插图作品）吴冠英绘
北京　人民美术出版社　1984 年　8 页　25cm（16 开）
折装　统一书号：8027.9020　定价：CNY0.35
（新美术画库）

J0083277
寓言画片　（二）叶永青绘
重庆　重庆出版社　1984 年　10 张　13cm（60 开）
定价：CNY0.30

J0083278
中国文艺作品插图选集　郭振华编
天津　天津人民美术出版社　1984 年　288 页
22cm（30 开）精装　统一书号：8073.50251
定价：CNY13.00
　　本书是从近 2000 幅插图原稿中，挑选出内
容和风格各有特色的插图作品，其中有彩色插图
90 多幅，有黑白插图 400 幅。

J0083279
1986：摄影——插画艺术
天津　天津人民美术出版社　1985 年　53cm（4 开）
定价：CNY3.20
　　1986 年历书，现代插画作品的摄影集。

J0083280
戴卫封面插图选集　戴卫绘
天津　天津人民美术出版社　1985 年　88 页
21cm（32 开）统一书号：8073.50339
定价：CNY4.80
　　作者戴卫（1943—　），艺术家。斋号风骨
堂。出生于西藏拉萨市，毕业于四川美术学院，
曾在中国画研究院深造。四川省诗书画院常务
副院长、中国美术家协会理事、中国美协中国画
艺术委员会会员、四川省美术家协会副主席、国
家一级美术师等。作品有《李逵探母》《钟声》《回
声》等。

J0083281
电视连续剧《陈真》人物绣像　竹仁作
北京　中国戏剧出版社　1985 年　2 张　76cm（2 开）
定价：CNY0.44
　　中国现代年画。

J0083282
高燕插图集　高燕绘
重庆　重庆出版社　1985 年　224 页　21cm（32 开）
统一书号：8114.228　定价：CNY4.30

J0083283
雷德祖插图集　雷德祖绘；安徽美术出版社
编辑
合肥　安徽美术出版社　1985 年　121 页
26cm（16 开）统一书号：8381.136　定价：CNY4.00
　　作者雷德祖（1942—1991），连环画家、编
辑。生于广西南宁，毕业于广西艺术学院。中国
美术家协会会员，广西美术家协会副主席，中国
连环画研究会常务理事，《美术界》主编。代表作
有《斯巴达克思》《世界名著连环画丛书》等。

J0083284
力求严肃认真思考的札记　黄永玉绘著
北京　三联书店　1985 年　135 页　19cm（32 开）
统一书号：8002.5　定价：CNY2.30
　　本书收著者语录 68 则，含蓄而幽默，配有
135 幅插图。作者黄永玉（1924—　），土家族，

教授。中央美术学院教授，全国政协委员，中国美术家协会常务理事、副主席。作品有《春潮》《百花》《人民总理人民爱》《阿诗玛》等。出版有《黄永玉木刻集》《黄永玉画集》。

J0083285

刘旦宅聊斋百图　刘旦宅绘；郑万泽撰

天津　新蕾出版社　1985 年　24cm（26 开）统一书号：R8213.10　定价：CNY3.20

　　本书是从刘旦宅为郑万泽译写的《聊斋故事选编》所做的插图中选印的。作者刘旦宅（1931—2011），教授、画家。原名浑，又名小粟，后改名旦宅，别名海云生。浙江温州人。曾在上海市大中国图书局、上海教育出版社、上海人民美术出版社绘画，上海师范大学美术系主任。代表作品《曹血雪芹生平》《琵琶行》《刘旦宅聊斋百图》《石头记人物画册》等。

J0083286

卢延光插图集　卢延光绘；安徽美术出版社编辑

合肥　安徽美术出版社　1985 年　120 页26cm（16 开）统一书号：8381.109　定价：CNY4.00

　　作者卢延光（1948—　　），画家、书法家、国家一级美术师。广东开平县人。历任广州艺术博物院院长、广州市美术家协会主席、广州市文艺创作研究所艺术研究室主任、广州市文史研究馆副馆长、广州市政协常委。代表作品有《一百皇帝图》《一百仕女图》《一百儒士图》《一百僧佛图》等百图系列。

J0083287

卢延光插图集　卢延光绘

合肥　安徽美术出版社　1996 年　重印本　120 页26cm（16 开）ISBN：7-5398-0482-3定价：CNY13.50

J0083288

梦中缘　（清）蒲松龄原著；张剑萍改编；陈全胜绘画

济南　山东美术出版社　1985 年　70 页　20cm（32 开）定价：CNY0.68

　　本书是根据蒲松龄《聊斋志异》中《王桂庵》一篇改编的连环画，共 70 幅图。作者蒲松龄（1640—1715），文学家。字留仙，一字剑臣，

别号柳泉居士，世称聊斋先生。山东淄川（今山东淄博）人。著有《聊斋志异》《聊斋文集》等。作者张剑萍（1928—　　），山东省鄄城县人。历任曹州书画院副院长、副研究员、山东省第五届文联委员、山东省第二届书法家协会理事、菏泽地区首届书法家协会主席、中国书法家协会会员、山东泰山国画研究院名誉院长、湖南中国武陵书画家协会名誉主席、南京徐悲鸿画院艺术顾问等。代表作品有《古诗行草集粹》《五体书前后赤壁赋》。作者陈全胜（1950—　　），画家。出生于青岛，祖籍山东文登市。历任中国美协理事、山东美协副主席、国家一级美术师、山东美术家协会副主席，深圳大学艺术学院客座教授。代表作有连环画《辛弃疾》《梦中缘》等，特种邮票《三国演义》《聊斋志异》。

J0083289

中国古本戏曲插图选　周芜编著

天津　天津人民美术出版社　1985 年　337 页26cm（16 开）统一书号：8073.50261定价：CNY7.00

　　本书收入明清时期 156 种戏曲图书中木板插图 337 幅。作者周芜（1921—1990），教授。又名白沙。安徽巢县人，曾在陕北公学院、延安鲁迅艺术学院、陇东抗大七分校学习。后任教于安徽大学、安徽师范大学、安徽省教育学院。出版有《徽版画史论集》《中国版画史图录》《中国现代版画与民间年画》等。

J0083290

《水浒》一百零八将

成都　四川美术出版社　1986 年　2 张　有图76cm（2 开）定价：CNY0.90

　　中国现代插画作品选集。

J0083291

戴敦邦黑白插图选　戴敦邦绘

杭州　浙江人民美术出版社　1986 年　164 页26cm（16 开）统一书号：8156.1073定价：CNY2.50

　　本书选辑作者为古典文学作品《古本董解元西厢记》《水浒全传》《红楼梦》等 16 种书籍所做的插图，计 170 幅。作者戴敦邦（1938—　　），国画家，教授。号民间艺人。江苏丹徒人。毕业于上海第一师范学校。历任《中国少年报》《儿童

时代》美术编辑、上海交通大学人文学院教授等。主要作品有《水浒人物一百零八图》《戴敦邦水浒人物谱》《戴敦邦新绘红楼梦》《戴敦邦古典文学名著画集》等，连环画代表作品有《一支驳壳枪》《水上交通站》《大泽烈火》《蔡文姬》等。

J0083292

花城插图选　　花城出版社编
广州　花城出版社　1986 年　154 页　10cm（64 开）
统一书号：8261.247　定价：CNY8.70
　　本书选自花城出版社出版的各种书刊的插图，其中以文学插图为主。

J0083293

水浒组画　　周京新绘
南京　江苏美术出版社　1986 年　8 幅　17cm（32 开）
统一书号：8353.6.051　定价：CNY1.20
　　中国现代插画画册。作者周京新（1959—　　），画家、教授。祖籍江苏通州，毕业于南京艺术学院中国画专业。曾任南京艺术学院美术系中国画教研室主任、院长、教授、博士生导师，江苏省国画院院长，《美术与设计》杂志副主编。代表作品《水浒组画集》《周京新画集》等。

J0083294

题花插图精选　　习达桢主编
长沙　湖南科学技术出版社　1986 年　233 页　10cm（64 开）统一书号：8204.24　定价：CNY2.95

J0083295

中国古典插图画典　　王星华编辑
台北　常春树书坊　1986 年　577 页　有图　20cm（32 开）精装　定价：TWD600.00
（书香经典）

J0083296

庄因诗画　　庄因著
台北　纯文学出版社　1986 年　199 页　有图　20cm（32 开）定价：TWD220.00
（纯文学丛书 138）

J0083297

插图　　陈玉先等绘
南宁　广西人民出版社　1987 年　117 页

21cm（32 开）ISBN：7-219-00413-3
定价：CNY3.25
　　作者陈玉先（1944—　　），国画家、美术家。安徽淮南人。历任《解放军报》副主编、中国美术家协会艺术委员会副主任。代表作品有《井冈山斗争》《红灯记》《红色娘子军》《草原儿女》。专著有《速写技法》《陈玉先插图作品选》《陈玉先中国画》。

J0083298

插图作品选　　（第三届全国书籍装帧艺术展览）
高同宝编
石家庄　河北美术出版社　1987 年　98 页　25cm（15 开）定价：CNY9.80
　　本书收集 1979—1986 年全国 58 位画家 159幅书籍插图作品。包括《三国演义》《水浒传》《西游记》《红楼梦》等。作者高同宝（1937—　　），美术编辑。曾用笔名高鹏。河北晋州市人，毕业于河北美术学院（现天津美术学院）。曾在河北美术出版社、河北教育出版社做美术编辑。主要作品有《无底洞》《龙宫借宝》《流沙河》《高同宝画集》等。

J0083299

陈玉先、仓小宝、袁正阳、赵希玮、廖宗怡插图
南宁　广西人民出版社　1987 年　117 页　有图　19cm（32 开）定价：CNY3.25

J0083300

红楼梦人物谱　　吴雪编文；庆涛等绘画
天津　天津人民美术出版社　1987 年　1 张　有图　53cm（4 开）定价：CNY0.18

J0083301

红楼梦绣像　　（一）艾馨编文；杨福音绘画
长沙　湖南美术出版社　1987 年　64 张　有图　10cm（128 开）盒装　定价：CNY1.50
　　作者杨福音（1942—　　），美术师。湖南长沙人。历任广州书画研究院高级画师、广州书画研究院副院长、湖南师大美术学院客座教授、杨福音艺术馆馆长。

J0083302

红楼梦绣像　　（二）艾馨编文；莫高翔等绘画

长沙 湖南美术出版社 1987年 64张 有图
10cm（128开）盒装 定价：CNY1.50

J0083303

红楼梦绣像 （三）艾馨编文；朱训德等绘画
长沙 湖南美术出版社 1987年 64张 有图
10cm（128开）盒装 定价：CNY1.50

　　作者朱训德（1954—　），教授。笔名释然，
湖南湘乡人，毕业于湖南师范大学艺术系学习，
留校任教。历任中国画研究室主任及美术系主
任、教授，中国美术家学会理事。代表作品有《春
花集锦》《洞庭吟月》《朝天辣》《晚炊》等。

J0083304

清宫珍宝丽美图
台北 天一出版社 1987年 影印本 216页
21cm（32开）定价：TWD300.00

　　本书即《金瓶梅》全图，分上下集，共二百图。

J0083305

裘沙画集 （鲁迅文学作品组画）裘沙，王伟
君绘
成都 四川美术出版社 1987年 88页 有肖像
25×26cm ISBN：7-5410-0040-X 定价：CNY11.00

J0083306

三国演义绣像 （一）艾馨编文；长虹，五丰
绘画
长沙 湖南美术出版社 1987年 64张 有图
7×10cm 盒装 定价：CNY1.50

J0083307

三国演义绣像 （二）艾馨编文；长虹，五丰
绘画
长沙 湖南美术出版社 1987年 64张 有图
7×10cm 盒装 定价：CNY1.50

J0083308

三国演义绣像 （三）艾馨编文；彭本人，彭
凯绘画
长沙 湖南美术出版社 1987年 64张 有图
7×10cm 盒装 定价：CNY1.50

　　作者彭本人（1945—　），编辑。湖南桂阳
人。毕业于湖南师范学院美术系。擅长中国画、
连环画。中国美术家协会会员。主要作品有《中

国姑娘》《三十八颗人头》《欧阳海》《银妆》《两
代人》等。

J0083309

水浒传绣像 （一）艾馨编文；姚阳光等绘画
长沙 湖南美术出版社 1987年 64张 有图
［7×9cm］盒装 统一书号：8233.1127
定价：CNY1.50

J0083310

王怀庆插图选 王怀庆绘
沈阳 辽宁美术出版社 1987年 81页 18cm（32开）
定价：CNY1.50

J0083311

西游记绣像 （一）艾馨编文；陈安民绘画
长沙 湖南美术出版社 1987年 64张 有图
［7×9cm］（128开）盒装 定价：CNY1.50

J0083312

西游记绣像 （二）艾馨编文；廖正华等绘画
长沙 湖南美术出版社 1987年 ［64］张 有图
［7×9cm］（128开）盒装 定价：CNY1.50

J0083313

中青年画家插图作品集 王怀琪等绘
长春 吉林美术出版社 1987年 190页
21cm（32开）ISBN：7-5386-0014-0
定价：CNY4.90

　　本书为中外文学作品所创作的插图集，汇辑
中国几十位中青年插图画家的优秀作品190幅
图。作者王怀琪，著名画家。北京人，毕业于中
央美院，在石家庄河北美校任教，历任蒋兆和创
作室的成员，河北美协主席、河北画院院长。

J0083314

黑猫警长 范马迪，李翔作
福州 福建科学技术出版社 1988年 10张
15cm（40开）定价：CNY1.60

　　中国现代插画作品。

J0083315

计谋 岳恒文；刘洛平画
北京 中国城市经济社会出版社 1988年
19cm（32开）定价：CNY0.75

（佐罗新冒险丛书 12）
　　中国现代插画作品。

J0083316
将计就计　岳恒文；刘洛平画
北京 中国城市经济社会出版社 1988 年
19cm（32 开）定价：CNY0.75
（佐罗新冒险丛书 8）
　　中国现代插画作品。

J0083317
将军的下场　洪水平文；刘洛平画
北京 中国城市经济社会出版社 1988 年
19cm（32 开）定价：CNY0.75
（佐罗新冒险丛书 6）
　　中国现代插画作品。

J0083318
教堂风波　陈耀中文；宋祖廉画
北京 中国城市经济社会出版社 1988 年
19cm（32 开）定价：CNY0.75
（佐罗新冒险丛书 9）
　　中国现代插画作品。

J0083319
接福增寿　孙伯礼作
开封 河南朱仙镇年画社 ［1988 年］1 张
76cm（2 开）定价：CNY0.25

J0083320
洁
上海 上海人民美术出版社 1988 年 1 张
54cm（4 开）定价：CNY0.36
　　中国现代插画作品。

J0083321
九大奇迹　吴道全撰文；刘晓钟，唐雯绘
成都 四川少年儿童出版社 1988 年 有彩图
26cm（16 开）ISBN：7-5365-0185-4
定价：CNY4.26
（少年艺术画丛）
　　中国现代插画作品。

J0083322
蓝精猴出世　何厚础，宁泉骋编；陆佳绘

广州 新世纪出版社 1988 年 15cm（40 开）
定价：CNY0.72
　　中国现代插画作品。

J0083323
聊斋百图　刘旦宅绘
台北 跃升文化事业公司 1988 年 213 页
18cm（15 开）定价：TWD120.00
（文学志 4）
　　中国现代插画作品。作者刘旦宅（1931—
2011），教授、画家。原名浑，又名小粟，后改名
旦宅，别名海云生。浙江温州人。曾在上海市大
中国图书局、上海教育出版社、上海人民美术出
版社绘画，上海师范大学美术系主任。代表作
有《曹血雪芹生平》《琵琶行》《刘旦宅聊斋百图》
《石头记人物画册》等。

J0083324
破灭的梦　岳恒文；刘洛平画
北京 中国城市经济社会出版社 1988 年
19cm（32 开）定价：CNY0.75
（佐罗新冒险丛书 10）
　　中国现代插画作品。

J0083325
巧取财宝　陈耀中文；宋祖廉画
北京 中国城市经济社会出版社 1988 年
19cm（32 开）定价：CNY0.75
（佐罗新冒险丛书 1）
　　中国现代插画作品。

J0083326
舍身闯敌船　岳恒文；宋祖廉画
北京 中国城市经济社会出版社 1988 年
19cm（32 开）定价：CNY0.75
（佐罗新冒险丛书 7）
　　中国现代插画作品。

J0083327
神秘的旅客　陈镔文；宋祖廉画
北京 中国城市经济社会出版社 1988 年
19cm（32 开）定价：CNY0.75
（佐罗新冒险丛书 13）
　　中国现代插画作品。

J0083328
诗意画片 （2）重庆出版社编
重庆 重庆出版社 1988 年 10 张 13cm（60 开）
折装 定价：CNY0.40
　　中国现代插画作品。

J0083329
书刊插图艺术集 吉林美术出版社编
长春 吉林美术出版社 1988 年 224 页 19×19cm
ISBN：7-5386-0105-8 定价：CNY5.00
　　本书收入 116 位画家的插图作品 224 件。
附画家简介。

J0083330
题图插图封面选集 戴士和编
成都 四川人民出版社 1988 年 254 页 19×18cm
ISBN：7-220-00008-1 定价：CNY5.00
（走向未来丛书）

J0083331
现代文学作品插图选 刘长青编
济南 山东美术出版社 1988 年 133 页
21cm（32 开）ISBN：7-5330-0077-3
定价：CNY3.40

J0083332
爱之旅 （琼瑶诗词专辑）
昆明 云南民族出版社 [1989 年] 10 张
15cm（40 开）定价：CNY2.20
　　中国现代组画作品。

J0083333
静默的清香 （席慕蓉诗作）
福州 福建少年儿童出版社 [1989 年] 10 张
15cm（40 开）定价：CNY2.00

J0083334
思沁蒙古秘史人物画 （汉英对照）思沁绘
北京 民族出版社 1989 年 39 页 78×11cm
定价：CNY14.00

J0083335
中国古代怪异图 （山海经插图选）杨化选辑
天津 天津杨柳青画社 1989 年 170 页
26cm（16 开）ISBN：7-80503-074-X

定价：CNY16.50
　　本书集中介绍了《山海经》插图，选自多种
版本，以吴任臣《山海经广注》、汪绂《山海经存》
为最多。后附刘见《关于山海经图》长文一篇。

J0083336
插图与随笔 秦龙绘
哈尔滨 黑龙江美术出版社 1990 年 311 页
19cm（32 开）ISBN：7-5318-0073-X
定价：CNY9.80
　　本书收入作者有关人物、动物、风景等随笔
221 幅以及《红与黑》《传国玉玺》等 86 种图书
中的插图 90 幅。作者秦龙（1939—　），连环画
画家。生于成都，毕业于中央工艺美术学院。中
国美术家协会会员、中国美协插图装帧艺术委员
会副主任、人民出版社美术编辑。连环画作品有
《希腊神话的故事》《秦龙画集》。

J0083337
戴敦邦聊斋人物谱 郑万泽编文；戴敦邦，
戴红杰编绘
天津 天津杨柳青画社 1990 年 102 页
33cm（5 开）ISBN：7-80503-018-9
定价：CNY7.20
　　本书为蒲松龄《聊斋志异》所作人物图谱
102 幅。一图取一段聊斋故事。人物造型高古而
生动，可上逮陈洪绶、任熊，而又新意盎然。

J0083338
逗趣的壁报插画 江静山译
台南 信宏出版社 1990 年 188 页 21cm（32 开）
ISBN：957-538-082-7 定价：TWD110.00
（美术 57）
　　中国现代宣传画作品。

J0083339
儿童插画设计 （Ⅰ）
台北 邯郸出版社 [1990—1999 年] 236 页
17×19cm 定价：TWD450.00

J0083340
广告人物插图选 春华编
香港 百灵出版社 [1990—1999 年] 189 页
21cm（32 开）定价：HKD75.00

J0083341

建筑配景集锦　高雷编
南宁 广西美术出版社 1990 年 164 页
19cm（小 32 开）定价：CNY3.00

J0083342

孔雀东南飞五十二图　徐淦编注；叶毓中绘
南宁 广西美术出版社 1990 年 52 页
19cm（小 32 开）定价：CNY3.00

J0083343

若峪文学插图集　若峪绘；花城出版社美术
编辑室编
广州 花城出版社 1990 年 154 页 26cm（16 开）
ISBN：7-5360-0277-7 定价：CNY9.00

J0083344

三个和尚百态图　黄荣章选编
广州 岭南美术出版社 1990 年 30 页
19cm（小 32 开）定价：CNY0.75

J0083345

图像札记　徐秀美著
台北 艺术家出版社 1990 年 196 页 有图
21cm（32 开）定价：TWD280.00
　　外文书名：Notebook of Pictorial Images.

J0083346

一赋一画　（历代辞赋名篇佳作）南方编注；
黄全昌，唐勇力绘画
西安 未来出版社 1990 年 204 页 20cm（32 开）
ISBN：7-5417-0323-0 定价：CNY4.30
　　本书精选汉魏至明清历代 37 位辞赋家赋作
名篇 42 篇，并配有画意图。

J0083347

赵白山动物画　赵白山绘；少年儿童出版社编
上海 少年儿童出版社 1990 年 20cm（32 开）
定价：CNY3.40
　　本书共收入作者为各类自然科学书籍所做
的动物插图 200 多幅。作者赵白山（1906—？），
连环画家。江苏张家港人，毕业于新华艺术专科
学校。少年儿童出版社美术编辑、中国美术家协
会上海分会会员、上海科普创作协会会员。主要
作品有《辞海动物插图》《生物的启示》（插图），

《有趣的动物及有趣的植物》（插图），《海洋的秘
密》（插图），《海洋牧场》（插图），年画宣传画
《家禽——鸽》等。

J0083348

赵克标插图集　赵克标绘
广州 新世纪出版社 1990 年 91 页 20cm（32 开）
ISBN：7-5405-0467-6 定价：CNY4.50

J0083349

中国十大古典文学名著画集　（1 红楼梦）
阮波，张自申主编
台北 汉光文化事业公司 1990 年 216 页
29cm（16 开）精装 ISBN：957-629-039-2
定价：TWD8000.00（全套）
　　外文书名：A Pictorial Series of The Ten
Greatest Chinese Literature Classics. 作者阮波
（1927— ），女。作家、出版工作者。原名张薇青，
笔名文薇、柏青。上海人，中国人民大学西洋文
学系硕士毕业。中国轻工业出版社编辑室主任
兼副总编辑、中国展望出版社社长兼总编辑、上
海国际展望信息传播中心董事长、国际报告文学
研究会副秘书长，北京国际商学院名誉院长。代
表作品《和平晨曲》《明日朗朗》《蔷薇青青》《虎
穴深深》等。

J0083350

中国十大古典文学名著画集　（2 离骚）阮
波，张自申主编
台北 汉光文化事业公司 1990 年 216 页
29cm（16 开）精装 ISBN：957-629-040-6
定价：TWD8000.00（全套）
　　外文书名：A Pictorial Series of The Ten
Greatest Chinese Literature Classics.

J0083351

中国十大古典文学名著画集　（3 水浒传）
阮波，张自申主编
台北 汉光文化事业公司 1990 年 216 页
29cm（16 开）精装 ISBN：957-629-041-4
定价：TWD8000.00（全套）
　　外文书名：A Pictorial Series of The Ten
Greatest Chinese Literature Classics.

J0083352

中国十大古典文学名著画集（4 西厢记）

阮波，张自申主编

台北 汉光文化事业公司 1990 年 216 页

29cm（16 开）精装 ISBN：957-629-042-2

定价：TWD8000.00（全套）

　　外 文 书 名：A Pictorial Series of The Ten Greatest Chinese Literature Classics.

J0083353

中国十大古典文学名著画集（5 儒林外史）

阮波，张自申主编

台北 汉光文化事业公司 1990 年 216 页

29cm（16 开）精装 ISBN：957-629-043-0

定价：TWD8000.00（全套）

　　外 文 书 名：A Pictorial Series of The Ten Greatest Chinese Literature Classics.

J0083354

中国十大古典文学名著画集（6 牡丹亭）

阮波，张自申主编

台北 汉光文化事业公司 1990 年 216 页

29cm（16 开）精装 ISBN：957-629-044-9

定价：TWD8000.00（全套）

　　外 文 书 名：A Pictorial Series of The Ten Greatest Chinese Literature Classics.

J0083355

中国十大古典文学名著画集（7 西游记）

阮波，张自申主编

台北 汉光文化事业公司 1990 年 216 页

29cm（16 开）精装 ISBN：957-629-045-7

定价：TWD8000.00（全套）

　　外 文 书 名：A Pictorial Series of The Ten Greatest Chinese Literature Classics.

J0083356

中国十大古典文学名著画集（8 三国演义）

阮波，张自申主编

台北 汉光文化事业公司 1990 年 216 页

29cm（16 开）精装 ISBN：957-629-046-5

定价：TWD8000.00（全套）

　　外 文 书 名：A Pictorial Series of The Ten Greatest Chinese Literature Classics.

J0083357

中国十大古典文学名著画集（9 金瓶梅）

阮波，张自申主编

台北 汉光文化事业公司 1990 年 216 页

29cm（16 开）精装 ISBN：957-629-047-3

定价：TWD8000.00（全套）

　　外 文 书 名：A Pictorial Series of The Ten Greatest Chinese Literature Classics.

J0083358

中国十大古典文学名著画集（10 聊斋志异）阮波，张自申主编

台北 汉光文化事业公司 1990 年 216 页

29cm（16 开）精装 ISBN：957-629-048-1

定价：TWD8000.00（全套）

　　外 文 书 名：A Pictorial Series of The Ten Greatest Chinese Literature Classics. 作 者 阮 波（1927—　　），女。作家、出版工作者。原名张薇青，笔名文薇、柏青。上海人，中国人民大学西洋文学系硕士毕业。中国轻工业出版社编辑室主任兼副总编辑、中国展望出版社社长兼总编辑、上海国际展望信息传播中心董事长、国际报告文学研究会副秘书长，北京国际商学院名誉院长。代表作品《和平晨曲》《明日朗朗》《蔷薇青青》《虎穴深深》等。

J0083359

中国一百神仙图　　卢禺光绘；吴绿星编文

广州 新世纪出版社 1990 年 215 页 26cm（16 开）

ISBN：7-5405-0491-9 定价：CNY8.60

　　作者卢禺光（1948—　　），一级美术师。原名卢延光，毕业于广州业余大学文艺创作班。历任广州美术馆馆长、广州艺术博物院院长、广州市文史研究馆副馆长、中国美术家协会会员、广州市美术家协会副主席。连环画作品有《千里送京娘》《荆钗记》《苟巨伯》《周穆王时的"第四代"机器人》等。作者吴绿星（1944—　　），高级编辑。籍贯广东惠东。历任羊城晚报编辑、综合副刊部副主任、羊城晚报出版社副总编辑。

J0083360

壁报创意插画2000　　江静山译

台南 信宏出版社 1991 年 203 页 21cm（32 开）

ISBN：957-538-072-X 定价：TWD110.00

（美术 8）

J0083361

传播学　叶家铮著；姜吉维绘
郑州　河南美术出版社　1991年　28页　26cm（16开）
ISBN：7-5401-0202-0　定价：CNY2.60
（当代新思维新学科系列画库）
　　本作品系中国现代组画。

J0083362

公共关系学　明安季著；田如森绘
郑州　河南美术出版社　1991年　32页　26cm（16开）
ISBN：7-5401-0196-2　定价：CNY2.80
（当代新思维新学科系列画库）
　　本作品系中国现代组画。

J0083363

管理学　张强著；于福庚绘
郑州　河南美术出版社　1991年　36页　26cm（16开）
ISBN：7-5401-0200-4　定价：CNY3.00
（当代新思维新学科系列画库）
　　本作品系中国现代组画。

J0083364

侯滨插图集　侯滨绘
济南　山东美术出版社　1991年　74页　有照片
18×21cm　ISBN：7-5330-0359-4　定价：CNY4.50
　　作者侯滨（1950—　　），教授、画家。毕业于
济宁师专美术系。历任《山东青年》杂志社美术
编辑室主任、山东青年美术家协会主席、山东省
青年书画院任院长。代表作品《我空军在抗美援
朝战场》《海上旧梦》《一坛清水》等。

J0083365

控制论　魏宏森著；田广华绘
郑州　河南美术出版社　1991年　40页　26cm（16开）
ISBN：7-5401-0203-9　定价：CNY3.20
（当代新思维新学科系列画库）
　　本作品系中国现代组画。

J0083366

人工智能　渠川璐著；杨沂京绘
郑州　河南美术出版社　1991年　32页　26cm（16开）
ISBN：7-5401-0201-2　定价：CNY2.80
（当代新思维新学科系列画库）
　　本作品系中国现代组画。

J0083367

设计艺术　（2 插图）王维一编
西安　陕西人民教育出版社　1991年　25cm（24开）
ISBN：7-5419-2286-2　定价：CNY4.80
（设计艺术引导丛书）

J0083368

未来学　闵惠泉著；田如森绘
郑州　河南美术出版社　1991年　32页　26cm（16开）
ISBN：7-5401-0197-0　定价：CNY2.80
（当代新思维新学科系列画库）
　　本作品系中国现代组画。

J0083369

系统论　魏宏森著；姜吉维绘
郑州　河南美术出版社　1991年　40页　26cm（16开）
ISBN：7-5401-0198-9　定价：CNY3.20
（当代新思维新学科系列画库）
　　本作品系中国现代组画。

J0083370

信息论　魏宏森著；李薛伟绘
郑州　河南美术出版社　1991年　48页　26cm（16开）
ISBN：7-5401-0199-7　定价：CNY3.60
（当代新思维新学科系列画库）
　　本作品系中国现代组画。

J0083371

詹忠效文学插图选集　詹忠效绘
南京　江苏美术出版社　1991年　161页　有照片
21cm（32开）　ISBN：7-5344-0202-6
定价：CNY14.80
　　外 文 书 名：Literature Illustrations by Zhan
Zhongxiao.

J0083372

章桂征论装帧·论章桂征装帧　章桂征著
长春　时代文艺　1991年　333页　19cm（32开）
ISBN：978-7-5386-0211-1　定价：CNY8.00
　　本书收作者的论文 36 篇，主要是作者对封
面的艺术风格、艺术形象、艺术技巧等方面的研
究和探索，并有封面设计 13 种。还收集了王朝
闻、邱陵、张收义等其他艺术家评论文章 31 篇。
作者章桂征（1939—　　），编审。山东即墨人。历
任时代文艺出版社编审、中国美术家协会会员。

出版有《章桂征书籍装帧艺术》《章桂征插图集》《章桂征论装帧》《装帧艺术纵横谈》《全国党刊装帧作品精粹》等。

J0083373

壁报设计画苑　高松寿著

台南　信宏出版社　1992 年　222 页　21cm（32 开）
ISBN：957-538-317-6　定价：TWD110.00
（美术　10）

J0083374

读者文摘十人插图集　读者文摘编辑部编

兰州　甘肃人民出版社　1992 年　161 页　20×21cm
精装　ISBN：7-226-00952-8　定价：CNY12.50

本书收入了黄英浩、陈延、王书明、高燕等 10 位中青年优秀插图画家在 20 世纪 70-80 年代的插图作品，共约 150 篇。

J0083375

杜凤宝插图集　杜凤宝绘

沈阳　辽宁美术出版社　1992 年　79 页　有照片
19cm（24 开）ISBN：7-5314-0935-6
定价：CNY19.00

作者杜凤宝（1946—　），插图画家。辽宁辽阳市人，毕业于鲁迅美术学院。辽宁春风文艺出版社美术编辑室主任，中国美术家协会会员。

J0083376

黄英浩插图选　黄英浩著

上海　学林出版社　1992 年　60 页　18×19cm
ISBN：7-80510-743-2　定价：CNY5.00

外文书名：Huang Yinghao Illustration. 作者黄英浩（1949—　），油画家。浙江镇海人，出生于上海。历任上海油画雕塑研究院专业油画家，文汇报文艺部美术编辑。主要作品有鲁迅小说连环画《祝福》《一件小事》，巴金文学作品《秋天里的春天》《寒夜》插图等。

J0083377

江郁之插图集　江郁之绘

广州　新世纪出版社　1992 年　92 页　有插图
21×18cm　ISBN：7-5405-0552-4　定价：CNY6.50

作者江郁之，《舞台与银幕》编辑部美术编辑。

J0083378

中国古代插图精选　方骏，尚可编

南京　江苏人民出版社　1992 年　516 页
29cm（16 开）精装　ISBN：7-214-00936-6
定价：CNY100.00

本书从大量古籍中选出了 500 多幅插图，按照原书内容，分宗教、经学、礼俗、戏曲、文学、科技、军事和器物等 12 类编排。外文书名：Selected Ancient Chinese Illustrations. 作者方骏（1943—　），画家、教授。生于江苏灌云，祖籍安徽歙县。毕业于南京师范学院美术系，获硕士学位，留校任教。江苏省国画院特聘画师。出版有《江苏当代国画优秀作品展画集·方骏》《当代名家山水精品·方骏》等。

J0083379

SD 电光人　（1）黄国建编绘

广州　岭南美术出版社　1993 年　60 页
19cm（小 32 开）ISBN：7-5356-0559-1
定价：CNY0.65

本书为中国现代组画作品。与鑫艺出版社合作出版。

J0083380

崔俊恒插图作品　崔俊恒绘；梁刚编

太原　北岳文艺出版社　1993 年　80 页　17×19cm
ISBN：7-5378-1166-0　定价：CNY7.00

本书收有作者插图作品 80 幅。外文书名：Illustration Works by Cui Junheng. 作者崔俊恒（1950—　），美术师。河北顺平人。山西大学艺术系毕业。历任山西省雁北地区艺术馆馆长、山西省青少年报刊社编辑、记者，山西省文联副主席、山西省美术家协会主席、中国美术家协会会员。代表作品有《酿蜜》《解放区的天》《梨花蜜》《云淡风轻》等。

J0083381

金瓶梅插图集　（明代崇祯刻本　中国线描精本）广西美术出版社编选

南宁　广西美术出版社　1993 年　182 页
26cm（16 开）ISBN：7-80582-581-5
定价：CNY20.00

J0083382

陆佳插图　陆佳绘

广州　新世纪出版社　1993 年　99 页　有照片
21×19cm ISBN：7-5405-0867-1 定价：CNY7.50

J0083383
新插画百科　（上　资料篇）新形象出版公司编
辑部编
台北　新形象出版事业公司　1993 年　316 页
30cm（10 开）精装　定价：TWD400.00

J0083384
杂志插图集　　钟建东编绘
福州　福建美术出版社　1993 年　96 页　17×19cm
ISBN：7-5393-0225-9 定价：CNY6.00
　　外文书名：Magazine Illustrations. 作者钟建东
（1957—　　），广东人。福建青年杂志社美术编辑、
记者，《福建法制报》特约记者。

J0083385
贾德江线描画选　　贾德江绘
北京　北京工艺美术出版社　1994 年　228 页
有照片　26cm（16 开）ISBN：7-80526-124-5
定价：CNY20.00

J0083386
简笔插画图案集　　陈德宜编译
台南　信宏出版社　1994 年　185 页　21cm（32 开）
ISBN：957-538-393-1 定价：TWD120.00
（美术　77）

J0083387
卢延光武侠小说插图集　　卢延光绘，安徽美
术出版社编
合肥　安徽美术出版社　1994 年　174 页
26cm（16 开）ISBN：7-5398-0290-1
定价：CNY12.00
（美术资料丛书）
　　作者卢延光（1948—　　），画家、书法家、国
家一级美术师。广东开平县人。历任广州艺术
博物院院长、广州市美术家协会主席、广州市文
艺创作研究所艺术研究室主任、广州市文史研究
馆副馆长、广州市政协常委。代表作品有《一百
皇帝图》《一百仕女图》《一百儒士图》《一百僧
佛图》等百图系列。

J0083388
蒙复旦插图设计　　蒙复旦绘
广州　广东人民出版社　1994 年　48 页　25×26cm
ISBN：7-218-01454-2 定价：CNY8.80

J0083389
想象造型插画集　　陈德宜编译
台南　信宏出版社　1994 年　206 页　21cm（32 开）
ISBN：957-538-392-3 定价：TWD130.00
（美术　76）

J0083390
春夏秋冬　（一　季节图选 4-7 月）陈紫编著
台北　汉禾文化　1995 年　124 页　有图 26cm（16 开）
ISBN：957-8816-24-3 定价：TWD220.00

J0083391
水浒人物　　黄永玉著
香港　明报出版社　1995 年　149 页　有图
26cm（16 开）精装　ISBN：962-357-783-4
定价：HKD480.00
（艺术系列）
　　本书收录关于水浒人物的绘画和书法作品
100 多幅。作者黄永玉（1924—　　），土家族，教
授。中央美术学院教授、全国政协委员、中国美
术家协会常务理事、副主席。作品有《春潮》《百
花》《人民总理人民爱》《阿诗玛》等。出版有《黄
永玉木刻集》《黄永玉画集》。

J0083392
章桂征插图集　　章桂征绘
长春　时代文艺　1995 年　158 页　17×18cm
ISBN：7-5387-8001-7 定价：CNY19.80
　　本书收插图作品 600 多幅。作者章桂征
（1939—　　），编审。山东即墨人。时代文艺出版
社编审，中国美术家协会会员。出版有《章桂征
书籍装帧艺术》《章桂征插图集》《章桂征论装帧》
《装帧艺术纵横谈》《全国党刊装帧作品精粹》等。

J0083393
陈玉先插图集　　陈玉先绘
合肥　安徽美术出版社　1996 年　120 页
26cm（16 开）ISBN：7-5398-0485-8
定价：CNY13.50

J0083394
郭山泽法制文学插图作品　　郭山泽绘
北京 中国检察出版社 1996 年 96 页 17×18cm
ISBN：7-80086-404-9 定价：CNY16.00

J0083395
中国古典文学名著画集　（珍藏本）（清）李
汝珍等著；孟庆江等绘；孙培镜等改写
北京 中国少年儿童出版社 1996 年 8 册
20cm（32 开）盒装 ISBN：7-5007-3015-2
定价：CNY238.00
　　本书包括《镜花缘》等 8 册。作者李汝珍
（1763—1828），小说家。字松石，号老松、青莲、
北平子、松石道人，直隶大兴（今属北京）人。著
有《李氏音鉴》《受子谱选》《镜花缘》。作者孟
庆江（1937—　　），画家。浙江温州人，毕业于中
央美术学院国画系。曾任《连环画报》主编、《中
国艺术》副主编、北京功毕重彩画绘画副会长。代
表作品《刘胡兰》《蔡文姬》《长恨歌》等。

J0083396
姬德顺的插图艺术　　姬德顺绘
广州 新世纪出版社 1997 年 37 页 25×23cm
ISBN：7-5405-1485-X
定价：CNY20.00, CNY35.00（精装）
　　外文书名：The Illustrated Art of Ji Deshun.

J0083397
李宝峰插图集　　李宝峰绘
兰州 甘肃人民美术出版社 1997 年 66 页
17×19cm ISBN：7-80588-173-1 定价：CNY6.80
　　作者李宝峰（1938—2019），国画家、一级美
术师。辽宁抚顺市人，就读于鲁迅美术学院附中。
历任甘肃画院副院长、甘肃美协副主席、中国美
术家协会会员。代表作品有《李宝峰草原风情录》
《李宝峰画集》等。

J0083398
李春富插图艺术作品集　　李春富绘
武汉 华中理工大学出版社 1997 年 136 页
26cm（16 开）ISBN：7-5609-1522-1
定价：CNY28.00

J0083399
卢清插图艺术　　卢清绘

福州 福建美术出版社 1998 年 44 页 25×26cm
ISBN：7-5393-0739-0 定价：CNY60.00（全套）
（线描新概念）
　　作者卢清（1963—　　），海峡文艺出版社美术
编辑，中国美术家协会福建分会会员。

J0083400
王祥之插图题图选　　王祥之绘
北京 人民中国出版社 1998 年 135 页 18×21cm
ISBN：7-80065-601-2 定价：CNY28.00

J0083401
翁立涛插图艺术　　翁立涛绘
长春 吉林美术出版社 1998 年 91 页 21×19cm
ISBN：7-5386-0784-6 定价：CNY19.80

J0083402
张光宇作品集　（文学插图·连环画作品选）
张光宇绘；张大羽主编
合肥 安徽教育出版社 1998 年 310 页 21×23cm
ISBN：7-5336-2201-4 定价：CNY48.00
　　作者张光宇（1900—1965），画家、教授。江
苏无锡人。现代中国装饰艺术的奠基者之一，执
教于中央美术学院、中央工艺美术学院，中国美
术家协会理事。著有《张光宇插图集》，创作设计
动画影片《大闹天宫》。

J0083403
赵小勇插图作品选　　赵小勇绘
郑州 河南美术出版社 1998 年 108 页 19×17cm
ISBN：7-5401-0726-X 定价：CNY28.80

J0083404
中国少年儿童德育组画　（宣传画）中国教
育科学研究所德育研究中心等编
北京 中国少年儿童出版社 1998 年 1 套（10 张）
77×54cm ISBN：7-5007-4263-0 定价：CNY58.00
　　本作品系中国宣传画。

J0083405
董辰生插图艺术回顾　　董辰生绘
天津 天津人民美术出版社 1999 年 97 页
26cm（16 开）ISBN：7-5305-0928-4
定价：CNY20.00

J0083406

历代名人绣像选　天津杨柳青画社选编

天津　天津杨柳青画社　1999 年　190 页

26cm（16 开）ISBN：7-80503-452-4

定价：CNY28.00

J0083407

鲁迅论文·杂文 160 图　鲁迅著；裘沙，王伟君绘

济南　山东画报出版社　1999 年　10+325 页

19cm（小 32 开）ISBN：7-80603-353-X

定价：CNY26.50

　　作者鲁迅（1881—1936），中国现代文学家、思想家。生于浙江绍兴，祖籍河南汝南县。原姓周，幼名樟寿，字豫山，后改为豫才，青年以后改名树人。公费留学日本，五四新文化运动的重要参与者。发表中国史上第一篇白话小说《狂人日记》，代表作还有小说集《呐喊》《彷徨》，杂文集《华盖集》《三闲集》等。著作收入《鲁迅全集》。

J0083408

西厢丽影集　蒋星煜鉴赏；上海图书馆编

上海　上海科学技术文献出版社　1999 年　1 函 2 册

33×21cm　ISBN：7-5439-1404-2（线装）

定价：CNY380.00

中国壁画作品

J0083409

高昌壁画菁华　罗振玉集并译述目录

上虞罗振玉　民国五年［1916］影印本　线装

　　作者罗振玉（1866—1940），古文字学家，金石收藏家。浙江上虞人。字叔蕴，又字叔言，号雪堂、陆庵。任学部参事，兼京师大学堂农科监督，1933 年任伪满洲国监察院院长。著有《殷虚书契前编》，编《三代吉金文存》《西城精舍杂文甲编》《松翁近稿》等。

J0083410

壁画存影　太疏楼主人集

太疏楼主人　民国二十八年［1939］影印本　有图　线装

J0083411

大风堂临摹敦煌壁画　（第一集）张大千临

成都　西南印书局　民国三十三年［1944］再版影印本　有图　27cm（16 开）线装

定价：旧币三百元

　　作者张大千（1899—1983），国画大师、山水画大家、书法家。四川内江人，祖籍广东番禺。代表作有《爱痕湖》《长江万里图》《四屏大荷花》《八屏西园雅集》等。

J0083412

大风堂临摹敦煌壁画　（第二集）张大千临

成都　西南印书局　民国三十三年［1944］再版影印本　有图　27cm（16 开）线装

定价：旧币三百元

J0083413

历代石画观音像供养狼山目录　净缘社辑

民国三十五年［1946］石印本　线装

J0083414

少先队　（晋绥边区儿童活动画册）牛文，侯恺，亚林编绘

［山西］晋绥行政公署民教处青年救国联合会　1946 年　石印本　20 幅　20cm（32 开）

　　本书为民国时期中国儿童画选集。作者牛文（1922—2009），著名版画家，一级美术师。生于山西灵石，毕业于延安鲁迅文艺学院美术系。离休老红军。曾任中国美协理事、中国美协四川分会副主席、秘书长。版画作品有《大地》《东方红太阳升》。出版有《牛文作品选集》《牛文版画选》《雪山红日》。

J0083415

壁画材料　光山社编

光山社［1950—1959 年］19cm（32 开）

J0083416

叙永工农壁画集锦　叙永人民出版社编

叙永县［四川］叙永人民出版社 195? 年

1 册　13×20cm（28 开）精装

J0083417

敦煌壁画选　（第一辑）敦煌文物研究所编

北京　荣宝斋　1952 年　定价：CNY7.00

J0083418
敦煌壁画选 （第二辑）敦煌文物研究所编
北京 荣宝斋 1953 年 定价：CNY7.00

J0083419
敦煌壁画选 （第三辑）敦煌文物研究所编
北京 荣宝斋 1954 年 定价：CNY7.00

J0083420
敦煌壁画选 敦煌文物研究所编
北京 荣宝斋出版社 1956 年 44×33cm
定价：CNY19.00
　　敦煌石窟壁画临摹图集。

J0083421
敦煌大幅飞天 史苇湘临摹
北京 荣宝斋 1953 年 定价：CNY6.50

J0083422
敦煌供养人
北京 荣宝斋 1954 年 定价：CNY7.00

J0083423
望都汉墓壁画 北京历史博物馆，河北省文
物管理委员会编
北京 古典艺术出版社 1955 年 定价：CNY9.00

J0083424
敦煌壁画临本选集 中央美术学院暨华东分
院敦煌艺术考察队编
北京 朝花美术出版社 1957 年 影印本 64 页
26cm（16 开）统一书号：8028.1263 定价：CNY3.00

J0083425
壁画参考资料 （第一辑）
北京 人民美术出版社 1958 年 28 页 19cm（32 开）
统一书号：8146.325 定价：CNY0.12
　　本书与长安美术出版社合作出版。

J0083426
城乡壁画选集
天津 天津美术出版社 1958 年 31 页 13×19cm
统一书号：8073.981 定价：CNY0.28

J0083427
慈利壁画 （1）中共慈利县委宣传部，慈利县
人委会文教科编
慈利县 中共慈利县委宣传部 1958 年
19cm（32 开）
　　本书与慈利县人委会文教科合作出版。

J0083428
敦煌壁画 （北魏 366–580）敦煌文物研究所
编辑委员会编
北京 中国古典艺术出版社 1958 年 18 页
19cm（小 32 开）统一书号：T8029.101
定价：CNY0.80
（敦煌艺术画库 5）

J0083429
敦煌壁画 （初唐 618–712）敦煌文物研究所
编辑委员会编
北京 中国古典艺术出版社 1958 年 11 页
19cm（小 32 开）统一书号：T8029.110
定价：CNY0.60
（敦煌艺术画库 7）

J0083430
敦煌壁画 （宋 960–1278）敦煌文物研究所编
辑委员会编
北京 中国古典艺术出版社 1958 年 10 页
19cm（小 32 开）统一书号：T8029.99
定价：CNY0.60
（敦煌艺术画库）

J0083431
敦煌壁画 （隋 581–617）敦煌文物研究所编
辑委员会编
北京 中国古典艺术出版社 1958 年 13 页
19cm（小 32 开）统一书号：T8029.102
定价：CNY0.64
（敦煌艺术画库 6）

J0083432
敦煌壁画 （晚唐 821–906）敦煌文物研究所
编辑委员会编
北京 中国古典艺术出版社 1958 年 12 页
19cm（小 32 开）统一书号：T8029.111
定价：CNY0.60

（敦煌艺术画库 10）

J0083433
敦煌壁画 （西夏 元）敦煌文物研究所编辑委员会编
北京 中国古典艺术出版社 1958 年 ［31］页
19cm（小 32 开）统一书号：T8029.97
定价：CNY0.60
（敦煌艺术画库 13）

J0083434
敦煌壁画 （中唐 763-812）敦煌文物研究所编辑委员会编
北京 中国古典艺术出版社 1958 年 11 页
19cm（小 32 开）统一书号：T8029.109
定价：CNY0.60
（敦煌艺术画库 9）

J0083435
敦煌壁画 （盛唐 713-762）敦煌文物研究所编辑委员会编
北京 中国古典艺术出版社 1959 年
定价：CNY0.70
（敦煌艺术画库 8）

J0083436
敦煌壁画 （五代 907-959）敦煌文物研究所编辑委员会编
北京 中国古典艺术出版社 1959 年
定价：CNY0.76
（敦煌艺术画库 11）

J0083437
江苏邳县农民壁画选集 人民美术出版社编辑
北京 人民美术出版社 1958 年 66 页 19cm（32 开）
统一书号：8027.2140 定价：CNY0.25

J0083438
江苏邳县农民张贴画选集 人民美术出版社编辑
北京 人民美术出版社 1958 年 19cm（32 开）
统一书号：8027.2139 定价：CNY0.25

J0083439
乐都壁画介绍 青海省群众艺术馆辑

［西宁］青海省群众艺术馆 1958 年 40 页
15×21cm

J0083440
农村壁画范本 （第二集）
天津 天津美术出版社 1958 年 31 页 13×19cm
统一书号：8073.982 定价：CNY0.28

J0083441
首都街头壁画选 平野等编辑
北京 人民美术出版社 1958 年 18cm（32 开）
定价：CNY0.09
　　作者平野（1924—　）。原名张大晖。浙江温州人，毕业于中央大学艺术系。历任人民美术出版社任编审、菏泽书画研究院名誉院长、《简明不列颠百科全书》主要译审、《中国大百科全书美术》西方美术副主编。

J0083442
苏北农村壁画集 邳县农民作
上海 上海人民美术出版社 1958 年 55 页
20cm（32 开）统一书号：T8081.4224
定价：CNY0.40
（工农兵美术作品选辑 四）

J0083443
宣传社会主义建设总路线农村壁画参考资料 人民美术出版社辑
北京 人民美术出版社 1958 年 影印本 34 页
（36 开）

J0083444
北京法海寺明代壁画 中国古典艺术出版社编辑
北京 中国古典艺术出版社 1959 年 影印本
1 册（100 幅）37cm（8 开）精装
统一书号：T8029.72 定价：CNY18.00

J0083445
壁画 鲁迅美术学院集体创作
北京 人民美术出版社 1959 年 48 页 21cm（32 开）
统一书号：8027.2584 定价：CNY0.50

J0083446
壁画参考资料 青海画报社编

西宁 青海人民出版社 1959 年 1 袋（25 幅）
19cm（32 开）活页 统一书号：8097.28
定价：CNY0.21

J0083447
广州壁画选　广州群众艺术馆编
广州 广州文化出版社 1959 年 32 页 20cm（32 开）
定价：CNY0.30

J0083448
河北壁画选　河北省文化局选编
保定 河北人民出版社 1959 年 84 页 15×19cm
统一书号：8086.26 定价：CNY0.70

J0083449
乐都壁画集　青海人民出版社编
西宁 青海人民出版社 1959 年 27 页 19×26cm
统一书号：8097.15 定价：CNY0.30
　　本画集从大量的群众壁画中临摹精选编辑
而成。收入壁画 26 幅。

J0083450
南京街道壁画选　上海人民美术出版社编
上海 上海人民美术出版社 1959 年 52 页
19cm（32 开）统一书号：T8081.4223
定价：CNY0.50

J0083451
永乐宫壁画　宋忠元等临摹
上海 上海人民美术出版社 1959 年 1 函 20 帧
42cm（8 开）精装活页 统一书号：8081.4504
定价：CNY32.00
　　本集所收的 20 幅彩色临摹本，是浙江美术
学院中国画系师生 1957 年到永乐宫选临下来的
一部分。作者宋忠元（1932—2013），教授。上
海奉贤人，毕业于浙江美术学院，留校任教。历
任中国美术学院教授、副院长、中国美术家协会
理事、浙江美术协会副主席、浙江省文联委员等
职。代表作品《文成公主入藏图》《游春图》《邓
白像》等。

J0083452
永乐宫壁画　（一卷）宋忠元等临摹
上海 上海人民美术出版社 1959 年 影印本
1 函 20 帧 43cm（8 开）裱褙装

统一书号：8081.4504 定价：CNY32.00
　　本书是元代永乐宫壁画分别绘于永乐宫的
三清殿、纯阳殿、重阳殿中的 1957 年临摹本，以
三清殿《朝元图》壁画最为杰出，全画画面达 402
平方米，高约 4.53 米，上绘人物 286 个。

J0083453
敦煌壁画　敦煌文物研究所编
北京 文物出版社 1960 年 精装 定价：33.00

J0083454
敦煌壁画　（第 2 集）文物出版社编辑
北京 文物出版社 1960 年 定价：CNY0.50

J0083455
敦煌壁画　（第 3 集）文物出版社编辑
北京 文物出版社 1960 年 定价：CNY0.50

J0083456
敦煌壁画　（第 4 集）文物出版社编辑
北京 文物出版社 1960 年 定价：CNY0.50

J0083457
敦煌壁画　（第 5 集）文物出版社编辑
北京 文物出版社 1960 年 定价：CNY0.50

J0083458
敦煌壁画　（第 6 集）文物出版社编辑
北京 文物出版社 1961 年 10 张（套）
定价：CNY0.50
　　本书系敦煌石窟美术考古图录。

J0083459
敦煌壁画　（第 7 集）文物出版社编辑
北京 文物出版社 1961 年 10 张（套）
定价：CNY0.50
　　本书系敦煌石窟美术考古图录。

J0083460
敦煌壁画　（第 8 集）文物出版社编辑
北京 文物出版社 1961 年 10 张（套）
定价：CNY0.50
　　本书系敦煌石窟美术考古图录。

J0083461

敦煌壁画 （第 9 集）文物出版社编辑
北京 文物出版社 1961 年 10 张(套)
定价：CNY0.50
　　本书系敦煌石窟美术考古图录。

J0083462

敦煌壁画 （第 10 集）文物出版社编辑
北京 文物出版社 1961 年 10 张(套)
定价：CNY0.50
　　本书系敦煌石窟美术考古图录。

J0083463

敦煌壁画 （第 11 集）文物出版社编辑
北京 文物出版社 1963 年 10 张(套)
13cm（60 开）定价：CNY0.50

J0083464

敦煌壁画 （第 12 集）文物出版社编辑
北京 文物出版社 1963 年 10 张(套)
13cm（60 开）定价：CNY0.50

J0083465

敦煌壁画 （386—1368）敦煌文物研究所编
北京 文物出版社 1964 年 50 张(套)
13cm（64 开）定价：CNY2.50

J0083466

法海寺壁画 文物出版社编
北京 文物出版社 1960 年 10 张(套)
定价：CNY0.50

J0083467

幼儿园壁画选 广州美术学院集体创作
广州 广东人民出版社 1960 年 19 页 19cm（32 开）
统一书号：T8111.367 定价：CNY0.40

J0083468

花山崖壁画资料集 广西少数民族社会调查
组编
南宁 广西民族出版社 1963 年 52 页 26cm（16 开）
统一书号：M11138.5 定价：CNY1.05

J0083469

唐墓壁画 陕西省博物馆供稿
上海 上海人民美术出版社 1963 年 10 张(套)
19cm（32 开）定价：CNY0.80

J0083470

唐永泰公主墓壁画集 人民美术出版社编
北京 人民美术出版社 1963 年 21 幅 53cm（4 开）
精装活页 统一书号：8027.3868
定价：CNY35.00

J0083471

寺塔记 （唐）段成式撰；秦岭云点校
北京 人民美术出版社 1964 年［126］页
21cm（32 开）统一书号：8027.3944
定价：CNY1.10
（中国美术论著丛刊）
　　本书包括《寺塔记》《益州名画录》《元代画
塑记》。其中《寺塔记》两卷，记载大部分唐代壁
画的资料；《益州名画录》全书三卷，记载唐、五
代至宋初四川成都地区的画家和壁画创作的情
况；《元代画塑记》分四部分，记录元代宫廷艺术
家从事雕塑、画像所需工料的情况。作者秦岭云
（1914—2008），画家，教育家。曾用名维新等。
画室堂号五瓜草堂、闻鸡楼，字岭云。生于河南
汲县（今卫辉市），曾在北平国立艺术专科学校绘
画系和湖南沅陵国立艺专学习。曾在中央美术
学院、人民美术出版社从事国画创作研究。出版
有《现代山水画集》《秦岭云写生山水画集》《秦
岭云山水作品》《写意山水画技法》等。

J0083472

永乐宫 山西省文物管理工作委员会编
北京 人民美术出版社 1964 年 1 册（206 幅）
36cm（6 开）精装 统一书号：8027.4066
定价：CNY45.00
　　中国寺庙壁画画册。

J0083473

初唐　敦煌壁画　飞天 （上飞 绫裱卷轴）
［北京］朵云轩 1966 年［1 轴］
　　中国唐代壁画。

J0083474

初唐　敦煌壁画　飞天 （下飞 绫裱卷轴）
［北京］朵云轩 1966 年［1 轴］
　　中国唐代壁画。

J0083475
永乐宫壁画
北京 人民美术出版社 1978年 12幅 38cm（6开）
套装 统一书号：8027.6837 定价：CNY1.10

J0083476
永乐宫壁画 辽宁美术出版社编辑
沈阳 辽宁美术出版社 1979年 20页
25cm（小16开）统一书号：8117.1769
定价：CNY1.80
　　明代芮城县明代寺庙壁画画册。

J0083477
白蛇传 （丙烯画 汉、英文对照）首都机场供稿
北京 人民美术出版社 ［1980年］1折
19cm（32开）统一书号：8027.7379 定价：CNY0.40
（北京首都机场壁画）

J0083478
北京首都机场壁画
北京 人民美术出版社 1980年 7幅 19cm（32开）
统一书号：8027.7383 定价：CNY4.00
　　本书为中国现代壁画画册。

J0083479
黛色参天 （重彩画 汉、英文对照）首都机场
供稿
北京 人民美术出版社 ［1980年］1折
19cm（32开）统一书号：8027.7380 定价：CNY0.40
（北京首都机场壁画）

J0083480
科学的春天 （陶版刻绘 汉、英文对照）肖惠
祥等画；首都机场供稿
北京 人民美术出版社 ［1980年］1折
19cm（32开）统一书号：8027.7381 定价：CNY0.40
（北京首都机场壁画）

J0083481
民间舞蹈 （陶版刻绘 汉、英文对照）首都机
场供稿
北京 人民美术出版社 ［1980年］1折
19cm（32开）统一书号：8027.7382 定价：CNY0.40
（北京首都机场壁画）

J0083482
哪吒闹海 （重彩画 汉、英文对照）首都机场
供稿
北京 人民美术出版社 ［1980年］1折
19cm（32开）统一书号：8027.7375
定价：CNY0.40
（北京首都机场壁画）

J0083483
森林之歌 （瓷砖彩绘 汉、英文对照）首都机
场供稿
北京 人民美术出版社 ［1980年］1折
19cm（32开）统一书号：8027.7378 定价：CNY0.40
（北京首都机场壁画）

J0083484
永乐宫壁画线描稿 杨德树等临摹
天津 天津人民美术出版社 1980年 16张
38cm（6开）定价：CNY0.70

J0083485
龟兹壁画线描集 潘丁丁等绘
乌鲁木齐 新疆人民出版社 1983年 137页
19cm（32开）统一书号：8098.167 定价：CNY1.20
　　本书系潘丁丁等绘中国现代壁画画册。作
者潘丁丁（1936—1999），画师。广东南海人。毕
业于西安美院油画系，后在中央美术学院铜版画
工作室进修。擅长水粉画、中国画。任新疆军区
创作组美术创作员，新疆画院一级画师。作品
有《走亲戚》《沙路》等。出版有《潘丁丁画册》
《潘丁丁新疆速写集》《龟兹线描集》《丝路华彩
画集》。

J0083486
乾陵唐壁画 （汉英文对照）
西安 陕西人民美术出版社 ［1983年］8张
13cm（60开）定价：CNY0.60
　　明信片，唐代陵墓壁画的摄影选集。

J0083487
寺塔记 （二卷）（唐）段成式撰
北京 人民美术出版社 1983年 重印本
21cm（32开）统一书号：8027.3944 定价：CNY0.85
（中国美术论著丛刊）
　　本书包括《寺塔记（二卷）》《益州名画录（三

卷)》《元代画塑记》。其中《益州名画录》记载唐、五代至宋初四川成都地区的画家和壁画创作的情况,《元代画塑记》记录元代宫廷艺术家从事雕塑、画像所需工料的情况。

J0083488
永乐宫壁画选辑 (汉英文对照)
北京 外文出版社 1983 年 12 张 19cm(32 开)
定价：CNY1.20

　　本作品是 12 张明信片,展现了永乐宫壁画的精彩绝伦。

J0083489
龟兹乐舞壁画 (汉英文对照)新疆博物馆供稿;冯斐选编
乌鲁木齐 新疆人民出版社 1984 年 25cm(15 开)
统一书号：W8098.152 定价：CNY8.00

　　这部壁画集是关于龟兹乐舞的古代壁画选集,编入此集的除了伎乐图和有关舞乐百戏的壁画外,并酌选了一些类似舞蹈姿态的壁画,共计100 余幅,都是东汉末年至隋唐时期的作品。

J0083490
辽代壁画选 项春松编
上海 上海人民美术出版社 1984 年 26cm(16 开)
定价：CNY1.50

　　本书收录的辽代绘画艺术资料,大多为上京、辽中京附近辽墓中发现的壁画、石棺画、木棺画,以及近年来河北、山西、吉林、辽宁以及北京等地发现的部分壁画和两幅轴画。大体分五类：契丹游牧生活图、车骑出行仪仗图、契丹奴仆侍吏图、神兽瑞祥图、山水花鸟图。

J0083491
永乐宫壁画服饰图案 中央工艺美术学院染织美术系编
北京 人民美术出版社 1984 年 38 页
25cm(小 16 开)统一书号：8027.8629
定价：CNY2.80

　　本选集内容仅限于永乐宫主殿——三清殿壁画部分。

J0083492
张大千临摹敦煌壁画 张大千绘;四川省博物馆编

成都 四川美术出版社 1985 年 98 页 38cm(6 开)
统一书号：8373.24

　　作者张大千(1899—1983),国画大师、山水画大家、书法家。四川内江人,祖籍广东番禺。代表作有《爱痕湖》《长江万里图》《四屏大荷花》《八屏西园雅集》等。

J0083493
敦煌手姿 李振甫编绘
长沙 湖南美术出版社 1986 年 20cm(32 开)
统一书号：8233.962 定价：CNY2.90

J0083494
大风堂临摹敦煌壁画 (第一集)张大千绘
上海 书画出版社 1987 年 36 页 26×15cm
定价：CNY0.70
(中国画传统线描资料)
　　中国现代白描人物画画册

J0083495
大风堂临摹敦煌壁画 (第二集)张大千绘
上海 书画出版社 1987 年 36 页 26×15cm
定价：CNY0.70
(中国画传统线描资料)
　　中国现代白描人物画画册

J0083496
敦煌壁画 (汉日英对照)
兰州 甘肃少年儿童出版社 1988 年 10 张
13cm(60 开)

　　明信片,敦煌壁画摄影集。

J0083497
固原北魏墓漆棺画 宁夏固原博物馆编
银川 宁夏人民出版社 1988 年 22 页 有图
26cm(16 开) ISBN：7-227-00238-1
定价：CNY8.00

J0083498
敦煌壁画临本选集 敦煌研究院,上海人民美术出版社编
上海 上海人民美术出版社 1989 年 65 幅
26cm(16 开) ISBN：7-5322-0352-2
定价：CNY32.00

J0083499

西藏古格壁画　孙振华摄影

合肥　安徽美术出版社　1989年　190页

29cm（12开）精装　ISBN：7-5398-0044-5

定价：CNY85.00

　　本书对中国壁画中的藏传寺院壁画高潮时期的古格壁画做了真实地记录。作者孙振华（1951—　　），生于安徽芜湖。1982年任《西藏日报》记者。他徒步考察了雅鲁藏布江全程，拍摄了反映藏族文化和风情的照片3万多幅及总长约1万2千多米的16毫米电影胶片。作品有《高原·生命》电视专题片，举办"孙振华西藏风土人情摄影展"，出版有《西藏石刻》《孙振华西藏风情摄影集》《西藏的诱惑》等。

J0083500

中国壁画全集　（敦煌　5　初唐）中国壁画全集编辑委员会编

沈阳　辽宁美术出版社　1989年　28cm（大16开）

精装　ISBN：7-5314-0216-5　定价：CNY198.00

（中国美术分类全集）

J0083501

中国壁画全集　（31　藏传寺院　1）中国壁画全集编辑委员会编

天津　天津人民美术出版社　1989年　173+63页

有图版　30cm（10开）精装

ISBN：7-5305-0206-9　定价：CNY198.00

（中国美术分类全集）

　　本书荟集了唐代至清代藏区的寺院壁画珍品200幅，系统展现这一绘画艺术发展的面貌。

J0083502

中国壁画全集　（敦煌　6　盛唐）《中国壁画全集》编辑委员会编

天津　天津人民美术出版社　1989年　29cm（16开）

精装　ISBN：7-5305-0226-3　定价：CNY198.00

（中国美术分类全集）

　　本书精选莫高窟盛唐壁画202幅，包括神龙、景龙、开元、天宝、大历诸时期的壁画精华。卷中有长篇专论及各图版的详细说明，介绍了它的艺术特色与内容依据。

J0083503

中国壁画全集　（敦煌　9　五代·宋）中国壁画

全集编辑委员会编

沈阳　辽宁美术出版社　1990年　26cm（16开）

精装　ISBN：7-5314-0726-4　定价：CNY220.00

（中国美术分类全集）

J0083504

中国壁画全集　（新疆　6　吐鲁番）《中国壁画全集》编辑委员会编

沈阳　辽宁美术出版社　1990年　186+75页

29cm（16开）精装　ISBN：7-5314-0228-9

定价：CNY198.00

（中国美术分类全集）

　　本书与新疆人民出版社合作出版。

J0083505

中国壁画全集　（8　克孜尔　1）段文杰主编；中国壁画全集编辑委员会编

天津　天津人民美术出版社　1992年　29cm（16开）

精装　ISBN：7-5305-0327-8　定价：CNY220.00

（中国美术分类全集）

　　本书包括克孜尔石窟壁画彩色图版199幅。还有专论和图片说明。本书由天津人民美术出版社和新疆美术摄影出版社联合出版。

J0083506

中国壁画全集　（17　敦煌　隋）段文杰主编；中国壁画全集编辑委员会编

天津　天津人民美术出版社　1991年

1册（20+200+82页）29cm（16开）精装

ISBN：7-5305-0274-3　定价：CNY220.00

（中国美术分类全集）

　　本书精选莫高窟隋代壁画200幅，包括了敦煌初期的经变画、众多的故事画、严谨的建筑画、丰富的人像画、简略的山石花鸟画和灿烂多彩的装饰图。其内容既有华美细腻传自中原的"密体"，又有活泼奔放兴于当地的"疏体"，还有来自波斯、中亚的绮丽图案，是敦煌隋代壁画艺术的成就的概括。

J0083507

中国壁画全集　（32　藏传寺院　2）金维诺主编；中国壁画全集编辑委员会编

天津　天津人民美术出版社　1991年

1册（33+166+61页）29cm（16开）精装

ISBN：7-5305-0284-0　定价：CNY220.00

（中国美术分类全集）

本书重点收入位于西藏自治区阿里地区古格都城遗址的寺院壁画188幅。壁画内容丰富，构思精巧，彩绘绚丽，形式风格多样画册前有专论文字，后有每幅图片的说明。

J0083508

中国壁画全集 （33 藏传寺院 3）金维诺主编；中国壁画全集编辑委员会编
天津 天津人民美术出版社 1992年
1册（136+58页）29cm（16开）精装
ISBN：7-5305-0331-6 定价：CNY220.00
（中国美术分类全集）

本书收入西藏扎塘寺、陀林寺等处壁画196幅。

J0083509

中国壁画全集 （34 藏传寺院 4）金维诺主编；中国壁画全集编辑委员会编
天津 天津人民美术出版社 1992年
1册（129+64页）有图版 29cm（16开）精装
ISBN：7-5305-0361-8 定价：CNY220.00
（中国美术分类全集）

本集分三部分，即专论、192幅彩色图版和图版说明。

J0083510

敦煌装饰画 田虎编绘
北京 北京工艺美术出版社 1990年 98页
17cm（40开）ISBN：7-80526-035-4
定价：CNY3.00

J0083511

吐鲁番柏孜克里克石窟壁画艺术 吐鲁番地区文物保管所编
乌鲁木齐 新疆人民出版社 1990年 100页
27cm（大16开）定价：CNY32.00

J0083512

敦煌壁画摹本珍藏本 段文杰主编；敦煌研究院，江苏古籍出版社编
南京 江苏古籍出版社 1993年 有图版
附件2册；31cm 59cm 散页套装
ISBN：7-80519-497-1

本画册收录由敦煌研究院藏的敦煌壁画摹

本珍品四十幅，皆选自敦煌石窟艺术中莫高窟、榆林窟各时期具有代表意义的壁画，均属客观临摹。主编段文杰（1917—2011），美术家。四川蓬溪县人，祖籍四川绵阳。毕业于重庆国立艺专。历任敦煌艺术研究院美术组组长、敦煌研究院院长，中国美术家协会甘肃分会副主席。著有《敦煌彩塑艺术》《敦煌壁画概述》《敦煌壁画中的衣冠服饰》等。

J0083513

江苏装饰画 （缩样 1994）
南京 江苏美术出版社［1993年］29cm（16开）
定价：CNY6.00
中国现代壁画作品。

J0083514

马军敦煌画集 王征主编；马军绘
北京 新华出版社 1993年 28cm（大16开）
ISBN：7-5011-2169-9 定价：CNY68.00

本书收入了青年画家马军研究、临摹敦煌壁画的部分作品。外文书名：Dunhuang Paintings by Ma Jun. 主编王征（1938— ），画家。浙江温岭人，毕业于浙江美术学院中国画系。历任浙江博物馆美术员、人民美术出版社编辑、济南军区美术员、杭州浙江工艺美校高级讲师、校长，中国美术家协会会员。作品有《红楼梦》《三国演义》《金瓶梅》。出版有《国画人物画法》等。

J0083515

宁妥·云丹衮波 阿吾嘎日洛绘
西宁 青海民族出版社 1993年 1张
53×38cm ISBN：7-5420-0385-2 定价：CNY1.00
中国现代壁画作品。

J0083516

新疆壁画线描精品 贾应逸，非青编
乌鲁木齐 新疆美术摄影出版社 1993年 151页
17×19cm ISBN：7-80547-153-3 定价：CNY10.00

本画册收录新疆壁画摹本珍品。外文书名：The Selection of Xinjiang's Mural Drawings.

J0083517

药师八如来 阿吾嘎日洛绘
西宁 青海民族出版社 1993年 1张
53×38cm ISBN：7-5420-0386-0 定价：CNY1.00

中国现代壁画作品。

J0083518

建筑壁画艺术 （张立旗作品选）张立旗著
天津 天津科学技术出版社 1994 年 118 页
有图 25×26cm 精装 ISBN：7-5308-1487-7
定价：CNY78.00
（当代建筑·城市设计·技术美学丛书）

外文书名：Architectural Mural Art.

J0083519

克孜尔石窟线描集 张爱红，史晓明编绘
合肥 安徽美术出版社 1994 年 92 页 26cm（16 开）
ISBN：7-5398-0354-1 定价：CNY7.50
（美术资料丛书）

作者张爱红，龟兹石窟研究所任职。作者史晓明，龟兹石窟研究所任职。

J0083520

西藏佛教寺院壁画艺术 西藏自治区文物管理委员会编
成都 四川人民出版社 1994 年 387 页
35cm（15 开）精装 ISBN：7-220-02570-X
定价：CNY680.00

外文书名：Fresco Art of the Buddhist Monasteries in Tibet.

J0083521

敦煌飞天 （图集）范兴儒临
兰州 敦煌文艺出版社 1995 年 47 页 有彩图
29cm（16 开）精装 ISBN：7-80587-291-0
定价：CNY150.00

本画册收录由敦煌研究院藏的敦煌壁画摹本珍品。作者范兴儒（1941—　　），甘肃矿区文化局副局长，甘肃省美协理事。

J0083522

敦煌乐伎 赵俊荣，赵吴成绘；敦煌研究院文献研究所编
兰州 甘肃人民出版社 1995 年 128 页
29cm（16 开）ISBN：7-226-01495-5
定价：CNY50.00
（敦煌壁画白描精粹）

本画册收录由敦煌研究院藏的敦煌壁画摹本珍品。作者赵俊荣（1955—　　），甘肃酒泉人，

敦煌研究院文博馆员，甘肃省美术协会会员。作者赵吴成（1963—　　），画家。生于甘肃兰州，甘肃省文物考古研究所助理馆员。

J0083523

阴戈民临摹敦煌壁画作品 阴戈民绘
成都 四川美术出版社 1995 年 25×26cm
ISBN：7-5410-0956-3

本画册收录由敦煌研究院藏的敦煌壁画摹本珍品。作者阴戈民（1928—　　），女，画家，四川科技出版社副编审，中国美术家协会四川分会名誉理事，四川省文联第二届委员。

J0083524

中国新疆壁画全集 （1 克孜尔）段文杰主编；中国壁画全集编辑委员会编
天津 天津人民美术出版社 1995 年 42+185+76 页
29cm（16 开）精装 ISBN：7-5305-0529-7
（中国美术分类全集）

本卷收入《佛传图》《立佛》《飞天》《天宫伎乐》《大光明王本生》等克孜尔石窟壁画近 200 幅。与新疆美术摄影出版社合作出版。主编段文杰（1917—2011），美术家。四川蓬溪县人，祖籍四川绵阳。毕业于重庆国立艺专。历任敦煌艺术研究院美术组组长、敦煌研究院院长，中国美术家协会甘肃分会副主席。著有《敦煌彩塑艺术》《敦煌壁画概述》《敦煌壁画中的衣冠服饰》等。

J0083525

中国新疆壁画全集 （2 克孜尔）段文杰主编；中国壁画全集编辑委员会编
天津 天津人民美术出版社 1995 年 22+178+80 页
29cm（16 开）精装 ISBN：7-5305-0527-0
（中国美术分类全集）

本画册收录新疆壁画摹本珍品。与新疆美术摄影出版社合作出版。作者段文杰，敦煌研究院研究员。

J0083526

中国新疆壁画全集 （3 克孜尔）段文杰主编；中国壁画全集编辑委员会编
天津 天津人民美术出版社 1995 年 21+166+80 页
29cm（16 开）精装 ISBN：7-80547-296-3
（中国美术分类全集）

本画册收录新疆壁画摹本珍品。与新疆美

术摄影出版社合作出版。

J0083527

中国新疆壁画全集　（4　库木吐拉）祁协玉主编；中国壁画全集编辑委员会编
乌鲁木齐　新疆美术摄影出版社　1995 年
26+241+101 页 29cm（16 开）精装
ISBN：7-80547-333-1
（中国美术分类全集）

　　本画册收录新疆壁画摹本珍品。与辽宁美术出版社合作出版。作者祁协玉，新疆美术摄影出版社总编辑、编审。

J0083528

中国新疆壁画全集　（5　森木赛姆　克孜尔尕哈）林瑛珊主编；中国壁画全集编辑委员会编
沈阳　辽宁美术出版社　1995 年　25+158+64 页
29cm（16 开）精装 ISBN：7-5314-1296-9
（中国美术分类全集）

　　本画册收录新疆壁画摹本珍品。与新疆美术摄影出版社合作出版。作者林瑛珊（1940—　）笔名砚春，号步云居士。辽宁省盖州市人，1965年毕业于鲁迅美术学院，为赵梦朱、郭西河先生入室弟子，又拜师著名国画大师崔子范先生。辽宁美术出版社社长兼总编辑。出版有《林瑛珊画集》《砚春花鸟画集锦》《砚春国画小品》等。

J0083529

中国新疆壁画全集　（6　吐峪沟　柏孜克里克）赵敏主编；中国壁画全集编辑委员会编
沈阳　辽宁美术出版社　1995 年　22+190+74 页
29cm（16 开）精装 ISBN：7-5314-1295-0
（中国美术分类全集）

　　本画册收录新疆壁画摹本珍品。与新疆美术摄影出版社合作出版。作者赵敏，辽宁美术出版社社长、总编辑、编审。

J0083530

壁画艺术　郗海飞著
长春　吉林美术出版社　1996 年　67 页　有图
26cm（16 开）ISBN：7-5386-0570-3
定价：CNY23.50
（现代艺术设计丛书）

J0083531

敦煌壁画精品线描　张小琴主编
西安　陕西人民美术出版社　1996 年　22 张
38×52cm ISBN：7-5368-0738-4 定价：CNY18.00

　　本书概述了敦煌壁画的内容和临摹特点。

J0083532

敦煌装饰画　田虎编绘
北京　北京工艺美术出版社　1996 年　2 版
98 页　17×19cm ISBN：7-80526-191-1
定价：CNY9.00

　　本书概述了敦煌壁画的内容和艺术特点。

J0083533

心系敦煌五十春　（段文杰临摹敦煌壁画）樊锦诗主编
天津　天津人民美术出版社　1996 年　50 幅
30cm（10 开）精装　统一书号：85305.606

J0083534

永乐宫壁画精品线描　成文正主编
西安　陕西人民美术出版社　1996 年　23 张
39×52cm 散页套装　ISBN：7-5368-0739-2
定价：CNY18.00

　　本书概述了元代永乐宫壁画的临摹特点。

J0083535

中国现代壁画选集　张仃主编
沈阳　辽宁美术出版社　1996 年　重印本　187 页
25×26cm 精装　ISBN：7-5314-0952-6
定价：CNY144.00

　　主编张仃（1917—2010），国画家、美术教育家、美术理论家。号它山，辽宁黑山人。曾任黄宾虹研究会会长、中央工艺美术学院教授、院长等。中国人民政治协商会议会徽的设计者，中华人民共和国国徽设计提议者之一。代表作品有《张仃水墨写生》《张仃画室》。

J0083536

敦煌艺术　（李振甫绘画选）李振甫绘
北京　中国旅游出版社　1997 年 77 页 29cm（16 开）
ISBN：7-5032-1341-8

　　本书概述了敦煌壁画的内容和艺术特点。

J0083537

甘肃石窟艺术壁画编 张宝玺主编

兰州 甘肃人民美术出版社 1997年 190页

28cm（大16开）精装 ISBN：7-80588-165-0

定价：CNY216.00

本书概述了甘肃石窟壁画的内容和艺术特点。

J0083538

永乐宫壁画 （中英文本）廖频编

北京 外文出版社 1997年 109页 32cm（10开）

精装 ISBN：7-119-01969-4 定价：CNY260.00

本画册辑入的100余幅射影图片，展现了永乐宫的主要建筑和各殿的壁画，并附有文字概述了永乐宫的建造经过、壁画的内容和艺术特点。

J0083539

永乐宫壁画全集 金维诺主编

天津 天津人民美术出版社 1997年 275页

42cm（8开）精装 ISBN：7-5305-0707-9

本书概述了元代永乐宫壁画的内容和艺术特点。主编金维诺（1924—2018），教授、美术教育家。笔名若金，湖北鄂州人。历任中央美术学院教授、国际知名敦煌学者、中国国家文物鉴定委员会委员。代表作品《中国美术全集·原始社会至战国雕塑》。

J0083540

东极清华太乙救苦天尊及诸仙尊 （永乐宫壁画）

天津 天津人民美术出版社 1998年 1张

77×53cm 定价：CNY12.00

本作品系中国现代壁画。

J0083541

永乐宫壁画白描 刘建平主编；范金鳌临摹

天津 天津人民美术出版社 1998年 111页

38cm（6开）ISBN：7-5305-0764-8

定价：CNY49.00

J0083542

玉女 （永乐宫壁画）

天津 天津人民美术出版社 1998年 1张

77×53cm ISBN：85305.1366 定价：CNY12.00

J0083543

中国西藏阿里东嘎壁画 （藏、汉、英、日文对照）阿布摄影；彭措朗杰编

北京 中国大百科全书出版社 1998年 135页

28cm（大16开）ISBN：7-5000-5901-9

定价：CNY100.00

本作品系中国现代壁画。

J0083544

壁画艺术 陈景容著

台北 艺术家出版社 1999年 226页 有插画

21cm（32开）ISBN：957-8273-49-5

定价：TWD480.00

外文书名：Art of Mural Painting.

J0083545

敦煌壁画明信片集 龚志明，葛建光译

南京 江苏美术出版社 1999年 15×11cm

ISBN：7-5344-0953-5 定价：CNY16.00

明信片，敦煌壁画摄影集。

J0083546

敦煌觅珍 （李月伯、霍秀峰敦煌壁画临本集）李月伯，霍秀峰［绘］

兰州 甘肃人民美术出版社 1999年 56页

29cm（16开）ISBN：7-80588-323-8

定价：CNY58.00

本书收录了《藻井图案》《九色鹿本生故事图》《车马图》《白衣佛》《东王公》《西王母》等65幅李月伯、霍秀峰临摹敦煌的壁画。作者李月伯（1952— ），又名月白，甘肃天水人。文博馆员、敦煌研究院美术研究所馆员、中国美术家协会会员。编著有《敦煌石窟艺术》等。作者霍秀峰（1954— ），女，研究员。山东青州人，毕业于鲁迅美术学院。敦煌研究院馆员，甘肃省美协会员。

J0083547

永乐宫三清殿壁画《朝元图》 肖军，范金鳌主编

石家庄 河北美术出版社 1999年 1张（卷轴）

53×1360cm 定价：CNY386.00

J0083548

中央美术学院壁画系：1979—1999 孙景

波主编
天津　天津人民美术出版社　1999 年　239 页
29cm（16 开）ISBN：7-5305-1003-7
定价：CNY169.00

　　主编孙景波（1945—　），画家。生于山东牟平，毕业于中央美术学院油画研究班，曾赴法国巴黎美术学院进修油画、壁画。中央美术学院教授，中国油画家学会理事，中国美术家协会会员。代表作品《阿细新歌》《阿佤山人》《青海湖》等。

J0083549
装饰壁画　杨晓康著
上海　上海人民美术出版社　1999 年　55 页
29cm（15 开）ISBN：7-5322-2225-X
定价：CNY49.00
　　外文书名：The Decorative Mural.

中国动画（卡通）作品

J0083550
邱冈舍卡通　蔡云龙绘
台北　东方文化书局　1977 年　影印本　150 页
20cm（32 开）精装
（国立北京大学中国民俗学会民俗丛书 177）
　　中国现代动画作品画册。

J0083551
中国美术电影造型选集　张光宇等绘
上海　上海人民美术出版社　1980 年　127 页
21×19cm　统一书号：8081.11633　定价：CNY12.00
　　本书共收集上海美术电影制片厂建厂 30 年美术影片的主要造型 127 幅，其中动画片 59 幅、木偶片 45 幅、剪纸片 23 幅。其中有：《大闹天宫》《牧笛》《骄傲的将军》《哪吒闹海》《神笔马良》等。作者张光宇（1900—1965），画家、教授。江苏无锡人。现代中国装饰艺术的奠基者之一，执教于中央美术学院、中央工艺美术学院，中国美术家协会理事。著有《张光宇插图集》，创作设计动画影片《大闹天宫》。

J0083552
动画造型集锦　孙宝锡，苏乃兰编绘

西安　陕西人民美术出版社　1981 年　132 页
19cm（32 开）统一书号：8199.115　定价：CNY0.79

J0083553
佐罗　殷宝华编文；张淳选片
沈阳　辽宁美术出版社　1981 年　162 页
13cm（64 开）定价：CNY0.28
　　中国现代动画作品。

J0083554
动画玩具资料　（画册）高洪润编绘
石家庄　河北美术出版社　1983 年　115 页
19cm（32 开）统一书号：8087.513　定价：CNY0.65

J0083555
卡通画图版辞典　曾明印著；美术教育研究会编
台南　伟士出版社　1984 年　204 页　19cm（32 开）
定价：TWD90.00
（美术丛书）

J0083556
动画资料集　（续编）张春良，杨素霞编绘
上海　上海人民美术出版社　1986 年　152 页
18cm（15 开）统一书号：8081.14967
定价：CNY1.40

J0083557
米老鼠和唐老鸭　（1）苏鸣等编译；黄河清等绘
北京　中国文联出版公司　1986 年　10 册
13cm（60 开）袋装　统一书号：8355.916
定价：CNY2.30（全 10 册）
（卡通连环画选）
　　本书包括《米老鼠争当好邻居》《米老鼠钓鱼记》《神秘的立体油画》《火山挖掘机》《蛋糕里的阴谋》《果菲飞车记》《大狼骗婚记》《空中强盗落网记》《邪恶的巫婆》《骗子的结局》10 册。

J0083558
米老鼠和唐老鸭　（2）苏鸣等编译；黄河清等绘
北京　中国文联出版公司　1987 年　13cm（60 开）
袋装　ISBN：8355.942　定价：CNY2.30

（卡通连环画选）

J0083559
米老鼠和唐老鸭 （3）苏鸣等编译；黄河清等绘
北京 中国文联出版公司 1986年 13cm（60开）
袋装 ISBN：8355.880 定价：CNY2.30
（卡通连环画选）

J0083560
米老鼠和唐老鸭 （4）苏鸣等编译；黄河清等绘
北京 中国文联出版公司 1987年 13cm（60开）
袋装 定价：CNY3.30
（卡通连环画选）

J0083561
米老鼠和唐老鸭 （7）晓良，黄珍编译；晓彤等描绘
北京 中国文联出版公司 1990年 6册
13cm（60开）ISBN：7-5059-1215-1
定价：CNY3.70
（卡通连环画选）

J0083562
中外卡通图案1100例 桂根宝，桂晓华编绘
武汉 湖北美术出版社 1986年 116页
20cm（32开）定价：CNY1.90

J0083563
1988：卡通画 （摄影挂历）
广州 科学普及出版社广州分社 1987年（3开）
定价：CNY6.80
　　1988年历书，中国现代动画作品的摄影集。

J0083564
花、鸟、虫、鱼卡通片造型 胡永光，蔡康非编绘
香港 万里书店 1987年 171页 有图 26cm（16开）
ISBN：962-14-0299-9 定价：HKD32.00
（卡通角色造型系列）
　　中国现代动画作品。

J0083565
西方人物卡通造型 胡永光，蔡康非编绘

香港 万里书店 1987年 181页 有图 26cm（16开）
ISBN：962-14-0302-2 定价：HKD36.00
（卡通角色造型系列）

J0083566
"奥斯卡金像奖"动画故事画册 （第一集三只小猪战恶狼）孙小玲改编；张扬绘
福州 福建少年儿童出版社 1988年 ［20页］
19cm（32开）统一书号：8367.135 定价：CNY0.55
　　世界现代动画"三只小猪"故事的剪影画作品。

J0083567
"奥斯卡金像奖"动画故事画册 （第二集兔子又输了）林善水改编；张扬绘
福州 福建少年儿童出版社 1988年 22页
19cm（32开）定价：CNY0.55
　　世界现代动画"兔子又输了"故事的剪影画作品。

J0083568
"奥斯卡金像奖"动画故事画册 （第三集一只丑小鸭的遭遇）林善水改编；杨凯绘
福州 福建少年儿童出版社 1988年 22页
19cm（32开）统一书号：8367.137 定价：CNY0.55
　　世界现代动画"一只丑小鸭的遭遇"故事的剪影画作品。

J0083569
"奥斯卡金像奖"动画故事画册 （第四集天使，魔鬼和普路拖）孙小玲改编；乔吉幽绘
福州 福建少年儿童出版社 1988年 43页
19cm（32开）统一书号：8367.138 定价：CNY0.55
　　世界现代动画"天使，魔鬼和普路拖"故事的剪影画作品。

J0083570
巴巴爸爸 （1）李蕾改编；冯丽绘画
北京 科学普及出版社 1988年 14页 27cm（16开）
定价：CNY0.80
　　中国现代动画作品。

J0083571
巴巴爸爸 （2）李蕾改编；冯斌绘画
北京 科学普及出版社 1988年 14页 27cm（16开）

定价：CNY0.80

中国现代动画作品。

J0083572

巴巴爸爸 （3）达菲改编；维清绘画

北京 科学普及出版社 1988年 14页 27cm（16开）

定价：CNY0.80

中国现代动画作品。

J0083573

巴巴爸爸 （4）达菲改编；戴冰绘画

北京 科学普及出版社 1988年 14页 27cm（16开）

定价：CNY0.80

中国现代动画作品。

J0083574

巴巴爸爸 （5）李仲改编；冬光绘画

北京 科学普及出版社 1988年 14页 27cm（16开）

定价：CNY0.80

中国现代动画作品。

J0083575

巴巴爸爸 （6）李仲改编；晓东绘画

北京 科学普及出版社 1988年 14页 27cm（16开）

定价：CNY0.80

中国现代动画作品。

J0083576

巴巴爸爸 （7）小仲改编；吉淑芝绘画

北京 科学普及出版社 1988年 14页 27cm（16开）

定价：CNY0.80

中国现代动画作品。

J0083577

巴巴爸爸 （8）小仲改编；良予绘画

北京 科学普及出版社 1988年 14页 27cm（16开）

定价：CNY0.80

中国现代动画作品。

J0083578

巴巴爸爸 （9）小蕾改编；微波绘编

北京 科学普及出版社 1988年 14页 27cm（16开）

定价：CNY0.80

中国现代动画作品。

J0083579

巴巴爸爸 （10）小蕾改编；冯斌绘画

北京 科学普及出版社 1988年 14页 27cm（16开）

定价：CNY0.80

中国现代动画作品。

J0083580

彼得与巨人 余又晨编；方润南绘

哈尔滨 黑龙江少年儿童出版社 1988年 46页

8×13cm 定价：CNY0.22

本书根据德国动画片《彼得与巨人》改编、绘画的中国现代动画作品。

J0083581

变敌为友 洪水平文；宋祖廉画

北京 中国城市经济社会出版社 1988年

19cm（32开）ISBN：7-5074-0085-9

定价：CNY0.75

（佐罗新冒险丛书 5）

中国现代动画作品。

J0083582

变形金刚 （第1-10集）王光明等画

北京 国际文化出版公司 1988年 17×19cm

定价：CNY1.00

中国现代动画作品。

J0083583

变形金刚 （第11-20集）王光明等画

北京 国际文化出版公司 1988年 17×19cm

ISBN：7-80049-347-4 定价：CNY1.00

中国现代动画作品。

J0083584

变形金刚 （第21-30集）王光明等画

北京 国际文化出版公司 1989年 17×19cm

ISBN：7-80049-374-1 定价：CNY1.00

中国现代动画作品。

J0083585

变形金刚 （第31-40集）王光明等画

北京 国际文化出版公司 1989年 17×19cm

ISBN：7-80049-383-0 定价：CNY1.00

中国现代动画作品。

J0083586
等着瞧 王渡, 吴静编译; 王征发, 耿军制图
北京 科学普及出版社 1988年 21页 27cm(16开)
定价: CNY0.90
　　本书根据苏联《卫星》杂志编译的中国现代
动画作品。

J0083587
等着瞧 (一)小溪改编; 多木, 阿张绘
北京 中国连环画出版社 1988年 14页
27cm(16开)定价: CNY0.65
　　本书根据《苏联画报·你等着瞧吧》改编的
中国现代动画作品。

J0083588
等着瞧 (二)尚今改编; 小言, 墨绿绘
北京 中国连环画出版社 1988年 14页
27cm(16开)定价: CNY0.65
　　中国现代动画作品。

J0083589
等着瞧 (三)怀冰改编; 水工, 左右绘
北京 中国连环画出版社 1988年 14页
27cm(16开)定价: CNY0.65
　　中国现代动画作品。

J0083590
动画资料集 (续二)上海人民美术出版社编
上海 上海人民美术出版社 1988年 142页
19cm(32开)定价: CNY2.00
　　中国现代动画作品。

J0083591
费克斯和福克西 (雷雨和钻石)全爱编译
北京 中国文联出版公司 [1988年] 15页
27cm(16开)定价: CNY0.55
(彩色卡通连环画选辑 9)

J0083592
格格巫自食恶果 何厚础, 宁泉骋编; 陆佳,
黎光华绘
广州 新世纪出版社 1988年 58页 15cm(40开)
定价: CNY0.48
　　中国现代动画作品。

J0083593
各方小仙大斗法 璐璐编绘集团编绘
上海 科学技术文献出版社 1988年 70页
19cm(32开)定价: CNY0.88
(长篇系列动画《孙小圣与猪小能》2)
　　中国现代动画作品。

J0083594
果菲——珍贵的信 甲子译文
北京 中国文联出版社 [1988年] 15页
27cm(16开)定价: CNY0.55
(彩色卡通连环画选辑 2)

J0083595
黑猫警长 (摄影 1989年年历)黎阳, 志成摄
上海 上海人民美术出版社 1988年 1张
54cm(4开)定价: CNY0.40
　　中国现代动画作品的摄影集。

J0083596
蓝精灵 (第1集)晓亚编; 钟梁等绘
兰州 甘肃少年儿童出版社 1988年 32页
27cm(16开)定价: CNY0.70

J0083597
蓝精灵 (第2集)晓亚编; 万戈等绘
兰州 甘肃少年儿童出版社 1988年 32页
27cm(16开)定价: CNY0.70

J0083598
蓝精灵 (第3集)晓亚编; 雪君等绘
兰州 甘肃少年儿童出版社 1988年 32页
27cm(16开)定价: CNY0.70

J0083599
蓝精灵 (第4集)晓亚编; 钟梁等绘
兰州 甘肃少年儿童出版社 1988年 32页
27cm(16开)定价: CNY0.70

J0083600
蓝精灵 (第5集)晓亚编; 马宝等绘
兰州 甘肃少年儿童出版社 1988年 32页
27cm(16开)定价: CNY0.70

J0083601

蓝精灵 （第6集）晓亚编；宋武等绘
兰州 甘肃少年儿童出版社 1988年 32页
27cm（16开）定价：CNY0.70

J0083602

蓝精灵 （一）玲玲改编；路路等绘
上海 上海人民美术出版社 1988年 46页
19cm（32开）定价：CNY1.40

J0083603

米老鼠与唐老鸭 张玉祥编绘
天津 天津杨柳青出版社 1988年 170页
20cm（32开）定价：CNY5.64
　　本书是以美国动画片《米老鼠与唐老鸭》为模板创作的中国动画作品。

J0083604

哪吒三兄弟 （上）吴明，王桦改编；鹿鸣等绘
上海 上海人民美术出版社 1988年 78页
19cm（32开）定价：CNY0.84
（《动画大王》画库）
　　中国现代动画作品。共2册，上入988幅图。

J0083605

哪吒三兄弟 （下）吴明，王桦改编；鹿明等绘
上海 上海人民美术出版社 1988年 78页
19cm（32开）定价：CNY0.84
（《动画大王》画库）
　　中国现代动画作品。共2册，上入988幅图。

J0083606

哪吒三兄弟 吴明，王桦编；鹿鸣等绘
上海 上海人民美术出版社 1989年 22幅
15cm（40开）定价：CNY1.70
（动画大王画库）
　　本书讲述金吒、木吒、哪吒三兄弟自幼拜名仙为师，练就一身非凡的本领。他们凭借聪明才智和高强武艺杀掉许多妖魔鬼怪，最后终于将狐狸精和纣王消灭。

J0083607

哪吒三兄弟 （合订本）吴明，王桦编文；鹿鸣等绘画
上海 上海人民美术出版社 1993年 156页

14×16cm ISBN：7-5322-1191-6 定价：CNY7.30
　　本书系中国现代动画片作品。

J0083608

世界童话名著 浙江省少年儿童出版社编
杭州 浙江少年儿童出版社 1988年 8册（5000页）
ISBN：7-5342-0424-0/G 定价：80.00元（全8册）
　　本书为连环画作品，选编了世界各国的童话名著。有《卡里来和笛木乃》《辛伯达航海旅行记》《阿里巴巴四十大盗》《敏豪生奇游记》《睡美人》《美人和怪兽》《丑小鸭》《海的女儿》《白雪公主》《灰姑娘》《小穆克》《洋葱头历险记》《长袜子皮皮》《康拉德》《木偶奇遇记》《大盗贼》等69位作家的115部作品。在每位作家的作品前，附有《作家作品介绍》，阐述了该作家的生平、文学地位、创作概况等。

J0083609

替身历险 洪水平文；段明画
北京 中国城市经济社会出版社 1988年
19cm（32开）定价：CNY0.75
（佐罗新冒险丛书 11）
　　中国现代动画作品。

J0083610

童话世界
武汉 华中理工大学出版社 1988年 10张
15cm（40开）定价：CNY1.70
　　明信片，中国现代动画作品。

J0083611

悟空八戒喜得子 璐璐编绘集团编绘
上海 科学技术文献出版社 1988年 70页
19cm（32开）定价：CNY0.88
（长篇系列动画《孙小圣与猪小能》1）
　　中国现代动画作品。

J0083612

新蓝精灵故事集 何厚础等编；凌志云等绘
广州 新世纪出版社 1988年 4册 15cm（40开）
定价：CNY2.38
　　中国现代动画作品。

J0083613

有求必应 何玉门，曹正鸿编；何玉门，王根

发绘

上海 上海人民美术出版社 1988 年 34 页

19cm（32 开）定价：CNY0.45

（《动画大王》画库）

　　本书根据上海美术电影制片厂的同名美术动画片改编绘制的中国现代动画作品。作者王根发，导演。生于上海。上海美术电影制片厂导演、动画设计，中国电影家协会、中国电视家协会会员。导演有《琴岛海尔》《神弓传奇》《灵童天使》等动画片。

J0083614

炸坝夺水　　陈耀中文；段明画

北京 中国城市经济社会出版社 1988 年

19cm（32 开）定价：CNY0.75

（佐罗新冒险丛书 2）

　　中国现代动画作品。

J0083615

真相大白　　陈镔文；刘洛平画

北京 中国城市经济社会出版社 1988 年

19cm（32 开）定价：CNY0.75

（佐罗新冒险丛书 4）

　　中国现代动画作品。

J0083616

智保移民　　陈镔文；段明画

北京 中国城市经济社会出版社 1988 年

19cm（32 开）定价：CNY0.75

（佐罗新冒险丛书 3）

　　中国现代动画作品。

J0083617

IQ 博士与机器娃娃　（1 机器娃娃的诞生）

南海出版公司编译

海口 南海出版公司 1989 年 32 页 26cm（16 开）

ISBN：7-80570-120-2 定价：CNY1.90

　　本书根据同名电视动画片改编的中国现代漫画作品。

J0083618

OZ 国历险记　（上）天石改编；晨光等绘画

南昌 二十一世纪出版社 1989 年 47 页 19cm（32 开）

定价：CNY1.80

（最新动画故事画册）

中国现代动画作品。

J0083619

OZ 国历险记　（下）天石改编；如麟等画

南昌 二十一世纪出版社 1989 年 47 页 19cm（32 开）

定价：CNY1.80

（最新动画故事画册）

　　中国现代动画作品。

J0083620

OZ 国历险记　（1）王小丰等画

上海 国际文化出版公司 1989 年 24 页 有彩图

20cm（24 开）ISBN：7-80049-476-4

定价：CNY1.45

　　日本电视系列动画片。

J0083621

OZ 国历险记　（2）王小丰等画

上海 国际文化出版公司 1989 年 24 页

有彩图 20cm（24 开）ISBN：7-80049-477-2

定价：CNY1.45

J0083622

OZ 国历险记　（3）王小丰等画

上海 国际文化出版公司 1989 年 24 页

有彩图 20cm（24 开）ISBN：7-80049-478-0

定价：CNY1.45

J0083623

OZ 国历险记　（4）王小丰等画

上海 国际文化出版公司 1989 年 24 页

有彩图 20cm（24 开）ISBN：7-80049-478-0

定价：CNY1.45

J0083624

OZ 国历险记　（5）王小丰等画

上海 国际文化出版公司 1989 年 24 页

有彩图 20cm（24 开）ISBN：7-80049-478-0

定价：CNY1.45

J0083625

OZ 国历险记　（6）王小丰等画

上海 国际文化出版公司 1989 年 24 页

有彩图 20cm（24 开）ISBN：7-80049-478-0

定价：CNY1.45

J0083626

OZ 国历险记 （1）陈耀中编；柳辛，段明绘
北京 科学出版社 1989年 24 页 有彩图
20cm（24 开）定价：CNY0.80
　　中国现代动画作品。

J0083627

OZ 国历险记 （2）陈耀中编；柳辛，段明绘
北京 科学出版社 1989年 24 页 有彩图
20cm（24 开）定价：CNY0.80
　　中国现代动画作品。

J0083628

OZ 国历险记 （3）陈耀中编；柳辛，段明绘
北京 科学出版社 1989年 24 页 有彩图
20cm（24 开）定价：CNY0.80
　　中国现代动画作品。

J0083629

OZ 国历险记 （4）陈耀中编；柳辛，段明绘
北京 科学出版社 1989年 23 页 有彩图
20cm（24 开）定价：CNY0.80
　　中国现代动画作品。

J0083630

OZ 国历险记 （5）陈耀中编；柳辛，段明绘
北京 科学出版社 1989年 24 页 有彩图
20cm（24 开）定价：CNY0.80
　　中国现代动画作品。

J0083631

OZ 国历险记 （6）陈耀中编；柳辛，段明绘
北京 科学出版社 1989年 24 页 有彩图
20cm（24 开）定价：CNY0.80
　　中国现代动画作品。

J0083632

OZ 国历险记 （7）陈耀中编；柳辛，段明绘
北京 科学出版社 1989年 24 页 有彩图
20cm（24 开）定价：CNY0.80
　　中国现代动画作品。

J0083633

OZ 国历险记 （8）陈耀中编；柳辛，段明绘
北京 科学出版社 1989年 24 页 有彩图
20cm（24 开）定价：CNY0.80
　　中国现代动画作品。

J0083634

OZ 国历险记 （9）陈耀中编；柳辛，段明绘
北京 科学出版社 1989年 24 页 有彩图
20cm（24 开）定价：CNY0.80
　　中国现代动画作品。

J0083635

OZ 国历险记 （10）陈耀中编；柳辛，段明绘
北京 科学出版社 1989年 24 页 有彩图
20cm（24 开）定价：CNY0.80
　　中国现代动画作品。

J0083636

OZ 国历险记 （11）陈耀中编；柳辛，段明绘
北京 科学出版社 1989年 24 页 有彩图
20cm（24 开）定价：CNY0.80
　　中国现代动画作品。

J0083637

OZ 国历险记 （12）陈耀中编；柳辛，段明绘
北京 科学出版社 1989年 24 页 有彩图
20cm（24 开）定价：CNY0.80
　　中国现代动画作品。

J0083638

OZ 国历险记 （13）陈耀中编；柳辛，段明绘
北京 科学出版社 1989年 24 页 有彩图
20cm（24 开）定价：CNY0.80
　　中国现代动画作品。

J0083639

OZ 国历险记 （14）陈耀中编；柳辛，段明绘
北京 科学出版社 1989年 24 页 有彩图
20cm（24 开）定价：CNY0.80
　　中国现代动画作品。

J0083640

OZ 国历险记 （15）陈耀中编；柳辛，段明绘
北京 科学出版社 1989年 24 页 有彩图
20cm（24 开）定价：CNY0.80
　　中国现代动画作品。

J0083641

OZ 国历险记 （16）陈耀中编；柳辛，段明绘
北京　科学出版社　1989 年　24 页　有彩图
20cm（24 开）定价：CNY0.80
　　中国现代动画作品。

J0083642

OZ 国历险记 （17）陈耀中编；柳辛，段明绘
北京　科学出版社　1989 年　23 页　有彩图
20cm（24 开）定价：CNY0.80
　　中国现代动画作品。

J0083643

OZ 国历险记 （18）陈耀中编；柳辛，段明绘
北京　科学出版社　1989 年　24 页　有彩图
20cm（24 开）定价：CNY0.80
　　中国现代动画作品。

J0083644

OZ 国历险记 （19）陈耀中编；柳辛，段明绘
北京　科学出版社　1989 年　24 页　有彩图
20cm（24 开）定价：CNY0.80
　　中国现代动画作品。

J0083645

OZ 国历险记 （20）陈耀中编；柳辛，段明绘
北京　科学出版社　1989 年　24 页　有彩图
20cm（24 开）定价：CNY0.80
　　中国现代动画作品。

J0083646

OZ 国历险记 （1）洪飞等改编；江浩等画
上海　少年儿童出版社　1989 年　19cm（32 开）
ISBN：7-5324-0893-0　定价：CNY1.10
（卡通大王丛书）
　　中国现代动画作品。

J0083647

OZ 国历险记 （3）洪飞等改编；江浩等画
上海　少年儿童出版社　1989 年　19cm（32 开）
ISBN：7-5324-0895-7　定价：CNY1.10
（卡通大王丛书）
　　中国现代动画作品。

J0083648

OZ 国历险记 （4）洪飞等改编；江浩等画
上海　少年儿童出版社　1989 年　19cm（32 开）
ISBN：7-5324-0896-5　定价：CNY1.10
（卡通大王丛书）
　　中国现代动画作品。

J0083649

OZ 王国历险记
南京　江苏美术出版社　1989 年　2 册　19cm（32 开）
ISBN：7-5344-0100-3　定价：CNY3.70
　　中国现代动画作品。

J0083650

阿凡提　曲建方主编
大连　大连出版社　1989 年　29 页　26cm（16 开）
定价：CNY1.20
（幽默动画丛书）
　　中国现代动画作品。

J0083651

阿童木　童童编文；韩立，王启帆绘画
济南　明天出版社　1989 年　15 页　26cm（16 开）
ISBN：7-5332-0567-7　定价：CNY0.95
（世界著名动画主角故事画丛）
　　本书根据日本同名动画改编的，中国现代动画作品。

J0083652

巴巴爸爸　罗申等编绘
石家庄　河北美术出版社　1989 年　4 册
19cm（32 开）定价：CNY3.60
（联邦德国动画系列故事）
　　中国现代动画作品。

J0083653

巴巴爸爸　阿砚改编；林一等绘画
南昌　江西少年儿童出版社　1989 年　46 页
19cm（32 开）定价：CNY1.80
（外国著名动画故事精选）
　　中国现代动画作品。

J0083654

巴巴爸爸　从光改编；何华绘画
济南　明天出版社　1989 年　20 册　19cm（32 开）

定价: CNY9.50

　　中国现代动画作品。

J0083655

白狗闹洞房　雪雷编; 马寒松, 马陶绘

天津 新蕾出版社 1989 年 26cm(16 开)

ISBN: 7-5307-0475-3 定价: CNY1.40

(动画济公 6)

　　中国现代动画作品。作者马寒松(1949—　),
画家。天津人。历任中国美术家协会会员、天津
美术家协会理事、红桥区政协书画家联谊会副会
长、天津人民出版社任美术编辑、副编审。代表
作品《聪明的青蛙》《兔娃娃》《豹子哈奇》《封神
演义》等。

J0083656

白猫侦探　(卡通画册)史思编; 张勇等绘

南昌 江西少年儿童出版社 1989 年 48 页

19cm(32 开)定价: CNY1.80

　　中国现代动画作品。

J0083657

白雪公主　丁卉改编; 张美玲, 冯习中绘画

福州 福建美术出版社 1989 年 19cm(32 开)

定价: CNY0.95

(动画大明星画库)

　　中国现代动画作品。

J0083658

贝贝罗历险记　(第一册)马远绘图; 尹斌改编

北京 学术期刊出版社 1989 年 14 页 26cm(16 开)

定价: CNY0.80

(日本 12 集动画片)

　　现代动画作品。

J0083659

贝贝罗历险记　(第二册)张立绘图; 尹斌改编

北京 学术期刊出版社 1989 年 14 页 26cm(16 开)

定价: CNY0.80

(日本 12 集动画片)

　　现代动画作品。

J0083660

贝贝罗历险记　(第三册)松海绘图; 尹斌改编

北京 学术期刊出版社 1989 年 14 页 26cm(16 开)

定价: CNY0.80

(日本 12 集动画片)

　　现代动画作品。

J0083661

贝贝罗历险记　(第四册)曲凡绘图; 绍文改编

北京 学术期刊出版社 1989 年 14 页 26cm(16 开)

定价: CNY0.80

(日本 12 集动画片)

　　现代动画作品。

J0083662

贝贝罗历险记　(第五册)利斌绘图; 绍文改编

北京 学术期刊出版社 1989 年 14 页 26cm(16 开)

定价: CNY0.80

(日本 12 集动画片)

　　现代动画作品。

J0083663

贝贝罗历险记　(第六册)吉生绘图; 绍文改编

北京 学术期刊出版社 1989 年 14 页 26cm(16 开)

定价: CNY0.80

(日本 12 集动画片)

　　现代动画作品。

J0083664

变形金刚　阿砚改编

南昌 江西少年儿童出版社 1989 年 46 页

19cm(32 开)定价: CNY1.80

(外国著名动画故事精选)

　　中国现代动画作品。

J0083665

变形金刚　(机器昆虫)姜吉维编绘

北京 人民美术出版社 1989 年 23 页 19cm(32 开)

定价: CNY0.65

　　中国现代动画作品。

J0083666

变形金刚　(能源争夺战)姜吉维编绘

北京 人民美术出版社 1989 年 23 页 19cm(32 开)

定价: CNY0.65

　　中国现代动画作品。

J0083667

变形金刚 （汽车人大战霸天虎）陈西林编绘
北京 人民美术出版社 1989 年 19cm（32 开）
定价：CNY0.55
　　中国现代动画作品。

J0083668

变形金刚 （4）小辛编；明明等画
上海 上海教育出版社 1989 年 21 页 19cm（32 开）
ISBN：7-5320-1439-8 定价：CNY0.60
（电视动画故事画丛）
　　中国现代动画作品。

J0083669

变形金刚 （5）小辛编；明明等画
上海 上海教育出版社 1989 年 21 页 19cm（32 开）
ISBN：7-5320-1473-8 定价：CNY0.60
（电视动画故事画丛）
　　中国现代动画作品。

J0083670

变形金刚 （魔力神球 回到过去 汽车大奖赛
巴和庭珍珠）周晨恩，唐凯编；张磊等绘
上海 上海科技教育出版社 1989 年 19cm（32 开）
ISBN：7-5428-0313-1 定价：CNY1.30
　　中国现代动画作品。

J0083671

变形金刚 （3）大春等改编；罗兴等绘画
上海 少年儿童出版社 1989 年 26cm（16 开）
ISBN：7-5324-0515-X 定价：CNY1.30
　　中国现代动画作品。作者罗兴（1922—
1994），连环画家。别名罗孝革，上海人，毕业于
上海沪大建筑学科。曾从事建筑室内外设计，在
上海从事连环画及插图创作。曾任教于上海工
艺美术学校，造型专业组教研组长。作品有《库
楚别依》《林海雪原》等。

J0083672

变形金刚 （4 五面怪）夏秋等改编；罗兴等
绘画
上海 少年儿童出版社 1989 年 28 页 26cm（16 开）
定价：CNY1.45
（电视动画故事画丛）
　　中国现代动画作品。

J0083673

变形金刚 （地球保卫战）丽珊，吴宁改编；徐
开云绘画
成都 四川少年儿童出版社 1989 年 94 页
13cm（60 开）ISBN：7-5365-0502-7
定价：CNY0.55
　　中国现代动画作品。

J0083674

变形金刚 （激战太空桥）丽珊，吴宁改编；李
培荣，冯有康绘画
成都 四川少年儿童出版社 1989 年 94 页
13cm（60 开）定价：CNY0.55
　　中国现代动画作品。

J0083675

变形金刚 （勇斗霸天虎）丽珊，吴宁改编；俞
子龙，郁达绘画
成都 四川少年儿童出版社 1989 年 94 页
13cm（60 开）ISBN：7-5365-0500-0
定价：CNY0.55
　　中国现代动画作品。

J0083676

变形金刚 （追击霸天虎）丽珊，吴宁改编；钱
逸敏，李群绘画
成都 四川少年儿童出版社 1989 年 94 页
13cm（60 开）ISBN：7-5365-0501-9
定价：CNY0.55
　　中国现代动画作品。作者钱逸敏，画家。上
海人，毕业于上海大学美术学院工艺系，擅长连
环画、插图。曾任上海人民美术出版社编辑，中
国美术家协会上海分会会员，上海连环画研究会
会员，上海编辑学会会员，全国低幼读物研究会
会员。作品有《红楼梦故事》《故事大王画库》《变
形金刚》等。

J0083677

变形金刚 廖槐芬编译；苏紫芸等绘
广州 新世纪出版社 1989 年 5 册 17×19cm
盒装 ISBN：7-5405-0358-0 定价：CNY7.50
　　中国现代动画作品。内容包括《纳布鲁之战》
《山野之王》《博派和狂派》《狂派洗车机》《狂
角兽》

J0083678

变形金刚　廖槐芬编译；田绍均等绘

广州　新世纪出版社　1989 年　5 册　19cm（32 开）

盒装　定价：CNY7.50

　　中国现代动画作品。5 册内容分别是《燃料之误》《机械师之战》《蜘蛛人》《铁人（上下册）》。

J0083679

变形金刚　余荣家等改编

广州　新世纪出版社　1989 年　5 册　13cm（60 开）

盒装　定价：CNY3.90

　　中国现代动画作品。

J0083680

变形金刚　（幻影归队）潘国强改编；邓超华等复制

广州　新世纪出版社　1989 年　158 页　13cm（60 开）

定价：CNY0.72

　　中国现代动画作品。作者邓超华（1950—　），广东新会县人。毕业于广州业余艺术大学绘画系。中国美术家协会会员，广东省美术家协会会员。主要作品有组画《练为战》、中国画《调查路上》《妆》等。

J0083681

变形金刚　（13）陈耀中编；晓彬绘画

北京　学苑出版社　1989 年　15 页　26cm（16 开）

ISBN：7-5007-0750-9　定价：CNY0.85

（电视动画片连续剧）

　　本书为中国现代动画作品。与中国少年儿童出版社合作出版。

J0083682

变形金刚　（14）李鸣编；晓彬绘画

北京　学苑出版社　1989 年　15 页　26cm（16 开）

定价：CNY0.85

（电视动画片连续剧）

　　本书为中国现代动画作品。与中国少年儿童出版社合作出版。

J0083683

变形金刚　（15）李鸣编；晓彬绘画

北京　学苑出版社　1989 年　15 页　26cm（16 开）

定价：CNY0.85

（电视动画片连续剧）

　　本书为中国现代动画作品。与中国少年儿童出版社合作出版。

J0083684

变形金刚　（1）张尚志编；晓彬绘画

北京　中国少年儿童出版社　1989 年　26cm（16 开）

ISBN：7-5007-0750-9　定价：CNY0.75

（电视动画片连续剧）

　　中国现代动画作品。

J0083685

变形金刚　（2）张尚志编；晓彬绘画

北京　中国少年儿童出版社　1989 年　26cm（16 开）

ISBN：7-5007-0751-7　定价：CNY0.75

（电视动画片连续剧）

　　中国现代动画作品。

J0083686

变形金刚　（3）张尚志编；晓彬绘画

北京　中国少年儿童出版社　1989 年　26cm（16 开）

ISBN：7-5007-0758-5　定价：CNY0.75

（电视动画片连续剧）

　　中国现代动画作品。

J0083687

变形金刚　（4）张尚志编；晓彬绘画

北京　中国少年儿童出版社　1989 年　26cm（16 开）

ISBN：7-5007-0763-0　定价：CNY0.75

（电视动画片连续剧）

　　中国现代动画作品。

J0083688

变形金刚　（5）张尚志编；晓彬绘画

北京　中国少年儿童出版社　1989 年　26cm（16 开）

ISBN：7-5007-0763-0　定价：CNY0.75

（电视动画片连续剧）

　　中国现代动画作品。

J0083689

变形金刚　（6）张尚志编；晓彬绘画

北京　中国少年儿童出版社　1989 年　26cm（16 开）

ISBN：7-5007-0763-0　定价：CNY0.75

（电视动画片连续剧）

　　中国现代动画作品。

J0083690
变形金刚 （7）张尚志编；晓彬绘画
北京 中国少年儿童出版社 1989年 26cm（16开）
ISBN：7-5007-0763-0 定价：CNY0.75
（电视动画片连续剧）
　　　　中国现代动画作品。

J0083691
变形金刚 （8）张尚志编；晓彬绘画
北京 中国少年儿童出版社 1989年 26cm（16开）
ISBN：7-5007-0763-0 定价：CNY0.75
（电视动画片连续剧）
　　　　中国现代动画作品。

J0083692
变形金刚 （9）张尚志编；晓彬绘画
北京 中国少年儿童出版社 1989年 26cm（16开）
ISBN：7-5007-0757-6 定价：CNY0.75
（电视动画片连续剧）
　　　　中国现代动画作品。

J0083693
变形金刚 （10）张尚志编；晓彬绘画
北京 中国少年儿童出版社 1989年 26cm（16开）
ISBN：7-5007-0778-9 定价：CNY0.75
（电视动画片连续剧）
　　　　中国现代动画作品。

J0083694
冰山奇童 （1 奇童出世）周立明编文；古土，
今水绘画
上海 上海科学技术出版社 1989年 461页
19cm（24开） ISBN：7-5323-1124-4
定价：CNY1.10
（卡通科学画库）
　　　　中国现代动画作品。

J0083695
补票 林文肖编绘
成都 四川少年儿童出版社 1989年 19cm（32开）
定价：CNY0.55
　　　　中国现代动画作品。

J0083696
彩色卡通连环画选辑

北京 中国文联出版公司 1989年 10册
19cm（32开）盒装 定价：CNY9.50
　　　　本书包括《米老鼠—淘气的乘客》《果菲—
珍贵的信》《米老鼠—失踪的法老像》《鸭子窝的
超级头脑》《米老鼠—智破盗窃案》《费克斯和福
克西—日令》《罗普—奇妙的发明》《罗普急救
员》《费克斯和福克西—雷雨》《钻石和普罗—倒
霉透顶》。

J0083697
等着瞧 阿砚改编；陈光明等绘画
南昌 江西少年儿童出版社 1989年 48页
19cm（32开）定价：CNY1.80
（外国著名动画故事精选）
　　　　中国现代动画作品。

J0083698
等着瞧 （大灰狼和小白兔的故事 1）李一珉
等改编；肖伟明等画
上海 少年儿童出版社 1989年 19cm（32开）
定价：CNY1.00
（卡通大王丛书）
　　　　中国现代动画作品。

J0083699
等着瞧 （大灰狼和小白兔的故事 2）李一珉
等改编；肖伟明等画
上海 少年儿童出版社 1989年 19cm（32开）
定价：CNY1.00
（卡通大王丛书）
　　　　中国现代动画作品。

J0083700
等着瞧 （大灰狼和小白兔的故事 3）李一珉
等改编；肖伟明等画
上海 少年儿童出版社 1989年 19cm（32开）
定价：CNY1.00
（卡通大王丛书）
　　　　中国现代动画作品。

J0083701
等着瞧 （大灰狼和小白兔的故事 4）李一珉
等改编；肖伟明等画
上海 少年儿童出版社 1989年 19cm（32开）
定价：CNY1.00

（卡通大王丛书）

　　中国现代动画作品。

J0083702

动画济公

天津　新蕾出版社 1989 年　6 册　26cm（16 开）

定价：CNY8.40

J0083703

鳄鱼阿伯特　少年儿童出版社编绘

上海　少年儿童出版社 1989 年　19cm（32 开）

定价：CNY0.70

（现代动画故事精选）

　　中国现代动画作品。

J0083704

非凡的公主——希瑞　（1）蓝天编文；钟明，杨锋摄影

南京　东南大学出版社 1989 年　49 页　19cm（32 开）

定价：CNY1.80

（卡通大王丛书）

　　中国现代动画作品。作者钟明（1952—　），教师。又名钟鸣，笔名汉根，四川简阳人。中国工艺美术学会根艺研究会会员，湖北书画专修学院副教授。

J0083705

非凡的公主——希瑞　（1）曹荣明等改编；江信浩等画

上海　少年儿童出版社 1989 年　19cm（32 开）

定价：CNY1.10

（卡通大王丛书）

　　中国现代动画作品。

J0083706

非凡的公主——希瑞　（2）曹荣明等改编；江信浩等画

上海　少年儿童出版社 1989 年　19cm（32 开）

定价：CNY1.10

（卡通大王丛书）

　　中国现代动画作品。

J0083707

非洲历险记　少年儿童出版社编绘

上海　少年儿童出版社 1989 年　19cm（32 开）

定价：CNY0.70

（现代动画故事精选）

　　中国现代动画作品。

J0083708

封神榜　（大型彩色卡通连环画　上）李名慈，林九如编文；黄大华绘画

上海　上海书画出版社 1989 年 34 页 26cm（16 开）

定价：CNY1.80

　　作者黄大华（1934—　），水彩画家。浙江鄞县人。中国美术家协会会员。上海人民美术出版社编辑、上海百草画院常务副院长。从事连环画创作，编辑出版连环画近三百种。

J0083709

封神榜　（大型彩色卡通连环画　下）李名慈，林九如编文；黄大华绘画

上海　上海书画出版社 1989 年 34 页 26cm（16 开）

定价：CNY1.80

J0083710

国际刑警队长—金丝猴　程惟湘编；张瓒明绘

上海　上海人民美术出版社 1989 年　34 页

19cm（32 开）定价：CNY1.35

（动画大王画库）

　　中国现代动画作品。

J0083711

黑猫警长与白猫　（摄影　1990 年年历）江小铎摄影

上海　上海人民美术出版社 1989 年　1 张

54cm（4 开）定价：CNY0.50

　　中国现代动画摄影作品。

J0083712

猴子钓鱼　沈祖慰编绘

成都　四川少年儿童出版社 1989 年　19cm（32 开）

定价：CNY0.55

　　中国现代动画作品。

J0083713

葫芦金刚　小星改编；庆云等绘

上海　上海人民美术出版社 1989 年　34 页

19cm（32 开）定价：CNY1.35

（动画大王画库）
　　中国现代动画作品。

J0083714
火烧大碑楼　雪雷编；史俊，周士达绘
天津　新蕾出版社　1989年　26cm（16开）
定价：CNY1.40
（动画济公　3）
　　中国现代动画作品。

J0083715
机器猫画传　邢春玲译写；王峰等改编
石家庄　河北少年儿童出版社　1989年　4册
26cm（16开）定价：CNY3.92
　　中国现代动画作品。

J0083716
济公斗广亮　雪雷编；段纪夫，段虹绘
天津　新蕾出版社　1989年　26cm（16开）
定价：CNY1.40
（动画济公　1）
　　中国现代动画作品。

J0083717
金发夹之谜　邹昌政，徐来编；黄雨金，王莉
华绘
上海　上海人民美术出版社　1989年　22页
19cm（32开）定价：CNY0.80
（动画大王·科幻画库）
　　中国现代动画作品。

J0083718
警犬卡尔　（1）范若由，曹欣渊改编；雪林等
绘画
上海　上海人民美术出版社　1989年　34页
19cm（32开）定价：CNY1.10
　　中国现代动画作品。

J0083719
警犬卡尔　（2）吴其柔，陈元山改编；雪林等
绘画
上海　上海人民美术出版社　1989年　34页
19cm（32开）定价：CNY1.10
　　中国现代动画作品。

J0083720
警犬卡尔　（一）史汉编；三江画
昆明　云南少年儿童出版社　1989年　50页
19cm（32开）定价：CNY1.15
　　中国现代动画作品。

J0083721
警犬卡尔　（二）史汉编；罗星等画
昆明　云南少年儿童出版社　1989年　50页
19cm（32开）定价：CNY1.25
　　中国现代动画作品。

J0083722
恐龙的孩子　少年儿童出版社编绘
上海　少年儿童出版社　1989年　19cm（32开）
定价：CNY0.70
（现代动画故事精选）
　　中国现代动画作品。

J0083723
快乐的动画弟弟　邹昌政，徐来编；黄雨金，
王莉华绘
上海　上海人民美术出版社　1989年　22页
19cm（32开）定价：CNY0.80
（动画大王·科幻画库）
　　中国现代动画作品。

J0083724
蓝精灵　（二）令仪改编；路路等绘画
上海　上海人民美术出版社　1989年　46页
19cm（32开）定价：CNY1.40

J0083725
蓝精灵　（三）令仪改编；路路等绘画
上海　上海人民美术出版社　1989年　46页
19cm（32开）定价：CNY1.40

J0083726
蓝精灵　（四）令仪改编；路路等绘画
上海　上海人民美术出版社　1989年　46页
19cm（32开）定价：CNY1.40

J0083727
蓝精灵　（阿阿去旅行）叶泉改编；季源业，季
津业绘画

福州 福建美术出版社 1989 年 22 页 19cm（32 开）
定价：CNY0.85

J0083728
蓝精灵 （魔药与大鸟）秋卉改编；贾文涛绘画
福州 福建美术出版社 1989 年 21 页 19cm（32 开）
定价：CNY0.85

J0083729
蓝精灵 （巧遇妖怪迷迷·智斗大嘴怪）凌凤，
肖婉改编；徐友声，李治国绘画
福州 福建美术出版社 1989 年 19cm（32 开）
定价：CNY0.85

J0083730
蓝精灵历险记 周立明编；肖生等绘画
长沙 湖南少年儿童出版社 1989 年 22 页
19cm（32 开）定价：CNY0.75

J0083731
狼先生的罗曼史 黄悦主编
天津 渤海湾出版公司 1989 年 5 册 19cm（32 开）
袋装 定价：CNY3.75
（了不起动画大世界丛书）
　　中国现代动画作品。

J0083732
老虎装牙 冰夫，万帆原著；寒丁，水心编绘
成都 四川少年儿童出版社 1989 年 19cm（32 开）
定价：CNY0.55
　　中国现代动画作品。

J0083733
老鼠大亨的故事 （二 猫鼠大战）王晓玉，常
真编；石雁等绘画
上海 上海翻译出版公司 1989 年 58 页
19cm（32 开）定价：CNY0.95
（中外动画画库）
　　中国现代动画作品。

J0083734
麦克伦一号 （第 1 集）陈耀中文字；遒清绘
北京 学苑出版社 1989 年 31 页 26cm（16 开）
ISBN：7-80060-278-8 定价：CNY1.30
（电视动画片连续剧）

中国现代动画作品。

J0083735
麦克伦一号 （第 2 集）陈耀中文字；遒清
北京 学苑出版社 1989 年 31 页 26cm（16 开）
ISBN：7-80060-279-6 定价：CNY1.30
（电视动画片连续剧）
　　中国现代动画作品。

J0083736
麦克伦一号 （第 3 集）陈耀中文字；柳辛绘
北京 学苑出版社 1989 年 31 页 26cm（16 开）
ISBN：7-80060-280-X 定价：CNY1.60
（电视动画片连续剧）
　　中国现代动画作品。

J0083737
麦克伦一号 （第 4 集）李鸣编；柳辛绘
北京 学苑出版社 1989 年 31 页 26cm（16 开）
定价：CNY1.60
（电视动画片连续剧）
　　中国现代动画作品。

J0083738
麦克伦一号 （第 5 集）杨小宜编；柳辛绘
北京 学苑出版社 1989 年 31 页 26cm（16 开）
定价：CNY1.60
（电视动画片连续剧）
　　中国现代动画作品。

J0083739
麦克伦一号 （第 6 集）陈建中编；柳辛绘
北京 学苑出版社 1989 年 31 页 26cm（16 开）
定价：CNY1.60
（电视动画片连续剧）
　　中国现代动画作品。

J0083740
麦克伦一号 （第 7 集）陈建中编；柳辛绘
北京 学苑出版社 1989 年 31 页 26cm（16 开）
　ISBN：7-80060-284-2 定价：CNY1.60
（电视动画片连续剧）
　　中国现代动画作品。

J0083741

麦克伦一号 （第8集）洪水平编；柳辛绘
北京 学苑出版社 1989年 32页 26cm（16开）
ISBN：7-80060-285-0 定价：CNY1.60
（电视动画片连续剧）
　　中国现代动画作品。

J0083742

麦克伦一号 （第9集）杨小宜编；柳辛绘
北京 学苑出版社 1989年 32页 26cm（16开）
ISBN：7-80060-286-9 定价：CNY1.60
（电视动画片连续剧）
　　中国现代动画作品。

J0083743

麦克伦一号 （第10集）陈建中编；柳辛绘
北京 学苑出版社 1989年 31页 26cm（16开）
定价：CNY1.60
（电视动画片连续剧）
　　中国现代动画作品。

J0083744

猫人沃尔特 薛英改编绘画
武汉 湖北少年儿童出版社 1989年 4册
19cm（32开）定价：CNY3.92
　　中国现代动画作品。

J0083745

猫人沃尔特 （1）李一珉等改编；肖伟明等画
上海 少年儿童出版社 1989年 19cm（32开）
定价：CNY1.10
（卡通大王丛书）
　　中国现代动画作品。

J0083746

猫人沃尔特 （2）李一珉等改编；肖伟明等画
上海 少年儿童出版社 1989年 19cm（32开）
定价：CNY1.10
（卡通大王丛书）
　　中国现代动画作品。

J0083747

猫人沃尔特 （3）李一珉等改编；肖伟明等画
上海 少年儿童出版社 1989年 19cm（32开）
定价：CNY1.10

（卡通大王丛书）
　　中国现代动画作品。

J0083748

猫人沃尔特 （4）李一珉等改编；肖伟明等画
上海 少年儿童出版社 1989年 19cm（32开）
定价：CNY1.10
（卡通大王丛书）
　　中国现代动画作品。

J0083749

毛富利历险记 方方等改编；郭占奎等绘画
天津 天津人民美术出版社 1989年 69页
19cm（32开）定价：CNY1.35
　　中国现代动画作品。

J0083750

没牙的老虎 冰子原著；万帆，晓晞编绘
成都 四川少年儿童出版社 1989年 19cm（32开）
定价：CNY0.55
　　中国现代动画作品。

J0083751

美国动物卡通 （第一辑）陆久译改
上海 上海交通大学出版社 1989年 6册
19cm（32开）定价：CNY4.45
（幼儿智力开发丛书）
　　中国现代动画作品。

J0083752

米老鼠 小炯编文；傅志良绘画
济南 明天出版社 1989年 15页 26cm（16开）
定价：CNY0.95
（世界著名动画主角故事画丛）
　　中国现代动画作品。

J0083753

米老鼠——半块金币破案
北京 中国少年儿童出版社 1989年 32页
19cm（32开）定价：CNY0.75
（《新米老鼠·唐老鸭》画库 12）
　　中国现代动画作品。

J0083754

米老鼠——巧遇海盗 （上）

北京　中国少年儿童出版社　1989 年　32 页
19cm（32 开）定价：CNY0.75
（《新米老鼠·唐老鸭》画库　13）
　　中国现代动画作品。

J0083755
米老鼠——小偷登门
北京　中国少年儿童出版社　1989 年　32 页
19cm（32 开）定价：CNY0.75
（《新米老鼠·唐老鸭》画库　14）
　　中国现代动画作品。

J0083756
内幕新闻　田麦创作；韩伍等绘画
上海　上海科学技术出版社　1989 年　46 页
19cm（32 开）定价：CNY1.10
（卡通科学画库）
　　中国现代动画作品。

J0083757
能变大人的药水　少年儿童出版社编绘
上海　少年儿童出版社　1989 年　19cm（32 开）
定价：CNY0.70
（现代动画故事精选）
　　中国现代动画作品。

J0083758
佩西游动物园　黄悦主编
天津　渤海湾出版公司　1989 年　5 册
19cm（32 开）袋装　定价：CNY3.75
（了不起动画大世界丛书）
　　中国现代动画作品。

J0083759
奇药救父女　雪雷编；周翔，顾宁绘
天津　新蕾出版社　1989 年　26cm（16 开）
定价：CNY1.40
（动画济公　2）
　　中国现代动画作品。

J0083760
奇异的巧克力工厂　（英）罗·达尔原著；理
成，田心改编；晨平，晨明绘画
上海　上海人民美术出版社　1989 年　46 页
19cm（32 开）定价：CNY0.70

（动画大王画库）
　　中国现代动画作品。

J0083761
森林公园　少年儿童出版社编绘
上海　上海儿童出版社　1989 年　19cm（32 开）
定价：CNY0.70
（现代动画故事精选）
　　中国现代动画作品。

J0083762
神秘的天空之城　（最新惊险动画故事画册）
晓群，晓燕编；陈绍龙等绘
南昌　二十一世纪出版社　1989 年　46 页
19cm（32 开）定价：CNY1.80

J0083763
神仙的毁灭　少年儿童出版社编绘
上海　少年儿童出版社　1989 年　19cm（32 开）
定价：CNY0.70
（现代动画故事精选）
　　中国现代动画作品。

J0083764
睡美人　方芳改编；薛强，叶玮芹绘
福州　福建美术出版社　1989 年　19cm（32 开）
定价：CNY0.80
（动画大明星画库）
　　中国现代动画作品。

J0083765
孙悟空　徐奋编；金锡林绘
济南　明天出版社　1989 年　15 页　26cm（16 开）
定价：CNY0.95
（世界著名动画主角故事画丛）
　　中国现代动画作品。

J0083766
太空城堡　（一　希里奇号上的争夺）李冬明译
编；孙能子等绘
上海　少年儿童出版社　1989 年　19cm（32 开）
ISBN：7-5324-0798-5　定价：CNY1.40
　　中国现代动画作品。

J0083767

太空城堡 （三 追踪希尔丹）李冬明译编；孙能子等绘

上海 少年儿童出版社 1989 年 19cm（32 开）

ISBN：7-5324-0798-5 定价：CNY1.40

中国现代动画作品。

J0083768

太空城堡 （二 飞行宝石的来历）李冬明译编；孙能子等绘

上海 少年儿童出版社 1990 年 19cm（32 开）

ISBN：7-5324-0926-0 定价：CNY1.40

中国现代动画作品。

J0083769

太空城堡 （四 飞行石的神奇魔力）李冬明译编；孙能子等绘

上海 少年儿童出版社 1990 年 19cm（32 开）

ISBN：7-5324-1014-5 定价：CNY1.42

中国现代动画作品。

J0083770

太空城堡 （五 勇闯空中龙穴）李冬明译编；孙能子等绘

上海 少年儿童出版社 1990 年 19cm（32 开）

ISBN：7-5324-1072-2 定价：CNY1.40

中国现代动画作品。

J0083771

太空城堡 （六 激战铲除祸根）李冬明译编；孙能子等绘

上海 少年儿童出版社 1990 年 19cm（32 开）

ISBN：7-5324-1073-0 定价：CNY1.40

中国现代动画作品。

J0083772

唐老鸭 徐奋编文；殷奇美绘画

济南 明天出版社 1989 年 15 页 26cm（16 开）

定价：CNY0.95

（世界著名动画主角故事画丛）

中国现代动画作品。

J0083773

唐老鸭——"吉光"闯入地球

北京 中国少年儿童出版社 1989 年 32 页

19cm（32 开）定价：CNY0.75

（《新米老鼠·唐老鸭》画库 11）

中国现代动画作品。

J0083774

唐老鸭——精灵造成的烦恼 晓良编译；晓梅绘

北京 中国文联出版公司 1989 年 94 页

13cm（60 开）定价：CNY0.53

（卡通连环画选）

中国现代动画作品。

J0083775

唐老鸭科幻惊险故事 （第一册）贺起龙编译；彭国良等绘画

福州 福建少年儿童出版社 1989 年 19cm（32 开）

定价：CNY1.10

中国现代动画作品。

J0083776

唐老鸭科幻惊险故事 （第二册）贺起龙编译；彭国良等绘画

福州 福建少年儿童出版社 1989 年 19cm（32 开）

定价：CNY1.10

中国现代动画作品。

J0083777

唐老鸭——玫瑰花案件

北京 中国少年儿童出版社 1989 年 32 页

19cm（32 开）定价：CNY0.75

（《新米老鼠·唐老鸭》画库 11）

中国现代动画作品。

J0083778

唐老鸭梦游幽宫 （上）胡翠荣编译；王旭绘

北京 中国文联出版公司 1989 年 94 页

13cm（60 开）定价：CNY0.61

（卡通连环画选）

中国现代动画作品。

J0083779

唐老鸭梦游幽宫 （下）胡翠荣编译；王旭绘

北京 中国文联出版公司 1989 年 94 页

13cm（60 开）定价：CNY0.61

（卡通连环画选）

中国现代动画作品。

会员。

J0083780

唐老鸭——鸭城的解放 （上）胡翠荣编译；
吴新华，朱津平描绘

北京 中国文联出版公司 1989 年 110 页

13cm（60 开）定价：CNY0.60

中国现代动画作品。

J0083781

唐老鸭——鸭城的解放 （下）胡翠荣编译；
吴新华，朱津平描绘

北京 中国文联出版公司 1989 年 110 页

13cm（60 开）定价：CNY0.60

中国现代动画作品。

J0083782

偷吃人参果 丁尚南改编；薛志华绘

福建 福建美术出版社 1989 年 1 册 19cm（32 开）

定价：CNY0.80

（动画大明星画库 西游记系列）

中国现代动画作品。

J0083783

兔子和拿破仑 黄悦主编

天津 渤海湾出版公司 1989 年 5 册 19cm（32 开）

袋装 定价：CNY3.75

（了不起动画大世界丛书）

中国现代动画作品。

J0083784

外星人追捕恐龙 任建国编译；黄雨金等绘画

上海 上海科学技术文献出版社 1989 年 70 页

19cm（32 开）定价：CNY1.30

（机器猫 1）

中国现代动画作品。

J0083785

我的小怪物 （冲破风浪·捣乱的怪物甜饼）赵
磊绘

石家庄 河北科学技术出版社 1989 年 35 页

19cm（32 开）定价：CNY1.40

（世界最新卡通大王）

中国现代动画作品。作者赵磊（1946—　），
女，江苏武进人，中国美术家协会北京分会

J0083786

我的小怪物 晓园，诚心改编；小明等绘画

石家庄 河北美术出版社 1989 年 10 册

13cm（60 开）盒装 定价：CNY4.20

（系列动画故事画库）

本书共 10 册，包括《收费做好事》《逃出怪
物岛》《吃馅饼比赛》《谁捡谁要》《小怪物上学》
《大脚小朋友》《小怪物的生日》《小怪物的心上
人》《冲浪冠军》和《电视明星》。

J0083787

我的小怪物 （1）苏萌，刘青青编；张青林等
绘画

上海 上海人民美术出版社 1989 年 36 页

19cm（32 开）定价：CNY1.20

（美国系列电视动画片）

中国现代动画作品。

J0083788

我的小怪物 （2）苏萌，刘青青编；张青林等
绘画

上海 上海人民美术出版社 1989 年 36 页

19cm（32 开）定价：CNY1.35

（美国系列电视动画片）

中国现代动画作品。

J0083789

我的小怪物 （3）苏萌，刘青青编；张青林等
绘画

上海 上海人民美术出版社 1989 年 36 页

19cm（32 开）定价：CNY1.35

（美国系列电视动画片）

中国现代动画作品。

J0083790

我的小怪物 （4）苏萌，刘青青编；张青林等
绘画

上海 上海人民美术出版社 1989 年 36 页

19cm（32 开）定价：CNY1.35

（美国系列电视动画片）

中国现代动画作品。

J0083791
希瑞——非凡的公主　梅琼等编；张祥之等画
上海　上海教育出版社　1989 年　29 页　26cm（16 开）
定价：CNY1.20
（电视动画故事画丛）
　　中国现代动画作品。

J0083792
戏耍秦丞相　雪雷编；孙泽良，孙轶绘
天津　新蕾出版社　1989 年　1 册　26cm（16 开）
定价：CNY1.40
（动画济公　4）
　　中国现代动画作品。

J0083793
小不点　（电视动画片　1-4 集）
北京　北京十月文艺出版社　1989 年　2 册
13cm（60 开）定价：CNY2.40

J0083794
小不点　（电视动画片　5-8 集）
北京　北京十月文艺出版社　1989 年　2 册
13cm（60 开）定价：CNY2.40

J0083795
小不点　（电视动画片　9-12 集）
北京　北京十月文艺出版社　1989 年　2 册
13cm（60 开）定价：CNY2.40

J0083796
小不点　（电视动画片　13-16 集）
北京　北京十月文艺出版社　1989 年　2 册
13cm（60 开）定价：CNY2.40

J0083797
小不点　文文，燕燕编文；王地等绘画
南昌　江西少年儿童出版社　1989 年　46 页
19cm（32 开）定价：CNY1.80
（外国著名动画故事精选）
　　中国现代动画作品。

J0083798
小蛋壳　（动画片）熊南清编绘
成都　四川少年儿童出版社　1989 年　1 册
19cm（32 开）定价：CNY0.55

J0083799
小仙蒂　（电视动画片连续剧　一）岳恒编
北京　科学普及出版社　1989 年　31 页　26cm（16 开）
定价：CNY1.60

J0083800
小仙蒂　（电视动画片连续剧　二）志友编
北京　科学普及出版社　1989 年　31 页　26cm（16 开）
定价：CNY1.60

J0083801
小仙蒂　（电视动画片连续剧　三）陈镔编
北京　科学普及出版社　1989 年　31 页　26cm（16 开）
定价：CNY1.60

J0083802
小仙蒂　（电视动画片连续剧　四）宾宏编
北京　科学普及出版社　1989 年　31 页　26cm（16 开）
定价：CNY1.60

J0083803
小仙蒂　（电视动画片连续剧　五）志友编
北京　科学普及出版社　1989 年　31 页　26cm（16 开）
定价：CNY1.60

J0083804
小小动画屋　金佩英编；荣景甡绘
深圳　海天出版社　1989 年　20 页　19cm（32 开）
定价：CNY1.39
（儿童乐园）
　　中国现代动画作品。

J0083805
新大闹天宫　范若由编；朱延龄，薛珠绘
上海　上海人民美术出版社　1989 年　69 页
19cm（32 开）定价：CNY0.82
（动画大王画库）
　　中国现代动画作品。

J0083806
新木偶奇遇记　陈元山改编；张国梁等绘
上海　上海人民美术出版社　1989 年　59 页
19cm（32 开）定价：CNY0.81
（动画大王画库）
　　中国现代动画作品。

J0083807

幸福大王历险记　邹昌政，徐来编；黄雨金，王莉华绘

上海　上海人民美术出版社　1989 年　22 页　19cm（32 开）ISBN：7-5322-0401-4

定价：0.80 元

（动画大王·科幻画库）

　　中国现代动画作品。

J0083808

营救总统　白小锭等画；芭芬编

上海　上海社会科学院出版社　1989 年　35 页　19cm（32 开）定价：CNY1.40

（儿童惊险动画《强手麦克》系列）

　　中国现代动画作品。

J0083809

勇斗青牛精　黄学文改编；李松，廖大操绘

福建　福建美术出版社　1989 年　19cm（32 开）

定价：CNY0.90

（动画大明星画库·西游记系列）

　　中国现代动画作品。作者李松（1932—　　），中国美术家协会理事，理论委员会委员，中国画研究院院务委员。

J0083810

真假黑狮子　少年儿童出版社编绘

上海　少年儿童出版社　1989 年　19cm（32 开）

定价：CNY0.70

（现代动画故事精选）

　　中国现代动画作品。

J0083811

智取天师符　雪雷编；谷天宁，谷欣莹绘

天津　新蕾出版社　1989 年　26cm（16 开）

定价：CNY1.40

（动画济公 5）

　　中国现代动画作品。

J0083812

珠宝奇案　（儿童惊险动画）周思晨等编；白小锭等绘

上海　上海社会科学院出版社　1989 年　19cm（32 开）定价：CNY0.90

J0083813

猪八戒　徐奋编；金渭昌，吴建兴绘

济南　明天出版社　1989 年　15 页　26cm（16 开）

定价：CNY0.95

（世界著名动画主角故事丛书）

　　中国现代动画作品。

J0083814

猪八戒娶媳妇　吴伯衍改编；刘秉贤绘

福建　福建美术出版社　1989 年　19cm（32 开）

定价：CNY0.80

（动画大明星画库·西游记系列）

　　中国现代动画作品。

J0083815

佐罗　（1）刘福增改编；刘远摄制

郑州　河南美术出版社　1989 年　26cm（16 开）

定价：CNY1.20

（世界动画片丛书）

　　中国现代动画作品。

J0083816

《动画大王》和我一起学写字　周锐编文；李志行书法；张峻松绘

上海　上海人民美术出版社　1990 年　46 页　19cm（32 开）ISBN：7-5322-0234-8

定价：CNY0.95

　　中国现代动画作品。

J0083817

OZ 国历险记　（1）卢铨美，肖波编；杨啸虎等绘

上海　上海教育出版社　1990 年　29 页　26cm（16 开）

ISBN：7-5320-1851-2　定价：CNY1.20

（电视动画故事画丛）

　　中国现代动画作品。

J0083818

OZ 国历险记　（2）卢铨美，肖波编；杨啸虎等绘

上海　上海教育出版社　1990 年　29 页　26cm（16 开）

ISBN：7-5320-1861-X　定价：CNY1.20

（电视动画故事画丛）

　　中国现代动画作品。

J0083819

OZ 国历险记 （3）卢铨美，肖波编；杨啸虎
等绘
上海　上海教育出版社　1990年　29页　26cm（16开）
ISBN：7-5320-1890-3　定价：CNY1.20
（电视动画故事画丛）
　　中国现代动画作品。

J0083820

OZ 国历险记 （4）卢铨美，肖波编；杨啸虎
等绘
上海　上海教育出版社　1990年　29页　26cm（16开）
ISBN：7-5320-1891-1　定价：CNY1.20
（电视动画故事画丛）
　　中国现代动画作品。

J0083821

OZ 国历险记　李增华，周鑫编绘
成都　四川少年儿童出版社　1990年　4册
13cm（60开）ISBN：7-5365-0542-6
定价：CNY3.40
　　中国现代动画作品。

J0083822

OZ 国历险记　马良，慧琳改编
广州　新世纪出版社　1990年　5册　19cm（32开）
套装　ISBN：7-5405-0424-2　定价：CNY5.80
　　中国现代动画作品。

J0083823

OZ 国历险记　林阳，张阳编；晓秋，晓春绘
北京　中国工人出版社　1990年　23页　19cm（32开）
ISBN：7-5008-0656-6　定价：CNY1.00
（世界动画明星精选）
　　中国现代动画作品。作者张阳，连环画艺术
家。与张煤合著连环画《岳家小将》，改编有连环
画《西游记》等。

J0083824

OZ 王国历险记　田行等编；罗枫等绘
上海　上海人民美术出版社　1990年　7册
19cm（32开）袋装　ISBN：7-5322-0732-3
定价：CNY8.80
　　中国现代动画作品，包括《艰险的历程》
《西国魔女之死》《蒙比婆婆和金甲将军》《南国

魔女的威力》《神秘的拿姆国》《夜袭翡翠城》
《王国的胜利》等7册图书。

J0083825

阿凡提　刘羽等改编；童童绘
济南明天出版社　1990年　26cm（16开）
ISBN：7-5332-0896-X　定价：CNY0.95
（世界著名动画主角故事画丛）
　　中国现代动画作品。

J0083826

安天会　吴雪等改编；阿元，达石绘
天津　新蕾出版社　1990年　15页　26cm（16开）
ISBN：7-5307-0611-X　定价：CNY0.80
（动画美猴王 10）
　　中国现代动画作品。

J0083827

八卦炉　吴雪等改编；李明，程晓青绘
天津　新蕾出版社　1990年　15页　26cm（16开）
ISBN：7-5307-0610-1　定价：CNY0.80
（动画美猴王 9）
　　中国现代动画作品。

J0083828

八戒探山　梁仙国改编；刘秉贤绘
福州　福建美术出版社　1990年　19cm（32开）
ISBN：7-5393-0101-5　定价：CNY0.80
（动画大明星画库·西游记系列）
　　中国现代动画作品。

J0083829

八仙的故事　吴明等改编；陆华等绘
上海　上海人民美术出版社　1990年　9册
19cm（32开）ISBN：7-5322-0588-6
定价：CNY10.00
（动画大王画库）
　　中国现代动画作品。作者陆华（1939—　），
笔名雁父。出生于江苏盐城建湖县，毕业于南
京江苏新闻专科学校。历任新疆人民广播电台
记者、《光明日报》新疆记者站记者、江苏《新华
日报》编辑、《扬子晚报》副刊《繁星》主编、主
任编辑。现为江苏省作家书画联谊会副会长、
南京古鸡鸣寺书画院副院长、江苏省古陶瓷研
究会顾问、中国作家协会会员。著有散文随笔

《名人·风情·掌故》，诗画集《陆华诗画小品》，报告文学《天堂凡人赞》等。

J0083830

巴巴爸爸　林阳，张阳编；荀建华，刘潜绘
北京　中国工人出版社　1990 年　23 页　19cm（32 开）
ISBN：7-5008-0658-2　定价：CNY1.00
（世界动画明星精选）
　　中国现代动画作品。作者张阳，连环画艺术家。与张煤合著连环画《岳家小将》，改编有连环画《西游记》等。

J0083831

弼马温　吴雪等改编；马常礼，马志宇绘
天津　新蕾出版社　1990 年　19cm（32 开）
ISBN：7-5307-0604-7　定价：CNY0.80
（动画美猴王　3）
　　中国现代动画作品。

J0083832

变形金刚　马文敏，王宋绘
天津　天津人民美术出版社　1990 年　1 张
76cm（2 开）定价：CNY0.50
　　本作品为年画形式的中国现代国画作品。

J0083833

变形金刚　木易等改编；思民等绘
天津　天津人民美术出版社　1990 年　10 册
13cm（60 开）ISBN：7-5305-3257-9
定价：CNY4.80
　　中国现代动画作品。

J0083834

变形金刚　李士伋绘
北京　外文出版社　1990 年　10 张　15cm（40 开）
ISBN：7-119-01272-X　定价：CNY2.00
　　中国现代动画作品。

J0083835

冰山奇童　（2 海岛历险）周立民编；古土等绘
上海　上海科学技术出版社　1990 年　25 页
19cm（32 开）ISBN：7-5323-1784-6
定价：CNY0.92
（卡通科学画库）
　　中国现代动画作品。

J0083836

冰山奇童　（3 死里逃生）周立民编文；古土等绘
上海　上海科学技术出版社　1990 年　25 页
19cm（32 开）ISBN：7-5323-1785-4
定价：CNY0.92
（卡通科学画库）
　　中国现代连环画作品。

J0083837

查克·伯特和水怪　林子，维静编文；李红，辛华绘
北京　中国工人出版社　1990 年　23 页　19cm（32 开）
ISBN：7-5008-0651-5　定价：CNY1.00
（世界动画集锦　巴西）
　　中国现代动画作品。

J0083838

超级吸尘器　付进等译编；何力，群慧绘
长春　北方妇女儿童出版社　1990 年　108 页
19cm（32 开）ISBN：7-5385-0620-9
定价：CNY1.60
（世界动画连环画精选）
　　中国现代动画作品。

J0083839

超时空斗士　陈陶然编译
长沙　湖南美术出版社　1990 年　19cm（32 开）
ISBN：7-5366-0372-6　定价：CNY0.70
（世界最新卡通精选）
　　中国现代动画作品。

J0083840

聪明的山村姑娘　（捷克）鲍日娜·聂姆佐娃原著；陈忠改编；梁启德绘
南宁　广西民族出版社　1990 年　20 页　19cm（32 开）
ISBN：7-5363-0920-1　定价：CNY1.30
（中外卡通系列画库）
　　中国现代动画作品。

J0083841

大白鲸　（1）伊人等编；兆惠等绘
兰州　甘肃少年儿童出版社　1990 年　16 页
26cm（16 开）ISBN：7-5422-0363-0
定价：CNY1.30

中国现代动画作品。

J0083842
大白鲸 （2）伊人等编；兆惠等绘
兰州 甘肃少年儿童出版社 1990年 16页
26cm（16开）ISBN：7-5422-0364-9
定价：CNY1.30
　　中国现代动画作品。

J0083843
大白鲸 （3）伊人等编；兆惠等绘
兰州 甘肃少年儿童出版社 1990年 16页
26cm（16开）ISBN：7-5422-0365-7
定价：CNY1.30
　　中国现代动画作品。

J0083844
大白鲸 （4）伊人等编；兆惠等绘
兰州 甘肃少年儿童出版社 1990年 16页
26cm（16开）ISBN：7-5422-0366-5
定价：CNY1.30
　　中国现代动画作品。

J0083845
大白鲸 （1）
呼和浩特 内蒙古人民出版社 1990年
26cm（16开）ISBN：7-204-00981-9
定价：CNY1.30
　　中国现代动画作品。

J0083846
大白鲸 （2）
呼和浩特 内蒙古人民出版社 1990年
26cm（16开）ISBN：7-204-00981-9
定价：CNY1.30
　　中国现代动画作品。

J0083847
大白鲸 （4）
呼和浩特 内蒙古人民出版社 1990年
26cm（16开）ISBN：7-204-00981-9
定价：CNY1.30
　　中国现代动画作品。

J0083848
大白鲸 （一）
北京 中国电影出版社 1990年 26cm（16开）
ISBN：7-106-00435-9 定价：CNY1.00
　　中国现代动画作品。

J0083849
大白鲸 （三）
北京 中国电影出版社 1990年 26cm（16开）
ISBN：7-106-00437-5 定价：CNY1.00
　　中国现代动画作品。

J0083850
大白鲸 （四）
北京 中国电影出版社 1990年 26cm（16开）
ISBN：7-106-00438-3 定价：CNY1.00
　　中国现代动画作品。

J0083851
大白鲸 （五）
北京 中国电影出版社 1990年 26cm（16开）
ISBN：7-106-00439-1 定价：CNY1.00
　　中国现代动画作品。

J0083852
大白鲸 （六）
北京 中国电影出版社 1990年 26cm（16开）
ISBN：7-106-00440-5 定价：CNY1.00
　　中国现代动画作品。

J0083853
大闹蟠桃园　吴雪等改编；李振山，李小山绘
天津 新蕾出版社 1990年 14页 26cm（16开）
ISBN：7-5307-0606-3 定价：CNY0.80
（动画猴王 5）
　　中国现代动画作品。

J0083854
大闹玩具会　郑渊洁编；驰原，阿波绘
北京 人民美术出版社 1990年 23页
19cm（32开）ISBN：7-102-00692-6
定价：CNY0.60
　　中国现代动画作品。作者郑渊洁（1955—　　），
作家、演讲家。生于河北石家庄，祖籍山西临汾。
代表作品有《童话大王》《舒克和贝塔》《皮皮鲁

和鲁西西》《魔方大厦》等。

J0083855
丹佛——最后的恐龙　陈忱等改编；成功等绘
天津　天津人民美术出版社　1990 年　10 册
13cm（60 开）ISBN：7-5305-3068-5
定价：CNY4.60
　　　中国现代动画作品。

J0083856
动画乐园　安洪民绘
北京　外文出版社　1990 年　10 张　15cm（40 开）
ISBN：7-119-01282-7　定价：CNY2.00
　　　中国现代动画作品。

J0083857
动画明星各显神通　李名慈改编；陆华等绘
上海　上海人民美术出版社　1990 年　51 页
19cm（32 开）ISBN：7-5322-0586-X
定价：CNY1.85
（动画大王画库）
　　　中国现代动画作品。

J0083858
动画资料集　（4）王灿绘
上海　上海人民美术出版社　1990 年　176 页
19cm（32 开）ISBN：7-5322-0724-2
定价：CNY4.00
　　　中国现代动画作品。

J0083859
斗二郎　吴雪等改编；郭占魁，郭亚非绘
天津　新蕾出版社　1990 年　15 页　26cm（16 开）
ISBN：7-5307-0608-X　定价：CNY0.80
（动画美猴王　7）
　　　中国现代动画作品。

J0083860
多特和袋鼠　姜维静，林子编文；成金生，秦
秋等绘
北京　中国工人出版社　1990 年　23 页　19cm（32 开）
ISBN：7-5008-0652-3　定价：CNY1.00
（世界动画集锦　澳大利亚）
　　　中国现代动画作品。

J0083861
非凡的公主希瑞　（第一辑）金育青改编；刘
靖国等绘
石家庄　河北美术出版社　1990 年　10 册
13cm（60 开）盒装　ISBN：7-5310-0315-5
定价：CNY4.20
　　　本书根据同名动画电视连续剧改编的中国
现代动画作品。

J0083862
非凡的公主希瑞　（第二辑）晓园等改编；四
化等绘
石家庄　河北美术出版社　1990 年　10 册
13cm（60 开）盒装　ISBN：7-5310-0316-3
定价：CNY4.20
　　　本书根据美国同名动画电视连续剧改编的
现代动画作品。

J0083863
翡翠岛历险　黄培衍改编；乔吉幽等绘
上海　上海人民美术出版社　1990 年　59 页
19cm（32 开）ISBN：7-5322-0587-8
定价：CNY2.10
（动画大王画库）
　　　中国现代动画作品。

J0083864
弗克斯和福克斯　陈美娜，木子编译；晓雾
等绘
南昌　二十一世纪出版社　1990 年　46 页
19cm（32 开）ISBN：7-5391-0374-4
定价：CNY1.80
（外国著名动画故事精选）
　　　中国现代动画作品。

J0083865
富弗　陈一昭译编；宁宁摄
广州　岭南美术出版社　1990 年　6 册　19cm（32 开）
ISBN：7-5362-0542-0　定价：CNY6.90
（彩色系列卡通连环画）
　　　中国现代动画作品。

J0083866
高老庄八戒得子　李广之编文；邹简等绘
上海　上海翻译出版公司　1990 年　47 页

19cm（32开）ISBN：7-80514-507-5

定价：CNY1.50

（长篇系列动画故事·小八戒历险记 1）

　　中国现代动画作品。

J0083867

古力克冒险记　许道静编文；曹小卉绘

福州　福建少年儿童出版社　1990年　3册

19cm（32开）定价：CNY2.50

（动画大观园丛书）

　　中国现代动画作品。

J0083868

果菲——寻找大脚人的故事　谈工皎编译；
成洪，小彬绘

北京　中国文联出版公司　1990年　110页

13cm（60开）ISBN：7-5059-1326-3

定价：CNY0.71

（卡通连环画选辑）

　　中国现代动画作品。

J0083869

海上大战　郑渊洁编；驰原，阿波绘

北京　人民美术出版社　1990年　23页　19cm（32开）

ISBN：7-102-00691-8　定价：CNY0.60

（舒克、贝塔历险记 12）

　　中国现代动画作品。

J0083870

海上故事　付进等译编；何力，群慧绘

长春　北方妇女儿童出版社　1990年　102页

19cm（32开）ISBN：7-5385-0282-3

定价：CNY1.50

（世界动画连环画精选）

　　中国现代动画连环画作品。

J0083871

好甜好甜的棍子　张秋生编；陆汝浩等绘

福州　福建少年儿童出版社　1990年　19cm（32开）

ISBN：7-5395-0449-8　定价：CNY1.20

（动画大观园丛书）

　　本书是中国现代动画作品。收有 3 篇童话
连环画。其中《好甜好甜的棍子》讲这根棍子的
来历，《圆圆的烙饼，像车轮；圆圆的烙饼滚啊
滚》讲烙饼成为孩子们的俘虏的故事，《车厢里的

故事》讲一只出门旅行的小猪和鸵鸟教授成为好
朋友的故事。

J0083872

黑猫警长　（四）诸志祥编；戴铁郎等绘

上海　上海人民美术出版社　1990年　82页

19cm（32开）ISBN：7-5322-0655-6

定价：CNY1.25

（动画大王画库）

　　中国现代动画作品。作者诸志祥（1941—
2015），笔名浩谷。浙江绍兴人。1961年毕业于
上海市第四师范学校。历任某校教师、上海《少
年报》编辑、《作家与企业家报》负责人。1968
年开始发表作品。1990年加入中国作家协会。
著有中篇童话《八戒回乡》《挂领带的牛》《猴
医生治病》《黑猫警长》（已改编为动画片剧本
并录制播出）、《黑猫警长与外星人》等 10 部。

J0083873

黑猫警长　（90特辑）诸志祥编；金国斌，曹
强绘

北京　中国妇女出版社　1990年　3册　19cm（32开）

ISBN：7-80016-216-8　定价：CNY2.85

　　中国现代动画作品。

J0083874

黑猫警长新探案续编　少年报社编；诸志祥
等撰写

上海　百家出版社　1990年　26cm（16开）

ISBN：7-80576-103-5　定价：CNY0.80

　　中国现代动画作品。

J0083875

红狐侦探　宗介华编；张小安等绘

福州　福建少年儿童出版社　1990年　5册

19cm（32开）定价：CNY4.25

（动画大观园丛书）

　　中国现代动画作品。

J0083876

红魔少女　陈陶然编译

长沙　湖南美术出版社　1990年　19cm（32开）

ISBN：7-5356-0374-2　定价：CNY0.70

（世界最新卡通精选）

　　中国现代动画作品。

J0083877

猴王大战蝎子精　邓柯等编绘

广州 新世纪出版社 1990 年 19cm（32 开）

ISBN：7-5405-429-3 定价：CNY0.88

（猴王孙悟空丛书）

　　中国现代动画作品。作者邓柯（1936—　），画家。原籍江苏苏州市，生于上海。原名邓国泰。中国美协会员、天津美协理事。曾任天津美术出版社美术编辑、天津画院创作干部。主要作品有《雨》《码头》《小猴种玉米》等。

J0083878

猴王孙悟空　（1）邓柯等编绘

广州 新世纪出版社 1990 年 5 册 19cm（32 开）

套装 ISBN：7-5405-0412-9 定价：CNY4.90

（猴王孙悟空丛书）

　　本书系动画作品。包括《猴王出世》《大闹天宫》《大战黑风山》《智收猪八戒》和《大战镇元仙》5 册。

J0083879

猴王孙悟空　（2）邓柯等编绘

广州 新世纪出版社 1990 年 5 册 19cm（32 开）

套装 ISBN：7-5405-0443-9 定价：CNY4.90

（猴王孙悟空丛书）

　　本书系动画作品。包括《智斗黄袍怪》《平顶山除妖》《乌鸡国擒魔》《大战红孩儿》和《猴王斗三妖》5 册。

J0083880

猴王智擒独角怪　邓柯等编绘

广州 新世纪出版社 1990 年 19cm（32 开）

ISBN：7-5405-0418-8 定价：CNY0.88

（猴王孙悟空丛书）

　　中国现代动画作品。

J0083881

狐狸打猎人　陈忠编；黄菁绘

南宁 广西民族出版社 1990 年 20 页 19cm（32 开）

ISBN：7-5363-0921-X 定价：CNY1.30

（中外卡通系列画库）

　　中国现代动画作品。

J0083882

狐狸小姐　陈忠编；黄可绘

南宁 广西民族出版社 1990 年 20 页 19cm（32 开）

ISBN：7-5363-0943-0 定价：CNY1.30

（中外卡通系列画库）

　　中国现代动画作品。

J0083883

花果山　吴雪等改编；孙泽良，孙轶绘

天津 新蕾出版社 1990 年 15 页 26cm（16 开）

ISBN：7-5307-0602-0 定价：CNY0.80

（动画美猴王 1）

　　中国现代动画作品。作者孙泽良（1950—　），天津人。天津新蕾出版社编辑。创作漫画、连环画及中国画。作品有《姜子牙》《济公外传》《弃匾图》《市井图》等。

J0083884

击败野心家　（彩色动画片：猫人澳尔特）杨郁暄等改编；乔吉幽等绘

上海 上海人民美术出版社 1990 年 39 页 15cm（40 开）ISBN：7-5322-0639-4

定价：CNY0.85

　　中国现代动画作品。

J0083885

鸡毛信　援军改编；张武惠等绘

南宁 接力出版社 1990 年 19cm（32 开）

ISBN：7-80581-052-4 定价：CNY1.10

（小英雄动画故事丛书？动画列车）

　　中国现代动画作品。

J0083886

济公　童童编；常开，小铮绘

济南 明天出版社 1990 年 26cm（16 开）

ISBN：7-5332-0933-8 定价：CNY0.95

（世界著名动画主角故事画丛）

　　中国现代动画作品。

J0083887

狡猾的蜘蛛　陈忠编；黄江鸣绘

南宁 广西民族出版社 1990 年 20 页 19cm（32 开）

ISBN：7-5363-0716-3 定价：CNY1.30

（中外卡通系列画库）

　　中国现代动画作品。

J0083888
金刚战神——百兽王 （第2辑）晓红，麦杨
改编；龙伟行等复制
广州 新世纪出版社 1990年 13cm（64开）
ISBN：7-5405-0470-6 定价：CNY2.80
　　　中国现代动画作品。

J0083889
飓风之灾 邹昌政，徐来编文；刘泽岱绘
上海 上海人民美术出版社 1990年 22页
19cm（32开）ISBN：7-5322-0583-5
定价：CNY0.95
（动画大王·科幻画库）
　　　中国现代动画作品。作者刘泽岱（1938—　），
美术设计师。唐山人，毕业于北京电影学院美术
系。历任中国影协上海分会会员、中国美协上海
分会会员、上海漫画学会会员。木偶片设计有《桑
哥哥》《黑熊奇遇记》《小裁缝》《马蜂窝》，动画
片《大扫除》《蚂蚁和大象》等。

J0083890
空中大战 郑渊洁编；聪英等绘
北京 人民美术出版社 1990年 23页 19cm（32开）
ISBN：7-102-00689-6 定价：CNY0.60
（舒克、贝塔历险记 9）
　　　中国现代动画作品。作者郑渊洁（1955—　），
作家、演讲家。生于河北石家庄，祖籍山西临汾。
代表作品有《童话大王》《舒克和贝塔》《皮皮鲁
和鲁西西》《魔方大厦》等。

J0083891
恐龙·特急克塞号 夏仁等改编；马雄等绘
天津 天津人民美术出版社 1990年 6册
13cm（60开）ISBN：7-5305-3254-5
定价：CNY3.00
（看故事，学画画）
　　　中国现代动画作品。

J0083892
恐龙金刚覆灭记 梁学谨改编；蒋晓东等绘
南宁 广西美术出版社 1990年 2册 19cm（32开）
ISBN：7-80582-079-1 定价：CNY2.00
（日本大型动画连环画）
　　　中国现代动画作品。

J0083893
快乐王子 陈忠编；黄卢健绘
南宁 广西民族出版社 1990年 20页 19cm（32开）
ISBN：7-5363-0928-7 定价：CNY1.30
（中外卡通系列画库）
　　　中国现代动画作品。

J0083894
老猫和小老鼠 （2）李一珉等改编；肖伟民
等绘
上海 少年儿童出版社 1990年 19cm（32开）
ISBN：7-5324-0843-4 定价：CNY1.10
（卡通大王丛书）
　　　中国现代动画作品。

J0083895
列那狐偷鱼 陈忠改编；小李，小何绘
南宁 广西民族出版社 1990年 20页 19cm（32开）
ISBN：7-5363-0917-1 定价：CNY1.30
（中外卡通系列画库）
　　　中国现代动画作品。

J0083896
龙宫得宝 丁尚南改编；薛志华绘
福州 福建美术出版社 1990年 19cm（32开）
ISBN：7-5393-0098-1 定价：CNY0.80
（动画大明星画库 西游记系列）
　　　中国现代动画作品

J0083897
马良 小衍改编；魏天定等绘
济南 明天出版社 1990年 26cm（16开）
ISBN：7-5332-0892-7 定价：CNY0.95
（世界著名动画主角故事画丛）
　　　中国现代动画作品。

J0083898
美国动物卡通 （第二辑）陆久译改；张似榛
复制
昆明 云南人民出版社 1990年 6册 19cm（32开）
ISBN：7-222-00632-X 定价：CNY4.45
　　　中国现代动画作品。

J0083899
美人鱼 徐奋编；金诚等绘

济南 明天出版社 1990 年 26cm（16 开）
ISBN：7-5332-0898-6 定价：CNY0.95
（世界著名动画主角故事画丛）
　　中国现代动画作品。

J0083900
米克罗比 （三条腿的机器人）孙力等改编；
张葳等绘制
天津 天津人民美术出版社 1990 年 4 册
19cm（32 开）袋装 ISBN：7-5305-3258-7
定价：CNY3.30
　　中国现代动画作品。

J0083901
米老鼠 （恐龙的奥秘）徐景田编译；韩光，小
梅描绘
北京 中国文联出版公司 1990 年 126 页
13cm（60 开）ISBN：7-5059-1189-9
定价：CNY0.80
（卡通连环画选）

J0083902
米老鼠和七个幽灵 赵双，罗佳编译；木辛绘
北京 中国文联出版公司 1990 年 110 页
13cm（60 开）ISBN：7-5059-1322-0
定价：CNY0.71
（卡通连环画选）
　　中国现代动画作品。

J0083903
米老鼠智救气象博士 谈工皎编译；成洪，
小彬绘
北京 中国文联出版公司 1990 年 110 页
13cm（60 开）ISBN：7-5059-1323-9
定价：CNY0.71
（卡通连环画选）
　　中国现代动画连环画作品。

J0083904
秘密武器 郑渊洁编；驰原，阿裴绘
北京 人民美术出版社 1990 年 23 页 19cm（32 开）
ISBN：7-102-00632-2 定价：CNY0.60
（舒克、贝塔历险记 8）
　　中国现代动画作品。作者郑渊洁（1955—　），
作家、演讲家。生于河北石家庄，祖籍山西临汾。

代表作品有《童话大王》《舒克和贝塔》《皮皮鲁
和鲁西西》《魔方大厦》等。

J0083905
魔法师芬埃德 陈忠编；梁启德绘
南宁 广西民族出版社 1990 年 20 页 19cm（32 开）
ISBN：7-5363-0942-2 定价：CNY1.30
（中外卡通系列画库）
　　中国现代动画作品。

J0083906
魔怪小精灵 陈陶然编译
长沙 湖南美术出版社 1990 年 19cm（32 开）
ISBN：7-5356-0373-4 定价：CNY0.70
（世界最新卡通精选）
　　中国现代动画作品。

J0083907
魔镜 邹昌政，徐来编；刘泽岱绘
上海 上海人民美术出版社 1990 年 22 页
19cm（32 开）ISBN：7-5322-0581-9
定价：CNY0.95
（动画大王·科幻画库）
　　中国现代动画作品。作者刘泽岱（1938—　），
美术设计师。唐山人，毕业于北京电影学院美术
系。历任中国影协上海分会会员、中国美协上海
分会会员、上海漫画学会会员。木偶片设计有《桑
哥哥》《黑熊奇遇记》《小裁缝》《马蜂窝》，动画
片《大扫除》《蚂蚁和大象》等。

J0083908
哪吒 童童改编；韩伍，王启帆绘
济南 明天出版社 1990 年 26cm（16 开）
ISBN：7-5332-0928-1 定价：CNY0.95
（世界著名动画主角故事画丛）
　　中国现代动画作品。作者韩伍（1936—　），
画家。浙江杭州人，毕业于行知艺术学校。中国
美术家协会会员、儿童时代社《哈哈画报》主编、
上海市美协理事。作品有《五彩路》《微湖山上》
《灯花》等，出版有《韩伍画集》《小巷童年》《诗
经彩绘》等。

J0083909
南游记 程惟湘改编；奚文渊等绘
上海 上海人民美术出版社 1990 年 10 册

19cm（32 开）ISBN：7-5322-0731-5
定价：CNY12.60
（动画大王画库）
　　中国现代动画作品。

J0083910
女飞侠　陈陶然编译
长沙　湖南美术出版社 1990 年 19cm（32 开）
ISBN：7-5356-0376-9 定价：CNY1.00
（世界最新卡通精选）
　　中国现代动画作品。

J0083911
盘丝洞　张宝林，鲁湄改编；刘建平等绘
福州　福建美术出版社 1990 年 19cm（32 开）
ISBN：7-5393-0102-3 定价：CNY0.80
（动画大明星·西游记系列）
　　中国现代动画作品。

J0083912
皮诺曹　童童改编；金雪林等绘
济南　明天出版社 1990 年 26cm（16 开）
ISBN：7-5332-0891-9 定价：CNY0.95
（世界著名动画主角故事画丛）
　　中国现代动画作品。

J0083913
七十二变化　吴雪等改编；周林一，周晓绘
天津　新蕾出版社 1990 年 15 页 26cm（16 开）
ISBN：7-5307-0609-8 定价：CNY0.80
（动美猴王 8）
　　中国现代动画作品。

J0083914
齐天大圣　吴雪等改编；曹留夫，张容绘
天津　新蕾出版社 1990 年 15 页 26cm（16 开）
ISBN：7-5307-0605-5 定价：CNY0.80
（动画美猴王 4）
　　中国现代动画作品。

J0083915
巧遇外星人　付进等译编；何力，群慧绘
长春　北方妇女儿童出版社 1990 年 120 页
19cm（32 开）ISBN：7-5383-0283-1
定价：CNY1.75

（世界动画连环画精选）
　　中国现代动画作品。

J0083916
人参娃娃　小衍改编；薛梅尼等绘
济南　明天出版社 1990 年 26cm（16 开）
ISBN：7-5332-0893-5 定价：CNY0.95
（世界著名动画主角故事画丛）
　　中国现代动画作品。

J0083917
桑季诺和胆小鬼　陈忠改编；湘龙，金泉绘
南宁　广西民族出版社 1990 年 20 页 19cm（32 开）
ISBN：7-5363-0965-1 定价：CNY1.30
（中外卡通系列画库）
　　中国现代动画作品。

J0083918
神秘的宫殿　付进等译编；何力，群慧绘
长春　北方妇女儿童出版社 1990 年 91 页
19cm（32 开）ISBN：7-5385-0284-X
定价：CNY1.45
（世界动画连环画精选）
　　中国现代动画作品。

J0083919
神奇小子　骏骅，荣家改编
广州　新世纪出版社 1990 年 3 册 15cm（40 开）
ISBN：7-5405-0476-5 定价：CNY3.50
（卡通世界）
　　中国现代动画作品。

J0083920
神塔　邹昌政，徐来编；刘泽岱绘
上海　上海人民美术出版社 1990 年 22 页
19cm（32 开）ISBN：7-5322-0584-3
定价：CNY0.95
（动画大王·科幻画库）
　　中国现代动画作品。

J0083921
神游太空　郑渊洁编；驰原，阿波绘
北京　人民美术出版社 1990 年 23 页 19cm（32 开）
ISBN：7-102-00693-4 定价：CNY0.60
（舒克、贝塔历险记 14）

中国现代动画作品。

J0083922

生命之水　邹昌政,徐来编;刘泽岱绘
上海　上海人民美术出版社　1990年　22页
19cm(32开)　ISBN:7-5322-0582-7
定价:CNY0.95
(动画大王?科幻画库)
　　中国现代动画作品。

J0083923

世界动画精选　梁烈译编
广州　岭南美术出版社　1990年　7册　13cm(60开)
ISBN:7-5362-0487-6　定价:CNY5.40
　　中国现代动画作品。

J0083924

世界机智故事　(4)晓丁等编;魏家范等绘
长沙　湖南少年儿童出版社　1990年
18cm(小32开)　ISBN:7-5358-0563-9
定价:CNY1.50
(顶呱呱卡通画册)
　　本书系中国现代动画作品。

J0083925

世界卡通精选　(上)叶钢,肖平编;王章富
等绘
上海　上海人民美术出版社　1990年　70页
19cm(32开)　ISBN:7-5322-0653-X
定价:CNY2.45
　　中国现代动画作品。作者肖平(1926—),
作家。原名宋肖平。山东烟台人。毕业于山东
师院中文系。曾任中国作家协会会员、烟台师范
学院院长等职。代表作品有《墓地与鲜花》《三
月雪》《寂静的黄昏》等。

J0083926

世界卡通精选　(下)叶钢,肖平编;王章富
等绘
上海　上海人民美术出版社　1990年　70页
19cm(32开)　ISBN:7-5322-0662-9
定价:CNY2.45
　　中国现代动画作品。

J0083927

孙悟空大闹天宫　(上)丁尚南,梁仙国改编;
赵静东等绘
福州　福建美术出版社　1990年　19cm(32开)
ISBN:7-5393-0109-3　定价:CNY0.80
(动画大明星画库　西游记系列)
　　本书根据中国古典小说《西游记》改编的现
代连环画作品。作者赵静东(1930—),人物
画家,天津人,毕业于中央美术学院。历任北京
通俗读物出版社编辑、天津人民美术出版社副编
审。作品《中华女儿经》《战斗的青春》《连心镇》
《儿女风尘记》等。出版有《赵静东人物画选》《五
个儿童抓特务》等。

J0083928

孙悟空三借芭蕉扇　余碧娟改编;季源业绘
福州　福建美术出版社　1990年　19cm(32开)
ISBN:7-5393-0092-2　定价:CNY0.80
(动画大明星画库　西游记系列)
　　本书根据中国古典小说《西游记》改编的现
代连环画作品。

J0083929

孙悟空太空大战　(第1集　初战恶金刚)张
赶生,陆汝浩等编绘
武汉　湖北少年儿童出版社　1990年　22页
19cm(32开)　ISBN:7-5353-0654-3
定价:CNY0.90
　　中国现代动画作品.

J0083930

孙悟空太空大战　(第2集　挫败R3计划)张
赶生,陆汝浩等编绘
武汉　湖北少年儿童出版社　1990年　22页
19cm(32开)　ISBN:7-5353-0655-1
定价:CNY0.90
　　中国现代动画作品。

J0083931

孙悟空太空大战　(第3集　抢救太阳系)张
赶生等编绘
武汉　湖北少年儿童出版社　1990年　22页
19cm(32开)　ISBN:7-5353-0656-1
定价:CNY0.90
　　中国现代动画作品。

J0083932

孙悟空太空大战 （第4集 真假孙悟空）张
赶生，陆汝浩等编绘
武汉 湖北少年儿童出版社 1990年 22页
19cm（32开）ISBN：7-5353-0657-8
定价：CNY0.90
　　　　中国现代动画作品。

J0083933

孙悟空太空大战 （第5集 太空大决战）张
赶生，陆汝浩等编绘
武汉 湖北少年儿童出版社 1990年 22页
19cm（32开）ISBN：7-5353-0658-6
定价：CNY0.90
　　　　中国现代动画作品。

J0083934

太空城·拉普他 （1）唐桂荣等选编；晓奇
编［文］
长春 吉林美术出版社 1990年 30页 26cm（16开）
ISBN：7-5386-0169-4 定价：CNY1.95
（日本最新动画故事）
　　　　日本现代连环画作品。

J0083935

太空城·拉普他 （2）唐桂荣等选编；晓奇
编［文］
长春 吉林美术出版社 1990年 30页 26cm（16开）
ISBN：7-5386-0170-8 定价：CNY1.95
（日本最新动画故事）
　　　　日本现代连环画作品。

J0083936

太空城·拉普他 （3）唐桂荣等选编；晓奇
编［文］
长春 吉林美术出版社 1990年 30页 26cm（16开）
ISBN：7-5386-0171-6 定价：CNY1.95
（日本最新动画故事）
　　　　日本现代连环画作品。

J0083937

太空城·拉普他 （4）唐桂荣等选编；晓奇
［编文］
长春 吉林美术出版社 1990年 30页 26cm（16开）
ISBN：7-5386-0172-4 定价：CNY1.95

（日本最新动画故事）
　　　　日本现代连环画作品。

J0083938

太空擒顽敌 （黑猫警长新传）孙希文编；潘
直亮，程惠钊绘
海口 南海出版公司 1990年 2册 19cm（32开）
ISBN：7-80570-188-1 定价：CNY2.20
　　　　中国现代动画作品。作者潘直亮（1941—　），
编辑。湖北汉阳人。历任湖北孝感市文联副主席、
市美协主席、孝感画院院长、中国美术家协会会
员、孝感市美术家协会名誉主席。作品有《杨靖
宇》《恋》《献寿》，主要专著有《潘直亮佛教题材
水墨作品选集》等。

J0083939

太空小精灵 （科幻动画故事）辛容编；乐明
祥等绘
南昌 江西美术出版社 1990年 4册 19cm（32开）
ISBN：7-210-00826-8 定价：CNY4.00
　　　　中国现代动画作品。

J0083940

堂·吉诃德 童童改编；赵树云等绘
济南 明天出版社 1990年 26cm（16开）
ISBN：7-5332-0927-3 定价：CNY0.95
（世界著名动画主角故事画丛）
　　　　中国现代动画作品。作者赵树云（1944—　），
美术编辑。江苏阜宁人，毕业于上海戏剧学院
舞台美术系。历任中国人民解放军空军政治部
话剧团舞台美术，《儿童时代》社美术编辑、副
编审，上海美术家协会会员。著有儿童画典
《单钱绘画训练》《色彩绘画训练》《百科绘画
形象》。

J0083941

跳跃的袋鼠 晓静，林子编文；兆平，赵燕绘
北京 中国工人出版社 1990年 23页
19cm（32开）ISBN：7-5008-0653-1
定价：CNY1.00
（世界动画明星精选·波兰）
　　　　中国现代动画作品。

J0083942

突然袭击 郑渊洁编；聪英等绘

北京　人民美术出版社　1990 年　23 页
19cm（32 开）ISBN：7-102-00631-4
定价：CNY0.60
（舒克、贝塔历险记 7）
　　中国现代动画作品。作者郑渊洁（1955—　），
作家、演讲家。生于河北石家庄，祖籍山西临汾。
代表作品有《童话大王》《舒克和贝塔》《皮皮鲁
和鲁西西》《魔方大厦》等。

J0083943
瓦吉和帕吉　　维静，林子编；郑军，孙伟绘
北京　中国工人出版社　1990 年　23 页
19cm（32 开）ISBN：7-5008-0650-7
定价：CNY1.00
（世界动画集锦　美国）
　　中国现代动画作品。

J0083944
王二小　　援军改编；张武惠，欧阳荆山绘
南宁　接力出版社　1990 年　1 张　19cm（32 开）
ISBN：7-80581-046-X　定价：CNY0.75
（小英雄动画故事丛书·动画列车）
　　中国现代动画作品。

J0083945
我的小怪物　　林阳，张阳编；陈浒，沈碧霞绘
北京　中国工人出版社　1990 年　23 页　19cm（32 开）
ISBN：7-5008-0657-4　定价：CNY1.00
（世界动画明星精选）
　　中国现代动画作品。作者张阳，连环画艺术
家。与张煤合著连环画《岳家小将》，改编有连环
画《西游记》等。

J0083946
希瑞公主　　林阳，张阳编；江东华，孙长黎绘
北京　中国工人出版社　1990 年　23 页　19cm（32 开）
ISBN：7-5008-0654-X　定价：CNY1.00
（世界动画明星精选）
　　中国现代动画作品。

J0083947
小兵张嘎　　援军改编；黄箐等绘
南宁　接力出版社　1990 年　1 册　19cm（32 开）
ISBN：7-80581-057-5　定价：CNY0.75
（小英雄动画故事丛书·动画列车）

中国现代动画作品。

J0083948
小不点　　林阳，张阳编；费维国，张振平绘
北京　中国工人出版社　1990 年　23 页　19cm（32 开）
ISBN：7-5008-0660-4　定价：CNY1.00
（世界动画明星精选）
　　中国现代动画作品。

J0083949
小狗乖乖传奇　　彭国良编绘
福州　福建少年儿童出版社　1990 年　1 册
26cm（16 开）ISBN：7-5395-0394-7
定价：CNY1.70
（动画大观园丛书）
　　中国现代动画作品。

J0083950
小雷音寺捉妖　　林秀平改编；季源业等绘
福州　福建美术出版社　1990 年　1 册　19cm（32 开）
ISBN：7-5393-0100-7　定价：CNY0.80
（动画大明星画库·西游记系列）
　　本书根据中国古典小说《西游记》改编的动
画作品。

J0083951
小小画家　　孙总青编绘
上海　上海科技教育出版社　1990 年　1 册
19cm（32 开）ISBN：7-5428-0360-3
定价：CNY0.63
（电影动画书）
　　中国现代动画作品。

J0083952
星球大追捕　　庄大伟编；叶飞，贺国光绘
上海　上海人民美术出版社　1990 年　46 页
19cm（32 开）ISBN：7-5322-0603-3
定价：CNY1.70
（动画大王画库）
　　中国现代动画作品。作者庄大伟（1951—　），
儿童文学作家，学者。毕业于上海电视大学中文
专业。代表作品有《庄大伟幽默故事集》《庄大
伟童话精选》《第一线上》等。

J0083953

严惩绑架犯　茹萍等改编；乔吉幽等绘
上海　上海人民美术出版社　1990 年　39 页
15cm（40 开）ISBN：7-5322-0637-8
定价：CNY0.85
（彩色动画片·猫人澳尔特）
　　中国现代动画作品。

J0083954

鼹鼠的趣事　小静，林子编；永翔，永岳绘
北京　中国工人出版社　1990 年　23 页　19cm（32 开）
ISBN：7-5008-0649-3　定价：CNY1.00
（世界动画集锦：捷克斯洛伐克）

J0083955

洋葱头　徐奋改编；毛田坤等绘
济南　明天出版社　1990 年　26cm（16 开）
ISBN：7-5332-0894-3　定价：CNY0.95
（世界著名动画主角故事画丛）
　　中国现代动画作品。

J0083956

一休！一休！　（华盆和米袋子）陈镔编
北京　中国少年儿童出版社　1990 年　36 页
15cm（40 开）ISBN：7-5007-1079-8
定价：CNY0.75
　　中国现代动画作品。

J0083957

一休！一休！　（倔老头和武士）马燕编
北京　中国少年儿童出版社　1990 年　36 页
15cm（40 开）ISBN：7-5007-1082-8
定价：CNY0.75
　　中国现代动画作品。

J0083958

一休！一休！　（迷信和乌鸦报恩）鲁志友编
北京　中国少年儿童出版社　1990 年　36 页
15cm（40 开）ISBN：7-5007-1077-1
定价：CNY0.75
　　中国现代动画作品。

J0083959

一休！一休！　（木偶和大仙）肖伟编
北京　中国少年儿童出版社　1990 年　36 页

15cm（40 开）ISBN：7-5007-1078-X
定价：CNY0.75
　　中国现代动画作品。

J0083960

一休！一休！　（鸟和娇小姐）洪彤编
北京　中国少年儿童出版社　1990 年　36 页
15cm（40 开）ISBN：7-5007-1084-4
定价：CNY0.75
　　中国现代动画作品。

J0083961

一休！一休！　（巧辨砚台）马燕编
北京　中国少年儿童出版社　1990 年　36 页
15cm（40 开）ISBN：7-5007-1083-6
定价：CNY0.75
　　中国现代动画作品。

J0083962

一休！一休！　（智囊和葫芦）晓松编
北京　中国少年儿童出版社　1990 年　36 页
15cm（40 开）ISBN：7-5007-1085-2
定价：CNY0.75
　　中国现代动画作品。

J0083963

一休！一休！　（罪犯和猫爷）陈镔编
北京　中国少年儿童出版社　1990 年　36 页
15cm（40 开）ISBN：7-5007-1080-1
定价：CNY0.75
　　中国现代动画作品。

J0083964

一只笨狼　陈忠编文；黄箐绘
南宁　广西民族出版社　1990 年　20 页　19cm（32 开）
ISBN：7-5363-0926-0　定价：CNY1.30
（中国卡通系列画库）
　　中国现代动画作品。

J0083965

银河大激战　杨郁暄等改编；乔吉幽等绘
上海　上海人民美术出版社　1990 年　39 页
19cm（32 开）ISBN：7-5322-0638-6
定价：CNY0.85
（彩色动画片·猫人澳尔特）

中国现代动画作品。

J0083966

勇敢的小裁缝　陈志忠编；肖己沙绘
南宁　广西民族出版社 1990 年 20 页 19cm（32 开）
ISBN：7-5363-0918-X 定价：CNY1.30
（中外卡通系列画库）
　　中国现代动画作品。

J0083967

勇敢的星——布雷斯塔警长　（巨齿城之夜）
路埜，晓云译；小梅，小明改编；童灵，南韦摄制
北京　中国连环画出版社 1990 年 19cm（32 开）
ISBN：7-5061-0296-X 定价：CNY1.10
（美国彩色系列动画片）
　　中国现代动画作品。

J0083968

勇敢的星——布雷斯塔警长　（矿石热病）路
埜，晓云译；小梅，小明改编；童灵，南韦摄制
北京　中国连环画出版社 1990 年 19cm（32 开）
ISBN：7-5061-0300-1 定价：CNY1.10
（美国彩色系列动画片）
　　中国现代动画作品。

J0083969

勇敢的星——布雷斯塔警长　（兄弟的保护
人）路埜，晓云译；小梅，小明改编；童灵，南
韦摄制
北京　中国连环画出版社 1990 年 19cm（32 开）
ISBN：7-5061-0299-4 定价：CNY1.10
（美国彩色系列动画片）
　　中国现代动画作品。

J0083970

勇敢的星——布雷斯塔警长　（熊的力量）路
埜，晓云译；小梅，小明改编；童灵，南韦摄制
北京　中国连环画出版社 1990 年 19cm（32 开）
ISBN：7-5061-0297-8 定价：CNY1.10
（美国彩色系列动画片）
　　中国现代动画作品。

J0083971

勇敢的星——布雷斯塔警长　（宇宙动物园）
路埜，晓云译；小梅，小明改编；童灵，南韦摄制

北京　中国连环画出版社 1990 年 19cm（32 开）
ISBN：7-5061-0298-6 定价：CNY1.10
（美国彩色系列动画片）
　　中国现代动画作品。

J0083972

游乐场历险记　谭文光等改编；桑木等绘
广州　岭南美术出版社 1990 年 4 册 13cm（60 开）
ISBN：7-5362-0418-3 定价：CNY5.90
（加拿大动画选）
　　中国现代动画作品。

J0083973

渔夫女　陈忠编；朱雪梅绘
南宁　广西民族出版社 1990 年 20 页 19cm（32 开）
ISBN：7-5363-0927-9 定价：CNY1.30
（中外卡通系列画库）
　　中国现代动画作品。

J0083974

宇宙飞超人　（上　日本电视动画连环画）陈明
娟改编；林义君等绘
南宁　广西美术出版社 1990 年 19cm（32 开）
ISBN：7-80582-072-4 定价：CNY1.00
　　中国现代动画作品。

J0083975

宇宙飞超人　（下　日本电视动画连环画）陈明
娟改编；梁盈禧等绘
南宁　广西美术出版社 1990 年 19cm（32 开）
ISBN：7-80582-073-2 定价：CNY1.00
　　中国现代动画作品。

J0083976

越野赛　付进等译编；何力，群慧绘
长春　北方妇女儿童出版社 1990 年 99 页
19cm（32 开）ISBN：7-5385-0281-5
定价：CNY1.50
（世界动画连环画精选）
　　中国现代动画作品。

J0083977

战天兵　吴雪等改编；谷天宁，谷欣莹绘
天津　新蕾出版社 1990 年 15 页 26cm（16 开）
ISBN：7-5307-0607-1 定价：CNY0.80

（动画美猴王 6）
　　中国现代动画作品。

J0083978
长生不老　陈忠编文；梧磊绘
南宁 广西民族出版社 1990 年 19cm（32 开）
ISBN：7-5363-0948-1 定价：CNY1.30
（中外卡通系列画库）
　　中国现代动画作品。

J0083979
真假鼠王　郑渊洁编；聪英绘
北京 人民美术出版社 1990 年 23 页 19cm（32 开）
ISBN：7-102-00690-X 定价：CNY0.60
（舒克、贝塔历险记 11）
　　中国现代动画作品。

J0083980
蜘蛛人与机灵狗　陈陶然编译
长沙 湖南美术出版社 1990 年 19cm（32 开）
ISBN：7-5356-0375-0 定价：CNY1.00
（世界最新卡通精选）
　　中国现代动画作品。

J0083981
直捣王宫　郑渊洁编；聪英等绘
北京 人民美术出版社 1990 年 23 页 19cm（32 开）
ISBN：7-102-00688-8 定价：CNY0.60
（舒克、贝塔历险记 10）
　　中国现代动画作品。

J0083982
智斗偷猎者　杨郁暄等改编；乔吉幽等绘
上海 上海人民美术出版社 1990 年 39 页
19cm（32 开）ISBN：7-5322-0640-8
定价：CNY0.85
（彩色动画片 猫人澳尔特）
　　中国现代动画作品。描写猫人扑汤蹈火，救
人质，勇逮偷猎者。

J0083983
智过老狼山　李广之编文；邹简等绘
上海 上海翻译出版公司 1990 年 47 页
19cm（32 开）ISBN：7-80514-508-3
定价：CNY1.50

（长篇系列动画故事 小八戒历险记 2）
　　中国现代动画作品。

J0083984
中国上古神话系列动画　（一）沈善增，秦创
萍编；金渭昌等绘
上海 上海教育出版社［1990 年］5 册
19cm（32 开）ISBN：7-5320-2308-7
定价：CNY5.30

J0083985
啄木鸟大夫诊断　张秋生编写；陆汝浩等绘
福州 福建少年儿童出版社 1990 年 19cm（32 开）
ISBN：7-5395-0448-x 定价：CNY1.20
（动画大观园丛书）
　　本书收有 3 篇中国现代童话连环画作品。
作者陆汝浩（1943—　　），画家。别名双水，浙江
宁波人。曾在师范专修美术。历任《上海少年报》
社童话报美术编辑。连环画作品有《滨海谍案》。

J0083986
佐罗　（计谋）宏大等编；信浩等绘
南昌 二十一世纪出版社 1990 年 30 页
19cm（32 开）ISBN：7-5391-0305-1
定价：CNY0.90
　　本书根据美国同名电视动画片改编的现代
动画作品。

J0083987
佐罗　（将军的下场）宏大等编；信浩等绘
南昌 二十一世纪出版社 1990 年 30 页
19cm（32 开）ISBN：7-5391-0302-7
定价：CNY0.90
　　中国现代动画作品。

J0083988
佐罗　（拉蒙要塞）宏大等编；信浩等绘
南昌 二十一世纪出版社 1990 年 30 页 19cm（32 开）
ISBN：7-5391-0304-3 定价：CNY0.90
　　中国现代动画作品。

J0083989
佐罗　（神秘的旅客）宏大等编；信浩等绘
南昌 二十一世纪出版社 1990 年 30 页 19cm（32 开）
ISBN：7-5391-0303-5 定价：CNY0.90

中国现代动画作品。

J0083990

佐罗　（炸坝夺水）宏大等编；信浩等绘
南昌　二十一世纪出版社 1990年 30页 19cm（32开）
ISBN：7-5391-0300-0 定价：CNY0.90
　　中国现代动画作品。

J0083991

佐罗　（真相大白）宏大等编；信浩等绘
南昌　二十一世纪出版社 1990年 30页 19cm（32开）
ISBN：7-5391-0301-9 定价：CNY0.90
　　根据美国同名电视动画片改编现代动画
作品。

J0083992

佐罗　点点改编；孟石初，唐云辉绘
济南　明天出版社 1990年 26cm（16开）
ISBN：7-5332-0929-X 定价：CNY0.95
（世界著名动画主角故事画丛）
　　中国现代动画作品。

J0083993

佐罗　林阳，张阳编；江东华，牛继升绘
北京　中国工人出版社 1990年 23页 19cm（32开）
ISBN：7-5008-0659-0 定价：CNY1.00
（世界动画明星精选）
　　中国现代动画作品。作者张阳，连环画艺术
家。与张煤合著连环画《岳家小将》，改编有连环
画《西游记》等。

J0083994

BJW 探长智斗大力丸　曲延强编；钱流等绘
合肥　安徽美术出版社 1991年 19cm（小32开）
ISBN：7-5398-0186-7 定价：CNY1.10
（惊险侦破童话系列）
　　本书系中国现代动画作品。

J0083995

戴碧蓉　李子然编；陆建华绘
南宁　接力出版社 1991年 19cm（小32开）
ISBN：7-80581-247-0 定价：CNY0.95
（小英雄动画故事丛书）
　　本书系中国现代动画作品。

J0083996

丹佛——最后的恐龙　（1）
北京　北京少年儿童出版社 1991年 26cm（16开）
ISBN：7-5301-0288-5 定价：CNY0.98
（电视动画片）
　　本书系中国现代电视动画作品。

J0083997

丹佛——最后的恐龙　（2）
北京　北京少年儿童出版社 1991年 26cm（16开）
ISBN：7-5301-0288-5 定价：CNY0.98
（电视动画片）
　　本书系中国现代电视动画作品。

J0083998

丹佛——最后的恐龙　（3）
北京　北京少年儿童出版社 1991年 26cm（16开）
ISBN：7-5301-0288-5 定价：CNY0.98
（电视动画片）
　　本书系中国现代电视动画作品。

J0083999

丹佛——最后的恐龙　（4）
北京　北京少年儿童出版社 1991年 26cm（16开）
ISBN：7-5301-0288-5 定价：CNY0.98
（电视动画片）
　　本书系中国现代电视动画作品。

J0084000

丹佛——最后的恐龙　（5）
北京　北京少年儿童出版社 1991年 14页
26cm（16开）ISBN：7-5301-0289-3
定价：CNY0.98
（电视动画片）
　　本书系中国现代电视动画作品。

J0084001

丹佛——最后的恐龙　（6）
北京　北京少年儿童出版社 1991年 14页
26cm（16开）ISBN：7-5301-0290-7
定价：CNY0.98
（电视动画片）
　　本书系中国现代电视动画作品。

J0084002

丹佛——最后的恐龙 （7）

北京　北京少年儿童出版社　1991年　26cm（16开）

ISBN：7-5301-0291-5　定价：CNY0.98

（电视动画片）

　　本书系中国现代电视动画作品。

J0084003

丹佛——最后的恐龙 （8）

北京　北京少年儿童出版社　1991年　14页

26cm（16开）ISBN：7-5301-0292-3

定价：CNY0.98

（电视动画片）

　　本书系中国现代电视动画作品。

J0084004

地下王国历险记 （上）任建国译编；黄铃

等绘

上海　上海人民美术出版社　1991年　34页

19cm（32开）ISBN：7-5322-0764-1

定价：CNY1.35

（动画大王画库）

　　本书系中国现代动画作品。

J0084005

地下王国历险记 （下）任建国译编；黄铃

等绘

上海　上海人民美术出版社　1991年　34页

19cm（32开）ISBN：7-5322-0831-1

定价：CNY1.35

（动画大王画库）

　　本书系中国现代动画作品。

J0084006

黑猫警长 （一）戴铁郎等编绘

上海　上海人民美术出版社　1991年　98页

19cm（小32开）ISBN：7-5322-0768-4

定价：CNY3.30

（动画大王画库）

　　本书系中国现代动画作品。

J0084007

黑猫警长 （二）戴铁郎等编绘

上海　上海人民美术出版社　1991年　86页

19cm（小32开）ISBN：7-5322-0769-2

定价：CNY3.00

（动画大王画库）

　　本书系中国现代动画作品。

J0084008

黑猫警长 （三）戴铁郎等编绘

上海　上海人民美术出版社　1991年　46页

19cm（小32开）ISBN：7-5322-0770-6

定价：CNY1.70

（动画大王画库）

　　本书系中国现代动画作品。

J0084009

黑猫警长 （四）诸志祥编；戴铁郎等绘

上海　上海人民美术出版社　1991年　82页

19cm（小32开）ISBN：7-5322-0771-4

定价：CNY2.80

（动画大王画库）

　　本书系中国现代动画作品。作者诸志祥

（1941—2015），笔名浩谷，浙江绍兴人。中共党

员。1961年毕业于上海市第四师范学校。历任

某校教师、上海《少年报》编辑、《作家与企业家

报》负责人。1968年开始发表作品。1990年加

入中国作家协会。著有中篇童话《八戒回乡》《挂

领带的牛》《猴医生治病》《黑猫警长》（已改编

为动画片剧本并录制播出）、《黑猫警长与外星

人》等10部。

J0084010

葫芦金刚 （续集）小星编文；进庆等编

上海　上海人民美术出版社　1991年　54页

19cm（小32开）ISBN：7-5322-0834-6

定价：CNY1.95

（动画大王画库）

　　本书系中国现代动画作品。

J0084011

机器狗大侦探 （第一集　鸵鸟案）吴近等编绘

武汉　湖北少年儿童出版社　1991年　22页

19cm（小32开）ISBN：7-5353-0826-0

定价：CNY0.90

　　本书系中国现代动画作品。

J0084012

机器狗大侦探 （第二集　象牙案）吴近等编绘

武汉 湖北少年儿童出版社 1991 年 22 页
19cm（小 32 开）ISBN：7-5353-0827-9
定价：CNY0.90
　　本书系中国现代动画作品。

J0084013
机器狗大侦探 （第三集 斑马案）吴近等编绘
武汉 湖北少年儿童出版社 1991 年 22 页
19cm（小 32 开）ISBN：7-5353-0828-7
定价：CNY0.90
　　本书系中国现代动画作品。

J0084014
机器狗大侦探 （第四集 海豹案）吴近等编绘
武汉 湖北少年儿童出版社 1991 年 22 页
19cm（小 32 开）ISBN：7-5353-0829-5
定价：CNY0.90
　　本书系中国现代动画作品。

J0084015
机器狗大侦探 （第五集 小动物案）吴近等
编绘
武汉 湖北少年儿童出版社 1991 年 22 页
19cm（小 32 开）ISBN：7-5353-0830-9
定价：CNY0.90
　　本书系中国现代动画作品。

J0084016
机器猫叮当 （第一集 可爱的猫咪玩具军队）
吴仁中编文；邵海等绘
武汉 湖北少年儿童出版社 1991 年 22 页
19cm（小 32 开）ISBN：7-5353-0880-5
定价：CNY0.95
　　本作品系现代动画。

J0084017
机器猫叮当 （第二集 鲤鱼幡·神奇的笛子）
吴仁中编文；邵海等绘
武汉 湖北少年儿童出版社 1991 年 22 页
19cm（小 32 开）ISBN：7-5353-0881-3
定价：CNY0.95
　　本作品系现代动画。

J0084018
机器猫叮当 （第三集 海上遨游友谊增进器）

吴仁中编文；邵海等绘
武汉 湖北少年儿童出版社 1991 年 22 页
19cm（小 32 开）ISBN：7-5353-0882-1
定价：CNY0.95
　　本作品系现代动画。

J0084019
机器猫叮当 （第四集 紧箍咒习惯打雷）吴仁
中编文；邵海等绘
武汉 湖北少年儿童出版社 1991 年 22 页
19cm（小 32 开）ISBN：7-5353-0883-X
定价：CNY0.95
　　本作品系现代动画。

J0084020
机器猫叮当 （第五集 未来世界的怪人天气
盒子）吴仁中编文；邵海等绘
武汉 湖北少年儿童出版社 1991 年 22 页
19cm（小 32 开）ISBN：7-5353-0884-8
定价：CNY0.95
　　本作品系现代动画。

J0084021
激战钢金铁索 李跃华编；犁天等绘
北京 科学普及出版社 1991 年 19cm（小 32 开）
ISBN：7-110-01852-0 定价：CNY1.30
（霹雳震太空 3）
　　本书系中国现代动画作品。

J0084022
警视厅长上任记 黄培衍编；志仁等绘
合肥 安徽美术出版社 1991 年 19cm（小 32 开）
ISBN：7-5398-0171-9 定价：CNY0.95
（惊险侦破童话系列）
　　本书系中国现代动画作品。

J0084023
卡通故事精选 （1）曹怡，王辉改编；田芝苓
等绘
天津 新蕾出版社 1991 年 70 页 19cm（小 32 开）
ISBN：7-5307-0737-X 定价：CNY3.05

J0084024
卡通故事精选 （2）曹怡，王辉改编；田芝苓
等绘

天津 新蕾出版社 1991 年 70 页 19cm（小 32 开）
ISBN：7-5307-0738-8 定价：CNY3.05

J0084025

卡通之谜 （上）孙立云，王红编；陈小明等绘
上海 上海教育出版社 1991 年 28 页 26cm（16 开）
ISBN：7-5320-2716-3 定价：CNY1.60
　　本书系中国现代动画作品。

J0084026

卡通之谜 （下）孙立云，王红编；陈小明等绘
上海 上海教育出版社 1991 年 28 页 26cm（16 开）
ISBN：7-5320-2732-6 定价：CNY1.60
　　本书系中国现代动画作品。

J0084027

卡通组合故事 2401 个　岳海编；彻子绘
北京 中国少年儿童出版社 1991 年
19cm（小 32 开）ISBN：7-5007-1235-9
定价：CNY2.00

J0084028

卡通组合故事 660 个　岳海编；彻子绘
北京 中国少年儿童出版社 1991 年 19cm（小
32 开）ISBN：7-5007-1234-0 定价：CNY2.00

J0084029

刘文学　莫宁编；张达平绘
南宁 接力出版社 1991 年 24 页 19cm（小 32 开）
ISBN：7-80581-239-X 定价：CNY0.95
（小英雄动画故事丛书）
　　本书系中国现代动画作品。作者张达平
（1945—　），广西博白人。师从著名岭南派画家
黄独峰。曾任广西美术出版社副总编、广西书画
研究会副会长、广西文物收藏家协会副会长等
职。主要作品有《苗山新绣》《狼孩》《木偶奇遇
记》等。

J0084030

龙梅和玉荣　援军编；张达平等绘
南宁 接力出版社 1991 年 24 页 19cm（小 32 开）
ISBN：7-80581-238-1 定价：CNY0.95
（小英雄动画故事丛书）
　　本书系中国现代动画作品。

J0084031

米老鼠侦探　陶华南译编
北京 中国妇女出版社 1991 年 19cm（小 32 开）
ISBN：7-80016-513-2 定价：CNY1.00
　　本书系中国现代动画作品。

J0084032

名人故事　马良，慧莹改编
广州 新世纪出版社 1991 年 3 册 15cm（64 开）
ISBN：7-5405-0490-0 定价：CNY3.65
（卡通世界）
　　本作品系中国现代卡通。

J0084033

魔城奇遇　（金刚魔法卡通画册）常瑞等改编；
承琳等绘
长沙 湖南少年儿童出版社 1991 年 26cm（16 开）
ISBN：7-5358-0659-7 定价：CNY1.30
　　本作品系中国现代卡通画册。

J0084034

魔海之谜　（上 华南虎大显神通）王培堃编；
王培堃，李锦铨绘
南宁 广西美术出版社 1991 年 20 页
19cm（小 32 开）ISBN：7-80582-254-9
定价：CNY1.25
　　本书系中国现代动画作品。作者王培堃
（1940—　），漫画家。广西柳州人，毕业于广西
师范学院。曾任职于广西柳州市群众艺术馆、柳
州《新天地画刊》编辑部、中国美术家协会会员、
中国美术家协会连环画艺术委员会委员。代表
作品《书的故事》《小精灵画传》《书童山》。

J0084035

魔海之谜　（下 华南虎威威大显神通）王培堃
编；王培堃，李锦铨绘
南宁 广西美术出版社 1991 年 20 页
19cm（小 32 开）ISBN：7-80582-255-7
定价：CNY1.25
　　本书系中国现代动画作品。

J0084036

霹雳人出世　李跃华编；朱振芳等绘
北京 科学普及出版社 1991 年 19cm（小 32 开）
ISBN：7-110-01850-4 定价：CNY1.30

（霹雳震太空　1）

　　本书系中国现代动画作品。作者朱振芳，国家二级美术师。河北武安人。中国美术家协会河北省分会会员。绘有连环画《朱德血战三河坝》《夺刀》《战地红缨》，年画《我们班里好事多》。

J0084037

千里大追捕 （金刚魔法卡通画册）陈苗海，林燕写；张军等绘

长沙　湖南少年儿童出版社　1991年　26cm（16开）

ISBN：7-5358-0658-9　定价：CNY1.30

　　本作品系中国现代卡通画册。作者张军，山东省艺术研究所研究员。

J0084038

巧克力城历险记　陆风，方欣编；戴逸如等绘

上海　百家出版社　1991年　19cm（小32开）

ISBN：7-80576-200-7　定价：CNY1.30

　　本书系中国现代动画作品。作者戴逸如（1948—　），编辑、作家、漫画家。上海人。历任机关刊物《上海新闻出版》编辑、《新民晚报》主任编辑、中国创造学会理事、上海市美协会员。著有《启锁斋笑林》《医圣张仲景》《创造博士》，主编《世界漫画大师精品珍赏》《东方十日谈》等。

J0084039

神秘水晶　（下）徐婉林编译；卢山等绘制

南宁　广西美术出版社　1991年　19cm（小32开）

ISBN：7-80582-156-9　定价：CNY1.15

（卡通博览）

　　本书系中国现代动画作品。

J0084040

世界滑稽故事　（1）周伟等改编；吴尚学等绘

长沙　湖南少年儿童出版社　1991年　19cm（32开）

ISBN：7-5358-0680-5　定价：CNY1.50

（顶呱呱卡通画册）

　　本书系中国现代动画作品。

J0084041

世界滑稽故事　（2）周伟等改编；吴尚学等绘

长沙　湖南少年儿童出版社　1991年　19cm（32开）

ISBN：7-5358-0680-5　定价：CNY1.50

（顶呱呱卡通画册）

　　本书系中国现代动画作品。

J0084042

世界滑稽故事　（3）周伟等改编；吴尚学等绘

长沙　湖南少年儿童出版社　1991年　19cm（32开）

ISBN：7-5358-0680-5　定价：CNY1.50

（顶呱呱卡通画册）

　　本书系中国现代动画作品。

J0084043

世界滑稽故事　（4）瞿军安等改编；尹锷等绘

长沙　湖南少年儿童出版社　1991年　19cm（32开）

ISBN：7-5358-0681-3　定价：CNY1.50

（顶呱呱卡通画册）

　　本书系中国现代动画作品。

J0084044

四大金刚　（金刚魔法卡通画册）陈苗海，林燕写；金诚等绘

长沙　湖南少年儿童出版社　1991年　26cm（16开）

ISBN：7-5358-0657-0　定价：CNY1.30

　　本作品系中国现代卡通画册。

J0084045

外星飞来的公主　王培堃编；张武惠等绘

南宁　接力出版社　1991年　36页　19cm（小32开）

ISBN：7-80581-242-X　定价：CNY1.35

　　本书系中国现代卡通作品。

J0084046

外星人马特奇遇记　陆乃超，孟昭江编；亦民，建奇绘

上海　上海翻译出版公司　1991年　46页　19cm（小32开）　ISBN：7-80514-520-5

定价：CNY1.80

　　本作品系中国现代卡通画册。

J0084047

屋顶上的小飞人　（上）阿素改编；郭召明等绘

上海　上海人民美术出版社　1991年　34页　19cm（32开）　ISBN：7-5322-0776-5

定价：CNY1.35

　　本书系中国现代动画作品。

J0084048

屋顶上的小飞人 （中）阿素改编；马重慧等绘
上海 上海人民美术出版社 1991年 34页
19cm（32开）ISBN：7-5322-0819-2
定价：CNY1.35
　　本书系中国现代动画作品。

J0084049

屋顶上的小飞人 （下）阿素改编；郭召明等绘
上海 上海人民美术出版社 1991年 34页
19cm（32开）ISBN：7-5322-0820-6
定价：CNY1.35
　　本书系中国现代动画作品。

J0084050

无敌神豹 （金刚魔法卡通画册）陈苗海，林
燕写；承琳等绘
长沙 湖南少年儿童出版社 1991年 26cm（16开）
ISBN：7-5358-0656-2 定价：CNY1.30
　　本作品系中国现代卡通画册。

J0084051

小老鼠法拉布历险记 柯东帆改编；梁烽等
复制
广州 新世纪出版社 1991年 3册 15cm（64开）
盒装 ISBN：7-5405-0523-0 定价：CNY3.80
（卡通世界）
　　本作品系中国现代卡通。

J0084052

小秃的魔法车 （金刚魔法卡通画册）陈苗
海，林燕写；马骏等绘
长沙 湖南少年儿童出版社 1991年 26cm（16开）
ISBN：7-5358-0660-0 定价：CNY1.30
　　本作品系中国现代卡通画册。

J0084053

小宇宙之战 （1）卢晓峰编译；安吾等绘
沈阳 辽宁美术出版社 1991年 46页
19cm（小32开）ISBN：7-5314-0784-1
定价：CNY2.20
　　本书是中国现代动画作品。

J0084054

小宇宙之战 （2）卢晓峰编译；章亦等绘
沈阳 辽宁美术出版社 1991年 46页
19cm（小32开）ISBN：7-5314-0785-1
定价：CNY2.20
　　本书是中国现代动画作品。

J0084055

小宇宙之战 （3）卢晓峰编译；宁竹等绘
沈阳 辽宁美术出版社 1991年 46页
19cm（小32开）ISBN：7-5314-0786-8
定价：CNY2.20
　　本书是中国现代动画作品。

J0084056

小宇宙之战 （4）卢晓峰编译；宁楠等绘
沈阳 辽宁美术出版社 1991年 46页
19cm（小32开）ISBN：7-5314-0787-6
定价：CNY2.20
　　本书是中国现代动画作品。

J0084057

阴险的宇宙强盗 王培堃编；张武惠等绘
南宁 接力出版社 1991年 24页 19cm（小32开）
ISBN：7-80581-243-8 定价：CNY0.95
（小小探险家）
　　本书系中国现代动画作品。

J0084058

银河舰队 （第一集 激战芝麻星）凌之言编；
孟昕等绘
武汉 湖北少年儿童出版社 1991年 24页
19cm（小32开）ISBN：7-5353-0866-X
定价：CNY0.90
　　本书系中国现代动画作品。

J0084059

银河舰队 （第二集 空中大拦截）凌之言编；
孟昕等绘
武汉 湖北少年儿童出版社 1991年 24页
19cm（小32开）ISBN：7-5353-0867-8
定价：CNY0.90
　　本书系中国现代动画作品。

J0084060

银河舰队 （第三集 机器狼惨败）凌之言编；
孟昕等绘

武汉　湖北少年儿童出版社　1991 年　24 页
19cm（小 32 开）ISBN：7-5353-0868-6
定价：CNY0.90
　　本书系中国现代动画作品。

J0084061

银河舰队 （第四集　波力卡投敌）凌之言编；
孟昕等绘
武汉　湖北少年儿童出版社　1991 年　24 页
19cm（小 32 开）ISBN：7-5353-0869-4
定价：CNY0.90
　　本书系中国现代动画作品。

J0084062

银河舰队 （第五集　神鸟斗魔鬼）凌之言编；
孟昕等绘
武汉　湖北少年儿童出版社　1991 年　24 页
19cm（小 32 开）ISBN：7-5353-0870-8
定价：CNY0.90
　　本书系中国现代动画作品。

J0084063

勇斗鲨鱼　少年儿童出版社编绘
上海　少年儿童出版社　1991 年　19cm（小 32 开）
ISBN：7-5324-1494-9　定价：CNY0.75
（现代动画故事精选）
　　本书系中国现代动画作品。

J0084064

真假 TOTO 探长　延强编；陈涛等绘
合肥　安徽美术出版社　1991 年　19cm（小 32 开）
ISBN：7-5398-0188-3　定价：CNY0.95
（惊险侦破童话系列）
　　本书系中国现代动画作品。

J0084065

最新黑猫警长　褚志祥编；陆汝浩等绘
石家庄　河北美术出版社　1991 年　5 册
19cm（小 32 开）ISBN：7-5310-0398-8
定价：CNY4.20
　　本书系中国现代动画作品。作者陆汝浩
（1943—　　），画家。别名双水，浙江宁波人。曾
在师范专修美术。历任《上海少年报》社童话报
美术编辑。连环画作品有《滨海谍案》。

J0084066

365 科技万象卡通涂画画库 （丑丑精灵）秦
北极主编
北京　档案出版社　1992 年　12 册（384 页）
26cm（16 开）ISBN：7-80019-339-X
定价：CNY30.00
　　本作品系中国现代动画。

J0084067

北冰国助战　李跃华编文；朱振芳等绘画
北京　科学普及出版社　1992 年　14×16cm
ISBN：7-110-01857-1　定价：CNY1.30
（霹雳震太空　10）
　　本作品系中国现代动画。

J0084068

不听话的小豹子　徐华文；钱仁华画
贵阳　贵州人民出版社　1992 年　14 页　14×16cm
ISBN：7-221-02540-1　定价：CNY1.00
　　本作品系中国现代动画。

J0084069

布雷斯特警长　林阳编文；邵林，东华绘画
北京　中国工人出版社　1992 年　23 页　14×16cm
ISBN：7-5008-0805-4　定价：CNY1.00
（世界动画明星精选）
　　本作品系中国现代动画。

J0084070

吹牛大夫　徐华文；李显陵画
贵阳　贵州人民出版社　1992 年　12 页　14×16cm
ISBN：7-221-02537-1　定价：CNY1.00
　　本作品系中国现代动画。

J0084071

大白鲸　林阳编文；林平，李文至绘画
北京　中国工人出版社　1992 年　23 页　14×16cm
ISBN：7-5008-0804-6　定价：CNY1.00
（世界动画明星精选）
　　本作品系中国现代动画。

J0084072

地球反击　李跃华编文；朱振芳等绘
北京　科学普及出版社　1992 年　14×16cm
ISBN：7-110-01859-8　定价：CNY1.30

（霹雳震太空 8）

本作品系中国现代动画。

J0084073

儿童动画画谱 李绍然编绘

上海 上海科技教育出版社 1992 年 96 页

17×19cm ISBN：7-5428-0587-8 定价：CNY1.65

本书收 1000 多种形态各异的动画形象。作者李绍然（1939—2017），画家。字昭昭，别号齐东野叟、东鲁画痴、登州布衣、胶东客等。山东烟台人，毕业于浙江美术学院中国画系。曾任上海美术家协会会员、上海连环画研究会会员、中国电影家协会会员。代表作品有《勇敢机智打豺狼》《红枫岭上》等。

J0084074

怪狼 徐华文；赵庆笙画

贵阳 贵州人民出版社 1992 年 14 页 14×16cm

ISBN：7-221-2538-X 定价：CNY1.00

本作品系中国现代动画。

J0084075

黑猫警长 （彩色合订本）诸志祥编文；戴铁郎等绘画

上海 上海人民美术出版社 1992 年 14×16cm

ISBN：7-5322-1054-5 定价：CNY13.50

本作品系中国现代彩色动画故事。主人公黑猫警长是森林公安卫士。在黑猫警长的管辖地区出现了很多奇怪现象：仓库失窃、红砖墙遭破坏、稀有熊猫被拐骗、印度鸟扑火自杀、新建的饭店突然倒塌、送给妈妈的礼物竟会有毒、只生女婴的森林新村、狐狸夫妇的死亡之谜、猴岛发生的奇案等等。种种疑难、复杂的案子，只要由黑猫警长经手，无不破获。

J0084076

黑猫警长 （一 痛歼搬仓鼠）冰遥改编；范马迪，叶歌绘画

北京 中国电影出版社 1992 年 14×16cm

ISBN：7-106-00663-7 定价：CNY1.20

本作品系中国现代动画。

J0084077

黑猫警长 （二 空中擒敌）冰遥改编；范马迪，叶歌绘画

北京 中国电影出版社 1992 年 14×16cm

ISBN：7-106-00659-9 定价：CNY1.20

本作品系中国现代动画。

J0084078

黑猫警长 （三 偷吃红土的小偷）冰遥改编；范马迪，叶歌绘画

北京 中国电影出版社 1992 年 14×16cm

ISBN：7-106-00660-2 定价：CNY1.20

本作品系中国现代动画。

J0084079

黑猫警长 （四 吃丈夫的螳螂）冰遥改编；范马迪，叶歌绘画

北京 中国电影出版社 1992 年 14×16cm

ISBN：7-106-00661-0 定价：CNY1.20

本作品系中国现代动画。

J0084080

黑猫警长 （五 娘舅吃猫鼠）冰遥改编；范马迪，叶歌绘画

北京 中国电影出版社 1992 年 14×16cm

ISBN：7-106-00662-9 定价：CNY1.20

本作品系中国现代动画。

J0084081

黑猫警长 冰遥改编；范马迪，叶歌绘画

北京 中国电影出版社 1992 年 14×16cm

精装 ISBN：7-106-00603-3 定价：CNY6.50

本作品系中国现代动画。

J0084082

花木兰 王玲，莫宁编；黄宗海，冯报新绘

南宁 接力出版社 1992 年 14×16cm

ISBN：7-80581-380-9 定价：CNY0.95

（小英雄动画故事丛书）

本作品系中国现代动画。

J0084083

环宇大战 （日）土郎正宗原著；吴影改编

海口 海南摄影美术出版社 1992 年 2 册（170 页）

19cm（小 32 开）ISBN：7-80571-256-5

定价：CNY3.60

本作品系中国现代动画。

J0084084

绘图五百罗汉　孙玉山绘

北京　书目文献出版社　1992 年　500 页　有图

28×20cm　精装　ISBN：7-5013-0928-0

定价：CNY295.00

　　本画册为北京图书馆珍藏的彩绘五百罗汉图册。图册根据祝圣寺石刻精心绘制而成，保留了原石刻艺术的特色，是研究佛教文化、历史文物和绘画艺术的重要史料。

J0084085

机动警察　（1 小将出马）梁学谨译

南宁　接力出版社　1992 年　76 页　19cm（小 32 开）

ISBN：7-80581-494-5　定价：CNY1.80

　　本作品系中国现代动画。

J0084086

机动警察　（2 初战 "高脚蟹"）梁学谨译

南宁　接力出版社　1992 年　102 页　19cm（小 32 开）

ISBN：7-80581-495-3　定价：CNY1.80

　　本作品系中国现代动画。

J0084087

机动警察　（3 "布洛肯" 的挑战）梁学谨译

南宁　接力出版社　1992 年　92 页　19cm（小 32 开）

ISBN：7-80581-496-1　定价：CNY1.80

　　本作品系中国现代动画。

J0084088

机动警察　（4 新来的警官）梁学谨译

南宁　接力出版社　1992 年　90 页　19cm（小 32 开）

ISBN：7-80581-497-X　定价：CNY1.80

　　本作品系中国现代动画。

J0084089

机动警察　（5 紧急出动）梁学谨译

南宁　接力出版社　1992 年　104 页　19cm（小 32 开）

ISBN：7-80581-498-8　定价：CNY1.80

　　本作品系中国现代动画。

J0084090

机械战士　（上）吴影改编

广州　岭南美术出版社　1992 年　114 页

19cm（小 32 开）ISBN：7-5362-0801-4

定价：CNY2.30

　　本作品系中国现代动画。

J0084091

机械战士　（下）吴影改编

广州　岭南美术出版社　1992 年　115-229 页

19cm（小 32 开）ISBN：7-5362-0802-2

定价：CNY2.30

　　本作品系中国现代动画。

J0084092

降服水妖　李跃华编文；朱振芳等绘画

北京　科学普及出版社　1992 年　14×16cm

ISBN：7-110-01858-X　定价：CNY1.30

（霹雳震太空　9）

　　本作品系中国现代动画。作者朱振芳，国家二级美术师。河北武安人。中国美术家协会河北省分会会员。绘有连环画《朱德血战三河坝》《夺刀》《战地红缨》和年画《我们班里好事多》。

J0084093

李寄斩蛇　莫宁，张武惠编；张武惠绘

南宁　接力出版社　1992 年　14×16cm

ISBN：7-80581-382-5　定价：CNY0.95

（小英雄动画故事丛书）

　　本作品系中国现代动画。

J0084094

猫人　林阳编文；康丽，蒙艺绘画

北京　中国工人出版社　1992 年　23 页　14×16cm

ISBN：7-5008-0806-2　定价：CNY1.00

（世界动画明星精选）

　　本作品系中国现代动画。

J0084095

毛毛熊　张阳编文；李生，陈浒绘画

北京　中国工人出版社　1992 年　23 页　14×16cm

ISBN：7-5008-0826-7　定价：CNY1.00

（世界动画明星精选）

　　本作品系中国现代动画。作者张阳，连环画艺术家。与张煤合著连环画《岳家小将》，改编有连环画《西游记》等。

J0084096

魔方大厦　（1 玻璃城）郑渊洁著；顾汉昌，查侃改编；张华等绘画

北京 中国电影出版社 1992年 25页 14×16cm
ISBN：7-106-00619-X 定价：CNY1.20

　　本作品系中国现代动画。作者郑渊洁（1955— ），作家、演讲家。生于河北石家庄，祖籍山西临汾。代表作品有《童话大王》《舒克和贝塔》《皮皮鲁和鲁西西》《魔方大厦》等。

J0084097

魔方大厦 （2 装在罐头盒里的爸爸妈妈）郑渊洁著；张小柏，查侃改编；张华等绘画
北京 中国电影出版社 1992年 25页 14×16cm
ISBN：7-106-00620-3 定价：CNY1.20

　　本作品系中国现代动画。

J0084098

魔方大厦 （3 神奇的日历）郑渊洁著；张小柏，查侃改编；张华等绘画
北京 中国电影出版社 1992年 25页 14×16cm
ISBN：7-106-00621-1 定价：CNY1.20

　　本作品系中国现代动画。

J0084099

汽车大赛 （上）丁晓玲，徐明松编写；颜志强等画
上海 少年儿童出版社 1992年 14×16cm
ISBN：7-5324-1410-8 定价：CNY1.10
（卡通大王丛书）

　　本作品系中国现代动画。

J0084100

汽车大赛 （下）丁晓玲，徐明松编写；颜志强等画
上海 少年儿童出版社 1992年 14×16cm
ISBN：7-5324-1411-6 定价：CNY1.10
（卡通大王丛书）

　　本作品系中国现代动画。

J0084101

区寄除盗 李子然编；李钊，潘爱清绘
南宁 接力出版社 1992年 14×16cm
ISBN：7-80581-383-3 定价：CNY0.95
（小英雄动画故事丛书）

　　本作品系中国现代动画。

J0084102

神通小白鼠 张阳编文；江旭，张振平绘画
北京 中国工人出版社 1992年 23页 14×16cm
ISBN：7-5008-0827-5 定价：CNY1.00
（世界动画明星精选）

　　本作品系中国现代动画。

J0084103

舒克和贝塔 （1 飞行员舒克）梅瀛编文；严定宪等绘画
北京 中国电影出版社 1992年 14×16cm
ISBN：7-106-00681-5 定价：CNY1.40

　　本作品系中国现代动画。

J0084104

舒克和贝塔 （2 坦克手贝塔）梅瀛编文；严定宪等绘画
北京 中国电影出版社 1992年 14×16cm
ISBN：7-106-00682-3 定价：CNY1.40

　　本作品系中国现代动画。

J0084105

舒克和贝塔 （3 不打不相识）梅瀛编文；严定宪等绘画
北京 中国电影出版社 1992年 14×16cm
ISBN：7-106-00683-1 定价：CNY1.40

　　本作品系中国现代动画。

J0084106

舒克和贝塔 （4 克里斯王国）梅瀛编文；严定宪等绘画
北京 中国电影出版社 1992年 14×16cm
ISBN：7-106-00684-X 定价：CNY1.20

　　本作品系中国现代动画。

J0084107

太空堡垒 （上册）海文编文；方伟等绘画
福州 福建教育出版社 1992年 112页
26cm（16开）ISBN：7-5334-1130-7
定价：CNY6.00

　　本作品系中国现代动画。

J0084108

太空堡垒 （中册）海文编文；方伟等绘画
福州 福建教育出版社 1992年 112页

26cm（16 开）ISBN：7-5334-1141-2
定价：CNY6.00

　　本作品系中国现代动画。

J0084109
太空堡垒 （下册）海文编文；勇志等绘画
福州 福建教育出版社 1992 年 112 页
26cm（16 开）定价：CNY6.00

　　本作品系中国现代动画。

J0084110
特种部队 （1）江淳编文；阿宝等绘画
武汉 湖北少年儿童出版社 1992 年 26 页
14×16cm ISBN：7-5353-1034-6 定价：CNY0.98
（卡通连环画丛书）

　　本作品系中国现代动画。

J0084111
特种部队 （2）江淳编文；阿海等绘画
武汉 湖北少年儿童出版社 1992 年 26 页
14×16cm ISBN：7-5353-1035-4 定价：CNY0.98
（卡通连环画丛书）

　　本作品系中国现代动画。

J0084112
特种部队 （3）江淳编文；文献等绘画
武汉 湖北少年儿童出版社 1992 年 26 页
14×16cm ISBN：7-5353-1036-2 定价：CNY0.98
（卡通连环画丛书）

　　本作品系中国现代动画。

J0084113
特种部队 （4）宁江编文；其度等绘画
武汉 湖北少年儿童出版社 1992 年 26 页
14×16cm ISBN：7-5353-1037-0 定价：CNY0.98
（卡通连环画丛书）

　　本作品系中国现代动画。

J0084114
特种部队 （5）潘华莎编文；仲坚等绘画
武汉 湖北少年儿童出版社 1992 年 26 页
14×16cm ISBN：7-5353-1038-9 定价：CNY0.98
（卡通连环画丛书）

　　本作品系中国现代动画。

J0084115
特种部队 （6）张敬编文；农涛等绘画
武汉 湖北少年儿童出版社 1992 年 26 页
14×16cm ISBN：7-5353-1039-7 定价：CNY0.98
（卡通连环画丛书）

　　本作品系中国现代动画。

J0084116
特种部队 （7）黄建文编文；农寿等绘画
武汉 湖北少年儿童出版社 1992 年 26 页
14×16cm ISBN：7-5353-1040-0 定价：CNY0.98
（卡通连环画丛书）

　　本作品系中国现代动画。

J0084117
特种部队 （8）宁江文编文；夕阳等绘画
武汉 湖北少年儿童出版社 1992 年 26 页
14×16cm ISBN：7-5353-1041-0 定价：CNY0.98
（卡通连环画丛书）

　　本作品系中国现代动画。

J0084118
特种部队 （9）朱崇光编文；卢恺等绘画
武汉 湖北少年儿童出版社 1992 年 26 页
14×16cm ISBN：7-5353-1042-7 定价：CNY0.98
（卡通连环画丛书）

　　本作品系中国现代动画。作者卢恺，教授。
毕业于广西艺术学院美术系油画专业。中国电
视艺术家协会会员、中国美术家协会广西分会会
员、广西电视台美术编审、广西北部湾油画研究
院副院长、画院教授。代表作品《喜洋洋》《智慧
之光》《我家有新船了》等。

J0084119
特种部队 （10）雨田编文；大卫等绘画
武汉 湖北少年儿童出版社 1992 年 26 页
14×16cm ISBN：7-5353-1043-5 定价：CNY0.98
（卡通连环画丛书）

　　本作品系中国现代动画。

J0084120
小超人克克拉 （第一集 疯狂的奥运会）竺
乾华等编文；肖帆等绘画
武汉 湖北少年儿童出版社 1992 年 24 页
14×16cm ISBN：7-5353-1124-5 定价：CNY1.00

本作品系中国现代动画。

J0084121

小超人克克拉 （第二集　野蛮的外星人）徐萍等编文；肖帆等绘画

武汉　湖北少年儿童出版社　1992年　24页

14×16cm ISBN：7-5353-1124-5 定价：CNY1.00

本作品系中国现代动画。

J0084122

小超人克克拉 （第三集　无畏的机器人）乾华等编文；肖帆等绘画

武汉　湖北少年儿童出版社　1992年　24页

14×16cm ISBN：7-5353-1124-5 定价：CNY1.00

本作品系中国现代动画。

J0084123

小超人克克拉 （第四集　残酷的绑架案）徐萍等编文；肖帆等绘画

武汉　湖北少年儿童出版社　1992年　24页

14×16cm ISBN：7-5353-1124-5 定价：CNY1.00

本作品系中国现代动画。

J0084124

小超人克克拉 （第五集　最后的大决战）徐萍等编文；肖帆等绘画

武汉　湖北少年儿童出版社　1992年　24页

14×16cm ISBN：7-5353-1124-5 定价：CNY1.00

本作品系中国现代动画。

J0084125

小狐狸进城 　徐华文；吕莎画

贵阳　贵州人民出版社　1992年　14页　14×16cm

ISBN：7-221-02539-8 定价：CNY1.00

本作品系中国现代动画。

J0084126

小仙蒂 　林阳编文；王伟，李红绘画

北京　中国工人出版社　1992年　23页　14×16cm

ISBN：7-5008-0803-8 定价：CNY1.00

（世界动画明星精选）

本作品系中国现代动画。

J0084127

小英雄动画故事丛书 （第一辑）援军等编；

张武惠等绘

南宁　接力出版社　1992年　5册　17×19cm

ISBN：7-80581-446-5 定价：CNY8.00

（动画列车）

本作品系中国现代动画。

J0084128

小英雄动画故事丛书 （第二辑）李子然编；陆建华绘

南宁　接力出版社　1992年　5册　14×16cm

ISBN：7-80581-445-7 定价：CNY7.00

本作品系中国现代动画。

J0084129

小英雄动画故事丛书 （第三辑）王玲等编；黄宗海等绘

南宁　接力出版社　1992年　5册　17×19cm

ISBN：7-80581-447-3 定价：CNY6.00

（动画列车）

本作品系中国现代动画。

J0084130

小英雄动画故事丛书 （第四辑）暮宁等编；李钊等绘

南宁　接力出版社　1992年　5册　14×16cm

ISBN：7-80581-436-83 定价：CNY6.00

本作品系中国现代动画。

J0084131

荀灌搬兵 　王玲编；李钊，潘爱清绘

南宁　接力出版社　1992年　14×16cm

ISBN：7-80581-385-X 定价：CNY0.95

（小英雄动画故事丛书）

本作品系中国现代动画。

J0084132

一梦五千年 （世界部分　卡通画历史故事　礼品版）朱丽云等编文；郑凯军等绘画

杭州　浙江人民美术出版社　1992年　377页

26cm（16开）精装　ISBN：7-5340-0351-2

定价：CNY34.00

作者郑凯军(1948—　)，浙江黄岩人。中国美术家协会浙江分会会员、浙江医科大学LRC主管技师。

J0084133
一梦五千年 （中国部分　卡通画历史故事　礼品版）江涓等编文；郑凯军等绘画
杭州　浙江人民美术出版社　1992 年　373 页
26cm（16 开）精装　ISBN：7-5340-0350-4
定价：CNY34.00

J0084134
宇宙的巨人　张阳编文；汪江，刘潜绘画
北京　中国工人出版社　1992 年　23 页　14×16cm
ISBN：7-5008-0825-9　定价：CNY1.00
（世界动画明星精选）
　　本作品系中国现代动画。作者张阳，连环画艺术家。与张煤合著连环画《岳家小将》，改编有连环画《西游记》等。

J0084135
岳云　张武惠，莫宁编；张武惠绘
南宁　接力出版社　1992 年　14×16cm
ISBN：7-80581-384-1　定价：CNY0.95
（小英雄动画故事丛书）
　　本作品系中国现代动画。

J0084136
智擒食人兽　李跃华编文；朱振芳等绘画
北京　科学普及出版社　1992 年　14×16cm
ISBN：7-110-01856-3　定价：CNY1.30
（霹雳震太空　7）
　　本作品系中国现代动画。作者朱振芳，国家二级美术师。河北武安人。中国美术家协会河北省分会会员。绘有连环画《朱德血战三河坝》《夺刀》《战地红缨》和年画《我们班里好事多》。

J0084137
中国动画片故事集锦　黄峻等画
南京　江苏美术出版社　1992 年　94 页　14×16cm
ISBN：7-5344-0229-8　定价：CNY3.70
　　本作品系中国现代动画。

J0084138
中国上古神话系列动画 （三）沈善增，秦剑萍编文；邹越非等画
上海　上海教育出版社　1992 年　5 册　14×16cm
ISBN：7-5320-2657-4　定价：CNY7.00
　　本作品系中国现代动画。

J0084139
中国上古神话系列动画 （四）郑万泽等编文；黄哲等画
上海　上海教育出版社　1992 年　5 册　14×16cm
ISBN：7-5320-2661-2　定价：CNY7.00
　　本作品系中国现代动画。

J0084140
追踪黑鱼精　李跃华编文；朱振芳等绘画
北京　科学普及出版社　1992 年　14×16cm
ISBN：7-110-01855-5　定价：CNY1.30
（霹雳震太空　6）
　　本作品系中国现代动画。

J0084141
《西游记》卡通画册 （1）西林等编文；文弢等绘
北京　中国电影出版社　1993 年　26cm（16 开）
精装　ISBN：7-106-00750-1　定价：CNY12.20
　　本书系中国现代动画片作品。

J0084142
《西游记》卡通画册 （2）庆生编文；田家林绘
北京　中国电影出版社　1993 年　26cm（16 开）
精装　ISBN：7-106-00751-X　定价：CNY12.20
　　本书系中国现代动画片作品。

J0084143
22 世纪大暴动　李晓梅，刘石文绘
成都　四川少年儿童出版社　1993 年　30 页
26cm（16 开）ISBN：7-5365-1163-9
定价：CNY2.50
（中国少年惊险科幻画丛）
　　本书系中国现代动画片作品。

J0084144
彩图十二星座大决斗 （星座决斗卷　一　警报！十万火急）祖馨等原著；洪健等绘
海口　南海出版社　1993 年　44 页　17×19cm
ISBN：7-80570-975-0　定价：CNY2.50
　　本书系中国现代动画片作品。

J0084145
彩图十二星座大决斗 （星座决斗卷　二　激战！宝库硝烟）祖馨等原著；赵晓音等绘

海口 南海出版社 1993年 44页 17×19cm
ISBN：7-80570-975-0 定价：CNY2.50
　　本书系中国现代动画片作品。

J0084146
彩图十二星座大决斗 （星座决斗卷 三 告急！生死搏斗）祖馨等原著；洪健等绘
海口 南海出版社 1993年 44页 17×19cm
ISBN：7-80570-975-0 定价：CNY2.50
　　本书系中国现代动画片作品。

J0084147
彩图十二星座大决斗 （星座决斗卷 四 决斗！势均力敌）祖馨等原著；王向阳等绘
海口 南海出版社 1993年 44页 17×19cm
ISBN：7-80570-975-0 定价：CNY2.50
　　本书系中国现代动画片作品。

J0084148
彩图十二星座大决斗 （星座决斗卷 五 急变！绝处逢生）祖馨等原著；朱柏丽等绘
海口 南海出版社 1993年 44页 17×19cm
ISBN：7-80570-975-0 定价：CNY2.50
　　本书系中国现代动画片作品。

J0084149
儿童卡通故事 （上册）麦迪森绘编
海口 海南摄影美术出版社 1993年 93页
19cm（小32开）ISBN：7-80571-668-4
定价：CNY2.60
　　根据动画片改编的中国现代动画作品。

J0084150
儿童卡通故事 （下册）麦迪森绘编
海口 海南摄影美术出版社 1993年 93页
19cm（小32开）ISBN：7-80571-668-4
定价：CNY2.60
　　根据动画片改编的中国现代动画作品。

J0084151
海盗王子 （1 魔剑士奇遇）虞爱民编译
海口 南海出版公司 1993年 96页19cm（小32开）
ISBN：7-5442-0156-2 定价：CNY2.50
　　本书系中国现代动画片作品。

J0084152
海盗王子 （2 幽灵船上魔女）虞爱民编译
海口 南海出版公司 1993年 96页 19cm（小32开）
ISBN：7-5442-0156-2 定价：CNY2.50
　　本书系中国现代动画片作品。

J0084153
海盗王子 （3 神秘的石板）虞爱民编译
海口 南海出版公司 1993年 96页 19cm（小32开）
ISBN：7-5442-0156-2 定价：CNY2.50
　　本书系中国现代动画片作品。

J0084154
海盗王子 （4 金字塔中决斗）虞爱民编译
海口 南海出版公司 1993年 96页 19cm（小32开）
ISBN：7-5442-0156-2 定价：CNY2.50
　　本书系中国现代动画片作品。

J0084155
海盗王子 （5 生与死的边界）虞爱民编译
海口 南海出版公司 1993年 96页 19cm（小32开）
ISBN：7-5442-0156-2 定价：CNY2.50
　　本书系中国现代动画片作品。

J0084156
海盗王子 （6 男子汉的誓言）虞爱民编译
海口 南海出版公司 1993年 96页 19cm（小32开）
ISBN：7-5442-0156-2 定价：CNY2.50
　　本书系中国现代动画片作品。

J0084157
海盗王子 （7 死亡的搏斗）虞爱民编译
海口 南海出版公司 1993年 96页 19cm（小32开）
ISBN：7-5442-0156-2 定价：CNY2.50
　　本书系中国现代动画片作品。

J0084158
海盗王子 （8 鲸岛的真相）虞爱民编译
海口 南海出版公司 1993年 96页 19cm（小32开）
ISBN：7-5442-0156-2 定价：CNY2.50
　　本书系中国现代动画片作品。

J0084159
海盗王子 （9 邪神的使者）虞爱民编译
海口 南海出版公司 1993年 96页 19cm（小32开）

ISBN：7-5442-0156-2　定价：CNY2.50
　　本书系中国现代动画片作品。

J0084160
海盗王子　（10　向魔山挑战）虞爱民编译
海口　南海出版公司　1993 年　96 页 19cm（小 32 开）
ISBN：7-5442-0156-2　定价：CNY2.50
　　本书系中国现代动画片作品。

J0084161
好小子　桑泽，笃夫著
海口　海南摄影美术出版社　1993 年　4 册
19cm（小 32 开）ISBN：7-80571-289-1
定价：CNY7.92
　　本书系中国现代动画片作品。

J0084162
红猫亚西的故事　（1　调皮大王）小峰，惠萍
编文；王启帆，王蕊绘
上海　少年儿童出版社　1993 年　17×19cm
ISBN：7-5324-2334-4　定价：CNY2.70
　　本书系中国现代动画片作品。

J0084163
红猫亚西的故事　（2　真假龙卷风）小峰，惠
萍编文；王启帆，王蕊绘
上海　少年儿童出版社　1993 年　17×19cm
ISBN：7-5324-2335-2　定价：CNY2.70
　　本书系中国现代动画片作品。

J0084164
葫芦小金刚妹　陈思等编绘
海口　海南摄影美术出版社　1993 年　2 册
17×19cm ISBN：7-80571-598-X　定价：CNY4.80
　　本书系中国现代动画片作品。

J0084165
金刚霹雳腿
武汉　湖北少年儿童出版社　1993 年　64 页
有图　19cm（小 32 开）ISBN：7-5353-1285-3
定价：CNY1.30
（新编聊斋系列）
　　本书系中国现代动画片作品。

J0084166
警猫莉莉　李晓梅文；黄朝伟绘
成都　四川少年儿童出版社　1993 年　30 页
26cm（16 开）ISBN：7-5365-1161-2
定价：CNY2.50
（中国少年惊险科幻画丛）
　　本书系中国现代动画片作品。

J0084167
卡通插画百科　美工图书社编
台北　邯郸出版社　1993 年　427 页 21cm（32 开）
定价：TWD380.00
　　外文书名：Cartoon Illustration.

J0084168
卡通大王　（A　动物游乐园）张正纲，任小红
编绘
上海　复旦大学出版社　1993 年　7 页　25×12cm
ISBN：7-309-00339-X　定价：CNY2.80
　　本书系中国现代动画片作品。

J0084169
卡通精选　龚韵禄主编；晶晶画报社编
昆明　云南大学出版社　1993 年　142 页　16×18cm
ISBN：7-81025-305-0　定价：CNY5.00

J0084170
脸皮复印机　庄大伟文；张大维，马雪梅绘
成都　四川少年儿童出版社　1993 年　30 页
26cm（16 开）ISBN：7-5365-1161-2
定价：CNY2.50
（中国少年惊险科幻画丛）
　　本书系中国现代动画片作品。作者庄大伟
（1951—　），儿童文学作家，学者。毕业于上海
电视大学中文专业。代表作品有《庄大伟幽默故
事集》《庄大伟童话精选》《第一线上》等。

J0084171
起死回生　庄大伟文；程国英绘
成者　四川少年儿童出版社　1993 年　30 页
26cm（16 开）ISBN：7-5365-1162-9
定价：CNY2.50
（中国少年惊险科幻画丛）
　　本书系中国现代动画片作品。

J0084172

汽车猫传奇 （第一集 大战忍者猫）梁仁汉编文；徐云山绘

上海 少年儿童出版社 1993年 17×19cm

ISBN：7-5324-1770-2 定价：CNY2.00

　　本书系中国现代动画片作品。

J0084173

汽车猫传奇 （第二集 下水道行动）梁仁汉编文；徐云山绘

上海 少年儿童出版社 1993年 17×19cm

ISBN：7-5324-1770-2 定价：CNY2.00

　　本书系中国现代动画片作品。

J0084174

汽车猫传奇 （第三集 三闯黑森林）梁仁汉编文；徐云山绘

上海 少年儿童出版社 1993年 17×19cm

ISBN：7-5324-1772-7 定价：CNY2.00

　　本书系中国现代动画片作品。

J0084175

汽车猫传奇 （第四集 勇救马戏团）梁仁汉编文；徐云山绘

上海 少年儿童出版社 1993年 17×19cm

ISBN：7-5324-1770-2 定价：CNY2.00

　　本书系中国现代动画片作品。

J0084176

射雕英雄传 （1 神秘道士）飞飞编文；虎虎等绘

北京 中国世界语出版社 1993年 95页

19cm（32开）ISBN：7-5052-0124-7

定价：CNY2.20

（新派武侠连环画）

　　本书系中国现代动画片作品。

J0084177

射雕英雄传 （2 江南七怪）飞飞编文；虎虎等绘

北京 中国世界语出版社 1993年 95页

19cm（32开）ISBN：7-5052-0124-7

定价：CNY2.20

（新派武侠连环画）

　　本书系中国现代动画片作品。

J0084178

射雕英雄传 （3 郭靖小子）飞飞编文；虎虎等绘

北京 中国世界语出版社 1993年 95页

19cm（32开）ISBN：7-5052-0124-7

定价：CNY2.20

（新派武侠连环画）

　　本书系中国现代动画片作品。

J0084179

射雕英雄传 （4 夜斗双煞）飞飞编文；虎虎等绘

北京 中国世界语出版社 1993年 95页

19cm（32开）ISBN：7-5052-0124-7

定价：CNY2.20

（新派武侠连环画）

　　本书系中国现代动画片作品。

J0084180

神探威龙 鸟山明原著；映海山改编

海口 海南摄影美术出版社 1993年 2册（186页）

19cm（小32开）ISBN：7-80571-294-8

定价：CNY4.20

　　本书系中国现代动画片作品。作者鸟山明（1955—　），日本漫画家。生于日本爱知县，成名之作《阿拉蕾》《龙珠》。

J0084181

神勇小旋风全集 宙芳编文；高文绘画

北京 中国电影出版社 1993年 26cm（16开）

精装 ISBN：7-106-00828-1 定价：CNY10.20

　　本书系中国现代动画片作品。

J0084182

圣斗士勇战五星怪 （上）米老编绘

海口 海南摄影美术出版社 1993年 48页

17×19cm ISBN：7-80571-663-3 定价：CNY2.98

　　本书系中国现代动画片作品。

J0084183

舒克和贝塔 （5 猫国除暴君）梅瀛编文；严定宪等绘画

北京 中国电影出版社 1993年 24页 14×16cm

ISBN：7-106-00741-2 定价：CNY1.30

　　本书系中国现代动画片作品。

J0084184

舒克和贝塔 （6 结识新朋友）梅瀛编文；严定宪等绘画

北京 中国电影出版社 1993 年 24 页 14×16cm

ISBN：7-106-00742-0 定价：CNY1.30

　　本书系中国现代动画片作品。

J0084185

舒克和贝塔 （7 咪丽的遭遇）梅瀛编文；严定宪等绘画

北京 中国电影出版社 1993 年 24 页 14×16cm

ISBN：7-106-00743-9 定价：CNY1.30

　　本书系中国现代动画片作品。

J0084186

舒克和贝塔 （8 我是小老鼠）梅瀛编文；严定宪等绘画

北京 中国电影出版社 1993 年 24 页 14×16cm

ISBN：7-106-00744-7 定价：CNY1.30

　　本书系中国现代动画片作品。

J0084187

双枪陆文龙 陈元山改编；金城等绘

上海 上海人民美术出版社 1993 年 48 页 17cm（40 开）ISBN：7-5322-1194-0

定价：CNY1.70

　　本书系中国现代动画片作品。

J0084188

孙悟空暗助花仙子 周清撰文；王杰，云慧绘

南京 江苏美术出版社 1993 年 26cm（16 开）

ISBN：7-5344-0355-3 定价：CNY1.20

（新编超级孙悟空）

　　本书系中国现代动画片作品。

J0084189

孙悟空传 （5）江良编；段海云等绘画

济南 山东美术出版社 1993 年 28 页 19cm（小 32 开）ISBN：7-5330-0594-5

定价：CNY1.00

　　本书系中国现代动画片作品。

J0084190

孙悟空传 （6）江良编；李绍然，李和绘画

济南 山东美术出版社 1993 年 28 页

19cm（小 32 开）ISBN：7-5330-0595-3

定价：CNY1.00

　　本书系中国现代动画片作品。作者李绍然（1939—2017），画家。字昭昭，别号齐东野叟、东鲁画痴、登州布衣、胶东客等。山东烟台人，毕业于浙江美术学院中国画系。曾任上海美术家协会会员、上海连环画研究会会员、中国电影家协会会员。代表作品有《勇敢机智打豺狼》《红枫岭上》等。

J0084191

孙悟空激战太空堡垒 翔风撰文；王杰，云慧绘

南京 江苏美术出版社 1993 年 26cm（16 开）

ISBN：7-5344-0346-4 定价：CNY1.20

（新编超级孙悟空）

　　本书系中国现代动画片作品。

J0084192

孙悟空考验功夫小子 周清撰文；王杰，云慧绘

南京 江苏美术出版社 1993 年 26cm（16 开）

ISBN：7-5344-0354-5 定价：CNY1.20

（新编超级孙悟空）

　　本书系中国现代动画片作品

J0084193

孙悟空奇遇圣斗士 翔风撰文；王明，云慧绘

南京 江苏美术出版社 1993 年 26cm（16 开）

ISBN：7-5344-0347-2 定价：CNY1.20

（新编超级孙悟空）

　　本书系中国现代动画片作品

J0084194

孙悟空抢救大白鲸 周清撰文；王杰，云慧绘

南京 江苏美术出版社 1993 年 26cm（16 开）

ISBN：7-5344-0352-9 定价：CNY1.20

（新编超级孙悟空）

　　本书系中国现代动画片作品。

J0084195

孙悟空巧扮忍者神龟 周清撰文；王杰，云慧绘

南京 江苏美术出版社 1993 年 26cm（16 开）

ISBN：7-5344-0349-9 定价：CNY1.20

（新编超级孙悟空）
　　本书系中国现代动画片作品

J0084196
孙悟空三救小飞龙　　周清撰文；王杰，云慧绘
南京　江苏美术出版社　1993 年　26cm（16 开）
ISBN：7-5344-0235-2　定价：CNY1.20
（新编超级孙悟空）
　　本书系中国现代动画片作品

J0084197
孙悟空误入恐龙岛　　周清撰文；王杰，云慧绘
南京　江苏美术出版社　1993 年　26cm（16 开）
ISBN：7-5344-0351-0　定价：CNY1.20
（新编超级孙悟空）
　　本书系中国现代动画片作品

J0084198
孙悟空增援特种部队　　周清撰文；王杰，云
慧绘
南京　江苏美术出版社　1993 年　26cm（16 开）
ISBN：7-5344-0348-0　定价：CNY1.20
（新编超级孙悟空）
　　本书系中国现代动画片作品

J0084199
孙悟空智破睡美人之谜　　周清撰文；王杰，
云慧绘
南京　江苏美术出版社　1993 年　26cm（16 开）
ISBN：7-5344-0353-7　定价：CNY1.20
（新编超级孙悟空）
　　本书系中国现代动画片作品

J0084200
新黑猫警长传奇　　吴德富编绘
北京　学苑出版社　1993 年　47 页　17×19cm
ISBN：7-5077-0754-7　定价：CNY2.80
　　本书系中国现代动画片作品。

J0084201
英王陈玉成　　潘益大，张广智原著；吴文焕改
编；金城等绘
上海　上海人民美术出版社　1993 年　48 页
17cm（40 开）ISBN：7-5322-1195-9
定价：CNY1.70

本书系中国现代动画片作品。

J0084202
真假爱丽思　（上）庄大伟编；纪勇等绘
上海　上海人民美术出版社　1993 年　30 页
17×19cm ISBN：7-5322-0840-0　定价：CNY1.70
（动画大王画库）
　　本书系中国现代动画片作品。作者庄大伟
（1951—　），儿童文学作家，学者。毕业于上海
电视大学中文专业。代表作品有《庄大伟幽默故
事集》《庄大伟童话精选》《第一线上》等。

J0084203
真假爱丽思　（下）庄大伟编；纪勇等绘
上海　上海人民美术出版社　1993 年　30 页
17×19cm ISBN：7-5322-0841-9　定价：CNY1.70
（动画大王画库）
　　本书系中国现代动画片作品。

J0084204
200 集卡通连环画《西游记》（第一辑　小猴
王浪迹天涯）武寒青，姜云春编；达宇绘
延吉　延边人民出版社　1994 年　120 页
17cm（40 开）精装　ISBN：7-80599-078-6
定价：CNY9.80
（动画俱乐部丛书）
　　中国现代动画作品。

J0084205
艾丽丝梦游镜子国　　李宇楠，李琼编译
北京　学苑出版社　1994 年　47 页　13×12cm
ISBN：7-5077-0898-5　定价：CNY1.40
（世界优秀动画片画册荟萃）
　　中国现代动画作品。

J0084206
艾丽丝梦游神奇国　　梁明，盛欣编译
北京　学苑出版社　1994 年　47 页　13×12cm
ISBN：7-5077-0898-5　定价：CNY1.40
（世界优秀动画片画册荟萃）
　　中国现代动画作品。

J0084207
北斗七星　（上　入侵地球）赵鹏编绘
西安　未来出版社　1994 年　106 页　19cm（32 开）

ISBN：7-5117-0730-9 定价：CNY1.90

　　中国现代动画作品。作者赵鹏(1959—　)，生于陕西渭南，字广厦，号瑞丰轩主。历任八一电影制片厂政治部干事、文学编辑等职，中华文化交流与合作促进会理事，从事对外文化交流工作。

J0084208

北斗七星　（中　木头的觉醒）赵鹏编绘

西安　未来出版社 1994年 106页 19cm（32开）

ISBN：7-5117-0731-7 定价：CNY1.90

　　中国现代动画作品。

J0084209

北斗七星　（下　热血相搏）赵鹏编绘

西安　未来出版社 1994年 106页 19cm（32开）

ISBN：7-5117-0732-5 定价：CNY1.90

　　中国现代动画作品。

J0084210

超霸孙悟空　（飞碟狂魔）　　　　　　．

海口　海南摄影美术出版社 1994年 17×19cm

ISBN：7-80571-772-9 定价：CNY2.98

　　中国现代动画作品。

J0084211

超级金刚葫芦娃大战女妖　程惠钊编绘

海口　海南摄影美术出版社 1994年 47页

17×19cm ISBN：7-80571-669-2 定价：CNY3.20

　　中国现代动画作品。

J0084212

成语故事150　（大型系列卡通连环画）林力，贾世珍制作

沈阳　辽宁大学出版社 1994年 5册 26cm（16开）

ISBN：7-5610-2711-7 定价：CNY29.50

　　中国现代动画作品。

J0084213

聪明的大象　何香翠改编；李刚绘

沈阳　辽宁美术版社 1994年 10册 17×19cm

ISBN：7-5314-1072-9 定价：CNY1.00

（聪明动物画丛）

　　中国现代动画作品。

J0084214

聪明的胡狼　（动物寓言故事画册）仲锦秀译文；雅欣改编；尚士永绘

沈阳　辽宁美术版社 1994年 24页 17×19cm

ISBN：7-5314-1090-7 定价：CNY1.50

　　中国现代动画作品。

J0084215

聪明的乌龟　何香翠改编；王铁成绘

沈阳　辽宁美术版社 1994年 10册 17×19cm

ISBN：7-5314-1069-9 定价：CNY1.00

（聪明动物画丛）

　　中国现代动画作品。

J0084216

聪明的小八哥　胡永槐原著；何香翠改编；栾良才绘

沈阳　辽宁美术版社 1994年 10册 17×19cm

ISBN：7-5314-1070-2 定价：CNY1.00

（聪明动物画丛）

　　中国现代动画作品。

J0084217

聪明的小白兔　张秀莲改编；朱淑媛，李兵绘

沈阳　辽宁美术版社 1994年 10页 17×19cm

ISBN：7-5314-1068-0 定价：CNY1.00

（聪明动物画丛）

　　中国现代动画作品。作者朱淑媛，年画艺术家，辽宁人。作品有《校园新苗》《花儿》《全家福》《牡丹仙子》等。

J0084218

聪明的小熊　何香翠改编；李刚绘

沈阳　辽宁美术版社 1994年 10册 17×19cm

ISBN：7-5314-1073-7 定价：CNY1.00

（聪明动物画丛）

　　中国现代动画作品。

J0084219

聪明的小鸭子　何香翠改编；李刚绘

沈阳　辽宁美术版社 1994年 10册 17×19cm

ISBN：7-5314-1071-0 定价：CNY1.00

（聪明动物画丛）

　　中国现代动画作品。

J0084220

大白鲨在行动　邹昌政，黄飞珏编；邹勤等绘
上海　上海人民美术出版社　1994年　22页
17×19cm　ISBN：7-5322-1286-6　定价：CNY1.40
（动画大王·科幻画库）
　　中国现代动画作品。

J0084221

大战石油王　（卡通故事）庄大伟编文；马恩
生绘
兰州　甘肃少年儿童出版社　1994年　17×19cm
ISBN：7-5422-0991-4　定价：CNY1.20
　　中国现代动画作品。作者庄大伟(1951—　)，
儿童文学作家，学者。毕业于上海电视大学中文
专业。代表作品有《庄大伟幽默故事集》《庄大
伟童话精选》《第一线上》等。

J0084222

德洛茜在异国　郝晓梅编译
北京　学苑出版社　1994年　47页　13×12cm
ISBN：7-5077-0898-5　定价：CNY1.40
（世界优秀动画片画册荟萃）

J0084223

动物王国迷案大侦破　刘文嫡编绘
济南　明天出版社　1994年　5册　17×19cm
ISBN：7-5332-2186-9　定价：CNY15.00
　　本书系中国现代动画作品，包括：黄金盗窃
案等5册。

J0084224

给爸爸讲故事　李枫文；冯念康绘
哈尔滨　黑龙江少年儿童出版社　1994年　21页
17×19cm　ISBN：7-5319-1182-5　定价：CNY2.60
　　中国现代动画作品。

J0084225

给妈妈讲故事　李枫文；冯念康绘
哈尔滨　黑龙江少年儿童出版社　1994年　21页
17×19cm　ISBN：7-5319-1177-9　定价：CNY2.60
　　中国现代动画作品。

J0084226

给奶奶讲故事　李枫文；胡基明绘
哈尔滨　黑龙江少年儿童出版社　1994年　21页

17×19cm　ISBN：7-5319-1180-9　定价：CNY2.60
　　中国现代动画作品。

J0084227

给小朋友讲故事　李枫文；冯念康绘
哈尔滨　黑龙江少年儿童出版社　1994年　21页
17×19cm　ISBN：7-5319-1181-7　定价：CNY2.60
　　中国现代动画作品。

J0084228

给爷爷讲故事　李枫文；吴带生绘
哈尔滨　黑龙江少年儿童出版社　1994年　21页
17×19cm　ISBN：7-5319-1179-5　定价：CNY2.60
　　中国现代动画作品。

J0084229

古堡里的小飞人　（卡通故事）鲁民改编；祖
民等绘
兰州　甘肃少年儿童出版社　1994年　17×19cm
ISBN：7-5422-0990-6　定价：CNY1.20
　　中国现代动画作品。

J0084230

海底小精灵　邓颖等编；晓林等绘
西安　未来出版社　1994年　24页　17×18cm
ISBN：7-5417-0939-5　定价：CNY1.75
（世界彩图动画精选）
　　中国现代动画作品。

J0084231

好朋友 ABC　丁泓主编；华顿著
上海　三联书店上海分店　1994年　80页
18×26cm　ISBN：7-5426-0687-5　定价：CNY6.80
（卡通先生大型电脑动画系列 1）
　　中国现代动画作品。

J0084232

好小子：小霸王出世卷　（1 小兽王降生）达
莱子编；华鹏绘
延吉　延边人民出版社　1994年　88页
19cm（小32开）ISBN：7-80599-190-1
定价：CNY2.40
（中国卡通画霸王榜丛书系列 1）
　　中国现代动画作品。

J0084233

好小子：小霸王出世卷 （2 大战小巫女）达
莱子编；华鹏绘
延吉 延边人民出版社 1994 年 96 页
19cm（小 32 开）ISBN：7-80599-190-1
定价：CNY2.40
（中国卡通画霸王榜丛书系列 1）
　　　　中国现代动画作品。

J0084234

好小子：小霸王出世卷 （3 城市出丑记）达
莱子编；华鹏绘
延吉 延边人民出版社 1994 年 90 页
19cm（小 32 开）ISBN：7-80599-190-1
定价：CNY2.40
（中国卡通画霸王榜丛书系列 1）
　　　　中国现代动画作品。

J0084235

好小子：小霸王出世卷 （4 浪子族出击）达
莱子编；华鹏绘
延吉 延边人民出版社 1994 年 90 页
19cm（小 32 开）ISBN：7-80599-190-1
定价：CNY2.40
（中国卡通画霸王榜丛书系列 1）
　　　　中国现代动画作品。

J0084236

好小子：小霸王出世卷 （5 杂技大明星）达
莱子编；华鹏绘
延吉 延边人民出版社 1994 年 90 页
19cm（小 32 开）ISBN：7-80599-190-1
定价：CNY2.40
（中国卡通画霸王榜丛书系列 1）
　　　　中国现代动画作品。

J0084237

好小子：小霸王出世卷 （6 可怕的小雷神）
达莱子编；华鹏绘
延吉 延边人民出版社 1994 年 105 页
19cm（小 32 开）ISBN：7-80599-190-1
定价：CNY2.40
（中国卡通画霸王榜丛书系列 1）
　　　　中国现代动画作品。

J0084238

黑猫大侠全集　王业伦编；佟博绘
北京 中画电影出版社 1994 年 18×19cm
精装 ISBN：7-106-00945-8 定价：CNY9.80
　　　　中国现代动画作品。

J0084239

黑猫警长大战红狮精　安顺编；邱冬绘
西宁 青海人民出版社 1994 年 2 册
17×19cm ISBN：7-225-00865-X 定价：CNY5.98
　　　　中国现代动画作品。

J0084240

葫芦金刚大战陆海空　谭松编；张志印绘
石家庄 河北人民出版社 1994 年 6 册
17×19cm ISBN：7-202-01458-0 定价：CNY16.20
　　　　中国现代动画作品。

J0084241

葫芦娃大战孙悟空
海口 海南国际新闻出版中心 1994 年 156 页
17×19cm 精装 ISBN：7-80609-068-1
定价：CNY11.80
　　　　中国现代动画作品。

J0084242

葫芦王国 （上）讪意编文；米羊，灰浪绘
北京 中国电影出版社 1994 年 17×19cm
ISBN：7-106-01009-X 定价：CNY2.80
　　　　中国现代动画作品。

J0084243

葫芦王国 （中）讪意编文；米羊，灰浪绘
北京 中国电影出版社 1994 年 17×19cm
ISBN：7-106-01009-X 定价：CNY2.80
　　　　中国现代动画作品。

J0084244

葫芦王国 （下）讪意编文；米羊，灰浪绘
北京 中国电影出版社 1994 年 17×19cm
ISBN：7-106-01009-X 定价：CNY2.80
　　　　中国现代动画作品。

J0084245

葫芦王国全集　讪意编文；米羊，灰浪绘

北京 中国电影出版社 1994年 17×18cm
精装 ISBN：7-106-01010-3 定价：CNY10.80
中国现代动画作品。

J0084246
虎仔和羊羔 徐涓改编；王德昌，吴兴宏绘
北京 农村读物出版社 1994年 24页 17×19cm
ISBN：7-5048-2412-7 定价：CNY1.60
中国现代动画作品。

J0084247
接吻 （动物寓言故事画册）李明原著；雅欣改
编；张健民，阿毛绘
沈阳 辽宁美术出版社 1994年 24页 17×19cm
ISBN：7-5314-1088-5 定价：CNY1.50
中国现代动画作品。

J0084248
姐妹情深 郝晓梅编译
北京 学苑出版社 1994年 47页 13×12cm
ISBN：7-5077-0898-5 定价：CNY1.40
（世界优秀动画片画册荟萃）
中国现代动画作品。

J0084249
金刚葫芦斗金刚
海口 海南摄影美术出版社 1994年 3册
17×19cm ISBN：7-80571-645-5 定价：CNY7.20
中国现代动画作品。

J0084250
卡通传奇故事大王 白青等编文；晔全等
绘画
杭州 浙江少年儿童出版社 1994年 124页
19cm（小32开）ISBN：7-5342-1163-8
定价：CNY3.60
中国现代动画作品。

J0084251
卡通破案故事大王 李人等编文；孙萌等绘画
杭州 浙江少年儿童出版社 1994年 124页
19cm（小32开）ISBN：7-5342-1160-3
定价：CNY3.60
中国现代动画作品。

J0084252
卡通智斗故事大王 朱叶等编文；敏艺等绘画
杭州 浙江少年儿童出版社 1994年 124页
19cm（小32开）ISBN：7-5342-1161-1
定价：CNY3.60
中国现代动画作品。

J0084253
看童话学知识 （红叶集）刘铃等改编；黄碧
霞等绘
北京 中国连环画出版社 1994年 16×18cm
精装 ISBN：7-5061-0630-2 定价：CNY9.00
中国现代动画作品。

J0084254
看童话学知识 （蓝叶集）晨曦等改编；冯念
康等绘
北京 中国连环画出版社 1994年 16×18cm
精装 ISBN：7-5061-0629-9 定价：CNY9.00
中国现代动画作品。

J0084255
看童话学知识 （绿叶集）陈言等改编；张跃
等绘
北京 中国连环画出版社 1994年 16×18cm
精装 ISBN：7-5061-0631-0 定价：CNY9.00
中国现代动画作品。

J0084256
看童话学知识 （紫叶集）包薇等改编；川石
等绘
北京 中国连环画出版社 1994年 16×18cm
精装 ISBN：7-5061-0632-9 定价：CNY9.00
中国现代动画作品。

J0084257
蓝皮鼠大脸猫 （3）中央电视台动画部编绘
北京 华龄出版社 1994年 17×19cm 精装
ISBN：7-80082-568-X 定价：CNY12.80
中国现代动画作品。

J0084258
老鼠火星历险记 邓颖等编；晓林等绘
西安 未来出版社 1994年 24页 17×18cm
ISBN：7-5417-0940-9 定价：CNY1.75

（世界彩图动画精选）
　　　中国现代动画作品。

J0084259
老熊找保姆 （动物寓言故事画册）陶利原著；
兰女改编；曹留夫绘
沈阳 辽宁美术出版社 1994年 24页 17×19cm
ISBN：7-5314-1086-9 定价：CNY1.00
　　　中国现代动画作品。

J0084260
麻雀先生和狐狸先生 （动物寓言故事画册）
沈阳 辽宁美术出版社 1994年 10册 17×19cm
ISBN：7-5314-1089-3 定价：CNY1.00
　　　中国现代动画作品。

J0084261
麦唛绒里手套　谢立文编著；麦家碧绘图
香港 博识出版公司 1994年 有图 18×22cm
ISBN：962-340-237-6 定价：HKD35.00

J0084262
麦唛三只小猪　谢立文编著；麦家碧绘
香港 博识出版公司 1994年 有图 18×22cm
ISBN：962-340-244-9 定价：HKD44.00

J0084263
猫和老鼠　李成君编绘
海口 海南摄影美术出版社 1994年 45页
17×19cm ISBN：7-80571-770-2 定价：CNY2.98
（儿童智慧故事 1）
　　　中国现代动画作品。

J0084264
哪吒兄弟　叶林编文；叶鸿翔绘
海口 海南摄影美术出版社 1994年 47页
17×19cm ISBN：7-80571-822-9 定价：CNY2.98
（好孩子爱学习丛书 1）
　　　中国现代动画作品。

J0084265
七十二变　（第1集）孙家裕绘著
北京 学苑出版社 1994年 157页 19cm（32开）
ISBN：7-5077-0929-9 定价：CNY3.98
　　　中国现代动画作品。作者孙家裕(1960—)，

漫画家。生于台北。曾任职台湾《民生报》美
术编辑。主要作品有大型历史漫画作品《三国
演义》，以及《秦时明月》《甜蜜城堡》《七十二
变》等。

J0084266
七十二变　（第2集）孙家裕绘著
北京 学苑出版社 1994年 157页 19cm（32开）
ISBN：7-5077-0929-9 定价：CNY3.98
　　　中国现代动画作品。

J0084267
七十二变　（第3集）孙家裕绘著
北京 学苑出版社 1994年 123页 19cm（32开）
ISBN：7-5077-0929-9 定价：CNY3.48
　　　中国现代动画作品。

J0084268
七十二变　（第4集）孙家裕绘著
北京 学苑出版社 1994年 125页 19cm（32开）
ISBN：7-5077-0929-9 定价：CNY3.48
　　　中国现代动画作品。

J0084269
七十二变　（第5集）孙家裕绘著
北京 学苑出版社 1994年 123页 19cm（32开）
ISBN：7-5077-0929-9 定价：CNY3.48
　　　中国现代动画作品。

J0084270
七十二变　（第6集）孙家裕绘著
北京 学苑出版社 1994年 126页 19cm（32开）
ISBN：7-5077-0929-9 定价：CNY3.48
　　　中国现代动画作品。

J0084271
奇普的故事　梁明，盛欣编译
北京 学苑出版社 1994年 47页 13×12cm
ISBN：7-5077-0898-5 定价：CNY1.40
（世界优秀动画片画册荟萃）
　　　中国现代动画作品。

J0084272
乔麦皮大侦探全集　郑渊洁编；毕树校绘
北京 中国电影出版社 1994年 18×19cm

精装 ISBN：7-106-00727-7 定价：CNY9.50
　　中国现代动画作品。

J0084273
青蛙呱呱地叫　蔓月改编；翟鹰等绘
北京 农村读物出版社 1994年 24页 17×19cm
ISBN：7-5048-2407-0 定价：CNY1.60
　　中国现代动画作品。

J0084274
如来神掌　（3 龙九州）黄玉郎原著
北京 中国文联出版公司 1994年 20cm（32开）
ISBN：7-5059-0836-7 定价：CNY2.95
（文化传信连环画系列）
　　中国现代动画作品。作者黄玉郎（Tony Wong, 1951—　），香港漫画家。原名黄振隆，早期笔名为黄玄生。出生于广东江门。编绘有《天龙八部漫画》，代表作品有《如来神掌》《天子传奇》《神兵玄奇》等。

J0084275
如来神掌　（4 绝学遗言）黄玉郎原著
北京 中国文联出版公司 1994年 32页
20cm（32开）ISBN：7-5059-0836-7
定价：CNY2.95
（文化传信连环画系列）
　　中国现代动画作品。

J0084276
如来神掌　黄玉郎原著
北京 中国文联出版公司 1994年 2册
20cm（32开）ISBN：7-5059-0836-7
定价：CNY5.90
（文化传信连环画系列）
　　中国现代动画作品。

J0084277
三根羽毛和王子　梁明，盛欣编译
北京 学苑出版社 1994年 47页 13×12cm
ISBN：7-5077-0898-5 定价：CNY1.40
（世界优秀动画片画册荟萃）
　　中国现代动画作品。

J0084278
善良的塞拉　郝晓梅编译
北京 学苑出版社 1994年 47页 13×12cm
ISBN：7-5077-0898-5 定价：CNY1.40
（世界优秀动画片画册荟萃）
　　中国现代动画作品。

J0084279
神奇的米姆谷　（魔法帽与五朵小云）徐老头
编文；崔维绘
北京 民族出版社 1994年 17×19cm 精装
ISBN：7-105-02207-6 定价：CNY10.80
（今日安徒生童话精品）
　　中国现代动画作品。

J0084280
神奇的米姆谷　（魔法帽与五朵小云）徐老头
编文；崔维绘
北京 民族出版社 1994年 3册 17×19cm
ISBN：7-105-02208-6 定价：CNY7.80（全套）
（今日安徒生童话精品）
　　中国现代动画作品。

J0084281
神枪狮子　叶更生编；段海云等绘
北京 农村读物出版社 1994年 19×17cm
ISBN：7-5048-2417-8 定价：CNY1.60
　　中国现代动画作品。

J0084282
神人斗士　（1）
大连 大连出版社 1994年 96页 19cm（32开）
ISBN：7-80612-077-7 定价：CNY2.50
　　中国现代动画作品。

J0084283
神人斗士　（2）
大连 大连出版社 1994年 191页 19cm（32开）
ISBN：7-80612-077-7 定价：CNY2.50
　　中国现代动画作品。

J0084284
神人斗士　（3）
大连 大连出版社 1994年 288页 19cm（32开）
ISBN：7-80612-077-7 定价：CNY2.50
　　中国现代动画作品。

J0084285

神探马虎虎　盛如梅，马小红编文；韩伍等绘
上海　上海科技教育出版社 1994 年 17×19cm
ISBN：7-5428-0863-X 定价：CNY3.10
　　中国现代动画作品。

J0084286

生活百态　晨瑜等编；夏书玉等绘
桂林 漓江出版社 1994 年 26cm（16 开）
ISBN：7-5407-1601-0 定价：CNY7.40
（365 天天天系列图画本：天天问 3）
　　中国现代动画作品。

J0084287

生物弹开花啦　邹昌政，黄飞珏编；邹勤等绘
上海 上海人民美术出版社 1994 年 22 页
17×19cm ISBN：7-5322-1287-4 定价：CNY1.40
（动画大王·科幻画库）
　　中国现代动画作品。

J0084288

食品店大战　（卡通故事）庄大伟编文；杨文
敏等绘
兰州 甘肃少年儿童出版社 1994 年 17×19cm
ISBN：7-5422-0989-2 定价：CNY1.20
　　中国现代动画作品。

J0084289

世界故事大王　（生活故事卷）楼飞甫编译；
杨文敏等绘
兰州 甘肃少年儿童出版社 1994 年 17×19cm
ISBN：7-5422-0974-4 定价：CNY1.80
　　中国现代动画作品。

J0084290

世界滑稽故事　（顶呱呱卡通画册）高萍主
编；白丁等编文；周伟钊等绘画
长沙 湖南少年儿童出版社 1994 年 2 版
191 页 17×19cm 精装 ISBN：7-5358-0925-1
定价：CNY16.50
　　中国现代动画作品。

J0084291

世界机智故事　（顶呱呱卡通画册）高萍主
编；晓丁等编文；蒋松涛等绘画

长沙 湖南少年儿童出版社 1994 年 2 版
192 页 17×19cm 精装 ISBN：7-5358-0923-5
定价：CNY16.50
　　中国现代动画作品。

J0084292

世界末日　（卷 1-1 不祥之兆）王培堃编绘
郑州 河南美术出版社 1994 年 5 册 26cm（16 开）
ISBN：7-5401-0397-3 定价：CNY2.00
（百集系列卡通丛书 金梭·银梭）
　　中国现代动画作品。作者王培堃（1940—　　），
漫画家。广西柳州人，毕业于广西师范学院。曾
任职于广西柳州市群众艺术馆、柳州《新天地画
刊》编辑部、中国美术家协会会员、中国美术家
协会连环画艺术委员会委员。代表作品《书的故
事》《小精灵画传》《书童山》。

J0084293

世界末日　（卷 1-2 在劫难逃）王培堃编绘
郑州 河南美术出版社 1994 年 26cm（16 开）
ISBN：7-5401-0397-3 定价：CNY2.00
（百集系列卡通丛书 金梭·银梭）
　　中国现代动画作品。

J0084294

世界末日　（卷 1-3 四处奔走）王培堃编绘
郑州 河南美术出版社 1994 年 26cm（16 开）
ISBN：7-5401-0397-3 定价：CNY2.00
（百集系列卡通丛书 金梭·银梭）
　　中国现代动画作品。

J0084295

世界末日　（卷 1-4 大祸临头）王培堃编绘
郑州 河南美术出版社 1994 年 26cm（16 开）
ISBN：7-5401-0397-3 定价：CNY2.00
（百集系列卡通丛书 金梭·银梭）
　　中国现代动画作品。

J0084296

世界末日　（卷 1-5 奋起抗争）王培堃编绘
郑州 河南美术出版社 1994 年 26cm（16 开）
ISBN：7-5401-0397-3 定价：CNY2.00
（百集系列卡通丛书 金梭·银梭）
　　中国现代动画作品。

J0084297

世界末日 （卷1-6 海中陷阱）王培堃编绘
郑州 河南美术出版社 1994年 26cm（16开）
ISBN：7-5401-0397-3 定价：CNY2.00
（百集系列卡通丛书 金梭·银梭）
　　中国现代动画作品。

J0084298

世界末日 （卷1-7 海底魔影）王培堃编绘
郑州 河南美术出版社 1994年 26cm（16开）
ISBN：7-5401-0397-3 定价：CNY2.00
（百集系列卡通丛书 金梭·银梭）
　　中国现代动画作品。

J0084299

世界末日 （卷1-8 千钧一发）王培堃编绘
郑州 河南美术出版社 1994年 26cm（16开）
ISBN：7-5401-0397-3 定价：CNY2.00
（百集系列卡通丛书 金梭·银梭）
　　中国现代动画作品。

J0084300

世界末日 （卷1-9 殊死搏斗）王培堃编绘
郑州 河南美术出版社 1994年 26cm（16开）
ISBN：7-5401-0397-3 定价：CNY2.00
（百集系列卡通丛书 金梭·银梭）
　　中国现代动画作品。

J0084301

世界末日 （卷1-10 力挽狂澜）王培堃编绘
郑州 河南美术出版社 1994年 26cm（16开）
ISBN：7-5401-0397-3 定价：CNY2.00
（百集系列卡通丛书 金梭·银梭）
　　中国现代动画作品。

J0084302

世界著名童话精选 （玫瑰花号）肖森改编；
黄碧霞绘
北京 中国连环画出版社 1994年 121-222页
17×18cm 精装 ISBN：7-5061-0624-8
定价：CNY9.00

J0084303

舒克和贝塔 （下篇）郑渊洁原作；梅瀛编；彭
戈等绘

北京 中国电影出版社 1994年 18×19cm
精装 ISBN：7-106-00983-0 定价：CNY13.80
　　中国现代动画作品。作者郑渊洁（1955—　），
作家、演讲家。生于河北石家庄，祖籍山西临汾。
代表作品有《童话大王》《舒克和贝塔》《皮皮鲁
和鲁西西》《魔方大厦》等。

J0084304

舒克和贝塔历险记全集 （第1册）郑渊洁编
著；健全卡通设计制作室绘
北京 中国电影出版社 1994年 21×19cm
精装 ISBN：7-106-00987-3 定价：CNY18.00
　　中国现代动画作品。

J0084305

舒克和贝塔历险记全集 （第2册）郑渊洁编
著；健全卡通设计制作室绘
北京 中国电影出版社 1994年 21×19cm
精装 ISBN：7-106-00988-1 定价：CNY18.00
　　中国现代动画作品。

J0084306

舒克和贝塔历险记全集 （第3册）郑渊洁编
著；健全卡通设计制作室绘
北京 中国电影出版社 1994年 21×19cm
精装 ISBN：7-106-00989-X 定价：CNY18.00
　　中国现代动画作品。

J0084307

鼠洞外的怪城 （卡通故事）张一丁，张敏改
编；杨宇绘
兰州 甘肃少年儿童出版社 1994年 17×19cm
ISBN：7-5422-0988-4 定价：CNY1.20
　　中国现代动画作品。

J0084308

谁的功劳大 （动物寓言故事画册）
沈阳 辽宁美术出版社 1994年 10页 17×19cm
ISBN：7-5314-1087-7 定价：CNY1.00
　　中国现代动画作品。

J0084309

太极童子画册 陆太极编绘
北京 学苑出版社 1994年 19×19cm
精装 ISBN：7-5077-0931-0 定价：CNY16.80

中国现代动画作品。

J0084310

汤姆救公主　李宇楠，李琼编译
北京　学苑出版社　1994 年　47 页　13×12cm
ISBN：7-5077-0898-5　定价：CNY1.40
（世界优秀动画片画册荟萃）
　　中国现代动画作品。

J0084311

唐克历险记　（都市奇遇）纸老虎编绘
西安　陕西人民美术出版社　1994 年　17×19cm
精装　ISBN：7-5368-0711-2　定价：CNY12.00
　　中国现代动画作品。

J0084312

特异小丫　（女孩儿看的书）冰波编文；杨兮绘
北京　中国电影出版社　1994 年　120 页　17×18cm
精装　ISBN：7-106-00996-2　定价：CNY9.00
　　中国现代动画作品。

J0084313

特异小子　（男孩儿看的书）冰波编文；杨兮绘
北京　中国电影出版社　1994 年　120 页　17×18cm
精装　ISBN：7-106-00997-0　定价：CNY9.00
　　中国现代动画作品。

J0084314

天子传奇　（第一辑．上．总第 1 回）黄玉郎著
珠海　珠海出版社　1994 年　45 页　20cm（32 开）
ISBN：7-80607-008-7　定价：CNY2.50
　　中国现代动画作品。作者黄玉郎（Tony
Wong, 1951—　），香港漫画家。原名黄振隆，早
期笔名为黄玄生。出生于广东江门。编绘有《天
龙八部漫画》，代表作品有《如来神掌》《天子传
奇》《神兵玄奇》等。

J0084315

天子传奇　（第一辑．下．总第 2 回）黄玉郎著
珠海　珠海出版社　1994 年　34 页　20cm（32 开）
ISBN：7-80607-008-7　定价：CNY2.50
　　中国现代动画作品。

J0084316

天子传奇　（第二辑．上．总第 3 回）黄玉郎著

珠海　珠海出版社　1994 年　34 页　20cm（32 开）
ISBN：7-80607-012-5　定价：CNY2.50
　　中国现代动画作品。

J0084317

天子传奇　（第二辑．下．总第 4 回）黄玉郎著
珠海　珠海出版社　1994 年　34 页　20cm（32 开）
ISBN：7-80607-012-5　定价：CNY2.50
　　中国现代动画作品。

J0084318

天子传奇　（第三辑．上．总第 5 回）黄玉郎著
珠海　珠海出版社　1994 年　32 页　20cm（32 开）
ISBN：7-80607-055-X　定价：CNY2.90
　　中国现代动画作品。

J0084319

天子传奇　（第三辑．下．总第 6 回）黄玉郎著
珠海　珠海出版社　1994 年　32 页　20cm（32 开）
ISBN：7-80607-055-X　定价：CNY2.90
　　中国现代动画作品。

J0084320

天子传奇　（第四辑．上．总第 7 回）黄玉郎著
珠海　珠海出版社　1994 年　33 页　20cm（32 开）
ISBN：7-80607-017-6　定价：CNY2.90
　　中国现代动画作品。

J0084321

天子传奇　（第四辑．下．总第 8 回）黄玉郎著
珠海　珠海出版社　1994 年　32 页　20cm（32 开）
ISBN：7-80607-017-6　定价：CNY2.90
　　中国现代动画作品。

J0084322

天子传奇　（第五辑．上．总第 9 回）黄玉郎著
珠海　珠海出版社　1994 年　32 页　20cm（32 开）
ISBN：7-80607-019-2　定价：CNY2.90
　　中国现代动画作品。

J0084323

天子传奇　（第六辑．1．总第 11 回）黄玉郎著
珠海　珠海出版社　1994 年　32 页　20cm（32 开）
ISBN：7-80607-021-4　定价：CNY2.90
　　中国现代动画作品。

J0084324

天子传奇 （第六辑 .2. 总第 12 回）黄玉郎著
珠海 珠海出版社 1994 年 32 页 20cm（32 开）
ISBN：7-80607-021-4 定价：CNY2.90
　　中国现代动画作品。

J0084325

天子传奇 （第六辑 .3. 总第 13 回）黄玉郎著
珠海 珠海出版社 1994 年 33 页 20cm（32 开）
ISBN：7-80607-021-4 定价：CNY2.90
　　中国现代动画作品。

J0084326

天子传奇 （第六辑 .4. 总第 14 回）黄玉郎著
珠海 珠海出版社 1994 年 33 页 20cm（32 开）
ISBN：7-80607-021-4 定价：CNY2.90
　　中国现代动画作品。

J0084327

天子传奇 （第七辑 .1. 总第 15 回）黄玉郎著
珠海 珠海出版社 1994 年 33 页 20cm（32 开）
ISBN：7-80607-035-4 定价：CNY2.90
　　中国现代动画作品。

J0084328

天子传奇 （第七辑 .2. 总第 16 回）黄玉郎著
珠海 珠海出版社 1994 年 33 页 20cm（32 开）
ISBN：7-80607-035-4 定价：CNY2.90
　　中国现代动画作品。

J0084329

天子传奇 （第七辑 .3. 总第 17 回）黄玉郎著
珠海 珠海出版社 1994 年 32 页 20cm（32 开）
ISBN：7-80607-035-4 定价：CNY2.90
　　中国现代动画作品。

J0084330

天子传奇 （第七辑 .4. 总第 18 回）黄玉郎著
珠海 珠海出版社 1994 年 32 页 20cm（32 开）
ISBN：7-80607-035-4 定价：CNY2.90
　　中国现代动画作品。

J0084331

天子传奇 （第九辑 .1. 总第 23 回）黄玉郎著
珠海 珠海出版社 1994 年 32 页 20cm（32 开）

ISBN：7-80607-044-3 定价：CNY2.90
　　中国现代动画作品。

J0084332

天子传奇 （第九辑 .2. 总第 24 回）黄玉郎著
珠海 珠海出版社 1994 年 31 页 20cm（32 开）
ISBN：7-80607-044-3 定价：CNY2.90
　　中国现代动画作品。

J0084333

天子传奇 （第九辑 .3. 总第 25 回）黄玉郎著
珠海 珠海出版社 1994 年 32 页 20cm（32 开）
ISBN：7-80607-044-3 定价：CNY2.90
　　中国现代动画作品。

J0084334

天子传奇 （第九辑 .4. 总第 26 回）黄玉郎著
珠海 珠海出版社 1994 年 31 页 20cm（32 开）
ISBN：7-80607-044-3 定价：CNY2.90
　　中国现代动画作品。

J0084335

天子传奇 （第十辑 .1. 总第 27 回）黄玉郎著
珠海 珠海出版社 1994 年 33 页 20cm（32 开）
ISBN：7-80607-074-5 定价：CNY2.90
　　中国现代动画作品。

J0084336

天子传奇 （第十辑 .2. 总第 28 回）黄玉郎著
珠海 珠海出版社 1994 年 32 页 20cm（32 开）
ISBN：7-80607-074-5 定价：CNY2.90
　　中国现代动画作品。

J0084337

天子传奇 （第十辑 .3. 总第 29 回）黄玉郎著
珠海 珠海出版社 1994 年 32 页 20cm（32 开）
ISBN：7-80607-074-5 定价：CNY2.90
　　中国现代动画作品。

J0084338

天子传奇 （第十辑 .4. 总第 30 回）黄玉郎著
珠海 珠海出版社 1994 年 32 页 20cm（32 开）
ISBN：7-80607-074-5 定价：CNY2.90
　　中国现代动画作品。

J0084339

天子传奇 （第五辑 . 下 . 总第 10 回）黄玉郎著
珠海 珠海出版社 1997 年 33 页 20cm（32 开）
ISBN：7-80607-019-2 定价：CNY2.90
　　中国现代连环画作品。

J0084340

天子传奇 （第八辑 .1. 总第 19 回）黄玉郎著
珠海 珠海出版社 1997 年 32 页 20cm（32 开）
ISBN：7-80607-038-9 定价：CNY2.90
　　中国现代连环画作品。

J0084341

天子传奇 （第八辑 .2. 总第 20 回）黄玉郎著
珠海 珠海出版社 1997 年 33 页 20cm（32 开）
ISBN：7-80607-038-9 定价：CNY2.90
　　中国现代连环画作品。

J0084342

天子传奇 （第八辑 .3. 总第 21 回）黄玉郎著
珠海 珠海出版社 1997 年 33 页 20cm（32 开）
ISBN：7-80607-038-9 定价：CNY2.90
　　中国现代连环画作品。

J0084343

天子传奇 （第八辑 .4. 总第 22 回）黄玉郎著
珠海 珠海出版社 1997 年 33 页 20cm（32 开）
ISBN：7-80607-038-9 定价：CNY2.90
　　中国现代连环画作品。

J0084344

外星人历险记 曹明渊，段海云编绘
北京 华龄出版社 1994 年 2 册 17×19cm
ISBN：7-80082-536-1 定价：CNY6.60
　　中国现代动画作品。作者段海云，女，美术
教师。毕业于河南大学艺术系。河南省实验中
学任教。优质课《纸浮雕》《艺术与科学》获奖。
辅导学生作品《思》《姹紫嫣红》获奖。

J0084345

未来世纪历险记　OK！阿丽莎 （第一卷
银河女霸王卷 第一集 外星王太妃）（日）山仁
友和绘；王志冲编译
上海 上海远东出版社 1994 年 92 页 有图
19cm（32 开）ISBN：7-80514-498-2

定价：CNY3.00
（当代世界科幻名著）

J0084346

未来世纪历险记　OK！阿丽莎 （第一卷
银河女霸王卷 第二集 恐怖中战斗）（日）山仁
友和绘；王志冲编译
上海 上海远东出版社 1994 年 92 页 有图
19cm（小 32 开）ISBN：7-80514-498-2
定价：CNY3.00
（当代世界科幻名著）

J0084347

未来世纪历险记　OK！阿丽莎 （第一卷
银河女霸王卷 第三集 女霸王魔盒）（日）山仁
友和绘；王志冲编译
上海 上海远东出版社 1994 年 92 页 有图
19cm（小 32 开）ISBN：7-80514-498-2
定价：CNY3.00
（当代世界科幻名著）

J0084348

未来世纪历险记　OK！阿丽莎 （第三卷
时空历险记）（日）山仁友和绘；王志冲编译
上海 上海远东出版社 1996 年 284 页
19cm（32 开）ISBN：7-80613-110-8
定价：CNY13.00
　　中国现代动画作品。

J0084349

悟空大战百变雄狮
海口 海南摄影美术出版社 1994 年 2 册
17×19cm ISBN：7-80571-695-1 定价：CNY4.90
（悟空大战系列）
　　中国现代动画作品。

J0084350

香具耶公主 郝晓梅编译
北京 学苑出版社 1994 年 47 页 13×12cm
ISBN：7-5077-0898-5 定价：CNY1.40
（世界优秀动画片画册荟萃）
　　中国现代动画作品。

J0084351

小八戒历险记 李广之编文；邹简等绘

上海　上海远东出版社 1994 年　17×19cm
ISBN：7-80514-922-4 定价：CNY13.50
　　中国现代动画作品。

J0084352
小刺猬和小伞兵　蔓月改编；吴兴宏绘
北京　农村读物出版社 1994 年　24 页　17×19cm
ISBN：7-5048-2409-7 定价：CNY1.60
　　中国现代动画作品。

J0084353
小公子　李宇楠，李琼编译
北京　学苑出版社 1994 年　47 页　13×12cm
ISBN：7-5077-0898-5 定价：CNY1.40
（世界优秀动画片画册荟萃）
　　中国现代动画作品。

J0084354
小老鼠闯世界　刘正南编绘
宁波　宁波出版社 1994 年　5 册　17×19cm
ISBN：7-80602-007-1 定价：CNY9.50
　　中国现代动画作品。

J0084355
小熊上天　蔓月编；王为阳，莹雨绘
北京　农村读物出版社 1994 年　24 页　17×19cm
ISBN：7-5048-2415-1 定价：CNY1.60
　　中国现代动画作品。

J0084356
小猪芬蒂克　邓颖等编；晓林等绘
西安　未来出版社 1994 年　24 页　17×18cm
ISBN：7-5417-0941-7 定价：CNY1.75
（世界彩图动画精选）
　　中国现代动画作品。

J0084357
笑星全集　西林编；王宣等绘
北京　中国电影出版社 1994 年　18×19cm
精装　ISBN：7-106-01000-6 定价：CNY10.50
　　中国现代动画作品。

J0084358
新卡通形象集　王志春编绘
长春　吉林美术出版社 1994 年　26cm（16 开）

ISBN：7-5386-0379-4 定价：CNY8.70
　　中国现代动画作品。

J0084359
新英雄三国志　（龙狼大传）山原义人编绘
贵阳　贵州人民出版社 1994 年　4 册
19cm（小 32 开）ISBN：7-221-03621-7
定价：CNY11.80
　　中国现代动画作品。

J0084360
雅诺斯的梦幻　邓颖等编；晓林等绘
西安　未来出版社 1994 年　24 页　17×18cm
ISBN：7-5417-0942-5 定价：CNY1.75
（世界彩图动画精选）
　　中国现代动画作品。

J0084361
鼹鼠的儿子　蔓月改编；吴兴宏，王德昌绘
北京　农村读物出版社 1994 年　24 页　17×19cm
ISBN：7-5048-2413-5 定价：CNY1.60
　　中国现代动画作品。

J0084362
一休智斗葫芦娃　晏军编；孙洪涛绘
西宁　青海人民出版社 1994 年　2 册
17×19cm ISBN：7-225-00862-5 定价：CNY6.40
　　中国现代动画作品。

J0084363
婴儿游世界　邓颖等编；晓林等绘
西安　未来出版社 1994 年　24 页　17×18cm
ISBN：7-5417-0943-3 定价：CNY1.75
（世界彩图动画精选）
　　中国现代动画作品。

J0084364
幽默动物寓言画集　（上册）庞鲁闽文；刘文嫡绘
北京　新时代出版社 1994 年　17×19cm 精装
ISBN：7-5042-0231-2 定价：CNY11.00
　　中国现代动画作品。

J0084365
幽默动物寓言画集　（下册）庞鲁闽文；刘文

嫡绘

北京 新时代出版社 1994 年 17×19cm 精装

ISBN：7-5042-0232-0 定价：CNY11.00

中国现代动画作品。

J0084366

长颈鹿和小刺猬 徐涓改编；黄萍，翟昕绘

北京 农村读物出版社 1994 年 23 页 17×19cm

ISBN：7-5018-2410-0 定价：CNY1.60

中国现代动画作品。

J0084367

珍稀动物遭劫记 邹昌政，黄飞珏编；邹勤
等绘

上海 上海人民美术出版社 1994 年 22 页

17×19cm ISBN：7-5322-1288-2 定价：CNY1.40

（动画大王·科幻画库）

中国现代动画作品。

J0084368

植物天地 春蕾等编；金雪林等绘

桂林 漓江出版社 1994 年 26cm（16 开）

ISBN：7-5407-1601-0 定价：CNY7.40

（365 天天天系列图画本：天天问 2）

中国现代动画作品。

J0084369

智斗群英 （上）丞丞编；孙洪涛绘

西宁 青海人民出版社 1994 年 17×19cm

ISBN：7-225-00919-2 定价：CNY3.20

（葫芦娃传奇）

中国现代动画作品。

J0084370

智斗群英 （下）丞丞编；孙洪涛绘

西宁 青海人民出版社 1994 年 17×19cm

ISBN：7-225-00919-2 定价：CNY3.20

（葫芦娃传奇）

中国现代动画作品。

J0084371

中国名人彩图故事 （1）祝振玉等编绘

上海 上海远东出版社 1994 年 174 页 17×19cm

ISBN：7-80514-924-0 定价：CNY9.00

中国现代动画作品。

J0084372

中国名人彩图故事 （2）祝振玉等编绘

上海 上海远东出版社 1994 年 176 页 17×19cm

ISBN：7-80514-925-9 定价：CNY9.00

中国现代动画作品。

J0084373

中国长篇卡通霸王榜系列丛书 （A 小龙女）
达莱子著；华鹏绘

长春 时代文艺出版社 1994 年 62 页 26cm（16 开）

ISBN：7-5387-0833-2 定价：CNY3.40

中国现代动画作品。

J0084374

中国长篇卡通霸王榜系列丛书 （A 好小子）
达莱子著；华鹏绘

长春 时代文艺出版社 1994 年 62 页 26cm（16 开）

ISBN：7-5387-0832-4 定价：CNY3.40

中国现代动画作品。

J0084375

自然景象 严汝峰等编；陈剑英等绘

桂林 漓江出版社 1994 年 26cm（16 开）

ISBN：7-5407-1601-0 定价：CNY7.40

（365 天天天系列图画本：天天问 4）

中国现代动画作品。

J0084376

麦唛算忧郁亚热带 （《经济日报》漫画）谢
立文编著；麦家碧插画

香港 博识出版公司 1995 年 15×18cm

ISBN：962-340-248-1 定价：HKD35.00

J0084377

少女少男 （青少年青春期性教育 卡通本）英
子等编著；杜娟等绘

成都 四川美术出版社 1995 年 2 册（354 页）

19cm（小 32 开）ISBN：7-5410-0981-4

定价：CNY11.00

中国现代动画片。

J0084378

神脑聪仔 （1 星际大冲撞）接力出版社，广
东丹晨设计制作有限公司策划制作

南宁 接力出版社 1995 年 91 页 19cm（24 开）

ISBN：7-80581-915-7 定价：CNY5.00
（神脑聪仔卡通系列丛书）
　　中国现代连环画作品。

J0084379
神脑聪仔 （2 少年龙骑士）接力出版社，广东丹晨设计制作有限公司策划制作
南宁 接力出版社 1995 年 91 页 19cm（24 开）
ISBN：7-80581-916-5 定价：CNY5.00
（神脑聪仔卡通系列丛书）
　　中国现代连环画作品。

J0084380
神脑聪仔 （3 激战水獭星）接力出版社，广东丹晨设计制作有限公司策划制作
南宁 接力出版社 1995 年 91 页 19cm（24 开）
ISBN：7-80581-917-3 定价：CNY5.00
（神脑聪仔卡通系列丛书）
　　中国现代连环画作品。

J0084381
神脑聪仔 （4 乾坤两仪阵）接力出版社，广东丹晨设计制作有限公司策划制作
南宁 接力出版社 1995 年 91 页 19cm（24 开）
ISBN：7-80581-918-1 定价：CNY5.00
（神脑聪仔卡通系列丛书）
　　中国现代连环画作品。

J0084382
神脑聪仔 （5 火狐行动）接力出版社，广东丹晨设计制作有限公司策划制作
南宁 接力出版社 1995 年 91 页 19cm（24 开）
ISBN：7-80581-919-X 定价：CNY5.00
（神脑聪仔卡通系列丛书）
　　中国现代连环画作品。

J0084383
神脑聪仔 （6 飞越死之洞）接力出版社，广东丹晨设计制作有限公司策划制作
南宁 接力出版社 1995 年 91 页 19cm（24 开）
ISBN：7-80581-921-1 定价：CNY5.00
（神脑聪仔卡通系列丛书）
　　中国现代连环画作品。

J0084384
神脑聪仔 （7 火海圣龙）接力出版社，广东丹晨设计制作有限公司策划制作
南宁 接力出版社 1995 年 91 页 19cm（24 开）
ISBN：7-80581-921-1 定价：CNY5.00
（神脑聪仔卡通系列丛书）
　　中国现代连环画作品。

J0084385
神脑聪仔 （8 神脑扬威）接力出版社，广东丹晨设计制作有限公司策划制作
南宁 接力出版社 1995 年 91 页 19cm（24 开）
ISBN：7-80581-922-X 定价：CNY5.00
（神脑聪仔卡通系列丛书）
　　中国现代连环画作品。

J0084386
神脑聪仔 （9 千年雪古城）接力出版社，广东丹晨设计制作有限公司策划制作
南宁 接力出版社 1995 年 91 页 19cm（32 开）
ISBN：7-80581-923-8 定价：CNY5.00
（神脑聪仔卡通系列丛书）
　　中国现代连环画作品。

J0084387
神脑聪仔 （10 日出东方）接力出版社，广东丹晨设计制作有限公司策划制作
南宁 接力出版社 1995 年 91 页 19cm（24 开）
ISBN：7-80581-924-6 定价：CNY5.00
（神脑聪仔卡通系列丛书）
　　中国现代连环画作品。

J0084388
神脑聪仔 （M 病毒入侵）接力动画部，广东丹晨设计制作有限公司策划制作
南宁 接力出版社 1996 年 90 页 19cm（24 开）
ISBN：7-80581-986-6 定价：CNY4.50
（神脑聪仔卡通系列丛书）
　　中国现代动画作品。

J0084389
神脑聪仔 （不沉的大豆芽）接力动画部，广东丹晨设计制作有限公司策划制作
南宁 接力出版社 1996 年 90 页 19cm（24 开）
ISBN：7-80581-988-2 定价：CNY4.50

（神脑聪仔卡通系列丛书）

中国现代动画作品。

J0084390

神脑聪仔 （龙骑士哥们）接力动画部，广东
丹晨设计制作有限公司策划制作

南宁 接力出版社 1996 年 90 页 19cm（24 开）

ISBN：7-80581-987-4 定价：CNY4.50

（神脑聪仔卡通系列丛书）

中国现代动画作品。

J0084391

神脑聪仔 （乱码神脑）接力动画部，广东丹
晨设计制作有限公司策划制作

南宁 接力出版社 1996 年 90 页 19cm（24 开）

ISBN：7-80581-989-0 定价：CNY4.50

（神脑聪仔卡通系列丛书）

中国现代动画作品。

J0084392

神脑聪仔 （梦幻歌星）接力动画部，广东丹
晨设计制作有限公司策划制作

南宁 接力出版社 1996 年 90 页 19cm（24 开）

ISBN：7-80581-985-8 定价：CNY4.50

（神脑聪仔卡通系列丛书）

中国现代动画作品。

J0084393

神脑聪仔 （神秘的玫瑰）接力动画部，广东
丹晨设计制作有限公司策划制作

南宁 接力出版社 1996 年 90 页 19cm（24 开）

ISBN：7-80581-982-3 定价：CNY4.50

（神脑聪仔卡通系列丛书）

中国现代动画作品。

J0084394

神脑聪仔 （生死航线）接力动画部，广东丹
晨设计制作有限公司策划制作

南宁 接力出版社 1996 年 90 页 19cm（24 开）

ISBN：7-80581-981-5 定价：CNY4.50

（神脑聪仔卡通系列丛书）

中国现代动画作品。

J0084395

神脑聪仔 （歪心侠迷）接力动画部，广东丹

晨设计制作有限公司策划制作

南宁 接力出版社 1996 年 90 页 19cm（24 开）

ISBN：7-80581-984-X 定价：CNY4.50

（神脑聪仔卡通系列丛书）

中国现代动画作品。

J0084396

神脑聪仔 （重返千年前）接力动画部，广东
丹晨设计制作有限公司策划制作

南宁 接力出版社 1996 年 90 页 19cm（24 开）

ISBN：7-80581-990-4 定价：CNY4.50

（神脑聪仔卡通系列丛书）

中国现代动画作品。

J0084397

神脑聪仔 （足球大战）接力动画部，广东丹
晨设计制作有限公司策划制作

南宁 接力出版社 1996 年 90 页 19cm（24 开）

ISBN：7-80581-983-1 定价：CNY4.50

（神脑聪仔卡通系列丛书）

中国现代动画作品。

J0084398

神脑聪仔 （"家教"五颗星）接力动画部，广
东丹晨设计制作有限公司策划制作

南宁 接力出版社 1997 年 92 页 19cm（24 开）

ISBN：7-80631-192-0 定价：CNY4.50

（神脑聪仔卡通系列丛书）

中国现代连环画作品。

J0084399

神脑聪仔 （芭比引爆器）接力动画部，广东
丹晨设计制作有限公司策划制作

南宁 接力出版社 1997 年 90 页 19cm（24 开）

ISBN：7-80631-103-3 定价：CNY4.50

（神脑聪仔卡通系列丛书）

中国现代连环画作品。

J0084400

神脑聪仔 （仿生总动员）接力动画部，广东
丹晨设计制作有限公司策划制作

南宁 接力出版社 1997 年 90 页 19cm（24 开）

ISBN：7-80631-096-7 定价：CNY4.50

（神脑聪仔卡通系列丛书）

中国现代连环画作品。

J0084401

神脑聪仔 （粉碎红巨隕）接力动画部，广东丹晨设计制作有限公司策划制作

南宁 接力出版社 1997 年 90 页 19cm（24 开）

ISBN：7-80631-095-9 定价：CNY4.50

（神脑聪仔卡通系列丛书）

中国现代连环画作品。

J0084402

神脑聪仔 （航母夏令营）接力动画部，广东丹晨设计制作有限公司策划制作

南宁 接力出版社 1997 年 90 页 19cm（24 开）

ISBN：7-80631-190-4 定价：CNY4.50

（神脑聪仔卡通系列丛书）

中国现代连环画作品。

J0084403

神脑聪仔 （火战金刚鼠）接力动画部，广东丹晨设计制作有限公司策划制作

南宁 接力出版社 1997 年 90 页 19cm（24 开）

ISBN：7-80631-100-9 定价：CNY4.50

（神脑聪仔卡通系列丛书）

中国现代连环画作品。

J0084404

神脑聪仔 （基因怪兽）接力动画部，广东丹晨设计制作有限公司策划制作

南宁 接力出版社 1997 年 90 页 19cm（24 开）

ISBN：7-80631-098-3 定价：CNY4.50

（神脑聪仔卡通系列丛书）

中国现代连环画作品。

J0084405

神脑聪仔 （极限拉力赛）接力动画部，广东丹晨设计制作有限公司策划制作

南宁 接力出版社 1997 年 90 页 19cm（24 开）

ISBN：7-80631-101-7 定价：CNY4.50

（神脑聪仔卡通系列丛书）

中国现代连环画作品。

J0084406

神脑聪仔 （紧急升空）接力动画部，广东丹晨设计制作有限公司策划制作

南宁 接力出版社 1997 年 92 页 19cm（24 开）

ISBN：7-80631-191-2 定价：CNY4.50

（神脑聪仔卡通系列丛书）

中国现代连环画作品。

J0084407

神脑聪仔 （考试风暴）接力动画部，广东丹晨设计制作有限公司策划制作

南宁 接力出版社 1997 年 92 页 19cm（24 开）

ISBN：7-80631-186-6 定价：CNY4.50

（神脑聪仔卡通系列丛书）

中国现代连环画作品。

J0084408

神脑聪仔 （里氏八点九级）接力动画部，广东丹晨设计制作有限公司策划制作

南宁 接力出版社 1997 年 92 页 19cm（24 开）

ISBN：7-80631-184-X 定价：CNY4.50

（神脑聪仔卡通系列丛书）

中国现代连环画作品。

J0084409

神脑聪仔 （六十六区危情）接力动画部，广东丹晨设计制作有限公司策划制作

南宁 接力出版社 1997 年 90 页 19cm（24 开）

ISBN：7-80631-102-5 定价：CNY4.50

（神脑聪仔卡通系列丛书）

中国现代连环画作品。

J0084410

神脑聪仔 （密码飞盘）接力动画部，广东丹晨设计制作有限公司策划制作

南宁 接力出版社 1997 年 90 页 19cm（24 开）

ISBN：7-80631-189-0 定价：CNY4.50

（神脑聪仔卡通系列丛书）

中国现代连环画作品。

J0084411

神脑聪仔 （模型大奖赛）接力动画部，广东丹晨设计制作有限公司策划制作

南宁 接力出版社 1997 年 92 页 19cm（24 开）

ISBN：7-80631-189-0 定价：CNY4.50

（神脑聪仔卡通系列丛书）

中国现代连环画作品。

J0084412

神脑聪仔 （污染大营救）接力动画部，广东

丹晨设计制作有限公司策划制作
南宁　接力出版社　1997 年　90 页　19cm（24 开）
ISBN：7-80631-099-1　定价：CNY4.50
（神脑聪仔卡通系列丛书）
　　中国现代连环画作品。

J0084413
神脑聪仔　（误闯白垩纪）接力动画部，广东
丹晨设计制作有限公司策划制作
南宁　接力出版社　1997 年　92 页　19cm（24 开）
ISBN：7-80631-185-8　定价：CNY4.50
（神脑聪仔卡通系列丛书）
　　中国现代连环画作品。

J0084414
神脑聪仔　（雄哉大象王）接力动画部，广东
丹晨设计制作有限公司策划制作
南宁　接力出版社　1997 年　92 页　19cm（24 开）
ISBN：7-80631-183-1　定价：CNY4.50
（神脑聪仔卡通系列丛书）
　　中国现代连环画作品。

J0084415
神脑聪仔　（隐形岛之谜）接力动画部，广东
丹晨设计制作有限公司策划制作
南宁　接力出版社　1997 年　90 页　19cm（24 开）
ISBN：7-80631-094-0　定价：CNY4.50
（神脑聪仔卡通系列丛书）
　　中国现代连环画作品。

J0084416
神脑聪仔　（与海怪共舞）接力动画部，广东
丹晨设计制作有限公司策划制作
南宁　接力出版社　1997 年　92 页　19cm（24 开）
ISBN：7-80631-188-2　定价：CNY4.50
（神脑聪仔卡通系列丛书）
　　中国现代连环画作品。

J0084417
神脑聪仔　（真假冷冻人）接力动画部，广东
丹晨设计制作有限公司策划制作
南宁　接力出版社　1997 年　90 页　19cm（24 开）
ISBN：7-80631-097-5　定价：CNY4.50
（神脑聪仔卡通系列丛书）
　　中国现代连环画作品。

J0084418
神脑聪仔　黄俭改编
南宁　接力出版社　1998 年　160 页　17×19cm
ISBN：7-80631-350-8　定价：CNY16.00
　　本作品系中国现代动画作品。

J0084419
神脑聪仔　（第 3 集　噪音反射战）李朝晖等
编绘
南宁　接力出版社　1999 年　62 页　19cm（24 开）
ISBN：7-80631-389-3　定价：CNY6.50
（神脑聪仔动画片系列）

J0084420
神脑聪仔　（淡水浓缩器）李朝晖等编绘
南宁　接力出版社　1999 年　62 页　19cm（24 开）
ISBN：7-80631-390-7　定价：CNY6.50
（神脑聪仔动画片系列）

J0084421
神脑聪仔　（电脑书包）李朝晖等编绘
南宁　接力出版社　1999 年　62 页　19cm（24 开）
ISBN：7-80631-392-3　定价：CNY6.50
（神脑聪仔动画片系列）

J0084422
神脑聪仔　（顶级售货机）聪仔工作室编；广
东丹晨设计公司绘
南宁　接力出版社　1999 年　90 页　19cm（24 开）
ISBN：7-80631-585-3　定价：CNY4.50
（神脑聪仔动画片系列）

J0084423
神脑聪仔　（反时针行动）广东丹晨设计制作
有限公司制作
南宁　接力出版社　1999 年　90 页　19cm（24 开）
ISBN：7-80631-487-3　定价：CNY4.50
（神脑聪仔系列卡通丛书）

J0084424
神脑聪仔　（疯狂过山车）广东丹晨设计制作
有限公司制作
南宁　接力出版社　1999 年　90 页　19cm（24 开）
ISBN：7-80631-486-5　定价：CNY4.50
（神脑聪仔系列卡通丛书）

J0084425

神脑聪仔（感冒的地球）李朝晖等编绘

南宁 接力出版社 1999年 62页 19cm（24开）

ISBN：7-80631-393-1 定价：CNY6.50

（神脑聪仔动画片系列）

J0084426

神脑聪仔（海市蜃楼）聪仔工作室编；广东
丹晨设计公司绘

南宁 接力出版社 1999年 90页 19cm（24开）

ISBN：7-80631-583-7 定价：CNY4.50

（神脑聪仔系列卡通丛书）

J0084427

神脑聪仔（机器人克克）李朝晖等编绘

南宁 接力出版社 1999年 62页 19cm（24开）

ISBN：7-80631-391-5 定价：CNY6.50

（神脑聪仔动画片系列）

J0084428

神脑聪仔（极地雷战士）聪仔工作室编；广
东丹晨设计公司

南宁 接力出版社 1999年 90页 19cm（24开）

ISBN：7-80631-584-5 定价：CNY4.50

（神脑聪仔系列卡通丛书）

J0084429

神脑聪仔（空中龙骑士）聪仔工作室编；广
东丹晨设计公司绘

南宁 接力出版社 1999年 90页 19cm（24开）

ISBN：7-80631-587-X 定价：CNY4.50

（神脑聪仔系列卡通丛书）

J0084430

神脑聪仔（起重机大战）广东丹晨设计制作
有限公司制作

南宁 接力出版社 1999年 90页 19cm（24开）

ISBN：7-80631-485-7 定价：CNY4.50

（神脑聪仔系列卡通丛书）

J0084431

神脑聪仔（深海铁鲸鱼）聪仔工作室编；广
东丹晨设计公司绘

南宁 接力出版社 1999年 90页 19cm（24开）

ISBN：7-80631-586-1 定价：CNY4.50

（神脑聪仔系列卡通丛书）

J0084432

神脑聪仔（树木能量汤）李朝晖等编绘

南宁 接力出版社 1999年 62页 19cm（24开）

ISBN：7-80631-394-X 定价：CNY6.50

（神脑聪仔动画片系列）

J0084433

神脑聪仔（酸雨阴谋）李朝晖等编绘

南宁 接力出版社 1999年 62页 19cm（24开）

ISBN：7-80631-395-8 定价：CNY6.50

（神脑聪仔动画片系列）

J0084434

神脑聪仔（太空大扫除）李朝晖等编绘

南宁 接力出版社 1999年 62页 19cm（24开）

ISBN：7-80631-398-2 定价：CNY6.50

（神脑聪仔动画片系列）

　　中国现代动画画册。

J0084435

神脑聪仔（无敌智能轮）聪仔工作室编；广
东丹晨设计公司绘

南宁 接力出版社 1999年 90页 19cm（24开）

ISBN：7-80631-582-9 定价：CNY4.50

（神脑聪仔系列卡通丛书）

J0084436

神脑聪仔（异形电子狼）广东丹晨设计制作
有限公司制作

南宁 接力出版社 1999年 90页 19cm（24开）

ISBN：7-80631-484-9 定价：CNY4.50

（神脑聪仔系列卡通丛书）

J0084437

神脑聪仔（鱼话快译通）李朝晖等编绘

南宁 接力出版社 1999年 62页 19cm（24开）

ISBN：7-80631-397-4 定价：CNY6.50

（神脑聪仔动画片系列）

J0084438

"只不城"的故事　陆风，鲁民编；邹越非等绘

上海 上海科学普及出版社 1996年 60页

17×19cm ISBN：7-5427-1213-6 定价：CNY6.00

（哈哈卡通乐园丛书）

中国现代动画作品。作者邹越非，（1934—　），连环画家。生于江苏镇江，就读于上海连环画学习班。上海美术家协会创作员、上海教育出版社美术编辑、上海社会科学院出版社美术编辑。代表作品有《蔷薇花案件》《孙小圣与猪小能》，出版有《龙江颂》《通俗前后汉演义》。

J0084439

Q 版水浒　崔晓峰编文；何学军，安山绘

广州　广州出版社　1996 年　4 册　18×17cm

ISBN：7-80592-543-7　定价：CNY20.00

中国现代动画作品，包括《史进之奔驰 600》等 4 册。

J0084440

阿笨猫和外星小贩　冰波等编文；陆华等绘画

上海　上海人民美术出版社　1996 年　66 页

26cm（16 开）ISBN：7-5322-1626-8

定价：CNY5.80

（动画大王丛书）

中国现代动画作品。作者冰波（1957—　），作家。本名赵冰波，浙江杭州人。供职于浙江文学院。主要创作童话、动画片剧本等。代表作品有《月光下的肚肚狼》《蓝鲸的眼睛》《窗下的树皮小屋》等。

J0084441

阿笨猫和外星小贩　（精华本）冰波等编文；陆华等绘画

上海　上海人民美术出版社　1996 年　66 页

26cm（16 开）ISBN：7-5322-1625-X

定价：CNY6.80

（动画大王丛书）

中国现代动画作品。

J0084442

阿鸣猫　周锐创意；姜竹松，吴晓兵绘

太原　希望出版社　1996 年　17×19cm　精装

ISBN：7-5379-1918-6　定价：CNY20.00

（希望童话明星卡通系列）

中国现代动画作品。

J0084443

阿西奇与帅哥亮亮　顾家城等编辑

北京　国际文化出版社　1996 年　5 册

19cm（小 32 开）ISBN：7-80105-470-9

定价：CNY29.00

（跨世纪中国少年雏鹰行动“五自”教育活动系列卡通丛书）

中国现代动画作品。

J0084444

爱中华少儿卡通画丛书　（第一辑　中华动物篇）俞崇正等主编；《爱中华少儿卡通画丛书》创作组编绘

北京　海豚出版社　1996 年　120 页　19×17cm

ISBN：7-80051-718-7　定价：CNY8.50

中国现代动画作品。

J0084445

爱中华少儿卡通画丛书　（第一辑　中华风情篇）俞崇正等主编；《爱中华少儿卡通画丛书》创作组编绘

北京　海豚出版社　1996 年　112 页　19×17cm

ISBN：7-80051-718-7　定价：CNY8.50

J0084446

爱中华少儿卡通画丛书　（第一辑　中华花鸟篇）俞崇正等主编；《爱中华少儿卡通画丛书》创作组编绘

北京　海豚出版社　1996 年　120 页　19×17cm

ISBN：7-80051-718-7　定价：CNY8.50

J0084447

爱中华少儿卡通画丛书　（第一辑　中华民族篇）俞崇正等主编；《爱中华少儿卡通画丛书》创作组编绘

北京　海豚出版社　1996 年　120 页　19×17cm

ISBN：7-80051-718-7　定价：CNY8.50

J0084448

八十天环游地球　（彩绘本）王丽萍，勇良改编；叶雄等绘

杭州　浙江少年儿童出版社　1996 年　142 页

17×19cm　精装　ISBN：7-5342-1393-2

定价：CNY13.00

（世界文学名著·历险系列）

J0084449

白鳍豚淇淇的故事　陈佩薰著；赵嘉骏编绘
北京　海洋出版社　1996年　76页　19cm（小32开）
ISBN：7-5027-4205-0　定价：CNY6.50
　　　中国现代动画作品。

J0084450

彩图儿童动脑筋故事　张冲，慰云编文；肖浩，阮礼荣绘
南京　江苏美术出版社　1996年　139页　17×19cm
精装　ISBN：7-5344-0587-4　定价：CNY14.00
（智力隧道卡通系列）
　　　中国现代动画作品。

J0084451

彩图儿童讲道理故事　张冲，慰云编文；佳禾等绘
南京　江苏美术出版社　1996年　139页　17×19cm
精装　ISBN：7-5344-0590-4　定价：CNY14.00
（智力隧道卡通系列）
　　　中国现代动画作品。

J0084452

彩图儿童学知识故事　张冲，慰云编文；石青等绘
南京　江苏美术出版社　1996年　138页　17×19cm
精装　ISBN：7-5344-0588-2　定价：CNY14.00
（智力隧道卡通系列）
　　　中国现代动画作品。

J0084453

彩图儿童长智慧故事　张冲，慰云编文；赵康等绘
南京　江苏美术出版社　1996年　138页　17×19cm
精装　ISBN：7-5344-0589-0　定价：CNY14.00
（智力隧道卡通系列）
　　　中国现代动画作品。

J0084454

充电魔人　王小袆改编；姚锋绘
西安　未来出版社　1996年　46页　26cm（16开）
精装　ISBN：7-5417-1293-0　定价：CNY9.00
（中国魔幻卡通24魔）
　　　中国现代动画作品。

J0084455

聪明宝宝动动脑　（2）王小鸿撰文；杨旭绘
北京　金盾出版社　1996年　48页　17×19cm
ISBN：7-5082-0242-2　定价：CNY4.50
　　　中国现代动画作品。

J0084456

大战黑狼星　林阳，张阳编写；锡林等绘
郑州　河南美术出版社　1996年　2册
17×19cm　ISBN：7-5401-0446-5　定价：CNY11.80
（最新科幻惊险故事）
　　　中国现代动画作品。作者张阳，连环画艺术家。与张煤合著连环画《岳家小将》，改编有连环画《西游记》等。

J0084457

地球保卫战　（第一集　祸从天降）新蕾出版社编辑
天津　新蕾出版社　1996年　76页　28cm（16开）
ISBN：7-5307-1851-7　定价：CNY28.50
（大型少儿科幻动画系列）
　　　中国现代动画作品。

J0084458

地球保卫战　（第二集　狼王诞生）新蕾出版社编辑
天津　新蕾出版社　1996年　76页　28cm（16开）
ISBN：7-5307-1852-5　定价：CNY28.50
（大型少儿科幻动画系列）
　　　中国现代动画作品。

J0084459

地球保卫战　（第三集　全球撒哈拉）新蕾出版社编辑
天津　新蕾出版社　1996年　76页　28cm（16开）
ISBN：7-5307-1853-3　定价：CNY28.50
（大型少儿科幻动画系列）
　　　中国现代动画作品。

J0084460

地球保卫战　（第四集　哭泣的森林）新蕾出版社编辑
天津　新蕾出版社　1996年　76页　28cm（16开）
ISBN：7-5307-1854-1　定价：CNY28.50
（大型少儿科幻动画系列）

中国现代动画作品。

J0084461

地球保卫战 （第五集　新挪亚方舟）新蕾出版社编辑

天津　新蕾出版社　1996年　76页　28cm（16开）

ISBN：7-5307-1855-X　定价：CNY28.50

（大型少儿科幻动画系列）

中国现代动画作品。

J0084462

地球保卫战 （第六集　九个太阳之战）新蕾出版社编辑

天津　新蕾出版社　1996年　76页　28cm（16开）

ISBN：7-5307-1856-8　定价：CNY28.50

（大型少儿科幻动画系列）

中国现代动画作品。

J0084463

地球保卫战 （第七集　哺育人类的乳汁）新蕾出版社编辑

天津　新蕾出版社　1996年　76页　28cm（16开）

ISBN：7-5307-1857-6　定价：CNY28.50

（大型少儿科幻动画系列）

中国现代动画作品。

J0084464

地球保卫战 （第八集　海上劫持）新蕾出版社编辑

天津　新蕾出版社　1996年　76页　28cm（16开）

ISBN：7-5307-1858-4　定价：CNY28.50

（大型少儿科幻动画系列）

中国现代动画作品。

J0084465

地球保卫战 （第九集　地下垃圾城）新蕾出版社编辑

天津　新蕾出版社　1996年　76页　28cm（16开）

ISBN：7-5307-1859-2　定价：CNY28.50

（大型少儿科幻动画系列）

中国现代动画作品。

J0084466

地球保卫战 （第十集　反重力飞船再出征）新蕾出版社编辑

天津　新蕾出版社　1996年　75页　28cm（16开）

ISBN：7-5307-1850-6　定价：CNY28.50

（大型少儿科幻动画系列）

中国现代动画作品。

J0084467

地球保卫战 （第一集　祸从天降）沈龙海等主编；宋金东等绘

天津　新蕾出版社　1996年　76页　19cm（32开）

ISBN：7-5307-1861-4　定价：CNY3.90

（大型少儿科幻动画系列）

中国现代动画作品。

J0084468

地球保卫战 （第二集　狼王诞生）沈龙海等主编；宋金东等绘

天津　新蕾出版社　1996年　76页　19cm（32开）

ISBN：7-5307-1862-2　定价：CNY3.90

（大型少儿科幻动画系列）

中国现代动画作品。

J0084469

地球保卫战 （第三集　全球撒哈拉）沈龙海等主编；宋金东等绘

天津　新蕾出版社　1996年　76页　19cm（32开）

ISBN：7-5307-1863-0　定价：CNY3.90

（大型少儿科幻动画系列）

中国现代动画作品。

J0084470

地球保卫战 （第四集　哭泣的森林）沈龙海等主编；宋金东等绘

天津　新蕾出版社　1996年　76页　19cm（32开）

ISBN：7-5307-1864-9　定价：CNY3.90

（大型少儿科幻动画系列）

中国现代动画作品。

J0084471

地球保卫战 （第五集　新挪亚方舟）沈龙海等主编；宋金东等绘

天津　新蕾出版社　1996年　75页　19cm（32开）

ISBN：7-5307-1865-7　定价：CNY3.90

（大型少儿科幻动画系列）

中国现代动画作品。

J0084472

地球保卫战 （第六集 九个太阳之战）沈龙海等主编；宋金东等绘
天津 新蕾出版社 1996年 76页 19cm（32开）
ISBN：7-5307-1866-5 定价：CNY3.90
（大型少儿科幻动画系列）
　　中国现代动画作品。

J0084473

地球保卫战 （第七集 哺育人类的乳汁）沈龙海等主编；宋金东等绘
天津 新蕾出版社 1996年 76页 19cm（16开）
ISBN：7-5307-1867-3 定价：CNY3.90
（大型少儿科幻动画系列）
　　中国现代动画作品。

J0084474

地球保卫战 （第八集 海上劫持）沈龙海等主编；宋金东等绘
天津 新蕾出版社 1996年 76页 19cm（32开）
ISBN：7-5307-1868-1 定价：CNY3.90
（大型少儿科幻动画系列）
　　中国现代动画作品。

J0084475

地球保卫战 （第九集 地下垃圾城）沈龙海等主编；宋金东等绘
天津 新蕾出版社 1996年 75页 19cm（32开）
ISBN：7-5307-1869-X 定价：CNY3.90
（大型少儿科幻动画系列）
　　中国现代动画作品。

J0084476

地球保卫战 （第十集 反重力飞船再出征）沈龙海等主编；宋金东等绘
天津 新蕾出版社 1996年 75页 19cm（32开）
ISBN：7-5307-1870-3 定价：CNY3.90
（大型少儿科幻动画系列）
　　中国现代动画作品。

J0084477

东东迷路 叶宗翰编文；王莴莴绘
南宁 广西美术出版社 1996年 24页 17×19cm
ISBN：7-80625-002-6 定价：CNY2.90
（小故事续尾巴）

　　中国现代动画作品。

J0084478

动物大篷车 （春）张健怡著；姜渭渔等绘
天津 新蕾出版社 1996年 17×19cm
ISBN：7-5307-1599-2 定价：CNY10.00
　　中国现代动画作品。

J0084479

动物大篷车 （冬）张健怡著；张跃等绘
天津 新蕾出版社 1996年 17×19cm
ISBN：7-5307-1602-6 定价：CNY10.00
　　中国现代动画作品。

J0084480

动物大篷车 （秋）张健怡著；张跃等绘
天津 新蕾出版社 1996年 17×19cm
ISBN：7-5307-1601-8 定价：CNY10.00
　　中国现代动画作品。

J0084481

动物大篷车 （夏）张健怡著；张健民等绘
天津 新蕾出版社 1996年 17×19cm
ISBN：7-5307-1600-X 定价：CNY10.00
　　中国现代动画作品。

J0084482

儿童益智故事 黑石，战雅生编文；刘云波，于多绘
呼和浩特 内蒙古人民出版社 1996年 10册
19×17cm 精装 ISBN：7-204-02945-3
定价：CNY128.00
　　中国现代动画作品。

J0084483

发光的动物 游江滨编文
沈阳 辽宁美术出版社 1996年 24页 17×19cm
ISBN：7-5314-1438-4 定价：CNY3.00
（红眼睛电脑绘画科普动画丛书）
　　中国现代动画作品。

J0084484

发烧一族 （上集）金虹绘
广州 岭南美术出版社 1996年 159页
19cm（小32开）ISBN：7-5362-1433-2

定价：CNY5.80

（金虹画集系列丛书）

　　中国现代动画作品。

J0084485

发烧一族　（下集）金虹绘

广州　岭南美术出版社　1996 年　159 页

19cm（小 32 开）ISBN：7-5362-1434-0

定价：CNY5.80

（金虹画集系列丛书）

　　中国现代动画作品。

J0084486

封神战记　（一　走进殷商）杨鹏编文；郭川绘

成都　四川少年儿童出版社　1996 年　124 页

19cm（小 32 开）ISBN：7-5365-1611-8

定价：CNY5.00

（新潮卡系列·荒诞幽默版）

　　中国现代动画作品。

J0084487

封神战记　（二　飞虎大传）杨鹏编文；郅红绘

成都　四川少年儿童出版社　1996 年　126 页

19cm（小 32 开）ISBN：7-5365-1612-6

定价：CNY5.00

（新潮卡系列·荒诞幽默版）

　　中国现代动画作品。

J0084488

封神战记　（三　大战土行孙）杨鹏编文；刘学伦绘

成都　四川少年儿童出版社　1996 年　127 页

19cm（小 32 开）ISBN：7-5365-1613-4

定价：CNY5.00

（新潮卡系列·荒诞幽默版）

　　中国现代动画作品。作者刘学伦（1954—　），画家、教授。生于四川成都，祖籍安徽肥西县，毕业于日本大阪艺术大学。西南民族大学艺术系教授、中国美术家协会会员。作品有《画说情歌》《金沙祭》《解放军入城图》等。

J0084489

封神战记　（四　商纣悲歌）杨鹏编文；郅红绘

成都　四川少年儿童出版社　1996 年　124 页

19cm（小 32 开）ISBN：7-5365-1614-2

定价：CNY5.00

（新潮卡系列·荒诞幽默版）

　　中国现代动画作品。

J0084490

伏魔少年　（第一辑　大战天魔）刘晔编绘

长沙　湖南少年儿童出版社　1996 年　96 页

19cm（小 32 开）ISBN：7-5358-1233-3

定价：CNY3.80

　　中国现代动画作品。

J0084491

伏魔少年　（第二辑　勇斗地魔）刘晔编绘

长沙　湖南少年儿童出版社　1996 年　96 页

19cm（小 32 开）ISBN：7-5358-1233-3

定价：CNY3.80

　　中国现代动画作品。

J0084492

伏魔少年　（第三辑　挥斩兽魔）刘晔编绘

长沙　湖南少年儿童出版社　1996 年　96 页

19cm（小 32 开）ISBN：7-5358-1233-3

定价：CNY3.80

　　中国现代动画作品。

J0084493

伏魔少年　（第四辑　智擒人魔）刘晔编绘

长沙　湖南少年儿童出版社　1996 年　96 页

19cm（小 32 开）ISBN：7-5358-1233-3

定价：CNY3.80

　　中国现代动画作品。

J0084494

伏魔少年　（第五辑　驱灭瘟魔）刘晔编绘

长沙　湖南少年儿童出版社　1996 年　96 页

19cm（小 32 开）ISBN：7-5358-1233-3

定价：CNY3.80

　　中国现代动画作品。

J0084495

改邪归正的天狗　潘志辉，朱晓文编绘

上海　上海教育出版社　1996 年　157 页

20cm（32 开）精装　ISBN：7-5320-4949-3

定价：CNY16.00

（漫游山海经　5）

中国现代动画作品。

J0084496

格兰特船长的儿女 （彩绘本）袁恒海改编；
李全华等绘
杭州 浙江少年儿童出版社 1996年 142页
17×19cm 精装 ISBN：7-5342-1391-6
定价：CNY13.00
（世界文学名著·历险系列）
　　中国现代动画作品。作者李全华(1951—　)，
高级讲师。浙江镇海人。中国美术家协会会员、
全国美术教育研究会会员、浙江幼儿师范学校讲
师。擅长儿童读物插图。代表作品有《糖房子》
《小老鼠菲勒的故事》《郑春华童话》等。

J0084497

公鸡过桥　叶宗翰编文；王晓明绘
南宁 广西美术出版社 1996年 24页 17×19cm
ISBN：7-80625-000-X 定价：CNY2.90
（小故事续尾巴）
　　中国现代动画作品。

J0084498

怪兽许德拉　吴莉莉，黎灏编文
上海 上海科技教育出版社 1996年 90页
19cm（小32开）ISBN：7-5428-1289-0
定价：CNY4.00
（大英雄赫拉克勒斯丛书）
　　中国现代动画作品。

J0084499

光阴之箭　潘志辉，朱晓文编绘
上海 上海教育出版社 1996年 157页
20cm（32开）精装 ISBN：7-5320-4945-0
定价：CNY16.00
（漫游山海经 1）
　　中国现代动画作品。

J0084500

广告女孩　（青春漫画）孙骏毅编文；王晨艳绘
成都 四川少年儿童出版社 1996年 128页
19cm（小32开）ISBN：7-5365-1642-8
定价：CNY5.00
（多梦季节 3）
　　中国现代动画作品。

J0084501

龟兔第二次赛跑　叶宗翰编文；刘绍昆绘
南宁 广西美术出版社 1996年 24页 17×19cm
ISBN：7-80625-001-8 定价：CNY2.90
（小故事续尾巴）
　　中国现代动画作品。

J0084502

龟兔赛跑　周伟等改编；杨慧华等绘
北京 中国连环画出版社 1996年 23页
17×19cm 精装 ISBN：7-5061-0667-1
定价：CNY15.00
（红蜻蜓丛书）
　　中国现代动画作品。

J0084503

哈克贝利·费恩历险记　（彩绘本）周兰君，
益阳改编；陈运星等绘
杭州 浙江少年儿童出版社 1996年 142页
17×19cm 精装 ISBN：7-5342-1398-3
定价：CNY13.00
（世界文学名著·历险系列）
　　中国现代动画作品。

J0084504

汉德与福特　（1）蒋和平编绘
北京 知识出版社 1996年 122页 20cm（32开）
ISBN：7-5015-1448-8 定价：CNY6.00
（新科技卡通丛书）
　　中国现代动画作品。

J0084505

汉德与福特　（2）蒋和平编绘
北京 知识出版社 1996年 120页 20cm（32开）
ISBN：7-5015-1449-6 定价：CNY6.00
（新科技卡通丛书）
　　中国现代动画作品。

J0084506

汉德与福特　（3）蒋和平编绘
北京 知识出版社 1996年 120页 20cm（32开）
ISBN：7-5015-1450-X 定价：CNY6.00
（新科技卡通丛书）
　　中国现代动画作品。

J0084507

汉德与福特 （4）蒋和平编绘

北京 知识出版社 1996年 120页 20cm（32开）

ISBN：7-5015-1451-8 定价：CNY6.00

（新科技卡通丛书）

　　中国现代动画作品。

J0084508

哼哈二将 周锐编文；钱逸敏绘

北京 国际文化出版社 1996年 46页 26cm（16开）

ISBN：7-80105-461-X 定价：CNY15.80

　　中国现代动画作品。作者钱逸敏，画家。上海人，毕业于上海大学美术学院工艺系，擅长连环画、插图。曾任上海人民美术出版社编辑，中国美术家协会上海分会会员，上海连环画研究会会员，上海编辑学会会员，全国低幼读物研究会会员。作品有《红楼梦故事》《故事大王画库》《变形金刚》等。

J0084509

红鼻头蓝鼻头太空历险记 梦吟编文；吴跃龙绘

郑州 河南美术出版社 1996年 46页 17×19cm

ISBN：7-5401-0485-6 定价：CNY6.50

（最新科幻惊险故事）

　　中国现代动画作品。

J0084510

葫芦娃大战闪电鼠 木兰等编文；何斌等绘

昆明 晨光出版社 1996年 62页 26cm（16开）

ISBN：7-5414-1076-4 定价：CNY7.20

　　中国现代动画作品。

J0084511

激战大西洲 黎灏，武国会编文；陈旸等绘

上海 上海科技教育出版社 1996年 90页

19cm（小32开）ISBN：7-5428-1283-1

定价：CNY4.00

（大英雄赫拉克勒斯丛书）

　　中国现代动画作品。

J0084512

济公头上的三根毛 葛冰编文；张健民等绘

昆明 晨光出版社 1996年 62页 26cm（16开）

ISBN：7-5414-1077-2 定价：CNY7.20

J0084513

尖嘴巴传奇 小蓝，叶子编文；唐云辉等绘

上海 上海科学普及出版社 1996年 60页

17×19cm ISBN：7-5427-1234-9 定价：CNY6.00

（哈哈卡通乐园丛书）

　　中国现代动画作品。

J0084514

金银岛 （彩绘本）施益民，朱文改编；陈月英等绘

杭州 浙江少年儿童出版社 1996年 142页

17×19cm 精装 ISBN：7-5342-1392-4

定价：CNY13.00

（世界文学名著·历险系列）

　　中国现代动画作品。

J0084515

开心街 （1）中央电视台动画部编绘

北京 华龄出版社 1996年 17×19cm 精装

ISBN：7-80082-646-5 定价：CNY15.80

（中央电视台动画丛书）

　　中国现代动画作品。

J0084516

开心街 （2）中央电视台动画部编绘

北京 华龄出版社 1996年 17×19cm 精装

ISBN：7-80082-646-5 定价：CNY15.80

（中央电视台动画丛书）

　　中国现代动画作品。

J0084517

开心街 （3）中央电视台动画部编绘

北京 华龄出版社 1996年 17×19cm 精装

ISBN：7-80082-647-3 定价：CNY15.80

（中央电视台动画丛书）

　　中国现代动画作品。

J0084518

恐龙大战 （2 误入蜥群）吴昊，向前编绘

北京 海豚出版社 1996年 77页 19cm（32开）

ISBN：7-80051-936-8 定价：CNY3.80

　　中国现代动画作品。作者吴昊，西安冶金建筑学院讲师。

J0084519
恐龙大战 （3 远古遗迹）吴昊，向前编绘
北京 海豚出版社 1996 年 77 页 19cm（32 开）
ISBN：7-80051-936-8 定价：CNY3.80
　　中国现代动画作品。

J0084520
恐龙大战 （4 重遇巫马）吴昊，向前编绘
北京 海豚出版社 1996 年 77 页 19cm（32 开）
ISBN：7-80051-936-8 定价：CNY3.80
　　中国现代动画作品。

J0084521
恐龙卡拉 梦月，冷竹编文；方关通等绘
上海 上海科学普及出版社 1996 年 60 页
17×19cm ISBN：7-5427-1223-3 定价：CNY6.00
（哈哈卡通乐园丛书）
　　中国现代动画作品。

J0084522
枯井魔风 王小祎改编；姚锋，哲峰绘
西安 未来出版社 1996 年 46 页 26cm（16 开）
精装 ISBN：7-5417-1292-2 定价：CNY9.00
（中国魔幻卡通 24 魔）
　　中国现代动画作品。

J0084523
苦海游龙 （卡通画）任家蓁著
海口 海南出版社 1996 年 2 册（36+36 页）
26cm（16 开）ISBN：7-80617-347-1
定价：CNY6.00
（荒唐国 2）

J0084524
懒鬼跳出来：城外有个调皮村 李华著
成都 四川少年儿童出版社 1996 年 53 页
19cm（小 32 开）ISBN：7-5365-1629-0
定价：CNY4.10
　　中国现代动画作品。

J0084525
龙蝙蝠 庄岩编文；郑凯军绘
杭州 浙江少年儿童出版社 1996 年 204 页
17×19cm 精装 ISBN：7-5342-1476-9
定价：CNY20.00

中国现代动画作品。作者郑凯军（1948—　　），
浙江黄岩人。中国美术家协会浙江分会会员。

J0084526
鲁滨孙飘流记 （彩绘本）金鑫，余兰改编；
唐淑芳等绘
杭州 浙江少年儿童出版社 1996 年 142 页
17×19cm 精装 ISBN：7-5342-1401-7
定价：CNY13.00
（世界文学名著·历险系列）
　　中国现代动画作品。

J0084527
妈妈讲一天一个智慧故事 江平等编文
武汉 湖北少年儿童出版社 1996 年 2 册
26cm（16 开）ISBN：7-5353-1612-3
定价：CNY41.50
　　中国现代动画作品。

J0084528
冒牌荒唐王 （卡通画）任家蓁著
海口 海南出版社 1996 年 2 册（36+36 页）
26cm（16 开）ISBN：7-80617-346-3
定价：CNY6.00
（荒唐国 1）

J0084529
魔磁大盗 王小祎改编；赵鹏，姚锋绘
西安 未来出版社 1996 年 46 页 26cm（16 开）
精装 ISBN：7-5417-1295-7 定价：CNY9.00
（中国魔幻卡通 24 魔）
　　中国现代动画作品。

J0084530
魔岛探险 王小祎改编；徐炜绘
西安 未来出版社 1996 年 46 页 26cm（16 开）
精装 ISBN：7-5417-1290-6 定价：CNY9.00
（中国魔幻卡通 24 魔）
　　中国现代动画作品。

J0084531
魔匣窃国 王小祎改编；小石绘
西安 未来出版社 1996 年 46 页 26cm（16 开）
精装 ISBN：7-5417-1294-9 定价：CNY9.00
（中国魔幻卡通 24 魔）

中国现代动画作品。

J0084532
哪吒与哈吒 葛冰，止水编文；吴国英等绘
昆明 晨光出版社 1996 年 62 页 26cm（16 开）
ISBN：7-5414-1079-9 定价：CNY7.20
　　中国现代动画作品。

J0084533
霹雳贝贝 （第一部 贝贝出世）张之路工作室
编文；故事画报工作室绘
南京 江苏少年儿童出版社 1996 年 118 页
20×19cm 精装 ISBN：7-5346-1605-0
定价：CNY12.00
　　中国现代动画作品。

J0084534
霹雳贝贝 （第二部 秘密暴露）张之路工作室
编文；故事画报工作室绘
南京 江苏少年儿童出版社 1996 年 118 页
20×19cm 精装 ISBN：7-5346-1606-9
定价：CNY12.00
　　中国现代动画作品。

J0084535
霹雳贝贝 （第三部 呼唤外星人）张之路工作
室编文；故事画报工作室绘
南京 江苏少年儿童出版社 1996 年 118 页
20×19cm 精装 ISBN：7-5346-1607-7
定价：CNY12.00
　　中国现代动画作品。

J0084536
霹雳贝贝 （第四部 告别来福）张之路工作室
编文；故事画报工作室绘
南京 江苏少年儿童出版社 1996 年 118 页
20×19cm 精装 ISBN：7-5346-1611-5
定价：CNY12.00
　　中国现代动画作品。

J0084537
霹雳贝贝 （第五部 时光倒流）张之路工作室
编文；故事画报工作室绘
南京 江苏少年儿童出版社 1996 年 118 页
20×19cm 精装 ISBN：7-5346-1612-3

定价：CNY12.00
　　中国现代动画作品。

J0084538
霹雳贝贝 （第六部 贝贝消失了）张之路工作
室编文；故事画报工作室绘
南京 江苏少年儿童出版社 1997 年 118 页
20×19cm ISBN：7-5346-1768-5 定价：CNY12.00
　　中国现代动画作品。

J0084539
霹雳贝贝 （第七部 疯狂的兔子）张之路工作
室编文；故事画报工作室绘
南京 江苏少年儿童出版社 1997 年 118 页
20×19cm ISBN：7-5346-1769-3 定价：CNY12.00
　　中国现代动画作品。

J0084540
霹雳贝贝 （第八部 西伯尔行动）张之路工作
室编文；故事画报工作室绘
南京 江苏少年儿童出版社 1997 年 118 页
20×19cm ISBN：7-5346-1770-7 定价：CNY12.00
　　中国现代动画作品。

J0084541
霹雳贝贝 （第九部 外星间谍）张之路工作室
编文；故事画报工作室绘
南京 江苏少年儿童出版社 1997 年 118 页
20×19cm ISBN：7-5346-1771-5 定价：CNY12.00
　　中国现代连环画作品。

J0084542
霹雳贝贝 （第十部 机器人贝贝）张之路工作
室编文；故事画报工作室绘
南京 江苏少年儿童出版社 1997 年 118 页
20×19cm ISBN：7-5346-1772-3 定价：CNY12.00
　　中国现代连环画作品。

J0084543
七彩葫芦 端木沁等编文；王晓林，沈灿绘
昆明 云南科技出版社 1996 年 144 页 18×19cm
精装 ISBN：7-5416-0717-7 定价：CNY13.80
（中外卡通经典系列）
　　中国现代动画作品。作者王晓林，中央工艺
美术学院任教。

J0084544

奇鼠嘎嘎朋 戴振宇编文；方学良等绘
南昌 21世纪出版社 1996年 17×19cm
精装 ISBN：7-5391-1064-3 定价：CNY18.00
　　中国现代动画作品。

J0084545

千奇百怪的鸟 游江滨编文
沈阳 辽宁美术出版社 1996年 24页 17×19cm
ISBN：7-5314-1439-2 定价：CNY3.00
（红眼睛电脑绘画科普动画丛书）
　　中国现代动画作品。

J0084546

青蛙王子 郑春华编文；胡宁娜绘
上海 上海画报出版社 1996年 16×10cm
精装 ISBN：7-80530-249-9 定价：CNY8.00
（世界童话名著）
　　中国现代动画作品。

J0084547

趣味科学 林遵远等著；林传宗编绘
台北 幼狮文化事业公司 1996年 121页
21cm（32开）ISBN：957-530-899-9
定价：TWD120.00
（智慧文库）

J0084548

人间双舟 （卡通画）任家蓁著
海口 海南出版社 1996年 2册（36+36页）
26cm（16开）ISBN：7-80617-349-8
定价：CNY6.00
（荒唐国 4）

J0084549

三眼怪人 白雪，冬梅编文；唐云辉等绘
上海 上海科学普及出版社 1996年 60页
17×19cm ISBN：7-5427-1236-5 定价：CNY6.00
（哈哈卡通乐园丛书）
　　中国现代动画作品。

J0084550

三只熊 郑春华编文；简毅绘
上海 上海画报出版社 1996年 16×10cm
精装 ISBN：7-80530-247-2 定价：CNY8.00
　　中国现代动画作品。

J0084551

少年画库 （故事篇）厉永斌等编文；夫婴等绘
上海 少年儿童出版社 1996年 10册
19cm（小32开）盒装 ISBN：7-5324-2944-X
定价：CNY40.00
　　中国现代动画作品，包括"三侠五义"等
10册。

J0084552

少年黄飞鸿 廖文彬著
北京 中国友谊出版公司 1996年 8册
19cm（小32开）ISBN：7-5057-1287-X
定价：CNY46.40
（台湾经典漫画系列 1）
　　中国现代动画作品。

J0084553

神龙大战 晓华编文；王又文绘
郑州 河南美术出版社 1996年 70页 17×19cm
ISBN：7-5401-0483-X 定价：CNY7.80
（最新科幻惊险故事）
　　中国现代动画作品。

J0084554

神奇魔疗器 王小祎改编；徐炜绘
西安 未来出版社 1996年 46页 26cm（16开）
精装 ISBN：7-5417-1291-4 定价：CNY9.00
（中国魔幻卡通 24 魔）
　　中国现代动画作品。

J0084555

狮子王 （第一辑）少年儿童出版社编
上海 少年儿童出版社 1996年 17×19cm
ISBN：7-5324-2982-2 定价：CNY15.00
　　中国现代动画作品。

J0084556

狮子王 （第二辑）少年儿童出版社编
上海 少年儿童出版社 1996年 17×19cm
ISBN：7-5324-2982-2 定价：CNY15.00
　　中国现代动画作品。

J0084557

狮子王 （第三辑）

上海 少年儿童出版社 1996年 95页 17×19cm

ISBN：7-5324-3029-4 定价：CNY15.00

J0084558

狮子王 （第四辑）少年儿童出版社编

上海 少年儿童出版社 1996年 17×19cm

ISBN：7-5324-3031-6 定价：CNY15.00

中国现代动画作品。

J0084559

狮子王

上海 少年儿童出版社 1996年 3册 17×19cm

ISBN：7-5324-2973-3 定价：CNY13.80

中国现代动画作品。

J0084560

十八罗汉斗悟空 金刚等制作

沈阳 沈阳出版社 1996年 2册 17×19cm

精装 ISBN：7-5441-0168-1 定价：CNY27.60

中国现代动画作品。

J0084561

世界少年奇才 （彩色卡通画）莫夷等编写；叶雄等编绘

杭州 浙江人民美术出版社 1996年 2册

28cm（大16开）精装 ISBN：7-5340-0681-3

定价：CNY140.00

中国现代动画作品。

J0084562

世界少年奇才 （彩色卡通画）叶雄工作室等编绘

杭州 浙江人民美术出版社 1996年 2册

20cm（32开）ISBN：7-5340-0563-9

定价：CNY32.00

中国现代动画作品。

J0084563

世界之最童话故事 （上）纯静等编；刘建华等绘

西安 未来出版社 1996年 26cm（16开）

ISBN：7-5417-1202-7 定价：CNY7.90

中国现代动画作品。

J0084564

世界之最童话故事 （下）纯静等编；于力等绘

西安 未来出版社 1996年 26cm（16开）

ISBN：7-5417-1203-5 定价：CNY7.90

中国现代动画作品。

J0084565

兽类也下蛋吗 游江滨编文

沈阳 辽宁美术出版社 1996年 24页 17×19cm

ISBN：7-5314-1437-6 定价：CNY3.00

（红眼睛电脑绘画科普动画丛书）

中国现代动画作品。

J0084566

双雄大决战 黎灏，武国会编文；陈旸等绘

上海 上海科技教育出版社 1996年 90页

19cm（小32开）ISBN：7-5428-1288-2

定价：CNY4.00

（大英雄赫拉克勒斯丛书）

中国现代动画作品。陈旸（1961— ），连环画师，现为上海市华侨书画院画师、上海海上书画院画师、上海连环画研究会会员、上海民盟画院画师。曾出版多部连环画，其中《钟馗新传》《少年探险家》《刑警803》等颇有影响。

J0084567

谁飞得最快 游江滨编文

沈阳 辽宁美术出版社 1996年 24页 17×19cm

ISBN：7-5314-1435-X 定价：CNY3.00

（红眼睛电脑绘画科普动画丛书）

中国现代动画作品。

J0084568

水晶少女 （上）金虹绘

广州 岭南美术出版社 1996年 159页

19cm（小32开）ISBN：7-5362-1506-1

定价：CNY6.20

（金虹画集系列丛书）

中国现代动画作品。

J0084569

水晶少女 （下）阿诺编绘

广州 岭南美术出版社 1996年 159页

19cm（小32开）ISBN：7-5362-1507-X

定价：CNY6.20
（金虹画集系列丛书 2）
　　　中国现代动画作品。

J0084570
死神狂舞 （卡通画）任家蓁著
海口 海南出版社 1996 年 2 册（36+36 页）
26cm（16 开） ISBN：7-80617-348-X
定价：CNY6.00
（荒唐国 3）

J0084571
唐人娃和西洋妞 秦北极等编绘
北京 世界知识出版社 1996 年 2 册 26cm（16 开）
ISBN：7-5012-0756-9 定价：CNY48.00
　　　中国现代动画作品。

J0084572
通吃小霸王：杨小邪 杨柳洋等绘
乌鲁木齐 新疆美术摄影出版社 1996 年 5 册
19cm（小 32 开） ISBN：7-80547-383-8
定价：CNY24.00
　　　中国现代动画作品。

J0084573
童话大世界 （1 精选本）
上海 上海人民美术出版社 1996 年 17×19cm
精装 ISBN：7-5322-1372-2 定价：CNY16.50
　　　中国现代动画作品。

J0084574
童话大世界 （2 精选本）
上海 上海人民美术出版社 1996 年 17×19cm
精装 ISBN：7-5322-1373-0 定价：CNY15.60
　　　中国现代动画作品。

J0084575
豌豆公主 郑春华编文；胡宁娜绘
上海 上海画报出版社 1996 年 16×10cm
精装 ISBN：7-80530-250-2 定价：CNY8.00
（世界童话名著）
　　　中国现代动画作品。

J0084576
王陆勇救神帝江 潘志辉，朱晓文编绘

上海 上海教育出版社 1996 年 157 页
20cm（32 开） 精装 ISBN：7-5320-4946-9
定价：CNY16.00
（漫游山海经 2）
　　　中国现代动画作品。

J0084577
雾雨 （青春漫画）姜明编文；夏俊绘
成都 四川少年儿童出版社 1996 年 123 页
19cm（小 32 开） ISBN：7-5365-1608-8
定价：CNY5.00
（多梦季节 1）
　　　中国现代动画作品。

J0084578
西双版纳传奇故事 （赤心炼剑）孙桂英，王
立生著；晓波等绘
北京 农村读物出版社 1996 年 17×18cm
ISBN：7-5048-2521-2 定价：CNY2.40
（莽林斗恶 4）
　　　中国现代动画作品。

J0084579
西双版纳传奇故事 （龙剑除恶）孙桂英，王
立生著；晓波等绘
北京 农村读物出版社 1996 年 17×18cm
ISBN：7-5048-2521-2 定价：CNY2.40
（莽林斗恶 5）
　　　中国现代动画作品。

J0084580
西双版纳传奇故事 （蟒穴夺宝）孙桂英，王
立生著；晓波等绘
北京 农村读物出版社 1996 年 17×18cm
ISBN：7-5048-2521-2 定价：CNY2.40
（莽林斗恶 1）
　　　中国现代动画作品。

J0084581
西双版纳传奇故事 （泉眼脱险）孙桂英，王
立生著；晓波等绘
北京 农村读物出版社 1996 年 17×18cm
ISBN：7-5048-2521-2 定价：CNY2.40
（莽林斗恶 3）
　　　中国现代动画作品。

J0084582

西双版纳传奇故事　（威慑神妖）孙桂英，王
立生著；晓波等绘
北京　农村读物出版社　1996 年　17×18cm
ISBN：7-5048-2521-2　定价：CNY2.40
（莽林斗恶　2）
　　　中国现代动画作品。

J0084583

下雪的冬天　　游江滨编文
沈阳　辽宁美术出版社　1996 年　24 页　17×19cm
ISBN：7-5314-1436-8　定价：CNY3.00
（红眼睛电脑绘画科普动画丛书）
　　　中国现代动画作品。

J0084584

小蹦豆奇遇　　寒梅，兰兰编文；方关通等绘
上海　上海科学普及出版社　1996 年　60 页
17×19cm　ISBN：7-5427-1149-0　定价：CNY6.00
（哈哈卡通乐园丛书）
　　　中国现代动画作品。

J0084585

小狗乖乖　（1）彭国良编绘
北京　北京师范大学出版社　1996 年　188 页
17×19cm　精装　ISBN：7-303-04090-0
定价：CNY19.50
　　　中国现代动画作品。

J0084586

小狗乖乖　（2）彭国良编绘
北京　北京师范大学出版社　1996 年　188 页
17×19cm　精装　ISBN：7-303-04092-7
定价：CNY19.50
　　　中国现代动画作品。

J0084587

小狗乖乖　（3）彭国良编绘
北京　北京师范大学出版社　1996 年　188 页
17×19cm　精装　ISBN：7-303-04095-1
定价：CNY19.50
　　　中国现代动画作品。

J0084588

小狗乖乖　（4）彭国良编绘
北京　北京师范大学出版社　1996 年　188 页
17×19cm　精装　ISBN：7-303-04097-8
定价：CNY19.50
　　　中国现代动画作品。

J0084589

小狗乖乖　（5）彭国良编绘
北京　北京师范大学出版社　1996 年　188 页
17×19cm　精装　ISBN：7-303-04098-6
定价：CNY19.50
　　　中国现代动画作品。

J0084590

小乖乖知识套餐　　童同，刘军编文；侯冠宾绘
石家庄　河北美术出版社　1996 年
19cm（小 32 开）　ISBN：7-5310-0766-5
定价：CNY8.20
　　　中国现代动画作品。

J0084591

小怪龙系列　（1）冰波著
济南　明天出版社　1996 年　96 页　17×19cm
ISBN：7-5332-2328-4　定价：CNY8.00
（幼儿卡通大王）
　　　中国现代动画作品。作者冰波（1957—　），
作家。本名赵冰波，浙江杭州人。供职于浙江文
学院。主要创作童话、动画片剧本等。代表作品
有《月光下的肚肚狼》《蓝鲸的眼睛》《窗下的树
皮小屋》等。

J0084592

小怪龙系列　（2）冰波著
济南　明天出版社　1996 年　96 页　17×19cm
ISBN：7-5332-2351-9　定价：CNY8.00
（幼儿卡通大王）
　　　中国现代动画作品。

J0084593

小怪龙系列　（3）冰波著
济南　明天出版社　1996 年　96 页　17×19cm
ISBN：7-5332-2352-7　定价：CNY8.00
（幼儿卡通大王）
　　　中国现代动画作品。

J0084594

小怪龙系列 （4）冰波著

济南 明天出版社 1996年 96页 17×19cm

ISBN：7-5332-2353-5 定价：CNY8.00

（幼儿卡通大王）

　　中国现代动画作品。

J0084595

小怪龙系列 （5）冰波著

济南 明天出版社 1996年 96页 17×19cm

ISBN：7-5332-2354-3 定价：CNY8.00

（幼儿卡通大王）

　　中国现代动画作品。

J0084596

熊猫京京 （3）中央电视台动画部编绘

北京 华龄出版社 1996年 17×19cm

精装 ISBN：7-80082-729-1 定价：CNY15.80

（中央电视台动画丛书）

　　中国现代动画作品。

J0084597

一千零一夜故事精选 世江等编文；张毅刚等绘

武汉 湖北少年儿童出版社 1996年 140页

21×19cm 精装 ISBN：7-5353-1610-7

定价：CNY13.70

（故事王国画丛）

　　中国现代动画作品。

J0084598

幼年故事大王 （大肚狼）赵冰波著；缪惟等绘

上海 少年儿童出版社 1996年 70页 17×19cm

ISBN：7-5324-3049-9 定价：CNY6.80

　　中国现代动画作品。作者缪惟（1965—　），图书出版策划人、插图画家、平面设计师，漫画家。出生于北京，毕业于中央工艺美术学院。任职于中国少年儿童新闻出版总社，中国美术家协会会员、中国展示设计家协会会员。作品有《小给船》《叶圣陶童话》《叶圣陶儿歌》。

J0084599

幼年故事大王 （咪咪鼠）赵冰波著；颜志强绘

上海 少年儿童出版社 1996年 70页 17×19cm

ISBN：7-5324-3048-0 定价：CNY6.80

中国现代动画作品。

J0084600

云里国历险记 孙幼军，孙迎编文；孙平等绘

郑州 海燕出版社 1996年 142页 17×19cm

ISBN：7-5350-1498-4 定价：CNY9.80

（卡通城）

　　中国现代动画作品。

J0084601

再游龙珠世界 （1 龙珠窃贼红孩欧布）曰鸟，山朋编绘

乌鲁木齐 新疆青少年出版社 1996年 96页

19cm（小32开）ISBN：7-5371-2496-5

定价：CNY4.00

（卡通故事丛书）

　　中国现代动画作品。

J0084602

再游龙珠世界 （2 变身魔族）曰鸟，山朋编绘

乌鲁木齐 新疆青少年出版社 1996年 95页

19cm（小32开）ISBN：7-5371-2496-5

定价：CNY4.00

（卡通故事丛书）

　　中国现代动画作品。

J0084603

再游龙珠世界 （3 贝吉塔和悟空的冲突）曰鸟，山朋编绘

乌鲁木齐 新疆青少年出版社 1996年 96页

19cm（小32开）ISBN：7-5371-2496-5

定价：CNY4.00

（卡通故事丛书）

　　中国现代动画作品。

J0084604

再游龙珠世界 （4 共同战斗）曰鸟，山朋编绘

乌鲁木齐 新疆青少年出版社 1996年 94页

19cm（小32开）ISBN：7-5371-2496-5

定价：CNY4.00

（卡通故事丛书）

　　中国现代动画作品。

J0084605

再游龙珠世界 （5 龙珠回归）曰鸟，山朋编绘

乌鲁木齐 新疆青少年出版社 1996 年 96 页
19cm（小 32 开）ISBN：7-5371-2496-5
定价：CNY4.00
（卡通故事丛书）
　　中国现代动画作品。

J0084606
真假霸王八 （卡通画）任家綦著
海口 海南出版社 1996 年 2 册（36+36 页）
26cm（16 开）ISBN：7-80617-350-1
定价：CNY6.00
（荒唐国 5）

J0084607
钟山除害 潘志辉，朱晓文编绘
上海 上海教育出版社 1996 年 157 页
20cm（32 开）精装 ISBN：7-5320-4947-7
定价：CNY16.00
（漫游山海经 3）
　　中国现代动画作品。

J0084608
猪八戒求学记 沐目等编文；孙平等绘
昆明 晨光出版社 1996 年 62 页 26cm（16 开）
ISBN：7-5414-1081-0 定价：CNY7.20
　　中国现代动画作品。

J0084609
猪八戒外传续集 南岱等绘
北京 中国连环画出版社 1996 年 3 册
17×19cm ISBN：7-5061-0696-5 定价：CNY10.80
　　中国现代动画作品。

J0084610
子孙树的故事 潘志辉，朱晓文编绘
上海 上海教育出版社 1996 年 157 页
20cm（32 开）精装 ISBN：7-5320-4948-5
定价：CNY16.00
（漫游山海经 4）
　　中国现代动画作品。

J0084611
足球小子 （一 初试锋芒）谢徽编文；四新艺
术制作
成都 四川少年儿童出版社 1996 年 62 页

26cm（16 开）ISBN：7-5365-1735-1
定价：CNY11.00
　　中国现代动画作品。

J0084612
足球小子 （二 绿茵情怀）谢徽编文；四新艺
术制作
成都 四川少年儿童出版社 1996 年 62 页
26cm（16 开）ISBN：7-5365-1735-1
定价：CNY11.00
　　中国现代动画作品。

J0084613
足球小子 （三 男儿当自强）谢徽编文；四新
艺术制作
成都 四川少年儿童出版社 1996 年 62 页
26cm（16 开）ISBN：7-5365-1735-1
定价：CNY11.00
　　中国现代动画作品。

J0084614
足球小子 （四 大赛烽烟）谢徽编文；四新艺
术制作
成都 四川少年儿童出版社 1996 年 62 页
26cm（16 开）ISBN：7-5365-1735-1
定价：CNY11.00
　　中国现代动画作品。

J0084615
全家福——游香港
昆明 云南人民出版社 1997 年 61 页 26cm（16 开）
ISBN：7-222-02159-0 定价：CNY16.80
　　中国现代漫画作品。

J0084616
实用动画图例 邬华钦编著
济南 山东美术出版社 1997 年 183 页
26cm（16 开）ISBN：7-5330-1028-0
定价：CNY23.00

J0084617
'99 漫画星座 曾石编著
乌鲁木齐 新疆青少年出版社 1998 年 12 册
18cm（小 32 开）ISBN：7-5371-3046-9
定价：CNY60.00

（精品卡通系列丛书）

　　本作品系中国现代动画作品。

J0084618

1999：玉兔呈祥　（卡通画挂历）陈生供稿
福州　海潮摄影艺术出版社　1998年　85×56cm
ISBN：7-80562-477-1　定价：CNY27.50
　　中国现代动画作品。

J0084619

阿辉生活日记　（不是不够朋友）潘志辉编绘
上海　上海人民美术出版社　1998年　92页
17×18cm　ISBN：7-5322-2064-8　定价：CNY4.80
　　本作品系中国现代动画作品。

J0084620

阿辉生活日记　（到底谁聪明）潘志辉编绘
上海　上海人民美术出版社　1998年　92页
17×19cm　ISBN：7-5322-2063-X　定价：CNY4.80
　　本作品系中国现代动画作品。

J0084621

阿辉生活日记　（结婚的眼泪）潘志辉编绘
上海　上海人民美术出版社　1998年　92页
17×19cm　ISBN：7-5322-2062-1　定价：CNY4.80
　　本作品系中国现代动画作品。

J0084622

阿辉生活日记　（解决激动的方法）潘志辉编绘
上海　上海人民美术出版社　1998年　92页
17×19cm　ISBN：7-5322-2066-4　定价：CNY4.80
　　本作品系中国现代动画作品。

J0084623

阿辉生活日记　（妻子是身体）潘志辉编绘
上海　上海人民美术出版社　1998年　92页
17×19cm　ISBN：7-5322-2061-3　定价：CNY4.80
　　本作品系中国现代动画作品。

J0084624

阿辉生活日记　（牵手生孩子）潘志辉编绘
上海　上海人民美术出版社　1998年　92页
17×19cm　ISBN：7-5322-2065-6　定价：CNY4.80
　　本作品系中国现代动画作品。

J0084625

笨爸炒股票　金木编文；紫夜工作室绘
上海　少年儿童出版社　1998年　123页
20cm（32开）ISBN：7-5324-3579-2
定价：CNY7.40
　　本作品系中国现代动画作品。

J0084626

笨爸买保险　欧阳笑笑编文；紫夜工作室绘
上海　少年儿童出版社　1998年　123页
20cm（32开）ISBN：7-5324-3578-4
定价：CNY7.40
　　本作品系中国现代动画作品。

J0084627

笨爸上银行　王大可编文；紫夜工作室绘
上海　少年儿童出版社　1998年　123页
20cm（32开）ISBN：7-5324-3580-6
定价：CNY7.40
　　本作品系中国现代动画作品。

J0084628

笨爸做买卖　张振芝编文；紫夜工作室绘
上海　少年儿童出版社　1998年　123页
20cm（32开）ISBN：7-5324-3581-4
定价：CNY7.40
　　本作品系中国现代动画作品。

J0084629

扁头旋风　庄大伟著；帅毛工作室编
济南　明天出版社　1998年　188页　19cm（小32开）
ISBN：7-5332-2964-9　定价：CNY7.60
（明天卡通系列）
　　本作品系现代壁画。作者庄大伟（1951—　　），
儿童文学作家，学者。毕业于上海电视大学中文
专业。代表作品有《庄大伟幽默故事集》《庄大
伟童话精选》《第一线上》等。

J0084630

彩虹鸟的故事　（1）金波等编文；王国仁等绘
南宁　接力出版社　1998年　102页　20cm（32开）
ISBN：7-80631-261-7　定价：CNY5.20
（一个中国孩子的英雄戏剧　4）
　　本作品系中国现代动画作品。

J0084631

彩虹鸟的故事 （2　嘿嘿国奇观）金波等编文；王国仁等绘

南宁　接力出版社　1998年　100页　20cm（32开）

ISBN：7-80631-274-9　定价：CNY5.20

（一个中国孩子的英雄戏剧　4）

　　本作品系中国现代动画作品。

J0084632

彩虹鸟的故事 （3　爱心小雨伞）金波等编文；王国仁等绘

南宁　接力出版社　1998年　116页　21cm（32开）

ISBN：7-80631-276-5　定价：CNY5.20

（一个中国孩子的英雄戏剧　4）

　　本作品系中国现代动画作品。

J0084633

赤裸的太阳 （异星疑案）风鸣，君安改编；望秋，嘉明绘

杭州　浙江少年儿童出版社　1998年　142页

17×18cm　ISBN：7-5342-1676-1　定价：CNY10.50

（彩绘本世界文学名著·科幻系列）

　　本作品系中国现代动画作品。

J0084634

雏鹰在行动 （第一卷　卡比的故事）雏鹰工作室编

南昌　21世纪出版社　1998年　5册　19cm（小32开）

ISBN：7-5391-1407-X　定价：CNY25.00

（百集卡通漫画系列）

　　本作品系中国现代动画作品。

J0084635

穿墙大侠　上海开圆信息开发有限公司创意制作

上海　上海辞书出版社　1998年　63页　26cm（16开）

ISBN：7-5326-0507-8　定价：CNY12.00

（开圆十二生肖智慧故事丛书）

　　本作品系中国现代动画作品。

J0084636

穿树叶的精灵　Jansson.T.著；李之义译

杭州　浙江人民美术出版社　1998年　32页

28cm（大16开）ISBN：7-5340-0822-0

定价：CNY7.50

（莫咪丛书　4）

　　本作品系中国现代动画作品。本书与瑞典赛米克（Semic）公司合作出版。

J0084637

聪明的鬼脑瓜　王培堃编文；林艺等绘

南宁　接力出版社　1998年　115页　17×19cm

ISBN：7-80631-227-7　定价：CNY13.00

（卡通智慧船）

　　本作品系中国现代动画作品。

J0084638

从地球到月球　王丽萍，永良改编；杨杰，杨勇绘绘

杭州　浙江少年儿童出版社　1998年　142页

17×18cm　ISBN：7-5342-1689-3　定价：CNY10.50

（彩绘本世界文学名著·科幻系列）

　　本作品系中国现代动画作品。作者杨杰（1959—　），浙江少年儿童出版社文艺室美术编辑。

J0084639

大科学家拉尔夫124C·41+　马达，丽文改编；继红，益民绘

杭州　浙江少年儿童出版社　1998年　142页

17×18cm　ISBN：7-5342-1682-6　定价：CNY10.50

（彩绘本世界文学名著·科幻系列）

　　本作品系中国现代动画作品。

J0084640

地下世界历险记 （彩图世界儿童文学名著科幻故事）

昆明　晨光出版社　1998年　105页　17×19cm

ISBN：7-5414-1460-3　定价：CNY7.20

　　本作品系中国现代动画作品。

J0084641

法律博士 （婚姻法）祝斌，王萍撰文；李晓红，王向明改编；杜平等绘

武汉　湖北美术出版社　1998年　187页

19cm（小32开）ISBN：7-5394-0705-0

定价：CNY11.00

（中国公民普法画丛）

　　中国现代动画作品。

J0084642

法律博士　（经济合同法）裴丽萍撰文；张学惠，张毅刚改编；葛乃利等绘

武汉　湖北美术出版社　1998 年　157 页

19cm（小 32 开）ISBN：7-5394-0711-5

定价：CNY9.50

（中国公民普法画丛）

　　中国现代动画作品。

J0084643

法律博士　（劳动法）苏生撰文；陈宗耀改编；李泽峰绘

武汉　湖北美术出版社　1998 年　92 页

19cm（小 32 开）ISBN：7-5394-0709-3

定价：CNY6.00

（中国公民普法画丛）

　　中国现代动画作品。

J0084644

法律博士　（民法）鲁虹，刘屹坤撰文；尹小保，陈歌改编；陈宗耀等绘

武汉　湖北美术出版社　1998 年　180 页

19cm（小 32 开）ISBN：7-5394-0708-5

定价：CNY11.00

（中国公民普法画丛）

　　中国现代动画作品。

J0084645

法律博士　（民事诉讼法）赵钢撰文；张毅刚，戴建夫改编；姜潇潇等绘

武汉　湖北美术出版社　1998 年　211 页

19cm（小 32 开）ISBN：7-5394-0713-1

定价：CNY12.00

（中国公民普法画丛）

　　中国现代动画作品。

J0084646

法律博士　（商标法）黄玉烨撰文；李峰改编；邓祖武等绘

武汉　湖北美术出版社　1998 年　85 页

19cm（小 32 开）ISBN：7-5394-0710-7

定价：CNY5.50

（中国公民普法画丛）

　　中国现代动画作品。

J0084647

法律博士　（未成年人保护法）何明撰文；陈宗耀改编；周列文等绘

武汉　湖北美术出版社　1998 年　64 页

19cm（小 32 开）ISBN：7-5394-0706-9

定价：CNY4.50

（中国公民普法画丛）

　　中国现代动画作品。

J0084648

法律博士　（消费者权益保护法）宁立志等撰文；钟孺乾改编；林善水等绘

武汉　湖北美术出版社　1998 年　125 页

19cm（小 32 开）ISBN：7-5394-0714-X

定价：CNY8.00

（中国公民普法画丛）

　　中国现代动画作品。作者钟孺乾（1950—　　），画家。生于湖北，毕业于解放军艺术学院。历任武汉画院画家、中国美术家协会会员、中国书法家协会会员。出版有《钟孺乾画集》《绘画迹象论》《水墨变象》等。

J0084649

法律博士　（著作权法）曹新民撰文；陈昌禾，胡亮改编；黄小东等绘

武汉　湖北美术出版社　1998 年　130 页

19cm（小 32 开）ISBN：7-5394-0712-3

定价：CNY8.00

（中国公民普法画丛）

　　中国现代动画作品。

J0084650

法律博士　（专利法）黄玉烨撰文；李晓红改编；钱振汉等绘

武汉　湖北美术出版社　1998 年　102 页

19cm（小 32 开）ISBN：7-5394-0707-7

定价：CNY6.50

（中国公民普法画丛）

　　中国现代动画作品。

J0084651

梵天变　高永著

西宁　青海人民出版社　1998 年　3 册

19cm（小 32 开）ISBN：7-225-01478-1

（高永作品集）

中国现代动画作品。

J0084652

飞入梦境　上海开圆信息开发有限公司创意制作；绘

上海　上海辞书出版社　1998 年　63 页　26cm（16 开）

ISBN：7-5326-0503-5　定价：CNY12.00

（开圆十二生肖智慧故事丛书）

　　本作品系中国现代动画作品。

J0084653

功夫猫　（上）陈磊文；郅红，蒋铭绘

成都　四川少年儿童出版社　1998 年　120 页

18×19cm　精装　ISBN：7-5365-2006-9

定价：CNY16.00

　　本作品系中国现代动画作品。

J0084654

功夫猫　（下）陈磊文；郅红，蒋铭绘

成都　四川少年儿童出版社　1998 年　116 页

18×19cm　精装　ISBN：7-5365-2016-6

定价：CNY16.00

　　本作品系中国现代动画作品。

J0084655

虎探长　上海开圆信息开发有限公司创意制作

上海　上海辞书出版社　1998 年　63 页　26cm（16 开）

ISBN：7-5326-0504-3　定价：CNY12.00

（开圆十二生肖智慧故事丛书）

　　本作品系中国现代动画作品。

J0084656

会唱歌的石头　张锡昌主编；乐明祥绘

南宁　广西人民出版社　1998 年　140 页

20cm（32 开）ISBN：7-219-03720-1

定价：CNY7.00

（趣味科普卡通丛书）

　　本作品系中国现代动画。

J0084657

会飞的怪物　张锡昌主编；乐明祥绘

南宁　广西人民出版社　1998 年　140 页

20cm（32 开）ISBN：7-219-03719-8

定价：CNY7.00

（趣味科普卡通丛书）

本作品系中国现代动画。

J0084658

会计算的马　王义炯主编；张天拙绘

南宁　广西人民出版社　1998 年　137 页

20cm（32 开）ISBN：7-219-03718-X

定价：CNY7.00

（趣味科普卡通丛书）

　　本作品系中国现代动画。

J0084659

会破案的气味　裴树平主编；张天拙绘

南宁　广西人民出版社　1998 年　126 页

20cm（32 开）ISBN：7-219-03717-1

定价：CNY7.00

（趣味科普卡通丛书）

　　本作品系中国现代动画。

J0084660

会跳的豆　王义炯主编；张天拙绘

南宁　广西人民出版社　1998 年　139 页

20cm（32 开）ISBN：7-219-03736-8

定价：CNY7.00

（趣味科普卡通丛书）

　　本作品系中国现代动画。

J0084661

火星历险记　（彩图世界儿童文学名著科幻故事）

昆明　晨光出版社　1998 年　110 页　17×19cm

ISBN：7-5414-1458-1　定价：CNY7.50

　　本作品系中国现代动画作品。

J0084662

金苹果树　上海开圆信息开发有限公司创意制作

上海　上海辞书出版社　1998 年　63 页　26cm（16 开）

ISBN：7-5326-0505-1　定价：CNY12.00

（开圆十二生肖智慧故事丛书）

　　本作品系中国现代动画作品。

J0084663

精武门　（猛龙过江）阿恒编绘

广州　岭南美术出版社　1998 年　2 册

19cm（小 32 开）ISBN：7-5362-1805-2

定价：CNY13.00
（金虹画集）
　　本作品系中国现代动画作品。

J0084664
卡通动物画典　卢卫，虞涤凡编绘
上海　上海人民美术出版社　1998年　92页
17×19cm　ISBN：7-5322-1892-9　定价：CNY6.50
　　本作品系中国现代动画作品。

J0084665
卡通起步　吴宁编绘
杭州　浙江少年儿童出版社　1998年　40页
26cm（16开）ISBN：7-5342-1842-X
定价：CNY3.80
　　本作品系中国现代动画作品。

J0084666
卡通人物画典　卢卫编绘
上海　上海人民美术出版社　1998年　92页
17×19cm　ISBN：7-5322-1850-3　定价：CNY6.50
　　本作品系中国现代动画作品。

J0084667
卡通新形象　（上）冯凭主编
长沙　湖南美术出版社　1998年　236页　21×19cm
ISBN：7-5356-1181-8　定价：CNY22.10
　　本作品系中国现代动画作品。主编冯凭
（1910—2013），书画家、美术教育家。山东莱阳
人。别名冯寄禅、冯子祥，号展公。历任中国美
术家协会会员、山东画院名誉院长、青岛画院
名誉院长、青岛工艺美术学校教授兼副校长等。
代表作品有《百花谱》《诗忆画印》《冯凭书画
集》等。

J0084668
卡通新形象　（下）冯凭主编
长沙　湖南美术出版社　1998年　256页　21×19cm
ISBN：7-5356-1182-6　定价：CNY23.80
　　本作品系中国现代动画作品。

J0084669
卡通形象 2000 例　尚世永等编
沈阳　辽宁美术出版社　1998年　232页　19×21cm
ISBN：7-5314-1986-6　定价：CNY19.00

J0084670
卡通自然奥秘百科图典　（哺乳动物）刘海
栖主编；孟凡明编著；韩新维等绘
济南　明天出版社　1998年　311页　20cm（32开）
ISBN：7-5332-2578-3　定价：CNY16.00
　　本作品系中国现代动画。

J0084671
卡通自然奥秘百科图典　（地球）刘海栖主
编；巨松林编著；韩新维，张弘绘
济南　明天出版社　1998年　307页　20cm（32开）
ISBN：7-5332-2577-5　定价：CNY16.00
　　本作品系中国现代动画。

J0084672
卡通自然奥秘百科图典　（古代遗址）刘海
栖主编；刘建军编著；韩新维等绘
济南　明天出版社　1998年　307页　20cm（32开）
ISBN：7-5332-3009-4　定价：CNY16.00
　　本作品系中国现代动画。

J0084673
卡通自然奥秘百科图典　（海洋）刘海栖主
编；闫红卫编著；张弘绘
济南　明天出版社　1998年　311页　20cm（32开）
ISBN：7-5332-3007-8　定价：CNY16.00
　　本作品系中国现代动画。

J0084674
卡通自然奥秘百科图典　（昆虫）刘海栖主
编；王琳编著；张弘等绘
济南　明天出版社　1998年　313页　20cm（32开）
ISBN：7-5332-2511-2　定价：CNY16.00
　　本作品系中国现代动画。

J0084675
卡通自然奥秘百科图典　（南极·北极）刘海
栖主编
济南　明天出版社　1998年　307页　20cm（32开）
ISBN：7-5332-3011-6　定价：CNY16.00
　　本作品系中国现代动画。

J0084676
卡通自然奥秘百科图典　（宇宙）刘海栖主
编；李玉华编著；韩新维等绘

济南 明天出版社 1998 年 307 页 20cm（32 开）
ISBN：7-5332-2576-7 定价：CNY16.00
　　本作品系中国现代动画。

J0084677
卡通自然奥秘百科图典 （植物）刘海栖主编；邢春玲编著；张弘等绘
济南 明天出版社 1998 年 307 页 20cm（32 开）
ISBN：7-5332-3010-8 定价：CNY16.00
　　本作品系中国现代动画。

J0084678
卡通自然奥秘百科图典 （自然）刘海栖主编；王立红，张勃编著；韩新维等绘
济南 明天出版社 1998 年 307 页 20cm（32 开）
ISBN：7-5332-3008-6 定价：CNY16.00
　　本作品系中国现代动画。

J0084679
开心岛 （卷三）么树森等著；蔡卓宁等绘
杭州 浙江少年儿童出版社 1998 年 5 册
19cm（32 开）ISBN：7-5342-1943-4
定价：CNY15.00（盒装）
　　本作品系中国现代动画作品。

J0084680
开圆十二生肖幽默故事 （幽默开怀 启智篇）上海开圆信息开发有限公司创意制作
上海 上海辞书出版社 1998 年 79 页 26cm（16 开）
ISBN：7-5326-0499-3 定价：CNY15.00
（新世纪卡通精品）
　　本作品系中国现代动画作品。

J0084681
开圆十二生肖幽默故事 （幽默开怀 益智篇）上海开圆信息开发有限公司创意制作
上海 上海辞书出版社 1998 年 79 页 26cm（16 开）
ISBN：7-5326-0500-0 定价：CNY15.00
（新世纪卡通精品）
　　本作品系中国现代动画作品。

J0084682
科普动画系列片彩图本 （知识老人 1）上海东方电视台供稿
上海 上海科学技术出版社 1998 年 92 页

17×19cm ISBN：7-5323-4712-5 定价：CNY10.00
　　本作品系中国现代动画作品。

J0084683
科普动画系列片彩图本 （知识老人 2）上海东方电视台供稿
上海 上海科学技术出版社 1998 年 92 页
17×19cm ISBN：7-5323-4712-5 定价：CNY10.00
　　本作品系中国现代动画作品。

J0084684
科普动画系列片彩图本 （知识老人 3）上海东方电视台供稿
上海 上海科学技术出版社 1998 年 92 页
17×19cm ISBN：7-5323-4713-3 定价：CNY10.00
　　本作品系中国现代动画作品。

J0084685
科普动画系列片彩图本 （知识老人 4）上海东方电视台供稿
上海 上海科学技术出版社 1998 年 92 页
17×19cm ISBN：7-5323-4714-1 定价：CNY10.00
　　本作品系中国现代动画作品。

J0084686
科学怪人 （彩图世界儿童文学名著科幻故事）
昆明 晨光出版社 1998 年 94 页 17×19cm
ISBN：7-5414-1459-X 定价：CNY6.50
　　本作品系中国现代动画作品。

J0084687
可可木小传 （1）魏伟，侯琴编绘
呼和浩特 远方出版社 1998 年 64 页
19cm（小 32 开）ISBN：7-80595-452-6
定价：CNY3.98
　　本作品系中国现代动画作品。

J0084688
克隆迷雾 上海开圆信息开发有限公司创意制作
上海 上海辞书出版社 1998 年 63 页 26cm（16 开）
ISBN：7-5326-0510-8 定价：CNY12.00
（开圆十二生肖智慧故事丛书）
　　本作品系中国现代动画作品。

J0084689

邋遢大王奇遇记 中国电影出版社编

北京 中国电影出版社 1998 年 17×18cm

精装 ISBN：7-106-01285-8 定价：CNY12.80

中国现代动画作品。

J0084690

邋遢大王奇遇记 中国电影出版社编

北京 中国电影出版社 1998 年 17×18cm

精装 ISBN：7-106-01326-9 定价：CNY11.80

中国现代动画作品。

J0084691

蓝魔石 上海开圆信息开发有限公司创意制作

上海 上海辞书出版社 1998 年 63 页 26cm（16开）

ISBN：7-5326-0506-X 定价：CNY12.00

（开圆十二生肖智慧故事丛书）

本作品系中国现代动画作品。

J0084692

历史卡通乐园 谢谦，谢鸥编写；马毅工作室绘

成都 四川人民出版社 1998 年 2 版 200 页

20cm（32 开） ISBN：7-220-03598-5

定价：CNY10.00

（鬼精灵丛书）

本作品系中国现代动画作品。作者谢谦（1956— ），研究员。四川宣汉人，毕业于北京师范大学。历任四川大学中文系副教授、硕士生导师、文学博士，中国俗文化研究所研究员。代表作品《中国古代宗教与礼乐文化》《中国文学》《国学词典》。

J0084693

恋爱的季节 高永著

西宁 青海人民出版社 1998 年 3 册

19cm（小 32 开） ISBN：7-225-01478-1

（高永作品集）

本作品系中国现代动画作品。

J0084694

流浪奇遇记 上海开圆信息开发有限公司创意制作

上海 上海辞书出版社 1998 年 63 页 26cm（16开）

ISBN：7-5326-0508-6 定价：CNY12.00

（开圆十二生肖智慧故事丛书）

本作品系中国现代动画作品。

J0084695

美猴王 章金莱等编

上海 少年儿童出版社 1998 年 4 页 26cm（16 开）

ISBN：7-5324-3518-0 定价：CNY2.50

本作品系中国现代动画作品。

J0084696

梦游童话世界 上海开圆信息开发有限公司创意制作

上海 上海辞书出版社 1998 年 63 页 26cm（16 开）

ISBN：7-5326-0511-6 定价：CNY12.00

（开圆十二生肖智慧故事丛书）

本作品系中国现代动画作品。

J0084697

魔法世界 上海开圆信息开发有限公司创意制作

上海 上海辞书出版社 1998 年 63 页 26cm（16 开）

ISBN：7-5326-0512-4 定价：CNY12.00

（开圆十二生肖智慧故事丛书）

本作品系中国现代动画作品。

J0084698

男生禁止步 高永著

西宁 青海人民出版社 1998 年 169 页

19cm（小 32 开） ISBN：7-225-01478-1

定价：CNY5.95

（高永作品集）

J0084699

巧妙的鬼计谋 王培堃编文；郑万林等绘

南宁 接力出版社 1998 年 115 页 17×19cm

ISBN：7-80631-228-5 定价：CNY13.00

（卡通智慧船）

本作品系中国现代动画作品。

J0084700

三毛历险上海滩 （浦江风云）鲍正衷编文；陆小弟绘

上海 少年儿童出版社 1998 年 94 页 17×19cm

ISBN：7-5324-3615-2 定价：CNY9.60

本作品系中国现代动画作品。

J0084701

三毛历险上海滩 （洋场跑马）马天宝编文；
李根龙绘
上海 少年儿童出版社 1998年 94页 17×19cm
ISBN：7-5324-3585-7 定价：CNY9.60
　　本作品系中国现代动画作品。

J0084702

上帝之手 冯志明编绘
西宁 青海人民出版社 1998年 2册
19cm（小32开）ISBN：7-225-01568-0
定价：CNY14.00
（金虹画集）
　　本作品系中国现代动画作品。

J0084703

少儿绘画造型800例 凌子波，凌清编绘
长沙 湖南少年儿童出版社 1998年 187页
17×19cm ISBN：7-5358-1413-1 定价：CNY9.00

J0084704

世界卡通形象大全 谢从荣等编绘
福州 福建少年儿童出版社 1998年 156页
26cm（16开）ISBN：7-5395-1605-4
定价：CNY16.00

J0084705

世界名著故事集 （金色花）冬冬，子仁编译；
刘振宇注音
北京 中国少年儿童出版社 1998年 17×18cm
精装 ISBN：7-5007-4063-8 定价：CNY23.00
（新动画大世界）
　　本作品系世界现代动画作品。

J0084706

世界名著故事集 （绿色花）子仁，冬冬编译；
刘振宇注音
北京 中国少年儿童出版社 1998年 17×18cm
精装 ISBN：7-5007-4064-6 定价：CNY23.00
（新动画大世界）
　　本作品系世界现代动画作品。

J0084707

数学卡通乐园 谢谦编写；双鱼工作室绘
成都 四川人民出版社 1998年 2版 200页

20cm（32开）ISBN：7-220-03178-5
定价：CNY10.00
（鬼精灵丛书）
　　本作品系中国现代动画作品。作者谢谦
（1956— ），研究员。四川宣汉人，毕业于北京
师范大学。四川大学中文系副教授、硕士生导师、
文学博士，中国俗文化研究所研究员。代表作品
《中国古代宗教与礼乐文化》《中国文学》《国学
词典》。

J0084708

童话故事卡通简笔画 吴涛，曹晋编绘
奎屯 伊犁人民出版社 1998年 157页
20cm（32开）ISBN：7-5425-0272-7
定价：CNY10.00
　　本作品系现代连环画。

J0084709

外国探险故事 （1）雨水编文；毛国保等绘
长沙 湖南少年儿童出版社 1998年 48页
26cm（16开）ISBN：7-5358-1414-X
定价：CNY10.20
　　中国现代动画作品。

J0084710

外国探险故事 （2）雨水，文玉编文；喻建辉
等绘
长沙 湖南少年儿童出版社 1998年 48页
26cm（16开）ISBN：7-5358-1415-8
定价：CNY11.70
　　中国现代动画作品。

J0084711

外国探险故事 （3）文玉编文；陈安民等绘
长沙 湖南少年儿童出版社 1998年 51页
26cm（16开）ISBN：7-5358-1416-6
定价：CNY10.90
　　中国现代动画作品。

J0084712

西游记动画故事精选 （大闹天宫）（明）吴承
恩著；林纾改编；刘泽岱绘
广州 新世纪出版社 1998年 2版 34页
15×12cm ISBN：7-5405-1795-6 定价：CNY3.00
　　中国现代动画作品。作者吴承恩（约1500—

1583），汉族，明代小说家。淮安府山阳县河下人（现江苏淮安市淮安区）。字汝忠，号射阳山人。代表作有《西游记》。

J0084713

西游记动画故事精选 （降服红孩儿）（明）吴承恩著；海山改编；岑圣权绘

广州 新世纪出版社 1998年 2版 34页

15×12cm ISBN：7-5405-1795-6 定价：CNY3.00
中国现代动画作品。作者岑圣权（1951— ），画家。广东阳春人。又名今山子。曾先后就读于广州美术学院及暨南大学中国人物画研究生班。现为中国美术家协会会员、广东省楹联书画院副院长。主要作品有《珠海惊涛》《我的儿子安珂》《蔡廷锴 -1932 春·上海》等。

J0084714

西游记动画故事精选 （巧渡通天河）（明）吴承恩著；林纾改编；刘泽岱绘

广州 新世纪出版社 1998年 2版 34页

15×12cm ISBN：7-5405-1795-6 定价：CNY3.00
中国现代动画作品。

J0084715

西游记动画故事精选 （三打白骨精）（明）吴承恩著；怡文改编；刘泽岱绘

广州 新世纪出版社 1998年 2版 34页

15×12cm ISBN：7-5405-1795-6 定价：CNY3.00
中国现代动画作品。

J0084716

西游记动画故事精选 （三借芭蕉扇）（明）吴承恩著；林昊改编；刘泽岱绘

广州 新世纪出版社 1998年 2版 34页

15×12cm ISBN：7-5405-1795-6 定价：CNY3.00
中国现代动画作品。

J0084717

西游记动画故事精选 （真假美猴王）（明）吴承恩著；罗汀改编；哲宇绘

广州 新世纪出版社 1998年 2版 34页

15×12cm ISBN：7-5405-1795-6 定价：CNY3.00
中国现代动画作品。

J0084718

系列卡通辣椒娃 （第1集 辣椒娃和他的爸爸）汤素兰编；浙江天蓝电脑蓝蜻蜓创作中心绘

长沙 湖南少年儿童出版社 1998年 96页

21×19cm ISBN：7-5358-1668-7 定价：CNY10.00
中国现代动画作品。

J0084719

系列卡通辣椒娃 （第2集 辣椒娃和他的朋友）皮朝晖编；浙江天蓝电脑蓝蜻蜓创作中心绘

长沙 湖南少年儿童出版社 1998年 96页

21×19cm ISBN：7-5358-1666-5 定价：CNY10.00
中国现代动画作品。

J0084720

系列卡通辣椒娃 （第3集 辣椒娃和鸭梨老师）李少白编；浙江天蓝电脑蓝蜻蜓创作中心绘

长沙 湖南少年儿童出版社 1998年 96页

21×19cm ISBN：7-5358-1667-3 定价：CNY10.00
中国现代动画作品。

J0084721

系列卡通辣椒娃 （第4集 缺点国历险记）皮朝晖编；浙江天蓝电脑蓝蜻蜓创作中心绘

长沙 湖南少年儿童出版社 1998年 96页

21×19cm ISBN：7-5358-1667-3 定价：CNY10.00
中国现代动画作品。

J0084722

小糊涂仙 （2）中央电视台动画部改编

北京 中国民族摄影艺术出版社 1998年

17×18cm ISBN：7-80069-194-2
（动画丛书）
中国现代动画作品。

J0084723

小鸭驾到 秦文君著；帅毛工作室绘

济南 明天出版社 1998年 2册 19cm（小32开）

ISBN：7-5332-2963-0 定价：CNY7.60
（明天卡通系列）
中国现代动画作品。

J0084724

新编花木兰 谋田文化编

北京 北京燕山出版社 1998年 149页

18cm（小 32 开）ISBN：7-5402-1137-7
定价：CNY12.80
（口袋书系列）

中国现代动画作品。

J0084725
星座刑事 高永著
西宁 青海人民出版社 1998 年 6 册
19cm（小 32 开）ISBN：7-225-01478-1
（高永作品集）

J0084726
学问猫教汉字 （1）北京电视台青少部，冠
英（天津）动画有限公司编
北京 科学普及出版社 1998 年 96 页 26cm（16 开）
ISBN：7-110-03389-9 定价：CNY19.00
（学问猫系列丛书）

中国现代动画作品。

J0084727
寻找宇宙人 （1 彩色科幻卡通画）叶雄编绘
杭州 浙江人民美术出版社 1998 年 65 页
20cm（32 开）ISBN：7-5340-0879-4
定价：CNY9.00

中国现代动画作品。作者叶雄（1950— ），
连环画家。笔名夏草、古寅，上海崇明人，毕业
于上海大学美术学院国画系专科。中国美术家
协会上海分会会员、上海连环画研究会理事、上
海黄浦画院画师、上海老城厢书画会常务理事。
代表作品有《竹林七贤图》《子夜》《郑板桥造像》
《咆哮的黑龙江》等。

J0084728
寻找宇宙人 （2 彩色科幻卡通画）叶雄编绘
杭州 浙江人民美术出版社 1998 年 66 页
20cm（32 开）ISBN：7-5340-0880-8
定价：CNY9.00

中国现代动画作品。

J0084729
寻找宇宙人 （3 彩色科幻卡通画）叶雄编绘
杭州 浙江人民美术出版社 1998 年 66 页
20cm（32 开）ISBN：7-5340-0881-6
定价：CNY9.00

中国现代动画作品。

J0084730
寻找宇宙人 （4 彩色科幻卡通画）叶雄编绘
杭州 浙江人民美术出版社 1998 年 66 页
20cm（32 开）ISBN：7-5340-0882-4
定价：CNY9.00

中国现代动画作品。

J0084731
隐身叶 上海开圆信息开发有限公司创意制作
上海 上海辞书出版社 1998 年 63 页 26cm（16 开）
ISBN：7-5326-0502-7 定价：CNY12.00
（开圆十二生肖智慧故事丛书）

中国现代动画作品。

J0084732
勇闯时空隧道 上海开圆信息开发有限公司
创意制作
上海 上海辞书出版社 1998 年 63 页 26cm（16 开）
ISBN：7-5326-0509-4 定价：CNY12.00
（开圆十二生肖智慧故事丛书）

中国现代动画作品。

J0084733
勇敢的鬼胆量 王培堃编文；黄卢健绘
南宁 接力出版社 1998 年 115 页 17×19cm
ISBN：7-80631-225-0 定价：CNY13.00
（卡通智慧船）

中国现代动画作品。作者王培堃（1940— ），
漫画家。广西柳州人，毕业于广西师范学院。曾
任职于广西柳州市群众艺术馆、柳州《新天地画
刊》编辑部、中国美术家协会会员、中国美术家
协会连环画艺术委员会委员。代表作品《书的故
事》《小精灵画传》《书童山》。

J0084734
幽默的鬼辩才 王培堃编文；刘一山等绘
南宁 接力出版社 1998 年 115 页 17×19cm
ISBN：7-80631-226-9 定价：CNY13.00
（卡通智慧船）

中国现代动画作品。

J0084735
幽默修身
上海 少年儿童出版社 1998 年 79 页 79cm
ISBN：7-5324-3578-X 定价：CNY12.00

中国现代动画作品。

J0084736
语文卡通乐园　谢谦，敬晓星编写；蚂毅工作室绘
成都　四川人民出版社　1998年　2版　200页
20cm（32开）ISBN：7-220-03606-X
定价：CNY10.00
（鬼精灵丛书）
　　中国现代动画作品。作者谢谦（1956—　），研究员。四川宣汉人，毕业于北京师范大学。四川大学中文系副教授、硕士生导师、文学博士，中国俗文化研究所研究员。代表作品《中国古代宗教与礼乐文化》《中国文学》《国学词典》。

J0084737
远行归来　星河著；孙慧丽，王星绘
北京　农村读物出版社　1998年　78页
19cm（小32开）ISBN：7-5048-2861-0
定价：CNY4.80
　　中国现代动画作品。

J0084738
月亮树的故事　（1）白冰等编文；黄箐等绘
南宁　接力出版社　1998年　88页　20cm（32开）
ISBN：7-80631-265-X　定价：CNY4.50
（一个中国孩子的英雄戏剧　2）
　　中国现代动画作品。

J0084739
月亮树的故事　（2　傻瓜英雄）白冰等编文；郑万林等绘
南宁　接力出版社　1998年　88页　20cm（32开）
ISBN：7-80631-273-0　定价：CNY5.60
（一个中国孩子的英雄戏剧　2）
　　中国现代动画作品。

J0084740
月亮树的故事　（3　真假聪仔）白冰等编文；黄箐等绘
南宁　接力出版社　1998年　118页　20cm（32开）
ISBN：7-80631-278-1　定价：CNY5.90
（一个中国孩子的英雄戏剧　2）
　　中国现代动画作品。

J0084741
智慧的力量　上海开圆信息开发有限公司创意制作
上海　上海辞书出版社　1998年　63页　26cm（16开）
ISBN：7-5326-0501-9　定价：CNY12.00
（开圆十二生肖智慧故事丛书）
　　中国现代动画作品。

J0084742
中国历史卡通故事　（第一辑）跃龙卡通工作室制作
长沙　湖南美术出版社　1998年　126页
19cm（小32开）ISBN：7-5356-1166-4
定价：CNY5.80
　　中国现代动画作品。

J0084743
中国历史卡通故事　（第二辑）跃龙卡通工作室制作
长沙　湖南美术出版社　1998年　126页
19cm（小32开）ISBN：7-5356-1166-4
定价：CNY5.80
　　中国现代动画作品。

J0084744
中国历史卡通故事　（第三辑）跃龙卡通工作室制作
长沙　湖南美术出版社　1998年　126页
19cm（小32开）ISBN：7-5356-1051-X
定价：CNY5.80
　　中国现代动画作品。

J0084745
中国历史卡通故事　（第四辑）跃龙卡通工作室制作
长沙　湖南美术出版社　1998年　126页
19cm（小32开）ISBN：7-5356-1052-8
定价：CNY5.80
　　中国现代动画作品。

J0084746
中国历史卡通故事　（第五辑）跃龙卡通工作室制作
长沙　湖南美术出版社　1998年　126页
19cm（小32开）ISBN：7-5356-1053-6

定价：CNY5.80
　　中国现代动画作品。

J0084747
中国历史卡通故事　（第六辑）跃龙卡通工作室制作
长沙　湖南美术出版社　1998 年　126 页
19cm（小 32 开）ISBN：7-5356-1054-4
定价：CNY5.80
　　中国现代动画作品。

J0084748
中国历史卡通故事　（第七辑）跃龙卡通工作室制作
长沙　湖南美术出版社　1998 年　126 页
19cm（小 32 开）ISBN：7-5356-1055-2
定价：CNY5.80
　　中国现代动画作品。

J0084749
中国历史卡通故事　（第八辑）跃龙卡通工作室制作
长沙　湖南美术出版社　1998 年　126 页
19cm（小 32 开）ISBN：7-5356-1168-0
定价：CNY5.80
　　中国现代动画作品。

J0084750
中国历史卡通故事　（第九辑）跃龙卡通工作室制作
长沙　湖南美术出版社　1998 年　126 页
19cm（小 32 开）ISBN：7-5356-1169-9
定价：CNY5.80
　　中国现代动画作品。

J0084751
中国历史卡通故事　（第十辑）跃龙卡通工作室制作
长沙　湖南美术出版社　1998 年　126 页
19cm（小 32 开）ISBN：7-5356-1170-2
定价：CNY5.80
　　中国现代动画作品。

J0084752
中国历史卡通故事　（第十一辑）吴跃龙编

长沙　湖南美术出版社　1999 年　126 页
19cm（小 32 开）ISBN：7-5356-1316-0
定价：CNY5.80

J0084753
中国历史卡通故事　（第十二辑）吴跃龙编
长沙　湖南美术出版社　1999 年　126 页
19cm（小 32 开）ISBN：7-5356-1317-9
定价：CNY5.80

J0084754
中国历史卡通故事　（第十三辑）吴跃龙编
长沙　湖南美术出版社　1999 年　126 页
19cm（小 32 开）ISBN：7-5356-1318-7
定价：CNY5.80

J0084755
中国历史卡通故事　（第十四辑）吴跃龙编
长沙　湖南美术出版社　1999 年　126 页
19cm（小 32 开）ISBN：7-5356-1318-7
定价：CNY5.80

J0084756
中国历史卡通故事　（第十五辑）吴跃龙编
长沙　湖南美术出版社　1999 年　126 页
19cm（小 32 开）ISBN：7-5356-1320-9
定价：CNY5.80

J0084757
中国优秀动画片精萃　（第二辑）《中国优秀动画片精萃》编委会编
北京　中国电影出版社　1998 年　17×18cm
ISBN：7-106-01316-1　定价：CNY11.80
　　中国现代动画作品。

J0084758
中国优秀动画片精萃　（第二辑）《中国优秀动画片精萃》编委会编
北京　中国电影出版社　1998 年　17×18cm
精装　ISBN：7-106-01287-4　定价：CNY12.80
　　中国现代动画作品。

J0084759
中国优秀动画片精萃　中国电影出版社编
北京　中国电影出版社　1998 年　17×18cm

精装 ISBN：7-106-01286-6 定价：CNY13.80
中国现代动画作品。

J0084760
中国优秀动画片精萃　中国电影出版社编
北京 中国电影出版社 1998年 17×18cm
ISBN：7-106-01315-3 定价：CNY11.80
中国现代动画作品。

J0084761
自然卡通乐园　谢谦，钱一鸣编写；成蛹工作室绘
成都 四川人民出版社 1998年 2版 200页
20cm（32开）ISBN：7-220-03475-X
定价：CNY10.00
（鬼精灵丛书）

中国现代动画作品。作者谢谦（1956—　），研究员。四川宣汉人，毕业于北京师范大学。历任四川大学中文系副教授、硕士生导师、文学博士，中国俗文化研究所研究员。代表作品《中国古代宗教与礼乐文化》《中国文学》《国学词典》。

J0084762
'98 拳皇　邝东原等著
乌鲁木齐 新疆青少年出版社 1999年 11册
19cm（小32开）ISBN：7-5371-3272-0
定价：CNY77.00
（精品卡通故事系列）

J0084763
十大科学家故事　张庆东，伟石编绘
沈阳 辽宁美术出版社 1999年 94页
19cm（小32开）ISBN：7-5314-2390-1
定价：CNY70.00
（中国古代传统文化十大卡通系列）

J0084764
十大农民起义故事　栾鹏等编绘
沈阳 辽宁美术出版社 1999年 94页
19cm（小32开）ISBN：7-5314-2390-1
定价：CNY70.00
（中国古代传统文化十大卡通系列）

J0084765
十大诗人故事　陈维东编绘

沈阳 辽宁美术出版社 1999年 94页
19cm（小32开）ISBN：7-5314-2390-1
定价：CNY70.00
（中国古代传统文化十大卡通系列）

J0084766
十大书画家故事　张庆东，王姝编绘
沈阳 辽宁美术出版社 1999年 94页
19cm（小32开）ISBN：7-5314-2390-1
定价：CNY70.00
（中国古代传统文化十大卡通系列）

J0084767
十大文学家故事　陈维东编绘
沈阳 辽宁美术出版社 1999年 94页
19cm（小32开）ISBN：7-5314-2390-1
定价：CNY10.00
（中国古代传统文化故事丛书）

J0084768
十大医学家故事　陈维东等编绘
沈阳 辽宁美术出版社 1999年 94页
19cm（小32开）ISBN：7-5314-2390-1
定价：CNY70.00
（中国古代传统文化十大卡通系列）

J0084769
十大优秀少年故事　栾鹏等编绘
沈阳 辽宁美术出版社 1999年 94页
19cm（小32开）ISBN：7-5314-2390-1
定价：CNY70.00
（中国古代传统文化十大卡通系列）

J0084770
1000 卡通动物画　晨曦等编著
西安 陕西科学技术出版社 1999年 79页
26cm（16开）ISBN：7-5369-3029-1
定价：CNY8.50
（儿童卡通大王变形画）

J0084771
1000 卡通运输变形画　晨曦等编著
西安 陕西科学技术出版社 1999年 79页
26cm（16开）ISBN：7-5369-3029-1
定价：CNY8.50

（儿童卡通大王变形画）

J0084772
阿里巴巴和四十大盗 琚俊雄等编绘
天津 新蕾出版社 1999 年 90 页 19cm（小 32 开）
ISBN：7-5307-2076-7 定价：CNY4.60
（卡通故事）

J0084773
矮子土行孙 肖宿荣改编；魏天定绘
广州 新世纪出版社 1999 年 34 页 15×13cm
ISBN：7-5405-1922-3 定价：CNY3.00
（《封神演义》动画故事精选）

J0084774
安徒生童话精选 青平果电脑工作室制作
通辽 内蒙古少年儿童出版社 1999 年
17×19cm ISBN：7-5312-0927-6（精装）
定价：CNY22.00
　　中国现代动画画册。

J0084775
棒小子系列 武玉桂，戴琪绘
南昌 21 世纪出版社 1999 年 4 册 13×9cm
ISBN：7-5391-1440-1 定价：CNY29.00
　　中国现代连环画。

J0084776
宝莲灯 阿山文；阎超画
海口 南海出版公司 1999 年 44 页 26cm（16 开）
ISBN：7-5442-1406-0 定价：CNY19.00
　　中国现代动画作品画册。

J0084777
宝莲灯 刘向伟，任树青绘
北京 中国文联出版公司 1999 年 36 页
17×17cm ISBN：7-5059-3438-4 定价：CNY18.00
（中国古典神话丛书）
　　中国现代动画作品画册。

J0084778
兵阻金鸡岭 肖宿荣改编；冰之，夫婴绘
广州 新世纪出版社 1999 年 34 页 15×13cm
ISBN：7-5405-1922-3 定价：CNY3.00
（封神演义动画故事精选）

J0084779
成语动画廊 深圳翡翠动画设计公司编绘
广州 广东人民出版社 1999 年 147 页 21×20cm
ISBN：7-218-03021-1 定价：CNY23.80
　　现代中国动画画册。

J0084780
大烟斗侦探和皮皮狗 （1 恐龙乐园）嘉永
工作室文；WCW 工作室绘
长沙 湖南少年童出版社 1999 年 97 页
21×19cm ISBN：7-5358-1620-7 定价：CNY10.00
（彩图系列卡通）

J0084781
大烟斗侦探和皮皮狗 （2 化装舞会）嘉永
工作室文；WCW 工作室绘
长沙 湖南少年童出版社 1999 年 97 页
21×19cm ISBN：7-5358-1620-7 定价：CNY10.00
（彩图系列卡通）

J0084782
大烟斗侦探和皮皮狗 （3 卡尼湖怪）嘉永
工作室文；WCW 工作室绘
长沙 湖南少年童出版社 1999 年 97 页
21×19cm ISBN：7-5358-1620-7 定价：CNY10.00
（彩图系列卡通）

J0084783
大烟斗侦探和皮皮狗 （4 智捉盗贼）嘉永
工作室文；WCW 工作室绘
长沙 湖南少年童出版社 1999 年 97 页
21×19cm ISBN：7-5358-1620-7 定价：CNY10.00
（彩图系列卡通）

J0084784
大战穿云关 肖宿荣改编；冰之，夫婴绘
广州 新世纪出版社 1999 年 34 页 15×13cm
ISBN：7-5405-1922-3 定价：CNY3.00
（封神演义动画故事精选）

J0084785
地心游记 金溟梅，古悦主编
通辽 内蒙古少年儿童出版社 1999 年 96 页
17×19cm ISBN：7-5312-1011-8 定价：CNY13.80
（精品卡通·凡尔纳科幻系列）

J0084786

第十大行星　肖守义，郑中荣编文；琳琪工作室绘画

福州　福建少年儿童出版社　1999 年　98 页

19cm（小 32 开）ISBN：7-5395-1712-3

定价：CNY6.00

（海花卡通系列 4）

J0084787

动植物卡通画图案手册　赵慧等绘画

通辽　内蒙古少年儿童出版社　1999 年　216 页

14×20cm ISBN：7-5312-0930-6 定价：CNY11.00

（常用美术资料丛书）

J0084788

儿童卡通画　日辰编绘

沈阳　辽宁民族出版社　1999 年　78 页　19×26cm

ISBN：7-80644-170-0 定价：CNY9.00

（金画笔系列）

J0084789

儿童情节性美术资料大全　（1）辛红静等编绘

沈阳　辽宁美术出版社　1999 年　236 页

26cm（16 开）ISBN：7-5314-2311-1

定价：CNY20.00

（21 世纪卡通系列丛书）

J0084790

珐琅之劫　重庆天辰艺术有限公司编

北京　中国三峡出版社　1999 年　161 页

20cm（32 开）ISBN：7-80099-385-X

定价：CNY10.00

（白垩绝魔幻卡通系列）

J0084791

封神榜传奇　（金钢哪吒篇）紫雨编；上海卡通文化发展有限公司制作

长春　吉林美术出版社　1999 年　144 页　18×19cm

ISBN：7-5386-0822-2（精装）定价：CNY16.00

（百集系列动画片连环画）

J0084792

封神榜传奇　（子牙出山篇）紫雨编；上海卡通文化发展有限公司制作

长春　吉林美术出版社　1999 年　116 页　18×19cm

ISBN：7-5386-0836-2（精装）定价：CNY16.00

（百集系列动画片连环画）

J0084793

封神榜传奇　（姜子牙出山 黄飞虎反商）上海科技出版社编

上海　上海科技教育出版社　1999 年　87 页

26cm（16 开）ISBN：7-5428-1924-0

定价：CNY16.00

（百集系列动画片）

J0084794

封神榜传奇　（金刚哪吒）上海科技出版社编

上海　上海科技教育出版社　1999 年　87 页

26cm（16 开）ISBN：7-5428-1923-2

定价：CNY16.00

（百集系列动画片）

J0084795

格兰特船长的儿女　金滇梅，古悦主编

通辽　内蒙古少年儿童出版社　1999 年　96 页

17×19cm ISBN：7-5312-1011-8 定价：CNY13.80

（精品卡通·凡尔纳科幻系列）

J0084796

格林童话精选　青平果电脑工作室制作

通辽　内蒙古少年儿童出版社　1999 年

17×19cm ISBN：7-5312-0927-6（精装）

定价：CNY22.00

　　中国现代动画画册。

J0084797

乖孩子卡通绘画启蒙益智丛书　（卡通简笔画）布和编绘

呼和浩特　内蒙古人民出版社　1999 年　4 册

19×13cm ISBN：7-204-04721-4 定价：CNY40.00

J0084798

哈克贝利·芬历险记　（美）马克·吐温著；于秀琴等编绘

天津　新蕾出版社　1999 年　90 页　19cm（小 32 开）

ISBN：7-5307-2081-3 定价：CNY4.60

（卡通故事）

　　作者马克·吐温，（Mark Twain, 1835—1910），美国作家、演说家。原名萨缪尔·兰亨·克莱门

（Samuel Langhorne Clemens）。小说代表作有《百万英镑》《哈克贝利·芬历险记》《汤姆·索亚历险记》《王子与贫儿》等。

J0084799
孩子，远离危险
西安 陕西人民出版社 1999 年 143 页
26cm（16 开）精装 ISBN：7-224-04941-7
定价：CNY28.00
　　　　中国现代动画作品画册。

J0084800
蝴蝶结的故事 （上）郭晓波著；朴红仙，余芳绘
南昌 21 世纪出版社 1999 年 6 页 11×20cm
ISBN：7-5391-1378-2 定价：CNY15.00
　　　　中国现代动画作品画册。

J0084801
蝴蝶结的故事 （下）叶丽敏著；张辉令等绘
南昌 21 世纪出版社 1999 年 6 页 11×20cm
ISBN：7-5391-1379-0 定价：CNY15.00
　　　　中国现代动画作品画册。

J0084802
花季·雨季 （卡通本）郁秀著；武汉设计学校编绘
深圳 海天出版社 1999 年 346 页 20cm（32 开）
ISBN：7-80615-996-7 定价：CNY15.00

J0084803
火烧琵琶精 肖宿荣改编；魏定天绘
广州 新世纪出版社 1999 年 34 页 15×13cm
ISBN：7-5405-1922-3 定价：CNY3.00
（《封神演义》动画故事精选）

J0084804
京娃儿与兔儿爷 齐小梅改编；北京聚英文化交流有限公司绘
通辽 内蒙古少年儿童出版社 1999 年 2 册
17×18cm ISBN：7-5312-1150-5 定价：CNY27.60
（京娃系列丛书）
　　　　中国现代动画作品画册。

J0084805
卡通聊斋 （画皮）王伟编绘
重庆 重庆出版社 1999 年 59 页 19cm（小 32 开）
ISBN：7-5366-4422-1 定价：CNY4.80

J0084806
卡通聊斋 （莲花梦）杨坚编绘
重庆 重庆出版社 1999 年 59 页 19cm（小 32 开）
ISBN：7-5366-4424-8 定价：CNY4.80

J0084807
卡通聊斋 （席方平）王伟编绘
重庆 重庆出版社 1999 年 59 页 19cm（小 32 开）
ISBN：7-5366-4421-3 定价：CNY4.80

J0084808
卡通聊斋 （胭脂）王伟编绘
重庆 重庆出版社 1999 年 59 页 19cm（小 32 开）
ISBN：7-5366-4423-X 定价：CNY4.80

J0084809
可疑的花盆 王永波文；王莺，陈粤琪绘
福州 福建少年儿童出版社 1999 年 156 页
15×13cm ISBN：7-5395-1769-7 定价：CNY6.00
（大袋鼠探长和小恐龙）
　　　　中国现代动画作品画册。

J0084810
恐龙王国 重庆天辰艺术有限公司编
北京 中国三峡出版社 1999 年 162 页
20cm（32 开）ISBN：7-80099-385-X
定价：CNY10.00
（白垩纪魔幻卡通系列 2）

J0084811
蓝光空壳 重庆天辰艺术有限公司编
北京 中国三峡出版社 1999 年 162 页
20cm（32 开）ISBN：7-80099-385-X
定价：CNY10.00
（白垩纪魔幻卡通系列 4）

J0084812
蓝色星球保卫战 肖守义，郑中荣编文；琳琪工作室绘画
福州 福建少年儿童出版社 1999 年 119 页

19cm（小 32 开） ISBN：7-5395-1711-5
定价：CNY6.50
（海花卡通系列 3）

J0084813
雷地上的脚印 王永波文；王鸾，陈粤琪绘
福州 福建少年儿童出版社 1999 年 156 页
15×13cm ISBN：7-5395-1770-0 定价：CNY6.00
（大袋鼠探长和小恐龙）
　　中国现代动画画册。

J0084814
林海雪原 王森，汪宁编绘
深圳 海天出版社 1999 年 155 页 19cm（小 32 开）
ISBN：7-80615-949-5 定价：CNY9.50
（少年英雄卡通故事系列·第三辑 3）

J0084815
灵灵漫游世博园 （1 园艺与科技篇）云南教
育出版社编
昆明 云南教育出版社 1999 年 61 页 29cm（16 开）
ISBN：7-5415-1585-X 定价：CNY12.00
（卡通童话系列故事）

J0084816
灵灵漫游世博园 （2 园艺与生活篇）云南教
育出版社编
昆明 云南教育出版社 1999 年 61 页 29cm（16 开）
ISBN：7-5415-1586-8 定价：CNY12.00
（卡通童话系列故事）

J0084817
灵灵漫游世博园 （3 中国园林篇）云南教育
出版社编
昆明 云南教育出版社 1999 年 61 页 29cm（16 开）
ISBN：7-5415-1587-6 定价：CNY12.00
（卡通童话系列故事）

J0084818
灵灵漫游世博园 （4 世界园林篇）云南教育
出版社编
昆明 云南教育出版社 1999 年 61 页 29cm（16 开）
ISBN：7-5415-1588-4 定价：CNY12.00
（卡通童话系列故事）

J0084819
灵灵漫游世博园 （5 奇花异木篇）云南教育
出版社编
昆明 云南教育出版社 1999 年 61 页 29cm（16 开）
ISBN：7-5415-1589-2 定价：CNY12.00
（卡通童话系列故事）

J0084820
灵灵漫游世博园 （6 美食与风情篇）云南教
育出版社编
昆明 云南教育出版社 1999 年 61 页 29cm（16 开）
ISBN：7-5415-1590-6 定价：CNY12.00
（卡通童话系列故事）

J0084821
刘胡兰 王森编绘
深圳 海天出版社 1999 年 156 页 19cm（小 32 开）
ISBN：7-80615-866-9 定价：CNY9.500
（少年英雄卡通故事系列·第三辑 2）

J0084822
鲁滨孙漂流记 （英）笛福著；李振山等编绘
天津 新蕾出版社 1999 年 90 页 19cm（小 32 开）
ISBN：7-5307-2078-3 定价：CNY4.600
（卡通故事）

J0084823
绿林英雄罗宾汉 （英）威文著；王刚等编绘
天津 新蕾出版社 1999 年 90 页 19cm（小 32 开）
ISBN：7-5307-2077-5 定价：CNY4.600
（卡通故事）
　　著者原名：查理斯·威文。

J0084824
谜笛 （1）孙奉林，吴新明著；吴新明，宋宏
丰绘
沈阳 辽宁美术出版社 1999 年 156 页
20cm（32 开） ISBN：7-5314-2170-4
定价：CNY15.00
　　中国现代动画作品画册。

J0084825
魔镜花缘 （1）阿硕漫画工作室编
厦门 鹭江出版社 1999 年 150 页 19cm（32 开）
ISBN：7-80610-413-5 定价：CNY7.80

中国现代动画作品画册。

J0084826

魔镜花缘 （2）阿硕漫画工作室编

厦门 鹭江出版社 1999年 150页 19cm（32开）

ISBN：7-80610-413-5 定价：CNY7.80

中国现代动画作品画册。

J0084827

魔镜花缘 （3）阿硕漫画工作室编

厦门 鹭江出版社 1999年 150页 19cm（32开）

ISBN：7-80610-413-5 定价：CNY7.80

中国现代动画作品画册。

J0084828

魔镜花缘 （4）阿硕漫画工作室编

厦门 鹭江出版社 1999年 150页 19cm（32开）

ISBN：7-80610-413-5 定价：CNY7.80

中国现代动画作品画册。

J0084829

魔镜花缘 （5）阿硕漫画工作室编

厦门 鹭江出版社 1999年 150页 19cm（32开）

ISBN：7-80610-413-5 定价：CNY7.80

中国现代动画作品画册。

J0084830

魔镜花缘 （6）阿硕漫画工作室编

厦门 鹭江出版社 1999年 156页 19cm（小32开）

ISBN：7-80610-413-5 定价：CNY7.80

中国现代动画作品画册。

J0084831

魔镜花缘 （7）阿硕漫画工作室编

厦门 鹭江出版社 1999年 155页 19cm（小32开）

ISBN：7-80610-413-5 定价：CNY7.80

中国现代动画作品画册。

J0084832

魔镜花缘 （8）阿硕漫画工作室编

厦门 鹭江出版社 1999年 150页 19cm（小32开）

ISBN：7-80610-413-5 定价：CNY7.80

中国现代动画作品画册。

J0084833

魔镜花缘 （9）阿硕漫画工作室编

厦门 鹭江出版社 1999年 150页 19cm（小32开）

ISBN：7-80610-413-5 定价：CNY7.80

中国现代动画作品画册。

J0084834

魔镜花缘 （10）阿硕漫画工作室编

厦门 鹭江出版社 1999年 150页 19cm（32开）

ISBN：7-80610-413-5 定价：CNY7.80

中国现代动画作品画册。

J0084835

魔崖岛探险 肖守义，郑中荣编文；琳琪工作室绘画

福州 福建少年儿童出版社 1999年 129页 19cm（小32开） ISBN：7-5395-1710-7

定价：CNY6.50

（海花卡通系列 2）

J0084836

哪吒闹东海 肖宿荣改编；邵珊绘

广州 新世纪出版社 1999年 34页 15×13cm

ISBN：7-5405-1922-3 定价：CNY3.00

（《封神演义》动画故事精选）

J0084837

奇怪的车号 王永波文；王莺，陈粤琪绘

福州 福建少年儿童出版社 1999年 156页 15×13cm ISBN：7-5395-1768-9 定价：CNY6.00

（大袋鼠探长和小恐龙）

中国现代动画作品画册。

J0084838

气球上的五星期 金溟梅，古悦主编

通辽 内蒙古少年儿童出版社 1999年 96页 17×19cm ISBN：7-5312-1011-8 定价：CNY13.80

（精品卡通·凡尔纳科幻系列）

J0084839

千里擒狮王 （葫芦兄妹新传）姚忠礼编文；胡进庆绘

上海 上海人民美术出版社 1999年 60页 76×52cm ISBN：7-5322-2206-3 定价：CNY10.00

中国现代动画作品。

J0084840

趣味科学童话 （智力卡通）桑榆编著
沈阳 辽宁美术出版社 1999年 190页 17×19cm
ISBN：7-5314-2066-X 定价：CNY26.00
　　中国现代动画作品画册。

J0084841

拳皇 （第1辑）邓耀荣，邝世杰编绘
乌鲁木齐 新疆青少年出版社 1999年 3册
19cm（32开）ISBN：7-5371-2873-1
定价：CNY21.00
（精品卡通故事系列）

J0084842

拳皇 （第2辑）邓耀荣，邝世杰编绘
乌鲁木齐 新疆青少年出版社 1999年 3册
19cm（32开）ISBN：7-5371-2416-7
定价：CNY21.00
（精品卡通故事系列）

J0084843

拳皇 （第3辑）邓耀荣，邝世杰编绘
乌鲁木齐 新疆青少年出版社 1999年 3册
19cm（32开）ISBN：7-5371-2116-8
定价：CNY21.00
（精品卡通故事系列）

J0084844

拳皇99 （第一部 1）许景琛，李中兴编绘
乌鲁木齐 新疆青少年出版社 1999年 38页
19cm（32开）ISBN：7-5371-3289-5
定价：CNY4.80
（精品卡通故事系列）
　　作者许景琛（1966— ），漫画家。广东宝
安县人。代表作品有《超霸世纪》《恶灵王》《拳
皇》等。

J0084845

拳皇99 （第一部 2）许景琛，李中兴编绘
乌鲁木齐 新疆青少年出版社 1999年 38页
19cm（32开）ISBN：7-5371-3289-5
定价：CNY4.80
（精品卡通故事系列）

J0084846

拳皇99 （第一部 3）许景琛，李中兴编绘
乌鲁木齐 新疆青少年出版社 1999年 38页
19cm（32开）ISBN：7-5371-3289-5
定价：CNY4.80
（精品卡通故事系列）

J0084847

拳皇99 （第一部 4）许景琛，李中兴编绘
乌鲁木齐 新疆青少年出版社 1999年 38页
19cm（32开）ISBN：7-5371-3289-5
定价：CNY4.80
（精品卡通故事系列）

J0084848

拳皇99 （第一部 5）许景琛，李中兴编绘
乌鲁木齐 新疆青少年出版社 1999年 38页
19cm（32开）ISBN：7-5371-3289-5
定价：CNY4.80
（精品卡通故事系列）

J0084849

拳皇99 （第一部 6）许景琛，李中兴编绘
乌鲁木齐 新疆青少年出版社 1999年 38页
19cm（32开）ISBN：7-5371-3289-5
定价：CNY4.80
（精品卡通故事系列）

J0084850

拳皇99 （第一部 7）许景琛，李中兴编绘
乌鲁木齐 新疆青少年出版社 1999年 38页
19cm（32开）ISBN：7-5371-3289-5
定价：CNY4.80
（精品卡通故事系列）

J0084851

拳皇99 （第一部 8）许景琛，李中兴编绘
乌鲁木齐 新疆青少年出版社 1999年 38页
19cm（32开）ISBN：7-5371-3289-5
定价：CNY4.80
（精品卡通故事系列）

J0084852

拳皇99 （第一部 9）许景琛，李中兴编绘
乌鲁木齐 新疆青少年出版社 1999年 38页

19cm（32 开）ISBN：7-5371-3289-5

定价：CNY4.80

（精品卡通故事系列）

J0084853

拳皇 99 （第一部 10）许景琛，李中兴编绘

乌鲁木齐 新疆青少年出版社 1999 年 38 页

19cm（32 开）ISBN：7-5371-3289-5

定价：CNY4.80

（精品卡通故事系列）

J0084854

拳皇 99 （第一部 11）许景琛，李中兴编绘

乌鲁木齐 新疆青少年出版社 1999 年 38 页

19cm（32 开）ISBN：7-5371-3289-5

定价：CNY4.80

（精品卡通故事系列）

J0084855

拳皇 99 （第一部 12）许景琛，李中兴编绘

乌鲁木齐 新疆青少年出版社 1999 年 38 页

19cm（32 开）ISBN：7-5371-3289-5

定价：CNY4.80

（精品卡通故事系列）

J0084856

拳皇 99 （第二部 1）许景琛，李中兴编绘

乌鲁木齐 新疆青少年出版社 1999 年 38 页

20cm（32 开）ISBN：7-5371-3501-0

定价：CNY4.80

（精品卡通故事系列）

　　作者许景琛(1966—)，漫画家。广东宝安县人。代表作品有《超霸世纪》《恶灵王》《拳皇》等。

J0084857

拳皇 99 （第二部 2）许景琛，李中兴编绘

乌鲁木齐 新疆青少年出版社 1999 年 38 页

20cm（32 开）ISBN：7-5371-3501-0

定价：CNY4.80

（精品卡通故事系列）

J0084858

拳皇 99 （第二部 3）许景琛，李中兴编绘

乌鲁木齐 新疆青少年出版社 1999 年 38 页

20cm（32 开）ISBN：7-5371-3501-0

定价：CNY4.80

（精品卡通故事系列）

J0084859

拳皇 99 （第二部 4）许景琛，李中兴编绘

乌鲁木齐 新疆青少年出版社 1999 年 38 页

20cm（32 开）ISBN：7-5371-3501-0

定价：CNY4.80

（精品卡通故事系列）

J0084860

拳皇 99 （第二部 5）许景琛，李中兴编绘

乌鲁木齐 新疆青少年出版社 1999 年 38 页

20cm（32 开）ISBN：7-5371-3501-0

定价：CNY4.80

（精品卡通故事系列）

J0084861

拳皇 99 （第二部 6）许景琛，李中兴编绘

乌鲁木齐 新疆青少年出版社 1999 年 38 页

20cm（32 开）ISBN：7-5371-3501-0

定价：CNY4.80

（精品卡通故事系列）

J0084862

拳皇 99 （第二部 7）许景琛，李中兴编绘

乌鲁木齐 新疆青少年出版社 1999 年 38 页

20cm（32 开）ISBN：7-5371-3501-0

定价：CNY4.80

（精品卡通故事系列）

J0084863

拳皇 99 （第二部 8）许景琛，李中兴编绘

乌鲁木齐 新疆青少年出版社 1999 年 38 页

20cm（32 开）ISBN：7-5371-3501-0

定价：CNY4.80

（精品卡通故事系列）

J0084864

拳皇 99 （第二部 9）许景琛，李中兴编绘

乌鲁木齐 新疆青少年出版社 1999 年 38 页

20cm（32 开）ISBN：7-5371-3501-0

定价：CNY4.80

（精品卡通故事系列）

J0084865
拳皇 99 （第二部 10）许景琛, 李中兴编绘
乌鲁木齐 新疆青少年出版社 1999 年 38 页
20cm（32 开）ISBN：7-5371-3501-0
定价：CNY4.80
（精品卡通故事系列）

J0084866
拳皇 99 （第二部 11）许景琛, 李中兴编绘
乌鲁木齐 新疆青少年出版社 1999 年 38 页
20cm（32 开）ISBN：7-5371-3501-0
定价：CNY4.80
（精品卡通故事系列）

J0084867
拳皇 99 （第二部 12）许景琛, 李中兴编绘
乌鲁木齐 新疆青少年出版社 1999 年 38 页
20cm（32 开）ISBN：7-5371-3501-0
定价：CNY4.80
（精品卡通故事系列）

J0084868
拳皇 99 （第三部 1）许景琛, 李中兴编绘
乌鲁木齐 新疆青少年出版社 1999 年 38 页
20cm（32 开）ISBN：7-5371-34569-6
定价：CNY4.80
（精品卡通故事系列）
　　作者许景琛(1966—　)，漫画家。广东宝
安县人。代表作品有《超霸世纪》《恶灵王》《拳
皇》等。

J0084869
拳皇 99 （第三部 2）许景琛, 李中兴编绘
乌鲁木齐 新疆青少年出版社 1999 年 38 页
20cm（32 开）ISBN：7-5371-34569-6
定价：CNY4.80
（精品卡通故事系列）

J0084870
拳皇 99 （第三部 3）许景琛, 李中兴编绘
乌鲁木齐 新疆青少年出版社 1999 年 38 页
20cm（32 开）ISBN：7-5371-34569-6
定价：CNY4.80
（精品卡通故事系列）

J0084871
拳皇 99 （第三部 4）许景琛, 李中兴编绘
乌鲁木齐 新疆青少年出版社 1999 年 38 页
20cm（32 开）ISBN：7-5371-34569-6
定价：CNY4.80
（精品卡通故事系列）

J0084872
拳皇 99 （第三部 5）许景琛, 李中兴编绘
乌鲁木齐 新疆青少年出版社 1999 年 38 页
20cm（32 开）ISBN：7-5371-34569-6
定价：CNY4.80
（精品卡通故事系列）

J0084873
拳皇 99 （第三部 6）许景琛, 李中兴编绘
乌鲁木齐 新疆青少年出版社 1999 年 38 页
20cm（32 开）ISBN：7-5371-34569-6
定价：CNY4.80
（精品卡通故事系列）

J0084874
拳皇 99 （第三部 7）许景琛, 李中兴编绘
乌鲁木齐 新疆青少年出版社 1999 年 38 页
20cm（32 开）ISBN：7-5371-34569-6
定价：CNY4.80
（精品卡通故事系列）

J0084875
拳皇 99 （第三部 8）许景琛, 李中兴编绘
乌鲁木齐 新疆青少年出版社 1999 年 38 页
20cm（32 开）ISBN：7-5371-34569-6
定价：CNY4.80
（精品卡通故事系列）

J0084876
拳皇 99 （第三部 9）许景琛, 李中兴编绘
乌鲁木齐 新疆青少年出版社 1999 年 38 页
20cm（32 开）ISBN：7-5371-34569-6
定价：CNY4.80
（精品卡通故事系列）

J0084877
拳皇 99 （第三部 10）许景琛, 李中兴编绘
乌鲁木齐 新疆青少年出版社 1999 年 38 页

20cm（32 开）ISBN：7-5371-34569-6
定价：CNY4.80
（精品卡通故事系列）

J0084878
拳皇 99 （第三部 11）许景琛, 李中兴编绘
乌鲁木齐 新疆青少年出版社 1999 年 38 页
20cm（32 开）ISBN：7-5371-34569-6
定价：CNY4.80
（精品卡通故事系列）

J0084879
拳皇 99 （第三部 12）许景琛, 李中兴编绘
乌鲁木齐 新疆青少年出版社 1999 年 38 页
20cm（32 开）ISBN：7-5371-34569-6
定价：CNY4.80
（精品卡通故事系列）

J0084880
拳皇 99 （第三部 13）许景琛, 李中兴编绘
乌鲁木齐 新疆青少年出版社 1999 年 38 页
20cm（32 开）ISBN：7-5371-34569-6
定价：CNY4.80
（精品卡通故事系列）

J0084881
拳皇 99 （第三部 14）许景琛, 李中兴编绘
乌鲁木齐 新疆青少年出版社 1999 年 38 页
20cm（32 开）ISBN：7-5371-34569-6
定价：CNY4.80
（精品卡通故事系列）

J0084882
拳皇饿狼传说 （第 3 辑）邓耀荣, 邝世杰编绘
乌鲁木齐 新疆青少年出版社 1999 年 4 册
19cm（小 32 开）ISBN：7-5371-3274-7
定价：CNY28.00
（精品卡通故事系列）

J0084883
拳皇外传 邓耀荣, 邝世杰编绘
乌鲁木齐 新疆青少年出版社 1999 年 5 册
19cm（小 32 开）ISBN：7-5371-3273-9
定价：CNY35.00
（精品卡通故事系列）

J0084884
少儿智慧园 刘颖编；吴新明绘
沈阳 辽宁美术出版社 1999 年 86 页 29cm（16 开）
ISBN：7-5314-2401-0 定价：CNY30.00
（21 世纪卡通系列丛书）

J0084885
少林英雄 （上 1）邓静远著
乌鲁木齐 新疆青少年出版社 1999 年 124 页
19cm（32 开）ISBN：7-5371-3334-4
定价：CNY7.00
（精品卡通故事系列）

J0084886
少林英雄 （上 2）邓静远著
乌鲁木齐 新疆青少年出版社 1999 年 124 页
19cm（32 开）ISBN：7-5371-3334-4
定价：CNY7.00
（精品卡通故事系列）

J0084887
少林英雄 （上 3）邓静远著
乌鲁木齐 新疆青少年出版社 1999 年 124 页
19cm（32 开）ISBN：7-5371-3334-4
定价：CNY7.00
（精品卡通故事系列）

J0084888
少林英雄 （上 4）邓静远著
乌鲁木齐 新疆青少年出版社 1999 年 124 页
19cm（32 开）ISBN：7-5371-3334-4
定价：CNY7.00
（精品卡通故事系列）

J0084889
神秘岛 （法）儒勒·凡尔纳原著；金淇梅, 古悦
主编
通辽 内蒙古少年儿童出版社 1999 年 96 页
17×19cm ISBN：7-5312-1011-8 定价：CNY13.80
（凡尔纳科幻系列 2）
　　作者儒勒·凡尔纳（1828—1905），法国小说
家、剧作家及诗人。出生于法国南特。代表作
为《格兰特船长的儿女》《海底两万里》《神秘岛》
《气球上的五星期》《地心游记》等。他的作品对
科幻文学流派有着重要的影响，被称作"科幻小

说之父"。

J0084890

神秘的野人谷 董宏猷著；益人卡通工作室绘
济南 明天出版社 1999年 190页 19cm（小32开）
ISBN：7-5332-3044-2 定价：CNY7.60
（明天卡通系列）

J0084891

世界经典儿童文学名著卡通连环画 （安徒
生童话）康瑛绘编
乌鲁木齐 新疆青少年出版社 1999年 440页
19cm（小32开）ISBN：7-5371-3548-1
定价：CNY18.00

J0084892

世界经典儿童文学名著卡通连环画 （格林
童话）康瑛绘编
乌鲁木齐 新疆青少年出版社 1999年 440页
19cm（32开）ISBN：7-5371-3548-7
定价：CNY18.00

J0084893

世界经典儿童文学名著卡通连环画 （一千
零一夜）康瑛绘编
乌鲁木齐 新疆青少年出版社 1999年 440页
19cm（32开）ISBN：7-5371-3548-7
定价：CNY18.00

J0084894

世界经典儿童文学名著注音卡通 （安徒生
童话）康瑛绘编
乌鲁木齐 新疆青少年出版社 1999年 438页
19cm（小32开）ISBN：7-5371-3515-0
定价：CNY18.00

J0084895

世界经典儿童文学名著注音卡通 （格林童
话）康瑛绘编
乌鲁木齐 新疆青少年出版社 1999年 440页
19cm（32开）ISBN：7-5371-3515-0
定价：CNY18.00

J0084896

世界经典儿童文学名著注音卡通 （一千零

一夜）康瑛绘编
乌鲁木齐 新疆青少年出版社 1999年 440页
19cm（32开）ISBN：7-5371-3515-0
定价：CNY18.00

J0084897

水浒传 （第二卷 豹子头林冲）梁伟家编绘
长春 吉林文史出版社 1999年 132页
19cm（小32开）ISBN：7-80626-375-6
定价：CNY6.50
　　中国现代动画画册。

J0084898

水浒传 （第四卷 行者武松）梁伟家编绘
长春 吉林文史出版社 1999年 131页
19cm（小32开）ISBN：7-80626-376-4
定价：CNY6.50
　　中国现代动画画册。

J0084899

水浒传 （第五卷 黑旋风李逵）梁伟家编绘
长春 吉林文史出版社 1999年 130页
19cm（小32开）ISBN：7-80626-374-8
定价：CNY6.50
　　中国现代动画画册。

J0084900

孙齐齐七十二变 （第一辑 1）孙家裕编绘
福州 福建美术出版社 1999年 77页 19cm（21开）
ISBN：7-5393-0744-7 定价：CNY3.80
　　中国现代动画画册。作者孙家裕（1960—　　），
漫画家。生于台北。曾任职台湾民生报美术编辑。
主要作品有大型历史漫画作品《三国演义》，以及
《秦时明月》《甜蜜城堡》《七十二变》等。

J0084901

孙齐齐七十二变 （第一辑 2）孙家裕编绘
福州 福建美术出版社 1999年 77页 19cm（21开）
ISBN：7-5393-0744-7 定价：CNY3.80
　　中国现代动画画册。

J0084902

孙齐齐七十二变 （第一辑 3）孙家裕编绘
福州 福建美术出版社 1999年 77页 19cm（21开）
ISBN：7-5393-0744-7 定价：CNY3.80

中国现代动画画册。

J0084903
孙齐齐七十二变 （第一辑 4）孙家裕编绘
福州 福建美术出版社 1999 年 77 页 19cm（21 开）
ISBN：7-5393-0744-7 定价：CNY3.80
　　中国现代动画画册。

J0084904
孙齐齐七十二变 （第一辑 5）孙家裕编绘
福州 福建美术出版社 1999 年 77 页 19cm（21 开）
ISBN：7-5393-0744-7 定价：CNY3.80
　　中国现代动画画册。

J0084905
孙齐齐七十二变 （第一辑 6）孙家裕编绘
福州 福建美术出版社 1999 年 77 页 19cm（21 开）
ISBN：7-5393-0744-7 定价：CNY3.80
　　中国现代动画画册。

J0084906
孙齐齐七十二变 （第一辑 7）孙家裕编绘
福州 福建美术出版社 1999 年 77 页 19cm（21 开）
ISBN：7-5393-0744-7 定价：CNY3.80
　　中国现代动画画册。

J0084907
孙齐齐七十二变 （第一辑 8）孙家裕编绘
福州 福建美术出版社 1999 年 77 页 19cm（21 开）
ISBN：7-5393-0744-7 定价：CNY3.80
　　中国现代动画画册。

J0084908
孙齐齐七十二变 （第一辑 9）孙家裕编绘
福州 福建美术出版社 1999 年 77 页 19cm（21 开）
ISBN：7-5393-0744-7 定价：CNY3.80
　　中国现代动画画册。

J0084909
孙齐齐七十二变 （第一辑 10）孙家裕编绘
福州 福建美术出版社 1999 年 77 页 19cm（21 开）
ISBN：7-5393-0744-7 定价：CNY3.80
　　中国现代动画画册。

J0084910
孙齐齐七十二变 （第二辑 11）孙家裕编绘
福州 福建美术出版社 1999 年 77 页
19cm（小 32 开）ISBN：7-5393-0747-1
定价：CNY3.80
　　中国现代动画画册。作者孙家裕（1960—　　），
漫画家。生于台北。曾任职台湾民生报美术编辑。
主要作品有大型历史漫画作品《三国演义》，以及
《秦时明月》《甜蜜城堡》《七十二变》等。

J0084911
孙齐齐七十二变 （第二辑 12）孙家裕编绘
福州 福建美术出版社 1999 年 77 页
19cm（小 32 开）ISBN：7-5393-0747-1
定价：CNY3.80
　　中国现代动画画册。

J0084912
孙齐齐七十二变 （第二辑 13）孙家裕编绘
福州 福建美术出版社 1999 年 77 页
19cm（小 32 开）ISBN：7-5393-0747-1
定价：CNY3.80
　　中国现代动画画册。

J0084913
孙齐齐七十二变 （第二辑 14）孙家裕编绘
福州 福建美术出版社 1999 年 77 页
19cm（小 32 开）ISBN：7-5393-0747-1
定价：CNY3.80
　　中国现代动画画册。

J0084914
孙齐齐七十二变 （第二辑 15）孙家裕编绘
福州 福建美术出版社 1999 年 77 页
19cm（小 32 开）ISBN：7-5393-0747-1
定价：CNY3.80
　　中国现代动画画册。

J0084915
孙齐齐七十二变 （第二辑 16）孙家裕编绘
福州 福建美术出版社 1999 年 77 页
19cm（小 32 开）ISBN：7-5393-0747-1
定价：CNY3.80
　　中国现代动画画册。

J0084916

孙齐齐七十二变 （第二辑 17）孙家裕编绘
福州 福建美术出版社 1999 年 77 页
19cm（小 32 开）ISBN：7-5393-0744-7
定价：CNY3.80
　　中国现代动画画册。

J0084917

孙齐齐七十二变 （第二辑 18）孙家裕编绘
福州 福建美术出版社 1999 年 77 页
19cm（小 32 开）ISBN：7-5393-0744-7
定价：CNY3.80
　　中国现代动画画册。

J0084918

孙齐齐七十二变 （第二辑 19）孙家裕编绘
福州 福建美术出版社 1999 年 77 页 19cm（21 开）
ISBN：7-5393-0744-7 定价：CNY3.80
　　中国现代动画画册。

J0084919

孙齐齐七十二变 （第二辑 20）孙家裕编绘
福州 福建美术出版社 1999 年 77 页 19cm（21 开）
ISBN：7-5393-0744-1 定价：CNY3.80
　　中国现代动画画册。

J0084920

孙悟空大战蓬莱三仙 张企荣，梅初编；刘
明等绘
上海 上海人民美术出版社 1999 年 94 页
19cm（小 32 开）ISBN：7-5322-2077-X
定价：CNY7.80
　　中国现代动画画册。

J0084921

孙悟空大战四大天王 张企荣，梅初编；罗
成等绘
上海 上海人民美术出版社 1999 年 94 页
19cm（小 32 开）ISBN：7-5322-2079-6
定价：CNY7.80
　　中国现代动画画册。

J0084922

太空饭店 凌云等编文；严定宪等绘
北京 中国电影出版社 1999 年 18×19cm

ISBN：7-106-01442-7 定价：CNY13.80
　　中国现代动画画册。

J0084923

海底两万里 金溟梅，古悦主编
通辽 内蒙古少年儿童出版社 1999 年 96 页
17×19cm ISBN：7-5312-1011-8 定价：CNY13.80
（精品卡通 凡尔纳科幻系列）

J0084924

天使少女 （1）耿光编文；白小锭等绘
沈阳 辽宁少年儿童出版社 1999 年 94 页
19cm（小 32 开）ISBN：7-5315-2840-1
定价：CNY3.20
（东北虎动画大系丛书）

J0084925

天使少女 （2）耿光编文；李根龙，陈大元绘画
沈阳 辽宁少年儿童出版社 1999 年 94 页
19cm（小 32 开）ISBN：7-5315 -2913-0
定价：CNY3.20
（东北虎动画大系丛书）

J0084926

天使少女 （3）耿光编文；李根龙，陈大元绘画
沈阳 辽宁少年儿童出版社 1999 年 94 页
19cm（小 32 开）ISBN：7-5315 -2914-9
定价：CNY3.20
（东北虎动画大系丛书）

J0084927

铁道游击队的小队员们 王森编绘
深圳 海天出版社 1999 年 156 页 19cm（小 32 开）
ISBN：7-80615-936-3 定价：CNY9.50
（少年英雄卡通故事系列 第三辑 1）

J0084928

铁拳 （3）邝世杰著
乌鲁木齐 新疆青少年出版社 1999 年 6 册
19cm（小 32 开）ISBN：7-5371-3275-5
定价：CNY42.00
（精品卡通故事系列）

J0084929

西游记 （1）吴承恩原著；中央电视台动画部

制作

北京　中国少年儿童出版社　1999 年　128 页

19cm（小 32 开）ISBN：7-5007-4726-8

定价：CNY12.80

（52 集电视卡通系列丛书）

作者吴承恩（约 1500—1583），汉族，明代小说家。淮安府山阳县河下人（现江苏淮安市淮安区）。字汝忠，号射阳山人。代表作有《西游记》。

J0084930

西游记　（2）吴承恩原著；中央电视台动画部制作

北京　中国少年儿童出版社　1999 年　128 页

19cm（小 32 开）ISBN：7-5007-4727-6

定价：CNY12.80

（52 集电视卡通系列丛书）

J0084931

西游记　（3）吴承恩原著；中央电视台动画部制作

北京　中国少年儿童出版社　1999 年　128 页

19cm（小 32 开）ISBN：7-5007-4724-1

定价：CNY12.80

（52 集电视卡通系列丛书）

J0084932

西游记　（4）吴承恩原著；中央电视台动画部制作

北京　中国少年儿童出版社　1999 年　128 页

19cm（小 32 开）ISBN：7-5007-4724-1

定价：CNY12.80

（52 集电视卡通系列丛书）

J0084933

西游记　（5）吴承恩原著；中央电视台动画部制作

北京　中国少年儿童出版社　1999 年　128 页

19cm（小 32 开）ISBN：7-5007-4911-2

定价：CNY12.80

（52 集电视卡通系列丛书）

J0084934

西游记　（6）吴承恩原著；中央电视台动画部制作

北京　中国少年儿童出版社　1999 年　128 页

19cm（小 32 开）ISBN：7-5007-4912-0

定价：CNY12.80

（52 集电视卡通系列丛书）

J0084935

西游记　（7）吴承恩原著；中央电视台动画部制作

北京　中国少年儿童出版社　1999 年　128 页

19cm（小 32 开）ISBN：7-5007-4913-9

定价：CNY12.80

（52 集电视卡通系列丛书）

J0084936

西游记　（8）吴承恩原著；中央电视台动画部制作

北京　中国少年儿童出版社　1999 年　128 页

19cm（小 32 开）ISBN：7-5007-4914-7

定价：CNY12.80

（52 集电视卡通系列丛书）

J0084937

小飞虎漫游因特网　（1）良园编文；陈永镇工作室绘

合肥　安徽教育出版社　1999 年　64 页　29×21cm

ISBN：7-5336-2398-3（精装）定价：CNY24.00

（动画故事系列）

J0084938

小飞虎漫游因特网　（2）良园编文；陈永镇工作室绘

合肥　安徽教育出版社　1999 年　64 页　29×21cm

ISBN：7-5336-2399-1（精装）定价：CNY24.00

（动画故事系列）

J0084939

小飞虎漫游因特网　（3）良园编文；陈永镇工作室绘

合肥　安徽教育出版社　1999 年　64 页　29×21cm

ISBN：7-5336-2400-9（精装）定价：CNY24.00

（动画故事系列）

J0084940

小金刚卡通系列丛书　冯三羊编；姜竹松，吴昧兵绘

北京 中国少年儿童出版社 1999 年 4 册
17×19cm ISBN：7-5007-4591-5（精装）
定价：CNY36.60

J0084941
新动画大世界 （安徒生童话）徐德霞改编；
吴冠英等绘
北京 中国少年儿童出版社 1999 年 2 册
17×18cm ISBN：7-5007-4975-9（精装）
定价：CNY46.00

J0084942
学问猫教汉字 （2）北京电视台青少部，冠
英(天津)动画有限公司编
北京 科学普及出版社 1999 年 93 页 26cm（16开）
ISBN：7-110-03390-2 定价：CNY19.00
（学问猫系列丛书）
　　中国现代动画画册。

J0084943
倚天屠龙记 邝世杰编绘
乌鲁木齐 新疆青少年出版社 1999 年 4 册
19cm（小 32 开）ISBN：7-5371-3570-3
定价：CNY35.20
（精品卡通故事系列）

J0084944
勇闯海底城 （葫芦兄妹新传）姚忠礼编文；
胡进庆绘
上海 上海人民美术出版社 1999 年 60 页
26cm（16 开）ISBN：7-5322-2221-7
定价：CNY10.00
　　中国现代动画作品。

J0084945
宇宙叛乱 重庆天辰艺术有限公司编
北京 中国三峡出版社 1999 年 162 页
20cm（32 开）ISBN：7-80099-385-X
定价：CNY10.00
（白垩纪魔幻卡通系列 1）

J0084946
月亮街 （第 1 集）江俊峰，江燕红原作；邸萌
改编
石家庄 河北教育出版社 1999 年 17×18cm

ISBN：7-5434-3642-6（精装）定价：CNY17.80
　　中国现代动画画册。

J0084947
月亮街 （第 2 集）江俊峰，江燕红原作；邸萌
改编
石家庄 河北教育出版社 1999 年 17×18cm
ISBN：7-5434-3643-4（精装）定价：CNY17.80
　　中国现代动画画册。

J0084948
月亮街 （第 3 集）江俊峰，江燕红原作；邸萌
改编
石家庄 河北教育出版社 1999 年 17×18cm
ISBN：7-5434-3644-2（精装）定价：CNY17.80
　　中国现代动画画册。

J0084949
追踪独眼狼 王永波文；王莺，陈粤琪绘
福州 福建少年儿童出版社 1999 年 156 页
15×13cm ISBN：7-5395-1767-0 定价：CNY6.00
（大袋鼠探长和小恐龙）
　　中国现代动画画册。

J0084950
走进灵魂 重庆天辰艺术有限公司编
北京 中国三峡出版社 1999 年 162 页
20cm（32 开）ISBN：7-80099-385-X
定价：CNY10.00
（白垩纪魔幻卡通系列 5）

中国其他用途绘画作品——
立体画、崖画、铜器画等

J0084951
针笔透视专集图法 盛扬忠著
台北 三豪书局［1900—1999 年］129 页 有图
27cm（16 开）精装

J0084952
影绘 （第 1 集）中华图案研究会编
上海 中华图案研究会 1931 年［160］页

19cm（32 开）

　　本书为中国现代影画画册，收入的是剪影画，亦称黑影画，收 200 余幅。

J0084953

儿童生活影画　邱祖深绘编
上海　儿童书局 1932 年［60］页 19cm（32 开）
定价：大洋三角

　　本书收游戏集团、小商店、小招待、吃的幻想等 29 种场景的儿童生活影画。

J0084954

儿童生活影画　邱祖深绘编
上海　儿童书局 1932 年　再版［60］页
19cm（32 开）定价：大洋三角

　　本书收游戏集团、小商店、小招待、吃的幻想等 29 种场景的儿童生活影画。

J0084955

寄远黑影画集　周寄远作
上海　商务印书馆 1934 年［60］页 19cm（32 开）
定价：大洋三角

　　本书收 30 幅黑影画。

J0084956

影绘　陈之佛编
上海　天马书店 1937 年　再版 2 册（［320］页）
有图 18cm（15 开）定价：五角

　　本书为中国现代影画册，收 200 余幅作品。作者陈之佛（1896—1962），画家、工艺美术家。又名陈绍本、陈杰，号雪翁。毕业于浙江省工业专门学校染织科机织专业，曾留学日本，入东京美术学校工艺图案科。曾任教于上海美术专科学校及中央大学艺术系，任南京大学、南京师范学院教授，历任江苏美协副主席、南京艺术学院副院长、中国美术家协会理事等职。代表作品有《瑞安名胜古诗选》《旅美纪行》《江村集》等。

J0084957

儿童生活影画　傅天奇编绘
石家庄　河北人民美术出版社 1955 年　影印本
56 页　13×18cm 定价：CNY0.23

J0084958

敬祝毛主席万寿无疆　（毛主席画像选编）青

海省群艺馆革命领导小组编
西宁　青海省群艺馆革命领导小组 1968 年 37 页
有图 13cm（60 开）

J0084959

马得戏曲画　高马得绘
香港　集古斋［1980—1989 年］25cm（小 16 开）
定价：HKD120.00

　　本书是中国现代绘画画册。作者高马得（1917—2007），国画家。江苏南京人，毕业于天津河北省立水产专科学校。江苏省国画院一级美术师、中国美术家协会会员、江苏分会理事。代表作品《画戏话戏》《画碟余墨》《马得水墨小品》等。

J0084960

好乖乖　田原画；鲁兵诗
［合肥］安徽人民出版社 1982 年 30 页
19cm（24 开）统一书号：8102.1245 定价：CNY0.46

　　本书由具有民间艺术风味的玩具画组成，有《好乖乖》《过新年》《出了》《上学去》《饮》《打虎》等。

J0084961

若芳唱片封面画选　王若芳绘
长沙　湖南美术出版社 1984 年 20cm（32 开）
统一书号：8233.638 定价：CNY7.90

　　本书选收作者唱片封面画 48 幅，每幅画都附有歌词。

J0084962

好乖乖　田原绘；鲁兵诗
［合肥］安徽人民出版社 1985 年　重印本
26cm（16 开）统一书号：8380.30 定价：CNY0.57

　　本书由 34 幅具有民间艺术风味的玩具画组成，其中《犟牛》《纳凉》《夏塘小友》《斗蟋蟀》《掏鸟蛋》5 幅画，送往日本参加“亚洲文化中心 1982 年度野间儿童画书插图比赛”。

J0084963

花山　（周氏兄弟岩画艺术）周少立，周少宁绘
桂林　漓江出版社 1985 年 36 页 24cm（12 开）
精装 定价：CNY16.00

　　本书内容为花山岩石画，所收作品均有着浓郁的民族风格和强烈的地方色彩。作者周少

立（1950— ），周少宁（1957— ），合称周氏兄弟，广西武鸣人。曾在上海戏剧学院学习舞台美术，在中央工艺美术学院学习壁画。担任广西艺术创作中心创作员。作品有《源》《百衣鸟》，出版有《周氏兄弟画集》。

J0084964

毛诗品物图考 冈元风纂辑

北京 北京市中国书店 1985年 影印 19cm（32开）
定价：CNY1.50

本书系中国古代动物画诗经图谱专著。

J0084965

交通工具 程圻等编绘

天津 天津人民美术出版社 1987年 200页
19cm（32开）ISBN：7-5305-0084-8
定价：CNY2.30

中国现代绘画作品。

J0084966

中国阿尔泰山岩画 （汉英对照）新疆维吾尔自治区阿勒泰地区文化处文管所编；赵养锋等临图

西安 陕西人民美术出版社 1987年 128页
有图 27cm（16开）
定价：CNY13.80，CNY17.50（精装）

J0084967

美术画典 （中国古建筑）常春等编绘

天津 天津人民美术出版社 1988年 188页
19cm（32开）ISBN：7-5305-0147-X
定价：CNY3.10
（美术画典）

中国古代建筑图案。作者常春（1933— ），河北阜城人。原名李凤楼。先后任《解放日报》记者、上海人民美术出版社编辑室主任等职，并兼任《摄影家》杂志主编。中国摄协上海分会会员。主要作品有《出击》《横跨激流》《上工》等。

J0084968

妈妈咪亚 陵冬绘著

台北 民生报社 1990年 142页 有图 21cm（32开）
ISBN：957-08-0445-9 定价：TWD100.00
（民生报妇女丛书）

中国现代绘画画册。

J0084969

中国民间玩具画选 （汉英文对照）田原绘

合肥 安徽少年儿童出版社 1991年 26cm（16开）
精装 ISBN：7-5397-0156-0 定价：CNY18.00

本书作品带有乡土气息的纯朴、清新和童稚，每幅作品只绘一人（或一小孩、一小动物）在一大动物背上玩耍，无论是布娃、布虎、布鱼还是福妹、泥兔、泥狐、骑驴小姑、竹龙、瓷鸽哨子和纸鼠等，都极富情趣。

J0084970

中国成语艺术组字画 邓连生编绘

广州 新世纪出版社 1992年 140页 14×16cm
ISBN：7-5405-0534-6 定价：CNY3.00

本作品系中国现代简笔画。

J0084971

室内效果图画法与技法 尼姝丽主编

哈尔滨 东北林业大学出版社 1998年 222页
26cm（16开）ISBN：7-81008-910-2
定价：CNY28.80

J0084972

电脑设计图形集锦 北京森淼园文化传播有限公司编

北京 九洲图书出版社 1999年 1盒［64张］
29cm（16开）散页套装 ISBN：7-80114-469-4
定价：CNY130.00
（森淼园书坊）

J0084973

烟画·短篇故事 （冷冰川的世界）张光宇编绘

济南 山东画报出版社 1999年 101页 14×10cm
ISBN：7-80603-419-6 定价：CNY6.50

中国现代绘画作品。作者张光宇（1900—1965），画家、教授。江苏无锡人。现代中国装饰艺术的奠基者之一，执教于中央美术学院、中央工艺美术学院，中国美术家协会理事。著有《张光宇插图集》，创作设计动画影片《大闹天宫》。

中国其他绘画作品——宗教画、儿童画、农民画等

J0084974

[彩绘禅宗故事]
清　彩绘本　12 幅　有图　散叶

J0084975

仇文合制西厢记图册　王鲲徒收藏
上海　文华美术图书公司　1933 年　34cm（10 开）

J0084976

儿童画选　吴洛编
上海　开明书店　1950 年　48 叶　13×18cm
定价：CNY6.00
　　本书是根据华北育才小学校美术小组经验总结的中国儿童画册。

J0084977

儿童画选　张敷等绘
上海　上海教育出版社　1951 年　69 页　19cm（32 开）
定价：旧币 6,500 元
　　本书内容为 1951 年六一国际儿童节征画选集。

J0084978

儿童生活画集　姜康甫编绘
上海　春秋书社　1953 年　影印本　60 页
18cm（15 开）定价：旧币 3,000 元

J0084979

中国儿童图画选集　人民美术出版社辑
北京　人民美术出版社　1954 年　34 页　26cm（16 开）
定价：旧币 30,000 元

J0084980

少年儿童图画　（4）少年儿童图画编辑委员会编绘
上海　上海儿童读物出版社　1955 年　影印本
13×18cm

J0084981

少年儿童图画　（6）少年儿童图画编辑委员会编绘
上海　上海儿童读物出版社　1955 年　影印本
13×18cm

J0084982

少年儿童图画　（8）少年儿童图画编辑委员会编绘
上海　上海儿童读物出版社　1955 年　影印本
13×18cm

J0084983

少年儿童图画　（10）少年儿童图画编辑委员会编绘
上海　上海儿童读物出版社　1955 年　影印本
13×18cm　定价：CNY0.09

J0084984

少年儿童图画　（12）少年儿童图画编辑委员会编绘
上海　上海儿童读物出版社　1955 年　影印本
13×18cm　定价：CNY0.09

J0084985

西南儿童图画选集　中国美术家协会重庆分会辑
成都　四川人民出版社　1955 年　40 页　22cm（16 开）
定价：CNY1.20

J0084986

丽温线上　张怀江作
武汉　长江文艺出版社　1956 年　1 张
定价：CNY0.08
　　中国现代钢笔画作品。作者张怀江（1922—1989），版画家、教授。原名隆超，笔名施木、槐岗等。浙江乐清人，毕业于上海美术专科学校，从版画家野夫学习木刻。曾任杭州西湖艺专为版画系讲师，浙江美术学院教务长、教授。代表作有《鲁迅和方志敏》《农村妇女》等。

J0084987

中苏少年儿童图画选集　陈鹏编辑
北京　人民美术出版社　1956 年　影印本　37 页
21cm（32 开）统一书号：R8027.990
定价：CNY1.45

J0084988

中国儿童画选 人民美术出版社编
北京 人民美术出版社 1957年 影印本 60页
21cm（32开）精装 统一书号：8028.1181
定价：CNY3.70

J0084989

阜阳农民画选集 安徽省文联等编
北京 人民美术出版社 1958年 19cm（32开）
统一书号：8027.2402 定价：CNY0.22

J0084990

邳县农民画 江苏省群众艺术馆，江苏文艺出版社编选
南京 江苏文艺出版社 1958年 42页 18cm（15开）
统一书号：8141.528 定价：CNY0.15
　　本作品收录54幅图

J0084991

庆丰收 邳县农民作
上海 上海人民美术出版社 1958年 57页
20cm（32开）统一书号：T8081.4212
定价：CNY0.50
（工农兵美术作品选辑 之二）
　　中国现代农民画画册。

J0084992

广东农民画选 （第一集）广东省群众艺术馆，中国美术家协会广州分会编
广州 广东人民出版社 1959年 54页 21cm（32开）
统一书号：8111.291 定价：CNY0.50

J0084993

乐清农民画集 乐清县文化馆编
杭州 浙江人民美术出版社 1959年 影印本
13×18cm
（浙江群众画丛 一）

J0084994

绵阳农民画选 绵阳县文联编
成都 四川人民出版社 1959年 37页 19cm（32开）
统一书号：T8118.259 定价：CNY0.15
（四川群众美术创作选 之一）

J0084995

邳县农民画 江苏人民出版社编
南京 江苏人民出版社 1959年 1册（42幅）
32cm（10开）
　　本作品是邳县农民群众在党的领导下，根据为政治、为生产服务的方针创作出来的农民画，表现农民在社会主义建设中的冲天干劲和美好理想。

J0084996

邳县农民画 许克俭等作
[1959年] 1册（18幅）32cm（10开）折页精装
定价：CNY10.00

J0084997

少年儿童画选 上海市教育局等主编
上海 少年儿童出版社 1959年 重印本
21cm（32开）精装 统一书号：R10024.2406
定价：CNY1.00

J0084998

北京市周口店区农民画选集 北京市文联美术组编辑
北京 人民美术出版社 1960年 41幅 19cm（32开）
统一书号：T8027.3209 定价：CNY0.24

J0084999

高举列宁主义的战斗旗帜前进 王角，田郁文作
北京 人民美术出版社 1960年 [1张]
定价：CNY0.16
　　中国现代绘画作品。作者王角（1917—1995），画家。吉林九台人，别名大珂，毕业于辽宁美专。历任《东北画报》社美术记者，人民美术出版社美术编辑、创作室创作员。作品有《花径》《金色的谷》《江姐》等。作者田郁文（1928— ）。画家。山东青岛人，毕业于中央美术学院。历任人民美术出版社编辑室主任、副总编辑、社长、编审，中国美术家协会会员。作品有《毛主席万岁》《祖国万岁》《庆丰收》等。

J0085000

欢迎毛泽东同志回韶山考察农民运动 陈子云作
[长沙]湖南人民出版社 1960年 [1张]

定价: CNY0.20

中国现代绘画作品。

J0085001

欢迎毛主席 张碧梧作

天津 天津美术出版社 1960 年 ［1 张］

定价: CNY0.13

中国现代绘画作品。作者张碧梧(1905—1987)，画家。江苏江阴人。曾任上海人民美术出版社特约年画作者，中国美术家协会会员。代表作品有《百万雄师渡长江》《养小鸡捐飞机》等。

J0085002

纪念伟大的革命导师列宁诞生九十周年
蒋兆和作

北京 人民美术出版社 1960 年 ［1 张］

定价: CNY0.32

中国现代绘画作品。作者蒋兆和(1904—1986)，国画家、美术教育家。原名万绥，改名兆和。生于四川泸州，祖籍湖北麻城。历任上海美术专科学校、中央美术学院教授，中国美术家协会理事，中国文联委员，中国画研究院院务委员，民盟中央文教委员会委员。代表作品《流民图》，出版有《蒋兆和画册》《蒋兆和画集》《蒋兆和画选》等。

J0085003

纪念伟大的革命导师列宁诞生九十周年 努力学习毛泽东著作 邓庆铭，路长龄作

沈阳 辽宁美术出版社 1960 年 ［1 张］

定价: CNY0.11

中国现代绘画作品。

J0085004

列宁——无产阶级革命的伟大导师

(1870—1960) 钱大昕作

上海 上海人民美术出版社 1960 年 ［1 张］

定价: CNY0.11

中国现代绘画作品。作者钱大昕(1922—)，画家。上海人。擅长宣传画、美术编辑。历任上海人民美术出版社年画宣传画编辑室副主任、副总编辑、编审。作品有《争取更大丰收献给社会主义》《列宁—无产阶级革命的伟大导师》《延河长流鱼水情深》，合著有《怎样画宣传画》。

J0085005

列宁主义万岁！ 翁逸之作

上海 上海人民美术出版社 1960 年 ［1 张］

定价: CNY0.11

中国现代绘画作品。作者翁逸之(1921—1995)，生于上海青浦县。曾任上海人民美术出版社编审、中国美术家协会会员、上海美协理事、上海粉画学会顾问等。师承张充仁，创作了许多招贴画、油画和粉画。作品入选香港、日本、波茨瓦那画展，旅居西班牙期间举办过个人画展，作品曾多次获奖，有些被收藏于中国美术馆、上海及各地的美术馆。画有《保卫和平是英雄建设祖国是好汉》《全民皆兵保卫祖国》《庆祝中华人民共和国成立三十五周年》《庆祝中国共产党成立六十周年》《热烈庆祝五届全运会胜利召开》等。

J0085006

毛泽东同志在韶山组织"雪耻会" 符仕柱作

长沙 湖南人民出版社 1960 年 ［1 张］

定价: CNY0.20

中国现代绘画作品。

J0085007

毛主席爱儿童 阿志作

沈阳 辽宁人民出版社 1960 年 5 张(套)

定价: CNY0.40

中国现代绘画作品。

J0085008

毛主席和各民族在一起 杨鹏作

天津 天津美术出版社 1960 年 ［1 张］

定价: CNY0.13

中国现代绘画作品。

J0085009

毛主席来到咱公社丰产田 胡忠元画

长春 吉林人民出版社 1960 年 ［1 张］

定价: CNY0.12

中国现代绘画作品。

J0085010

毛主席沁园春(长沙)词意 傅抱石作

沈阳 辽宁美术出版社 1960 年 ［1 张］

定价: CNY0.08

中国现代绘画作品。作者傅抱石(1904—1965)，画家。原名长生、瑞麟，号抱石斋主人。生于江西南昌，祖籍江西新余，早年留学日本。历任南京师范学院教授、江苏国画院院长等职。代表作品有《山阴道上》《钟馗》《屈原》《江山如此多娇》，著有《中国古代绘画之研究》《中国绘画变迁史纲》等。

J0085011

毛主席吟诗　谢之光作
上海　上海人民美术出版社　1960 年［1 张］
定价：CNY0.12
　　中国现代绘画作品。作者谢之光(1900—1976)，美术家、画家。浙江余姚人，毕业于上海美术专科学校。曾任上海中国画院画师。代表作品有《铁水奔流》《洛神》。

J0085012

毛主席在延安　刘文西作
西安　长安美术出版社　1960 年［1 张］
定价：CNY0.10
　　中国现代绘画作品。作者刘文西(1933—2019)，生于浙江嵊州。中国美术协会顾问、陕西省文艺界联合会顾问、陕西省美协副主席、西安美术学院名誉院长、西安美院研究院院长、延安市副市长。重要作品有《毛主席和牧羊人》《东方》《解放区的天》和巨幅系列长卷《黄土人》等近百幅。

J0085013

少年儿童画选　上海市教育局等主编
上海　少年儿童出版社　1960 年　重印本
21cm（32 开）精装　统一书号：R10024.2406
定价：CNY1.40

J0085014

我们敬爱的领袖毛主席　天津美术出版社德裕公制
1960 年［1 张］
　　中国现代绘画作品。

J0085015

献给敬爱的毛主席　施珍贵，赵卿云作
福州　福建人民出版社　1960 年［1 张］
定价：CNY0.11

中国现代绘画作品。

J0085016

向毛主席献礼　戴仁作
天津　天津美术出版社　1960 年［1 张］
定价：CNY0.13
　　中国现代绘画作品。作者戴仁(1934—　)，浙江温州人。中国美术家协会会员，浙江省美术家协会理事，浙江省科普艺术协会理事。主要作品有连环画《三个勇士》《棠棣之花》《胭脂》等。

J0085017

儿童画　上海人民美术出版社编辑
上海　上海人民美术出版社　1961 年　15 幅
19cm（32 开）统一书号：R8081.5066
定价：CNY1.00，CNY2.20（精装）
　　中国现代儿童画作品选集。

J0085018

1965 年画贺年片缩样　黄旭等作
南宁　广西民族出版社　1965 年　19×26cm
　　中国现代绘画贺年片作品。

J0085019

同安县农民画展作品选　福建人民出版社编辑
福州　福建人民出版社　1966 年　69+5 页　有图
19cm（32 开）统一书号：T8104.453
定价：CNY0.35
　　本书收入农民画 59 幅，作品具有浓厚的生活气息。

J0085020

工农兵画页　青海省群众文化处编
西宁　青海人民出版社　1971 年　2 页 76cm（2 开）
定价：CNY0.20

J0085021

户县农民画选　（第一辑）陕西人民出版社编辑
西安　陕西人民出版社　1971 年　13×19cm
统一书号：8094.137　定价：CNY0.20

J0085022

户县农民画选　（第四辑）［陕西人民出版社编辑］
西安　陕西人民出版社　1971 年　13×18cm

统一书号：8094.140 定价：CNY0.20

本书系中国陕西户县农民画选集。

J0085023

户县农民画选 （第二辑）［陕西人民出版社编辑］

西安 陕西人民出版社 1972 年 13×18cm

统一书号：8094.159 定价：CNY0.20

J0085024

户县农民画选 （第三辑）［陕西人民出版社编辑］

西安 陕西人民出版社 1972 年 13×18cm

统一书号：8094.172 定价：CNY0.20

J0085025

户县农民画选 陕西人民出版社编辑

西安 陕西人民出版社 1974 年 10 页 18×26cm

统一书号：8094.338 定价：CNY0.40

J0085026

户县农民画选集 陕西人民出版社编辑

西安 陕西人民出版社 1974 年 1 册（70 幅）27cm（16 开）精装 定价：CNY3.70

J0085027

户县农民画选 （2）陕西人民出版社编辑

西安 陕西人民出版社 1975 年 10 幅 26cm（16 开）

套装 统一书号：8094.371 定价：CNY0.40

J0085028

户县农民画选 陕西人民出版社编辑

西安 陕西人民出版社 1975 年 30 幅 26cm（16 开）

统一书号：8168.2 定价：CNY0.95

J0085029

毛主席声音传下来 （户县农民画）户县红画兵供稿

西安 陕西人民出版社 1971 年［1 张 78cm（2 开）

定价：CNY0.11

中国现代农民画作品

J0085030

今日新向——陕西户县新向大队新貌 （户县农民画）户县文化馆供稿

西安 陕西人民出版社 1972 年 76cm（2 开）

定价：CNY0.16

J0085031

刘胡兰 江苏省展览馆供稿

南京 江苏人民出版社 1972 年 19cm（32 开）

定价：CNY0.14

中国现代儿童文学图画故事集。

J0085032

鲁迅——伟大的革命家、思想家、文学家 路焕华作

杭州 浙江人民出版社 1972 年 15cm（40 开）

定价：CNY0.11

中国现代绘画作品。

J0085033

生产队的科研小组 姜书璞，杨文仁画

济南 山东人民出版社 1972 年 1 张 76cm（2 开）

定价：CNY0.11

中国现代绘画作品。作者杨文仁（1941— ），画家。生于山东青岛。山东师范学院艺术系中国画专业毕业。历任泰安师范美术教师、山东省艺术馆美术干部、山东师范大学美术系教师。山东省美术馆一级美术师、山东省美术家协会副主席。出版有《杨文仁花鸟画集》《杨文仁国画精品集》《荷花画法》等。

J0085034

夏收之前 （户县农民画）户县文化馆供稿

西安 陕西人民出版社 1972 年 1 张 76cm（2 开）

定价：CNY0.16

中国现代户县农民画作品。

J0085035

鸦片战争虎门人民英雄斗争 （广东人民反帝斗争史画）鸦片战争虎门人民抗英纪念馆编

广州 广东人民出版社 1972 年 1 册 15cm（40 开）

定价：CNY0.21

（广东人民反帝斗争史画 第一辑）

中国现代绘画作品。

J0085036

户县农民画选 户县文化馆编

北京 人民美术出版社 1973 年 44 页 18cm（15 开）

统一书号：8027.5671 定价：CNY0.56

J0085037
上海少年儿童画选　上海人民出版社编辑
上海 上海人民出版社 1973 年 41 页 17cm（40 开）
统一书号：R8171.635 定价：CNY0.84

J0085038
采药　（木版水印，绫裱画片）白绪号作
北京 荣宝斋 1974 年 76cm（2 开）
定价：CNY0.20
　　中国现代农民画作品。

J0085039
采药归来　刘志德作
西安 陕西人民出版社 1974 年［1 张］
76cm（2 开）定价：CNY0.14
　　中国现代农民画作品。作者刘志德（1940—　），
农民画家，一级画师。陕西户县人，户县农民画
代表人物。历任中国农民书画研究会副会长、中
国民俗艺术研究院院士。有专著《老书记传奇》。

J0085040
车把式　柳绪绪作
天津 天津人民美术出版社 1974 年［1 张］
76cm（2 开）定价：CNY0.14
　　中国现代农民画作品。

J0085041
春锄　李凤兰作
北京 人民美术出版社 1974 年［1 张］76cm（2 开）
定价：CNY0.14
　　中国现代农民画作品。

J0085042
春锄　（选自户县农民画展）李凤兰作
上海 上海人民出版社 1974 年［1 张］76cm（2 开）
定价：CNY0.11

J0085043
春锄　（户县农民画 1975 年年历）李凤兰作
昆明 云南人民出版社 1974 年 39cm（4 开）
定价：CNY0.10
　　中国现代户县农民画作品。

J0085044
打靶归来　张兴隆作
西安 陕西人民出版社 1974 年［1 张］
76cm（2 开）定价：CNY0.14
　　中国现代农民画作品。

J0085045
大队图书室　赵坤汉作
石家庄 河北人民出版社 1974 年［1 张］
76cm（2 开）定价：CNY0.14
　　中国现代农民画作品。

J0085046
大队图书室　赵坤汉作
西安 陕西人民出版社 1974 年［1 张］
76cm（2 开）定价：CNY0.14
　　中国现代农民画作品。

J0085047
大队图书室　（选自户县农民画展）赵坤汉作
上海 上海人民出版社 1974 年［1 张］76cm（2 开）
定价：CNY0.11

J0085048
大队鸭群　李振华作
北京 人民美术出版社 1974 年［1 张］76cm（2 开）
定价：CNY0.11
　　中国现代农民画作品。

J0085049
大队养鸡场　（户县农民画 1975 ～ 1977 三年
节气表）马亚利画
石家庄 河北人民出版社 1974 年 53cm（4 开）
定价：CNY0.08
　　1975—1977 年历书，中国现代户县农民画
作品。

J0085050
大队养鸡场　马亚利作
北京 人民美术出版社 1974 年［1 张］76cm（2 开）
定价：CNY0.11
　　中国现代农民画作品。

J0085051
大队养鸡场　马亚利作

西安 陕西人民出版社 1974 年 [1 张]
76cm（ 2 开) 定价: CNY0.14
　　中国现代农民画作品。

J0085052
大战曲峪河 （选自户县农民画展）刘志德作
上海 上海人民出版社 1974 年 [1 张] 76cm（ 2 开)
定价: CNY0.11
　　作者刘志德(1940—)，农民画家，一级画
师。陕西户县人，户县农民画代表人物。历任中
国农民书画研究会副会长、中国民俗艺术研究院
院士。有专著《老书记传奇》。

J0085053
丰收之后 刘知贵作
沈阳 辽宁人民出版社 1974 年 [1 张]
76cm（ 2 开) 定价: CNY0.11
　　中国现代农民画作品。

J0085054
丰收之后 刘知贵作
昆明 云南人民出版社 1974 年 [1 张]
76cm（ 2 开) 定价: CNY0.11
　　中国现代农民画作品。

J0085055
"公社" 春常在 马振龙作
沈阳 辽宁人民出版社 1974 年 [1 张]
76cm（ 2 开) 定价: CNY0.11
　　中国现代农民画作品。

J0085056
"公社" 春常在 马振龙作
天津 天津人民美术出版社 1974 年 [1 张]
76cm（ 2 开) 定价: CNY0.14
　　中国现代农民画作品。

J0085057
"公社" 的羊群 （木版水印, 绫裱画片）白天学作
北京 荣宝斋 1974 年 76cm（ 2 开)
定价: CNY18.00
　　中国现代农民画作品。

J0085058
"公社" 鱼塘 董正谊作

石家庄 河北人民出版社 1974 年 [1 张]
76cm（ 2 开) 定价: CNY0.14
　　中国现代农民画作品。

J0085059
"公社" 鱼塘 董正谊作
北京 人民美术出版社 1974 年 [1 张] 76cm（ 2 开)
定价: CNY0.11
　　中国现代农民画作品。

J0085060
"公社" 鱼塘 董正谊作
西安 陕西人民出版社 1974 年 [1 张]
76cm（ 2 开) 定价: CNY0.14
　　中国现代农民画作品。

J0085061
"公社" 鱼塘 董正谊作
昆明 云南人民出版社 1974 年 [1 张]
76cm（ 2 开) 定价: CNY0.11
　　中国现代农民画作品。

J0085062
广阔的道路 白绪号作
北京 人民美术出版社 1974 年 [1 张] 76cm（ 2 开)
定价: CNY0.11
　　中国现代农民画作品。

J0085063
红色电波传喜讯 刘知贵作
沈阳 辽宁人民出版社 1974 年 [1 张]
76cm（ 2 开) 定价: CNY0.11
　　中国现代农民画作品。

J0085064
户县农民画 武生勤等作
北京 人民美术出版社 1974 年 26×28cm
统一书号: 8027.5953 定价: CNY0.80

J0085065
户县农民画 户县文化馆编
西安 陕西人民出版社 1974 年 15×11cm
统一书号: 8094.225 定价: CNY0.65

J0085066
户县农民画　刘志德等作
上海 上海人民出版社 1974年 26页 26cm（16开）
统一书号：8171.908 定价：CNY1.00

J0085067
户县农民画选
1974年 26cm（16开）

J0085068
户县农民画选集　国务院文化组美术作品征
集小组编
北京 人民美术出版社 1974年 80幅 29cm（15开）
统一书号：8027.5871 定价：CNY8.00

J0085069
户县农民画展览选辑
昆明 云南人民出版社 1974年 10页 38cm（6开）
统一书号：8116.637 定价：CNY0.80

J0085070
金色的秋天　张林，冯厚娃作
北京 人民美术出版社 1974年［1张］38cm（6开）
定价：CNY0.04
　　中国现代农民画作品。作者张林（1936— ），
中国曲艺家协会会员，黑龙江省曲艺理论研究会
会长，艺术学会理事，剧协、音协、地方戏学会
会员。

J0085071
紧握手中枪　宋厚成作
北京 人民美术出版社 1974年［1张］76cm（2开）
定价：CNY0.11
　　中国现代农民画作品。

J0085072
紧握手中枪　宋厚成作
天津 天津人民美术出版社 1974年［1张］
76cm（2开）定价：CNY0.11
　　中国现代农民画作品。

J0085073
军民友谊赛　（选自户县农民画展）白绪号作
上海 上海人民出版社 1974年［1张］76cm（2开）
定价：CNY0.11

J0085074
老书记　刘志德作
北京 人民美术出版社 1974年［1张］53cm（4开）
定价：CNY0.07
　　中国现代农民画作品。作者刘志德
（1940— ），农民画家，一级画师。陕西户县人，
户县农民画代表人物。历任中国农民书画研究
会副会长、中国民俗艺术研究院院士。有专著《老
书记传奇》。

J0085075
老书记　刘志德作
西安 陕西人民出版社 1974年［1张］
76cm（2开）定价：CNY0.14
　　中国现代农民画作品。

J0085076
老书记　刘志德作
上海 上海人民出版社 1974年［1张］76cm（2开）
定价：CNY0.11
　　中国现代农民画作品。

J0085077
老书记　（胶印轴画）刘志德作
天津 天津杨柳青画店 1974年［1轴］
定价：CNY0.52
　　中国现代农民画作品。

J0085078
老书记　刘志德作
昆明 云南人民出版社 1974年［1张］
76cm（2开）定价：CNY0.11
　　中国现代农民画作品。

J0085079
牛东"公社"阶级教育展览画选　（选自户县
农民画展）牛东"公社"业余美术组作
上海 上海人民出版社 1974年［1张］76cm（2开）
定价：CNY0.11

J0085080
全家学公报　（选自户县农民画展）杜志廉作
上海 上海人民出版社 1974年［1张］76cm（2开）
定价：CNY0.11

J0085081
山村变了样　马建亚作
北京 人民美术出版社 1974年［1张］76cm（2开）
定价：CNY0.14
　　中国现代农民画作品。

J0085082
山村变了样　马建亚作
天津 天津人民美术出版社 1974年［1张］
76cm（2开）定价：CNY0.14
　　中国现代农民画作品。

J0085083
山村医疗站　刘志德作
沈阳 辽宁人民出版社 1974年［1张］
53cm（4开）定价：CNY0.07
　　中国现代农民画作品。

J0085084
山村医疗站　（选自户县农民画展）刘志德作
上海 上海人民出版社 1974年［1张］76cm（2开）
定价：CNY0.11

J0085085
商店新风　（选自户县农民画展）程敏生作
上海 上海人民出版社 1974年［1张］76cm（2开）
定价：CNY0.11

J0085086
上党课　（选自户县农民画展）刘知贵作
上海 上海人民出版社 1974年［1张］76cm（2开）
定价：CNY0.11

J0085087
上海少年儿童画选　上海人民出版社编辑
上海 上海人民出版社 1974年 13×19cm
统一书号：R8171.991 定价：CNY0.24

J0085088
牲畜饲养经验交流会　阎光辉作
天津 天津人民美术出版社 1974年［1张］
76cm（2开）定价：CNY0.14
　　中国现代农民画作品。

J0085089
铜墙铁壁　宋厚成作
西安 陕西人民出版社 1974年［1张］
76cm（2开）定价：CNY0.14
　　中国现代农民画作品。

J0085090
喜摘新棉　李凤兰作
北京 人民美术出版社 1974年［1张］38cm（6开）
定价：CNY0.04
　　中国现代农民画作品。

J0085091
业大更勤俭　张林作
沈阳 辽宁人民出版社 1974年［1张］
76cm（2开）定价：CNY0.11
　　中国现代农民画作品。作者张林（1936—　），
中国曲艺家协会会员，黑龙江省曲艺理论研究会
会长，艺术学会理事，剧协、音协、地方戏学会
会员。

J0085092
业大更勤俭　张林作
沈阳 辽宁人民出版社 1974年［1张］
53cm（4开）定价：CNY0.07
　　中国现代农民画作品。

J0085093
业大更勤俭　张林作
北京 人民美术出版社 1974年［1张］76cm（2开）
定价：CNY0.11
　　中国现代农民画作品。

J0085094
又是一桩喜事　白绪号作
沈阳 辽宁人民出版社 1974年［1张］
76cm（2开）定价：CNY0.11
　　中国现代农民画作品，选自户县农民画展。

J0085095
又是一桩喜事　白绪号作
沈阳 辽宁人民出版社 1974年［1张］
53cm（4开）定价：CNY0.07
　　中国现代农民画作品。

J0085096

又是一桩喜事 （选自户县农民画展）白绪号作
上海 上海人民出版社 1974 年［1 张］76cm（2 开）
定价：CNY0.11
　　中国现代农民画作品，作者为户县光明公社孝东大队社员。

J0085097

又一个丰收年 白德号作
天津 天津人民美术出版社 1974 年［1 张］
76cm（2 开）定价：CNY0.14
　　中国现代农民画作品。

J0085098

占领农村文化阵地 张林作
石家庄 河北人民出版社 1974 年［1 张］
76cm（2 开）定价：CNY0.14
　　中国现代农民画作品。

J0085099

占领农村文化阵地 张林作
西安 陕西人民出版社 1974 年［1 张］
76cm（2 开）定价：CNY0.14
　　中国现代农民画作品。

J0085100

湖北农民画选 湖北省美术摄影艺术展览会
供稿
武汉 湖北人民出版社 1975 年 17×18cm
定价：CNY0.40

J0085101

户县农民画 杨礼门摄
北京 人民美术出版社 1975 年 53cm（4 开）
定价：CNY0.20

J0085102

户县农民画
天津 天津人民美术出版社 1975 年 16 幅
26cm（16 开）统一书号：8073.50032
定价：CNY1.00

J0085103

户县农民画辑
北京 人民美术出版社 1975 年 18 幅 19cm（32 开）
统一书号：8027.5884 定价：CNY0.40

J0085104

户县农民画选集 国务院文化组美术作品征
集小组编
北京 人民美术出版社 1975 年 80 幅 29×28cm
统一书号：8027.5980 定价：CNY4.50

J0085105

挥笔画江山 （九台县农民画选）九台县文化
馆编
长春 吉林人民出版社 1975 年 28 页 20cm（32 开）
统一书号：8091.695 定价：CNY0.33

J0085106

江苏儿童画选 江苏人民出版社编辑
南京 江苏人民出版社 1975 年 21 页 18cm（15 开）
统一书号：8100.3.093 定价：CNY0.10

J0085107

旅大少年儿童画选 辽宁人民出版社编辑
沈阳 辽宁人民出版社 1975 年［38］页
19cm（32 开）统一书号：8090.478 定价：CNY0.23

J0085108

女支书 （户县农民画选）刘志德作
上海 上海人民出版社 1975 年［1 张］76cm（2 开）
定价：CNY0.11
　　中国现代户县农民画作品选集。作者刘志
德（1940—　），农民画家，一级画师。陕西户县
人，户县农民画代表人物。历任中国农民书画研
究会副会长、中国民俗艺术研究院院士。有专著
《老书记传奇》。

J0085109

深夜不眠 （户县农民画选）刘知贵作
沈阳 辽宁人民出版社 1975 年［1 张］
76cm（2 开）定价：CNY0.11
　　中国户县农民画作品选集。

J0085110

深夜不眠 （户县农民画选）刘知贵作
西安 陕西人民出版社 1975 年［1 张］
76cm（2 开）定价：CNY0.11
　　中国户县农民画作品选集。

J0085111

深夜不眠 （户县农民画选）刘知贵作
上海 上海人民出版社 1975 年［1 张］76cm（2 开）
定价：CNY0.11
　　中国户县农民画作品选集。

J0085112

王桥公社农民画选 杜桂叶等绘图
郑州 河南人民出版社 1975 年 20 幅 19cm（32 开）
统一书号：8105.540 定价：CNY0.40

J0085113

昔阳农民画选 昔阳县文化馆编
北京 人民美术出版社 1975 年 48 页
17×18cm（24 开）定价：CNY0.56

J0085114

选队长 （户县农民画选）程敏生作
上海 上海人民出版社 1975 年［1 张］76cm（2 开）
定价：CNY0.11
　　中国现代户县农民画作品。

J0085115

咱们队的小会计 （海伦农民画）黄万才作
哈尔滨 黑龙江人民出版社 1975 年［1 张］
76cm（2 开）定价：CNY0.14
　　年画形式的中国现代农民画作品。

J0085116

河南农民画选 河南省美术摄影艺术展览办
公室供稿
郑州 河南人民出版社 1976 年 43 幅
17×18cm 定价：CNY0.51
　　本书系河南省美术摄影艺术展览办公室供
稿的河南现代农民画画册。

J0085117

湖南少年儿童画选 湖南省少年儿童美术作
品展览会供稿
长沙 湖南人民出版社 1976 年 28 页 20cm（32 开）
统一书号：8109.1033 定价：CNY0.30

J0085118

农民画选集 宁波地区文化局供稿
杭州 浙江人民出版社 1976 年 48 页 17×18cm

定价：CNY0.60

J0085119

乾县儿童画选 中共乾县县委宣传部编
西安 陕西人民出版社 1976 年 32 页 19cm（32 开）
定价：CNY0.22

J0085120

全国少年儿童画选 辽宁人民出版社编辑
沈阳 辽宁人民出版社 1976 年 42 页 17×18cm
定价：CNY0.36

J0085121

上海儿童画选 （1975）
上海 上海人民出版社 1976 年 19cm（32 开）
定价：CNY0.24

J0085122

少年儿童画集
南宁 广西人民出版社 1976 年 18cm（32 开）
定价：CNY0.16

J0085123

昔阳县农民画 （农业学大寨专题展览作品选）
昔阳县农民画农业学大寨专题展览办公室编
太原 山西人民出版社 1976 年 14 幅 26cm（16 开）
统一书号：8088.1029 定价：CNY0.80

J0085124

**豫剧移植革命现代京剧红灯记主要唱段选
编** 河南省"革委"文化局地方戏曲唱腔改革
办公室编
郑州 河南人民出版社 1976 年 87 页 19cm（32 开）
统一书号：8105.546 定价：CNY0.18

J0085125

昔阳农民画 昔阳县文化馆编
太原 山西人民出版社 1977 年 16 幅 26cm（16 开）
定价：CNY1.00
　　山西昔阳现代农民画选集。

J0085126

麦盖提察布查尔农民画选
乌鲁木齐 新疆人民出版社 1978 年 20cm（32 开）
统一书号：M8098.275 定价：CNY0.62

本书系新疆现代农民画画册专著。

J0085127

上海农民画选　　上海人民美术出版社编辑
上海　上海人民美术出版社　1978 年　56 页
20cm（32 开）统一书号：8081.11053
定价：CNY2.30

J0085128

中国儿童画选　　中国人民保卫儿童委员会编
北京　人民美术出版社　1979 年　20cm（32 开）
统一书号：8027.7107　定价：CNY3.20

J0085129

"小花园"作品选　　《小朋友》编辑部编
上海　少年儿童出版社　1980 年　[60 页]
24cm（15 开）统一书号：R8024.3　定价：CNY0.62
中国现代儿童画作品选集。

J0085130

户县农民画　　（汉、英文对照）刘既新，王天育
摄影
西安　陕西人民美术出版社　1980 年　10 页
26cm（16 开）定价：CNY0.70
本书是中国摄影作品集。

J0085131

金山农民画　　上海人民美术出版社编辑
上海　上海人民美术出版社　1980 年　19 幅
18cm（15 开）套装　统一书号：8081.11680
定价：CNY0.93

J0085132

金山农民画　　（明信片辑　汉英文对照）金山县
文化馆供稿
上海　上海人民美术出版社　1980 年　19 张（套）
18cm（小 32 开）定价：CNY0.93
明信片，中国现代农民画选。

J0085133

可爱的儿童　　少年儿童出版社编
上海　少年儿童出版社　1981 年　116 页
20cm（32 开）统一书号：R8024.20　定价：CNY0.52
（少年儿童美术资料丛书）

J0085134

中国金山农民画　　上海人民美术出版社编辑
上海　上海人民美术出版社　1981 年　37cm（8 开）
精装　定价：非卖品

J0085135

陈永镇儿童画选　　陈永镇绘；陈清之选编
合肥　安徽人民出版社　1983 年　100 页
27cm（16 开）统一书号：8102.1289
定价：CNY12.00
本画选包括《小马过河》、《会摇尾巴的狼》
等 175 幅图。作者陈永镇（1936—　），浙江乐清
人。毕业于中国美术学院（浙江美院）。中国美术
家协会理事、中国儿童美术艺委会委员、安徽省
美协副主席。主要作品有《还是一样》《再给你
带上一个》等。

J0085136

我们的画　　（中国儿童画选编）中国人民保卫
儿童人国委员会编
北京　人民美术出版社　1983 年　16 幅　19cm（32 开）
统一书号：8027.8857　定价：CNY1.65

J0085137

1985：儿童画　　姚鸿发作
沈阳　辽宁少年儿童出版社　[1984 年] 54cm（4 开）
定价：CNY3.60
年历形式的中国现代儿童画作品。作者姚
鸿发（1940—2003），画家。生于浙江宁波。历任
辽宁出版社、辽宁美术出版社、辽宁人民出版社
任美术创作员及美术编辑，辽宁少年儿童出版社
综合编辑室主任，中国美术家协会会员。出版有
《姚鸿发画集》等。

J0085138

上海农民画
上海　上海人民美术出版社　1984 年　12 幅
19cm（32 开）套装　统一书号：8081.13565
定价：CNY2.05
本辑精选上海金山县的农民画，包括上海其
他郊县如松江、奉贤、上海等县的农民画。这些
作品既有我国民间传统艺术风格，在表现形式上
又有所发展和创新。

J0085139
苍岩叠翠　江枫作
石家庄 河北美术出版社 1985年 2张
76cm（2开）定价：CNY0.44
　　现代中国画山水画。作者江枫（1942—　），
画家。生于上海，祖籍江苏常州，毕业于浙江美
术学院中国画系。历任河北省美术工作室和群
众艺术馆工作人员、河北画院副院长、研究馆
员，兼任河北省山水画研究会副会长、中国美术
家协会会员。主要作品有《滨海旭日》《青山自
负无尘色》《巴山晨雾》等。

J0085140
儿童天地——王亚妮的画　王亚妮绘；李淑
芬等编辑
北京 外文出版社 1985年 106页 26cm（16开）
　　本书收入王亚妮2-6岁的作品共100幅。

J0085141
清晨　（杭法基布画作品）杭法基作
北京 人民美术出版社 1985年 26cm（16开）
统一书号：8682011 定价：CNY0.40
（新美术画库 7）
　　本书作者运用已有的绘画基础，将各种颜色
不同、花样各异的边角织物，经过剪裁、拼贴等
手法，精心地将其组成一幅生动的画面。

J0085142
重庆儿童诗画选　重庆出版社编
重庆 重庆出版社 1985年 111页 24cm（26开）
定价：CNY2.00

J0085143
女农民画作品选　中华全国妇女联合会编
北京 人民美术出版社 1986年 16幅 19cm（32开）
统一书号：8027.9705 定价：CNY2.20

J0085144
睢宁儿童画选
南京 江苏美术出版社 1986年 53页 19×17cm
统一书号：8353.6.044 定价：CNY3.10
　　本书收录了遂宁县优秀儿童画54幅，是该
县儿童画的缩影。

J0085145
儿童绘画资料集　宋晓明等绘
西安 未来出版社 1987年 190页 13×18cm
ISBN：7-5417-0014-2 定价：CNY1.00

J0085146
广西儿童书画选　广西人民出版社编
南宁 广西人民出版社 1987年 93页 26cm（16开）
ISBN：7-219-00158-4 定价：21.00元
　　本画选收广西地区儿童画作品93幅，其中
有王亚妮的《小猴和妈妈》、谭文西的《群猫游戏
图》、江晓茜的《鹅》。

J0085147
海洋动物　王者茂编；王鸿翔绘
北京 人民美术出版社 1987年 31页 26cm（16开）
统一书号：8027.10452 定价：CNY1.65
（儿童知识画库）
　　中国现代动物画画册。

J0085148
户县农民画　西安市群众艺术馆，西安市户县
文化馆编
西安 陕西人民美术出版社 1987年 ［54］页
21×19cm 定价：CNY5.00
　　外　文　书　名：Peasant Paintings of Huxian
County.

J0085149
中国儿童画　天津杨柳青画社编辑
天津 天津杨柳青画社 1987年 91页 21×19cm
ISBN：7-80503-009-X 定价：CNY5.25
　　本画册所收作品91幅，是从全国若干省、
市、自治区举办的儿童画展中评选出来的优秀作
品，童心可鉴，童言无忌，信手挥毫，反映出新
一代的希望和心声。

J0085150
中国儿童画选
武汉 湖北少年儿童出版社 1987年 48页
25×26cm ISBN：7-5353-0160-6
定价：CNY5.00，CNY6.50（精装）
　　本书选自全国20多个省、市、自治区（包括
台湾省）的儿童画佳作115件，出自3-14岁孩
子之手，其中有的作品在国内外展出或在全国性

大赛中获奖。这些小画家的作品，题材丰富，构思大胆新颖，色彩明快，风格多样。他们画自己的生活、学习、劳动、游戏；他们用画笔表达他们的理想和愿望：团结友爱、爱祖国、爱和平。

J0085151

阿房胜览　孙文勃作

沈阳　辽宁美术出版社 1988 年 1 轴（卷轴）

108cm（全开）统一书号：8161.1088

定价：CNY1.40

　　中国现代绘画作品

J0085152

案头留得四时香　林伟新摄

南京　江苏美术出版社 1988 年 2 张 76cm（2 开）

统一书号：5344.2.421 定价：CNY0.72

　　中国现代绘画作品。

J0085153

儿童画选　（安康铁路分局安康第一职工子弟小学）薛秀华编选

西安　陕西人民美术出版社 1988 年 69 页

19×18cm ISBN：7-5368-0095-9 定价：CNY6.50

　　外 文 书 名：The Selection of the Childrens Paints：The first Junior School of Railway Office of Ankang.

J0085154

儿童画资料　杨青整理

成都　四川美术出版社 1988 年 18×19cm

ISBN：7-5410-0119-8 定价：CNY3.40

J0085155

飞天伎乐资料　介凡编绘

沈阳　辽宁美术出版社 1988 年 100 页

19cm（32 开）ISBN：7-5314-0045-6

定价：CNY1.80

　　宗教艺术绘画作品。

J0085156

戈壤黑白画　（汉英对照）戈壤作

昆明　云南人民出版社［1988 年］10 张

15cm（64 开）定价：CNY1.30

J0085157

黑白画集　黄建成作

长沙　湖南美术出版社 1988 年 78 页 有照片

17cm（40 开）ISBN：7-5356-0215-0

定价：CNY2.80

J0085158

儿童画谱　员宁珠绘

南宁　广西民族出版社 1989 年 148 页

17cm（40 开）ISBN：7-5363-0440-4

定价：CNY2.95

J0085159

儿童画十家　速泰春编

郑州　海燕出版社 1989 年 182 页 有肖像及图版

20cm（32 开）精装 ISBN：7-5350-0471-7

定价：CNY6.65

（中国儿童文学艺术丛书）

J0085160

儿童绘画示范图 1200 例　童朴，刘明编绘

成都　四川少年儿童出版社 1989 年 117 页

17cm（40 开）ISBN：7-5365-0342-3

定价：CNY1.75

J0085161

儿童礼品画库　（第二辑）

太原　希望出版社 1989 年 4 册 15cm（40 开）

定价：CNY1.80

J0085162

黑白世界　（刘金平黑白画集）刘金平绘

济南　山东美术出版社 1989 年 138 页

19cm（32 开）ISBN：7-5330-0200-8

定价：CNY3.60

　　作者刘金平（1957—　），中国工艺美术学会会员。

J0085163

黑白装饰画　秦勇等绘

合肥　安徽美术出版社 1989 年 重印 92 页

20cm（32 开）ISBN：7-5398-0082-8 定价：3.90 元

J0085164

精选外国机器人谜语画片　（1）吴国英绘制

北京 民族出版社 1989 年 32 张 9cm（128 开）
袋装 定价：CNY1.00

J0085165
精选外国机器人谜语画片 （2）吴国英绘制
北京 民族出版社［1989 年］32 张 9cm（128 开）
袋装 定价：CNY1.00

J0085166
全国儿童简笔画大赛优秀作品选 《全国儿
童简笔画大赛优秀作品选》编委会编
沈阳 辽宁教育出版社 1989 年 89 页 19×26cm
ISBN：7-5382-0818-6 定价：CNY2.70

J0085167
童年的梦 梁培龙绘
郑州 海燕出版社 1989 年 46 页［30cm］（12 开）
精装 定价：CNY10.00
　　中国现代绘画作品。作者梁培龙（1944— ），
儿童画家。广东三水人，毕业于广州建筑工程学
院。历任广东新世纪出版社编辑室主任、美术副
编审，中国美术家协会、广东分会理事等职。出
版有《梁培龙画册》《儿时的歌——梁培龙水墨
画集》《童年的梦——梁培龙画集》等。

J0085168
现代黑白画 （田旭桐黑白画集）田旭桐绘
太原 北岳文艺出版社 1989 年 120 页
17cm（32 开）ISBN：7-5378-0158-4
定价：CNY4.00
　　作者田旭桐（1962— ），教师。北京人，毕
业于中央工艺美术学院。清华美院教授、硕士生
导师。作品有《天街连晓雾》《隔溪烟雨》《一池
清水泛鱼苗》等。

J0085169
春之园 （柳州铁路第五小学学生书画选）江
涛编
南宁 接力出版社 1990 年 26cm（16 开）
精装 ISBN：7-80581-108-3
　　本画选共有绘画 73 幅，书法 33 幅，小画家
们用自己独特的美术语言描绘出一个神奇的、五
彩缤纷的世界。本书用中、英、日 3 种文字说明。

J0085170
儿童形象资料 方玉芙编绘
北京 中国文联出版公司 1990 年 68 页
18cm（15 开）ISBN：7-5059-1257-7
定价：CNY3.20

J0085171
湖南 40 名儿童绘画联展作品选 （第十一届
亚洲运动会中国少年儿童造型艺术展览）湖南
省少年儿童文化艺术委员会等编
长沙 湖南少年儿童出版社 1990 年 20×18cm
ISBN：7-5358-0557-4 定价：CNY15.00
　　本书收入作品 85 幅，先后多次在北京展出。
通过这些作品阐述了一个观点：儿童绘画应该是
发自儿童心灵的创造性的绘画，而不是简单的、
机械的、急功近利的摹仿。外文书名：40 Hunan
Children's Selected Art Works.

J0085172
可爱的娃娃 （田原画集）田原绘
北京 海豚出版社 1990 年 46 页 30cm（12 开）
精装 ISBN：7-80051-387-4 定价：CNY12.00
　　中国现代儿童画作品。作者田原（1925— ），
漫画家，一级美术师。祖籍江苏溧水，生于上海。
原名潘有炜，笔名饭牛。中国美术家协会、中国
书法家协会、中国版画家协会、中国记者协会、
中国漫画家协会会员、中国工艺美术协会理事、
东南大学、深圳大学教授。书画作品有《陋室铭》，
出版有《中国民间玩具》《田原硬笔书法》等，设
计动画片有《熊猫百货商店》等。

J0085173
可爱的娃娃 （田原画集）田原绘
北京 海豚出版社 1990 年 46 页 30cm（12 开）
ISBN：7-80051-388-2 定价：CNY8.00
　　中国现代儿童画作品。

J0085174
卢炜卢鹏儿童画集 卢炜，卢鹏绘
北京 测绘出版社 1990 年 26cm（16 开）
ISBN：7-5030-0431-2 定价：CNY6.00

J0085175
尼克趣事 （儿童漫画）张世荣编绘
广州 岭南美术出版社 1990 年 5 册 19cm（32 开）

ISBN：7-5362-0396-9 定价：CNY4.90
　　中国现代少年儿童漫画作品。

J0085176
彭国良儿童系列连环漫画选　彭国良绘
济南 明天出版社 1990年 19cm（32开）
精装 ISBN：7-5332-0914-1 定价：CNY12.00
（中国儿童美术家画丛）

J0085177
少儿书画作品选　冯九禄主编
天津 天津教育出版社 1990年 153页 11×19cm
ISBN：7-5309-0908-8 定价：CNY3.00

J0085178
少年儿童美术资料　雪春等编绘
上海 上海人民美术出版社 1990年 158页
15cm（40开）ISBN：7-5322-0580-0
定价：CNY2.20
　　中国现代儿童画作品选。

J0085179
少年书画作品选　冯九禄主编
天津 天津教育出版社 1990年 153页
15cm（40开）ISBN：7-5309-0908-8
定价：CNY3.00

J0085180
世界儿童画大赛中国获奖作品选　谭锦等
绘；中国展览公司编
北京 轻工业出版社 1990年 124页 17×19cm
ISBN：7-5019-0852-4 定价：CNY10.50
　　本书从历届国际儿童画比赛的中国参赛作
品中，选择优秀得奖的中国儿童画100余幅。书
中有专家的文章对每幅作品加以介绍。

J0085181
天津北郊现代民间绘画
天津 天津杨柳青画社 1990年 86页 26cm（16开）
ISBN：7-80503-095-2 定价：CNY27.90
　　本画收集天津北郊民间绘画作品86幅图，
所收作品灌注了当地人民的情思，表达了一种粗
犷、质朴、率直、热情，并且有几分幽默的气质。

J0085182
小刺猬　丁午编绘
济南 明天出版社 1990年 1册 26cm（16开）
ISBN：7-5332-0901-X 定价：CNY0.95
（中国儿童系列连环漫画）
　　中国现代儿童漫画作品。

J0085183
赵镇琬儿童系列连环漫画选　（哼哼 1-3）
赵镇琬画
济南 明天出版社 1990年 26cm（16开）
精装 ISBN：7-5332-0912-5 定价：CNY11.50
　　作者赵镇琬（1938—　），漫画画家、编辑出
版家。生于山东莱阳，毕业于山东省省立莒县师
范中。历任中国少儿期刊工作者协会第二届副
会长、全国少儿读物工作委员会第一届副主任、
世界儿童读物联盟大会中国分会第二届副会长、
全国儿童图书插画装帧设计研究会第一届会长。
作品有《借问酒家何处有》等。出版有《山羊回
家了》《奇怪不奇怪》等。

J0085184
珍奇动物配诗简笔画　雨琴编译
成都 成都出版社 1990年 48页 19cm（32开）
ISBN：7-80575-063-7 定价：CNY1.95

J0085185
儿童绘画图典　郑建新编绘
郑州 河南美术出版社 1991年 263页 17×18cm
ISBN：7-5401-0216-0 定价：CNY6.50
　　作者郑建新，《小学生学习报》美术编辑。

J0085186
儿童美术资料大全　（上）晏阳等编绘
沈阳 辽宁美术出版社 1991年 130页 19×20cm
ISBN：7-5314-0795-7 定价：CNY4.90
　　作者晏阳（1957—　），1990年入鲁迅美术
学院中国画专业攻读硕士学位。

J0085187
儿童美术资料大全　（下）晏阳等编绘
沈阳 辽宁美术出版社 1991年 182页 19×20cm
ISBN：7-5314-0796-5 定价：CNY5.90
　　作者晏阳（1957—　），1990年入鲁迅美术
学院中国画专业攻读硕士学位。

J0085188

儿童美术作品　郭金洲编

西安　未来出版社　1991 年　46 页　19cm（小 32 开）

ISBN：7-5417-0479-2　定价：CNY1.95

J0085189

儿童玩具画　杨琦英，郑曦阳编绘

南京　江苏教育出版社　1991 年　140 页　19×17cm

ISBN：7-5343-1213-2　定价：CNY2.90

J0085190

湖南省少年儿童书法绘画优秀作品选

长沙　湖南美术出版社　1991 年　47 页

18cm（小 32 开）ISBN：7-5356-0449-8

定价：CNY5.90

J0085191

少儿学画画典　王帆，康坪主编

沈阳　春风文艺出版社　1991 年　252 页

19cm（小 32 开）ISBN：7-5313-0422-8

定价：CNY3.90

J0085192

我的飞行梦　（国际少年儿童航空绘画比赛中国赛区优秀作品选）程济民主编

西安　陕西人民美术出版社　1991 年

19cm（小 32 开）ISBN：7-5368-0254-4

定价：CNY6.90

J0085193

怡闻学画　胡雨心，胡怡闻作

上海　上海教育出版社　1991 年　80 页　有照片

18×16cm　ISBN：7-5320-2653-1　定价：CNY4.30

　　本画册反映了胡怡闻小朋友学画的足迹。

J0085194

云南画派·儿童绘画专辑　王兢等编

昆明　云南人民出版社　1991 年　26cm（16 开）

ISBN：7-222-00899-3　定价：CNY37.00

　　本书收入了昆明市优秀的儿童画共 194 幅，这些作品，艺术上师承了"云南画派"的技法，具有儿童的独特的构思和手法，是童心的艺术再现。外文书名：Yunnan Painting School Special Works of Children's Drawing.

J0085195

1993：儿童绘画　（挂历）

西宁　青海人民出版社　1992 年　38cm（4 开）定价：CNY4.80

　　年历形式的儿童画作品选。

J0085196

北国新苗　（儿童绘画集）西宁市少年宫编

西宁　青海人民出版社　1992 年　54 页　18×17cm

ISBN：7-225-00554-5　定价：CNY4.50

　　本书选编了三北地区青少年宫书画摄影展览的部分获奖作品，本书共有图 76 幅，分 11 个部分。

J0085197

大师的画　（新疆儿童画）郭不，段离编

乌鲁木齐　新疆美术摄影出版社　1992 年

26cm（16 开）ISBN：7-5344-0251-4

定价：CNY28.00

　　本画册选辑新疆优秀儿童画 130 余幅。与江苏美术出版社合作出版。

J0085198

何鸣芳黑白画集　何鸣芳绘

苏州　古吴轩出版社　1992 年　134 页　17×18cm

ISBN：7-80574-023-2　定价：CNY5.80

　　作者何鸣芳（1957—　），女，湖南长沙人。江苏省美术家协会会员，就职于南京第三制药厂。

J0085199

晓欧黑白画集　晓欧绘

北京　今日中国出版社　1992 年　120 页　19×22cm

ISBN：7-5072-0498-7　定价：CNY8.10

J0085200

学海无涯　长恩，谷学中作

长春　吉林美术出版社　1992 年　1 张

77×53cm　定价：CNY0.77

J0085201

儿童黑白画　谢丽芳编

长沙　湖南美术出版社　1993 年　116 页　有照片

25×26cm　ISBN：7-5356-0567-2　定价：CNY15.50

　　本书收入了近 50 位儿童创作的绘画作品。

作者谢丽芳(1949—　)，女，油画家。出生于湖南隆回，毕业于湖南省戏剧学校。历任衡阳地区祁剧团舞美设计、广告宣传、衡阳市群众艺术馆美术干部、长沙铁路二中学幼师美术教育、湖南省妇女儿童活动中心儿童美术研究室主任、副研究馆员。出版有《儿童色彩画》《儿童陶塑》《儿童黑白画》《儿童创意画》等。

J0085202

儿童画集　王平编

哈尔滨　黑龙江少年儿童出版社　1993年　20页　18×20cm　ISBN：7-5319-1036-5　定价：CNY3.00

　　本书收集了3-14岁孩子的绘画作品100余幅。

J0085203

儿童绘画世界　童友编著

北京　中国建材工业出版社　1993年　332页　19cm（小32开）ISBN：7-80090-171-8　定价：CNY8.85

　　本书分为人物、动物、植物、建筑、图案等9部分。

J0085204

儿童绘画作品观摩　侯令编

北京　人民美术出版社　1993年　32页　有彩照　26cm（16开）ISBN：7-102-01196-2　定价：CNY3.00

（儿童美术自学与辅导系列丛书）

J0085205

释迦牟尼及二圣六庄严　（汉藏对照）

成都　四川民族出版社　1993年　9张　53×38cm　定价：CNY12.00

　　中国现代年画作品。

J0085206

现代儿童线条画　黄唯理著

广州　岭南美术出版社　1993年　79页　有图　19×26cm　ISBN：7-5362-1008-6　定价：CNY5.00，CNY6.80（半精装）

　　本书分：线条游戏、想象·设计、观察写生、生活与创作4个部分。作者黄唯理（1961—　），画家。广东惠阳人。广州画院院聘画家、中国美术教育研究会会员、广州市荔湾区少年宫教师。出版有《家园·梦》《当代中国书画家系列书画集》。

J0085207

心中的彩虹　（青岛江苏路小学儿童彩画集）

王绍丽主编

济南　明天出版社　1993年　91页　18×21cm　ISBN：7-5332-1751-9　定价：CNY20.00

　　作者王绍丽，青岛江苏路小学教师。

J0085208

都会摩登　（月份牌1910s-1930s）吴昊编

香港　三联书店（香港）公司　1994年　167页　37cm　精装　ISBN：962-04-1215-X

　　外　文　书　名：Calendar Posters of the Modern Chinese Woman.

J0085209

多功能儿童趣味动物画库　（故事王国）曲大安编

长春　吉林教育出版社　1994年　62页　26cm（16开）ISBN：7-5383-2245-0　定价：CNY3.50

　　现代儿童动物画作品。

J0085210

多功能儿童趣味动物画库　（科技天地）曲大安编

长春　吉林教育出版社　1994年　62页　26cm（16开）ISBN：7-5383-2244-2　定价：CNY3.50

　　现代儿童动物画作品。

J0085211

多功能儿童趣味动物画库　（生活乐园）曲大安编

长春　吉林教育出版社　1994年　62页　26cm（16开）ISBN：7-5383-2242-6　定价：CNY3.50

　　现代儿童动物画作品。

J0085212

多功能儿童趣味动物画库　（体育世界）曲大安编

长春　吉林教育出版社　1994年　62页　26cm（16开）ISBN：7-5383-2246-9　定价：CNY3.50

　　现代儿童动物画作品。

J0085213

儿童彩色画选 李绪洪编著
广州 新世纪出版社 1994年 有彩图 26cm（16开）
ISBN：7-5405-1122-2 定价：CNY23.00

J0085214

儿童黑白画入门 张联盟编
北京 中国物资出版社 1994年 90页 17×19cm
ISBN：7-5047-1000-8 定价：CNY6.00
　　本书共收集99幅儿童画作品，主题涉及玩具、楼房、交通工具、风景、动物、人物等。作者张联盟，北京市海淀区甘家口少年之家美术教师。

J0085215

郭不黑白画集 郭不绘
乌鲁木齐 新疆美术摄影出版社 1994年
25×27cm ISBN：7-80547-255-6 定价：CNY38.00

J0085216

千奇百怪 （第二册 奇异的物种）周琮凯编绘
桂林 漓江出版社 1994年 38页 26cm（16开）
ISBN：7-5407-1589-8 定价：CNY5.10
（小娃娃大科学家揭秘丛书）
　　世界科普作品绘画集。

J0085217

深圳少儿绘画书法作品选 深圳市文化局，深圳艺术中心编
广东 岭南美术出版社 1994年 88页 19×21cm
ISBN：7-5362-1120-1 定价：CNY68.00
　　本书收有绘画书法作品105件。

J0085218

心灵的画 （第二届《曙光杯》全国少年儿童书法绘画大奖赛获奖作品选集）《曙光杯》全国少年儿童书法绘画大奖赛组委会编
北京 中国人事出版社 1994年 103页
26cm（16开） ISBN：7-80076-501-6
定价：CNY22.00

J0085219

辛永民刀画选集 辛永民绘
北京 中国戏剧出版社 1994年 55页
28cm（大16开） ISBN：7-104-00648-6

定价：CNY28.50
　　现代中国绘画作品。

J0085220

中国儿童美术日记精选 （儿童画指南）路海燕等选编
沈阳 辽宁美术出版社 1994年 156页 有彩图
23×25cm ISBN：7-5314-1044-3 定价：CNY29.80
　　外文书名：Chinese Children's Painting Diary Choice.

J0085221

敖杰清民族儿童人物画集 敖杰清绘
北京 民族出版社 1995年 125页 17×19cm
ISBN：7-105-02452-6 定价：CNY11.80
　　作者敖杰清(1957—　)，湖北松滋人，工艺美术师。

J0085222

北京中小学生获奖及优秀美术作品精选
杨景芝，史建华主编
北京 农村读物出版社 1995年 127页 17×19cm
ISBN：7-5048-2504-2 定价：CNY30.00
　　作者杨景芝，女，满族，教授。首都师范大学美术系副教授，中国少年儿童造型艺术学会副会长兼少儿艺术培训中心美术实验学校校长。作者史建华(1956—　)，河北人，中国少年儿童造型艺术协会常务理事。

J0085223

东方小故事书画集 中共上海市委宣传部组织编绘
上海 上海画报出版社 1995年 28cm（16开）
ISBN：7-80530-137-9
定价：CNY70.00，CNY80.00（精装）

J0085224

戈壤黑白画 （上）戈壤绘
昆明 云南美术出版社 1995年 91页 26cm（16开）
ISBN：7-80586-147-1 定价：CNY25.00
　　中国现代黑白人物画。

J0085225

乡土情怀 （吕浮生胶彩画集）吕浮生［绘］
高雄县 高雄县立文化中心 1995年 66页

有照片　25×26cm　ISBN：957-00-5152-3

定价：TWD480.00

J0085226

新小儿语：绘画本　刘蔚华编；周申等绘

济南　山东画报出版社　1995年　90页

19cm（小32开）ISBN：7-80603-044-1

定价：CNY2.80

J0085227

杨家永黑白画　杨家永绘

合肥　安徽美术出版社　1995年　17×19cm

ISBN：7-5398-0382-7　定价：CNY5.80

J0085228

赵一楷小朋友画册　（东方小故事）赵一楷
绘；中共上海市委宣传部编

上海　上海画报出版社　1995年　100页

25×26cm　ISBN：7-80530-135-2

定价：CNY16.00，CNY25.00（精装）

　　作者赵一楷（1986—　），女，时为上海市普
陀区武宁路小学学生。

J0085229

中国小书画家　王希弟，李文越主编；盖晓兰
等译

哈尔滨　黑龙江美术出版社　1995年　185页

29cm（16开）ISBN：7-5318-0287-2

定价：CNY68.00

　　中国现代儿童画与书法画册。外文书名：
The Chinese Little Painters and Calligraphers.

J0085230

曹全堂作品集　曹全堂绘

西安　陕西人民美术出版社　1996年　47页

19×21cm　ISBN：7-5368-0860-7

定价：CNY38.00

　　中国现代农民画画册。作者曹全堂
（1957—　），画家。陕西户县人。陕西省美术家
协会会员、陕西省农民画家协会常务理事、户县
农民画协会理事。代表作品《三秦秋韵》《晴雪》
《山村柿子红》等。出版有《曹全堂作品集》。

J0085231

禅话禅画　（释）星云大师著；高尔泰，蒲小雨绘

台北　佛光文化事业公司　1996年　207页

30cm（10开）ISBN：957-543-479-X

定价：TWD750.00

（佛光艺文丛书　8500）

J0085232

儿童色彩画　谢丽芳编著

长沙　湖南美术出版社　1996年　58页　25×26cm

ISBN：7-5356-0914-7　定价：CNY68.00

　　作者谢丽芳（1949—　），女，油画家。出生
于湖南隆回，毕业于湖南省戏剧学校。历任衡阳
地区祁剧团舞美设计、广告宣传、衡阳市群众艺
术馆美术干部、长沙铁路二中学幼师美术教育、
湖南省妇女儿童活动中心儿童美术研究室主任、
副研究馆员。出版有《儿童色彩画》《儿童陶塑》
《儿童黑白画》《儿童创意画》等。

J0085233

广东幼儿书画集　小粟编

广州　岭南美术出版社　1996年　48页　26cm（16开）

ISBN：7-5362-1193-7　定价：CNY98.00

J0085234

金山农民画

北京　今日中国出版社　1996年　重印本

37cm（8开）ISBN：7-5072-0280-1

定价：CNY152.00，CNY80.00（精装）

　　中英文本，外文书名：The Peasants' Painting
in JinShan.

J0085235

厦门少儿防灾减灾书画作品选集　厦门市
地震局，中国人民保险公司厦门市分公司编

北京　地震出版社　1996年　30页　25×27cm

ISBN：7-5028-1305-5　定价：CNY48.00

J0085236

现代儿童画　（浙江黄岩文化馆小天使画苑作
品集）陈荣钧编

杭州　浙江人民美术出版社　1996年　96页

25×26cm　ISBN：7-5340-0813-1　定价：CNY60.00

J0085237

杨守炉无笔画集　杨守炉绘；陶有法主编

合肥　安徽美术出版社　1996年　168页

38cm（6开）精装　ISBN：7-5398-0480-7
定价：CNY240.00
　　外文书名：A Selection of Paintings Without Brush from Yang Shou-Lu.

J0085238
优秀儿童黑白画选　李绪洪编
广州　岭南美术出版社　1996年　62页　26cm（16开）
ISBN：7-5362-1527-4　定价：CNY16.00

J0085239
幼儿眼里的世界　（上海市黄浦区汉口路幼儿园幼儿美术作品选）张俊明主编
上海　上海教育出版社　1996年　19×19cm
ISBN：7-5320-4863-2　定价：CNY15.00

J0085240
张继文绘画作品集　张继文绘
北京　文津出版社　1996年　163页　25×26cm
ISBN：7-80554-319-4　定价：CNY80.00
　　中国现代黑白画图案画册，中英文本。

J0085241
赵国宗瓷画展　赵国宗绘
台北　东之画廊　1996年　36页　24cm（26开）

J0085242
中国神仙画像集　成寅编
上海　上海古籍出版社　1996年　389页
26cm（16开）精装　ISBN：7-5325-2021-8
定价：CNY65.00
　　现代中国绘画作品。

J0085243
中国新疆麦盖提县农民画集　（维、汉、英对照）阿布都克里木·乃赛尔丁主编
乌鲁木齐　新疆美术摄影出版社　1996年　112页
29cm（16开）ISBN：7-80547-433-8
定价：CNY120.00
　　中国现代年画作品。

J0085244
陈朋画集　陈朋绘
福州　福建美术出版社　1997年　3册（35+35+35页）
19×20cm　ISBN：7-5393-0512-6

定价：CNY96.00（全套）
（福建师生书画作品·论文辑）
　　版权页丛书名题：福建师生书画作品·论文辑。

J0085245
陈思捷画集　陈思捷绘
福州　福建美术出版社　1997年　35页　19×20cm
ISBN：7-5393-0512-6　定价：CNY96.00（全套）
（福建师生书画作品·论文辑）

J0085246
黑白画艺术　孙志纯绘
福州　福建美术出版社　1997年　72页　19×21cm
ISBN：7-5393-0617-3　定价：CNY10.00

J0085247
黑白艺术世界　崔兵绘
成都　四川美术出版社　1997年　165页　17×19cm
ISBN：7-5410-1388-9　定价：CNY15.50

J0085248
康思斯画集　康思斯绘
福州　福建美术出版社　1997年　35页　19×20cm
ISBN：7-5393-0512-6　定价：CNY96.00（全套）
（福建师生书画作品·论文辑）
　　版权页丛书名题：福建师生书画作品·论文辑。

J0085249
鲁美业余少儿美术学校学生作品选　宋玉琴主编
沈阳　辽宁美术出版社　1997年　102页　17×19cm
ISBN：7-5314-1782-0　定价：CNY22.00

J0085250
全国少儿书画集锦　张耀山主编
郑州　河南美术出版社　1997年　17+743页　有照片
20cm（32开）精装　ISBN：7-5401-0648-4
定价：CNY98.00

J0085251
全国少儿书画作品集　（上）李夫晨主编
哈尔滨　哈尔滨出版社　1997年　192页
26cm（16开）ISBN：7-80639-006-5
定价：CNY22.80

J0085252
深圳市青少年优秀书画选　深圳市青少年事业发展基金会，深圳东方英文书院编
广州　岭南美术出版社　1997年　96页　25×26cm
ISBN：7-5362-1672-6　定价：CNY250.00

J0085253
十年磨一剑　（上海市卢湾区少年宫书画优秀作品集）卢湾区少年宫编
上海　上海人民美术出版社　1997年
28cm（大16开）ISBN：7-5322-1740-X
定价：CNY50.00

J0085254
十全报喜图　刘保龄绘
天津　天津人民美术出版社　1997年　1轴
附对联一副　105×76cm　定价：CNY15.80
　　本作品系现代中国画。

J0085255
文殊师利
西安　青海民族出版社　1997年　1张
52×38cm　定价：CNY3.00
　　现代中国绘画作品。

J0085256
吴金狮无笔画集　吴金狮绘；李朝成主编
西安　陕西人民美术出版社　1997年　78页
39cm（8开）精装　ISBN：7-5368-0926-3
定价：CNY168.00
　　外文书名：Album of Wu Jinshi's No-Brush Paintings.

J0085257
西湖胜迹　洪尚之，陈汉民编
杭州　浙江摄影出版社　1997年　235页　27×28cm
精装　ISBN：7-80536-289-0　定价：CNY178.00
　　现代中国绘画画册。

J0085258
乡情　（现代民间绘画选）张为民编绘
天津　天津杨柳青画社　1997年　17×19cm
ISBN：7-80503-337-4　定价：CNY12.00
　　作者张为民（1937—　），研究院。又名张茛，字怀仁。生于北京大兴，毕业于天津美术学

院。历任天津北辰文化馆研究员，中国美术家协会会员，中国民间美术学会理事，天津美协荣誉理事，天津美协人物画专委会委员，天津北辰书画院院长，出版有《张为民画集》《乡情》《张茛速写》《张茛画集》等。

J0085259
艺蕾萌春　（即墨市第一实验小学学生书画集）房俊喜主编
济南　山东美术出版社　1997年　84页　19×21cm
ISBN：7-5330-1062-0　定价：CNY25.00

J0085260
郑浃画集　郑浃绘
福州　福建美术出版社　1997年　35页　19×20cm
ISBN：7-5393-0512-6　定价：CNY96.00（全套）
（福建师生书画作品·论文辑）
　　中国现代儿童黑白画。

J0085261
1999—2000：方来法师唐卡名画精品选
（年历画挂历）方来法师绘
北京　中国民族摄影艺术出版社　1998年
78×55cm　ISBN：7-80069-242-6
定价：CNY26.00

J0085262
'97山东省少儿书画艺术大展作品集　史忠民主编；山东省艺术馆，山东少儿书画院编
济南　山东友谊出版社　1998年　162页　28×29cm
精装　ISBN：7-80642-118-1　定价：CNY260.00

J0085263
'98中国首届少年儿童绘画书法艺术大展
马志高主编
北京　地震出版社　1998年　270页　28cm（大16开）
ISBN：7-5028-1615-1　定价：CNY360.00

J0085264
彩画　高东方编
济南　山东美术出版社　1998年　40页　26cm（16开）
ISBN：7-5330-1096-5　定价：CNY6.00
（金画笔　少儿美术丛书）
　　作者高东方（1955—　），画家、教授。山东章丘人，生于青岛，毕业于山东省高等教育学

院。中国美术家协会会员，中国水彩画家协会会员，山东水彩画会常务副会长兼秘书长，青岛科技大学文学艺术学院副主任、教授。作品有《黄海之滨的港口》《头羊》《浮城》等，出版《水彩》《水粉》《当代水彩画精品集高东方》等。

J0085265
国际少儿书画作品展 （南京市少儿书画会藏品集）江苏省文化厅，南京市文化局编
南京 南京出版社 1998 年 77 页 29cm（16 开）
ISBN：7-80614-422-6 定价：CNY70.00

J0085266
湖南省少年儿童美术作品集 刘云等编
长沙 湖南美术出版社 1998 年 173 页
28cm（大 16 开）ISBN：7-5356-1138-9
定价：CNY108.00

J0085267
精美儿童绘画宝典 （人物篇、动物篇）郑建新绘
郑州 河南美术出版社 1998 年 160 页
26cm（16 开）ISBN：7-5401-0725-1
定价：CNY18.00
　　作者郑建新，《小学生学习报》美术编辑。

J0085268
彭擎政绘画作品选 彭擎政绘；福建省美术教育研究会编
福州 福建美术出版社 1998 年 55 页 21×19cm
ISBN：7-5393-0635-1 定价：CNY96.00（全12册）
（福建师生书画作品·论文辑 2）
　　本画册收有《欢度国庆》《长江三峡胜利截流了》《东方巨龙》《庆祝回归》《空中大灌篮》《你追我赶》等绘画作品。作者彭擎政（1986—　），福建福安市人。

J0085269
清源书画集 （泉州晋光小学学生作品）福建省美术教育研究会编
福州 福建美术出版社 1998 年 55 页 21×19cm
ISBN：7-5393-0635-1 定价：CNY96.00（全12册）
　　本书收有泉州晋光小学陈智雄、郑小菲、魏万利、余欣欣等同学的儿童画；龙宇川"业精于勤"、吕立超"好学敏求"、吕铭"下笔成章"等书

法作品。

J0085270
全国（业余）绘画等级考核示范作品集 （试行本）中国文联艺术指导委员会，全国书画（业余）等级考核委员会主编
北京 中国文联出版公司 1998 年 40 页
29cm（16 开）ISBN：7-5059-3189-X
定价：CNY25.00

J0085271
诗与画的和平对话 洪婷婷主编
台北 台北228纪念馆 1998 年 107 页 29cm（16 开）
ISBN：957-97274-7-3

J0085272
水笔画与金属丝画 成国光，李忠明编制
上海 上海科学普及出版社 1998 年 91 页
17×19cm 精装 ISBN：7-5427-1482-1
定价：CNY16.00
　　本作品系中国现代绘画作品。

J0085273
童心童趣 （少儿优秀美术作品集）胡延巨主编
乌鲁木齐 新疆美术摄影出版社 1998 年 104 页
29cm（16 开）ISBN：7-80547-622-5
定价：CNY38.80

J0085274
童谣童画 金波主编
济南 山东美术出版社 1998 年 370 页
29cm（16 开）精装 ISBN：7-5330-1178-3
定价：CNY360.00
　　主编金波（1935—　），诗人、儿童文学家。原名王金波，河北冀县人，毕业于北京师范学院中文系。历任北京师范学院教授、中国作家协会儿童文学创作委员会主任、北京市作家协会理事、中国音乐家协会理事、儿童音乐学会副会长。代表作品《我们去看海》《回声》《眼睛树》《感谢往事》等。

J0085275
童谣童画 金波主编
济南 山东美术出版社 1998 年 5 册 29cm（16 开）
ISBN：7-5330-1179-1 定价：CNY330.00

J0085276
无音之乐 （陈元璞黑白画选）陈元璞绘；关小蕾，郭伟新编
广州 岭南美术出版社 1998年 48页 25×26cm
ISBN：7-5362-1804-4 定价：CNY13.80
　　作者关小蕾（1962—　），女，画家。广东开平人，毕业于广州美术学院版画系。广州市少年宫美术教师、广东画院兼职画家。代表作品《姑娘们》《姊妹》《山村日记》。

J0085277
心灵之笔 刘林智著
香港 香港大地出版社 1998年 114页 有图
17×18cm ISBN：962-950-289-5 定价：HKD60.00

J0085278
心灵之光 （盲童画集）韩铁城编纂
呼和浩特 内蒙古人民出版社 1998年 2版
114页 有彩照 33cm 精装
ISBN：7-204-03158-X
　　中国现代儿童画画册，中英文本。

J0085279
新疆儿童画集 （第一集）哈斯木·玉素甫主编；新疆维吾尔自治区少儿文化艺术委员会编
乌鲁木齐 新疆人民出版社 1998年 47页
25×26cm ISBN：7-228-04748-6 定价：CNY98.00

J0085280
新世纪的展望 （第二届中国大学生电脑大赛"惠普杯"电脑绘画与设计竞赛作品集）第二届中国大学生电脑大赛组委会编
北京 清华大学出版社 1998年 44页 29cm（16开）
ISBN：7-302-03093-6 定价：CNY40.00

J0085281
学生智力画谜 张世祥编绘
长春 吉林人民出版社 1998年 172页
19cm（小32开）ISBN：7-206-02985-X
定价：CNY10.00

J0085282
一个女孩的画诗 孙小筱绘；雁翼配诗
北京 民族出版社 1998年 77页 19×21cm
ISBN：7-105-03292-8 定价：CNY81.00

J0085283
艺海采珠 石峰主编；中央电视台书画院，《小书画家》编辑部威海工作站编
兰州 甘肃人民美术出版社 1998年 200页
28cm（16开）ISBN：7-80588-252-5
定价：CNY138.00

J0085284
在祖国的怀抱里成长 胡怡闻绘
武汉 湖北少年儿童出版社 1998年 102页
19×21cm 精装 ISBN：7-5353-1984-X
定价：CNY38.00

J0085285
张墨菊黑白画集 张墨龙编
石家庄 河北教育出版社 1998年 75页
20×25cm ISBN：7-5434-3169-6 定价：CNY36.00

J0085286
中华娃喜迎香港回归书画大展精品集
天津 天津人民美术出版社 1998年 92页
26cm（16开）ISBN：7-5305-0789-3
定价：CNY78.00

J0085287
儿童绘画资料大全 郭学功等编绘
兰州 甘肃民族出版社 1999年 332页 17×19cm
ISBN：7-5421-0686-4 定价：CNY26.80

J0085288
福安市实验小学学生书画作品 福建省美术教育研究会编
福州 福建美术出版社 1999年 47页 21×19cm
ISBN：7-5393-0537-1 定价：CNY120.00（全套）
　　本书为现代中国儿童画书法集。

J0085289
黑与白 （大童真画集）李绪洪，陈怡宁编著
广州 新世纪出版社 1999年 108页
29cm（16开）ISBN：7-5405-1923-1
定价：CNY35.00

J0085290
红土乡情 （昆明现代民间绘画精粹）昆明市文化局编

昆明 云南美术出版社 1999年 85页 29cm（16开）
ISBN：7-80586-619-8 定价：CNY80.00

　　本画册汇集了80年代昆明现代绘画作品
151件，包含历次全国、省、市获奖的作品及近
年的新作。

J0085291
刘雨晨绘画作品　福建省美术教育研究会编
福州 福建美术出版社 1999年 55页 21×19cm
ISBN：7-5393-0537-1 定价：CNY120.00（全套）
（福建师生书画作品·论文辑 3）

J0085292
洛东儿童画　沈永政主编
杭州 浙江教育出版社 1999年 65页 25×26cm
精装 ISBN：7-5338-3569-7 定价：CNY60.00
　　本画册包括：妈妈打毛线、姐姐、掰向日葵、
小山羊、放羊回家、大将、养鸭场、观鱼、放风
筝、爷爷的烟斗等儿童画。

J0085293
南安市成功中心小学学生绘画作品　福建
省美术教育研究会编
福州 福建美术出版社 1999年 55页 21×19cm
ISBN：7-5393-0537-1 定价：CNY120.00（全套）
　　现代中国儿童画集。

J0085294
南安市第一小学学生书画作品　福建省美
术教育研究会编
福州 福建美术出版社 1999年 53页 21×19cm
ISBN：7-5393-0537-1 定价：CNY120.00（全套）
　　现代中国儿童画书法集。

J0085295
南安市水头中心小学"观海画室"作品　福
建省美术教育研究会编
福州 福建美术出版社 1999年 55页 21×19cm
ISBN：7-5393-0537-1 定价：CNY120.00（全套）
　　现代中国儿童画集。

J0085296
全国首届少儿美术杯书画大赛精品集　天
津人民美术出版社编
天津 天津人民美术出版社 1999年 385页

29cm（16开）精装 ISBN：7-5305-1172-6
定价：CNY480.00

J0085297
上海百家艺术绘瓷集　韩碧池编
上海 上海书画出版社 1999年 225页 39×26cm
ISBN：7-80635-202-3（精装）定价：CNY550.00

J0085298
神奇指印画　林飞扬编著
呼和浩特 内蒙古人民出版社 1999年 202页
20cm（32开）ISBN：7-204-05051-7
定价：CNY13.80
　　本书展示了利用指印再加几笔画出了可爱
的动物、昆虫之旅、羽毛世界、海底王国、交通
王国、交通集锦、人物特写、蔬果花卉等。

J0085299
书画乐园　（1999 红卷）方伯荣主编
北京 中国少年儿童出版社 1999年 46页
17×19cm ISBN：7-5007-4865-5 定价：CNY3.50

J0085300
书画乐园　（1999 黄卷）方伯荣主编
北京 中国少年儿童出版社 1999年 46页
17×19cm ISBN：7-5007-4865-5 定价：CNY3.50

J0085301
书画乐园　（1999 蓝卷）方伯荣主编
北京 中国少年儿童出版社 1999年 46页
17×19cm ISBN：7-5007-4865-5 定价：CNY3.50

J0085302
书画乐园　（1999 绿卷）方伯荣主编
北京 中国少年儿童出版社 1999年 46页
17×19cm ISBN：7-5007-4865-5 定价：CNY3.50

J0085303
铁明画集　姜铁明绘
沈阳 辽宁少年儿童出版社 1999年 100幅
37cm 盒精装 ISBN：7-5315-2989-0
定价：CNY800.00
　　中国现代儿童画画册。

J0085304

童谣百首 （9）田原编绘
海口 海南国际新闻出版中心 1999 年
20×21cm 精装 ISBN：7-80609-824-0
定价：CNY17.00
（田原儿童画库）

　　作者田原(1925—　　)，漫画家，一级美术师。祖籍江苏溧水，生于上海。原名潘有炜，笔名饭牛。中国美术家协会、中国书法家协会、中国版画家协会、中国记者协会、中国漫画家协会会员，中国工艺美术协会理事，东南大学、深圳大学教授。书画作品有《陋室铭》，出版有《中国民间玩具》《田原硬笔书法》等，设计动画片有《熊猫百货商店》等。

J0085305

童谣百首 （10）田原编绘
海口 海南国际新闻出版中心 1999 年
20×21cm 精装 ISBN：7-80609-824-0
定价：CNY17.00
（田原儿童画库）

J0085306

童谣百首 （11）田原编绘
海口 海南国际新闻出版中心 1999 年
20×21cm 精装 ISBN：7-80609-824-0
定价：CNY17.00
（田原儿童画库）

J0085307

童谣百首 （12）田原编绘
海口 海南国际新闻出版中心 1999 年
20×21cm 精装 ISBN：7-80609-824-0
定价：CNY17.00
（田原儿童画库）

J0085308

王剑黑白艺术　王剑著
南宁 广西美术出版社 1999 年 67页 29cm（16开）
ISBN：7-80625-754-3 定价：CNY15.00

J0085309

王健绘画作品　福建省美术教育研究会编
福州 福建美术出版社 1999 年 55页 21×19cm
ISBN：7-5393-0537-1 定价：CNY120.00（全套）

（福建师生书画作品·论文辑 3）

J0085310

吴诗妍小朋友书画集　吴诗研绘；王影主编
北京 新华出版社 1999 年 118 页 19×21cm
精装 ISBN：7-5011-4615-2 定价：CNY36.00
　　中国现代书法儿童画画册。

J0085311

小画家　（第一辑）《小画家》编辑部编
武汉 湖北美术出版社 1999 年 40 页 26cm（16开）
ISBN：7-5394-0826-X 定价：CNY7.00

J0085312

笑话百出　（5）田原编绘
海口 海南国际新闻出版中心 1999 年
20×21cm 精装 ISBN：7-80609-824-0
定价：CNY17.00
（田原儿童画库）

J0085313

笑话百出　（6）田原编绘
海口 海南国际新闻出版中心 1999 年
20×21cm 精装 ISBN：7-80609-824-0
定价：CNY17.00
（田原儿童画库）

　　作者田原(1925—　　)，漫画家，一级美术师。祖籍江苏溧水，生于上海。原名潘有炜，笔名饭牛。中国美术家协会、中国书法家协会、中国版画家协会、中国记者协会、中国漫画家协会会员，中国工艺美术协会理事，东南大学、深圳大学教授。书画作品有《陋室铭》，出版有《中国民间玩具》《田原硬笔书法》等，设计动画片有《熊猫百货商店》等。

J0085314

笑话百出　（7）田原编绘
海口 海南国际新闻出版中心 1999 年
20×21cm 精装 ISBN：7-80609-824-0
定价：CNY17.00
（田原儿童画库）

J0085315

笑话百出　（8）田原编绘
海口 海南国际新闻出版中心 1999 年

20×21cm 精装 ISBN：7–80609–824–0
定价：CNY17.00
（田原儿童画库）

J0085316
新世纪艺术之星　肖华主编；少年书法报社
编辑
长沙 湖南美术出版社 1999 年 316 页 有照片
及图 26cm（16 开）精装 ISBN：7–5356–1251–2
定价：CNY140.00

J0085317
椰蕾初绽　（海口市第二十五小学学生美术作
品选集 第二集）任桂芬主编
海口 南海出版公司 1999 年 83 页 29cm（16 开）
ISBN：7–5442–1373–0 定价：CNY50.00

J0085318
彝族儿童画图集　黄文才编绘
成都 四川民族出版社 1999 年 119 页 17×19cm
ISBN：7–5409–2143–9 定价：CNY12.00

J0085319
真趣繁花　（昆明少儿画集萃）昆明市文化局编
昆明 云南美术出版社 1999 年 96 页 29cm（16 开）
ISBN：7–80586–546–9 定价：CNY80.00

J0085320
中国水城农民画　汪龙舞主编；《中国水城农
民画》编辑委员会，贵州民族出版社编
贵阳 贵州民族出版社 1999 年 56 页 29cm（16 开）
精装 ISBN：7–5412–0863–9 定价：CNY100.00
　　外 文 书 名：Peasant Drawings of ShuiCheng
County GuiZhou Province.

各国绘画作品

各国绘画作品综合集

J0085321
库克雷尼克斯选集　晨光出版公司编辑
上海 晨光出版公司［民国］40 页 26cm（16 开）
（苏联名家画集 1）

J0085322
蒋谷虹儿画选　朝花社选
上海 合记教育用品社 1929 年 26cm（16 开）
定价：大洋四角
（艺苑朝华 第一期 2）
　　本书为中国现代绘画画册。

J0085323
中西画集　全国美术展览会编
民国十八年 1929 年影印本 有图 线装

J0085324
西洋画苑　刘海粟撰辑
上海 中华书局 1932 年 2 册 26cm（16 开）
精装 定价：银圆二十
（海粟丛刊）
　　本书内收世界名画 260 余幅，以及《近代绘
画发展之现象及其趋向》《初期文艺复兴期的绘
画》《文艺复兴期之伟大》《文艺复兴期以后之法
国各画派》《印象主义的绘画》《后期印象主义》
等 9 篇文章，涉及各时代代表画家的生涯、创作、
逸事等。作者刘海粟（1896—1994），画家、美术
教育家。名槃，字季芳，号海翁。江苏武进人。
参与创办上海私立美术学院。曾任华东艺术专
科学校校长、南京艺术学院院长。代表作有《黄
山云海奇观》《披狐皮的女孩》《九溪十八涧》等，
出版画集《黄山》《海粟老人书画集》等。

J0085325
梵高　刘海粟编
上海 中华书局 1933 年 影印本 48 页
31cm（10 开）定价：银圆三

（世界名画集　第3集）

本书内收荷兰画家梵高（Van Gogh，1853—1890）的人物、风景、静物画20幅。书前有编者的《梵高的热情》，介绍画家的生平。

J0085326

雷诺阿　刘海粟编

上海　中华书局　1933年　影印本40页
31cm（15开）
（世界名画集　第5集）

本书内收法国画家雷诺阿（A. Renoir，1841—1919）的人物、风景画20幅。书前有编者文章一篇，介绍雷诺阿的生平。

J0085327

塞尚　刘海粟编

上海　中华书局　1933年　影印本56页
31cm（15开）定价：银圆三
（世界名画集　第4集）

本书内收法国画家塞尚（P. Cezanne，1839—1906）的人物、风景、静物画20幅。书前有编者的《塞尚——新兴艺术之父》，介绍画家的生平。

J0085328

世界名画选集　郑慎斋编

上海　广益书局　1933年　2册　26cm（16开）
定价：国币一元二角

本书内收米勒、刘海粟、莫奈、德加、罗诺亚、毕加索、王震等20余人的画28幅，每幅均附作者评传。

J0085329

世界裸体美术　（第1集）刘海粟编

上海　中华书局　1935年　48页　38cm（6开）

本书共3集。收欧洲文艺复兴时期及十七、十八世纪的画60幅。每册书前有概论，介绍文艺复兴时期，及十七、十八世纪的裸体美术。

J0085330

世界裸体美术　（第2集）刘海粟编

上海　中华书局　1935年　40页　38cm（6开）

J0085331

世界裸体美术　（第3集）刘海粟编

上海　中华书局　1940年　昆明再版40页

38cm（6开）

J0085332

现代世界名画集　曾鸣著

中华独立美术协会　1935年　1册　25cm（16开）
定价：国币二元五角

本书简介野兽、立体、未来、机械、纯粹、新古典、达达、表现、超现实、至上、新野兽等17种画派，并收各派作品共41幅。作者有直力克、马蒂斯、罗奥、伯珊、石刚则克、梁硕洪、雕飞、不拉克等40人。书末附画家名索引。

J0085333

玛提斯　刘海粟编

上海　中华书局　1936年　40页　31cm（10开）
（世界名画集　第6集）

本书为近代法国绘画画册，内收法国画家玛提斯（Henri Matisse，1868—1954）的作品20幅，书前有作者与作品介绍。作者刘海粟（1896—1994），画家、美术教育家。名槃，字季芳，号海翁。江苏武进人。参与创办上海私立美术学院。曾任华东艺术专科学校校长、南京艺术学院院长。代表作有《黄山云海奇观》《披狐皮的女孩》《九溪十八涧》等，出版画集《黄山》《海粟老人书画集》等。

J0085334

莫奈　刘海粟编

上海　中华书局　1936年　影印本55页
31cm（10开）
（世界名画集　第7集）

本书为法国近代绘画画册，内收法国画家莫奈（Claude Monet）的人物、风景画20幅，书前有编者的《莫奈》，介绍画家生平。

J0085335

欧洲名画大观　（一）刘海粟编

上海　中华书局　1936年
26cm（16开）定价：国币三元
（海粟丛刊　西画苑）

本书内收世界名画260余幅，以及《近代绘画发展之现象及其趋向》《初期文艺复兴期的绘画》《文艺复兴期之伟大》《文艺复兴期以后之法国各画派》《印象主义的绘画》《后期印象主义》等9篇文章，涉及各时代代表画家的生涯、创作、逸事等。

J0085336

欧洲名画大观 （二）刘海粟编
上海 中华书局 1936 年
26cm（16 开）定价：国币三元
（海粟丛刊 西画苑）

J0085337

欧洲名画大观 （三）刘海粟编
上海 中华书局 1936 年
26cm（16 开）定价：国币三元
（海粟丛刊 西画苑）

J0085338

欧洲名画大观 （四）刘海粟编
上海 中华书局 1936 年
26cm（16 开）定价：国币三元
（海粟丛刊 西画苑）

J0085339

欧洲名画大观 （五）刘海粟编
上海 中华书局 1936 年
26cm（16 开）定价：国币三元
（海粟丛刊 西画苑）

J0085340

欧洲名画大观 刘海粟编
上海 中华书局 1936 年 5 册（800 页）
26cm（16 开）定价：国币十五元
（海粟丛刊 西画苑）
　　本书内收世界名画 260 余幅，以及《近代绘画发展之现象及其趋向》《初期文艺复兴期的绘画》《文艺复兴期之伟大》《文艺复兴期以后之法国各画派》《印象主义的绘画》《后期印象主义》等 9 篇文章，涉及各时代代表画家的生涯、创作、逸事等。

J0085341

世界裸体美术选 良友图书公司编
上海 良友图书公司 1936 年 150+23 页
27cm（16 开）精装
　　本书为世界人体画画册，收 150 幅画，分为古代及中世纪、文艺复兴期、十九世纪、现代，对每一幅画和作者略作说明。书末有图画索引。

J0085342

现代名画集
上海 良友图书印刷公司 1937 年 62 页
19cm（32 开）
（万有画库 44）
　　本书为世界现代画册，选收马蒂斯、毕加索等人的作品 62 幅。

J0085343

欧洲名画采访录 黄觉寺著
上海 艺浪出版社 1939 年 81 页
19cm（32 开）定价：国币三角
（青年美术学会丛书 1）
　　本书为作者赴欧考察随笔，介绍欧洲各国所藏名画。收有意大利、荷兰、西班牙、英吉利、法兰西、比利时等国艺术大师的作品，并附作者介绍。书末附著名画家签字式、欧洲著名藏画地名及博物馆一览表。外文书名：Public Picture Galleries of Europe.

J0085344

多依则选集 晨光出版公司编辑
上海 晨光出版公司 1950 年 有肖像
15cm（40 开）定价：CNY2.20
（苏联名家画集 2）
　　本书内容为苏联现代名家绘画集。

J0085345

多依则选集 晨光出版公司编辑
上海 晨光出版公司 1950 年 40 页 28cm（16 开）
（苏联名家画集 2）

J0085346

梁金娜选集 晨光出版公司编辑
上海 晨光出版公司 1950 年 有照片 15cm（40 开）
定价：CNY2.20
（苏联名家画集 4）
　　本书系苏联现代名家绘画画册。

J0085347

斯马连诺夫选集 晨光出版公司编辑
上海 晨光出版公司 1950 年 有照片 15cm（40 开）
定价：CNY2.20
（苏联名家画集 3）
　　本书系苏联名家绘画集。

J0085348
云谷画册 （日）雪舟等扬绘
1950–1959 年 影印本 有肖像 22×28cm 折装

J0085349
芬奇作品选集 （意）芬奇（Leonardo da Vinci）
绘；中华全国美术工作者协会辑
北京 人民美术出版社 1952 年 25 幅 26cm（16 开）
定价：旧币 30,000 元

J0085350
波兰美术作品选集 人民美术出版社辑
北京 人民美术出版社 1954 年 31 页 21cm（32 开）
定价：旧币 19,000 元

J0085351
保加利亚美术作品选集 黎冰鸿编
上海 上海人民美术出版社 1955 年 36 页
有图 25cm（15 开）定价：CNY1.30

J0085352
罗马尼亚美术作品选集 上海人民美术出版
社编
上海 上海人民美术出版社 1955 年 1 张
定价：CNY1.80
　　本选集有图 49 幅。

J0085353
茹可夫儿童生活画集 陈朗编
上海 上海少年儿童出版社 1955 年 影印本 34 页
26cm（16 开）定价：CNY0.50

J0085354
苏联美术家画丛 （А.格拉西莫夫）新艺术
出版社编辑
上海 新艺术出版社 1955 年 影印本 17cm（32 开）
定价：CNY0.16

J0085355
苏联美术家画丛 （Б.普罗洛柯夫）新艺术
出版社编辑
上海 新艺术出版社 1955 年 影印本 17cm（32 开）
定价：CNY0.16

J0085356
苏联美术家画丛 （Б.叶菲莫夫）新艺术出
版社编辑
上海 新艺术出版社 1955 年 影印本 17cm（32 开）
定价：CNY0.16

J0085357
苏联美术家画丛 （Б.约干松）新艺术出版
社编辑
上海 新艺术出版社 1955 年 影印本 17cm（32 开）
定价：CNY0.16

J0085358
苏联美术家画丛 （В.柯列茨基）新艺术出
版社编辑
上海 新艺术出版社 1955 年 影印本 17cm（32 开）
定价：CNY0.16

J0085359
苏联美术家画丛 （В.穆希娜）新艺术出版
社编辑
上海 新艺术出版社 1955 年 影印本 17cm（32 开）
定价：CNY0.16

J0085360
苏联美术家画丛 （В.叶法诺夫）新艺术出
版社编辑
上海 新艺术出版社 1955 年 影印本 17cm（32 开）
定价：CNY0.16

J0085361
苏联美术家画丛 （Д.施马里诺夫）新艺术
出版社编辑
上海 新艺术出版社 1955 年 影印本 18cm（32 开）
定价：CNY0.16

J0085362
苏联美术家画丛 （И.托依则）新艺术出版
社编辑
上海 新艺术出版社 1955 年 影印本 17cm（32 开）
定价：CNY0.16

J0085363
苏联美术家画丛 （Н.茹可夫）新艺术出版
社编辑

上海 新艺术出版社 1955年 影印本 17cm（32开）
定价：CNY0.16

J0085364
苏联美术家画丛 （Ф.列歇特尼科夫）新艺
术出版社编辑
上海 新艺术出版社 1955年 影印本 17cm（32开）
定价：CNY0.16

J0085365
苏联美术家画丛 （库克雷尼克塞）新艺术出
版社编辑
上海 新艺术出版社 1955年 影印本 17cm（32开）
定价：CNY0.16

J0085366
苏联美术家画丛 （A.格拉西莫夫）新艺术
出版社编辑
上海 新艺术出版社 1956年 影印本 17cm（40开）
定价：CNY0.16

J0085367
苏联美术家画丛 （Б.普罗洛柯夫）新艺术
出版社编辑
上海 新艺术出版社 1956年 影印本 17cm（40开）
定价：CNY0.16

J0085368
苏联美术家画丛 （Б.叶菲莫夫）新艺术出
版社编辑
上海 新艺术出版社 1956年 影印本 17cm（40开）
定价：CNY0.16

J0085369
苏联美术家画丛 （Б.约干松）新艺术出版
社编辑
上海 新艺术出版社 1956年 影印本 17cm（40开）
定价：CNY0.16

J0085370
苏联美术家画丛 （В.柯列茨基）新艺术出
版社编辑
上海 新艺术出版社 1956年 影印本 17cm（40开）
定价：CNY0.16

J0085371
苏联美术家画丛 （В.穆希娜）新艺术出版
社编辑
上海 新艺术出版社 1956年 影印本 17cm（40开）
定价：CNY0.16

J0085372
苏联美术家画丛 （В.叶法诺夫）新艺术出
版社编辑
上海 新艺术出版社 1956年 影印本 17cm（40开）
定价：CNY0.16

J0085373
苏联美术家画丛 （Д.施马里诺夫）新艺术
出版社编辑
上海 新艺术出版社 1956年 影印本
18cm（小32开）定价：CNY0.16

J0085374
苏联美术家画丛 （И.托依则）新艺术出版
社编辑
上海 新艺术出版社 1956年 影印本 17cm（40开）
定价：CNY0.16

J0085375
苏联美术家画丛 （Н.茹可夫）新艺术出版
社编辑
上海 新艺术出版社 1956年 影印本 17cm（40开）
定价：CNY0.15

J0085376
苏联美术家画丛 （Ф.列歇特尼科夫）新艺
术出版社编辑
上海 新艺术出版社 1956年 影印本 17cm（40开）
定价：CNY0.16

J0085377
苏联美术家画丛 （库克雷尼克塞）新艺术出
版社编辑
上海 新艺术出版社 1956年 影印本 17cm（40开）
定价：CNY0.16

J0085378
苏联伟大卫国战争画集　邹雅编
北京 朝花美术出版社 1955年 94幅 26cm（16开）

本书选印苏联画家创作的反映 1941—1945 年苏联抗击德国法西斯侵略的卫国战争的绘画作品共 94 幅。这些作品表现了苏联人民与侵略者英勇斗争的历史业绩和大无畏精神，其中有硝烟弥漫的激烈战斗场面，也有指挥者和英雄人物的形象，还有战争胜利时凯旋欢庆的情景。整个画册是记录苏联人民反法西斯战争的生动画卷。作者邹雅(1916—1974)，版画家、山水画家。江苏无锡市，毕业于延安鲁迅艺术学院。历任人民美术出版社副社长、副总编辑，北京画院院长。出版有《邹雅画集》。

J0085379

比亚兹莱画集 （英）比亚兹莱绘；张望编

沈阳 辽宁画报社 1956 年 60 页 25cm(15 开)

统一书号：T8117.242 定价：CNY1.10

作者张望(1916—1993)，画家、思想家。原名张发赞，笔名致平、克之、张抃，广东大埔县百侯镇南山村人，代表作品《新美术评论集》。

J0085380

东北美专图书馆馆藏西欧绘画图书目录

东北美专图书馆编

沈阳 东北美专图书馆 1956 年 油印本 96 页 26cm(16 开)

J0085381

纪念伦勃朗诞生 350 周年特印画集 （荷兰）伦勃朗绘

北京 人民美术出版社 1956 年 68 页 37cm(8 开)

精装 统一书号：8027.1040 定价：CNY15.00

本书为荷兰 17 世纪画家油画作品画册。作者伦勃朗·哈尔曼松·凡·莱因（Rembrandt Harmenszoon van Rijn, 1606—1669），荷兰油画家、版画家。代表作品《木匠家庭》《夜巡》《三棵树》《浪子回头》《尼古拉·特尔普教授的解剖课》等。

J0085382

捷克斯洛伐克十年社会主义建设成就展览会美术作品选集 人民美术出版社编辑

北京 人民美术出版社 1956 年 54 页 21cm(32 开)

定价：CNY0.90

J0085383

列奥纳多·达·芬奇 （苏）拉札列夫著；倪焕之译

北京 朝花美术出版社 1956 年 69+47 页

有图 27cm(大 16 开) 统一书号：8028.912

定价：CNY3.00

J0085384

民主德国美术家在中国的作品 （德）培·海勒等作

上海 上海人民美术出版社 1956 年 影印本

43 页 18cm(15 开) 统一书号：T8081.1373

定价：CNY0.95

J0085385

墨西哥全国造型艺术阵线油画版画展览会

1956 年 18×21cm

收入 1956 年墨西哥全国造型艺术阵线代表团在北京展出的油画、版画作品。

J0085386

苏联儿童画选 少年儿童出版社编

上海 少年儿童出版社 1956 年 影印本

26cm(16 开) 定价：CNY0.60

J0085387

雪舟 （日）雪舟等杨作；傅抱石编

北京 人民美术出版社 1956 年 1 册(48 幅)

38cm(6 开) 精装 统一书号：8027.1044

定价：CNY14.20

本书为日本古代著名画家雪舟(1420—1506)的作品选集。内收入山水、花鸟、人物精品 48 幅。雪舟于 1468 年春至 1469 年秋游历中国，受到中国山川以及文化艺术的深刻感染，促进了他的绘画创作。他的作品深受中国宋元时代的影响。作者傅抱石(1904—1965)，画家。原名长生、瑞麟，号抱石斋主人。生于江西南昌，祖籍江西新余，早年留学日本。历任南京师范学院教授、江苏国画院院长等职。代表作品有《山阴道上》《钟馗》《屈原》《江山如此多娇》，著有《中国古代绘画之研究》《中国绘画变迁史纲》等。

J0085388

雪舟 （日）雪舟等杨作

北京 人民美术出版社 1956 年 影印本 75 页

有肖像 37cm（8 开）

　　日本中世纪绘画作品。

J0085389

印度尼西亚共和国总统苏加诺工学士、博士藏画集 （一、二集）（印尼）杜拉编

北京 人民美术出版社 1956 年 影印本 6 套 12 册（每套 2 册）37cm（8 开）精装精印

　　本画集所收印尼画家的画，大部分是 1945 年印度尼西亚宣布独立以后的作品，其内容包括反映印尼历史和神话故事题材以及描绘风土人谓的画作。外国作品中，有中国画家齐白石、徐悲鸿、于非阇等人的画作，以及其他国家、地区的画家所做的各种不同题材、不同风格的作品。

J0085390

印度尼西亚共和国总统苏加诺工学士、博士藏画集 （Ⅰ）（印尼）杜拉编

北京 人民美术出版社 1956 年 影印本 1 册 39cm（8 开）精装 统一书号：8027.1051 定价：CNY150.00

J0085391

印度尼西亚共和国总统苏加诺工学士、博士藏画集 （Ⅱ）（印尼）杜拉编

北京 人民美术出版社 1956 年 影印本 39cm（4 开）精装 统一书号：8027.1051 定价：CNY150.00

J0085392

印度尼西亚共和国总统苏加诺工学士、博士藏画集 （Ⅲ）（印尼）杜拉编

北京 人民美术出版社 1961 年 影印本 42cm（8 开）

J0085393

印度尼西亚共和国总统苏加诺工学士、博士藏画集 （Ⅳ）（印尼）杜拉编

北京 人民美术出版社 1961 年 影印本 39cm（4 开）精装 统一书号：8027.2980 定价：CNY150.00

J0085394

印度尼西亚共和国总统苏加诺工学士、博士藏画集 （Ⅴ）（印尼）李曼峰编

北京 人民美术出版社 1965 年 影印本 42cm（8 开）精装 定价：CNY150.00

J0085395

印度尼西亚共和国总统苏加诺工学士、博士藏画集 （Ⅵ）（印尼）李爱峰编

北京 人民美术出版社 1965 年 92 幅 42cm（8 开）精装 统一书号：8027.4530 定价：CNY150.00

　　本画集所收印尼画家的画大部分是 1945 年印度尼西亚宣布独立以后的作品，内容包括反映印尼历史和神话故事题材以及描绘风土人情的画作。外国作品中，有中国画家齐白石、徐悲鸿、于非阇等人的画作，以及其他国家、地区的画家所做的各种不同题材、不同风格的作品。

J0085396

德累斯顿绘画陈列馆 （苏）安东诺娃（И.Антонова）著；佟景韩译

上海 上海人民美术出版社 1957 年 40 页 有图 18cm（15 开）统一书号：8081.1335 定价：CNY0.50

　　本书收入德累斯顿绘画陈列馆馆藏 15 幅图。

J0085397

德意志民主共和国十五——十六世纪艺术大师丢勒作品展览 （德）丢勒著

1957 年 58 页 19cm（32 开）

　　德国 15-16 世纪绘画画册

J0085398

墨西哥绘画选 冯香生编

北京 人民美术出版社 1957 年 影印本 48 页 25cm（小 16 开）统一书号：T8027.1250 定价：CNY4.20

J0085399

苏联八位著名美术家作品展览 （苏）托姆斯基等绘

1957 年 40 页 19cm（32 开）

J0085400

苏联版画、招贴画、书籍插图、复制画展览 对外文化联络局编

北京 对外文化联络局 1957 年 66 页 22cm（16 开）

J0085401
苏联伟大卫国战争画选 恽皓编
北京 朝花美术出版社 1957 年 影印本 20 页
18cm（32 开）统一书号：T8028.1202
定价：CNY0.16
（群众美术画库）

J0085402
智利画家万徒勒里作品选集 人民美术出版
社编辑
北京 人民美术出版社 1957 年 影印本 44 页
21cm（32 开）统一书号：8027.1043 定价：CNY1.70

J0085403
埃及现代美术作品选集 鲁少飞编辑
北京 人民美术出版社 1958 年 78 页 25cm（12 开）
统一书号：8027.1245 定价：CNY6.00
埃及现代绘画作品画册。

J0085404
德拉克罗瓦 朱章超编
北京 人民美术出版社 1958 年 19cm（32 开）
统一书号：8027.1487 定价：CNY1.65
德拉克洛瓦（Eugène Delacroix，1798—
1863），法国浪费主义画家。

J0085405
杜米埃 人民美术出版社编
北京 人民美术出版社 1958 年 26cm（16 开）
定价：CNY0.04
奥诺雷·杜米埃（Honoré Daumier，1808—
1879），法国著名画家、讽刺漫画家、雕塑家和版
画家。出生于法国马赛。代表作《三等车厢》《带
孩子的洗衣妇》《威尼斯贵族》等。

J0085406
杜米埃 （1808—1879）（法）杜米埃绘；人民
美术出版社编辑
北京 人民美术出版社 1958 年 1 册（135 幅）
26cm（16 开）精装 统一书号：8027.1321
定价：CNY10.20

J0085407
光琳 （1658—1716）（日）尾形光琳绘；邓健
吾编
北京 人民美术出版社 1958 年 影印本
25cm（15 开）定价：CNY3.00
光琳（Korin，1658—1716 年），日本德川时
代的画家、装饰艺术家。

J0085408
罗马尼亚画家格里高莱斯库 上海人民美术
出版社编辑
上海 上海人民美术出版社 1958 年 22cm（30 开）
统一书号：T8081.3762 定价：CNY2.10
本书收格里高莱斯库的油画作品 31 幅，其
中有《麦赛尔来农妇》《吉普赛妇女头像》《格劳
维尔的海滨》等。还有速写 8 幅《吉普赛》《小公
牛》等。

J0085409
文艺复兴的三杰 陈允鹤编
北京 人民美术出版社 1958 年 19 页 16cm（25 开）
统一书号：8027.1401 定价：CNY0.16
（群众美术画库）
作者陈允鹤（1933— ），上海宝山人。笔
名云鹤。结业于文化学院。曾任中国美术出版
研究委员会会长、《中国艺术》季刊主编、中国美
术家协会插图装帧艺术委员会委员。编著出版
有《永恒之美：谈希腊艺术》《米开朗基罗雕刻》
《伦勃朗》等。

J0085410
印象派的绘画 林风眠编
上海 上海人民美术出版社 1958 年 影印本
32 页 24cm（26 开）
本书收有印象派绘画作品 24 幅。其中有莫
奈的《日出印象》《鲁昂大教堂》《花园中的女人》
《草地上的午餐》《巴黎的娱乐场所》、德加的《赛
马场的马车》《舞台上的舞女》《二个熨衣的女
工》、西斯莱的《圣马丁的运河》。后期印象派塞
尚、高更、梵高的《静物》《马赛维西斯山》《大
海地的妇女》《两个大海地的妇女》等。并有介
绍印象派、新印象派、反印象派（即后期印象派）
形成的主要特点及其主要画家情况的论文 1 篇。
作者林风眠（1900—1991），画家、艺术教育家。
名绍琼，字凤鸣，后改风眠。广东梅县人。曾任
国立艺术学院首任院长、中国美术家协会上海分
会副主席。代表作品有《春晴》《江畔》《仕女》。

J0085411

1955—1957 苏联美术家作品展览会选集

人民美术出版社编

北京 人民美术出版社 1959 年 95 页 27cm（16 开）

精装 统一书号：8027.2393 定价：CNY5.80

J0085412

大卫 （画册）（法）大卫绘；朱章超编

北京 人民美术出版社 1959 年 有图 19cm（32 开）

统一书号：8027.3164 定价：CNY1.30

　　雅克·路易·大卫（Jacques-Louis David, 1748—1825），法国著名画家，新古典主义画派的奠基人。

J0085413

绘画 （日文选目）北京图书馆东方语文编目组编

北京 北京图书馆东方语文编目组 1959 年

油印本 35 页 19cm（32 开）

J0085414

蒙古人民共和国造型艺术展览会 对外文化联络委员会，中国美术家协会编

北京 对外文化联络委员会 1959 年 22cm（30 开）

　　本书与中国美术家协会合作出版。

J0085415

日本画家丸木位里·赤松俊子作品选集 李平凡编

北京 人民美术出版社 1959 年 影印本 50 页

25cm（16 开）统一书号：8027.1336 定价：CNY4.00

　　本书收入 50 幅图。丸木位里·赤松俊子是日本著画家。本书中的作品分三部分，前一部分是他们的力作《原爆图》。以震撼人心的画面表现了日本在第二次世界大战末期受原子弹轰炸所造成的严重灾害，要求和平的强烈心愿。第二部分是《原爆图》所作的习作。第三部分是在中国的写生。作者李平凡（1922—2011），版画家。原名李文琨，别名里肯，天津津南人。历任人民美术出版社编辑、编审，《版画世界》主编、日本国际版画研究会顾问、平凡友好画院名誉院长。出版有《平凡木刻版画》《李平凡画文集》《李平凡画集》等，编辑《中华人民版画集》《中国古代木刻画选集》《中国水印版画》等。

J0085416

茹可夫画集 （苏）茹可夫，H.H. 绘

上海 上海人民美术出版社 1959 年 84 幅

26cm（16 开）精装 统一书号：T8081.4220

定价：CNY16.00

　　本书收集苏联著名画家尼古拉·尼古拉叶维奇·茹可夫美术作品 84 幅。其中创作 29 幅，有马克思、恩格斯像，列宁《在工厂里发表演说》，接待水兵的《前线报道》，以及《不要浪费一分钟》《作客》《愉快的消息》为题的列宁形象。有斯大林小学时代、在旧书店里等形象。有题为《法官》的"纽伦堡审判记"组画，著名小说《真正的人》的插图等。在 25 幅写生作品中，不少是小女孩形象。在 30 幅速写作中，有部分是在中国旅行时的速写。

J0085417

苏联名画欣赏选辑 （第一辑）徐风编著

西安 长安艺术出版社 1959 年 19cm（32 开）

统一书号：8146.226 定价：CNY0.16

J0085418

苏联名画欣赏选辑 （第二辑）徐风编著

西安 长安美术出版社 1959 年 19cm（32 开）

统一书号：8146.298 定价：CNY0.14

J0085419

苏联名画欣赏选辑 （第三辑）徐风编著

西安 长安美术出版社 1959 年 19cm（32 开）

统一书号：8146.388 定价：CNY0.14

J0085420

提善 （画册）（意）提善绘、编

北京 人民美术出版社 1959 年 82 页

18cm（32 开）统一书号：8027.3121

定价：CNY1.70

　　意大利中世纪绘画作品。

J0085421

伊拉克革命绘画 人民美术出版社编辑

北京 人民美术出版社 1959 年 36 幅 21cm（32 开）

统一书号：8027.2529 定价：CNY1.12

J0085422

库尔贝 （法）库尔贝绘；俞永康编

北京 人民美术出版社 1960 年 49 页
19cm（32 开）统一书号：8027.3284 定价：CNY1.04
　　法国 18 世纪绘画作品册。

J0085423
米列　唐德铿编
北京 人民美术出版社 1960 年 21 页 17cm（40 开）
统一书号：8027.3287 定价：CNY0.23
（群众美术画库）

J0085424
日本现代画展览会　（'60）日本中国文化交
流协会编
朝日新闻社 1960 年 24cm（16 开）

J0085425
**十九——二十世纪匈牙利绘画(临摹品)展
览**　对外文化联络委员会编辑
北京 对外文化联络委员会 1960—1969 年
26cm（16 开）

J0085426
印度尼西亚美术展览会　中国印度尼西亚友
好协会，中国美术家协会编
北京 中国印度尼西亚友好协会 1960 年
13×20cm
　　本书为印度尼西亚现代绘画作品。与中国
美术家协会合作出版。

J0085427
波兰"革命运动"艺术作品展览　对外文化
联络委员会编
北京 对外文化联络委员会 1961 年 21cm（32 开）

J0085428
丹麦"康纳"美术展览会　中国人民对外文
化协会等编
北京 中国人民对外文化协会 1961 年
19cm（32 开）
　　本书为丹麦现代绘画画册。

J0085429
**德意志民主共和国劳动人民业余美术作品
展览**　对外文化联络委员会等编
北京 对外文化联络委员会 1961 年 21cm（32 开）

德意志民主共和国现代绘画画册

J0085430
日本人民美术作品选集　李平凡编
北京 人民美术出版社 1961 年 36 页 26cm（16 开）
精装 统一书号：8027.3242 定价：CNY3.60
　　作者李平凡（1922—2011），版画家。原名李
文琨，别名里肯，天津津南人。历任人民美术出
版社编辑、编审，《版画世界》主编、日本国际版
画研究会顾问、平凡友好画院名誉院长。出版有
《平凡木刻版画》《李平凡画文集》《李平凡画集》
等，编辑《中华人民版画集》《中国古代木刻画选
集》《中国水印版画》等。

J0085431
苏加诺工学士、博士藏画集　（第三集）（印
尼）杜拉编
北京 人民美术出版社 1961 年 彩色影印本
89 幅 42cm（8 开）精装 统一书号：8027.1092
定价：CNY150.00

J0085432
苏加诺工学士、博士藏画集　（第四集）（印
尼）杜拉编
北京 人民美术出版社 1961 年 彩色影印本
89 幅 42cm（8 开）精装 统一书号：8027.1092
定价：CNY150.00

J0085433
苏加诺工学士、博士藏画集　（第五集）（印
尼）李爱峰编
北京 人民美术出版社 1965 年 102 幅
42cm（8 开）精装 统一书号：8027.4530
定价：CNY150.00

J0085434
锡兰绘画展览会　中国人民对外文化协会，
中国美术家协会编
北京 中国人民对外文化协会 1961 年 1 册
25cm（16 开）
　　本书与中国美术家协会合作出版。

J0085435
越南磨漆艺术展览　对外文化联络委员会编
北京 对外文化联络委员会 1962 年 20 页

19cm（32 开）

J0085436

越南现代美术作品选　牛文编
北京　人民美术出版社 1962 年 42 幅 26cm（16 开）
精装　统一书号：8027.3441　定价：CNY4.40

作者牛文（1922—2009），著名版画家，一级美术师。生于山西灵石，毕业于延安鲁迅文艺学院美术系。离休老红军。曾任中国美协理事、中国美协四川分会副主席、秘书长。版画作品有《大地》《东方红太阳升》。出版有《牛文作品选集》《牛文版画选》《雪山红日》。

J0085437

阿富汗绘画艺术展览　对外文化联络委员会，中国美术家协会编
北京　对外文化联络委员会 1963 年 20cm（32 开）
本书与中国美术家协会合作出版。

J0085438

古巴美术作品集　人民美术出版社编
北京　人民美术出版社 1963 年 72 页 27cm（16 开）
精装　统一书号：8027.4120　定价：CNY5.40

J0085439

加纳画家依·维·阿希汉尼教授绘画作品展览　中国美术家协会，中国非洲人友好协会编
北京　中国美术家协会 1963 年 18cm（15 开）
本书与中国非洲人友好协会合作出版。

J0085440

拉斐尔　（画册）（意）拉斐尔作；朱龙华著文
北京　人民美术出版社 1963 年 19cm（32 开）
统一书号：8027.4098　定价：CNY1.95

作者朱龙华（1931—　），广西桂林人，北京大学历史系教授。1956 年毕业于北京大学，随后在北大历史系任教，担任世界古代史的教学与研究。主要著作有《古代世界史参考图集》《希腊艺术》《意大利文艺复兴》《世界历史：上古部分》《外国历史故事（3）》《艺术通史　文艺复兴以前的艺术》等，编有《波提切利》，译著有《文艺复兴时期的佛罗伦萨》。

J0085441

越南争取祖国统一斗争美术作品展览　对

外文化联络委员会等编
北京　对外文化联络委员会 1963 年 22cm（30 开）
本书与中国越南友好协会、中国美术家协会合作出版。

J0085442

近代世界名画全集　（1　梵谷）陈慧坤编著
台北　光复书局 1977 年　国际版·中文本 37cm（8 开）精装

J0085443

近代世界名画全集　（2　塞尚）陈坤国编著
台北　光复书局 1977 年　国际版·中文本 37cm（8 开）精装

J0085444

近代世界名画全集　（3　雷诺尔）沈国仁编著
台北　光复书局 1977 年　国际版·中文本 37cm（8 开）精装

J0085445

近代世界名画全集　（4　罗特列克）陈坤国编著
台北　光复书局 1977 年　国际版·中文本 37cm（8 开）精装

J0085446

近代世界名画全集　（5　高更）陈坤国编著
台北　光复书局 1977 年　国际版·中文本 37cm（8 开）精装

作者保罗·高更（Paul Gauguin，1848—1903），画家、雕塑家。生于法国巴黎。法国后印象派画家，与梵高、塞尚并称为后印象派三大巨匠。代表作品有《我们从哪里来？我们是什么？我们到哪里去？》《黄色的基督》《游魂》等。

J0085447

近代世界名画全集　（6　毕卡索）陈坤国编著
台北　光复书局 1977 年　国际版·中文本 37cm（8 开）精装

J0085448

近代世界名画全集　（7　莫蒂里安尼）陈坤国编著
台北　光复书局 1977 年　国际版·中文本

37cm（8开）精装

J0085449

近代世界名画全集　（8 卢梭）陈坤国编著
台北 光复书局 1977年 国际版·中文本
37cm（8开）精装

J0085450

近代世界名画全集　（9 孟克）陈坤国编著
台北 光复书局 1977年 国际版·中文本
37cm（8开）精装

J0085451

近代世界名画全集
台北 光复书局 1977年 9 册 37cm（8开）
精装
（光复美术丛书）
　　本书收入了梵高、塞尚、雷诺尔、罗特列克、高更、毕卡索、莫蒂里安尼、卢梭和孟克的美术作品。

J0085452

美国画家卡萨特　上海人民美术出版社编辑
上海 上海人民美术出版社 1978年 14 幅
26cm（16开）统一书号：8081.11261
定价：CNY1.50
　　本书系美国近代油画画册专著。

J0085453

十九世纪法国农村风景画　上海人民美术出版社编辑
上海 上海人民美术出版社 1978年 38 张
38cm（12开）定价：CNY5.95
　　本书选自 1978年 在中国展出的"十九世纪法国农村风景画展览"的彩色精印作品 38 幅。

J0085454

伊朗绘画　上海人民美术出版社编辑
上海 上海人民美术出版社 1978年 16 幅
38cm（6开）套装 统一书号：8081.11204
定价：CNY2.70

J0085455

拉斐尔
北京 人民美术出版社 1979年 37页 26cm（16开）

统一书号：8027.7142 定价：CNY0.55
（外国美术介绍丛书）
　　本书介绍了拉斐尔的作品。其充分体现了安宁、协调、和谐、对称以及完美和恬静的秩序。收入作品 40 幅。作者拉斐尔·桑西（Raffaello Sanzio da Urbino，1483—1520），意大利画家。常简称拉斐尔，创作了大量圣母像。代表作品有《西斯廷圣母》《雅典学派》《圣玛利亚的婚礼》等。

J0085456

马奈　（1832—1883）陈允鹤编写
北京 人民美术出版社 1979年 25+56 页 有图
19cm（32开）统一书号：8027.7183 定价：CNY0.84
　　本书系法国近代油画作品画册。作者马奈（E.Manet，1832—1883），19 世纪法国画家。作者陈允鹤（1933—　），上海宝山人。笔名云鹤。结业于文化学院。曾任中国美术出版研究委员会会长、《中国艺术》季刊主编、中国美术家协会插图装帧艺术委员会委员。编著出版有《永恒之美：谈希腊艺术》《米开朗基罗雕刻》《伦勃朗》等。

J0085457

瑞典绘画　（19 世纪末 –20 世纪初）上海人民美术出版社编辑
上海 上海人民美术出版社 1979年 26 幅
简介 1 册 38cm（6开）统一书号：8081.11726
定价：CNY4.65
　　瑞典绘画画册。

J0085458

世界名画全集　陈景容等著
台北 光复书局 1979—1980年 20 册 34cm（15开）
精装
　　世界绘画图册。

J0085459

外国美术资料译编　（第一辑）人民美术出版社编辑室编
北京 人民美术出版社 1979年 92 页 有图
19cm（32开）统一书号：8027.6885
定价：CNY0.49
　　国外美术资料。

J0085460

外国美术资料译编　（第二辑）人民美术出版

社编辑室编

北京 人民美术出版社 1979 年 101 页 有图

19cm（32 开）统一书号：8027.6946

定价：CNY0.43

J0085461

西洋绘画百图　人民美术出版社编辑

北京 人民美术出版社 1979 年 100 幅

19cm（32 开）统一书号：8027.6986

定价：CNY1.30

（美术百图丛书）

　　本书是世界绘画作品画册。收入 100 幅图。介绍从古代到 20 世纪初西洋一些著名画家的代表性作品。大致按年代和国别排列。每一作品都以数百字简要地评介历史背景、作者情况及本图的内容和艺术特色。

J0085462

1981 年台历　（日）东山魁夷画

沈阳 辽宁美术出版社 1980 年 7 张 13cm（64 开）

定价：CNY1.20

J0085463

1981 年月历　（西洋名画）

北京 人民美术出版社 1980 年 38cm（6 开）

定价：CN2.20

J0085464

凡·高　（荷）凡·高绘

北京 人民美术出版社 1980 年 52 页 26cm（16 开）

统一书号：8027.7482 定价：CNY0.85

（外国美术介绍丛书）

　　本书是 19 世纪晚期荷兰画家的作品集。作者文森特·威廉·凡·高（Vincent Willem van Gogh，1853 — 1890），中文又称"梵高"，荷兰后印象派画家。代表作品有《自画像系列》《星空》《向日葵系列》《吃土豆的人》等。

J0085465

列奥纳多·达·芬奇

北京 人民美术出版社 1980 年 36 幅 25cm（15 开）

统一书号：8027.7385 定价：CNY0.55

（外国美术介绍）

J0085466

罗克威尔　（外国美术介绍）

北京 人民美术出版社 1980 年 32 页 26cm（16 开）

定价：CNY0.65

　　本书系美国绘画画册专著。

J0085467

美国画家罗克威尔　（美）罗克威尔

（N.Rokwell）绘

北京 人民美术出版社 1980 年 25cm（15 开）

统一书号：8027.7289 定价：CNY0.65

（外国美术介绍丛书）

　　本书系美国现代绘画画册。收入 37 幅图。介绍现代美国画家罗克威尔的作品。

J0085468

门采尔　（德）门采尔绘；平野编

北京 人民美术出版社 1980 年 34 幅 25cm（15 开）

统一书号：8027.7296 定价：CNY0.55

（外国美术介绍丛书）

　　本书系德国近代绘画画册，收入 38 幅图。介绍 19 世纪德国画家门采尔的作品。作者阿道夫·门采尔（A.Menzel, 1815—1905），德国油画家、版画家、插图画家，尤以素描见长。19 世纪现实主义美术在德国的代表人物。主要作品有《轧铁工厂》《无忧宫的宴会》《舞会晚餐》等。编者平野（1924—　 ）。原名张大晖。浙江温州人，毕业于中央大学艺术系。人民美术出版社任编审、菏泽书画研究院名誉院长、《简明不列颠百科全书》主要译审、《中国大百科全书美术》西方美术副主编。

J0085469

米莱　（法）米莱绘

北京 人民美术出版社 1980 年 38 幅 25cm（15 开）

统一书号：8027.7294 定价：CNY0.55

（外国美术介绍丛书）

　　本书为法国绘画画册。收入 41 幅图。介绍 19 世纪法国画家米莱（J.F.Millet, 1642—1679）的作品。

J0085470

沙金　（美）沙金绘

北京 人民美术出版社 1980 年 52 幅 25cm（16 开）

统一书号：8027.7506 定价：CNY1.30

（外国美术介绍丛书）

本书收入 55 幅图。介绍美国画家沙金
（ J.S.Sargent, 1856—1925)的作品。金沙又译作"萨
金特"。

J0085471

席里柯　（法）席里柯绘；吴甲丰编
北京 人民美术出版社 1980年 42幅 26cm（16开）
统一书号：8027.7293 定价：CNY0.55
（外国美术介绍丛书）

本书是法国近代绘画画册。收入 46 幅图。
介绍 19 世纪法国画家席里柯的作品。

J0085472

伊东深水人物画选辑　（日）伊东深水绘
南京 江苏人民出版社 1980年 12幅 25cm（16开）
统一书号：8100.3.313 定价：CNY0.75

本书选辑日本现代著名仕女画家伊东深水
（1898—1972）的 12 幅仕女作品。作品形象生动，
笔姿秀丽，色彩鲜明，具有独特的风格。

J0085473

意大利文艺复兴时期美术作品选　上海画
报社编
上海 上海人民美术出版社 1980—1989 年
1 册 13cm（60开）定价：CNY0.50

J0085474

1982 年美术挂历（世界名画）
沈阳 辽宁美术出版社 1981年 54cm（4开）
定价：CNY3.50

1982 年历书，世界名画选。

J0085475

爱德加·德加　（法）德加绘；马凤林编著
天津 天津人民美术出版社 1981年 53 页
22cm（20开）统一书号：8073.50185
定价：CNY0.95
（画家介绍丛书）

本书为法国画家德加（ Edgar Degas, 1834—
1917)绘画作品。编者马凤林（1950—　），天津
人民美术出版社美术编辑。

J0085476

安格尔　（法）安格尔绘；马凤林编著

天津 天津人民美术出版社 1981年 51 页
22cm（20开）统一书号：8073.5018
定价：CNY0.90
（画家介绍丛书）

作者让·奥古斯特·多米尼克·安格尔（ Jean
Auguste Dominique Ingres, 1780—1867)，法国画
家。生于法国蒙托，擅长肖像画。代表作品有《里
维耶夫人肖像》《大宫女》《瓦平松的浴女》《贝
尔登肖像》等。

J0085477

奥古斯特·雷诺阿　（法）雷诺阿绘；安念念，
陈陶玉编译
天津 天津人民美术出版社 1981年 31 页
22cm（20开）统一书号：8073.50177
定价：CNY1.40
（画家介绍丛书）

J0085478

毕卡索珍藏私房画集　（西）毕卡索绘；李坤
海编译
台北 江明图书社 1981年 142 页 30cm（16开）
精装 定价：TWD1200.00

本书为毕加索生平事迹和绘画作品。作者
巴勃罗·毕加索（ Pablo Picasso, 1881—1973)，西
班牙画家、雕塑家。出生于西班牙马拉加，毕
业于皇家圣费南多美术学院。法国共产党党员。
西方现代派绘画的主要代表。代表作品有《斗牛
士》《格尔尼卡》《和平鸽》等。

J0085479

哥雅　（西）哥雅（ F.J.Goyay)绘；云鹤编
北京 人民美术出版社 1981年 45幅 25cm（15开）
统一书号：8027.7731 定价：CNY0.85

本书为西班牙近代画家戈雅的画册。作者
戈雅（ Goya, Francisco, 1746—1828)，西班牙画
家。全名弗兰西斯柯－贺赛德－哥雅，出生
于西班牙芬德托多斯。代表作品有《裸体的玛亚》
《穿衣的玛亚》《1808 年 5 月 3 日：枪杀马德里保
卫者》等。

J0085480

劳特累克　（法）劳特累克绘
上海 上海人民美术出版社 1981年 72 页
19cm（32开）统一书号：8081.12226

定价：CNY1.96

（世界美术家画库）

本书是 19 世纪后期法国画家劳特累克作品与评论。作者劳特累克（Henri de Toulouse-Lautrec, 1864—1901），法国画家。全名图卢兹·劳特累克，出生于法国阿尔比。代表作品《洗衣女》《红磨坊舞会》《文森特·凡高》《红磨坊的沙龙》。

J0085481

摩里索 卡萨特

上海 上海人民美术出版社 1981 年 64 页 17cm（40 开）统一书号：8081.12221

定价：CNY1.80

（世界美术家画库）

J0085482

塞尚 （法）塞尚绘

上海 上海人民美术出版社 1981 年 64 页 19cm（32 开）统一书号：8081.12224

定价：CNY1.80

（世界美术家画库）

本书对法国画家塞尚的生平事迹、创作情况和艺术特色作了评价和分析。作者保罗·塞尚（Paul Cézanne, 1839—1906），法国著名画家。后期印象派的主将，西方现代画家称他为"现代艺术之父"。主要作品有《玩牌者》《圣维克多山》《浴女们》等。

J0085483

世界名画选 （1）

天津 天津人民美术出版社 1981 年 15 幅 38cm（6 开）统一书号：8073.70015 定价：CNY3.00

J0085484

世界名画选 （2）

天津 天津人民美术出版社 1981 年 16 幅 38cm（6 开）统一书号：8073.70024 定价：CNY3.20

J0085485

珠江十九世纪风貌 香港艺术馆编

香港 香港市政局 1981 年 91 页 有图 24×24cm ISBN：962-215-032-2 定价：HKD20.00

本书是中国现代绘画画册。外文书名：Pearl River in the Nineteenth Century.

J0085486

1983 年月历 （西洋名画）

北京 人民美术出版社 1982 年 38cm（6 开）

定价：CNY2.20

J0085487

毕加索 （西）毕加索（P.Picasso）绘；吴步乃编

北京 人民美术出版社 1982 年 74 幅 25cm（15 开）

统一书号：8027.8025 定价：CNY1.20

本书是西班牙现代画家毕加索的画册，收入画家的作品 70 余幅。作者巴勃罗·毕加索（Pablo Picasso, 1881—1973），西班牙画家、雕塑家。出生于西班牙马拉加，毕业于皇家圣费南多美术学院，法国共产党党员。西方现代派绘画的主要代表。代表作品有《斗牛士》《格尔尼卡》《和平鸽》等。

J0085488

德加 （法）德加（E.Degas）绘；郭文堉编

北京 人民美术出版社 1982 年 41 幅 25cm（15 开）

统一书号：8027.7891 定价：CNY1.00

（外国美术介绍丛书）

本画册收有埃德加·德加作品 40 余幅。作者埃德加·德加（Hilaire-Germain-Edgar De Gas, 1834—1917），法国画家、雕塑家。生于法国巴黎，毕业于巴黎艺术学院。印象派艺术大师。代表作品有《舞蹈课》《贝里尼一家》《会计师和女儿们》等。编者郭文堉（1932— ），女，编辑、教授。河北保定人，毕业于中央美术学院。历任吉林艺专、长春电影学院美术系、东北师大艺术系教师，天津美术学院教授。出版有《达芬奇》《米开朗基罗》《拉斐尔》《德加》等。

J0085489

法国 250 年绘画展览 （1620 年—1870 年）

（法）西蒙·武埃等绘；高凌翰等译

北京 中国展览公司 1982 年 44 张 38cm（6 开）

本画册收集了中国展览公司主办、在北京和上海展出的"法国 250 年绘画展览"的 78 幅作品。均为卢浮宫博物馆和凡尔赛宫博物馆珍藏原作。作者西蒙·武埃（Simon Vouet, 1590—1649），法国画家。出生于巴黎。代表作品有《童贞女得子》《美术的寓言》《时代的征服》等。

J0085490

高更 （法）高更著

上海 上海人民美术出版社 1982年 111页
19cm（32开）统一书号：8081.12228
定价：CNY2.35
（世界美术家画库）

本书内容介绍作者的生平，以及有关其作品的文章。作者保罗·高更（Paul Gauguin，1848—1903），画家、雕塑家。生于法国巴黎。法国后印象派画家，与梵高、塞尚并称为后印象派三大巨匠。代表作品有《我们从哪里来？我们是什么？我们到哪里去？》《黄色的基督》《游魂》等。

J0085491

格里高莱斯库 （罗马尼亚）约奈尔·杨鲁原著；全显光译

天津 天津人民美术出版社 1982年 124页
19cm（32开）统一书号：8073.50205
定价：CNY1.70
（外国画家介绍丛书）

本书包括罗马尼亚画家格里高莱斯库（1838—1907）生平介绍及作品分析等文章。译者全显光（1931— ），版画家。云南昆明人，毕业于鲁迅文艺学院。任鲁迅美术学院美术研究所特邀研究员、中国美术家协会会员。作品有《早上好》《心星》《浓阴》《希望》等，出版有《素描求索》《全显光水彩画选》，译著《罗马尼亚画家格裹高莱斯库》。

J0085492

雷诺阿 （法）雷诺阿绘

上海 上海人民美术出版社 1982年 80页
25cm（15开）统一书号：8081.12222
定价：CNY2.00
（世界美术家画库）

本画册共有法国近代画家雷诺阿（Renoir，Pierre Auguste，1841—1919）的61幅作品。

J0085493

莫奈 （法）莫奈绘

上海 上海人民美术出版社 1982年 64页
19cm（32开）统一书号：8081.12240
定价：CNY1.80
（世界美术家画库）

本画册除收入法国现代画家莫奈的代表作

品外，还附有他的生平的文章。作者克劳德·莫奈（Claude Monet，1840—1926），法国画家。出生于法国巴黎。毕业于夏尔·格莱尔画室。19世纪法国印象画派主将。代表作品《日出·印象》《卢昂大教堂》《维特尼附近的罂粟花田》《睡莲》《干草堆》等。

J0085494

1984：世界名画 《富春江画报》编辑

杭州 浙江人民美术出版社 1983年 54cm（4开）
定价：CNY6.00
年历形式的世界名画选。

J0085495

1984：世界名画挂历 辽宁美术出版社编辑

沈阳 辽宁美术出版社 1983年 78cm（2开）
年历形式的世界名画选。

J0085496

1984：西洋名画

天津 天津人民美术出版社 1983年 39cm（4开）
定价：CNY4.50
年画形式的世界名画选。

J0085497

毕加索 （西）毕加索绘

上海 上海人民美术出版社 1983年 96页
19cm（32开）统一书号：8081.12831
定价：CNY1.85
（世界美术家画库）

本画册选录了毕加索的作品71幅，并附有作者生平介绍及作品分析的文章。作者巴勃罗·毕加索（Pablo Picasso，1881—1973），西班牙画家、雕塑家。出生于西班牙马拉加，毕业于皇家圣费南多美术学院，法国共产党党员。西方现代派绘画的主要代表。代表作品有《斗牛士》《格尔尼卡》《和平鸽》等。

J0085498

毕加索绘画原作展览 （西）毕加索绘

北京 中国展览公司 1983年 33幅 25cm（15开）
定价：CNY2.00
（外国美术介绍）

本画册选录了毕加索绘画原作展览会上的作品，并附有作者生平介绍及作品分析的文章。

J0085499

毕加索绘画原作展览 （1983 中国·北京·上海）（西）毕加索绘

北京 中国展览公司 1983 年 28 幅 有图 26cm（16 开）

　　本书是西班牙现代画家毕加索在中国展览公司主办法国巴黎毕加索博物馆提供的原作展览作品 28 幅。

J0085500

大卫　平野编

北京 人民美术出版社 1983 年 26 页 25cm（15 开） 统一书号：8027.8580 定价：CNY0.85

　　本书选录了大卫的作品 27 幅，并有作者简介。作者平野（1924—　）。原名张大晖。浙江温州人，毕业于中央大学艺术系。历任人民美术出版社任编审、菏泽书画研究院名誉院长、《简明不列颠百科全书》主要译审，《中国大百科全书美术》西方美术副主编。

J0085501

德加　（法）德加绘

上海 上海人民美术出版社 1983 年 80 页 19cm（32 开）统一书号：8081.12815 定价：CNY1.70

（世界美术家画库）

　　本书共收集法国印象派画家德加的绘画精品 64 幅，另有参考图版 32 幅。

J0085502

劳特累克　（法）劳特累克绘；郭文育编

北京 人民美术出版社 1983 年 34 幅 25cm（15 开） 统一书号：8027.8747 定价：CNY1.10

（外国美术介绍丛书）

　　本书描绘巴黎的平民生活，对下层人民表示同情。书中有介绍文字一篇，彩图 8 幅、黑白图 31 幅。作者劳特累克（Toulouse, Lautrec, 1864—1901），法国画家。全名图卢兹·劳特累克，出生于法国阿尔比。代表作品《洗衣女》《红磨坊舞会》《文森特·凡高》《红磨坊的沙龙》。

J0085503

雷诺阿　（法）雷诺阿（A.Renori）绘

北京 人民美术出版社 1983 年 29 幅 25cm（15 开） 统一书号：8027.8374 定价：CNY0.90

（外国美术介绍丛书）

　　本书介绍了法国画家雷诺阿的作品 33 幅。

J0085504

马奈　（法）E. 马奈（Edouard Manet）绘；人民美术出版社编

北京 人民美术出版社 1983 年 2 版 25+56 页 有图版 18cm（15 开）统一书号：8027.7183 定价：CNY0.84

　　本书系法国近代油画画册专著。

J0085505

世界名画选　（3）

天津 天津人民美术出版社 1983 年 19cm（32 开） 统一书号：8037.70041 定价：CNY3.20

　　本集收有世界油画名作 18 幅。

J0085506

透纳　（英）透纳绘

上海 上海人民美术出版社 1983 年 96 页 19cm（32 开）统一书号：8081.12946 定价：CNY1.85

（世界美术家画库）

　　本书收入作者的油画和水彩画作品 68 幅，并有生平介绍及作品分析。透纳（Joseph Mallord William Turner, 1775—1851），全名约瑟夫·马洛德·威廉·透纳。英国风景画家。毕业于英国皇家美术学院。

J0085507

外国绘画选集

石家庄 河北美术出版社 1983 年 101 幅 27cm（16 开）统一书号：8087.248 定价：CNY7.00

　　本书收入西方 15 世纪至 20 世纪的著名画家共 76 人的作品。19 世纪法国浪漫主义画家德拉克罗瓦、农民画家米莱、写实主义画家库尔贝和巴比松画派的柯罗；20 世纪俄国巡回画派的谢洛夫、苏里柯夫、列宾，法国印象主义的马奈、莫奈等，野兽派的马蒂斯，西班牙立体派的毕加索等。

J0085508

意大利美术作品选　浙江美术学院《新美术》编

上海 上海人民美术出版社 1983 年 18 幅

26cm（16 开）套装 统一书号：8081.13615
定价：CNY2.00

　　本书选编了意大利文艺复兴时期较有影响的美术代表作 18 幅。

J0085509
1985（世界名画）
南昌 江西人民出版社 1984 年 54cm（4 开）
定价：CNY3.50

J0085510
1985（世界名画）
济南 山东文艺出版社 1984 年 54cm（4 开）
定价：CNY3.20

J0085511
1985（世界名画）
成都 四川人民出版社 1984 年 54cm（4 开）
定价：CNY3.20

J0085512
1985（世界名画）
昆明 云南人民出版社 1984 年 54cm（4 开）
定价：CNY3.00

J0085513
1985（世界名画）
杭州 浙江人民美术出版社 1984 年 54cm（4 开）
定价：CNY3.40

J0085514
1985（世界名画挂历）
兰州 甘肃人民出版社 1984 年 39cm（8 开）
定价：CNY1.90

J0085515
1985（世界名画挂历）
沈阳 辽宁美术出版社 1984 年 78cm（3 开）
定价：CNY4.50

J0085516
1985（世界名画挂历）
天津 天津人民美术出版社 1984 年 39cm（8 开）
定价：CNY4.50

J0085517
毕沙罗 （法）毕沙罗绘
上海 上海人民美术出版社 1984 年 64 页
19cm（32 开）统一书号：8081.13351
定价：CNY1.50
（世界美术家画库）

　　本书介绍了法国印象派画家毕沙罗和他的主要作品。作者卡米耶·毕沙罗（Camille Pissarro，1830—1903），法国的印象派画家。生于安的列斯群岛的圣托马斯。代表作品《塞纳河和卢浮宫》《雪中的林间大道》《蒙福科的收获季节》等。

J0085518
欧洲美术中的神话和传说 王观泉著
上海 上海人民美术出版社 1984 年 181 页
21cm（32 开）定价：CNY1.75

　　本书选择希腊神话故事 40 则，基督教神话故事 36 则。

J0085519
日本美人画选 刘奇俊编选
台北 艺术图书公司 1984 年 147 页 29cm（16 开）
精装 定价：TWD650.00
（彩色美人画选丛书 3）

　　外 文 书 名：Selected Japanese Paintings of Beautiful Women.

J0085520
十九世纪俄罗斯风景画选 上海画报出版社编
上海 上海人民美术出版社 1984 年 15 幅
18cm（32 开）定价：CNY0.45

J0085521
世界风光 上海画报社编辑
上海 上海人民出版社 1984 年 12×17cm
统一书号：8081.13875 定价：CNY0.50

J0085522
世界名画选 （4）
天津 天津人民美术出版社 1984 年 33cm（5 开）
统一书号：8073.70057 定价：CNY3.20

J0085523
万徒勒里 （绘画和版画艺术）万徒勒里著；

陈允鹤, 李文昭编辑
北京 人民美术出版社 1984 年 1 张 38cm（6 开）
精装 ISBN：7-102-00851-1 定价：CNY180.00

　　本书共选何塞万徒勒里先生的作品 140 幅，反映了智利和拉丁美洲人民的生活和斗争。

J0085524
万徒勒里绘画和版画艺术　万徒勒里绘
北京 人民美术出版社 1984 年 1 册 39cm（8 开）
精装 统一书号：8027.8373 定价：CNY180.00

　　本书选编作者 1953 年至 1978 年所作的丙烯画、油画、水彩画、墨笔画和木刻等作品，共 140 幅（包括局部图），反映了智利和拉丁美洲人民的生活和斗争，具有独特的艺术风格。作者撰写的前言阐述了他的艺术观点和创作体会。为中、西班牙、英 3 种文字对照版。

J0085525
维亚尔　（法）维亚尔绘
上海 上海人民美术出版社 1984 年 75 页
19cm（32 开）统一书号：8081.1347 定价：CNY1.65
（世界美术家画库）

　　本书选编了维亚尔的作品 48 幅，并附有作者生平介绍及作品分析的文章。

J0085526
姚庆章画集　姚庆章绘
北京 人民美术出版社 1984 年 11 幅 27cm（16 开）
套装 定价：CNY1.30

　　作者姚庆章（1941—2000），台湾台中人，美籍华人。毕业于台湾师范大学艺术系。历任中央工艺美术学院和上海大学美术学院客座教授。

J0085527
姚庆章画辑　姚庆章绘
北京 人民美术出版社 1984 年 11 幅 27cm（16 开）
套装 统一书号：8027.9229 定价：CNY1.30

　　本画辑包括油画、版画、水彩画等 11 幅作品。

J0085528
佐恩　（瑞典）佐恩绘
北京 人民美术出版社 1984 年 16cm（25 开）
统一书号：8027.6170 定价：CNY0.85
（外国美术介绍丛书）

　　本书介绍瑞典 20 世纪著名画家佐恩（A.Zorn, 1860—1920）的生平、艺术成就以及他的铜版画、油画和水彩画作品。

J0085529
1986：世界名画　北京美术摄影出版社编
北京 北京美术摄影出版社 1985 年 76cm（2 开）
定价：CNY7.50

J0085530
1986：世界名画
沈阳 辽宁美术出版社 1985 年 85cm（3 开）
定价：CNY5.50

J0085531
1986：世界名画
天津 天津人民美术出版社 1985 年 53cm（4 开）
定价：CNY5.40

J0085532
安德鲁·怀斯　刘天呈编著
天津 天津人民美术出版社 1985 年 66 页
24cm（26 开）统一书号：8073.50300
定价：CNY3.90
（画家介绍丛书）

　　安德鲁·怀斯（Andrew Wyeth, 1917—2009），美国超级写实主义绘画的代表人物。作品以水彩画和蛋彩画为主。曾先后被三届美国总统（肯尼迪、里根、布什）分别授予总统自由勋章、金质总统勋章和国会金质章。主要作品有《克里斯蒂娜的世界》《仔兔》《芝草》等。编者刘天呈（1936—2017），油画家、学者、美术教育家。河北顺平人，毕业于浙江美术学院油画系。解放军艺术学院美术系教授、中国美术家协会会员。

J0085533
毕加索　（西）毕加索绘；杨讪人，平野编译
广州 岭南美术出版社 1985 年 29 页 有图
35cm（18 开）统一书号：8260.1700
定价：CNY14.00
（世界名画家画丛）

　　本书介绍了西班牙著名画家毕加索（Picasso）的作品与生平事迹。与香港三联书店合作出版。作者巴勃罗·毕加索（Pablo Picasso, 1881—1973），西班牙画家、雕塑家。出生于西班牙马拉加，

毕业于皇家圣费南多美术学院，法国共产党党员。西方现代派绘画的主要代表。代表作品有《斗牛士》《格尔尼卡》《和平鸽》等。编者平野（1924—　）。原名张大晖。浙江温州人，毕业于中央大学艺术系。历任人民美术出版社任编审、菏泽书画研究院名誉院长、《简明不列颠百科全书》主要译审、《中国大百科全书美术》西方美术副主编。

J0085534

庚斯博罗　（英）庚斯博罗绘
北京　人民美术出版社　1985 年　25cm（15 开）
统一书号：8027.9538　定价：CNY1.05
（外国美术介绍）

　　本书收入 34 幅图。介绍 18 世纪英国画家庚斯博罗（Thomas Gainsborough，1727—1788）的作品。

J0085535

加拿大七人画派　许国庆，齐春晓编
上海　上海人民美术出版社　1985 年　88 页
有图　19cm（32 开）统一书号：8081.13723
定价：CNY2.20

　　加拿大七人画派（the Group of Seven）包括 J.E.H. 麦克唐纳、劳伦斯·斯图尔德·哈里斯、富兰克林·卡尔米歇尔、亚历山大·扬·杰克逊、弗朗西斯·汉斯·约翰斯顿、阿瑟·利斯麦尔、托马斯·约翰·汤姆森。画派正式成立于 1920 年春，并于当年 5 月在多伦多画廊举办了第一次展览。他们运用大胆、夸张的技法，以富于变化的画面再现独具特色的加拿大自然风光。

J0085536

拉斐尔前派　上海人民美术出版社编
上海　上海人民美术出版社　1985 年　有图
19cm（32 开）统一书号：8081.12971
定价：CNY2.90
（世界美术家画库）

　　拉斐尔前派是 19 世纪中叶出现于英国的一个画派。本书介绍英国拉斐尔前派的主要画家和作品。并对有代表性的画家作品作了介绍。

J0085537

钱纳利及其流派　（英）钱纳利等作
香港　香港市政局　1985 年　144 页　有图

25×26cm ISBN：962-215-067-5 定价：HKD42.00
　　外 文 书 名：George Chinnery His Pupils and Influence.

J0085538

施荣宣林玉琦画集　施荣宣，（菲）林玉琦绘
北京　中国友谊出版公司　1985 年　25cm（16 开）
统一书号：8309.18　定价：CNY8.60

　　本画册共收国画作品 60 幅。

J0085539

万徒勒里画选　万徒勒里绘；江东编
北京　工人出版社　1985 年　1 册　20cm（32 开）
统一书号：8007.26　定价：CNY6.50

　　本书收入智利画家万徒勒里（1924—1988）在 20 世纪 60 年代至 80 年代的主要作品。他的艺术创作与争取祖国独立自由的斗争联系在一起，作品表现人民的苦难，歌颂了人民宁死不屈的英雄气概与顽强斗争的精神。善于运用形象上合理的夸张和巧妙的变形，突出主题思想和形象特征，获得强有力的艺术效果。

J0085540

王翚山水卷　（清）王翚绘
北京　人民美术出版社　1985 年　珂罗版印本
1 轴　38cm（8 开）统一书号：8027.8357

　　本画卷是作者山水长卷，全卷分为四段山水，每段画均有作者题跋。王翚（1632—1717），清代著名画家。字石谷，号耕烟散人、乌目山人、清晖老人等。江苏常熟人。传世作品有《秋山萧寺图》《虞山枫林图》《秋树昏鸦图》《芳洲图》等。

J0085541

文徵明山水卷　（明）文徵明
北京　人民美术出版社　1985 年　珂罗版印本
1 轴　38cm（8 开）统一书号：8027.8357

　　本画卷原件曾静乾隆、嘉庆内务府收藏。文徵明（1470—1559），明代画家、书法家、道家、文学家。原名壁（或作璧），字徵明。江苏苏州人。主要作品有《真赏斋图》《绿荫草堂图》《甫田集》等。

J0085542

现代日本画选　上海画报出版社编

上海 上海画报出版社 1985 年 1 袋 19cm（32 开）
统一书号：8421.10020 定价：CNY0.45

J0085543
姚庆章 （画册）姚庆章作
广州 岭南美术出版社 1985 年 86 页 26cm（16 开）
统一书号：8260.1448 定价：CNY12.00
（海外画丛）
　　本书收集了作者 1974—1984 年作品 57 帧，
并附有书评及有关画家创作的文章。作者姚庆
章（1941—2000），台湾台中人，美籍华人。毕业
于台湾师范大学艺术系。历任中央工艺美术学
院和上海大学美术学院客座教授。

J0085544
姚庆章 姚庆章绘；黄天，亢笙编辑
香港 香港三联书店 1985 年 86 页
有图 25cm（15 开）ISBN：962-04-0415-7
定价：HKD65.00
（海外画丛 2）
　　本书作者的绘画集，收入其 1974—1984 年
期间的作品 57 幅。与岭南美术出版社合作出版。
外文书名：C.J.Yao.

J0085545
姚庆章画集 姚庆章绘
北京 友谊出版公司 1985 年 40 页 25cm（15 开）
统一书号：8309.11 定价：CNY6.00
　　本书收集作者的油画、水彩画、色铅笔画、
捐印版画、石板拼贴版画、捐印拼贴版画，共

40 幅。

J0085546
一九八六：世界名画——儿童
杭州 浙江人民美术出版社 1985 年 1 张
53cm（4 开）定价：CNY4.20
　　1986 年历书，世界名画选。

J0085547
中外画选 （1）青年文摘杂志社编辑
北京 中国青年出版社 1985 年 48 页 26cm（16 开）
统一书号：8009. 47 定价：CNY0.60
　　本书内容包括介绍各种绘画流派知识，收有
连环画、漫画、油画，以及近代和古代名画，并
收有书法篆刻。

J0085548
1987：外国名画 （摄影挂历）
武汉 长江文艺出版社 1986 年 53cm（4 开）
定价：CNY4.50
　　外国绘画作品选的摄影集。

J0085549
埃贡·谢勒 人民美术出版社编
北京 人民美术出版社 1986 年 28 幅 26cm（16 开）
统一书号：8027.9652 定价：CNY1.15
（外国美术介绍）
　　本书系外国美术介绍，包括奥地利画家埃
贡·谢勒（Egon Schiel，1890—1918，又译作席勒）
的 31 幅绘画作品及生平事迹。